萧山年鉴

2022

中共杭州市萧山区委党史研究室
杭州市萧山区人民政府地方志办公室
编

方志出版社
Publishing House of Local Records

图书在版编目（CIP）数据

萧山年鉴. 2022 / 中共杭州市萧山区委党史研究室，杭州市萧山区人民政府地方志办公室编.—北京：方志出版社，2022.12

ISBN 978-7-5144-5481-9

Ⅰ. ①萧… Ⅱ. ①中… ②杭… Ⅲ. ①萧山区—2022—年鉴 Ⅳ. ① Z525.54

中国版本图书馆 CIP 数据核字（2022）第 243422 号

责任编辑：刘方圆
责任校对：刘玉霞
责任印制：梅中英
出 版 者：方志出版社
地　　址：北京市朝阳区潘家园东里 9 号（国家方志馆 4 层）
邮　　编：100021
网　　址：http://www.zgfzcb.cn
发　　行：方志出版社图书营销中心（010-67110500）
印　　刷：北京中科印刷有限公司
开　　本：889 毫米 ×1194 毫米 1/16
印　　张：28
字　　数：1180 千字
版　　次：2022 年 12 月第 1 版
印　　次：2022 年 12 月第 1 次印刷
定　　价：150.00 元

掌上萧山年鉴

《萧山年鉴》编辑部

地址：杭州市萧山区行政中心综合楼7楼

电话：0571－82898715

微信公众号：萧山史志

编辑说明

一、《萧山年鉴》是中共杭州市萧山区委员会、杭州市萧山区人民政府主持编纂的年度资料性文献。《萧山年鉴（2022）》以马克思列宁主义、毛泽东思想、邓小平理论、“三个代表”重要思想、科学发展观、习近平新时代中国特色社会主义思想为指导，坚持辩证唯物主义和历史唯物主义的立场、观点和方法，翔实系统地记载萧山区2021年自然、政治、经济、文化和社会发展等方面的实情，旨在为广大读者认识萧山和了解萧山提供全面、准确、权威的年度信息。

二、《萧山年鉴（2022）》为第37部《萧山年鉴》，全书采用分类编辑法，主体部分由类目、分目、条目三级组成，在少数分目中增设子分目，其中条目为主要信息载体。全书框架与往年相比，类目名称、排序及分目设置等均有重大调整。设置如下：特载、年度聚焦、大事记、区情概览、中国共产党杭州市萧山区委员会、杭州市萧山区人民代表大会、杭州市萧山区人民政府、中国人民政治协商会议杭州市萧山区委员会、中国共产党杭州市萧山区纪律检查委员会 杭州市萧山区监察委员会、民主党派、群众团体、法治、军事、数字化改革、经济管理、开放型经济、农业、工业、商贸服务业、对口支援与区域合作、交通、邮政·通信、建筑业·房地产业、金融业、城市建设、乡村振兴、应急管理、生态环境、教育、科技、文化·旅游、卫生健康、体育、人力资源管理、社会生活、街道和镇、人物·荣誉、统计资料、调研报告选编、附录。

三、《萧山年鉴（2022）》彩页内容围绕区委、区政府中心工作，突出年度特色，设置图片专题：庆祝中国共产党成立100周年、喜迎亚运、共同富裕建设、经济转型升级、基础设施建设、生态环境、新冠肺炎疫情防控、抗击台风“烟花”。照片由区级机关各部门和热心读者提供。

四、《萧山年鉴（2022）》机构名称、重要会议、大型活动在类目中首次出现时用全称，其余部分均使用简称。缩略语随文注释，简短的在文中括注，较长的以资料形式在条目下注释，多次重复出现不注释。

五、《萧山年鉴（2022）》所用基础数据为萧山区统计局公布的统计数据，部分采用撰稿单位提供并经核实后的数据。根据国家统计制度改革要求，部分数据统计口径调整，与上年对比时应注意其可比性。

六、《萧山年鉴（2022）》先进名录收录国家级、省级先进集体和个人，其余荣誉根据部门提供情况随文记载。

七、《萧山年鉴（2022）》的文字原稿由区级机关各部门、各镇（街道）及其他相关单位提供，文后署作者姓名，集体作者署单位名。文字原稿经供稿单位领导审核，由《萧山年鉴》编辑部编纂成书。

八、《萧山年鉴（2022）》采用双重检索，书前设目录，书后设索引。正文索引按照条目首字拼音字母顺序排列，表格索引按照表序排列。

2021 年，萧山区委认真贯彻落实中央和省委、市委关于党史学习教育的决策部署，开展专题学习、理论研究、宣讲展演、“三为”实践等，切实擦亮“中共农运发轫地”品牌，推动党史学习教育走深、走实、走心。

■ 2021 年 12 月 29—30 日，中国共产党杭州市萧山区第十六次代表大会举行。图为开幕式上区委书记王敏向大会作报告（范方斌 摄）

■ 2021 年 7 月 29 日，萧山区召开“百年荣光 萧山风华”党史学习教育研讨会　　（柳田兴 摄）

■ 中共杭州市萧山区委党史研究室编纂庆祝中国共产党成立 100 周年系列书籍：《人间正道——建党百年萧山访谈录》《日月新天——建党百年萧山大事记》《历史没有忘记他们——萧山党史人物读本》

（区委党研室 提供）

■ 2021 年 9 月 29 日，“传承百年火种 奔向共同富裕”纪念衙前农民运动 100 周年学术研讨活动在萧山举行。图为全国著名党史专家、一级教授邵维正接受记者采访　　（柳田兴 摄）

■ 2021 年 6 月 18 日，“礼赞百年 致敬风华”萧山区“弄潮儿”宣讲团主题宣讲活动举行　（范方斌 摄）

■ 2021 年 6 月 29 日，萧山区举办“百年风华 奔竞萧山”庆祝中国共产党成立 100 周年主题晚会。图为少先队员向获“光荣在党 50 年”纪念章的老党员献花　（范方斌 摄）

■ 2021 年 3 月 31 日，“萧然·青年说”萧山区红色基因“云”传承系列活动启动，金牌青年宣讲员在衙前农民运动纪念馆以“农运发轫 百年青春”为主题作党史宣讲

（范方斌 摄）

■ 2021 年 6 月 15 日，区委理论学习中心组（扩大）专题学习会暨革命历史绍剧《秋之白华》首演活动在萧山剧院举行

（董 伟摄）

■ 2021 年，衙前农民运动纪念馆接待参观 4200 多批次、5.5 万人次　（华兴桥 摄于 2021 年 3 月 19 日）

■ 2021 年 4 月 17 日，百名浙江诗人齐聚衙前镇，开展“百年农运 百年风华——百名浙江诗人衙前大采风”活动

（区委宣传部 提供）

■ 2021 年 6 月 23 日，“革命与复兴——中国共产党百年摄影展”在高帆摄影艺术馆开展

（区委宣传部 提供）

■ 2021 年 4 月 26 日，参加过淮海战役、上海战役、抗美援朝战争的老兵董慎然受邀到北干街道广德小区讲述当年战斗故事，传承红色精神 （丁 毅 摄）

■ 2021 年，萧山区湖滨小学学生以手绘红色连环画庆祝中国共产党成立 100 周年 （区委宣传部 提供）

■ 2021 年 6 月 7 日，萧山区举办基层党组织书记党史学习教育暨首场“艺术党课”活动（周少伟 摄）

■ 2021 年 4 月 26 日，萧山区启动“沿着红色足迹学党史”暨“百年红印家乡行”活动。图为公交公司红色专线

（区委宣传部 提供）

■ 陶瓷工艺大师叶国珍和女儿叶佳星为庆祝中国共产党成立 100 周年特制的瓷器系列有 3 件作品被嘉兴南湖革命纪念馆收藏。图为叶佳星在展馆精心布展

（丁 力 摄于 2021 年 6 月 18 日）

2021 年，萧山区开展“亚运兴城”攻坚年行动迎接杭州亚运会。围绕“保障亚运、服务亚运、放大效应、全面效应”总目标，推进亚运筹备各项工作，高水平建设“亚运国际城·数智新萧山”。

■ 杭州奥体中心主体育馆、游泳馆　（钱江世纪城管委会 提供，摄于 2021 年 6 月 4 日）

■ 杭州亚运会综合训练馆　（唐　柯 摄于 2021 年 4 月 16 日）

■ 作为杭州亚运会柔道、柔术、克柔术及杭州亚残运会盲人柔道比赛场馆的临浦体育馆

（丁　力 摄于 2021 年 6 月 25 日）

■ 建设中的亚运村　　（唐　柯 摄于 2021 年 11 月 9 日）

■ 2021年4月28日，“你我一起 精彩亚运”萧山区迎亚运群众性主题活动启动仪式上，6位亚运兴城体验官代表登台亮相 （区亚运兴城办 提供）

■ 2021年10月31日，亚运兴城体验官体验篮球测试赛观赛 （区亚运兴城办 提供）

■ 2021年7月18日，瓜沥镇棒球场正式启用，并举办中日棒球俱乐部交流赛 （范方斌 摄）

■ 2021 年 12 月 22 日，萧山体育中心体育场亚运会赛事功能正式验收
（区亚运兴城办 提供）

■ 为办好智慧亚运，杭州亚运会各竞赛场馆在建设过程中融入全新数字技术，并进行系统化管理。图为亚运三馆（杭州奥体中心主体育馆、游泳馆和杭州亚运会综合训练馆）智慧管理平台界面　　（区亚运兴城办 提供）

■ 2021 年，萧山区实施“共建共享 · 决胜亚运”城市公园绿道建设提升改造工程。图为高架路两侧绿道景观　　（区亚运兴城办 提供）

■ 2021 年 3 月 12 日，杭州市首批亚运优秀音乐作品发布 （范方斌 摄）

■ 2021 年 5 月 9 日，“你我一起 精彩亚运”2021 第六届戴村山地马拉松举行 （区亚运兴城办 提供）

■ 2021 年，萧山区举办各类群众体育活动，营造亚运气氛。图为 6 月 8 日，百名太极拳爱好者在杭州奥体中心主体育馆练习太极拳（范方斌 摄）

■ 2021 年 6 月 20 日，萧山区举办“萧泳健儿迎亚运 泳心向党庆华诞”游泳比赛（范方斌 摄）

■ 2021 年 7 月 9 日，2021 实况足球全国大赛总决赛在萧山区举行。图为决赛现场（区亚运兴城办 提供）

2021 年，萧山区作为“建设共同富裕现代化基本单元领域”试点入选浙江省首批高质量发展建设共同富裕示范区试点。在共同富裕建设过程中，萧山区以党建引领，探索迭代乡村建设、促进城乡共同富裕发展路径，推动公共服务优质共享，实现农业高质高效、乡村宜居宜业、农民富裕富足、城乡共同繁荣。

■ 中国经济十强村、中国十佳小康村瓜沥镇航民村　　（区亚运兴城办 提供，摄于 2020 年）

■ 杭州未来总部社区城市展厅　　（周少伟 摄于 2021 年 6 月 5 日）

■ 浦阳镇桃北新村新建 500 幢两户连体安置房　　（丁　力 摄于 2021 年 9 月 12 日）

■ 2021 年 12 月 5 日，蜀山街道广乐公寓安置房的回迁安置居民抽号选房

（沈　雷摄）

■ “千万工程”源起地、浙江省首批未来乡村建设试点村瓜沥镇梅林村

（沈　雷 摄于 2021 年 8 月 6 日）

■ 城厢街道百尺溇助老餐厅（区委宣传部 提供）

■ 党湾镇新铺设的七彩健身步道

（唐　柯 摄于 2021 年 1 月 12 日）

■ 2021 年，萧山区继续开展美丽家园建设，优化农村人居环境。图为党湾镇庆丰村一户村民院落（王啸虎 摄）

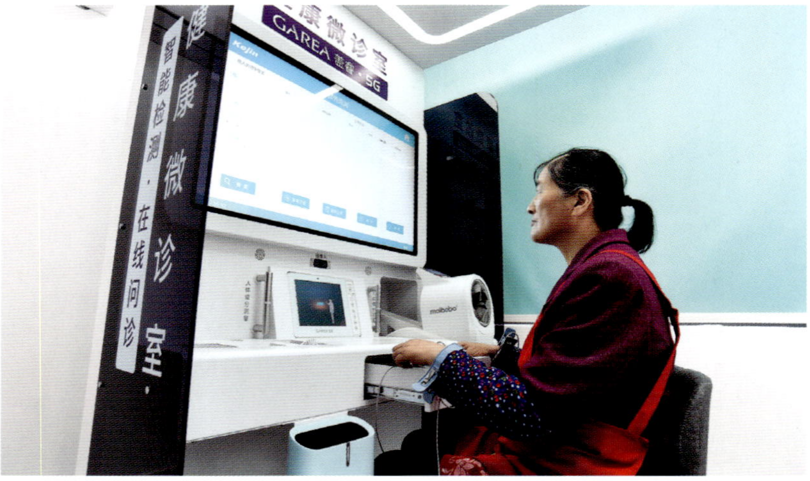

■ 2021 年 10 月 19 日，衙前镇凤凰社区居民在社区卫生服务站健康微诊室使用智能检测设备（范方斌　华兴桥 摄）

■ 萧山区首个村级室外标准泳池——衙前镇凤凰村新盛游泳场

（徐国红 摄于 2021 年 8 月）

■ 为助力“双减”，萧山区部分社区开设丰富多彩的社团课。图为 2021 年 11 月 19 日，城厢街道东阳桥社区青少年中心社团老师指导学生进行 3D 打印 （唐　柯 摄）

■ 钱江世纪城浙江商会大厦内的爱心驿家为附近务工者提供休息场所

（范方斌 摄于 2021 年 7 月 8 日）

■ 2021 年 11 月 25 日，益农镇群围村村民围坐在文化长廊聆听派到村里的选调生宣讲党的十九届六中全会精神（童志辉 摄）

■ 2021 年 9 月 28 日，2021 年中国农民丰收节“萧山 · 楼塔”系列活动在楼塔镇大同一村开幕（丁 力 王新江 摄）

■ 2021 年 4 月 3 日，河上镇紫东村举行第三届紫东麻糍节（丁　力 摄）

■ 2021 年 11 月 25 日，益农镇政府工作人员和爱心人士为镇里残障人士集体过生日（童志辉 摄）

■ 2021 年 4 月 7 日，北干街道天悦社区墨韵书房建成开放（沈露芽 摄）

■ 2021 年 10 月 11 日，由浙江省书法家协会、中共杭州市萧山区委、萧山区政府主办的“贺知章杯”永恒的乡愁全国书法篆刻主题大展在浙江展览馆开幕。图为书法爱好者参观展览（区文联 提供）

■ 2021 年 10 月 10 日，萧山区管乐协会在浙江音乐厅举办百姓专场音乐会（罗志国 摄）

■ 杭州书法名镇楼塔镇（邬大江 摄于 2020 年）

■ 2021 年 10 月 16 日，横山湘湖书院启幕（横山湘湖书院 提供）

2021 年，萧山区以中国（浙江）自由贸易试验区杭州片区萧山区块建设动员大会开局，克服新冠肺炎疫情影响，加速动能转换，推动经济转型升级。

■ 2021 年 1 月 6 日，萧山区召开中国（浙江）自由贸易试验区杭州片区萧山区块建设动员大会。会上为萧山区块首批入驻的 10 家企业颁发营业执照　（区商务局 提供）

■ 2021 年 11 月 22 日，杭州正强传动股份有限公司首次公开发行股票并在创业板上市　（杭州正强传动股份有限公司 提供）

■ 杭州萧山万盛纺织有限公司的智能化数字工厂

（范方斌 摄于 2021 年 6 月 27 日）

■ 浙江大胜达包装股份有限公司引进智能化生产线，实现智能化生产、可视化管理、数字化决策　（丁　力 摄于 2021 年 1 月 29 日）

■ 2021 年，杭州睿丽科技有限公司实施智能化数字平台改造，投入 50 多条自主研发的自动化生产线，日产快速诊断试剂超 100 万份。图为该公司全自动化装卡设备　（范方斌 摄于 2021 年 11 月 9 日）

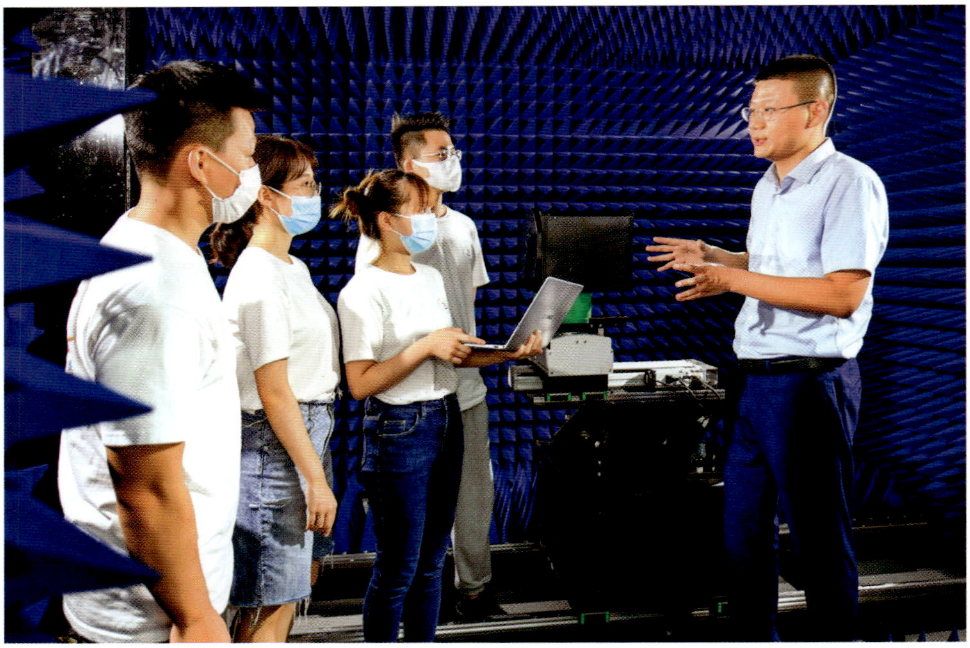

■ 2021 年 9 月 3 日，位于萧山科技城的西安电子科技大学杭州研究院过渡园区启用。图为企业负责人为首批研究生讲授 5G 通信检测技术　　　　（丁　力　冯益华 摄）

■ 2021 年 12 月 22 日下午，浙江大学—传化集团未来研究中心、浙大科创中心—传化集团创新研究院筹建启动　　　　（传化集团 提供）

■ 杭州科百特过滤器材有限公司从事生物医药领域和集成电路制造领域等高分子微米纳米膜材料的开发和应用，解决关键原材料的“卡脖子”问题。图为该公司新建的五期厂区（王军良 摄于 2021 年 9 月 26 日）

■ 2021 年 12 月 6 日，恒逸集团（文莱）PMB 石油化工项目获国家优质工程金奖。图为文莱大摩拉岛的恒逸集团（文莱）PMB 石油化工项目（恒逸集团 提供）

2021年，萧山区聚焦城市品质优化，推进重大项目，城市格局持续提升。加快实施“22688”交通大会战等基础设施建设，城市发展框架不断拓展。

■ 萧山国际机场T4航站建设现场　（范方斌 摄于2021年7月5日）

■ 铁路杭州南站　（蔡卡特 摄于2022年）

■ 位于所前镇的绕城互通立交桥　　（韩建明 摄于 2021 年 8 月 1 日）

■ 新坝船闸通过“浙闸通”手机 App 和智慧过闸调度系统提升船闸管理服务质效，被中国水运建设行业协会评定为“国际先进科技成果”。图为船舶经过新坝船闸

（黄　婷　包响亮 摄于 2021 年 3 月 25 日）

■ 市心路整治二期（道源路—萧绍路段）拓宽改造工程完成并通车　（丁　力 摄于 2021 年 10 月 3 日）

■ 城厢街道南市花园小区成为老旧小区综合改造提升“样板”（城厢街道提供，摄于 2021 年 10 月 25 日）

■ 2021 年，萧山区开展“礼让盲道”标语绘制工作。在医院、学校、地铁口、对外服务窗口、体育场馆、商业区等重点区域的盲道边上喷绘“礼让盲道”标语，提醒市民不要随意占用盲道。图为环卫工人在喷绘作业　（郭立宏 摄）

■ 2021 年 8 月 28 日，博奥隧道开通试运行 （丁 力 摄）

■ 2021 年 11 月 12 日，彩虹快速路部分路段开通 （范方斌 摄）

2021年，萧山区践行“绿水青山就是金山银山”发展理念，推进“城市环境大整治、城市面貌大提升”专项行动，城乡生态环境明显改善。

■ 湘湖景区良好生态引来众多鸟类栖息　（丁　毅 摄于2021年9月16日）

■ 2021年1月30日，湘湖年鱼节上众人拉网，收获生态湘湖鱼　（唐　柯 摄）

■ 进化镇欢潭村引进光量子生态科技，实施水下森林综合整治工程（唐　柯　张　帆 摄于 2021 年 11 月 11 日）

■ 2021 年 4 月 16 日，区市政绿化保障中心的工作人员在城区法国梧桐树上实施以虫治虫　（唐　柯　何音音 摄）

■ 2021 年，位于萧山区的中国水利博物馆入选浙江省首批“五水共治”实践窗口

（丁　力 摄于 2021 年 8 月 27 日）

■“五水共治”后的所前镇里士湖　（丁　毅 摄于 2021 年 8 月 31 日）

■ 钱江污水处理厂　（周少伟 摄于 2021 年 6 月 6 日）

■ 戴村镇南三村坚持和谐生态建设。图为稻田机耕吸引鸟群觅食
（范方斌 摄于 2021 年 6 月 2 日）

2021 年，萧山区新冠肺炎疫情防控形势总体平稳，新冠肺炎疫苗接种、重点人群健康管理等工作有序开展。12 月 7 日，龙湖天玺小区突发疫情，2 名市民相继确诊新冠肺炎。12 月 21 日，龙湖天玺小区全部解除隔离。

■ 2021 年 7 月 20 日，市民在衙前镇新冠肺炎疫苗接种点排队等候接种疫苗（华兴桥 摄）

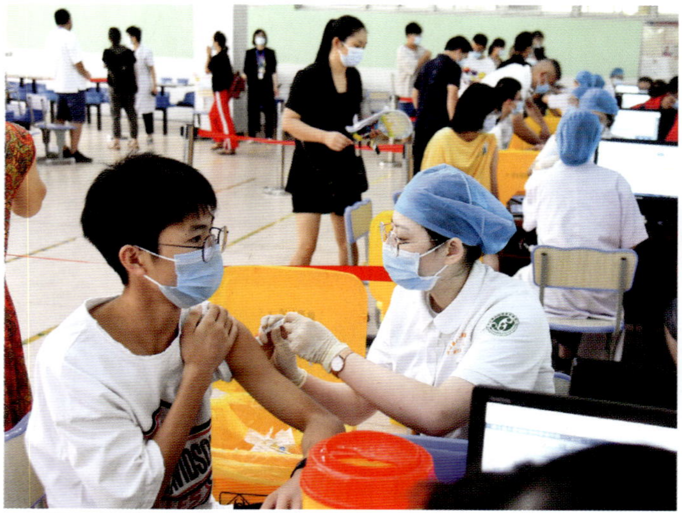

■ 2021 年 8 月 22 日，萧山区 15—17 岁在校学生集中接种第一剂新冠肺炎疫苗（范方斌 摄）

■ 2021 年 12 月 13 日，萧山区开展核酸检测演练采样，36219 人全部阴性（范方斌 摄）

■ 为保障快递物流安全，位于靖江街道的浙江圆通分拨中心新建车辆防疫消毒系统。图为圆通快递车辆接受消杀

（王迪钦 摄于 2021 年 11 月 23 日）

■ 2021 年新年，萧山区倡议在萧务工人员留杭过年。图为衙前镇在萧务工家庭参加“留杭过大年 把爱送到家”活动

（华兴桥 摄于 2021 年 1 月 24 日）

■ 2021 年 12 月 15 日，位于所前镇的明康汇农产品生鲜供应链有限公司接到绍兴市上虞区政府求助，紧急供应 2 万份生鲜蔬菜保障疫情封控区群众生活。图为志愿者与工作人员连夜在该公司仓库打包物资　（陈奕正 提供）

■ 2021 年 12 月 7 日，龙湖天玺小区突发疫情。当晚，小区隔壁江南幼儿园梦想家园部分小朋友需要隔离。在老师的陪同下，孩子们统一搭乘两辆大巴车前往定点隔离酒店

（范方斌 摄）

■ 2021 年 12 月 8 日，开展核酸检测的医务人员准备进入龙湖天玺小区

（范方斌 摄）

■ 2021 年 12 月 8 日，社区与物业工作人员为封控小区居民运送物资

（杨圆圆 摄）

■ 疫情发生后，龙湖天玺小区所在社区——天悦社区的工作人员立即开展流调。图为 2021 年 12 月 9 日夜，社区工作人员流调工作现场　（范方斌 摄）

■ 2021 年 12 月 14 日，江南幼儿园梦想家园的孩子们结束隔离回园
（区疫情防控办 提供）

■ 2021 年 12 月 12 日，疫情防控党员先锋岗“我是党员”志愿者值岗
（楼卢伟 摄）

■ 2021 年 12 月 21 日，龙湖天玺小区解封，居民开心地亮出手机里的绿码　（范方斌 摄）

2021 年月 7 月 22—28 日，受 6 号台风“烟花”影响，萧山区出现大暴雨到特大暴雨。各部门、各镇街全力投入抗台工作，加固河堤，排水排涝，抢险维修，确保人民群众生命财产安全。

■ 2021 年 7 月 24 日，河上镇紫东村 46 名党员自发组成抢险队，加固永兴河堤坝 （阙利萍 摄）

■ 2021 年 7 月 25 日，区供电公司工作人员冒雨抢修供电设施，防止电网次生灾害发生 （姚靖霖 摄）

■ 2021 年 7 月 24—27 日，杭州国际博览中心作为应急避灾点向群众开放，成为浙江省最大避灾安置点。图为该中心大屏幕为避灾群众播放影片 （钱江世纪城管委会 提供）

目 录

特 载

年度聚焦

大事记

区情概览

中国共产党杭州市萧山区委员会

杭州市萧山区人民代表大会

杭州市萧山区人民政府

中国人民政治协商会议杭州市萧山区委员会

中国共产党杭州市萧山区纪律检查委员会 杭州市萧山区监察委员会

民主党派

群众团体

法 治

军 事

数字化改革

经济管理

开放型经济

农　业

工 业

商贸服务业

对口支援与区域合作

交　通

邮政·通信

建筑业·房地产业

金融业

城市建设

乡村振兴

应急管理

生态环境

教 育

科 技

文化·旅游

卫生健康

体　育

人力资源管理

社会生活

街道和镇

人物·荣誉

统计资料

调研报告选编

附 录

索 引

高水平建设"亚运国际城·数智新萧山"
当好全市领头雁　成为全省排头兵　争做全国先行者

——2021 年 12 月 29 日在中国共产党杭州市萧山区第十六次代表大会上的报告

中共杭州市萧山区委书记　王　敏

中国共产党杭州市萧山区第十六次代表大会，是在"两个一百年"奋斗目标的历史交汇点上召开的一次十分重要的会议。大会的主要任务是：回顾总结萧山区第十五次党代会以来的工作，研究部署今后五年的奋斗目标和主要任务，动员全区上下全面贯彻习近平新时代中国特色社会主义思想，践行"八八战略"，厚植四大优势、把握四对关系、实现四大突破，推进"产城人文"深度融合，为高水平建设"亚运国际城·数智新萧山"，高质量打造新时代共同富裕新标杆，当好全市领头雁、成为全省排头兵、争做全国先行者而努力奋斗。

一、五年的风雨兼程，五年的砥砺奋进，萧山发展基础更实、成色更亮

过去的五年，是萧山发展历史上具有重要意义的五年。我们以习近平新时代中国特色社会主义思想为指导，坚决贯彻习近平总书记重要指示批示精神，全面落实中央和省市委决策部署，团结和带领全区广大干部群众，积极应对重大挑战、不断经受重大考验、奋力实现重大突破，顺利完成了区第十五次党代会确定的各项目标任务。

*这五年，是我们坚持创新驱动、加速动能转换，激活发展新引擎的五年。*我们不断做强创新主体。谋划"两带两廊"产业规划，构建"3+3+3"产业体系，出台经济高质量发展政策和人才新政。开启数字经济"一号工程"2.0 版，打造新制造中心。开展"双招双引"生命线工程，新招引 10 亿元以上项目 46 个、世界 500 强项目 4 个，新引进院士等顶尖人才 41 人。国高企数量突破 1400 家，全社会研发投入占地区生产总值比重超过 3.2%。我们加快推动创新赋能。坚持创新强区，深入实施"三名"工程，引入浙江大学杭州国际科创中心、西安电子科技大学杭州研究院等高能级协同创新平台，支持北京大学信息技术高等研究院等赋能萧山发展，组建长三角制造业数字化能力中心。我们积极拓展创新空间。推进"4286"产业载体建设，启动镇街工业园区分类发展三年行动计划。打好"1+4"产业用地集成改革组合拳，打响低效企业整治提升攻坚战，连续 6 年获评全省"腾笼换鸟"先进区。放大经济技术开发区、临空经济示范区、自贸试验区、跨境电商综试区等叠加优势，以制度创新优化营商环境，打造"全域自贸"开放发展新格局。

*这五年，是我们提升城市能级、做优城市品质，加速城市新蜕变的五年。*我们努力放大城市格局。实施"亚运兴城"行动，高起点编制国土空间规划，高标准建设"三馆三村"及各类配套设施，高水平打好"22688"交通大会战，持续推进融入大杭州、接轨长三角的"六接六区"工程，不断提升城市现代化、国际化水平。我们扎实推动全域美丽。打好美丽萧山建设十大攻坚战，首夺"大禹鼎"银鼎，获评全省生态文明建设示范区。分批分类推进美丽乡村建设，开展城郊接合部环境整治，成功入选首批部省共建乡村振兴示范区、新时代乡村集成改革试点，全省"千万工程"现场会在萧山召开。我们不断延续城市文脉。传承中共农运发轫地血脉，深入实施文化强区工程，建成覆盖城乡、功能齐全的三级公共文化设施网络，首创"文化管家"

服务模式，打造“高帆杯”“佰年国艺”等国家级文艺品牌，“掌上史志”全国领先，“五馆合一”城市文化公园加快建设，全面提升文化软实力。

*这五年，是我们坚持人民至上、推动共同富裕，增进民生新获得的五年。*我们全力办好民生实事。建立美好教育“1+9”政策体系，启动“健康萧山”三年行动计划，推进浙大二院总部、萧山中学提升改造等重大民生工程建设，用心用情办好老旧小区改造、既有住宅加装电梯等群众关心的身边事。我们全力推进基层智治。主动探索共同富裕现代化基本单元实践范式，七彩社区先行示范，9个未来社区入选试点，数量全省第一。率先建成一体化智能化公共数据平台，实现区镇村三级一体化数字驾驶舱全覆盖，探索“一网统管”重大集成应用，打造清廉村社“码上工程”等特色场景，推出“健康大脑＋智慧医疗”“安居守护”“数治瓶安”等特色应用，加速城市治理的系统重塑、整体跃迁。我们全力夯实安全基础。坚持精密智控、群防群控，实现“两手硬、两战赢”，慎终如始做好常态化疫情防控工作。不断深化平安萧山、法治萧山建设，安全生产形势向好，积极化解信访积案，积极开展扫黑除恶专项斗争，扎实做好政法队伍教育整顿，在全省率先开展平安村社创建活动，实现平安县（市、区）十六连冠，获全省首批一星平安金鼎。

*这五年，是我们坚持党的全面领导、坚定正确政治方向，展现队伍新气象的五年。*我们始终把思想政治建设放在首位。学思践悟习近平新时代中国特色社会主义思想，深入学习贯彻习近平总书记考察浙江、杭州重要讲话精神，扎实开展“不忘初心、牢记使命”主题教育和党史学习教育，坚持用党的创新理论武装头脑、指导实践，用实际行动做“两个确立”的忠诚拥护者和“两个维护”的示范引领者。我们不断把全面从严治党引向深入。开展“强基固本年”活动，实施基层党建“引领力”工程，常态化组织开展“全域党建大比武”，高质量完成村社换届。非公企业“融合式党建”经验获得中央领导批示。加大年轻干部、专业干部、女干部、党外干部的培养选拔力度，不断优化干部队伍结构。深化清廉萧山建设，完成区委巡察全覆盖，一体推进不敢腐、不能腐、不想腐，反腐败斗争压倒性态势不断巩固发展。我们坚持以党建统领汇聚发展合力。严格执行民主集中制，严格遵循议事决策程序，支持人大、政府、政协和监委、法检“两院”依法依章程履职尽责，支持民主党派、工商联、无党派人士等开展民主监督，举办萧山人大会，汇聚社会“大力量”，奏响共建“大乐章”。

五年的艰苦奋斗，五年的斗转星移，萧山经济综合实力不断提升，地区生产总值从1619亿元提升到2000亿元左右，年均增长5.9%；财政总收入从267亿元提升到560亿元，一般公共预算收入从164亿元提升到350亿元，年均分别增长16.1%和16.0%。投资、消费、出口“三驾马车”提质扩容，固定资产投资从800亿元提升到1400亿元，年均增长11.8%；社会消费品零售总额从589亿元提升到800亿元，年均增长6.9%；出口总额从515亿元提升到800亿元，年均增长8.9%。

在肯定成绩的同时，我们也要清醒地看到，当前萧山经济社会发展中依然存在不少的问题和短板：传统产业优势减弱，创新策源能力薄弱，新兴动能支撑不足；教育、医疗、文化、养老等城市功能相对较弱，城市品位和城市形象有待进一步提升，城市国际化进度滞后；城乡发展、区域发展不够均衡，城乡间公共服务仍有差距；信访维稳、安全生产、消防等领域仍有隐患；少数党员干部干事创业的精气神不足，担当精神不够，党风廉政建设仍需进一步加强，等等。短板就是优化空间，弱项就是发展潜力，我们一定要坚持需求导向、问题导向，建立清单化、闭环式工作机制，以更加有力的举措扬优势、补短板、强弱项。

二、厚植四大优势，把握四对关系，自觉自励、自警自省走好未来五年新征程

2021年是党的百年华诞。百年来，中国共产党带领中国人民披荆斩棘、砥砺奋进，中华民族实现了从站起来、富起来到强起来的伟大飞跃。这一百年，萧山人民在党的领导下，筚路蓝缕、改革创新，萧然大地发生了翻天覆地的变化。在萧山发展的各关键时期，上级党委政府都给予了充分的关心和支持。2002年，时任浙江省委书记的习近平同志调研萧山工作，要求萧山“不断提升工业化、加快推进城市化、进而率先实现现代化”“当好全市领头雁、成为全省排头兵、争做全国先行者”。这是习近平总书记为萧山量身打造、指路引航的总纲领、总方略，始终是指引萧山高质量发展的根本行动指南和强大精神动力。我们必须牢记嘱托，以实际行动不折不扣抓好落实。

争做全国先行者，必须办好一届精彩纷呈的亚运会，向世界展示中国特色、浙江风采、杭州韵味；必须高水平建设“亚运国际城·数智新萧山”，成为新时代全面展示中国特色社会主义制度优越性重要窗口的示范样板；必须坚持发展为了人民、发展依靠人民、发展成果由人民共享，为全国实现共同富裕先行探路。成为全省排头兵，必须不断提升工业化，实现高质量发展，力争经济总量和发展质量走在全省前列；必须加快推进城市化，在长三角区域一体化和浙江“四大”建设中争当模范生；必须坚持以数字化改革为引领，撬动各领域各方面改革，加快形成更多领跑全省的实践成果、理论成果和制度成果，率先实现现代化。当好全市领头雁，必须扛起大区的担当，展现大区的作为，创先争优、赶超进位，各项工作领跑全市。

奋进新征程，我们使命光荣、责任重大、任务艰巨，必须厚植四大优势、把握四对关系、实现四大突破，推进“产城人文”深度融合，以更加饱满的激情和更加昂扬的斗志，化优势为胜势、变蓝图为胜景！

我们要厚植四大优势：

*1.厚植亚运盛会的主场优势。*一座城市发展的历程很漫长，但关键的却往往只有几步。5年前的G20峰会极大地改善了萧山的城乡面貌，加快了基础设施建设，加速了钱江世纪城等大平台的崛起，助推了城市国际化，扩大了知名度和美誉度，“天下从此重杭州，杭州发展看萧山”。2022年的杭州亚运会将是萧山走向世界的再次精彩亮相，将进一步擦亮城市金名片、提升城市首位度、增进城市自豪感，帮助我们集聚更多国际化、高端化要素资源，是我们必须把握好的城市“大事件”、发展“大机遇”。我们要以高度的政治责任感和使命感，坚决交出“迎亚运”满分答卷，更要全面放大峰会、亚运两个大事件的双重叠加效应，谋早谋深谋细“后亚运”发展路径，真正实现“办好

一个会，提升一座城”。

2. 厚植重大战略的先发优势。萧山位于长三角城市群和杭州都市圈的核心区块，是浙江省唯一人口超200万的大区，是全省共同富裕首批试点，拥有自贸区、临空经济示范区等一批国家级金字招牌。特别是近年来，借势杭州拥江发展战略的不断深化，萧山轨道交通不断提速、跨区域路网体系不断完善，优质公共资源跨江而来，优质项目人才纷纷集聚，正成为杭州未来发展的潜力所在、希望所在。中央和省市委始终对萧山高看一眼、厚爱三分，为我们提振了信心、带来了预期。我们必须用足用好这些重大战略，借势站上更为广阔的时代舞台。

3. 厚植民营经济的本底优势。民营经济是萧山的独特优势，我们有21万余家市场主体，诞生了2家世界500强、9家中国民营企业500强、12家中国民营制造业500强，形成了化纤纺织、汽车零部件、装备制造等优势产业集群，“五企”梯队布局全、数量多。民营企业家是萧山的宝贵财富，我们的企业家遍布五湖四海、享誉国内国外，既有“白天当老板，晚上睡地板”的创业精神，更有“根植故土、心系故乡”的家国情怀。无论过去、现在、还是将来，民营经济和民营企业家始终是萧山高质量发展的最大基础和最强底气。我们要不断浓厚全社会尊重企业家、关心关爱企业家的良好氛围，服务企业、支持企业在新的赛道上实现更高质量发展。

4. 厚植萧山精神的内生优势。萧山是一座拥有强大精神内核的城市。两千多年前，越王勾践卧薪尝胆、矢志复国，谱写了可歌可泣的壮丽史诗，成为萧山精神的重要源起。一百年前，衙前农民运动点燃了中共农运的革命火种，成为浙江“红色根脉”的源头坐标之一。新中国成立后，萧山人民肩挑背扛、围垦造田，创造了“人类造地史上的奇迹”。改革开放以来，萧山人民率先完成乡镇企业转制，推动工业冲千亿，实现了从农业小县向经济大区的转变。一直以来，萧山人敢抢潮头鱼、敢喝头口水，始终走在时代的最前沿，是当之无愧的弄潮儿、先行者。新时代是竞争的时代，逆水行舟、不进则退，我们要传承发扬“奔竞不息、勇立潮头”萧山精神，敢与强的比、敢向高的攀、敢同勇的争、敢跟快的赛，不断为萧山精神注入新的时代内涵，战胜前进路上的一切艰难险阻。

我们要把握好四对关系：

1. 要把握好线性发展和融合发展的关系。在县域经济时代，萧山以产业为先导，带动城镇发展，取得了时代的辉煌，走在了时代的前列。进入新时代，这种先产业后城市、产城相对独立的线性发展模式已经难以适应发展的要求。当前，城市间的竞争，比拼的是多维度的综合实力。萧山要保持发展活力、赢得竞争优势，必须通过“产城人文”四者的深度融合，实现要素间的相互赋能，从而产生聚变效应，推动城市能级迭代跃迁。“产城人文”是相互依赖、密不可分的有机整体，产是基础、城是载体、人是根本、文化是灵魂。城市的形态决定了产业的业态，文化的厚度影响着城市的温度。有什么样的城市，才能集聚什么样的产业、吸引什么样的人才、形成什么样的文化。我们要坚持系统施策、协同并进，加快形成高层次的产业、高能级的城市、高精尖的人才、高品位的文化，把萧山建设成为“人人向往、近悦远来”的魅力之城。

2. 要把握好整体推进和重点突破的关系。经济社会发展是一个复杂而庞大的巨系统，我们既要注重“十个手指弹钢琴”，做到各项工作全面推进、系统推进、整体推进，避免产生某一领域的明显短板。更要聚力“蒸小笼”，避免“摊大饼”，以要素的集聚实现发展的裂变。要大抓平台、抓大平台，通过“划小单元、尽锐出战”，推动资源要素进一步向平台集中，不断提升平台的贡献度和首位度，让平台真正成为萧山高质量发展的主阵地；要大抓项目、抓大项目，积极导入引领性、旗舰型项目，资源要素要向大项目倾斜，为萧山未来发展注入强劲动能；要大抓产业、抓大产业，依托行业龙头企业，集中力量推动产业链强链补链延链，加快形成具有萧山特色的千亿级优势产业集群。

3. 要把握好共性发展和个性彰显的关系。作为省市排头兵，萧山既要不折不扣落实中央和省市委各项决策部署，各项工作走在前列，交出高分必答卷。更要体现个性化、彰显辨识度，以实干实绩回答好“在2022年杭州亚运会中，以什么样的形象精彩亮相？在浙江‘重要窗口’建设中，打造什么样的示范样板？在浙江高质量发展建设共同富裕示范区中，树立什么样的新标杆？”这些特色考题。我们必须立足萧山实际，聚焦特色、保持定力、久久为功，走出一条优势发展、错位发展的路子，加快形成更多的标志性成果，探索更多的萧山经验、萧山范式，为全国全省大局贡献更多萧山力量。

4. 要把握好自强不息和海纳百川的关系。“不等、不靠、不要”的自强不息精神，是过去我们为什么能够成功的基因密码，也是未来我们怎样才能继续成功的内生动力。我们更要看到，随着时代的发展，开放合作已经成为一个地区繁荣发展的必由之路，“大开放，大发展；小开放，小发展；不开放，难发展”。我们既要敢于“单打独斗”，更要善于“抱团合作”，要把自身发展放在全市、全省乃至全国的大局中思考，主动接轨长三角、深度融入大杭州，以海纳百川、大气包容的城市气质，吸引更多的人才来萧山奋斗、更多的项目到萧山落地、更多的资源在萧山集聚。

三、推进产城人文深度融合，奋力开创“亚运国际城·数智新萧山”建设崭新局面

未来五年全区工作的指导思想是：全面贯彻习近平新时代中国特色社会主义思想，忠实践行“八八战略”，牢记“不断提升工业化、加快推进城市化、进而率先实现现代化”的殷殷嘱托，厚植四大优势，把握四对关系，实现四大突破，推进“产城人文”深度融合，高水平建设“亚运国际城·数智新萧山”，高质量打造新时代共同富裕新标杆，当好全市领头雁、成为全省排头兵、争做全国先行者。

未来五年的主要目标是：地区生产总值年均增长7%以上，数字经济核心产业增加值占GDP比重达20%以上，全社会研发投入占GDP比重达4%以上，国家高新技术企业数、省级科技型中小企业数实现“双倍增”，人才资源总量超过58万人。居民收入增长与经济增长同步，城乡居民收入倍差缩小至1.65以内，形成以中等收入群体为主体的橄榄型社会结构。全域共同富裕现代化基本单元建设成为省级标杆，人民群众获得感、幸福感、安全感更加充实。

未来五年的重点工作是：

1. 聚焦产业跃迁，在经济高质量发展上实现大突破。做强新制造业和现代服务业双引擎，推进数字产业化和产业数字化，促进科技与金融深度融合，加快建成现代产业体系。

坚持制造业立区战略不动摇。萧山是制造业大区、民营经济强区，要充分发挥这一优势，进一步加大对实体经济和民营企业的支持力度，推动制造业质量变革、效率变革、动力变革，打造浙江制造业高质量发展示范区。推动优势产业集群化发展。开展先进制造业集群培育行动，打造化纤、汽车两大世界级先进制造业集群；培育人工智能、生命健康、绿色建筑等新兴产业，打造一批具有全国影响力的“新星”产业集群。聚焦“产业大脑＋未来工厂”数字经济系统，推进重点产业集群工业互联网平台全覆盖，推动传统产业加速向集群化、智能化、品质化、服务化发展。构建“五企”培育体系，加快培育专精特新企业和制造业单项冠军企业，做大做强“链主型”龙头企业，支持万向、传化、荣盛、恒逸等大企业大集团实现跨越发展，新培育雄鹰企业2家，其中世界500强企业1家，新增国家级“单项冠军”示范企业3家，新增境内外上市企业25家以上。持续推动腾笼换鸟、凤凰涅槃。眼睛向内抓存量优化，深化“亩均论英雄”改革，持续推进存量工业用地有机更新，加快低效企业整治提升，腾出土地空间，腾出用能空间，腾出萧山未来发展空间。眼睛向外抓增量招引，构建“大招商”格局，创新产业链招商、基金招商等模式，强化以企引企、以商引商，着力招引世界500强、产业链头部企业，实现项目数量、体量、质量新突破。推动萧商回归、总部回归。推动经济绿色低碳转型。以“双碳大脑”试点建设为载体，积极探索碳达峰碳中和有效路径，推动能源、工业、建筑等重点领域绿色低碳转型，积极参与碳排放权交易，争创全省首批低碳示范县（区）。创造条件尽早实现能耗“双控”向碳排放总量和强度“双控”转变，倒逼产业转型升级。

深入实施创新强区战略。实施科创新高地六大专项行动，努力成为全省“三大科创高地”和杭州创建综合性国家科学中心的重要承载地。加快建设战略型科创平台。持续深化与国内外知名高校院所合作，支持浙江大学杭州国际科创中心、西安电子科技大学杭州研究院、北京大学信息技术高等研究院等建设，着力提升科技城创新策源功能。在前沿科研和重大战略性产业领域，布局一批重大科技基础设施，打造一批新型研发机构。充分激发创新主体活力。积极参与全省“双尖双领”计划，推广实施“揭榜挂帅”“赛马制”等新型科研攻关模式，支持龙头企业建设全球研发中心。实施新一轮高新技术企业和科技型中小企业“双倍增”行动计划，着力打造创新型领军企业、高新技术企业、科技型中小企业和初创企业创新梯队。鼓励企业加大研发投入，力争省级以上企业研发机构总数超320家，实现规上工业企业研发机构全覆盖。营造一流创新生态。更好发挥产业基金撬动作用，完善金融支持创新体系。鼓励社会力量参与建设各类科创载体，建成创新空间1000万立方米以上，打造省级以上科技企业孵化器（众创空间）50家。加强科技成果转化，强化知识产权培育、运用、服务和保护，有效发明专利拥有量达7000件以上。

加快发展现代服务业。现代服务业是城市能级的重要体现，是转型升级的重要标志，是萧山发展的新蓝海。提升现代服务业能级。大力招引培育总部经济，把钱塘湾未来总部基地建设成为全球总部创新地和湾区活力未来城。优化“一城一镇多点”现代金融产业空间布局，加快钱塘江金融港湾建设，打造科技金融中心。加快发展会展经济，壮大数字会展、智慧会展、绿色会展等模式，培育具有国际影响力的会展品牌。大力发展科技服务、金融服务、商务服务、智慧物流等生产性服务业，推动健康养老、文化旅游、体育休闲等生活性服务业向高品质和多样化升级。实施促消费扩投资新政。主动参与“国际消费中心城市”建设，促进消费提质扩容，大力发展新消费、新零售和夜间经济，构建六大消费新空间。实施新一轮扩大有效投资行动，完善重大项目落地协调机制，创新投融资体制机制，激发民间投资活力，拓展重大项目境内外融资渠道。发展更高层次的开放型经济。大力开拓多元化国际市场，支持跨境电商发展，探索以高端服务为先导的“数字＋服务”新业态新模式，建设国家数字服务出口基地。全方位提升杭州萧山国际机场枢纽功能，着力构建“自贸试验区＋联动创新区＋辐射带动区”的“全域自贸”格局。

推动大平台跨越式发展。加快科技城（万向创新聚能城、传化智联科技城）、绿色智造产业新城（益农）、三江创智新城、市北、桥南等重点板块建设，推动经济技术开发区尽快跻身国家级开发区第一方阵。加强与机场合作，加快杭州空港综合保税区建设，把临空经济示范区建成全国一流航空都市区。以国际大都市核心区标准建设钱江世纪城，打造杭州都市新中心、钱塘江金融城、大都市新封面。发挥“文旅＋”“创新＋”优势，抢抓EOD试点契机，加快推进湘湖国家旅游度假区建设，唱好“西湘记”。以TOD模式加快推进南站新城建设。加快瓜沥和临浦小城市建设，提升区域辐射带动功能。加快国资平台、国有企业市场化改革，更好担当起城市开发建设运营的重任。

2. 聚焦城市提能，在加快城市现代化国际化上实现大突破。全面放大亚运综合效应，迭代完善城市功能、提升城市品质、优化城市形态、做精城市治理，推动城乡区域协调发展。

全力服务保障亚运会。亚运会是中央和省市委交给我们的重要任务，使命光荣、责任重大。要按照“绿色、智能、节俭、文明”的理念，高品质建成亚运“三馆三村”等重大工程，深入推进无障碍设施建设，加快亚运安保设施建设，完善国际赛事保障体系，确保按时高质量投用。精心做好赛事组织、赛会服务、文化活动、环境整治、疫情防控等各项筹办工作。加大宣传力度，推进国际传播，进一步激发全社会参与热情。统筹考虑亚运设施赛后利用，强化体育场馆的公益属性与市场化运营的有机结合，推动赛后一体推进、无缝衔接。

着力提升区域一体化发展水平。当前，城市发展已由过去单个城市之间的竞争转向城市群之间的竞争，由功能互补、联系密切、不同等级的城市组成的城市群将形成更强的集聚效应。因此，我们要更加主动融入长三角区域一体化、杭州大都市圈，在城市群中找准定位，形成特色优势。要按照规划共绘、产业共兴、设施共享、交通互联的要求，加快推进区域一体化。全面加强与滨江等区域的合作，发挥各自优势，实现共荣共赢，积极推动“江南一体化”发展，共同打造江南智造大走廊。持续推进“22688”交通大会战，加快完善“地铁 + 高铁 + 城际轨道”无缝对接的轨道网络，着力构建“四横五纵一连”快速路网，实施城乡通道“增量提速”计划，打造中心城区“半小时交通圈”、至长三角主要节点城市“一小时交通圈”，创建交通强国示范区。推动东、中、南区域协调发展，实现更高层次的资源共享、优势互补。

着力提升城市国际化水平。萧山作为改革开放的前沿阵地，正处于国际化发展的关键阶段，要借助亚运契机，加快推进城市国际化，为城市发展注入新动能。推进城市规划设计、建设管理的国际化，实现重点区域城市设计全覆盖，优化城市色彩，勾勒优美城市天际线，提升建筑建设品质，塑造体现高颜值的“城市表情”。全面提高城区绿化品质，有序实施景观改造，着力打造大尺度绿色空间。加快杭州会展新城建设，发挥世界旅游联盟总部、杭州国际博览中心、亚运体育场馆等平台作用，争取更多国际组织、国际会议、国际赛事落户，着力打造国际会议会展之都、时尚休闲旅游之区、高端体育赛事之城。加快国际化商业街区、商务楼宇建设，引进建设一批国际化的学校、医院、社区，集聚更多高端要素、高端产业、高端人才。

着力提升城乡均衡化发展水平。大力发展现代农业、都市农业、休闲农业，推动农村一、二、三产业融合发展，全面提升农业现代化水平。深化部省共建乡村振兴示范区建设，推进新时代乡村集成改革，深化“三位一体”农合联改革，探索村级集体农用地和宅基地制度改革，全面激发乡村发展活力。推进传化—浦阳共富乡村基本单元示范点等项目，发挥龙头企业示范带动作用。推动城乡基础设施统一规划、统一建设、统一运行、统一管护。建立健全城乡共享优质公共服务机制，率先打造一批引领型未来社区和未来乡村，打造全域共同富裕基本单元建设省级样板。

3. *聚焦以人为本，在营造安居乐业环境上实现大突破*。坚持以人民为中心的发展思想，创造更多看得见、摸得着、体会得到的共同富裕成果，让生活在萧山的人民安心、舒心、暖心。

营造一流创业就业环境。实施更加开放有效、更具穿透力的人才政策，推进“百名”院士专家、“千名”领军人才、“万名”青年英才引进计划，大力引进培育青年科技人才、产业领导人才和卓越工程师队伍，积极构建“引育留用管”全要素全周期人才服务体系，实现顶尖人才和科技领军人才总量“双倍增”，营造英才汇聚的创新“强磁场”。强化就业优先战略，鼓励创业带动就业，实现更加充分更高质量就业，新增城镇就业 20 万人以上。深化和谐劳动关系的“萧山样板”，实施职业技能提升工程，加快推进萧山技师学院迁建，建设劳动者就业创业首选城区。拓展城乡居民财产性收入渠道，激发技能人才、科研人员、小微创业者、高素质农民等重点群体增收潜力，引导更多普通劳动者通过自身努力进入中等收入群体。健全多层次、全覆盖、可持续社会保障和社会救助体系，全力保障各类群体基本权益。充分发挥第三次分配作用，激励和引导更多企业主体和高收入群体参与公益慈善事业。

营造一流公共配套环境。不断健全“民呼我为”长效机制，率先基本实现人的全生命周期公共服务优质共享。建设美好教育、健康萧山。全面优化城乡教育布局，扩大优质基础教育资源覆盖面，推广紧密型教育共同体，高质量推进名校合作办学，落实“双减”政策，打造城乡“美好教育”共享标杆区。提质扩容医疗资源，建设浙大二院总部、浙大妇院钱江院区，健全基层社区卫生服务网络，提升重大疫情防控和突发公共卫生应急管理能力。全面推行“健康大脑 + 智慧医疗”。实施全民健身工程，打造“10 分钟健身圈”。建设“一老一小”全龄友好型社会。创新城乡一体公办养老机构统管机制，加大适老化改造力度，全面推进“安居守护”智慧养老模式，构建居家社区机构相协调、医养康养相结合的养老服务体系，实现居民人均预期寿命赶超发达国家，达 85.5 岁以上。加快建立托育服务体系，实现镇街婴幼儿照护服务机构全覆盖。健全多层次住房保障体系。坚持“房住不炒”，实施保障性安居工程，大力建设公租房和政策性租赁住房，试点推进共有产权住房制度，有效解决低收入困难群体、新萧山人等重点群体的住房保障问题。

营造一流生态宜居环境。以创建国家生态文明建设示范区为抓手，建设人与自然和谐共生的美好家园。实行最严格的生态环境保护制度，确保生态环境质量持续改善。深入实施碧水、净土行动，打好“蓝天保卫战”，建设全域“无废城市”。以“绣花”功夫统筹推进老旧小区、城中村改造等城市有机更新。加快建设街区公共空间，加强公共服务设施、绿道蓝网、慢行系统衔接，促进公园绿地开放共享。坚持建管并重，高质量建设美丽城镇，分类推进美丽乡村示范村、提升村、整治村、城郊村建设，深化美丽单元建设，积极争创国家级美丽乡村重点县。

营造一流平安法治环境。更好统筹安全和发展、富民与安民，加强防控社会风险的机制和能力建设，让城市更安全、社会更安定。健全“四治融合”基层治理体系。以数字化改革为牵引，全面推进“一网统管”建设，实施“县乡一体、条抓块统”改革，推动数字化改革“152”体系与基层治理“141”体系全贯通。加强社会矛盾纠纷调处化解，深化警源治理、访源治理、诉源治理，积极争创“无信访积案县（市、区）”。多措并举培育发展社会组织，激发社会组织参与基层治理的活力。高水平建设法治萧山。依托国家营商环境创新试点城市，深化行政服务中心“去中心化”改革，打造市场化法治化国际化一流营商环境。全面深化司法体制综合配套改革，提升司法质量、效率和公信力，努力让人民群众在每个案件中感受到公平正义。加快推进法治政府建设，规范行政决策程序，提升行政执法质量，构建职责明确、依法行政的政府治理体系。深入实施“八五”普法规划，健全社会大普法格局。持续深化“平安县（市、区）”建设。加大平安村社建设力度，构建风险闭环管控的大平安机制。健全立体化、法治化、专业化、智能化社会治安防控体系，常态化开展扫黑除恶专项斗争。全面加强经济安全，强化资源、能源、粮食安全保障，深化区安委会“1+8”运作机制，加强基层应急管理能力建设，构建“大安全、大应急、大减灾”体系。

4. *聚焦文化兴盛，在增强城市软实力上实现大突破*。营造高品质人文环境，涵养城市气质，塑造城市品格，绘就更具历史底蕴、诗情画意、时代魅力的生动图景，让萧山成为人文魅力之城。

以核心价值观凝心铸魂。把社会主义核心价值观融入社会发展各方面，转化为人们的情感认同和行为习惯。用好衙前农民运动纪念馆等红色资源，传承好精神谱系、红色基因。大力实施铸魂工程、溯源工程、走心工程，深化新时代文明实践中心建设。持续深化“美德萧山”建设，健全志愿服务体系，弘扬中华民族传统美德。实施新时代文艺精品创作工程，创作一批代表萧山形象、反映新时代新气象的文艺精品力作。实施“携手迎亚运·共建文明城”行动，持续推进移风易俗，倡导文明新风尚。

传承发扬萧山文化。丰富拓展新时代萧山精神新内涵，全方位塑造“开放、包容、创新”的城市人文品格。深度挖掘跨湖桥文化、吴越文化、围垦文化等特色文化，打造省级文化传承生态保护区。深入推进浙东唐诗之路、钱塘江诗路和大运河诗路建设，做好钱塘江古海塘申遗工作，加强浙东运河萧山段保护利用，扎实做好非物质文化遗产传承工作。积极开展对外人文交流，塑造城市品牌形象，讲好城市精彩故事。

营造最美文化空间。打造世界旅游联盟博览馆、“五馆合一”城市文化公园、浙江省油画院等重大文化地标，建设茅湾里印纹陶博物馆等一批特色鲜明的博物馆（纪念馆）。统筹推进全区文物保护单位、历史建筑、历史文化名镇名村和传统村落保护。实施文化惠民工程，建立“礼堂、家园、书房、客厅”文化矩阵，做优“文化管家”特色品牌，打造一批公共文化空间，为大众精神滋养、文化自信提供载体。

打响萧山文创品牌。积极打造之江文化产业带奥体（湘湖）发展极，深化浙江国家音乐产业基地萧山园区等文化产业基地建设，打造棉北里、火车西站历史文化街区等文创（园区）平台。以浙江国际影视中心二期、滨河数字产业园等项目为重点，加大文化产业主体培育集聚力度，形成萧山特色文化产业生态。

四、坚定不移推进全面从严治党管党，奋力当好全市领头雁、成为全省排头兵、争做全国先行者

当前，我们开启了全面建设社会主义现代化国家新征程，踏上了实现第二个百年奋斗目标新的赶考之路，必须弘扬伟大建党精神，从党的百年奋斗历程中不断汲取前行的智慧和力量，扎实推进新时代党的建设新的伟大工程在萧山的生动实践。

*1.以党的政治建设为统领，彰显更加坚定坚决的政治自觉。*始终把党的政治建设摆在首位，用习近平新时代中国特色社会主义思想武装头脑，坚决执行党的政治路线，严明党的政治纪律和政治规矩，巩固拓展党史学习教育成果，不断锤炼政治判断力、政治领悟力、政治执行力，不折不扣推动党中央大政方针和省市委决策部署在萧山落地生根。始终牢记总书记提出的当好全市领头雁、成为全省排头兵、争做全国先行者要求，不断提升工业化、加快推进城市化、进而率先实现现代化，在办好亚运会、推进数字化改革、建设共同富裕示范区等重大实践中，进一步增强“四个意识”、坚定“四个自信”，坚定不移做“两个确立”的忠诚拥护者、“两个维护”的示范引领者。

*2.以基层组织建设为底色，筑牢更加坚强有力的战斗堡垒。*树立大抓基层、重抓党建的鲜明导向，聚焦守好红色根脉，统筹推进农村、城市、两新组织、机关事业单位等不同领域基层党组织建设，打造更多具有萧山辨识度的党建品牌，推动“盆景”变“风景”，实现各领域党建全域建强、整体跃升。增强农村和城市社区党组织的统合力，实施农村“双美共富”计划、城市“双优和美”计划，全面建成以党群服务中心为主阵地的基层服务矩阵。增强两新党组织的嵌合力，实施“双强融合”计划，把党的领导嵌人公司治理、企业发展全过程各环节，培育一批领军型、示范型、成长型两新党组织。实施机关企事业单位“双建争先”计划，推动机关企事业单位党建与业务深度融合、互促共进。

*3.以建设变革型组织为突破，打造更加忠诚干净担当的干部队伍。*突出实干实绩选人用人导向，坚持人适其岗、人尽其才、人事相宜，破除论资排辈，选优配强“一把手”和关键岗位领导干部。完善干部精准考核评价体系，围绕重点工作、难点问题建好赛马场、亮出评分表，通过一线赛马识别干部，做到能者上、庸者下、劣者汰。突出“年轻干部到一线去、优秀干部从一线来”成长机制，推动干部向基层下沉、在一线历练。积极探索“兵团化作战、专班化运行”的体制机制，加快打造一支善于塑造变革、敢于争先创优的高素质干部队伍。突出严管与厚爱、激励与约束并重，健全容错纠错机制，持续激发干部队伍的创造性张力。

*4.以党风廉政建设为抓手，涵养更加风清气正的政治生态。*切实增强全面从严治党永远在路上的政治自觉，严格落实管党治党政治责任，强化“四责协同”，纵深推进清廉萧山建设。持之以恒抓党风廉政建设和反腐败斗争，驰而不息纠治“四风”树新风，把严的主基调长期坚持下去，以严到位、严到底的强有力举措一体推进不敢腐、不能腐、不想腐。区委的中心工作推动到哪里，纪委的监督就要跟进到哪里，要着力纠治庸懒散问题，对不担当不作为不落实的，要严肃问责，督促党员干部在其位、谋其政、尽其责。着力构建亲而有度、清而有为的亲清政商关系，实施护航民营经济“亲上加清”工程，打破各种阻碍高质量发展的“卷帘门”“玻璃门”“旋转门”。

*5.以党的全面领导为保证，凝聚更加团结奋进的强大力量。*充分发挥党总揽全局、协调各方的领导核心作用，支持人大、政府、政协和监委、法院、检察院依法依章程履行职能，区四套班子同心同德，分工不分家，共同推动各项工作落地落实。巩固和发展新时代最广泛的爱国统一战线，支持民主党派和党外人士在党的领导下履行职能，引导宗教与社会主义社会相适应，发挥工青妇等群团组织的桥梁纽带作用，凝聚更广泛的共识，团结更广泛的力量。加强党管武装和国防动员建设，推动军民融合深度发展。

政府工作报告（摘要）

——2021年2月24日在杭州市萧山区第十六届人民代表大会第五次会议上

杭州市萧山区人民政府区长　章登峰

一、2020年和“十三五”经济社会发展回顾

2020年是极不平凡的一年。面对国际国内形势的深刻复杂变化，特别是突如其来的新冠肺炎疫情，全区上下在市委、市政府和区委的正确领导下，以打造“重要窗口”示范样板为引领，围绕区十六届人大四次会议明确的目标任务，高质量打好“一二八”组合拳，坚持“两手硬、两战赢”，做好“六稳”工作、落实“六保”任务，深入开展“三个年”活动，凝心聚力、逆风破浪，全区经济社会保持稳步发展。全区地区生产总值增长1%，一般公共预算收入增长12.1%；城镇和农村居民人均可支配收入分别增长3.4%和6.6%。区政府十件民生实事顺利完成。

一年来，主要做了以下五方面工作：

（一）疫情防控和复工复产协调推进

疫情响应快速有为。萧山区率先成立疫情防控工作领导小组，妥善完成TR188航班处置工作，打响杭州疫情防控“第一枪”。出台出租房屋和流动人口管理、商务楼宇疫情防控等多项制度，在全市率先实现确诊病例清零。26名援鄂医疗队员逆行出征。

常态防控平稳有序。坚持“精密智控+硬核隔离+群防群控”，率先实现防控办实体化运作。深化入境人员隔离管控和进口物品“物防”工作，坚决守好“国门省门第一关”。疫情防控各类应急物资和能力储备得到有效加强。

助企举措扎实有力。开展“一促三比拼”活动，出台“惠企28条”，推进复工复产工作。深化“民情双访”“驻企服务”等机制，破解难题7000多个。用好“亲清在线”等平台，兑付小微企业和个体工商户“两直”补助资金1.57亿元、抗击疫情及复工复产政策资金7.2亿元，减免及返还社保资金41.4亿元。

激活市场积极有效。提高“订单+清单”系统覆盖面，组织企业参加第三届进博会和云上广交会。开展“萧山外贸优品云购汇”活动，助力区内外贸企业开辟国内市场。投放1万个购车补贴名额，拉动汽车消费近20亿元。开展多种形式直播带货，中国TOP直播电商产业园开园，多个头部直播机构落户萧山。

（二）长远谋划和重点攻坚统筹实施

发展布局更加科学。完成“十四五”规划基本思路和《规划纲要》，积极构建“一带引领、三区联动、多极支撑”发展框架。深度参与杭州新一轮国土空间总体规划编制，完成萧山发展大纲和23个控规单元修编。成功入列中国（浙江）自贸试验区扩区范围，并启动萧山区块建设。入选全省制造业高质量发展示范区。

改革攻坚精准突破。新型政务服务体系初步构建，“去中心化”改革获《领跑者》杂志刊登推广。推进应急管理体系改革，创新实施隐患整改闭环工作机制。开展“三个十大”行动，攻克湘湖应急备用水源竣工验收难题，取得一体化保洁管养改革阶段性突破。全面完成小区配套幼儿园普惠提升工程，公办率、普惠率大幅提升。创新基层统计网格化管理模式，启用“钉管家”流动人口在线管理平台。

工作机制持续完善。组建统筹推进经济稳定发展“一办八专班”，创新“增稳促保强服务”工作机制，出台经济高质量发展政策意见“50条”。推进国有企业市场化转型，推动区国资总公司体制调整，组建萧山金控集团。健全完善区政府重大决策机制，建成区机关内部协同办事平台。

重大项目加快推进。完成省重点项目投资133.36亿元，居全市第一。获评全省争先创优投资领域“最佳实践”案例。紫光新基建、采埃孚电驱动、赛默飞CDMO等一批重大产业项目签约落地。杭州会展新城、城市文化公园、浙大二院总部项目开工建设。

（三）增量培育和存量挖潜双管齐下

创新动能不断集聚。浙大杭州国际科创中心、浙大计算机创新技术研究院、北大信息技术高等研究院认定为省级新型研发机构。西安电子科技大学杭州研究院、巴顿焊接技术研究院签约落地。新认定省级以上科技企业孵化器（众创空间）8家，国家高新技术企业380家。新增发明专利授权611件，主导制（修）订国家标准4项、行业标准5项，获评省政府质量奖企业1家。全社会研究与试验发展经费支出占地区生产总值比重为2.95%。

智能制造持续发力。召开新制造中心动员大会和智能制造大会，长三角（杭州）制造业数字化能力中心挂牌成立。基本完成第一轮制造业智能化改造任务，实现规上工业企业数字化改造全覆盖。12个工业互联网平台列入省级创建名单，3家企业入选省首批重点工业互联网平台。实施智能制造试点项目48个、数字化改造项目325个，数字经济核心产业增加值增长20.5%。

双招双引成效明显。实际利用外资8.42亿美元。新招引落地总投资1亿元以上产业项目97个，其中10亿元以上产业项目24个。第三届浙江智慧交通产业博览会成功举办，东风汽车等龙头企业签约落地。湘湖院士岛成功创建省首批“浙江院士之家”。新引进院士专家等顶尖人才10人，入选省“鲲鹏行动”计划1人，新认定杭州市A—E类高层次人才3175人，新招引应届高校毕业生1.4万名。

资源要素有效盘活。建立工业用地资金池，深化“亩均论

英雄”改革，出台存量工业用地有机更新、二级市场管理等制度。累计消化批而未供土地693.33公顷、供而未用土地522.8公顷，低效用地再开发487.47公顷，获省级“增存挂钩”奖励新增建设用地计划指标108.2公顷。完成90个全域土地整治项目立项，面积1026.67公顷。列入全省小微企业园建设提升重点区，获评淘汰落后产能和“腾笼换鸟”先进区。全年各类债券融资超193.4亿元，居全省首位。全区金融机构本外币存贷款余额分别为5531.34亿元和5096.74亿元，金融机构贷款不良率降至0.8%，低于全省0.23个百分点。

（四）城市能级与全域美丽同步提升

基础设施不断完善。杭州亚运三馆通过五方验收，亚运村全面结顶，无障碍环境设施体系基本建立。铁路杭州南站开通运行，地铁5号线、1号线三期、6号线一期和7号线首通段开通。基本完成金城路改造提升，打通山阴路等一批断头路。绕城高速西复线萧山段、红十五线改建、03省道河上至楼塔段等15个项目建成使用。美丽公路二期建设全面展开，“四好农村路”完成250千米。公交线路新辟6条、优化27条。卓尚环保二期等三个垃圾末端处理场完成验收并投入使用。

城市管理日趋智慧。深化“城市大脑·萧山平台”建设，迭代更新3.0版数字驾驶舱，全面打通基层数字治理“最后一公里”。民生直达、便捷停车、智慧农贸等逐步推广，数字化智慧城市应用场景已见雏形，瓜沥七彩社区等未来社区建设加快推进。市容AI系统不断完善，工程车大数据研判系统获评省新型智慧城市发展数字治理优秀成果奖。完善应用垃圾分类智能监管平台，荣获全省生活垃圾分类工作优秀县（市、区）。

乡村振兴加速推进。加快推进美丽乡村建设，完成40个提升村创建。楼塔镇获评省级旅游风情小镇，河上镇、衙前镇成功创建省AAAA级景区镇。萧山萝卜干获得国家农产品地理标志登记保护。立项实施省市区各级农业产业项目123个，实现农业投资4.1亿元。培育壮大农村电商、新零售等新型业态，全年农产品线上销售8.73亿元。精准做好对口帮扶，助力从江、利川脱贫摘帽。

环境面貌显著提升。配合做好第二轮中央生态环境保护督察，完成第二次全国污染源普查验收工作。获评浙江省基本无违建区。瓜沥、临浦、楼塔获美丽城镇省级样板。推进“城市环境大整治、城市面貌大提升”专项行动，启动城郊接合部两年环境整治工作，实施建筑工地标准化三十条。开展“蓝天集结号”扬尘防控攻坚行动，完成69家工业企业挥发性有机物污染治理，PM2.5平均浓度同比下降20.8%。10个镇街（平台）以全优成绩通过市级“污水零直排”验收，农村生活污水治理工作获省级考核优秀。

（五）社会稳定与民生福祉齐头并进

法治基础不断夯实。办理人大代表建议210件、政协提案278件，95.3%的建议和提案得到解决或列入解决计划。创新化解行政争议“十项机制”，破解“两高一低”短板，行政机关负责人出庭率为99.1%。行政执法“公述民评”活动入选全省十大普法影响力事件，“一镇一品”法治文化实体项目建设被评为市“七五”普法一类项目。获评法治浙江（法治政府）建设先进单位。顺利完成宁围街道行政区划调整，新设盈丰街道。高标准高质量完成新一届村社组织换届选举。

平安建设扎实推进。深入开展安全生产综合治理第二轮三年行动及交通安全百日攻坚，各类事故起数和死亡人数分别下降23.7%和24.1%，安全生产和消防工作目标责任制考核全市第一。实现区、镇街、村社三级矛调中心全覆盖，连续两年实现省级“无信访积案县（市、区）”。成功创建省“无欠薪”县（市、区）。

基本保障更加稳固。开展“四季如春”就业援助行动，城镇新增就业6.78万人。推进智慧医保建设，实现职工医保基金当年收支基本平衡。新增示范型居家养老服务中心11家，五保供养中心集团化运营项目被民政部、国家发改委列入全国公办养老机构改革优秀案例。安置房开工244.88万平方米，竣工106万平方米，回迁安置3436户。实施117幢、26.77万平方米老旧小区改造，完成既有住宅加装电梯76台。改造农村困难家庭C、D级危房237户。

公共服务持续优化。启用闻堰初中、文博小学、南都幼儿园等14所学校，率先实现公办学校教室空调和护眼灯安装全覆盖，教育现代化监测发展水平进入全省第一方阵。积极推进舒心就医、一码就医，医疗人工智能覆盖全部公立医疗机构，入选全省首批县域医共体信息化建设示范县（市、区）。建成全民健身工程231个，总量全市第一。举办全国围棋锦标赛、省第九届运动休闲旅游节等各类赛事活动168场次，全民迎亚运氛围日益浓厚。“文化管家”服务模式被省市推广，全年新建10家永兴书房。实现农村文化礼堂行政村基本全覆盖，完成3400多场文化活动进文化礼堂。成功入选省级社区治理服务和婚俗改革实验区，深入推进殡葬改革和移风易俗。

武装工作和双拥活动深入开展，国防动员和后备力量建设持续加强。积极支持工青妇组织开展工作，科协、文联、残联、红十字会等群众团体作用有效发挥，老龄、关心下一代等事业健康发展，民族宗教、外事、侨务、台湾事务、档案、气象等工作取得新成效。

2020年是“十三五”规划收官之年。过去五年，萧山区基本完成区第十六届人大历次会议确定的主要目标任务，“十三五”规划顺利收官，为萧山在新的历史起点上赶超跨越发展奠定了扎实基础。

聚焦经济质效提升，加速动能转换，经济社会稳步发展。按户籍人口计算，人均地区生产总值为15.23万元，三次产业结构由3.0∶54.5∶42.5调整为3.2∶37.9∶58.9。财政总收入年均增长14.1%，一般公共预算收入年均增长16.4%。高新技术产业增加值占规上工业增加值比重从25.6%提升到58.2%。“两化”融合发展水平稳居全省前三，入选首批省级数字经济发展创新试验区和数字生活新服务样板区创建行列。

聚焦创新生态构建，加快资源集聚，创新氛围日益浓厚。全社会研究与试验发展经费支出占地区生产总值比重提高1.09个百分点，研发投入年均增长17.1%，国高企数量实现翻两番。全区市级以上各类领军人才总量达179名，专业技术人才总量达13.9万人。新增专利授权2.93万件、发明专利授权2344件。引进浙大杭州国际科创中心等一批高能级创新平台。

聚焦城市品质优化，推进重大项目，城市格局持续提升。

高水平完成G20杭州峰会服务保障，高标准筹备2022年亚运会，“三馆三村”建设接近尾声。城中村改造、“22688”交通大会战、“4286”产业载体建设加快实施，城市发展框架不断拓展。世界旅游联盟总部落户萧山，湘湖三期建成开园。小城镇环境综合整治实现全覆盖，美丽城镇建设稳步推进。生活垃圾日均焚烧处置量较“十二五”减量19.6%。大气优良率逐年提升，连续三年夺取“五水共治”“大禹鼎”，被生态环境部命名为国家级生态区。

聚焦民生福祉保障，坚持以民为本，人民幸福感显著增强。一般公共预算支出三分之二以上用于民生事业发展。城镇和农村居民人均可支配收入年均增长分别为7.3%和8.3%，新增城镇就业人员17.93万人。新建启用学校46所，完成学校改扩建项目63个，成功创建浙江省基本实现教育现代化区。新创建国家卫生镇11个，省级以上卫生镇实现全覆盖，成功创建国家慢性病综合防控示范区。多层次养老服务体系基本建立，多元化社会救助机制不断健全。成功创建浙江省食品安全区。全面消除村集体经济经营性收入30万元以下薄弱村。

聚焦基层治理创新，提升政务效能，营商环境不断向好。全面延伸“最多跑一次”改革，深化“就近办”“去中心化”改革，率先推出“无差别综合受理”窗口。数字赋能基层治理，探索推广“五和众联”“宁聚蓝”“平安钉”等基层创新治理模式。《杭州市萧山湘湖旅游度假区条例》正式施行。应急管理改革初显成效，实现平安县（市、区）十五连冠，获全省首批一星平安金鼎。

过去五年特别是2020年的成绩来之不易。这是区委统筹谋划、正确领导的结果，是区人大、区政协有效监督、大力支持的结果，是全区广大干部群众和社会各界人士勠力同心、共同努力的结果。

与此同时，我们也清醒地认识到，当前萧山正处在爬坡过坎的关键期、自我突破的瓶颈期，工作中还存在不少困难和问题：新兴产业占比不高，新旧动能转换还需加速；产业高层次人才比例偏低，创新成果转化落地不足，创新平台建设还需持续发力；区域内空间利用效率不高，土地、环境、资金等要素保障瓶颈依然突出；城市能级、城市管理精细化水平尚需提高；公共服务供给在覆盖面、多元化等方面存在不足，群众获得感、幸福感有待进一步加强；干部在学习新经济、新业态、新模式等方面积极性不够高，在研究问题、破解难题、优质服务方面改革创新力度不够大。对此，我们将采取有力措施，切实加以解决。

二、“十四五”时期工作总体要求和主要目标

“十四五”时期，是充满机遇和挑战的五年，也是萧山奋发进取、大有可为的五年，必须准确把握新发展阶段的深刻内涵，有效应对各类风险挑战，牢牢把握发展主动权，在赶超跨越发展中展现新作为。

“十四五”时期全区经济社会发展总体要求为：高举习近平新时代中国特色社会主义思想伟大旗帜，深入贯彻党的十九大和十九届二中、三中、四中、五中全会精神，深入学习贯彻习近平总书记考察浙江、杭州重要讲话精神，统筹推进“五位一体”总体布局，协调推进“四个全面”战略布局，坚持党的全面领导，坚持以人民为中心，坚持新发展理念，坚持深化改革开放，坚持系统观念，坚持稳中求进工作总基调，以推动高质量发展为主题，以深化供给侧结构性改革为主线，以改革创新为根本动力，以满足人民日益增长的美好生活需要为根本目的，统筹发展和安全，服务构建新发展格局，忠实践行“八八战略”，聚焦“亚运、开放、数智、幸福”战略导向，高质量实施“一二八”行动，强化科技创新供给、现代产业引领、开放门户枢纽、美好生活高地四大功能，高水平建设“亚运国际城·数智新萧山”，奋力打造“重要窗口”示范样板，勇当省市社会主义现代化建设排头兵。

“十四五”时期全区经济社会发展的主要目标为：锚定二〇三五年远景目标，基本建成以钱塘江国际创新带为引领的具有国际竞争力的新制造中心、具有全国影响力的综合型科创中心、链接国内国际市场的全球支点城市中心、具有一流治理水平的高品质生活中心，形成一批全方位展示“重要窗口”示范样板的标志性成果，“亚运国际城·数智新萧山”成为省市社会主义现代化建设的实践范例。

——经济发展更高质效。现代化经济体系建设取得重大进展，新兴产业形成集群优势，传统产业整体迈入中高端，创新驱动发展能力显著提升，全区地区生产总值突破2600亿元，全社会研究与试验发展经费支出占地区生产总值比重为4%以上，打造全省一流的制造业高质量发展示范区和产业数字化第一区。

——城市能级更上台阶。亚运牵引新型城市化深入推进，“一带三区多极”空间格局基本成型，城市国际化步伐加快，城市核心区域辐射带动作用大幅提升，平台载体服务功能和承载能力显著增强，常住人口城镇化率为78%，城乡区域发展更加协调均衡。

——美丽萧山更具韵味。国土空间开发保护格局不断优化，生态环境质量持续改善，绿水青山就是金山银山转化通道进一步拓宽，生产生活方式全面绿色转型，资源节约集约利用水平显著提高，创建成为国家生态文明建设示范区。

——改革开放更大突破。自贸试验区建设辐射带动“全域自贸”成效显著，数字化变革牵动各领域改革，国际枢纽功能增强，市场主体充满活力，政府作用更好发挥，国际一流营商环境基本形成，成为构建新发展格局、“一带一路”建设、长三角一体化发展的重要节点。

——区域治理更加高效。党的全面领导落实到各领域各方面的高效执行体系基本形成，清廉萧山建设纵深推进，社会主义民主法治更加健全，社会公平正义进一步彰显，社会保持和谐稳定，智慧城市、数字乡村建设领先示范，成为全省整体智治样板区。

——人民生活更有品质。城市文明素质全面提升，历史文化与现代文明有机融合，独具萧山风韵的文化品牌标识度更加鲜明；居民收入增长与经济增长基本同步，城乡居民收入倍差缩小至1.65以内；公共服务更加优质均衡，全民受教育程度和健康水平不断提升，人均预期寿命为85岁，人民群众全生命周期的美好生活需要得到更高水平满足。

要实现上述目标，必须以亚运兴城行动为抓手，最大限度放大亚运赛前、赛中、赛后乘数效应，进一步彰显萧山独特竞争力和国际影响力。重点需把握好以下四个方面：

一是扛起使命担当，增强区域综合实力，有效提升首位度

树立正确大局观，无缝对接国家、省市战略，找准发展定位、把握发展先机、保持发展定力、创新发展路径，在上级战略落地落实上走在前列。按照“一带三区多极”的总体布局，加快重大平台提升发展，强化跨区域协调推进，全力构筑钱塘江国际创新带，在深入实施“拥江发展”上走在前列。坚持新发展理念，深入实施数字经济“一号工程”2.0版和“新制造业计划”，抢抓新一轮信息技术和产业变革机遇，加快萧山制造向萧山智造转型，全力打造硬核科技创新策源地，在做大总量提升质量上走在前列。

二是彰显萧山本底，打造萧山独特竞争力，有效提升辨识度

以圆满举办亚运会为目标，完善公共设施、优化城乡环境、提升产业层次、加快国际化进程，最大限度放大亚运主阵地红利和优势。紧盯“产业数字化第一区”目标，强化创新驱动，围绕产业基础高级化、产业链现代化，加快集群化产业平台建设，提升资源要素利用效能，最大限度放大制造业产业基础优势。传承萧山跨湖桥文化、围垦文化，厚植企业家资源、激发企业家热情，进一步弘扬“奔竞不息、勇立潮头”萧山精神，持续增强凝聚力、向心力，最大限度放大积淀深厚的人文优势。

三是强化融合协作，服务构建新发展格局，有效提升开放度

牢固树立大气开放包容理念，抢抓自贸试验区扩区契机，推动萧山成为杭州更好融入新发展格局，更好服务“一带一路”、长三角和浙江大湾区建设的重要支点，进一步确立区域开放的主体地位。依托重大赛事、品牌展会、国际组织、亚运场馆，加大文化、服务贸易等开放力度，进一步确立多领域开放的主体地位。抢抓产业链、供应链调整重构契机，加大对内对外开放力度，推动企业价值链回归和升级，依靠改革激活消费潜力，进一步确立内生式发展的主体地位。

四是秉承为民理念，改善人民生活品质，有效提升获得感、幸福感

始终牢记政府前面“人民”二字，以持续改善人民生活品质为己任，将有限资源用在群众最关切的事项上，强化实事办理过程管理和绩效评价，切实将实事办实、好事办好，不断增强政府精准服务能力。加快推进以人为核心的新型城镇化，完善普惠性、基础性、兜底性民生保障，扩大优质教育医疗等资源覆盖面，加快构建多元化供给保障机制，不断增强优质公共服务供给能力。打好蓝天碧水净土保卫战，持续加大环境整治力度，分类分批推进美丽乡村建设，落实“碳达峰、碳中和”工作，不断增强环境优势向发展优势转化能力。

三、2021年主要目标和具体工作

今年是建党100周年，是“十四五”开局之年，也是亚运兴城攻坚之年。当前，萧山大战略、大事件、大项目叠加集聚，发展机遇千载难逢。“重要窗口”新目标新定位为萧山高质量发展指明了新方向，全面迈入“亚运时代”为萧山城市品质能级跃升带来了新时机，全球新一轮科技革命和产业变革为萧山打造新制造中心创造了新机遇，国家省市重大战略实施为萧山打开空间格局提供了新契机，国内国际双循环互促升级为萧山强化经济发展韧性激发了新动力。但随着全球经济不确定性不稳定性加剧，区域竞争日趋激烈，萧山传统优势弱化、创新驱动不足带来的高质量发展挑战持续深化。全球新冠肺炎疫情等重大突发事件带来的城市治理能力提升需求更加紧迫，人口规模结构变化及需求多元化等趋势带来的共建共治共享难题日益复杂。机遇与挑战并存，萧山站在了二次创业的关键时期。必须增强忧患意识、坚持系统观念、保持战略定力、坚定必胜信心，把握时机、化危为机，努力在接续奋斗中实现赶超跨越，成为胸怀大局、勇担重任的排头兵，成为干在实处、走在前列的排头兵，成为彰显特色、引领示范的排头兵。根据区委十五届十二次全会精神，建议2021年全区经济社会发展主要预期目标为：地区生产总值增长7%左右；全社会研究与试验发展经费支出占地区生产总值比重为3.12%；数字经济核心产业增加值增长18%以上；固定资产投资增长10%，投资结构持续优化；城镇居民人均可支配收入和农村居民人均可支配收入增速与经济增长基本同步。具体做好以下六方面工作：

（一）激活发展潜力，在创新生态构建上实现新突破

深入实施创新强区战略，激发人才创新活力、完善创新发展载体、提升企业创新能力，全力构建“产学研用金、才政介美云”十联动的创新生态。打造人才集聚高地。实施“百名”院士专家、“千名”领军人才、“万名”青年英才引进计划。加快推进院士岛二期等平台建设，大力引进国际一流的科技领军人才和高水平创新团队。新增市级以上领军人才30人以上，征集高层次人才创业创新“5213”计划项目300个。新引进应届高校毕业生1.2万人，新增大学生创业企业120家。加强高端技能人才引育力度，实施新时代工匠培育工程，培养高技能人才1500人，全力支持杭州萧山技师学院一流学院和一流专业建设。构筑梯度发展平台。以钱塘湾未来总部基地、杭州会展新城、三江汇流区块等为引领，联动建设钱塘江国际创新带。加快推动浙江绿色智造产业新城发展，实质启动未来智造小镇核心区建设。加快三江创智小镇、信息港小镇六期北区块、图灵小镇、未来交通小镇、机器人小镇硬科技中心、科技城“三谷一园一基地”等载体建设。落实镇街工业园区分类发展三年行动计划，推进“一镇一园一示范”创建，加快打造产业空间及智能制造示范工程。强化产业协同创新。支持浙大杭州国际科创中心打造全球科技创新中心，加快西安电子科技大学杭州研究院项目建设。推动化纤新材料、汽车零部件等行业龙头企业建立研究院所、知识产权联盟，组建企业创新联合体4个。引导企业参与制（修）订国家标准、行业标准、“浙江制造”标准10项以上。新认定国家高新技术企业200家以上、省科技型中小企业500家以上、省级企业研发机构30家以上。完善创新要素配套。探索建立产业链、创新链和资金链深度融合的产业垂直孵化器。新增市级以上科技企业孵化器（众创空间）10家以上，孵化器（众创空间）总面积为60万平方米。深化产业创新服务综合体建设，为提升产业链现代化水平提供全链条服务。提质浙江省国家科技成果转移转化示范区建设，完成技术交易额40亿元以上。推动知名高校院所来萧设立孵化基地、成果转化公共服务平台。加快推进浙江省集成电路创新平台建设，力争成为集成电路国家技术创新中心。全年新增发明专利授权量550件以上。探索金融资产市场化运作，建立更加市场化、更具创新力的产

业发展引导基金。深入推进“凤凰行动”计划，新增上市企业3家，挖掘更多初创型科技企业上市潜力。加强困难企业帮扶，防范化解金融风险。

（二）聚焦数字赋能，在新旧动能转换上实现新突破

立足萧山产业基础和比较优势，把做实做强做优实体经济作为主攻方向，推进传统制造业与数字经济深度融合，努力建设全省一流的制造业高质量发展示范区和数字经济创新发展试验区。增强制造业竞争力。推进长三角（杭州）制造业数字化能力中心建设，引进20多家优势突出、梯次合理的智能制造和工业互联网服务商。启动智能制造行动2.0版，落实“新工厂计划”，实施智能制造项目50个，建设未来工厂1家，新认定省级数字化车间3家、培育数字化车间40家。推进省级数字经济创新发展试验区建设，做大做强工业机器人、增材制造装备、数控机床等关键技术装备制造业。培育数字经济梯队“骏马”“千里马”计划企业30家以上。实施产业链协同创新项目2个，加强装备首台（套）申报认定，力争新增“单项冠军”企业、“隐形冠军”企业各1家，专精特新“小巨人”企业培育取得新突破。新增规上工业企业90家、净增55家。深入实施质量主体培育工程，完成“品字标”认证企业5家以上。推进产业强链补链。围绕创新药、新型医疗器械、智慧医疗三大产业方向，按照“一核多园”布局，初步形成生物医药产业生态，力争产值增长30%以上。推动化纤纺织和汽车零部件产业向纤维新材料、智能汽车产业转型升级。深化“一会一馆一园一镇”智慧交通产业发展体系，加快推进浙江省综合交通产业示范区建设。打通“农业+旅游”“农业+康养”等全产业链发展环节。推进建筑工业化，支持建筑业做大做强，促进房地产市场平稳健康发展。提升存量资源质效。全力争创全省工业全域治理试点县（市、区）。继续实施存量工业用地有机更新，加强工业用地二级市场管理，发挥工业用地资金池作用，推动工业存量资源与各类资本联动。深入实施“亩均论英雄”改革，对亩均效益低下的企业实施转型倒逼，全力实现零税收用地企业清零。消化批而未供、供而未用土地各533.33公顷。建立年度新增建设用地项目库，争取计划指标200公顷以上。全面推进241个村全域土地综合整治与生态修复，基本完成9个省级工程。强化项目落地保障。围绕“3+3+3”产业体系，构建全区“一盘棋”的精准招商格局。紧盯行业龙头企业招大引强，在具有全省引领性的重大产业项目招引上实现新突破。大力发展总部经济，切实推进“浙商回归、杭商回家”工作。实施项目全周期管理改革，以省市区重点项目为主抓手，全力以赴加快重大项目建设。坚持产业项目难点问题定期专题协调机制常态化运行，有效保障重大项目落地实施。对标“2+6”8张清单，继续做大项目储备库，在资源要素争夺战中占据领先。加快恒逸功能性纤维新材料、荣盛功能性差别化纤维、长龙航空创新智能维保基地、健新原力生物医药基地等重点项目建设。

（三）打造开放高地，在开放融合发展上实现新突破

主动适应新发展格局，不断提高区域协作水平，切实增强利用国际国内两个市场、两种资源的能力，以开放促改革促创新促发展。抢抓自贸试验区扩区新契机。实施“3533”工程，高标准推进自贸试验区建设。落实“创新、项目、任务、指标”四张清单，建立健全投资贸易自由化便利化制度体系、开放型经济体系和风险防控体系。大力发展数智制造、跨境电商、临空高端服务、生物医药、科创金融等新产业、新业态、新模式，构建“自贸试验区+联动创新区+辐射带动区”的“全域自贸”新格局。着力在空港能级提升、跨境电商模式创新、生物医药产业创新发展等方面取得突破。加快融合发展新步伐。积极落实长三角一体化发展国家战略，主动服务、借力上海，精准对接、错位互补，深度参与“拥江发展”战略，有效打通高端发展要素流转通道。配合推进机场快线建设，建成杭绍城际铁路，力争杭州中环（萧山东段）开工，做好铁路萧山机场站枢纽及接线工程项目前期工作。加大市级以上优质资源引入力度，满足群众在家门口享受名校、名医等资源的需求。参与共建大运河文化带和浙东唐诗之路，联动打造江南文化深度体验地。构建外贸发展新优势。拓展国际贸易、国际投资“单一窗口”功能，推动杭州空港综合保税区落地获批，加快实现“区港一体化”发展。深入参与eWTP、杭州市外贸生态圈建设，争取更多功能覆盖和资源共享。支持跨境电商综合服务平台发展，推动出口企业应用“9610、9710、9810”模式开展跨境电商出口。继续推进产业集群跨境电商发展试点工作，全面深化服务贸易创新发展试点。激发内需市场新潜力。实施数字生活新服务行动，引导鼓励传统商贸企业开启“云逛街”等新消费模式。依托TOP直播产业园和云创直播小镇，打造商业新业态，做大做精直播经济、短视频经济。加快推动夜经济街区建设，全力争取湘湖慢生活街创建成为省级高品质步行街。加快推进市心北路高端商业综合体、奥体汇德隆印象城、银泰城南商业中心、亚运村商业街区等重点商贸项目。充分挖掘“会展+旅游”市场，激活参会人员消费潜力。

（四）聚力亚运攻坚，在国际城区建设上实现新突破

深入实施“亚运兴城”攻坚年行动，加速推进城市基础设施建设，完善城市功能，优化城市形象，在提升城市能级上取得新跨越。加快亚运项目建设。确保完成亚运“三馆三村”和区体育中心、瓜沥文体中心、临浦文体中心等项目建设，提前启动场馆运营队伍的组建与磨合。开展赛前功能测试和试赛、体育专项工艺验收，统筹规划亚残会无障碍设施设备。大力推进奥体核心区、“三馆三村”周边市政、安保应急、感知体系、公共标识、景观绿化等配套设施建设。启动亚运护城河检查站建设，加快杭州安保指挥中心项目实施。完善城乡基础设施。建立全区规划一张图、构建与新一轮国土空间规划相匹配的规划体系，开展镇街国土空间规划编制。优化杭州南站新城等重点区块城市设计。全力提速“22688”交通大会战，开工建设通城大道南伸等项目。加快博奥路南伸、彩虹大道、杭绍甬智慧高速等道路建设，03省道东复线高架南延、时代大道等项目基本完工。探索建设智慧交通体系，打通春永线、西河路南伸、萧邮路等一批支小路、断头路，进一步提升通勤能力。加强水利项目建设和管理，化解城市易涝问题，形成与标准塘相适应的防洪排涝圈。全力加快千岛湖配水工程输水通道江南线项目建设。提升城市运行水平。积极探索全域未来社区建设试点，完善一批国际化软硬件设施配套。创新社会数据与政务数据的融合应用，拓展智能化跨领域场景应用。提升城市设施监测智

能化、管理作业精准化、分析评价科学化水平。加快推进智安小区、楼宇、工地和学校建设。有序推进城中村改造，加快回迁安置进程。开展“美好家园”创建，实现失管小区物业全覆盖。推进撤村建居社区治理工作，积极探索“经社分离”。提高城市人文素养。围绕庆祝建党100周年和2022年杭州亚运会，开展系列文化惠民活动，持续推进移风易俗工作。深入挖掘本土文化，推进《萧山文化丛书》编撰。加快城市文化公园和老岳庙运河文化公园建设，完成萧山博物馆展陈提升。全面启动“钱塘潮涌”文化传承生态保护区创建。实施革命文物修缮三年行动计划，开展衙前农民运动旧址等一批革命文物维修养护。推进中长期青年发展规划全国试点，加快建设“青年成长型城市”。

（五）推进绿色发展，在生态文明建设上实现新突破

坚持绿水青山就是金山银山理念，积极创建国家生态文明建设示范区，促进经济社会发展全面绿色转型，打造新时代美丽中国萧山样本。纵深开展专项整治。高标准严要求开展中央生态环境保护督察整改工作，确保闻堰街道龙山河截污纳管、衙前镇吟龙村污水管、化肥农药减量化等整改到位。抓实城市环境综合整治，推动建筑工地标准化三十条、一体化保洁管养改革等全域覆盖。全面完成城郊接合部38个村社的环境整治。推进飞地合作消纳项目，不断规范工程渣土消纳处置。深入开展农村危房和农村乱占耕地建房问题等专项整治，完善农村宅基地管理。

全力加强污染治理。落实“碳达峰、碳中和”要求，加快调整优化产业结构、能源结构，打好污染防治攻坚战。实施挥发性有机物污染治理项目91个，确保275家挥发性有机物重点排放企业完成整治。推进天然气锅炉低氮改造项目57个，1蒸吨及以上工业和民用燃气锅炉为低氮排放标准。确保PM2.5平均浓度低于39微克/立方米。加快污染防治项目建设进度，推进农村生活污水治理终端建设全覆盖，饮用水源水质达标率100%。江东水厂二期建成通水，钱江污水厂四期扩建项目主体完成。继续开展农用地污染“对账销号”行动，做到受污染耕地100%安全利用。建成浙江省“无废城市”。持续美化城市封面。加快建设国博中心二期、杭州世纪中心等亚运核心区地标性建筑。积极争取世界旅游联盟总部交付和世界旅游博物馆开馆，持续推进跨湖桥景区AAAAA创建。深化浙江国家音乐产业基地萧山园区建设。北干山南公园、朝阳休闲运动公园等开工建设。推进金城路、博奥路、奔竞大道等城市主要道路精品示范路创建工作。完成市心路整治二期等项目，建成智慧亮灯系统，加快机场高速两侧夜景灯光建设。全面推进乡村振兴。着眼现代农业、农村经济、人居环境、乡村治理、农民发展等重点领域，系统推进农村集成改革，搭建起新时代农村改革的“四梁八柱”。高质量打造现代农业迭代升级先行先试区，高品质建设“和美”乡村宜居生活先行先试区。新增“一村万树”示范村3个、推进村3个，逐步推进骨干林道后续养护工作。继续实施“四好农村路”工程，提升改造及路面维修农村公路200公里。加快省全域旅游示范区创建，积极打造美丽乡村精品示范线。开展美丽城镇创建工作，确保6个镇街通过省美丽城镇达标验收，2个以上成为省级样板，争创新时代美丽城镇建设优秀县（市、区）。完成《萧山区现代农业产业园区布局规划》，启动青化山省级茶果特色农业园区建设。继续深入推进村级留用地开发利用。健全金融支农体系，深入开展政银共建、村银共建活动。

（六）践行共建共享，在民生福祉改善上实现新突破

坚持以人民为中心理念，将改善民生作为扩大内需的重要抓手，完善全生命周期民生服务，努力满足人民对美好生活的向往。守护安全发展底线。深化“源头查控+硬核隔离+精密智控+暖心服务”机制，筑牢“人物并防”、监测预警、集中管控、医疗救治、疫苗接种、健康宣教“六道防线”。加强平安村社创建力度，积极推进平安共同体建设。巩固提升三年扫黑除恶专项斗争实效，严厉打击网上网下黑恶犯罪。加大电信网络新型犯罪打击治理力度，严厉打击环食药等民生领域违法犯罪行为。持续推进安全生产综合治理三年行动，强化数字技术应用，加快形成与社会治理现代化相适应的应急管理体系和能力，确保全年生产安全事故量、死亡人数持续下降。深化交通安全综合治理，加强出租房、老旧厂房、高层建筑消防安全整治，防范城市建设和地下空间安全风险，严防发生重大亡人事故。落实耕地保护补偿机制，大力推进耕地“非农化”“非粮化”整治，实施标准农田质量提升面积378.67公顷，稳定粮食播种面积1.27万公顷。夯实社会保障基础。新增城镇就业2.5万人，帮扶8000名就业困难人员、失业人员实现就业再就业，确保零就业家庭动态清零。推进农村五保供养中心集团化运营，完成区智慧养老信息系统建设。落实全区85%以上的村社创建基础型儿童之家，创建示范型儿童之家60家。创新连片“消薄”新模式，实现低收入农户家庭人均可支配收入增幅10%，所有行政村经营性年收入达50万元以上。扩大救助覆盖面，发挥慈善在第三次分配中的作用。加强退役军人保障工作。新增住房公积金建制4.5万人以上。提升美好教育水平。推进高中学校特色多元发展，实施萧中北拓、六中转型、四职扩容。深化产教融合，推进职业教育高质量发展。促进城乡教育优质均衡发展，加快国家级和省级教育信息化实验区建设，推广多形式名校集团化办学模式。推进学前教育第三轮行动计划，加大公办幼儿园建设力度。支持和规范民办教育发展，完善终身学习体系，推进学习型社会建设。加强新时代教师队伍建设，培养名师名校长200人以上。扩面青少年宫（青少年活动中心）分宫建设，镇街覆盖率为50%以上。完善健康治理体系。启动“健康萧山”三年行动计划。深化区域医共体建设，建立完善以公益性为导向的绩效评价、考核激励新机制。深入打造智慧医保，积极推进医保支付方式改革，持续提升医保基金监管能力。促进“互联网+医疗健康”发展，加快数字医疗建设，完善面向患者、医疗卫生机构和政府部门的数字信息化体系。坚持中西医并重，大力发展中医药事业。启动区二医院迁建，加快浙大二院总部项目建设，确保浙大妇院钱江院区投入使用。推进社区卫生服务机构标准化建设，扩面开展国家优质服务基层行活动。开展“亚运兴城·全民共享”主题系列赛事活动，推进省体育现代化区创建。各位代表，为民办实事是政府的重要职责。区政府将继续按照民生实事“群众提、大家定、政府办”的理念，进一步增强责任意识、服务意识，切实办好10项民生实事，持续提升群众满意度、获得感。

1. 新辟、优化调整公交线路25条，更新公交车50辆；新建公共自行车服务点14个，新增、更新普通公共自行车3500辆，新增亲子公共自行车500辆。

2. 完成标准化智慧农贸市场建设10家，智慧化改造摊位1200个，完成学校（幼儿园）智能“阳光厨房”建设220家。

3. 启用通惠南路初中、科技城小学、益农二幼等12所学校，新增学位1.3万个。

4. 完成困难老年人家庭适老化改造500户，新增、提升社区老年食堂（含助餐服务点）50家，新增养老机构床位150张，新建镇街社会工作站不少于6家。

5. 完成无障碍环境改造提升点位3000个以上，全面优化亚运场馆周边无障碍环境；为视力、听力、言语障碍残疾人提供通信优惠套餐服务，惠及1万人以上。

6. 推进“文化管家”社会化服务向镇、村基层延伸，覆盖100个文化场馆；新增永兴书房10家，新建、重建公共体育场地100个。

7. 安置房开工100万平方米，竣工200万平方米；持续推进老旧小区综合改造提升，完成100幢、20万平方米，新启动50幢、10万平方米；完成老旧小区二次供水改造提升12个以上。

8. 配置公共场所AED（自动体外除颤仪）630台，建设10个以上标准化急救站点。

9. 全面推行生活垃圾定时定点投放，生活垃圾无害化处理率达100%；新增生活垃圾分类示范村10个，示范小区20个。

四、加强自身建设，提升群众满意度

面对新形势、新任务、新挑战，必须深入践行习近平新时代中国特色社会主义思想，进一步增强“四个意识”、坚定“四个自信”、做到“两个维护”，心怀“国之大者”，不断提高政治判断力、政治领悟力、政治执行力，全面推进数字化改革，加快打造“整体智治、唯实惟先”现代政府。

（一）坚持依法行政，建设法治政府

自觉接受人大法律监督和政协民主监督，认真执行区人大及其常委会各项决议，充分发挥人民政协作为协商民主重要渠道作用。认真办理人大代表建议和政协提案，广泛接受群众、媒体和社会监督。压实法治政府建设主体责任，构建职责明确、依法行政的政府治理体系。高质量谋划实施《法治萧山规划》和《“八五”普法规划》，建成萧山宪法广场，全力创建法治浙江示范区。严格落实重大行政决策、行政规范性文件、行政机关合同审核程序，做到合法性审查全覆盖。加强行政复议规范化建设，继续开展“两高一低”专项整治。落实政府常务会议学法制度，推动领导干部学法制度化、常态化。深化基层政务公开标准化、规范化建设。坚持依法履职，提升行政行为规范性和精准性。

（二）强化数字思维，建设智治政府

以数字化手段推进政府治理全方位、系统性、重塑性变革，打造整体智治、高效协同的数字政府综合应用。拓展智能化跨领域应用场景，加快推动社会治理数字驾驶舱建设。深化浙江政务服务网萧山平台建设，“掌上办事”和“掌上办公”基本实现政府核心业务全覆盖。持续优化营商环境，深化“最多跑一次”改革，做好项目审批“最多80天”、产业项目标准地、工业项目土地出让后半年内开工建设等工作。建立分级分类信用监测机制，力争“信用＋园区”应用场景列入全省信用应用典型案例。深入推进商事制度改革，探索自贸试验区“告知承诺制”和“证照分离”提质扩面。

（三）突出系统集成，建设高效政府

坚决落实中央和省市区委各项决策部署，突出抓纲举目，增强在大局下谋划和行动的能力和水平。优化顶层设计、树立底线思维，加强各领域制度的整体设计，协调推进发展和安全两件大事。统筹制度改革和制度运行，构建更加系统完善、科学规范、运行高效的制度体系。完善闭环工作机制，打通政府内部流程，推动各项举措政策取向上相互配合，实施过程中相互促进，实施效果上相得益彰。坚持“好时不扰、难时出手”，建立企业诉求办理回应、疑难问题协调处理常态化工作机制，全力破解企业痛点、难点和堵点问题，提振企业发展信心。

（四）严守纪律规矩，建设廉洁政府

始终坚持党的领导，坚决扛起全面从严治党主体责任，严格执行中央八项规定精神和省市实施细则，持之以恒纠“四风”、转作风。加强行政问责和审计监督，突出行政审批、工程招投标、政府采购等重点领域监管，规范行业协会商会管理，扎紧制度笼子，规范权力运行。坚持政府过“紧日子”，进一步压缩非刚性、非急需、非重点支出。加强政府债务管理，防范化解债务风险。加强警示教育，提高干部廉洁自律意识，着力营造干部清正、政府清廉、政治清明的政务环境。

2021年政府民生实事

1. 新辟、优化调整公交线路 25 条，更新公交车 50 辆；新建公共自行车服务点 14 个，新增、更新普通公共自行车 3500 辆，新增亲子公共自行车 500 辆。

完成情况：新辟线路 12 条，即 7701、788 内环线、788 外环线、1515M、姑娘桥公交站至安昌公交站、2057、531M、791M、792M、323B、7702M、7703M；优化调整 14 条，即 360、361、708、712、2039、2016、781、714、2052、563M、770、771、519、2098；更新公交车 50 辆。新建公共自行车服务点 14 个，新增、更新普通公共自行车 3500 辆，新增亲子公共自行车 1000 辆。

2. 完成标准化智慧农贸市场建设 10 家，智慧化改造摊位 1200 个，完成学校（幼儿园）智能“阳光厨房”建设 220 家。

完成情况：建成标准化智慧农贸市场 15 家，智慧化改造摊位 1200 个，牵头编制杭州市级地方标准《智慧农贸市场建设与管理规范》并获发布。在上年试点建设 40 家的基础上，建成中小学和等级幼儿园食堂智能“阳光厨房”346 家，在全市率先实现校园智能“阳光厨房”全覆盖。

3. 启用通惠南路初中、科技城小学、益农二幼等 12 所学校，新增学位 1.3 万个。

完成情况：通惠南路初中、科技城小学、益农二幼、信息港初中、湖头陈小学、南二路小学、南五路小学、兴议路小学、南五路幼儿园、塘湾幼儿园、天德路幼儿园、科技城幼儿园等 21 所学校于 9 月 1 日前启用，新增学位 1.68 万个。

4. 完成困难老年人家庭适老化改造 500 户，新增、提升社区老年食堂（含助餐服务点）50 家，新增养老机构床位 150 张，新建镇街社会工作站不少于 6 家。

完成情况：完成困难老年人家庭适老化改造 800 户；新增和提升社区老年食堂（含助餐服务点）58 家；新增养老机构床位 171 张；新建镇街社会工作站 17 家，镇街社会工作站实现全覆盖。

5. 完成无障碍环境改造提升点位 3000 个以上，全面优化亚运场馆周边无障碍环境；为视力、听力、言语障碍残疾人提供通信优惠套餐服务，惠及 1 万人以上。

完成情况：完成无障碍环境改造提升点位 3454 个，全面优化亚运场馆周边无障碍环境；为视力、听力、言语障碍残疾人提供通信优惠套餐服务，惠及 10363 人。

2021 年 6 月，广德小区居民在改造后的小广场休闲纳凉　（区亚运兴城办 提供）

6. 推进“文化管家”社会化服务向镇、村基层延伸，覆盖100个文化场馆；新增永兴书房10家，新建、重建公共体育场地100个。

完成情况：“文化管家”社会化服务落地全区共141个基层文化服务场所；新增永兴书房10家，新建、重建公共体育场地300个。

7. 安置房开工100万平方米，竣工200万平方米；持续推进老旧小区综合改造提升，完成100幢、20万平方米，新启动50幢、10万平方米；完成老旧小区二次供水改造提升12个以上。

完成情况：安置房开工5个项目，112万平方米；竣工4个项目，269.83万平方米。丽华公寓、育才东苑三、万寿桥二区块、城建公寓、广德小区老旧小区综合改造提升项目完工，共26.77万平方米；崇化三区块、城中花园、城北新村、新塘街道井头王公寓、杭柴公寓、北干山南路37号等老旧小区综合改造提升项目开工，共13.12万平方米。佳境天城小区佳合苑、境合苑、天合苑、成合苑、人合苑、恒泰御庭园、馨星大厦、雍景湾花园小区、德圣博奥城、高第府（东区）、高第府（西区）、新白马公寓、景海湾、滨水名庭等14个小区完成二次供水改造提升。

8. 配置公共场所AED（自动体外除颤仪）630台，建设10个以上标准化急救站点。

完成情况：配置安装630台AED设备；联合区红十字会，全面开展AED日常管理员及公众急救知识技能宣传培训，累计培训6165人次；建成12个标准化院前急救站点。

9. 全面推行生活垃圾定时定点投放，生活垃圾无害化处理率达100%；新增生活垃圾分类示范村10个，示范小区20个。

完成情况：全区全面推行生活垃圾定时定点投放模式，生活垃圾无害化处理率100%；新增生活垃圾分类示范村20个，示范小区21个。

10. 创建美丽乡村提升村40个；完成6个镇街（平台）“污水零直排”项目；创建A级及以上景区村庄15个。

完成情况：创建美丽乡村提升村47个；镇街（平台）“污水零直排”项目完成6个；创建A级及以上景区村庄25个。

（卫志武）

党史学习教育

【概况】 2021年，萧山区委认真贯彻落实中央和省、市委关于党史学习教育的决策部署，在市第三巡回指导组指导下，扛起萧山作为“中共农运发轫地”的政治担当，围绕“深学笃行”，突出“常态长效”，持续推动党史学习教育走深走实走心，为全区经济社会全面发展激发红色引擎、提供强大动力。

【区委统筹谋划党史学习教育】 2021年，萧山区以“我在中共农运发轫地学党史”为主题，以四个“深学笃行”为要求，坚持规定动作和自选动作相结合，统筹部署六大专题活动，细化20项重点举措、94项具体任务。3月5日，区委常委会专题研究部署党史学习教育工作。3月10日，召开全区党史学习教育动员部署会。成立领导小组及其办公室，组建工作专班，完善工作机制，建立健全工作例会、宣传策划、巡回指导等制度，召开巡回指导动员部署会、党史学习教育研讨会等全区性专题会议7次，制定印发《关于开展党史学习教育的实施工作方案》《萧山区党史学习教育“办实事、解难题、减负担”专题实践活动方案》等各类文件、提示单60多件。组建8个区级巡回指导组，深入一线指导把关。4本指定书目征订40多万册，党员覆盖率103.38%。按要求做好“四史”（党史、新中国史、改革开放史、社会主义发展史）教材征订工作。

【各级领导干部学习党史】 2021年，萧山区发挥各级党委（党组）理论学习中心组领学促学作用，围绕4本指定书目、3本简史和《习近平在浙江》采访实录、《习近平科学的思维方法在浙江的探索与实践》研究成果、习近平总书记“七一”重要讲话精神、党的十九届六中全会精神等，区委理论学习中心组开展专题学习18次、专题研讨5次，举办专题读书班2次，各级中心组开展专题学习研讨600多次。其中，围绕学习贯彻习近平总书记“七一”重要讲话精神，区委常委会专题学习1次，区委理论学习中心组专题学习4次，并举办专题读书班。全区两级理论学习中心组开展专题学习170次、组织专题读书班57次。围绕学习贯彻党的十九届六中全会精神，在全区开展“六讲六做”大宣讲行动，以“十百千万”（十大阵地分众讲、百支团队巡回讲、千名干部带头讲、万名党员入户讲）为载体，形成上下联动、覆盖全局的大宣讲格局。党史学习教育开展以来，区管以上领导干部作党史专题宣讲或讲党课892场，基层党组织书记作党史专题宣讲或讲党课5035场，总计受众60.5万人次。754名区管以上党员领导干部均以普通党员身份参加组织生活会。

【党史宣讲】 2021年，围绕“党员群众在哪里，宣讲就覆盖到哪里”，区委宣讲团、专家宣讲团和多支区级特色宣讲团开展宣讲3200多场。各镇街组建宣讲队伍，打造“青沥量”“靖力量”“益·青春”“临距离”等基层宣讲品牌，以“板凳课堂”“礼堂夜话”“围炉夜话”等形式，打通党史宣讲“最后一公里”。党校萧山分校组织开展“党课送基层，党史进百村”活动，为204家单位宣讲250多场次，覆盖听众5.12万人次。依托党群服务驿站、农村文化礼堂、社区文化家园、城市书房、“党史学习教育专列”等阵地，推广经典诵读、分享交流、知识竞赛、红色观影等学习形式，引导广大党员群众树立正确的历史观、民族观、国家观和文化观。

【党史学习教育打造萧山特色】 2021年，萧山区党史学习教育针对青少年群体，围绕“青年讲给青年听”，组建“弄潮儿”宣讲团、“青春力量”宣讲团等，深入村社、企业、工地、学校进行巡回宣讲。重点打造“萧然·青年说”红色基因“云”传承品牌，围绕总书记系列重要讲话精神，立足萧山各历史阶段最有代表性的红色场馆，通过沉浸式讲述、数字化传播，传承党史故事背后的“农运精神”“围垦精神”“创业精神”等，受众30多万人次，被新华社、《人民日报》、《中国青年报》、浙江卫视等专题报道。针对新型经济组和新社会组织（“两新”组织），以“线上、线下、云端、码上”等途径，多形式全员学、全渠道高效学、建制度常态学，推动党史学习教育进园区、进楼宇、进车间。灵活开展微党课、微诵读、微讨论，以及“班前班后5分钟”“午间一刻钟”等线上线下学习打卡活动，确保学习全覆盖、无遗漏。传化集团深入学习贯彻落实习近平总书记重要批示精神，以高质量党史学习教育引领企业高质量发展，被央视《新闻联播》报道；区文艺两新组织以“新时代新作为”为主题，认真学习贯彻党的十九届六中全会精神，被新华网、人民网报道。

【地方党史理论研究】 2021年，萧山区编纂出版地方党史教材《人间正道——建党百年萧山访谈录》《日月新天——建党百年萧山大事记》《历史没有忘记他们——萧山党史人物读本》，上线“掌上萧山党史”，收录党史书籍9册，在全省率先刊发“四史”宣传教育专题简报16期。衙前镇、进化镇编写《探源红色根脉：衙前农民运动》《进化百年纪事》等本地党史读本。举办“百年荣光 萧山风华”党史学习教育研讨会、“传承百年火种 奔向共同富裕——纪念衙前农民运动100周年学术研讨活动”，邀请国内专家围绕萧山百年党史内涵，对萧山在中共农运发轫、乡镇企业改革、民营经济发展、共同富裕探索等方面的先行先试做法和历史影响等进行理论研讨。

【立体式传承红色基因】 2021年，萧山区排摸红色“家底”，梳理省、市、区三级红色资源名录数据库，整合提升衙前农民运动纪念馆、萧山革命历史纪念馆等红色阵地50多处，新建瞿缦云纪念馆、金萧支队萧山纪念馆等红色场馆10余个，楼塔、戴村等镇街统筹红色资源挖掘与古老建筑修缮利用，融入美丽乡村建设。精选红色教育基地、革命旧址、美丽乡村等研学点位32个，打造6条红色研学路线，绘制红色数智地图，推出6条红色美丽专线。举办萧山区“沿着红色足迹学党史”暨“百年红印家乡行”活动，为党员群众打造“云上传承+线下体验”的新模式。实施“红色根脉强基工程”，以深化“千万工程”为契机，串联“美丽党建、红色线路、精品驿站”，将红色元素嵌入梅林村、佛山村等多个农村基层示范点建设，衙前镇凤凰村入选中央红色美丽村庄试点村。传化集团有限公司入选浙江省习近平新时代中国特色社会主义思想研究中心首批调研基地。

【党史学习教育宣传阵地】 2021年，萧山区精心组织“奋斗百年路 启航新征程”等重大主题报道，开展“永远跟党走”群众性主题宣传教育活动，举办庆祝中国共产党成立100周年灯光秀。举行“百年风华 奔竞萧山”庆祝中国共产党成立100周年主题晚会，在线观看超过120万人次。举办“感悟百年党史 勇立时代潮头”演讲比赛，开展“守好红色根脉 奋进崭新征程”征文活动等。宣传“两优一先”获得者鲁冠球（全国优秀共产党员）、陈捷（全国优秀党务工作者），“七一勋章”获得者瞿独伊等楷模事迹。中央、省级主流媒体刊发萧山区相关报道1300多篇（条），省、市党史学习教育简报有50多次体现萧山区工作亮点。中央广播电视总台报道衙前农民信用合作社作为党领导下的第一个金融机构的历史地位，《人民日报》报道湘湖畔建起党群服务驿站、“我们的生活越过越好”等。

【红色文艺精品展演】 2021年，萧山区组织创作一批凸显萧山元素的红色文艺作品并进行展演。编排演出以杨之华为原型的大型革命历史绍剧《秋之白华》，获中央、省、市媒体报道。以地方剧种还原地方党史的方式受到党员群众认可。萧山地方党史专题宣传片《百炼成钢》发布，阿优文化科技有限公司制作的动漫宣传片《真理的火种》在中央电视总台播出。举办“万象更新”浙江省油画作品邀请展、《革命与复兴：中国共产党百年》大型摄影文献展、“翰墨丹青颂”庆祝中国共产党成立100周年书画作品展等各类主题活动。

【专题实践活动开展】 2021年，萧山区开展“我为群众办实事、我为企业解难题、我为基层减负担”专题实践活动和“民呼我为”主题活动，推出以“六大平台听民意”“十大攻坚惠民生”“十大关爱暖人心”“十大举措减负担”为主要内容的101项事项清单。开展“民情双访”7200多次，走访群众6.7万户、企业2.8万次，收集并解决问题2.4万个，组织“发展有温度 幸福有质感”“三为”最佳实践案例评选活动等，提升群众、企业、基层获得感。聚焦共同富裕、数字化改革、亚运筹备、疫情防控、落实“双减”等，开展亚运兴城六大攻坚战、高质量发展重大项目服务月、“领办一件事、助力十四五”民情双访活动等。办好住房保障、交通治理、幼托服务等36项群众关切的民生实事，重点推动全区6400多名高龄独居空巢孤寡老人安居守护一件事、老年食堂、婴幼儿成长驿站等建设，守护“一老一小”和困难群众，破解急难愁盼。为残疾人开展电子商务培训、打造精准扶贫“互联网+”居家创业模式，被中央电视总台《新闻联播》报道。在抗击台风“烟花”、防控新冠肺炎疫情的大战大考中，全区广大党员干部把党史学习教育成效转化为舍我其谁的忠诚担当和守望相助的城市大爱，获中央媒体点赞。用数字化手段提升治理效能，按照“小切口、大场景、强牵引”要求，打造“清廉萧山”码上工程及“健康大脑”“双碳大脑”“平安村社”“新无忧”“沥家园”等应用场景，数智赋能基层治理。以数字化手段为基层减负增效，推进“无感”考评，在全区推广使用大督查场景2.0版，该场景被列入省数字化改革重点工作任务清单。

【推动形成党史学习教育常态化长效化机制】 2021年，萧山区加强系统梳理、总结提炼、宣传推广、建章立制，巩固拓展党史学习教育成果，通过健全完善党员干部党史学习教育、红色资源保护利用、“四史”宣传教育、党史学习教育成果转化、党史学习教育闭环管理常态化长效化工作机制等，守好红色根脉，传承红色基因，展现“头雁”担当。

（区党史学习教育领导小组办公室）

第十九届亚运会筹办

【概况】 2021年，萧山区开启“亚运兴城”攻坚年，亚运筹备进入冲锋冲刺、决战决胜阶段。组建“亚运兴城”行动领导小组，下设办公室、“六大工程”（基础设施提升、美丽萧山建设、城市国际化推进、产业创新发展、数字治理赋能、幸福城区建设）工作组、督导工作组一办七组。全面推进亚运场馆、亚运村及配套基础设施建设、城市形象传播、亚运氛围营造等工作。7月，实施涵盖亚运通勤路线、高速口及周边道路、老旧小区、无障碍设施、标识标牌、亮灯工程、地铁口、沿线矿山、公园绿化绿道10项改造建设工程；8月13日，召开城市侧亚运形象景观布置动员大会，根据《杭州2022年亚运会、亚残运会组委会形象景观总体规划2.0版》及审核要求，对城市侧亚运会形象景观布置进行工作部署。是年，萧山区两次获得杭州市亚运城市行动比学赶超第一名。

【“亚运兴城”攻坚年誓师大会】 2021年3月10日，萧山区“亚运兴城”攻坚年誓师大会举行。大会以视频形式召开。市委副书记、区委书记佟桂莉强调围绕“保障亚运、服务亚运、放大效应、全面效应”总目标高水平建设“亚运国际城·数智新萧山”。区委副书记、区长章登峰发布“亚运兴城”攻坚年行动任务。裘超、洪松法、赵立明等区四套班子领导在主会场出席。基础设施、环境提升、城市国际化、整体智治、幸福城区、创新驱动“亚运兴城”六大攻坚战牵头区领导领任务书。

【杭州亚运三馆竣工】 2021年4月5日，杭州奥体中心体育馆、游泳馆、综合训练馆（简称“杭州亚运三馆”）通过竣工验收。杭州亚运三馆于2018年1月26日开工，总建筑面积58.15万平方米。其中，主体育馆和游泳馆建筑面积39.7万平方米，作为亚运会赛事期间篮球、游泳、跳水和花样游泳的比赛场馆；综合训练馆包括训练馆、五大中心、手球馆、新闻中心、运动员宿舍、配套公建及地下后勤、停车场等设施，在亚运会期间承担篮球、摔跤、排球、跆拳道、手球比赛项目的训练任务，总建筑面积18.45万平方米。

【亚运氛围营造】 2021年4月16日，萧山区举办“亚运三馆探营”大型采访活动，中国网、《科技日报》、《浙江日报》、浙江卫视、新浪网、腾讯网等20多家新闻媒体参加现场活动。4月28日，杭州亚运会倒计时500天，萧山区启动“你我一起 精彩亚运”迎亚运群众性主题活动，发布迎亚运八大行动——文明守礼迎亚运行动、微笑服务迎亚运行动、敬业奉献迎亚运行动、青春志愿迎亚运行动、靓丽巾帼迎亚运行动、童心同行迎亚运行动、群文欢动迎亚运行动、全民健身迎亚运行动。4月28日，开启“亚运兴城体验官”活动，面向群众招募“亚运兴城体验官”，邀请群众近距离体验亚运，直观感受亚运会带来的城市发展红利，首批6位“亚运兴城体验官”为翁仁康、张玲、刘忠虎、罗可歌、叶凯雯、戴妮。全年开展“亚运兴城体验官”活动7期。5月，推出“乡村运动十二季”全民健身迎亚运系列活动，开展健身理念普及、健身场地拓展、健身活动推广、健身队伍培育四大行动12项子活动，活动持续到年底。9月，开展“我在萧山迎亚运”系列活动，邀请全区37位部门、镇街（平台）负责人，李兰娟、吕薇、陈妙林、翁仁康等萧山籍名人，管晨辰、余依婷、万济圆、陆家辰等东京奥运会、全运会冠军运动员录制迎亚运视频。9月9日，杭州2022年亚运会萧山区倒计时一周年活动在瓜沥文化体育中心举行。

【“你好亚运”萧山区亚运观赛空间启用】 2021年10月31日，“你好亚运”萧山区亚运观赛空间启动仪式在钱江世纪公园举行。该观赛空间位于钱江世纪公园你好广场，占地3000平方米，设置观众观赛座位区、亚运特许商品展销处、餐饮观赛区三大区域。

【亚运场馆通过赛事功能验收】 2021年11月8日，杭州奥体中心体育馆、游泳馆赛事功能通过杭州亚组委赛事功能验收小组验收。11月16日，瓜沥文化体育中心赛事功能通过杭州亚组委赛事功能验收小组验收。11月19日，临浦体育馆赛事功能通过杭州亚组委赛事功能验收小组验收。12月21日，杭州奥体中心国博壁球馆通过赛事功能预验收。12月22日，萧山体育中心赛事功能通过验收。

【杭州亚运村竣工】 2021年12月29日，杭州亚运村竣工，亚运村由建设阶段转入运行和赛时使用阶段。杭州亚运村位于钱江世纪城北单元，由亚运村路—丰北路—平澜路—亚运河—飞虹路围合而成，总用地面积113公顷，建筑面积约241万平方米，有108幢建筑。亚运村由运动员村、技术官员村、媒体村、

2021年3月10日，萧山区“亚运兴城”攻坚年誓师大会举行　（范方斌 摄）

国际区与公共区组成，赛时可容纳 1 万多名运动员、约 5000 名媒体人员和近 4000 名技术官员，提供住宿、餐饮、娱乐等综合服务保障。

【智慧亚运项目】 2021 年，萧山区统筹 G（政府）端、B（企业）端、C（用户）端不同需求，运用物联网、大数据、人工智能、5G（第五代通信技术）、VR（虚拟现实）、8K（超高清画质电视）等科技手段，开展迭代更新，打造大督查系统、智能亚运驾驶舱和智能场馆，为赛时运行指挥提供高效数智保障，为游客提供一站式、精准式服务，为来宾提供便捷智能的观赛体验。

（杨健儿　樊轶雯）

共同富裕示范区建设

【概况】 2021 年 5 月，国务院批复支持浙江高质量发展建设共同富裕示范区。7 月，萧山区召开区委全体扩大会议，明确打造新时代共同富裕新标杆目标定位，成立由区委书记为组长、区长为第一副组长的萧山区打造新时代共同富裕新标杆领导小组，编制《杭州市萧山区奋力打造新时代共同富裕新标杆的行动方案（2021—2025 年）》，制定《杭州市萧山区奋力打造新时代共同富裕新标杆四张清单》，推进共同富裕建设。8 月，浙江省公布首批高质量发展建设共同富裕示范区试点名单，萧山区作为“建设共同富裕现代化基本单元领域”试点，入选全省 28 个试点之一。

【产业转型升级】 2021 年，萧山区推进产业转型升级，夯实共同富裕基础。择优发布 15 个关键核心技术攻关需求“揭榜挂帅”榜单，新增省级博士后科研工作站 8 家，成立区属私募基金管理公司，设立规模为 20 亿元的新兴产业基金。政府产业基金新增子基金投资项目 4 个、直投项目 4 个，累计完成子基金投资项目 20 个、直投项目 14 个。新招引 1 亿元以上项目 63 个，其中 10 亿元以上项目 14 个。新入选省“鲲鹏行动”计划 1 人，引进培育市级以上领军人才 36 人。创新搭建以“产业大脑 + 未来工厂”为核心的数字经济系统，“化纤行业产业大脑”成为全省首批试点，紫光恒越（杭州）技术有限公司等 3 家企业入选省级“未来工厂”试点名单。优化产业结构，举办第四届浙江国际智慧交通产业博览会，加速推进智慧交通科技园建设，启动未来交通新镇项目建设。梳理营商环境问题清单，落实整改 86 项举措。

【创新试点建设】 2021 年，萧山区编制并上报省级试点建设三年行动计划，以 14 个省、市未来社区和未来乡村试点为依托，以点带面，推进 39 个以上未来社区、未来乡村项目建设。瓜沥镇七彩社区成为全省未来社区建设先行先试的样板；亚运社区等 10 个社区被列入省市未来社区创建试点，其中省级试点 9 个、市级试点 1 个；凤凰村、梅林村、欢潭村、横一村 4 个未来乡村建设初显成效，梅林村发布全省首个村级共富指标体系。11 月，萧山区承办全省深化“千万工程”建设新时代美丽乡村现场会。

【公共服务供给】 2021 年，萧山区教育现代化发展水平进入全省第一方阵、A 等行列；贯彻落实“双减”政策，先后 3 次在全省教育工作会议上作典型发言；萧山中学改造提升等 21 个学校建设项目完成，新增学位 1.68 万个；义务段学后托管服务覆盖率和营利性学科类机构“压减率”实现两个 100%；组建紧密型名校教育集团 21 个，实现城乡教育共同体全覆盖；高考一段上线率 78.9%，高于全省平均 18.94 个百分点；特殊教育提升行动入选联合国可持续发展优秀实践案例；未来社区教育数字化改革入围全省教育领域数字化改革第一批创新试点项目；萧山区与教育部合作开展基础教育教学大数据专项研究。推进“健康萧山”建设，常态化做好新冠肺炎疫情精准防控工作，加快建设浙江大学医学院第二附属医院总部项目，标准化配置公共场所体外自动除颤仪 630 台。适老化改造困难老年人家庭 800 户，新增和提升老年食堂、助餐服务点 54 家。完成 26.77 万平方米老旧小区综合改造提升；新开工公租房 18.61 万平方米，交付运营蓝领公寓 4368 套；新开工安置房 112 万平方米，竣工 269.83 万平方米，回迁安置 4169 户。实施就业精准帮扶，新增城镇就业 10.92 万人，帮扶 1.78 万名就业困难人员实现就业再就业，实现零就业家庭动态清零。健全社会保障体系，各类养老保险综合参保率 99.1%，全区医疗保险新增参保 8.6 万人，基本医疗保险户籍参保率 99.7%。强化社会兜底保障，慈善救助体系加快完善，募集善款 7207 万元，发放救助款 7059 万元。发放困难群众补助 1.62 亿元、残疾人社会保障救助金 2.15 亿元。

【精神“共富”建设】 2021 年，萧山区提档升级公共文化服务，“引导社会多元投入项目”成为国家公共文化服务体系示范项目，“文化管家”模式入选全市首批“打造精神文明高地领域”共同富裕试点名单，新建 10 家永兴书房。编制《萧山区大运河文化保护传承利用规划》，“萧山花边制作技艺”入选第五批国家级非物质文化遗产代表性项目名录，改造提升萧山博物馆展陈。推动文旅深度融合，创建省级全域旅游示范区，世界旅游联盟总部、联盟博物馆主体工程完工，机器人小镇创建为国家 AAA 级旅游景区。

【社会治理效能提升】 2021 年，萧山区加强生产安全管理，推进道路交通安全整治，完成 10 处车检站“车检”一件事集成改革，开展“千警进镇村”等交通专项行动，交通事故亡人数连续 2 年下降。加强“法治萧山”建设，宁围街道、义桥镇被列为省、市乡镇（街道）法治化综合改革试点培育单位。化解各类风险矛盾，抵御台风“烟花”等极端恶劣天气，常态化推进扫黑除恶专项斗争。

（区发改局）

大事记

1月

4日，市委副书记、市长刘忻到萧山区开展“走亲连心三服务”活动。

6日，中国（浙江）自由贸易试验区杭州片区萧山区块建设动员大会召开。会上发布自贸试验区萧山区块建设方案和创新清单。

7日，市委副书记、区委书记佟桂莉赴三江创智小镇、紫光恒越（杭州）技术有限公司、北干科创园二期项目、信息港六期北区块、信息港七期、集成电路产业园、宁围未来总部社区项目建设现场、杭州湾数字健康创新谷、灵康健康科技产业园、明电舍（杭州）驱动技术有限公司调研“4286”产业载体建设情况。

11日，萧山区2021年一季度扩大有效投资重大项目集中开工仪式举行。当日集中开工35个项目，总投资224.8亿元。

15日，高帆摄影艺术馆暨高帆纪念馆开馆。

26日，市委副书记、区委书记佟桂莉赴萧山体育中心、萧山中医院、萧山商业城粮油市场、新街农贸市场、杭州睿丽科技有限公司和新街街道陈家园村督查新冠肺炎疫情防控工作。

27日，商务部公布2020年国家经济技术开发区综合发展水平考核评价结果。萧山经济技术开发区名列第44位，比上年上升25位，跻身全国50强。

29日，2020年度全区基层党建和人才工作述职评议会召开。

同日，2020年浙江省各县（市、区）用电量排名公布，萧山区2020年全年用电量191.9亿千瓦时，居全省第一位。

2月

3日，萧山区在全省率先开展的行政执法“公述民评”活动入选2020年浙江省“十大普法影响力事件”。

5日，荣星北海塘遗址公园建成开放。该公园是浙江省首个钱塘江古海塘遗址公园。

7日，省委书记袁家军到萧山区专题调研未来社区建设工作，考察瓜沥七彩社区。

20日，萧山区纪委十五届六次全体会议召开。

22日，萧山区经济技术开发区2021年发展誓师大会召开。

23—25日，政协第十四届萧山区委员会第五次会议召开。

24—26日，萧山区第十六届人民代表大会第五次会议召开。

25日，全国脱贫攻坚总结表彰大会在北京人民大会堂举行。传化集团有限公司获评全国脱贫攻坚先进集体；浙江长龙航空有限公司董事长刘启宏获评全国脱贫攻坚先进个人。

3月

10日，全区党史学习教育动员部署会召开。

同日，“亚运兴城”攻坚年誓师大会召开。

同日，市委副书记、区委书记佟桂莉赴杭州城云科技有限公司、萧山交警大队调研数字化改革工作，主持召开座谈会。

12日，全区政法平安工作暨政法队伍教育整顿会议召开。

16日，区委理论学习中心组（扩大）学习研讨会召开，学习研讨习近平总书记在党史学习教育动员大会上的重要讲话精神和《习近平在浙江》采访实录。

23日，市委副书记、区委书记佟桂莉调研区社会组织综合党委以党建引领社会组织参与基层治理情况，并赴传化集团有限公司主持召开座谈会。

24日，省委书记袁家军在萧山区指导学习贯彻全国“两会”精神，考察数字化改革、中央生态环保督察整改和政法队伍教育整顿工作。

27日，杭州全球青年人才中心在萧山区硅谷国际中心启用，澳大利亚悉尼、英国伦敦、加拿大多伦多、美国西雅图4个海外分中心同步启动。

29日，市委常委、余杭区委书记张振丰率余杭区党政代表团到萧山区考察红色教育基地、文化阵地打造及未来社区建设等方面工作。

31日，2021年全省职工职业技能竞赛启动仪式在萧山区举行。

4月

1日，区委农村工作会议暨三级书记交流会召开。

同日，2021年度区委巡察工作动员部署会召开。

5日，第二届萧山区乡村文化旅游节在河上镇老街开幕。

6日，萧山区政协成立65周年座谈会召开。

8日，市委副书记、区委书记佟桂莉赴自贸区规划展示馆（筹）、机场国际货站调研中国（浙江）自由贸易试验区杭州片区萧山区块建设工作，并主持召开工作推进会，听取相关部门情况汇报。

9日，杭州市部分行政区划优化调整实施动员大会召开。河庄、义蓬、新湾、临江、前进5个街道的行政区域划为钱塘区行政区域。行政区划调整后，萧山区由12个镇、15个街道调整为12个镇、10个街道。

14日，副省长高兴夫带领省有关部门负责人到萧山调研北京大学信息技术高等研究院和工业全域治理情况。

16日，全市民营企业党建工作座谈会在萧山区召开。

23日，区委政法队伍教育整顿领导小组会议召开。

28日，党史学习教育市委宣讲团报告会举行。市委宣讲团成员、市委宣传部部务会议成员、市纪委驻市委宣传部纪检监察组组长方东晓作党史学习教育宣讲报告。

同日，由杭州市政府、民建浙江省委会、中国投资发展促进会主办的第5届万物生长大会在萧山区举行。

同日，萧山区庆祝中国共产党成立100周年主题活动——东方红大型交响合唱音乐会在萧山剧院举行。

29日，“建功心向党 奋斗新萧山”萧山区庆祝五一国际劳动节暨2021年区劳动模范发布活动举行。

同日，“百年大党 青春辉煌”萧山区纪念五四运动102周年暨建团99周年主题活动举行。

同日，首届浙江（萧山）领军人才创新创业发展大会暨萧山区科技城创业谷启用仪式举行。

5月

8日，2021年区委全面深化改革委员会第一次会议召开，深入学习中央和省市委全面深化改革委员会会议精神，贯彻落实中央和省市委重大改革决策部署，研究部署2021年全区全面深化改革工作任务。

11日，杭州市“百年家风”寻访传承主题活动启动仪式在衙前农民运动纪念馆广场举行。

12日，绍兴市委常委、诸暨市委书记沈志江率领的诸暨市党政代表团一行到萧山区考察，双方签订两地区域一体化发展战略合作协议。

14日，《杭绍一体化合作先行区建设方案》印发。杭绍一体化合作先行区发挥临空经济优势，在萧东—柯西、萧南—诸北两大板块分别构筑临空经济与现代纺织双引擎发展的开放合作大平台和绿色制造与生态旅游融合发展的高质量发展平台，打造临空经济一体化发展示范区和长三角地区新制造业承载区。

18日，市委副书记、区委书记佟桂莉会见北京华联集团董事局主席吉小安一行。

同日，全省建设新时代美丽浙江暨中央生态环境保护督察整改工作推进大会召开。会上发布2020年度浙江省“五水共治”（河长制）工作“大禹鼎”优秀县（市、区）名单，萧山区连续第四年获“大禹鼎”，并首次获“大禹鼎”银鼎。

同日，全国政协委员、民建中央组织部部长李维军一行到萧山区“民建之家”调研。

20日，全省美丽城镇建设工作现场会召开。萧山区获评2020年度新时代美丽城镇建设优秀县（市、区）。

同日，中央农办主任，农业农村部党组书记、部长唐仁健到萧山区调研乡村振兴工作。

22日，第四届中国国际茶叶博览会上，萧山区农产品区域公用品牌“萧山本味”及品牌IP形象“萝大队”发布。

24日，萧山区—四川省广元市旺苍县东西部协作联席会议召开。

26日，全区数字化改革推进大会召开。

同日，萧山区—贵州省黔东南州从江县工作交流座谈会举行。

同日，位于萧山信息港小镇的全球跨境电商知识服务中心启用。

28日，市委副书记、区委书记佟桂莉赴浙江长三角生物医药国际合作产业园、浙江巴顿焊接技术研究院、杭州大路实业有限公司调研科技创新工作。

6月

1日，中国（浙江）自由贸易试验区杭州片区萧山区块建设领导小组第一次会议召开。

7日，萧山经济技术开发区与开市客（中国）投资有限公司就开市客杭州商超项目签订投资协议书。

8日，副省长刘小涛带队到萧山区调研就业和保障企业用工工作。

10日，全省综合交通产业推进会暨第四届产业博览会启动会在萧山区举行。

同日，国务院印发《关于公布第五批国家级非物质文化遗产代表性项目名录的通知》，萧山区花边制作技艺入选第五批国家级非物质文化遗产代表性项目名录。

15日，区委理论学习中心组（扩大）专题学习会暨革命历史绍剧《秋之白华》首演活动在萧山剧院举行。

16日，滨江区党政代表团到萧山区考察，实地走访萧山区瓜沥七彩社区、一体化智能化公共数据平台、浙大杭州国际科创中心、杭州亚运三馆，并就萧山区产业发展、城市建设、数字化改革、未来社区建设等方面进行探讨交流。

17—18日，萧山区党政代表团赴四川省广元市旺苍县落实对口帮扶协作工作。

19—20日，萧山区党政代表团赴四川省甘孜州康定市落实对口帮扶协作工作。

22—23日，萧山区第十六届人民代表大会第六次会议召开。

24日，全区深化“亩均论英雄”改革暨低效企业整治提升动员大会召开。

28日，区乡村振兴局挂牌成立。

同日，金华市婺城区党政代表团到萧山考察。

29日，庆祝中国共产党成立100周年“七一勋章”颁授仪式在北京人民大会堂举行，中共中央总书记、国家主席、中央军委主席习近平向“七一勋章”获得者颁授勋章并发表重要讲话。萧山人瞿独伊被授予“七一勋章”。

同日，“百年风华 奔竞萧山”萧山区庆祝中国共产党成立100周年主题晚会在区融媒体中心演播厅举行。

30日，城厢街道建成杭州市首个未成年人保护工作站。

同日，金萧支队萧山纪念馆在戴村镇落成开馆。

7月

1日，全区各界收看庆祝中国共产党成立100周年大会实况直播。

6日，全区数字化改革重大应用场景发布会召开。

14日，区委、区政协常委会召开专题政治协商会议，为高水平建设“亚运国际城·数智新萧山”，奋力打造新时代共同富裕新标杆建言资政、凝心聚力。

15日，全区政法队伍教育整顿总结会暨“回头看”动员部署会召开。

16日，中共杭州市萧山区委十五届十三次全体（扩大）会议举行。

同日，浙江省集成电路产业技术联盟成立大会暨产业链协同创新论坛在萧山区举行。

21日，萧山智慧·城市馆开馆。

22日，全区“亚运兴城”行动比学赶超暨“奋战三百天 迎接亚运会”环境整治推进大会召开。

22—28日，受6号台风“烟花”影响，萧山区出现大暴雨到特大暴雨及7—10级大风。全区面降雨量336毫米，有42个气象站点超过250毫米，8个站点超过500毫米，雨量最大为戴村镇骆家舍村752毫米；43个站出现7级以上大风，18个站出现8级以上大风，最大风速为萧山国家气象站25.0米/秒，风力10级。24日，进化镇进化溪出现河水漫溢，河上镇发生小流域山体滑坡；26日，戴村镇石牛山林道边坡受损。全区26362人参加抗台抢险战斗，累计转移群众125956人，启动避灾安置点和临时安置场所527个。

23日，2021数字经济产业高峰论坛在萧山区举行。

28日，市委副书记、区委书记佟桂莉赴瓜沥镇人大代表联络站开展“民呼我为”大走访活动。

29日，萧山区召开全省深化“千万工程”建设新时代美丽乡村现场会筹备大会。

同日，区第九次归侨侨眷代表大会开幕。

同日，2021全球闪存峰会在杭州国际博览中心举行。

30日，省委副书记黄建发到萧山区调研未来社区和未来乡村建设情况。

8月

2日，《财富》杂志公布世界500强企业排名，萧山企业浙江荣盛控股集团、浙江恒逸集团有限公司分别以第225位、第309位首次跻身《财富》世界500强企业。

9日，市委副书记、区委书记佟桂莉赴G60沪昆高速入口、杭州南站、银隆百货、市北农贸市场、北干新冠疫苗方舱医院检查疫情防控工作。

同日，浙江省2021年省市县长“152”重点项目微医国际数字健康中心开工。区领导佟桂莉、洪松法、叶建宏、顾大飞、倪世英出席仪式。

11日，杭州市党史学习教育第三巡回指导组到萧山区调研指导党史学习教育工作。

13日，萧山区全域党建大比武之“百家党建示范点”专场比学暨“村治通”应用发布活动举办。

17日，龙泉市党政代表团到萧山区考察，共商以产业谋发展、以合作同进步，争当共同富裕新征程上全省山海协作“模范生”。

18日，全区党管武装工作会议暨2021年国防动员、国防教育委员会会议召开。

19日，富阳区党政代表团到萧山区考察，走访萧山区瓜沥镇七彩未来社区、浙大杭州国际科创中心、湾区数字公园、信息港小镇，并就萧山区未来社区建设、产业发展、创新平台打造等方面进行探讨交流。

25日，市人大常委会主任李火林到萧山调研县乡人大换届选举工作。

26日，市委副书记、区委书记佟桂莉赴湘湖未来产业社区、三江汇·创谷服务中心、西安电子科技大学杭州研究院过渡办学区块调研重大产业项目、创新平台。

同日，全省“双减”工作电视电话会议召开，市委副书记、区委书记佟桂莉在主会场参加会议并作表态发言。

28日，博奥隧道试通车。该隧道穿钱塘江连接钱江新城与钱江世纪城，双向四车道，长2.8千米。

31日，萧山区“奋战100天、决胜全年红”行动动员大会暨产业项目推进比学赶超活动举行。

9月

3日，全区文化大会召开。

5日，第十一届“中华慈善奖”表彰大会在北京举行。萧山企业传化集团有限公司、万向三农集团有限公司被评为“中华慈善奖”捐赠企业；“传化·安心卫生室”项目（浙江传化慈善基金会）被评为“中华慈善奖”慈善项目。

9日，杭州2022年亚运会萧山区倒计时一周年活动在瓜沥文化体育中心举行。

13日，区防指办召开全区防御台风“灿都”工作会议。

27日，省党史学习教育第一巡回指导组到萧山区调研指导党史学习教育工作。

28日，市委副书记、区委书记佟桂莉调研亚运会筹办工作，并专题听取相关工作汇报。

同日，义桥镇与万向集团共同启动“江河荟·浙江翠”生态系统和生物多样性恢复项目。市委副书记、区委书记佟桂莉，区委常委、常务副区长吴炜炜，副区长吴为东出席项目启动仪式。

同日，《光明日报》刊发《2021年中国中小城市高质量发展指数研究成果》，公布“2021年度全国综合实力百强区”“2021年度全国千强镇”。萧山区居“2021年度全国综合实力百强区”第5位，瓜沥镇居“2021年度全国千强镇”第35位。

29日，“传承百年火种 奔向共同富裕——纪念衙前农民运动100周年学术研讨活动”举办。市委副书记、区委书记佟桂莉出席。

10月

10日，省委副书记、代省长王浩到萧山区检查指导制造业高质量发展工作。

同日，GISC海创中国峰会永久落地萧山。

12日，市委副书记、区委书记佟桂莉赴国网萧山供电公司电力调度控制分中心调研全区能耗双控工作，并专题听取相关情况汇报。

同日，副省长、省公安厅党委书记、厅长王成国到萧山调研指导基层社会治理工作。

16日，2021新原力论坛在杭州国际博览中心举行。市委副书记、区委书记佟桂莉，副区长倪世英出席。

17日，萧山区人民政府和北京横山书院共同主办的第十三届文化中国讲坛在湘湖国家旅游度假区举行。围绕“从大疫到大治——以史为鉴视域下的百年征程与荣光”主题开讲。

19日，2021《财富》世界500强峰会在萧山区召开。副省长卢山，市委副书记、区委书记佟桂莉，市委常委、副市长胥伟华，区领导叶建宏、倪世英出席。

20日，“2021全国媒体融合平台化发展论坛”在萧山区举行。省委常委、宣传部部长朱国贤讲话，市委副书记、区委书记佟桂莉致辞。

20—21日，市委副书记、区委书记佟桂莉率领萧山考察团专程赴合肥学习考察。

22日，杭州市数字化改革工作专题培训会召开，市委副书记、区委书记佟桂莉在主会场发言介绍萧山区数字化改革经验。

26日，市委副书记、区委书记佟桂莉赴萧山国际人才创新创业服务综合体调研人才服务体系建设。

29日，嘉晨西海（杭州）生物技术有限公司新药业产业化项目落户萧山经济技术开发区。该项目总投资10亿元。

11月

1日，四川航空股份有限公司浙江分公司落户杭州空港经济区。该项目总投资10.08亿元。

3日，市委副书记、市长刘忻到萧山区调研数字化改革工作。

5日，市委副书记、区委书记佟桂莉在益农镇调研，实地踏看浙江盛元化纤有限公司二期项目、浙江绿色智造产业新城、“共智富”未来乡村联合体群围村现场建设情况，并主持召开座谈会。

同日，长期在贵州省黔西县支教的萧山青年杨明获第八届全国道德模范提名奖。

7日，2021中国留学生论坛在萧山区举行。全国人大常委会副委员长、民盟中央主席、欧美同学会会长、中国科学院院士丁仲礼，市、区领导刘忻、李火林、佟桂莉、毛溪浩、陈新华、叶鉴铭、童一峰、陆志敏、倪世英等出席仪式。

14 日，2021 世界青年科学家峰会分会场中国—乌克兰双边科技交流活动在杭州国际博览中心举行。

16 日，全省深化“千万工程”建设新时代美丽乡村现场会在萧山区召开。

19 日，浙农·东巢艺术公园建成开园。该公园由原萧山火车站的浙江农资仓库改建，占地面积 4.96 公顷，建筑面积 2.6 万平方米，有红砖砌平房及楼房 37 处。

22 日，杭州正强传动股份有限公司创业板上市。

23 日，区委召开全区领导干部会议，宣布省委关于对萧山区领导调整的决定。根据省委的决定，王敏任中共杭州市萧山区委委员、常委、书记；提名姜永柱为杭州市萧山区区长候选人；免去佟桂莉的中共杭州市萧山区委书记、常委、委员；提议免去章登峰的杭州市萧山区区长职务。

24 日，萧山区召开学习贯彻党的十九届六中全会精神“六讲六做”大宣讲行动动员部署会。

26 日，市委副书记佟桂莉到河上镇东山村宣讲党的十九届六中全会精神并调研美丽乡村建设及“扩中提低”工作。

同日，区委书记王敏赴信息港小镇、区大数据管理服务中心调研高能级产业创新孵化平台、数字化改革工作。

27 日，区委书记王敏赴瓜沥镇梅林村宣讲党的十九届六中全会精神。

12月

3 日，萧山区城市智治中心揭牌仪式暨“一网统管”发布会举行。

同日，中共杭州市萧山区委社会建设委员会成立。

6 日，区委书记王敏赴钱江世纪城调研，主持召开座谈会，听取钱江世纪城管委会工作汇报。

7 月，区委书记王敏赴湘湖国家旅游度假区调研，并在湘湖院士岛主持召开座谈会。

同日，萧山区接通报，1 名外市新冠肺炎病例密切接触者流入，继而该密接者及与其同住的次密者确诊为新冠肺炎病例轻型。萧山区立即启动二级疫情应急响应，开展疫情防控。区委书记王敏赴北干街道天悦社区龙湖春江天玺小区督导检查疫情防控工作。

8—14 日，萧山区多次召开新冠肺炎疫情防控工作会议，结合疫情发展最新动态，研究部署疫情防控工作重点。

11 日，省委常委、市委书记刘捷专题调研杭州亚运会、亚残运会筹办工作，考察亚运村建设情况、网球中心、亚运会智能展示中心等，主持召开座谈会听取情况汇报。

15 日，区委书记王敏赴临空经济示范区调研，走访吉华（生物）创新产业园和杭州生物科技谷，并主持召开座谈会。

18 日，区委召开中共杭州市萧山区第十六次代表大会报告征求意见座谈会，向各界代表就区第十六次党代会报告（征求意见稿）、萧山区未来五年发展征求意见和建议。

19 日，市新型冠状病毒肺炎疫情防控工作领导小组扩大会议举行。会后，萧山区召开会议，就贯彻落实全市会议精神、全力做好疫情防控工作进行部署。

同日，区委书记王敏赴益农镇调研，察看益农镇安置房一期项目、浙江绿色智造产业新城和浙江盛元化纤有限公司二期项目建设情况。

21 日，省委常委、市委书记刘捷专题调研数字化改革工作，考察萧山区城市智治中心。

同日，萧山区经济技术开发区干部大会召开。区委书记王敏讲话，区委副书记、代区长姜永柱主持会议。区委常委、区政协党组书记叶建宏，区委常委、开发区党工委书记、管委会主任许昌参加。

22 日，高端商业综合体 SKP 项目在钱江世纪城开工。

24 日，CCF 中国数字经济 50 人论坛启动仪式暨首届数字经济研讨会在萧山举行。

29—30 日，中共杭州市萧山区第十六次代表大会在萧山剧院召开，实到代表 383 人。大会回顾总结区第十五次党代会以来的工作，研究部署接下来 5 年的奋斗目标和主要任务，动员全区全面贯彻习近平新时代中国特色社会主义思想，践行“八八战略”，厚植四大优势，把握四对关系，实现四大突破，推进“产城人文”深度融合，高水平建设“亚运国际城、数智新萧山”，高质量打造新时代共同富裕新标杆，当好全市领头雁，成为全省排头兵，争做全国先行者。

29 日，杭州 2022 年第 19 届亚运会亚运村竣工仪式暨媒体开放日活动举行。亚运村位于钱江世纪城北部，项目规划总用地面积 1.13 平方千米，赛时总建筑面积 241 万平方米，共 108 幢建筑，由运动员村、技术官员村、媒体村、国际区和公共区组成。

（区委办　区方志办）

区情概览

自然地理

【地理位置】 萧山区位于浙江省北部，钱塘江南岸，为杭州市属区，与西湖区、上城区和嘉兴海宁市隔江相望。2021年，杭州市部分行政区划调整，调整后萧山区区域面积931平方千米。东邻绍兴市柯桥区，南接诸暨市，西连杭州市富阳区，北濒钱塘江，东北部分与钱塘区相接，西北接杭州市滨江区。浙赣铁路和萧甬铁路、104国道和03省道分别在境内会合。沪杭甬高速公路、杭金衢高速公路穿越境内。萧绍运河东西横贯并沟通钱塘江、曹娥江等。

【地形地貌】 萧山区地处浙东低山丘陵区北部、浙北平原区南部。地势南高北低，自西南向东北倾斜，中部略呈低洼。地貌分区特征较为明显：南部为低山丘陵地区，间有小块河谷平原；中部和北部为平原，中部间有丘陵。

全区平原约占66%，山地占17%，水面占17%。平原约909平方千米，按成因可分陆相沉积平原和海相沉积平原两类，以海相沉积平原为主。海湾堆积平原主要位于中部，地势平坦，局部稍有起伏，海拔4.2—6.2米，占平原面积的1/3。三角湾堆积平原位于北部，主要是由杭州湾潮流带入的泥沙堆积而成，表面平坦，海拔5—6.3米，约占平原面积的2/3。河谷平原散布于南部低山丘陵区，面积58平方千米。

山地有低山、高丘、低丘、陆屿等，海拔最高744米、最低10米。山体基本呈西南至东北方向展布，为龙门山、会稽山、天目山的分支和余脉，分别从西南部、南部、西北部入境。低山分布于萧山与诸暨、富阳接壤地区，主要山峰海拔500米以上，少数达700米，占山地面积的15%。高丘零星分布于西南与东南部，海拔300—500米，占山地面积的30%。低丘断续分布于南部，海拔50—300米，地形破碎，占山地面积的35%。陆屿零星散布于海湾堆积平原和早期围垦成陆的三角湾堆积平原，共有大小不等50多个，海拔10—257米，占山地面积的20%。

【水文】 河流按地形和流向，可分为3个自成一体又互有联系的小水系，统属钱塘江水系。钱塘江自富阳长岭头附近进入本区，境内全为感潮河段。潮位最高纪录为9.58米，最低2.31米。含砂量平均为5‰；含盐度平均为2‰，最高11.3‰。南部水系处于南部、西南部低山丘陵与河谷平原地区，系以浦阳江为干流呈树枝状展布的河网系统。主要河流有浦阳江、永兴河、凌溪、凰桐江、径游江等。中部水系为西江塘以东、北海塘以南中部平原地区呈网状展布的河流湖泊水系，是萧绍平原水系的组成部分，主要河流（湖）有进化溪、西小江、萧绍运河、南门江、湘湖、白马湖等。北部水系为北海塘以北的南沙地区和围垦区人工河网系统，呈格子状展布。主要河流有北塘河、前解放河、后解放河、先锋河、七甲直河、五堡河、长山直河、九号坝直河、大治河、永丰直河、方迁溇河、生产湾、三官埠直湾等。

【气候】 萧山区位于北亚热带季风气候区南缘，气候特征为：冬夏长，春秋短，四季分明；光照充足，雨量充沛，温暖湿润；冷空气易进难出，灾害性天气较多；光、温、水的地域差异明显。年平均气温17.4℃。年平均地面温度18.5℃。年平均降雨量1515.6毫米。年平均日照时数1761.3小时。风向随季节转换，11月至次年2月多西北偏北风，2月起东北偏北风和西北偏北风渐盛，3—6月和8月以偏东风为主，7月多西南风，9—10月多西北风。灾害性天气主要是寒潮、低温、暴雨、台风、冰雹和飑等。

【自然资源】 萧山区矿藏以非金属矿为主，金属矿矿体规模小，多数不具备工业开采价值。萧山区气候温暖湿润，地貌类型多样，利于动植物生长繁殖。处于中亚热带常绿阔叶林植被带，植物区系的温带、亚热带东亚区系成分特征显著。植被以次生性常绿落叶阔叶混交林为主，具有亚热带向暖温带交替过渡区的特点。土地植被覆盖分为自然与人工两类：低山、丘陵以次生性自然植被为主，人工栽培经济植被为辅；平原、河谷以人工栽培植被为主，具有明显的季节性变化；滨海、滩涂大部分为人工栽培植被，少量为耐盐性自然植被。境内有多种国家重点保护动物，其中有云豹、玉带海雕、白鹤、斑嘴鹈鹕等国家一级重点保护野生动物5种，猕猴、中华虎凤蝶等国家二级重点保护野生动物33种。

【潮汐】 钱塘江河口以其独特的江道地形，在太阳和月亮对地球的作用及东海潮波的影响下，海水产生一种周期性升降或涨落运动，即为涌潮。钱塘江涌潮，简称钱江潮，又称钱塘潮。以日夜区分，白天的涌潮称潮，夜间的涌潮称汐，一日两度，周而复始。钱江潮汹涌澎湃，气势磅礴，惊天动地，撼人心魄，被誉为天下奇观。世人观潮之风源于汉魏，继于南北朝，盛于唐代，宋时尤甚，当代复兴。随着钱塘江“三门演变”，萧山历史上观潮地段由渔浦、西兴、龛山等下移或改变为今赭山湾美女坝、乌龟山观潮城、仓前，以及萧围北线、东线一带。农历每月出现两次大潮汛期，两次小潮汛期。农历朔（初一）和望（十五）的后两三天，太阴潮（月球所引起的潮）与太阳潮相合，出现大潮；上弦（初七、初八）或下弦（二十二、二十三）后两三天，太阴潮与太阳潮相消，出现小潮。其他日子介于上述两种情形之间，潮汐由大转小，再由小到大，随月球的盈亏而变化，循环往复。每年公历3月下半月至9月上半月，朔汛大潮大于望汛大潮，日潮大于夜潮；在9月下半月至次年3月上半月，则情况相反。春分与秋分前后潮较大，秋潮往往大于春潮，农历八月十八日或前后几天多有大潮。涌潮变幻无穷，类型众多，有一线潮、交叉潮、剪刀潮、回头潮、对接潮、冲天潮等。

（区志办）

【气象】 2021年，萧山区气温偏暖，与常年相比，降水量偏多，光照偏少，年平均气温继续偏高。7月、8月平均气温比上年常年偏低，其余月份均比常年偏高。最高气温≥35℃高温日数出现16天，比常年平均的32.4天偏少。全年降水量1711.7毫米，比常年平均降水量1515.6毫米偏多，按月来看，3月、5月、7月、8月、10月雨量比常年偏多，其余月份均比常年偏少。梅汛期为25天，比上年常年26天偏少1天，其间共出现7次分散性强降雨过程。全区平均降雨量236毫米，有17个站点雨量超过250毫米，最大雨量为楼塔镇大同一村454.8毫米。城区梅雨量236.8毫米，比常年平均322.5毫米偏少。3—9月出现多次强对流天气，其中4月23日、5月11日、5月12日出现剧烈天气。5月、7月至9月出现阶段性晴热高温天气；7月台风“烟花”影响萧山区；11月出现两次寒潮天气；12月底出现雨雪冰冻。

气温 2021年，萧山区年平均气温18.5℃，比上年、常年分别偏高0.5℃和1.1℃。从季节上看，春夏秋冬四季气温均偏高。年日平均气温＞0℃正积温6768.7℃，年日平均气温＞10℃积温6306.7℃。

夏季极端最高气温为37.0℃，出现于9月1日。高温日数比常年偏少，共出现16天，比常年偏少16.4天，高温最早出现于5月10日，结束于9月2日。最长高温持续期为5天，为7月11日至15日，最高气温为35.5℃—36.8℃。

冬季极端最低气温-6.7℃，出现于1月8日；年冰冻日数11天，比常年偏少9.1天；春季气温≥10℃的回暖初日出现于3月18日，比常年推迟10天。

降水 2021年，萧山区总降水量1711.7毫米，比常年多196.1毫米，偏多12.9%；比上年少57.1毫米，偏少3.2%。年雨（雪）日206天，比常年多54.2天，比上年多37天。

城区梅雨量236.8毫米，比常年平均梅雨量322.5毫米偏少。全年暴雨日4天，分别为7月24日64.9毫米、7月25日77.7毫米、7月26日72.1毫米、8月12日52.8毫米。冬季雪日2天，比常年偏少5.7天，初雪期12月14日，终雪期1月17日。

日照、大风和大雾 2021年，萧山区年日照时数1669小时，比上年偏多169.3小时，偏多11.3%；比常年偏少92.3小时，偏少5.2%。年大风天数15天，比常年多10.8天。年大雾天数73天，比常年多31.7天。

强对流天气 2021年3—9月，萧山区出现多次强对流天气。受强降雨云团影响，4月23日8—20时，全区有17个站点出现50毫米以上降水，其中南部地区40—75毫米，城区与东部地区30—60毫米。最大雨量为戴村镇方溪村75.5毫米，萧山国家气象站38.7毫米。受强对流云团影响，5月11日0时起萧山区出现较明显雷阵雨天气，至6时全区平均降雨量26毫米，23个气象站出现30毫米以上降雨；最大降雨量和最大小时降雨量均为蜀山街道金西村，分别为59.3毫米、48.1毫米；4个站点出现8级以上大风，最大风力为戴村镇沈村10级。受强对流云团影响，5月14日萧山区出现较明显雷阵雨天气，雨量分布不均，南部地区10—30毫米，城区和东部地区10毫米以下；6个站点出现20毫米以上降水，最大降雨量为楼塔镇萧南村31.3毫米；4个站点出现8级以上大风，最大风力为楼塔镇大同一村9级。

梅雨 2021年，萧山区6月10日“入梅”，7月5日“出梅”，梅雨期25天。梅雨期全区平均降雨量236.8毫米，有17个站点雨量超过250毫米，最大雨量为楼塔镇大同一村454.8毫米，萧山国家气象站梅雨量236.8毫米。入、出梅时间比常年略偏早（常年6月14日“入梅”，“出梅”7月7日），梅雨期比常年略偏少（常年平均26天），梅雨量比常年偏少26.6%。

梅雨呈现以下特点：入梅出梅略偏早，梅雨期略偏少，梅雨期比常年少1天；分散性强降雨过程频繁，梅汛期共出现7轮分散性强降水过程。雨量分布不均，短时降雨量大。全区梅雨量呈南多东少的特征，强降雨呈分散性，局地特征明显。未发生明显灾情。

台风 2021年，萧山区主要受台风“烟花”影响，出现大暴雨到特大暴雨及7—10级大风。7月22日8时至28日18时，全区降雨量336毫米，全部站点雨量超过150毫米，42个站点超过250毫米，占比79.2%；8个站点超过500毫米，占比13.2%；最大雨量为戴村镇骆家舍村站752.9毫米，其次为戴村镇方溪村652.7毫米、进化镇慈姑裘村620.0毫米、进化镇欢潭村615.3毫米；萧山国家气象站降雨量为250.8毫米。43个站点出现7级以上大风，占比86.0%；18个站点出现8级以上大风，占比36.0%；最大风速为萧山国家气象站25.0米/秒，风力10级。台风“烟花”给萧山区带来巨大冲击。为抗击“烟花”，全区转移安置12万人，设置集中安置点88个。据区应急局统计，共造成房屋受淹4787间、损坏93间、倒塌2间；农田受淹2608.67公顷、成灾480.6公顷、绝收99.6公顷；淹没道路70.84千米、桥梁56座；损毁变电站3个、电路10条，停电2071户。

雨雪冰冻　2021年12月24日下午起，受北方冷空气南下影响，萧山区出现明显降温、大风、弱降雨雪天气。过程期间，3个站点出现7级以上大风，占比5.9%；2个站点出现8级以上大风，占比3.9%；最大风速为萧山国家气象站18.8米/秒，风力8级。12月26日早晨，平原地区最低气温-1℃—3℃，有冰冻；南部山区最低气温-2℃—6℃，有严重冰冻。

（蔡璐璐）

历史人文

【名胜古迹】　萧山区风景优美，古迹遍布全区。有湘湖风景区、西施古迹群、萧绍运河、衙前农民运动胜迹等名胜古迹。湘湖历史悠久，跨湖桥遗址的发现表明在新石器时代早期就有先民在湘湖范围生活。春秋战国时期，越国屯兵抗吴筑城堡于此。北宋政和二年（1112），邑令杨时始筑湘湖。南宋以降，湘湖为佛家所青睐，四周先后建起净土寺、隆兴寺、湘云寺、城山寺等20多所寺庵。历代文人墨客在湘湖留下几百首诗作，在湖畔或结庐舍或开书院，创造出湘湖风雅厚重的历史文化。西施古迹主要分布在临浦镇施家渡村周围，有苎萝山、浣纱溪、苎萝湖、洗脚潭、西施里、西施庙、苎萝亭、后江庙、范蠡庵、浴美施闸和西施亭等处。萧绍运河又称官河、西兴运河、浙东运河，全长78.5千米，萧山境内长21.6千米，流经城厢、新塘、衙前等镇街。河床面宽30米左右，西与湘湖、白马湖、小砾山输水工程相连，南与南门江、西小江相通。历代兴修水利与征战事迹、帝王与文人行踪等为浙东运河两岸留下了众多人文古迹，也成为历代诗人争相咏唱的题材，被称为“浙东唐诗之路”的起点。衙前农民运动胜迹包括衙前农民协会旧址（东岳庙）、衙前农村小学旧址、李成虎故居、成虎桥、衙前老街、凤凰山墓葬群、农运碑坊遗址等，分布于萧绍运河衙前段的两侧及凤凰山麓约1千米范围内。衙前农民运动作为中国共产党领导的全国第一次农民运动，在中国革命史上具有重要地位，其旧址成为青少年革命传统教育的基地。

【历史名人】　萧山人杰地灵，自先秦以降人才辈出，有著名诗人贺知章，名臣朱筠、朱珪、汤金钊、朱凤标，著名师爷汪辉祖，大学者毛奇龄，画坛巨匠海上“四任”任熊、任薰、任颐、任预，书法篆刻家来楚生、韩登安、傅周海，民族英雄葛云飞，革命志士朱执信、李成虎，著名科学家王烈、沈霁春、田增凯，医家楼英、施今墨，通俗史家蔡东藩，儿童文学家任大霖，著名电影人汪洋等。在众多的杰出人物中，萧山历史上涌现了一批卓越的女性，有“四大美女”之首的西施，烈女沈云英，被誉为中国女性走出国门第一人的单士厘，革命志士杨之华、沈佩兰、楼曼文，著名科学家陆士嘉、高小霞等。

【物产】　萧山区境内山、水、涂、田、地俱全，农业资源优势明显，名优农产品有萝卜干、霉干菜、杨梅、青梅、湘湖龙井、湘湖莼菜、萧山鸡等。

萧山萝卜干　萧山萝卜干起源于19世纪90年代，最初以农家自食为主，20世纪20年代始成商品。萧山萝卜干采用传统的“风脱水”加工法，经精细加工而成，以色泽黄亮、条形均匀、肉质厚实、香气浓郁、咸淡适宜、脆嫩爽口、味道鲜美而著称，谓“色、香、甜、脆、鲜”五绝。《中国土特名产辞典》载：“萧山萝卜干，食之有消炎、防暑、开胃的作用，是早餐佐食之佳肴。”萧山萝卜干驰名中外，远销美国、澳大利亚、加拿大、日本、韩国、新加坡、马来西亚等国家。

霉干菜　霉干菜系萧山传统特产。《浙江专业之乡》称萧山为“霉干菜之乡”。霉干菜的鲜菜品种大叶芥，属芥菜中的叶用芥菜类型，多用作加工腌制干菜。萧山霉干菜香气浓郁，质嫩味美，久贮不变，是一种可常年食用的大众化干菜。

杨梅　萧山杨梅历史悠久。《浙江特产风味指南》载：“萧山、慈溪、余姚和兰溪等地都是杨梅产地，其中以萧山杨梅最负盛名。”萧山杨梅果大核小，品种繁多，有线梅、雪梅、炭梅、水晶梅、白水团梅等。

青梅　萧山大青梅以色青汁多、肉厚核小、皮薄质脆、酸味醇正而驰名，为梅中良种。20世纪80年代，萧山被列为农牧渔业部青梅商品生产基地。1981年后，青梅种植面积扩大，产区集中在进化、所前等镇。

湘湖龙井　萧山产的湘湖龙井，前身为浙江龙井，产区位于湘湖水系附近的老虎洞山、凌家坞、压乌山、黄山等地。“三山一坞”与钱塘江北的杭州狮子峰对峙，同属天目山脉，气候湿润，盛产名茶。1981年，“浙江龙井”被评为浙江省名茶之一。“浙江龙井”做工精致，素以形扁、色翠、香郁、味醇、形美而享“五绝”之称。2008年，根据龙井茶原产地域保护要求，萧山“浙江龙井”改名为“湘湖龙井”，为杭州市十大名茶之一、浙江省区域名牌农产品。

湘湖莼菜　莼菜又名“水葵”，睡莲科，水生宿根草本。长江以南多野生，有少量栽培。南宋嘉泰《会稽志》载：“萧山湘湖之莼特珍。”明万历《萧山县志》载：“莼出湘湖至美，较胜他产。”民国《萧山县志稿》载：“杭州盛行莼菜，西湖所产无多，皆由萧山贩往。”湘湖莼菜制成罐头销往国外始自萧山。

【方言】　萧山方言属吴语区太湖片临绍小片。在萧山方言内部，大体可分为两部分：以“北海塘”古堤址一线为界，城区及其以南地区（余暨和永兴县原县域）的方言基本相同，其中南片个别村受毗邻的诸暨话和富阳话影响较大；东片（“北海塘”以北，清嘉庆后形成的钱塘江南岸冲积平原，惯称沙地区）的方言则与绍兴话相近，其中沙地区西北沿江的南阳街道赭山西仓一带，原为海宁县一部分，清嘉庆年间（1796—1820）钱塘江改道后其地离北连南成为萧山一部分，当地居民口语方言保留苏嘉湖片海宁方言的基本特征。

【风俗】 萧山风俗具有吴风越俗的一般特征。萧山风俗与绍兴风俗多有相同、相似之处，南阳街道等地因钱塘江改道，保留对岸海宁的一些风俗，南片则受古睦州、婺州风俗的某些影响。河上板龙等习俗随宋室南迁，从中原传入萧山，保留着北方民俗文化的基因。萧山人民在吸收交融诸多民俗文化元素的基础上形成自己的风俗：务本重农，耕织唯勤；尊师重教，不事奢靡；和气诚信，民风敦厚；尚礼仪，笃交亲，重祭祀。有楼塔的过半年、裘江的五月廿二划龙舟、沙地的正月十四迎紫姑烧蝗虫，以及请“赤卵”年菩萨等独特风俗。

（区志办）

建置区划

【历史沿革】 2001年跨湖桥遗址考古发现，约8000年前的新石器时代早期，萧山已有人类活动。

春秋至战国初期，现境属越国；战国中期，楚威王（前339—前329）灭越，遂为楚地。

秦始皇二十六年（前221），置会稽郡，现境属之。

西汉初至元始二年（2），始建县，名余暨，属会稽郡。

新王莽始建国元年（9），改县名为余衍。

东汉建武年间（25—56），复名余暨，郡属未变。永建四年（129），会稽郡分设为吴郡、会稽两郡，余暨属会稽郡。

三国吴黄武年间（222—229），改县名为永兴，郡属未变。

西晋，永兴属会稽郡。东晋太宁二年（324），改会稽郡为会稽国，永兴属会稽国。

南朝宋永初二年（421），会稽国复为郡，至南朝终，永兴均属会稽郡。

隋开皇九年（589），废永兴县建制，并入会稽县。

唐仪凤二年（677）复设永兴县，属越州。

唐天宝元年（742），改县名永兴为萧山，越州亦改称会稽郡。乾元元年（758），会稽郡复称越州。中和三年（883年），改越州为义胜军。乾宁三年（896），又改名为镇东军。或郡，或州，或军，萧山均为其属县。

五代时，萧山属吴越国镇东军。

北宋太平兴国三年（978），吴越国除，镇东军复名越州。南宋绍兴元年（1131），改越州为绍兴府。萧山均为其属县。

元至元十三年（1276），改绍兴府为绍兴路，萧山属该路。

元至正二十六年（1366），绍兴路废，复名绍兴府，萧山属该府。

明，萧山隶属未变。

清承明制，萧山仍隶属绍兴府。咸丰十一年（1861），太平军占领萧山，为避讳改县名为莦珊。同治二年（1863），太平军撤离县境，复名萧山。

中华民国成立，废府，实行省、县两级制。民国3年（1914），省下设道，萧山属会稽道。民国16年（1927）废道，复行省、县两级制。民国24年（1935）6月，省下设行政督察区，萧山属绍兴行政督察区。民国25年（1936）4月，改名为第三行政督察区，萧山隶属未变。民国36年（1947）6月，萧山改为省直辖县。

【区域建置】 1949年5月5日，萧山解放，为省直属县。6月，划归绍兴专区。中华人民共和国成立后，萧山隶属未变。1952年1月，绍兴专区撤销，萧山由省直辖。1957年8月，萧山划归宁波专区。

1959年1月，萧山改属杭州市。

1988年1月1日，萧山撤县设市，称萧山市（县级），仍属杭州市。

2001年3月25日，萧山撤市设区，称萧山区，隶属杭州市。

【行政区划】 2021年，杭州市行政区划调整，设立钱塘区，原萧山区所辖河庄街道、义蓬街道、新湾街道、临江街道、前进街道的行政区域划入钱塘区。调整后的萧山区设城厢、北干、蜀山、新塘、闻堰、宁围、盈丰、新街、靖江、南阳10个街道，楼塔、河上、戴村、进化、浦阳、临浦、所前、义桥、衙前、瓜沥、益农、党湾12个镇。全区有社区216个，村343个。区政府驻北干街道金城路685号。

（金 驰）

人口·民族·宗教

【人口】 至2021年底，萧山区有户籍人口36.44万户、124.01万人，其中男性60.8万人、女性63.21万人。出生申报1.12万人，死亡注销6716人，出生率为9.12‰，死亡率为5.48‰，自然增长率为3.64‰。从省内迁入7434人，从省外迁入1.22万人；迁往省内491人，迁往省外1224人。流动人口111.1万人。

（张杭锋）

【民族】 萧山是少数民族散杂居地区。2021年，全区常住人口中有壮族、苗族、土家族等39个少数民族，少数民族人口1.27万人；流动人口中有54个少数民族、10.04万人。

【宗教】 萧山区有佛教、伊斯兰教、道教、天主教、基督教，建有佛教协会、道教协会、天主教爱国会、基督教三自爱国运动委员会和基督教协会5个宗教团体。2021年，全区有登记宗教活动场所179处，其中佛教75处、道教62处、天主教5处、基督教37处。

（吕陈军）

经济社会建设

【经济总量】 2021年，萧山区地区生产总值为2011.62亿元，比上年增长8.7%（按可比价格计算，下同）。其中，第一产业增加值58.41亿元，第二产业增加值775.27亿元，第三产业增加值1177.94亿元，分别增长1.7%、7.7%和9.7%。三次产业结构为2.9∶38.5∶58.6。按常住人口计算，萧山区人均地区生产总值为9.88万元，即1.53万美元（按年平均汇率6.4515计算）。数字经济核心产业增加值150.66亿元，增长18.0%，占地区生产总值的 7.5%。规模以上数字经济核心产业中，制造业企业 138 家、服务业企业 115 家，增加值分别为 71.72 亿元、56.94 亿元。

【财政收支】 2021 年，萧山区财政总收入 564.98 亿元，比上年增长 22.6%。其中，一般公共预算收入 343.03 亿元，增长 14.3%。公共财政预算支出 324.23 亿元，增长 17.6%。

【农业和农村】 2021 年，萧山区农林牧渔业增加值 60.77 亿元，比上年增长 2.0%。农林牧渔业总产值 90.16 亿元，增长 2.4%。是年，全省深化“千万工程”建设新时代美丽乡村现场会在萧山区召开，萧山区成为省新时代美丽乡村标杆县（区）。美丽乡村提升村创建 47 个，新街、戴村、衙前 3 个镇街创建成为美丽城镇省级样板。新改建“四好农村路”40.76 千米，获评省级“四好农村路”示范县（区），县级交通共富指数排名全省第一。“农业 + 旅游”“农业 + 康养”等融合业态加快发展，区乡村民宿行业协会正式成立。

【工业和建筑业】 2021 年，萧山区工业增加值 686.14 亿元，比上年增长 7.8%，其中规模以上工业增加值 554.11 亿元，增长 8.5%。规模以上高新技术产业实现增加值 351.97 亿元，增长 9.8%；战略性新兴产业实现增加值 130.67 亿元，增长 13.8%；装备制造业实现增加值 227.08 亿元，增长 14.7%。规模以上工业企业实现利税总额 269.62 亿元，增长 28.2%；亏损企业 251 家，亏损面为 16.6%，缩窄 4.5 个百分点，亏损总额 15.06 亿元；营业收入利润率为 5.4%，提高 0.6 个百分点；规模以上工业企业全员劳动生产率 25.0 万元 / 人。

建筑业增加值 89.35 亿元，增长 7.0%；建筑安装工程投资额增长 17.1%。建筑业总产值 910.51 亿元，增长 14.5%。有总承包或专业承包资质的规模以上建筑企业 357 家。

【交通运输和邮电】 至 2021 年底，萧山区公路通车里程 2025.52 千米，其中高速公路 61.44 千米，一、二级等级公路 665.86 千米。萧山国际机场开通航线 268 条，其中国际航线 30 条。航空旅客吞吐量 2816.38 万人次，比上年下降 0.2%。货邮吞吐量 91.41 万吨，增长 14%。快递业务收入 151.38 亿元，增长 72.8%；快递业务量 15.83 亿件，增长 57%。

【金融业】 2021 年，萧山区金融业增加值 213.39 亿元，比上年增长 5.1%。有银行金融机构 35 家，金融机构本外币存款余额 5919.69 亿元，增长 7%。贷款余额 5897.4 亿元，增长 15.7%。新增 5 家上市企业，新三板挂牌企业迁入 1 家。成立区属私募基金管理公司，设立规模 20 亿元的新兴产业基金，新增政府产业基金和创投引导基金子基金投资项目 7 个、直投项目 4 个。

【固定资产投资和房地产业】 2021 年，萧山区固定资产投资 1372.1 亿元，比上年增长 13.0%。从产业投向看，第二产业完成投资 106.08 亿元，增长 17.9%，其中完成工业技改投资 70.52 亿元，增长 10.1%；第三产业完成投资 1266.02 亿元，增长 12.7%。

房地产开发投资 786.72 亿元，增长 7.1%。房屋施工面积 2452.9 万平方米，下降 4.7%；竣工面积 332.11 万平方米，下降 27.7%。全年商品房销售面积 488.04 万平方米，增长 44.9%。

【国内贸易与对外经济】 2021 年，萧山区批发和零售业增加值 208.87 亿元，比上年增长 13.3%。社会消费品零售总额 813.43 亿元，增长 14.4%，其中限额以上社会消费品零售总额 422.09 亿元，增长 26.9%。在限额以上批发零售贸易业零售额中，汽车类增长 53.8%，服装鞋帽、针纺织品类增长 10.2%，石油及制品类增长 27.9%，日用品类下降 22.0%。网络零售额 1363.68 亿元，增长 5.5%。

进出口总额 1027.07 亿元，增长 29.7%。其中，进口总额 238.64 亿元，增长 31.7%；出口总额 788.42 亿元，增长 29.2%。

合同利用外资 13.99 亿美元，增长 10.0%。经商务部认定，实际利用外资 11.11 亿美元。“招大引强”成效明显，新招引落地 1 亿元以上产业项目 98 个，总投资 599.2 亿元，其中 10 亿元以上项目 20 个。

【人民生活和社会保障】 2021 年，萧山区居民人均可支配收入 68030 元，比上年增长 9.4%。人均生活消费支出 42245 元，增长 14.9%。城镇居民人均可支配收入 75935 元，增长 8.5%；人均生活消费支出 44346 元，增长 13.9%。农村居民人均可支配收入 46657 元，增长 9.5%；人均生活消费支出 36565 元，增长 16.7%。城镇和农村居民人均住房面积分别为 54.1 平方米、78.3 平方米，增长 1.2%、0.3%。

全区参加企业职工基本养老保险 109.88 万人；参加医疗保险 151.16 万人；参加工伤、生育和失业保险人数分别为 99.79 万人、70.39 万人和 69.93 万人。全区各类养老保险参保率为 99.14%，城乡居民医疗保险参保率保持在 99.74% 以上。

有社区居家养老服务照料中心 478 家，示范型居家养老服务中心 27 家。有各类养老机构 40 家，养老机构床位 4993 张；儿童福利机构 1 家，床位 200 张。城乡居民最低生活保障标准为每人每月 1102 元，享受城乡最低生活保障人数为 1.27 万人。全年发放最低生活保障金额 1.56 亿元、救助资金 1.78 亿元、善款 8885.2 万元。

【教育和科技】 2021 年，萧山区共有小学 80 所，在校学生 11.01 万人；初中 53 所，在校学生 4.04 万人；普通高中 13 所，在校学生 2.06 万人。学前三年幼儿园净入园率为 99.6%，初中毕业生升入各类高中比例为 99.97%。萧山中学实施改造提升工程，建设信息港初中等学校项目 21 个，新增学位 1.68 万个。义务段学后托管服务覆盖率和营利性学科类机构“压减率”均为 100%。高考一段上线率 78.94%，高于全省平均 18.94 个百分点。11 人获得全国中学生生物学奥林匹克竞赛金牌，10 人入选国家集训队，均居全国第一位。

浙江大学杭州国际科创中心启动区块全面启用，依托浙江大学杭州国际科创中心的浙江省 CMOS 集成电路成套工艺与设计技术创新中心入选省级技术创新中心，宽禁带功率半导体材料与器件重点实验室和浙江省医学精准检验与监测研究重点实验室入选省级重点实验室。北大信息技术高等研究院与企业新建联合实验室9家。新增省级博士后科研工作站8家、省重点企业研究院1家、省企业研究院8家、省高新技术企业研究开发中心44家、市级以上科技企业孵化器（众创空间）11家。新开建“4286”产业载体项目41个，年度完成投资188.33亿元，入选省重大产业项目6个。新认定国家高新技术企业470家、省科技型中小企业806家，28家企业入选“独角兽”“准独角兽”榜单。

新增发明专利授权1122件，增长108.9%。参与制定（修订）国家标准、行业标准和“浙江制造”标准32项，新增“品字标浙江制造”企业认证20家。新认定杭州市各类高层次人才1601人，新招引应届高校毕业生2.1万人，新增高技能人才4108人，65名青年技能人才入选“浙江青年工匠”，数量居全省第一。

【文化、旅游、卫生和体育】 2021年，萧山区艺术表演团体演出840场次，观众22.5万人次；年底图书馆藏书301.18万册。举办庆祝中国共产党成立100周年系列活动，深化拓展党史学习教育，挖掘红色资源，守好“红色根脉”。文化惠民工程深入实施，城市文化公园开工建设，浙农·东巢艺术公园建成开园，城市书房新建10家，全省首个钱塘江古海塘遗址公园开园。跨湖桥遗址博物馆“勇立潮头——跨湖桥文化主题展”获第十八届全国博物馆十大陈列展览优胜奖。

有AAAA级景点5个。创建省级全域旅游示范区、省AAA级景区城，建成4个省级景区镇和25个省A级及以上景区村庄，设计发布萧山文旅亚运线路。

有各类医疗卫生机构772个，其中医院59个。有床位10643张，各类专业卫生技术人员15459人。全年累计接种新冠疫苗420多万剂次。启动高质量建设“健康萧山”三年行动，入选杭州市新一轮重点（或区域共建）学科6个。浙江大学医学院附属第二医院总部院区、浙江大学医学院附属妇产科医院钱江院区加快建设，建成投用社区卫生服务站13个。公共场所配置安装AED（自动体外除颤仪）630台，建成标准化院前急救站点12个。新增婴幼儿照护服务托位571个、成长驿站34家。

新建全民健身设施354个，实现“15分钟健身圈”全覆盖，获杭州市第二十届全民运动会金牌总数第一，创建省体育现代化区。全年新增等级运动员25人。

【城市建设】 2021年，萧山区建成区面积125.23平方千米，建成区绿化覆盖率38.2%。亚运场馆主体验收和赛事功能验收基本完成，亚运三村竣工。举办“韵味杭州”系列测试赛2场、各类测试活动17场。亚运村国际区、地下综合管廊等核心区基础配套基本完工，博奥隧道、滨盛路隧道建成通车，完成钱江世纪公园亚运观赛空间设施改造。萧山机场T4航站楼和陆侧交通中心主体基本完工，人民广场、铁路杭州南站综合交通枢纽东广场建成，地铁6号线二期投入运营。时代大道高架、03省道东复线高架南延建成通车，风情大道、彩虹大道部分通车，打通新康路等一批支小断头路。

全社会用电量214.26亿千瓦时，比上年增长11.7%。其中，中工业用电140.44亿千瓦时，增长8.8%；城乡居民生活用电25.19亿千瓦时，增长12.7%。全年供水量37362万立方米，最高日供水量118.49万立方米；售水量32973万立方米，其中生活用水13256万立方米；供水能力达到160万立方米/日。拥有公交线路192条，公交汽车1597辆，全年公交汽车客运总量1.06亿人次。新增、优化公交线路26条，更新新能源公交车50辆。新增城区公共自行车服务点14个，新增、更新公共自行车4500辆。

【生态环境】 2021年，萧山区空气质量优良天数306天，优良率为86.9%。PM2.5浓度降至31.6微克/立方米，为有记录以来最低值。地表水各级控制断面水质均达到Ⅲ类及以上，集中式饮用水源地水质100%达标。塘南河、琴山下河、大通河等5条河道创建成为市级“美丽河湖”，七都溪创建成为省级“美丽河湖”。湘湖生态环境导向（EOD）试点项目被确定为全国首批36个试点之一。617个垃圾分类小区实现“定时定点”全覆盖，318个垃圾分类村实现“四定一撤”全覆盖。获评省生活垃圾分类工作优秀区。完成首批碳交易纳入企业配额申请，8家企业获得碳交易配额，产生全区首笔碳排放配额质押贷款。全年规模以上工业单位增加值能耗下降0.3%。全区一般工业固体废物产生量为78.98万吨，工业固体废物综合利用量为77.21万吨，综合利用率97.8%。

注：地区生产总值和各产业增加值绝对数按现行价格计算，增长速度按不变价格计算。

（裘云锋）

中国共产党杭州市萧山区委员会

综述

【概况】 2021年，中共杭州市萧山区委以习近平新时代中国特色社会主义思想为指导，始终牢记习近平总书记嘱托，全面贯彻落实中央和省市委决策部署，团结和带领全区广大干部群众，忠实践行“八八战略”，有序推动亚运筹办、共同富裕、数字化改革、经济高质量发展、新冠肺炎疫情防控等重点工作，高水平建设“亚运国际城·数智新萧山”，高质量打造新时代共同富裕新标杆，当好全市领头雁、成为全省排头兵、争做全国先行者。

【萧山发展动能转换】 2021年，萧山区锚定数字经济、生命健康、现代服务业等新兴产业，持续实施“万亩千亿”计划，用足用好经济高质量发展政策和人才新政。推进“4286”产业载体（四大产业新城、两大产业基地、八个特色小镇、六个产业社区）建设，打好“1+4”产业用地集成改革政策组合拳，整治提升低效企业，推进镇街工业园区分类发展三年行动，破解创新创业空间不足的短板。深入实施“三名”工程，加快浙大国际科创中心、西安电子科技大学杭州研究院等协同创新平台建设，支持北大信息技术高等研究院等赋能萧山发展。打造数字经济和新制造业“双引擎”，谋划实施“未来智造”三年行动，加快长三角制造业数字化能力中心建设。高质量开展“双招双引”工作，开市客商超（Costco）、SKP高端综合体、美满芯盛（杭州）微电子有限公司、浙江药源新地生物科技有限公司医药研发公司外包服务机构（CRO）等重大项目落地，新引人才数量再创历史新高，全社会研发经费占比突破3.2%。开展区域合作，与滨江区签订萧滨一体化框架协议，研究推出共荣发展建议方案，探索共建特别合作区，为省市“区域协同共富”提供萧滨经验。

【“亚运兴城”攻坚行动】 2021年，萧山区深入实施“亚运兴城”六大攻坚行动，亚运场馆及相关配套设施建设基本建成并部分投入运营，“22688”交通大会战加速推进，美丽萧山十大攻坚战成效明显，“五水共治”首获“大禹鼎”银鼎，垃圾分类、“两美”建设全省考核优秀，全省“千万工程”现场会在萧山召开。“办好一个会、提升一座城”，提前谋划“后亚运”发展路径，启动《“后亚运”时代萧山城市发展战略与行动谋划》研究项目。

【改革攻坚加速】 2021年，萧山区制订数字化改革总体方案，在全省率先建设“四横四纵两门户”一体化智能化公共数据平台，实现区镇村三级数字驾驶舱全覆盖，建立数字化改革特派员制度，借助“智库外脑”撬动数字化改革全方位突破，探索“一网统管”重大集成应用，持续推出“清廉萧山”码上工程、“健康大脑+智慧医院”等多跨应用特色场景。入选全省首批高质量发展建设共同富裕示范区试点，瓜沥镇七彩社区等6个未来社区入选试点，数量全省最多；入选全省首批新时代乡村集成改革试点，探索建设未来乡村。加快自贸区萧山区块建设，实施“3533”工程，推动空港综合保税区申报工作，率先实现跨境电商出口全模式通关，加快构建对外开放平台体系。

资料：

“3533”工程：全力打造临空经济发展高质量发展标杆区、数智制造创新示范区、跨境电商创新发展先行区；重点发展数智制造、跨境电商、临空高端服务、生物医药、科创金融等新产业、新业态、新模式、新经济；建立以投资贸易自由化便利化为核心的制度体系、具有国际市场竞争力的开放型经济体系、安全高效的风险防控体系；构建“自贸试验区+联动创新区+辐射带动区”的“全域自贸”开放发展新格局。

【区委工作机制创新】 2021年，萧山区树立“大抓平台、抓大平台”理念，制定《关于建立兵团化作战机制 推进经济高质量发展的实施意见》，在平台（重点产业功能区）设置8个兵团。印发《关于建立重点工作专班化运作机制的通知》，组建亚运筹备、萧滨一体化等八大专班，推动重大项目、重大改革、重点任务落到实处、取得实效。

【党建引领推动全区工作】 2021年，萧山区高质量开展党史学习教育，规定动作和自选动作相结合，精心设计载体，统筹部署“我在中共农运发轫地学党史”专题学习、“初心百年恰风华”专题宣讲、“忆党史·守初心·建窗口·当示范”专题宣传教育、“办实事、解难题、减负担”专题实践、“亚运国际城·数智新萧山”攻坚、专题组织生活会和民主生活会六大专题活动，引导全区党员干部不断强化党性修养筑牢信仰之基，持续提高政治判断力、政治领悟力、政治执行力。开展基层党建“引领力”工程，推广非公有制企业“融合式”党建，率先实施未来社区党建工作标准化建设，常态化组织开展“全域党建大比武”，抓好软弱涣散村整转，高质量完成镇领导班子换届。坚持实干至上用人导向，优化干部结构，加大年轻干部、专业干部、女干部、党外干部培养选拔力度。纵深推进清廉萧山建设，制定出台清廉萧山建设实施意见、八大清廉单元建设实施方案等，构建“四责协同”机制，实现巡察全覆盖。

（汤佳秋）

重要会议

【萧山区第十六次党代会】 2021年12月29—30日，中国共产党杭州市萧山区第十六次代表大会召开，实到代表383人。大会的主要任务是：回顾总结区第十五次党代会以来的工作，研究部署接下来5年的奋斗目标和主要任务，动员全区上下全面贯彻习近平新时代中国特色社会主义思想，践行“八八战略”，厚植四大优势、把握四对关系、实现四大突破，推进“产城人文”深度融合，为高水平建设“亚运国际城·数智新萧山”，高质量打造新时代共同富裕新标杆，当好全市领头雁、成为全省排头兵、争做全国先行者而努力奋斗。区委书记王敏代表中共萧山区第十五届委员会向大会作题为《高水平建设“亚运国际城·数智新萧山”当好全市领头雁成为全省排头兵争做全国先行者》的报告。大会选举产生中共萧山区第十七届委员会委员41人、候补委员8人，中共萧山区纪律检查委员会委员25人，萧山区出席中国共产党杭州市第十三次代表大会代表50人。大会通过《关于中国共产党杭州市萧山区第十五届委员会工作报告的决议》《关于中国共产党杭州市萧山区第十五届纪律检查委员会工作报告的决议》。

【区委十五届十三次全体（扩大）会议】 2021年7月16日，中共杭州市萧山区委召开十五届十三次全体（扩大）会议。会议高举习近平新时代中国特色社会主义思想伟大旗帜，深入学习贯彻《中共中央、国务院关于支持浙江高质量发展建设共同富裕示范区的意见》精神，按照省委十四届九次全会、市委十二届十二次全会的部署要求，进一步动员全区上下忠实践行“八八战略”，高水平建设“亚运国际城·数智新萧山”，奋力打造新时代共同富裕新标杆，努力在全省示范区建设和杭州打造城市范例中走在前、作示范。会议听取和讨论市委副书记、区委书记佟桂莉受区委常委会委托作的工作报告。区委副书记章登峰、赵立明，区委常委叶建宏、蒋金娥、童一峰、陈龙宁、陆志敏、吴炜炜、周胜华，区委委员、候补委员出席会议。

【区委常委会会议】 2021年，萧山区委常委会召开会议32次。区委常委会以习近平新时代中国特色社会主义思想为指导，全面贯彻落实中共十九大精神，充分发挥总揽全局、协调各方的领导核心作用，对全区经济建设、政治建设、文化建设、社会建设、生态文明建设实行全面领导，就新冠肺炎疫情防控、党史学习教育、脱贫攻坚、共同富裕、安全生产、防汛救灾等重

2021年7月16日，中共杭州市萧山区委十五届十三次全体（扩大）会议召开 （范方斌 摄）

大事项进行研究。

其中，1月15日，区委常委会召开会议，传达学习省委常委会、市委常委会有关精神，听取全区新冠肺炎疫情防控工作情况汇报。2月8日，区委常委会召开会议，听取《杭州市萧山区国民经济和社会发展第十四个五年规划和二〇三五年远景目标纲要（草案）》起草情况的汇报，以及区人大常委会、区政府、区政协、区法院、区检察院党组工作汇报，并讨论区人大常委会、区政府、区法院、区检察院提交区十六届人大五次会议的工作报告稿和区政协常委会提交区政协十四届五次会议的工作报告稿。3月5日，区委常委会召开会议，传达学习习近平总书记在全国脱贫攻坚总结表彰大会和党史学习教育动员大会上的重要讲话精神，研究部署全区贯彻落实工作。3月26日，区委常委会召开会议，学习传达贯彻省委书记袁家军在萧山调研重要讲话精神，研究《萧山区新冠病毒疫苗接种工作方案》等事项。4月25日，区委常委会召开会议，分析一季度经济形势，部署下阶段工作。会议强调，要按照“稳中求进、进中求优”的总思路，主动服务和融入新发展格局，保持清醒、精准发力、合力攻坚，扎实做好“六稳”工作，全面落实“六保”任务，持续增强经济发展新动能，全力夺取经济发展高分报表。5月14日，区委常委会召开会议，传达学习习近平总书记关于“共同富裕”的重要论述和省委专题学习会精神、市委常委会会议精神，研究全区贯彻落实举措。6月15日，区委常委会召开会议，传达学习省委十四届九次全会精神，研究部署全区贯彻落实工作。6月28日，区委常委会召开扩大会议，观看《生命重于泰山——学习习近平总书记关于安全生产重要论述》电视专题片，传达贯彻习近平总书记关于湖北省十堰市燃气爆炸事故重要指示精神，研究部署全区贯彻落实工作。7月5日，区委常委会召开会议，传达学习习近平总书记在庆祝中国共产党成立100周年大会上的重要讲话精神，研究部署全区贯彻落实工作。7月29日，区委常委会召开会议，听取全区新冠疫苗接种工作情况汇报，研究部署下一阶段全区新冠肺炎疫情防控工作。9月17日，区委常委会召开会议，传达学习习近平总书记在中央民族工作会议上的重要讲话精神和省委民族工作会议精神，研究部署全区贯彻落实工作。10月28日，区委常委会召开会议，传达学习习近平总书记在中央人大工作会议上的重要讲话精神，研究部署全区贯彻落实工作。11月18日，区委常委会召开扩大会议，传达学习贯彻党的十九届六中全会精神。12月13日，区委常委会召开会议，传达贯彻省市疫情防控工作会议精神，听取全区疫情防控工作情况汇报，研究部署下一步工作。12月24日，区委常委会（扩大）会议暨区委务虚会召开，深入学习贯彻省委经济工作会议精神，研究区党代会工作报告（送审稿）、审议区纪委工作报告（送审稿）。

（曹陈尘）

区委综合事务

【督查督办】 2021年，萧山区委督查室完成省委、市委主要领导涉萧山批示和区委主要领导批示督查办理工作。牵头组织开展中央、省委巡视涉萧山问题，省委“七张问题清单”问题等整改销号工作，对党代会报告、区委全会报告等重要会议决策部署开展分解督办，牵头对《萧山区数字经济发展四年双倍增行动计划（2019—2022）》等重要政策文件开展政策执行绩效评价。牵头做好省《今日聚焦》、市《今日关注》和区级媒体曝光栏目的整改督办。每月发布“红黄黑”榜，并牵头“八大行动”专项督查组开展全面督查。牵头区党政机关整体智治系统建设，开发大督查应用场景，经验介绍在《杭州改革》专题刊登，并在市直部门推广使用。

（吴倩斐）

【信息编报】 2021年，萧山区委信息工作主要包括本级信息编发、重点信息上报、紧急信息联动和基层信息员队伍建设等，党委信息的主渠道作用进一步凸显。以文辅政，增强动态信息的及时性、工作信息的主题性、调研信息的针对性；突出亮点，宣传萧山形象，将党委信息打造成展示萧山形象的重要窗口；围绕焦点，关注舆情信息，提高舆情信息的报送成功率。全年编发《萧山信息·专报》73期、《萧山信息·调研专刊》45期、《萧山信息·本周要情》51期。

（曹陈尘）

【联络接待】 2021年，萧山区委区政府接待处按照“从简、从细、从严”的要求，共接待中央国家机关，全国部分省、市、区（县、市）和参加有关重要会议活动的来宾396批次、7485人次。其中，接待国家级领导5批次，省部级以上领导51批次，考察主要内容涉及产业发展、数字经济、城市建设管理、美丽乡村建设、小城镇建设管理、招商等各方面内容。

（傅嘉奇）

【保密工作】 2021年，萧山区贯彻落实习近平总书记关于保密工作的重要指示批示和中央、省委、市委保密委会议精神，健全机构队伍，强化组织领导。加强教育培训到位，提高保密意识；加强制度规范，落实工作责任；强化日常管理，夯实工作基础；落实技术防护，强化监督检查，保密工作整体水平提升，完成《区委保密委2021年工作要点》制定的各项工作目标任务。全区没有发生泄密事件。

（王永根）

【综合调研】 2021年，萧山区开展区领导重点调研课题，区委、区政府领导重点调研课题14篇。区委改革办深入进化镇、盈丰街道、杭齿集团、杭州中德传动设备有限公司等镇街、企业开展实地调研，完成区委主要领导年度课题《大力实施亚运兴城行动，全面提升城市能级和核心竞争力》，为谋划亚运兴城路径提供指引。协助区领导、各镇街部门围绕推动共同富裕、谋划党代会思路开展大调研，形成高质量调研报告56份。

【重要政策意见起草】 2021年，萧山区委改革办牵头起草中国共产党杭州市萧山区第十六次代表大会及区委十五届十三次全会报告、小结以及其他重要文件，形成《高水平建设“亚运国际城·数智新萧山”当好全市领头雁成为全省排头兵争做全国先行者》《高水平建设“亚运国际城·数智新萧山”奋力打造新时代共同富裕新标杆》2篇报告。根据市委、市政府关于深化“三服务”活动安排，起草形成《关于市区联动开展新一轮服务企业活动的意见》。围绕推动全区新一轮经济发展政策落地落实，联合发改、审计等相关部门召开多场专题会议，全年制订经济政策30条。

（孙诗青）

全面深化改革

【概况】 2021年，萧山区委落实中央和省、市委各项改革决策部署，推动各领域改革，忠实践行“八八战略”，高水平建设“亚运国际城·数智新萧山”，围绕“1+7+N”改革工作体系，以数字化改革为总抓手，牵引撬动各领域各方面改革。萧山区获全省全面深化改革考评优秀，萧山区委改革办获全省改革创新成绩突出集体称号。

资料：

“1+7+N”改革工作体系是省委改革委2021年度工作要点。“1”指数字化改革，这是浙江省全面深化改革的总抓手；“7”指经济、民主法治、文化、社会事业、生态文明、党的建设、纪检监察7大领域的重点改革；“N”指从7大领域中提炼集成的抓纲带目式、牵一发动全身的重大改革。

【数字化改革成果丰硕】 2021年，萧山区加快推进数字化改革。召开萧山区数字化改革推进大会、重大场景发布会和“一网统管”“清廉萧山”等专题会议，建立全区重大多跨场景数字化管理系统，形成区级一本账。形成《关于印发杭州市萧山区村级小型工程项目管理暂行办法的通知》等制度成果136项，《“健康大脑+智慧医疗”理论体系和实现路径》等理论成果59项。开展“解题破难 创先争优”改革突破奖评选活动，21个项目获奖。“社会治理全量信息视图”“一网统管”等42个应用场景入选全省揭榜挂帅和试点项目；作为主要参与单位参加省改革突破奖金奖项目“基层公权力大数据监督”和提名奖项目“产业链治理机制创新”的建设。

【共同富裕重大改革探索】 2021年，萧山区委建立由区委书记为组长的萧山区打造新时代共同富裕新标杆领导小组；建立区委社会建设委员会，与区发改局合署办公。制定“1+1+1+4+X”（1个五年行动方案、1个三年试点计划、1个共富指标体系、4张清单、X个专项计划）政策体系，入选全省共同富裕示范区建设首批试点（现代化基本单元领域）。推进13个省市未来社区和未来乡村试点建设，形成“一大品牌、一批样板、一种标准、一套模式、一个体系”五大标志性成果，被省政府列为“推进未来社区建设工作成效明显的区县市”。其中，瓜沥七彩社区建成并投用TOD交通出行中心、文化教育中心等七大场景，成为全省未来社区建设先行先试的样板。梅林村、横一村入选全省第一批未来乡村建设试点村。梅林村构建全省首个村级共同富裕指标体系，为打造现代化基本单元提供实践经验。横一村建设“邻里—文化—健康—低碳—产业—风貌—交通—智慧—治理—党建”十大场景，打造以“萧山·未来大地”品牌定位的乐游型村庄。

【重点领域改革集成推进】 2021年，萧山区深化政务服务体制改革，推出联报联批“一件事”11个，办事效率提升70%以上。探索出入境“1+1”融合改革试点，创新推行派出所出入境证件三级全域受理模式，实现群众在家门口办理出入境业务。全域推进各类土地综合整治与生态修复，开展永久基本农田耕地功能恢复，提标改造5个粮食生产功能区，巩固提升粮食综合生产能力。深化自贸试验区改革，引进5个世界500强项目；打造全省首个全生命周期多跨场景式自贸审批服务模式，开辟“无窗化”自贸审批服务专区，入选第二批杭州自贸片区优秀改革试点经验。健全大平安建设机制，在全省率先出台平安村社创建“双十条”评审办法，创新平安村社建设“红黄黑”三色预警机制。健全电信网络诈骗防控工作体系，出台《全区电信网络诈骗犯罪专项整治实施方案》《萧山区电信网络诈骗分层分级劝阻联动工作机制》。深化文化服务体制改革，按照“菜单式定制+个性化服务”模式精准提供各类基层公共文化服务，实现文化管家全区覆盖。强化法治政府建设，健全重大行政决策事项和涉法事项的法务全程参与机制，开展区镇两级政府重大行政决策目录化管理，实现镇街合法性审查全覆盖，创建首批法治浙江（法治政府）建设示范区。

（孙诗青）

组织工作

【概况】 2021年，萧山区设党委376个（其中镇党委12个、区级单位党委7个），党工委17个，党组24个，设党组性质党委22个。新建、升格党委（党工委）和党组10个；撤销党委、党组8个。至年底，全区党员总数为97688人，比上年增加3122人。增加党员6932人，其中发展党员1554人，转入组织关系5378人；减少党员3810人，其中转出组织关系3039人，死亡670人。

2021年萧山区新建、升格党委（党工委）情况表

表1

新建、升格党委（党工委）	所属党委（党工委）
杭州南站枢纽（杭州南站新城）党工委	区委
区综合行政执法局党委	区委
区综合行政执法局机关党委	区委直属机关工委
区公安分局离退休党委	区公安分局党委

续表 1

新建、升格党委（党工委）	所属党委（党工委）
北干街道金泰苑社区党委	北干街道党工委
北干街道萧然社区党委	北干街道党工委
新塘街道四季花城社区党委	新塘街道党工委
新塘街道创业联盟党委	新塘街道党工委
盈丰街道丰东社区党委	盈丰街道党工委
盈丰街道丰北社区党委	盈丰街道党工委

2021 年萧山区撤销党委、党组情况表

表 2

撤销党委、党组	所属党委（党工委）
杭州南站枢纽党组	区委
浙江湘旅控股集团党委	区委
区城市管理局党委	区委
区城市管理局机关党委	区委直属机关工委
杭州乐荣电线电器有限公司党委	开发区党工委
恒元建设控股集团有限公司党委	北干街道党工委
盈丰街道丰东村党委	盈丰街道党工委
盈丰街道丰北村党委	盈丰街道党工委

2021 年萧山区党员结构情况表

表 3

党员结构	人数（人）	占比（%）
合　计	97688	100
其中，正式党员	95813	98.1
预备党员	1875	1.9
男性党员	64124	65.6
女性党员	33564	34.4
少数民族党员	283	0.3

续表 3

党员结构	人数（人）	占比（%）
台湾省籍	1	—
年龄：30 岁及以下	11395	11.7
31 岁至 35 岁	13695	14.0
36 岁至 40 岁	10724	11.0
41 岁至 45 岁	8147	8.3
46 岁至 50 岁	8404	8.6
51 岁至 55 岁	7730	7.9
56 岁至 60 岁	9011	9.2
61 岁至 65 岁	7204	7.4
66 岁至 70 岁	7218	7.4
71 岁及以上	14160	14.5
文化程度：初中及以下	26537	27.2
高中、中技	12321	12.6
中专	3104	3.2
大专	18301	18.7
大学本科	32980	33.8
研究生	4445	4.6
入党时间：1945 年 8 月以前	1	0.001
1945 年 9 月至 1949 年 9 月	27	0.03
1949 年 10 月至 1966 年 4 月	4047	4.1
1966 年 5 月至 1976 年 10 月	7987	8.2
1976 年 11 月至 1978 年 12 月	1800	1.84
1979 年 1 月至 2002 年 10 月	31350	32.1
2002 年 11 月至 2012 年 10 月	34397	35.2
2012 年 11 月及以后	18079	18.5

2021年萧山区农村党员结构情况表

表4

党员结构	人数（人）	占总数（%）
合　计	38021	38.9
年龄：35岁及以下	8972	23.6
36岁至45岁	5188	13.7
46岁至55岁	5411	14.2
56岁至60岁	3673	9.7
61岁及以上	14777	38.9
文化程度：初中及以下	17652	46.4
高中、中技	6366	16.7
中专	863	2.3
大专及以上	13140	34.6
入党时间：1949年10月至1966年4月	2248	5.9
1966年5月至1976年10月	4777	12.6
1976年11月至1978年12月	1039	2.7
1979年1月至2002年10月	12451	32.8
2002年11月至2012年10月	12357	32.5
2012年11月及以后	5149	13.5

注：全区共有建制村党组织349个，其中党委174个、党总支173个、党支部2个。

2021年萧山区新发展党员结构情况表

表5

党员结构	人数（人）	占总数（%）
合计	1554	1.6
女性	726	46.7
35岁及以下	965	62.1
文化程度：大专及以上	1247	80.2
中专	37	2.4
高中、中技	237	15.3
初中及以下	33	2.1

【村（社区）组织建设】 2021年，萧山区加强村社组织运行和村级班子建设中的关键环节建设。村社组织换届完成后，组织村社干部开展“履新启航”主题活动，推进“开门一件事”落地744件。加强村社组织规范运行，开展“村社组织运行专题知识竞赛”“应知应会测试”等活动，推动制度落实。鼓励各镇街村社“揭榜挂帅”、创新提升，形成河上镇“周二例会”实践优化等一批有效经验。创新设置《村社组织规范运行工作记录本》，实现党务、村务、财务工作记录“一本通”，保障记录内容的高效、规范、安全。推进乡村治理数字化，开发运行“村治通”应用，聚焦“云管理”“云服务”“云监督”三大主要功能，形成工作任务在线跟踪、村情民意在线流转等十大使用场景，探索数字赋能村社组织规范运行和村社干部日常管理新路径。创新村社干部培训培养新模式，对全区3200多名村社干部开展上岗培训，开办村社书记“头雁学堂”，每月对240名村社书记教育培训，并组织开展半学年学习交流会等活动。深化“导师帮带制”，新认定16名区级兴村治社导师，出台管理办法，推广“名师工作室”等建设机制。开展村社组织换届“回头看”，545个村社3205名村社干部开展分析述职，3.55万名党员、9909名群众代表参与满意度测评，累计走访谈话党员群众1.82万人。

【城市党建引领基层治理】 2021年，萧山区全域打造党建引领基层治理共同体。贯彻市社区治理二十条举措。以镇街领办的形式，依托项目化管理，深化落实聚力赋能社区治理“五大机制二十条举措”，探索实践一批社区治理实招。发动住建、工青妇、老干部局等单位，集结多元力量，发挥职能优势，打造党建引领基层治理共同体，基本形成“党建引领、多方参与、条块协同、四治融合”的治理格局。推进小区党建工作。围绕“三全四有三提升”，细化25项重点任务清单，召开全区党建引领小区治理现场会，299个小区实现党的组织覆盖和工作覆盖，党组织组建率92.3%，“新三方”协同治理机制覆盖率75%。实行“揭榜挂帅”，培育18个小区党建样板，推荐申报市“睦邻”小区党建样板9个。打造萧然全域党群驿站。发布萧然全域党群驿地图，建成亚运驿、南站驿、欢潭驿等580多个党群服务驿站，形成全域“十五分钟党群服务圈”。其中，湘湖驿获《人民日报》点赞，“全域党群驿”在新华社、人民日报客户端刊发。创新实践未来社区党建工作。总结提炼瓜沥镇七彩未来社区党建工作经验，形成“云上彩虹”党建工作机制。率先出台党建统领未来社区规范指引，建设七大指数体系，构建未来社区治理新格局，相关做法得到市领导的批示肯定。建强全域党建联盟阵地。深化区域化大党建理念，强化党建工作“红色纽带”作用，构建完善“党建统领统合、条块齐抓共管、各方协同参与、数智精准赋能、作用实质发挥”的全域党建联盟工作格局，打造形成“厢心力”党建联盟、共靖联盟、银企党建联盟等一批具有区域辨识度的党建联盟品牌，5个项目入选首批全市域党建联盟试点重点项目。

【机关党建增强示范力】 2021年，萧山区强化机关党建责任体系建设。抓好省、市《关于落实机关党建责任制实施办法（试行)》的贯彻落实，在区级层面分别制定共性责任清单和个性责任清单20条；区级各单位参照制定“三级三岗”特色责任清单，确保责任到岗、任务到人，构建机关工委统一领导、单位党组（党委）具体领导和管理、机关党委（党总支）直接负责、党支部具体落实的责任落实闭环。推进“模范机关”争创，确定重点争创对象33家单位，遴选产生10个第一轮“模范机关”争创先进单位。区审管办获评全省“建设清廉机关、创建模范机关”工作先进集体。聚焦“民呼我为”主题，持续开展“助万企、帮万户”“结对帮扶”“先锋领航双报到”等活动，帮助基层、企业和群众解决实际问题，1.7万名在职党员向居住地所在社区报到，提供服务2.6万次。聚焦下属二级单位党建工作短板，通过交叉互查、巡察整改“回头看”等方式，集中开展专项督查，督促问题整改到位。以教育、卫健等行业系统为重点，持续推进深化行业系统党建“六个一”专项行动，开展“一行业一品牌”“一行业一特色”争创，确定行业系统党建样板培育对象28个。

（李　璐　胡　昊）

【“两新”组织党建】 2021年，萧山区以全省“两新”工委书记现场会及全市民营企业党建座谈会为契机，加强标杆民企党建工作，引领带动全区“两新”党建整体跃迁。擦亮领军企业党建品牌，总结提炼传化集团有限公司“融合式”党建工作经验，该工作得到习近平总书记批示，为全国非公有制企业党建工作提供新的示范样本。锻造民企党建新品牌，培育杭州湾信息港党委“e心向党”、微医集团党委“五心聚力”、浙江长龙航空有限公司党委“党建红+航空蓝”等一批党建特色鲜明、示范作用明显的新品牌。培育“三型”（品牌型、成长型、初创型）梯队，发挥传化集团有限公司、万向集团公司、浙江胜达集团有限公司等领跑作用，创建50家“三型”党组织，持续抓好“融合式”党建经验做法在“三型”梯队中的推广应用。推进新就业领域“先锋骑手”品牌建设，在杭州市率先成立区级快递物流行业党委及群团组织，开展“先锋骑手服务月”活动，设立先锋骑手驿站105处，组建“先锋骑手”服务联盟送出关爱项目12个，成立全省首家快递物流行业共享法庭，加快新就业群体融入城市发展步伐。

（王　挺）

【党建工作基础夯实】 2021年，萧山区面对基层基础量大面广、情况复杂多变的现状，坚持抓基层、打基础，提升基础工作规范化水平。围绕中国共产党成立100周年开展系列活动。推荐并获评全国“两优一先”对象2个、省“两优一先”对象8个、市“两优一先”38个；为7974名老党员发放“光荣在党50年”纪念章；走访慰问获党内功勋荣誉表彰的154名党员、480名生活困难党员、30名老党员及6名因公殉职党员的家属。创新实行“两单制”管理。组织开展党内组织生活、村社组织规范运行等5次专项督查，推进基层党建基础工作标准化、规范化。高质量做好发展党员工作。分批开展发展对象“入党第一课”培训，全年培训1600多人次，发展党员1500多名；开展“发展党员工作督查整改月”活动，组织区内单位对近年的发展党员工作进行互查互学，召开调度会交流问题、督促整改。开展区镇两级党委换届。完善23家区级部门协同配合的联审机制，做好市、区、镇三级党代表换届选举的全过程管理，保证代表的先进性和代表性，确保换届过程平稳有序。创新党员教育工作。创新党员教育形式，推送各类微信600多条，举办“艺术党课”，制作《亚运先锋萧山有你》《你好！萧山基层头雁们》《书记说给书记听》《全会精神党员学》等一批红色微视频。

【党建特色品牌】 2021年，萧山区围绕献礼中国共产党成立100周年主线，推动党建品牌争创。开展“六个一百”献礼活动。开展“百家党建样板、百个党员先锋岗、百佳组织生活案例、百部红色微视频、百名党员风采展、百年红印家乡行”等“六个一百”活动，确定党建重点培育单位150家、党员先锋岗100个、优秀组织生活案例100个、优秀红色微视频66部，串联“百年红印家乡行”红色线路6条、32个教育点，并开展优秀党员系列风采展。开展亚运攻坚先锋行动。以发挥党组织“四个引领”作用和开展党员争当“四个先锋”活动为主要内容，在项目一线建立临时党组织52个，成立党员先锋队160多支。擦亮“民情双访”品牌。深化支部联村，开展“领办一件事、助力十四五”活动。全区所有村社党组织均由区级单位党支部或党小组结对，领办一件事关村社长远发展的关键事，并实行项目化管理，月度常态走访、季度问题跟进、半年重点研讨、年度总结评价；在台风“烟花”过境期间，依托“支部联村（社区）、干部入户”机制，组织全区1.7万名机关事业在职党员下沉一线、靠前服务、主动作为。全区520多个结对领办项目进入收尾阶段。常态化开展“全域党建大比武”。区级举办村社书记、机关书记、党

2021年11月11日，蜀山街道“先锋骑手驿站”开启24小时全天候服务

（郭立宏　摄）

建样板、创新项目路演，全域党建大比武之“村社书记谈五年蓝图”等专场比学活动，带动各镇街各系统开展各类比武活动400多场，培育新一批覆盖各领域、具有较强辐射带动作用的基层党建示范集群。

【镇领导班子换届】 2021年，萧山区委组织部统筹谋划换届人事安排，保障换届全程平稳有序。镇领导班子换届中，提拔使用区管干部79人。其中，新提拔1985年11月以后出生的区管正职干部2人、区管副职干部38名，面向优秀村书记选拔镇班子副职1人。换届后，镇领导班子平均年龄下降4岁，全日制大学以上学历占比提高13%，班子结构功能明显优化。严把“两代表一委员”身份关，指导12个镇高质量开好党代会、人代会。

【实绩实干导向选人用人】 2021年，萧山区委组织部探索完善多维度考核评价体系，构建领导班子和领导干部“六个评估”机制，推动领导班子配备更加科学。坚持实绩实干的鲜明用人导向，任免区管干部13批次，累计提拔使用115人，进一步使用19人。统筹做好各年龄段、女性及党外干部的培养选拔工作，干部队伍结构持续优化。

【年轻干部培养】 2021年，萧山区委组织部制定“3512”年轻干部培养三年行动计划，面向“双一流”高校招聘高层次事业人员50人，专项调研106名35岁以下年轻干部，举办30岁以下年轻干部专题培训班，选派39名年轻干部参加“三榜联动”选人用人试点项目。提拔1985年11月以后出生区管干部40人，其中1987年11月以后出生16人，年轻干部“蓄水池”持续扩大。

【干部教育培训】 2021年，萧山区委组织部推进干部“云课堂”夜学，开课11期，参与干部4.2万人次。创新开展揭榜领学之“每周一讲”活动，25名年轻专业干部走进直播间。开展乡村振兴、健康萧山、开放融合等条线专业培训班。探索建立数字化改革特派员制度，聘请41名在萧山的科研专家定向对接50家机关、企事业单位，精准赋能干部数字化能力提升。实施“百名年轻干部实践锻炼计划”，选派110名年轻干部开展上挂下派，锤炼干部实干实践能力。

【干部监督体系构建】 2021年，萧山区委组织部健全完善干部大监督工作机制，联席会议成员扩充至15家。强化科级干部选拔任用管理，全年预审科级干部选拔任用115批次，对12家单位开展选人用人、因私出国（境）等专项检查，督促抓好政策落实和程序执行。做好个人有关事项报告抽查核实，对15名区管干部采取批评教育及以上处理。制定实施信访受理分层分类处置办法，推动对信访案件线索精细化、规范化、科学化管理，不断提升信访工作管理水平。

【公务员精细化管理】 2021年，萧山区委组织部启动新录用公务员“三年助跑”行动计划，建立导师帮徒、系统培训、谈心谈话、实践锻炼、成长档案五大机制，成立“助跑行动”基地，年轻公务员成长路径进一步优化。深化落实职务与职级并行制度，制定公安警察序列职级晋升办法，晋升四级调研员以上职级187人次，审批及备案一级主任科员以下职级晋升310人次。加大公务员招引力度，完善区外公务员转任操作办法，全年招录公务员83人、选调生13人，办理公务员调任、转任及登记484人次。全年获评省、市“最美公务员”5人，市“十佳公务员”2人。

（李　璐　胡　昊）

【人才工作】 2021年，萧山区贯彻落实国家、省、市各级人才计划申报工作，实施顶尖人才、海内外高层次人才、领军型创新创业团队等引育计划，加快推进高精尖人才项目落地。新引进院士等顶尖专家10人；入选省“鲲鹏行动”计划1人；引进培育入选国家、省、市海内外高层次人才计划32人；入选市级领军型创新创业团队2个。引进杭州全球青年人才中心，与全球排名前50的知名高校学生组织建立合作联系。实施大学生创业创新三年行动计划，推出“千企万岗进校园”行动，线下组织162家企业赴高校引才，线上组织1800家次企业参加长三角高层次人才云聘会等活动32场。全年新增35岁以下大专以上学历大学生44121人，40岁以下博士研究生学历大学生202人；新引进应届大学生14942人，比上年增长27.38%，增长率居全市第一。实施新时代萧山工匠培育工程，推进产业工人队伍建设，带动岗位练兵20多万人，新增高技能人才4108人，65名青年技能人才入选“浙江青年工匠”，数量居全省各区县首位。举办2021中国留学生论坛、第七届杭州市大学生创业大赛萧山赛区、萧山区首届青年创新创业大赛、大学生“酷玩酷学Hi萧山”等活动。实施人才集成式服务，构建“一窗式受理、一站式服务、一件事联办”的服务模式，全年服务人才2.5万次。升级和推广“金钥匙人才之家”App、人才公共服务AI平台，打通人才信息库、人才项目库、人才服务库数据，赋能人才服务、政策兑现“跑零次”“秒到账”。区委人才办编制萧山区“十四五”人才发展规划，贯彻落实杭州“人才生态37条”及萧山“人才新政25条”，修订出台“金梧桐”人才安居计划2.0版，全面升级贷款贴息、生活津（补）贴、购（租）房补贴等政策，全年兑现高层次人才购房补贴75人次、租房补贴914人次；兑现大学生租房补贴15414人次，兑现大学生“生活补贴+青荷码+贷款贴息+实习津贴”四项政策，惠及2.7万人。

（徐杭炜）

宣传工作

【概况】 2021年，萧山宣传思想工作推进思想高地、文明高地、文化事业和文化产业高地建设，为高水平建设“亚运国际城·数智新萧山”，高质量打造共同富裕新标杆提供坚强思想保证和强大精神动力。中央和省、市主流媒体报道萧山内容7000多篇（条），头版报道达100多篇（条）。其中，《人民日报》头版刊登《我们的生活越过越好》《杭州市萧山区探索基本农田保护补偿机制》；中央广播电视总台《新闻联播》报道萧山区落实习近平总书记“七一”重要讲话精神情况；《新华每日电讯》刊发长篇通讯《杭州萧山：从工业“虚胖”到“逆风前行”》；中央广播电视总台央视元旦特别节目报道瓜沥镇梅林村共同富裕建设实践。

（倪海锋）

【党史学习教育】 2021 年，萧山区党史学习教育以“我在中共农运发轫地学党史”为主题，突出萧山特色。成立党史学习教育领导小组及办公室，组建工作专班及 8 个区级巡回指导组。召开动员部署会、党史学习教育研讨会等全区性专题会议 7 次，制定印发各类文件、提示单 50 多件。成立多支区级宣讲队伍，深入基层宣讲党史 3200 多场。严格落实组织生活会要求，754 名区管以上党员领导干部均以普通党员身份参加组织生活会。深化地方党史理论研究，举办“百年风华 萧山荣光”党史学习教育研讨会、“传承百年火种 奔向共同富裕——儿年衙前农民运动 100 周年学术研讨活动”等活动。精选红色教育基地、革命旧址、美丽乡村等研学点位 32 个，打造 6 条红色研学路线，举办萧山区“沿着红色足迹学党史”暨“百年红印家乡行”活动。各镇街、各部门开展形式多样、各具特色的活动。“中国农运第一村”衙前镇凤凰村作为“红色 + 共富”的样板，成为全省深化“千万工程”建设新时代美丽乡村现场会考察点。中央、省级主流媒体刊发萧山区党史学习教育报道 1300 多篇（条），省、市党史学习教育简报体现萧山区工作亮点 50 多次。

【理论学习】 2021 年，萧山区紧扣庆祝中国共产党成立 100 周年主题主线开展理论学习。区委理论学习中心组开展专题学习 17 次、专题研讨 5 次，举办专题读书班 2 次。各级中心组开展专题学习研讨 600 余次。其中，围绕学习贯彻习近平总书记“七一”重要讲话精神，区委常委会专题学习 1 次，区委理论学习中心组专题学习 4 次，并举办专题读书班。区人大、政府、政协党组以及各镇街部门党委（党组）理论学习中心组开展专题学习 170 次、专题读书班 57 次。全年处级以上领导干部作专题宣讲 892 场，基层党组织书记作专题宣讲 5035 场，累计受众 60 余万人次。各镇街开展宣讲 724 场，总受众 100 余万人次。“学习强国”学习平台萧山供稿中心向上级平台报送稿件 2472 篇，被全国平台录用 440 篇，被首页推荐 27 篇，理论专版推荐 1 篇。在“学习强国”杭州学习平台开设《建党百年 杭州影像 萧山红色印记》栏目，展现全区党史学习教育情况，其中《浙江杭州萧山区：“五老”思政课进校园 点燃师生爱党情》被全国平台首页推荐，阅读量近 10 万人次。

（郭安琪）

【主题新闻宣传】 2021 年，萧山区举办东方红大型交响合唱音乐会、“革命与复兴：中国共产党百年”大型摄影文献展等活动。做好党的十九届六中全会精神和中国共产党成立 100 周年宣传工作，区级媒体开设《奋斗百年路 启航新征程》等相关专题专栏 100 多个，其中《寻访萧山百年红色印记》融媒体报道阅读量 70 万人次。开展“万众一心跟党走”宣传文化活动，完成创作并展演现代绍剧《秋之白华》，编撰出版《百年萧山，新闻记录》。举行杭州 2022 年亚运会萧山区倒计时一周年活动，策划开展“亚运兴城”攻坚年网络访谈 37 期。推出“‘千万工程’的萧山实践”系列专题，刊发各类宣传报道 320 多篇（条），制作短视频、直播及各类融媒体产品 80 多款，全媒体平台累计阅读量逾 1000 万人次。

（倪海锋）

【主流媒体报道萧山】 2021 年，中央、省、市主流媒体报道涉萧山内容 6500 多篇，其中头版报道达 100 多篇。1 月 24 日，《人民日报》头版刊登《杭州市萧山区探索基本农田保护补偿机制》；7 月 3 日，中央广播电视总台《新闻联播》头条报道传化集团董事长徐冠巨分享习近平总书记“七一”重要讲话精神学习感悟；6 月 9 日，《新华每日电讯》刊文长篇通讯《杭州萧山：从工业“虚胖”到“逆风前行”》，报道萧山发展数字经济新引擎；7 月 21 日，《新华每日电讯》围绕“七一”重要讲话精神在基层主题刊登报道《用数字化为群众需求“画像”》，《经济日报》报纸刊登《从山水到人文》纪实描述萧山浦阳“桃花源记”；7 月 29 日，《农民日报》头版刊登《数字化：浙江农村文化礼堂“新跑道”》；《人民日报》、中央广播电视总台、新华社、《浙江日报》等主流媒体刊登“七一勋章”获得者萧山人瞿独伊的专题报道。全年，《杭州日报》头版刊登萧山有关内容 80 条，其中《萧山：“未来”棋局走出新定式》《用好“五字诀”萧山亩均论英雄再启改革》《从新旧交融看萧山共富“三观”》等 5 篇内容登上头版头条。

【城市形象宣传】 2021 年，萧山区委宣传部策划制作全新萧山形象宣传片，从“亚运、开放、数字、文化、幸福”五个方面展现萧山崭新面貌。围绕“共同富裕”主题策划制作美丽乡村主题宣传片和宣传册，展示萧山乡村振兴、共同富裕成果。推进 G20 杭州峰会史料展示厅、萧山区智慧 · 城市馆等外宣阵地建设开放；优化政务平台建设，萧山发布微信、微博在 2020 年“之江号”矩阵县市区政务新媒体排名第一；萧山发布《激荡钱塘：百年奋斗，启航萧山新征程》荣获浙江发布“百家发布追寻奋斗百年路”主题宣传一等奖；“萧山发布”抖音号吸引粉丝 16 万余人，获赞 178 万余次，视频累计超 3.6 亿次阅读量。进一步加强城市形象海外宣传。央视国际西班牙语频道采访拍摄杭州国际博览中心，播出《红色记忆：博物馆里的百年中国——杭州：大国风范》，视频同步在 PC 端、微博平台转发，累计点击量逾 5000 万人次。在《财富》全球杂志刊播萧山形象宣传跨页广告，萧山宣传内容翻译成中英双语在《财富》杂志中国版、亚太版、欧洲版、美国版 4 个地区 75 个国家出版发行。接待英国、法国、美国、日本、韩国等 36 个国家的 70 多位在杭外国留学生访参观游览杭州国际博览中心，实地考察萧山发展风貌。

【媒体采访活动】 2021 年，萧山区开展“全国‘百城百台’”大型融媒体新闻行动，140 家国内主流媒体记者对瓜沥七彩未来社区进行融媒体采访报道。区委宣传部邀请新华社记者就萧山区五大领域数字化改革进行专题采访，实地调研一体化数字驾驶舱、数智瓶安、健康大脑、未来社区、智能制造等数字化改革成效。开展“亚运三馆”探营活动，组织中央省市50多家主流媒体记者首次探馆采访报道，《人民日报》、中央广播电视总台、新华社等7家主流媒体平台同步直播，超500万人次在线观看。开展“杭向共富”媒体采风活动，邀请中央省市约60家新闻媒体采访调研进化镇欢潭村、衙前镇凤凰村、瓜沥镇航民村等共同富裕典型村。

萧山智慧·城市馆　　（萧山智慧·城市馆 提供）

【**媒体融合发展**】2021年，萧山区进一步推动媒体融合发展。在区融媒体中心建设的基础上，推进全区微融媒体中心建设，筹建和培育微融媒体中心试点，新塘、瓜沥、临浦、宁围、所前、蜀山、新街7家试点挂牌验收。10月20日，2021全国媒体融合平台化发展论坛在萧山召开，开展“守正创新融合共享”新媒体平台化战略发展及国际传播发展分论坛，邀请省市领导、相关企业、主流媒体嘉宾、新闻传播专家学者、商业平台嘉宾等共150多人就主流媒体平台化发展面临的挑战与机遇、媒体平台化如何破圈发展、地方新媒体平台的品牌塑造与传播等问题开展专题演讲与主题沙龙。

【**舆论监督**】2021年，萧山区制定发布《萧山区新闻媒体舆论监督工作实施意见》《关于进一步做好区外媒体舆论监督有关工作的通知》等规范性文件。发布2021年萧山区新闻发言人名单，组织新闻发言人队伍参加市新闻发布专题培训班，提高突发事件新闻发布与舆论引导工作水平。聚焦新闻媒体舆论监督选题审核、曝光问题督促整改、网络问政群众满意度等问题，开发萧山区“民声阳台”舆论监督多跨协同场景应用，整合全区8个舆论监督栏目，实现全流程一站式交办、曝光选题一键审核、多栏目一平台展示、大数据一张表分析，建立“曝光—整改—反馈—督办—回头看”的闭环管理流程，发挥舆论监督工作在提高政府效能、保障改善民生方面的作用。

（毛　越）

【**文化惠民工程**】2021年，萧山区“引导社会多元投入提升公共文化服务效能”项目获评国家公共文化服务体系示范项目，以“文化管家”社会化服务创新探索“精神共富”路径入选全市首批共同富裕试点名单。推动文化管家服务落地全区141个基层文化服务场所，开展“你点我送”“周末剧场”“潮文化Park”主题展览等文化活动700多场。新建城市书房10家、社区文化家园45家。

【**城市文明**】2021年，萧山区完善区镇村三级美德档案体系建设，开展两季“萧山好人”发布活动，发布身边好人50位，选树产生全国、省、市道德模范及“最美杭州人”各1位，全国、浙江、杭州好人10人次。开展以“携手迎亚运·共建文明城”为主题的核心价值观宣讲160多场，群众性活动170多场。“文明加速度”广播专栏发布原创正能量节目50期，“文明萧山”抖音号播放量2283万次。开展美德夏令营三大比赛活动，2人获市美德少年称号。开展公民爱心日捐款、援助活动，收到捐款152万余元，实施各类困难援助金额72.5万元。新建区级文明单位34家、文明村社17家，新评市星级社区文化家园5家、市文明镇1家、市文明单位4家，区级及以上文明村镇达到95.5%。深化数字赋能，萧山区文明城市数智系统入选第二批全省宣传文化系统重点应用。建成区新时代文明实践中心及24个新时代文明实践所、520个新时代文明实践站，覆盖率94.7%。成立萧山区新时代文明实践基金。

【**萧山智慧·城市馆开馆**】2021年7月21日，萧山智慧·城市馆开馆。该馆分为上下两层，总面积约为7000平方米，以萧山城市发展（城市线）、智慧萧山建设（智慧线）为主线，分为门厅·萧山新时代、溯源忆江南、时代绘蓝图、数智新萧山、产业新引擎以及文创区等多个展区。是一座集成就展示、科普教育、特色旅游等多功能于一体，记录萧山城市发展历程、呈现智慧城市建设成果的复合型现代城市体验馆。

【**庆祝中国共产党成立100周年主题晚会**】2021年6月29日，“百年风华 奔竞萧山”萧山区庆祝中国共产党成立100周年主题晚会在区融媒体中心演播厅举行。晚会以“奔竞不息、勇立潮头”的萧山精神为情感基调，通过“追忆初心”“壮丽起航”“筑梦路上”三个篇章，原创短剧、音乐诗画、情景舞蹈等节目，全面展现萧山在中国共产党成立100周年来取得的巨大历史性成就和发生的历史性变革。

【**全区文化大会首次召开**】2021年9月3日，萧山区首次召开全区文化大会。会上发布以《萧山区文化事业和文化产业高质量发展的实施意见》为统领的“1+5”系列文化政策，谋划实施文化发展“183工程”，以打造“新时代精神富有标杆区、文化先行示范区”为目标，深入实施文化传承发展、文化惠民共享、文艺精品繁荣、文化产业提质、文化创新融合、文化数智赋能、文化对外交流和文化人才培育的八大计划，推动十大文化设施、十大文化品牌、十大文化产业的三个“十大项目”建设，不断提升萧山文化引领力、服务力、创新力、竞争力和融合力。

（倪海锋）

网络安全

【概况】 2021年，萧山区网络安全管理部门收集、汇总并转职能部门网民诉求950多项。策划开展“亚运兴城”攻坚年网络访谈37期，营造迎亚运氛围。制定发布《萧山区新闻媒体舆论监督工作实施意见》《关于加强区外媒体舆论监督应对的通知》《萧山区重大事项网络舆情风险评估机制》，提高突发事件新闻发布和舆论引导工作水平。

【网络文化建设】 2021年，萧山区“e港小镇”创建为省“文润同心”网络文化家园示范基地。6月27日，萧山区承办中央网信办“打卡中国·你好长三角”主题传播活动。9月，开展“数智萧然亚运有我”网络作品征集大赛。图片《风雨同行》入围中央“五个一百”网络正能量精品评选；《数智萧然萧山红色数智地图》等8件作品，获评杭州市网络正能量精品。11月24日，萧山区举办“湘湖论网”圆桌会，构建线上线下同心圆，推进互联网行业党建工作。在微博等平台组织“身边的党员”“数智萧然 亚运有我”“萧灭新冠肺炎”等活动，网络互动量近2.5亿人次。

【网络生态治理】 2021年，萧山区开展“清朗”专项行动，指导督促属地网站、自媒体落实主体责任，为网民营造文明健康的网络环境。“萧山发布”、微信公众号、智慧萧山、萧山网等媒体平台发布、转载新冠肺炎疫情辟谣信息400多条。全年关闭违法违规账号75个。

【依法治网体系建设】 2021年，萧山区探索建立“141N”（1指区委网信委全面领导，4指“网信、公安、文旅、市监”四大主体部门，1指司法局专业指导，N指N个职能单位）依法治网工作机制，形成区网信办、区公安分局、区文旅局、区市监局联动执法，区司法局监督指导，行业主管部门共同参与的依法治网体系。全年联合约谈告诫区内网站、自媒体账号58家（次），报请上级关闭网站7家（次）、注销网站15家（次）、ICP备案脱钩网站6家（次）。

【网络安全风险隐患排查】 2021年，萧山区组织开展攻防演练，防范网络安全隐患。排查区内网站（系统）9300多家，监管全区重点信息系统650多家。全年印发预警通报74期、态势季报4期。

（黄晓军）

统一战线工作

【概况】 2021年，萧山区贯彻落实习近平总书记关于做好新时代党的统一战线工作的重要思想，紧扣庆祝中国共产党成立100周年重要节点开展“全面过硬年”行动。统战工作把握大团结大联合主题，形成统一战线团结、进步、创新、实干的良好氛围，为高水平建设“亚运国际城·数智新萧山”，奋力打造新时代共同富裕新标杆贡献统一战线智慧和力量。推进统战数字化改革，成立全区统战领域数字化改革专班，重点打造数智党派（民建平台）和民间信仰场所平安巡查系统2个特色应用场景。

【民主党派和无党派人士统战工作】 2021年，萧山区多党合作事业健康发展。区各民主党派、无党派人士通过两会平台参政履职，提交提案议案131件，其中20件被区政协评为优秀提案。用好对口联系平台渠道，开展各类协商议政会议30多次，收集社情民意信息496条，其中4条被中央层面录用。完善考察调研工作机制，民主党派、工商联、无党派人士围绕“高质量发展建设共同富裕示范区”等12项重点课题开展调查研究，提出意见建议30多条，为区委、区政府科学民主决策提供参考。区委统战部指导区各民主党派完善党派之家建设，召开述职和民主评议、民主生活会等，提升标准化规范化建设水平。

【党外代表人士队伍建设】 2021年，萧山区党外代表人士队伍结构不断优化。持续深化“523党外干部队伍建设行动”，贯彻落实组织部、统战部两部联席会议机制，健全党外干部发现储备、培养锻炼、选拔任用、从严管理四项机制。全年新推荐提拔区管以上党外干部7名。

【党外知识分子和新的社会阶层人士统战工作】 2021年，萧山区推进党外知识分子统战工作，“同心议政”平台依托“云端议事厅”、“扫码民情汇”、政协委员会客厅开展党外知识分子专题微协商10余场。打造党外知识分子“湘知”公共文化服务品牌，开展各类公益活动40多场。指导河上镇、盈丰街道、长龙航空成立知联分会，党外知识分子工作影响力不断扩大。新阶层人士统战工作打造“信息港同心荟2.0”，成立“萧然·爱心联盟”和“匠·荣盛同心荟”两个新联品牌。深化“走乡村·促共富”和“点亮童年”系列走访活动，区新联会会员赴康定、旺苍开展送爱心活动。做好网络界人士统战工作，新建“潮同荟”萧山区网联之家作为网络人士活动阵地，成立萧山区网络人士宣讲团和网络界人士“智库”，举办“潮音汇”2021“学党史·知党情·共奋斗”直播活动和“数智亚运·同心共富”网络系列直播活动。

【非公有制经济人士统战工作】 至2021年底，荣盛控股集团、万向集团、传化集团等23家民营企业建立党委统战部，萧山区实现全区党委建制民企统战部全覆盖。上海萧山商会、萧山区新企联（青商会）被评为杭州市5A级社会组织。成立合肥市

2021年10月26日，区新联会（萧然爱心联盟）赴四川省康定市营官小学开展点对点捐赠活动 （龚 琴 摄）

瑶海区萧山商会，筹建成都萧山商会。区工商联（总商会）成立参政议政、经济服务、联络联谊三个工作委员会，提升参政议政专业化水平。按季度召开“政企恳谈会”，加强企业与区委、区政府及有关职能部门的沟通联系，支持企业家依法合规参政议政、反映诉求。开展“萧商心向党·共赴新征程”系列活动、“献礼建党100周年，创二代人物”主题宣传活动，进一步把牢民营经济发展方向，坚定民营企业家发展信心。持续推进“品质萧商提升工程”和新生代企业家培养“薪火计划”，成立民营企业传承与创新研究院。引导民企投身光彩事业，推进“万企兴万村”行动，17家企业与康定市签订村企合作，累计投入帮扶资金逾300万元。

【民族宗教人士统战工作】 2021年，萧山区开展“红色之旅”、“童心献给党·民族一家亲”、第二届“渔浦杯”少数民族趣味体育运动会等活动，促进民族交往交融。杭州惠光科技有限公司、萧山三中等单位争创省级民族团结进步重点培育单位。179处基督教纳管场所开展“五进”（宪法和法律法规、国旗国歌、社会主义核心价值观、中华优秀传统文化、民族团结进步创建进宗教活动场所）活动；老岳庙等3个宗教场所实施提升改造工程；全区宗教领域持续做好常态化新冠肺炎疫情防控工作。开展“与党同心·爱国爱教”系列活动，组织宗教界人士参加党史宣讲活动，引领宗教领域同心同向开展宗教政策法规、消防安全及有关业务专题培训5次，参训超过500人次。加大宗教团体指导力度，加强神学思想研究和宗教文化建设，引导宗教与社会主义社会相适应。

【港澳统战工作】 2021年，萧山区探索建立萧港两地社区协会结对交流机制。举行萧山旅港同乡会捐资助学座谈会，连续第10年开展“200新苗培育计划”“紫荆新苗奖”“金润泉先生教育基金”“萧山中学紫荆奖”等奖学助学活动，捐助资金62万元。

【侨务工作】 2021年，萧山区召开区侨联成立40周年纪念大会，举办侨界人士迎国庆座谈会，开展“留学报国·我心向党”“乘风破浪·留联飞扬”等主题活动。成立萧山区欧美同学会，成为杭州市首个区级欧美同学会；成立盈丰街道和科技城归国华侨联合会，侨联基层组织更加健全。承办2021海外华文媒体杭州行之“聚华媒力量·讲萧山故事”活动，开展“湘湖飞云·我心向党”萧山、瑞安两地侨界书画交流展、“归侨侨眷喜看萧山新变化”等活动，提升内外交往实效。

【萧山区统一战线举行庆祝中国共产党成立100周年活动】 2021年6月28日，以“回望百年路，同心创未来”为主题的萧山区统一战线庆祝中国共产党成立100周年活动在杭萧钢构股份有限公司会议厅举行。活动由萧山区统一战线成员自编、自导、自演，通过音乐、舞蹈、诗朗诵、情景剧、莲花落等文艺节目，展现萧山区统一战线成员与中国共产党始终风雨同舟、携手同行的优良传统，抒发广大统战成员永远跟党走、奋进新时代的心声。

【同心打造共同富裕新标杆】 2021年8月23日，《萧山区统一战线助力打造新时代共同富裕新标杆实施方案（2021—2025年）》出台，实施“同心·聚共识”“同心·共发展”等六大“同心”行动，常态化开展“我为共富献良策”专题活动。成立首批“新乡贤共富基金”，基金总额超过2500万元。200多名新乡贤回乡投资兴业，“畅享幸福里”综合体、湘湖影视基地等重点项目落地，一批学者专家型新乡贤的工作室相继落户。各镇（街）通过组建“新乡贤资政顾问团”“新乡贤参事会”，开设“乡贤议事厅”“乡贤圆桌会”，引导新乡贤参与基层治理，形成“五和众联”“五义欢潭”等一批具有地方特色的基层治理载体。

【2021海外华文媒体杭州行活动在萧山举行】 2021年11月23—26日，“2021海外华文媒体杭州行·走进萧山”活动举行。活动由杭州市委统战部（市侨办）主办，萧山区委统战部（区侨办）承办。30多位海外华文媒体驻内地代表走访杭州奥体博览中心主体育馆、游泳馆、兆丰机电数据中心、进化镇欢潭村、临浦镇横一村，实地体验萧山城市建设、经济发展和美丽乡村的共同富裕实践。

【《红色引擎：非公企业党建的传化样本》出版】 2021年6月20日，《红色引擎：非公企业党建的传化样本》首发式暨专家研讨会举行。传化集团是浙江省第一个成立党委的民营企业，《红色引擎：非公企业党建的传化样本》系统讲述传化集团有限公司始终坚持党的领导，高度重视和支持党建工作，抓住党建“红色引擎”，发挥党员先锋模范作用，使企业不断发展壮大，实现高质量发展的故事。该书诠释非公有制企业党建的巨大成就，为全国提供非公企业党建的成功样本，是浙江建设中国特色社会主义制度优越性重要窗口的成果展示。

（沈谆桢）

对台事务

【概况】 2021年，萧山区推进与台湾经贸合作，新增台资企业15家，注册资本1060万美元。创新开展基层交流，多种形式开展联谊、慰问等活动。优化对台胞、台属服务措施，在全市率先开展台胞新冠疫苗接种工作。开展“走亲连心三服务”，走访台资企业30多家；帮助杭州百芮生物科技有限公司、杭州保登电子科技有限公司等多家企业配合落实有序用电措施；协调解决台资企业、台胞求助20多起。8月29日，萧山区台联理事会换届，产生第八届理事会。

【对台经济】 2021年，萧山区多措并施推动萧台经济融合。台泥集团区域总部项目工程建设进展顺利；杭州裕隆大厦建成，招商出租情况良好；友嘉集团高端制造业生产基地选址工作启动；杭州百芮生物科技有限公司益生菌产业化项目投资2600万元，10月投产；不二家（杭州）食品有限公司增扩建项目，一期投资2313万美元，年底完工；建长湾农业与台湾“梅子梦工厂”合作建设的“微笑的梅子工厂”主体竣工。

【海峡两岸基层交流】 2021年春节前夕，萧山区举办“两岸同迎辛丑年，笔墨丹青送祝福”活动，邀请民间团体60多位书画家精心制作书法、国画、春联、剪纸等作品近250件，分别寄给台北市萧山同乡会、南投县鹿谷乡的100多位台湾同胞。4月8日，举办“浙台邻里节杭州专场——情系两岸携手同行”走进进化联欢活动，由台胞代表及萧山区、余杭区、富阳区有关市民家庭代表组成的参访团共100多人参加活动。杭州市台湾同胞投资企业协会与进化镇政府签订合作协议，双方在“微笑的梅子”产业合作项目成功的基础上，致力于两岸农业融合发展，在智慧农业、旅游休闲、文创产业、社会公益等领域展开合作。

【台商台胞合法权益维护】 2021年，萧山区台办协调解决在萧台商台胞租房、薪资待遇、祖屋地基等方面权益维护3起，台胞台商子女入学、转学等困难求助7起；处理台胞投诉案件1起。重点协调解决由台胞出资办学的萧山吉的堡幼儿园在“民转公”过程中的权益维护事项。

【服务台商台胞】 2021年，萧山区台办在“萧山台办服务群”微信平台为260多名台商台胞提供信息发布、疑难解答等服务。开展“情暖萧台 共迎新春”——萧山区台胞新春慰问活动，慰问96位留萧台胞。开展台胞新冠疫苗接种工作，全年共组织5批次计188人接种。区台属联谊会开展“继承和发扬我党光荣传统”的主题学习活动、台海形势报告会等活动。推荐台属界政协委员10名。慰问全区11个街道乡镇定居台胞、重点及困难台属14人。

（曹陈尘）

信访工作

【概况】 2021年，萧山区信访系统开展“访源治理和积案化解攻坚年”活动，信访“降总量、减存量、防变量”工作成效明显。全区信访总量（不含电话）比上年下降30.3%。区长公开电话接听群众来电42.6万件次，数量居全市分平台第一位，办理质量位居前列。区信访局获全国“人民网留言办理心汇聚单位”、全省信访系统“人民满意窗口工作成绩突出集体”、全市信访工作优秀单位称号。萧山区实现“无信访积案县（市、区）”四连冠。戴村镇、湘湖国家旅游度假区、党湾镇、河上镇、临空经济示范区、楼塔镇、靖江街道7家单位被评为信访工作“三无”镇（街道）。

【信访“三大专项”行动】 2021年，萧山区坚持区领导值守接访常态化，深化班子成员分片联系镇街（部门）制度，灵活运用“线上+线下”“区领导+局领导”“接访+约访”等方式，推动实现群众信访“最多跑一次”。区领导接待来访群众291批次；区信访局班子成员连片走访镇街（部门）75次。区委、区政府主要领导多次批示部署，带头包案、带头会商、带头接访，高位推动重复信访积案化解工作。区四套班子领衔包案的57件重点积案，化解54件，化解率94.7%。组建区信访工作专家库，探索实践信访事项听证、信访信用管理等做法，坚持解决问题与依法打击相结

2021年1月，萧山区书法家为在萧山过年的台胞送“福”字　（杨贤兴 摄）

合，政法、信访等部门进一步强化信息联通、力量联合、工作联动。接待信访复查申请115批146人次，书面受理信访事项复查申请8件，完成信访听证2件。

【数智赋能信访工作】 2021年，萧山区信访工作探索开发“民呼我为”一体化智治平台“一呼解忧”应用场景，在全市信访系统内率先迭代升级集“一网受理、多跨协调、全量分析、闭环处置、媒体融合”等功能为一体的协同治理平台，提升诉求分析能力。该项工作得到省、市两级信访部门认可，并在全市“民呼我为”工作会议上介绍有关经验。探索开发“一揽通达”访情分析数智治理应用场景，依托“浙江省统一政务咨询投诉举报”平台信息，开展热点难点和群体性信访问题、扬言类问题预警研判工作，多角度征集并转化人民建议，提升“互联网+信访”的应用层次、分析广度和运行效率。整合基层党建工作资源，融入基层治理“四平台”，依托区、镇（街）、村（社区）三级“矛调中心”，夯实共建共治基层基础。日常信访矛盾纠纷排查化解网格化、实效化，初次信访“136”（10%化解在区级、30%化解在镇街、60%化解在村社）工作格局逐步形成。

【区领导接访】 2021年，萧山区委、区政府主要领导开展值守接访活动，会商研究信访突出问题。6月28日，市委副书记、区委书记佟桂莉在萧山区矛调中心下访接访。5月26日、6月17日，萧山区委副书记、区长章登峰到区矛调中心开展值守接访活动。

（陈彦蓉）

机构编制工作

【概况】 2021年，萧山区委编办持续推进开发区（园区）清理规范、推进“大综合一体化”行政执法改革、重点领域体制机制改革，推动基层减负，管好用活机构编制资源，提升机构编制管理质效。推进开发区（园区）清理规范，重新拟订并印发萧山经济技术开发区和临空经济示范区党工委、管委会“三定”规定。完善萧山科技城体制机制，做好科技城机构编制保障。区委编办对10家单位开展机构改革和事业单位改革“回头看”检查，共发现8家单位涉及19项问题，督促各单位限时做好整改工作。

【“大综合一体化”行政执法改革】 2021年，萧山区制订《萧山区推进“大综合一体化”行政执法改革方案》，在区级层面构建形成“1支综合执法队伍+8支专业执法队伍+5个特殊领域执法”的行政执法体系工作方案，做好相关部门职责、机构和人员编制调整工作。区委编办与区委改革办等七部门联合印发《关于明确瓜沥镇综合行政执法队编制和人员管理有关事项的通知》，建立瓜沥镇综合行政执法队日常考核、薪酬待遇、职务职级晋升、人员招录、人员调动、组织关系等具体人员属地管理制度。

【重点领域体制机制改革】 2021年，萧山区探索“一网统管”机构设置，设立区城市智治中心。在区农业农村局加挂区乡村振兴局牌子，巩固拓展脱贫攻坚成果、统筹推进实施乡村振兴战略；设立区委社会建设委员会，与区发改局合署办公，全面落实高质量发展建设共同富裕示范区的重大任务要求；调整商业城管理体制，明确新塘街道负责行政区划内商业城区块行政和社会事务管理职责；突出南站枢纽开发建设和经济发展的要求，加挂南站新城牌子，理顺和完善南站枢纽管委会内设机构设置；理顺自贸区块相关工作机构，在区商务局、区政务服务中心以及相关平台加挂自贸区管理、服务机构牌子。

【监管事项认领和行政检查事项覆盖工作】 2021年，萧山区委编办会同区司法局发出《关于落实监管事项集中梳理后续工作的通知》，召开工作推进会议，指导督促部门监管事项认领及事项审核、行政检查事项覆盖工作。至年底，全区监管事项认领率和行政检查事项覆盖率均为100%。

【基层赋能减负】 2021年，萧山区委编办梳理“属地管理”事项81条，明确主体责任和配合责任。配合区数据资源管理局做好政务服务事项未认领的日常审核工作，完善区级部门权责清单。加强盈丰街道派驻力量，牵头召开区级派驻部门服务基层工作机制座谈会，在编制总量不变的基础上，通过完善协作配合机制、内部力量调整等措施切实保障亚运主场馆属地筹备保障、基层社会治理等工作需要。

【行政事业编制资源统筹】 2021年，萧山区根据杭州市部分行政区划优化调整中机构编制专项工作意见要求，上划相应区级党政群行政编制至市委编委。对所管理的行业和领域内党建工作、党风廉政建设和反腐败任务较重，且系统在职党员人数较多的4个区级部门核增专职副书记领导职数。围绕数智萧山建设需要，核增大数据管理服务机构若干机构编制要素，加强统筹协调和技术力量保障。结合巡察整改任务，探索行政编制置换事业编制等方法，破解履职难点堵点。

【民生事业编制保障】 2021年，萧山区重新明确2021—2022学年教育系统中小学教职工编制，完成13家中小学、幼儿园机构设立的批复工作和5家学校的撤并、更名工作。开展萧山老年医院民办报备员额管理有关工作，推进公益事业多元化发展。对教育、卫生等民生领域的用编，按照“有编即补”的原则，在空编范围内予以保障。

【编外用工管理】 2021年，萧山区结合实际制定区执法队伍编外用工管控数配备标准。贯彻省委编办《市县机关事业单位编外聘用人员管理暂行办法》要求，于2021年11月下达2022年度各部门、镇街及下属事业单位（不含教育系统学校类单位）编外用工管控数。

【事业单位登记管理】 2021年，萧山区委编办完成全部445家事业单位年度报告公示工作。做好事业单位日常登记管理及机关群团赋码发证工作。探索实施事业单位简易注销程序，出台《进一步优化事业单位登记管理事项服务办法》，精简申报材料，简化申报程序，缩短办理时间。由原来30个法定工作日压缩至5个工作日内甚至当天办结。网上申报材料齐全有效的，原则上当日受理，并在5个工作日内办结。

【事业单位法人监管】 2021年，萧山区委编办加快推进事业单位章程制定工作，完成277家教育、卫生健康、科技和文化领域事业单位章程制定和备案工作，从制度规范上明确事业单位的发展目标、功能定位以及管理方式。持续做好事业单位法人信息公示及核查，深化“双随机、一公开”事中事后监管，规范事业单位运行管理，提升事业单位公益服务质量和水平。

【机构编制监督检查】 2021年，萧山区开展机构编制核查工作，核实机构编制基础数据，核清机构编制资源实际配置情况，推进职数倒挂问题整改、改革后机构名称和标识信息清理规范等工作。全年下发36家单位议定事项交办单，落实区委编委会议定事项的跟踪问效。出台《杭州市萧山区机构编制执行情况和使用效益评估办法（试行）》，加强机构编制绩效评估。

【推进实名制数据管理】 2021年，萧山区委编办维护完善实名制系统人员教育信息、领导职务信息，进一步优化完善系统职数预报备案模块，完善编外人员统计信息，提升实名制系统数据准确性和完整性。结合省压力测试工作查漏补缺，督促问题整改。

（李　健）

区直机关党建

【概况】 2021年，萧山区落实机关党建责任制，在区级层面制定共性责任清单和个性责任清单共20条。区级各单位通过分级分层明确职责，构建起机关工委统一领导、单位党组（党委）具体领导和管理、机关党委（党总支）直接负责、党支部具体落实的责任落实闭环。

【模范机关创建】 2021年，萧山区按照省、市委关于建设清廉机关、创建模范机关要求，制定萧山区模范机关创建实施意见及测评指标体系。测评指标体系分3个部分5个维度，一级指标15项、二级指标34项，细化量化评价内容和方式，强化模范机关创建的指引性和操作性。在推进全区各单位、部门全面创建的基础上，有针对性地将33个单位列为重点创建对象，强化过程管理、做实跟踪指导，年底遴选产生10个第一轮模范机关创建先进单位。区审管办获评全省“建设清廉机关、创建模范机关”工作先进集体。

【机关党员服务保障中心工作】 2021年，萧山区委组织部组织机关党员干部投身乡村振兴、社区治理、亚运攻坚等中心工作。聚焦“民呼我为”主题，持续开展“助万企、帮万户”“结对帮扶”“先锋领航双报到”等活动，广泛听取意见，收集群众需求，帮助基层、企业和群众解决实际问题。全区共有17139名在职党员向居住地所在社区报到，报到率99.6%。持续开展争创“共产党员先锋岗”评选活动，全区机关事业单位、国企、村社、“两新”组织等各领域中有100个岗位被命名为党员先锋岗，形成党员先锋示范群。

【行业系统党建】 2021年，萧山区直机关党建聚焦下属二级单位党建工作短板，通过交叉互查、巡察整改“回头看”等方式，集中开展专项督查，督促问题整改到位。以教育、卫健等行业系统为重点，推进“深化行业系统党建”专项行动，确定行业系统党建示范点培育对象28个，开展“一行业一品牌”“一行业一特色”创建，行业系统抓业务与抓党建同步开展。

（王　挺）

党校教育

【概况】 2021年，市委党校萧山分校举办培训班81期，参训3.2万人次。出台《加强核心课程体系建设，推进教学高质量发展的实施办法》。全年开设授课专题80多堂，宣讲252场，听众5.1万人次。

【党员干部培训】 2021年，市委党校萧山分校举办主体班（计划内班）26期，参训2.9万人次。1月，举办3期村社书记培训班，219人参训。3月起，举办5期党员发展对象培训班，1383人参训；举办6期区委直属机关工委党员春训，采取线上、线下同步方式，2.7万人次参训。4月，举办镇街党校红色宣讲员党史宣讲培训班，51人参训。4月起，举办村社书记“头雁学堂”，开展集中授课45次，240人参训。5—6月，举办3期区管正职习近平新时代中国特色社会主义思想理论研修班，165人参训。6月，举办年轻干部党性教育培训班，30人参训；举办乡村全面振兴专题培训班，39人参训；举办健康萧山专题培训班，74人参训。9月，举办公务员初任培训班，76人参训；举办选调生素质提升班，21人参训。10月，举办开放融合发展专题培训班，49人参训。11月，举办党的十九届六中全会精神宣讲骨干培训会，100人参训。

【镇街党校规范化建设】 2021年，市委党校萧山分校加强业务指导，推进镇街党校规范化建设，各镇街党校举行培训386场，参训12.7万人次。以“如何讲党史”为主题，举办镇街党校红色宣讲员培训班，帮助基层宣讲员提高党史宣讲能力。开展“周末党课进镇街党校”活动，为镇街党校安排省市高层次师资。发挥镇街党校作用，保障区外班次现场教学6期。

【党史宣讲】 2021年，市委党校萧山分校组建百年党史宣讲队，开展“党课送基层，党史进百村”活动，为204家单位宣讲252场，受众5.1万人次。2人入选党史学习教育区委宣讲团，

4 人入选党史学习教育专家宣讲团，4 人入选学习贯彻习近平总书记“七一”重要讲话精神专题宣讲团。

【教学科研成果】 2021 年，市委党校萧山分校开发新课 20 堂。深化教改研究，获全省党校系统教学改革专题研讨会二等奖 1 项、三等奖 1 项；全市党校系统推进高质量办学研究论文评选一等奖 2 项、二等奖 3 项、三等奖 2 项，并获组织奖。获全省党校（行政学院）系统 2020—2021 年度科研工作优秀奖；全省党校系统庆祝中国共产党成立 100 周年理论研讨会一等奖 2 项、二等奖 1 项、三等奖 4 项、入围奖 4 项；全省党校系统优秀决策咨询成果一等奖 2 项；杭州市反邪教优秀调研论文征文三等奖 1 项；萧山区反邪教优秀调研论文征文一等奖 1 项；萧山区习近平法治思想征文比赛二等奖、三等奖各 1 项，并获组织奖；入选纪念衙前农民运动 100 周年学术研讨活动论文集 1 篇。课题立项 32 项。文章发表 10 篇。出刊《领导参阅》11 期。

（高　磊）

老干部工作

【概况】 至 2021 年底，萧山区有离休干部 95 人（含易地安置 4 人，其中挂靠在萧山单位的 3 人），其中省市垂直管理的 5 人，杭州市属地委托管理的 15 人，区属转制企业由老干部局直接管理的 14 人，萧山区安置到外地的 7 人，当年减少 16 人。其中，党员 60 人，抗日战争时期参加革命的 10 人，解放战争时期参加革命的 85 人；经批准享受“地专级”“地专两项待遇级”政治、生活待遇的 3 人，享受县（处）级政治、生活待遇的 2 人，一般离休干部 90 人。区级退休老领导 53 人，其中杭州市局级退休安置到萧山 2 人。全区离休干部和区级退休干部 100 多人参加健康体检。11 月 26 日，市委老干部局十九届六中全会精神专题学习暨“六讲六做”大宣讲动员部署会在萧山召开。

【离退休党员干部党史学习教育】 2021 年，萧山区离退休干部党支部开展“红色基因永相传”“学访谈、谈体会”主题党日活动，学习《习近平在浙江》采访实录、党的十九届六中全会等精神，其中区文旅局机关离退休干部党支部主题党日活动获省委老干部局优秀主题党日案例二等奖。全区开展活动 230 次，实现离退休干部党支部活动全覆盖。依托老干部党校和老年大学“晚晴讲堂”，开设以党史学习教育为主题的思政精品课堂 7 期，面向全区各离退休干部党支部成员开展轮训，参训 2100 多人。组织关工委“五老”讲师团、老干部理论宣讲志愿服务队“线上 + 线下”多渠道进村社、进校园、进机关、进党群服务中心、进云端等开展红色主题宣讲。“五老思政课进校园点燃师生爱党情”登上“学习强国”全国平台首页。录制党史主题“五老”精品课 13 堂，微视频党课 12 堂，宣讲 70 多场，受益群众 3 万余人次。

【离退休干部党建】 2021 年，萧山区有离退休干部党员 4921 人，党支部 120 个。区老干部局与区委组织部联合印发《关于推进离退休干部党支部规范化建设的指导意见》，举办全区离退休干部党建工作推进会。至年底，全区离退休干部党支部累计完成规范化建设 60 个，规范化创建率为 50%。

【携手跨越“数字鸿沟”万人帮扶计划】 2021 年 3 月 5 日，浙江老干部志愿服务携手跨越“数字鸿沟”万人帮扶计划启动仪式在萧山区举行，全区 200 多位老干部参加。同时，全区老干部志愿者“携手跨越‘数字鸿沟’”主题志愿服务活动启动，优选 20 位老干部志愿者，成立数字化改革骨干宣传队，开展智能手机应用培训等活动。至年底，开展跨越数字鸿沟志愿服务活动 40 多场，受益群众近 2000 人次。

【老干部志愿服务激励机制】 2021 年，萧山区老干部局联合萧山农商银行出台《萧山区离退休干部志愿服务“时间银行”实施方案（试行）》，开展首次老干部志愿服务积分兑换，健全老干部志愿服务长效激励机制，引导更多离退休干部主动参与志愿服务。全区老干部参与志愿服务活动累计时长 3230 小时，获取时间银行积分 108 万余分。

【老干部庆祝中国共产党成立 100 周年系列活动】 2021 年，萧山区开展老干部“最美”系列评选和“创新案例”征集，评选出最美离退休干部党支部书记 20 名、最美离退休干部党员 80 名、最美老干部志愿者 20 名、最美老干部志愿服务团队 10 个、“创新案例”10 个。开展全区老干部庆祝中国共产党成立 100 周年系列活动。征集“百年回眸·初心故事”，精选全区 50 名退休干部党员参与革命斗争、参与社会主义建设等历程的故事编印成《初心故事》一书。开展“迎建党百年·颂共和盛世”老干部书画作品征集活动，优选 100 幅作品，出版老干部书画作品集，并开展老干部书画作品巡展。举办老干部书画义卖活动，以定向认购和公开义卖的形式，筹集爱心款项 30 万元，用于衙前农小建校百年改造提升。举办“信仰·初心”全区老干部庆祝中国共产党成立 100 周年大会。

【老干部“走基层、看变化、促发展”】 2021 年，萧山区老干部局围绕亚运兴城、拥江发展战略、数字化改革等中心工作，组织区级、镇街、部门离退休干部参观亚运建设场地、萧山智慧城市馆等，全年共开展全区老干部“走、看、促”活动 25 次，参加 453 人次，老干部提出意见建议 45 条。

（汪　祥）

党史研究

【概况】 2021 年，萧山区委党史研究室服务全区党史学习教育、庆祝中国共产党成立 100 周年。精编萧山党史学教地方教材，广泛开展党史宣传、宣讲，围绕大局资政辅政，讲好萧山党史故事，营造浓厚宣传氛围。

【党史学习教育理论矩阵构建】 2021 年，萧山区委党史研究室在已出版萧山党史一卷、二卷基础上，接续编写《中国共产党萧山历史（1978—2012）》（简称“党史三卷”）。6月，推出献礼中国共产党成立100周年“三部曲”:《人间正道——建党百年萧山访谈录》对萧山区38位中国共产党成立100周年的见证者和亲历者开展口述访谈，《历史没有忘记他们——萧山党史人物读本》如实收录萧山党史中的48位杰出人物故事，《日月新天——建党百年萧山大事记》以编年体形式记录萧山1920年以来重大历史事件。

【党史宣传形式多样】 2021年，萧山区委党史研究室开展多种形式的党史宣传。与中央广播电视总台合作拍摄纪录片《红色金融路》，报道衙前农民信用合作社作为党领导下的第一个金融机构的历史地位；《鲁冠球的入党志愿书》《传化集团创始人徐传化的“大红花”》2篇红色文物故事登上“学习强国”全国平台，5篇红色文物故事登上省平台；联合“浙江发布”微信公众号制作《激荡钱塘：百年奋斗，启航萧山新征程》。参与打造6条党史学习教育红色研学路线，串联32个红色精品地标；与区委组织部合作，在“萧山党建”微信公众号推出44期一周党史专栏；拍摄献礼片《百炼成钢》，于7月7日发布；在“萧山史志”微信公众号每日发布“百炼成钢·萧山红色历”，共推出306期。

【党史学习教育宣讲】 2021年，萧山区委党史研究室参与谋划萧山区“萧然·青年说”红色基因“云”传承系列活动，覆盖受众30多万人次，被新华社、《人民日报》、《中国青年报》等各级媒体多次报道。打造8堂精品党课，宣讲41场次，受众超30万人次，6人入选区级党史学习教育宣讲团；为区委理论学习中心组授课《百舸争流敢为先 百炼成钢立潮头——萧山党史概览》。在瞿独伊获评“七一勋章”之际，在线专访其女李晓云，制作成“云党课”播出。

【“百年荣光 萧山风华”党史学习教育研讨会】 2021年7月29日，萧山区举行“百年荣光 萧山风华”党史学习教育研讨会，邀请全国党史、党建、社会学、管理学、农村发展研究等领域7位专家教授，围绕现代农民运动发轫、乡镇企业改革、民营经济发展、共同富裕探索等萧山历史发展过程中的特色亮点、先行先试的做法，进行学术研讨和理论提炼，形成资政成果7篇。

【纪念衙前农民运动100周年学术研讨活动】 2021年9月29日，“传承百年火种·奔向共同富裕——纪念衙前农民运动100周年学术研讨活动”在杭州国际博览中心召开。该活动由中国中共党史学会、浙江省委党史和文献研究室主办，杭州市委党史研究室（杭州市人民政府地方志办公室）、杭州师范大学和中共杭州市萧山区委员会承办。来自全国党史、党建、马克思主义研究、社会学等领域的60多名专家学者参会，党史专家、一级教授邵维正作主旨演讲。学术研讨活动形成资政成果41篇，共36万字。

【“四史”宣传教育】 2021年，萧山区委党史研究室将萧山人民在党领导下的百年奋斗历程放到党史、新中国史、改革开放史、社会主义发展史中去认识和把握，在全省率先推出《“四史”宣传教育专题简报》16期，一期一事件、一期一主题，每期发放1500份简报至各镇街、村社、两代表一委员等，获省委党史和文献研究室领导高度评价和社会各界广泛欢迎。

【党史教育阵地】 2021年，萧山区委党史研究室对萧山革命历史纪念馆、衙前农民运动纪念馆等区内党史教育基地和党史展陈内容进行指导和审核。指导绍剧《秋之白华》剧本编写并联络瞿独伊女儿进行专门审核。

（孙淑桢）

2021年9月29日，纪念衙前农民运动100周年学术研讨会召开

（区委党研室 提供）

杭州市萧山区人民代表大会

综述

【概况】 2021年，杭州市萧山区人民代表大会召开常委会会议8次，听取和审议专项工作报告17个；召开主任会议18次，组织视察活动5次，作出决议、决定13项；任免国家机关工作人员49人次。2月24—26日，萧山区第十六届人民代表大会第五次会议召开。6月22—23日，萧山区第十六届人民代表大会第六次会议召开。

【代表建议】 2021年，萧山区第十六届人民代表大会第五次会议期间，区人大代表向区政府提出建议205件。区政府承办代表建议205件，至年底全部办理完毕并书面答复代表。代表建议提出的问题、意见和要求，有149件得到解决或预计完成（A类），占72.7%，比上年提高近8个百分点；47件列入区政府及有关部门工作计划逐步解决（B类），占22.9%；8件因条件限制或其他原因暂时难以解决（C类），占3.9%；1件所提问题无法解决或留作参考（D类），占0.5%。代表对办理工作态度满意率100%，对办理结果答复满意率99.5%。

【人大代表换届选举】 2021年12月15日，萧山区开展区、镇两级人民代表大会代表换届选举。在做好新冠肺炎疫情防控的前提下，全区选民在各自选区有序参与投票。全区设区人大代表选区175个、镇人大代表选区508个；设立投票站点2693个、流动票箱2071只；1003522名选民参选，参选率为97.53%。选举采取无记名投票方式进行差额选举，产生区人大代表428人、镇人大代表973人。萧山区作为全省开发区人大工作试点单位之一，区人大常委会萧山经济技术开发区工委于9月24日成立，并首次作为独立选区进行人大代表换届选举。

【人大代表构成】 2021年12月，萧山区投票选举区第十七届人民代表大会代表428人。新一届人大代表中，一线工人农民227人，占52.4%；专业技术人员114人，占26.3%；党政干部85人，占19.6%；其他2人，占0.5%。非中共党员代表142人，占32.8%；妇女代表138人，占31.9%。

【人大法治讲座】 2021年3月24日，萧山区人大常委会举办第十七期法治讲座，邀请浙江省委党校法学教研部主任徐邦友作“习近平法治思想”专题辅导讲座。6月11日，举办第十八期法治讲座，邀请中国政法大学教授王贞会作新修订的《中华人民共和国未成年人保护法》和预防未成年人犯罪法专题讲座。

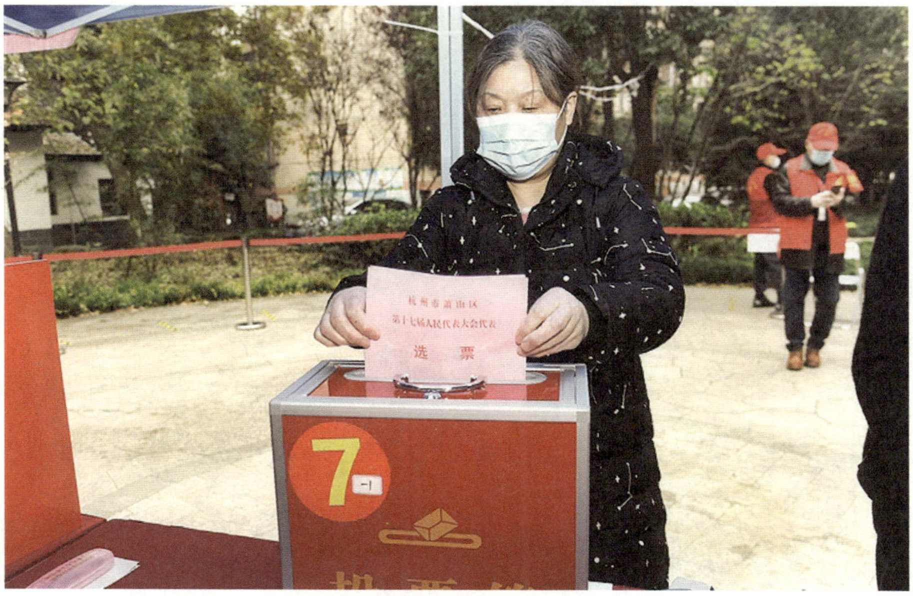

2021年12月15日，选民依法投票选举区、镇两级人大代表　（范方斌 摄）

11月4日，区人大常委会举办第十九期法治讲座，邀请浙江大学教授郑春燕作“信息时代的法治政府”专题讲座。

（金　超）

重要会议

【区第十六届人民代表大会第五次会议】 2021年2月24—26日，萧山区第十六届人民代表大会第五次会议在萧山剧院召开。出席会议代表378名，实到代表361人，列席人员83人。会议听取并审查区人民政府区长章登峰所作的《政府工作报告》，审查并批准《萧山区国民经济和社会发展第十四个五年规划和二〇三五年远景目标纲要》，审查并批准区发展和改革局受区人民政府委托提出的《关于萧山区2020年国民经济和社会发展计划执行情况与2021年国民经济和社会发展计划草案的报告》，审查并批准区财政局受区人民政府委托提出的《关于萧山区2020年全区和区级预算执行情况及2021年全区和区级预算草案的报告》，听取和审查区人大常委会主任裘超所作的《萧山区人民代表大会常务委员会工作报告》，听取和审查区人民法院代院长何敏所作的《萧山区人民法院工作报告》，听取和审议区人民检察院检察长王玉珹所作的《萧山区人民检察院工作报告》，并通过相关决议。会议选举何敏为萧山区人民法院院长，补选党庆、倪国平、章菲为萧山区第十六届人民代表大会常务委员会委员。会议对区政府2020年度民生实事项目完成情况进行满意度测评，票决产生区政府2021年度民生实事项目。

6月22—23日，萧山区第十六届人民代表大会第六次会议在萧山剧院召开。会议听取区人民政府区长章登峰所作的《关于上半年全区经济社会发展情况的报告》，书面审议区人民法院和区人民检察院半年工作报告。会议补选李国梅、徐建中为区第十六届人大常委会副主任。

【区第十六届人大常委会会议】 2021年，萧山区第十六届人大常委会共召开常委会会议8次。2月9日，区第十六届人大常委会举行第三十五次会议；3月29日，区第十六届人大常委会举行第三十六次会议；6月4日，区第十六届人大常委会举行第三十七次会议；7月30日，区第十六届人大常委会举行第三十八次会议；9月24日，区第十六届人大常委会举行第三十九次会议；11月17日，区第十六届人大常委会举行第四十次会议；11月26日，区第十六届人大常委会举行第四十一次会议；12月27日，区第十六届人大常委会举行第四十二次会议。

2021年萧山区第十六届人大常委会会议一览表

表6

序号	会议名称	会议时间	会议议题
1	区第十六届人民代表大会常务委员会第三十五次会议	2月9日	审议通过关于2020年区政府民生实事项目完成情况及2021年区政府民生实事候选项目形成情况的报告草案；审议通过区人大常委会工作报告草案；审议通过区人大常委会2021年工作要点草案；审议通过区十六届人大五次会议指导思想、日程草案
2	区第十六届人民代表大会常务委员会第三十六次会议	3月29日	听取和审议区本级政府重大投资项目计划的报告；听取街道人大工委年度工作报告；听取和审议法治政府建设情况的报告
3	区第十六届人民代表大会常务委员会第三十七次会议	6月4日	听取政府工作部门述法评议；听取和审议萧山区贯彻执行《浙江省大运河世界文化遗产保护条例》情况的报告；听取和审议萧山区环境状况和环境保护目标完成情况报告
4	区第十六届人民代表大会常务委员会第三十八次会议	7月30日	听取和审议供销联社服务“三农”工作情况的报告；听取和审议2020年区本级财政预算执行情况和其他财政收支的审计工作报告；听取和审议萧山区2020年财政总决算和区本级决算的报告；听取和审议萧山区上半年国民经济计划执行情况的报告；听取和审议萧山区上半年财政预算执行情况的报告；听取和审议萧山区食品安全工作情况的报告
5	区第十六届人民代表大会常务委员会第三十九次会议	9月24日	听取和审议全区招商引资工作情况的报告；听取和审议全区国有资产管理情况的综合报告；听取和审议全区主要骨架道路建设情况的报告；听取和审议“八五”普法规划情况的报告；听取区镇两级人大换届选举工作有关事项
6	区第十六届人民代表大会常务委员会第四十次会议	11月17日	听取和审议2020年审计反映问题落实整改情况的报告；听取和审议区十六届人大五次会议代表建议办理情况的报告并开展绩效评估
7	区第十六届人民代表大会常务委员会第四十一次会议	11月26日	审议通过2021年全区和区级预算调整及政府新增债务预算方案
8	区第十六届人民代表大会常务委员会第四十二次会议	12月27日	审议通过关于召开区十七届人大一次会议的决定；审议通过区十七届人大一次会议指导思想、议程草案、日程草案

（金　超）

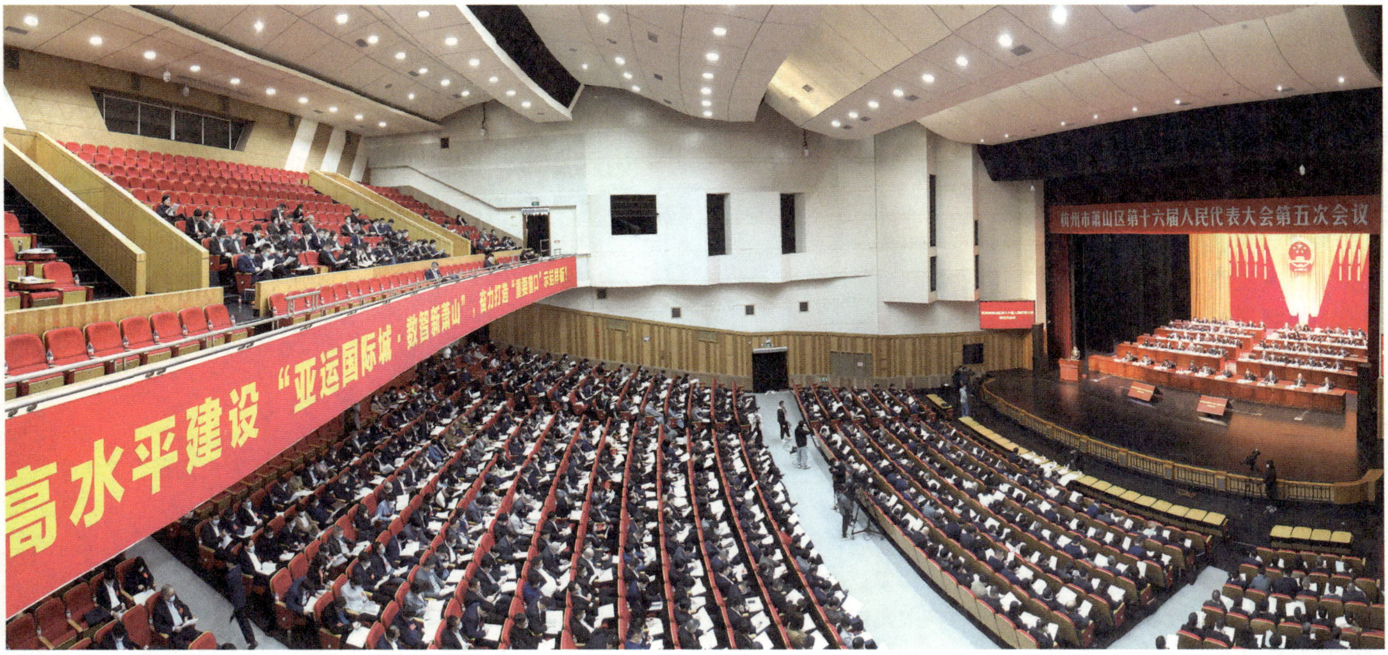

2021 年 2 月 24 日，杭州市萧山区第十六届人民代表大会第五次会议开幕　（范方斌 摄）

调研与督察

【人大视察调研】 2021 年 3 月 17 日，萧山区人大常委会视察区院前医疗急救体系建设情况。视察组视察区医疗急救指挥中心，了解院前医疗急救体系建设，听取区卫健局的情况汇报。部分人大代表就加强院前医疗急救硬件设施建设、强化人才队伍、调整完善制度体系等提出意见建议。4 月 30 日，区人大常委会专题视察萧山区未成年人检察工作情况。视察组视察作为全国、全省未成年人检察工作支持体系试点承接单位的休博园社区、区检察院向阳花未成年人检察办案工作区，了解全区未成年人检察工作，并听取区检察院的情况汇报。5 月 27 日，区人大常委会专题视察亚（残）运会赛事筹备工作情况。视察组实地视察杭州亚运三馆，详细了解场馆的建设进度、筹备情况等，并听取区政府关于亚（残）运会赛事筹备情况的汇报。6 月 9 日，区人大常委会专题视察区镇街工业园区分类发展情况。视察组到瓜沥镇群益村智能家装产业社区建设现场、靖江街道临空数智谷，踏看项目建设情况，参观规划设计图板，并听取相关负责人的情况汇报，详细了解相关工作推进情况。9 月 1 日，区人大常委会视察城市老旧小区有机更新情况。视察组先后到北干街道广德小区、城建公寓，参观展板，踏看两地综合改造提升的实施情况，并听取相关负责人的情况汇报。11 月 12 日，区人大常委会专题视察浙江自贸试验区杭州片区萧山区块建设情况。视察组察看健新原力全产业链生物医药基地项目现场，了解杭州生物科技谷的生态体系、配套设施、入驻项目等，并听取相关部门关于浙江自贸试验区杭州片区萧山区块建设情况的汇报。

【人大专题询问】 2021 年 9 月 24 日，萧山区人大常委会就关于萧山区食品安全工作开展专题询问。会上，10 位区人大常委会组成人员围绕食品安全的痛点难点问题发问，8 位区政府领导及相关部门负责人现场应询。

【人大执法检查】 2021 年 4 月，萧山区人大常委会组成专题执法检查组，对《浙江省大运河世界文化遗产保护条例》贯彻执行情况进行检查。检查组察看浙东运河城厢段、新塘段、衙前段以及绍兴柯桥段，了解大运河的历史、现状及保护情况。通过走访调研，结合政府自查报告，形成执法检查报告，持续推进大运河保护利用工作。6 月，区人大常委会开展《浙江省粮食安全保障条例》执法检查。检查组到益农粮库听取粮食加工、储备工作情况汇报，并通过查看种子筛选机、低温干燥机、智慧粮库综合控制管理系统的工作情况，了解粮库工作。通过走访调研，结合政府自查报告，形成执法检查报告，推动提升全区粮食安全保障水平。

（金　超）

人大监督

【概况】 2021 年，萧山区人大聚焦高质量发展，加强全口径预算监督，防范化解重大风险，落实“三审制”，对民政、农业、科技等部门预算草案进行审查，有效提升政府及部门预算编制质量；全程监督跟踪预算执行情况，对 4 个项目、区级专项开展指定绩效评价和审计调查，推动提高财政资源配置效率和使用绩效；深入开展区政府重大投资项目的审查工作，累计对 8 个投资 2 亿元以上的区政府重大项目进行审查表决，推动项目提质增效。常态化听取和审议年度环境状况和环境保护目标完成情况报告，持续紧盯突出环境问题清单，助推全区生态环境质量持续向好；围绕人民群众所需所求、所思所盼，持续关注交通路网建设，为萧山经济社会发展、城市高品质建设提供重要决策参考；组织开展食品安全专题询问，就群众高度关注的重点问题对区市场监督管理局、区商务局、区公安分局等部门开展询问，强化跟踪问效，做好监督执纪的后半篇文章。聚焦高效能治理，依法审议年度法治政府建设情况报告，促进区政府及组成部门依法秉公用权和公正文明执法，加快构建职责明确、依法行政的政府治理体系；专题听取和审议区发改局、区科技局等部门述法工作报告，落实行政机关主要负责人履行推进法治建设第一责任人职责的要求；审议通过“八五”普法决议，深入学习宣传贯彻习近平法治思想，为打造新时代共同富裕新标杆营造尊法崇法守法的法治环境。

【评议区农业农村局行政执法工作】 2021年7月9日，区人大常委会召开评议区农业农村局行政执法工作会议。常委会认为，要高度重视“三农”工作，把保障粮食安全、发展村级集体经济和提升老百姓的获得感作为重中之重，统筹设计美丽乡村和美丽经济，进行全域土地综合整治，提升产粮藏粮水平。区农业农村局要将评议意见落实到整改当中，认真落实责任，细化整改任务；依法行政，协同合作，把评议的成果转化成提升依法行政的能力和提升“三农”工作的水平。

【指定监督】 2021年10月26日，区人大常委会举行第115次主任会议，专题听取区财政局关于2019—2020年农业产业政策执行情况、2019—2020年民办教育发展专项、浙江国阡环境与节能工程研究院项目等3个重点绩效评价项目情况的报告和区审计局关于镇街财政体制运行情况的专项审计调查报告。常委会认为，要落实系统整治，统筹有序推进重点工程、基础工程、民生工程，量入为出、量力而行，厘清岗位职能，积极调整人员布局。举一反三细化规则，按门类制定规则，建立健全重大招商引资项目评估机制，按规则实施监督，以监督成果推进相关进度，进行闭环管理，确保落实整改到位。

【预算草案“三审制”】 2021年12月3日，区人大常委会举行2022年度预算草案“三审制”工作动员会。区公安分局、区人社局、区住建局的2022年度财政预算草案被列入区人大常委会重点审查对象。2021年12月20日，区人大常委会举行2022年度预算草案“三审制”工作意见反馈会。区人大常委会各工委、镇街人大主席、区人大代表和区审计局分别就行政经费支出、立项依据、项目专项规划、补助资金等反馈预算审查意见。

（金　超）

人事任免

【概况】 2021年，区人大常委会任命区人大常委会工作委员会主任1人、副主任3人，免去区人大常委会工作委员会副主任1人；任命区人大常委会街道工作委员会主任3人、副主任2人，免去区人大常委会街道工作委员会主任3人、副主任1人；决定任命区人民政府副区长3人，决定免去区人民政府副区长2人；决定任命区人民政府组成部门主要负责人11人，决定免去区人民政府组成部门主要负责人11人；任命区监察委员会副主任2人、委员1人，免去区监察委员会副主任1人、委员3人；任命区人民法院副院长1人、审判委员会委员4人、庭长4人、副庭长9人、审判员5人，免去区人民法院副院长1人、审判委员会委员7人、庭长1人、副庭长16人、审判员8人；任命区人民检察院检察员1人，免去区人民检察院检察委员会委员2人、检察员5人。

【重要任免事项】 2021年11月26日，萧山区第十六届人大常委会举行第四十一次会议。根据主任会议提交的《关于提请姜永柱同志任职的议案》和章登峰区长的辞职报告，通过人事任免事项。根据主任会议提交的《关于提请姜永柱副区长代理萧山区人民政府区长职务的议案》，决定由姜永柱副区长代理区人民政府区长职务。

2021年萧山区人民政府组成人员职务任免情况表

表7

时　间	会　　议	任免	姓　名	任免职务
2月9日	区第十六届人大常委会第三十五次会议	免去	陈文良	区人民政府副区长
6月4日	区第十六届人大常委会第三十七次会议	免去	王建涌	区经济和信息化局局长
6月4日	区第十六届人大常委会第三十七次会议	免去	金国升	区财政局局长
6月4日	区第十六届人大常委会第三十七次会议	免去	华保华	区人力资源和社会保障局局长
6月4日	区第十六届人大常委会第三十七次会议	免去	吴琴芳	区商务局局长
6月4日	区第十六届人大常委会第三十七次会议	任命	韩梦龙	区经济和信息化局局长

续表 7

时间	会议	任免	姓名	任免职务
6月4日	区第十六届人大常委会第三十七次会议	任命	杨月万	区财政局局长
6月4日	区第十六届人大常委会第三十七次会议	任命	吴琴芳	区人力资源和社会保障局局长
6月4日	区第十六届人大常委会第三十七次会议	任命	王艳萍	区商务局局长
9月24日	区第十六届人大常委会第三十九次会议	任命	吴为东	区人民政府副区长
11月26日	区第十六届人大常委会第四十一次会议	任命	姜永柱	区人民政府副区长
12月27日	区第十六届人大常委会第四十二次会议	免去	陈琴箫	区人民政府副区长
12月27日	区第十六届人大常委会第四十二次会议	免去	王润东	区人民政府办公室主任
12月27日	区第十六届人大常委会第四十二次会议	免去	吴远东	区发展和改革局局长
12月27日	区第十六届人大常委会第四十二次会议	免去	董茶仙	区民政局局长
12月27日	区第十六届人大常委会第四十二次会议	免去	申晓辉	区卫生健康局局长
12月27日	区第十六届人大常委会第四十二次会议	免去	沈肖群	区市场监督管理局局长
12月27日	区第十六届人大常委会第四十二次会议	免去	傅嘉宾	区统计局局长
12月27日	区第十六届人大常委会第四十二次会议	免去	沈秋羊	区城市管理局局长
12月27日	区第十六届人大常委会第四十二次会议	任命	程晓东	区人民政府副区长
12月27日	区第十六届人大常委会第四十二次会议	任命	郑建明	区人民政府办公室主任
12月27日	区第十六届人大常委会第四十二次会议	任命	俞万昌	区发展和改革局局长
12月27日	区第十六届人大常委会第四十二次会议	任命	吴　波	区民政局局长
12月27日	区第十六届人大常委会第四十二次会议	任命	王　斌	区卫生健康局局长
12月27日	区第十六届人大常委会第四十二次会议	任命	沈秋羊	区市场监督管理局局长
12月27日	区第十六届人大常委会第四十二次会议	任命	胡　敏	区统计局局长
12月27日	区第十六届人大常委会第四十二次会议	任命	倪国锋	区综合行政执法局局长

（金　超）

讨论、决定重大事项

【批准2020年财政总决算和区级财政决算】 2021年7月30日，萧山区第十六届人民代表大会常务委员会第三十八次会议通过《关于批准萧山区2020年财政总决算和区级财政决算的决定》。

【通过开展第八个五年法治宣传教育的决议】 2021年9月24日，萧山区第十六届人民代表大会常务委员会第三十九次会议通过《关于开展第八个五年法治宣传教育的决议》。

【决定区、镇两级人民代表大会代表选举时间】 2021年9月24日，萧山区第十六届人民代表大会常务委员会第三十九次会议决定2021年12月15日为萧山区区、镇两级人民代表大会代表选举日。

【设立区人大常委会萧山经济技术开发区工作委员会】 2021 年 9 月 24 日，萧山区第十六届人民代表大会常务委员会第三十九次会议决定设立区人大常委会萧山经济技术开发区工作委员会。

【同意 2021 年全区和区级预算调整及政府新增债务预算方案】 2021 年 11 月 26 日，萧山区第十六届人民代表大会常务委员会第四十一次会议通过《关于同意 2021 年全区和区级预算调整及政府新增债务预算方案的决定》。

【决定召开区第十七届人民代表大会第一次会议】 2021 年 12 月 27 日，萧山区第十六届人民代表大会常务委员会第四十二次会议决定于 2022 年 2 月上中旬召开萧山区第十七届人民代表大会第一次会议。

（金　超）

重点督办建议

【概况】 2021 年，萧山区第十六届人民代表大会常务委员会第三十六次会议决定，将有关“助力亚运 优化交通治理”系列 8 件代表建议列为区人大常委会 2021 年重点督办建议。至年底，8 件重点督办的建议全部完成答复办理。另经区人大常委会主任会议研究，确定 14 件建议由区人大常委会领导和各委办重点督办。

【关于将萧山打造成“全国数字强区”的建议】 2021 年，萧山区十六届人大五次会议期间，区人大代表王炜提出《关于发挥自贸区萧山区块制度创新优势，将萧山打造成“全国数字强区”的建议》，建议萧山要运用系统的理念和方法，整合系统，突破关键环节，放大试验效应将萧山打造成“全国数字强区”。4 月 22 日，区人大常委会召开重点建议办理工作座谈会，督办落实该建议。

【关于进一步提升住宅精装修质量的建议】 2021 年，萧山区十六届人大五次会议期间，区人大代表陆文焕提出《关于进一步提升住宅精装修质量，做好监管后半篇文章的建议》，结合实际提出建立收房评分制度、加强住房质量前置管理等建议。区人大常委会及相关工委多次赴建议承办单位指导调研，持续关注建议办理工作，不断提高建议的办理质效。

2021 年萧山区第十六届人民代表大会第五次会议重点督办建议一览表

表 8

序号	提建议人	建　议　题　目	承办部门
1	蔡　萍	关于优化交通设置，方便车辆通行，疏解交通压力的建议	区交警大队
2	傅妙根	关于解决实际困难，消除出行瓶颈的建议	区交警大队
3	李建江	关于合理设置道路隔离带、警示桩和减速带的建议	区交警大队
4	朱海燕	关于规范交通信号灯设置的建议	区交警大队
5	丁林燕	关于统一规范我区交通信号标志的建议	区交警大队
6	沈毛银	关于加强村级道路秩序依法管理的建议	区交警大队
7	陈尧根	关于提前做好通惠南路初中投入使用后交通预案的建议	区交警大队
8	周　莺	关于推进萧然南路环境治理的建议	区交警大队
9	丁林燕	关于统一规范我区交通信号标志的建议	区交警大队
10	王　炜	关于发挥自贸区萧山区块制度创新优势，将萧山打造成“全国数字强区”的建议	区商务局
11	方吾校	关于解决临浦至戴村道路严重堵塞的建议	区交通运输局
12	李建江	关于打破镇城格局，充分挖掘和开发文化旅游资源的建议（系列建议 3 件）	区文广旅游体育局

续表 8

序号	提建议人	建　议　题　目	承办部门
13	金春光	关于加强对镇街工业园区改造资金支持的建议（系列建议 4 件）	区经信局
14	俞开源	关于依法维护民营企业合法权益，加强我区营商环境法治的建议	区人民检察院
15	边建芳	关于重视村级集体经济发展的建议（系列建议 6 件）	区农业农村局
16	汪建强	关于做大做优农产品加工业，推动农业产业高质量发展的建议	区农业农村局
17	周利军	关于为推进教育现代化必须更加科学精准核编的建议	区委编办

（金　超）

人大工作委员会

【监察和法制司法工作委员会】 2021 年，萧山区人大常委会监察和法制司法工作委员会针对民生实事项目开展督查，组织代表联络站活动、代表听庭、法制讲座，完成调研课题，督办代表建议。为新冠肺炎疫情防控提供法治保障，梳理汇总基层反映的难点问题并报区委办；完成以法治思维提升疫情防控能力调查的调研课题。为民营经济发展提供法律服务，完成“为实施数字经济一号工程提供法治保障”等课题，重点督办《关于重视民营企业员工舞弊以及加大经侦力量的建议》和《关于依法维护民营企业合法权益加强营商环境法治化建设的建议》。助力刑事审判工作和解决“执行难”工作，提出提升刑事审判质效、提高涉案财产处置执行率、以智能化审判缓解“案多人少”矛盾等意见建议。督促检察院强化侦查监督工作；开展未成年人检察工作情况视察，实地走访未成年被害人“一站式”办案工作室，督促加强未成年人检察工作。促进规范执法公正办案和扫黑除恶专项斗争，完成课题报告《公安规范执法公正办案的调查与思考》。制定《关于组织人大代表旁听法院庭审活动的办法（试行）》，形成代表听庭常态化制度；组织审判长、检察长每月走进人大代表联络站，与人大代表互动交流。持续开展政府部门法治体检，常委会专题听取审议述法工作报告，推动行政机关负责人出庭应诉工作，全区行政机关负责人出庭率 99.06%，区长、副区长全部出庭应诉。落实规范性文件备案制度，规范性文件备案实现从书面审查到网上审查，至 2021 年底审查区政府报备的规范性文件 74 件，完成课题“关于加强规范性文件备案审查工作的调查与思考”。助力社会矛盾纠纷调处化解“最多跑一地”改革，组织人大代表开展助推社会矛盾纠纷调处化解“最多跑一地”改革主题活动。聘任常委会法律顾问，制定《萧山区人大常委会法律顾问工作规则》，聘请法学专家、律师和党政机关具有较高专业能力的工作人员担任法律顾问，并规定法律顾问主要职责。至 2021 年底，区人大立法联系点召开 18 次意见建议征求会，向省、市人大整理上报 975 条书面意见，其中 24 部地方性法规正式公布，提出的意见和建议总数量、采纳率均位居全省第一名。11 月，区人大常委会被评为杭州市人大最美基层立法联系点。

【财政经济工作委员会】 2021 年，萧山区人大常委会财政经济工作委员会推进预算审查，提升政府及部门预算编制质量。全面跟踪预算执行，规范做好预算上人代会工作，并通过多种途径全程监督预算执行情况。贯彻区人大常委会《关于政府重大投资项目监督暂行办法》，做好区政府重大投资项目的审查组织工作，定期对上一年度通过的项目“回头看”，推动项目问题整改、资金提质增效。加强人大国有资产监督，统筹安排年度国资管理审议议题，区人大常委会听取和审议行政事业单位国有资产管理专项报告、企业国有资产管理专项报告、国有资产管理综合报告；财经工作委员会根据常委会审议意见对部分国有土地、房产权证缺失等问题跟踪监督，组织全区 22 个镇街人大开展镇街房产管理情况专项监督，有效规范国有资产管理。审查“十四五”规划及二〇三五年远景目标纲要，组织召开“制造业与数字经济高质量发展”“三农高质量发展”“城市高品质发展”等 5 个专题座谈会，听取部门、镇街、平台、专家和代表的意见建议，梳理形成 27 条建议意见送交区政府研究落实。推动民营经济高质量发展，牵头落实“促进民营经济高质量发展”专项监督行动，专项监督收集代表与民营企业家意见建议，助推营商环境改善和民营经济高质量发展。关注新常态下经济新形势，督促传统经济转型升级，推动新兴产业加快发展；关注大平台经济发展情况，并组织常委会专题视察。深入调研自贸试验区萧山区块，监督推动自贸区建设。推进数字赋能财经监督，实现部门预算联网监督，在全市首个通过每日推送、实时查询，及时掌握部门预算执行情况。起草《区人大常委会关于打造闭环体系、进一步加强和改进新时代人大监督工作的实施意见》。强化镇街人大预算监督，根据调整后的预算体制及时修订镇街预算范本，制定镇街预算监督规范流程。

【代表工作委员会】 2021年，区人大常委会代表工作委员会探索和建立有利于发挥代表作用的长效工作机制，提高代表的履职能力。在区、镇两级人大换届选举中，首次开展网上选民登记工作，严把代表“入口关”。各镇街在特色示范联络站基础上，拓展联络站场所面积，设接待室、活动室等专门空间。所前镇、义桥镇、城厢街道等8家联络站获评市级最美联络站。提升建议办理质效，组织代表小组高质量开展会前视察、调研活动，为大会期间提出建议打好基础。代表建议提质减量，建议数量从届初的295件减少到205件。指导镇人大主席团一年开好两次人代会，创新建立街道居民议事会议制度。出台《关于建立街道居民议事会议制度的指导意见》，对议事会议的性质定位、主要任务、议事代表的产生、意见建议处理等方面作出比较详细的规定。作为全省14个试点单位之一，探索开展开发区人大工作，设立开发区人大工委作为开发区人大的工作机构。区、镇两级人大换届选举中，开发区作为独立选举单位负责选举的组织工作。

【教科文卫和民宗侨工作委员会】 2021年，萧山区人大常委会教科文卫和民宗侨工作委员会围绕教育资源配置、美好教育、教育“双减”及卫健部门行政执法评议、医共体建设、新冠肺炎疫情防控等10余项工作，从不同层面对政府工作开展监督检查，提出意见建议。加大对学校建设、文物保护利用和基层医疗卫生事业3个监督议题的跟踪问效力度。至2021年底，全区文保资金标准提高，老岳庙得到修缮，一批文保单位（点）得到及时有效利用，运河保护规划开始编制。围绕提高社区卫生中心的服务能力开展监督，推动社区卫生服务中心的硬件建设基本到位。建设16个标准化急救站点，其中6个投用，630台AED（自动体外除颤仪）全部安装到位。督办民生建议落地实施，通过常委会会议审议、主任会议听汇报、视察活动看现场等形式，提升建议意见的解决比例。2021年，涉及科教文卫和民宗侨的代表建议A类率为75.6%。

【城建环保工作委员会】 2021年，萧山区人大常委会城建环保工作委员会将环境状况和环境保护目标完成情况报告制度延伸到镇街一级，全面落实镇街人大听取同级政府环境质量状况和环境保护目标责任制完成情况报告制度。持续视察亚运场馆及亚运村建设情况，从经济发展、场馆建设、周边配套等方面提出意见建议。将2019年6月开始试运行的“萧山区人大代表日常履职直通车”扩面至城区4个街道居民议事会成员。常态化深入社区、企业走访，解决城市发展建设中存在的问题。跟踪监督天然气进村入户，至年底全区21个镇街接通天然气。关注农村生活污水治理设施的后期运行维护，形成书面建议交办区政府，相关信息被省人大录用。

【农业和农村工作委员会】 2021年，萧山区人大常委会农业和农村工作委员会聚焦共同富裕，以促进乡村振兴、推动农业农村发展为重点，运用专项审议、执法检查、执法评议等监督方式推动“三农”工作发展。专项审议区供销联社服务“三农”工作，提出深化服务宗旨、提高服务能级等意见，促进区供销联社进一步回归“为农”主业。听取气象服务“三农”工作情况，推动气象部门拓宽特色农业气象服务项目，完善农业气象综合监测网；视察气象服务保障亚运工作，推进气象部门完善亚运气象信息网络支撑等系统，提升亚运会气象保障能力。结合“非粮化”整治专项督察，区镇两级人大联动开展《浙江省粮食安全保障条例》执法检查，提出稳定粮食生产的意见建议，并明确4个整改项目清单，要求区政府定期整改。对区农业农村局开展行政执法评议，经各个层面座谈、走访、调研和全区人大代表小组的参与讨论，广泛听取意见建议，全面了解农业农村局行政执法情况。

【社会建设工作委员会】 2021年，萧山区人大常委会社会建设工作委员会结合行政执法评议，对民政领域2017—2020年办理的非A类代表建议进行跟踪落实，其中4件B类建议转为A类，促进代表建议办理工作由“答复型”向“落实型”转变。开展亚（残）运会赛事筹备专项监督，制定《区人大常委会开展2022年杭州亚（残）运会赛事筹备工作专项监督方案》；深入场馆、部门、镇街开展调研，并通过网上“微接待”，征集各级人大代表对筹办好2022年亚（残）运会的意见建议，收集代表和群众意见建议30余条；组织常委会专项视察场馆工程建设、无障碍环境提升、运营团队组建等关键点位，督促政府部门做好赛事筹备的各环节工作。开展无障碍环境建设专项监督，召开全区无障碍环境建设专项监督动员部署会，制订下发联动监督方案，督促政府完成市级排查清单整改2557个，完成率94.6%；区级排查无障碍问题完成整改1915个，完成率62.2%。9月，配合市人大开展安全生产专项督查，对企业、小区、村社落实安全生产责任制情况、安全隐患情况进行深入督查和调研，对督查调研中发现的事故隐患、违法违规违章行为提出整改建议，并由相关执法部门发出责令限期整改指令书。对居家养老服务中心、老年食堂、适老化改造、无障碍环境改造提升、亚（残）运会场馆周边无障碍环境建设等方面进行重点监督。调研“整合提升萧山区养老服务的调查与思考”课题，从做强国企养老示范、壮大社区养老体系、加强综合照护能力、实现养老数字转型、促进养老产业发展等方面提出意见建议。

（金　超）

杭州市萧山区人民政府

综述

【概况】 2021年，面对新冠肺炎疫情冲击和错综复杂的外部环境，萧山区坚决贯彻落实中央、省、市和区委决策部署，坚持“亚运国际城·数智新萧山”发展导向，全区经济社会发展取得新成绩，实现“十四五”规划良好开局。全区地区生产总值比上年增长8.7%，一般公共预算收入增长14.3%；城镇和农村居民人均可支配收入分别增长8.5%和9.5%。8月，萧山区作为“建设共同富裕现代化基本单元领域”试点，入选浙江省首批高质量发展建设共同富裕示范区。至年底，全区未来社区和“共富村”“共富带”试点数量均居省、市第一位。

【萧山区发布“十四五”规划和二〇三五年远景目标】 2021年3月24日，杭州市萧山区人民政府发布《杭州市萧山区国民经济和社会发展第十四个五年规划和二〇三五年远景目标纲要》。萧山区“十四五”规划的总体要求是：高举习近平新时代中国特色社会主义思想伟大旗帜，深入贯彻党的十九大和十九届二中、三中、四中、五中全会精神，深入学习贯彻习近平总书记考察浙江、杭州重要讲话精神，统筹推进“五位一体”总体布局，协调推进“四个全面”战略布局，坚持党的全面领导，坚持以人民为中心，坚持新发展理念，坚持深化改革开放，坚持系统观念，坚持稳中求进工作总基调，以推动高质量发展为主题，以深化供给侧结构性改革为主线，以改革创新为根本动力，以满足人民日益增长的美好生活需要为根本目的，统筹和发展安全，服务构建新发展格局，忠实践行“八八战略”，聚焦“亚运、开放、智造、幸福”战略导向，高质量实施“一二八”行动，强化科技创新供给、现代产业引领、开放门户枢纽、美好生活高地四大功能，高水平建设“亚运国际城·数智新萧山”，奋力打造重要窗口示范样板，勇当省市社会主义现代化建设排头兵。“十四五”规划发展主要目标是：经济发展更高效，城市能级更上台阶，美丽萧山更具韵味，改革开放更大突破，区域治理更加高效，人民生活更有品质。重点把握4个方面的工作：扛起使命担当，增强区域综合实力，提升首位度；彰显萧山本底，打造萧山独特竞争力，提升辨识度；强化融合协作，服务构建新发展格局，提升开放度；秉承为民理念，改善人民生活品质，有效提升人民群众获得感、幸福感。

【省、市、区三级政府民生实事完成】 2021年，萧山区政府完成涉及萧山的省、市民生实事27项和区政府民生实事10项，

整治改造后的进化镇大汤坞新村　　（唐　柯　摄于2021年8月）

衙前镇凤凰村推进共同富裕现代化基本单元建设。图为该村数智治理平台

（华兴桥 摄于2021年11月25日）

提升人民群众的获得感、幸福感、安全感。新建、改造提升7个城市小公园；实施农村池塘整治、美丽河湖建设、浦阳江景观提升、里河公园绿道、方千娄直河绿道等民生工程，完成浦阳江景观提升第二阶段工程；楼塔镇岩山村、戴村镇青山村、义桥镇河西村等40个村整治提升。建成标准化智慧农贸市场15家，完成智慧化改造摊位1200个，构建“一刻钟便民生活圈”；新辟、优化公交线路26条；春永线、新康路完工并交付使用；完成新（改）建农村公路40.76千米，200人以上自然村公路通达率100%。扩充优质教育资源，新增学位16800个；新增示范型居家养老服务中心6家，新建或提升社区老年食堂（含助餐服务点）58家，新增养老机构床位171张，完成适老化改造800户，推进康养联合体建设2家新增社区卫生服务站10个，区二医院、区三医院、区中医院发热门诊改造提升项目完工，专用CT投入使用，安装AED设备630台，院前急救站点标准化建设12个。

【萧山区入选省共同富裕示范区首批试点】 2021年8月，浙江省公布首批高质量发展建设共同富裕示范区试点名单，萧山区作为“建设共同富裕现代化基本单元领域”试点，成为全省28个试点之一。杭州市共有3个区县入围，其中萧山区是杭州市在“建设共同富裕现代化基本单元领域”试点名单中唯一入选的区。

（卫志武）

重要会议

【区政府全体（扩大）会议】 2021年3月1日，萧山区人民政府召开十六届六次全体（扩大）会议。章登峰、吴炜炜、罗林锋、倪世英、方军、陈琴箫、张亮参加。区人大常委会副主任董祥富，区政协副主席姜国法到会指导；部分区党代表、区人大代表、区政协委员、市民代表旁听会议。

会议强调，要深入学习贯彻习近平总书记考察浙江、杭州重要讲话精神，全面落实党的十九届五中全会、省市区委各项决策部署以及区两会精神，提高政治站位，突出问题导向，坚持系统观念，增强争先意识，树牢底线思维，全力实现高水平“开门红”，为“十四五”规划开好局起好步打下扎实基础。

会议对2020年度政府工作进行点评，对进步明显、成绩突出的单位给予肯定。会议印发《杭州市萧山区关于分解下达2021年经济社会发展主要目标任务的通知》《杭州市萧山区关于分解落实2021年〈政府工作报告〉重点工作的通知》《杭州市萧山区关于分解落实2021年区政府民生实事项目的通知》《杭州市萧山区关于继续实施“三个十大”行动推动政府重点工作落实的通知》等文件，并交办政府工作任务书。区数据资源管理局、区经信局、区农业农村局、区民政局、空港经济区管委会、盈丰街道作表态发言。

会议指出，2021年是中国共产党成立100周年，是“十四五”规划开局之年，也是亚运兴城攻坚之年，做好全年工作至关重要。要提高政治站位，强化责任担当，在坚决贯彻习近平总书记对萧山指示精神上勇担当，在坚定不移做好巡视、督察整改工作上勇担当，在认真落实区委各项决策部署上勇担当，在始终坚持以人民为中心认真办好民生实事上勇担当。要突出问题导向，补齐短板弱项，重点破解理念和格局县域化、基础和产业碎片化，作风和方法粗放化“三化问题”，推动理念与时代同步，切实有效提升核心竞争力。

会议强调，要坚持系统观念，优化工作方法，加强前瞻性思考，未雨绸缪争主动；加强全局性谋划，强化统筹抓协同；加强战略性布局，突出重点带全局；加强整体性推进，找准方法提质效。要增强争先意识，始终走在前列，坚持高标定位，目标一流；责任明确，担当有为；谋早谋实，过程管控；统筹协调，凝聚合力；强化考核，注重激励，促进经济大幅提升、工作再创一流。要树牢底线思维，打造廉洁政府，坚持求真务实转作风，真抓实干强监管，从严要求重规范，精准发力抓关键，营造风清气正、廉洁高效的政务环境。

【区政府常务会议】 2021年，萧山区第十六届人民政府共召开15次常务会议。

1月21日，区第十六届人民政府召开第三十一次常务会议。会议审议《萧山区2021年政府投资项目计划（草案）》《关于划定萧山区禁止使用高排放非道路移动机械区域的通告》《杭州市萧山区安置小区物业管理实施意见》《2022年亚运会杭州桐庐无规定马属动物疫病区萧山区域建设方案》《杭州市萧山区2020年全区和区级预算执行情况及2021年全区和区级预算草案的报告》。

2月7日，区第十六届人民政府召开第三十二次常务会议。会议审议《政府工作报告（常务会议审议稿）》《2020年区政府民生实事项目完成情况及2021年区政府民生实事候选项目形成情况的报告》《〈杭州市萧山区2020年国民经济和社会发展计划执行情况与2021年国民经济和社会发展计划（草案）〉的报告》《杭州市萧山区国民经济和社会发展第十四个五年规划和二〇三五年远景目标纲要》《萧山区数字经济发展规划纲要（2020—2030年）》，听取关于全区2020年度经济运行情况的汇报，学习《杭州市行政规范性文件后评估办法》《杭州市重大行政决策民意调查工作规则》《杭州市重大行政决策专家咨询论证工作规则》，研究了区级规范性文件清理结果工作。

3月9日，区第十六届人民政府召开第三十三次常务会议。会议听取关于《浙江省防范和惩治统计造假、弄虚作假督察工作实施办法》的解读和迎接国家统计督察工作的汇报、萧山区过渡区开发边界方案划定情况汇报、《2021年度杭州市萧山区人民政府重大行政决策事项目录（送审稿）》的汇报，审议《萧山区产业发展导向目录与产业平台布局指引（2021年本）》。

3月31日，区第十六届人民政府召开第三十四次常务会议。会议学习《防范和处置非法集资条例》，研究数字化改革工作，审议《萧山区2021年度政府投资信息化项目计划》《杭州市萧山区人民政府关于瓜沥镇人民政府相对集中行使行政处罚权意见的公告》《杭州市萧山区节水行动实施方案》《杭州市萧山区防止耕地“非粮化”、深化粮食生产功能区“非粮化”整治优化方案》《杭州市萧山区关于引导和鼓励社会力量参与公共文化服务实施办法》。

6月2日，区第十六届人民政府召开第三十五次常务会议。会议学习《浙江省大运河世界文化遗产保护条例》，审议《杭州市萧山区贯彻执行浙江省大运河世界文化遗产保护条例情况报告》《杭州市萧山区2020年环境状况和生态环境保护目标完成情况的报告》。

6月30日，区第十六届人民政府召开第三十六次常务会议。会议学习《浙江省防汛防台抗旱条例》，审议《萧山区生物医药产业实施方案》《关于加快推进安置小区城市化建设的实施意见》。

7月28日，区第十六届人民政府召开第三十七次常务会议。会议研究做好台风过后灾情恢复工作，审议《关于2021年上半年全区国民经济和社会发展计划执行情况的报告》《关于全区食品安全工作情况的报告》《关于杭州市萧山区2020年财政决算草案及2021年上半年财政预算执行情况的报告》《杭州市萧山区“金梧桐”人才安居计划实施办法（2021修订）》《2020年区本级财政预算执行情况和其他财政收支的审计结果报告》《供销联社服务“三农”工作情况的报告》。

8月17日，区第十六届人民政府召开第三十八次常务会议。会议学习《中华人民共和国安全生产法》，审议《关于高质量推进“凤凰行动”计划（2021—2025）的实施意见》《杭州市萧山区区级财政资金竞争性存放管理暂行办法》。

9月14日，区第十六届人民政府召开第三十九次常务会议。会议审议《杭州市萧山区青年发展“十四五”规划（2021—2025年）》《关于2021年度全区骨干路网建设情况的报告》《关于2020年度全区国有资产管理情况的综合报告》《关于我区“八五”普法规划制定情况的报告》《全区招商引资专项工作报告》。

9月27日，区第十六届人民政府召开第四十次常务会议。会议审议《杭州市萧山区加强工业用地用途管控规范临时改变房屋用途管理实施意见》《杭州市萧山区贯彻落实第二轮中央生态环境保护督察报告整改方案》《杭州市萧山区水生态环境保护“十四五”规划》《杭州市萧山区挥发性有机物（VOCs）污染治理项目资金补助办法》。

10月27日，区第十六届人民政府召开第四十一次常务会议。会议研究萧山区行政区域界线勘定工作，审议《关于下达萧山区2021年政府追加投资信息化项目计划的通知》，听取关于全区前三季度经济运行情况分析及下一步重点工作思路的汇报。

11月4日，区第十六届人民政府召开第四十二次常务会议。会议传达贯彻《关于开展全省文物安全大排查大整治大提升攻坚行动的意见》，审议《关于全面推行林长制的实施意见》《杭州市萧山区科技型创新创业企业分类评价实施办法及指导意见》。

11月25日，区第十六届人民政府召开第四十三次常务会议。会议审议《关于2020年度区本级预算执行及其他财政收支审计反映问题整改结果的报告》《关于2021年全区和区级预算调整及政府新增债务预算方案的报告》。

12月8日，区第十六届人民政府召开第四十四次常务会议。会议听取2021年全区对口工作的情况汇报，审议《萧山区戴村镇骆家舍村地质灾害区域综合治理工作方案》《区属国企二级公司市场化改革整合重组方案》《杭州市萧山区国有企业投资监督管理暂行办法》。

12月27日，区第十六届人民政府召开第四十五次常务会议。会议审议《现代农学与生物制造浙江省实验室建设方案》《杭州市萧山区农村宅基地和农村住房建设审批管理实施办法》《杭州市萧山区关于深入实施专利、品牌、标准战略，推动经济高质量发展的实施细则》。

【区长办公会议】 2021年，萧山区第十六届人民政府召开区长办公会议22次。

1月13日，区第十六届人民政府召开第四十九次区长办公会议。会议传达贯彻市新冠肺炎疫情防控工作领导小组会议精神，审议《关于全面加快科技创新推动经济高质量发展的实施细则》《杭州中环柯桥段接萧山彩虹快速路落地工程委托建设框架协议》《杭州市萧山区扶持会展业发展实施办法》。

1月21日，区第十六届人民政府召开第五十次区长办公会议。会议研究2020年度市对区政府综合考评等工作，听取关于春节市场供应保障工作的汇报，传达贯彻《国务院应对新型冠状病毒感染肺炎疫情联防联控机制关于进一步做好当前新冠肺炎疫情防控工作的通知》。

2月7日，区第十六届人民政府召开第五十一次区长办公会议。会议研究萧山区“七张问题清单”整改落实工作、2020年度市对区政府综合考评工作、2021年度区政府“三个十大”行动方案。

2月19日，区第十六届人民政府召开第五十二次区长办公会议。会议听取“22688”交通大会战工程建设情况汇报，部署复工复产、疫情防控、安全生产工作，审议《杭州市萧山区人民政府第十六届第六次全体（扩大）会议方案》。

3月9日，区第十六届人民政府召开第五十三次区长办公会议。会议研究《关于继续提高化债用地土地出让收入分成比例政策》，听取《关于杭州市新限行措施对萧山交通影响的情况汇报》。

3月31日，区第十六届人民政府召开第五十五次区长办公会议。会议审议《杭州至宁波国家高速公路（杭绍甬高速）杭州至绍兴段项目（萧山区）征地拆迁委托协议》《关于进一步完善杭州市萧山区老旧小区综合改造提升工作的实施意见》，研究萧山区银行业金融机构评价激励办法及不良贷款处置奖励实施细则。

4月7日，区第十六届人民政府召开第五十六次区长办公会议。会议审议《杭州市萧山区实施低效企业整治提升行动方案（2021—2023年）》《萧山区工业用地使用权二级市场交易管理实施细则》，研究《萧山区人民政府与建信股权投资管理有限责任公司基金合作框架协议》等。

4月16日，区第十六届人民政府召开第五十七次区长办公会议。会议学习《关于进一步加强监管促进平台经济规范健康发展的意见》《杭州市推进“十个字”产业发展工作方案（建议稿）》，研究《杭州市萧山区人民政府与中国移动杭州分公司加快推进“数字乡村”发展与建设战略合作框架协议》等。

5月10日，区第十六届人民政府召开第五十八次区长办公会议。会议研究《杭州市萧山区人民政府与浙江之江创投研究院战略合作协议》《萧山区建设领域“安全护航”百日大整治行动方案》等。

6月21日，区第十六届人民政府召开第五十九次区长办公会议。会议审议《关于上半年全区经济社会发展情况的报告（审议稿）》。

7月28日，区第十六届人民政府召开第六十二次区长办公会议。会议研究《浙江省农村信用社联合社杭州市萧山区人民政府关于未来乡村的合作协议》《杭州市萧山区深化公路管理养护体制改革（一把扫帚）方案》《杭州市萧山区人民政府与华东师范大学、上海电影艺术职业学院、浙江音乐学院等高校战略合作框架协议》，审议《杭州市萧山区拆除垃圾处置专项整治方案》《杭州市萧山区装修垃圾处置专项整治方案》。

8月17日，区第十六届人民政府召开第六十四次区长办公会议。会议研究《杭州市萧山区人民政府与江苏银行股份有限公司杭州分行全面战略合作协议》《杭州市萧山区人民政府与中国美术学院关于共同推进萧山文化强区建设的合作框架协议》《杭州市萧山区加快推进文旅融合和全域旅游发展专项扶持实施细则》等。

8月30日，区第十六届人民政府召开第六十五次区长办公会议。会议研究《杭州市萧山区人民政府与杭州日报报业集团关于开展会展领域合作的框架协议》等。

9月27日，区第十六届人民政府召开第六十六次区长办公会议。会议审议《杭州市萧山区智慧城市基础设施和智能网联汽车协同发展区域试点方案》《杭州市萧山区人民政府与中国工商银行股份有限公司浙江省分行战略合作协议》《杭州市萧山区人民政府与杭州市钱江新城投资集团战略合作框架协议》《杭州市萧山区人民政府与阿里云计算有限公司交通云合作框架协议》，研究关于延续10（20）千伏延伸投资界面新增电气投资方案有关政策。

11月4日，区第十六届人民政府召开第六十八次区长办公会议。会议研究《中国·杭州“萧傲江湖”首届青年创业创新大赛方案》《杭州市萧山区耕地功能恢复专项行动实施方案》《杭州市萧山区加快推进军民融合产业发展的若干政策意见》《杭州市萧山区节能降耗财政奖励资金实施细则》等。

（卫志武）

政府综合事务

【办文办会】 2021年，萧山区政府办公室增强发文计划性、实效性，强化文件印发前审核工作，发文数量大幅下降。立足OA和移动签批系统，文件审批、传阅做到全流程电子化，文件办理更加快速高效。全年依托区协同办公平台共登记处理文件4000多件，做到“零遗漏”“零差错”；公开文件481件。高标准、高质量完成第十六届人大第六次会议政府工作报告，起草经济形势分析会和廉政工作会议等各类综合性文件、材料近300篇。改进会风，提高会议效果。组织召开区政府全体会议、区政府常务会议、党组会议和区长办公会议等会议57次，提交议题182个，形成会议纪要56期。

【信息工作】 2021年，萧山区政府办公室围绕区委、区政府重大决策部署及经济社会发展重点、难点、热点开展调研，及时捕捉经济社会发展中的新成果、新情况、新问题，总结经验和做法，提出针对性意见和建议，为各级领导决策提供服务。向省、市政府办公厅信息处上报政务信息500多条（篇），被录用202条（篇），获省、市政府领导批示39条。其中，向省政府办公厅上报信息86条（篇），被录用17条（篇），获省政府领导批示13条；向市政府办公厅上报信息457条（篇），被录用185条（篇），获市政府领导批示26条（篇）。编发《萧山信息（本周要情）》24期，《萧山政务（情况专报）》167期，《萧山政务（工作参阅）》7期，《萧山政务（调研参阅）》7期。

【重点工作督查】 2021年，萧山区政府办公室围绕区委、区政府工作中心，督查督办省、市、区民生实事及《政府工作报告》、区长交办件、区领导批示件，建议提案办理及其他专项工作等落实情况。全年督办区长重点工作联系单25件、区长交办件199件、公文处理告知单168件。牵头办理国务院“互联网+”督查、“浙里督”问题线索核查10余件，督办中央环保督察问题、“七张清单”问题整改等，会同区委、区纪委联合督查12次。全年编发《政务督查专报》27期。

【政府信息公开】 2021年，萧山区政府办公室梳理并发布《萧山区政府门户网站政务公开模块信息发布格式规范操作说明》《萧山区部门政府信息公开目录规范》《萧山区镇街（平台）政府信息公开目录规范》，完善政务公开制度和公开流程体系。6月1日，在

2021 年 3 月，萧山区行政服务中心“云综窗”工作人员通过视频进行政务服务

（区审管办 提供）

政府门户网站政务公开模块上线“亚运兴城”专题，发布与 2022 年杭州亚运会相关的各类信息 550 条。12 月 1 日，政府门户网站政务公开模块适老化阅读和无障碍阅读功能上线。收到信息公开申请 840 件，上年结转申请 36 件，办结 818 件，结转至下年 58 件。

（卫志武）

行政审批服务

【概况】 2021 年，萧山区围绕高水平建设“亚运国际城·数智新萧山”，坚持以“最多跑一次”改革、打造最优营商环境为总牵引，以数字化改革驱动政务服务制度重塑、行政审批变革加速和窗口服务能力提升。区政务服务大厅防控办事功能迭代升级，政务服务数智指标体系、自贸审批服务专区、一体化咨询“云综窗”、重大项目审批协调全程代办等便民惠企创新卓有成效，线上线下深度融合的政务服务体系初步建成。

【政务服务数字化改革】 2021 年，萧山区政务服务以“智慧服务”为新跑道，创新研发“云综窗”视频导办系统，推行政务 2.0 系统，全域覆盖网办掌办专区，落地应用“好差评”在线综合评价，打通“咨询—受理—办结—评价”线上政务服务全闭环。探索“1+10”（1 个指数驾驶舱和 10 个重点场景应用）政务服务指数评价体系，改革经验于 9 月登上《竞跑者》，12 月在省政府办公厅《政务信息》专报刊发。

【政务服务多跨协同改革】 2021 年，萧山区推进政务服务多跨协同改革。打破行政区划壁垒，与绍兴市柯桥区实现综合自助机互设，367 个业务可查看打印、受理咨询；与湖北省利川市签订合作协议，首次系统性形成“跨省通办”一张清单，涉及人社、市监、公积金等 169 个事项。跨部门优化审批流程持续推行“一件事”联办，对住建、公安、市民卡等 12 个部门 30 个事项实行联报联批，平均缩减材料 30%，提升效率 70% 以上。同步推动驾驶员体检换证“一条龙”服务，萧山区行政服务中心成为杭州市唯一实现医院入驻体检的办事大厅。

【自贸审批服务专区设立】 2021 年 3 月，中国（浙江）自由贸易试验区萧山政务服务中心设立，并推出“无窗化”自贸审批服务专区。至年底，接受自贸相关审批服务咨询 5127 人次，现场受理事项 312 件次，协调解决健新原力、赛默飞、开市客等 20 个重大项目 65 个审批难点堵点，较常规审批提速 70% 以上，回复率、办结率、群众满意率均为 100%。专区推行的全省首个全生命周期多跨场景式审批服务模式，入选第二批杭州自贸片区优秀改革试点经验。

【重大项目审批协调全程代办服务】 2021 年，萧山区推进重大项目审批协调与全程代办。出台制定全生命周期审批协调代办实施办法等文件，编制投资项目审批流程图，建立完善“专职代办员 + 首席审批员 + 属地联络员”三级代办队伍，创新探索一套“互联网 + 绿色通道”新模式，覆盖企业开办到清算注销、项目立项到竣工验收、人才引进落户到生活保障的全过程。组织召开 126 次部门联席专题协调会，为健新原力、赛默飞、萧山机场国内货站等 85 个重大项目解决审批难点堵点 693 个，平均节约审批时间 70%，满意度 100%。

【标准化政务服务指南】 2021 年，萧山区行政服务中心对进驻中心所有事项进行标准化再梳理，动态化常更新。核查比对 1508 个审批服务事项，更新事项 439 个，规范材料 587 份，实现政务服务网与实际办件一致。同步上线《审批服务事项标准化服务指南示范文本（2021 年修订版）》，按照投资项目、商事登记、社会事务、便民服务 4 个类别，推出办事查询“一码通”。

【政务服务“一流大厅”建设】 2021 年，萧山区行政服务中心推行应用 OSM 现场管理标准化管理模式，通过国际认证验收。提升无障碍设施设备、母婴室、图书借阅等便民设施，增设爱心帮扶岗，免费提供口罩等防疫物品，打造全省服务事项最多、功能最全的“双一流”（硬环境一流、软服务一流）服务大厅。全年收到群众和企业表扬信 1700 多封、锦旗 80 多面。

【政务服务品牌文化建设】 2021 年，萧山区行政服务中心继续建设党员先锋岗、“跑小青”、“芳香百合”等系列品牌文化金名片。获评全省“建设清廉机关、创建模范机关”工作先进集体，职工书屋被授予“中华全国总工会职工书屋”称号；创建市级青年文明号2个、职工先进小家1个；新增区级党员先锋岗7个、青年文明号1个、巾帼文明岗3个。

（黄洁琦）

公共资源交易管理

【概况】 2021年，萧山区行政审批服务管理办公室（萧山区建设工程招标投标管理办公室）完成建设工程公开招投标项目288个，交易总金额226亿元，招标优惠金额40.7亿元，优惠率15.26%；非国有投资建设工程直接发包项目239个，发包总金额213亿元。

【招标投标规范性文件清理】 2021年，萧山区开展招标投标规范性文件清理工作，清理制定或起草的文件13件。制定印发《杭州市萧山区公共资源交易管理办法》《萧山区政府投资项目建设工程造价管理暂行办法》《关于进一步加强萧山区工程建设造价咨询企业信用管理的通知》等文件，进一步规范全区公共资源交易活动规则，明确政府投资建设工程造价企业、职业人员、行业管理要求。

【“评定分离”改革】 2021年，萧山区推进“评定分离”省级改革试点工作，受委托代为起草《浙江省评定分离定标指引（讨论稿）》；扩大实施范围至所有工程建设项目，延伸实行“市级系统”+“评定分离”，共有240个项目采用“评定分离”方式招标，实现“优秀队伍中标机会提升、招标单位满意率上升、招投标效益提升、工程造价有所下降、邀请招标项目明显下降”的“三升两降”成效，得到省发改委肯定并获批复同意试点延期2年。

【项目负责人陈述答辩制】 2021年，萧山区行政审批服务管理办公室联合杭州市公共资源交易中心萧山分中心逐项梳理、规范操作流程，会同建设单位、招标代理机构科学制订实施方案，合理选择项目负责人陈述答辩流程的工程招标项目。12月24日，完成首个项目负责人陈述答辩项目的开评标工作。

【“异地评标”市级试点工作】 2021年，萧山区制定远程异地评标区级操作规程，为试点工作开展做好规范指引。全年完成“1+1”远程评标项目19个，“1+N”远程评标副场项目2个。

【小额工程数智治理】 2021年，萧山区创新搭建小额工程数智治理应用场景。全年节约交易资金约2.8亿元，为企业节约经济成本8500多万元，节约时间成本1万多小时，交易时效提升91.7%。

【招标投标监管】 2021年，萧山区组织代理机构考试培训等8次；对招标代理机构提出整改要求69家次；对串通投标、提供虚假投标文件等违法行为，共计作出行政处罚19起，对9家企业、10名个人作出行政处罚，处罚金额68.56万元，对12名专家作出不良记录处理；受理完成信访举报投诉18起，发出责令改正通知书1份。对公开发布的镇街公共资源交易项目进行动态监管，开展提醒指导工作，向镇街发出监管函3份，电话纠正50多起。

（黄洁琦）

机关事务管理

【概况】 2021年，萧山区机关事务服务中心申请拨入资金1.53亿元，支付资金1.36亿元；保障全区性会议及重大活动260场，服务1.4万人次；门卫室登记来客1.17万人次，办理通行证1137张；为干部职工提供餐饮、医疗等各类服务37.6万人次。

【办公用房管理】 2021年，萧山区机关事务服务中心调配办公用房3099平方米；租赁续约办公用房31处，建筑面积约7万平方米，共支付租金5500万元。做好资产管理相关工作，购置办公家具、设备，全年入账固定资产1324.2万元，报废和调拨资产315.6万元。完成五保供养资产测绘，共计测绘房产15幢，房产面积1.1万平方米，土地面积1.81万平方米。完成公物仓改造，确定将公物仓设在城区工人路26号2层办公楼，建立统一的收储物资场所，并接收物资，第一批共收到实物电脑79台，做好信息登记，逐步开展资产划转和实物接收工作。是年，院内维修改造工程7个，预算金额1289万余元；院外维修改造工程17个，服务单位15家，预算金额1936万余元。抓好设施设备维修，做好区行政中心电梯系统和空调系统的更新改造，处理零星报修近400项，设备维修改造预算费用1725万余元。实施区行政中心西区改造方案，沟通萧山区城市智治中心及配套工程建设，评审、优化和调整设计方案。

【公务用车管理】 2021年，萧山区机关事务服务中心被列为浙江省第一批公务用车管理专项领域示范点建设单位。借助“政采云”系统实行“线上+线下”双线车辆报废更新模式。推进车辆预约调度转型，通过“一张网”PC端和浙政钉移动端“浙江公务用车”即可自助预约。依托北斗车载终端查询车辆轨迹、获取离线数据，实现车辆监督全面覆盖。利用全省公务用车“一张网”综合管理平台对全部公务用车进行“一站式”管理，打造基于车辆全生命周期管理的标准化管理体系。是年，中心共报废更新公务用车33辆，过户109辆，购买新车16辆。保障公务外出约8500次，车队出车9200次，安全行驶里程53.2万千米。

【招标采购管理】 2021年，萧山区机关事务服务中心完成采购任务181件，使用金额1226.4万元。其中，通过“政采云”采购货物类49件、金额130.8万元，服务类101件、金额205.5万元。公开招标16件，金额1712万余元。

（余兰燕）

中国人民政治协商会议杭州市萧山区委员会

综述

【概况】 2021年，萧山区有政协委员356人。政协第十四届杭州市萧山区常务委员会组成人员69名，由主席1名、副主席6名、秘书长1名和常委61名组成。政协第十四届杭州市萧山区委员会设办公室、提案委员会、经济和科技委员会、城建交通资源环境委员会、社会法制和港澳台侨委员会、文史和教文卫体委员会、委员和基层工作委员会。是年，中共萧山区委、区政府分别与区政协常委会开展专题协商各1次；区政协召开常委会会议6次，主席会议（专题协商）22次；举办政协委员读书班3期、政情通报会及专题通报会6场、崇学讲堂2期；区政协办公室和6个专门委员会全年进行学习、座谈、视察、联谊等活动350多次。组织各类民主监督活动80多次，重点关注亚运筹备、工业用地盘活利用、老旧小区综合改造提升、推进移风易俗、美好教育等方面工作；就"制止耕地'非农化'、防止耕地'非粮化'""名特优地方品种种质资源保护和利用""保护生物多样性、建设美丽示范区"等7项重点课题开展调研；召开各个层面协商议政会议100多场。

【政协委员构成】 2021年，萧山区政协十四届六次全会设中共、民盟、民进、无党派、总工会、共青团、青联、妇联、工商联、经济界、科协、科学技术界、农林界、教育界、医卫界、文化艺术界、新闻出版界、体育界、社会科学界、归侨侨眷界、台属界、社会保障与社会福利界、少数民族界、宗教界、特别邀请人士25个界别，有委员356人。其中，中共党员128人，占35.96%；党外人士228人，占64.04%。区政协委员中有女委员117人，占32.87%

【委员会客厅（工作室）"提质扩面"】 2021年，萧山区政协推动委员会客厅（工作室）"提质扩面"，新增2处委员会客厅（工作室）。至年底，累计有民盟、民进、无党派、农林、文艺等界别，民进党派、来波、戚敏敏、廖杰远委员会客厅（工作室）9处。以委员会客厅（工作室）为平台，开展协商议政、政策宣讲、界别联谊等活动50多次，推动委员履职工作多元化、常态化开展。

【"民生议事堂"全覆盖】 2021年，萧山区政协新建镇街"民生议事堂"22处，实现镇街全覆盖。各界别政协委员参与"民生议事堂"活动200多人次，推动解决"浦南未来社区建设""企业和村集体旧厂房有机更新""公共自行车点位建设""发展特色惠民富民产业""既有住宅加装电梯""推进托育工作""有效推进老旧小区弱电线整治及预防野蛮装修""文明养犬管治"等民生热点问题。

（任　冰）

重要会议

【政协第十四届杭州市萧山区委员会第五次会议】 2021年2月23—25日，政协第十四届杭州市萧山区委员会第五次会议召开。会议审议批准区政协主席洪松法代表政协第十四届杭州市萧山区委员会常务委员会所作的工作报告，审议批准区政协副主席姜国法代表政协第十四届杭州市萧山区委员会常务委员会所作的提案工作情况报告。

会议期间，中共杭州市委副书记、萧山区委书记佟桂莉，区委副书记、区长章登峰等党政领导出席大会，听取大会发言，参加联组讨论，与委员们共商"十四五"发展大计，共谋现代化建设良策。与会委员紧扣"亚运国际城·数智新萧山"的发展导向，聚焦人民群众对美好生活的热切向往，通过审议报告、提交提案、大会发言、联组讨论、小组讨论等多种形式，为萧山"十四五"开好局起好步建言献策。

会议听取并讨论章登峰区长所作的政府工作报告，讨论《杭州市萧山区国民经济和社会发展第十四个五年规划和二〇三五年远景目标纲要（草案）》及其他报告，听取并讨论区人民法院工作报告、区人民检察院工作报告，一致表示赞同。

对金晓建等39名优秀委员、《关于促进我区美丽城镇建设可持续发展的建议》等30件优秀提案、民盟萧山区委员会等11个先进界别、驻区财政局民主监督小组等6个优秀民主监督小组、王登承等8名优秀信息员予以通报表彰。

【政协第十四届杭州市萧山区委员会第六次会议】 2021年6月22日，政协第十四届杭州市萧山区委员会第六次会议召开。会议听取全区上半年经济社会发展情况的报告，讨论《中国人民政治协商会议第十四届杭州市萧山区委员会第六次会议选举办法》等内容。增补政协第十四届杭州市萧山区委员会副主席1名。

【区政协常务委员会会议】 2021年，区政协常委会召开6次会议，就有关问题进行协商。2月9日，区政协召开第十四届常委会第二十八次会议，协商讨论区政协十四届五次会议有关事项。讨论通过关于召开区政协十四届五次会议的决定，区政协十四届五次会议议程（草案）、日程（草案）、大会秘书长和副秘书长名单、分组及召集人名单等有关事项，《关于授权主席会议审议政协第十四届杭州市萧山区委员会常务委员会第二十八次会议未尽事宜的决定》等。2月24日，区政协召开区政协第十四届常委会第二十九次会议，听取区政协十四届五次会议各小组（联组）协商讨论情况汇报；讨论通过会议决议（草案）；听取并审议提案收集和初审情况的报告（草案）；讨论通过《政协第十四届杭州市萧山区委员会常务委员会2021年工作要点》，要求将有关事项提交大会全体会议讨论通过。6月1日，区政协召开第十四届常委会第三十次会议，讨论通过关于召开区政协十四届六次会议的决定，区政协十四届六次会议议程（草案）、日程（草案）、大会秘书长和副秘书长名单、分组及召集人名单等有关事项。6月22日，区政协召开第十四届常委会第三十一次会议，听取区委组织部、区委统战部关于政协第十四届杭州市萧山区委员会有关人事事项的情况说明，协商讨论了有关人事事项；讨论提出选举办法（草案）和监票人建议名单（草案），要求将上述事项提交各分组讨论，进行充分协商酝酿。6月22日，区政协召开十四届常委会三十二次会议，听取区政协十四届六次会议各分组协商讨论情况汇报，审议通过选举办法（草案）和监票人建议名单（草案），协商确定正式候选人，要求将有关事项提交大会全体会议讨论通过。12月1日，区政协召开十四届常委会三十五次会议，听取区政协十四届五次会议提案办理和重点提案督办情况汇报，协商讨论区政协有关专门委员会人事安排等事项；听取区政府办公室关于区政协十四届五次会议提案办理情况的通报和区政协提案委关于重点提案督办情况的汇报。区政协十四届五次会议期间，政协委员提交提案265件。经各承办单位办理，全部提案按期办结，其中258件得到解决或列入计划逐步解决。

【区政协主席会议】 2021年，萧山区政协召开主席会议22次。2月9日，区政协召开十四届九十八次主席会议，协商讨论区政协十四届五次会议有关事项。区政协主席洪松法主持会议，副主席姜国法、黄晓燕、施利君、陈金良、徐晓福，秘书长叶阿洪等参加会议。4月1日，区政协召开十四届一百零三次主席会议，围绕“高质量打造生物医药产业高地”议题开展专题协商。区政协主席洪松法，副区长倪世英，副主席姜国法、黄晓燕、施利君、徐晓福，秘书长叶阿洪等参加会议。会议由副主席姜国法主持。实地察看御湘湖国际健康城，了解萧山生物医药产业发展和平台建设情况，听取区投资促进局相关工作情况汇报，并进行协商讨论。4月30日，区政协召开十四届一百零五次主席会议，围绕“加快推进创新平台（策源地）建设”议题开展专题协商。区政协主席洪松法，副区长倪世英，副主席姜国法、黄晓燕、施利君、徐晓福，秘书长叶阿洪等参加会议。会议由施利君副主席主持。实地察看北京大学信息技术高等研究院、浙江大学杭州国际科创中心，听取区科技局相关工作情况汇报，并进行协商讨论。6月1日，区政协召开十四届一百零七次主席会议，协商讨论区政协十四届六次会议有关事项。区政协主席洪松法主持会议，副主席姜国法、黄晓燕、施利君、陈金良、徐晓福，秘书长叶阿洪等参加会议。6月18日，

2021年2月23日，中国人民政治协商会议第十四届杭州市萧山区委员会第五次会议开幕　（唐　柯　摄）

区政协召开十四届一百零八次主席会议，围绕“持续打好‘22688’交通大会战”议题开展专题协商。区政协主席洪松法，副区长方军，区政协副主席姜国法、黄晓燕、施利君、陈金良、徐晓福，秘书长叶阿洪等参加会议。会议由副主席徐晓福主持。实地踏看03省道东复线高架南延项目、彩虹大道项目施工现场，听取萧山城投集团、萧山交投集团等单位的情况汇报，并进行协商讨论。8月26日，区政协召开十四届一百一十一次主席会议，围绕“全面提升公共卫生应急能力”议题开展专题协商。区政协主席洪松法，副区长陈琴箫，区政协副主席姜国法、黄晓燕、施利君、陈金良、徐晓福、汤卫，秘书长叶阿洪等参加会议。会议由副主席黄晓燕主持。实地察看区公共卫生中心、区疫情防控应急物资储备库，听取区卫生健康局、区国资经营集团的情况汇报，并进行协商讨论。10月27日，区政协召开十四届一百一十五次主席会议，围绕“加快未来社区建设，共创幸福美好家园”议题开展专题协商。区政协主席洪松法，副区长方军，区政协副主席姜国法、黄晓燕、施利君、陈金良、徐晓福、汤卫，秘书长叶阿洪等参加会议。会议由副主席徐晓福主持。实地察看传化未来社区、七彩未来社区，听取区住建局相关工作情况汇报，并进行协商讨论。

（任　冰）

协商议政

【区委、区政协常委会专题政治协商会议】 2021年7月14日，区委、区政协常委会专题政治协商会议召开。市委副书记、区委书记佟桂莉出席并讲话，区政协主席洪松法主持会议，区委副书记赵立明，区委常委、常务副区长吴炜炜，区政协副主席姜国法、黄晓燕、施利君、陈金良、徐晓福、汤卫，秘书长叶阿洪等参加会议。会上，区委改革办介绍有关情况，13位区政协常委、委员，围绕“高水平建设‘亚运国际城·数智新萧山’，奋力打造新时代共同富裕新标杆”主题进行协商交流发言。

【区政府、区政协常委会专题政治协商会议】 2021年10月15日，区政府、区政协常委会专题政治协商会议召开。区委副书记、区长章登峰出席会议并讲话，区政协主席洪松法主持会议，副区长倪世英，区政协副主席姜国法、黄晓燕、施利君、陈金良、徐晓福、汤卫，秘书长叶阿洪等参加会议。会上，区经信局通报近年萧山区深化“亩均论英雄”、推进低效用地有机更新等方面的做法、成效和下一步工作打算。9位区政协常委、委员围绕“提高土地利用效率，推动产业高质量发展”主题进行协商交流发言。会议审议通过《中国人民政治协商会议杭州市萧山区委员会协商工作规则》和《中国人民政治协商会议杭州市萧山区委员会专门委员会通则》。

【“请你来协商”助力萧山发展】 2021年，就运河文化带、居家养老、生物多样性、基层治理、无障碍建设等议题开展“请你来协商”专题恳谈会6次，助推萧山经济社会高质量发展。4月16日，协商主题为“充分挖掘人文底蕴，助推萧山运河文化带建设”；5月12日，协商主题为“提升我区居家养老服务水平”；6月24日，协商主题为“保护生物多样性，建设美丽示范区——有效管控毛竹林”；8月20日，协商主题为“加大数字赋能，提升基层治理‘四平台’建设水平”；9月8日，协商主题为“以亚运为契机，推进无障碍环境建设，全面提升社会文明程度”；12月28日，协商主题为“2022年民生实事项目”。

（任　冰）

专门委员会

【提案委员会】 2021年，政协第十四届杭州市萧山区委员会第五次会议收到委员以提案形式提出的意见建议267件，最终立案265件，其中以集体名义提案20件、委员联名提案165件、委员个人提案80件。最终移交区委办理的提案15件，移交区政府办理的提案249件，移交钱塘新区管委会的提案1件。从办理类别看：A类提案共223件，占比84.2%；B类提案共35件，占比13.2%；C类提案共5件，占比1.9%；D类提案共2件，占比0.7%。对办理态度和办理答复的满意率分别为100%和99.6%。经遴选，共有19件提案被20位区委、区政府和区政协领导领办或督办。组织举办“保护优质种子与耕地‘非农化’‘非粮化’整治情况通报”“推进企业上市工作情况通报”专题政情通报协商。组织特邀界别、社会保障与社会福利界别就“打造美丽乡村精品旅游线路”“培育新制造产业工人，助力我区经济高质量发展”与相关部门开展界别协商。就“既有住宅加装电梯工作”开展专项民主监督。协同城建委、联合开展“古建筑保护利用情况”“加强科创平台建设”专委会跨界协商活动。

【经济和科技委员会】 2021年，萧山区政协经济和科技委员会组织举办“自贸试验区杭州片区萧山区块建设及杭州空港经济区发展情况”“国有企业改革和市场化转型情况”“萧山经济技术开发区工作情况”专题政情通报协商会议。组织委员就“推进存量工业用地有机更新”“重点供地类招商项目绩效情况”开展专项民主监督。组织工商联、经济、科技、农林、科协等界别就“发挥新乡贤在助推乡村振兴战略中的积极作用”“推进长三角（杭州）制造业数字化能力中心建设”“加快推进国家高新技术企业培育”“涉农电商工作”“海外科技人才引进工作”与相关部门开展界别协商。协同社法委、委基委就“推动农文旅产业联动发展”“推进民宿经济发展”开展专委会跨界协商。指导企业家协会开展提供就业岗位、结对帮扶、“慈善行”等工作。承办省市政协“促进城乡居民共同富裕”子课题。

【城建交通资源环境委员会】 2021年，萧山区政协城建交通资源环境委员会举办“我区轨道交通规划建设和安置房建设回迁情况”专题政情通报协商会议。与市政协联动开展“构建杭州国土空间开发保护新格局”课题调研。组织委员就“深入推进美丽萧山大花园建设，努力打造美丽中国先行示范区”“深化老旧小区综合改造提升”开展专项集体民主监督。组织无党派、社科等界别就“城乡房屋安全整治情况”“大气污染防治情况”

与相关部门开展界别协商。协同提案委、文史委就古建筑保护利用、湘湖山水环境提升等开展专委会跨界协商。

【社会法制和港澳台侨委员会】 2021年，萧山区政协社会法制和港澳台侨委员会举办“全区依法治区工作情况”专题政情通报协商会议。组织召开区监委、区公安分局、区法院、区检察院工作情况通报协商会议。组织委员就“推进移风易俗，建设文明乡风”开展专项民主监督。组织共青团、青联、归侨侨眷、工会、台属、少数民族、妇联、宗教等界别就“凝聚新经济领域青年力量，打造年轻城市”“打造美丽厂区，改善职工就业环境”“巾帼文明岗助力亚运”与相关部门开展界别协商。协同经科委做好“推动农文旅产业联动发展”专委会跨界协商。

【文史和教文卫体委员会】 2021年，萧山区政协文史和教文卫体委员会组织举办“推进数字化改革，建设‘数智新萧山’”专题政情通报协商会议。组织委员就“美好教育推进工作情况”开展专项民主监督。组织教育、医卫、文艺、新闻出版、体育等界别就“公办高中学生宿舍改造提升”“普及AED，保障居民生命健康安全”“建设城市书房，推进书香社会建设”与相关部门开展界别协商。协同城建委就湘湖山水环境提升开展专委会跨界协商。与区文旅局、进化镇联合出版文史资料《汤寿潜和他的时代》。组织区政协书画院举办“同心向党——萧山区政协庆祝中国共产党成立100周年暨萧山政协成立65周年”书画作品展，出版画册《同心向党》。组织区政协艺术团举办“同心向党——萧山区政协庆祝中国共产党成立100周年暨萧山政协成立65周年”文艺演出。做好市政协“杭州宋韵文化保护与展示”“大力发展中小学体育”萧山区课题调研。《我与围垦》《萧山宗谱知见录》《湘湖历史文化研究文集》分获第十一届杭州市政协全市优秀文史成果展示一、二、三等奖，《萧山宗谱知见录》《清代萧山朱卷汇编》《萧山传胪钟宝华》分获全省优秀档案编研成果暨档案学优秀成果评审一、二、三等奖。

【委员和基层工作委员会】 2021年，萧山区政协委员和基层工作委员会与提案委、经科委就“加强科创平台建设”“推进民宿经济发展”开展专委会跨界协商活动。组织民盟、民进等界别就“加强应急指挥中心建设”“推进我区村级集体经济高质量发展”与相关部门开展界别协商。组织召开民主监督员会议，向区财政局等单位送交《民主监督建议书》。组织委员赴山东省枣庄市开展政协委员读书班。牵头举办2期崇学讲堂。出台《中国人民政治协商会议杭州市萧山区委员会关于强化委员责任担当的意见》《政协杭州市萧山区委员会“委员接待日”制度（试行）》《关于推行“菜单式”“抢单式”委员履职方式的实施办法（试行）》《区政协领导和各办委、界别联系参加镇街政协工作联络小组活动的制度（试行）》《镇街“民生议事堂”建设实施办法（试行）》《民生议事堂工作手册》等。开展“崇学尚读·书香政协”系列活动、委员风采系列宣传、委员宣讲团活动。开展在萧省市政协委员专题视察钱江世纪城活动。

（任　冰）

重点督办提案

【概况】 2021年，萧山区政协确定《关于全力实施“亚运兴城”行动，加快老城区整体提升的建议》等6件提案为重点督办提案，涵盖加快老城区整体提升、保护生物多样性、创新医卫应急体系、促进乡村振兴等多个方面的重点内容。区政协督办领导通过了解办理进展、组织实地视察、召开座谈讨论等形式，对提案的办理落实情况进行督促，推动相关工作的落实。5月14日，督办丁珏委员提出的《关于全力实施“亚运兴城”行动，加快老城区整体提升的建议》，实地察看城厢街道万寿桥社区湘湖路区块提升改造工程；7月14日，督办民进界别集体提出的《关于推进我区村级集体经济高质量发展的建议》，实地考察楼塔镇大同二村野孩子研学基地；7月29日，督办农林界集体提出的《保护生物多样性 建设美丽示范区——加大我区毛竹林管控改造力度》；8月4日，督办委员王登承提出的《创新医卫应急体系，提升疫情防控应对能力》；8月16日，督办宗教界别集体提出的《建设宗教优秀文化 助力文明幸福萧山的建议》，实地察看部分宗教活动场所；8月12日，督办李琼霞委员提出的《关于进一步提升“智慧停车”管理水平的建议》，实地考察体育路停车场和杭州萧山智行科技有限公司。

【关于全力实施“亚运兴城”行动，加快老城区整体提升的建议】 提案者为区政协委员丁珏，督办领导为区政协主席洪松法，办理类别A类。提案主要内容：萧山老城区逐渐呈现基础设施陈旧、交通出行不够顺畅、服务产业不够发达、文化资源挖掘不够充分等状况。建议：一要加强调研，明确老城区的区域定位，完善市政基础设施功能配套；二要引资引智，借鉴杭州城区和周边区县市有关旧城改造经验，高水平布局规划，分期分步实施，高标准推进老城区改造提升。办理工作成效：完善城市功能硬件设施，重构城市功能、产业结构和人口布局，推动老城区城市空间结构有机更新。加快建设一批“联网路”，打通一批“瓶颈路”，解决老城区交通出行困难问题；完善铁路杭州南站枢纽、南部卧城、亚运场馆等区域的配套道路建设。启动2021年市政绿化设施提升工程、城区绿化提升工程、亚运场馆迎宾靓线工程等系列项目，提升改造城区16条主要道路。开展湘湖师范学校旧址的修缮提升、文物征集、陈列布展，加强贺知章纪念馆等文化设施建设，做好祗园寺、江寺、梦笔桥等古迹和贺知章、毛奇龄、任熊等名人的文化挖掘与研究。

【创新医卫应急体系，提升疫情防控应对能力】 提案者为区政协委员王登承，督办领导为区政协副主席黄晓燕，主办单位为区卫生健康局，办理类别为A类。提案主要内容：萧山区作为国际机场所在地，新冠肺炎疫情防控压力巨大。建议：一要强化管理，健全立体防控机制，落实人、物、地三管，关口前移消除盲点；二要改革创新，完善应急防控体系，加强信息平台建设，打通数据通道，构建疫情防控“线上中枢”，依托“城市大脑”，建立区级公共卫生“驾驶舱”、监测预警和应急决策指挥平台；三要注重宣传，强化健康宣教、加强舆情监测。办理工作成效：区卫生健康局联合杭州师范大学医学院、国家卫健委卫生发展研究中心组建专家编制团队，将萧山区公共卫生应急管理体系规划作为“十四五”卫生健康事业发展规划的子规划同步研究。建设集中统一、智慧高效的公共卫生应急指挥体系，医防融合、技术先进的现代化疾病预防控制体系，定位明确、平战结合的应急医疗救治体系。完善应急指挥“驾驶舱”，专防专控、联防联控、群防群控，优化精准防控，强化平战结合。夯实人才基础，加强应急物资保障，强化数字赋能支撑，完善长效投入机制。

【关于推进萧山区村级集体经济高质量发展的建议】 提案者为区政协民进界别集体，督办领导为区政协副主席陈金良，主办单位为区农业农村局，办理类别为A类。提案主要内容：村级集体经济发展不够均衡、运维压力日增、致富路径缺乏等困难。建议：一要加强规划，研究制定村级集体经济巩固提升的专项规划，为萧山区打造城乡融合新示范和数智乡村新标杆夯实经济基础；二要精准扶持，进一步制定和完善财政、土地、金融信贷、项目扶持、产权改革等政策，精准施策；三要整合资源，开展乡村闲置厂房、农居、废弃地等整治，盘活存量资产，支持开展村村联合、村企联合、地域联合、产业联合，优化资源组合开发；四要创新经济，加强数字管理应用，为村级集体经济发展提供数字支撑；五要强化班子，加强针对性培训，着力培养一批懂经营、能治理、善服务的村级班子成员。办理工作成效：制定《村级集体经济巩固提升考核细则》，并将该项工作列为镇街乡村振兴考核的重要内容，引导镇街把发展村级集体经济作为村级班子任期目标考核和年度目标考核的重要指标；指导重点镇街制定“一镇一策”方案，因地制宜提出壮大集体经济、促进乡村产业发展的意见建议，确保完成年度目标任务；实行统计通报制、项目督查制、财务抽查制三项制度，推动村级集体经济发展。

【保护生物多样性，建设美丽示范区】 提案者为区政协农林界别集体，督办领导为区政协副主席姜国法，主办单位为区农业农村局，办理类别为A类。提案主要内容：山区竹林管理强度大幅降低，形成竹进林退的局面，严重威胁到林地的物种多样性和生态系统稳定性。建议：一要针对全区不同区域制订详细治理方案，平衡好毛竹开发利用与山林保护的关系；二要保护生物多样性，发展林业经济，把过于茂盛区域中的毛竹改造成适合地方经济和社会发展的乔灌木，因地制宜发展林下经济；三要发展农旅产业，改善林种结构，打造森林景观，为“旅游南进”增添活力；四要动员社会力量，引入国有企业和农业龙头企业参与，提升山地农林经济效益；五要加强政府扶持，完善制度保障，做好资金保障，推行“林长制”。办理工作成效：开展美丽林相建设，对林地生态系统进行生态保护修复，开展毛竹林边界线控制和重点区域竹林抚育；扶持村级合作社开展林下套种多花黄精、三叶青的林药种植模式，与本地的生物公司建立林药购销渠道，扶持河上镇毛竹林下种植大球盖菇的林菌复合经营试点；加强毛竹资源利用，选取林道边竹林进行笋竹两用林抚育，试点发展笋材两用林经济；在政策法规允许的前提下进行毛竹林改造，试点开展珍贵树种改造，逐步调整林分树种结构，适当进行竹林间伐，尝试发展林特茶果基地改造；争取财政资金并出台相应的扶持政策，起草有关制度文件，谋划在全区推行“林长制”。

【建设宗教优秀文化，助力文明幸福萧山的建议】 提案者为区政协宗教界别集体，督办领导为区政协副主席施利君，主办单位为区委统战部，办理类别为A类。提案主要内容：引导信教群众建设积极向上向善的宗教文化，自觉践行社会主义核心价值观。建议：一要成立区宗教文化研究会，研究挖掘宗教优秀传统文化，教育引导教职人员及信教群众建立积极健康的宗教思想；二要建设宗教优秀文化基地和法治化管理宣传基地；三要以中华传统优秀文化浸润宗教理论，培养新时代宗教人才；四要弘扬中华传统美德，引导广大信教群众正言正行。办理工作成效：发挥宗教团体主导作用，开展宗教学术研究，指导各宗教团体分别建立宗教文化研究小组；推动基础条件较好的重点场所打造一批具有代表性的宗教优秀文化建设示范样板场所，加强宗教优秀文化建设；组织开展“与党同心·爱国爱教”等主题活动，增进宗教界人士的政治认同；实施普法工程，引导宗教界人士和信教群众树立法律至上的理念；指导各宗教团体和场所开展形式多样的宗教文化活动，鼓励和引导宗教界创新开展公益慈善活动。

【关于进一步提升“智慧停车”管理水平的建议】 提案者为区政协委员李琼霞，督办领导为区政协副主席徐晓福，主办单位为区城市管理局，办理类别为A类。提案主要内容：萧山区先后推出“先离场后付费”便捷泊车、绿色临时停车位等措施，但仍不能从根本上解决停车难、停车乱的问题。建议一是增建扩建停车场，将公共停车场和城区收费泊位全部纳入智慧停车收费泊位；二是开发“智慧停车”公众号，可一键获取实时车位信息；三是车辆停入泊车位，公众号自动推送车辆入场信息，告知车牌号码、停车位置、停车起始时间等信息；四是进一步推广“先离场后付费”便捷泊车，实现“智慧停车”停车场和泊车位百分百覆盖。办理工作成效：结合城市绿地、商业用地等设置地下公共停车场，科学合理控制停车泊位发展；允许闲置土地在使用前作为临时停车场使用；在全区范围内逐步形成以“配建停车场为主，公共停车场为辅，路边停车场为补充”的停车供应结构。要求收费停车场库在入口醒目位置设置价格公示牌，并公布监督电话等基础信息，同时提供“智慧停车”线上支付、现金支付等多种支付方式。推进机动车停车场库智慧系统接入工作，开通“先离场后付费”功能，通过杭州城市大脑停车系统，实现各场库泊位总数、空余泊位数、地理位置、价格标准等基础信息均可查询，并为职能单位开展停车诱导、开发便捷泊车相关程序提供数据支撑。

2021 年萧山区政协优秀提案一览表

表 9

序号	案　　由	提 案 者
1	关于促进我区美丽城镇建设可持续发展的建议	史国忠
2	关于整体提升改造萧山图书馆的建议	文艺界集体
3	关于推动新制造业计划实施，振兴萧山实体经济发展的建议	沈铁伟
4	关于老旧小区改造中融入未来社区建设的建议	俞伟良
5	助力企业纾困解难 谋求经济稳健发展	区工商联集体
6	从世界名湖的发展视角进一步挖掘湘湖历史文化新内涵	孙　娟
7	关于大力推进装配式钢结构建筑，助推建筑产业转型升级的建议	周　琴
8	讲好乡村故事，留住最美乡愁——关于大力发展南部旅游经济的建议	姚振华
9	扎实推进老旧小区改造整治 全面提升城市居民生活品质	李利峰
10	从用地机制着手优化营商环境，为“新制造业计划”铺路架桥	九三学社萧山区基层委集体
11	“新冠疫情”之下，加强我区基层公共卫生人才建设的几点建议	顾水均
12	关于打造“城河记忆”历史文化街区的建议	农工党萧山区基层委集体
13	破解垃圾分类短板 全民共建美好家园	致公党萧山区基层委集体
14	关于高效利用城市闲地，科学增设停车空间的建议	吕　源
15	关于对我区旅游餐饮行业加大扶持力度的建议	章金顺
16	关于进一步加强萧山区人才引留的若干建议	陈思聪
17	打造一流招商队伍 助力我区双招双引	民建萧山区基层委集体
18	关于对中小企业加大支持力度的建议	陈　东
19	关于引进优秀创投机构的建议	康明良
20	关于要求区政府加强对外贸企业重点关注和援助的建议	来创绩
21	发展美丽经济 让美丽乡村走上富强路	农林界集体
22	关于提升萧山区整体医疗水平和应对重大突发公共卫生事件能力的建议	钱水明
23	关于进一步提高我区“互联网＋政务服务”能力的建议	郑晓媛
24	保障亚残会 进一步完善和提升我区无障碍设施的建议	民盟萧山区委员会集体
25	加快推进未来社区建设 提升萧山城市治理水平	归侨侨眷集体
26	关于提升和完善我区院前急救能力 在公共场所设置 AED 的建议	戚敏敏
27	加快实施老年人居家适老化改造的建议	黄善提
28	美好教育 从百姓所盼实事做起 ——关于打造我区“有温度”的学后托管新模式的建议	民进萧山区委员会集体

续表 9

序号	案　由	提 案 者
29	关于加快生命健康产业发展的思考	萧山区科技界集体
30	关于破解"舌尖上的养老"难题的建议	无党派人士集体

（任　冰）

民主监督

【专项民主监督】 2021 年，萧山区政协注重提升建言资政和凝聚共识双向发力，全年持续关注亚运兴城、美好教育、工业用地、招商项目、美丽萧山大花园、移风易俗、电梯加装、老旧小区等方面工作，组织委员以监督调研、视察、座谈、明察暗访等多种方式开展专项民主监督。3 月 19 日，就"推进存量工业用地有机更新"实地视察兴惠化纤有机更新现场和瓜沥群益村智能家装产业社区；5 月 27 日，就"助推亚运兴城攻坚年行动"视察固废建筑垃圾处理厂、杭州湘蜀田园乐园；10 月 22 日，就"推进移风易俗，建设文明乡风"视察民政婚姻登记处；9 月 29 日，就"美好教育推进工作情况"视察萧山中学、金山小学；10 月 28 日，就"既有住宅加装电梯工作"走进民生议事堂进行专题协商座谈；11 月 1 日，就"重点供地类招商项目绩效情况"视察紫光恒越项目。与省市政协就"深入推进美丽萧山大花园建设，努力打造美丽中国先行示范区""深化老旧小区综合改造提升"联动开展专项集体民主监督。开展"助推亚运攻坚年行动"专项集体民主监督，组建 6 个监督组，围绕"美丽萧山""产业创新""城市国际化""数字治理""幸福城区""基础设施"等方向按季度开展监督活动。

【派驻民主监督】 2021 年，萧山区政协加强派驻民主监督工作，各专委会联系指导各派驻部门的民主监督小组开展活动。开展各类监督活动 70 多场次，19 个派驻小组经实地调研、深入考察最终形成"民主监督建议书"提交派驻单位，各相关单位高度重视委员建议，相关内容均得到落实。

（任　冰）

视察调研

【重点课题调研】 2021 年，萧山区政协成立调研组开展重点课题调研。区政协办公室就制止耕地"非农化"、防止耕地"非粮化"开展重点课题调研。提案委员会就"关于加强我区名特优地方品种种质资源保护和利用的对策建议"开展重点课题调研。经济和科技委员会就"关于保护生物多样性，建设美丽示范区的对策建议"开展重点课题调研。城建交通资源环境委员会就"关于推进新型建筑工业化、促进绿色建筑发展的对策建议"开展重点课题调研。社会法制和港澳台侨委员会就"关于提升发展纤维新材料产业的对策建议"开展重点课题调研。文史和教文卫体委员会就"关于立足'数智'，助力医疗国际化进程的对策建议"开展重点课题调研。委员和基层工作委员会成立调研组，就"关于推进职业技术教育高质量发展的对策建议"开展重点课题调研。

2021 年萧山区政协重点课题调研报告一览表

表 10

序号	调研报道标题
1	关于制止耕地"非农化"、防止耕地"非粮化"的对策建议
2	关于保护生物多样性，建设美丽示范区的对策建议——基于有效管控我区毛竹林的调研分析
3	关于提升发展我区纤维新材料产业的对策建议
4	关于推进新型建筑工业化，促进绿色建筑发展的对策建议
5	关于立足"数智"，助力医卫国际化进程的对策建议
6	关于加强我区名特优地方品种种质资源保护和利用的对策建议
7	关于推进我区职业教育高质量发展的对策建议

【政协委员视察】 2021 年，萧山区政协围绕区委、区政府重点工作及民生项目，组织委员走进基层视察工作。区政协主席洪松法率部分委员赴瓜沥镇梅林村、南阳街道、钱江世纪城等地视察未来乡村建设、新冠肺炎疫情防控、亚运场馆建设及亚运赛事筹备等情况。提案委组织委员赴杭州缇苏网络信息有限公司、中国 TOP 直播电商产业园视察直播经济新模式探索情况；经济和科技委员会组织专委会委员赴平湖市当湖街道通界村、林埭镇徐家埭村视察美丽乡村长效运营管护及乡村振兴工作。城建交通资源环境委员会组织专委会委员赴地铁兴议站、钱江世纪城公交站、杭州萧山智行科技有限公司等地视察智慧停车场站建设及公交优先战略实施情况。社会法制和港澳台侨委员会组织委员赴 Will Space 创业园视察"稳就业、促创业"工作及情况，赴区应急指挥保障中心应急管理建设情况。区政协文史和教文卫体委员会组织专委会委员赴湘湖初中、萧山二职视察青少年心理健康教育情况，赴北干小学、世纪实验小学视察青少年劳动教育情况。区政协副主席陈金良牵头，委员和基层工作委员会组织委员赴瓜沥镇、党湾镇视察"四好农村路"建设工作。

（任　冰）

中国共产党杭州市萧山区纪律检查委员会
杭州市萧山区监察委员会

综述

【概况】 2021年，萧山区党风政风明显好转，政治生态持续优化。全区各级纪检监察组织不断增强“四个意识”、坚定“四个自信”、做到“两个维护”。中共杭州市萧山区纪委杭州市萧山区监委持续纠治“四风”，培树新风正气，精准运用“四种形态”，用好纪检监察建议书，督促小额工程、国有企业等领域完善制度。聚焦“民呼我为”，开展基层监督“提质增效年”活动，看住管好群众身边的“小微权力”。深化清廉建设，清廉村社“码上工程”全面覆盖。完成中央纪委“监督一点通”试点工作，国有房产领域公权力监管纳入省公权力大数据监督首批试点。

【纪检监察体制改革】 2021年7月，萧山区委编委批复，萧山区纪委区监委办公室增挂信息技术保障室、区纪委区监委干部室增挂干部监督室牌子。增挂牌子后，区纪委区监委的行政编制和领导职数保持不变。11月，经区委编委批复，萧山经济技术开发区党工委、管委会划转1名行政编制至区纪委区监委派驻第10纪检监察组。划转后，区纪委区监委派驻第10纪检监察组行政编制7名。至年底，区纪委区监委派驻（出）机构行政编制共62名。

【纪检监察干部建设】 2021年，萧山区纪委严守政治机关定位，把党史学习教育作为贯穿全年的重大政治任务，开展“重温历史、砥砺奋进”主题活动，明理增信、崇德力行。分层分类推进全员培训，深化全区纪检监察系统“比思路、比执行、比业务、比业绩”活动和“比学赶超”活动，激励担当作为。开展政治集训、业务轮训、跟案实训10余次，开展“红黄黑”榜晾晒和“纪检监察之星”评选，打造与高质量发展相匹配的干部队伍。不断完善监督执纪执法权力运行内控机制和监督管理制约体系，强化对纪检监察干部的监督，防治“灯下黑”。

（陈春龙）

重要会议

【区纪委全会】 2021年2月20日，中共萧山区第十五届纪律检查委员会第六次全体会议召开。大会主题：以习近平新时代中国特色社会主义思想为指导，深入贯彻落实党的十九大和十九届二中、三中、四中、五中全会精神，按照十九届中央纪委五次全会、省纪委十四届六次全会、市纪委十二届六次全会和区委十五届十二次全会的要求，回顾总结2020年纪检监察工作，部署2021年任务。

【区纪委常委会会议】 2021年，十五届区纪委常委会召开常委会会议37次。主要议题：高举中国特色社会主义伟大旗帜，以习近平新时代中国特色社会主义思想为指导，坚持从严治党、依规治党，学习贯彻上级有关党风廉政建设和反腐败工作的重要会议、文件精神；研究部署全区纪检监察工作；研究处理全区党风廉政建设重要问题；审核区委拟提拔任用领导干部和其他有关干部的廉政情况；研究决定党风廉政建设和纪检监察重要规章制度的制定及实施；讨论决定对基层上报区纪委批准的违纪党员党纪处分等。主要会议有：

1月22日，区纪委常委会开展理论学习中心组专题学习；审议有关大额经费支出；审议萧山区“破解难题创先争优”竞赛活动（纪检领域）评选工作；研究2020年度各单位党风廉政建设责任制考核情况等。

2月5日，区纪委常委会听取有关案件情况汇报；审议《关于进一步健全区委巡察机构与区纪委区监委机关协作配合机制的实施意见》；审议区纪委十五届六次全会方案和工作报告等。

3月1日，区纪委常委会开展理论学习中心组专题学习；研究有关案件审理工作；听取审查调查情况汇报；审议《萧山区2020年监督审查调查情况分析》；审议有关大额经费支出等。

3月26日，区纪委常委会开展理论学习中心组专题学习；

审议《关于进一步健全区委巡察机构与区纪委区监委机关协作配合机制的实施意见》《区纪委关于开展党史学习教育的实施方案》《萧山区村级监督组织履职工作指引（试行）》《开展下沉式监督做好村社监督工作指导员的工作方案》《2021年度萧山区纪检监察日常监督项目化管理绩效评估办法》《2021年清廉村社建设工作要点》等。

4月15日，区纪委常委会研究有关案件审理工作；审议《2020年度萧山区案件质量评查反馈意见整改情况报告》《关于进一步深化“比思路、比执行、比业务、比业绩”活动的通知》等。

5月28日，区纪委常委会研究有关案件调查工作；传达中央、省市委和上级纪委关于换届工作有关部署精神；审议《萧山区纪委监委派驻（出）机构重要情况报告办法（试行）》、开展基层监督“提质增效年”活动任务分工方案、先进纪检监察组织评选方案、《关于纵深推进清廉萧山建设的意见》、《2021年萧山区廉政风险排查防控工作要点》等。

6月29日，区纪委常委会审议清廉村社码上工程智慧监测平台相关事项等。

8月6日，区纪委常委会开展理论学习中心组专题学习；研究有关案件调查工作；研究有关案件审理工作；审议《萧山区工程建设领域突出问题专项治理工作方案》、《全面从严治党“红黄黑”榜7月榜单》、干事创业廉洁风险报备制度等。

8月26日，区纪委常委会审议《关于落实监督责任保障清廉萧山纵深推进的工作意见》、清廉单元建设实施方案等。

9月9日，区纪委常委会开展理论学习中心组专题学习；审议纪检监察工作审批权限清单；审议《2021年度萧山区党风廉政建设责任制考核办法》；审议有关预算资金追加、有关大额经费支出等。

9月24日，区纪委常委会审议2022年度部门专项预算。

10月14日，区纪委常委会审议有关大额经费支出；审议“萧然清风”微信运维工作方案；审议《村社监察工作联络站及站长工作考核办法》等。

11月24日，区纪委常委会审议有关大额经费支出；审议区纪委向区第十六次党代会的工作报告等。

12月6日，区纪委常委会开展理论学习中心组专题学习；审议有关大额经费支出等。

（陈春龙）

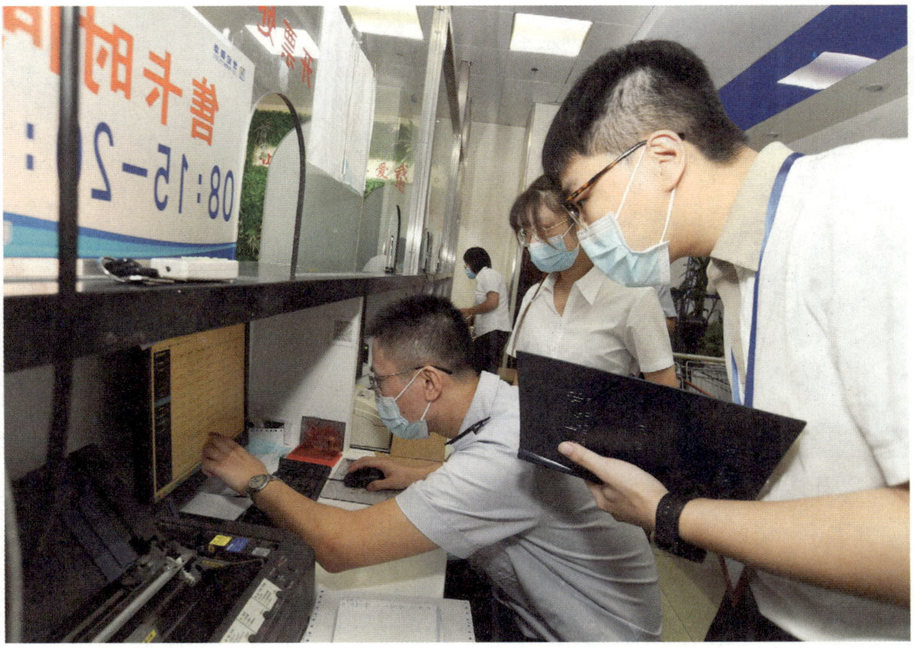

2021年，中秋、国庆“双节”前，区纪委区监委开展正风肃纪专项行动

（范方斌 韩 炜 摄于2021年9月11日）

党风廉政建设

【概况】 2021年，萧山区纪委区监委持续纠治“四风”，培树新风正气，精准运用“四种形态”，用好纪检监察建议书，督促小额工程、国有企业等领域完善制度。聚焦“民呼我为”，开展基层监督“提质增效年”活动，看住管好群众身边的“小微权力”。深化清廉建设，清廉村社“码上工程”全面覆盖。完成中央纪委“监督一点通”试点工作，国有房产领域公权力监管纳入省公权力大数据监督首批试点。

【“四风”纠治】 2021年，萧山区纪委注重把握作风建设难在防止反弹、要在抓早抓小、重在精准施治的内在规律，深入纠治、持续整治“四风”，查处享乐奢靡行为，紧盯形式主义、官僚主义，纠正执行落实上的悬空、虚浮、慢半拍等问题。全年查处不担当、不作为、不落实等“三不”行为97起、141人。率先探索实施廉洁风险报备制度，为17名受到不实举报的干部澄清正名，激发全区干部干事创业的积极性。培养树立新时代新风正气，举办“奋斗百年再出发·越奋斗越清廉”主题赛，开展“百年家风”寻访传承、清廉百村行、廉政时评300秒等活动，清廉文化引领干部向上向善。

【“民呼我为”促进党风廉政建设】 2021年，萧山区纪委聚焦群众“急难愁盼”问题，统筹开展侵占集体资产资源、回迁安置、校外培训机构违规办学等40多个专项治理；发挥派驻监督“探头”作用，开展项目化监督，以嵌入式监督靶向纠治民生领域微腐败。对村社主职干部“一肩挑”实施有效监督，开展基层监督“提质增效年”活动，以村社监察工作联络站规范化建设为抓手，用好分片协作、全员下沉等有效做法，看住管好群众身边的“小微权力”。全区接受纪检信访432件，检举控告量、初次举报量、重复举报量分别比上年下降17.6%、18.4%、14.9%，497个村社实现无检举控告类信访。

【清廉建设】 2021年，萧山区深化清廉建设，促进政治生态优化。纵深推进清廉萧山建设实施意见和具体方案，通过清廉建

2021 年 10 月 15 日，萧山区清廉学校建设暨教育领域突出问题专项治理现场会召开
（董焕刚 摄）

设联席会议、清廉示范点创建、“室组地”联建等长效机制，全域深化清廉单元建设。注重数字赋能清廉建设，清廉村社“码上工程”全面覆盖，成为镇村干部必用的日常工具、群众爱看的有效载体，相关经验在省委改革办的《领跑者》杂志刊发。高质量完成中央纪委“监督一点通”试点工作，国有房产领域公权力监管纳入省公权力大数据监督首批试点。

【“码上工程”入选“基层清廉建设（浙江）十大创新经验”】 2021 年 6 月 18 日，第二届“基层清廉建设（浙江）十大创新经验”发布，萧山区《“码上工程”筑起清廉村社新屏障》入选。“码上工程”即以微信、钉钉等“二维码”平台为载体，以村级事项“码上知”、权力运行“码上督”、群众诉求“码上办”为工作体系，一体推进基层政治生态和自然生态建设。通过“码上知”，线上一键掌握实时村情；“码上督”，提升监督质效；“码上办”畅通诉求渠道，增强基层治理能力。

（陈春龙）

纪检监督与审查调查

【案件查处】 2021 年，萧山区纪委以零容忍态度高压惩治腐败。全区立案 551 件，比上年增长 9.5%。其中，涉及县处级干部 12 人、科级干部 28 人，党纪政务处分 519 人，采取留置措施 19 人、移送司法机关 22 人。紧盯“关键少数”，严肃查处裘某重要岗位“一把手”严重违纪违法案件；紧盯重点领域，严查红垦公司等国企、工程、政法领域腐败案件。坚持行贿受贿一起查，重拳打击行贿人，移送司法机关 7 人。

【政治监督】 2021 年，萧山区纪委聚焦党史学习教育、“七张问题清单”等重大决策部署和中心工作，制定政治监督“四清单”，以监督的具体化保障工作推进。从严从实开展亚运场馆、亚运村建设、政府采购等重点领域专项监督，推动牢固树立“廉洁办亚运”理念。关注萧山国际机场新冠肺炎疫情防控，面对疫情快速激活应急联动机制，对卡口值守、居家管控、隔离转运等重要节点开展全过程一线督导，督促各级各部门坚决守牢防疫“大门”，阻断传播链。聚焦“一把手”监督，贯彻《中共中央关于加强对“一把手”和领导班子监督的意见》，协助区委建立“五张责任清单”机制，打出“建制度、明责任、强担当、促落实”组合拳。加强对“十个严禁”换届纪律的监督检查，从严把好党风廉政意见回复关。

【“三不”一体推进】 2021 年，萧山区纪委强化“不敢腐、不能腐、不想腐”“三不”一体推进。坚持管好关键人、管住关键事、管在关键处，精准运用“四种形态”，处理干部 1484 人次，其中第一、二、三、四种形态分别占比 63.6%、26.1%、5.9%、4.4%。做到惩治“极少数”、管住“大多数”。用好纪检监察建议书，督促小额工程、国有企业等领域完善制度 621 个。在省法纪教育基地设立“国企姓公不姓私”“勒紧权力‘缰绳’”等主题警示馆。

资料：

“四种形态”指党内监督执纪的四种形态，包括：经常开展批评和自我批评、约谈函询，让“红红脸、出出汗”成为常态；党纪轻处分、组织调整成为违纪处理的大多数；党纪重处分、重大职务调整的成为少数；严重违纪涉嫌违法立案审查的成为极少数。

【换届风气监督】 2021 年，萧山区纪委成立 5 个督查小组赴 22 个镇（街道）开展换届风气监督检查，重点围绕换届风气、责任落实、宣传教育、监督检查、制度执行、纪律执行等情况，检查研判预案是否落实到位、纪律规定是否宣传到位、工作程序是否执行到位、资格条件是否审核到位、换届纪律是否执行到位、查核处置是否处理到位。

【漠视侵害群众利益问题专项治理】 2021 年，萧山区纪委区监委根据省、市关于开展漠视侵害群众利益问题专项治理工作通知精神，会同萧山区公安分局、区民政局、区司法局、区人社局等 13 家单位，围绕教育医疗、养老社保、生态环境、食品药品安全等领域，确定 16 个专项治理项目，开展漠视侵害群众利益问题专项治理工作。

（陈春龙）

区委巡察

【概况】 2021 年，萧山区委巡察机构贯彻中央巡视巡察工作方针，坚持有形覆盖与有效覆盖、发现问题和整改落实相统一，坚定不移深化政治巡察，推进工作创新，实现巡察工作高质量发展。常规巡察 4 家单位，巡察“回头看”4 家单位，专项巡

2021 年 8 月 4 日，萧山区纪委区监委实地督查亚运场馆建设　（许可达 摄）

察 3 个项目，延伸巡察 4 家二级单位。发现问题 333 个，移交重要问题线索 23 条，向区委区政府和相关部门提出意见建议 12 条；线索办理中，党纪政务处分 11 人、组织处理 56 人；追缴挽回经济损失 1.27 亿元。至年底，第十五届区委巡察全覆盖。

【区委第十八轮、十九轮巡察】 2021 年 4 月，萧山区委第十八轮巡察工作启动。区委各巡察组分别对中央环保督察反馈问题整改工作、安全生产履职情况开展专项巡察，对区供销联社、萧山城投集团开展巡察“回头看”，巡察工作历时一个半月。7 月，区委第十九轮巡察工作启动。区委各巡察组分别对区委办公室（区委改革办）、区政府办公室党组、区人大常委会机关党组、区政协机关党组开展巡察，巡察工作历时一个半月。巡察期间，巡察组围绕“三个聚焦”，重点对被巡察党组织领导班子及其成员在坚持党的领导，全面从严治党等方面情况进行监督检查。

【“回头巡、专项巡、提级巡”三类巡察】 2021 年，萧山区委巡察机构完成区委办、区人大办、区府办、区政协办巡察，第十五届区委巡察实现全覆盖。在此基础上，统筹推进“回头巡、专项巡、提级巡”三类巡察。针对重点领域、要害部门存在的廉政风险问题，对区供销联社、区城投集团、区农业农村局、衙前镇等 4 家单位开展巡察“回头看”。围绕区委区政府中心工作和上级巡视巡察机构部署，开展全区安全生产责任制落实情况等 3 个专项巡察；针对二级单位问题多发、监管不力等问题，对 2 家机关下属单位、2 家国企下属企业开展直接延伸巡察。

【“三个清零”工作】 2021 年，萧山区委巡察机构对巡察开展以来所有反馈问题整改情况、问题线索处置情况、意见建议办理情况开展“清零行动”，进行督办催办。反馈问题整改清零工作中，对 29 家区级单位、56 个村（社区）的巡察整改进行回访检查，2019 年巡察的 155 个村（社区）的整改进行自查自纠。对于区委巡察发现的 5224 个问题，整改 5061 个，整改率 96.9%。问题线索处置清零行动中，巡察移交的 151 条线索办结 136 条，移交超过 1 年的线索“清零”。意见建议清零行动中，区委巡察机构向区委、区政府提出的 75 条意见建议办结 68 条。

【巡察制度建设】 2021 年，萧山区委巡察机构完善巡察制度体系建设。编纂《萧山区委巡察制度汇编》，形成涵盖区委巡察底稿制度等 14 项业务制度及区委巡察机构外出请示报告和请（休）假报告制度等 19 项内部管理制度的巡察工作制度体系，覆盖巡察工作全流程。构建巡察协作体系，与区纪委区监委、区委组织部、区委宣传部、区委编办等 11 个部门建立巡察协作配合机制，推动巡察监督与其他监督贯通融合，提升综合监督效能。推进巡察标准化体系建设，优化巡察工作流程，修订完善《萧山巡察工作手册》；针对区级机关、镇（街道）、国有企业、村（社区）等不同巡察对象的特点细化监督内容；在巡察中注重数字手段运用，全面推广使用巡察网络平台和单机系统，探索开展“码上举报”，以数字赋能助推巡察工作。

【巡察上下联动试点】 2021 年，萧山区委巡察机构配合上级巡察指导督导，推动全区 6 个方面 12 个具体问题整改。9 月，配合市委对区巡察指导督导工作。推进上下联动试点工作，根据市级巡察机构在上下联动中更好发挥作用试点工作部署，推动 4 项个性任务和 3 项共性任务，形成《关于推动新时代市县巡察工作高质量全覆盖的指导意见》《关于健全市、区（县、市）联动巡察工作会商、沟通研判机制的意见》《关于开展村级党组织巡察全覆盖的指导意见》3 项制度成果。

【区委巡察干部业务培训】 2021 年 3 月 24 日，萧山区委巡察干部业务培训会举行，参加培训的巡察工作人员有 27 名。培训先后邀请区发改局、区审管办、区住建局、区纪委等部门的业务骨干，分别从工程项目立项、招投标、建设管理及信访接待规范化等方面作实务教学，为参训人员答疑解惑。

（陈春龙）

民主党派

中国国民党革命委员会杭州市萧山区基层委员会

【概况】 2021年，中国国民党革命委员会杭州市萧山区基层委员会（简称“民革萧山区基层委”）完成换届，选举产生民革萧山区基层委员会，陆佳伟当选为主委。设3个支部，有党员62人。其中，有省人大代表1人、市政协委员1人、区人大代表1人、区政协委员17人（区政协常委3人）、区管领导干部3人、科级正职6人。

【参政议政】 2021年，民革萧山区基层委紧扣区委、区政府中心工作，围绕“推动高质量发展建设共同富裕示范区”等重点领域开展调查研究。全年上报社情民意24篇次，被省政府录用1篇、市政府录用2篇、市政协录用2篇、市委统战部录用1篇，被民革浙江省委会录用1篇、民革杭州市委会录用18篇、区委统战部录用2篇，内容涵盖经济高质量发展、乡村振兴、教育医疗、文化旅游等方面，被民革杭州市委会评为“信息工作先进集体二等奖”。是年“两会”期间，民革萧山区基层委有14名代表、委员参会，向两会提交提案、议案6件，其中《助力企业数字化改造 打造“数智”萧山金名片》入选区政协十四届五次会议大会发言，并被评为优秀提案。承接“党委出题、党派调研”重点课题调研任务，聚焦“加快乡村产业高质量发展推动乡村振兴实现共同富裕”，到区农业局等地深入开展调查研究，并形成调研报告上报区委统战部；围绕“加强数字乡村建设，助推乡村治理现代化”专项民主监督；针对“人才缺乏对制造业打造‘未来工厂’的制约”，形成调研成果；到中国（杭州）跨境电子商务综试区萧山园区新塘产业园就“抢抓自贸红利，做强跨境电商创新发展先行区”课题开展调研，并形成调研报告上报民革杭州市委会。走访对口联系单位区市场监督管理局和区司法局，商讨对口联系工作，并与单位主要负责人开展座谈交流。10月，到区司法局开展专项民主监督，听取区司法局关于萧山区民主法治村建设基本情况介绍。

【社会服务】 2021年，民革萧山区基层委继续开展结对共建活动。5月，助力闻堰街道社区卫生服务中心党建领航送健康活动，民革党员王云超现场受聘为社区首席健康管理顾问、中心首席慢性病指导专家；10月，联合闻堰街道社区卫生服务中心，走进闻兴村老年过渡房，开展“重阳敬老 爱满夕阳”关爱老人社会服务活动，对居住在过渡房的老年人进行走访、开展义诊便民服务，送上重阳节慰问品。暑期高温期间，在宁围街道和闻堰街道开展高温慰问活动；到区福利中心考察，商讨结对共建事宜。

【民革区基层委党建联盟成立】 2021年5月8日，由萧山区民革基层委、区卫生健康局、闻堰街道办事处共同主办的党建领航送健康活动启动暨党建联盟成立仪式在湘湖南苑举行。活动中，各方就党建联动、医疗指导、拓展延伸等方面融合展开交流和探讨。

【蔡履平陶瓷印作品展】 2021年10月20日，由萧山区文化和广电旅游体育局、民革萧山区基层委主办，区文化馆（萧山区非遗中心）承办潮印初心——蔡履平陶瓷印作品展在萧山画院举行。作品展展出蔡履平百枚瓷印作品，一部分为红色主题，另一部分以“潮”为主题，体现萧山人敢为人先的精神特质。蔡履平，民革区基层委党员，中国民间文艺家协会会员，省书法家协会、书法教育研究会会员，逸仙书画院画师，市工艺美术大师，非物质文化陶瓷印技艺传承人。蔡履平早年师从中国美术学院著名雕塑家周轻鼎教授，专门从事陶瓷印创作与研究，其作品在西泠印社和中国工艺美术协会举办大展中屡获大奖，部分作品被西泠印社、中国印学博物馆、中国篆刻艺术馆及一些著名书画家收藏。2021年，蔡履平被认定

2021 年 10 月 20 日，潮印初心——蔡履平陶瓷印作品展开幕式举行 （区文旅局 提供）

为市非物质文化遗产陶瓷印技艺传承人。

（沈 燕）

中国民主同盟杭州市萧山区委员会

【概况】 2021 年，中国民主同盟杭州市萧山区委员会（简称“民盟萧山区委会”）完成换届，选举产生民盟萧山区第八届委员会委员，陆峰当选为主委。至年底，全区有盟员 194 人，发展新盟员 6 人。民盟区委会下辖教联一、教联二、科技一、科技二、文化、萧中、综合、杭发 8 个支部。盟员中有杭州市人大代表 2 人、政协委员 2 人，萧山区政协委员 23 人（其中常委 4 人）、区管干部 5 人，中层正职 6 人，另有 20 多人被聘为区各级各类民主监督（察）员。54 位盟员获各级各类荣誉，发表论文、作品 152 项，其中杭州市局级及以上先进奖项 46 项；在杭州市局级及以上发表论文、作品 62 项。1 月，民盟萧山区委会被民盟市委会授予先进地方组织。科技一支部、萧中支部被民盟市委会评为示范支部和五星级支部；教联二支部、科技二支部均被民盟市委会评为四星级支部；教联一支部被民盟市委会评为三星级支部。10 月 16—23 日，民盟萧山区委会下属教联一支部、教联二支部、科技一支部等 8 个支部分别在党派办公楼、“盟员之家”等地召开支部换届选举会议，民主选举产生新一届支部班子成员。

【参政议政】 2021 年，民盟萧山区委会盟员提交的《关于优化民营企业融资环境分析与研究》《数字引领 全力推进装备制造业高质量发展》《进一步完善全市危险废物处置、监管工作的建议》《发挥律师调解优势 助推矛盾纠纷多元化解的建议》《关于杭州市重大行政决策目录化管理的建议》《关于完善化工行业废水污染防治体系的建议》，获民盟市委会 2020 年度优秀调研成果二等奖；《聚焦创新创业人才队伍培育 助推科技型初创企业发展》《文化在完善基层治理中的作用初探——以浙江萧山为例》《“浙江省民营企业发展促进条例”对缓解民营企业融资难问题的调研分析》，获民盟市委会 2020 年度优秀调研成果三等奖。《基于人口结构变化下的劳动就业问题及对策分析》被民盟中央第十二届民生论坛评为优秀论文。《“双减”政策出台后面临的困难及意见建议》被民盟中央“教育改革”专题座谈会采用；《关于退役军人职业技能教育培训的问题及建议》被全国政协录用。《以标准化推动浙江经济社会高质量发展从“示范生”迈向“领跑者”》被省政协采用。《关于发展科技服务业，推进制造业高质量发展的建议》被市政协评为 2020 年度优秀提案。《关于强化数字经济法治体系建设的建议》《健康医养护康一体化建设的对策与建议》被评为民盟省委会“盟声议政”民生法治建设研讨暨参政议政能力培训优秀论文。民盟萧山区委会获民盟市委会 2020 年度调研工作先进集体一等奖、反映社情民意信息工作先进集体一等奖。

【社会服务】 2021 年，民盟萧山区委会发挥盟员专业特长，鼓励盟员坚持开展对口帮扶、“火柴筑梦”、“五送五助”（送医疗助健康、送教育助学习、送爱心助温暖、送科技助智慧、送文艺助展演）等社会服务。盟员周列华通过消费帮扶，购买康定市农产品 28.3 万元；由盟员邵海燕担任会长的“家人公益”组织赴康定市开展“情系浙川，爱洒康定”公益行活动，向康定市妇女和学生捐赠公益产品和学习用品价值 34 万余元；由盟员陈奕正任会长的杭州新希望公益服务中心救援队，在抗击台风“烟花”期间到进化镇王家闸村紧急转移被困群众数百人。文化支部参与区委宣传部、区文旅局举办的“周末剧场”“你点我送·文化惠民”“文化直通车”等演出活动，为基层群众送去演出近百场。通过“世界艾滋病日”“民盟同心·名医服务站”送医活动等，联合社区开展宣传义诊、应急救护技能培训、救护员考证等各类培训、专题讲座 20 多场次，发放宣传资料 900 多份，受益群众 6000 多人；民盟区委会联合杭州新希望公益服务中心到金华开展兰溪横木小学助学活动，资助学生 20 名，发放资助金 2.2 万元。全年，组织盟员教师、律师、医师等 30 多人次，提供教育、法律和医疗咨询等各类服务。

（邬华洁）

2021 年 7 月 23 日，民盟界别政协委员参加萧山区政协“加强应急指挥中心建设”主题界别协商会议 （民盟萧山区委会 提供）

中国民主建国会杭州市萧山区基层委员会

【概况】 2021年底，中国民主建国会杭州市萧山区基层委员会（简称“民建萧山区基层委”）完成换届，选举产生民建萧山区基层委新一届领导班子，瞿虎当选为主委。设支部5个，会员149名。其中，新发展会员12人，具有研究生学历3人，占会员总数的25%，经济界会员11人，占会员总数的91.6%，会员结构进一步优化。有市管干部1人、区管正职1人、区管副职3人、科级正职13人。有市人大代表2人、区政协委员25人（其中常委4人）。1月，民建萧山区基层委被民建省委会评为省先进基层组织。区基层委被民建市委会授予先进集体，5个支部均被评为民建杭州市先进支部。

【参政议政】 2021年，民建萧山区基层委在区“两会”上，提交大会发言、议案、提案和建议22件，涉及经济发展、亚运兴城、民生保障、生态文明、城市建设、环境保护等多个方面。集体提案《打造一流招商队伍 助力我区双招双引》被评为优秀提案，由区长督办。2名区政协委员被评为优秀委员。在政协会议上，委员作题为《激发“能力中心”效应 在长三角格局中铸造萧山新动能》的大会发言。全年基层委提交社情民意信息106篇，其中被民建中央录用2篇，被省委会、市委会录用25篇；撰写调研报告12篇，被省委会立项1篇，市委会立项8篇，转化为2021年市政协常委会口头发言1篇。

【社会服务】 2021年，民建萧山区基层委联合会员企业家联谊会开展“迎七一慰问活动”，走访慰问区内老党员和困难党员粮、油等物资1000份。定向资助江寺社区、俊良社区、靖江街道贫困学子6名。为四川康定市、旺苍县等地捐赠电脑等物资，开展对口数字化帮扶。2名会员先后被民建中央评为“参与脱贫攻坚先进个人”，被民建浙江省委会评为“为全面建成小康社会作贡献成绩突出个人”。会员在“春风行动”、新农村建设、捐资助学等慈善活动中捐款500万元。

（张　莹）

2021年5月11日，民建萧山区基层委在民建杭州分会旧址飞轮别墅开展“一起来读史”活动 （民建萧山区基层委 提供）

中国民主促进会杭州市萧山区委员会

【概况】 2021年，中国民主促进会杭州市萧山区委员会（简称“民进萧山区委会”）完成换届选举，选举产生新一届委员会，陈金良当选为主委。设支部11个，有会员222人，新发展5人，从台州转入1人，转到钱塘区5人，因病死亡1人。会员中有市管干部1人、区管干部6人；省人大代表1人、市人大代表2人、区人大代表6人；市政协委员3人、区政协委员26人（其中常委6人）。全年编印《萧山民进》4期，编撰文字24万字。民进萧山区委会被民进中央宣传部、民主杂志社评为2021年度《民主》宣教工作优秀集体；被民进杭州市委会评为先进工作集体和参政议政信息调研工作先进集体；被萧山区政协评为先进界别。经济支部获评民进浙江省委会2017—2021年度先进集体；教育一支部、瓜沥支部获评民进市委会2021年度先进支部；临浦支部、机关支部获评民进区委会2021年度先进支部。2名会员获评民进省委会2017—2021年度优秀会员；1名会员获评民进省委会2017—2021年度优秀会务工作者；1名会员获评民进省委会2021年度优秀基层组织负责人；7名会员被评为2021年度民进市委会优秀会员；3名会员被评为民进市委会2021年度参政议政工作先进个人。

【参政议政】 2021年，民进萧山区委会在浙江省两会期间，会员提出《关于加强浙江省中高职一体化建设的建议》《关于要求将轨道交通延伸至杭州南部萧南中心临浦镇的建议》《关于以创新推动杭州数智职教建设的建议》《以重要窗口标准推动我省职业教育改革发展的建议》。市两会期间，提出《关于“保障医务人员安全，打击暴力伤医”的建议》《建议将杭州临空经济示范区建设成为国际国内双循环的重要节点》《提升乡村治理法治化水平，巩固新时代美丽乡村建设成果》。区两会期间，民进区委会提交政协大会发言材料1篇，集体提案1件，委员个人提案25件，人大建议案4件。民进区委会及民进会员获多项荣誉。民进区委会获评民进先进界别；民进区委会集体提案《美好教育，从百姓所盼实事做起——关于打造萧山区“有温度”的学后托管新模式的建议》和会员撰写的《关于我区旅游餐饮行业加大扶持力度的建议》被评为优秀提案。

2021 年 5 月 13 日，民进区委会开展“医卫下乡”义诊活动
（民进萧山区委会 提供）

【社会服务】 2021 年，民进萧山区委会推进共建基地工作。依托文教、医卫、综合三支社会服务队伍，完善省市区三级同心医疗卫生服务基地、新街街道新塘头村与园沙村共建基地、回澜北苑共建社区等基地，开展民进课堂、健康义诊、教育结对、敬老服务、文化惠民五大常态化社会服务。文教服务队多次走进元沙基地、洄澜北苑基地、所前镇金山村、楼塔镇管村、楼塔镇中、萧西实验学校等送文化、送教育进学校和社区；同心医疗服务队先后走进河上众联村、楼塔管村、所前金山村和富阳区渔山五岭村等下乡义诊送健康；会员在新街街道新塘头村共建基地，设置肩膝髋部疼痛工作室和慢性病管理工作室，为群众提供便利、优质医疗服务。

【民进萧山区委会文化助力外地员工留萧过年】 2021 年 1 月 25—26 日，民进萧山区委会文化助力会员企业外地员工留萧山过年。先后到会员企业杭州跨湖楼餐饮有限公司、萧山潮人汇商业中心和杭州翰科信息技术有限公司，为留萧山过年的员工们送上春联、福字等慰问品。

【民进开明医卫专家团义诊】 2021 年 3 月 25 日，民进萧山区委会联合杭州民进开明医卫专家团到楼塔镇管村村，开展“医卫下乡”义诊活动。组织萧山区民进区一医院支部专家和杭州民进开明医卫专家团呼吸内科、骨科、外科等 10 个专科的专家为管村村民提供各类义诊服务，近百人次就医问诊。

（陈丽君）

中国农工民主党杭州市萧山区基层委员会

【概况】 2021 年，中国农工民主党萧山区基层委员会（简称“农工党萧山区基层委”）有党员 179 人，其中新发展 8 人，转入 1 人，转出 22 人（转钱塘区 20 人），下设 8 个支部（3 月，大江东支部划归钱塘区，11 月成立第八支部）。7 月，农工党萧山区基层委召开换届会议，选举产生新一届委员会，顾水均当选主任委员。9 月，农工党杭州市委会换届，2 名党员当选市委会委员。党员中有副区级干部 1 人，副处级干部 3 人。年底，区人大政协换届，农工党员中有 1 人当选市人大代表，3 人当选市政协委员，3 人当选区人大代表，28 人当选区政协委员（其中副主席 1 人、常委 4 人），6 人担任区各类监督员。全年在有关报刊刊登稿件 42 篇。农工党区基层委被农工党省委会评为社会服务工作先进集体，被农工党杭州市委会评为年度先进集体。

【参政议政】 2021 年，在萧山区“两会”期间，农工党萧山区基层委党员提交提案、议案 22 件。来晓洁代表农工党区基层委作题为“创新医卫应急体系，提升新冠肺炎疫情防控应对能力”大会发言。农工党区基层委集体提案《关于打造“城河记忆”历史文化街区的建议》和顾水均的《“新冠疫情”之下加强我区基层公共卫生人才建设的几点建议》、戚敏敏的《关于提升和完善我区院前急救能力在公共场所设置 AED 的建议》等 3 件提案被评为优秀提案。

【社会服务】 2021 年，农工党萧山区基层委开展社会服务。以社会服务、改善民生为出发点和落脚点，聚焦新冠肺炎疫情防控、推进乡村振兴和促进共同富裕等工作整合各方资源，形成服务合力。林剑、姜贻乾等农工党员先后赴湖北省恩施州和四川省甘孜州等地开展为期 1 个月以上的医疗帮扶工作，王高峰资助大方县三元乡困难学生 5 人，翁杰捐赠课桌椅 150 套，改善四川康定二中办学条件。农工党区基层委及下属支部多方位开展结对共建，通过形式多样的社会服务活动开展送医疗服务、送教育资源等帮扶工作，立足统战“同心”社会服务团开展服务，并依托政协大平台开展“送健康服务进基层”活动，先后走进多个镇（街道）和部分企业，为群众提供义务诊疗、健康宣传等服务，并依托农工党员资源优势，开展社会服务活动。

【农工党萧山区基层委发起“抗疫 · 云行动”】 2021 年 12 月 15 日，由农工党萧山区基层委发起的“抗疫 · 云行动”在北干街

2021 年 9 月 18 日，农工党萧山区基层委开展“送医进社区”志愿者服务活动　（农工党萧山区基层委 提供）

道龙湖天玺小区启动。面对新冠肺炎疫情和受疫情影响隔离人群，农工党区基层委、农工党钱塘区基层委，联合农工党党员邓丹亭创办的布童公益·云朵少年义工团一起策划“抗疫·云行动”，带领上百名云朵少年义工团团员为居家隔离家庭和孩子送去温暖。“抗疫·云行动”分为三个温暖主题：行动—发声—传递。上百名云朵小志愿者制作抗疫温暖画卷，并制作1000份爱心温暖便签。

2021年11月4日，致公党区基层委举办全国古陶瓷艺术名家匠心展

（致公党萧山区基层委 提供）

【农工党萧山区基层委员会获评农工党脱贫攻坚工作先进集体】 2021年7月5日，农工党脱贫攻坚工作总结表彰大会在沈阳召开，农工党杭州市萧山区基层委员会获评农工党脱贫攻坚工作先进集体，林剑和翁杰被评为“农工党脱贫攻坚工作先进个人”。

（王登承）

中国致公党杭州市萧山区基层委员会

【概况】 2021年，中国致公党杭州市萧山区基层委员会（简称“致公党萧山区基层委”）完成换届，选举产生致公党萧山区基层委第三届委员会，方军当选新一届主委。致公党区基层委有党员71人，其中发展新党员5人，从致公党其他组织转入党员1人，下设4个支部。党员中有市管干部1人、区管干部3人、正副科级干部20人；有致公党省委会委员1人、市委会副主委1人、委员1人；市人大代表1人、市政协委员2人、区人大代表1人、区政协委员9人（其中常委2人）。是年，致公党区基层委被致公党市委会评为综合、中共党史学习教育、宣传思想工作、参政议政工作先进集体。

【参政议政】 2021年，萧山区两会期间，致公党区基层委党员中的人大代表、政协委员提交建议2件、提案12件。党员提交的《充分发挥自贸区萧山区块制度创新优势 将萧山打造成为全国数字强区的建议》被区人大列为重点建议。党员在区政协大会上作题为《借“亚运”契机全面提升我区园林绿化水平》的口头发言。完成调研报告《推进未来社区建设 共创幸福美好家园》，分别报送致公党市委会、区委统战部；完成专题报告《萧山致公：聚焦农村垃圾智慧分类 助推亚运城市环境品质提升》报致公党省委会。召开“助力共同富裕 共谋城市发展”主题“议政日”暨“我为亚运献一策”建言征集会议。与区退役军人事务局开展对口联系活动。

【社会服务】 2021年，致公党萧山区基层委继续开展与浦阳镇结对共建，到浦阳镇浦一村举办“萧绍红色记忆史料展”巡展及相关讲座；联合浦阳镇妇联，组织浦阳镇的困难、留守儿童开展“诵读红色经典 关爱强国少年”读书活动。继续与区致公学校合作，实施“同心圆梦”助学工程，举办“萧绍红色记忆史料展”巡展进校园、英语课堂示范教学及专题讲座、青少年法制教育主题课等多次助学活动。与区会计代理记账行业协会开展法律服务合作，共同为协会会员单位以及会员单位所服务的全区小微企业开展法律服务。致公党区基层委联合致公党市委会明志法律服务团、区欧美同学会、区留联会共同举办服务涉侨企业法律专场活动。

【致公党萧山区基层委承办全国古陶瓷艺术名家匠心展】 2021年11月4日，庆中国共产党成立100周年全国古陶瓷艺术名家匠心展暨捐赠仪式在萧山南宋官窑艺术馆举行。该展由致公党杭州市委会主办，致公党萧山区基层委等单位承办。叶国珍、王新政、张自军等9位全国主要窑口古陶瓷艺术名家所创作的20多件红色主题陶瓷作品入选本次大展，献礼中国共产党成立100周年。

【杭州致公“护航亚运”法律服务队】 2021年11月17日，致公党杭州市委会以明志法律服务团为依托，会同萧山致公法律服务中心，在盈丰街道亚运村社区（筹）成立杭州致公“护航亚运”法律志愿服务队。至年底，为亚运村一线工人提供法律咨询服务30多人次。

（胡　悦）

九三学社杭州市萧山区基层委员会

【概况】 2021年，九三学社杭州市萧山区基层委员会（简称“九三学社萧山区基层委”）完成换届选举，产生新一届基层委领导班子，汪新来当选为新一届九三学社区基层委主委。下设

7个支社，有社员199人（其中发展新社员8人，转入3人、调出14人、去世1人）。社员中有市管干部1人、区管干部10人，九三学社杭州市委会委员3人（常委1人）；省人大代表1人、市人大代表3人、市政协委员2人、区人大代表4人（常委2人）、区政协委员19人（常委3人）。九三学社萧山区基层委被九三学社省委会评为2021年度组织建设先进集体、社会服务先进集体；被九三学社市委会评为2021年度社务工作先进集体。

【**参政议政**】 2021年，九三学社萧山区基层委在区“两会”期间提交提案、议案18件，其中3件提案获评优秀提案。2名社员被评为区政协优秀委员，以王凯尔、董可星任组长的民主监督小组获评优秀民主监督小组。在区政协大会上，谭柳英的《以未来社区为契机 全面提升我区城市建设水平》、周广雅的《激活产业发展空间 构建高质量发展新格局》作为科技界书面发言。围绕数字赋能助力乡村共同富裕、区块链技术、人工智能创新发展、科创高地建设等课题开展调研，中标九三学社市委会重点课题9个，上报区委2个重点课题。参加区委、区政协常委会举办的专题政治协商会议，并就“奋力打造新时代共同富裕新标杆”等主题进行发言；区基层委加强与对口联系单位合作和交流，到区统计局开展“走进统计听民生”对口联系走访活动并实地调研统计驿站；参与九三学社杭州城西科创大走廊创新服务联盟调研，助力创新策源地建设。上报各类信息舆情。区基层委加强对信息工作指导，广泛调动社员积极性，完善信息工作机制，加强信息工作力量。组建一支信息员队伍，鼓励入社积极分子撰写信息。全年报送信息20多则，九三学社省委会录用1则（次），市政协采用1则（次）。

【**社会服务**】 2021年，九三学社萧山区基层委不断深化九三讲堂内容和形式，在传化集团有限公司、楼塔镇两大基地持续开展特色讲座与社会服务。传化基地承办讲座4次，受益人员400人次；楼塔基地承办讲座8次，受益人员1200人次。建立萧山九三科技讲堂摄影基地，开展摄影讲座。暑假期间，区基层委在育才东苑社区基地为社区内青少年免费举办暑期培训班，开讲彩泥、儿童画等课程。夏季，组织社员向河南省等内涝严重地区捐款5万元。台风“烟花”及8月中旬短时强降雨期间，萧山多地出现严重内涝，基层社员干部参与抗洪抢险。为助力打赢脱贫攻坚战，区基层委多名企业家通过自身行动开展消费扶贫。社员来江捐款捐物7万元，助力偏远地区扶贫脱困；科创支社向磐安高中、杭二中钱江校区等学校捐款1.44万元；社员金旭为松阳古市小学捐助2个篮球场和2个羽毛球场设施。

【**承办九三学社市委会参政议政培训班暨委员讲堂**】 2021年9月18日，2021年参政议政培训班暨委员讲堂在萧山召开。该培训班及讲堂由九三学社杭州市委会主办，萧山区基层委联合社市委参政议政工作委员会、市政协九三学社界别小组委员工作站承办，区基层委参政议政骨干社员30多人参加。培训班作“数字赋能助力城乡共同富裕”“参政议政课题的写作技巧”主题讲座。通过线下培训和线上同步直播相结合方式开展培训，线上线下近300名社员观看。

（周凯航）

2021年3月11日，九三学社萧山区基层委在杭州萧苗农业科技有限公司调研数字乡村建设
（九三学社萧山区基层委 提供）

群众团体

萧山区总工会

【概况】 2021 年，萧山区有两级管理镇（街道）总工会 22 家，平台总工会 4 家，农场总工会 1 家，建制产业工会 2 家。有工会组织 3602 家，其中单建工会 3052 家、联合工会 550 家。涵盖单位 2.02 万家，其中机关单位 89 家、事业单位 453 家、国企 43 家、私营企业 1.53 万家、其他单位 4247 家。全区有职工 77.8 万人，工会会员 75.6 万人，职工入会率 97.2%。

【产业工人队伍建设改革】 2021 年，萧山区总工会建立推进新时代萧山产业工人队伍建设改革工作协调小组，出台实施方案，制定任务清单，承办深化新时代浙江产业工人队伍建设改革工作推进会暨非公企业产业工人队伍建设改革试点工作动员部署会，区总工会作为区（县、市）代表作交流发言。培育各级产业工人队伍建设改革试点企业 61 家。省级试点浙江恒逸集团有限公司打造产业工人能量"加油站"，获评长三角地区产业工人队伍建设改革优秀案例。在宁波召开的全省民营企业产业工人队伍建设改革工作现场推进会上，该案例作为典型发言。实体化运作"匠心学院"，实行人才培育"百千万"计划。《产业工人队伍建设改革萧山区试点探索发展"先锋路径"》在《杭州改革》2021 年第 33 期刊登。《杭州市萧山区以匠心育人激活产改原动力》《圣奥集团扎实推进产业工人队伍建设改革 着力打造共同富裕"共同幸福体"》获省总工会主要领导批示。推进产业工人队伍建设改革，入围 2021 年度区级解题破难项目。

【劳模（工匠）关爱】 至 2021 年底，萧山区有全国劳动模范 10 人、浙江省劳动模范 50 人、杭州市劳动模范 349 人、区劳动模范 945 人，其他各类比照享受劳动模范待遇先进个人 399 人；浙江工匠 20 人、杭州工匠 17 人、萧山工匠 35 人。区劳模（工匠）协会优化劳模（工匠）服务，开展重大节日走访慰问，实行劳模工匠生活困难救助，落实市级以上劳模核查登记及待遇享受，组织劳模工匠健康疗休养和免费体检，全年向各级劳动模范发放慰问金 67.82 万元。

【岗位建功活动】 2021 年，萧山区总工会举办各类技术比武 113 场，带动岗位练兵 20 多万人，创新开展工业机器人应用、智能制造技术应用、网络安全等项目技术比武。推选全国五一劳动奖章 1 人，"浙江工匠" 13 人，市五一劳动奖章 10 人，市

2021 年 5 月 23 日，萧山区总工会举办职业技术比武。图为比武选手操作机床

（区总工会 提供）

五一劳动奖状4人，市工人先锋号8个，第五届“杭州工匠”3人。发布区劳动模范120人，第三届“萧山工匠”10人。联合区教育局命名4所中职学校为“未来工匠培育基地”，建立“未来工匠培育名师志愿服务队”。

【工会“云协商”应用上线】 2021年10月，萧山区总工会在线上线下集体协商模式试点基础上，探索“一屏掌控、移动开展、灵活协商、全域可视”“云协商”模式，建设工资集体协商“云协商”应用场景，实现9项线下流程中有8项可线上操作，4次线下集中会议优化到只需1次面对面工资集体协商会议，提高协商效率。指导杭州湾信息港工会打造“借智互联网推动工资集体协商提质增效”项目，获评全省首届工会改革创新优秀成果。

【和谐劳动关系构建】 2021年，萧山区总工会联合区人社局、区经信局认证和谐劳动关系合格企业194家，通过标准认证企业2475家。2021年获评市“贯彻新发展理念”企业社会责任建设A级企业9家，市创建和谐劳动关系先进企业13家，纳斯科创园被认定为杭州市和谐劳动关系建设标杆园区。

【困难职工帮扶解困】 2021年，萧山区总工会在省总工会对城市困难职工解困脱困工作成效评估中，综合评分居全市各区县市工会第一位。第二十一次春风行动参与企业781家，参与职工群众超5万人次，收到爱心捐款1588.18万元，面向困难群众发放慰问金1199.58万元，惠及困难群众1.48万人次。

【工会暖心服务】 2021年，萧山区总工会新建“爱心驿家”6家，“妈咪暖心小屋”2个。杭州湾信息港“爱心驿家”入选全国首批“最美工会户外劳动者服务站点”。杭州湾信息港“妈咪小屋”，入选全省首批五星级妈咪小屋。举办各类形式“小候鸟”班107个，为4000多名外来务工人员子女开放假期课堂。提质改造的区工人文化宫（瓜沥）投入使用。“萧工学堂”创新开设网络课堂，让职工群众足不出户享受到文化配送服务。依托工人文化宫，以“体验+精品”推出各类课程百余场，配送“你我一起 精彩亚运”职工趣味运动会10场。

【职工医疗互助】 2021年，萧山区总工会在职职工医疗互助参保26.36万人次，比上年增长3%。全年审核通过职工申请5783名，发放医疗互助金725.55万元。结合“民呼我为”活动，加快线上办理，线上申请占比84.6%。

【工会数智群团改革】 2021年，萧山区总工会牵头开展数智群团建设工作，完成红色群团、为民群团、实干群团、数智群团、品牌群团五大核心业务驾驶舱建设。牵头推广市“群团集市”平台，形成“一码、一册、一书、一报、一评”常态化工作机制。聚力区、镇（街道）两级群团力量，在市数智群团推进会上作典型发言。建设运行群团特色应用场景6个，其中在市“群团集市”上线5个。

【职工文体活动】 2021年4月29日，“建功心向党，奋斗新萧山”萧山区庆祝“五一”国际劳动节暨2021年萧山区劳动模范发布会召开，全区劳动模范、职工代表400多人参加。4月，举办“建功新时代 红心永向党”征文比赛，收到作品172篇，评出一等奖2名、二等奖4名、三等奖10名、优秀奖30名；5月，举办“亚运新时代 工心永向党”萧山区职工故事会；6月，举办职工百人楹联献礼展，在萧山图书馆等处展出；7月，举办职工摄影大赛，300多人参与，评出相机组、手相机组一等奖4件、二等奖8件、三等奖12件、优秀奖作品40件。萧山区职工合唱团获“我心向党”省职工合唱大赛金奖及市职工艺术节合唱、独唱两项金奖。

【第三届“萧山工匠”认定】 2021年9月26日，第三届“萧山工匠”认定发布会召开，公布第三届“萧山工匠”认定结果。第三届“萧山工匠”认定工作重点聚焦制造业、数字经济和服务业，旨在弘扬精益求精的工匠精神，加快培养大批高素质劳动者和技术技能人才，做强“萧山工匠”品牌，弘扬劳模精神、劳动精神和工匠精神，营造劳动光荣的社会风尚和精益求精的敬业风气。第三届“萧山工匠”认定采用组织推荐的方式，自下而上层层选拔，按照组织评审、领导小组审定、社会公示等环节依次认定，产生“萧山工匠”10人，“萧山工匠”提名奖获得者5人。被认定为“萧山工匠”的人员，获颁证书和一次性奖励1万元，优先参加区总工会组织的一线职工免费疗休养；被认定为“萧山工匠”提名奖的人员，获颁证书和一次性奖励5000元。

2021年第三届“萧山工匠”一览表

表11

姓 名	工作单位	职 务
方国平	万向钱潮股份有限公司	计算机软件高级程序员
方胜远	传化集团有限公司	日用品分公司钳工高级技师
朱民强	浙江大胜达包装股份有限公司	电气自动化高级工程师
来涵彬	国网浙江杭州市萧山区供电有限公司	用电监察技师
吴良华	浙江三元纺织有限公司	纺织化学与染整工程高级工程师
陈美秀	浙江天蓝环保技术股份有限公司	化工高级工程师
赵海军	杭州大天数控机床有限公司	电气设计工程师
俞剑烽	浙江叁益科技股份有限公司	人防防护工程师
徐继伟	浙江东南网架股份有限公司	焊工技师
蒋教芳	浙江申通快递有限公司	快递网路工程高级工程师

2021 年 9 月 26 日，第三届“萧山工匠”认定发布会召开

（区总工会 提供）

2021 年第三届“萧山工匠”提名奖一览表

表 12

姓 名	工作单位	职 务
王一飞	中国邮政集团有限公司杭州市萧山区分公司	速递业务员技师
李 佳	杭州金溢建设集团有限公司	风景园林高级工程师
杨 兰	杭州广通植保防治服务专业合作社	农作物植保员高级技师
赵 鹏	浙江盛达铁塔有限公司	焊工高级技师
侯宝芹	杭州萧山供水有限公司	化学分析高级工程师

（于辰俏）

共青团萧山区委员会

【概况】 2021 年，萧山区有基层团委 129 个，派驻基层团工委 27 个、团总支 69 个、团支部 2286 个；团员 5.47 万人（当年新发展团员 2579 人）；基层团干部 4050 人；少先队队员 10 万余人，少先队辅导员 3000 多人。

【青年思想建设】 2021 年，共青团萧山区委开展组织生活、党史知识培训等学习活动 2759 场，覆盖团员青年 5.8 万人次。线上开设“青年大学习”“红领巾爱学习”等学党史专栏，推出青年大学习专题课程 13 期，学习达 70 万余人次。组建区青春力量宣讲团，围绕党史学习教育、习近平总书记“七一”重要讲话精神、中共十九届六中全会精神等主题，开展线下宣讲 30 多场，覆盖青年 2500 多人。启动“萧然 · 青年说”萧山区红色基因“云”传承系列活动，线上收看超过 70 万人次，活动信息被“共青团中央”微信号报道。举办浙江省暨杭州市庆“六一”主题队日活动，组织开展实践活动 437 场。

【基层团组织建设】 2021 年，共青团萧山区委完成村（社区）团组织换届工作，共选举产生新一届村（社区）团组织负责人 539 人，平均年龄 29.8 岁。其中，423 个村（社区）团组织书记由“两委”班子成员兼任，占比 78.5%。新建“两新”团组织 200 个，其中规模以上企业团组织 15 个，数字经济领域团组织 30 个，社会组织领域团组织 2 个，税收亿元楼宇团组织 4 个，民办学校领域团组织 11 个。新增青年之家 46 家，总数达 68 家。

【青年就业创业】 2021 年，共青团萧山区委在市人才办、团市委指导下，杭州全球青年人才中心落地萧山。开展活动 75 场，覆盖海内外青年 4000 多人次。设立北京大学、清华大学等 14 个国内分站，发展成员 5000 多人。联合区委人才办、区投资促进局、区科技局开展“萧傲江湖”青年创业创新大赛，以赛引商、引才。首届大赛报名项目超 200 个，打造萧山创业创新重点 IP，提高萧山对青年双创人才吸引力。摸排吸纳 130 名创业者，组建成立区青年创业创新联盟。培育青年工匠 65 人，上榜首批浙江青年工匠培育计划。建设“才聚云萧”青年人才全周期服务平台，发布就业岗位 1000 个，服务 800 多人。

【青年助力疫情防控】 2021 年，共青团萧山区委在杭州“12 · 7”新冠肺炎疫情期间，组建青年突击队 30 多支、发动志愿者 2.1 万人次，服务“4050”多岗次，服务时长超 18 万小时。组建萧然青年疫情防控志愿者群 9 个，储备志愿者 4500 多人。发起“青春战疫 共享口罩”计划，设置口罩共享点 5 个。筹集口罩 3.5 万只，防疫包 7000 个、羽绒服（棉衣）1800 多件、“暖宝宝”1 万余件，分发给基层防疫一线。

【青年志愿服务】 2021 年，共青团萧山区委组织开展志愿服务活动 5055 场次，参与志愿者 19.86 万人，服务时长 92.28 万小时。全年新增志愿服务组织 69 个，注册志愿服务组织 1473 个，注册志愿者 32 万人。为筹备亚运会志愿服务，通过注册报名、筛选、面试、培训等环节，储备亚运赛会志愿者 4000 人。全区有亚运城市志愿服务队伍 101 支，城市志愿者 8 万余人。举办亚运志愿学堂 12 期，开展各类专项志愿培训 83 场，培训志愿者 4 万余人次。组织 5200 余名志愿者参加钱江世纪城、临浦镇、瓜沥镇等多场压力测试赛，服务时长 1.5 万小时。

2021 年 11 月 27 日，杭州亚运志愿服务测试赛举行

（团区委 提供）

2021 年 10 月 13 日，萧山区青少年宫所前分宫、萧山区所前镇红领巾学院揭牌仪式举行（团区委 提供）

【"两新"领域团建】 2021 年，共青团萧山区委开展"新经济组织和新社会组织"（新经济组织指私营企业、外商投资企业、港澳台商投资企业、股份合作企业、民营科技企业、个体工商户、混合所有制经济组织等各类非国有集体独资的经济组织；新社会组织是指社会团体和民办非企业单位的统称）共青团建设。新建京东物流、归谷中心等非公有制企业团组织 246 家，社会领域团组织 61 家，"一键入群"组织共建 387 家。联合区交通运输局、区邮政管理局，成立区快递物流行业团工委。在团干部中开展"百名团干结对快递小哥"活动，开展"一次走访、一次调研、一次专访、一次体验"的"四个一"专项实践活动。

【少先队工作】 2021 年，共青团萧山区委打造少先队红色研学路线 4 条，为全区青少年开展各类主题实践活动 1000 多场次。建设以少先队辅导员为主题的纪念馆——王华炎纪念馆。通过"红领巾心向党"党史学习实践、"请党放心，强国有我"学习宣传等活动，召开主题中队会 3000 多次，红领巾寻访活动 1 万余次。推动镇（街道）青少年宫扩面建设，建成空港经济区、河上镇、临浦镇、党湾镇、瓜沥镇、所前镇、楼塔镇、闻堰街道、星都社区、梅林村青少年宫分宫 10 个，实现青少年宫"20 分钟交通圈"全覆盖。建设社区青少年俱乐部 83 家，开展"流动青少年宫"活动 60 多次。

【青少年权益维护】 2021 年，萧山区获批未成年人检察工作社会支持体系示范建设全国试点，以未成年人司法社会服务中心（我和你心理咨询服务中心）为核心，设立萧山技师学院观护帮教基地、休博园社区法治教育基地、萧山第一中等职业学校临界预防基地、杭州东方心理研究所心理干预基地四大工作基地。靖江街道东桥村、静安社区、伟南社区作为省级、市级"青少年"零犯罪零受害创建社区，完成省级试点验收。新创建城厢街道休博园社区、瓜沥镇东恩村 2 个省级"双零社区"。联动各镇（街道）服务五类重点青少年，实现"一对一"帮扶 100%。开展春秋季"开学法治第一课"活动，全区 141 所中小学校全覆盖。开展各类讲座、国旗下讲话、主题班队课、法治演讲 600 多场次。开展"微心愿"困难青少年帮扶行动，为 67 名少先队员筹集帮扶资金 6.56 万元。

【萧山区青年发展"十四五"规划出台】 2021 年，共青团萧山区委召开青年发展规划部门联席会议 2 次、专题会议和联络员会议各 1 次，收集意见建议 60 多条，协商开展青年实事项目 6 项，确定涵盖 8 大类、29 项指标在内的青年发展指标体系，形成萧山版青年发展监测评估机制。邀请浙江省团校、浙江大学、浙江工商大学等领域专家学者作为规划编制专家顾问团。邀请企业家、创业者、志愿者、一线劳动者、学生等各领域青年代表参加座谈 300 多人，组织召开座谈会 8 场，收集意见建议 500 多条。开展专题线上调研，收回有效问卷 4000 多份。经区委常委会会议和区政府常务会议讨论通过，10 月出台《杭州市萧山区青年发展"十四五"规划（2021—2025）》。

【萧山区举办纪念五四运动 102 周年暨建团 99 周年主题活动】 2021 年 4 月 29 日，"百年大党 青春辉煌"萧山区纪念五四运动 102 周年暨建团 99 周年主题活动举行。活动中，党员代表、团员青年代表、少先队员代表先后上台，讲述围垦精神、青年建功、少年队员参与社会治理。萧山"青年力量"青春宣讲团团员代表带来两堂党史课。来自不同行业的青年代表，用自己的故事展现萧山青年的青春风采。活动现场发布并启动"青春萧山十大工程"项目，涉及青年人才引聚、青年创新创业、青少年校外教育提升、青少年身心健康等青少年成长的方方面面。

（倪杰超）

萧山区妇女联合会

【概况】 2021 年，萧山区有镇街（场）、平台妇联 27 个，村（社区）妇联 542 个，机关企事业单位妇联 80 个，"两新"组织、产业园区、特色小镇等"四新"领域妇联 431 个。浙江省法纪教育基地教育组被评为全国巾帼文明岗，倪红家庭被评为全国最美家庭，区妇联权益儿少部部长张刘佳被评为全国年度平安之星。开展"女性领导力论坛""创新杭州湾论坛"等活动，增强女性创业竞争力。举办区第十二届跨湖桥文化节系列活动之"巾帼巧手传匠心 逐梦扬帆庆百年"活动，发挥巾帼巧手在弘扬传统文化、丰富本土旅游内涵的积极作用。联合女企业家联谊会开展"共话六中全会·争当共富先锋"主题座谈活动，鼓励女企业家在建设共同富裕目标中展现巾帼担当。举办茶艺师、花艺师、人力资源管理师等培训班，近 100 名员工取得中级职

2021年9月10日，萧山区妇联“党建引领进微家 共融服务暖万家”活动发布

（区妇联 提供）

业资格证书，为女性就业创业提供新机遇。全年区妇联公众号发布原创信息1053条，阅读量保持在400万次左右；各项工作登上“学习强国”学习平台55次，在人民网、《中国妇女报》、《浙江日报》、《杭州日报》等市级以上媒体刊载635篇文章，入选2021年度《中国妇女》宣传舆论阵地建设先进榜。

【“巾帼向阳花”党建品牌升级】 2021年，萧山区妇联升级“巾帼向阳花”党建品牌，启动“党建引领进微家 共融服务暖万家”活动，在小区党群服务驿站或居民楼道等场所灵活设置小区“妇女微家”，助推小区党建工作。推行“党建+妇建+服务项目”融合机制，在22个镇（街道）党群服务中心常态化开展一刻钟微党课、姐妹花课堂、平安家庭服务，并建设一镇（街道）一品牌服务项目。至年底，开展活动1700多次，服务群众4.6万人。

【妇女权益保护】 2021年，萧山区妇联升级新建“四新”（新领域、新业态、新阶层、新群体）组织妇联151个，成立快递物流行业妇联，实施“暖馨同行”服务项目，开展快递物流行业女性“两癌”免费筛查公益活动，受益人数200人。全省首创基层妇联执委星级积分制度，联系妇女群众10万余人。推进妇情民意“四必访”（生产经营遇到困难的创业女性必访、困难家庭必访、空巢老人及留守妇女儿童家庭必访、涉及婚姻家庭矛盾纠纷的家庭必访）常态化，结合“民呼我为”、民情双访等活动，建立“四必访”家庭档案6300多份，走访家庭6万余户（次），办实事500多件。

【巾帼红色教育】 2021年，萧山区妇联以党史学习教育为重点，以家庭为出发点，开展“百年党史·萧然万家学”12项主题活动，举办全区妇联系统“建党百年·榜样的力量”主题分享会，引领百万萧山女性听党话、跟党走。楼曼文烈士纪念馆、沈佩兰故居、杨之华纪念馆成为“浙江省巾帼爱国主义教育基地”，打造出一批精品教育示范点，塑造萧然巾帼红色教育品牌。开展千名妇联干部打卡红色游，打卡1.2万人次。以“巾帼心向党·奋斗新征程”为主题，依托“萧山区千鹤巾帼宣讲团”，通过“菜单式”方法把红色宣讲活动送至全区各镇街（场）党群服务中心，开展宣讲70多场，线上线下受众26万多人次。

【巾帼建功行动】 2021年，萧山区妇联“喜迎亚运——百万妇女学新知·展新姿”行动计划。编写《我会英语》《你我一起精彩亚运——日常英语》等系列读本，建立姐妹花课堂讲师团，开展“姐妹花课堂下基层”，举办文明礼仪、日常英语等线上线下培训450多场次，覆盖妇女群众5.3万人。开展“文艺健身迎亚运”推广，培育文艺骨干100多名，辐射镇街（场）23个，参与妇女9万余人次。组织近千名文艺爱好者相聚萧山剧院广场，共跳亚运排舞《等你来》，举办“巾帼红舞 喜迎亚运”第三届健身舞蹈大赛、“拥抱亚运城 润泽好家风”杭州家庭徒步大会、“为爱奔跑 喜迎亚运”亲子嘉年华、“喜迎亚运 瑜见湘湖”百人户外瑜伽等健身活动，参与妇女群众32.6万人次。动员619个巾帼文明岗，开展公益服务、岗位建功活动。持续推进“垃圾分类家庭养成计划”，通过微信朋友圈打卡方式鼓励全区家庭参与垃圾分类，参与打卡家庭5.4万户。

【数智妇联建设】 2021年，萧山区妇联依托区“城市大脑”构建花开万家·家庭友好项目智慧平台，把组织建设、平安家庭、美丽家园创建等内容接入平台，打造上下互通应用场景，实现区、镇（街道）、村三级数智妇联工作闭环，为精准服务全区家庭提供数据支撑。研发“安心驿站”反家暴联盟应用场景，提升平安家庭治理效能，实现家庭暴力实时关注、精准帮扶、智能分析、自动预警、及时响应工作闭环，获市“数字法治”轨道进阶铜奖。推动妇联服务入驻未来社区数智场景，统筹整合涉及家庭领域工作内容、活动项目、资源力量，试点建立“花开万家”家庭服务中心，不断提升社区服务家庭能力水平。更新迭代“智美万家”智慧服务平台，增加实时互动创建、评选、比武功能，增强创建效率和效果，与各镇（街道）智慧平台建立互通互联，实现数据共享。

【“美丽家园”创建】 2021年，萧山区妇联参与美丽庭院、美丽楼道、美丽小区创建。参与家庭24.8万户，创建成“美丽庭院示范村”62个、“美丽庭院达标村”62个，“美丽示范小区”22个、“美丽达标小区”12个，“美丽庭院示范户”4.63万户。7月，联合区委宣传部（区文明办）、区美丽办、区农业农村局等单位举办萧山区“迎亚运·美家园·献百年”专场比学活动。

2021 年 5 月 11 日，萧山区妇联组织开展“百年家风”寻访传承主题活动

（区妇联 提供）

元的女性健康用品；开展“温情妈妈助学结对”三年行动，结对 50 名旺苍困难学生，每年定向捐赠 6 万元。

【萧山区妇女儿童发展“十四五”规划发布】 2021 年 12 月，萧山区发布《萧山区妇女发展“十四五”规划》和《萧山区儿童发展“十四五”规划》。根据发展总体目标，到 2025 年，萧山区妇女发展大部分指标领先全国，儿童发展主要指标处于国内领先水平。妇女优先发展妇女与家庭建设、妇女与身心健康、妇女与教育科技、妇女与经济发展、妇女参与决策和管理、妇女与社会保障、妇女与法律、妇女与环境八大领域，儿童优先发展儿童与家庭、儿童与健康、儿童与安全、儿童与教育、儿童与福利、儿童与法律保护、儿童与社会环境七大领域，推动妇女儿童事业与萧山经济社会同步发展。

（张刘佳）

【妇联护航平安建设】 2021 年，萧山区妇联深化“家事半月谈”议事制度，建立婚姻家庭矛盾纠纷排查化解工作机制，开展议事会 460 多次，排查化解婚姻家庭纠纷 1710 多起。联动区检察院开展强制亲职教育全市试点工作，推动构建一体化未成年人观护模式，接受区检察院委托开展强制亲职教育 11 件，落实家访观察 11 件，完成家访评估 3 件，开展听证会 2 次。持续开展“萧木兰 护万家”平安行动，录制反诈等主题“萧木兰的美好生活”广播剧 9 期，发放电信诈骗防范宣传册、平安行动宣传册等，服务群众 2 万余人。

【家庭文明建设】 2021 年，萧山区妇联举办“百年家风”寻访传承主题活动，组建寻访小分队 23 支，开展家风寻访活动 23 场，家庭参与 5000 多户。实施“百万家长走进家庭教育心理学”三年行动计划，开展线上线下各类家庭教育知识讲座活动 50 多场，服务师生家长 1 万余人。举办“越清廉 · 越幸福”家庭助廉主题活动，引导全区 800 多位区管领导干部家属当好“廉内助”、把好“自家门”。开展“悦读与家风同行”活动，举办以家风为主题的艺术、历史、讲座等分享赏析活动 23 场，服务群众 2000 多人次。

【儿童之家规范化建设】 2021 年，萧山区妇联实现全区儿童之家服务全覆盖，培育省、市、区级示范型儿童之家 35 家。响应“双减”政策，区妇联开展各类兴趣活动 6700 场，受益学生 14.2 万人。

【妇联参与东西部对口帮扶】 2021 年，萧山区妇联参与东西部对口帮扶。向旺苍县双汇镇中心小学捐赠 5 万元善款和 200 套《萧伢儿“红色榜样”手绘连环画》；向康定妇联捐赠价值 24 万

萧山区科学技术协会

【概况】 2021 年，萧山区科协下属学会、协会、研究会 20 家，镇（街道）农场科协、企事业单位（平台、园区）科协 59 家。建有国家级科普示范社区 2 个，省级科普文明示范单位 29 个，市级科普示范单位 84 个，区级科普示范（教育）基地 34 个（其中省级 1 个、市级 12 个），科普农贸市场 7 个，基层科普场馆 11 家。

【数智科协系统建设】 2021 年，萧山区科协谋划“数字科协”总体架构，完善科普讲师团网上点课系统和科普宣传栏信息监管系统等基础应用，推动“工作上网”“数字上云”。开发智能制造业“一键找专家”数字应用场景，为省科协第一批“揭榜挂帅”建设项目，入选省科协系统“特色多跨场景”，在“浙里办”和长三角（杭州）制造业数字化能力中心上线。

【院士之家服务工作】 2021 年，萧山区科协走访慰问院士 115 人次。依托“浙江院士之家”创建全省首批“国际学术交流中心”，先后举办杭州市城市发展院士沙龙、中国工程院“智能建造与未来社区”会议、首届中国—中东欧国家农业合作联合促进会咨询委员会网络会议等院士考察、学术交流和沙龙活动 211 场次。“智能建造与未来社区”会议期间邀请 15 位院士走进亚运场馆、浙江东南网架股份有限公司，为亚运基建工程、完善杭州基础设施建设提供智力支持。引进全省首个生物医药创新产业（杭州）学会企业联合体落户院士岛。区科协成为浙江院士之家联盟首届会员单位。

2021 年 5 月 25 日，中国科学院老科学家、科普演讲团教授戴伟在萧山金山初级中学做科普讲座　　（区科协 提供）

【科技平台建设及活动】 2021 年，萧山区科协成功创建全市唯一“科创中国”2021 省级试点县（市、区）。利用“科创中国”资源和平台优势，引进中国人工智能学会浙江服务站、中国通信学会萧山创新助力中心、中国复合材料学会万向服务站、中国兵工学会杭州服务站、中国宇航学会杭州服务站 5 家国家级学会资源。参与各学会服务站、研究平台的重要活动，如人工智能学会举办的“机器人视觉技术及其行业应用”主题沙龙，巴顿焊接技术研究院举办的“材料与焊接技术联盟”筹建座谈会、“金属材料与焊接高端技术”院士沙龙等。立项区级重点学术活动 23 个、重点软课题项目 28 个、创新驿站项目 1 个，其中国家级学术活动 4 个、省级 4 个、市级 2 个。

【服务科技工作者】 2021 年，萧山区科协推选胡立黎等 7 位青年科技工作者参加首届浙江省青年科技英才奖评选；推荐科技工作者侯宝芹参评市科协青年育才项目。资助青年科技人才培育工程项目 2 个，推荐省科协创新驱动助力工程项目 3 个，成功申报市科协重点学术学会活动项目 4 个。指导 3 家学（协）会完成换届工作、19 家学（协）会完成年审工作。评出获奖论文 58 篇，组织学（协）会科技工作者开展不同层面的课题研究，优秀课题成果送区委、区政府及有关部门决策参考。

【基层科普队伍建设】 2021 年，萧山区科协完成区镇（街道）两级组织换届，新成立盈丰街道科协，吸纳“三长”（学校校长、医院院长、农技站站长）充实镇（街道）科协队伍，全区 559 个村（社区）全部建立科普工作领导小组，基层科协组织架构得到充实和完善。全年新成立园区、企业科协 3 家，累计 36 家，其中园区科协总数居全市第一位。新增“科普中国”信息员 1.28 万人，注册人数 5.11 万人，传播“科普中国”内容 409.8 万次，居全省第一位。连续获全国“科普中国”信息员队伍建设优秀组织，在全国 201 个区县级科协获奖单位中居第五位。

【推进“四有”工作机制】 2021 年，萧山区科协采取“试点先行，示范引领”方式，推进“四有”（月月有主题、周周有活动、天天有科普、时时有责任）工作机制落实，全年镇（街道）牵头组织开展新冠肺炎疫情防控、金融反诈、安全生产、防范邪教等主题活动 1466 场。该工作机制获省市科协领导和中国科协相关专家高度评价，被纳入《杭州市提升全民科学文化素质行动实施方案（2021—2025 年）》进行全市推广，被编入全省首个村级共同富裕指标体系——梅林村共同富裕指标体系。

【科普资源全区共享】 2021 年，萧山区科协新建新型科普宣传栏 14 座、“科普 e 站”6 座。整合科普资源，面向区级各部门推出科普资源共享机制，共享科普宣传栏、“科普 e 站”、“在线梯媒”“科普天地”等十大科普阵地。全年为区应急管理局、区公安分局、区城市管理局、区生态环境局等部门共享“在线梯媒”18 期、2700 个点位，314 座科普宣传栏 8 期次，107 座“科普 e 站”滚动播放应急避险、垃圾分类等视频内容 10 期，科普电影基层巡回放映 500 多场，科普讲师团基层授课 445 堂。金利浦（消防）安全体验馆等 6 家单位被命名为杭州市萧山区科普教育基地，戴村镇王云峰家庭农场被命名为 2021—2023 年度区农村科普示范基地。

【科普主题活动】 2021 年，萧山区科协策划实施“科学迎亚运”和“公民科学素质提升行动”主题科普项目，列入区群团组织参与社会治理典型案例；围绕青少年科学素质提升，组织开展“中科院老科学家进校园”“科学色拉酱”“小小科普员讲解大赛”等“双千”助力“双减”专项科普活动 200 多场。围绕老年人智能手机应用，开展“银龄跨越 数字鸿沟”专项行动，培训老年人 1.37 万人。围绕提升公民防范邪教意识，推出特色品牌活动——“百名讲师进百村、校”活动 20 场，拍摄《葵花朵朵向阳开——反对邪教，从娃娃抓起》《阳光，一直都在》两部作品，被评为杭州市十佳优秀短视频。举办全民科学“答”人科普知识网络竞赛，参与 5.2 万人次。微视频作品《有朋自远方来》，获全市“迎亚运”科普微视频创作大赛一等奖。立项区级科普项目 17 个，至年底完成 14 个。

2021 年 9 月 16 日，全国科普日暨萧山区第 35 届科普宣传周活动之萧山区“银龄跨越 数字鸿沟”科普专项行动启动仪式在瓜沥镇梅林村举行　　（区科协 提供）

【院士、专家工作站】 2021年，萧山区新创建市级院士工作站2家、市级专家工作站3家，全区院士工作站13家、专家工作站10家，数量保持全市第一、全省前列。依托院士专家工作站取得成果有：引进院士专家团队156人，其中团队成员进企业工作26人；开发新产品24个，申请专利108项（其中发明专利44项）。浙江东南网架股份有限公司院士工作站的“现代空间结构体系创新、关键技术与工程应用”项目获国家科学技术进步一等奖。完成3家院士工作站常规考核，兑现政策资助资金585万元。

（詹乐仙）

萧山区归国华侨联合会

【概况】 2021年，萧山区归国华侨联合会（简称“区侨联”），走访华侨华人、归侨侨眷、海归创业人员44名，侨资企业17家。区侨联获全省侨联系统抗击新冠肺炎疫情成绩突出集体、全市侨联系统先进集体、杭州市侨联成立60周年示范引领组织等称号，区归侨侨眷活动中心被评为全国侨联系统优秀侨胞之家、省“五星级侨胞之家”。

【萧山、瑞安两地侨界书画交流展】 2021年4月29日，萧山区侨联“湘湖飞云 我心向党”萧山区、瑞安市两地侨界书画交流展在萧山文艺之家举行。两地书法家协会、画家协会主席及优秀书法家、画家代表30多人参加活动。现场展出书画作品70多幅。

【中国侨联领导调研“哈兔网络科技”】 2021年6月23日，中国侨联信息传播部部长左志强走访侨企——杭州哈兔网络科技有限公司，就如何发挥“侨”的优势，加强国际传播能力建设工作进行调研。中国侨联信息传播部综合处处长肖忠哲，浙江省侨联党组成员、副主席兼秘书长周松一等陪同调研。

2021年9月18日，萧山区欧美同学会（萧山区留学人员联谊会）成立 （区侨联 提供）

2021年7月29日，杭州市萧山区第九次归侨侨眷代表大会召开 （区侨联 提供）

【第九次归侨侨眷代表大会】 2021年7月29日，萧山区第九次归侨侨眷代表大会召开。会议审议通过区侨联八届委员会工作报告，选举产生区侨联第九届委员会，徐国耀当选区侨联主席。

【萧山区欧美同学会成立大会】 2021年9月18日，萧山区欧美同学会（萧山区留学人员联谊会）成立大会召开，首批60名会员全体参加会议。会议选举产生第一届理事会会长、副会长。

【侨界人士迎国庆暨庆祝区侨联成立40周年座谈会】 2021年9月27日，萧山区侨界人士迎国庆暨庆祝区侨联成立40周年座谈会召开。区侨联委员、归侨侨眷及留学生代表等50人参加座谈。

【侨联干部培训】 2021年10月14—15日，萧山区侨联在萧山、临安两地举办2021年度侨联干部培训班，区侨联委员、镇（街道）侨联干部及区留学生联谊会骨干等40多人参加培训。省委党校教授王祖强作题为《高质量发展建设共同示范区——贯彻省委十四届九次会议精神》的辅导报告。

【庆祝区侨联成立40周年大会】 2021年11月11日，“侨心聚力四十载 携手筑梦创未来”庆祝区侨联成立40周年大会召开。区各群团组织主要负责人，涉侨有关部门和团体负责人，镇（街道）、平台分管领导，历届侨联老领导，各签约单位代表，以及区侨联最具影响力人物160多人参加活动。纪念大会通过“归来之路·寄丹心”“奋斗之路·长行歌”“共富之路·报春晖”3个篇章回顾区侨联40年历程。会上颁布区侨联最具影响力人物及区侨联最具影响力组织；区侨联还与浙江工业大学侨联、浙江理工大学侨联、杭州师范大学侨联、浙江财经大学侨联、浙大城市学院侨联结对签约，共同助力萧山区打造共同富裕新标杆。

【“归侨侨眷喜看萧山新变化”活动】 2021年11月26日，区侨联组织开展“归侨侨眷喜看萧山新变化”活动，邀请40多名萧山归国华侨、侨眷、海外留学生及其家属参观杭州奥体中心主体育馆及游泳馆外围、内场、看台、功能区等，了解场馆设计理念、建筑构造、功能划分、高科技元素，踏看钱塘江两岸沿江城市风貌和城市新地标。该次活动是庆祝区侨联成立 40 周年系列活动之一。

（张昳晶）

萧山区工商业联合会（总商会）

【概况】 2021 年，萧山区工商联有执委 141 名，其中主席 1 名、副主席 27 名、秘书长 1 名、常委 39 名、执委 73 名。聘任副会长 15 名。基层商会 34 家，镇（街道）、平台商会 22 家，村级商会 1 家、行业商会 7 家、异地商会 4 家；会员 3297 个。区工商联与建设银行萧山支行签订“战略合作协议”，建立“金融指导员”制度，推出每周“金融服务日”活动。上门走访行业商会 12 家，走访企业 50 多家，惠及小微企业 30 多家。区工商联被全国工商业联合会评为 2020—2021 年度全国“五好”县级工商联、全国工商业联合会 2021 年度调查点工作先进示范单位，被省工商联评为全省工商联服务“两个健康”工作成绩突出集体。

【助村结对帮扶】 2021 年，萧山区工商联组织 4 家会员企业到丽水参加助力丽水跨越式发展大会；组织 20 多位商会会员到四川康定走访藏民，开展村企结对，签订帮扶协议，结对 17 个村，捐助帮扶资金 34 万元。组织新生代企业家联谊会（青商会）13 个会员企业与四川广元市旺苍县签订村企合作协议，结对 13 个村，捐助帮扶资金 26 万元。区中小企业联合商会会员企业参与东西部扶贫，20 家会员企业以红十字会捐赠形式向东西部协作结对地区——四川省甘孜州康定等地捐赠 218 万余元。

【政企协商平台搭建】 2021 年，萧山区搭建政企协商平台，召开“亲清直通车·政企恳谈会”，建立问题交办机制，回应和解决民营企业家发展诉求。区工商联会同区科技局、区国税局、区商务局、区农业农村局举办四期“亲清直通车·政企恳谈会”，收集企业家意见 36 条，办理 36 条，完成率、满意率均为 100%。联动区国税局开展“春雨润苗”专项行动，在各镇（街道）商会增设“税收志愿者”；举办十税合并宣讲会；宣传减税降费政策，助力小微企业发展。

【民营企业调研】 2021 年，萧山区工商联做好 2020 年度全国上规模民营企业调研工作。组织上年度营业收入总额超 5 亿元的 59 家企业参与调研，撰写《2020 年度萧山上规模民营企业调研分析报告》。全年全区 9 家企业入围 2021 中国民营企业 500 强，入围数继续蝉联杭州市第一。做好各项调查研究工作，组织 1000 多家企业参加“2020 年度浙江省‘万家民企评银行’”“民营企业政策落实情况调查”“2020 年度民营企业社会责任调研”等调查研究 9 次。

【参政议政】 2021 年，萧山区工商联组织政协工商联界别委员参加政协第十四届杭州市萧山区委员会第五次会议，提交提案 11 篇，作题为《将萧山打造为“人才生态最优区”的建议》的书面发言。在区政协十五届一次会议上，区工商联集体提案《将萧山打造成为“人才生态最优区”的建议》和委员提案《加强居民小区用电安全，杜绝用电事故发生》获评 2021 年度优秀提案。

【商会助力纠纷调解】 2021 年，萧山区工商联（总商会）人民调解委员会收案 399 件，调解成功 275 件，成功率 68.9%，成功标的 1.7 亿元。《多元化商事纠纷化解，赋能优化法治营商环境（萧山）》被列入省优化营商环境优秀案例 20 强榜单。区工商联组建法律顾问团和后援团，作为法律服务人才储备中心。开展 3 次法律体检，为企业消解矛盾纠纷隐患。

【商会交流活动】 2021 年，萧山区工商联与江苏杭州商会共同举办“江苏杭商回乡行”活动，联合区投资促进局向在江苏的杭商（萧商）介绍萧山投资环境和政策，实地参观信息港小镇、湾区数字公园；接待安徽省六安市工商联等各级兄弟工商联到萧山区考察交流；联合滨江工商联到温州、永嘉考察民营经济“两个健康”创建先进经验。邀请风投专家为新街街道会员企业牵线搭桥，助力新街生物医药科技项目成果转化。

【民营经济基层组织建设】 2021 年，萧山区工商联完善基层商会考核办法，修订完善《2021 年度基层商会工作目标管理考评意见》。指导所属行业、异地商会做好年检工作。指导自行车电

2021 年 9 月 22 日，杭州市萧山区工商业联合会（总商会）第十二次会员代表大会召开

（区工商联 提供）

动车行业商会、萧山温州商会、跨境电子商务商会、装饰装修行业商会4家商会，上报重点项目。指导各基层商会做好换届工作。加强与在外萧商联络，做好异地商会筹建联络和商会发展指导工作。组织异地商会会长、秘书长参加“异地商会《建党百年》党史培训暨规范化建设工作交流会”，强化对在外萧商沟通联络，分享经验做法。5月15日，安徽合肥瑶海区举行萧山商会成立大会。10月28日，区世纪城商会成立。

【萧山区工商业联合会（总商会）第十二次会员代表大会】 2021年9月22日，萧山区工商业联合会（总商会）第十二次会员代表大会召开。选举产生第十二届执行委员会委员141名；主席1名、副主席27名，其中企业家副主席21名、驻会副主席6名；秘书长1名；常委39名；执委73名。聘任副会长15名。方能斌当选为新一届工商联执行委员会主席（会长）。

【民营企业传承与创新研究院成立】 2021年9月22日，萧山区民营企业传承与创新研究院在萧山区工商联（总商会）第十二次会员代表大会上成立。萧山区民营企业传承与创新研究院由萧山区与杭州师范大学共建，研究院总结提炼民企传承与创新的“萧山经验”，探索建立相关支持机制，助力萧山“二次创业”。作为一种创新模式，区工商联与杭州师范大学经济与管理学院、媒体机构等合作，共同打造萧山民企交接班的外部支持机制，包括建设一个教学案例库、打造一个课程体系、形成一支专家队伍和营造一个有利的外部舆论环境的“四个一”举措。选择不同规模、行业，采取不同交接班形式的民营企业，聘请民营企业代际传承领域专家学者进行深入剖析，形成可供教学使用案例，逐步汇总为案例库，总结出萧山民营企业交接班特点、经验和规律，为民营企业传承与创新输出“萧山经验”。

【萧山区工商联被评为2020—2021年度全国“五好”县级工商联】 2021年12月27日，中华全国工商业联合会印发《关于确认2020—2021年度全国“五好”县级工商联的通报》，萧山区工商联被评为2020—2021年度全国“五好”县级工商联。是年，区工商联紧扣“两个健康”（非公有制经济健康发展和非公有制经济人士健康成长）工作主题，聚焦建设共同富裕示范区目标任务，推动民营经济高质量发展。召开十二届一次主席办公会议，审议通过《萧山区工商联（总商会）工作委员会工作职责及机构设置方案》等有关工作制度，成立参政议政、经济服务、联络联谊三个工作委员会，并下设企业家文化艺术团。《萧山区民营企业代际传承经验总结与对策研究》在2021年萧山区哲学社会科学课题中获优秀奖。开展“献礼建党100周年，创二代人物”宣传活动，采访报道宗馥莉、郭昊展、龚潜海、徐凌烽、韩华忠和朱立民6位二代企业家先进事迹，在《萧山日报》刊登。继续举办萧山区新生代青年企业家“薪火一期”培训班、“薪火二期”培训班、新生代企业家研修班，到北京大学进行集中培训，组织新生代企业家开展党史学习教育等，376人次参加。开展“阅读红色经典·百年薪火相传”读好书活动，精选《为什么是中国》《大党是怎样炼成》等书籍赠送给企业家。开展品牌项目“商会训练营”，举办“庆党百年华诞·赋能经营管理”系列讲座、知识产权培训等活动17期，1700多人参加。

（汪晓佳）

萧山区文学艺术界联合会

【概况】 2021年，萧山区文学艺术界联合会有9个文艺家协会，会员1289名，其中国家级会员60名、省级会员221名、市级会员353名；辖10个基层文联。是年，区文联被评为“浙江省先进文联”。区文艺“两新”组织发展联盟暨党建联盟，成为全国区级第一个联盟。

【主题文艺活动】 2021年，萧山区文联组织开展中国共产党成立100周年文学作品征集、“萧山·我们的家乡”第二届原创诗歌大赛、“万象更新”浙江省油画作品邀请展、“我心向党艺术助困”赵大安中国画慈善义卖、“湘湖飞云我心向党”萧山瑞安两地书画交流展、“激扬奋进红动所前”萧山区书法家协会第七届会员精品展、“唱支心歌给党听”——音乐舞蹈家协会优秀作品展播、“童心向党”——天堂儿歌演唱和创作比赛、第二届“行走萧山”摄影工作坊、“童心向党”第三届中华少年说语言艺术展演定向选拔赛、“百年风华 红色记忆”——庆祝中国共产党成立100周年经典影视配音秀、“学党史、传精神、跟党走”萧山文艺志愿者演出、“你我一起 精彩亚运”萧山文艺志愿服务活动等一系列有影响力红色“萧”艺活动40多场。

【萧山美丽乡村驻地摄影项目启动】 2021年4月28日，“生长着的乡村”——萧山区美丽乡村驻地摄影项目启动。活动由浙江省摄影家协会、萧山区委宣传部、萧山区文学艺术界联合会、萧山区进化镇人民政府共同主办。区文联聚焦美丽乡村建设，以驻地创作方式深入萧山美丽乡村20个，进行采访和拍摄。一村一品一故事，为新时代新农村提供翔实鲜活的影像档案。首期进化镇欢潭村驻地摄影成果在全省“千万工程”现场会展出。

【文艺精品成果】 2021年，萧山区文联围绕全省“千万工程”现场会，推出多项文艺成果。区作家协会组织《乡村美》专题创作，并编辑出版；摄影家协会金澍杰出版彩虹书项目，陈灿荣出版《逍遥集》，全光泉出版《小城印韵》，周少伟与他人合作出版《瓷与器》；书画家协会孔赵杰等获“永恒的乡愁”——贺知章杯书法篆刻主题大展优秀作品奖和入展；张忠城的《历史的遗迹——老外滩教堂》，入选家园·乡情——“古堰画乡”首届全国风景油画双年展；摄影家协会唐志杨《采棉花的时候》，获第六届徐肖冰杯全国摄影大展；范方斌《风雨同舟》、周少伟《赤子归来》入选第二届高帆杯全国摄影大展；陈灿荣、周麒、王海江、金澍杰、盛仁昌、周少伟、周国峰、楼颖8位摄影家的专题作品赴丽水摄影节展出，盛仁昌《泼水狂欢》组照，在平遥国际影展展出；金国荣参加中央广播电视总台《一锤定音》节目录制，在央视财经频道播出；蔡海滨创作的小品《我来了》获省第三十二届戏剧小品邀请赛金奖；马舒建等策划制作的动画片《真理的味道》入选中央广播电视总台百集大型文献纪录片《山河岁月》。

【“伯年国艺”全国中国画（手卷）写意作品展系列活动】 2021年，“伯年国艺”全国中国画（手卷）写意作品展系列活动在萧山区举行。该活动由萧山区文联与中国美术家协会合作举办，面向全国征集以手卷形式创作的中国画优秀作品2000多件，经过初评、复评，最终评选出作品118件，入会资格作品30件。

【第二届高帆杯“行走中国”全国摄影大展系列活动】 2021年，萧山区文联围绕红色主题，与中国摄影家协会合作举办第二届高帆杯“行走中国”全国摄影大展系列活动，包括“高帆杯”全国摄影大展、“行走萧山”摄影工作坊、萧山摄影双年展等，面向全国征集摄影作品3.9万件。9月30日，第二届高帆杯“行走中国”全国摄影大展开幕；10月16日，萧山摄影双年展开幕。活动得到《光明日报》、《中国艺术报》、人民网等20多家国家级媒体宣传报道。

【“艺心向党”萧山区文艺“两新”党建联盟暨发展联盟成立】 2021年，“艺心向党”新文艺组织和新文艺群体两新党建联盟成立，共有18家联盟单位。该联盟由萧山区具有一定规模和影响力新文艺组织和新文艺群体组成，以开展党建理论促学、文艺资源共享、文艺活动联办、党员队伍联建、文艺工作共促的“五联”活动为主要内容。联盟作为全省试点、全市首家，得到人民网、新华网等媒体专题报道。11月30日，学习贯彻党的十九届六中全会精神的“新时代新作为”——萧山区文艺“两新”联盟杭州湾会客厅专场在央视网、新华网直播，并在杭州电视台转播。

【基层文联建设】 2021年，萧山区成立第十个基层文联组织——戴村镇文联。是年，各基层文联组织履行职能，推动当地文艺事业发展。楼塔镇文联以构建现代公共文化服务体系为目标，人均公共文化经费140元；河上镇文联原创节目《河上龙灯胜会》，在市“文化和遗产日”开幕式演出，获优秀节目奖；瓜沥镇文联牵头，以百名书记田园诗会开启全镇党史学习教育，并试点“云”上学党史活动。

【数智文联建设】 2021年，萧山区文联完成数智群团各项工作任务，设计“新联新”数字应用平台，构建“两新蓄水池”“人才加油站”“行风宣传员”“资源大舞台”四大子场景，通过全区“解题破难争先创优”改革突破奖初评，入选全省文联系统数字化改革首批试点项目，使基层文联、各文艺协会与新文艺组织、新文艺群体“心连心”，为文艺“两新”提供更精准、更贴心的数字化智能服务。区数智文联建设在全国文联信息化建设工作片区视频会议上作交流发言。

2021年9月30日，第二届高帆杯“行走中国”全国摄影大展开幕（区文联 提供）

【“文艺之家”改造提升】 2021年，萧山区文联改造提升文艺之家软硬件服务功能，为文艺工作者与文艺爱好者创作、交流、研讨、分享创造条件。文艺之家结合“六艺”学思堂党建示范基地功能，把党建工作与业务工作深度融合，承办区委组织部“头雁学堂”部分课程。

【优秀文艺作品（项目）扶持奖励】 2021年，萧山区文联继续实施《萧山区优秀文艺作品（项目）扶持奖励办法（试行）》《萧山区文艺成果奖评选办法（试行）》。完成2020年度优秀文艺作品（项目）扶持和第十六届文艺成果奖评选，对257件文艺作品进行再奖励，对81件作品颁发区文艺成果奖，签约10件作品，扶持34项公益性文艺活动项目，扶持资金176.79万元。

【文艺惠民志愿服务】 2021年，萧山区文联围绕中国共产党成立100周年重大主题，打造“永远跟党走”——萧山文艺在行动志愿品牌，组织文艺志愿者走进益农镇、新街街道、瓜沥镇等镇（街道），开展文艺巡演。承办杭州市文联“学党史、传精神、跟党走”百支红色文艺轻骑兵走进衙前启动仪式；举办“我们的中国梦——文艺进万家”全家福拍摄、董光中纪实摄影分享会等；助力“双减”政策，送文艺进高桥初中；在“5·23”中国青年志愿者服务日前后，各个文艺家协会组成文艺小分队，送出文艺惠民服务。

【“贺知章杯”——永恒的乡愁全国书法篆刻主题大展】 2021年10月11—14日，“贺知章杯”——永恒的乡愁全国书法篆刻主题大展在浙江展览馆举办。展览由浙江省书法家协会和中共萧山区委、区政府主办，区委宣传部、区文联、区文化和广电旅游体育局、蜀山街道办事处承办。大展以贺知章诗词、历代诗人咏萧山或反映乡愁的诗词等为主题，面向全国征集作品。展览征集全国作品4442件，评选出入展作品415件。

【第三届浙江诗歌节暨浙东唐诗之路大型诗歌朗诵会】 2021年10月23日，第三届浙江诗歌节暨浙东唐诗之路“乡村振兴·共同富裕”大型诗歌朗诵会在楼塔镇举行。该活动由萧山区文学艺术界联合会与中国作家协会诗刊社等联合举办。朗诵会分“诗韵之源”“人民赞歌”“盛世中华”三个篇章，浙江省朗诵协会朗诵家朗诵《火焰上的辩词》《赐木为楼》《龙潭桥上的风景》等7首诗歌作品，表达对乡村振兴、共同富裕的期待，对美好生活的向往。近百位中国诗人到大同一村、大同二村、野孩子基地，进行采风、交流、创作。

【“金溢杯”少儿绘画大赛故事大赛举办】 2021年7—10月，“金溢杯”萧山区第十三届少儿书画大赛、“金溢杯”萧山区第十四届少儿故事演讲大赛举办。书画比赛以“潮”为题，收到参赛作品600多件，经评审选出100位选手入围现场创作决赛；少儿故事演讲大赛以讲述萧山本土非遗故事为主，评审出40位选手入围决赛。

（汤雨露）

萧山区残疾人联合会

【概况】 2021年，萧山区健全残疾人社会保障与服务体系，推进残疾人基本生活保障、医疗康复、教育就业、文化体育、权益保障、组织建设等工作。有区残疾人综合服务中心残联直属事业单位1家，残工委成员单位25家，区级残疾人专门协会6个，镇（街道）残联22个，村（社区）残疾人协会549个，区级残疾人托养中心1家，“残疾人之家”22家；全区有在编和非在编专（兼）职残疾人工作者706人。至年底，全区有持证残疾人3.7万人，比上年增长4.7%，占萧山户籍人口总数的2.9%。其中，视力残疾5206人、听力残疾5340人、言语残疾560人、肢体残疾17697人、精神残疾3272人、智力残疾3554人、多重残疾1336人；重度残疾人（一、二级）1.19万人，占持证残疾人总数32.2%；非重度残疾人（三、四级）2.51万人，占持证残疾人总数67.8%。

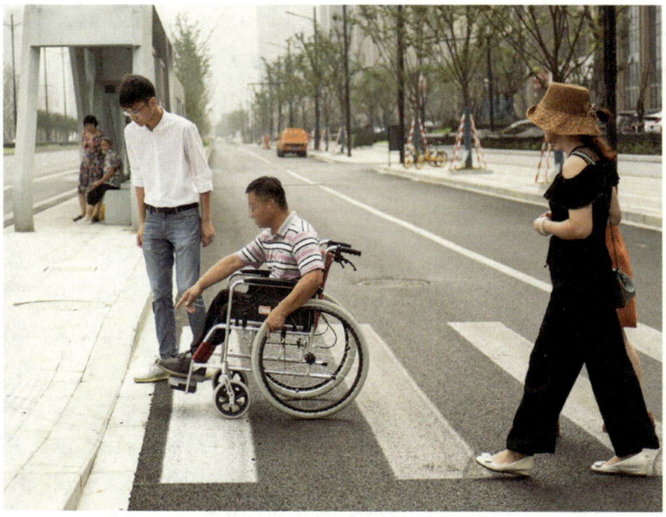

2021年9月6日，金城路和金惠路无障碍提升工程全部完成，区城管局邀请残障人士进行现场体验（郭立宏 张 蒙 摄）

2021年萧山区残疾人分类情况表

表13　　　　单位：人

镇街名称	视力残疾人数	听力残疾人数	言语残疾人数	肢体残疾人数	精神残疾人数	智力残疾人数	多重残疾人数	总计
楼塔镇	167	137	18	507	113	121	37	1100
河上镇	217	201	20	788	107	121	69	1523
戴村镇	291	226	29	793	134	154	59	1686
临浦镇	307	274	30	848	165	202	55	1881
浦阳镇	266	235	33	592	98	134	67	1425
进化镇	495	339	32	848	152	224	67	2157
所前镇	170	123	25	590	102	116	56	1182
义桥镇	242	243	36	894	144	171	61	1791
衙前镇	117	87	7	534	59	69	35	908
益农镇	229	215	38	752	175	176	71	1656
瓜沥镇	823	989	88	2948	536	512	171	6067
党湾镇	261	283	18	970	197	175	82	1986
闻堰街道	83	61	9	365	67	58	20	663
新街街道	158	208	19	796	168	168	56	1573
宁围街道	112	125	5	431	88	110	28	899
盈丰街道	55	86	10	364	71	76	45	707
靖江街道	151	185	7	514	125	119	49	1150
南阳街道	131	230	14	676	100	115	58	1324
城厢街道	316	420	25	1084	217	248	89	2399
北干街道	150	195	14	665	137	123	36	1320
蜀山街道	187	215	35	689	121	179	46	1472
新塘街道	242	209	42	847	169	152	70	1731
红山农场	20	28	3	125	12	18	7	213
经济技术开发区	16	26	3	77	15	13	2	152
总　计	5206	5340	560	17697	3272	3554	1336	36965

2021 年与 2020 年萧山区残疾人事业发展水平主要指标对比情况表

表 14

主要指标	2021 年	2020 年	发展水平对比
困难残疾人生活补助	4173.4 万元 / 8543 人	4216.7 万元 / 9126 人	–43.3 万元 / –583 人
持证残疾人津贴	2161.3 万元 / 36942 人	2066.2 万元 / 36045 人	+95.1 万元 / +897 人
重度残疾人护理补贴	4442.8 万元 / 16193 人	4276.6 万元 / 15659 人	+166.2 万元 / +534 人
康复补助	2019.8 万元 / 8764 人	1825.1 万元 / 6498 人	+194.7 万元 / +2266 人
教育补助	650.6 万元 / 2969 人	668 万元 / 3096 人	–17.4 万元 / –127 人
就业创业扶助	1710.79 万元	500.7 万元	+1210.1 万元
危房改造补助	35 户	35 户	+0 户
集中、分散就业安置	6582 人	6404 人	+178 人
就业技能培训	3262 人	2712 人	+550 人
残疾人就业保障金征收	20227 万元	21718 万元	–1491 万元
残疾人意外险	365 万元	348.1 万元	+16.9 万元

【残疾儿童定点康复机构规范化提升】 2021 年 4 月 2 日，杭州市第十四个世界自闭症关注日暨残疾儿童定点康复机构规范化提升项目启动仪式在萧山区残疾人综合服务中心举行。仪式上，公布 2021 年度杭州市 32 家规范化提升机构名单，萧山区有 3 家入榜，分别是区残疾人综合服务中心、区优朵儿童康复发展中心和区爱尔斯儿童康复中心。是年，区残疾人综合服务中心开展听力、言语、智力、肢体（含脑瘫）康复服务，服务残疾儿童 91437 人次；区优朵儿童康复发展中心开展孤独症、言语、智力康复服务，服务残疾儿童 5700 人次；区爱尔斯儿童康复中心开展智力、孤独症康复服务，服务残疾儿童 15485 人次。

【残疾人体育运动】 2021 年，萧山区残联向国家、省、市运动队输送运动员 17 名，运动项目涉及游泳、田径、网球、赛艇、自行车、跆拳道、坐地排球 7 项。组织残疾人青少年暑期体育集训，14 位 8—17 周岁残疾人青少年参加田径、游泳 2 个项目训练；16 位 8—18 周岁残疾人青少年参加市残疾人青少年田径、游泳锦标赛，获 5 枚金牌、10 枚银牌、11 枚铜牌。徐海蛟、陈思帆、钱金芝等 14 位运动员参加第十一届全国残运会田径、游泳、赛艇、自行车、跆拳道等 8 个项目，获 19 枚金牌、8 枚银牌、7 枚铜牌。9 月 9 日，共青团杭州市委、市青年联合会授予王李超、徐海蛟“杭州五四青年奖章”。9 月 10 日，王李超被中华全国总工会授予“全国五一劳动奖章”。11 月，省人民政府发文，因在第 16 届夏季残奥会上表现优异，给予徐海蛟记个人一等功 1 次；因在第十一届全国残运会上表现优异，给予陈思帆记个人一等功，徐海蛟、钱金芝、孔栋炜记个人二等功，王李超、赵卓依、姚依楠、李曼丽、周灿明、谢星浩、蔡莉通报褒扬。同月，经省功勋荣誉表彰工作领导小组审核，王李超被省总工会授予“浙江省劳动模范”称号。

【残疾人和助残基地获多项荣誉】 2021 年 1 月，省残疾人联合会公布省级残疾人创业孵化示范基地，区助残扶贫科创园被评为杭州市示范基地。9 月 25 日，在庆祝 2021 年 926 工匠日暨第五届“杭州工匠”认定发布会上，萧山区残疾人胡春芳被认定为第五届“杭州工匠”。10 月 21 日，全国行业职业技能竞赛“交通银行杯”全国残疾人岗位精英职业技能竞赛暨全国残疾人就业服务机构工作人员职业指导竞赛中，瞿琦珂在宠物美容护理比赛中获第三名。

【残疾人数据动态更新】 2021 年 9—10 月，萧山区组织开展残疾人基本服务状况和需求信息数据动态更新工作。对全区 3.65 万名残疾人，开展调查、采集、审核和上报动态更新年度内 27 项基本状况与需求数据，入户调查率和手机端采集率均为 100%。

【“残疾人之家”建设】 2021 年，萧山区残联开展“五 + 五进残疾人之家”（“五 +”：党建联动、志愿服务、康复体育、就业支持、服务清单；“五进”：信息化建设、文体宣传、非遗传承、辅具共享、心理疏导）专项行动。规范化提升星级“残疾人之家”16 家，省、市两级验收均一次通过。北干街道“残疾人之家”被省残联评为省五星级“残疾人之家”。

【“传统 + 新业态”模式助力残疾人就业创业】 2021 年，萧山区残联落实“六稳”“六保”政策，探索“传统 + 新业态”的残疾人职业技能培训和就业新路径，集中和按比例就业残疾人 6582 人；在“残疾人之家”开设“蜗牛驿站”，吸纳精神智力残疾人从事手工艺零加工、产品包装、快递收发等辅助性就业 497 人。开展各类传统模式培训 400 多人次、新业态培训 550 多人次，新增就业 1211 人，孵化残疾人电商创业、网红直播及视障客服等新业态从业人员 280 多人。

【安置残疾人就业确认】 2021 年，萧山区残联对在 2020 年 12 月 31 日前成立的安置法定劳动就业年龄段内的持证残疾人（含残疾军人 1—8 级）进行确认。审核机关、团体、企业、事业单位和民办非企业单位等各类用人单位 2383 家，分散按比例就业残疾人 4485 人。

【残疾人证申办制发】 2021 年，萧山区申请残疾评定（包括类别等级变更、复评等）3981 人。区残联组织各类别集中残疾评定 63 场次，上门评残 13 场次，确认达到残疾评定标准 3174 人。全年新办残疾人证 2547 本，变更 316 本，挂失 800 本，残损换新 90 本，迁移 125 本，注销 1074 本，冻结 19 本。

2021年9月25日，庆祝2021年"9·26"工匠日暨第五届"杭州工匠"认定发布会举行，萧山区胡春芳被认定为第五届"杭州工匠" （区残联 提供）

【康养医护一体化】 2021年，萧山区残联优化0—6周岁残疾儿童康复服务，并整合"残疾人之家"、社区康复站及养老机构的就业、康复、照护功能，提升精准服务力度，实现康养与就业一体化。争取省级残疾人服务能力提升工程，获得财政专项激励资金1000万元。萧山区被省残工委列为促进残疾人共同富裕先行先试项目——康养结合高质量助残先行区。

【残疾人事业数字化改革】 2021年，萧山区残联推动数智残联驾驶舱和数智康养驾驶舱"两舱"建设，打造多个应用场景。"我要健康"残疾儿童康复服务应用场景在全省残联数字化改革"揭榜挂帅""数场赛马"路演活动中居全省前十位；残疾人社区康养应用场景在区城市大脑及瓜沥镇未来社区、群团集市试运行上线，实现残疾人服务工作"数智化"，服务残疾人2.21万人次。

【无障碍设施建设】 2021年，萧山区残联推进无障碍家庭改造项目，投入专项资金59.8万元，改造残疾人家庭135户。组织区无障碍促进会对45个新（改、扩）建项目进行无障碍体验，实地体验73次。全区创建省无障碍社区3个。联合区融媒体中心在萧山电视台《热线188》新闻栏目加入人工智能（AI）手语播报视窗。区残联为16周岁及以上视力、听力、言语残疾人提供通信优惠套餐，惠及数万人。

【特殊儿童康复训练】 2021年，萧山区残疾人综合服务中心收治各类特殊儿童278人，开展康复训练治疗12.24万人次，培训家长2109人次，康复有效率93.3%，服务满意率99.1%。为克服新冠肺炎疫情带来的困难，中心开设以网络为媒介、以个案管理为基础的"一对一"线上家庭康复指导业务，保障残疾儿童康复治疗持续有效，全年开展线上云课堂2266次。4月，区残疾人综合服务中心获评全国孤独症服务机构自强自律创建达标机构。

【第五期脊髓损伤残疾人生活重建训练营开营】 2021年6月1日，萧山区第五期脊髓损伤残疾人生活重建训练营开营。训练营为期1个月，受训11人。通过对学员进行个人生活自理能力训练、肢体功能康复训练、康复护理指导、心理能力重建、社会实践能力训练等，帮助学员实现自力更生，有效融入社会生活。

【区残联两项补贴发放移交区民政局】 2021年12月29日，萧山区残联、区民政局完成困难残疾人生活补贴和重度残疾人护理补贴发放移交工作。自2022年1月1日起，萧山区残疾人两项补贴由区民政局发放。

【全省残疾儿童定点康复机构规范化提升建设培训班在萧山区举行】 2021年4月12—14日，全省残疾儿童定点康复机构规范化提升建设培训班在萧山区举行，省内各市、县（市、区）残联康复部负责人等近百人参加。培训班对2021年全省残联康复工作作部署，对2021年版《浙江省残疾儿童定点康复机构建设与服务评估标准》和评估细则进行专题解读和辅导。

【3名残疾人运动员出征东京残奥会】 2021年8月24日至9月5日，第16届夏季残疾人奥林匹克运动会在日本东京举行。萧山区王李超、徐海蛟、周灿明3名运动员参加东京残奥会男女混合4×50米自由泳接力、男子100米自由游58级、男子坐式排球项目，获1枚金牌、3枚银牌、2枚铜牌。王李超与队友获得20分项目男女混合4×50米自由泳接力赛金牌，是萧山区选手首次在残奥会获该项目金牌。

【萧山区孤独症人士及亲友协会成立】 2021年11月26日，萧山区孤独症人士及亲友协会成立暨第一次代表会议召开。协会是为孤独症人士及亲友服务的群众性组织，由孤独症人士亲友、专家学者、爱心人士和孤独症人士代表等组成。开展孤独症相关科学知识普及宣传工作，促进与孤独症人士相关的康复、教育、扶贫、劳动就业、维权、文化体育、社会保障及预防筛查等工作。

（朱燕飞）

萧山区红十字会

【概况】 2021年，萧山区有镇（街道）、平台、场红十字会24个，村（社区）红十字会542个。设有教育、卫健、志愿者3

个工作委员会，发展成人会员1.51万人。全年募集捐赠款物1086.69万元，发放款物984.55万元，培训红十字救护员5915人，普及培训11.21万人。实现造血干细胞采样入库201例，人体器官（遗体、角膜）成功捐献10例。

【红十字会助力疫情防控】 2021年，萧山区红十字会慰问走访春节假日期间连续生产企业，各镇（街道）、平台为95家企业留萧外来员工发放慰问金282万元，防疫物资373.63万元。组织动员区红十字湘湖应急救援大队、养老志愿服务总队、传林志愿服务车队等志愿力量，参与卡口值守、入户排查、核酸检测、医护人员接送等各类防控工作，出动红十字志愿者380多人次，车辆300多车次。

【红十字会帮扶西部地区】 2021年，萧山区红十字会开展东西部协作助学、助冬、助村等系列特色帮扶工作。联合区中小企业商会募集捐款218.4万元，助力四川省康定学校援建；发动理事单位援建贵州省从江希望小学17万元，为15名困难学生拨付助学款3.21万元。向贵州省从江县和四川省旺苍县拨付价值116.35万元防寒物资。联合区工商联、团区委发起百企帮百村行动，拨付四川省旺苍县及康定市村企帮扶资金60万元。

【人道救助】 2021年，萧山区红十字会开展“红十字博爱送温暖”活动，走访慰问困难户468户，发放慰问款物50万元。联合区计生协会开展特殊困难家庭援助行动，为27户困难家庭发放慰问金8.1万元。联合区文明办开展第十四批“公民爱心”援助行动，对17名困难未成年人、困难美德标兵发放慰问款72.5万元。设立“点亮心星”关爱自闭症儿童项目专项资金，救助部分家庭困难自闭症儿童，为区特殊教育学校等4家机构捐赠338条重力毯。

【应急救护培训】 2021年，萧山区红十字会新增萧山区第四中等职业学校（卫校）救护培训基地，将救护培训纳入学校护理专业课程体系，139名毕业生领“毕业证+救护员证”双证毕业。推动救护员培训向重点人群覆盖，联合区公安分局开展全区辅警救护员培训8期，受训864人。区拘留所红十字应急救护培训基地，举办被拘留人员救护员培训14期，受训724人。举办教育系统救护师资培训班2期，新增131名教师成为救护师资。

【人体器官捐献工作】 2021年，萧山区红十字会开展人体器官捐献者子女“小桔灯”助学项目，为13名在读子女发放助学款3.3万元，为10名人体器官（遗体、角膜）捐献志愿者家庭，发放慰问款19万元。在区二级以上6家医院急诊科、重症监护室（ICU）张贴人体器官捐献宣传动员海报。

【叶灿飞捐献造血干细胞】 2021年1月，萧山区红十字会联合区无偿献血服务中心设立区首个造血干细胞采集点。5月，萧山区闻堰派出所辅警叶灿飞造血干细胞与患者匹配；9月17日，完成造血干细胞捐献工作，成为区公安系统首例、区第14例造血干细胞志愿捐献者。区公安分局、镇（街道）、村（社区）等有关人员对叶灿飞进行慰问，《人民日报》、新华社等媒体转载报道。

（富　慧）

2021年9月17日，叶灿飞捐献180毫升造血干细胞混悬液　（区红十字会 提供）

法　治

政法委与综治

【概况】 2021年，萧山区统筹发展与安全，创新基层治理模式，推进数字法治建设，服务新冠肺炎疫情防控和经济社会发展大局，以“平安护航建党100周年”为主线，落实维稳安保各项措施，“平安萧山”建设获十六连冠。区委政法委被授予区劳动模范称号2人，获市委政法队伍教育整顿个人三等功1人，获评省平安护航中国共产党成立100周年成绩突出个人1人。

【社会稳定维护】 2021年，萧山区完成重大活动和重要节点维稳安保任务。重点行业领域落实“精细化”排查，对涉众型经济案事件、环保邻避、征地拆迁、城市建设、房地产等重点行业领域开展重大涉稳风险排查，及时掌握预警信息，全年排查梳理涉稳风险事项53件。根据形势变化，把“双减”（减轻学生作业负担和压减学科类校外培训机构）、“双非”（防止耕地“非农化”“非粮化”）及恒大房产因资金链断裂导致无法按期交房等问题纳入“项目化”监管，及时跟进并稳妥处置。完成全市重大决策风险评估试点工作，探索构建“11131”（1个风险评估实施细则，1套风险评估指导办法，1个评估实体运营平台，3支风险评估队伍，1个数字化研判评估系统）风险评估体系，管理更加规范科学。9月26日，全市重大决策风险评估现场会在萧山区召开。

2021年9月13日，萧山区“钉管用”数智治理系统启动　（区委政法委 提供）

【“平安萧山”建设】 2021年，萧山区提升“平安萧山”建设能力和水平。完善平安工作体系，推动数字赋能平安村（社区）建设，系统提升平安村（社区）工作，研发“数字赋能平安村（社区）”系统、搭建“平安村（社区）数字工作室”平台、组建“小脑＋手脚”（镇街综合指挥室和派出所综合指挥室＋由各行政综合执法队伍与辅助执法力量）基层治理队伍，实时在线展示平安村（社区）“双十条”（十条过程性，十条结果性）指标，丰富在线警务站、交治站、消防站等应用场景。健全治理机制，针对平安建设短板和风险隐患趋势特点，开展电信网络诈骗、“三源”（警源、访源、诉源）治理、房产纠纷、安全生产、工程欠薪、金融风险等风险隐患“十大专项治理行动”。至年底，全区发生命案6起、火灾事故163起、交通亡人事故93起、电信诈骗案件5968起，分别比上年下降33.3%、10.4%、19.1%、21.2%；交通事故死亡人数96人，首次下降至100人以内，比上年下降17.2%。设定平安建设重点区域和突出问题挂牌整治内容，确定治安问题、电信网络诈骗、交通安全、消防安全等10个领域的挂牌整治重点，确定市级挂牌7个、区级挂牌25个，村（社区）挂牌19个。

2021年11月5日，萧山区社会矛盾纠纷调处化解中心人民来访联合接待窗口接待来访群众

（区矛调中心 提供）

【基层治理推动】 2021年，萧山区以“1141”［1个区级综合信息指挥中心、1个镇（街道）级综合信息指挥室、4个平台工作机制、1支全科网格队伍］基层社会治理体系为依托，完善工作机制，夯实基层基础，提升治理能力。在全市首创“1055”（10分钟受理、5分钟指派、5天内办结，指挥中心全天候值班，联动部门全天候受理）全天候快速响应机制，推动基层治理力量按照“统一指挥、部门协同、应急联动、高效处置”的要求，及时发现和处置各类事件。以化解重复报警的重大矛盾纠纷为突破口，推动“千起重点矛盾纠纷”化解行动，梳理2019—2021年重复报警案件，确定重点矛盾纠纷，依托综合工作平台、综合执法平台、市场监管平台、便民服务平台，基层治理“四平台”和镇（街道）“小脑＋手脚”开展联动攻坚化解。至年底，千起矛盾化解率92%，重复警情比上年下降14.6%。

【数字法治建设】 2021年，萧山区履行数字法治牵头抓总职能，会同有关部门推进数字化项目落地见效。构建“1+N”（1个区级数字法治分门户，N个省市规定项目和区级拓展项目）数字法治构架，承接省市应用项目6个，拓展区级特色创新应用项目20个，完成项目9个。“社会治理全量信息视图”项目纳入全省数字法治系统多跨场景清单和省揭榜挂帅项目；区公安分局聚焦瓶装燃气行业监管难，通过对气瓶建档，来源可溯，建设“数治瓶安”应用。“数治瓶安”项目被市场监管总局列为全国试点。推进“亚运兴城”攻坚年数字赋能工程的14个大项、32个小项项目建设有效落地，部分项目为政法委全量信息视图、区公安分局视频解析中心建设、大数据管理服务中心一体化数字驾驶舱建设、城市管理智慧市政等，提前完成建设并投入应用。创新开展“钉管用”数智治理模式，落实“一网统管、系统集成、全程闭环”工作要求，实现事件全流程闭环处置，为基层社会治理智能化奠定基础。

【政法队伍教育整顿】 2021年，萧山区组织开展政法队伍教育整顿。下设“一办四组”（区委政法队伍教育整顿领导小组办公室，综合协调、线索工作、顽瘴痼疾整治、舆论宣传4个专项组），会同纪委、组织、税务、市场等部门整体推进。开展政治轮训6期，政治教育259次、警示教育243次、英模教育19次。制订“1+5”顽瘴痼疾专项整治实施方案（区政法系统顽瘴痼疾专项整治实施方案，区委政法委、区人民法院、区人民检察院、区公安分局、区司法局共同参与），召开不同层面座谈会130场，整改落实群众意见建议568条；落实“我为群众办实事”1190件；排查整改问题案件1807件，整治顽瘴痼疾问题37个，处理干警59人；建立完善制度性规定57个。

（殷　卓）

【社会矛盾调解示范点培育】 2021年，萧山区围绕推进社会矛盾纠纷综合治理机制，提升镇（街道）、村（社区）两级“矛调中心”规范化建设。临浦镇、宁围街道、新塘街道、党湾镇4个镇（街道）矛盾调处化解中心，北干街道广德社区、戴村镇佛山村等24个村（社区）中心提档升级为市级示范样板。

【“三源”治理专项行动】 2021年，萧山区以诉源、访源、警源“三源”治理专项行动作为提升社会治理体系和治理能力现代化抓手，并列入全区风险隐患“十大专项治理行动”。召开全区会议专题推进，通过汇总分析、要案会商、领导包案等机制，推动工作落实。组织全区203名专职调解员进行业务素质考试，涵盖镇（街道）级调委会及重点村（社区）22个，形成建议类专题调研报告，推动诉源治理融入基层社会治理。经过2个月攻坚行动，全区诉前调解成功率上升10.9%，各镇（街道）、平台参与诉前调处案件数量及化解成功率均得到大幅提升。

【专兼职调解员培训】 2021年，萧山区提升调解案件奖补额度；首次赋予40名基层优秀调解人员年度疗休养待遇。开设“和·携”讲堂，举办讲座15期，邀请一线骨干法官、优秀调解员主讲，以视频形式覆盖全区专兼职调解员，受训人员达2000多人。实施“双向派驻”制度，对28名镇（街道）专职调解员进行驻区中心及基层法庭4期轮训；派出20名法官下沉镇（街道），开展业务指导和巡回审判，指导“共享法庭”（调解指导、网上立案）建设，形成“村（社区）就地调、法官指导调、镇（街道）中心综合调”模式。

【线上线下矛调中心建设】 2021年，萧山区推广浙江“解纷码”应用（线上矛调中心），实现解纷需求受理“最多跑一地”到“只用扫一码”，解纷需求从受理到调解线上线下无缝对接。制定《平安村社派单规则》，实现基层治理综合工作平台、综合执法平台、市场监管平台、便民服务平台“四平台”系统，与省矛调协同系统之间一窗受理、双向流转。出台具有萧山区特色的区级社会矛盾纠纷调处化解中心12项指导意见，根据任务要求及时增加专业调委力量，全区新成立综合调委会、银保调委工作室、金融纠纷调委会等。

（姚　璐）

法治政府建设

【概况】 2021年，中共萧山区委首次召开法治萧山建设工作会议，制定实施《关于全面加强法治萧山建设的若干意见》；全面依法治区委员会第三次（扩大）会议召开，制定法治萧山建设重点工作清单；区委常委会2次听取法治工作汇报。推进法治政府建设，重大行政决策、行政规范性文件、行政机关合同等各类涉法事务形成合法性审查闭环，行政诉讼败诉率、行政复议纠错率连续两年实现双下降，法治化营商环境持续优化；全面推进公正司法，深入开展政法队伍教育整顿；稳步推进法治社会建设，数字法治开辟新局。协调推进习近平总书记重要讲话任务清单分解落实、行政争议“两高一低”专项整治、法治浙江示范区创建、法治萧山建设六大专项、“亚运兴城·法治护航”九大行动、全区首届“十五大法治影响力事件”评选发布。区委法治办（区司法局）“十项制度”破解行政争议“两高”难题获评全省县乡法治政府建设“最佳实践”，行政执法“公述民评”被列为全省县乡法治政府建设“最佳实践”重点培育项目，获评全市首届“十大法治实践”和全市有辨识度有影响力法治建设成果并推广；区市场监管局“数治瓶安”、区公安分局“三位一体”执法管理中心、“公述民评”3个项目获评全市有辨识度有影响力法治建设成果。

【萧山区获评法治浙江（法治政府）建设示范县（市、区）】 2021年4月25日，中共浙江省委召开法治浙江建设工作会议，会上萧山区首次获评法治浙江（法治政府）建设示范县（市、区）。萧山区深入推进全面依法治区，区委常委会专题听取和研究法治建设工作，出台《关于全面加强法治萧山建设的若干意见》；区政府建立法治政府各项工作机制，多次研究法治政府建设重点难点工作，区长、副区长带头出庭应诉。针对行政争议“两高一低”（发案量高、败诉率高、调撤率低）问题，部署开展专项整治行动，并推出“十项制度”进行攻坚。全区各镇（街道）和相关部门，均建立法治建设领导小组，明确职责、任务和工作机制。12月3日，萧山区在全省首创开展的行政执法“公述民评”活动，获评杭州市首届“十大法治实践”。

【合法性审查】 2021年，萧山区落实重大行政决策项目依法决策机制，在区人民政府门户网站公开2021年区政府重大行政决策事项目录，涉及编制《杭州市萧山区国民经济和社会发展第十四个五年规划和二〇三五年远景目标纲要》等5个事项。区司法局法律事务科全年审核政府决策事项150多件，参与各类专题协调会议200多次，针对会展、文旅融合和全域旅游、科技创新等领域涉企文件合法性提出审核意见100多条，审查以区政府名义签订各类合同61件，审查以区政府名义发文行政规范性文件10件，梳理全区行政规范性文件443件，涉及“烦企扰民”文件20件、废止11件、修订1件，拟废止5件、拟修订3件。备案审查部门、镇（街道）行政规范性文件60件，提出前置审查意见90多条。

2021年12月3日，萧山区举行“12·4”国家宪法日暨行政执法“公述民评”主题活动。图为任命首批行政复议员

（区委政法委 提供）

【行政复议应诉】 2021年，萧山区履行行政复议诉讼职能，探索建立行政复议员制度，区政府任命首批行政复议员12名。全年，处理行政复议案件666件，接待申请人各类咨询1843人次，受理行政复议案件353件、审结370件、纠错46件，纠错率为12.4%。区行政复议局办理涉及区政府行政诉讼案件70件，代表区政府出庭应诉35件，区政府领导出庭应诉11次。调解行政复议案件338件，调解率为59.9%。

【行政执法监督】 2021年，萧山区确认公告全区行政执法主体98家，行政执法人员集中换证2896人，行政执法人员持证率95.4%。监督涉民某早教中心虚报冒领骗取财政资金行政处罚案、李某某未经许可擅自从事道路危险货物运输行政处罚案、浙江某汽车配件批发公司提供不真实统计资料行政处罚案等区首批十大行政执法典型案例，落实行政处罚文书公开和重大行政行为备案制度。

【法治社会建设】 2021年，萧山区以省级“民主法治村（社区）”创建为抓手，推广“新无忧”等基层治理模式。宁围街道宁东社区、新街街道元沙村、益农镇东村村等20个村（社区）成功创建省级“民主法治村（社区）”。培育“法律明白人”1621人，“法治带头人”546人，“遵纪守法示范户”564户。推进人民调解积案抢单系统建设，实现人民调解积案难案兜底化解。推行法律援助“容缺受理”“经济困难状况承诺制”等便民举措。开发“互联网+公证”应用，设有在线存证系统、公证远程通小程序，“浙里办”App及“萧山司法”微信公众号均能实现网上办证及咨询功能。

（顾　青）

公安

【概况】 2021年，萧山区公安分局聚焦中国共产党成立100周年安保维稳主线，围绕“亚运总牵引·数智新公安”思路，推进公安数字化改革，做好防风险、战疫情、保安全、护稳定、促发展各项工作，为全区经济社会发展营造良好的治安环境。行政处罚、刑事强制分别比上年上升30.8%、1.5%；刑事警情、致人死亡交通事故分别下降8.2%、15.2%，主要业务数据呈现“两升两降”良性发展趋势。2月，区公安分局被国务院食安委授予“全国食品安全工作先进集体”称号；12月，被全国妇联授予“全国维护妇女儿童权益先进集体”称号。是年，全区公安机关获集体二等功1个、集体三等功9个、集体嘉奖21个、个人三等功53个、个人嘉奖222个。

【大案要案侦办】 2021年，萧山区公安分局集中全局专业研制力量和31项最高查询权限，组建4支针对不同犯罪类型的队，成立4个专家工作室，凝聚分局最强战力，为“打新型、打要案、打团伙”提供动能。常态化推进扫黑除恶专项斗争，打击恶势力犯罪集团4个，九类涉恶罪名刑事强制措施416人。侦破国家三部委督办的“国金国客”特大网络组织领导传销案、部督“浙017”跨境赌博案、部督“3·18”网络组织卖淫案、省标47号贩毒案等重大案件，破获命案积案3起。

【打击民生领域犯罪】 2021年，萧山区公安分局严厉打击涉及食品、药品、环境等民生领域犯罪，破获毒牛肚、私屠生猪等部督案件3起，破获省标案件11起。区公安分局获全国食品安全工作先进集体，周巨匡获评全国打击危废环境污染犯罪行为活动突出个人，区公安分局环食药实验室获全国公安首家CMA（中国计量认证）检测资质。

【危险物品管理】 2021年，萧山区公安分局根据危险物品日常监管工作要求和亚运安保需求，对451家危险物品从业单位开展监督检查5500多次，发现问题及安全隐患367处，全部责令并监督单位完成整改；行政处罚涉危单位17家。部署开展打击整治枪爆违法犯罪专项行动，收缴各类枪支32支、仿真枪123支、各类弹药530发、管制器具29把，发放宣传资料1万余份。全年未发生公安机关列管危险物品丢失、流失、被盗抢案事件。

【出入境服务管理】 2021年，萧山区公安分局开展出入境“1+1”融合服务试点，成为全国公安机关深化“三非”专项治理加强外国人管理工作会参观点。完善签证工作流程，注重签证事由实质性审查，开展绿色通道服务37次，被省公安厅评为一类签证点。全年受理中国公民各类因私出国（境）证件及签注申请9225件，受理外国人各类签证、居留许可986件；查处涉外案事件135起，办理组织他人偷越国边境刑事案件25起。

【户籍管理】 2021年，萧山区公安分局共办理出生申报11179人、死亡注销6716人、户籍迁入19594人、户籍迁出1735人，办理省内居民身份证68836张、临时居民身份证9068张，受理省外异地身份证47931张，办理挂失申报、解挂46238张。完成全区户籍存量档案电子化工作。该项工作自2019年启动，历时3年，投入1400万元，扫描户籍档案1548万页，录入户籍信息1834万条。

【道路交通治理】 2021年，萧山区公安分局开展千警进镇村、南片地区百日攻坚等交通整治专项行动8次，治理道路隐患2.7万处，宣传教育273万人次，查处交通违法139.5万起，致人死亡交通事故96人，首次降至两位数。

【疫情防控安全保障】 2021年，萧山区公安分局落实常态化新冠肺炎疫情防控，坚持“动态清零”“精密智控”，全年核查数据23万条、纳入管理4.05万人，服务萧山机场转运入境人员1041个航班、11.63万人，确保隔离点、疫苗接种点等场所秩序平稳。严格羁押场所防疫措施，确保内部安全无事故。面对12月7日的新冠肺炎疫情，启动二级战时响应，投入警力1.5万人次，为全区疫情防控提供安全保障。

2021 年 9 月 10 日，萧山区公安分局在奥体中心广场举行亚运安保倒计时 1 周年誓师大会　　（区公安分局 提供）

【“护航 2021”营商环境优化活动】 2021 年，萧山区公安分局开展“护航 2021”活动，侦破涉企案件 62 起，其中假冒注册商标、合同诈骗等涉重点企业案件 15 起，研发“风险私募监测预警平台”，排查发现未备案私募机构 199 家，成功挤压高风险机构 5 家。9 月 26 日，杭州（萧山）移民事务服务中心启用，7 月 6—8 日，全国公安机关深化“三非”外国人管理现场会将杭州（萧山）移民事务服务中心设为观摩点。

【公安“一窗通办”】 2021 年，萧山区公安分局升级“一窗通办”，完善前端全科受理、后台集中办理、窗口分级出件模式，办理通办业务 6.51 万起。推进“车检”一件事集成改革，推广“交钥匙”免费代检服务，机动车检测时间从 90 分钟缩短至 30 分钟，群众好评在 98% 以上。创新开展出入境证件“全域通办”，在全省公安“全域办”现场会上介绍经验。

【亚运安保】 2021 年，萧山区公安分局实体运作亚运安保“一办九组”（亚运安保办公室、赛事安保组、证件管理组、基础管控组、打击整治组、立体防控组、交通安保组、数字赋能组、队伍保障组、后勤保障组），开展智慧安保五大体系 17 大项、29 小项重点任务建设；印发亚运“安保工作年”实施方案，部署备战、临战、决战三阶段重点；举行倒计时一周年誓师大会等活动 5 场，开展安保工作测试赛 2 场。区公安分局组建奥体中心体育馆、游泳馆，杭州棋院，国博壁球馆，萧山体育中心，瓜沥文体中心，临浦体育馆，浙师大手球馆，奥体中心综合训练馆 8 个亚运场馆建设小组，落实同步施工、同步监管措施，确保亚运场馆建设安全。开展“五清”（清实有人口、实有房屋、重点事物、重点场所、风险隐患五类基础要素）行动 10 轮，新登记流动人口 38.38 万人，查处流动人口类案件 2094 起，消防处罚 1351 起，夯实安保基础。区公安分局成立亚运场馆专职安保团队进驻场馆开展流线设计、测试赛等筹备工作，为场馆安保奠定基础。制定亚运安保尖端团队专项练兵工作方案，组建尖端团队 10 支，编写课程教案 37 门，组织开展全警普训和专项培训 53 期、1500 多人次。

【公安数字赋能】 2021 年，萧山区公安分局推进“中心点、赛事侧、社会面”三级多元智慧指挥体系建设，研发 AR（虚拟现实）数智安保平台，得到市公安局认可并全市推广。打造无人机监测反制平台，查处无人机“黑飞”19 起。建设智慧公安检查站，实现“无感安检”，在 11 月 29 日举行的全省公安检查站建设经验现场交流活动上发言并全省推广。推进智慧交通“全息路口”“一键护航”项目，其中“一键护航”获亚太区智慧城市大奖暨中国智慧城市行业大奖优秀奖、省城市大脑场景应用优秀案例。

【电信诈骗治理】 2021 年，萧山区公安分局根据区委常委会专题研究部署电诈治理工作要求，将防范电信网络诈骗工作列入区委“十大专项治理行动”和区政府“十大攻坚项目”，出台反诈“十条”，构建全民反诈格局。萧山电信诈骗发案从 5 月 19 日起出现拐点，发案数量比上年下降 21.1%，打击次数增长 76.5%，落地预警 30.9 万条，劝阻金额 3000 多万元，追赃挽回损失 1800 多万元。全年全区电信网络诈骗发案 5963 起，涉案金额 3.74 亿元。区公安分局在全省打击治理电信网络新型犯罪工作推进会上作交流发言。

【重点单位安全保卫】 2021 年，萧山区公安分局推进单位内部防控网络建设，创建“智安单位”115 家，其中校园 82 家、银行 22 家、高校 2 家、博物馆 2 家、油气粮 3 家、医院 4 家，增强单位智能化治安防控和应急处突能力，提升防范化解各类风险能力。确定市级重点企业 6 家、区级重点企业 25 家，创新联络警官工作机制，帮助企业协调、解决问题，护航企业健康发展。加强校园安全保卫工作，全区中小学与城市、城镇幼儿园专职保安配备率 100%；中小学、城市幼儿园封闭化管理率 100%；中小学与城市、城镇幼儿园一键式紧急报警、视频监控系统达标率 100%；中小学幼儿园“护学岗”设置率 100%。

【公安融入“一网统管”】 2021 年，萧山区公安分局推动“152”工作体系和“141”［县级社会治理中心、乡镇（街道）基层治

2021 年 8 月 6 日，萧山区公安分局亚运安保尖端团队组织警务实战训练　　（萧公宣 摄）

理“四个平台”及村社网格］工作体系衔接贯通，以新塘街道“心无忧”数字治理模式为基础，融入全区“一网统管”建设，推动镇（街道）“小脑＋手脚”警网协同运行机制落地。开展非警务事件源头分流处置，分流1.37万起非警务事件至8个镇（街道），是上年同期派出所处置警情的三分之一。

资料：

“152”工作体系：一体化智能化公共数据平台，5个综合应用：党政机关整体智治综合应用、数字政府综合应用、数字经济综合应用、数字社会综合应用、数字法治综合应用；2个体系：数字化改革理论体系、制度规范体系。

【网络安全监管】 2021年，萧山区公安分局结合“净网2021”“护网2021”专项行动，走访检查联网单位58家，通报整改安全隐患55个，行政处罚单位41家。参与区互联网企业安全大会，实践网络“枫桥经验”，开展“百警进企业”活动，为企业提供指导服务，保障企业合法权益。围绕亚运网络安保要求，制订网络安保工作计划，对全区涉网单位开展排查、技术检测，强化基础设施网络安全防护。

【天网工程升级改造】 2021年，萧山区公安分局升级改造天网工程三期，布局重点领域、重点行业监控视频全量接入。启用具备前端、后端解析能力的视频智能解析中心，夯实现代警务数据基石。

【警务应用研发】 2021年，萧山区公安分局成立数字化改革专班，启用云啸研究院，召开全区公安数字化改革专题会，举行“智慧警务周”活动，以揭榜挂帅形式集中晾晒评比改革项目13项。“平安村社”在线应用获全省公安数改典型案例优秀应用，“易网办”成为全省公安执法数字化改革首批典型应用场景，4个项目入围市数字法治场景应用，3个模型入轨市局跑道。

2021年3月9日，萧山区见义勇为基金会在宁围派出所举行颁奖仪式

（区公安分局 提供）

【公安体制机制创新】 2021年，萧山区公安分局打造“一院六中心”（云啸研究院，侦查中心、队伍中心、情指中心、服务中心、执法中心、基础中心），探索情指勤舆、侦查打击、基层基础、执法管理、队伍保障等核心业务流程重塑，实践数字化条件下公安体制机制创新。对标省委数字化改革和未来社区建设要求，在世纪城派出所开展“未来派出所”建设，探索现代警务模式在派出所层面落地，两次在全省公安会议上交流发言。执行“负面清单”，制定《派出所办理刑事案件负面清单实施方案》，打破警种壁垒，凝聚打击合力，助推派出所回归基层治理主业。

【警情全程管控】 2021年，萧山区公安分局深化警情日清周结，制定《警情全程规范化管理工作机制》，实现警情全时空、全要素、全流程精准管理，被公安部法制局评为优秀执法制度。研发“盯关跟”系统（区公安分局自主研发的执法管理平台，从报警、受案、办案、结案，全流程巡查监督、预警提示执法问题），梳理执法管理节点208项，实现自动预警提示。至年底，在巡查项目同比增长42%情况下，执法问题下降12.8%。

【公安民警法治培训】 2021年，萧山区公安分局抓实领导干部“关键少数”，出台《中层领导执法管理履职“必修课”制度》，每月对中层履职情况进行挂榜晾晒，分析问题症结，跟踪问题整改。形成集“教学练战”一体的法治培训体系，组织抽考15场、930多人次，庭审旁听29期、320多人次，提升执法主体能力。

【公安民警队伍整顿管理】 2021年，萧山区公安分局开展队伍教育整顿，线上、线下填报问题2.87万个。对6名民警给予党纪政务处分，对39名民警给予“第一种形态”组织处理。研发“警管家”队伍管理系统，通过队伍数据自动分析，对民警、辅警开展精准画像，实现队伍全周期管理。

【“第二警队”持续优化】 2021年，萧山区公安分局首次面向全国招聘年薪制辅警选拔专业人才5名。成立杭州市首家“辅警学院”，加强辅警培训。出台10个辅警队伍管理办法和“八统一”（管理体系、招录程序、教育培训、队伍管理、层级职务、薪酬标准、标识标牌、绩效考核）标准，依据岗位年限和风险轮岗交流辅警156名，强化辅警严进宽出机制，提升队伍整体素质。

【萧山亚运安保数智交通实验室成立】 2021年5月31日，萧山亚运安保数智交通实验室成立。该实验室由萧山交警联合浙江浙大中控信息技术有限公司、浙江大学智能交通研究所、浙江工业大学计算机科学与技术学院、浙江大学建筑设计研究院有限公司、高德软件有限公司、上海晶众信息科技有限公司6家科研所及高新技术企业共同成立。实验室统筹各相关企业及科研院所的技术专长与科技优势，形成互补研发体系，孵化交通治理创新成果与应用，加快解决萧山交通管理中的突出问题。参与消防“三大领域”整治，火灾数量比上年下降 7.74%。

（张杭锋）

检察

【概况】 2021 年，萧山区人民检察院受理公安机关移送审查逮捕 1345 人，批准逮捕 821 人；受理移送审查起诉 3597 人，提起公诉 2292 人；立案监督 9 人，监督撤案 16 人，发出纠正违法通知书 12 份，追捕、追诉漏犯 95 人；提起刑事抗诉和再审检察建议 8 件。落实宽严相济刑事政策，适用认罪认罚从宽制度 1982 件、2824 人，适用率为 88.4%；对犯罪情节轻微，不批捕 323 人、不起诉 899 人。生效裁判监督中向法院提出再审检察建议 23 件，提请抗诉 1 件，法院年度内改判 25 件。加强与法院协作配合，依法办理虚假诉讼案件 23 件。集中开展行政非诉执行监督、终本案件恢复执行监督等专项活动，制发检察建议 35 份，化解行政争议案件 7 件。发出行政公益诉讼诉前检察建议 60 份，行政机关均整改落实。

【打击经济领域犯罪】 2021 年，萧山区人民检察院运用打击、预防、服务等检察职能，助力新冠肺炎疫情背景下民营企业复工复产。坚决打击破坏社会主义市场经济秩序犯罪，起诉非法经营、强迫交易、传销等犯罪 257 人。惩治侵害民营企业合法权益的犯罪，对企业管理层涉经营类犯罪，做到依法慎捕、慎诉。办理 1 起在企业并购领域针对上市民营企业虚假诉讼型诈骗案，依法追诉 3 人，避免企业经济损失 2100 万元，并入选最高人民检察院“依法追诉诈骗犯罪典型案例”。针对办案中发现辖区内较多印染企业存在危险废物处置不当问题，向企业制发法律法规指引，促进合规经营。

【涉网犯罪整治】 2021 年，萧山区人民检察院针对传统犯罪加速向网上蔓延态势，加大整治涉网犯罪力度，起诉各类涉网络犯罪 478 人。参与打击治理电信网络诈骗犯罪攻坚战，起诉电信网络诈骗犯罪 106 人。适应网络犯罪治理形势发展要求，区人民检察院联合区公安分局成立反诈小组“春雷”数字工作室，推进网络秩序综合整治。

【涉检信访处理】 2021 年，萧山区人民检察院加强初信初访工作，依托“12309”中国检察网、“浙江检察”App 和“12309”检察服务热线等平台，提高群众信访件接收、登记和回复工作效率，实现“让数据多跑路、让群众少跑腿”。推进群众来信件件有回复、检察长接访办案等制度，与区社会矛盾调处化解中心，构建涉检信访矛盾多元化解机制，及时妥善处理各类群众信访 293 件。推动司法救助与精准扶贫相衔接，为因案致贫、因案返贫的 37 名困难群众提供司法救助，发放救助金 78 万余元。

【公益检察诉讼】 2021 年，萧山区人民检察院依法履行公益诉讼职能，聚焦群众“舌尖”安全，开展关于冷链食品、冷鲜禽、潮面等问题的公益诉讼专项监督行动。开展红色军事文化史迹专项保护行动，推进落实区烈士纪念设施、不可移动革命文物的管护；开展信息无障碍公益诉讼专项监督，推动 148 个公共停车场残疾人停车优惠减免政策落地。

【检察推进反腐】 2021 年，萧山区人民检察院加强与区监察委协作配合，依法提前介入职务犯罪案件，强化证据审查，净化政治生态，起诉 19 人。所前镇包括党委书记在内的 8 名公职人员受贿、贪污及 6 名利益相关人行贿窝案全部被起诉。依法履行司法工作人员 14 类罪名职务犯罪侦查职能，查办 13 人。

2021 年 6 月 7 日，萧山区人民检察院对一起司法救助案件进行公开听证

（区人民检察院 提供）

【刑事检察】 2021 年，萧山区人民检察院发挥刑事检察打击犯罪职能，助力维护大局稳定。推进扫黑除恶专项斗争常态化，办理黑恶案件 5 件、11 人，全面倒查省扫黑办挂牌督办案件 6 件。起诉危害公共安全犯罪 483 人，起诉重罪刑事案件 87 人。开展安全生产公益诉讼专项监督，依法办理全市首例非法储存危险化学品的危险作业案。起诉侵犯财产类犯罪 575 人。

【民事行政检察】 2021 年，萧山区人民检察院加强民事生效裁判监督，监督涉虚假诉讼案件 23 件，涉及金额 480 万元，均提出再审检察建议。加强行政争议实质性化解，在办理赵某某与省自然资源厅的政府信息公开检察监督案过程中，通过历史资料查阅、实地走访调查、释法说理等方式，推动化解当事人与行政机关之间长达3年的讼争矛盾，最终当事人主动向检察机关撤回抗诉申请。由该案形成的类案办理经验获得全市推广。

【检察服务】 2021年，萧山区人民检察院强化律师权益保障，通过检察监督解决律师履职中的会见、阅卷等困难，依法监督纠正执法司法机关阻碍律师刑事诉讼权利案件1件。依托浙江检察移动检务平台，为律师、当事人、代表委员和社会公众提供“一站式”移动办事服务。通过线上申请、先行垫资、公开听证和综合救助等方式，实现司法救助申请“最多跑一次”。“12309”检察服务中心常驻区社会矛盾纠纷调处化解中心，助力矛盾纠纷调解“最多跑一地”。制作检察服务宣传手册，细化服务清单，提升服务品质。深化“民情双访”，领办为民实事23件。

2021年10月9日，萧山区人民法院公开庭审并当庭宣判一起涉亚运侵害特殊标志专有权及不正当竞争纠纷案件　（区人民法院 提供）

【未成年人涉案检察】 2021年，萧山区人民检察院持续推进未成年人检察工作社会支持体系建设，完善未成年人司法社工工作规范机制。全区有专职和兼职社工58人，开展服务260多人次，帮助涉案未成年人39名回归社会、重返校园。10月，区检察院被确定为全国未成年人检察工作社会支持体系示范建设单位。开展未成年人保护示范区创建，试点开展强制亲职教育。全国首创的侵害未成年人案件强制报告制度，12月入选杭州市首届“十大法治实践”，获评区“十五大法治影响力事件”。

【数字检察改革】 2021年，萧山区人民检察院依托区数字化改革特派员制度，打造法律监督数字研判中心，加强技术、数据与业务融合，依法对一起跨境电信网络诈骗系列案追诉漏犯13人，增加认定涉案金额4500万元。出台落实“数字法治”系统建设任务工作方案，专班化运行、项目化推进重点项目11项。搭建“向阳守护·未检亲职教育工作系统”，探索实践全省检察机关“智慧政工”试点，研发“少捕慎诉慎押”线索识别系统，推动数智检察建设提质增效。

（王瑞瑞）

法院

【概况】 2021年，萧山区人民法院收案3.43万件，至年底审结3.23万件，未结案5427件，一审判决改判发回瑕疵率0.2%。3月31日，南阳人民法庭揭牌；8月13日，区人民法院义蓬人民法庭转隶钱塘区人民法院，9月人员调整到位；11月18日，宁围（亚运村）人民法庭揭牌。

【重点工作司法保障】 2021年7月29日，萧山区人民法院出台《关于为中国（浙江）自由贸易试验区杭州片区萧山区块建设提供司法服务和保障的意见》，成立全省首家空港板块物流（快递）行业协会“共享法庭”。“共享法庭”有六大功能：调解业务指导、网上立案、在线诉讼、普法宣传、基层治理、调解培训。10月26日，印发《关于为萧山奋力打造新时代共同富裕新标杆提供司法保障意见》，助推经济社会高质量发展，服务生态文明建设、乡村振兴等中心工作。常态化开展扫黑除恶专项斗争，全年审结涉黑涉恶刑事案件5件、14人，维护社会安定有序。推广线上诉讼，网上开庭648件，运用执行全案委托机制，相互委托执行案件162件，执行到位案件标的2819万元，保障新冠肺炎疫情防控常态化下防疫办案“两不误”。开展院领导下基层大接访、大走访活动，化解信访案件33件，其中10年以上积案1件。

【审判管理】 2021年，萧山区人民法院自主研发案件实时监管平台，实时展示收结案、终本案件、结案未归档案件数等24大类核心业务指标数据，预警亮灯长期未结案、案款发放、多次开庭情况等10大办案堵点。发挥审判委员会、专业法官会议解决法律分歧作用，推出审判委员会快报，就“法官释明”“虚假诉讼识别”等审理共性问题。建立发改、再审、信访案件质量分析机制，吸纳员额法官、法官助理进入评查组，强化质量管控部门协同。

【司法护航“亚运兴城”】 2021年，萧山区人民法院妥善审理涉亚运场馆建设纠纷12件。宁围（亚运村）人民法庭获省高院批准，集中管辖省内涉亚运知识产权部分民事案件。扩大涉亚运知识产权典型案件示范效应，全程直播国内首例涉杭州亚运会知识产权案件，庭审原告2022年第19届亚运会组委会诉被告杭州龙都置业有限公司、杭州百房网络科技有限公司、北京百度网讯科技有限公司侵害特殊标志专有权纠纷案件。

【刑事审判】 2021年，萧山区人民法院新收刑事案件1637件，审结1658件、判处罪犯2413人，推进扫黑除恶专项斗争常态化。审结危险驾驶、交通肇事等危害公共安全案件442件、445

人；审结故意伤害、强奸、非法拘禁等侵犯人身、民主权利案件208件、250人；审结盗窃、诈骗、职务侵占等侵犯财产案件392件、625人；审结开设赌场、赌博、帮助信息网络犯罪活动等妨害社会管理秩序案件355件、727人，依法审理于宗辉等15人跨境开设赌场案。

【民商事审判】 2021年，萧山区人民法院新收民商事案件21536件，审结19543件，开展民事繁简分流改革试点；审结医疗损害、提供劳务者受害、交通事故等案件1814件；审结婚姻、继承、赡养等家事案件1686件；审结买卖、担保、承揽等商事纠纷11624件；审结涉外、涉港澳台商事案件382件，平等保护中外市场主体。

【环境资源审判】 2021年，萧山区人民法院审结涉环境资源案件33件。打击破坏环境资源犯罪行为，审结涉环境资源刑事案件15件、38人，判处实刑18人；加大对财产刑的处罚力度，判处罚金197.9万元。保障行政处罚的强制执行，裁定涉环境保护强制执行案件11件，涉案标的317.59万元；监督行政机关履行职责，审结涉环境资源行政案件1件。10月起，涉环境资源刑事、行政、民事“三合一”案件由宁围（亚运村）人民法庭集中办理，提升环境资源审判专业化水平。

【涉企民商事纠纷审理】 2021年，萧山区人民法院审结涉企民商事纠纷1.12万件，标的额81.4亿元。完善买卖合同“快立快审快执”绿色通道，推行企业送达地址承诺制度，提升送达速度，缩短买卖合同案件审理时间。推进破产工作，出清土地资源91.15公顷、房产面积53.2万平方米，盘活资产12.5亿元；“东方文化园系”公司破产重整成功，化解不良债务逾40亿元，被评为杭州法院破产办理十大典型工作举措。

【行政审判】 2021年，萧山区人民法院审结行政案件421件。不断强化府院良性互动，人民法院坚持每月分析、通报各镇（街道）行政争议发案量态势、败诉原因等，联合区司法局走访行政争议高发单位进行“面对面”指导，帮助提升依法行政能力。区行政机关在区人民法院败诉率12.3%，比上年下降6个百分点。建立健全行政机关败诉预警机制，通过提前告知预判败诉风险，促进行政机关主动解纷，发送风险预警告知函45份，促成和解撤诉13件。

【案件执行】 2021年，萧山区人民法院执结执行案件8888件，执行到位资金15.93亿元。公布失信被执行人8702人次，限制高消费8995人次，罚款1124.04万元，司法拘留58人次；推行预罚款、预拘留等措施，敦促1806名被执行人自动履行义务，敦促到位金额3.83亿元。开展终本案件“回头看”，恢复执行案件1536件，执行到位资金6.97亿元。

【民事诉讼改革】 2021年，萧山区人民法院推进民商事领域繁简分流基础上的随机分案改革，探索审判辅助事务集约化改革，构建符合司法规律的分层递进、繁简结合、供需适配的新型审判权力运行机制。成立案件质量管理委员会，构建评查、考核、培训、纪律、制度完善等全链条闭环管理，下设质量评查组、质量监测与技术保障组、理论研究与制度完善组、专业学习与培训组、审务督察与权益保障组5个小组，完善案件质量管控体系。

【诉源治理】 2021年，萧山区人民法院助推“信访打头、调解为主、诉讼断后”的区三级社会矛盾纠纷调处化解中心建设，被评为全省法院诉源治理成绩突出集体。深化多元化纠纷解决机制改革，在物业、房产、婚姻、交通、买卖等纠纷领域与14家相关调解组织建立诉调对接机制。推广“浙江解纷码”应用，诉前化解纠纷共1452件。

【数字法院建设】 2021年，萧山区人民法院上线智能化监管，搭建案件实时监管平台，实时展现案件收、结、存等24大类核心业务指标数据，对多次开庭、长期未结案、超期案款发放、结案未归档等十大办案堵点预警亮灯，实现智能监管。攻坚法律文书送达难题，形成以移动微法院、“E键送达”等线上为主、线下为辅的送达体系，智能化送达率为90%。95%以上电子卷宗自动归目，81%纸质档案精简归档，实现无纸化办案。深化“最多跑一次”改革，在全市首推执行领域不动产司法处置“一件事”改革，促成设立区不动产登记服务中心“一件事”专窗。自研开发“刑程通”智能设备，打通羁押被告人刑事文书送达“最后一公里”，向700多名羁押被告人送达各类文书1700多件。

【“共享法庭”推广】 2021年，萧山区推动建成镇（街道）“共享法庭”19家、村（社区）“共享法庭”220家、特设“共享法庭”5家。省高级人民法院利用益农“共享法庭”成功调处2起行政诉讼申请再审案件，被《人民日报》报道。区人民法院联合区工商联共建“多元化商事纠纷化解”案例，入选全省优化营商环境20强榜单。

【分调裁审一体化】 2021年，萧山区人民法院围绕分流、调解、速裁、快审4个核心要素进行多元调解优化和繁简分流改革，形成“社会调解优先，法院诉讼断后”格局。完善诉前调解分流机制，推进纠纷分流工作，在区矛调中心设置综合服务窗口，引导当事人到相应的镇（街道）或专业行业调委会先行调解，完成纠纷第一道分流；制定详细的诉前纠纷分案标准，与各镇（街道）调委会、行业专业调委会对接，发挥多元解纷力量，进行纠纷分流调解。至年底，区人民法院诉前调解成功8190件，诉前纠纷化解率37.32%。11月，成立速裁团队，对简单案件进行速裁快审。至年底，速裁结案563件。

【司法责任制落实】 2021年，萧山区人民法院落实院长、庭长办案机制，院长、庭长常态化带头办理疑难复杂案件，结案1.2万件。构建案件质量管控体系，出台《杭州市萧山区人民法院审判委员会工作规则（修订）》《杭州市萧山区人民法院专业法官会议工作指引》，落实类案和关联案件检索规定，促进裁判尺度统一。抓好长期未结案清理工作，至年底，12个月以上未结案剩余1件，为近10年最低。

（冯　超）

司法行政

【概况】 2021年，萧山区为推进“亚运国际城·数智新萧山”建设、打造“重要窗口”示范样板和新时代共同富裕新标杆提供法治保障。区司法局统筹推进法治萧山建设，促进矛盾纠纷化解、强化特殊对象监管、优化公共法律服务，深化律师行业管理，加强普法宣传教育，充分发挥司法行政职能作用。首获法治浙江（法治政府）建设示范区，形成行政执法“公述民评”、合法性审查最佳实践等一批省市有辨识度、有影响力成果。区司法局被评为2016—2020年全省依法治理创建活动先进单位、全省司法行政系统政务信息工作考核优秀单位、全市司法行政系统综合督导优胜单位。瓜沥司法所被评为省“枫桥式”司法所。

【社区矫正】 2021年，萧山区落实《中华人民共和国社区矫正法》，实现镇（街道）一级矫正委员会全覆盖，推进村（社区）矫正工作站建设，构筑区、镇（街道）、村（社区）三级社区矫正基层治理实体平台网络，探索精准矫正应用场景。开展社区矫正对象学思想、学党史、学法律、学技能、做合格公民的“四学一做”修心教育主题活动。列管社区矫正对象1700多名，未发生脱管、漏管及重大刑事案件。

【安置帮教】 2021年，萧山区完善监地衔接机制，与监狱建立联合帮教机制5所。建立安置帮教培训基地，开展安置帮教技能培训2次，40名被安置帮教人员参与技能培训。全面实施刑释解矫人员“四色管理”，建立职业技能帮教基地。全区刑满释放解除矫正人员未发生严重再犯罪。

资料：

刑释解矫人员“四色管理”：红码指刑满释放时由监所送回原籍的重点人员；橙码指涉毒类人类、易肇事肇祸严重精神病患者、涉法涉诉人员、“三无”人员、“三假”人员等；黄码指生活、工作有一定困难，与他人有纠纷等需要进一步关注的人员；绿码指家庭关系和谐、社会关系较好、本人心智健全人员等。

【法治宣传】 2021年，萧山区组织专题辅导习近平法治思想报告会，组建萧山宣讲团，开展“八进”（进机关、进党校、进学校、进国企、进社会治理中心、进法律服务机构、进部队、进企事业单位和村社）宣讲120多场，参加1.3万人次，开展普法宣传活动750场次。制定出台区“八五”普法规划，发布全市首张“八五”普法责任清单，把281项普法工作任务分解到全区89个责任单位。总结“七五”普法经验，获评全国、全省“七五”普法先进集体1个、个人2人。组织公务员（含参公人员）4690名，完成网上学法用法考试；组织4批106人通过新任区管领导干部任前法律知识考试；区管以上领导干部年终述法全覆盖。深化青少年精准普法，宣传新修订《中华人民共和国未成年人保护法》《中华人民共和国预防未成年人犯罪法》。4月26日，建成启用萧山宪法广场；12月4日，开展第四个宪法宣传周暨“12·4”国家宪法日系列宣传活动，通过行政执法“公述民评”、宪法宣誓、法治文艺、法治讲座、法律服务等形式营造宪法宣传氛围。开展民法典、党内法规、预防电信网络新型违法犯罪等专题普法。《萧山日报》、区融媒体中心、萧山网建普法专题专栏，形成法治萧山宣传矩阵。

【人民调解】 2021年，萧山区司法局创新开发人民调解积案抢单系统，推动实现人民调解积案难案的兜底化解。在22个镇（街道）成立个人调解室15家，推动10家人民调解委员会、1家律师调解工作室入驻区矛调中心，组建区综合人民调解委员会，建立人民调解法治指导员、志愿者、信息员三支辅助队伍。新增金融纠纷、校外培训、劳动争议3家行业性专业性调委会，拓展驻东郊监狱调解工作室，落实镇（街道）专职人民调解员全覆盖。至年底，全区有人民调解组织582个，选聘人民调解员2449名。化解各类矛盾纠纷2.66万件，为群众挽回经济损失18.5亿元。

【律师行业】 2021年，萧山区共有律师事务所66家、基层法律服务所12家；执业律师713名，基层法律服务工作者75名；服务企业1728家，解决法律问题373个。区司法局会同区财政局出台首个《萧山区律师行业发展五年规划（2021—2025）》，推动律师行业高质量发展。

【公共法律服务】 2021年，萧山区有临浦镇、瓜沥镇、河上镇等14个镇（街道）站配备公共法律服务智能终端设备。区公共法律服务中心实现公共法律业务“一窗受理”，接待群众来电、来访咨询2.52万人次。做好全区《中华人民共和国法律援助法》实施准备，推行法律援助“容缺受理”“经济困难状况承诺制”等便民举措。出台法律援助工作规范化管理规定，对全流程进行质量管控。区公共法律服务中心办理法律援助案件1985件，提供认罪认罚法律帮助案件2330件，未出现当事人不满意或投诉案件。

【“互联网＋公证”应用】 2021年，杭州市湘湖公证处开发“互联网＋公证”应用，在线存证系统、公证远程通小程序，公证处官方网站及公众号均实现网上办证及咨询功能。在线存证系统可对互联网数据及时进行收集和存储，对数据真实性、有效性和完整性进行即时证明和固化，为可能产生的纠纷提供证据支持，包括拍照、录像、录音、网页等功能。公证远程通小程序对因新冠肺炎疫情或其他原因不在本地的当事人，通过微信小程序进行远程视频、线上电子签名等方式进行办证。新改版后的“湘湖公证”微信公众号整合上述功能，并升级在线咨询、在线资料审核等功能，群众能足不出户，享受便捷的公证服务。

（顾　青）

军　事

区人武部

【概况】 2021年，萧山区坚持以习近平强军思想为统揽，着眼民兵调整改革任务，开创区国防动员和后备力量建设新局面，各项建设保持良好发展态势。区人武部被省政府、省军区联合表彰为征兵工作先进单位，被省军区表彰为先进团党委、全面建设先进人武部、情报信息工作先进单位。9月7日，萧山区承办浙江省军区现场会、杭州警备区岗位练兵比武暨防抗第6号台风“烟花”大项任务总结表彰会，表彰萧山区8个先进单位、36名先进个人。

【武装工作会议】 2021年8月18日，萧山区党管武装工作会议暨2021年国防动员、国防教育委员会会议召开。会议通报表彰2020年度武装工作先进单位和个人，传达学习杭州警备区党委扩大会议精神，部署区武装工作任务。

【军事训练】 2021年，萧山区人武部组织民兵军事训练。训练分6个批次，历时两个半月，组织对基干民兵共同基础和专业训练，完成8个共同课目和4个专业课目训练任务。

【征兵工作】 2021年，萧山区完成两次男兵征集任务。3月、9月，区人武部在区民兵训练基地分别组织新兵进行役前教育，对预定新兵开展为期一周的集训活动。9月10日，区新兵入伍欢送大会召开。

【役前教育训练】 2021年3月，浙江省预定新兵役前教育训练规范化建设观摩会在萧山区民兵训练基地召开，会上形成“五个一”试点成果：一个配套齐全的基地、一本规范指导手册、一部组织与实施录像片、一套教育训练教案、一份经验做法材料。该项工作在《中国国防报》、中央广播电视总台国防军事频道公开刊登和播发。

【国防教育】 2021年，萧山区国防教育利用“湘湖大讲堂”平台，开展“国际形势与周边安全”专题讲座，学习领会习近平强军思想和了解掌握国防安全形势。9月18日，区人武部常委到党校对中青培训班和公务员初任培训班进行国防安全教育。把国防知识纳入区委理论学习中心组学习内容，增强党管武装工作的针对性、时代性、实效性。

【学生军训】 2021年8月，萧山区人武部集中组织96名军训教练员，进行为期5天的强化训练，提高其队列指挥、组训管理和教学素养，并从中选拔出86名教官承担学生军训带训任务。8月23日至9月30日，选派教官253人次，到全区15所普通高中（含职高）学校对1.06万名学生进行军训。

（薛佳明）

武警杭州支队萧山中队

【概况】 2021年，武警杭州支队萧山中队（简称武警萧山中队）官兵始终保持和发扬人民军队优良传统，高标准完成各项任务。巩固安全基础，全年保住“六个不出”底线，实现“六无”目标。把握形势规律，开展“八五”普法、“百日安全竞赛”等活动。落实新冠肺炎疫情防控措施，组织疫苗接种，严防传染病和热射病发生，确保官兵人身安全。

【主题教育和业务培训】 2021年，武警萧山中队树立政治首位意识，培育“四有”（有灵魂、有本事、有血性、有品德）新时代革命军人。坚持把学习贯彻党的十九大精神和习近平强军思想作为首要任务，进一步强化“听习主席的话、做习主席的好战士”的政治自觉，推动党的创新理论在基层扎根。

【军事训练与考评】2021 年，武警萧山中队加强实战化训练，提高履职执勤能力，教育官兵牢固树立防范意识。坚持周会操、月考核、季评比，推行军事训练“一票否决”制。把训练成绩与“双争”评比、警士称职等级评定和选晋、评先推优挂钩，中队年度军事考核综合成绩达良好以上。

（寿吉焕）

民兵预备役

【概况】2021 年，萧山区分 6 个批次、历时两个半月完成民兵共同基础和专业训练；组织 100 多人参加各级组织的跨区联训和基地化轮训。上半年，组织民兵干部和教练员开展为期 12 天的训练。

【民兵比武竞赛】2021 年 7 月，萧山区人武部组织民兵参加杭州警备区组织第四届岗位练兵比武竞赛，获重要目标防卫第一名、指挥通信第一名、野战炊事第三名和单位总评第三名的成绩，奖牌数连续 4 年居全市第一位。

【民兵抢险救灾】2021 年 7 月，第 6 号台风“烟花”造成萧山南部地区遭遇连续 3 天 600 毫米以上强降雨，引发小流域山洪和抬高永兴河水位，在南片带来泥石流、山体滑坡和主城区城市内涝等次生灾害。区人武部备勤和出动人武部、专武干部以及民兵 2200 多人次，救援转移群众 2642 人，排查危房旧房 1357 栋，排查灾害点 42 处，填装沙袋 2 万余只，加固堤坝 5 千米，保护人民群众生命财产安全。

【民兵疫情防控】2021 年，萧山区民兵训练基地作为全区首批新冠肺炎疫情防控隔离点，处置国外航班降落人员排查隔离。其间，区人武部组织现役文职、职工、专武干部和基干民兵坚守一线，出动民兵检查车辆 20 多万辆，排查人员 50 多万人次。

【民兵后装勤务保障集训】2021 年 7 月 14—15 日，省军区在萧山区民兵训练基地组织开展全区民兵后装勤务保障分队装备操作骨干集训及经验交流，采取单位自训、理论授课、装备实操、现场观摩和研讨交流 5 个步骤，围绕编、建、训、管、保 5 个方面内容进行研讨交流，形成一套多媒体课件、一本装备操作规程、一份教学组训视频、一册经验资料汇编和一个应急出动流程“五个一”成果。12 月 6 日，区人武部后装保障分队顺利保障省委议军会暨四套班子“军事日”活动召开。

（薛佳明）

2021 年 7 月 24—28 日，党湾、瓜沥、宁围、城厢等镇（街道）的退役军人支援河上镇，抗击台风“烟花”　（区退役军人事务局 提供）

军民共建

【概况】2021 年，萧山区人武部组织军民共同参与新冠肺炎疫情防控、抢险救灾、钱塘江观潮节、小城镇环境综合整治等活动，共建共创，共渡难关。全区各级各部门组织开展各类共建活动，推进科技、教育、文化、法律进军营。

【军属走访慰问】2021 春节期间，萧山区人武部组织包括钱塘新区托管的义蓬街道、河庄街道、新湾街道、临江街道、前进街道在内的 27 个镇（街道），对团职以上萧山籍现役部队干部家属进行走访慰问。7 月，区人武部组织 22 个镇（街道）（区划调整后，义蓬等 5 个街道划为钱塘区），对团职以上萧山籍现役部队干部家属逐一进行走访慰问。

（薛佳明）

退役军人事务

【概况】2021 年，萧山区退役军人事务局工作领导小组整合 27 个成员单位的工作职责。开展《中华人民共和国退役军人保障法》学习宣传活动 18 场次，完成退役军人档案电子化，建设区退役军人全生命周期综合服务平台。提质改造区革命历史纪念馆，保护零散烈士纪念设施 41 处。到学校、村（社区）宣讲党的百年奋斗历程和英烈故事 4 场，参与师生、群众近 800 人。

【退役军人安置】2021 年，萧山区安置军队转业干部，安置符合政府安排工作条件的退役士兵、随军家属，安置率 100%。随军家属按专业对口、单位职级相近、岗位相适应原则完成安置，实现退役军人、部队组织和用人单位“三满意”。

【退役军人保障体系建设】2021 年，萧山区按时足额发放残疾军人抚恤金、部分优抚对象医疗补助等各类抚恤金；为驻萧山部队官兵送去慰问品；为退役士兵提供学历（职业）教育培训和思想政治教育经费；办理退役军人社保接续；免费为义务兵父母健康体检。

【退役军人就业创业培训】2021 年，萧山区退役军人事务局联合自贸区杭州片区萧山区块、杭州空港经济区在顺丰速运、杭州湾生物科技谷搭建退役军人就业创业平台1个，创建浙江长龙航空有限公司、万向集团等退役军人就业创业指导单位18家，联合杭州联合银行、邮储银行等金融机构给予退役军人创办企业金融优惠，帮助退役军人走出“创业起步难”困境。开展职业教育和技能培训；多名退役军人参与培训，举办专场招聘活动6场，多名退役军人达成就业意向。以“看家乡、爱家乡”为主题，举办各类适应性培训、思想政治教育培训、军士培训4场，参训500多人次；举办社会工作者“订单式”培训2场，确保优秀退役军人参与村（社区）组织换届工作。至年底，全区547个村（社区）中，退役军人担任书记（主任）158人。

【萧山革命历史纪念馆重新展陈开放】 2021年4月3日，位于萧山革命烈士陵园内的萧山革命历史纪念馆经改造提升后重新对外开放。该烈士陵园2020年10月开始闭馆改造。改造后的萧山革命历史纪念馆以“让我们仰望星空，寻找一颗颗闪亮的红星”为主题，以时间轴为序，分为旧民主主义革命时期、党的创建和大革命时期、土地革命战争时期、抗日战争时期、解放战争时期、新中国成立以来6个篇章。展示自1840年鸦片战争以来，萧山人民为争取民族独立和人民自由而前仆后继、英勇奋斗的生动场景，集中展现252名萧山籍和在萧牺牲烈士的英烈事迹。4月，萧山革命历史纪念馆被选为市、区两级党史现场学习教育基地。

【军人荣誉表彰】 2021年度，萧山区收到部队“奖励通知书”19份，19名萧山籍现役军人在部队获三等功以上奖励，其中二等功1名、三等功18名。区退役军人事务局会同区人武部将立功喜报送达立功受奖军人家庭，为二等功获得者送慰问金5000元，为三等功获得者每人送慰问金2000元。

2021年萧山区新时代枫桥式军人服务中心（站）省级先进集体名录

萧山区退役军人服务中心
临浦镇退役军人服务站
衙前镇退役军人服务站
靖江街道退役军人服务站
浦阳镇退役军人服务站
盈丰街道退役军人服务站
楼塔镇雪环桥头村退役军人服务站
楼塔镇楼家塔村退役军人服务站
河上镇凤凰坞村退役军人服务站
河上镇东山村退役军人服务站
戴村镇戴村村退役军人服务站
所前镇山泉王村退役军人服务站
临浦镇浴美施社区退役军人服务站
临浦镇谭家埭社区退役军人服务站
临浦镇白鹿塘村退役军人服务站
临浦镇临一村退役军人服务站
临浦镇通二村退役军人服务站
进化镇欢潭村退役军人服务站
进化镇王家闸村退役军人服务站
浦阳镇桃北新村退役军人服务站
浦阳镇江西俞村退役军人服务站
义桥镇渔浦社区退役军人服务站
衙前镇明华村退役军人服务站
党湾镇幸福村退役军人服务站
党湾镇勤联村退役军人服务站
瓜沥镇运东村退役军人服务站
瓜沥镇东方村退役军人服务站
瓜沥镇友谊村退役军人服务站
瓜沥镇工农村退役军人服务站
益农镇弘扬社区退役军人服务站
城厢街道太平弄社区退役军人服务站
城厢街道丁家庄社区退役军人服务
城厢街道回澜南苑社区退役军人服务站
城厢街道燕子河社区退役军人服务站
新塘街道泰和社区退役军人服务站
新塘街道新丰村退役军人服务站
新塘街道姚江岸社区退役军人服务站
闻堰街道南岸社区退役军人服务站
北干街道荣联社区退役军人服务站
北干街道荣星村退役军人服务站
北干街道星都社区退役军人服务站
新街街道新和社区退役军人服务站
新街街道江南村退役军人服务站

（曹佳丹）

人民防空

【概况】 2021年，萧山区人防工作贯彻落实第七次全国人民防空会议和省、市人防工作会议精神，围绕区委、区政府“亚运国际城·数智新萧山”总目标，坚持与经济建设相协调、与城市建设相结合的原则，继续围绕“保优争先、走在前列”的工作理念，突出主责主业，强化融合发展。8月1日，萧山区人民广场东北区人防工程投入试使用。

【人防指挥通信体系建设】 2021年5月12日，萧山区人防办在北干街道银河社区紧急疏散演练和参加市人防办组织的临战演习拉练，召开人防指挥部成员单位会议。同日，人防指挥车野外卫星通信设施实战演练。全年进行2次全区多台警报巡检，“5·12”全国防灾减震纪念日和“九一八”事变纪念日警报鸣响率100%。

【人防宣传教育】 2021年，萧山区人防办组织开展“3·1”国际民防日、“5·12”全国防灾减灾日宣传活动，在区行政审批中心、北干街道银河社区、区人防办办公楼、人民广场东北区人防工程等处开展人防宣传，发放宣传手册1600多册，邀请民防救援队进行现场救援展示。全年利用人防教育基地、人防救援基地开展中小学生人防宣传教育工作，教育培训中学生3000多人，发放知识手册1.2万册。

（谢长海）

数字化改革

综述

【概况】 2021年，萧山区成立数字化改革领导小组，出台《萧山区数字化改革总体方案》，一体化、系统化推进数字化改革，发挥数字化改革引领作用。建立健全例会制度等10项推进机制，打造一批特色场景应用。至年底，全区有一体化平台省级试点3个、市级试点4个；“健康大脑+智慧医院”等39个项目被确定为省市揭榜挂帅项目和重点改革试点，数量全市领先；完成杭州市地方标准制定4项。连续2年在全省改革考核中获优秀等次，是省改革突破奖金奖“基层公权力大数据监督”“健康大脑+”和提名奖“产业链治理机制创新”的主要参加单位。在省一体化智能化公共数据平台综合评估考核中，萧山区居全省第三位；在国家一体化政务服务能力评估中，萧山区居全市第一位。

（孙诗青　韩海英）

【4个实践案例入选《浙江省一体化数字资源系统（IRS）利用优秀案例集》】 2021年，浙江省统筹建设一体化数字资源系统（IRS），萧山区作为全省首批试点开展IRS对接工作。8月初，完成政务云平台与IRS对接，发挥IRS数字资源智能化总账本的作用，“一本账管理、一站式浏览、一揽子申请”成效初显。“辅助项目查重审核，全面缩减财政预算”“驱动组件高效复用，凸显集约化建设成效”“提效移动端应用摸排，高效上架‘两端’应用”“厘清数据共享清单，‘静默’机制提升存储效能”4个实践案例入选《浙江省一体化数字资源系统（IRS）利用优秀案例集》。

资料：

IRS是一体化智能化公共数据平台的操作系统。对外统一服务各类用户，对内统筹调度各类资源，构建全省数字资源的“整体智治”，畅通数字资源循环通道，促进数字资源“一地创新，全省受益”。

【萧山区首创数据研发专属工作区】 2021年，萧山区首创公共数据平台数据研发中心专属工作区，集专属网络及终端、物理空间管控、数据分级、规章制度等安全防护措施于一体，为公共数据平台的研发人员、数据服务人员、运维支撑人员提供独立、安全可控的专用场地，搭建起适应数据安全要求的研发无菌室。在2021年度杭州市网络安全宣传周上，“萧山区公共数据平台数据研发中心专属工作区”方案获评杭州市数字化改革网络安全优秀案例。

（韩海英）

一体化智能化公共数据平台

【概况】 2021年，萧山区从基础设施、数据资源、应用支撑和业务应用四大体系着手，持续迭代一体化智能化公共数据平台。建强AI视觉算法平台，部署沿街晾晒识别、出店经营识别等39类算法；归集69个部门的1454项公共数据，数据量累计446.03亿条，实现37个部门50个应用126.9亿条数据高质量共享；回流省市数据232张表6.8亿条，累计建设部门数据仓36个、镇街数据仓14个、专题库17个，为全区107个部门、镇街应用提供高质量数据支撑，发掘数据价值、破除数据壁垒、优化数字生态，激活数智发展源动力。是年，萧山区在省一体化智能化公共数据平台综合评估考核中，居全省第三位；在国家一体化政务服务能力评估中，居全市第一位。

【“一体化数字驾驶舱”实现全域覆盖】 2021年，萧山区在2020年首创“区镇村一体化数字驾驶舱”的基础上，继续优化功能，于6月实现“一体化数字驾驶舱”全域覆盖。纵向实现杭州城市大脑“五级机长制”在区、镇、村三级的贯通落地；横向联动基层治理四平台、“12345”、数字城管、“110”等业务系统。通过创新政府决策方式和社会治理模式，实现“数据一屏展示、指标一屏分析、指挥一屏联动、治理一屏闭环、场景

萧山区智慧城市建设指挥中心一体化数字驾驶舱

（数据资源管理局提供，摄于 2021 年 5 月 18 日）

一屏透视”，打通基层数字治理“最后一公里”。该项建设成果获全国“政府信息化创新成果与优秀案例”、2021 年智慧城市优秀案例、2021 年浙江省城市大脑（智慧城市）场景应用优秀案例等奖项。

【城市治理“一网统管”】 2021 年，萧山区运行城市治理“一网统管”系统，聚焦城市运行、社会治理等重要体征和重点领域，迭代升级“141”社会治理体系［县级社会治理中心、乡镇（街道）基层治理“四个平台”、村社网格］，构建“1+26+559+X”综合指挥体系［1 个区城市智治中心、26 个镇街（平台、场）智治分中心、559 个村社智治工作站、X 个区级各相关部门联访工作室］，整合应急联动、防汛指挥、政务热线、基层综治、城管执法等业务数据流，形成统一受理分析、统一分拨流转、统一处置标准、统一反馈评价的长效闭环运行机制，推动全区城乡建设、交通运输等 18 个大类、591 个小类、1681 项“多跨”事项实现线上线下集成高效联办。12 月 3 日，区城市智治中心挂牌运行。

【“一网统管”疫情防控驾驶舱精密智控】 2021 年，萧山区以城市治理“一网统管”疫情防控驾驶舱实现精密智控，利用大数据、人工智能手段，织密新冠肺炎疫情防控感知网，形成排查统计、管控分析、战疫保障、舆论分析 4 个板块，以数字赋能疫情防控工作。前移管理关口，实现红黄码人员暴露预警、未戴口罩人员预警、被管控人员异动预警和区外异常人员预警。加强科学排查，通过跨层级跨部门数据融合汇聚、比对分析，实现疫情防控全链路数据精准匹配，确保摸排管控高效到位，有效遏制疫情扩散，获中央、省、市媒体宣传推广。

（韩海英）

党政机关整体智治

【概况】 2021 年，萧山区党政机关整体智治系统围绕“重大任务、重大应用、执行链和主要领域”体系架构，在门户上线大督查、清廉萧山、村社组织运行智治云平台、政协综合服务平台、数智党派、一键找专家 6 个场景。做好“七张问题清单”场景的承接落地贯通，将大督查场景与“七张问题清单”场景打通，优化问题发现和发布流程，促进责任落实和问题整改。

【清廉村社“码上工程”】 2021 年，萧山区推进清廉村社“码上工程”。围绕村务公开、村务监督等清廉村社建设工作，通过“一村一码”公开村务事项 256 万项，群众点击率和系统访问量 1600 多万人次，在线解决群众诉求 9045 个，群众满意率达 97.5%，实现村务公开体系化、诉求办理高效化、监督处置精准化、责任落实协同化、政治生态可视化。

【“大督查”应用场景】 2021 年，萧山区“大督查”应用场景推进党建统领整体智治领域建设。通过整合党委政府督查、人大监督、政协民主监督和纪委监委执纪问责等各类督查工作，实现一套系统统筹全区督查、一份日历管控督查计划、一张地图反映督查全貌、一个闭环贯通督查整改、一块看板掌控全局问题等“五个一”的功能。开展“七张问题清单”、数字化改革应用推进、亚运保障、“两高一低”等专项督查，贯通“十大攻坚、十大改革、十大项目”应用系统（区政府）、投资项目全周期管理系统（区发改局）、“重大舆情”（区委网信办）等，服务全区各类主体 122 个，党政机关内部月均访问量 4000 次，各类督查和问题数据 2 万余条，建立覆盖 425 个问题的区级全量问题库，镇街平台被督查次数明显下降，多头督查重复督查明显减少，有效推动党委政府决策部署的贯彻落实，减轻基层工作负担。“大督查”应用场景被纳入全省数字化改革重大应用“一本账 S1”，建设运行情况在《杭州改革》专题刊发并在全市推广。

（孙诗青）

数字政府

【概况】 2021 年，萧山区数字政府系统聚焦管理和服务，构建“1+12+1+X”框架体系（1 个数字政府门户，12 项省、市统建重大任务，1 组政务服务应用，X 个创新场景）。建设 31 个场景，14 个应用被列入省市“一本账”，“统计网格智治”等 10 个应用列入省级试点，“e 米市”和保护耕地“一件事”入选全省数字政府第一批“一地创新、全省共享”应用项目，智慧农贸（放心买）等 3 个应用被列入省市监局揭榜挂帅项目，出台理论制度成果 61 项。

【“统计网格智治”应用】 2021 年，萧山区在全区推广应用“统计网格智治”应用，通过“一舱两端”构筑三级网格数字化管理体系，贯通省市区三级经济社会发展情况、镇街经济指标、高质量发展红黄黑榜、重点产业、发展潜力等数据，优化统计服务、赋能科学决策、减轻基层负担。该系统是全省统计系统首个上线的数字化改革项目，被省统计局在全省各区县市推广。

【不动产登记“一件事”改革】 2021年，萧山区按照不动产登记“一件事”办理要求，将原操作模式上相互独立的不动产综合受理平台和税务系统升级为不动产登记一件事平台，实现不动产登记“一窗进件、一人受理、一个平台、一套资料”的新模式，破除部门数据壁垒，强化数据共通共享，提升平台运行效率，提高群众办事便利度。新系统上线运行后，平均办结时间由改革前的约80分钟缩短为60分钟，提速约25%。压缩不动产登记承诺办结时限，首批线上预购商品房预告登记、预购商品房抵押权预告登记、个人不动产抵押权注销登记、单位不动产抵押权首次登记、单位不动产抵押权注销登记等8类高频业务和线下预购商品房预告登记、预购商品房抵押权预告登记、个人不动产抵押权注销登记、单位不动产抵押权注销登记4类高频业务，实行45分钟办结，开启不动产登记“分钟制”办理模式。

胜达集团智能化数字包装运行平台 （丁　力　摄）

【民政事务数智化改革】 2021年10月13日，萧山区民政局举行数智民政信息化项目建设启动仪式。该项目4月8日经该区政府正式立项，8月10日通过专家评审，9月30日完成招投标工作，总投资为495.4万元。项目主要包括全省试点的智慧殡葬项目和智慧社会组织、智慧办公、民政驾驶舱及民政数据资产完善等内容。

（孙诗青）

【数字化政务服务能力持续提升】 2021年，萧山区完成浙政钉2.0迭代升级，全区用户1.7万人，日活跃度提升到90%以上。上架管理端、治理端应用29个，其中萧山区智慧治理平台获选全省高频应用；开展“浙里办”推广应用，2258项政务服务事项跑零次实现率96.2%；推动部门应用汇聚到“浙里办”城市频道，上线“e养萧然”等惠民应用8个。

（韩海英）

数字经济

【概况】 2021年，萧山区数字经济系统围绕科技创新和产业创新双联动，以产业大脑为支撑，以“未来工厂”等建设为引领，推动产业链、创新链、供应链融合应用，实现资源要素的高效配置和经济社会的高效协同。“化学纤维产业大脑”“供应链魔方”等6个项目入选省级揭榜挂帅（示范试点），“亩均论英雄3.0”被列为数字经济系统第一批省级优秀重大应用，化纤产业集群入选省级产业集群类新智造试点。

【“化学纤维产业大脑”】 2021年，萧山区“化学纤维产业大脑”应用开发共享托盘、产业总览、产业地图、定价指数、供应链物流等17个应用功能，服务6100多家企业。其中，共享托盘功能以可循环使用的智能塑托替代传统木制托盘，有效降低碳排放，节约企业物流成本。

【“未来工厂”】 2021年，萧山区完成“未来智造”三年行动方案编制，初步建成“未来工厂”培育梯队名单。新实施区智能制造项目110个、工厂物联网项目103个、“机器换人”项目228个，新增工业机器人604台，形成点面结合、普遍推进的企业数字化改造新局面。紫光恒越（杭州）技术有限公司和杭州杰牌传动科技有限公司2家企业纳入2021年省级“未来工厂”试点名单，杭州杰牌传动科技有限公司和浙江大胜达包装股份有限公司获得2021年省级“未来工厂”认定。52家企业入选杭州市第一批“未来工厂”体系培育企业名单。国内首家RV涡轮减速机智能制造工厂——速博雷尔智能化工厂项目建成投产。

【“亩均论英雄3.0”】 2021年，萧山区“亩均论英雄3.0”应用多跨归集全区10754宗、7800公顷工业地块的占地面积、税收、增加值、能耗等各项数据信息，实现工业全域治理一张图。其中的低效改造模块中，有2376家企业上传产业履约监管协议，1117家企业根据税务推送数据显示达标。

（孙诗青）

【微医国际数字健康中心开工建设】 2021年8月9日，微医国际数字健康中心开工建设。该项目位于萧山经济技术开发区，地上地下面积58万平方米。国际数字健康中心由数字健康平台微医携手产学研多方合作伙伴共同打造，按照“前店、中厂、后脑”规划，构建集全生命周期医疗健康服务、数字健康产业孵化、前沿医学技术研发转化功能于一体的数字健康综合体。落成后，国际数字健康中心计划立足杭州萧山、促进产业聚集、服务国内国际，推动健康医疗数据全面融合共享，带动数字医疗、健康产业、智能医械制造等行业的聚集与融合。

（施　亮）

数字社会

【概况】 2021年，萧山区数字社会系统围绕人的全生命周期需求，体系化规范化推进数字化改革。“‘健康大脑＋智慧医疗’理论体系与实现路径”“非伤人交通事故数字化处理”2个应用入选省数字社会揭榜挂帅项目。“互联网＋医疗健康”公共服务——健康管理中心列为省卫健委首批卫生健康数字化改革基础创新储备库揭榜挂帅项目。“智慧殡葬”、融通数字社会积分的“未来社区教育服务系统”等6个应用入选省级试点。“安居守护一件事”“爱心积分”等6个应用入选市揭榜挂帅项目。

【未来社区建设】 2021年，萧山区东灵社区、浦南社区、传化社区入选全省第三批未来社区创建名单，振宁社区、潮都社区、扬帆社区入选全省第四批未来社区创建名单。瓜沥七彩未来社区完成基于治理端的社区基层治理平台和基于运营服务端的“之江七彩云”数字社区运维平台。

【未来社区项目获联合国基础设施奖】 2021年4月，萧山区瓜沥七彩社区、万向社区和亚运未来社区3个未来社区项目入围联合国欧洲经济委员会2021年“更好重建”基础设施奖，并在联合国网站向全球推介。联合国欧洲经济委员会（UNECE），是联合国经济及社会理事会下属的五个地区委员会之一，主要职责是促进成员国之间的经济合作。

【未来乡村建设】 2021年，萧山区瓜沥镇梅林村、临浦镇横一村列入省第一批未来乡村建设试点，梅林村落地50个小切口应用场景；横一村运用“临云智”数字驾驶舱和应用平台，提升基层治理服务水平。衙前镇凤凰村“凤凰翼”以实际业务场景为牵引、事件闭环为主线，做好经济、民生、红色“三篇文章”。进化镇欢潭村围绕文明善治理念，创建“五义指数”，串联升华“忠、义、和、本、清”新五义精神。戴村镇佛山村重点打造以“工分宝、信用宝、共富宝”为核心的“三宝九场景”。

【“健康大脑＋智慧医疗”】 2021年，萧山区优化提升“健康大脑＋智慧医疗”应用。围绕智慧医疗、智慧公卫和健康管理三大领域，打造入院云中心、移动医生、数字家医等15个场景，群众健康红黄绿三色分类管理，形成“防未病、治小病、管慢病、转大病”保障体系。

（孙诗青）

数字法治

【概况】 2021年，萧山区数字法治系统完善政法一体化办案体系、综合行政执法体系与风险闭环管控大平安体系三大体系，承接6个省市应用项目，拓展20个区级特色创新应用项目。“社会治理全量信息视图”“数智瓶安”等6个项目入选省市试点。“社会治理全量信息视图”“数智瓶安”“易网办”入围杭州市数字法治好应用。数智赋能平安村社平台在全省公安数字化改革典型案例集中展示活动评比中获得优秀案例奖。“一键护航”获2021年亚太区智慧城市大奖暨中国智慧城市行业大奖优秀奖。“安心驿站”在市“数智群团”第二批重点应用场景评选中荣获第一名。

【“社会治理全量信息视图”应用推广】 2021年，萧山区推行“社会治理全量信息视图”应用。该应用运用统一地址库建设成果，将分散的社会治理单元要素通过统一地址进行多元化汇聚、标准化叠加和可视化展现，建成全区人、房、企等基础数据精准落图的社会治理全量信息视图，为相关部门开展精准治理提供数据赋能。7月，该应用入选2021年全国政法智能化建设智慧治理创新案例。

【“数智瓶安”应用实现液化气瓶使用全链条数字监管】 2021年，萧山区推广“数智瓶安”应用，为全区77万只液化石油气瓶安装智能芯片，7个液化石油气充装站、5个中转站和231辆配送车辆安装感知设备，建立气瓶全生命周期实时数据库。通过大数据人工智能分析，将智能管理应用至瓶装燃气经营过程中气瓶的准入、充装、中转、配送、入户各个环节，实现瓶装燃气全链条监管。该应用入围第四届全国市场监管领域社会共治优秀案例，被评为杭州市2021年度有辨识度有影响力法治建设成果。

（孙诗青）

经济管理

综合经济管理

【概况】 2021年，萧山区地区生产总值2011.62亿元，比上年增长8.7%，其中第一产业增加值58.41亿元、第二产业增加值775.27亿元、第三产业增加值1177.94亿元，分别增长1.7%、7.7%和9.7%；三次产业比为2.9：38.5：58.6。按常住人口计算，全区人均地区生产总值9.88万元，为1.53万美元（年平均汇率6.4515）。财政总收入564.98亿元，其中一般公共预算收入343.03亿元，分别增长22.6%和14.3%。固定资产投资1372.10亿元，增长13%；社会消费品零售总额813.43亿元，增长14.4%；城镇居民人均可支配收入75935元，农村居民人均可支配收入46657元，分别增长8.5%和9.5%。持续优化营商环境，推动减环节、减流程、压时限、提效率、优服务，落实《杭州市优化营商环境问题整改清单》，提升市场化、法治化、国际化营商环境，为实现经济高质量发展提供支撑。推进特色小镇规划建设，全区有省级命名小镇1个（信息港小镇），省级创建小镇2个（机器人小镇、图灵小镇）。在浙江省命名和创建特色小镇考核中，信息港小镇为优秀，机器人小镇和图灵小镇为良好。5月18日，全省特色小镇高质量发展和数字化改革大会在萧山举办，会上萧山信息港小镇作典型发言。推进省级小城市培育试点工作，在浙江省级小城市培育试点年度考核中，瓜沥镇和临浦镇蝉联优秀，考核优秀率居全省第一位。加快推进“信用萧山”建设，迭代升级“信用+社会治理”模式，助力提升基层治理效能。

【重大规划引领经济发展】 2021年，萧山区发布《杭州市萧山区国民经济和社会发展第十四个五年规划和二〇三五年远景目标纲要》，提出建设“亚运国际城·数智新萧山”、奋力打造“重要窗口”示范样板的目标导向，确立“一带引领、三区联动、多极支撑”的空间布局：以钱塘江国际创新带为引领，打造世界级滨水城市综合发展带；突出产城融合、品质提升，推动中东南三大区域板块高度协同、特色差异发展；突出资源统筹、辐射带动，打造以“产业大平台+小城市试点”为支点的高能级增长极。区发改部门全年编制22个重点专项规划和16个一般专项规划。

【经济分析研究与精准谋划】 2021年，萧山区系统监测全区400多家重点企业、中小企业运行态势，及时做好经济运行预警研判。对“做大做强总部经济思路研究”“加快营利性服务业发展思路研究”等7个课题进行调研。主动对接长三角一体化发展、大湾区建设、拥江发展等国家省市重大战略，谋划推进钱塘湾未来总部基地、浙江大学杭州国际科创中心、西安电子科技大学杭州研究院、铁路杭州萧山机场站枢纽及接线工程等重大发展平台和工程项目。

【重点产业发展】 2021年，萧山区编制《杭州市萧山区产业发展导向目录与产业平台布局指引（2021年本）》，明确战略产业——集成电路、生物医药、人工智能，优势产业——新材料、智能汽车、高端装备，支撑性产业——金融、文旅、会展“3+3+3”产业招引方向，确立纤维新材料、智能汽车、生命健康、集成电路、智能装备、金融服务、文旅会展、现代商贸、软件和信息服务、现代物流十大重点发展产业。紫光新型基础设施智造基地项目等5个项目被列入省市县长工程“152”项目；中国电信浙江大数据处理中心等5个项目被列入2021年第一批省重大产业项目。创新发展产业基金，筹建规模10亿元的建兴领航（萧山）战略新兴产业发展基金。

【重大项目建设】 2021年，萧山区组织重大项目集中开工仪式2次，开工项目59个，总投资373.4亿元。开发上线投资项目全周期数字化管理系统。全年发行地方政府专项债券7.2亿元，争取获得省级各类奖励、激励、跨省增减挂建设用地等计划指标235.8公顷。湘湖片区生态环境导向开发项目被列入国家生态环境导向的开发（EOD）模式36个试点之一，被纳入国家开发银行——浙江共同富裕战略级项目，一期额度233亿元（贷款期3+20年）。未来社区建设以及落实投资新政、实施省市县长项目工程、优化投资结构工作获得浙江省政府督查激励。萧山中学提升改造一期工程、通惠初中、南二路小学、益农二幼等一批学校项目基本建成；浙江医科大学附属第二医院总部院区及区青少年活动中心、区妇女培训活动中心、区绍剧艺术中心、区美术馆及非物质文化遗产馆融合的“五馆合一”城市文化公园等项目加速推进。

【国家省市重大战略部署落实】 2021年，萧山区成立长江经济带生态环境问题“举一反三”“以案促改”工作推进专班，排查区级生态环境问题4个，全部进行整改。推进杭绍一体化合作先行区建设，与柯桥区、诸暨市探索建立西小江浦阳江联合河湖长制、打造水乡风情文化长廊。与柯桥区共建杭绍临空经济一体化发展示范区，争取到省推进长三角一体化发展奖补资金1600万元。推进杭州中环、杭绍甬智慧高速、彩虹快速路—钱滨线、235国道诸暨段等重大工程。6月，杭绍城际线开通运行，与杭州地铁5号线（姑娘桥站）同站换乘，实现运营管理“一张网”和票价“一票制”。与诸暨市签订《关于推进区域一体化发展的战略合作协议》，两地建立日常运作机构、领导会商机制、部门对接机制，在经济和社会事业发展领域开展全方位、多层次合作。

【共同富裕建设】 2021年，萧山区筹建区委社会建设委员会，健全完善共同富裕建设工作推进机制。编制《萧山区奋力打造新时代共同富裕新标杆的行动方案》及四张配套任务清单。共同富裕现代化基本单元瓜沥镇梅林村、临浦镇横一村入选浙江省共同富裕建设首批试点名单。

（李军方）

【投资项目全周期数字化管理系统上线】 2021年5月24日，萧山区上线投资项目全周期数字化管理系统。该管理系统是落实全省数字化改革要求，构建“152”工作体系，强化全区投资项目管理，优化营商环境，推进政府治理体系和治理能力现代化尝试和探索。至年底，系统涵盖全区近1500个投资项目。其中，政府投资项目175个，年计划投资393.7亿元，实际投资414.1亿元，投资率105.2%；“4286”产业项目数208个，开工项目133个，投资190.6亿元。“亲清在线”工业全流程审批累计备案项目268个，办理工程规划许可证221本，办理施工许可证60本，各项数据居全市第一位。

【工程领域改革深化】 2021年，萧山区持续深化工程领域改革，优化建设工程审批体系。在质监、安监、图审、施工许可“四合一”基础上，加入人防、消防审批，推行施工许可“六合一”审批办理，提升审批效率。提高申报资料系统共享率，审批资料压缩30%，根据省3.0平台及市“亲清在线”平台统计，萧山区全年建设项目从立项到施工许可平均用时领先于杭州市各区县。围绕“跑一次是例外，跑零次是常态”的目标，加速推进“互联网+”政务服务，打通数据孤岛，实现数据共享。用数字赋能工程验收，开发消防工程验收App，规范消防现场验收，实现消防验收标准固化、过程留痕，使消防验收更加公正和透明。持续强化制度创新，推出消防设计审查“无感审批”，通过实时对审批系统中的图纸数据进行精准预判、智能处置，在企业不参与的情况下提前为企业开展消防设计审查。

【特色小镇清理验收】 2021年，萧山区根据国家、省、市促进特色小镇规范健康发展意见，由区发改局、区经信局、区科技局、市规划资源局萧山分局对全区9个非清单内特色小镇进行清理、验收。其中，6个小镇更名：湘湖金融小镇更名为湘湖金融镇，未来交通小镇更名为未来交通新镇，未来智造小镇更名为未来产业社区，三江创智小镇更名为三江创智新城，里士湖科创小镇更名为里士湖产业园区，七彩小镇更名为七彩社区。撤销国际健康小镇、空港小镇、华佗健康小镇。

【新增上市企业】 2021年，萧山区启动新一轮上市支持政策，构建上市企业孵化器长效机制，挖掘上市资源，针对多层次资本市场推出2个系统、6期上市培训活动，全年全区新增上市企业5家。2月10日，曼卡龙珠宝股份有限公司在深圳证券交易所创业板上市；5月18日，浙江九紫新能源汽车有限公司在美国纳斯达克证券交易所（NASDAQ）上市；10月25日，杭州凯尔达焊接机器人股份有限公司在上海证券交易所科创板上市；11月22日，杭州正强传动股份有限公司在深圳证券交易所创业板上市；12月2日，网易云音乐在香港交易所上市。至年底，全区累计培育上市挂牌企业77家，动态保有上市后备企业37家，其中新认定18家。

【28家企业入围2021杭州“独角兽”“准独角兽”榜单】 2021年4月28日，第五届万物生长大会在杭州国际博览中心举行，现场发布2021杭州“独角兽”和“准独角兽”榜单，37家“独角兽”企业和209家“准独角兽”企业榜上有名。萧山区有28家企业上榜，其中“独角兽”企业5家，“准独角兽”企业23家。“独角兽”企业分别是万向一二三股份公司、杭州网易云音乐科技有限公司、挂号网（杭州）科技有限公司、浙江亿咖通科技有限公司、杭州乐刻网络技术有限公司，其中亿咖通、乐刻运动为新增企业。“准独角兽”企业新增11家。

2021年萧山区“独角兽”“准独角兽”企业一览表

表15

序号	项目名称	企业名称	类别	所在地	备注
1	万向一二三	万向一二三股份公司	独角兽	宁围街道	原在榜
2	网易云音乐	杭州网易云音乐科技有限公司	独角兽	钱江世纪城	原在榜

续表15

序号	项目名称	企业名称	类别	所在地	备注
3	微医	挂号网（杭州）科技有限公司	独角兽	开发区	原在榜
4	亿咖通	浙江亿咖通科技有限公司	独角兽	开发区	新上榜
5	乐刻运动	杭州乐刻网络技术有限公司	独角兽	开发区	原准独角兽新晋独角兽
6	衣品天成	杭州全尚科技股份有限公司	准独角兽	钱江世纪城	原在榜
7	聚玻网	浙江火山口网络科技有限公司	准独角兽	北干街道	原在榜
8	天轮供应链	浙江天轮供应链管理有限公司	准独角兽	钱江世纪城	原在榜
9	华澜微	杭州华澜微电子股份有限公司开发区	准独角兽	开发区	原在榜
10	金柚网	杭州今元网络技术有限公司	准独角兽	钱江世纪城	原在榜
11	拼便宜	杭州拼便宜网络科技有限公司	准独角兽	开发区	原在榜
12	杜比医疗	浙江杜比医疗科技有限公司	准独角兽	开发区	原在榜
13	杭州贝康	杭州贝康健康科技集团有限公司	准独角兽	开发区	原在榜
14	美联医学	杭州美联医学检验所有限公司	准独角兽	开发区	原在榜
15	启函生物	杭州启函生物科技有限公司	准独角兽	开发区	原在榜
16	易现 EZXR	杭州易现先进科技有限公司	准独角兽	钱江世纪城	原在榜
17	CityDO	浙江城数控股集团有限公司	准独角兽	钱江世纪城	原在榜
18	尾巴生活	杭州吾尾科技有限公司	准独角兽	开发区	新上榜
19	hibobi	杭州久龙科技有限公司	准独角兽	开发区	新上榜
20	惠瀜科技	浙江惠瀜网络科技有限公司	准独角兽	开发区	新上榜
21	宇链科技	杭州宇链科技有限公司	准独角兽	钱江世纪城	新上榜
22	熊猫速汇	杭州我汇网络技术有限公司	准独角兽	开发区	新上榜
23	知衣科技	杭州知衣科技有限公司	准独角兽	开发区	新上榜
24	健新原力	浙江健新原力制药有限公司	准独角兽	空港经济区	新上榜
25	高诚生物	高诚生物医药（杭州）有限公司	准独角兽	开发区	区外迁入
26	睿丽科技	杭州睿丽科技有限公司	准独角兽	新街街道	新上榜
27	云呼健康	杭州云呼网络科技有限公司	准独角兽	开发区	区外迁入
28	无忧传媒	杭州无忧传媒有限公司	准独角兽	开发区	新上榜

【信用体系建设】 2021年，萧山区持续推动信用在社会、经济、行政管理中深度应用，强化信用信息归集共享，开展公共信用信息和联合惩戒案例的归集、报送。区公共信用信息平台归集上传住建、财政、国土、教育、人社等部门公共信用信息、失信被执行人信息、信用黑名单等13.14万条，充实和完善区级信用平台。开展信用联合奖惩，按照全省“1+3”信用应用制度体系要求，对照《浙江省守信激励与失信惩戒措施参考清单》，建立跨部门、跨领域的信用联合奖惩机制，全区实行联合奖惩单位拓展至75家，全年收集法院、住建、规资、人社、交通等相关部门报送联合奖惩案例2.76万条。全面应用信用记录，全区所有单位所有事项100%查询信用记录或信用报告，查询信用记录或信用报告次数5.07万次。推进区积分落户信用审核工作，审核信息1.4万条。推广萧山区企业入驻“杭州E融”平台，入驻企业26036家。开展信用信息修复，审核信用修复信息91条。根据国家发改委信用专项治理工作要求，开展萧山区“屡禁不止、屡罚不改”严重违法失信行为专项治理，对从事信用服务的机构、近3年有10条失信被执行人记录以上企业、近3年有10次以上行政处罚企业三类名单进行专项治理，整改率100%。在社区、园区、企业开展诚实守信、文明城市宣传，广泛宣传诚实守信的先进典型，上报宣传稿件80多篇。承办杭州市“诚信建设万里行”宣传活动，在区信息港小镇设置分会场，举办“信用+园区”省级试点建设情况介绍、信用应用场景体验点、信易贷现场咨询点等活动。

【“信用+园区”应用入选省级信用试点】 2021年，萧山区深化“信用+园区”应用场景建设，依托市、区公共信用信息平台，针对自然人和法人两类信用主体，在信息港小镇打造全省首家“信用小镇”。“信用+园区”应用入选2021年浙江省首批“信用+社会治理”试点。建立“信用园区”数字化监管与服务平台，开展全流程园区信用服务模式，从企业入园、在园、退出等环节全面服务；开展全产业信用监管模式，以企业为中心，对产业链上下游相关法人、专业服务机构等市场主体，实行全产业连带监管；完善信用分级分类监管机制，建立科学合理企业信用评价等级。在行政领域推出“信用+泊车”“信用+宣传”“信用+创新券”“信用+会议室租赁”等场景；在社会领域推出“信用+出行”“信用+旅游”“信用+医疗”“信用+消费”等场景；在市场领域推出“信用+金融”场景，提高园区企业融资效率。至年底，各类应用场景受惠3000多人，推动消费100多万元。

【“信用+未来社区”应用打造】 2021年，萧山区以瓜沥七彩社区为试点，创新信用赋能未来邻里、未来治理等场景，建立服务换积分、积分换服务激励机制，打造“信用+未来社区”应用，构建共建共治共享的社区治理格局。“信用+未来社区”应用入选市级十大信用典型案例。由城市大脑和萧山平台赋能，构建“区、镇（街道）、村（社区）”三级管理架构的“沥家园”数字驾驶舱，并以辖区居民高频需求为导向，开发“沥家园”掌上云平台和“沥小二”微信小程序，整合区级部门数据资源一屏归集，涉及33个业务领域、553项指标。建立“红蓝”信用积分体系，对支持公益行动、文明行动及获得荣誉的居民给予奖励公益积分（红分）；对助农消费、扶持消费等社区贡献行为给予奖励任务积分（蓝分）。以“红蓝”信用积分为依据，实行信用等级评定。拓展推出“信用+金融信贷”“信用+公共服务”“信用+物业管理”等多领域社区信用应用场景，对信用等级高的主体在申请贷款、获取社会资源、参与政府项目中给予优惠。

（翁松燕）

【价格管理】 2021年，萧山区清理规范水电气行业收费，督促相关企业对清理出的问题进行整改。开展行业协会商会乱收费专项清理整治工作，对10家行业协会商会收费情况进行检查，纠正向会员单位收取铜牌制作费等问题。持续开展殡葬业价格秩序、公益性安葬设施建设经营专项整治，印发《关于规范萧山区殡仪服务收费有关事项的通知》，规范殡仪服务收费。持续做好价格监测，对60多个重要民生商品定期进行价格监测工作；节日期间做好价格监测及巡查工作，掌握民生商品的价格走势，确保市场价格稳定。开展油菜籽、粳稻、大棚蔬菜、生猪等成本收益调查，以及农户存售粮、种植意向、购买农资情况三个专项调查。对殡仪基本服务收费标准、6所学校的学费、9条公交线路票价、28个停车场及道路停车收费标准进行核定调整。

【能源双控和双碳工作推进】 2021年7月13日、9月2日，萧山区召开2次“双碳”工作专题会议，贯彻落实上级碳达峰碳中和以及节能降耗工作部署，推进全区碳达峰各项工作。编制全区碳达峰总体方案和能源领域实施方案，搭建碳达峰工作架构。申报低碳试点，所前镇入围杭州市首批低碳乡镇试点名单。搭建“双碳大脑”数字平台，获中央广播电视总台等国家、省、市媒体多次报道。开展能源“双控”（控制能源消费总量和能源消费强度）工作，实行节能降耗年度目标考核。排查清理“两高”（高耗能、高排放）项目556个。

（李军方）

财政

【财政收入预算执行】 2021年，萧山区十六届人大第五次会议批准的年度一般公共预算收入预期为336.04亿元。执行结果：一般公共预算收入343.03亿元，为预算的102.1%，比上年增长14.3%。其中，税收收入315.82亿元，占一般公共预算收入的92.1%。财政总收入564.98亿元，增长22.6%。

【财政支出预算执行】 2021年，萧山区十六届人大第五次会议批准的年度一般公共预算支出为292亿元。经区十六届人大常委会第四十一次会议批准，调增一般公共预算支出8亿元。调整后，全区年度一般公共预算支出为300亿元，其中区级280.4亿元、镇级19.6亿元。上年结转指标13.94亿元，上级财政下达转移支付收入29.83亿元，新增地方政府一般债券19亿元，收回结余指标21.66亿元，财政支出预算总指标为336.18亿元。执行结果：全年支出324.23亿元，为调整预算的96.5%，比上年增长17.6%，其中，区级支出298.58亿元，为调整预算的96.2%，增长18.3%。

【预算平衡】 2021年，萧山区一般公共预算收入343.03亿元，加上中央税收返还收入、上级转移支付收入、一般债券转贷收入、动用预算稳定调节基金、调入资金、上年结转等转移性收入130.14亿元，收入合计473.17亿元。全区一般公共预算支出324.23亿元，加上上解上级支出、一般债务还本支出、补充预算稳定调节基金、援助其他地区支出、结转下年等转移性支出148.94亿元，支出合计473.17亿元。收支相抵，全区一般公共预算收支平衡。

【政府性基金预算执行】 2021年，萧山区政府性基金收入526.87亿元，比上年下降38.9%。其中，土地出让收入508.91亿元，下降39.8%，主要是土地出让方式调整和土地市场调控，以及上年有亚运村土地一次性缴款205亿元的因素。全年政府性基金支出612.62亿元，下降27.0%。其中，土地出让收入安排支出547.63亿元，下降31.41%。上年结转结余82.08亿元，省市补助收入3.2亿元，调入资金11.33亿元，体制上解4.84亿元，当年体制可用资金618.64亿元，收支相抵，加上新增地方政府专项债券48.1亿元，减去债务实际还本4.41亿元、调出至一般公共预算资金2亿元，年底滚存结余47.71亿元，主要是已缴库但尚未结算的土地出让收入。

【社会保险基金预算执行】 2021年，萧山区机关事业单位基本养老保险收入10.11亿元，支出10.38亿元，年底滚存结余2.75亿元。企业职工基本养老保险等其他基金纳入省级统筹管理，不在区级反映。

【财政收入】 2021年，萧山区一般公共预算收入343.03亿元，占财政总收入的60.7%，占地区经济总产值的17.1%。其中税收收入315.82亿元，在一般公共预算收入中占比92.1%。全年征收非税收入555.37亿元，其中纳入一般公共预算收入管理的非税收入为27.21亿元。

【财政支持经济发展】 2021年，萧山区制定新一轮产业扶持政策各项实施细则，加大重点产业扶持力度，兑现各级扶持资金45.54亿元，比上年增长14.1%。其中，科技投入17.49亿元，增长20.1%；拨付政府产业基金出资9.58亿元。落实人才招引培育政策，兑付人才专项资金10.2亿元，增长43.7%，推动西安电子科技大学杭州研究院落地开学，发挥浙江大学（杭州）国际科创中心、北京大学高等信息技术研究院等创新平台引领作用。深化政府采购云平台应用，实行政府采购备案管理，简化政府采购审批流程，推进"政府采购支持绿色建材促进建筑品质提升"改革试点，"代理记账助推小微企业高新认定"入选全省典型案例。

【民生支出增加】 2021年，萧山区民生支出228.2亿元，比上年增长13.0%，占一般公共预算支出的70.4%。加大社会保障投入。社保和就业支出29.68亿元，用于完善社保救助体系，确保完成低保救助、儿童关爱、扶贫帮困等基本保障，困难老年人家庭适老化改造、新增提升社区老年食堂等民生实事。助力公共服务提升，教育支出62.63亿元，卫生健康支出26.45亿元，文化旅游体育与传媒支出4.15亿元，"引导多元化投入提升公共文化服务效能项目"被财政部列为国家级示范项目。深化美丽乡村建设，农林水事务支出9.63亿元、环保支出9.05亿元。争取中央与省级专项资金1.6亿元，申报成功国家级美丽乡村重点县试点、省级农村综合改革集成建设试点。全年区本级基本建设支出118.31亿元，推进亚运场馆、地铁、通城大道、彩虹快速路、金城路改造提升、保障性住房等重大政府投资项目建设。

【债务风险防范】 2021年，萧山区防控政府债务风险，强化基层运行保障，保障社保基金支付。落实年度化债计划，强化全口径债务系统动态监管，科学处置到期债务，健全规范调度资金管理，遏制新增隐性债务。紧盯镇（街道）财政运行基本盘，加大基层转移支付力度，缓解镇（街道）财政压力，保障基层"三保"（保基本民生、保工资、保基层）运转。筹措社保基金各项财政补助资金，落实企业职工基本养老保险省级统筹制度，做好风险预警和应对预案，提前防范社保基金支付风险，筑牢社保基金风险底线。

【财政改革】 2021年，萧山区深化镇（街道）财政体制改革和财政数字化改革，深化预算绩效管理。制定新一轮镇（街道）财政体制，优化财政事权与支出责任划分，调整完善镇（街道）项目管控机制，把控镇（街道）项目立项评审、资金审核、预算安排、预算执行等关口，严控镇（街道）项目新增与规模超标。启用预算管理一体化系统，全区预算编制、核算云覆盖率100%，位于全省前列。推动财政票据电子化改革，"财政电子票据换开"通过杭州市试点区县验收，新版纸质票据涵盖全类别财政电子票据换开服务。上线国资监管大数据平台，以数字化驱动国资监管机制迭代升级，房产监督模块入选全省数字化改革公权力监督"一本账"。通过大数据赋能，实行预算执行和绩效目标"双监控"机制，出台项目支出绩效评价管理办法和绩效管理制度汇编，实施重大新增政策项目事前绩效评估机制，开展全生命周期绩效管理改革试点，全年实施财政重点绩效评价项目21个，评价方向聚焦基本民生、经济政策、创新平台扶持等项目。

【财政监管】 2021年，萧山区加强财政支出管理、财政资金监管和项目审核监督。树立"党政机关过紧日子"的思想，硬化预算刚性约束，严控部门预算追加，压减公用经费定额5%，压减部门专项控制数10%，压减一般性支出3亿元。完善预算执行动态预警监管，出台资金支付安全内部管理文件，全年处理动态预警1.48万笔，纠正违规资金1451万元。推行预算单位银行账户管理，修订财政专户资金竞争性存放办法及细则，区级财政资金竞争性存放30亿元和国库支付中心资金竞争性存放30亿元，参加省财政库款现金管理60亿元。开展政府投资项目竣工决算清理，审核项目资金427.87亿元，核减资金34.6亿元。建立财巡联动监督检查机制，全年开展重点领域监督检查11项，出具财政检查意见书6份，做出行政处罚决定1起，移交纪委办案线索1条。

（徐丹萍）

税务

【概况】2021年，萧山区税务局依法依规征税收费，保障地方一般公共预算进度，持续提升经济税收的匹配性、均衡性和可持续性。全年组织各项税费收入722.94亿元，比上年增长39.16%。其中税收收入512.57亿元，增加106.25亿元，增长26.15%。国内增值税入库192.93亿元，增长69.75%；企业所得税入库142.31亿元，增长34.58%；个人所得税入库32.58亿元，增长2.25%；土地增值税入库56.51亿元，增长34.53%；契税入库40.7亿元，下降38.64%。

【社会保险费和非税收入】2021年，萧山区征收社会保险费（不含职业年金）158.55亿元，比上年增长61.6%。其中，企业职工基本养老保险费81.61亿元，城乡居民基本养老保险费0.38亿元，机关事业单位基本养老保险费7.95亿元，职工基本医疗保险费61.48亿元，城乡居民基本医疗保险费2.19亿元，失业保险费3.69亿元，工伤保险费1.25亿元。征收非税收入47.62亿元，增长316.9%。其中，土地出让金34.52亿元，教育费附加6.46亿元，地方教育附加4.3亿元，残疾人就业保障金2.03亿元。

【税务法治】2021年，萧山区税务局依法开展行政纠纷处理工作。推进行政执法公示制度、执法全过程记录制度、重大执法决定法制审核制度“三项制度”，落实精确执法。完善标准化约谈室建设和使用规则，优化音像记录存储和运用。落实《长江三角洲区域税务轻微违法行为“首违不罚”清单》和《长江三角洲区域申报发票类税务违法行为行政处罚裁量基准》，定期对首违不罚情况和行政处罚情况进行回头看。开展税务执法案卷自我评查，规范案卷管理。

【税费政策落实】2021年，萧山区税务局围绕服务保障亚运、服务外贸发展、快速响应大企业需求、护航新办企业发展等工作，建立健全涉税专业服务工作机制，构建惠企政策精准落实工作体系，落实税费政策，助力萧山经济社会发展。全区减负降本86.98亿元，其中小微企业普惠性税收优惠16.94亿元，支持新冠肺炎疫情防控2.77亿元。社会保险费继续延续阶段性降低失业保险费和工伤保险费费率政策。水土保持补偿费、人防易地建设费、排污权出让收入、国有土地使用权出让收入等10项非税收入征管职责划转至税务部门征收。

【税种管理】2021年8月，萧山区税务局推进增值税发票电子化改革，全区306家停车场发票实现电子化。拓宽电子发票应用场景，向医疗、物业、酒店、餐饮、公共事业等其他行业推广增值税电子普通发票。至年底，增值税电子普通发票开具份数从年初的每月28万份增加到每月764万份。建立“跟票管”“按户管”常态化工作机制，加强企业所得税税前扣除凭证风险防控工作，核实464户企业1.23万份发票，涉税金额25.58亿元。规范高新技术企业认定，与区科技局联合认定通过高新技术企业618户。开展个税综合所得年度汇算工作，2万余家企业的30多万人参加个税年度汇算。推进财产和行为税“十税合一”合并申报工作，组织开展系统测试、模拟申报、线上线下宣传和培训辅导，收集并分析解决各类申报问题，定期合并申报各项效应评估，合并申报业务在6月征期上线，7月大征期平稳运行。清算土地增值税项目70个，经清算审核，比企业申报增加土地增值税3.26亿元。

【办税缴费服务】2021年4月9日，萧山区税务局联合区工商联举办“学党史办实事2021年‘便民办税春风行动’”政企恳谈会，邀请新制造、涉税服务中介等13家典型企业代表参加，现场宣讲便民办税服务措施10大类32项117条，向与会企业颁发“纳税服务体验师”聘书等。响应纳税人缴费人税费服务需求，建立云上纳税人需求“闭环式”管理机制，全年通过该机制收集纳税人需求309条，总结提炼共性问题121个，向同类需求情况的企业定向推送29.08万户次，通过纳税人学堂向全区纳税人推送热点问题95个。结合“万名党员进万企”“三服务”走访等活动，线上线下同步开展宣传辅导，网格化推进各项惠企政策宣传辅导落地落实，确保纳税人缴费人知晓、理解、用足用好相关政策，通过征纳沟通平台定点推送减税降费新老税收优惠政策36条，累计推送200多万次。探索精细化专业化开展涉税专业服务机构监管工作。开展2021年企业信用等级评定工作，企业纳入信用管理户数11.86万户，个体工商户和其他类型纳税纳入信用管理户数7.38万户。

【征收管理】至2021年底，萧山区服务纳税人18.38万户，其中个体纳税人7.71万户、单位纳税人10.67万户；新增纳税人3.44万户，减少纳税人2.69万户；增值税一般纳税人5.14万户，小规模纳税人12.89万户。通过免清税证明直接在工商简易注销的比例为57.9%，纳税人在办税大厅前台实现即办注销的比例92.0%。认定非正常户9883户，解除非正常户2008户，满两年非正常户注销2359户。

【涉税风险监管】2021年，萧山区税务局选择化纤制造业为试点行业，搭建化纤行业全产业链条风险预警模型，事先提醒企业加强监管，推广全链条、全税种风险预警经验，低成本堵塞征管漏洞。加强欠缴税费管理，对226户欠税人调整出境报备程序。规范落实不予加收滞纳金审批工作，审批不予加收滞纳金户数1475户，不予加收金额909.74万元。全年办结自然人电子税务局风险应对任务2532户，办结金税三期系统风险应对任务566户。严控风险源，重点开展石油化工行业、司法拍卖环节涉税风险管理。

【国际税收】 2021年，萧山区税务局根据内外部信息，对“走出去”入册企业逐户核实，确定2020年全区“走出去”企业100户。“走出去”企业投资境外企业、承包工程共150个。组织基层税源管理单位走访辖区内“走出去”企业，为企业宣讲境外所得申报、协定待遇享受、境外税收风险识别等知识，并将市税务局翻译的主要国家疫情优惠政策派送给企业。落实涉外税收优惠政策，享受协定待遇企业49户，减免金额3086.6万元。

（胡文芳）

金融监管

【概况】 2021年，萧山区金融办、浙江银保监局萧山监管组、中国人民银行萧山支行（简称人行萧山支行）等金融管理部门，加强金融风险防控，推进企业减负降本，支持实体经济高质量发展。至年底，萧山区有政策性银行、大型银行、股份制商业银行、城市商业银行、农村商业银行、外资银行、村镇银行、汽车金融公司和财务公司等九大类37家银行业机构，营业网点384个；财产险和人身险等保险公司42家，营业网点81个。萧山银行业机构贷款余额5844.78亿元，比年初增加750.25亿元，增长14.7%。其中，制造业贷款余额1406.96亿元，比年初增加188.32亿元，增长15.5%；普惠小微企业贷款加权平均利率为5.1%，比上年下降22个BP。对受新冠肺炎疫情影响的3030家企业增加授信492.7亿元；为6182家企业减免利息1.28亿元；为867家企业、27.64亿元贷款提供延期还本付息支持；向145户企业发放“双保”（保就业、保市场主体）应急融资贷款4.52亿元，支持就业5202人。

【金融风险防控】 2021年，萧山区金融管理部门通过贷款核销、打包转让等措施处置不良贷款40.85亿元，至年底，辖内银行业机构不良贷款实现额、率“双降”。深化风险源头防控机制，对授信总额在1亿元及以上的119家“授信大户”，指导债权银行共同核定用信限额和对外担保限额，防范过度授信、过度担保。持续实施扶强、帮困和出清“三大工程”，搭建6家银行债权人委员会，对12家企业实施“授信总额联合管理”，确保用信稳定。对重点帮扶对象，指导最大债权行会同相关债权行集体会商研究，“一企一策”制订帮扶方案，提高帮扶工作质效，提振企业克服困难的信心。做好重点领域风险防控，加强对房地产信贷监测，督促辖内银行机构落实“房住不炒”的定位。推动“东方文化园”公司破产重整成功，化解不良债务40亿余元，为杭州首例“预重整”转“重整”并获成功的案例。

（孔鑫鑫　余　姣）

【民营企业和小微企业金融服务】 2021年，中国人民银行萧山支行开展小微企业培植暨首贷户拓展专项行动，拓展小微企业首贷户3853户，发放贷款132.92亿元。至年底，普惠信贷余额1065亿元，比上年增长32.3%，比年初增加260亿元。小微企业贷款利率5.1%，比上年下降9个基点。持续开展金融“三服务”和助企开门红走访，金融机构支行级以上行领导累计走访企业632家，为走访企业新增授信556.86亿元，贷款169.40亿元。开展金融支持小微企业政策进企入园宣讲活动，政策宣讲惠及企业400多家。传导、落实央行政策，巩固“降成本”成果。引导法人机构精准快速用好央行政策性优惠资金。全年办理普惠小微企业贷款延期134.3亿元，惠及客户7110户，累计延期率91.8%，比年初提高7.6个百分点；发放普惠小微企业信用贷款54.3亿元，惠及客户6595户，累计信用贷款占比38.6%，比年初提高13.4个百分点；申请获得央行低成本支小再贷款55亿元，支持企业3231家。

【征信服务和消费者权益保护】 2021年，中国人民银行萧山支行持续优化征信环境，助力小微企业融资畅通。全年应收账款质押融资85笔，金额42.21亿元；新增动产质押登记467笔，发放贷款136.62亿元。优化征信自助查询服务，征信自助查询机增加至21台。深化金融纠纷多元化解机制建设，组织成员单位到诸暨考察学习，提升金融纠纷人民调解委员会工作水平。指导萧山农商银行建设“三位一体”红色衙前金融教育示范基地，建强金融宣教阵地。开展防范电信诈骗、打击非法集资、存款保险、国债、反洗钱等金融知识宣传。

【外汇服务优化】 2021年，中国人民银行萧山支行组建“金融助企参谋团”，推进“外汇联络员暖心助企”专项行动，开展企业走访、政策宣讲、座谈会等活动556次。银行办理远期结售汇18.42亿美元，比上年增长39.6%。深化跨境金融区块链服务，缓解小微企业融资难、融资贵问题，办理贸易融资629笔，金额5990.76万美元；运用出口信保保单融资场景，推动银行于落地首笔“区块链+杭信贷”出口信保融资业务6.4万美元。支持企业开展跨境投融资活动。办理外债签约登记34笔，金额4.24亿美元；展期26笔，金额2.89亿美元；内保外贷登记11笔，金额5.42亿美元。落实自贸区外汇管理创新措施，联合区自贸办等开展现场宣讲9场，覆盖企业200多家。推动“外汇NRA账户结汇”“跨境资金池”等外汇服务模式落地，推动新型离岸国际贸易发展，便利企业开展全球采购模式下跨境资金结算。全年跨境收支224.69亿美元，增长37%，跨境人民币结算量493.64亿元，为上年同期的3.73倍。

【非法金融活动整治】 2021年，中国人民银行萧山支行成立萧山区金融反诈联盟，打好综合治理拳。实施账户分类分级管理，部署开展两轮存量账户风险排查，共排查账户1414万户，对5.47万户风险账户采取管控措施；强化警银联动，实施柜面快速堵截机制和受害人银行账户保护性止付机制，累计堵截可疑开卡1037人、疑似诈骗汇款157起，挽损金额969.08万元；加大非法集资宣传和打击力度，2021年辖区非法集资发案16起，比上年下降11起。加大反洗钱监管力度，做好扫黑除恶、网络赌博等专项行动案件协查，累计参与政府金融类企业联审会议18次，核查金融投资类企业81家，防范金融领域涉隐风险。

【优化支付结算环境】 2021年，中国人民银行萧山支行提升账户管理与服务效能，推行小微企业简易开户服务，助力1.12万家小微企业开业；开展小微企业和个体工商户支付手续费降费政策，减免各类费用109.65万元，惠及企业1.93万户。拓展移动支付场景应用，推广校园金融云项目应用，推进城区智慧停车项目和智慧菜场“溯源＋支付”场景应用，完成6个公共停车场智能化改造、12个农贸市场894户经营户“主体追溯码”升级。提升亚运会支付环境建设，实施存量外卡POS、ATM移动支付受理功能改造，推进境外个人境内移动支付便利化。

【提升国库和现金服务】 2021年，中国人民银行萧山支行与税务部门建立待缴库税款对接机制，提高税款征缴效率。建立财税库银个税退库工作小组，开通“绿色通道”，做到即来即退，实现纳税人退税资金秒到账。全年办理个税退库20.38万笔、金额1.34亿元。提升现金服务水平，优化群众用现环境。实施现金服务网格化管理，在农村地区形成“两点一员”（银行网点＋现金服务点＋现金服务网格员）格局。在萧山农商行开展现金服务示范网点创建试点，完成130个网点升级改造，加大对拒收现金行为的惩处力度。组织开展不宜流通人民币行业标准培训和现金服务“大篷车”活动，提升流通中人民币整洁度。坚持反假货币工作常态化，巩固深化大额现金管理试点工作。

（孔鑫鑫）

【银保机构“最多跑一次”改革2.0】 2021年，浙江银保监局萧山监管组推进银保机构开展“最多跑一次”改革2.0，优化营商环境。开展法人机构公司治理评估、关联交易风险排查，对股东行为不规范、关联方未穿透识别等问题建立整改台账，细化整改措施，明确整改时限，动态跟踪评估，确保整改落实到位。以金融赋能自贸区建设，引导辖内银保机构支持萧山自贸试验区建设，提供信贷政策支持，丰富金融机构体系。至年底，3家银行机构网点更名为自贸区支行。

【普惠金融支持乡村振兴】 2021年，浙江银保监局萧山监管组指导银行业机构将支持乡村振兴作为推进共同富裕的重要着力点，探索信用助农、要素富农、保险护农。至年底，涉农贷款余额798.25亿元，比年初增加149.28亿元，增长23%。持续推进农业保险扩面、增品、提标，累计承保农业保险315.19万件、承保金额15.07亿元。深化小微金融服务差异化细分工作，推进“首贷、信用贷、无还本续贷”，提升小微企业金融服务能力。年底普惠小微企业贷款余额1003.23亿元，比年初增长28.4%。

（余　姣）

统计

【概况】 2021年，萧山区统计工作以国家统计督察迎检为契机，夯实数据质量。3月23日，召开全区防惩统计造假专题会，部署迎检工作。推进27个镇（街道）、平台（含红山农场）以及区发改局、区经信局、区商务局等部门建立健全防惩责任体系，确保任务到人、责任到岗、落实到位。编印《数读萧山“十三五”》画册，以数表图文展现全区“十三五”经济社会发展成就。更新《统计月报》《萧山概览》《统计快报》，做好统计公报与数据解读等其他统计产品的发布编印。统计课题调研《碳达峰背景下萧山工业发展面临的困境及出路》在全区哲学社会科学优秀课题中排名第一。区统计局获评第七次全国人口普查先进集体。

【统计执法监管】 2021年，萧山区统计局强化执法监管，严守数据质量。采用“专项查、协同查、补充查”模式，对113家（个）企业（项目）开展“双随机”专项执法检查，查处统计违法行为21起，罚款7.5万元，“双随机”检查单位数、案件办理数、罚款金额均列全市首位。配合上级统计部门对辖区内60家（个）企业（项目）核查检查。运用第三方力量协助开展数据质量评估、统计业务指导，为基层统计力量提供补充。严格执行统计执法“双随机”制度，统计执法事项覆盖率、双随机率、掌上执法率、信用关联度均达到100%。对北干街道、靖江街道、瓜沥镇、戴村镇、临浦镇5个镇（街道）进行统计巡查，提出改进建议26条，并对整改情况进行追踪审核。

【统计分析专报】 2021年，萧山区统计局撰写各类统计分析专报40多篇。6月，在对全省56项、58个共同富裕指标进行梳理基础上，对区21个优势指标和20个弱势指标进行分析，撰写《我区高质量发展建设共同富裕示范区的指标体系分析》。围绕热点难点问题和民生实事，开展美丽乡村建设后续管理专项调查、错峰出行货车限行民意调查、基层减负调查、亚运会群众感知调查等9项民情民意调查。3篇分析被国家统计局内网录用。

【统计网格化管理】 2021年，萧山区统计局以网格化管理创新为抓手，强化基层统计工作基础。构建区、镇（街道）、企业三级统计网格，打通线上线下交流平台，打造“统计驿站”“统计之家”等交流平台10余个，线上完善以微信、钉钉和QQ为载体的交流群。印发《2021年度统计网格化管理工作要点》，明确各网格的镇（街道）指导员，开展全区学习交流会121次，组织参观学习会55次，开展“统计台账技能大比武”、统计网格论坛等活动66次。5月，组织全区60多名工业统计“网格长”赴湖南大学开展为期一周的专题培训。制作《萧山统计网格化管理创新纪实》视频片，宣传网格化管理工作推进中的做法和优秀“网格长”事迹。10月，省统计局对萧山基层统计网格化管理试点工作给予肯定。

【人口普查主要数据】 2021年5月18日，萧山区人民政府第七次人口普查领导小组办公室发布萧山区2020年第七次全国人口普查主要数据公报。根据公报，全区常住人口为2011699人，与2010年第六次全国人口普查的1346190人相比，共增加665509人，增长49.4%，年平均增长率为4.1%。全区共有家庭户753800户，集体户78170户，家庭户人口为1814188人，集体户人口为197511人。平均每个家庭户的人口为2.41人，比2010年第六次全国人口普查的2.83人减少0.42人。全区人口中，男性人口1064716人，占52.9%，女性人口946983人，占47.1%。总人口性别比（以女性为100，男性对女性的比例）为112.43，与2010年第六次全国人口普查的102.40相比，有所上升。全区常住人口中，0—14岁人口为252112人，占12.5%；15—59岁人口为1428078人，占71.0%；60岁及以上人口为331509人，占16.5%，其中65岁及以上人口为230130人，占11.4%。全区常住人口中，拥有大学（指大专及以上）文化程度的人口为460127人；拥有高中（含中专）文化程度的人口为283526人；拥有初中文化程度的人口为586738人；拥有小学文化程度的人口为507975人（各种受教育程度的人包括各类学校的毕业生、肄业生和在校生）。全区常住人口中，文盲人口（15岁及以上不识字的人）为42621人，与2010年第六次全国人口普查相比，文盲人口减少29802人，文盲率由5.4%下降为2.1%，下降3.26个百分点。全区常住人口中，居住在城镇的人口为1625340人，占80.8%；居住在乡村的人口为386359人，占19.2%。与2010年第六次全国人口普查相比，城镇人口增加768637人，乡村人口减少103128人，城镇人口比重上升17.2%。

【萧山统计网格智治平台上线】 2021年，萧山区统计局以数字化改革为动力，推进统计智治。3月，统计网格智治系统启动建设。5月，该项目被列为省统计局系统数字化改革重大应用第一批试点，9月17日，区统计网格智治平台应用场景上线运行。统计网格智治平台是集网格管理服务与数据协同共享功能于一体的基层统计网格化管理平台，构建区、镇（街道）、企业三个层级网格，其中区级1个网格、镇（街道）级26个网格、企业网格有162个。建立PC端和移动端2个终端，构筑8个子应用场景，以智治格局压实统计责任、提升数据质量、优化统计服务、营造良好统计生态。10月27日，区政府常务会议三季度经济形势分析会上首次应用该系统分析解读。至年底，平台纳入省网格化试点内容之一和区数字政府24个创新应用场景之一。

【统计法治建设】 2021年，萧山区统计局为推进依法行政、依法决策、规范执法，提高统计数据质量，从源头上防范和化解法律风险，依据《关于推行法律顾问制度和公职律师公司律师制度的实施意见》《浙江省统计局法律顾问和公职律师工作制度》有关规定，构建“法律顾问+公职律师”法治建设模式。择优选聘经验丰富、专业过硬的律所负责人担任法律顾问，按要求签订法律顾问合同并在政府法律顾问平台上更新信息，发挥法律顾问在参与统计重大涉法事务的咨询、审核和协调处理等工作中的作用。公职律师是在取得法律职业资格的人员中进行选任，按期通过相应考核并经省、市、区3级司法行政部门审核，取得公职律师资格的律师，参与统计经常性涉法事务办理，参与统计重大涉法事务的协调处理。明确法律顾问和公职律师权责范围，为统计改革、统计决策、统计行政行为、资产处置等提供法律意见，参与统计规范性文件的合法性审查，参与重大行政处罚决定的法制审核，协助开展统计法治宣传教育等。至年底，选聘法律顾问1人。

【获评人口普查先进集体】 2021年9月23日，在第七次全国人口普查总结表彰会议上，萧山区统计局获评第七次全国人口普查先进集体。在人口普查工作中，区统计局承担组织、指导、协调、实施全区第七次人口普查工作，组织各种业务培训，2020年9月，分6个组举办“两员”业务培训67场次，对全区1.5万名普查指导员和普查员进行业务培训，提高“两员”普查业务能力。线上线下开展普查宣传动员，并做好普查表的登记填表、数据审核和比对复查工作。在划区绘图、清查摸底、短表登记和行职业编码结束后，组织各平台、镇（街道、场）人普办采取交叉检查方式，按照相关实施细则要求开展验收，对未达到验收标准单位，要求限时整改，并重新验收。

（裘云锋）

审计

【概况】 2021年，萧山区审计局实施审计项目25个，查出主要问题金额24.26亿元，其中违规金额55万元、管理不规范金额24.26亿元。移送司法机关、纪检监察机关和有关部门处理事项15件，移送处理人员15人，移送处理单位1家。提交审计信息103篇，被批示、采用78篇。向社会公告审计结果20份。3个审计项目被评为杭州市优秀审计项目。

【财政审计】 2021年，萧山区审计局加强全面预算绩效管理，开展财政同级审、部门预算执行和4个镇（街道）的财政决算（收支）审计。利用财政审计数据全面完整的优势，进行大数据分析、比对，实现57家一级预算单位的审计全覆盖，同时为其他审计项目中需要的数据提供采集、分析等支撑，发挥财政审计辐射带动作用。

【领导干部经济责任审计】 2021年，萧山区审计局围绕权力运行和责任落实，对9家单位的10名党政主要领导和国有企业领导人员开展经济责任审计，组织开展19家单位38名领导干部的离任经济事项的交接工作。召开2021年度区领导干部经济责任审计工作联席会议，部署全年经济责任审计重点工作。与组织部门对7家单位9名领导开展联合会商研判，发挥经济责任审计在干部选拔任用和日常监督管理工作中的作用。

【政策跟踪审计】 2021年，萧山区审计局加大对重大政策、重点改革和重要项目的政策跟踪审计力度，安排全区工业用地履约监管、国企改革运营、镇（街道）财政体制运行等6个专项审计调查项目，对审计中发现普遍性、倾向性问题归纳总结，以审计综合报告、审计专报等形式向区委区政府建言献策，报送15篇审计专报，比上年增长50%，国企改革运营审计项目的做法及成效被浙江卫视报道。镇（街道）财政体制运行审计调查，为完善下一轮镇（街道）财政体制提出审计建议。

【内部审计】 2021年，萧山区审计局以年度综合考评为导向，精准指导内部审计机构开展内部审计工作。5月，召开全区内审协会换届和内审工作会议，选举产生新一届理事会，通报表彰内部审计先进集体、先进工作者，临浦镇、区市场监管局、恒逸集团作内部审计工作经验交流。搭建内审创新创优座谈会、专题交流会、工程投资培训会等学习交流平台，建立镇（街道）、部门平台和企业三个内审工作联络群，夯实内审组织基础，提高内部审计人员工作积极性。

【投资审计】 2021年，萧山区审计局推动投资审计转型发展要求，以高质量投资审计护航重大项目建设。探索投资审计三个转变从数量规模向质量效益转变，从单一工程造价审计向全面投资审计转变，从传统投资审计向现代投资审计转变。围绕亚运场馆、道路交通、保障安置房等重大民生基础设施项目，开展各类投资审计项目23个。开展区“22688”交通工程建设管理情况专项审计调查，撰写《我区重点交通工程建设中有关企业拆迁补偿问题应予以重视》的审计专报，并由区政府主要领导召开专题会议研究落实。

【审计整改落实】 2021年，萧山区审计局将审计发现重大重要问题动态纳入区委“七张问题清单”中的重大审计问题清单，通过党委督查确保重大问题及时整改。召开全区审计整改工作会议，部署整改工作；加强对具体整改工作的督查指导，首次由区政府办发文，区审计局会同区人大办、区纪委、组织部等单位，对10家被审计单位的整改落实情况进行联合督查。撰写审计整改报告，向区委审计委员会、区政府常务会议、区人大常委会作专题报告；督促被审单位重视审计整改工作，推动被审单位自行公开审计整改结果。

（陈永吉）

市场监督管理

【概况】 2021年，萧山区市场监管工作围绕“稳企业、增动能、保民生、守安全、严监管”五大主线，统筹推进常态化新冠肺炎疫情防控背景下的市场监管全面履职。全区新增市场主体3.35万家，比上年下降3.6%，新增注册资本（金）2112.77亿元（美元汇率按6.2计算，下同），上升18.0%。其中，新增内资企业1.56万家，下降11.2%；新增内资注册资本（金）2018.93亿元，上升19.3%。新增外资企业246家，增长47.6%；新增外资注册资本（金）11.06亿美元，下降6.2%。新增个体工商户1.77万家，上升3.6%。新增农民专业合作社36家，上升89.5%；新增农专社注册资本2593万元，上升217.0%。至年底，全区实有市场主体21.49万家，上升3.2%；注册资本（金）13950.9亿元，上升11.6%。

【商事登记制度改革】 2021年，萧山区推进“证照分离”全覆盖改革，全域实行自贸区清单，84个区级涉企经营许可事项中，取消审批11项。推进“分钟制”改革，常态化企业开办实现“最多5份材料、1个环节、30分钟办结、0费用”。开展“同股不同权”改革全市试点，完成首例备案登记。“外商投资企业主体资格证明容缺受理”案例入选自贸区杭州片区第一批制度创新优秀案例。完成172家校外培训机构转登工作。

【企业品牌建设】 2021年9月16—17日，中国质量（杭州）大会在萧山区召开，万向钱潮股份有限公司获中国质量奖提名奖，杭州之江有机硅化工有限公司获市政府质量奖创新奖，浙江波皇装饰材料有限公司、杭州浩工五金工具有限公司、杭州恒宏机械有限公司、浙江蓝天鹤舞控股有限公司等15家企业获“品字标浙江制造”认证。全年参与制（修）订国际标准2项，主导制（修）订国家标准7项、“浙江制造”标准21项；新增国家级标准化试点1项，省级标准化试点3项。杭州国际博览中心有限公司申报的《会展服务标准化试点》入选2021年度国家级服务业标准化试点项目。

【知识产权保护】 2021年，萧山区编制出台《萧山区“十四五”知识产权保护与发展规划》《杭州市萧山区关于深入实施专利、品牌、标准战略推动经济高质量发展的实施细则》。全区新授权发明专利1122件，比上年增长109%；PCT（专利合作条约）申请150件，增长58%；知识产权质押融资12.46亿元，增长160%。

【小微企业发展】 2021年，萧山区滚动实施“小微企业三年成长计划”，区政府获评全省市场环境建设成绩突出集体。依托“小微通”平台大数据画像，以信用评级助力3810家企业新增融资191亿元。开展全省“小微企业质量管理体系提升认证行动”试点，10家试点企业100%导入ISO9001认证。启动第三轮“小微企业三年成长计划”，加强小微企业发展指数、成长和活力指数监测，深化小微企业“信用贷”，新增小微企业1.1万家，实现“个转企”430家。

【疫情防控期间市场监管】 2021年，萧山区根据新冠肺炎疫情防控形势需要，第一时间暂停零售药店销售四大类疫情监测药品，落实农贸市场全覆盖驻点监管，做好隔离点、封控区和管控区食品安全保障。组建区大物防联控专班，完善精密智控“物品疫情防控”体系，全区1342家经营户纳入冷链管理，全年入库35.58万批次，运用“浙冷链”追溯系统紧急核查处置核酸阳性食品11次。

【食品药品安全监管】 2021年5月26日，萧山区食品安全委员会更名为萧山区食品药品安全委员会，由区政府主要领导担任主任。至年底，创建16家三星级、6家四星级镇（街道）基层食安办，建成全程可追溯食品生产经营主体1829家，食品生产企业“阳光工厂”154家，民生药事服务站5家，农村家宴“阳光厨房”62家，数量均居全市前列。学校食堂智能“阳光厨房”在全市率先实现全覆盖。“智慧农贸”应用场景入选省市场监管局“揭榜挂帅”创新项目，上升为市级地方标准。提前介入亚运食品安全保障，全程指导亚运村餐饮后厨布局。推进“抽检分离”改革，定量检测食品安全5445批次，闭环处置不合格食品120批次；定性检测70.78万批次，监督销毁食用农产品

2021年6月18日，区食品药品安全委员会办公室举行食品安全公众开放日活动

（区市场监管局 提供）

1344千克。药品抽检255批次、化妆品抽检48批次、医疗器械抽检103批次，闭环处置不合格产品6批次。

【特种设备产品安全监管】 2021年，是萧山区推进特种设备安全治理三年行动的第二年，全年开展专项排查整治25次，检查特种设备5525台，排查隐患1390项，全区特种设备持续保持安全平稳运行。推进区“数治瓶安”智慧化管理系统建设，对气瓶数字化全链条监管，并在全市推广。推进电动自行车综合治理集成改革，至年底，“码牌合一”车牌上牌1.9万辆。

【消费者合法权益保护】 2021年，萧山区市场监管部门受理各类投诉举报3.85万件，为消费者挽回损失1700多万元。推进“放心消费在萧山”行动，培育放心消费单位5740家、无理由退货承诺单位2514家、放心工厂906家、放心消费商圈11个、放心消费乡村1个。

【市场监管综合执法】 2021年，萧山区市场监管部门开展民生领域“铁拳”、消费安全“亮剑”、知识产权“蓝天”等专项执法行动，开展无合法来源商品、成品油、医疗美容机构、“新型燃料”等专项整治，全年查办一般程序案件2330起，其中大要案346起，罚没款1788万元。加强与公安部门的执法协作，完善案件会商机制，全年向公安机关移送案件27起。

【广告监管】 至2021年底，萧山区有广告业市场主体1722户，比上年增长6%。其中，广告业企业1073户，增长5%；个体工商户649户，增长9%。新设广告业企业50户，下降55%；新设广告业个体工商户52户，下降42%。全区纳入统计的规模以上广告业企业21户。广告从业人员近2800人。区市场监管局开展多项广告专项整治行动，查办各类广告案件120起，罚没款140万元。区市场监管局制定涉及广告事项的“双随机”计划6个，检查或参与检查相关广告企业28家，检查广告经营者、发布者建立、健全广告业务的承接登记、审核、档案管理制度的情况。召开2次专题会议，约谈萧山区辖区内三大媒体平台和四大电商平台，就媒体平台和电商平台的广告审核机制提出监管要求，从源头上减少媒体平台广告和电商广告违法情形。至年底，萧山区省传统媒体广告违法率为零，互联网媒体广告违法率低于0.5%。

【物价监管】 2021年，萧山区持续推进转供电违规加价清理，退费899万余元，惠及终端用户近1.2万户。聚焦民生热点，开展医疗收费、节日市场价格等开展专项检查，维护市场价格秩序，保障人民群众合法权益。

2021年萧山区商品零售价格指数一览表

表16

类别及名称	指数	类别及名称	指数
一、食品	101.7	6. 畜肉类	84.1
1. 粮食	97.7	7. 禽肉类	98.3
2. 薯类	98.6	8. 水产品	114.9
3. 豆类	102.2	9. 蛋类	110.2
4. 食用油	116.0	10. 奶类	105.8
5. 菜及食用菌	105.6	11. 干鲜瓜果类	106.5

续表 16

类别及名称	指数	类别及名称	指数
12. 糖果糕点类	104.9	八、体育娱乐用品	99.6
13. 调味品	102.3	1. 体育户外用品	99.2
14. 其他食品类	104.7	2. 娱乐用品	99.8
15. 餐饮业零售	103.9	九、交通、通信用品	100.4
二、饮料、烟酒	100.5	1. 交通运输机械	97.8
1. 茶及饮料	100.7	2. 通信器材	110.5
2. 卷烟	101.0	十、家具	100.7
3. 酒类	99.3	十一、化妆品	97.9
三、服装、鞋帽	104.3	十二、金银饰品	97.8
1. 服装	103.2	十三、中西药品及医疗保健用品	99.7
2. 鞋帽袜	108.3	1. 医疗卫生器具	103.3
3. 其他衣着配件	103.7	2. 中药	101.1
四、纺织品	100.0	3. 西药	98.8
1. 服装材料	100.0	4. 保健器具及用品	99.3
2. 床上用品	100.0	十四、书报杂志及电子出版物	100.0
五、家用电器及音像器材	99.2	1. 教材及参考书	100.5
1. 家庭设备	99.9	2. 书报杂志及音像制品	100.0
2. 文娱用耐用消费品	97.3	3. 计算机办公软件	98.8
3. 专业音像器材	100.4	十五、燃料	114.1
六、文化办公用品	99.9	1. 煤炭及制品	109.3
七、日用品	100.5	2. 石油及制品	114.6
1. 日用百货	101.6	十六、建筑材料及五金电料	104.6
2. 厨具餐具茶具	97.4	1. 建筑装潢材料	102.1
3. 清洗用品	100.7	2. 五金水暖	110.4
4. 其他日用品	100.8		

【诚信单位认定】 2021 年 2—6 月，萧山区开展两年一度的“诚信私营（民营）企业、诚信个体工商户”认定工作。全区有 185 家私营（民营）企业被认定为“诚信私营（民营）企业”，109 家个体工商户被认定为“诚信个体工商户”。全区有 15 家申报单位因查实有不良记录等被一票否决。

【个体工商户经营状况跟踪调查】 2021 年，萧山区配合中国个体劳动者协会继续开展全国个体工商户经营状况跟踪调查，抽样跟踪调查 304 家个体工商户经营状况，包括融资情况、用工情况、纳税情况、社保情况、营商环境情况等。至年底，萧山区有个体工商户 9.96 万家，资金总额 111.50 亿元，分别比上年增长 4.7% 和 11.3%，其中新增个体工商户 1.77 万家，新增资金 25 亿元。注销个体工商户 1.2 万家。第一产业个体户 3141 家，第二产业个体户 8089 家，第三产业个体户 8.88 万家，占比分别为 3.2%、8.1% 和 88.7%，其中新增数第一产业个体户 344 家、第二产业个体户 1056 家、第三产业个体户 16255 家，增幅分别为 –6.3%、4.3% 和 3.8%。

【8 家企业获评省信用管理示范企业】 2021 年 12 月，“浙江省信用管理示范企业”认定名单公布，杭州科百特过滤器材有限公司、杭州萧山红旗摩擦材料有限公司等 8 家企业（新认定 4 家，续展 4 家）被认定为省级信用管理示范企业。萧山区全年参与各级“双随机”抽查 563 个，其中跨部门任务 70 个，关联信用规则任务 510 个，逐步实现“进一次门、查多项事”和分级分类监管。在浙江省万家民营企业评营商环境报告中，区市场环境满意度列样本区县第一位。

2021 年萧山区获评浙江省信用管理示范企业一览表

表 17

序号	企 业 名 称
1	杭州科百特过滤器材有限公司
2	杭州萧山红旗摩擦材料有限公司
3	奥展实业有限公司
4	杭州丽博家居有限公司
5	浙江九龙厨具集团有限公司
6	杭州杰牌传动科技有限公司
7	浙江大胜达包装股份有限公司
8	杭州金溢建设集团有限公司

（冯建军）

国有资产监督管理

【概况】 至 2021 年底，萧山区有国有企业 188 家，其中区管国有企业 6 家（下属公司 138 家），分别为杭州萧山国有资产经营集团有限公司、杭州萧山城市建设投资集团有限公司、杭州萧山交通投资集团有限公司、杭州萧山环境集团有限公司、杭州萧山金融控股集团有限公司和浙江湘旅控股集团有限公司。区管国有企业审计后全年营业总收入 217.47 亿元、净利润 13.66 亿元，年底资产总额 2802.43 亿元，所有者权益 896.28 亿元。

【国资监管大数据平台启用】 2021 年 1 月 1 日，萧山区上线全省首个国资监管统一大数据平台，以管资本为主线，以大数据赋能为突破口，推动国企监管机制改革创新。平台整合区管国有企业基础信息，统一数据标准，加强数据治理，推动数据应用规范化、高效化。线上审批、核准、备案各类业务 1.15 万笔，审批提速 3 天以上。新增风险预警规则 2 类 26 项，对资产负债率过高、房产违规出租、银行多头开户等重大经营风险事项实现事前提醒、事中预警、事后警报，增强出资人科学决策和风险预判能力。联合区纪委区监委以国企经营性房产管理为试点，开发“清风居”国企经营性房产预警系统，通过平台数据分析预警，并与区市场监管局、区安局分局等部门数据比对，加强国企经营性房产管理，下发、核实、反馈预警 1000 多条。

【国资国企监管制度建设】 2021 年，萧山区建立健全国资国企监管制度体系，加强监管力度，防范重大风险，保障国有资产监督实效。2 月，出台《萧山区区管企业资金存放管理暂行办法（试行）》，明确国有企业账户管理、资金存放管理相关要求，防范化解重大风险。8 月，出台《萧山区区管国有企业资产出租管理办法》，规范区管国有企业资产出租行为，结合国企管理实际，细化完善资产租赁管理要求，并将部分审批权限下放集团，调动企业资产管理积极性，提高国有资产经营效益，维护国有资产权益。11 月，出台《关于进一步加强区管企业资产处置管理的通知》，督促区管国有企业规范资产处置行为，明确处置权限和审批程序，重点加强对拆迁过程中不可搬迁设备的处置管理。12 月，出台《杭州市萧山区国有企业投资监督管理暂行办法》，规范国有企业对外投资活动，从事前、事中、事后 3 个方面规定投资权利义务，降低投资风险。

【国有企业改革】 2021 年，萧山区出台《杭州市萧山区推进国有企业市场化改革实施方案》，推进区管国有企业改革和市场化转型。以区管国有企业为重点开展股权梳理工作，拟定区管国有企业股权结构组建方案，按照“产业相近，主业相同，全产业链协同发展”的整合思路，拟定集团与二级公司的股权调整方案，测算股权结构调整后各集团资产负债率。

【清廉国企建设】 2021 年，萧山区开展国有企业突出问题专项治理工作，推进全区清廉国企建设。通过企业自查自纠与联合纪委实地检查的方式，梳理汇总房产闲置率高、免租期长、公款接待“一票两单一函”（发票、接待清单、菜单和公函）不全、工程变更审批不规范等问题，要求相关企业限期整改，完善财务管理、房产租赁、工程审批程序等制度规范。开展区管国有企业资金存放专项检查，督促企业及时整改制度建设、招投标程序、竞争性存放等方面问题，并将资金存放管理列入日常管理清单，定期梳理检查。开展区管国有企业对外投资专项检查，对区管国有企业及下属子公司 2018 至 2020 年度 44 个 2000 万元以上的重点项目进行检查，督促整改制度建设不全、决策程序不完善与可行性研究差距较大等问题。

【资产确权工作】 2021 年，萧山区依据“先确权、再整改、后使用”确权原则，由区相关职能部门，采用集中办公方式，指导国有企业资产确权办证工作，帮助企业解决历史遗留的涉及变更、兼并、注销等资产划转问题。至年底，区管国有企业共领取不动产权证 111 件，登记确权房产面积 12.41 万平方米、土地面积 77.21 万平方米。

（刘凯奇）

【区国资经营集团】 2021 年，萧山区国有资产经营集团有限公司（简称“区国资经营集团”）有出资企业 49 家。其中，全资企业 33 家，控股企业 7 家，参股企业 7 家。直接管理企业 21 家。至年底，集团资产总额 2515 亿元。区国资经营集团全年完工项目有通惠南路初中新建工程、蜀山街道溪头黄沿山区域环境整治综合提升工程（一、二期）、西山蓝领公寓、闻堰园区 F 区块提升、闻堰五金路桥南路改造等 10 多个。5 月 15 日，黄家河一路（萧金路—风情大道）项目开工建设，道路西起萧金路，东至风情大道，总长 266 米，设计速度每小时 30 千米，道路宽 24 米，双向 4 车道，11 月 20 日竣工。7 月 28 日，萧山民营经济发展中心项目开工，项目总投资 5 亿元，总用地面积 1.40 万平方米，总建筑面积 4.11 万平方米。12 月 10 日，蜀山街道溪头黄沿山区域环境整治综合提升工程（三期）项目开工建设，以溪头黄社区所在拆迁居民房为基础进行改造，包括理想天堂创享艺术区、风云萧山崇古演绎区，建筑面积 8680 平方米。

（楼佳琪）

土地资源管理

【概况】 2021 年，萧山区推进耕地保护，发放镇（街道）、村保护耕地以奖代补资金 1.74 亿元，涉及 409 个村级组织和 23 个镇（街道）；254 个村开展全域土地综合整治，实施建设用地复垦近 400 公顷、耕地“非粮化”整治 4666.67 公顷、耕地功能恢复和提质改造 3533.33 公顷，巩固提升粮食产能 7 万余吨；推进存量土地盘活利用，全年消化批而未供 693.73 公顷，供而未用 1327.07 公顷，低效用地再开发 554.47 公顷；编制全区首个土地征收成片开发方案，全区共划定片区 76 个，涉及征地项目 150 个，拟征收集体土地面积 233.2 公顷。

【耕地保护】 2021 年，萧山区全域土地综合整治，修复生态，强化国土空间规划和用途管控，制止耕地“非农化”、防止耕地“非粮化”，严守耕地保护红线。开展永久基本农田保护区、高标准农田建成区、粮食生产功能区上图入库试点工作，全区获省市耕地保护资金 9877.08 万元。23 个镇（街道、场）和 409 个村级组织符合奖补资金发放条件，共发放省市区保护耕地以奖代补资金 1.74 亿元，其中 1.58 亿元村级股份经济联合社奖补资金实行“亲清在线”在线申领实时到账。严格管控永久基本农田，编制杭州地铁 6 号线二期工程、杭州地铁 7 号线工程、沪杭甬高速公路杭州市区段改建工程等 7 个项目占用永久基本农田补划建议方案，并通过省级占用耕地和永久基本农田踏勘论证，涉及占用永久基本农田面积 153.4 公顷。

【土地综合整治】 2021 年，萧山区结合美丽城镇和美丽乡村建设，推进百村全域土地综合整治与生态修复 3 年行动计划实施，254 个村开展全域整治，建设用地复垦约 400 公顷，耕地“非粮化”整治 4666.67 公顷，耕地功能恢复和提质改造 3533.33 公顷，巩固提升粮食产能 7 万余吨；实施钱江世纪城东单元、临浦镇横一村 2 个千亩方永久基本农田集中连片整治项目，改善农田基础设施和生态环境，提升农业生产和生态环境，建成连片农田 352 公顷。

【存量土地消化利用】 2021 年，萧山区推进存量土地盘活，形成“一地一策”数据库，结合规划和项目合理制定消化利用盘活方案。消化批而未供土地 693.73 公顷，供而未用土地 1327.07 公顷，低效用地再开发 554.47 公顷。支持企业通过有机更新提升亩均效益，为 77 家企业核发存量工业用地有机更新项目建设工程规划许可证 78 份，涉及建筑面积 230 万平方米，按照平均 2.5 容积率计算，相当于新增建设用地 93 公顷。

【土地违法查处】 2021 年，萧山区落实耕地保护督察及历年“挂账”问题整改，整改销号 60 宗，至年底，累计销号 283 宗。整改农村乱占耕地建房，各类整改共 194 宗，涉及占用耕地 25.67 公顷，基本农田 3.27 公顷；拆除新增乱占耕地建房问题 8 宗，面积 1.53 公顷，占耕地 1.27 公顷。围绕矿、沙和不动产三个领域开展常态化扫黑除恶专项斗争暨重点行业领域整治，核查发现并向公安机关移送 3 宗涉嫌破坏耕地案件和 2 宗越界开采矿产资源案件。按照“月清 + 季核 + 年度评估”新要求落实卫星图片执法主体责任，审核卫星图片斑点 2315 个，违法用地 131 宗。共作出行政处罚 288 宗 213.07 公顷，处罚金额 5007 万元，移交行政处罚没收建（构）筑物宗地 280 处，涉及土地 209 公顷，没收 76.6 万平方米建筑物和 96 万平方米构筑物；移送区人民法院申请强制执行并作出裁定案件 30 宗。全年办理信访 1914 件，40 件信访积案销号。区化解农村建房积案的工作经验被《自然资源报》转发。

【测绘地理信息管理】 2021 年，萧山区加强测绘行业监督管理，提升基础地理信息资源供给能力和地理信息综合服务能力。开展测绘地理信息“双随机”检查工作，对测绘资质单位的资质管理、成果保密、质量管理、地图管理等情况进行检查。发布区“十四五”基础测绘规划；全区 1∶500 地形图、1∶2000 地形图、1∶2000 正射影像图、地名地址及兴趣点、电子地图等年度更新入库；数字萧山地理信息公共服务平台数据更新发布及运维；推进全区实景三维全覆盖，推进城区 182 平方千米三维更新和全区单体化模型、建筑白模和分层分户模型等数据建设。开展城市地下市政基础设施普查和监理招标工作，推进普查区地下空间和试点区地下管线探测工作。围绕区数字化改革、规划建设、社会治理等重点工作，为局规划资源各类地理信息系统、杭州城市大脑驾驶舱——萧山平台、一网统管、公安全域感知数字驾驶舱、社会治理全量信息视图、世纪城先行先试综合试验区建设、智慧消防综合管控平台、区建设工程风险智慧预防等 20 多个应用提供统一地图服务。

【规划资源数字化改革】 2021 年 10 月，市规划和自然资源局萧山分局被确定为省保好耕地“一件事”建设主体之一，承接保质量子场景建设。至年底，该场景开发耕地资源空间账簿、优质表土剥离与再利用、提质改造、优质表土信息公开等子模块。通过实施“耕地质量保护”应用项目，以耕地提质改造和耕作层保护为切入口，以保护耕地保障粮食安全为核心，协同区农业农村局、市生态环境局萧山分局等部门，建设耕地资源空间“一本账”，构建耕作层保护多跨协同流程，保护好耕作层，强化对耕地质量的生产能力和生态安全治理，实现耕地质量保护高效、协同、智治，推动业务管理模式创新、制度重塑，提升耕地质量保护监管和治理能力。

2021 年 12 月 2 日，钱江海关驻萧然办事处现场监管浙江万丰通用航空有限公司租赁引进的小型通航短途运输飞机（钱江海关驻萧然办事处 提供）

【用地审批服务优化】 2021 年，市规划和自然资源局萧山分局加强工业项目“亲清在线”、投资项目在线审批监管平台审批监管系统，工业项目实现全程网上办理，建设用地规划许可证实现即办。推广“土地码”工业项目审批服务应用，进入“亲清在线”平台审批的项目 100% 进行信息归集，实现赋码上云，带码运行，全年带码运行工业项目 294 个，带码运行率为 100%。持续开展“多审合一”“多证合一”，加快推进用地预审与选址意见书矢量数据上图入库，全年核发建设项目用地预审与选址意见书 503 份，均上图入库。建设项目用地预审与选址意见书“二合一”办理 503 件，办结率 100%；建设用地规划许可与建设用地划拨审批 100% 并联办理，全年办理 195 件。

【地质灾害风险防范】 2021 年 7 月，6 号台风“烟花”过境萧山区期间，市规划和自然资源局萧山分局组织浙江省地质调查研究院专家，对戴村镇、塔楼镇、临浦镇等 16 个镇（街道）的地质灾害风险防范区持续排查复查。出动 1846 人次实地勘察 1753 点次，发布预警短信 3000 多条，指导全区 31 处地质灾害红色预警点避险防灾；在新增的 65 处地质灾害灾险情点，协助镇（街道）撤离 3577 人，协助劝返擅自返回人员 36 人。台风过境后，通过采取现场调查、无人机航拍、卫星遥感解译、综合研究等手段，对风险防范区和新发现的地质灾害点进行安全调查评估，经地质灾害专家综合研判认定后，允许撤离人员返回。

（魏亦书畅）

海关

【概况】 2021 年，钱江海关驻萧然办事处审核进出口报关单 5630 份，比上年下降 33.7%；监管进出口货值 13.2 亿美元，增长 35.9%；监管进出口货运量 6.7 万吨，下降 14.8%；征收关税和进口环节代征税 10.82 亿元，增长 74.8%；受理出入境货物检验检疫 2.12 万批，增长 17.4%；签发检验检疫证书 2.73 万份；为萧山区企业签发原产地证 4.97 万份，增长 2.7%；加工贸易合同备案 1.54 亿美元，下降 26.0%；保税仓库进出货运量 2500 吨，货值 15.56 亿美元；保税物流中心进出口货运量 1.23 万吨，货值 8251.3 万美元；跨境电子商务业务验放 2171.9 万票，货值 16.62 亿元；新增海关备案企业 1133 家。

【海关推动自贸试验区建设】 2021 年，钱江海关驻萧然办事处推动萧山自贸试验区建设，主动研判，紧跟区情、企情，开展保税产业链优化升级和生物医药产业发展路径调研，出台支持临空经济、跨境电商、生物医药发展以及优化营商环境、推动智造业提升等 16 条专项举措。支持杭州保税物流中心（B 型）开展优势项目招引，指导建设复合型海关监管场所，通过“区港协同”实现“数字清关”项目稳定运营，支持全省首个整车保税出口项目落地，通过“保税 + 简单加工”模式引入进口食品分装项目，实现中心业务提升质量，助推保税物流中心申报升级综合保税区。助力产业释放潜能，争取到杭州唯一的国家级残次品销毁改革试点；推动加工贸易“数智报核”新模式，推出保税租赁飞机海关联动监管方案，航空企业进口飞机实现“一站式”办结海关手续。

【海关助力民营航空发展】 2021 年，钱江海关驻萧然办事处持续助力民营航空发展。开展飞机进口保税租赁海关异地联动监管办理海关手续，便利航空企业以保税租赁方式进口航空器，使航空公司境外接机直飞入境的保税租赁飞机免于进入综合保税区即可享受保税政策，落地后可直接投入运营。“飞机进口保税租赁海关异地联动监管”方案入选 2021 年浙江自贸试验区杭州片区首批优秀创新案例。新冠肺炎疫情背景下为民营航企减负增效，在加强属地纳税人合规管理的基础上，优化企业进口租赁飞机关税担保方案，为企业释放授信额度 1.19 亿元，盘活银行抵押金近 4000 万元，节约财务成本 300 多万元。全年，助力浙江长龙航空公司以保税租赁方式进口飞机5架，杭州圆通货运航空公司引进洲际航线大型宽体“客改货”全货机3架，浙江万丰通用航空有限公司租赁引进小型通航短途运输飞机1架，9架飞机货值总计22.55亿元。长龙航空重大装备中心内测试、减免税设备暂存等项目在杭州保税物流中心落地。

【属地纳税人管理】 2021年，钱江海关驻萧然办事处落实属地纳税人管理。建立属地纳税企业底账，开展属地纳税人管理试点企业10家，开展“双特”（特许权使用费、特殊关系企业）价格台账试点5家；开展合规申报引导，推动关税保证保险、汇总征税、两步申报等改革红利落地，提供关税专业技术咨询和政策支持；提高纳税服务水平，根据属地企业纳税遵从特点制定“一企一策”，为企业提供个性化、差别化的税收征管服务，解决企业通关中的痛点和难点；做好风险防控，依托云擎大数据平台开展数据监控，与税管局、稽查、缉私、企管部门加强协同配合。全年审核各类风险数据2000多条，纠正规范申报差错273条，“双特”企业征补税1222.62万元。

【海关“数字化监管”】 2021年，钱江海关驻萧然办事处推进“数字化监管”，实施精准监管、高效服务。进出口通关时间分别压缩为17.2小时、0.46小时；推进“多证合一”，实现企业备案“零次跑”。探索数字化智慧监管应用场景，运用“监管过程上链，监管对象赋码”方法，指导辖区某锂电池出口龙头企业做好危险货物安全管理，整合生产、组装、检测、包装等流程信息，实现二维码赋能、流程监管数字化。引入数智监管，打造返修物品数字监管闭环，为保税物流企业量身定制监管方案，协助企业完善内部资源管理系统（ERP）记录，实现修理全链路可追溯。严格检验、重点排查辖区内列入《危险化学品目录》（2015版），但未列入《实施检验检疫的进出境商品目录》进出口危险化学品的报关、报检情况，检验出口危险包装物性能1.69万批次，开展周期抽样检测306批次，危险包装物使用鉴定1032批次，检出不合格4批。推行原产地证书自助打印、扩大信用签证的覆盖面，为辖区企业出具原产地证书8.46万份，出口商品货值19亿美元，享受自由贸易协定关税优惠或减免，减免目的国关税约1.32亿美元。查获全省首例不合格软性亲水接触镜（隐形眼镜的一种），依照《中华人民共和国进出口商品检验法》《医疗器械监督管理条例》检验判定该批商品不合格，责令并监督企业销毁。

【海关破除羽绒出口技术壁垒】 2021年10月，南非对中国出口水洗羽毛绒增加甲醛熏蒸或辐照处理的技术要求，萧山羽绒企业出口受阻。钱江海关驻萧然办事处研究国际法规，严格评估检疫风险，第一时间将认定意见上报杭州海关，并呈请海关总署与南非官方磋商。根据世界动物卫生组织（OIE）《陆生动物卫生法典》中高致病性禽流感灭活的技术规定，钱江海关驻萧然办事处确认出口水洗羽毛绒，经100℃蒸汽烘干30分钟可免于甲醛熏蒸或辐照处理，辖区羽毛绒企业日常落实兽医卫生防疫制度，生产加工过程高温处理也符合OIE技术规定。南非官方最终认可水洗羽毛绒经高温处理可不再增加甲醛熏蒸或辐照处理。浙江柳桥羽毛有限公司扣留在南非口岸的一批产品得以通关，避免退运损失3万美元，挽回订单100万美元，解决后续羽绒行业贸易问题，节省熏蒸处理额外的生产成本和时间成本。12月30日，钱江海关驻萧然办事处为杭州五洲羽绒制品有限公司签发杭州关区恢复出口南非水洗羽毛绒首份兽医卫生证书，该批货物于次年在目的国通关。

【杭州关区首票加工贸易边角料网上拍卖】 2021年12月3日，钱江海关驻萧然办事处主持的杭州关区首票加工贸易“石英碇”边角料网上拍卖，在阿里拍卖平台上以4.72万元成交，与企业自设保留价相比，溢价490%。根据海关总署《关于全面推广加工贸易边角废料内销网上公开拍卖共管机制的公告》，经海关允许后，加工贸易企业可以通过与海关联网的拍卖平台，委托具有法定资质的拍卖机构依法公开拍卖加工贸易边角料，海关以拍卖价格为基础审定完税价格。

【国门生物安全监测】 2021年，钱江海关驻萧然办事处筑牢国门生物安全防线，保护农林生态安全。在辖区旅游风景区、进口货物集散地、出口果蔬种植基地及空港口岸等地布置7个监测点，对辖区内的检疫性实蝇进行监测。调查掌握外来检疫性有害生物以及本地区重要有害生物的发生、发展状况等一系列监测措施，及时预警并制定防控策略。持续开展入境口岸监测调查以及其他重点项目的监测，包括有害杂草、红火蚁、进境植物种苗疫情监测。6月5日，重点开展红火蚁监测，放置诱饵诱捕器10个。

【进出口猪肉食品监管】 2021年，钱江海关驻萧然办事处落实猪肉食品监管。严格源头管理，督促企业对猪肉原料的验收和微生物、农兽药残留、重金属等安全卫生项目的自检自测。加强实地监管，派员现场检查猪肉来源，抽取样品检测非洲猪瘟病毒核酸，确保猪肉食品安全。落实监管要求，对于出口猪肉食品，要求原料必须由海关备案的屠宰场和加工企业提供，对于进口猪肉，索证核验国外兽医卫生证书，并进行自检验证。优化进出口食品检验检疫流程，全程无纸化作业，随报随检，即检即放。5月25日，浙江银河食品有限公司生产的一批猪肉粽子，经检验检疫合格发往日本，是钱江海关驻萧然办事处辖区首次出口猪肉食品。

（骆寅生）

开放型经济

综述

【概况】 2021年，萧山区加快项目招引步伐，招引落地亿元以上项目98个，总投资599.2亿元。开展集中云签约，签约重大项目26个，总投资额140.77亿元。进出口总值1027.07亿元，服务贸易出口额12.8亿美元，跨境电商出口交易额136.18亿元，境外投资项目36个。中国（浙江）自由贸易试验区杭州片区萧山区块建设稳步推进，税收、进出口额、利用外资额分别占全区总额的6.3%、14.8%、10.1%。

（李佳丹）

【恒逸（文莱）PMB石油化工项目获国家优质工程金奖】 2021年12月6日，中国施工企业管理协会发布《关于表彰2020—2021年度国家优质工程奖的决定》。浙江恒逸集团有限公司（简称"恒逸集团"）（文莱）PMB石油化工项目获2020—2021年度国家优质工程金奖，是该年度唯一获得金奖的化工工程，也是8个获得金奖的境外工程之一。国家优质工程奖设立于1981年，是经国务院确认的中国工程建设领域设立最早，规格最高，跨行业、跨专业的国家级质量奖。恒逸（文莱）PMB石油化工项目是一个以原油、凝析油为原料的炼化一体化项目，由恒逸集团与文莱主权投资基金合作建设，其中恒逸控股70%。该项目是首个全面执行中国标准的大型海外石化项目，是迄今文莱最大的外国直接投资项目和中国民营企业在海外的最大投资项目，被列入首批"一带一路"重点建设项目。

【"供应链魔方"入选省数字贸易子系统先行示范点】 2021年，萧山区打造的数字贸易应用场景"供应链魔方"，入选浙江省商务厅数字贸易子系统第三批应用场景先行示范点。"供应链魔方"由区商务局牵头，委托浙江物产安橙有限公司和浙江海盟控股集团有限公司开发建设，以供应链为切口应用场景。该应用包括两个成熟的子场景"一站通关""一键订舱"。至年底，"供应链魔方"累计接入企业3.5万家。其中，"一站通关"场景应用累计接入企业2.01万家，服务企业出口额逾2.8亿美元，帮助单家企业节约通关时间30%以上，并在嘉兴市、湖州市、衢州市、安徽省安庆市、江苏省南京市、江苏省镇江市等地方推广。"一键订舱"场景应用累计接入包括区内1232家企业在内的企业1.5万家。单家企业从询价到确认舱位的等候时间由线下57小时减少到1—2个小时。

（郑乐婷）

恒逸（文莱）PMB石油化工项目　（蔡卡特 摄于2021年12月6日）

利用外资及港澳台资

【概况】2021 年，萧山区合同利用外资及港澳台资 13.99 亿美元，比上年增长 10%。其中，新批外商及港澳台商投资企业 132 家，新批项目合同利用外资及港澳台资 9.8 亿美元，经商务部认定实际利用外资及港澳台资 11.11 亿美元；高技术产业实际利用外资及港澳台资 7.57 亿美元，占比 68.1%。全年招引落地亿元以上产业项目 98 个，总投资 599.2 亿元。其中，制造业项目 58 个，总投资 241.44 亿元；10 亿元以上项目 20 个，总投资 446.52 亿元；亿元以上制造业项目 10 个，总投资 144.99 亿元。开市客、杭可科技、慧芯新材料等 7 个项目被评为 2021 年度区级"大好高"项目。赛默飞 CDMO 等一批世界 500 强和产业链头部企业落户萧山。

2021 年萧山区利用外资及港澳台资概况一览表

表 18

分　　类	合计	新引进	增资
一、当年引进			
1. 企业家数（家）	185	132	53
2. 总投资（万美元）	201324.08	143661.90	83878.44
3. 注册资本（万美元）	177146.34	121108.15	71073.32
4. 合同利用外资（万美元）	139947.60	98039.50	50320.06
二、历年累计引进			
1. 企业家数（家）	2931	—	—
2. 总投资（亿美元）	452.24	—	—
3. 注册资本（亿美元）	319.60	—	—
其中，外资及港澳台资（亿美元）	249.64	—	—
4. 合同利用资金（亿美元）	257.16	—	—
三、实际利用外资及港澳台资			
历年累计（亿美元）	152.83	—	—
其中，当年（亿美元）	8.86	—	—

注：不含减资。

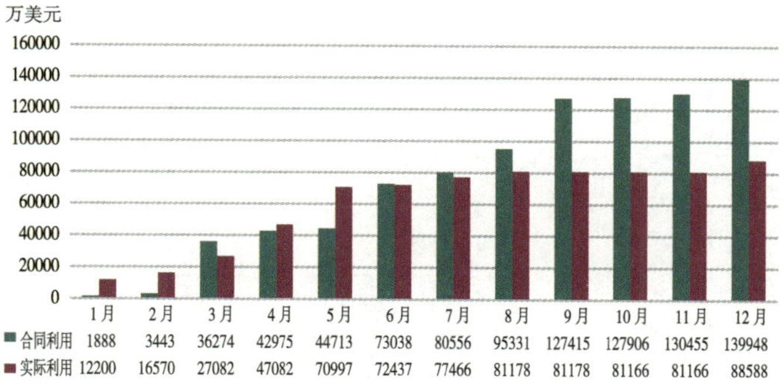

图 1　2021 年萧山区外商及港澳台商直接投资趋势图

2021 年萧山区平台、镇（街道）实际利用外资及港澳台资情况表

表 19

单　　位	实际利用资金（万美元）	占全区比重（%）
全区合计	88587.51	100
平台	86950.23	98.2
萧山经济技术开发区（含科技城）	42000	47.4
空港经济区	6950.23	7.8
钱江世纪城	38000	42.9
镇（街道）	1637	1.8
临浦镇	26	—
瓜沥镇	319.03	—
益农镇	200	—
北干街道	8	—
靖江街道	1004	—
南阳街道	80	—

2021 年萧山区外商及港澳台商直接投资分产业情况一览表

表 20

产业	新引进项目数（个）	占总数（%）	总投资金额（万美元）	占新批（%）	合同外资金额（万美元）	占总数（%）	实际利用资金金额（万美元）	占总数（%）
合计	132	100	143661.90	100	98039.50	100.0	88587.51	100
第一产业	0	0	0	0	0	0	0	0
第二产业	14	10.6	39308.55	27.4	9631.68	9.8	19328.18	21.8
第三产业	118	89.4	104353.35	72.6	88407.82	90.2	69259.33	78.2

2021 年萧山区外商直接投资情况表

表 21

序号	国家（地区）	实际利用资金（万美元）
1	萨摩亚	2200.00
2	英属维尔京群岛	371.84
3	日　本	250.00
4	新加坡	78.24
5	美　国	69.35
6	塞舌尔	8.00

2021 年萧山区港澳台商直接投资情况表

表 22

序号	国家（地区）	实际利用资金（万美元）
1	中国香港	85549.19
2	中国台湾	60.89

2021 年萧山区外商及港澳台商直接投资分投资方式情况表

表 23

投资方式	项目数（个）	占总数（%）	投资总额（万美元）	占总数（%）	合同资金（万美元）	占总数（%）	实际到资（万美元）	占总数（%）
合计	132	100	143661.90	100	98039.50	100	88587.51	100
合资	67	50.8	69810.96	48.6	24287.96	24.8	4182.93	4.7
独资	65	49.2	73850.93	51.4	73751.54	75.2	84404.58	95.3

【项目招引】 2021 年，萧山区新招引美满芯盛 6 英寸 MEMS 智能传感器与 5G 芯片项目，由国内半导体龙头企业华润微电子有限公司投资；通过盘活存量土地，引入药源新地 CRO 项目，由浙江药源新地生物科技有限公司投资，主要建设药物安全评价中心、药效评价中心，提供药物报批申报管理服务和临床管理服务等；国内顶尖的商业综合体 SKP 和世界 500 强开市客杭州首店落户萧山区，实现服务业项目新突破。

【招商企业投产】 2021 年 2 月，云尖信息过渡工厂投产，实现工业产值 4.35 亿元。杭州睿丽科技有限公司从事体外诊断试剂、配套诊断仪器的研发、生产及销售，从 2020 年 7 月投产至 2021 年底，出口新冠检测试剂超过 65 个国家和地区，2021 年工业产值 9.96 亿元，税收 1.49 亿元。12 月，萧山区引进的省重大产业项目紫光恒越（杭州）有限公司未来智造工厂投产，并入选省“未来工厂”试点企业名单。

【产业布局优化】 2021 年，萧山区规划全区生物创新药的产业发展图谱、绘制产业地图，编制《萧山区生物医药产业实施方案》及《生物医药产业指南》，明确生物医药产业方向、空间布局、重点任务、实施路径，推进生物医药产业发展。全年引进生物医药产业项目 61 个，总投资 94.2 亿元，其中亿元以上项目 15 个、10 亿元以上项目 5 个。

【创新平台建设】 2021 年，浙江大学杭州国际科创中心建设加快推进。启动区块全面启用，集聚各类人才 600 多名，初步形成较为完善的人才梯度。全区创新平台建设初显成效，集成电路创新平台入选省技术创新中心，争创国家技术创新中心；宽禁带材料与器件平台获批省重点实验室；生物与分子智造平台获认化工功能材料智能设计与制造杭州市工程研究中心。

【紫橙园区建设】 2021 年，萧山紫橙国际创新中心园区被认定为省小微企业园。全年新招引云合网络、智微科技等产业项目 19 个，5 家企业认定为市“雏形计划企业”、5 家企业被认定为浙江省高新技术企业。园区累计引进企业 50 多家，入住率 55%，汇聚科技创新人才 2300 多人，新增专利 185 项。2021 年，园区企业研发总投入 4.5 亿元，实现营业收入超 10 亿元，税收超 1 亿元。

【借力资本招商】 2021 年，萧山区开展基金招商。通过与浙江省金融控股有限公司、杭州市高科技投资有限公司等上级政府基金合作，形成国家、省、市、区四级基金联动体系。普华国家中小企业基金、浙大未来医学基金、山南数字产业基金等专业化基金共撬动国家、省、市级基金 21 亿元，为全区带来产业项目资源。

【项目落地决策机制完善】 2021 年，萧山区制定出台《杭州市萧山区科技型创新创业企业分类评价实施办法（试行）》，通过建立评审机制，保障产业项目落地。同时集中资源力量保障全区重点“一事一议”产业项目招引的落地决策。全年召开投资促进联席会议 6 次、投资促进联席会议办公室会议 4 次，决策“一事一议”项目 25 个。

【招商服务新品牌打造】 2021 年，萧山区投资促进局联合区审管办出台《萧山区重大招引项目全生命周期审批协调代办实施办法》，以原有项目审批绿色通道为基础，突破审批代办服务项目不够多、服务范围不够广等局限性，搭建针对全区招商引资项目的全生命周期服务体系，打造一站式招商引资项目审批、企业服务平台。

（李佳丹）

货物贸易

【概况】2021年，萧山区进出口总额1027.07亿元，比上年增长29.8%，增幅高于全国8.4个百分点，高于全省7.4个百分点，高于全市5.3个百分点。其中，出口总额788.42亿元，增长29.2%，增幅高于全国8个百分点，高于全省9.5个百分点，高于全市2个百分点；进口总额238.64亿元，增长31.7%。进出口总额全市排名第三位，增幅排名第五位，出口总额全市排名第一位。

【出口商品结构】2021年，萧山区出口商品结构以传统产品为主。出口比重排名前6位的商品依次为机电产品、纺织品、羽绒及其制品、家具、服装、化工产品，占出口总额的75.8%。

2021年萧山区出口商品情况一览表

表24

品　　名	出口额（亿元）	增幅（%）	比重（%）
一、六大类出口商品			
1. 机电产品	238.18	22.0	30.2
2. 纺织品	204.52	24.8	25.9
3. 羽绒及其制品	59.25	10.2	7.5
4. 家具	32.99	35.4	4.2
5. 服装	32.6	–5.9	4.1
6. 化工	30.54	23.7	3.9
二、重点关注商品			
1. 高新技术产品	16.08	–1.9	2.0
2. 汽车配件	31.47	24.7	4.0
3. 新能源	16.11	17.1	2.0

【出口市场格局】2021年，萧山区对亚洲市场出口261.03亿元，比上年增长24.9%，占比33.1%；对欧洲出口249.47亿元，增长46.6%，占比31.6%；对北美洲出口159.55亿元，增长16.3%，占比20.2%。按国家排列，美国、越南、法国、德国、西班牙、印度尼西亚、韩国、孟加拉国、印度、英国居出口市场前十位。与上年比较，法国由第9位升至第3位，西班牙由第10位升至第5位，孟加拉国升至第8位；韩国由第5位跌至第7位，英国由第6位跌至第10位，日本由第4位跌出前10位。

2021年萧山区出口市场前十位情况一览表

表25

序号	出口国家	出口额（亿元）	增幅（%）	比重（%）
1	美国	146.76	15.5	18.6
2	越南	36.62	25.1	4.6
3	法国	33.28	118.4	4.2
4	德国	31.29	21.7	4.0
5	西班牙	25.57	70.4	3.2
6	印度尼西亚	25.05	55.7	3.2
7	韩国	24.17	27.8	3.1
8	孟加拉国	23.27	81.0	3.0
9	印度	23	57.2	2.9
10	英国	22.18	23.6	2.8

【出口企业情况】2021年，萧山区出口额在1000万美元以上的企业249家，比上年增加63家；出口额在3000万美元以上的66家，比上年增加19家；5000万美元以上的企业30家，比上年增加7家；出口额在1亿美元以上的企业12家，比上年增加6家。

【进口商品结构】2021年，萧山区进口商品以矿产品、化工产品、贱金属及其制品三大类为主，占进口总额的71.2%。其中矿产品进口73.91亿元，比上年增长18.5%，占进口总额的31%；化工产品进口52.88亿元，增长49.4%，占进口总额的22.2%；贱金属及其制品进口42.99亿元，增长38.7%，占进口总额的18.0%。

【进口市场分布】2021年，萧山区商品进口市场以亚洲为主要进口地区，全年从亚洲进口154.45亿元，比上年增长46.3%，占进口总额的64.7%。其次是大洋洲和欧洲，分别占进口总额的12%和10.6%。按国家和地区排列，印度尼西亚、澳大利亚、沙特阿拉伯占进口比重前三位分别为14.2%、11.6%和10.8%。进口国家和地区中，增长较快的为印度尼西亚和南非。

【海铁联运专列首发】2021年6月10日，载有100标准箱羽绒制品、日用百货、五金工具等货物的达飞轮船海铁联运专列从铁路萧山货场发出，驶向宁波舟山港铁路穿山港站，实现达飞轮船萧山—宁波舟山港海铁联运专列首发。这是宁波舟山港海铁联运萧山班列的第一条船公司专列，同时也是达飞轮船继义乌、金华后在浙江省开行的第3条海铁专列。萧山区出口客户可在当地签发全程提单，实现“提箱、装箱、清关”无缝衔接，提高出口通关效率，降低运输成本。

【内外贸一体化产业基地（企业）培育】 2021年6月，萧山区化纤纺织转型升级内外贸一体化基地入选全省首批内外贸一体化改革试点产业基地培育名单。纺织化纤产业是萧山区的传统优势产业，周边有重要的化纤产地及下游产品集散地，形成较为完整和具有特色的产业链结构，具备完善的基础设施和健全的公共服务平台，多项核心技术和装备处于国际先进水平，是全国纺织（化纤）产业最大的集聚地，也是世界最大的化纤织造和印染基地，产品销往亚洲、欧洲、美洲，形成覆盖全球的营销网络。纺织化纤企业内销网络逐渐形成，针对国内市场需求设计产品，销售网络覆盖全国。6月，柳桥集团有限公司入选省首批内外贸一体化“领跑者”企业培育名单；12月，浙江兆丰机电股份有限公司入选省第二批内外贸一体化“领跑者”企业培育名单。柳桥集团有限公司是一家以羽绒产业为主的多元化、跨地区发展的企业集团，专注于羽绒产品的生产、研发和销售，在浙江、江苏、江西、广西、广东、安徽、山东等省和越南投资制造基地20多家，销售收入在行业中领先。浙江兆丰机电股份有限公司是国内兼有第一代至第四代轮毂轴承单元及卡车轮毂轴承单元生产技术的企业，具有年产汽车轮毂轴承单元500万套的生产能力，可生产汽车轮毂轴承单元1800多种型号，是国内汽车轮毂轴承单元的龙头制造企业，产品销往北美、欧洲30多个国家及地区。

【浙江本土民营跨国公司经营50强企业】 2021年12月20日，省商务厅公布2021年浙江本土民营跨国公司经营50强榜单。万向集团公司、金帝联合控股集团有限公司、浙江健盛集团股份有限公司、浙江荣盛控股集团有限公司、浙江恒逸集团有限公司5家萧山企业入围，其中万向集团公司列榜单第4位。

【第五航权国际货运航线开通】 2021年12月30日，杭州萧山国际机场纽约—杭州—首尔—纽约国际货运航线开通。该航线是浙江省引入的首条第五航权全货运航线，标志着杭州成为航空运输市场第五航权开放的城市，萧山机场开启“跨国公交”货运模式。

资料：

第五航权，即第三国准入权。指一个国家的航空公司在经营某条国际航线的同时，获得在中途第三国经停并载运客货的权利。开放第五航权，使一地的货物一次性通达多个国家，并且通过在经停点上下货物实现“多点串联”，缩减陆地中转分拨的环节，减少飞行运输成本。

（郑乐婷）

服务贸易

【概况】 据商务部业务系统统计，2021年萧山区服务贸易出口额12.8亿美元，比上年增长9%。其中，服务外包离岸执行额7.7亿美元，增长31.9%；数字服务贸易达9.1亿美元，增长16.8%；工业设计和信息软件技术服务等行业占服务出口比重的84.9%。全年新增商务部服务贸易重点监测企业40家，累计171家；新增服务外包业务管理系统备案企业36家，累计176家；从业人员6.23万人。

【服务外包大企业】 2021年，根据服务外包数据统计，萧山区离岸执行额在100万美元以上的服务外包企业有51家，占全区离岸执行额的99.6%。其中，离岸执行额在1000万美元以上的服务外包企业有27家，离岸执行额为6.82亿美元，占全区离岸执行额的88.2%。

【RCEP成员国服务贸易出口】 2021年，萧山区对RCEP（区域全面经济伙伴关系协定）成员国服务贸易出口额为2.77亿美元，占全区服务贸易出口额的21.6%。对RCEP成员国出口排名前三的国家依次为韩国、日本、泰国，分别占RCEP成员国服务贸易出口额的32.8%、16.9%、13.6%。

【服务外包离岸执行额】 2021年，萧山区服务外包离岸执行额中，知识流程外包（KPO）合同接包执行额为6.96亿美元，占总执行额的90.1%，知识流程外包成为主要接包模式；信息技术外包（ITO）合同接包执行额为2751.25万美元，占总执行额的3.6%；业务流程外包（BPO）接包执行额为4884.4万美元，占总执行额的6.3%。

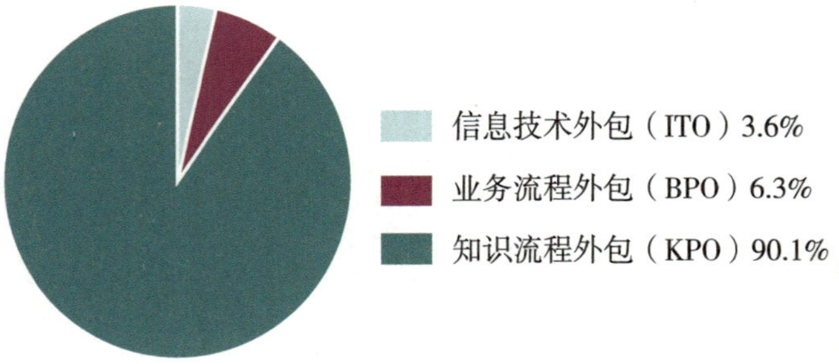

图2 服务外包离岸执行额分类图

【1家园区7家企业入选杭州市服务贸易示范名单】 2021年7月，杭州市商务局公布2021年杭州市服务贸易示范名单，朴鲁汇·湘山产业园入选服务贸易示范园区，博雷（中国）控制系统有限公司、杭州华英新塘羽绒制品有限公司、万向钱潮股份有限公司、杭州普银实业有限公司4家萧山企业入选服务贸易示范企业，浙江迪欧达实业有限公司、杭州唐能能源科技有限公司、杭州瑞丰汉艺纺织品有限公司3家萧山企业入选服务贸易成长型企业。杭州市商务局开展服务贸易示范

园区、示范企业和成长型企业认定工作自 2019 年开始，萧山区共有杭州湾信息港、柳桥羽绒产业国际合作区、朴鲁汇·湘山产业园 3 家园区被认定为服务贸易示范园区。多家企业入围服务贸易示范单位。

【参加 2021 中国国际服贸会】 2021 年 9 月 2—7 日，中国国际服务贸易交易会（简称服贸会）在北京举行。该届服贸会首次把健康卫生服务纳入大会八大主题之一，增设健康卫生服务专题展及相关论坛。萧山区首次以参会单位身份参加服贸会，并在健康卫生服务专题展上布展，展示萧山在区位交通、经济发展、政策扶持和政务服务等方面的优势，宣传萧山创业创新生态和投资环境。会上，萧山区与百济神州（北京）生物科技有限公司、乐普（北京）医疗器械股份有限公司、江苏亚盛医药开发有限公司、四川科伦药业股份有限公司、先声药业有限公司等头部企业建立联系，并与药渡经纬信息科技（北京）有限公司等细分赛道知名企业深入交流。

【海盟控股集团入选服贸会百个服务示范案例】 2021 年 9 月，2021 年中国国际服贸会组委会发布 100 个服务示范案例。萧山区企业海盟控股集团有限公司（简称“海盟控股集团）凭“跨境电商 B2B 出口供应链综合服务”案例入选业态创新示范案例。海盟控股集团有限公司是一家以国际物流供应链管理、国际货运代理、物流仓储、进出口贸易及跨境电商综合服务等为主的现代服务业企业。借助数字化技术以及供应链服务创新，提供跨境电商 B2B（9710、9810）出口供应链综合服务，通过平台对外贸出口碎片化的物流订单信息进行有效整合，打造集约运输优势，降低外贸出口企业的物流成本。2021 年，海盟控股集团连续 4 年登上中国国际货运代理物流百强企业榜单。

（郑乐婷）

2021 年 9 月 2—7 日，萧山区参加中国国际服务贸易交易会。图为萧山区展位

（区商务局 提供）

跨境电子商务

【概况】 2021 年，萧山区跨境电商出口交易额 136.18 亿元，比上年增长 36.1%，拉动全区货物出口总额增长 6.3%，占全市比重 15.9%。促进跨境电商产业集聚，实施“本地培育 + 外地招引 + 产业链联动”培育方式，新招引 70 多家跨境电商企业入驻四大跨境电商产业园，引导全区传统制造业企业发展跨境电商。4 月，萧山区羽绒及床上用品产业集群被列入省级示范类奖励。5 月，全国首个全球跨境电商知识服务中心启用。8 月，菜鸟网络科技有限公司全国最大的华东集运仓启用。

【跨境电商产业园区建设】 2021 年，萧山区以“本地培育 + 外地招引 + 产业链联动”的培育方式拓展企业主体队伍。全年新招引 70 多家跨境电商企业入驻中国（杭州）跨境电子商务综合试验区萧山园区开发区产业园、新塘产业园、空港产业园、邮政速递产业园四大跨境电商产业园。园区头部企业、平台企业出口增长，空港产业园浙江融易通进出口有限公司、浙江物产安橙科技有限公司等企业出口额 12.3 亿美元，比上年增长 1.56 倍。开发区产业园新园区预留空间规划建设全球跨境电商品牌研发中心。空港产业园企业或企业母公司布局海外仓 20 多个。

【产业集群跨境电商试点扩面】 2021 年，萧山区商务局实施“产业集群 + 跨境电商”工作，向省商务厅争取到产业集群跨境电商试点激励资金 300 万元。复制推广新塘羽绒家纺首个产业集群跨境电商试点，带动南阳伞业、瓜沥卫浴、浦阳鞋业、闻堰和义桥小五金等其他产业集群的跨境电商发展，促进全区中小型工贸企业高质量发展。经孵化培育，杭州布尔享伞业有限公司开店不到半年，跨境电商日销最高超过 3000 美元；琴阁卫浴全年销售额 1000 多万美元，比上年增长 200%。

【服务跨境电商企业】 2021 年，萧山区实施区商务局、镇（街道）、平台领导联系重点跨境电商企业制度，调研走访跨境电商企业 200 多人次，指导物产安橙、保宏境通等平台企业建设数字供应链，帮助浙江胜利羽绒制品有限公司、浙江三星羽绒股份有限公司、杭州旺尚家纺有限公司、杭州全瓒电子商务有限公司等工贸企业开展招才引智、自主品牌建设、研发设计、国际认证、信贷融资等活动，提升核心竞争力。开展传统制造业企业转型跨境电商培训活动，举办阿里国际站、亚马逊、谷歌、WISH 和独立网站建设等 25 期培训班，线上线下培训 1200 多人次，引导全区 150 多家传统制造业企业发展跨境电商，新增外贸出口 3000 多万美元。

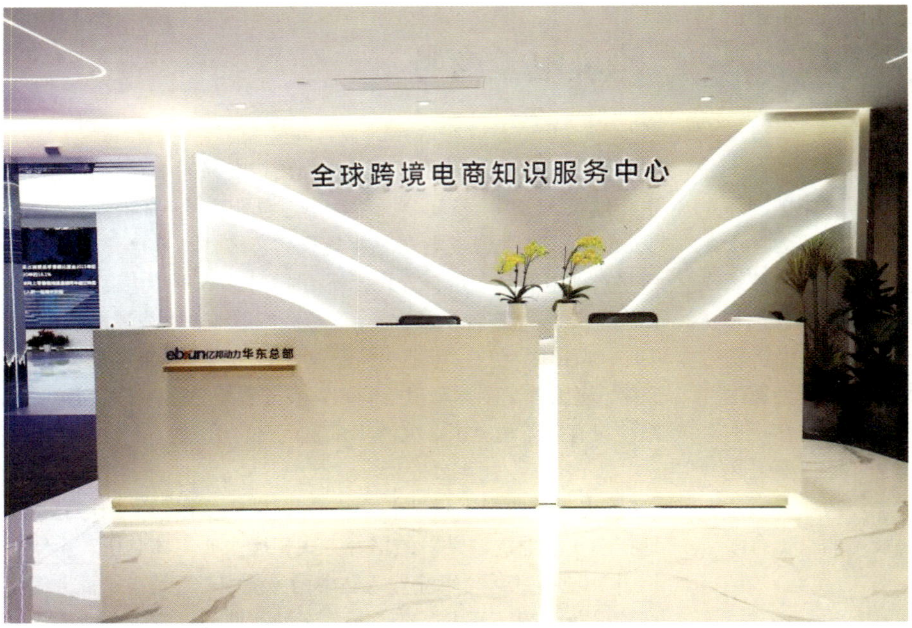

2021年5月26日，全球跨境电商知识服务中心在萧山落成 （范方斌 摄）

【全球跨境电商知识服务中心启用】 2021年5月26日，全球跨境电商知识服务中心启用。该服务中心位于萧山信息港小镇，由杭州跨境电商综试区、萧山区人民政府、萧山经济技术开发区、杭州湾信息港、亿邦动力联合建设，面积1195平方米，涵盖跨境电商全球趋势分析、政策创新成果、双循环路径、数字变革等内容，设有展览展示、交流及培训、政策衔接等多个功能区。

【菜鸟华东集运仓启用】 2021年8月18日，菜鸟网络科技有限公司位于浙江杭州的华东集运仓启用。该集运仓是菜鸟全国最大集运仓，兼顾包裹存储及处理能力，仓内拥有包括数字化流水线、龙门架、交叉带分拣机、Ptl、IoT等智能物流设备。华东集运仓位于杭州空港经济区，距离杭州萧山国际机场约3千米，运输类目包括运动类、玩具类、小饰品类、母婴类、服饰类等，主要目的地包括欧美、拉美地区和俄罗斯等市场。智能合单是菜鸟跨境包裹网络独创的数智化物流技术，通过这项技术，消费者的收货时间缩短近一半。

（郑乐婷）

境外投资与经济合作

【概况】 2021年，萧山区报经国家和商务部门核准的境外投资项目36个，其中增资项目7个。中方协议境外投资总额1.33亿美元。境外投资企业、投资行业和投资结构进一步优化，新设及并购重大投资项目涉及行业包括基础设施建设、汽车制造业和纺织服装业等传统行业和通信设备制造业、软件及信息技术服务业、专业技术服务业等新兴行业。

【"一带一路"沿线投资增长】 2021年，萧山区企业对"一带一路"沿线国家及地区投资项目数量持续增长，新增境外投资"一带一路"沿线项目10个，包括5个新设项目和5个增资项目，增加项目数量比上年增长25%；完成中方协议投资额3050.51万美元，占全区全年境外投资中方协议投资总额的23.3%。投资项目扩产增效明显。5个"一带一路"沿线增资扩产项目，中方协议投资额增加1612.23万美元，占全区境外中方协议投资总额的12%。增资扩产项目主要集中于基础设施建设、汽车制造业等传统行业和专业技术服务业类别等新兴行业。

【万向集团、恒逸集团入选"浙江对外投资项目十佳案例"】 2021年9月，省商务厅公布"浙江对外投资项目十佳案例"，万向集团公司、浙江恒逸集团有限公司2家萧山企业入选，数量全市第一。万向集团公司是中国最大的汽车零部件公司，旗下以万向一二三股份公司为代表的企业通过跨国并购，先后在美国、捷克、德国等地投资，利用当地科研、土地、人力、市场，设立研发中心、工厂和营销中心，建立起全球一体化的研发生产销售体系。恒逸集团在文莱投资建设8年，与文莱主权投资基金合作建设恒逸文莱大摩拉岛石油化工项目，以原油、凝析油为原料实现炼化一体化，是首个全面执行中国标准的大型海外石化项目，也是文莱最大的外国直接投资项目。

（郑乐婷）

浙江自由贸易试验区杭州片区萧山区块建设

【概况】 2021年，萧山区实施"3533"工程，持续加大改革探索力度，推进浙江自贸试验区杭州片区萧山区块建设。2020年9月21日，《中国（浙江）自由贸易试验区扩展区域方案》（简称《方案》）发布。《方案》指出，为贯彻落实党中央、国务院决策部署，中国（浙江）自由贸易试验区进一步扩展，扩展区域实施范围119.5平方千米，其中，杭州片区37.51平方千米，包括萧山区块、钱塘区块和滨江区块。萧山区块面积16.09平方千米，占杭州片区的42.9%，是杭州片区面积最大的板块，包括萧山经济开发区和杭州临空经济示范区部分区域。萧山区成立自贸试验区建设领导小组，挂牌成立自贸试验区萧山管理办公室。建立会议会商、信息通报、运行监测、创新攻关、督查考核、协调服务、项目推进、评估推广八大工作机制。持续优化营商环境，打造"一区一库一机制+N场景"（一个专区通办、一个"绿"库覆盖、一套机制、N个场景服务）全省首个场景式自贸审批服务专区，清单内事项共420个，可实现小时办（即办）事项358个。在设立自贸审批专区基础上，萧山经济技术开发区和杭州空港经济区分别划出3幢和2幢楼宇（厂房）为企业注册提供一站式服务。7月，开通"萧山自贸"微信公众号，9月，在全省率先发布"萧山自贸"IP形象"自贸君"；举办省市媒体采风萧山自贸、各类企业走进自贸区等宣传培训活动50多场，被省自贸办录用自贸区建设有关经验40多次。至年底，自贸萧山区块税收占全区的6.3%，进出口额占14.8%，外资投资额占10.1%，在浙江省自贸工作考核中获优秀等次。

【自贸试验区杭州片区萧山区块建设动员大会召开】 2021年1月6日，萧山区召开中国（浙江）自由贸易试验区杭州片区萧山区块建设动员大会。市委副书记、区委书记佟桂莉在会上指出建设自贸试验区是党中央、国务院作出的重大决策。提出建设自贸试验区萧山区块主要工作任务是实施"3533"工程。重点要做好八方面工作：建设一流空港，打造临空经济发展高地；提升便利化通达水平，打造链接全球的智慧物流枢纽；发展跨境电商，打造"买全球、卖全球"新型国际贸易中心；坚持数智赋能，打造先进制造业产业集群；集聚高端要素，打造创业创新生态最优区；聚焦制度创新，打造改革突破先行区；加快政府数字化转型，打造国际一流营商环境；聚焦区域联动，打造全域自贸新格局。与会人员观看自贸试验区萧山区块宣传视频，自贸试验区萧山区块建设方案和创新清单发布，中国（萧山）长三角自由贸易智库联盟揭牌，首批入驻企业营业执照颁发，12个项目现场签约。

【《中国（浙江）自由贸易试验区杭州片区萧山区块建设方案》发布】 2021年2月25日，萧山区人民政府发布《中国（浙江）自由贸易试验区杭州片区萧山区块建设方案》。方案对标国际一流，以制度集成创新为核心，以可复制可推广为基本要求，努力建立比较成熟的投资贸易自由化便利化制度体系、具有较强国际市场竞争力的开放型经济体系、安全高效的事中事后监管和风险防控体系。方案自3月28日起施行，由中国（浙江）自由贸易试验区杭州片区萧山区块建设领导小组办公室负责牵头组织实施。

【自贸试验区杭州片区萧山管理办公室挂牌】 2021年4月16日，中国（浙江）自由贸易试验区杭州片区萧山管理办公室挂牌，自贸试验区萧山区块建设进程加快。自由贸易试验区杭州片区萧山管理办公室成立后，按照自贸试验区建设整体部署，细化工作措施，扎实推进工作；推进制度创新，消除政策壁垒、简化程序、减少干预、放开准入，提升贸易、投资、资金、运输、人员往来和数据流动的自由化便利化水平；推进产业发展，实施"3533"工程，将自贸试验区萧山区块打造成为临空经济高质量发展标杆区、数智制造创新发展示范区、跨境电商创新发展先行区。

【制度创新案例打造】 2021年，萧山区落实国务院《关于浙江自贸试验区扩区方案》和省《关于浙江自贸试验区深化改革实施方案》等顶层设计，扩区方案涉及萧山区块具备探索实施条件的31项任务全部完成；实施方案涉及萧山区块具备探索实施条件的134项任务全部完成。19项制度创新案例中，11项制度创新案例获评市级优秀案例（其中全省首单3项、全省首例3项、全省首个3项），7项建设成果入围省自贸"十大标志性成果""新型离岸贸易"入选省级优秀案例，入选数量居全市第一位、全省前列。11个市级优秀创新案例涉及领域类分为贸易便利化4个、金融便利化2个、审批便利化2个、投资便利化1个，评估方法创新、资源要素创新2个。

【重大项目招引推进】 2021年，萧山区签约引进ABB（瑞士电力和自动化技术企业）、采埃孚、开市客、圣戈班、华擎世界500强项目5个，占全市比重83.3%，占全省比重31.3%。推进萧山国际机场国际货站等33个重点项目，总用地面积126.66公顷，计划投资总额268.62亿元。对项目实施精细化管理，形成专人负责、专项跟踪、专业指导的工作体系，每月形成汇总表，全程服务跟进重大项目签约落地和推进建设情况。

（郑乐婷）

萧山经济技术开发区

【概况】 萧山经济技术开发区创建于1990年5月，1993年5月经国务院批准为国家级经济技术开发区。开发区开发建设范围经多次调整，有市北区块规划面积12.24平方千米、桥南区块规划面积61.1平方千米、科技城区块规划面积27.1平方千米、益农拓展区块规划面积37.4平方千米、三江创智新城区块规划面积5.36平方千米，开发建设总面积143.2平方千米。至2021年底，萧山经济技术开发区有规模以上工业企业217家、规模以上服务业企业288家、工业产值超亿元企业86家、国家高新技术企业305家、上市企业27家。

2021年，萧山经济技术开发区地区生产总值278.57亿元，比上年增长8.9%；规模以上工业总产值516.8亿元，增长8.6%；规模以上工业增加值129.26亿元，增长8.3%；规模以上服务业营业收入1747.4亿元，增长22.8%；规模以上服务业增加值71.37亿元，增长18.7%。固定资产投资111.43亿元，增长21.1%，其中工业投资28.77亿元，增长20%；服务业投资82.7亿元，增长21.3%。财政总收入154.01亿元，一般公共预算收入85.24亿元，分别增长26.12%、9.9%。实际利用外资4.2亿美元。浙江亿咖通科技有限公司、杭州乐刻网络技术有限公司入选2021杭州"独角兽"榜单。开发区桥南区块首个人才公寓建成。新成立"两新"党组织32家，做好10个小微企业园、650家区级重点企业党组织覆盖和党的工作覆盖。深化机构改革，萧山科技城管委会更名为萧山科技城管理局，由区直属机构转变为萧山经济技术开发区内设机构。

【推进自由贸易试验区建设】 浙江自贸试验区杭州片区萧山区块包括萧山经济开发区和杭州临空经济示范区部分区域。2021年，萧山经济技术开发区成立自由贸易区建设领导小组，自由贸易试验区管理局和自由贸易试验区服务中心挂牌。开发区内涵盖新能源汽车及关键零部件、高端装备、5G通信、生物医药等领域的26个项目进入自贸区萧山区块重点统计项目，占萧山区块项目总数的84%，涉及投资总额220多亿元。开发区率先开展首笔新型离岸转口业务，开市客（Costco）浙江首店落户自贸区，新落地采埃孚等世界500强项目，新落地嘉晨西海生物医药项目，4项成果入选浙江自贸“十大”标志性成果。“线上知识服务+线下成果展示”——全球跨境电商知识服务中心打造杭州跨境电商“第一站”入选自贸杭州片区优秀案例，“一企一策、一事一议”为新型离岸国际贸易发展率先“探路”入选2021年第二批中国（浙江）自由贸易试验区制度创新案例。

【企业创新能级提升】 2021年，萧山经济技术开发区新认定国家高新技术企业85家、省科技型中小企业178家、市“雏鹰计划”企业34家。新增博士后科研工作站3家，新建市级及以上研发机构35家，1家企业获国家科技进步二等奖，5家企业获省科学技术进步奖。杭州湾信息港、传化国际科创园入选杭州市2021年高新技术孵化成果转化园。浙江大学科创中心碳化硅单晶技术、碳化硅半导体芯片相关项目以及传化精细化工环保印染项目入选2022年度浙江省“尖兵”计划立项清单；西安电子科技大学杭州研究院获批2021年度省级新型研发机构；浙江大学科创中心和杭州广科安德生物科技有限公司入选2022年度省级重点实验室。

【大项目招引】 2021年，萧山经济技术开发区招引一批亿元以上项目，总投资137亿元，实际利用外资4.2亿美元。包括总投资1.6亿美元的美国开市客项目、总投资30亿元的华擎半导体项目、总投资30亿元的美满芯盛智能传感器与5G芯片制造项目、总投资1亿美元的云合以太网交换核心芯片项目、总投资10亿元的希瑞新材料导电涂层项目、总投资2亿元的安渡生物总部项目，及清华大学戴琼海院士团队领衔的依澜科技图灵数字人等高层次项目。

2021年5月28日，萧山经济技术开发区召开制造业数智提升推进大会

（萧山经济技术开发区管委会 提供）

【重大项目推进】 2021年，萧山经济技术开发区6个项目被列入省重大项目，3个项目被列入省市县长“152”项目，62个项目列入萧山区“4286”产业载体项目。裕隆总部、永盛总部、兆丰智能化工厂、明电舍一期、机器人研发中心、传化钱湾智谷、圣奥时尚家具、凯风自南生物医药等一批项目相继竣工。信息港小镇信息港七期（西区）加快建设。

【高端人才引育】 2021年，萧山经济技术开发区新引进院士专家、引育市级及以上领军人才10余人，自主培养和引进市级领军人才8人。新认定A—E类人才419人，F类人才856人，新增高技能人才408人。注册落地“5213”计划（重点引进和集聚一批在国内外著名高校、科研院所担任相当于副教授职务以上的专家学者；在国内外知名企业和金融机构担任高级职务的专业技术人才和经营管理人才）等人才项目，签约落地加州大学伯克利分校研究院。开发区招才引智排名全区第一。

【城市化建设推进】 2021年，萧山经济技术开发区开展美妆小镇概念规划，对未来交通小镇启动区块、浙江绿色智造产业新城、三江创智新城进行城市规划设计。宁围街道金一社区、金二社区、宁东社区、宁税社区城中村改造安置房基本完工，新街街道新盛村、江南村部分区块进入主体施工，开发建设的安置房总面积500万平方米，总投资310亿元。信息港初中、天德路幼儿园等建成投入使用，开欣幼儿园、市北东幼儿园、市心初中等加快推进。启动嵌入式幼儿园试点建设，信息港文体中心、人才公寓、市北东邻里中心、市心公园等项目加快建设。土地全域整治，优化永久基本农田布局，强化耕地保护，完成农用地转为建设用地56.99公顷，提高土地利用效益。

【社会事务服务】 2021年，萧山经济技术开发区运用“亲清在线”等平台，实现在线项目“小时制”审批。设计人才科技数字化全生命周期服务链，推进人才科技服务精准化、系统化。落实新冠肺炎疫情防控常态化机制，统筹推进交通安全整治，举办专题活动150场（次），发放交通宣传手册近5万份，在微信群、微信公众号转发相关案例1000多条（次），签订《交通安全宣传工作目标责任书》约500份。加大反电信网络诈骗宣传力度，开展培训会515场，发送反诈短信30万条，微信朋友圈投放反诈广告25万条，注册“金钟罩”反诈软件8.72万人，注册申领浙江反骗码10.22万人次；发挥“金融反诈联盟”“社区义警队”等作用，完善“警格+网格”宣防体系。开展建设领域“无欠薪”“安全护航”长效整治，检查在建项目60个，开展劳资纠纷岁末集中攻坚行动，集中约谈建筑装饰项目部6家，解决农民工工资拖欠案件8起，涉及人员28人，涉及金额29.8万元。推进安全生产风险普查、“平安护航建党百年”安全隐患大排查大整治专项行动、燃气等领域安全大排查大整治专项行动。

【信息港小镇建设】 2021年，信息港小镇连续第5年获评国家级科技企业孵化器A类优秀。招引港交所上市企业杭州康基医疗器械有限公司、热管理材料研发销售企业杭州乐泽新材料科技有限公司、“准独角兽”企业杭州缇苏网络信息有限公司、主板上市企业王力安防科技股份有限公司、深交所上市企业浙江赞宇科技股份有限公司等重大项目30个。新投入使用信息港六期杭州湾数字健康创新谷北区块及杭州市集成电路产业园，持续推进超300万平方米的创新载体及总部经济建设。新认定国家高新技术企业27家、国家级众创空间2家、省科技型中小企业64家、省专精特新企业4家、市“雏鹰计划”企业16家、市级孵化器2家、市级众创空间1家；新增“独角兽”2家、“准独角兽”企业9家；新增省级重点实验室2家、省企业研究院2家、省高新技术企业研究开发中心5家。至年底，小镇完成固定资产投资额13.43亿元，其中特色产业投资11.77亿元；总产出116.25亿元，特色产业产出94.8亿元，特色产业产出占比81.6%；工业总产值18.16亿元；税收40.13亿元，比上年增长31.4%；实到外资4.031.23亿美元。

【机器人小镇获评省级小微企业集聚发展优秀平台】 2021年，机器人小镇获评省级小微企业集聚发展优秀平台和国家AAA级旅游景区。机器人小镇集聚杭州凯尔达机器人科技股份有限公司、浙江钱江机器人有限公司、杭州萧山中开特种机器人有限公司、西门子工业4.0智能制造创新中心、杭州翼菲机器人智能制造有限公司等多家机器人及智能装备知名企业。新认定国家高新技术企业17家、省级科技型中小企业23家、省级高新技术企业研究开发中心1家；新增省数字化示范小微企业园1家、省“未来工厂”1家、智能工厂（数字化车间）1家、市级标准化科技企业孵化器1家、市“雏鹰计划”企业4家。至年底，机器人小镇固定资产投资15.52亿元，其中特色产业投资11.59亿元；总产出187.31亿元，其中特色产业产出占比74%；工业总产值178.42亿元；税收12.6亿元，比上年增长18.9%；科技投入9.97亿元。

【科技城创业谷启用】 2021年4月29日，萧山科技城创业谷启用。启用仪式上，浙江迈同生物医药有限公司和加州伯克利CITRIS（中国）研究院揭牌，黑水虻生物转化、力品药业药品研发、CT成像系统、惠煜医疗和浩泓泰大健康生物医药产业孵化中心等九大重点项目集体签约落户。萧山科技城创业谷定位创新创业孵化平台，重点引进一批重大科创平台，建设以生命健康谷、创业谷、钱湾智谷、杭州湾生科园、大动物实验基地为主的“三谷一园一基地”专业载体。

【第四届中国人工智能创新峰会举行】 2021年5月21日，第四届中国人工智能创新峰会暨2021“XRT杯”世界机器智能大赛在萧山机器人小镇举行。峰会由中国通信学会、萧山经济技术开发区管委会主办，以“在充满挑战的时代加速数字化转型”为主题，来自清华大学、北京大学、中国科学院、之江实验室、华为技术有限公司、阿里巴巴集团控股有限公司等科研院校和科技企业的专家、学者、企业家，就智能网联汽车政策、6G智能、网络AI、智能交通等话题深入探讨。2021“XRT杯”世界机器智能大赛在当天启动。赛事是由RoboCom国际公开赛组委会发起，面向青少年、大学生的国际性机器人和人工智能竞赛活动。此次大赛吸引1000多名来自世界各地的选手参赛。

【开发区制造业数智提升三年行动计划实施】 2021年5月28日，萧山经济技术开发区召开制造业数智提升推进大会，推出开发区制造业数智提升三年行动计划，按照未来工厂、智能工厂、数字化车间三个层次建立新智造企业培育库，加快提升制造业数字化水平，释放萧山新制造主平台主战场的引领效应。建设“开发区数智楼宇系统”；鼓励服务业企业开展数字化改造，推动传统服务业企业提升发展。加快平安社区数字化系统建设应用，数字工作室建成率为100%。至年底，7家企业入选市级“未来工厂”体系培育名单。以“机器换人”“工厂物联网”“数字化车间”“智能工厂”“企业上云”建设和工业App应用为重点，实施智能制造项目72个。

【高诚生物开业】 2021年7月9日，高诚生物医药（杭州）有限公司（简称高诚生物）开业典礼暨全球研发中心启动仪式在萧山信息港小镇举行。高诚生物是新兴跨国生物制药公司，在创新药产品管线和平台发展双引擎驱动下发展迅速，融资近2亿美元，入选杭州市“准独角兽”企业。2020年9月，高诚生物落户信息港小镇湾区数字公园，占地约2000平方米的全球研发中心完成建设。该中心设立三大核心实验室，分别是疾病生物学实验室，抗体药物发现和优化实验室及着重于肿瘤、自身

2021年7月23日，2021数字经济产业高峰论坛在萧山举行
（萧山经济技术开发区管委会 提供）

2021年10月19日，2021《财富》世界500强峰会在萧山区举行
（萧山经济技术开发区管委会 提供）

峰会由《财富》杂志主办，杭州市政府和浙江省经信厅联合主办，萧山区政府、杭州市经信局承办。近700名代表及世界500强企业的重要领袖、学者和政策制定者参加会议。峰会举办14场次专题论坛或圆桌访谈，包括浙江省新入围世界500强3家企业授牌、"雄鹰企业对话世界500强"和"世界500强走进浙江"、发布"雄鹰领航低碳先行"倡议等浙江特色活动。8月，《财富》公布2021年世界500强排行榜，上榜的中国企业数量143家，其中，8家浙江企业上榜，包括新入围的萧山企业——浙江荣盛控股集团、浙江恒逸集团有限公司。峰会举办"峰会500强走进浙江"系列招大引强对接活动，部分世界500强企业到浙江部分区县对接洽谈，通过企业对接交流，促进开放合作和产业链供应链对接，共同抵御经济全球化遭遇逆流和新冠肺炎疫情影响。

免疫和感染性疾病的转化医学实验室。至年底，高诚生物开展10余个全球创新项目的研发。

【数字经济产业高峰论坛在萧山区举行】 2021年7月23日，2021数字经济产业高峰论坛在萧山区举行。该论坛以"数字新时代·数智新产业"为主题，由浙江省经信厅、杭州市人民政府指导，萧山区人民政府主办，萧山经济技术开发区管委会、浙江容亿投资管理有限公司、中国移动杭州分公司承办。数字经济产业专家、数字经济科技企业、知名投资机构代表参与，共同探索数字化转型相关产业及产业化项目的发展路径。与会代表围绕"5G+工业互联网""数字改革，智联万物""阿里巴巴工业互联网创新与实践""让数据成为生产力"等主题发表演讲，分享产业改革实践经验。多家数字科技企业进行路演，并围绕"数字经济的机遇与挑战"展开圆桌讨论。

【西电杭州研究院过渡园区启用】 2021年9月3日，西安电子科技大学杭州研究院（简称西电杭州研究院）过渡园区启用，第一批研究生入学。过渡园区位于萧山科技城钱农东路8号，总建筑面积为3.18万平方米，包含教学科研楼1.92万平方米、综合楼6995平方米、后勤服务楼5608平方米。西电杭州研究院是萧山区级重点人才项目，首批产教融合研究生专业，有集成电路科学与工程、网络安全与信息对抗、电磁空间一体化、大数据与人工智能等方向，围绕国家重大战略需求和区域经济一体化发展，开展科技创新与成果转化，助力长三角企业转型升级。至年底，组织开展产学研活动40多次，与8家企业达成共建联合实验室意向。

【2021年《财富》世界500强峰会在萧山区举办】 2021年10月19日，2021年《财富》世界500强峰会在杭州萧山区举办。

【开发区入选省级绿色低碳工业园区】 2021年12月，省经信厅、发改委和生态环境厅公示2021年浙江省级绿色低碳工业园区、工厂名单，萧山经济技术开发区入选省级绿色低碳工业园区。萧山经济技术开发区是萧山区唯一国家级开发区和主要经济平台，以绿色化、低碳化、高科技的先进制造业为发展方向和思路，经济结构和产业类型朝绿色、高效、智能、低碳的方向发展。近年，开发区重点聚焦高端装备制造业、电子信息制造业、新能源新材料等先进制造业，加快高能耗低产出的劳动密集型产业向清洁绿色的技术密集型、知识密集型产业转型。

（张　琼）

杭州临空经济示范区

【概况】 杭州临空经济示范区（杭州空港经济区）成立于2017年5月9日，由国家发改委、中国民航局批复设立，是国内14家国家级临空经济示范区之一。示范区位于萧山区东部，是萧山"一心两翼"（以中心城区为核心，东翼为临空先进制造业走廊，南翼为浦阳江旅游生态区）的东翼，以杭州萧山国际机场为中心，西至杭州绕城高速东线，东至头蓬快速路，北至钱塘区边界及钱塘江水域，南至瓜沥镇行政边界。面积142.7平方千米，人口7.92万人。按照集约紧凑、产城融合、区域协同的发展理念，临空经济示范区规划形成"一心五区"的总体布局框架。"一心"：杭州萧山国际机场；"五区"：航空港区、临空现代服务业区、临空先进制造区、临空城市功能区、生态功能区。

2021年11月，根据《关于杭州空港经济区党工委、管委会更名的通知》，中共杭州空港经济区工作委员会、杭州空港经济区管理委员会更名为中共杭州临空经济示范区工作委员会、杭州临空经济示范区管理委员会。内设党政办公室、规划自然资源和建设局、投资促进局、经济发展局、财政局，机构规格为副处级。核定编制数41名，行政编制23名、事业编制18名。

2021年，杭州临空经济示范区财政总收入24.93亿元，比上年增长35.3%；一般公共预算收入13.92亿元，增长27.8%；固定资产投资100.84亿元，增长9.2%。萧山机场旅客吞吐量2816.38万人次、货邮吞吐量91.41万吨。

【临空经济示范区疫情防控】 2021年9月，杭州临空经济示范区管委会根据市新冠肺炎疫情防控指挥部办公室意见和区新冠肺炎疫情防控指挥部的统一部署，压实属地责任，发挥各镇（街道、场）的联动协同作用，牵头成立萧山区机场疫情防控专班，设信息宣传组、协同管控组、后勤保障组。专班实行实体化运作，并以联席会议制度统筹做好机场及周边的疫情防控工作。做好机场周边中高风险人员排查管控工作，摸排中高风险地区来萧人员4.8万人，单日最高摸排2554人。建立工作在机场、生活在周边镇（街道、场）重点人员双向摸排机制，实时更新2万余人的数据库，落实机场工作人员返回居住地实施“7+7+7”（7天24小时轮岗执勤，7天离岗集中隔离健康观察，7天居家隔离健康观察）管控中第三个7天的闭环管理，共管控近1500人次。做好入境机组封闭管理，落实中国国际航空股份有限公司、中国东方航空股份有限公司等11个客货运航空公司入境客货航班机组人员管理1.3万人次。做好离杭返杭入境人员的转运工作，协同机场建立“两区一通道”（流调区、转运区、转运通道）。对离杭、返杭乘客的健康码、行程码实行“双码”核验，日均核验近6万人次。编制印发《杭州空港经济区新冠肺炎疫情防控应急响应预案》《应急响应处置流程图》，牵头编制《杭州空港经济区疫情防控应急演练方案》《杭州空港经济区疫情防控方案》等，建立应急演练通道，确保高效应对疫情防控突发情况。

【临空特色产业板块】 2021年，杭州临空经济示范区以杭州生物科技谷为主要承载，构建集“创新、研发、生产、制造、销售”于一体的生物医药全产业链生态。完善1.45平方千米的杭州生物科技谷规划编制，以赛默飞生物制药（杭州）有限公司与浙江健新原力制药有限公司CDMO合资项目，浙江药源新地生物科技有限公司CRO项目，浙江冠科美博生物科技有限公司、上海迈邦生物科技有限公司细胞培养基产业化基地等生产研发项目，康合家科技（杭州）有限公司、浙江怡亚通医疗供应链管理有限公司等生物医药流通项目等为引领，吸引更多优质项目落户。全年引进生物医药项目8个，计划总投资26.2亿元。两大生物医药创新服务配套项目，即总面积10万平方米的杭州生物科技谷创新服务中心和总面积2.8万平方米的生物科技谷公共服务中心项目加快推进。全年接待客商300多批次，签约、落地项目18个，总投资42亿元。引进亿元以上项目10个，其中10亿元以上项目3个；引进人才主导型项目10个，其中区“5213”人才项目5个。包括燧原科技杭州（软件研发）总部、冠科美博生物药产业化基地、杭州太明科技有限公司芯片设计等重点项目。全年实际利用外资1.01亿美元。

【双循环供应链模式构建】 2021年，杭州临空经济示范区构建双循环供应链模式创新中心。引进菜鸟网络全球智慧物流中心、叮咚买菜等项目，在既有的申通、京鸿供应链、燕文物流、融易通等项目集聚的基础上，拉长跨境电商和智慧物流发展产业链。全年跨境电商出口约13亿美元，比上年增长140%。总面积10万平方米的安萧电商园、总面积7万余平方米的圆通亚运保障物流中心及总面积2万平方米的菜鸟华东集运仓启用；总面积16.4万平方米的中吉电商园项目建成；总面积48万平方米的第一产业智慧物流园有序推进。空港板块圆通、顺路、申通三大民营快递企业中转快递26.5亿件，增长35%；营业收入36.8亿元，增长33.2%。

【临空高端服务业集群打造】 2021年，杭州临空经济示范区以总面积150万平方米的杭州大会展中心建设为辐射，推动“临空+会展”双轮驱动，打造临空高端服务业集群。杭州萧山国际机场T4航站楼新增包括五星级酒店、商务办公等商业面积12万平方米。集住宅、写字楼、购物中心于一体，总面积24.6万平方米的德信天空之翼建成投入运营；总面积25万平方米的长龙航空维保基地加快建设；总面积39.4万平方米的德信空港城进行招商；总面积8.4万平方米的四川航空杭州运营基地开工；东方航空运营中心、空港商务中心等临空服务类项目建设有序推进。

【重大项目推进】 2021年，杭州临空经济示范区通过浙江杭州临空经济开发有限公司和杭州市会展新城开发建设有限公司，解决用地指标66.67公顷，不纳入区级负债规模的融资超100亿元，确保杭州大会展中心一期和杭州萧山国际机场国际货站及机坪改扩建2个“152”省市县长项目工程开工建设。其中，总投资86.9亿元的会展中心一期项目桩基工程基本完成；萧山国际机场国际货站项目桩基工程完成。省市重点项目加快建设，其中总投资270.74亿元的杭州萧山国际机场三期有序推进，T4航站楼整体工程进入攻坚阶段，杭州萧山国际机场三期项目交通中心全年投资64.22亿元，主体结构竣工。全年空港列入“4286”（“4大产业新城、2大产业基地、8个特色小镇、6个产业社区）项目11个，总投资21.3亿元。大项目建设提速，总投资3亿美元的赛默飞CDMO项目进入设备安装调试阶段；总投资21.9亿元的健新原力全产业链生物基地项目一期厂房主体结顶；总投资10亿元的京新生物生命科创中心项目累计投资2.5亿元。

【自贸区空港板块建设】 2021年，杭州临空经济示范区按照自贸区萧山片区建设方案，推进自贸区空港板块建设，杭州大会展中心项目和萧山国际机场三期项目被列为全省自贸区建设首批十大创新成果。委托上海丝路研究院编制《自贸区杭州片区空港板块整体规划》及《杭州空港综合保税区产业规划》。探索综合保税功能在杭州保税物流中心（B型）先行先试，跨境进出口实现全模式运行，中国（杭州）跨境电子商务综合试验区空港园区成为全国首个走通9710和9810“清单+报关单”四种模式（9710清单申报模式、9810清单申报模式、9710报关

2021年10月16—17日，“2021新原力论坛”在萧山举办。图为论坛现场

（杭州临空经济示范区管委会 提供）

扩建工程加快建设；机场快线、地铁1号线三期、地铁7号线三条城市轨道加快推进，其中1号线、7号线通车；艮山东路、杭绍甬智慧高速等工程完成前期征迁；保税大道南伸隧道工程、伟老线连接段工程竣工，机场“多式联运”的大型立体综合交通枢纽加快建设。德意空港新天地、德信天空之翼、融信靖江等商住综合体投入使用；融创港印中心、德信空港城等招商运营。

【新原力论坛举办】 2021年10月16—17日，全球生命健康大会——“2021新原力论坛”在萧山举办。论坛由萧山区政府主办，杭州空港经济区管委会、区投资促进局协办，浙江健新原力制药有限公司承办，美国华人生物医药科技协会（CBA）共同参与筹办。论坛以“科技融合，医药创新”为主题，邀请全球生物医药领域顶尖科学家、企业家、投资人60多人，共同探讨生命健康发展的科研成果、成长经验以及发展新趋势。线上参与18.8万人次。论坛还就“生物医药领域的最新突破”“mRNA疫苗背后的科学”“AI制药与数字疗法”等产业前沿热点进行探讨。

（赖芳芳）

单申报模式、9810报关单申报模式）的跨境园区。沃富特等优质项目落地，全球购直播基地项目有序推进；寄递渠道进口个人物品“数字清关”及空港园区复合型监管场所入选自贸区杭州片区第一批制度创新优秀案例；物产安橙——中国农业银行跨境收结汇系统在空港跨境园区完成首单业务。数字赋能自贸区建设。杭州临空经济示范区深化与eWTP（电子世界贸易平台）合作，打造eWTP杭州综合作业中心，推进全球智慧物流枢纽杭州eHub项目落地。与浙江电子口岸签订《进一步推动区域数字自贸区发展合作备忘录》，共同打造数字化管理服务平台，展示自贸区空港板块建设情况，并与省自贸试验区态势感知平台互联互通。协同杭州海关、钱江海关等部门，加快空港综合保税区申建，确定拟入区项目17个，推动相关项目做好入驻综合保税区准备。

【传统企业提升改造】 2021年，杭州临空经济示范区委托杭州市规划设计院编制《自贸区红山工业园区专题规划》和《红山大道两侧城市设计方案》，重新定位该板块的发展规划。全年实施传统企业提升改造项目9个，包括总投资3亿元的速博雷尔智能工厂项目，总投资5亿元的杰牌传动智能工厂项目等。深化“亩均论英雄”改革，全年整理低效企业114家，占地面积56.8公顷。推进自贸区红山板块约1.37平方千米土地的数智化提升工作，完成10家企业、6个配套设施和38户小产权房的征收和签约工作。总投资5亿元的吉华创新园项目一期4.3万平方米的GMP（优良制造标准）厂房年底主体竣工。总投资2.8亿元的杭州红申电器有限公司有机更新项目、总投资3亿元的浙江智兴集团退低进高项目加快实施。通过存量厂房的空间再造，全年新增建筑面积约16万平方米。

【空港基础设施建设】 2021年，杭州临空经济示范区加大空港基础设施建设力度，改善机场及周边交通设施。萧山机场三期

钱江世纪城

【概况】 钱江世纪城位于钱塘江南岸，规划面积22.27平方千米。北至钱塘江与钱江新城拥江而立，西至滨江区，南接萧山主城区，东与萧山科技城和空港新城连为一体。2003年9月，钱江世纪城管委会成立。2006年启动大规模征迁和建设，2015年9月亚运会落户杭州，2016年9月二十国集团（G20）领导人第十一次峰会在钱江世纪城杭州国际博览中心召开。世纪城全域初步构筑“一环三轴多片区”规划布局。“一环”：指滨江休闲功能复合带和环城生态公园景观带围合而成的区域。“三轴”：指市心路城市主轴、奔竞大道城市主轴和平澜路城市次轴。“多片区”：中央商务片区、亚运村片区、体育博览片区、东部创新街区和生态宜居片区。

2021年，钱江世纪城财政总收入91.39亿元，比上年增长65.8%；一般公共预算收入60.43亿元，增长73.4%。规模以上服务业营业收入351.98亿元，增长54.5%；规模以上营利性服务业营业收入155.36亿元，增长35.1%；规模以上服务业增加值26.36亿元，增长30.5%；规模以上营利性服务业增加值10.57亿元，增长177.4%；数字经济增加值9.39亿元，增长132.4%；限额以上社会消费品零售额32.77亿元，增长29.8%。出口额27.23亿元，增长41.3%；固定资产投资额106.36亿元，首次突破百亿，增长30.6%；利用外资4.36亿美元。全年竣工

交付商务办公楼宇项目58个，面积约622万平方米，其中税收亿元楼7个；在建商务办公楼宇24个，面积约458万平方米。税收千万元以上企业49家（不含92家房地产企业）。完善村级留用地开发实施政策，海威奥体项目、EIC综合体项目开工建设。国际博览中心承接第四届中国国际茶博会、中国质量（杭州）大会等44个展览项目及526场次会议，成为浙江省首个会展业标准化示范基地、2021年度国家级服务业标准化试点。

【平台建设】 2021年，钱江世纪城加大各类平台建设力度。钱塘江金融城入驻省级金融机构和金融持牌机构8家，金融业（不含银行、券商、保险）税收3.14亿元。杭州全球青年人才中心、杭州（萧山）移民事务服务中心和萧山国际人才俱乐部在国际人才社区投入使用。浙江国家音乐产业基地入驻数字内容企业20多家，园区企业网易云音乐获评国家文化和科技融合示范基地并在香港交易所上市。北京大学信息技术高等研究院累计申请国内外发明专利290多项，获批国家、省市平台16个，共建联合实验室17家。杭州北京大学创业园获评市级科技企业孵化器。浙江大学创新技术研究院获批省级科技企业孵化器，入驻企业54家，融资逾3亿元，估值超25亿元。中乌航空航天研究院引入飞仕伯乐杭州中心、浙江中非创新合作中心等孵化平台。9月，与区委组织部（人才办）联合举办“海创中国”创业峰会。组建浙江巴顿焊接技术研究院科研管理团队，11月，“先进焊接工程应用中心”启用。中国（杭州）5G创新谷获评浙江省小微企业园，钱江世纪会展产业园获评“萧山文化产业园区”。

【双招双引】 2021年，钱江世纪城招商引资、招才引智，推进高质量发展。接待客商超400批次，出让商办用地5宗，落地省交通集团金融中心、恒逸国际总部中心等总部类项目，杭州SKP、EIC超级综合体、海威奥体综合体等商贸类综合体项目，中小企业发展基金普华（杭州）创业投资合伙企业等基金类项目一批招商引资重大项目。认定各类人才817人，引进海外院士、“十三五”时期十佳科技领军人才等高端人才10余人。签约落地“5213”人才项目16个。

【营商环境优化】 2021年，钱江世纪城完善为企服务机制，逐步形成创新生态，优化营商环境。制定出台《促进经济高质量发展三年行动计划》和《促进经济高质量发展若干政策意见》。召开政银企共建大会，开展“世纪云想”系列活动；持续开展“民情双访”和“定向专访”，协调解决问题290多个。加快城市规划和产业规划深度融合，钱塘湾未来总部基地项目开展国际招标。亚运未来社区方案设计通过省级专家评审。钱江世纪城海绵城市建设、污水管网增容、亚运村周边临时绿化及赛时停车场等6个项目设计方案编制完成。钱江世纪城管委会联动盈丰街道开展安全生产大检查、高层楼宇建筑安全隐患综合整治等系列行动，做好常态化新冠肺炎疫情防控工作，深化平安建设、法治建设。

【城市建设提速】 2021年，钱江世纪城一批重大战略性、引领性项目加快推进。杭州SKP项目一年内完成签约、拿地、开工。滨水数字产业园（水云间）项目方案公示，进入方案报批阶段。国博中心二期项目进入地下室施工阶段。浙商银行、浙商产融等重点项目有序推进。总体量超1000万平方米的82个高端商务楼宇投入使用58个，在建24个。通文路等7个道路建设项目完工。11所在建中小学和在建幼儿园等优质公办学校加快推进，其中盈新幼儿园盈二园区、浙师大附属时代奥城幼儿园建成投用。9月，商业综合体印力汇德隆奥体印象城开业。启动全域土地整治，整治面积230多公顷。机场路绿廊工程二期、三期项目竣工，获评2021年度杭州市海绵城市优秀项目。清淤河道7条，25千米。

（胡庆杰）

【会展经济发展】 2021年，萧山区会议型酒店及会展场馆共举办各类会议2452场、展览47场。7月、9月、10月，全球闪存峰会、中国质量（杭州）大会、《财富》世界500强峰会、新原力论坛等国际性会展活动在萧山区举办。举办第四届中国国际茶叶博览会和第二十二届中国杭州国际汽车工业展览会秋季展，两场会展均为全球展览业协会（UFI）认证的国际展览；举办纳入国际大会及会议协会（ICCA）统计的国际会议——世界学前教育组织2021亚太区域研讨会。杭州钱江世纪会展产业园新招引嘉诺慧展、思库文化等企业，全年营业收入3.15亿元，初步形成产业定位清晰、产业链条完整、发展态势良好的会展产业园区。萧山区会展业仍受新冠肺炎疫情影响。全区会议型酒店及会展场馆共举办各类会议2452场，比上年下降10.6%，其中千人以上会议39场，下降13.3%。但部分指标受上年基数影响增长较快，各类展览47场，增长2.2%；参展面积超过76.2万平方米，增长24.1%。全区直接会展营业收入8.03亿元，增长29.5%。

（李佳丹）

【钱江世纪城数字化改革】 2021年，钱江世纪城强化城街联动，出台《关于加快数字化改革政策，打造未来城市样板的实施意见》，推进“世纪云联”楼宇经济管理平台、智慧场馆、数字孪生等数字化项目建设。亚运三馆制定“智慧亚运”应用场景方案并上线应用IBMS智慧场馆数字化监管系统。智慧灯杆、智慧安防等10余项智慧系统以及冰篮转换、水处理系统等场馆功能建成投入使用。车路协同及无人驾驶、5G多杆合一等新型基础设施建设加快推进。

【钱江世纪城商会成立】 2021年10月28日，萧山区钱江世纪城商会成立大会暨第一次会员代表大会召开。商会有首批会员单位90家，涉及企业总部、数字科技、金融投资、科研院所、健康医疗、零售电商、酒店服务等行业。选举产生杭州市萧山区钱江世纪城商会第一届理事会理事、监事，并召开商会第一届第一次理事会。选举产生副会长6人、秘书长1人，选举沈志刚为商会第一届会长。至年底，商会组建6个商会小组开展工作。

【钱江世纪城入选首批省级现代服务业创新发展区】 2021年11月，经省政府同意，首批浙江省现代服务业创新发展区名单公布，钱江世纪城现代服务业创新发展区入选首批创建名单。钱江世纪城现代服务业创新发展区东北至杭甬高速公路，西北至钱塘江滨，西南至钱江三桥，南至前解放河，东至沪昆高铁。规划建设面积17.46平方千米，至2021年底，开发面积11.45平方千米。区域规模以上企业108家，其中服务业总部企业11家、“独角兽”企业1家、“准独角兽”企业6家。集聚浙商银行、浙江浙商产融控股有限公司、盛达期货有限公司、蚂蚁科技集团股份有限公司、网易云音乐、喜临门家具股份有限公司、浙江英树生物科技有限公司等企业。至年底，总营业收入1000多亿元，其中现代金融、信息技术服务、数字贸易三大产业总体占比超78%。

（胡庆杰）

【图灵小镇建设】 2021年，图灵小镇固定资产投资17.74亿元，比上年增长33.7%，其中特色产业投资12.52亿元，增长24.9%；总产出432.27亿元，其中特色产业产出占比95.8%；主营业务收入580.16亿元，增长80.8%；税收25.58亿元，增长84.2%。新增省级科技企业孵化器1家，市级科技企业孵化器1家，省级众创空间3家。招引和培育长三角（杭州）制造业数字化能力中心、杭州全球青年人才中心、杭州（萧山）移民事务服务中心、蚂上创业营基地、钱江世纪城商会等重点优质项目；新增省交通集团金融中心总部、杭州SKP、EIC超级综合体等重大建设项目。图灵小镇位于钱江世纪城，2019年列入第五批省级特色小镇创建名单，以发展人工智能、大数据、云计算等信息经济产业为重点。

（翁松燕）

2021年10月28日，萧山区钱江世纪城商会成立大会暨第一次会员代表大会召开

（钱江世纪城管委会 提供）

【杭州国际博览中心获“超大型”中国最具竞争力会议酒店第一名】 2021年11月，中国会展经济研究会会议酒店工作委员主办的“2021中国最具竞争力会议酒店”榜单发布，杭州国际博览中心以97.5分列“超大型”类别的榜单第一名。共有774家会议酒店参加评选，根据规模体量分为超大型、大型、中型、小型4个类别，杭州国际博览中心凭借85万平方米的建筑面积，61个会议场所入选“超大型”类。主办方邀请多位专家评委，根据参选单位提交的上年度会议接待数据数量、上年度酒店经营数据、会议室总数量、最大会场面积、客房总数、OTA（在线旅行社）网评平均分值等项目进行综合评定。杭州国际博览中心位于钱塘江南岸的钱江世纪城，是以会议、展览为主要业态，以酒店、餐饮为特色经营，集旅游、写字楼、主承办等业务于一体的会展综合体。至年底，杭州国际博览中心承接第四届中国国际茶博会、中国质量（杭州）大会等展览项目44个、会议526场次；运营5年接待会议活动超6800场，展览超210场，展览规模面积超2600万平方米。

（胡庆杰）

农业

综述

【概况】2021年，萧山区围绕省级共同富裕示范区试点建设要求，抢抓拥江发展、亚运兴城契机，实施乡村振兴战略，坚持农业农村优先发展，构建现代农业发展新格局，推进农村美丽、农业增效、农民增收。全区农林牧渔业增加值60.77亿元，增长2.0%；农林牧渔业总产值90.16亿元，比上年增长2.4%，其中农业61.12亿元、林业1.33亿元、畜牧业10.52亿元、渔业10.53亿元、农林牧渔服务业6.65亿元，分别增长1.7%、16.5%、95.3%、3.0%和8.1%。蔬菜、花木、畜牧、水产和茶果五大特色产业产值77.5亿元，占农业总产值的86.0%；瓜果类产量7.37万吨，增长4.8%；水产品产量3.69万吨，增长0.3%。

【现代农业转型升级】2021年，萧山区围绕“传统农业、品牌农业、休闲农业、创意农业、数字农业”新发展格局，优化人才、土地、资金等要素资源配置，编制《萧山区现代农业产业园区布局规划》，推进产业化项目建设。至年底，省、市、区立项建设项目150多个，投资近8亿元。争取省、市补助资金1.2亿元，区级财政扶持资金近2亿元，下拨各类补助资金近1亿元，推进乡村产业的发展。推进青化山省级茶果特色农业园区建设，规划区域产业面积2453.33公顷，总投资5.51亿元。推进产业融合工作，开展省级农业产业化联合体和省加工出口蔬菜特色农产品优势区建设。

【新型农业经营主体】2021年，萧山区持续培育和发展农业企业、农民合作社、家庭农场等新型农业经营主体。至年底，有区级及以上农业龙头企业228家，其中国家级1家、省级19家、市级127家；区级及以上示范性农民合作社82家，其中国家级4家、省级6家、市级25家、区级47家；区级及以上示范性家庭农场46家，其中省级13家、市级7家、区级26家。

2021年萧山区省级及以上新型农业经营主体一览表

表26

企业名称（省级以上龙头企业）	企业级别
柳桥集团有限公司	国家级
浙江钱江花木城开发有限公司	省级
杭州汇达绿地有限公司	省级
浙江中竹园艺贸易有限公司	省级
杭州百乡缘农业开发有限公司	省级
浙江银河食品有限公司	省级
浙江北极品水产有限公司	省级
农夫与海（杭州）食品有限公司	省级
杭州紫香食品集团有限公司	省级
浙江吉天农业开发有限公司	省级
杭州萧山园林集团有限公司	省级
杭州萧山永和园林绿化工程有限公司	省级
杭州森宝食品有限公司	省级
杭州华英新塘羽绒制品有限公司	省级
龚老汉控股集团有限公司	省级
杭州捷美特食品有限公司	省级

续表 26

企业名称（省级以上龙头企业）	企业级别
杭州萧山凌飞环境绿化有限公司	省级
杭州洲际食品有限公司	省级
杭州金溢建设集团有限公司	省级
杭州萧山食品公司	省级
企业名称（省级以上示范性农民合作社）	企业级别
杭州天和水产专业合作社	国家级
杭州萧山宁围宁安水产专业合作社	国家级
杭州萧山城厢花卉苗木专业合作社	国家级
杭州丰农水果专业合作社	国家级
杭州金峰茶叶专业合作社	省级
杭州鸿发茶叶专业合作社	省级
杭州水良蔬菜专业合作社	省级
杭州广通植保防治服务专业合作社	省级
杭州萧山宁围志荣水产专业合作社	省级
杭州钱塘水产专业合作社	省级
企业名称（省级以上示范性家庭农场）	企业级别
杭州茂丰家庭农场有限公司	省级
杭州郑来红家庭农场有限公司	省级
杭州萧山戴村镇王云峰家庭农场	省级
杭州萧山戴村镇郑来兴家庭农场	省级
杭州萧山浦阳镇明月家庭农场	省级
杭州萧山进化镇七郎平家庭农场	省级
杭州萧山进化镇丰鼎家庭农场	省级
杭州萧山新思路家庭农场	省级
杭州萧山杰莱家庭农场	省级
杭州渔池头家庭农场	省级
杭州创旺家庭农场有限公司	省级
杭州萧山靖江泓泽家庭农场	省级
杭州萧山梦荣家庭农场	省级

【数字农业】 2021 年，萧山区聚焦现代农业数字化转型升级，发展数字农业，推进农业现代化建设。以“产业地图 + 数字工厂 + 产业服务”为核心构建产业平台，集聚“惠农一件事”系统平台开发建设，承接省市数字应用场景，摸清全区农业产业底数，推动产业发展、产业监测、产业经济数字化。加强物联网、信息技术等在种植养殖领域应用，“浙农码”赋码量超过 1 万次，数字农合联（农民合作经济组织联合会）区域覆盖面超过 50%。新增数字化改造规模种养基地 5 个，累计建设农业物联网示范基地 20 多个，面积约 66.67 公顷，温室大棚、智能灌溉、无人驾驶等设施覆盖率显著提升，水稻、生猪等产业逐步向全程数字化进阶。加快推进数字乡村建设，瓜沥镇梅林村、临浦镇横一村列入市级数字乡村 样板村，欢潭村、凤凰村、佛山村等 11 个村列入区级数字乡村样板村。10 月，萧山区被列为第二批省级数字乡村建设试点县；12 月 2 日，获评全国县域农业农村信息化发展水平工作先进县。

【绿色农业发展】 2021 年，萧山区推进农业投入品减量增效和农产品质量安全监管，主要农产品省级监测合格率 98.5%。布局主要农作物病虫害监测点 12 个，成立浙农广通无人机防治服务联盟，主要农作物统防统治服务面积 2266.67 公顷。萧山区上榜第一批全国农作物病虫害绿色防控示范县名单，是杭州市唯一入选的县（市、区）。农作物秸秆综合利用率 95%。全区有绿色食品 72 个，绿色食品企业 29 家，分别比上年增长 50% 和 45%。累计创建“肥药两制”改革农资店 18 家，改革试点主体 161 家。全年全区取土测土 635 个，配方肥和按方施肥量 8200 吨，统防统治服务性组织认定数 10 个，主要农作物统防统治面积 6500 公顷，高效植保机械增加 43 台，省级农产品环境监测点运行 1 个，生态拦截沟增加 2 条，农田节水灌溉面积增加 673.33 公顷，建设省级绿色防控示范区 2 个，创建省部级健康养殖示范场 12 家。绿色优质农产品发展加速，全区新批出绿色食品 24 个，绿色食品复查换证率 100%。至年底，全区绿色食品共 72 个，绿色食品企业 29 家，比上年分别增长 50% 和 40%。加强农产品地理标志保护，实施“萧山萝卜干”地理标志农产品保护工程。

【农业科技】 2021 年，萧山区农（林）业技术推广中心分层、分类、分批选派基层农技人员 53 人次，以异地研修方式参加省厅统一组织的知识更新培训。5 名骨干人员参加省厅组织的脱产业务培训。推进基层农业科技推广体系建设，新建农业科技示范基地 5 家，确定 69 名农技指导员指导联系 363 户科技示范户。在益农镇、义桥镇开展农业科技下乡活动，以“亚运国际城 · 数智新萧山”为主题，组织开展以“送政策、送科技、送农资、送信息、送服务”为主要内容的“五送”服务活动，开展现场咨询，走访农业生产主体，赠送农业生产资料。科技人员参与活动 210 人次，接待农民各种咨询 8100 多人次，开展科普竞答 850 人次，赠送种子、种苗、肥料、农药、资料与书籍，价值 6.21 万元，帮助解决农户实际困难。全年申报农业产业技术创新与推广服务团队项目 10 个，其中重点项目 2 个，分别是“十字花科蔬菜根肿病防控技术研究”“蝴蝶兰新品引进及花期控制水肥管理技术研究与应用”。编印项目论文汇编 250 本。

2021 年 3—4 月，萧山区举办春季农业科技下乡暨“三联三送三落实”服务月活动。图为活动启动仪式　　（童　琳 摄）

【农产品区域公用品牌“萧山本味”发布】 2021 年 5 月 22 日，在第四届中国国际茶叶博览会上，萧山区发布农产品区域公用品牌——“萧山本味”。品牌标识为“萧”字印章图形，并将“本”字融入其中，图形中的潮头浪花元素，寓意萧山农业如“弄潮儿”般奔竞向前、立于潮头，图形以绿色为主兼容多种色彩，体现萧山农产品的生态绿色与丰富性。新注册抖音账号“萧山本味”关注量 1.2 万人次，总曝光量 760 万人次。

2021 年 5 月 22 日，萧山区农产品区域公用品牌——“萧山本味”发布。图为“萧山本味”标识　　（区农业农村局 提供）

【农业政策性保险】 2021 年，萧山区推出农业保险险种 18 个。其中，地方特色性保险险种 6 个，参保农户 1266 户，保费 6548 万元。保费中，区级财政保障 2105 万元，为全区农户提供 20.62 亿元的风险保障，年度赔付 4100 万余元。开展杭州市政策性特色农业主体综合保险试点工作，为 200 多家农业经营主体承担风险保额 7.32 亿元，总保费 887.04 万元，各级财政保费补贴 709.64 万元，其中区级财政补贴 354.82 万元，累计弥补养殖户损失 510 万余元。

（刘思恒）

种植业

【概况】 2021 年，萧山区粮食作物播种面积 1.27 万公顷，总产量 7.25 万吨。蔬菜播种面积 2.05 万公顷，总产量 92.64 万吨，总产值 25.81 亿元。粮食生产功能区“非粮化”整治优化 3226.67 公顷，播栽粮食作物 1.29 万公顷。新建高标准农田 1093.33 公顷、高效节水灌溉 673.33 公顷，改造提升高标准农田 280.6 公顷。

【粮食生产扶持政策落实】 2021 年，萧山区落实粮食生产补助资金 6281.39 万元。其中，落实耕地地力保护补贴资金 1603.78 万元，补贴面积 1.31 万公顷；落实规模种粮补贴资金 3232.74 万元，补贴面积 6126.67 公顷；落实稻麦一次性补贴 239.97 万元，补贴面积 6320 公顷；落实社会化服务补贴资金 1204.9 万元。其中病虫害统一防治服务面积 6498.16 公顷，补贴资金 547.28 万元；机械化作业面积 2909.15 公顷，补贴资金 657.62 万元。

【粮食生产功能区建设】 2021 年，萧山区将粮食生产功能区“非粮化”整治优化工作被列入区政府十大攻坚项目，拟定《杭州市萧山区防止耕地“非粮化”深化粮食生产功能区“非粮化”整治优化方案》，通过“直接清退、实质减量，优化调整、占补平衡”等方式解决粮食生产功能区“非粮化”面积 2797.33 公顷。全年清退苗木 2093.33 公顷，累计清退 2586.67 公顷；优化调整 1400 公顷，粮食生产功能区“非粮化”整治优化 3226.67 公顷，粮食生产功能区“非粮化”率降低至 10% 以下。

【种植业新技术推广】 2021 年，萧山区创建省级稻麦千亩示范片 10 个，鲜食大豆百亩示范方 1 个，超级稻攻关方 1 个，常规晚粳攻关方 1 个，市级高产攻关方 2 个。示范面积 866.67 公顷，平均亩产 699.8 千克，比所在镇（街道）平均亩产高 119.9 千克。全年举办粮油生产技术培训 17 期，培训人数 1980 多人，发放资料 7300 多份，实现培训到户，提高技术到位率。

【油菜统一免费供种】 2021 年，萧山区引进“浙油 50”“浙大 630”“越优 1510”等高油分、高产量、低芥酸、低硫苷油菜品种，菜油品质更好，菜饼可作为优质饲料使用。全年共发放“浙油 50”种子 5826.9 千克，“浙大 630”种子 750 千克，“越优 1510”种子 600 千克，合计发放 7176.9 千克，兑现油菜种子补贴 34.36 万元。

瓜沥镇航民村田园广场的 2.67 公顷油菜花开放

（丁　力 摄于 2021 年 3 月 14 日）

【蔬菜生产】2021年，萧山区立项杭州市级“菜篮子”基地建设项目7个，投入总资金661.54万元，其中市级补助资金420.17万元。新建渠道2846米、机耕路和操作道8114平方米、大棚3888平方米。开展“秋淡”期间叶菜应急生产工作。杭州萧山舒兰农业有限公司等12家单位的“菜篮子”基地入选“秋淡”叶菜应急生产基地，叶菜应急供应面积104.3公顷，日均供应叶菜近20吨，下达补助资金71万元。组织农业企业参加2021浙江精品草莓、番茄、西瓜评选活动。杭州金迈田种养殖有限公司“麦田生鲜牌”“黄妃”获番茄评比优质奖。杭州萧山舒兰农业有限公司“尚舒兰牌”“早春红玉”获西瓜评比银奖。

【农作物新优品种展示示范推广】2021年，萧山区建立省市区级展示示范方21个，引进展示示范农作物新优品种148个，推介农作物主导品种95个。晚稻主要推广浙粳99、甬优7850等优质高产品种；油菜主要推广越优1203、浙油50等双高双低品种；旱粮主要推广浙鲜86鲜食大豆和金银208鲜食玉米等优质高产品种。蔬菜主要推广浙樱粉1号樱桃番茄、杭茄2010茄子、浙蒲9号瓠瓜等新优品种。试验、展示示范早稻、晚稻、小麦、油菜、鲜食玉米、鲜食大豆、瓜菜等为优良品种的筛选和推广提供科学依据。组织开展瓜菜、早稻、晚稻等农作物新优品种现场观摩和高效栽培技术培训会3次，参加培训的技术人员、种植大户等200多人次。

【救灾种子储备管理】2021年，萧山区储备应急救灾种子15.06万千克。由于粮食种植面积扩大，市场种子供应紧缺，区农业部门动用应急储备种子11.37万千克，其中动用区级早稻种子3.85万千克、晚稻种子3.02万千克、小麦种子3万千克，向市级申请并动用小麦种子1.5万千克，保障全区粮食生产用种安全。“烟花”台风后，调拨市级蔬菜、玉米和大豆应急储备种子1253千克，免费给受灾企业和农户，并现场指导灾后茬口安排和栽培管理。

【蔬菜种植技术推广】2021年，萧山区实施农业重大技术协同推广计划项目“耐高温叶菜品种筛选及优质栽培技术集成示范”工作，筛选出适合大棚避雨栽培的叶菜品种“浙研绿妃（浙白8号）”“浙研夏丽（浙白5号）”“浙研绿箭”“德高”；适合露地网室栽培的叶菜品种“K34”“火箭快菜”。筛选出抗性好、产量高、商品性好青梗菜品种“信福热抗王”“金品炎秀”。筛选出适合萧山机器换人的璟田叶菜直播机。实施2019—2021年度省级蔬菜产业团队“甘蓝类蔬菜轻简栽培技术示范”项目，开展番茄、长瓜等连作障碍克服试验示范，韭葱新品种品比试验，全生物降解地膜在芦笋、松花菜、甘蓝上应用研究，提出2021年蔬菜生产主推技术和主导品种，加强技术指导服务。

【蔬菜种植技术培训】2021年，萧山区面向蔬菜种植大户和从事蔬菜工作的相关年轻业务人员开办蔬菜高级研修班，通过分段式安排，结合理论学习和外出考察学习，提升全区蔬菜生产从业人员理论水平与田间绿色生产技术水平。组织蔬菜生产企业和种植大户参加5期蔬菜培训及现场考察，为蔬菜生产、加工、营销企业与科研单位等搭建一个信息交流、产品展示、洽谈合作的平台。

【标准农田质量提升工程】2021年，萧山区实施标准农田质量提升工程，土壤培肥项目面积378.67公顷，项目区4年共推广应用秸秆还田技术面积967.33公顷；推广应用商品有机肥面积1057.33公顷；推广应用配方肥面积1094.67公顷；应用钾肥面积944公顷；开展机械深耕面积812公顷。在瓜沥镇车路湾村、兴围村建立标准农田质量提升项目地力动态监测点2个。对2017年立项的益农镇镇龙殿村、瓜沥镇中沙村等5个村的378.67公顷标准农田质量提升项目4年实施工作进行评价，采集分析土样15个。项目区4年总投入资金526.71万元，378.67公顷标准农田全部达到一等标准农田，其中实际耕地面积374.07公顷。2020年确认的党湾镇团结村等4家单位的200公顷市级农田完成提升工程，其中党湾镇团结村、瓜沥镇兴围村2个单位通过区农业农村局验收。党湾镇团结村等2个单位项目总投资367.24万元，核定补助基础设施投资额313.62万元。瓜沥镇群力村等2家单位166.67公顷土地确认为2021年度市级农田提升项目，计划总投资529.5万元。拟新建机耕路4.66千米、灌渠2.72千米、排水沟1.17千米。

【测土配方施肥技术推广】2021年，萧山区推广应用测土配方施肥面积3.93万公顷，应用各种配方肥6979.1吨，施用面积1.43万公顷。对全区103户粮油、蔬菜规模生产主体开展免费测土配方施肥服务，采集各类土样635个，植株样品42个，开展化验工作；委托省农科院完善全区测土配方施肥专家咨询系统，开发智慧施肥App，主要规模主体实现智慧施肥全覆盖，推进精准施肥模式。编制主要农作物配方施肥建议卡、简表等各2000份，印刷水稻、旱粮一般农户施肥建议卡各2万份，小麦、油菜一般农户施肥建议卡各700份，在全区300多个村、160多家农资经营店、100多个种植大户点位上墙，实现各行政村、农资店、种植大户100%上墙。开展区级测土配方施肥等技术培训7期，培训农技人员及专业农户等755人次。实施测土配方施肥作物平均亩增产51.3千克，增幅3.5%，亩增收100.84元，亩节省肥料660克（折纯），总增产3.02万吨，总增收6176.9万元，总节省化肥387.9吨。

全区落实水稻、小麦、蔬菜化肥减量增效示范方56个，实施面积2461.6公顷，落实补贴资金281万元。其中，水稻化肥减量增效示范方28个，实施面积1334.07公顷，推广应用各种缓释肥638.2吨；蔬菜土壤综合培肥示范方9个，实施面积155.53公顷，推广应用缓释肥、高效水溶肥等179.3吨；小麦化肥减量增效示范方19个，实施面积972公顷，推广应用缓控释肥377.7吨。统筹开展水稻、小麦肥料利用率试验，新型缓释肥不同品种、不同用量对比试验13个，其中，水稻、小麦肥料利用率试验3个。根据水稻试验考查结果测算，主要农作物肥料利用率稳定在40%以上。

【商品有机肥推广】2021年，萧山区推广应用商品有机肥4.31万吨，应用面积6006.67公顷，其中列入政府补贴商品有机肥8990.8

吨，落实补贴资金328.36万元，其中省级商品有机肥补贴7293吨，补贴资金218.79万元，涉及18个镇（街道、场）63个种植大户（企业），施用面积826.67公顷；标准农田质量提升补贴商品有机肥1540吨，施用面积267.33公顷。列入综合培肥及化肥减量示范项目补贴“好乐耕”等有机无机生物肥157.8吨，应用面积108.67公顷。在蔬菜作物中推广应用2.12万吨，应用面积2120公顷，在粮油作物推广应用1.08万吨，施用面积2440公顷，水果等其他作物推广应用1.11万吨，应用面积1446.67公顷。

【农田土壤环境监测】 2021年，萧山区开展受污染耕地安全利用工作，安全利用面积798.2公顷，计划水稻种植安全利用面积93.4公顷，实际安全利用面积87.7公顷，推广应用降酸型调理剂350.4吨、钙镁磷肥128.1吨、叶面阻控剂1.47吨，投入补贴资金90.8万元。继续开展农业“两区”（粮食生产功能区、现代农业园区）土壤污染监测工作，对17个常规监测点、8个综合信息监测点和14个粮食生产功能区产地环境监测点进行监测。开展长期耕地监测工作，建立国家级耕地质量监测点1个，省级标准农田质量提升项目耕地质量监测点3个，市、区级耕地质量与环境监测点15个。

【农作物病虫预警体系建设】 2021年，萧山区建成病虫害监测网络，由1个区域站标准观测场、8个粮油监测点、5个蔬菜监测点、1个鼠情点、7个测报灯（新建4个智能测报灯）、3个病虫观测圃、10个草地贪夜蛾田间虫情系统监测点、100个草地贪夜蛾性诱监测点、13台草地贪夜蛾高空灯、3667套草地贪夜蛾性诱捕器组成。系统开展粮油、蔬菜病虫害和草地贪夜蛾的发生动态调查，为准确指导开展农作物病虫防治提供依据，全年发布病虫情报12期。

【农作物病虫害统防统治】 2021年，萧山区全面实施水稻病虫害专业化统防统治，拓展小麦、油菜、蔬菜、苗木、果树等农作物病虫统防统治，总实施面积7734.48公顷，其中水稻4247.71公顷、小麦1499.73公顷、油菜750.72公顷、蔬菜415.73公顷、苗木657.39公顷、果树111.87公顷、茶叶51.33公顷。建立统防统治区防治水稻病虫害，统防统治平均用药3.51次，比农户自防区减少1.22次，减幅25.7%；商品用药量156.3克，比农户自防区减少472.32克，减幅75.1%；折纯用药量72.24克，比农户自防区减少41.79克，减幅36.7%；防治成本142.82元，比农户自防区节约41.68元，减幅22.6%。

【绿色防控示范区创建】 2021年，萧山区新增水稻绿色防控示范区（点）30个，示范面积1003.85公顷；新增蔬菜绿色防控示范区13个，示范面积933.33公顷；新创建省级绿色防控示范区2个。新培育8家统防统治专业化服务组织，组建无人机飞防联盟，创建飞防服务中心，组建百人以上具有无人机操作证的服务队伍，拥有植保无人机74台，日飞防能力666.67公顷，飞防服务能力和统防统治数字化水平提升。杭州广通植保防治服务专业合作社被农业农村部评定为全国星级农业科技社会化服务组织。30个水稻绿色防控核心示范区平均防治用药3次，比农户自防区减少1.7次，减幅35.7%；化学农药有效成分亩用量74.58克，比农户自防区减少39.45克，减幅34.60%；平均每亩药防治成本112.67元，比农户自防区减少22.74元，减幅25.3%。

【蔬菜高效双低新农药补贴】 2021年，萧山区继续实施蔬菜高效低毒低残留农药补贴，主要补贴5—11月使用的蔬菜高效低毒低残留农药20种（其中杀虫剂11种、杀菌剂9种），绿色防控产品12种。杭州浙农广通农业科技服务有限公司和杭州萧农农药有限公司2家农药供应商为全区14家三品认证（无公害农产品认证、绿色食品认证、有机食品认证）蔬菜生产企业供应价值178.96万元的高效双低补贴农药及绿色防控产品，发放财政补助资金89.48万元，其中市级补助资金45万元、区级补助资金44.48万元，受补基地面积801.76公顷。

【植保新技术示范推广】 2021年，萧山区引进新农药品种20多个，重点对水稻种子处理、稻田除草、水稻褐飞虱、水稻二化螟、水稻穗期病害、小麦除草、小麦赤霉病、草地贪夜蛾、十字花科蔬菜根肿病、花菜花球腐烂病、芹菜茎基腐病等突出问题进行防控技术研究和药剂筛选。在戴村镇郁家山下村建立稻田杂草防除技术综合应用示范区，集成示范稻田杂草绿色防控技术及除草剂减施技术。结合水稻重大病虫防控、统防统治、绿色防控及蔬菜安全生产工作，全区开展植保各类培训9期，培训1035人次。在病虫防控关键时期，以现场会、宣传周、科技下乡，利用广播、电视、报纸、农民信箱、互联网等方式，宣传黄条跳甲、韭蛆、稻飞虱、细菌性病害、病毒病等病虫的危害性和防控重要性。区农业农村局参与的项目《水稻重要害虫生态控制关键技术与集成应用》获2020—2021年神农中华农业科技奖科学研究类二等奖，《水稻害虫生态控制技术研究与示范推广》获2020年度浙江省农业丰收奖一等奖。

【浙江蔬菜新品种新技术示范展示会在临浦举办】 2021年5月20—21日，省农科院、省供销合作社在萧山区农科所临浦基地联合举办2021浙江蔬菜新品种新技术示范展示会。集中展示全省“十三五”蔬菜新品种选育成果，参展品种135个，其中重点展示茄果类、瓜类、豆类和叶菜类等88个推广应用前景广阔的蔬菜瓜果新品种，绿色、生态、高质、高效关键栽培技术7套。区农科所临浦基地全年集中展示新品种、新技术，引进推广76个新优品种，展示示范10个高品质瓜果品种栽培技术；直接向区农业种植大户提供种植面积8.4公顷优质种子。向周边农业种植户以及都市农业种苗需求者提供优质新品种种苗30万株以上；举办农业技术培训班30多次，开展农作物现场会12次，接待考察交流人员5100多人。

（刘思恒）

林业

【概况】 2021年，萧山区森林面积2.72万公顷，森林覆盖率27.5%，森林蓄积量144万立方米，森林面积、森林覆盖率和

2021 年，萧山区新建骨干林道 223.7 千米。图为进化镇林道

（丁 力 摄于 2021 年 9 月 19 日）

森林蓄积量实现“三增长”。林业产值 1.33 亿元，比上年增长 16.5%，占全区农业总产值的 1.5%。其中，林产品产值 9118 万元，林木采运产值 1357 万元。

【森林抚育】 2021 年，萧山区持续强化营林造林，推进平原绿化，加强公益林管护。建立义务植树基地认建点、认养点 44 个，面积 42.4 公顷。新创建一村万树建设村 6 个，其中示范村 3 个、推进村 3 个。全区完成森林抚育面积 866.67 公顷，其中重点抚育面积 207 公顷；林相改造面积 56.3 公顷。新植珍贵树种 7.4 万株，保护古树名木 13 株。

【林道建设】 至 2021 年底，萧山区累计新建骨干林道 223.7 千米，其中浇筑沥青路面长 130.8 千米。边坡治理 45 万平方米，生态修复 67 万平方米。种植珍贵彩色林带长 95.8 千米。启动骨干林道养护 23.04 千米。

【国土绿化行动】 2021 年，萧山区开展新增百万亩国土绿化行动，持续推进国土绿化美化，促进生态文明建设，实施山地、坡地、城市、乡村、通道、沿海“六大森林”建设，深挖造林潜力开展绿化造林。结合美丽乡村建设，见缝插绿、植绿造景，至年底，全区新增国土绿化面积 179.2 公顷。

【林长制推行】 2021 年 12 月 4 日，萧山区委办公室、区政府办公室印发《萧山区关于全面推行林长制的实施细则》的通知，萧山区林长制工作启动。至年底，建立区、镇（街道）、村（社区）三级林长制管理体系，明确党政同责落实保护发展森林湿地资源目标责任制，推动林业高质量发展。

【林业特色经济节展活动】 2021 年，萧山区开展系列特色水果采摘节展等农事体验活动，以农事节展为手段助推林业经济新营销。举办花木节、樱桃节、杨梅节、茶艺节、梅花节等大型林特经济节展 6 个。3 月 16 日，在所前镇山里王村举办 2021 湘湖龙井手工炒制技术大赛，评出十大炒茶能手；3 月底至 4 月初，选派优秀炒茶能手参加省、市龙井茶手工炒制技术大赛，区选手夏水兰获市十大炒茶能手称号。5 月，第四届茶博会期间，萧山馆宣传推介萧山茶品牌，达成意向成交额逾 600 万元，参观客流超万人，杭州巨佳茶业有限公司、杭州萧山云门寺生态茶场、杭州萧山九清农业开发有限公司、杭州金峰茶叶专业合作社等 8 家区内茶叶企业组团参加。

【2021 中国萧山花木节】 2021 年 3 月 26—28 日，2021 中国（萧山）花木节在杭州市萧山区瓜沥镇中栋国际花木城举行，由中国花卉协会主办，中国花卉协会绿化观赏苗木分会、浙江省花卉协会、上海市园林绿化行业协会共同承办，萧山区花卉协会、中栋国际花木城执行承办。该届花木节有全国 12 个省市区的 200 多家花卉苗木种植、园艺资材生产、园林设计施工、苗木经纪销售和媒介电商等企业，以及花木城的 400 多家商铺，进行展示展销和采购洽谈，并在展会现场举办多场产品推介、信息发布、技术交流等专题活动，现场设标准展位 288 个、特装展位 9 个、造景展位 16 个、盆景集市 37 个。花木节还通过 3D 展厅和直播平台全程覆盖，拓宽展会的展示渠道。其间，单日吸引观展群众上万人次，花木交易量近 8000 单，线上观看 30 多万人次。

【苗木茶果病虫害统防统治】 2021 年，萧山区由杭州广通植保防治服务专业合作社和杭州萧农植保服务专业合作社联合开展苗木和茶叶病虫害统防统治工作，苗木病虫害统防统治实施区面积 687.98 公顷，茶园病虫害统防统治实施区面积 166.67 公顷，参与病虫害统防统治的作业队 36 家，作业队员近 220 人，发送病虫情报信息 4000 多条。

【林产品品牌建设】 2021 年，萧山区通过加大技术服务推动产业升级，林产品品牌影响力不断增强，美人紫葡萄、吉山梅园、依春红樱桃、明良蓝莓、传化蝴蝶兰等品牌的市民知晓率提高。杭州正德农业开发有限公司获评 2021 年度浙江省林下道地中药材种植基地；萧山区新街小学获评第三批浙江省自然教育基地；杭州萧山云门寺生态茶场、杭州萧山进化镇雄峰农林场获评 2021 年度省级示范性家庭林场；萧富农业开发有限公司生产的寺坞岭云雾牌龙井茶获“杭州名茶金奖”。11 月，在第十四届中国义乌国际森林产品博览会上，萧山区选送杭州巨佳茶业有限公司的“巨佳”龙井茶、杭州鲍坞毛竹专业合作社的“鲍坞”

2021 年 3 月 16 日，萧山区在所前镇山里王村举办湘湖龙井茶手工炒制技术大赛（童　琳　摄）

冬笋、杭州市创高农业开发有限公司的“谷仙堂”铁皮石斛鲜条、杭州正德农业开发有限公司的“仙岩山”有机铁皮石斛被评为金奖产品，杭州树联生态工程有限公司的菲油果、杭州创高农业开发有限公司的“谷仙堂”石斛花、杭州鲍坞毛竹专业合作社的“鲍坞”笋干菜和肋笋干被评为优质奖产品。

【森林消防】 2021 年，萧山区林业水利局组织森林火灾隐患排查，开展巡查督查，对违规野外用火行为进行严厉打击，通过排查管控，制止野外用火行为，消除火险隐患。加强镇（街道）森林消防责任制落实，提升森林消防基础设施建设，多种形式开展森林消防宣传工作。至年底，全区有森林消防水桶 497 个、森林消防水池 70 个、森林消防水泵 81 台。全年发生森林火情 15 起，均在第一时间迅速扑灭，未发生森林火灾，未出现人员伤亡事故。

【野生动物保护】 2021 年，萧山区林业水利局以爱鸟周、野生动物宣传保护月活动为载体，开展多种形式的生态道德宣传教育活动。及时救护野生动物，全年通过“110”联动、“12345”热线等处理野生动物救护事项 108 起，救护各类野生动物 127

所前镇衹庄陈村阿灿樱桃园樱桃开始采摘（唐　柯　摄于 2021 年 4 月 10 日）

只。区林业水利局主办的《萧山区赵某等 7 人非法杀害野生动物破坏生态环境损害赔偿磋商案》入选浙江省生态环境厅第一批生态环境损害赔偿磋商十大典型案，是浙江省首例杀害珍贵濒危野生动物生态环境损害赔偿磋商案件。开展爱鸟周进校园、进公园等活动，提高公众保护意识。12 月，区林业水利局、区农业综合行政执法队林业中队被评为全省松材线虫病防治工作和全面禁止非法交易、滥食野生动物工作突出贡献集体。

【林地林木资源管理和保护】 2021 年，萧山区实施森林资源一张图数字化管理，开展森林资源动态监测。开展森林督查工作，发现破坏森林资源违法图斑 6 个。加强林木采伐管理，下达“十四五”期间全区森林采伐限额 8780 立方米。做好全区 2 个自然保护地（石牛山省级森林公园和杨静坞省级森林公园）的勘界定标工作。加强公益林管理，全区 1.33 万公顷公益林政策性火灾保险全覆盖。

（刘思恒）

畜牧业

【概况】 至 2021 年底，萧山区有规模猪场 16 家。全区存栏生猪 41.45 万头，其中能繁母猪 3.55 万头，全年出栏肉猪 27.17 万头；年底存栏家禽 71.76 万羽，全年出栏 205.25 万羽；年底存栏牛 2482 头，保持稳定；年底存栏羊 10.75 万只。全年畜牧业产值 10.52 亿元，比上年增长 95.3%。

【非洲猪瘟防控】 2021 年，萧山区做好人员值班、物资储备等应急准备工作，应对非洲猪瘟疫情。开展短板排查，召开规模猪场防疫和检测培训，提升猪场生物安全防护水平。根据上级部门要求及全区实际，区兽医实验室组织做好养殖场、屠宰企业、新农都物流中心、无害化处理中心、车辆集中消毒点的非洲猪瘟样品采集检测工作，每月对各屠宰场检测留样进行复核。全年区兽医实验室检测非洲猪瘟病毒 3000 多份，其中猪血清样品 951 份。配合上级部门开展入场检测、专项流行病学调查等工作，全年未发生非洲猪瘟疫情。

【全国第三次畜禽遗传资源普查】 2021 年 8 月起，萧山区组织全区镇（街道）、平台、行政村（社区）开展全国第三次畜禽遗传资源普查，经区畜牧兽医发展中心培训指导各镇（街道）、平台落实人员组织实施，开展入户调查、网上填报。至 11 月初，完成各类基础数据网上填报与区级审核，在杭州市率先完成普查工作。根据第三批全国畜禽遗传资源普查结果，全区有各类畜禽资源 13 个畜种，23 个品种；蜂 2 个品种；新发现 1 个畜种（绿头鸭），2 个品种（钱江鸭、萧山媒鸭）。11 月，萧山区获评全国畜牧业统计监测综合评估优秀市场监测县。

【畜禽养殖废弃物资源化利用】 2021 年，萧山区以“种养结合、农牧循环、就近消纳、综合利用”为主线，按“填平补齐”方式，通过加大对规模养殖场、粪污处理第三方机构等的粪污综合利用设施改造，提升规模畜禽养殖场、有机肥加工厂等的粪污收集处理能力；支持污水集中纳管处理，推广有机肥加工、沼气利用等资源化利用方式，建设完善粪污资源化利用体系。至年底，全区畜禽粪污综合利用率为99.8%，规模养殖场粪污处理设施装备配套率为100%。区“工业化处理＋生态消纳＋纳管排放”的工农互补型粪污资源化利用模式入选全国畜牧总站典型案例。

【美丽牧场建设】 2021年，萧山区创建省级美丽牧场1家、数字化牧场1家，累计建成省级美丽牧场29家。鼓励“蜂禽羊”健康发展导向，全区湖羊、蜜蜂养殖设施化水平持续提高。为推进种畜禽保种长效化与规范化管理，出台区级畜禽遗传资源保护与利用管理试行办法。杭州庞大农业开发有限公司通过国家肉羊核心育种场生产性能测定省级专家评审。

【动物无害化处理】 2021年，萧山区持续做好动物无害化处理监管工作。组织养殖场与区动物无害化处理中心的双检查，在日常巡查基础上，组织养殖环节特别是羊养殖场的专项检查。处理中心实行24小时上班制度，落实封闭式管理措施。根据非洲猪瘟疫情防控需要，重点强化运输车辆消毒烘干过程监管，对病死猪定点定车辆收集。至年底，区动物无害化处理中心处理养殖环节病死猪10.28万头、羊5.03万只、奶牛49头、动物产品23吨。

【重大动物疫病集中防控】 2021年，萧山区组织春、夏、秋、冬四季集中免疫行动，做好疫苗等防疫物资发放工作，结合动物养殖场防疫条件专项检查，对全区重大动物疫病防控工作开展检查和业务指导，督促按时完成各项防疫任务，确保免疫率和免疫效果双达标。全年使用生猪口蹄疫疫苗152.4万毫升（含规模养殖场自购），猪瘟疫苗129.9万头份（含规模养殖场自购），生猪蓝耳病疫苗43.2万头份（含规模养殖场自购），牛羊口蹄疫疫苗20.77万毫升，免疫家禽禽流感疫苗183.76万毫升，犬狂犬病疫苗6.7万头份，羊小反刍兽疫疫苗19.54万头份。

【动物免疫效果评估】 2021年，萧山区开展春秋两季重大动物疫病防控免疫效果集中监测工作。开展高致病性禽流感抗体监测1923份，抗体合格率94.0%；口蹄疫抗体监测906份，抗体合格率93.8%；猪瘟抗体监测401份，抗体合格率87.3%；蓝耳病抗体监测181份，抗体合格率93.9%；新城疫抗体监测275份，抗体合格率90.9%；羊小反刍兽疫免疫抗体检测2246份，抗体合格率91.1%。

【动物诊疗机构管理】 2021年，萧山区强化动物诊疗机构监管，日常巡查和不定期抽检结合，在现场勘查基础上加配网络技术手段，多系统强化远程监管力度，推进犬类狂犬病免疫办证工作。全区有22家动物医院，20家动物诊所。推进动物诊疗机构委托工作，新确定9家动物诊疗机构为新一轮犬、猫产地检疫相关疫病检测委托筛查点；确定17家动物诊疗机构为新一轮区狂犬病强制免疫服务委托单位。

【亚运会无规定马属动物疫病区建设】 2021年，萧山区根据《杭州桐庐无规定马属动物疫病区建设方案》规定，配套印发《2022年亚运会杭州桐庐无规定马属动物疫病区萧山区域建设方案》《关于印发杭州桐庐无规定马属动物疫病区萧山区域应急预案的通知》等文件，成立2022年第19届亚运会无规定马属动物疫病区建设工作领导小组和工作专班专项推进无疫区建设工作。依托工作专班制定马属动物监测年度工作方案，落实专人负责，做好全区马属管理。联合大专院校为马属养殖提供技术服务，按规定时间节点做好马属及易感动物的免疫、监测、流调、处置、治疗和净化。定期开展生物安全通道巡查，按照无疫区的要求完善各项文件台账，对接区动物无害化处理中心开展整改验收，保证杭州马属无疫区通过农业农村部考核。

【兽药与饲料监管】 2021年，萧山区启动兽药减量化与饲料绿色化（以下简称“两化”）试点。制订区级“两化”试点实施方案，围绕单位动物产品用药量减量，和育肥猪饲料中氮铜锌含量达标等关键目标采取全程指导，优化服务等措施。全区有“两化”试点任务14个。其中，兽用抗菌药减量化试点9个，含示范养殖场2家（均为生猪养殖）、试点养殖场7家（生猪养殖场5家、鸡养殖场2家）；饲料环保化试点5个（均为生猪养殖场），其中示范场1家、试点场4家。为规范饲料生产、经营企业与饲料标签管理，强化兽药经营企业合规运行，区农业农村局工作人员，走访调查饲料生产企业7家，经营企业4家，对2家新申请饲料及饲料添加剂生产许可企业、3家续办兽药经营许可单位进行现场勘查。配合部省饲料主管部门监测全区兽药饲料风险，对6家生产企业、5家流通单位和2家养殖场，样品抽样和检测36批次。

加强兽药、饲料监督抽样及畜产品安全执法检查，全年抽查样品485个批次，其中生猪尿样296个批次、猪肉50个批次、猪肝25个批次、牛肉14个批次、羊肉4个批次、禽肉禽蛋50个批次，监督抽样饲料24批次、兽药22个批次送省检测，发现禽兽药残留超标1批次，作出责令当事人改正和过停药期后再销售的处理。

【动物检疫】 2021年，萧山区按照产地检疫规程、屠宰检疫规程和省市有关通知要求开展动物检疫，严把动物检疫关口，保障上市肉品质量安全。全年产地检疫猪20车次33头，羊26车次3007只，兔3车次4只，禽类985车次381.66万羽，马2车次5匹，犬56车次56只，猫126车次126只，其他家畜3车次859只，蜂1车次200箱，梅花鹿3车59只。屠宰检疫生猪29.52万头，无害化处理病死猪687头，废弃内脏及猪产品86.36吨，违禁药物抽检4525头，旋毛虫抽检1.82万头；屠宰检疫牛1.02万头，违禁药物检测6760头，布病抽检2169头；屠宰检疫家禽66.29万羽，检出病死禽1.02万羽，病害畜禽及产品全部监督屠宰场作无害化处理。对检疫合格上市的动物和动物产品，出具动物检疫合格证明和加施检疫标志，动物检疫证明100%通过智慧畜牧业云平台进行电子出证。屠宰检疫推进动物检疫合格证明无纸化。严格区外调入动物及动物产品的备案、现场报验与核查，全年备案审核和报验核查生猪4401批

50.35 万头，活牛 451 批 1.02 万头，家禽 260 批 43.43 万羽，其他畜 1 批 10 头；畜禽产品 8239 批 2.51 万吨，其中猪肉 3082 批 1.09 万吨，猪副产品 293 批 55.92 吨，牛肉 71 批 185.41 吨，牛副产品 10 批 20.68 吨，羊肉 43 批 60.54 吨，其他肉品 2 批 180 千克，其他副产品 1 批 30 千克，禽产品 3947 批 8731.65 吨；禽副产品 390 批 532.04 吨，原毛 400 批 4588.31 吨。

【畜禽屠宰监管】 2021 年，萧山区加强畜禽屠宰规范化管理，签订《畜禽屠宰管理目标责任书》；开展非洲猪瘟检测能力比对，做好生猪屠宰环节非洲猪瘟防控工作。举办新修订的《生猪屠宰管理条例》培训班，推进畜禽屠宰企业及其经营户“浙食链”注册及应用，派专人每月 1 次到场监督检查。2020 年 12 月中旬至 2021 年 2 月中旬，开展为期 2 个月的打击生猪屠宰违法行为专项行动，排查可疑生猪私宰点 5 处，捣毁生猪私屠滥宰窝点 2 个。发现违法案件 2 件、涉案 12 人，查扣生猪屠宰涉案物品 90 件，涉案生猪 536 头 70.6 吨，无害化处理生猪及产品 1.79 吨。4 月，杭州萧山红垦肉类加工有限公司被农业农村部办公厅评为 2021 年全国生猪屠宰标准化示范厂。

（刘思恒）

渔业

【概况】 2021 年，萧山区水产养殖面积 4137 公顷，总产量 3.64 万吨。其中，南美白对虾养殖面积 3233 公顷，产量 1.68 万吨；龟鳖养殖面积 291.87 公顷，产量 3200 吨；其他养殖面积 612.13 公顷，产量 1.64 万吨。全区设施养殖面积为 533.3 公顷，淡水捕捞产量 518 吨。全年全区渔业产值 10.53 亿元，比上年增长 3.0%。

2021 年萧山区淡水养殖情况表

表 27

项 目	养殖区域						合计
	池塘	湖泊	水库	河沟	其他	稻田	
养殖面积（公顷）	1539	0	0	0	570	2028	2109
养殖产量（吨）	10784	0	0	0	4250	21372	36406

注：稻田养殖面积不计入总面积。

全区渔业用船 95 艘，总吨位 308 吨，总机械动力 1656 千瓦。有渔业户 980 户，渔业人口 1.08 万人，其中传统渔民 4000 人，渔业从业人员 1.11 万人。

全区规模在每年 1000 吨以上（区级以上农业龙头企业）的水产品加工企业 9 家，年加工能力 4.84 万吨。有水产品冷库 26 座，日冻结能力 576 吨，一次冷藏能力 1.46 万吨，每日制冰能力 267 吨。全年加工水产品 6502 吨，出口水产品 132 吨，出口创汇 135.15 万美元。

【绿色渔业】 2021 年，萧山区新创建省级水产健康养殖示范场 12 家，创建面积 200.87 公顷。全区累计有部级水产健康养殖示范场 13 家，示范面积 665 公顷；省级水产健康养殖示范场 30 家，示范面积 529.4 公顷。对照《省渔业健康养殖示范县验收标准》，制定《萧山区创建省渔业健康养殖示范县实施方案》，做好省级渔业健康养殖示范县培育工作。根据省农业农村厅《浙江省水产养殖用药减量行动方案》工作部署要求，制定《杭州市萧山区水产养殖用药减量工作实施方案（2021—2022）》，围绕南美白对虾、中华鳖等主养品种，设立水产养殖用药减量推广点，推进水产养殖用药减量增效，促进渔业转型升级和高质量绿色发展。

【水产“菜篮子”基地建设】 2021 年，萧山区为保障“菜篮子”有效供给，防止水产品价格大起大落，丰富健康水产品种类，加强对市级水产“菜篮子”基地的建设与管护。至年底，全区有市级水产“菜篮子”基地 45 个，基地总面积 1340.62 公顷，占水产养殖总面积的 32.4%，基地全年可向市场提供优质鲜活水产品 1 万余吨。

【渔业养殖品种和技术推广应用】 2021 年，萧山区围绕南美白对虾、中华鳖（日本品系）、名优鱼类，推广符合绿色增产、资源节约、生态环保、质量安全的先进适用主推技术，重点推广池塘内循环流水高效养殖技术、南美白对虾设施化养殖技术、虾鱼（鳖）多品种立体混养殖技术、中华鳖（日本品系）良种繁育与健康养殖技术、水产养殖尾水综合治理技术以及稻鱼综合种养殖技术等。持续开展无公害绿色渔药及微生态制剂推广应用，规范渔业病害防治用药；推广水质在线监测系统，实现养殖水域水质实时监控自动化。

【南美白对虾病害监测】 2021 年，萧山区针对近几年南美白对虾养殖生产中危害较大的病害，委托浙江省淡水水产研究所、浙江省农业科学院水生生物研究所对南美白对虾淡化育苗场待售虾苗进行实验室检测。20 家白对虾淡化育苗单位签署诚信声明，志愿加入检测。全年检测南美白对虾苗种 32 期 565 批次，在指定的微信群发布白对虾苗种检测信息 32 期，5 项检测指标全阴性 521 批次，占 92.9%；总检苗数基数约 42.12 亿尾，5 项检测指标全阴性苗数基数约 38.02 亿尾，占 90.3%，对检测指标结果为阳性的虾苗及时进行扑杀和无害化处理。

【水产养殖动植物病情测报点建设】 2021 年，萧山区有全国水产养殖动植物病情测报点 7 个，面积 121.67 公顷。其中，甲鱼病害测报点 3 个，面积 34 公顷；南美白对虾病害测报点 4 个，面积 80.93 公顷。区级病害测报点 8 个，面积 225.47 公顷。其中，甲鱼、南美白对虾病害联合测报点 1 个；甲鱼病害测报点 1 个，面积 13.73 公顷；南美白对虾病害测报点 3 个，面积 169.33 公顷；鱼类病害测报点 3 个，面积 42.4 公顷。落实渔情信息采集点 3 个，面积 70.47 公顷。

【水产养殖种质资源普查】 2021年，萧山区根据《农业农村部关于开展全国农业种质资源普查工作的通知》部署要求，按照《第一次浙江省水产养殖种质资源普查实施方案（2021—2023年）》，组织实施全区第一次水产养殖种质资源普查及“三农”基础数据采集工作，普查规模以上水产养殖主体331家，普查面积4062.37公顷。

【渔业资源保护】 2021年，萧山区开展渔业资源放流，在钱塘江和内河水域放流各类水生生物750万尾，其中钱塘江600万尾、内河150万尾，主要品种为鳙鱼、鲢鱼、三角鲂和黄尾蜜鲴等。通过增殖放流，助力渔业转型和“五水共治”工作，弥补自然增殖的不足，维护渔业水域生态平衡。增殖放流地点为水质改善明显的水域、省市重点关注的河段、城区周边及集镇控制区范围内的河道、部分“美丽溪流”。2月1日至6月30日，开展打击非法捕捞专项行动，其间，收缴电捕器具100多套，罚没款17万余元，查处案件83起，其中移送公安机关47起。

【渔业安全生产】 2021年，萧山区农业农村局连续10年与各有关镇（街道）签订安全责任书，由镇（街道）与渔民签订安全责任书，签订率100%。对渔民实行按片分组管理，聘请11位渔民代表为组长；为每位捕捞渔民开通农民信箱，全年发布提醒渔民防台、避潮等安全生产信息1000多条；推进数字化管理，运用杭州市“数字渔政”监管平台，强化对渔船的动态监管。开展全区渔民培训3期，确保每位合法捕捞渔民参加培训。结合“春潮行动”、“一打三整治”（依法打击涉渔“三无”船舶和违反伏休规定等违法生产经营行为，开展禁用渔具整治、渔船“渔证”不符整治和污染海洋环境行为整治）、隐患大排查等专项行动，加大对渔船安全生产检查力度和隐患排查力度，增强对渔业违法行为的威慑力。组织渔船安全检查40次，出动执法人员208人次，检查渔船268艘次。全年未发生渔船安全生产责任事故。

【省级水产健康养殖示范场创建】 2021年，萧山区为加快推进水产养殖业绿色发展，发展生态健康养殖，促进水产养殖业向优质、高效、安全的现代渔业方向发展，开展省级水产健康养殖示范场创建，把杭州杰虹养殖有限公司等12家单位列为创建培育对象。10月，申报的12家省级水产健康养殖示范场创建单位通过省专家验收组考核验收。至年底，全区有国家级水产健康养殖示范场13家，示范面积665公顷；省级水产健康养殖示范场30家，示范面积529.4公顷。

2021年萧山区省级水产健康养殖示范场一览表

表28

序号	企业名称	主要品种
1	杭州杰虹养殖有限公司	南美白对虾
2	杭州鑫春富农业有限公司	南美白对虾

续表28

序号	企业名称	主要品种
3	杭州恩来农业开发有限公司	南美白对虾
4	杭州恒奇水产养殖有限公司	青鱼、南美白对虾
5	浙江北极品水产有限公司	南美白对虾
6	杭州万联水产养殖有限公司	南美白对虾
7	杭州萧山天福生物科技有限公司	甲鱼
8	杭州博帆农业开发有限公司	稻田养小龙虾、稻田养甲鱼
9	杭州巨康水产养殖有限公司	南美白对虾、甲鱼
10	杭州江鲜家庭农场有限公司	太阳鱼、黄颡鱼、鳗、甲鱼
11	杭州钱塘新区殷水传家庭农场	南美白对虾、甲鱼
12	杭州东之蓝家庭农场有限公司	稻田养甲鱼、南美白对虾

（刘思恒）

农业机械化

【概况】 2021年，萧山区以推进“机械强农”行动为主题，以农业“机器换人”高质量发展为目标，优化机制体制，推动农机与农艺融合，机械化与信息化融合，农机服务模式与农业适度规模经营相适应，机械化生产与农田建设相适应，推广先进农机装备，主要农作物耕种收综合机械化率达到86.6%。萧山

2021年7月17日，萧山区河上镇大西畈的种粮大户董全德收割早稻 （何可人 摄）

2021 年 4 月 30 日，萧山区举办的数智农机应用技术推介会上无人驾驶拖拉机展示　　（魏有莹 摄）

区加快农业“机器换人”步伐，通过政府扶持、项目带动、示范引领、培训推动等措施，发展“数智化”农业机械，提升农业现代化水平。全区建立省粮油领域“机器换人”示范中心基地 6 个，举办现场会（培训班）6 期，参加 554 人次。推进水稻全程机械化生产，落实政策鼓励农机投入，发挥农机购置补贴等政策支持引导作用，在规范实施的基础上加大区级补贴力度。至年底，受理购机补贴申请机具 1160 台，总投资 2974.65 万元。12 月，萧山区被农业农村部认定为全国第六批率先基本实现主要农作物生产全程机械化示范区，被省农业农村厅认定为全省特色产业农业“机器换人”高质量发展先行区。

【萧山区获评全国农机示范区】 2021 年 12 月 22 日，萧山区被农业农村部办公厅评为全国第六批率先基本实现主要农作物生产全程机械化示范县（市、区）。围绕乡村振兴战略和农业现代化建设，坚持加快农业领域“机器换人”导向，推动农业机械化全程全面发展。推进农机与农艺融合、机械化与信息化融合发展，推广先进农机装备，加强农机社会化服务，抓好农机队伍建设，农业机械化得到进一步发展，粮食生产基本实现全程机械化生产，农机化综合服务能力有较大提升，数字化农机装备应用水平处于省市前列。通过培育壮大农机社会化服务主体，健全农业专业化社会化服务体系，提高农机服务能力。全年新增农机服务组织 4 个，水稻育秧中心 3 个，粮油批次烘干能力从 1464 吨增至 2652 吨。

【农机装备】 2021 年，萧山区有农机总动力 36.06 万千瓦。其中，耕作机械 3025 台、3.6 万千瓦；种植机械 218 台、1836 千瓦；排灌机械 14838 台、7.9 万千瓦；植保机械 2880 台、4157 千瓦；收获机械 178 台、7718.5 千瓦；收获后处理机械 1448 台、1.43 万千瓦；冷藏保鲜设备 216 套、21.33 万立方米；温室 1427 万平方米，其中玻璃温室 6 万平方米、连栋温室 279.8 万平方米、钢架单体大棚 1141.2 万平方米；农产品初加工机械 4147、台 2.13 万千瓦；畜禽养殖机械 3339 台、1.13 万千瓦；渔业机械 3.41 万台、7.54 万千瓦；林果业机械 485 台、488 千瓦；茶叶机械 2318 台、1.14 万千瓦；食用菌机械 14 台、130 千瓦；运输机械 5 台、18.4 千瓦；农田基本建设机械 953 台、5.69 万千瓦；其他农业机械 7473 台、4.06 万千瓦。

【农机化作业水平提升】 2021 年，萧山区机械耕地面积 2.49 万公顷，机耕作业面积 3.92 万公顷，其中春耕 1.03 万公顷、夏耕 1.44 万公顷、冬耕 1.46 万公顷；机播面积 7300 公顷，其中水稻机械种植 4300 公顷；机电灌溉面积 4.1 万公顷；机械植保面积 4.29 万公顷；机械收割面积 9700 公顷，其中机收水稻 6800 公顷、机收小麦 1600 公顷、机收油菜 700 公顷。机烘粮食 6.51 万吨。农用无人机作业面积 9800 公顷。

【农机服务体系建设】 2021 年，萧山区有农机专业合作社等新型农机服务主体 37 个，人数 288 人，其中资产在 100 万元以上的 29 个。全区农机户 4209 个，其中专业户 2029 个，农机维修网点 93 个，农机修理人员 135 人，乡村农机从业人员 6425 人。

【机械强农行动】 2021 年，萧山区推进“机械强农”行动，开展分区域、分产业、分作物、分环节（简称“四分”）农机化发展情况调研，撰写“四分”调研报告，编写《萧山区“十四五”和 2035 年农业机械化发展规划》。全年全区水稻种植面积 6806.67 公顷，耕种收综合机械化水平 87.6%。其中机耕 6806.67 公顷，机械化水平 100%；机种 3993.33 公顷，机械化水平 58.7%；机收 6806.67 公顷，机械化水平 100%；高效植保 5608.67 公顷，机械化水平 82.4%；机烘 6806.67 公顷，机械化水平 100%；秸秆机械化处理 6806.67 公顷，机械化水平 100%。

【农机购置补贴】 2021 年，萧山区农机购置补贴农户（组织）359 个，补贴机具 1160 台，补贴资金 782.14 万元，其中中央资金 513.66 万元、省级资金 53.24 万元、市级资金 175.87 万元、区级配套资金 39.36 万元。中央补贴资金分 4 批拨付。联合社购机补贴追加 253 台，补贴 508.03 万元，区级补贴机具 170 台，补贴 512.98 万元。

【农机推广与管理】 2021 年，萧山区有 22 家农机专业合作社或其他社会化服务主体开展水稻机插和油菜机收作业服务，并申报社会化服务补贴，共补贴油菜机收 73.53 公顷，水稻机插 2835.61 公顷（其中早稻机插 506.48 公顷、晚稻机插 2329.13 公顷），补贴资金 657.62 万元。结合区级补贴机具试验、选型需要，在粮油生产机械上，开展豪丰水稻旱穴播机试验；在蔬菜生产机械上，展示全自动蔬菜移栽机、收获机等蔬菜机械 20 台左右；在茶园推广单轨运输机与茶园管理机械；在数字农机装备中，试验无人驾驶拖拉机、无人驾驶插秧机与无人驾驶联合收割机。区农业农村局指导、督促实施单位做好省级果蔬产业区域农机综合服务中心建设项目。

【农机技术与安全培训】 2021 年，萧山区开展农机技术培训和农民素质培训工作。与市农业农村事务保障中心及相关业务部门联合举办农机技术培训班4期，培训350人；完成农机从业人员素质培训204人次，提高农机管理与操作人员的素质和业务水平。

【农机安全水平和农机安全监督管理】 2021年，萧山区创建省级平安农机示范镇（街道）15个，市级平安农机示范村85个（其中省级平安示范村3个），市级平安农机合作社10个。年检拖拉机、联合收割机等农业机械共519台。加强农机安全监管，创新执法监管模式，依法受理行政许可事项136件。出动执法人员804人次，检查维修网点65家次，农机专业合作社89家次，查处违法违规案例5起。上道路执法工作103天次，查扣违法上道路拖拉机18台，发放禁限行公告及劝退外省籍变型拖拉机126台。做好上道路拖拉机信息协查工作，协查上道路拖拉机行驶证、驾驶证31本。排查本地注销上道路拖拉机249台，通过与镇（街道）联合上门劝导，全部报废解体。全年未发生农机事故，农机安全生产形势平稳。

【萧山数智农机应用技术推介会举办】 2021年4月29日，萧山区农业技术推广基金会、农（林）业技术推广中心和农机水利技术推广中心在党湾镇联合举办数智农机应用技术推介会。推介会上展示无人机、无人驾驶拖拉机、无人驾驶插秧机、可变量侧深施肥机、无人驾驶自走式喷杆喷雾机等一系列智能化实用型农机具。至年底，全区水稻生产耕种收综合机械化水平达到87.6%，植保机械化水平82.4%。

（刘思恒）

农业综合行政执法

【概况】 2021年，萧山区强化执法主体资格管理，确认法定执法主体1家、法律法规授权执法主体2家、受委托执法主体3家，并予以公告。强化执法人员持证上岗和资格管理制度，开展统一换证工作，换证人数187人，至年底，全区农业系统持证比例为96%。全年开展执法行动570次，出动执法人员1975人次，立案152起（其中作出行政处罚111起、移送公安机关41起），罚没金额294.25万元。全区有农产品质量安全追溯主体130家，全年累计应用追溯二维码8061批次、超过60万张，录入生产信息4万余条。区农业综合行政执法队林业执法中队获全省松材线虫病防治工作和全面禁止非法交易、滥食野生动物工作突出贡献集体；畜牧执法中队办理的生猪屠宰案被列入2021年上半年农业农村部执法十大典型案例，产蛋期使用禁用兽药案被列入省、市涉农行政执法典型案例。在杭州市“926工匠日杯”林业水利行政执法职工职业技能竞赛中，区农业农村局获团体一等奖及职工经济技术创新能手称号。区人大常委会对区农业农村局4年行政执法工作开展评议，评议结果为满意。省司法厅、水利厅开展全省水利系统行政执法质效评议专项行动，区农业综合行政执法队获97.92分。

【农业行政审批】 2021年，萧山区办理各类检疫证16.17万份，其中植物检疫证2.02万份、动物检疫证7.07万份、森林植物检疫证7.08万份。办结各类农业行政许可事项460项，办件正确率和群众满意率均为100%。

【农业法治宣传教育】 2021年，萧山区围绕农业农村改革发展中心工作，开展农业农村法治宣传教育，以改革创新引领农业法治宣传教育“转型升级”。开展科普宣传栏普法工作，向基层群众宣传农业技术政策和相关法律法规；运用门户网站、微信公众号、视频号等新媒体，围绕重要节日、主题日开展法治宣传，增强农村干部群众和农业经营主体学法、尊法、守法、用法意识，提高农业法治宣传教育的实效性，提升基层普法知晓率和参与率。结合“世界水日，中国水周”主题，创新宣传方式，“侧重一周，贯穿全年”，把水法宣传贯彻到全年工作中。通过多主题广场宣传，开展进机关、进乡村、进社区、进学校、进企业、进单位“六进”活动。全年出动水法宣传人员300多人次，发放宣传册和水法律法规资料3000多份，现场提供水法律咨询服务200多人。悬挂横幅200多幅，张贴各类宣传画1000多张。结合执法监督检查和日常办案，推进轻微违法教育登记、违法主体参与普法等柔性执法方式，提高管理对象水法治意识。

【执法监督保障】 2021年，萧山区农业综合行政执法部门接收“110”应急联动信息712件，均及时接收处置；推进使用浙江省统一行政处罚办案系统，办案流程进一步规范；推进互联网+监管工作，监管事项（行政检查638项、行政处罚600项、行政强制49项）的认领率和检查覆盖率均为100%。全年规范性文件合法性审查12份，合同文本修改优化并进行法制审查20份。全年审查行政执法案件118起，提出修改意见800多条。开展执法案卷评查，采用自查、集中评查等方式评查全局农林水执法案卷160卷，强化执法案件办理的监督制约。

【涉农案件审查和监管模式创新】 2021年，萧山区农业综合行政执法部门审查农林水案件159件（其中作出行政处罚121起、移送公安机关38起），组织召开案审会9次，讨论案件24起。持续推进“双随机、一公开”工作，建立完善“一单两库一细则”（即公布随机抽查事项清单，建立市场主体名录库、执法人员名录库，规范“双随机”抽查细则），全年两库录入记录1500多条，涵盖企业、个体户、项目工程、林木采伐、征占用林地等。开展并制定“双随机”抽查计划4个，制定部门抽查任务25个，跨部门任务4个，涉及区市场监管、区规划资源2个部门。收到省市抽查任务7个，所有抽查任务均关联信用规则，抽查监管对象146户次，检查结果在政务服务网公开。

【畜牧业行政检查和行政执法工作】 2021年，萧山区开展畜牧业行政检查，强化畜牧业行政执法。调查处理各类信访投诉147件，调查处理宠物诊疗纠纷16件，调解补偿金额1.67万元。开展生猪屠宰违法行为专项行动及“绿剑”系列、动物诊疗等专项执法检查6次，出动执法人员1283人次，检查兽药和饲料生产经营单位、养殖场、诊疗机构等监管对象353家次，对19家监管对象“双随机”检查，监管事项全覆盖。发放《中华人民共和国动物防疫法》、《生猪屠宰管理条例》、《浙江省动物防疫条例》、产蛋期禁用兽药清单等资料 240 份，告知书 21 份，告知承诺书 420 份，发出责令改正通知书 11 份。发现违法案件线索 17 条，立案 33 件，其中简易程序 8 件、一般程序 23 件、移交公安部门 2 件；结案 33 件，涉案 43 人，涉案金额 263.46 万元。

【农资市场整治】 2021 年，萧山区开展农资市场打假工作，抽取农药样品 23 份、肥药样品 20 份。开展实名制销售及农资信息化管理培训，发放资料 3000 份，农药经营人员参加培训 600 人次。“双随机”检查农资门店 48 家、蔬菜基地 10 家。对全区农资经营店按农资规范化标准要求进行考核，并对 25 家优秀经营户进行奖励。20 家门店按“肥药两制”（购买肥药实名制、使用肥药定额制）要求安装人脸识别系统。

【种子市场监管】 2021 年，萧山区根据“种子执法年”推进要求和省、市统一部署，开展一系列专项检查行动。在春秋种子种苗交易旺季，多次开展种子经营环节专项检查。重点检查水稻、玉米、大豆、油菜、小麦等粮食作物，检查浙江勿忘农种业股份有限公司等持证种子企业 5 家次，对持证企业现场检查全覆盖。检查种子标签 22 个；检查种苗企业 2 家次；检查种子门店 34 家次，其中抽检样品 18 只、检查标签 86 个，未发现未审先推、侵犯植物新品种权等违法行为。对浙江传化生物技术有限公司等企业开展进出口种子种苗检查。开展全区转基因种子抽查；开展种子执法和纠纷调解，对辖区内种子经营门店抽样检测中，发现因水分超标而初步认定为经营劣质种子 1 批次并立案调查。8 月，对种植户投诉黄心芹菜种子质量纠纷开展调查和调解，挽回种植户经济损失 80 多万元。

【农产品及投入品监测】 2021 年，萧山区各类农产品定量检测 1100 批次，其中区级抽检 500 批次，合格率稳定在 98.5% 以上，不合格农产品处置率 100%。落实镇（街道）快检室开展蔬菜快速定性检测 2.5 万批次、督促农业企业开展上市前农药残留自检 1.6 万批次，相关信息发布在省级、市级、区级农产品质量安全监管平台。根据风险及定点监测等手段全面监测畜产品质量安全，部、省、市抽样 412 个批次，其中 1 批次不合格。严把动物检疫关口，产地检疫各类动物 1105 车次，屠宰检疫畜禽 78.1 万（头）只。备案报验区外调入动物 3910 批 67.6 万只、畜禽产品 1.92 万吨、禽副产品 488.14 吨，备案审批省内外点对点调运生猪 18.7 万头。

【农产品质量安全专项整治】 2021 年，萧山区根据开展食用农产品“治违禁控药残促提升”三年行动部署要求，由区农业农村局、区人民法院、区人民检察院、区公安分局、区市场监管局、区卫生健康局成立萧山区食用农产品“治违禁控药残促提升”行动工作组。围绕高风险食用农产品开展风险筛查，评估芹菜动态风险因素，推进甲鱼风险筛查。发放各类禁限用药宣传清单 1000 多份，邀请省农科院到益农镇宣传指导芹菜种植与安全，并进行微信直播。开展执法巡查、监督抽查，累计出动 502 人次，累计检查主体 412 家次，基地环节累计抽检甲鱼、禽蛋、芹菜等共 30 批次全部合格；区市场监管局在市场环节查处问题 19 件，涉及水产品 15 件、鸡蛋 2 件、其他问题 2 件。

【植物重大疫情监测】 2021 年，萧山区设立省、市、区重大农业植物疫情监测点 15 个，监测梨树疫病等 13 种重大植物疫情。通过监测和普查发现扶桑绵粉蚧、甘薯茎腐病和加拿大一枝黄花 3 种植物疫情，通过科学制订防控方案，及时灭杀。

【林业检疫执法】 2021 年，萧山区开展松材线虫病综合防控工作，通过免疫剂注射松树、挂设诱捕器、死松树清理、疫情监测普查等措施，遏制松材线虫病的传播蔓延，确保全区松林资源生长良好和森林资源生态安全。开展春季林木种苗质量专项检查，检查珍贵树种造林苗木 6 个批次，全部合格。全年办理农林植物检疫证书 9 万份，其中农业 2 万份、林业 7 万份。

（刘思恒）

工 业

综述

【概况】 2021年，萧山区有各类工业企业1.6万家，其中规模以上工业企业1631家。新增规模以上工业企业214家，净增规模以上工业企业136家。工业增加值686.14亿元，比上年增长7.8%，其中规模以上工业增加值554.11亿元，增长8.5%。高新技术产业、装备制造业、战略性新兴产业、数字经济核心产业制造业增加值分别增长9.8%、14.7%、13.8%和30.5%。规模以上工业企业实现利税总额269.62亿元，增长28.2%，其中利润总额202.48亿元，增长40.1%。亏损企业251家，亏损总额15.06亿元，亏损面为16.6%，比上年缩窄4.5%。营业收入利润率为5.4%，提高0.6%。规模以上工业企业全员劳动生产率每人25万元。全区工业投资106.08亿元，增长17.9%。其中，技改投资70.52亿元，增长10.1%；制造业投资95.83亿元，增长18.1%。数字经济核心产业增加值150.70亿元，增长18%。

【产业结构优化】 2021年，萧山区经过多年转型发展，工业结构基本形成以化纤纺织、汽车零部件、装备制造业三大优势产业为代表的传统动能，及以生物医药、集成电路、人工智能三大高新产业为代表的新兴动能。规模以上工业中高新技术产业、战略性新兴产业、装备制造业增加值分别为351.97亿元、130.67亿元和227.08亿元，占规模以上工业比重分别为63.5%、23.6%和40.9%。三大传统优势产业立足产业基础，紧跟发展趋势，向纤维新材料、智能汽车和高端智能装备方向转型，浙江恒逸集团有限公司等化纤企业进军大健康纤维领域，万向集团公司和亚太机电集团有限公司等零部件企业布局智能网联汽车和新能源汽车领域，杭州凯尔达机器人科技股份有限公司和杭州正强传动股份有限公司等装备制造企业先后上市。高诚生物医药（杭州）有限公司、赛默飞生物制药（杭州）有限公司、杭州睿丽科技有限公司、杭州华澜微科技有限公司、紫光恒越（杭州）技术有限公司等一批新经济、新动能、新业态企业落户萧山。

【创新能力增强】 2021年，萧山区规模以上工业企业研发（R&D）经费支出占营业收入比重为1.61%。信息化和工业化“两化”融合指数从2018年的103.55提升至109.41，列全省第三位。全区有国家级、省级工业企业设计中心8家，国家级企业技术中心10家。湘湖院士岛入选全省“浙江院士之家”创建试点名单，先后引进浙大国际科创中心、北大信息技术高等研究院、中乌航空航天研究院、西安电子科技大学杭州研究院等一批创新载体。萧山区入选全省“实施数字经济‘一号工程’，大力发展数字经济，培育新动能方面取得积极成效的县（市、区）”名单，为全省5个入选县（市、区）之一。

【企业服务】 2021年，萧山区召开企业协调会37场，优化企业服务，化解企业风险，培育梯度企业，减轻企业负担，营造良好的营商环境。建立区企业梯度培育体系，印发《杭州市萧山区“五企”培育三年行动方案（2022—2024年）》，新培育单项冠军示范企业2家、专精特新“小巨人”企业3家、国家重点“小巨人”企业2家、省级隐形冠军企业5家、省级专精特新中小企业42家；新增规模以上工业企业214家，净增规上工业企业136家，数量均居杭州市前列。实施降融资成本、减免税收、工会费减免、降物流成本等31项减负降本政策，减负降本额89.12亿元，清理拖欠民营企业中小企业账款1376.78万元。加强新冠肺炎疫情影响预警预测，加大排摸力度，提前介入协调，保持两链风险情况基本稳定，未增加新的规模较大的风险企业。鼓励企业参与风险企业不良资产处置，拓展先进制造业企业发展空间，全年兼并重组政策兑现资金9176.89万元。落实降本减负政策，减轻企业负担，清理拖欠民营企业中小企业账款1376.78万元。实施降融资成本、减免税收、工会费减免、降物流成本等31项减负降本政策，全年减负降本额89.12亿元，惠及企业、个体工商户210.36万家次。

（施　亮）

【“中国工业互联网+玻璃数智峰会”在萧山举行】 2021年7月17日，中国工业互联网+玻璃数智峰会在萧山区湘湖院士岛举行，100多位专业领域的权威专家、投资领域知名投资机构及投资人等出席会议。会上，中国玻璃产业工业互联网平台上线，该平台由萧山湘湖“准独角兽”企业浙江火山口网络科技公司、中国工业互联网研究院等单位共建，以工业互联网为支撑，规划建设以“平台总体架构+平台产品与服务、智能制造、工业大数据、安全防护、开放平台”六大板块为核心的“1+5+N”发展体系，打造一个推动玻璃产业质量变革、效率变革、动力变革的集成开放赋能平台。中国工业互联网研究院和以前海母基金为领投方的金融机构与火山口网络科技有限公司签约，推进工业互联网与玻璃行业融合创新发展。火山口网络科技有限公司旗下运营平台聚玻网成为国内最大的玻璃产业互联网服务平台，全年实现交易额1500亿元。

（金开轶）

【国际智能制造（杭州）论坛在萧山区举办】 2021年7月30日，由萧山区经信局指导，e-works数字化企业网与浙江制信科技主办，杭州市科技合作促进会、浙江省图灵互联网研究院、杭州市智能制造产业协会、长三角（杭州）制造业数字化能力中心协办的“2021国际智能制造（杭州）论坛”在萧山区召开。论坛主题为“数字化助推制造业转型与发展”，智能制造专家、制造企业负责人、智能制造解决方案供应商代表等300多人参与。论坛分享数字化与智能制造前沿趋势、技术与方案及浙江省未来工厂示范企业经验和实践，并探讨企业在推进数字化与智能制造过程中的难点与解决策略。

【荣盛控股集团、恒逸集团入选世界500强榜单】 2021年8月2日，2021年《财富》世界500强榜单发布。浙江荣盛控股集团以营业收入447.259亿美元排名《财富》世界500强第255位；恒逸集团以营业收入385.62亿美元排名第309名。2家企业首次入选世界500强，迈入全球大公司、大集团行列。浙江荣盛控股集团以石化、聚酯为主业，同时涉足房产、贸易、物流、创投等产业，主业形成上下游完整产业链，是国内少数拥有一体化完整产业链的企业。恒逸集团聚酯年总产能从2016年的200多万吨，增至1150万吨，员工人数从7000多人增加到2.5万人。11月，恒逸文莱大摩拉岛（PMB）石油化工项目一期全面投产。美国《财富》杂志发布的世界500强排行榜，是衡量全球大型公司榜单，主要以各企业的年度收入为评选准则，被视为全球最权威及最著名的企业排行榜。

【萧山9家企业入围中国民营企业500强】 2021年9月25日，由全国工商联主办的“2021中国民营企业500强”峰会在湖南长沙召开。萧山区9家企业入围2021中国民营企业500强，占杭州市的25%（全市入围36家），入围企业数量居杭州市第一位。入围“2021中国民营企业500强”门槛为年度营业收入总额235.01亿元，比上年提高32.97亿元。浙江荣盛控股集团有限公司、浙江恒逸集团有限公司、万向集团公司和传化集团有限公司分别以3086.09亿元、2660.76亿元、1267.38亿元和1117.32亿元跻身“千亿俱乐部”，分别位居全国第13位、第18位、第51位和第64位。入围的9家企业以制造业为主，主要集中分布在化纤、纺织、冶炼、造纸、金属制品等传统领域，其他行业分布分别为建筑业1家、综合1家。同日，全国工商联公布“2021中国民营企业制造业500强”“2021中国民营企业服务业100强”企业榜单。萧山区有12家企业入围“2021中国民营企业制造业500强”、1家企业入围“2021中国民营企业服务业100强”。

【2021浙江民营企业200强萧山企业数量居全省第一位】 2021年12月22日，浙江省工商业联合会发布“2021浙江民营企业200强”名单，萧山区21家民营企业上榜，数量居全省第一位。其中，浙江荣盛控股集团有限公司、浙江恒逸集团有限公司、万向集团公司进入10强，分别列榜单第3位、第5位、第10位，传化集团有限公司排第12位。

（施 亮）

2021年萧山区入围各类榜单企业一览表

表29

类 别	企 业 名 称	排序
中国民营企业500强	浙江荣盛控股集团有限公司	13
	浙江恒逸集团有限公司	18
	万向集团公司	51
	传化集团有限公司	64
	浙江东南网架集团有限公司	346
	浙江协和集团有限公司	398
	兴惠化纤集团有限公司	422
	胜达集团有限公司	431
	浙江国泰建设集团有限公司	477
中国民营企业制造业500强	浙江荣盛控股集团有限公司	6
	浙江恒逸集团有限公司	11
	万向集团公司	27
	浙江东南网架集团有限公司	201
	浙江协和集团有限公司	223
	兴惠化纤集团有限公司	237
	胜达集团有限公司	243

续表 29

类 别	企 业 名 称	排序
中国民营企业制造业 500 强	柳桥集团有限公司	329
	杭州永盛集团有限公司	426
	浙江正凯集团有限公司	464
	万向钱潮股份有限公司	470
	浙江航民实业集团有限公司	483
中国民营企业服务业 100 强	传化集团有限公司	24
浙江省民营企业 200 强	浙江荣盛控股集团有限公司	3
	浙江恒逸集团有限公司	5
	万向集团公司	10
	传化集团有限公司	12
	浙江东南网架集团有限公司	61
	浙江协和集团有限公司	75
	兴惠化纤集团有限公司	84
	胜达集团有限公司	86
	浙江国泰建设集团有限公司	91
	开元旅业集团有限公司	106
	柳桥集团有限公司	112
	杭州永盛集团有限公司	142
	浙江正凯集团有限公司	153
	金帝联合控股集团有限公司	156
	浙江航民实业集团有限公司	158
	开氏集团有限公司	168
	三元控股集团有限公司	169
	万向三农集团有限公司	170
	杭萧钢构股份有限公司	171
	众安集团有限公司	175
	浙江华瑞集团有限公司	178

工业投资和技术升级改造

【概况】 2021 年，萧山区工业投资 106.08 亿元，比上年增长 17.9%。其中，技改投资 70.52 亿元，增长 10.1%；制造业投资 95.83 亿元，增长 18.1%。全年实施建设 101 个结转项目，保证结转项目全年 60 亿元投资额实施。重点保障拿地项目前期审批，做好杭州逸通新材料有限公司、浙江万鼎精密科技股份有限公司、浙江奥展航空科技有限公司等新拿地项目的督促和服务对接，保证拿地项目在 6 个月内开工建设。全年新拿地项目 33 个，投资 6.43 亿元。推进“新制造业计划”，区各职能部门紧密协作，建立工业项目全生命周期服务机制。工业项目建设提速，全区工业项目土地摘牌后半年内开工率由 30% 左右提高到 90% 以上。新增国家级企业技术中心企业 1 家，省级企业技术中心企业 5 家，市级企业技术中心企业 21 家。出台《关于创建全省制造业高质量发展示范区打造新制造中心的实施意见》，鼓励企业技术攻关，推进实施一批区级技术创新示范项目，出台产业链协同创新项目资助方案，鼓励创新联盟等行业创新平台实施关键共性技术的攻关研究，均由区财政给予一定比例资助。至年底，全区有各类企业技术中心 158 家，其中国家级 10 家、省级 42 家、市级 106 家；有省级制造业创新中心 3 家：浙江大学计算机创新技术研究院浙江省智能光学感知创新中心、浙江省北大信息技术高等研究院智慧视频安防制造业创新中心以及浙江亚太机电集团有限公司浙江省智能网联汽车创新中心。

【产业数字化和数字产业化加速】 2021 年，萧山区编制制造业、数字经济、纤维新材料、智能网联汽车产业的“十四五”发展规划，明确制造业高质量转型发展，尤其是传统化纤制造和汽车零部件向纤维新材料、智能网联汽车转型发展的方向和路径。新实施区智能制造项目 110 个、数字化改造项目 128 个、工厂物联网项目 65 个、“机器换人”项目 228 个，新增工业机器人 604 台，形成点面结合、普遍推进的企业数字化改造局面。萧山化纤产业集群以总量规模大、全产业链生态体系完整、创新举措突出等优势入选省级产业集群类新智造试点。推进数字经济企业培育。至年底，全区规模以上数字经济企业数量增加至 275 家，“骏马计划”企业 42 家，“千里马计划”企业 11 家，“独角兽”“准独角兽”企业 17 家；招引蓝卓工业互联网（杭州）有限公司、杭州黑湖网络科技有限公司、数码大方等智能制造生态企业 20 家。

【技术成果转化】 2021 年，萧山区帮助企业备案及鉴定验收省级工业新产品，鼓励企业实施产品创新促转化。全年全区备案省级工业新产品项目 124 项，通过鉴定验收项目 59 项。万向一二三股份公司的“48V 锂离子微混动力电池系统”、杭州江南电机股份有限公司的“内绕式单相电容运转异步电动机”、万向钱潮传动轴有限公司的“整体式轻卡传动轴”、杭州之江有机硅化工有限公司的“太阳能光伏组件有机硅密封胶 JS-606”和西尼机电（杭州）有限公司的“E103商用自动扶梯”通过浙江制造精品认定。

【杭州之江公司被评定为“国家企业技术中心”】2021年，杭州之江有机硅化工有限公司企业技术中心被国家发展改革委等部门评定为国家企业技术中心。该公司密封胶黏剂，拥有国际领先的硅胶配方技术、增黏剂等特殊硅烷助剂技术，及国内一流的硅烷助剂技术、聚合物封端技术、密封胶生产工艺技术，是国家经贸委首批认定的三家硅酮结构胶生产企业之一，并获国家高新技术企业、省级企业研究院、省级高新技术企业研发中心、省级技术中心等荣誉，并建有经中国合格评定国家认可委员会（CNAS）认可的实验室、国家级博士后科研工作站。

【大胜达获评国家级工业设计中心】2021年11月3日，工业和信息化部公布第五批和通过复核的第三批国家级工业设计中心名单，浙江大胜达包装股份有限公司（简称大胜达公司）包装制品工业设计中心入围该名单。至年底，全区有国家级工业设计中心2家、省级工业设计中心7家。

【5家企业入选省级工业互联网平台创建名单】2021年，萧山区探索企业智能化、数字化赋能方案，加大工业互联网培育力度，提升企业科研创新能力，推动工业互联网融合创新和应用。11月16日，浙江省经济和信息化厅发布浙江省2021年度省级工业互联网平台创建名单，杭萧钢构工业互联网平台、钱江电力工业互联网平台、浙江航民股份印染工业互联网平台、浙商中拓云智供工业互联网平台、汽灵灵汽车产业公共服务平台5家平台入围，数量居全市第一位。

【2代电子显示新材料生产线在萧山投产】2021年9月26日，杭州乾智坤达新材料科技有限公司在杭州三江汇·创谷生产基地内举行开工投产仪式，世界上最抗摔的电子视窗新材料——微纳晶2代手机盖板、背板生产线投产。乾智坤达新材料致力新型显示关键材料的战略规划和科研开发，成功量产的透明微纳晶2代电子显示新材料，替代电子高铝玻璃、超越并替代锂铝硅玻璃、超越“超瓷晶”，打造全新显示材料品牌。

【“宏胜超链智造”杭州基地开工】2021年11月22日，宏胜饮料集团“宏胜超链智造”杭州基地开工仪式举行。基地位于萧山经济技术开发区，总投资3.57亿元，建筑总面积2.43万平方米，设计年生产力3.8亿瓶。引进国际前沿饮料制造装备和技术，建设全自动化无菌生产线，整线自动化程度达到90%以上。通过智能柔性化生产，打破以往单一品种的大批量生产模式，以模块化分布式功能制造单元，建设兼具批量制造与个性化定制的柔性先进制造系统，实现供需精准对接、高效匹配、快速响应，服务多元消费需求。

【长三角（杭州）制造业数字化能力中心试运营】2021年12月30日，萧山区举行长三角（杭州）制造业数字化能力中心试运营启动仪式。该中心位于钱江世纪城，由浙江省经济和信息化厅、杭州市经济和信息化局、萧山区委区政府合作共建，由浙江省图灵互联网研究院主导运营，是专门服务传统制造业数字化改造的“问诊”平台。中心一期面积2万平方米，主要设置企业办公区和公共服务区。中心建成一层“产业大脑＋未来工厂”等综合展示区，接入化纤等5个产业大脑，杰牌等5个“未来工厂”；二层“未来工厂”体验区展示涵盖数字化＋研发等各生产经营环节的50多家企业。三层企业入驻区引进20多家智能制造服务商。

【2家企业入选省级“未来工厂”】2021年12月，省经济和信息化厅公布2021年浙江省“未来工厂”名单，杭州杰牌传动科技有限公司、浙江大胜达包装股份有限公司2家萧山企业被认定为浙江省“未来工厂”。至年底，全区共有52家企业入选市“未来工厂”体系培育名单，数量居全市第一位；紫光恒越（杭州）技术有限公司和杭州杰牌传动科技有限公司入选省“未来工厂”试点企业名单。

【萧山新增5家省级企业技术中心】2021年12月，浙江省经济和信息化厅、浙江省住房和城乡建设厅公布2021年（第28批）浙江省企业技术中心名单和2021年浙江省企业技术中心（建筑业）名单，萧山区5家企业的技术中心上榜：达利（中国）有限公司企业技术中心、钱潮轴承有限公司企业技术中心、杭州萧山红旗摩擦材料有限公司企业技术中心、浙江万向系统有限公司企业技术中心和浙江萧峰建设集团有限公司企业技术中心，数量居全市第一位。至年底，全区共有省级企业技术中心42家。

（施　亮）

产业结构调整

【概况】2021年，萧山区制定《关于下达2021年行业转型升级攻坚战年度目标任务的通知》，关停整治环境污染较重和安全生产隐患较大的各类低端落后企业（作坊）206家；整治提升企业224家，淘汰落后产能项目106个。严控高能耗项目，对新开工的化工、化纤、印染、造纸等高耗能行业，实行产能置换和能耗减量等量替代。开展绿色制造、循环示范建设，全区有国家级绿色工厂3家，绿色供应链企业1家。

【存量土地盘活】2021年，萧山区深化土地等要素配置改革，出台低效企业整治提升、低效收购、加强工业用地用途管控一揽子政策。设立专项资金，重点支持新增重大产业项目、盘活低效用地和兼并收储，累计补助各类工业项目20多个。引导工业项目向园区和产业集聚点集聚，区传统工业园和老旧厂房加快向现代产业园和新型工业楼宇转型。搭建萧山工业用地二级市场交易平台，设立预告登记制度，建立健全管理流程，保证工业用地流转导向明确、权属清晰，权利明确、交易安全。全年新论证通过工业用地有机更新项目70个，新增地上总建筑面积243.44万平方米，总投资121.08亿元，盘活存量土地235.73

公顷。完善工业用地二级市场交易机制，搭建区级“一站式”服务平台，建立工业用地资金池。

【镇（街道）工业园提升改造】 2021年，萧山区探索创新“镇街＋国有平台”“镇街＋专业开发运营商”等模式，以镇（街道）工业园为抓手，推进园区分类发展工作。根据战略导向、产业基础、地理位置、产城融合程度、空间可拓展性等因素，把全区51个镇（街道）工业园分为改造提升、优化转型和综合整治三类。至年底，全区51个镇（街道）工业园中有40个园区启动改造提升工作，立项和实施镇（街道）工业园区基础设施改造项目154个。

【新增省级小微企业园15家】 2021年，萧山区推动龙头企业利用自身供应链、资本、技术等优势建设小微企业园，形成园区内产业协作配套、大中小企业融通发展格局。6月和12月，浙江省经济和信息化厅公布第七、第八批省级小微企业园名单，三江汇·创谷、紫橙国际创新中心和浙江国际影视中心等15家企业园入选。增量全省第一。累计认定省级小微企业园44家，认定总数居全省第二、全市第一。

2021年萧山区新增省级小微企业园一览表

表30

序号	园　区　名　称	园区类型
1	三江汇·创谷	生产制造类
2	紫橙国际创新中心	生产性服务类
3	浙江国际影视中心	生产性服务类
4	新塘创业大街	生产性服务类
5	纳斯科创园	生产性服务类
6	宏胜集团食品饮料全产业链小微园	生产制造类
7	友成模具园	生产制造类
8	萧元中沙小微企业园	生产制造类
9	国金小微企业园	生产制造类
10	中国（杭州）5G创新谷	生产性服务类
11	杭州北大创业园	生产性服务类
12	蚂蚁金服创新基地	生产性服务类
13	浙大研究院数字经济孵化器	生产性服务类
14	杭州时代高科技产业园	生产性服务类
15	长三角国际珠宝产业园	生产性服务类

【多家萧山企业参加世界互联网大会】 2021年9月26—28日，世界互联网大会在乌镇举行。传化智联股份有限公司（简称传化智联公司）、浙江大胜达包装股份有限公司（简称大胜达公司）、浙江兆丰机电股份有限公司（简称兆丰机电公司）等萧山企业参加大会。传化智联发布传化数字货运网解决方案，方案整合线下物流资源和线上数字化能力，帮助和赋能物流企业提升服务能力，实现供应链的降本增效。大胜达公司展示全国纸包装业的行业态势，通过构建行业大数据中心，大数据中心积累多模态行业数据近50亿条，基本实现行业内的态势感知。兆丰机电公司展示关键设备数据采集建模，产线、车间、工厂全局建模，大数据统筹供应链等在信息化、智能化升级改造过程中取得的成果。

（施　亮）

纺织化纤产业

【概况】 萧山区是全国最大的化纤生产基地，主产涤纶、锦纶和氨纶，产能约占全国化纤总产量的8.5%。形成原料—化纤—织造—印染—服饰全产业链生态，头部企业浙江恒逸集团有限公司和浙江荣盛控股集团有限公司跻身世界500强企业行列；中游织造印染行业集聚杭州福恩纺织有限公司、浙江航民股份有限公司、浙江三元集团有限公司等优势企业；下游服装服饰产业集聚柳桥集团有限公司、达利集团、杭州联成华卓实业有限公司等服装品牌企业。化纤纺织行业是萧山最大的传统主导产业，主要包括纺织业、服装服饰业、化纤等领域。为应对新冠肺炎疫情，企业在包括战略方向、销售模式、产能分配等方面进行调整。

2021年，区纺织化纤行业经济运行整体态势良好，主要经济指标回升。至年底，全区有规模以上纺织化纤企业490家，实现产值1009.64亿元，占全区规模以上工业产值的34.6%；年产值亿元以上企业174家。

【恒逸集团年聚合能力超千万吨】 2021年1月23日，浙江恒逸集团有限公司宣布公司年聚合能力达到1006万吨，率先在全球同行中突破1000万吨大关。至年底，恒逸集团旗下参股企业年聚合能力1150万吨。

【传化化学公司参展中国（南通）国际高端纺织产业博览会】 2021年5月18—20日，2021中国（南通）国际高端纺织产业博览会在南通国际会展中心举行。浙江传化化学有限公司（简称传化化学公司）携纺织数码印花系列、纳米分散免水洗印花系列、免水洗纳米印花系列液体染料、高手感高牢度绿色仿活性印花系列、“Transdye”无醇水墨系列等解决方案首次参展南通纺博会，吸引国内外行业人士的关注。

【正大纺织公司转型升级】 2021年8月，浙江正大纺织科技有限公司（简称正大纺织公司）启动建设年产7200吨高品质涡流纺纱线智能制造项目，总投资3900多万元，引进12台涡流纺纱机，采用智能化、连续化纺纱成套装备，配套引入自动化物流设施，同时定制开发智能纺纱生产管理云平台。至年底，人均生产效率从每年每人58吨提升到68吨，能耗由每吨1727千瓦时下降到每吨1511千瓦时，产品不合格率由4%下降到2%。

【恒逸石化公司获中国纺联科技进步奖一等奖】 2021年11月24日，中国纺织工业联合会发布《关于2021年度中国纺织工业联合会科学技术奖励的决定》，浙江恒逸石化有限公司（简称恒逸石化公司）《无锑环保型聚酯熔体直纺关键技术及产业化》项目获中国纺联科技进步奖一等奖。该项目由恒逸研究院自主研发，主要针对无锑环保型聚酯的催化剂合成、聚酯聚合、纺丝等各环节中存在的瓶颈问题，从钛系催化剂复配、添加方法、聚酯聚合、熔体稳定输送、聚酯可纺性等相应的关键技术进行研究。至年底，该项目申请发明专利16项，并牵头起草4项行业标准，参与行业标准制定1项，实现大容量钛系聚酯熔体直纺聚酯长丝的规模化生产，生产运行及产品质量指标稳定。

【恒逸研究院重点实验室入选纺织行业创新平台名单】 2021年11月24日，中国纺织工业联合会发布《关于2021年纺织行业创新平台公布名单的通知》，浙江恒澜科技有限公司（恒逸研究院）“纺织行业绿色环保型聚酯及纤维制备技术重点实验室”位列其中。该实验室主要从事绿色化学高分子材料、低碳环保聚酯及差别化纤维产品、技术的研究与开发。至年底，恒逸研究院累计承担和参与国家、省部级科研项目20多项，拥有授权专利219项，其中发明专利106项，牵头和参与起草修订国家标准、行业标准、团体标准近30项。

【传化化学公司QC课题获国际质量奥林匹克金奖】 2021年11月24—27日，第46届国际质量管理小组大会（ICQCC）在印度召开。浙江传化化学品有限公司成果《提升PA产品得率》，获大会金奖，这是传化化学在质量管理领域首次获得的国际大奖。《提升PA产品得率》课题是传化化学公司桥南三车间泰

2021年1月，恒逸聚合物有限公司首条自动包装线试运行

（范方斌 摄）

2021年9月23日，传化集团首届供应链大会举行

（传化集团 提供）

山团队QC小组在2018年2月进行立项的QC课题之一。课题围绕PDCA循环模式，优化改善PA产品原本存在的出渣结皮得率低的问题，减少工人劳动强度，产品得率由97.5%提升至98.7%，年降本金额101.43万元。

【传化集团与浙江大学开展战略合作】 2021年12月，传化集团有限公司（简称传化集团）与浙江大学签订全面战略合作协议，启动“浙江大学—传化集团未来研究中心”“浙大科创中心—传化集团创新研究院”筹建工作，传化集团在“科研攻关、人才引育、公益捐赠”等领域与浙江大学开展全面战略合作，开展宏观形势研判、行业趋势分析、模式创新探索等研究，立足化工、新材料、生物技术和数字技术等关键领域开展技术攻关，加速科学研究向产业应用转化，加强在科研人才引育、产业人才高地建设、科创孵化生态体系建设等方面的合作力度。同时，传化集团捐资设立“浙江大学教育基金会传化教育基金”。

（施 亮）

汽车及零部件制造业

【概况】 汽车及零部件制造业是萧山区主导产业之一，由单一汽车零部件产业逐步形成新能源整车、核心零部件、动力电池及充电设施等要素齐全的产业链。传统汽车零部件产品结构基本涵盖发动机、底盘、传动系统及制动系统等汽车零部件主要领域。头部企业在制动器、万向节总成、等速驱动轴、轮毂单元及方向盘总成等产品研发能力处于国内领先，达到国际同类产品水平，代表企业有万向集团公司、浙江亚太机电股份有限公司、中国重汽集团杭州发动机有限公司等。在新能源汽车及零部件行业有浙江杭可科技股份有限公司、万向一二三股份公司及杭州奥蒂电控有限公司等优势企业。在智能网联汽车新兴科技行业有浙江亿咖通科技有限公司、新奇点智能科技集团有限公司、新唐信通（浙江）科技有限公

司等代表企业。

2021年，萧山区有汽车及零部件制造规模以上工业企业78家，年产值亿元以上企业24家。规模以上企业销售产值192.76亿元，比上年增长3.2%；出口交货值22.49亿元，增长21.3%；利润21.67亿元，增长1.9%。面对全球能源环境危机、产业链加速重构、新兴技术快速迭代等挑战，企业在政府政策指引下加快转型升级，汽车产业稳中复苏。

【亚太依拉菲公司牵头制定的轮毂电机行业性标准发布】 2021年7月23日，中国汽车工程学会（CSAE）批准发布由杭州亚太依拉菲动力技术有限公司（简称亚太依拉菲公司）牵头编写的国内首个轮毂电机行业性标准。该系列标准包括术语、技术条件、试验方法和可靠性试验方法四部分。亚太依拉菲公司牵头编写"技术条件"和"试验方法"两项主要标准，制定轮毂电机产品的关键技术指标和创新性指标，并提出轮毂电机试验方法，填补国内外行业空白。

【轮毂电机分布式驱动新能源智能商用车联合开发】 2021年10月12日，"轮毂电机分布式驱动新能源智能商用车联合开发"签约仪式在亚太集团举行。浙江省智能网联汽车创新中心与浙江新吉奥控股集团有限公司、亚太机电集团有限公司形成新的战略合作。3家企业联合研发推广轻量化、高性能、智能化的新能源智能物流车，解决快递物流"最后一公里"问题，在新能源智能商用车其他领域联合开发产品。

【亚太股份公司参与首版整车级软件定义汽车API参考规范】 2021年10月15日，在中国汽车供应链大会上，中国汽车工业协会软件定义汽车工作组（简称"SDV工作组"）与60多家成员单位代表，率先定义并联合发布业界首版整车级软件定义汽车API参考规范——《SDV服务API参考》规范。浙江亚太机电股份有限公司（简称亚太股份公司）是SDV工作组在底盘制动系统方面的主要成员，具备完全自主知识产权的ABS、EPB、ESC等底盘制动系统和智能驾驶系统，在底盘域设备抽象和制动控制原子服务等方面，参与该规范制定工作。

【兆丰股份公司与浙大高端装备研究院签订战略合作框架协议】 2021年10月27日，浙江兆丰机电股份有限公司（简称兆丰股份公司）与浙江大学高端装备研究院签署战略合作框架协议。双方在高端装备关键技术、系统或零件等研发以及数字工厂、智能制造、工业自动化等领域展开全方位合作。

【萧山摩擦材料进入全球工业车辆配套体系】 2021年11月12日，位于河上镇的杭州萧山红旗摩擦材料有限公司与采埃孚合力传动技术（合肥）有限公司签订战略协议。萧山企业生产的摩擦材料进入全球顶尖的工业车辆配套体系。杭州萧山红旗摩擦材料有限公司是一家集研究开发、生产制造、销售服务于一体的国家重点扶持高新技术企业，产品适用于工程机械、农业机械、汽车工业、煤矿机械、船舶工业以及特种车辆等各大工业传动领域。至年底，萧山红旗摩擦材料有限公司一期工业投资、设备改造等项目资金达到2亿元，规划年产2000万件摩擦片的新工厂投入运营。

【万向精工公司被认定为制造业单项冠军示范企业】 2021年11月，浙江万向精工有限公司（简称万向精工公司）被工业和信息化部认定为制造业单项冠军示范企业。万向精工公司从1997年起开发汽车轮毂轴承单元产品，推出第一代、第二代、第三代产品，是国际主流汽车厂战略合作供应商。具备每年3200万套轮毂轴承单元产能，国内市场占有率在25%以上，国际市场占有率在8%以上。该公司设有万向汽车轴承省级高新技术研究开发中心和杭州市企业技术中心。拥有乘用车汽车轮毂轴承单元、ABS防抱死制动系统、EPB电子驻车系统等专利207项，是国家、行业标准参与起草者和标杆企业。

【正强股份公司上市】 2021年11月22日，杭州正强传动股份有限公司（简称正强股份）在深圳证券交易所创业板上市。正强股份主要从事汽车十字轴万向节总成、节叉及其相关零部件的研发、生产和销售，主要产品为十字轴万向节总成、节叉和十字轴。先后获评国家高新技术企业，国家汽车零部件出口基地企业、省级高新技术企业研究开发中心依托单位，26项产品曾被评为省级工业新产品。至年底，正强股份及其子公司有发明专利19项、实用新型专利24项。

【万向集团公司参与制定的国际标准项目获科学技术奖】 2021年12月，中国机械工业联合会和中国机械工程协会联合发文，通报2021年度机械工业科学技术奖获奖项目。万向集团公司参与制定的"ISO128—15《技术产品文件》等两项国际标准研制"项目获科技进步奖二等奖，浙江万向精工有限公司负责完成的"低摩擦新型轮毂轴承单元"及万向钱潮股份有限公司、浙江万向精工有限公司联合完成的"新能源汽车线控电液制动系统"获三等奖。万向集团公司从1998年开始参与国际标准、国家标准和行业标准的起草工作，不断扩大在汽车、轴承、技术产品文件等领域的影响力。至年底，万向集团主导或参与制定3项国际标准、19项国家标准、36项行业标准及4项"浙江制造"标准。

（施　亮）

羽绒服装产业

【概况】 2021年，萧山区羽绒服装行业在中国（杭州）跨境综试区各项政策扶持下，通过跨境电商抓住新发展机遇，从主要面向企业经营（B2B）转型至电子商务零售（B2C），拓展全球市场。萧山羽绒核心区域是新塘街道，新塘羽绒及其制品出口额占萧山的90%以上、全国的56%、世界市场的25%，是全国四大羽绒集散地之首。至年底，新塘街道有羽绒及其制品企业160家，其中规模以上企业57家，出口型企业46家，年产值亿元以上企业22家。羽绒及其制品企业产值99.87亿元，比上年增长17.9%。销售额98.41亿元，增长

2021 年 12 月 18—19 日，柳桥集团参展国际羽绒博览会。图为柳桥集团展位

（新塘街道 提供）

0.4%。其中，出口 38.1 亿元，增长 -24%；利润 0.23 亿元，增长 751%。

【三星羽绒公司成为杭州亚运会官方供应商】 2021 年 7 月，浙江三星羽绒股份有限公司（简称三星羽绒公司）成为杭州 2022 年第 19 届亚运会羽绒寝具供应商。浙江三星羽绒股份有限公司专注羽绒的创新研发 33 年，是行业首批“国家高新技术企业”和行业内首个“浙江制造品字标”认证企业。在国际羽绒市场上，获得纺织品生态标准（Oeko-Tex Standard 100）、全球回收标准（GRS）、羽绒责任标准（RDS）、商业社会标准（BSCI）等国际专业机构认证，是国际羽绒羽毛局（IDFB）管理委员会、公共关系委员会、技术委员会单位，并成为 DOWNPASS 协会全球指定推广的首家中国羽绒企业。

【宣城新塘羽绒产业园获批国家外贸转型升级基地】 2021 年 7 月，商务部发布 2021 年度国家外贸转型升级基地考核认定名单，包括 105 家新认定基地和 251 家通过考核的老基地。萧山区新塘街道与安徽省宣城市合作共建的宣城新塘羽绒产业园国家外贸转型升级基地（羽绒）被认定为新基地。

【新塘街道“羽绒产业数字化赋能项目”签约】 2021 年 11 月 18 日，新塘街道为推进羽绒产业数字化转型，实现羽绒产业链生产要素最佳配置，助推羽绒产业的供给侧结构性改革和产业升级，联手北京大学信息技术高等研究院开展新塘羽绒产业调研及签约。北京大学信息技术高等研究院一行参观浙江三星羽绒生产车间和展示中心，双方围绕“产业大环境下的机遇与危机”“管理运营及生产制造的痛点需求”“产业数字化赋能的诉求及潜在合作形式”等方面作讨论交流。新塘街道与北京大学信息技术高等研究院签订“羽绒产业数字化赋能项目”。

【三星羽绒公司与北大信研院开启战略合作】 2021 年 11 月 23 日，浙江三星羽绒股份有限公司与北京大学信息技术高等研究院举行“产学研战略合作协议”仪式。三星羽绒公司是羽绒行业首家与阿里巴巴犀牛智造达成合作的企业。与会双方围绕“DOWNPLUS 体系升级建设及信息安全的痛点需求”“再生羽绒机遇与挑战”“产业数字化建设诉求”等未来合作方向展开探讨。

【柳桥集团参展国际羽绒博览会】 2021 年 12 月 18—19 日，2021 国际羽绒博览会在六安市举办，展会重点展示境内外羽毛绒产业名优特新产品。萧山羽绒企业柳桥集团有限公司参加展会，展示“甄源”“品立”“航羽”三大高端羽绒品牌。展会期间，柳桥羽绒获中国食品土畜进出口商会颁发的“中国羽绒行业 2021 年度绒花奖”和“中国羽绒行业 2021 年度绒耀奖”。

（施 亮）

装备制造业

【概况】 2021 年，萧山区装备制造业增加值 227.08 亿元，比上年增长 14.7%，占规模以上工业的 40.9%。杭州凯尔达焊接机器人股份有限公司和杭州正强传动股份有限公司 2 家装备制造企业先后上市。杭州前进齿轮箱集团股份有限公司等 5 家企业入选国家级单项冠军示范企业、杭州华澜微电子股份有限公司等 6 家企业入选省级隐形冠军企业和国家级专精特新“小巨人”企业。全区智能制造产业门类和体系逐渐形成，研发经费和人力资源投入逐年提高，一些核心技术实现突破，出现一批具有国际竞争力和影响力的智能制造行业和高科技企业。

【杭齿集团 SAPERP 系统上线】 2021 年 4 月 1 日，杭州前进齿轮箱集团股份有限公司（简称杭齿集团）“大禹”项目（SAPERP 系统）上线。项目于 2020 年 7 月启动。该系统通过采集订单、销售、生产、物料、质量等环节的数据上云端，打破原先业务条块分割、职能条线孤立的碎片化模式，实现企业信息化升级，实现管理规范化、信息共享化、流程顺畅化。至年底，项目试点车间，产品合格率提高 3 个百分点、员工劳动生产率从每年 20 万元提升到 25 万元，产品研发周期从 120 天提速到 96 天，订单交付周期提前 12 天。

【杭州友成机工有限公司入选市首批“智能工厂”培育企业名单】 2021 年 4 月 28 日，全市制造业高质量发展大会暨“未来工厂”建设推进大会上，公布市“未来工厂”体系首批培育企业名单。杭州友成机工有限公司入选杭州市首批“智能工厂”培育企业名单。杭州友成机工有限公司主要经营精密金属模具制造、精密塑料制品成形加工等。8 月，与浙江大学计算机创新技术研究院共建“友成数智制造技术联合创新中心”。至年底，该公司入选萧山区重点培育工业互联网平台、区智能化改造技术示范项目。

【杭电欣美获浙江省首张“碳中和”证书】 2021年6月18日，在浙江省首场“碳中和”证书颁发仪式上，杭州欣美电气公司获浙江省首张由中国节能协会碳中和专业委员会、质量认证中心颁发的“碳中和”证书。欣美电气公司建成“光、充、储”一体智能微网管控系统，通过灵活控制车间大功率空调系统，实现用能清洁化和电网需求大幅降低目标。2020年，该智能微网管控系统为企业节省电费80多万元，减少碳排放740多吨。该公司还配备150千瓦储能站，为削峰填谷提供保障。至年底，该公司还获得中国节能协会、上海环境能源交易所、中国质量认证中心颁发的“碳中和”证书。

【先临三维公司获批设立博士后工作站】 2021年6月，浙江省博士后工作办公室发函，同意批准先临三维科技股份有限公司（简称先临三维公司）设立浙江省博士后工作站，开展博士后培养工作。该公司是行业标准的起草单位，并承担10余项国家、省、市重要科技项目，拥有授权专利380多项；公司研发人员占总人数的近三分之一，研发人员中博士研究生和硕士研究生学历占53.5%。

【《汽轮发电机组用发电机》标准被列入省“品字标”计划】 2021年10月，浙江省品牌建设联合会发布2021年第五批“品字标”团体标准（“浙江制造”标准类）制定计划。杭州杭发发电设备有限公司申报的《汽轮发电机组用发电机》标准立项被列入制定计划。1月，杭发发电设备有限公司提出推进“品字标浙江制造”建设工作，通过咨询、培训、参加行业内企业浙江制造标准研讨会等方式了解申请流程和具体事项；4—6月，提炼出公司申报浙江制造产品先进性技术指标；7月，完成《汽轮发电机组用发电机》产品浙江制造立项申请书、标准初稿的网上申报；8月25日通过专家答辩会审；10月12日，《汽轮发电机组用发电机》标准被列入第五批“品字标”团体标准制定计划。

【钱江电气集团有机更新项目开工】 2021年10月27日，杭州钱江电气集团存量工业用地有机更新项目签约与开工仪式举行。该项目规划投资5.25亿元，总建筑面积20.07万平方米，其中地上建筑13万平方米，地下面积7.05万平方米。新建9幢9至11层现代化集智能化变压器生产车间、智联工场，引入电力、电气上下游生产企业，打造钱江电气电力生态产业园。

【RV蜗轮减速机智能制造工厂建成投产】 2021年10月30日，杭州速博雷尔传动机械有限公司智能制造投产仪式举行。国内首家RV蜗轮减速机智能制造工厂建成投产，速博雷尔向数字化智能制造转型升级。该工厂是速博雷尔与三菱电机自动化（中国）有限公司签订日产5000台RV蜗轮减速机全自动化生产线项目，初期智能化设备投入6200万元，机械加工设备投入5000万元。

【杰牌公司参与项目获中国机械工业科学技术奖】 2021年11月9日，2021年度中国机械工业科学技术奖公布，杭州杰牌传动科技有限公司（简称杰牌公司）参与完成的《圆柱蜗杆、蜗轮精度》（GB/T10089—2018）等6项蜗轮蜗杆国家标准项目获齿轮传动行业科技进步类三等奖。该公司始创于1988年，是从减速机、电动机、变频器到智能传动方案提供商，国家高新技术企业，建有省级企业研究院、国家级博士后科研工作站、国家认可减速机实验室和企业技术中心等创新平台。2021年，被认定为省未来工厂、省隐形冠军企业、省专精特新企业、省信用管理示范企业；获省装备制造业数字化领军企业奖、省数字经济“五新”优秀案例称号、第二届全国机械工业设计创新大赛铜奖。

【6个产品入围省首台（套）装备认定名单】 2021年12月6日，浙江省经信厅对2021年度省首台（套）装备认定结果进行公示，萧山区6个申报产品全部入围，总数和入选率为历史最高，包括3个国内首台（套）产品和3个省内首台（套）产品，数量居杭州市各区第一位。首台（套）装备，即为实现重大技术突破、拥有知识产权、尚未取得重大市场业绩的装备产品，包括成套设备、整机设备及核心部件、控制系统、基础材料、软件系统等。

2021年度萧山区入围省首台（套）装备认定名单一览表

表31

序号	产品名称及型号、规格	企业名称	装备类别	拟认定档次
1	新型污泥喷雾干化焚烧协同工业边角料资源化利用集成装置	浙江环兴机械有限公司	成套装备	国内首台（套）
2	100万千米免维护长寿命重卡万向节	万向钱潮股份有限公司	零部件	国内首台（套）
3	260万吨加氢高压注水泵（HTDB型）	杭州大路实业有限公司	整机装备	国内首台（套）
4	GKQN30型跨座式单轨牵引工程车	杭州中车车辆有限公司	整机装备	省内首台（套）
5	水面清理长臂船	杭州古伽船舶科技有限公司	成套装备	省内首台（套）
6	基于椅旁就诊精准医疗的口内三维扫描仪（Aoralscan）	先临三维科技股份有限公司	整机装备	省内首台（套）

（倪丽琳）

钢结构产业

【概况】 2021年，萧山区钢结构业总产值118亿元，其中省外产值45亿元。全区有钢结构专业承包资质企业106家，其中一级企业20家、二级企业17家、三级企业69家。8家企业拥有产业基地，共设有条钢结构生产线105条，基地总面积为150.83公顷，设计产能178.8万吨，实际产能133.48万吨。

浙江东南网架股份有限公司建设江门中微子实验中心探测器主体结构工程项目
（范方斌　施丹丹　摄于2021年9月28日）

【东南网架公司7项目获鲁班奖】 2021年2月23日，2020年度中国建设工程鲁班奖名单公布。浙江东南网架股份有限公司（简称东南网架公司）7项工程获鲁班奖，获奖的数量是浙江省建筑行业中最多。其中杭州奥体博览中心主体育场项目成果《大型体育场馆钢结构智能化建造关键技术研究及实践》获浙江省科技进步二等奖。至年底，东南网架公司累计获鲁班奖项目42项。

【杭萧钢构公司入选市首批“未来工厂”培育企业名单】 2021年4月28日，杭萧钢构股份有限公司（简称杭萧钢构公司）入选2021年杭州市首批“未来工厂”培育企业名单，是全市“聚能工厂”类别5家企业之一。杭萧钢构加速企业从传统制造向智能制造升级，打造能承接巨量订单、产能弹性扩容的“钢结构聚能工厂”推进“未来工厂”建设。通过搭建产能协同调度平台，实现域内钢结构分布式共享化制造，建设集营销、设计、制造、物流和金融服务于一体的“钢结构聚能工厂”生态圈。

【全市首个全钢结构住宅试点工程开工建设】 2021年9月，杭州首个整体钢结构装配式住宅小区“融信傲世邸”项目开工建设。该项目位于钱江世纪城核心区块，总建筑面积8.21万平方米，由5幢高层住宅及2幢商业楼宇组成，采用整体装配式钢结构建造，被浙江省建设厅列为全省钢结构装配式住宅建设试点项目。

【东南网架公司获国家科学技术进步一等奖】 2021年11月3日，2020年度国家科学技术奖励大会在北京人民大会堂召开，由浙江大学建筑工程学院院长罗尧治教授领衔，浙江东南网架股份有限公司为主要完成单位之一的“现代空间结构体系创新、关键技术与工程应用”项目在会上获国家科学技术进步奖一等奖。该项目研发刚性、柔性、刚柔性等系列新型空间结构体系，建立并形成现代空间结构分析理论和设计方法，提出先进制造工艺与施工工法，研发试验装备、专业软件与技术标准。项目关键技术“复杂异形构件高精度制造技术”“超大空间建筑轻装备、少支架建造技术”和“大规模同形异构组件精密加工与高精度拼装技术”等空间钢结构制造与建造技术均处于世界领先水平。该项目的核心技术体系广泛应用于中国天眼“FAST”等国家重大科学装置及杭州国际博览中心等公共建筑领域。

【杭萧钢构公司进军光伏建筑一体化领域】 2021年11月5日，杭萧钢构控股子公司浙江合特光电有限公司首条100万平方米的BIPV组件生产线投产运行，杭萧钢构公司进军光伏建筑一体化领域。BIPV指与建筑物同时设计、同时施工和安装，可作为屋顶、幕墙、天窗等建筑物外部结构组成部分的太阳能光伏发电绿色建材产品。除具有发电功能，还兼具装饰、建材功能，需要满足建材的透光、防火、防漏等本身建筑材料要求。合特光电产品类型分为两类，一类是智慧建筑全系列产品，包括光伏发电地砖、光伏发电玻璃幕墙、光伏发电屋面瓦；另一类是绿色交通系列产品，包括发电隔音障、发电防眩板、发电公路等。

【杭萧钢构公司与信阳市政府达成战略合作】 2021年11月23日，杭萧钢构股份有限公司与河南省信阳市人民政府签署战略合作协议，合作共建杭萧钢构绿色装配式钢结构建筑产业基地项目。根据协议杭萧钢构在信阳市人民政府的支持下设立控股子公司，通过该控股子公司在信阳市建设杭萧钢构绿色装配式钢结构建筑智能制造基地。

【杭萧钢构公司获金牛投资者关系管理奖】 2021年12月20日，杭萧钢构股份有限公司获《中国证券报》颁发的2020年度金牛投资者关系管理奖。该奖项是中国资本市场最具公信力和影响力的奖项之一。杭萧钢构坚持以股东价值最大化为导向开展投资者关系管理工作，设有专业的投资者关系管理部门，与股东、潜在投资者、证券分析师等保持双向良性互动。通过上证e互动平台、投资者热线、网上业绩说明会等多元化的沟通渠道，服务中小投资者。

（谭　毅）

电力工业

【概况】 2021年，萧山电厂发电20.73亿千瓦时，发电设备平均利用小时1691小时；供电标准煤耗每千瓦时231.7克，综合厂用电率2.7%。营业收入13.07亿元，利润总额3788万元。

【萧山电厂安全生产】 2021年，萧山电厂加强精密智控软硬件平台搭建，在常态化新冠肺炎疫情防控方案基础上，实时动态调整防控措施要求，加强宣传和执行监督指导，提高疫苗加强针接种率，确保疫情防控工作责任落实；夯实安全生产基础，落实上级能源保供工作部署，开展“防非停”（防止非计划停止运行）工作，全年机组安全启停450次，比上年增加206次，企业累计连续安全生产7931天，做好平安护航中国共产党成立100周年、世界互联网大会乌镇峰会、“迎峰度夏”等时期的安全保供工作。原一期煤机主厂房和冷却塔分别于5月7日和7月9日进行定向爆破拆除，并于年内完成场地平整。

【萧山电厂经营管理】 2021年，萧山电厂落实“提质增效、成本领先行动”方案，以机组安全经济运行为基础，通过成本节约、成本控制和成本管理推进降本增效。三台机组通过缩短启动时间，全年降低机组启动成本110多万元。应对电力现货市场试运行，研究分析电改政策方案，不定期通过报价小组会商制定报价策略，探索各种边界条件下的开机（报价）方式。3—5月电力市场连续3个月结算试运行期间发电4.89亿千瓦时，利润约866万元，对比计划模式较好工况条件下，增加利润约829万元。

【储能电站示范项目启动】 2021年11月10日，萧山电厂电化学储能电站工程开工，标志着浙江省首个电源侧储能项目进入建设阶段。储能电站选址在原1、2号燃煤机组主厂房拆除后的空地，利用萧山发电厂一期关停后的线路和场地，建设独立大型集中式储能电站。储能电站总容量按发电功率100兆瓦、电池组容量200兆瓦时规划，分两阶段建设。第一阶段实施的工程为发电功率50兆瓦、电池组容量100兆瓦时，新建一座电池储能楼、一台主变及事故油池等设施，总工期为241天。

2021年7月9日，萧山电厂冷却塔爆破拆除　（范方斌 摄）

【市场化项目拓展】 2021年，萧山电厂与区政府、浙能房产公司、越秀地产公司成立工作专班，对周家湖灰库地块和一期煤机拆除地块的综合利用进行谋划和探讨。对厂区内土地综合利用和产业规划形成初步定位，抓住土地规划调整政策窗口期，结合全省新基建三年行动计划与数字化经济发展方向，规划建设“绿色智慧能源创新中心”。

（郑慧姝）

重点企业选介

【万向集团公司】 万向集团公司（简称万向集团）创建于1969年，从鲁冠球以4000元资金在钱塘江畔创办农机修配厂开始，发展成为涵盖汽车零部件、清洁能源、现代农业等多领域的跨国集团，是国务院120家试点企业集团和国务院120个双创示范基地唯一的汽车行业企业。

2021年，万向集团营业收入1789.48亿元，比上年增长41.2%；利润111.52亿元，增长41.2%。6月15日，万向钱潮股份有限公司、浙江万向精工有限公司共同开发的“新能源汽车线控电液制动系统”获浙江省科学技术进步奖二等奖。7月22日，万向集团被国家发展改革委、教育部列入产教融合型企业。8月，国家知识产权局认定万向集团“基于万向双创示范基地知识产权管理体系”案例为国家知识产权示范企业典型案例。9月5日，万向三农集团有限公司在第十一届“中华慈善奖”评选表彰大会上获捐赠企业奖。9月16日，在中国质量（杭州）大会上，万向钱潮股份有限公司凭借“从田野走向世界的万向‘四驱动 四个一’质量管理模式”获第四届中国质量奖提名奖。11月，万向精工有限公司被工业和信息化部认定为第六批制造业单项冠军示范企业。万向集团全年新增省级企业技术中心2家；申请专利517项（其中发明270项）、授权225项（其中发明24项）；申请PCT专利7项；主持制订国家标准1项。万向控股企业大鼎油储有限公司获得原油期货交割库资质，成为全国第三家同时拥有三种油品期交库资质的油储企业，是华东地区第一家拥有原油期交库资质的民营企业。至年底，鲁冠球三农扶志基金有净资产141.8亿元。

2021年，万向集团获多项荣誉。6月18日，鲁冠球被载入“不忘初心、牢记使命”中国共产党历史展览；6月28日，全国“两优一先”表彰大会在北京人民大会堂举行，中共中央决定，追授万向集团创始人、董事局主席、原党委书记鲁冠球“全国优秀共产党员”称号；7月1日，中共浙江省委追授鲁冠球“浙江省优秀共产党员”称号；万向集团改革发展事迹被载入由中共浙江省委宣传部指导，中共浙江省委党史和文献研究室、浙江广播电视集团联合出品的文献纪录片《红船领航——百

2021 年 6 月，万向创始人、董事局主席鲁冠球被载入“不忘初心、牢记使命”中国共产党历史展览　（万向集团 提供）

年浙江潮》。董事长鲁伟鼎作为全国先进模范人物代表出席在天安门广场举行的庆祝中国共产党成立 100 周年大会。

（陈　明）

【传化集团有限公司】 传化集团有限公司（简称传化集团）创建于 1986 年，经三十多年的发展，成为布局传化化学、新安化工、传化物流、传化科技城四大业务板块的现代企业集团。下属传化智联（002010）、新安股份（600596）2 家上市公司，10 多家国家高新技术企业，产品和服务覆盖全球 130 多个国家和地区，名列中国民营企业 500 强 64 位，中国企业 500 强 199 位。

2021 年，传化集团营业总收入 1445 亿元，比上年增长 30%；利润增长 139%，利税总额超 160 亿元。2 月，党中央、国务院授予传化集团“全国脱贫攻坚先进集体”称号，徐冠巨董事长受邀赴北京参加全国脱贫攻坚总结表彰大会。3 月 3 日，习近平总书记再次对传化集团作出重要批示。7 月 1 日，传化集团董事长徐冠巨作为新时期优秀中国特色社会主义事业建设者代表，集团党委书记陈捷作为全国“两优一先”表彰对象，双双受邀参加在天安门广场举行的庆祝中国共产党成立 100 周年大会。9 月，传化集团首届供应链大会举行，以创新模式，深度连接产业生态、创造战略发展机会。10 月，传化集团董事会审议通过并发布未来五年战略规划，全面部署纵深推进转型升级与高质量发展的战略举措。11 月，传化集团科技大会举行，全面部署未来科技创新行动。传化集团与浙江大学达成战略合作，与浙江大学科创中心共建创新研究院。传化集团参股组建中国第三家个人征信机构“钱塘征信”，借助人工智能、云计算等技术，打造成为全球领先的金融科技企业。

（宋　珏）

【浙江恒逸集团有限公司】 浙江恒逸集团有限公司（简称恒逸集团）是专业从事石油化工与化纤原料生产的跨国企业，其前身为 1974 年创办的萧山县衙前公社针织厂，1994 年组建集团公司。恒逸集团有员工 2.6 万人、总资产近 1500 亿元，名列 2021 年《财富》世界 500 强第 309 位、中国企业 500 强第 88 位、中国民营企业 500 强第 18 位。

2021 年，恒逸集团营业收入超 3200 亿元，比上年增长 25%。3 月 16 日，恒逸集团被中国化纤协会评定为高质量发展领军企业和绿色发展示范企业。3 月 30 日，恒逸集团获萧山区无偿献血先进企业称号；6 月 25 日，恒逸集团董事长邱建林被授予萧山区衙前镇“功勋企业家”称号。8 月 2 日，恒逸集团以 2020 年度 385.62 亿美元的营业收入首次入选 2021 年《财富》世界 500 强。11 月 24 日，由浙江恒逸石化有限公司、浙江恒澜科技有限公司和海宁澜钛新材料有限公司作为主要完成单位实施的“恒逸无锑环保型聚酯熔体直纺关键技术及产业化”项目获中国纺织工业联合会科技进步奖一等奖。12 月 6 日，恒逸（文莱）PMB 石油化工项目获 2020—2021 年度国家优质工程金奖，是唯一获得金奖的化工工程，也是 8 个获得金奖的境外工程之一。至年底，恒逸集团旗下参控股企业年聚合能力达到 1150 万吨，成为全球首家年聚合能力超千万吨企业。

（黄　莹）

【胜达集团有限公司】 胜达集团有限公司始创于 1983 年，是集纸包装、浆纸、纺织、化工、金融投资、石化贸易等多个产业于一体的综合性企业。胜达集团是中国民营企业 500 强（连续 19 年入选）、中国制造业企业 500 强、中国大企业大集团竞争力 500 强、国家重点扶持的高新技术企业、浙江省百强企业。大胜达包装公司于 2019 年 7 月 26 日在上海证券交易所挂牌上市。

2021 年，胜达集团有员工 5000 多名，总资产 125 亿元，年营收 268 亿元，上缴税金 3.8 亿元。1 月 7 日，由中国民主法制出版社出版的新时代人大代表巡礼系列丛书《浪卷千堆总向前——人大代表方吾校的三公三志情怀》发行，1 月 18 日在各大新华书店上线。1 月 21 日，大胜达・北大信研院人工智能包装设计联合实验室“让包装设计更简单——AI 包装设计师小方和 AI 包装设计平台”成果汇报会在研究院国际学术交流中心举行。6 月 22 日，企业创始人、集团党委书记方吾校等 10 名区人大代表被授予“最美人大代表”的荣誉称号。至 7 月，大胜达获得授权专利 136 项，其中发明专利 33 项、实用新型专利 102 项、外观专利 1 项。7 月 19 日，中央新疆工作协调组组织中央部、委办、自治区政府和建设兵团及 19 省部分领导分二批参观到访新疆大胜达，集团党委书记方吾校和董事局主席方能斌接待。9月22日，集团董事局主席方能斌当选为新一届萧山区工商联（总商会）主席。11月，大胜达包装制品工业设计中心公司获评“国家级工业设计中心”。11月18日，浙江大胜达包装股份有限公司与吉特利环保科技（厦门）有限公司在吉特利总部签署战略合作协议。双方将在可降解纸浆环保制品方面展开深入合作。

（施　亮）

【浙江荣盛控股集团有限公司】 浙江荣盛控股集团有限公司（简称荣盛集团）始创于1989年，是拥有石化、化纤、房产、物流、创投等产业的现代企业集团。拥有总资产3500亿元，列世界五百强第255位、中国企业500强第76位、中国民营企业500强第13位、中国石油和化工民营企业百强第2位。荣盛集团拥有荣盛石化、宁波联合等上市公司，上市产业涉及石化、房产等领域。

2021年，荣盛集团业务收入4483亿元，比上年增长45%；利润308亿元，增长87%；上缴各类税费299亿元，增长106%。2月5日，独立品牌估值咨询公司“品牌金融”发布“2021全球最有价值的25大化学品牌”排行榜，荣盛石化排名由2020的18位上升至第11名。3月26日，荣盛集团旗下浙江石油化工有限公司入选省第二批“雄鹰行动”培育企业名单。4月13—16日，荣盛石化携旗下“浙石化”牌系列橡塑产品首次参加CHINAPLAS2021国际橡塑展。10月17日，永盛科技完成首批光伏背板基膜订单生产，助推产品结构转型升级。全年“荣盛教育奖励基金”发放奖金90多万元。浙石化出资2亿元新成立“浙石化岱山教育基金”，以每年约1000万元的扶持力度，对优秀学生及教师进行奖励、对困难学生进行资助、对引进人才和科研成果进行激励。荣盛集团在萧山区慈善总会捐赠的1亿元留本冠名基金增加到1.3亿元，用于开展助贫、助学、助医、助老、助残、助孤、赈灾等各项社会救助活动。

（卢　铭）

【杭州前进齿轮箱集团股份有限公司】 杭州前进齿轮箱集团股份有限公司（简称杭齿集团）是中国专业设计、制造齿轮传动装置和粉末冶金制品的大型重点骨干企业，国家高新技术企业。杭齿集团前身为杭州齿轮箱厂，创建于1960年，2010年10月在上海证券交易所上市。杭齿集团有职工1800多名，控股和实际控制子公司18家，参股子公司3家。公司被列为“中国机械工业100强”、全国第一批制造业单项冠军示范企业，建有国家级技术中心。“高端重载齿轮传动装置关键技术及产业化”及“大功率船用齿轮箱传动与推进系统关键技术研究及应用”项目先后获国家科技进步二等奖。

2021年，杭齿集团销售收入21.4亿元，比上年增长11.6%；净利润1.37亿元，增长63.3%。开发新产品104项、关键零部件7项，改进产品质量25项；申报受理专利和软件著作权41件，授权专利和软件著作权64件；主持、参与制修订《轻型高速船用齿轮箱技术条件》等国家、行业标准7项；参与“制造基础技术与关键部件”等7个国家级、省级重点研发计划课题；完成4项浙江省重点高新技术产品开发项目、浙江省首台（套）产品工程化攻关项目。获评中国机械工业百强、浙江省创新型领军企业、浙江出口名牌、杭州市制造业（数字经济）百强，通过浙江省高新技术企业、浙江省文明单位复评。是萧山区突出贡献企业、“十三五”时期萧山区十佳科技领军企业。

（胡剑峰）

【浙江航民实业集团有限公司】 浙江航民实业集团有限公司（简称航民集团）是萧山区瓜沥镇航民村控股的村级企业集团。1979年，航民村以6万元农业积累开始创办工业企业。1997年8月，组建浙江航民实业集团有限公司。集团有全资、控股、参股工商企业32家，有总资产102亿元，职工1.2万人。集团控股的浙江航民股份有限公司于2004年8月上市。航民集团经过40多年的发展，形成以纺织、印染、热电、黄金饰品等行业为主体的多门类工业体系。先后获“中国制造业民营企业500强”“浙江省制造业百强企业”“中国印染行业竞争力前十强企业”“中国黄金首饰加工量十大企业”等称号。

2021年，航民集团工业总产值144.15亿元，销售收入151.97亿元、利润9.73亿元，净上交国家税收4.99亿元。4月15日，杭州航民达美染整有限公司入选杭州市“数字化车间”体系培育企业（第一批）名单。5月1日，萧山东片污水处理设施加固维修工程完工，开始进水调试运行，6月10日在线监测开启运行。5月8日，杭州萧山贵金属制品加工产业园建成对外招商，6月8日，杭州航民科尔珠宝首饰有限公司成立，入驻产业园，并于年底投产。7月，航民股份数字车间试点建成并投入运行，利用数字孪生技术打造3D可视化工厂。11月19日，杭州航民百泰首饰有限公司被认定为市级先进制造业和现代服务业融合发展试点企业。12月4日，根据2021村庄影响力CPPC指数，瓜沥镇航民村列全国村庄影响力排行榜第8位。

（黄　玮）

商贸服务业

综述

【概况】2021年，萧山区批发和零售业增加值208.87亿元，比上年增长13.3%。社会消费品零售总额813.43亿元，增长14.4%，其中限额以上社会消费品零售总额422.09亿元，增长26.9%。在限额以上批发零售贸易业零售额中，汽车类增长53.8%、服装鞋帽针纺织品类增长10.2%，石油及制品类增长27.9%，日用品类下降22%。

【区商务局获评第三届进博会"突出贡献集体"】2021年1月14日，浙江省第三届中国国际进口博览会总结表扬视频会议在杭州举行，萧山区商务局被评为"突出贡献集体"。萧山区商务局组织261家企业700多人参加第三届国际进口博览会。萧山企业采购团签署4项合作协议，总金额7亿美元。其中，浙江长龙航空有限公司与CFM国际公司签署关于新一轮飞机发动机包修协议及备发采购协议，价值6.36亿美元。

【萧山企业参加广交会】2021年4月15—24日，萧山区189家企业参加第129届中国进出口商品交易会（广交会），设摊位361个，主要涉及汽车配件、建筑及装饰材料、家用纺织品、卫浴设备、五金工具、大型机械设备和电气电子产品行业。其中94家企业参与直播。10月14—19日，第130届中国进出口商品交易会（广交会）召开，并首次将线上线下展融合举办，首次以促进国内国际双循环为主题，首次全面邀请境内采购商参与。萧山区188家企业线上参展，50家企业赴广州参加线下展，其中品牌展企业7家、一般性展位企业43家，设立线下展位85个。参展企业产品覆盖家用纺织品、汽车配件、新能源等展区37个。区商务局组织邀请区内640名采购商、41名驻华外商代表参加线上线下采购。

【现代商贸流通业发展实施细则出台】2021年11月29日，萧山区为顺应国内大循环为主体、国内国际双循环相互促进的发展趋势，贯彻落实《杭州市新零售发展五年行动计划（2019—2023年）》《关于加快杭州市直播电商经济发展的若干意见》等文件精神，制定《杭州市萧山区关于加快现代商贸流通业发展的实施细则》。该细则自2021年12月29日起施行至2022年12月31日。通过专项扶持资金，对在萧山区从事直播电商、夜间经济、新零售并达到一定规模、效益、影响力的企业进行资助，扶持全区直播电商、夜间经济、新零售等新业态、新模式企业，推动萧山区商贸经济高质量发展。

（郑乐婷）

商贸流通

【概况】2021年，萧山区社会消费品零售总额813.43亿元，比上年增长14.4%，增幅排名全市第三位。网络零售额1363.68亿元，增长5.5%，总量居全省第四位。开展第十三届萧山购物节、2021网上年货节等系列节展活动，参与品牌超2000个，直播活动超1000场，销售额超10亿元。2月，《萧山区"十四五"现代商贸业发展规划》编制完成。开展单用途商业预付卡管理工作，处理相关投诉2146件。在"平安护航建党百年"等安全隐患大排查大整治行动中，发现隐患38处，整改率100%。

【数字生活新服务样板区创建】2021年，萧山区成功创建首批全省数字生活新服务样板区，获省级专项激励340万元。瓜沥镇、所前镇获评首批省级数字生活新服务特色镇，数量居全省前列、全市第一位。益农镇、城厢街道等8个镇（街道）入选2021年杭州市数字生活新服务特色镇（街道）创建和培育名单，数量居全市第一位。浙江英树生物科技有限公司、浙江九州通医药有限公司等11家企业入选省市新零售示范企业。

【萧山网上年货节】 2021年1—2月，萧山区举办网上年货节，电商直播带货、公益助农。邀请50多位网红主播，开展覆盖美食、母婴、服饰鞋包等各个品类直播活动189场，有1700多个品牌的超9万种商品参与活动，总销售额突破3亿元。好易购家庭购物有限公司在相关App进行“备战年货，好物提前屯”活动，开展5场直播，总浏览量逾100万人次，销售额85万余元。承办“探访特色中国年十省年货大献宝”——公益年货节·线上赶大集活动。年货节期间，新华播谷入驻商家直播场次650场，直播销售额突破1000万元。1月27—31日，27家企业参与年货节“萧山风味购”活动，为市民挑选“2021萧山电商年货节”近30款商品。年货节期间，参与品牌2000多个，直播活动逾1000场，销售额突破10亿元。

闻堰街道江鲜特色主题街夜市　（范方斌 摄于2021年10月28日）

【萧山区第二届家博会】 2021年4月，萧山区举办2021萧山第二届家博会，由萧山区商务局主办，区区域经济促进会、区区域经济促进会装饰装修材料分会承办。有近50家品牌参展，涵盖装修设计、装修材料、家用电器等10余个品类。会场上设立展区，展示在萧山首届“匠心杯”设计施工大赛中设计师的优秀作品。家博会总签单量近3000单，总销售额逾6000万元。

【第十三届萧山购物节】 2021年11月26日至12月12日，萧山区第十三届萧山购物节举办。购物节通过线下展示、线上直播的方式，进行主题促销，有商超、餐饮、文旅、汽车、外贸精品、家电下乡、助农特产等板块，通过全区各商圈、镇（街道）、平台开展活动。12月3—12日，银隆百货、万象汇、印力汇德隆杭州奥体印象城、开元城市生活广场等商圈开设市集，并融入“援川特展”和“共同富裕·一起跨越”两大公益性展销活动，设立“一元慈善区”展位。11月26日至12月1日，汇德隆家电联合国内一线家电品牌，在瓜沥镇、党湾镇、临浦镇、河上镇、义桥镇举办家电下乡活动。12月12日，经济开发区信息港小镇、TOP直播产业园在各大购物平台以打折、满减、抢红包、直播等方式，打造产品和购物节品牌。12月3—12日，各餐饮企业通过美团、大众点评、饿了么等App，开展促销活动。11月26日至12月12日，全区各景区、酒店推出多项惠民举措，鼓励和吸引更多游客参与旅游体验。12月10—12日，新世纪市场园区广场、各大4S店组织进口车、国产车、新能源车、货车和二手车促销展示。

【夜间经济发展】 2021年，萧山区发展夜间经济，初步构建夜经济布局体系。汇德隆奥体印象城打造杭州首座屋顶夜经济街区，360度全息光影营造亚马孙森林沉浸式光影；万象汇举办萧山首个潘多拉森林灯光节和"柿不可挡"夜间音乐节；旺角城推出夜市和达人招募活动；湘湖举行“2021越夜越湘湖湖畔潮玩季”和月光游园会活动，定制八大夜游潮流路线，推出创意夜游、水景夜秀、品牌夜购、主题夜食、潮流夜娱、人文夜读、奇趣夜动、艺术夜展8个主题30多项系列活动；钱江世纪城引进杭州首块3D裸眼大屏。瓜沥七彩小镇、临浦潮人汇和河上老街等开设夜市丰富居民夜生活内容。

【“15分钟便民生活服务圈”构建】 2021年，萧山区发挥农贸市场“功能+”作用，加快构建“15分钟便民生活服务圈”。以全省首家全国标准化社区商业中心示范单位——香悦奥府配套一站式社区商业中心为样板，打造前湾友时光社区商业中心、音悦港湾邻里中心等社区商业中心，为社区居民提供“综合性、一站式、互联网+”等服务。拓展乡镇商业网点布局，汇德隆河上超市、瓜沥七彩鲜市等建成营业。

【靖安社区获评省第二批商贸发展示范村】 2021年12月17日，省商务厅公布省第二批商贸发展示范村名单，靖江街道靖安社区入选。靖安社区立足村域特色，围绕“电子商务产业抓收入、物流企业抓服务、基础建设抓培育、农民创业抓基础”思路，依托益农信息社，形成互联网与农业生产、经营、管理、服务和创业创新的融合局面。靖江街道农业农村办、团工委、妇联、残联联动协作，支持靖安社区电商发展，成立靖江街道首个益农信息社和靖江青年电商志愿服务队。至年底，靖安社区有连锁超市1家、连锁经营酒店1家、餐饮店10家、企业销售网点和个体商户30家、电商15户。

（郑乐婷）

电子商务

【概况】2021年，萧山区网络零售额1363.7亿元，排名全省第四位、全市第三位，比上年增长5.5%。至年底，全区在重点监测第三方电子商务平台上共有各类活跃网络零售网店2.05万家，是注册零售网店总数的27.7%，活跃网络零售网店总数排名全省第三位、全市第一位。电子商务就业创业氛围良好，解决就业岗位约5.9万个，间接带动就业岗位约15万个。

【电商发展】2021年，萧山区开展电子商务产业人才及直播电商企业、MCN机构、网红经济等新业态企业、园区调研。无忧传媒集团有限公司、杭州聚匠星辰数字传媒有限公司、杭州缇苏文化传播有限公司等有影响力的头部直播机构落户萧山。浙江金扇子网络科技有限公司、杭州全尚科技股份有限公司等6家企业入选2021年省级重点培育电商平台企业名单。全区有4个镇、30个村入选浙江省电商镇、电商专业村，累计19个镇（街道）、112个村入选，数量居全市第一位、全国前列。

【萧山区数字生活新服务节】2021年3—5月，萧山区举办2021年萧山区数字生活新服务节。创新开展一批数字生活新服务领域的新业态新模式，活动内容主要分为线下门店新零售、线下市场新批发、线下餐饮线上销、线下文旅线上享、电子商务新促销及外贸企业云购会6个板块。数字生活新服务节举办2021年中国（萧山）国际花木节直播秀、所前镇第八届“依春红”樱桃节直播等活动20多场。

【四川旺苍农特产品专卖店开业】2021年，萧山区与四川省广元市旺苍县结为东西部协作结对地区。10月11日，四川旺苍农特产品专卖店在萧山揭牌并开业。专卖店位于西河路415—421号，主要销售旺苍县农产品企业、专业合作社和农户家的初级农产品，包括木门醪糟系列、鑫天宝调味品系列、木门茶叶、枣林皮蛋、天麻、高山土蜂蜜、高山菌菇类、腊肉、腊肠等。还包括甘孜州、松潘县、苍溪县、剑阁县、广元市朝天区等旺苍周边县市有四川地方特色的农产品。

2021年10月11日，浙江萧山—四川旺苍农特产品专卖店的工作人员线上直播卖货　（区商务局 提供）

【参展第八届中国（杭州）国际电子商务博览会】2021年10月17—18日，第八届中国（杭州）国际电子商务博览会（简称“电博会”）在杭州举办。萧山展馆共有9家企业、平台参展，包括2家直播生态平台：中国TOP直播电商产业园、云创直播小镇；2家区级重点电商企业：杭州全尚科技股份有限公司、浙江集远网络科技有限公司；2家知名直播电商企业：无忧传媒有限公司、缇苏网络信息有限公司；3家代表萧山电商行业发展现状的企业：萧山产业带、西厨贝可电子商务有限公司、绿豆电子商务有限公司。展会期间，萧山馆接待客流超1500人次，意向合作客户100多位。

【电商培训】2021年，萧山区开展电商培训，推动数字商贸和数字乡村建设，助推乡村振兴。3月23日，阿里巴巴萧山产业带推广培训会在萧山宾馆召开，全区电子商务企业和传统企业负责人等120多人参加，培训会鼓励和支持镇（街道）、平台特色产业企业入驻产业带，开展区域特色商品的网络分销、批发等业务。4月23日，区商务局举办新农都物流中心电子商务专题培训，结合直播热点和萧山区数字生活新服务样板区建设要求，帮助商家了解电商新模式，新农都各市场经营户、市场管理员等60多人参与培训。至年底，全区开展电商类培训40多场，培训1000多人次。为培养四川省旺苍县、康定市本地电子商务人才，全年通过“直播+实地培训”相结合的方式开展各种电子商务培训班共18期，累计培训800多人次，内容涵盖抖音带货、拼多多等。

【电商帮扶持续推进】2021年，阿里巴巴萧山产业带新增入驻企业157家，累计入驻1777家，实现销售额15.44亿元，比上年增长8.8%。通过电商帮扶所产生的各类线上线下交易额超过1400万元。

【电商平台企业“双十一”销售增长】2021年“双十一”期间，9家平台企业总销售额超过36亿元，比上年增长16%。萧山区运用“电商+直播+培训孵化”模式，鼓励区内重点电商企业培育孵化特色带货人才。“双十一”期间，金牌主播、“超级大V”辐射影响过亿观众。好易购、top直播产业园、五月星汇联合举办第三届王牌好物节，助力打造“双十一”数字消费季，直播累计观看量4600万人次以上，销售额突破2.8亿元。

【省级电子商务示范村、农村电商示范服务站创建】2021年11月，省商务厅公布2021年度省级电子商务示范村、农村电商示范服务站（点）名单，萧山区 24 个村入选示范村名单，12 个服务站（点）入选示范服务站（点），总量居全省第一位。全区累计创建省级电商示范村 50 个，示范服务站（点）15 个。萧山区打造区域电商特色品牌，鼓励农业电商与地区资源优势结合，借力阿里巴巴萧山特产馆，擦亮萧山萝卜干、湘湖龙井、进化青梅等区域特色品牌。通过在镇（街道）一级建立农村电商服务中心，在村一级建立农村电子商务运营中心，网点依托邮政综合服务平台，实现订报、寄信收信、包裹揽投、水电燃气和话费缴费、税票代开、交通违章罚款、助农取款等 100 多种服务项目，打通农村电商发展“最后一公里”。

（郑乐婷）

2021 年 9 月 30 日，印力汇德隆杭州奥体印象城开业　　（区商务局 提供）

商场超市

【概况】 至 2021 年底，萧山区有专业市场（市场集群）24 家，其中销售额 100 亿元以上 5 家、10 亿元以上市场 5 家；商贸综合体 13 家；农贸市场 56 个，其中星级市场 45 个；大中型超市 20 个，其中面积 2500 平方米以上超市 15 个；农家小型标准超市 138 个；商业特色街 2 条，其中市级商业特色街 1 条。北京华联集团杭州 SKP 项目、开市客浙江首店等重大商贸项目落户萧山。奥体汇德隆印象城、德信天空之城、银泰百货萧山店先后开业，全区商业综合体实现向社交体验、文化消费中心转型。拓展乡镇商业网点布局，汇德隆河上超市、瓜沥七彩鲜市等建成营业。

【商超疫情防控】 2021 年，萧山区落实城区大型商场超市点上蹲守和镇（街道）商场超市面上督查指导，严守行业新冠肺炎疫情防控底线。城区大型商超落实防疫举措，开展每日市场监测，实时关注市场信息，确保生活必需品供应保障到位。12 月，针对疫情防控新形势，盒马鲜生（万象汇店）调配全城物资，为萧山居民提供无接触配送服务，消费者通过盒马线上 App 随时下单，门店随时送货。大润发、联华超市旗下 24 小时智能无人便利店也为萧山居民提供全天候服务。区商务局发挥“红色保供联盟”党员先锋作用，联合盒马鲜生（万象汇店），为龙湖春江天玺隔离人员和防疫工作人员送去矿泉水、方便面、牛奶和面包等物资。《浙江日报》、浙江卫视、《杭州日报》等省市区媒体多次报道区抗疫保供相关工作。

【开市客浙江首店落户萧山】 2021 年 6 月 7 日，萧山经济技术开发区与开市客（中国）投资有限公司就开市客杭州商超项目签订《投资协议书》。9 月 9 日，开市客（Costco）竞得萧山城区桥南单元 XSCQ1101-B1-30 地块。项目位于自贸试验区杭州片区萧山区块，总投资额 10 亿元，占地面积 3.6 公顷。根据协议，项目建成后单层面积约 1.8 万平方米，其中一层为层高 8 米的卖场，二、三层及屋顶为停车场。开市客是世界 500 强企业，全球第二大零售商。该项目是全国第五家、浙江首家开市客会员店。

【“光环梦中心”商业综合体开工】 2021 年 9 月 1 日，国际商业综合体项目“光环梦中心”在萧山科技城开工。该项目由香港置地、仁恒置地与传化集团共同投资，是香港置地首次到杭州投资城市高端商业综合体。“光环梦中心”定位于服务新兴家庭以及年轻时尚人士，围绕科学和大自然两大主题，将游乐、教育、商业无界融合，同时整合影院、超市、品牌餐饮、儿童游乐、户外公园等业态。“光环梦中心”位于萧山科技城核心区，总规划建筑面积约 23.5 万平方米，项目计划 2025 年投入使用。

【印力汇德隆杭州奥体印象城开业】 2021 年 9 月 30 日，印力汇德隆杭州奥体印象城开业。印力汇德隆杭州奥体印象城是印力集团与汇德隆集团合作打造的一个购物中心，总体量约 25 万平方米，位于钱江世纪城板块，毗邻奥体中心及国际博览中心，是亚运前板块内唯一启幕的大型购物中心，是首个“智能亚运一站通”的综合体体验点。开业首日客流 18.6 万人次，销售额 3960 万元。国庆长假客流 107 万人次，销售额 1.43 亿元。开业首月总销售额超过 3.5 亿元，日均客流 8 万人次。

【杭州 SKP 项目开工】 2021 年 12 月 22 日，杭州 SKP 项目开工。SKP 是北京华联旗下高端时尚百货旗舰店。1 月 18 日，SKP 项目签约，5 月 7 日，北京华联集团旗下杭州瑞诚兴联置业有限公司摘地，杭州 SKP 落地钱江世纪城，实现当年摘地、当年开工。该项目总建筑面积约 68.5 万平方米，打造集时尚百货、商务办公、酒店于一体的高品质核心商圈。

【萧山区首家银泰百货开业】 2021年12月26日，萧山区首家银泰百货开业。萧山银泰位于新塘街道通惠南路与南秀路交叉口，总体量12.5万平方米，地上6层、地下3层，配套停车位1500个，是集时尚零售、特色餐饮、咖啡烘焙、儿童游乐、潮玩娱乐、美容SPA、生活服务等全业态于一体的百货购物中心，入驻品牌340多个。

（郑乐婷）

粮食流通与管理

【概况】 2021年，萧山区129户订单种粮大户落实粮食订单面积5435.15公顷，订单收购量3.73万吨，比上年分别增长52.1%、49.2%，其中订单收购小麦5442.37吨、早稻3820.52吨、晚稻（含晚籼谷）2.8万吨，比上年分别增长30.6%、21.7%及58.0%，创萧山区实施订单粮食收购政策以来的历史最高纪录。

【政策性库存粮食清查】 2021年，萧山区开展政策性粮油库存检查。经国家粮食和物资储备局浙江局检查组全面检查，认定萧山区政策性粮食质量良好、数量真实；存储的粮食实物与保管账、统计账、会计账、银行账核对，账账相符，账实相符；财政政策性粮油补贴足额到位，粮食购销业务账务处理真实、准确，无套取财政补贴等问题；轮换计划执行良好，储备粮规模落实到位；粮油安全储存和粮库安全生产工作水平良好。

【粮食收购】 2021年，萧山区坚持实施春粮、早稻、晚稻齐全的三季粮食订单。按照最低收购价政策确定收购价格：每50千克订单粮食收购价格分别为小麦115元、早籼谷125元、晚籼稻谷131元、晚粳谷133元。对全年稻麦复种和订单面积均达到3.33公顷（50亩）以上，且自产并投售7.5吨及以上小麦或10吨及以上稻麦12.5吨及以上稻谷（以上均含省级订单）的“订单粮食”均实行奖励或补贴。小麦订单质量三等及以上每50千克给予30元奖励，质量四等五等及不符合卫生指标每50千克给予20元补贴；早籼稻谷全部等内订单均每50千克给予33元的奖励；粳稻谷（晚籼稻谷）订单质量三等及以上每50千克给予31元的奖励，质量四等、五等及不符合卫生指标每50千克给予20元补贴。

【绿色储粮】 2021年，萧山区根据“五优联动”（优产、优购、优储、优加、优销）等工作要求，增大绿色储粮技术应用力度，粮仓气密性改造、气调储粮、温控储粮等方面得到进一步提升。继续开展“一符四无”（账、卡、物相符，无虫害、无霉变、无鼠雀、无事故）粮仓（油库）鉴定。新增充氮气调仓容3225吨，新增准低温仓容2.11万吨。全年累计绿色储粮数量7.96万吨，仓储设施改造和绿色储粮技术应用稳步提高。至年底，温控储粮仓容累计15.03万吨（含地下库），充氮气调仓容累计13.6万吨。

【粮食市场监测】 2021年，萧山区开展粮食市场监测工作，抽样调查城镇居民户55户、农户35户及区规模以上粮油经营（转化）企业26家的粮油消费情况并汇总分析。全年全区粮食产量7.25万吨，消费总量57.35万吨，产需缺口50.1万吨，粮食产量占消费总量的12.6%；食用植物油产量2200吨，消费总量3.88万吨，产需缺口3.66万吨，食用植物油产量占消费总量的5.7%。落实东南粮食市场和新农都物流中心粮油交易监测日报和全区粮油销售网络行情监测周报制度，引导市场培育粮油经营主体。东南粮食市场粮油现货与拍卖全年成交量46.2万吨，成交额18.53亿元；新农都物流中心粮油全年成交量126万吨，成交额72亿元。

【中非代表参观萧山国家粮食储备库】 2021年6月9日，中非稻米价值链研讨会与会代表以及非洲驻华外交官一行90多人到萧山国家粮食储备库（所前分公司）参观学习。代表们参观库区及粮食仓储设施，听取萧山国家粮食储备库基本情况等储粮设施以及粮库储粮技术应用等相关情况的介绍。萧山国家粮食储备库（所前分公司）隶属杭州萧山粮食购销有限责任公司，是杭州市安全体系三级达标企业、杭州市粮油仓储管理规范化管理优秀企业、浙江省四星级粮库单位。

【晚稻谷收购量增加】 2021年12月15日，萧山区晚稻收购工作结束。受非粮化整治等因素影响，全区晚稻收购量大幅增加，比上年增长55.0%，创萧山区晚稻收购量历史新高。为确保农户粳稻谷（晚籼稻谷）顺利入库，收购前期，区商务局和萧山粮食购销有限责任公司走访种粮农户120户，开展送政策、送科技、送服务、送农资、送温暖“五送下乡”等服务活动，宣传支农惠农政策，组织收购人员开展业务培训，全面掌握收购情况。收购期间采取上门预验、预约烘干、验质入库、结算“三优先”等多项便农措施，实施“代农烘干”和“去杂提纯”等惠农措施。各收购库点调整作息时间，“早开门、晚关门、中午不停秤”，确保到库粮食不过夜。

（郑乐婷）

成品油管理

【概况】 2021年，萧山区各成品油经营企业共零售成品油71.6万吨，其中汽油52.1万吨、柴油19.5万吨。至年底，全区有加油站119座，成品油管理公司3家，加油点23处（其中营业10处）。编制完成《萧山区“十四五”成品油零售体系发展规划》，获评市级“平安加油站”2家。

【成品油安全生产管理】 2021年，萧山区建立健全安全生产责任体系，强化企业主体责任落实，排查和化解各类安全生产风险，遏制安全生产事故发生。在元旦、春节、“五一”、“十一”等重大节庆节点前，区商务局、区应急管理局、区市场监管局、区住建局、区消防救援大队以及属地开展醇基燃料、瓶装燃气、成品油非法违法运输联合执法，共组织实施联合执法行动11次，查获违法运输醇基燃料3起、违法运输瓶装燃气7起、违法运输成品油21起。其中，国庆、中秋双节期间，对危化重点区域和重点企业进行线上视频巡查，线下随机抽查，共检查企业121家次，发现隐患235处，立案查处4家。

【散装汽油销售管控】 2021年，萧山区督促各石油系统本着既方便群众、又便于管控的原则，科学合理确定符合散装汽油供应条件的购销网点，加强散装汽油销售行为监管力度。全区有散装汽油销售点21个。各加油站（点）严格执行散装汽油销售管控要求，查验登记购买人有效身份证件等信息，做到“人、证、记录”三统一并实时登记上传，台账资料齐全。11月3日，召开萧山区危险化学品企业安全生产工作会议，通报萧山某危化品企业违法案件的相关情况，对下阶段危险化学品企业安全生产进行工作部署。

（郑乐婷）

烟草专卖

【概况】 2021年，萧山区卷烟总销量9.52万箱，比上年增长0.5%；销售额49.54亿元，增长4.1%；毛利14.11亿元，增长4.7%。全年共受理烟草专卖零售许可证许可类事项5120件，增加10.5%，受理烟草专卖零售许可证新办申请3224件，增长26.5%，网上办理率99.9%，按期办结率100%。区烟草专卖局协同区政府、区纪委监委开展“烟票”问题正风肃纪专项检查，严查违规制售“烟票”“烟卡”的行为，处理一批涉“烟票”零售户，制定“烟票”治理长效制度。

【烟草品牌培育】 2021年，萧山区烟草专卖局（分公司）以口碑营销为突破点，针对129家企业和商会开展“云端”系列“人企访会”工作。开展数据营销，利用数据把握品牌市场状态，销售重点定制品牌1087箱，比上年增长48%。其中，“玉溪（创客）”销售892箱，增长40.4%；“云端（小云端）”销售113.9箱，增长28.6%。

【烟草专卖监管】 2021年，萧山区烟草专卖局（分公司）查获案件1663起，比上年增长24.2%；查获卷烟10.67万条，增长0.8%。其中，查获假私烟案件数591起，增长46.7%，查获假私烟2.1万条；查获实体店案件867起，增长13.3%。全年查获违法违规大户案件198起，增长29.4%；查获卷烟3.87万条，增长87.8%；全年取消违法违规大户经营资格25户。

【烟草售假售私网络案查办】 2021年，萧山区烟草专卖局（分公司）办理的2起售假售私网络案被省烟草专卖局认定为国标网络案。至年底，在办国标网络案3起，共刑拘31人，判刑15人。查办“1·2”本土售假售私网络案，逮捕判刑10人；“9·18”本土销假案件逮捕刑拘17人。

【烟草企业管理】 2021年，萧山区烟草专卖局（分公司）开展安全日常检查及专项检查17次，发现问题隐患18处，整改率100%；全年车辆违章记录11起，比上年下降38.9%；开展各类安全培训17场次。

【向未成年人销售电子烟案件查处】 2021年7月27日，萧山区烟草专卖局接到群众举报，反映辖区内某品牌电子烟销售店存在向中小学生出售电子烟的违法情况。区烟草专卖局依法对该案予以立案调查。8月10日，依法对该商户向未成年人销售电子烟的违法行为作出责令改正违法经营行为、没收违法所得，并处1.5万元罚款的行政处罚。

（凌　菲）

供销合作

【概况】 2021年，萧山区供销联社推进生产、供销、信用“三位一体”综合改革，健全组织体系，创新服务体系，加快发展为农服务主责主业。全系统总经营收入98.38亿元，比上年增长8.4%；销售70.58亿元，增长7.6%。托管农贸市场17家，市场营业总面积9.15万平方米，年交易额21.51亿元。通过专业化运营、标准化建设、品牌化输出、智慧化赋能等方式，解决农贸市场的环境问题和管理难题。新创建智慧农贸市场4家、“五化”（便利化、智慧化、人性化、特色化、规范化）市场1家、省四星级文明规范市场1家、省三星级文明规范市场1家。区供销联社获全省20强县级社第一名，省、市供销系统综合业绩考核优秀单位第一名。

【“三位一体”改革深化】 2021年，萧山区优化“1+4+N”的供销服务体系：1个萧山区级农合联，4个片区农合联，3家省级农业服务中心、1家省级商贸服务中心、9个产业农合联、18个村级服务社、30个庄稼医院、265个农资网点、17个托管农贸市场和种子种苗基地、临浦农产品展销中心、义盛供销乡里中心、义桥印象老街等为农服务窗口。区供销联社与区金融办、萧山农商银行、杭州农信担保公司、人保萧山公司等开展战略合作，为支农惠农提供金融服务。累计服务农民合作经济组织联合会（农合联）81家会员，贷款3.79亿元，参保种植面积2.52万公顷，参保养殖牲畜62.9万头。

【供销为农服务】 2021年，萧山区构建“首席专家+专家团队+产业农合联+合作社”的新型农技推广服务体系，组建农技、飞防、施肥等专业性服务队，培训超1000人次。坚持农资保供稳价，克服新冠肺炎疫情带来的人力、物运不足困难，满足萧山市场农资供应，全年供应各类化肥8万吨、农药农膜3969吨、种子1267吨。健全“定点投放、统一回收、集中处置”的农药废弃物回收处理模式，回收农药废弃包装物148吨，处置225吨。推动农产品进机关、进学校、进企业、进社区“四进工程”，开发农产品一键配送网上平台，农产品流通线上线下齐头并进。

【供销助力乡村振兴】 2021年，萧山区供销联社打造“美丽田园+美丽经济”模式，围绕全域美丽目标，拓展土地托管业务，涵盖粮食生产服务、绿化养护服务、美丽田园建设、美丽乡村建设、土地全域整治等全领域。承接新塘街道、戴村镇、益农镇多个村的全域整治和建设用地复垦等项目，助力全区城郊环境综合整治。承接23个美丽乡村、9个农产品品牌村建设。打造全省“千万工程”新时代美丽乡村现场会梅林村、横一村和佛山村备选考察点，其中横一村成为考察点。完成亚运林配套工程、“湘蜀田园”“世纪田园”“宁新田园”等标志性美丽田园项目。依托所属农发旅行社和农旅专业合作社，拓展旅游观光、教育科普、农事体验、展示展销等活动，累计开辟美丽乡村游线路99条，推动研学教育和乡村旅游有机结合，带动农业增效和农民共富。

【社有经济发展】 2021年，浙江环强再生资源开发集团有限公司有所前和党山两大分拣中心，城厢、新塘、所前3家分拣转运中心，24家学校智慧回收房，103个镇（街道）垃圾分类回收网点。全年回收全区大件垃圾1.43万吨。万丰石油公司以创新带动经营，实施营销、会员、合作三大体系建设，吸纳会员16万名，销售额比上年增长28%。萧投能源公司拓展销售模式，开辟润滑油、撬装站、大宗化工产品等业务，销售总额突破19亿元，比上年增长282%。浙石油万丰综合能源公司孙家弄、裘家坞和大同三等3家供应站开业。凯豪酒店创新网络营销、提升餐饮品质、改善硬件设施，打造凯豪品牌。梅林美好生活中心和横一如意山房项目竣工投入运营，保障省“千万工程”现场会的召开。至年底，原金马国际酒店改造项目，进入装修改造阶段。安吉银色港湾项目一期土建基本完成，二期结顶。临浦货运码头项目完成码头区块资产产权收购、项目立项，推进合作建立混凝土公司事宜。万丰物业托管小区9个以及办公楼、商业体，托管建筑总面积169.4万平方米。

【村社共建】 2021年，萧山区供销联社以社村共建为切入口，创新实践“党群联建、产业联动、美丽联创、服务联结、文明联教、成果共享、品牌共树、发展共赢”的“五联三共”新路径，筑牢基层组织服务“三农”的前沿阵地。所属基层社根据不同的基础和资源，在完成日常农业社会化服务、基层网点建设的同时，在美丽乡村建设、农业产业发展、农贸市场托管、园林绿化养护、河道保洁服务、农产品购销等方面联动发展。建设浦阳示范居家养老服务中心、横一村乡村云播客、“丰收驿”优质农产品展销平台、供销乡里服务中心、残疾人之家、社会停车场等合作载体，实施三围村和群围村“共智富”联合体工程，开展“供销市集”“供销大学堂”“助农丰收”等服务活动1800多人次。

（张钊玮）

萧山商业城

【概况】 2021年，萧山商业城商品线上线下成交额275亿元。全年发放各类宣传资料3.50万份，培训人员1000多人。配合区市场监管局南站所录入“浙江市场在线”经营户信息。出租户火灾人身意外保险购买率80%以上。开展2021年度经营户“创先争优”活动，创建“转型升级标兵单位”“安全生产单位”和“示范经营单位”。商业城微信、微博推送160多条，阅读量超60万次；在《企业家日报》、《市场信息报》、浙江工商网、《浙江工人日报》、《市场导报》、萧山网、《萧山日报》、萧山广电等媒体上发表新闻稿件1000多篇。萧山商业城被授予“全国十大专业著名品牌市场”称号。

【萧山商业城获评“全国十大专业著名品牌市场”】 2021年4月24—25日，第二十一届中国商品交易市场发展论坛暨2020年度全国商品交易市场表彰大会上，萧山商业城被授予“全国十大专业著名品牌市场”称号，商户杭州杰郦娅贸易有限公司、杭州正天五金机电有限公司、杭州炯力机电有限公司、杭州通恒建材有限公司被授予“中国商品交易市场金牌批发商”称号；杭州友松物资有限公司、浙江翔隆厨房设备有限公司、杭州神龙贸易有限公司、晚霞食品批发部被授予“全国商品交易市场文明诚信经营示范商户”称号。

【商业城安全隐患排查】 2021年，萧山商业城开展安全生产大排查大整治、“安全筑城、环境靓城”集中攻坚月、“平安护航建党百年”安全隐患大排查大整治行动及全国第20个“安全生产月”活动，重点排查危化品、餐饮店、烟花爆竹、道路交通、建筑施工、商住楼、食品安全、网络安全等风险隐患。全年组织安全检查及考核51次，治安清查40多次，商住楼排查11次，危化品检查3次，涉敏感物资企业、快递行业检查5次，发现隐患1130多处，均限期整改到位。商业城专职消防队对外出警127次，出水扑救63次，抢险救灾、便民服务29次。抽样检测食品样品719批次，新增商品索证备案6500多条，更新过期商品信息1200多条。

【商业城环境整治】 2021年，萧山商业城推进“城市环境大整治、城市面貌大提升”长效管理工作，开展城市环境大排查、大整治活动，“奋战三百天 迎接亚运会”环境大整治大提升行动及“环境秩序专项整治月”活动，发现问题930多处，整改占道、超线堆物现象720多处，设置太平洋市场垃圾分类集中点，开展垃圾分类工作。

【商业城周边交通治理】 2021年，萧山商业城加强周边交通环境治理。实施停车场“先离后付”工作，推进停车场撤杆工作，6个停车场加装ETC设备、辅助相机，拓宽场内支付渠道。加大路面执勤、巡查力度，处罚违章停车1665辆，处理交通事故87起。加大人行道、市场外围及慢车道违停管控力度，人行道违停贴单564辆，劝离机动车违章停车4924辆，督促非机动车有序停放1.16万辆次，劝导无照商贩555起。

【商业城设施设备升级改造】 2021年，萧山商业城投入1100多万元升级改造各类设施设备，包括生资市场裸土覆绿、商业城区块“污水零直排”建设、经贸大楼西侧道路充电设施安装等。保养副食品市场泵房消火栓泵，维修服装市场泵房水力警铃，安装防爆灯871个，更换灭火器232个，更换故障报警设备161个，改造市场喷淋设施159个。

标准化智慧农贸市场——墩里吴农贸市场
（区市场监管局提供，摄于2021年10月28日）

【商业城资产管理】 2021年，萧山商业城规范国资管理，收取房租费、综合服务管理费、停车管理费等2330多万元。做好商业城国有资产确权工作，梳理各市场1080间国有房产以及268间临时房产，对城内国有房产进行房屋测绘。对商业城内1305间国有房屋进行年租金评估。对副食品市场、太平洋、服装市场8间国有房产进行公开拍租。对商业城房产5年出租、出借、闲置、非经营（办公）用房情况进行自查。完善公司内部规章制度。配合萧审会计师事务所、大华事务所、萧永会计师事务所开展公司薪酬审计、财务审计、财务内审等工作。建立商业城3万—30万元2021年度零星工程项目库。

（吴春友）

居民生活服务业

【概况】 2021年，萧山区有从事居民服务业的市场主体1.17万户，比上年增长3.7%，其中个体户8583户，增长2.0%。全年新增居民服务类市场主体1771户，增长9.7%，其中新增个体户1397户，增长7.4%。全年注销居民服务业市场主体1440户，其中个体户1225户、私营企业197户。居民服务业涉及的市场主体主要分布于修理业2376家、理发及美容服务2193家、洗浴足浴及养生保健服务1020家。

【个体工商户主体稳步发展】 至2021年底，萧山区有居民服务业个体工商户市场主体8583户。居民服务业中个体工商户市场主体列行业分布第三位，仅次于批发零售业、住宿餐饮业，其中新增居民服务业个体工商户1397户，占全年新增居民服务市场主体总数的78.9%。

【修理服务业持续增长】 至2021年底，萧山区有修理服务业市场主体2376户，其中个体工商户1220户。新增修理服务业市场主体242户，其中个体工商户125户。机动车助动车修理业市场主体有1470户，占整个修理服务业的61.9%。

【理发及美容业总量减少】 至2021年底，萧山区有理发及美容服务市场主体2193户，比上年下降1.0%。全年新增理发及美容服务市场主体434户，增长5.3%，其中新增个体工商户392户，占全区理发及美容业新增数的90.3%。

【新建标准化智慧农贸市场15家】 2021年，萧山区连续第二年将智慧农贸市场建设列入政府民生实事工程，累计投入改造资金1730万元建设标准化智慧农贸市场。新建标准化智慧农贸市场15家，智慧化改造摊位1200个。标准化智慧农贸市场搭建智慧化监管平台，配备AI行为分析、物联网设备等数字化技术。通过建立数据对接渠道，归集市场登记信息、食用农产品检测信息、计量检定信息、视频监控等数据，打造多部门联动的业务协同体系，实现交易数据实时更新、市场信息公示、价格波动预警、食安检测公开、场内违规实时抓拍、疫情防控实时预警、远程实时监控等应用功能。实时获取食用农产品快检数据及交易价格、交易数量，实时发布。萧山区《智慧农贸市场建设与管理规范》立项为杭州市级地方标准，“智慧农贸”项目成为浙江省市场监管局“商品市场智慧化应用”“揭榜挂帅”项目。区“智慧农贸”场景应用接入全区25家农贸市场。

（冯建军）

餐饮业

【概况】 2021年，萧山区限额以上餐饮企业实现餐费收入8.04亿元，比上年增长19.4%。推进“诗画浙江·百县千碗”工程，10月，承办“百县千碗·美味杭州·运河美食汇暨市民体验活动”萧山菜品展示活动。参展胜利河美食街，扩大萧山美食品牌知名度和影响力。征集推荐2家企业参与杭帮匠心美食小馆评选，组织开展线上线下宣传推广，大灶头、施家八大碗2家企业入选杭帮匠心美食小馆20家榜单。对中式面点师、西式面点师、茶艺师、插花花艺师、企业人力资源管理师五个工种开展职业技能四级（中级）培训。组织选手参加“2021年杭州市商贸服务业‘迎亚运·岗位大练兵、技能大比武’”西式烹调师项目比赛。7人、11家企业入选杭州市餐饮业“六名”（名厨、名服务师、名店、名菜、名礼、名街）工程名单。选派餐饮企业参加“舌尖上的杭州”厨神争霸赛获金奖。

【“诗画浙江·百县千碗”萧山宴品鉴会】 2021年1月4日，“诗画浙江·百县千碗”萧山宴品鉴会在花海举办。该品鉴会由萧山区文化和广电旅游体育局、区商务局、区湘湖管委会、闻堰街道办事处主办。萧山宴又名“萧山十碗头”，有上千年的历史，九菜一汤中包含萧山人的风俗习惯和文化故事。萧山餐饮企业参与“诗画浙江·百县千碗”工程，其中，杭州跨湖楼餐饮有限公司获评浙江省“诗画浙江·百县千碗”特色美食体验店、杭州市“诗画浙江·百县千碗”特色美食旗舰店，杭州钱江渔村餐饮集团有限公司、杭州新时代餐饮实业有限公司、杭州新亭子餐饮股份有限公司越王路分公司获评杭州市“诗画浙江·百县千碗”特色美食体验店。

【萧山区职工餐饮服务技术比武】 2021年6月23日，萧山区职工餐饮服务技术比武在开元森泊度假酒店举行。该活动由萧山区总工会、区人力资源和社会保障局、区经济和信息化局、区商务局、区文化和广电旅游体育局联合举办。比武设中餐宴会摆台、西餐宴会摆台2个比赛项目。主办部门对2个项目成绩优异者进行嘉奖，获总分前三名的选手被授予区“第十八届技术能手”称号，享受两年区总工会发放的特殊岗位津贴，并给予一定物质奖励；第一名选手可以参与首届“萧山工匠”认定。杭州铂丽大饭店有限公司虞松松获中餐宴会摆台第一名，杭州国际博览中心袁红瑞获西餐宴会摆台第一名。

【萧山美食获厨神争霸赛冠军】 2021年，萧山区代表参加“舌尖上的杭州”厨神争霸赛第七季、第八季比赛。4月，金迪大酒店吕文群、施家八大碗杨国峰、临浦大灶头汤金林、民间厨师丁叶平等组队参加厨神争霸赛第七季比赛，杭州金迪大酒店参赛作品“云雾竹海”获金牌笋美味争霸赛银奖。11月，杭州铂丽大饭店有限公司徐国辉、杭州强子餐饮服务有限公司周华明、杭州柒零壹柒味道工厂餐饮有限公司李勇元、民间厨师丁叶平组队参加“舌尖上的杭州”厨神争霸赛第八季比赛，徐国辉以“脆米虾球”“阿克苏苹果炖羊肉”两道菜肴获专业组总冠军。

（郑乐婷）

汽车流通市场

【概况】 2021年，萧山区汽车流通行业年销售总额约289.4亿元。其中，新车销售额211.89亿元，包括浙江世纪汽车市场销售新车6万辆，销售额103.26亿元，其余各4S店销售新车5.75万辆，销售额108.63亿元；销售二手车4.04万辆，销售额23.43亿元；汽车配件年销售额42.13亿元；汽车担保额约12亿元。萧山区消费者权益保护委员会汽车专业分会共接受处理投诉300多起。

【浙江世纪汽车市场便民办证】 2021年，浙江世纪汽车市场办证大厅受理上牌新车2.11万辆，开具临时牌照3.09万张，受理过户二手车1.09万辆。全区代收车辆购置税10.24亿元，征税车辆5.51万辆，浙江世纪汽车市场办证大厅代收购置税车辆3.95万辆。

【汽车展销会】 2021年，萧山区举办两次大型汽车展销会。4月9—11日，萧山春季媒体汽车展览会在浙江世纪汽车市场举办，设展示区3万平方米，分国产车、进口车、新能源车、货车、二手车等五大展示区块，参展各类汽车约6000辆。9月18—20日，萧山秋季媒体汽车展在浙江世纪汽车市场举办，50多个汽车品牌参展，车型涵盖轿车、SUV、商务车等。两次车展共销售各类汽车1476辆，销售额2.65亿元；预订各类汽车1363辆，预订额2.61亿元；成交二手车582辆，成交额3586.54万元。

【汽车流通行业协会服务】 2021年，萧山汽车流通行业协会配合区商务局和区车管所举办浙A区域号牌业务培训会，引导各经销商了解政策，熟悉流程。配合区工商部门制定规范的二手车买卖统一合同示范文本，解决二手车市场买卖合同版本不一问题。参与社会组织等级评估，取得AAAA等级。

（郑乐婷）

市民卡服务

【概况】 2021年，杭州萧山市民卡有限公司（简称“萧山市民卡公司”）深化银企合作，加速市场化运营，促进数字化转型，创新推进各项工作。各服务网点柜面及线上业务总量45.31万笔，制作市民卡21.45万张。在杭州金投·市民卡青年服务创新技能比武大赛中获团体二等奖。

【第三代市民卡升级上线】 2021年3月6日，第三代社会保障卡（市民卡）在萧山区各市民卡业务网点上线发行，新增省内医保一卡通、金融账户闪付、公共交通全国通等功能，实现养老金、失业金及其他待遇领取和补贴发放，支持“多卡融合、一卡通用”。第三代社保卡卡面样式全省统一，便于全省范围内社保卡的识别和应用。

【新一轮合作银行招标完成】 2021年5月14日，萧山市民卡公司根据区委、区政府及金控集团对市民卡市场化运营要求，完成新一轮合作银行招标，萧山农商银行、邮储银行、工商银行、中信银行、农业银行、建设银行成为公司新一轮战略合作6家银行，并陆续开展三代卡发放和业务下沉银行网点工作。

【网点服务提速增效】 2021年，萧山市民卡公司新增萧山社保中心现场制卡点，实现四大制卡网点补换卡业务提速一倍至当日1小时领卡，进一步缩短领卡周期。新增临浦、所前办事中心网点自助拍照机，推动“最多跑一次”改革向基层延伸。合理安排学生市民卡申领和补换业务办理，暑期累计办卡2.7万张。至年底，全区可受理市民卡业务基层银行网点增至68个。

【智慧城市项目拓展】 2021年，萧山市民卡公司持续推进智慧食堂项目，新增用户单位8家，吸引优秀合作商户15家，通过定制个性化多种快捷结算方式、创新“浙政钉”签到等方式提高就餐效率，为就餐用户提供线上、线下多种消费渠道；上线“智慧购”平台，打造萧山本地特色城市生活圈；上线“智慧门禁”项目，便利企业人员管理。

（傅婕妤）

对口支援与区域合作

综述

【概况】 2021年4月，根据中央和省、市统一部署，杭州市发布新一轮东西部扶贫协作县结对关系优化调整方案，萧山不再承担贵州省黔东南州从江县、湖北省恩施州利川市两地的东西部协作任务，调整为结对四川省甘孜州康定市、广元市旺苍县。山海协作结对龙泉市保持不变，不再支持龙游县詹家镇浦山村乡村振兴示范点建设。支持淳安县乡村振兴示范点建设调整为淳安县中洲镇霞童村和左川村乡村振兴示范点。在与吉林省长春市绿园区建立对口合作结对关系的基础上，新增与吉林省长春市公主岭市建立对口合作结对关系。

【对口帮扶考察】 2021年6月17—18日，杭州市委副书记、萧山区委书记佟桂莉率领区党政代表团，赴四川省广元市旺苍县落实东西部协作和交流合作工作。区党政代表团调研旺苍县滨水经济休闲带、东西部协作绿色家居产业城等项目，考察东河镇南凤村异地扶贫搬迁安置点和黄茶基地，并走访脱贫群众。其间，两地召开第二次联席会议，签订东西部协作和交流合作框架协议，明确对口帮扶工作机制和协作重点任务。会上举行捐赠仪式，萧山区政府向旺苍县政府捐赠东西部协作帮扶资金200万元。6月19—20日，市委副书记、区委书记佟桂莉率领区党政代表团，到四川省甘孜州康定市考察调研对口支援和东西部协作工作。调研康定市旅游项目、乡村振兴示范点——雅拉乡王母村、对口支援和东西部协作援建项目——康定市二中在建项目、甘孜州博物馆等，并看望慰问藏族同胞。其间，两地召开对口支援和东西部协作第一次联席会议。

【精准帮扶】 2021年，萧山区在山海协作工作中探索打造乡村振兴示范点、精准消薄、消费扶贫。向龙泉市安仁镇张畈村投入援建资金330万元，累计投入援建资金960万元，帮助张畈村实施“金榜题名广场”“五贤馆”“沿线庭院景观建设”等富民强村项目，改变村貌，打造成为“网红村”，张畈村集体经济从0元增至23万元；向龙泉市安仁镇安福村、小梅镇大窑村捐赠省级结对帮扶资金100万元，并援派驻村干部，帮助结对村制定村级发展规划，实施造血类项目，提升村域环境，促进全面振兴。向淳安县中洲镇霞童村和左川村分别提供援建资金165万元，用于乡村振兴。萧山经济技术开发区热电有限公司与龙泉农村集体经济发展有限公司合作，助推130个经济薄弱村实现增收1000万元。区发改局、区总工会等部门，发起采购结对帮扶地区农副产品倡议，实现年度消费帮扶金额1000万元。

（茅　坚）

对口支援

【概况】 2021年，萧山区东西部协作结对地区调整为结对四川省广元市旺苍县和甘孜州康定市。区委、区政府强化组织保障，创新工作方式，立足两地资源，拓宽合作领域，引导全社会参与，在援建项目、劳务协作、人才交流、消费帮扶等多方面进行协作，推动对口各项工作走在前列。媒体多次报道萧山东西部协作工作：10月10日，人民网刊文《康定新情歌：演绎浙川山海协作兄弟情》；12月7日，中央广播电视总台新闻频道报道康定瓦斯小学与萧山家人公益学生结对交流活动；国家乡村振兴局网站于11月3日推送《四川旺苍：浙川携手兴茶业全链扶持促振兴》，12月5日推送《萧山—旺苍东西部协作“六心六助”巩固脱贫攻坚成果帮扶工程正式启动》，两次报道萧山、旺苍两地东西部协作工作；12月20日，《人民日报》头版头条报道旺苍东西部协作助力电商消费帮扶工作；12月22日，人民网报道萧山—旺苍两地“温情妈妈爱溢旺苍”三年结对助学行动。

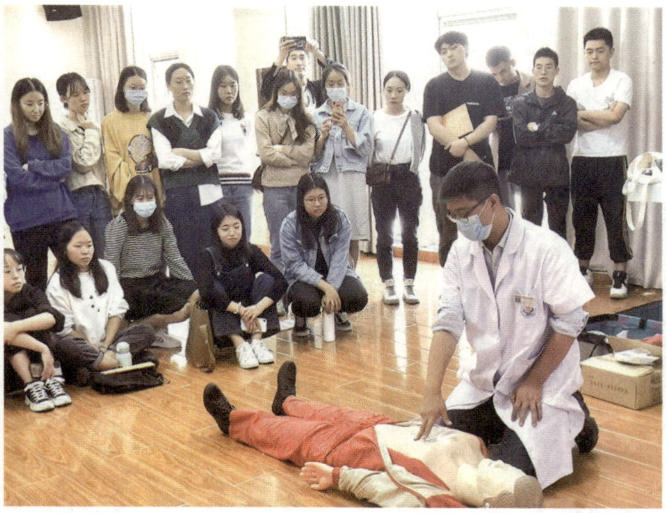

2021 年 10 月 19 日，萧山区中医院派驻康定市第二人民医院主治医师王青伟到（前右一）四川民族学院开展应急救护知识和技能培训　　（黄坚钢　唐　柯 摄）

【人才交流】 2021 年，萧山区选派区专业技术人才到结对帮扶地区开展挂职交流与培训活动。援派旺苍县和康定市挂职干部 5 人，6 月初到岗并投入工作，其中副区长罗林锋挂职担任甘孜州政府党组成员、副秘书长，其余 4 人在甘孜州康定市、广元市旺苍县两地挂职。援派专技人才 25 名到结对地区进行教育医疗帮扶。接收康定市和旺苍县到萧山挂职、跟班学习、研修培养干部人才 7 人，接收康定市到萧山交流交往交融群众 100 人。

【消费帮扶】 2021 年，萧山区助推结对地区优质农特产品“出山入湾”。线上线下“双轮驱动”，在萧山设立“礼好康定”农特产品线下体验馆和旺苍农特产品专卖店；借助阿里巴巴萧山产业带、中国农民丰收节等载体，对接各大电商平台直播带货；依托云集共享科技有限公司及浙江各科研院校研发能力，延长产品产业链，提升产品价值链。全年累计消费帮扶 1.6 亿元。

（茅　坚）

【劳务协作】 2021 年，萧山区根据旺苍、康定两地供需实际，探索适合两地劳务协作发展模式，建立劳务协作机制，推进省际校企合作，提升按需培训水平，深化劳务协作成果，开发东西部劳务协作应用场景，促进两地劳务协作工作有序开展。动员全区企业等用工主体开发就业岗位，向旺苍、康定两地推送就业岗位 4000 多个。与结对地区签订劳务协作框架协议，建立“东西部劳务协作农民工服务工作站”，开展劳务协作政策宣传、企业对接、岗位收集、统筹协调等就业服务工作。开展专场招聘会 4 场次，参与企业 94 家，其中组织 28 家次企业到旺苍县、康定市举办专场招聘会，提供就业岗位 2752 个，达成就业意向 350 多人次。举办劳务协作培训 10 多期，培训 1537 人次。全年帮助四川省农村劳动力到萧山区就业 1.66 万人（脱贫人员 1165 人），其中广元市农村劳动力到萧山区就业 1410 人（脱贫人员 142 人）、甘孜州农村劳动力到萧山区就业 15 人（脱贫人员 2 人），其他市州农村劳动力到萧山区就业 1.52 万人（脱贫人员 1021 人）。中西部省份脱贫人口在萧山区就业人数 1.89 万人。浙江大胜达包装股份有限公司获评 2021 年度杭州市就业扶贫爱心企业。

（茅　坚　孔潇文）

【萧山—旺苍民生领域协作】 2021 年 10 月 9 日，萧山区、旺苍县东西部协作教育卫健文旅结对协作工作会议召开，两地就东西部协作工作进行对接，区教育局、区卫健局、区文旅局先后与旺苍县有关部门签订结对帮扶协议。萧山与旺苍开启教育、医疗、文旅等领域东西部协作帮扶工作。会上举行捐赠仪式，区卫健局向旺苍县卫健局捐赠 AED（自动体外除颤仪）5 台；萧山企业杭州巨创网络科技有限公司向旺苍县教育局捐赠教学电脑 20 台；浙江美丽达被服有限公司向旺苍县困难学生捐赠棉衣 400 套。萧山帮助旺苍交流培训一支教育骨干队伍，协调支持一批学校改善教学条件，探索、建立“萧山 · 旺苍”数字化教学共享机制，萧山区第一中等职业学校和旺苍职业中学就合作办学进行签约等，并通过支教、学校结对和开展讲座活动等方式，推动东西部教育理念共享、资源共享、成果共享。通过结对协作提升旺苍县医院医疗服务质量、服务能力和管理水平，萧山区医共体总院与旺苍县的县级医院及基层医疗机构结对为友好医院，开展医疗技术指导、重点学科建设、信息化建设、管理及专技人员培训等。文旅事业方面，两地建立文旅合作机制，围绕“红城、绿谷、茶乡、古道”等旺苍特色文化产业资源加强文化资源开发，共同开发文旅市场，举行文化走亲，打造一批高品质、可持续的产业项目等。至年底，萧山区与旺苍县共建并完工项目 11 个，投入东西部协作财政帮扶资金 5102 万元。

【萧山—康定对口支援】 2021 年 11 月 29 日，萧山区、康定市对口支援工作联席会议在萧山召开。萧山区落实中央关于对口支援工作要求，聚焦旅游共兴、农产品出山、文化产业合作、人才互派交流、劳务协作、招商资源共享等领域，深化文旅资源、矿产资源、农特产品等方面的合作路径，完善协作机制，放大双方优势，推进乡村振兴。至年底，萧山区与康定市共建项目 12 个，涵盖智力支援、产业支援促进就业、保障和改善民生、交往交流交融、文化教育支援五大类，涉及对口支援资金 5411 万元。

2021 年 9 月 29 日，礼好康定线下体验馆在萧山区开馆

（区发改局 提供）

2021 年 11 月，四川康定特色文化展在加州阳光·开元广场展出

（范方斌　童宇倩　摄）

【萧山—旺苍义卖善款捐赠】 2021 年 6 月 1 日，萧山区发改局（区对口支援和区域合作局）与区妇联、区教育局联合主办萧山—旺苍两地“六一”义卖善款捐赠活动。义卖由萧山区湖滨小学组织，义卖商品为小学生手绘的连环画以及各种红色书籍、文宣产品等。通过义卖，实现红色故事、红色精神的更大范围传播。义卖筹得 5 万元善款和 200 套连环画，全部捐赠给四川省广元市旺苍县双汇镇中心小学。

（茅　坚）

区域合作

【概况】 2021 年，萧山区山海协作工作根据省政府出台《关于进一步支持山海协作“飞地”高质量建设与发展的实施意见》，启动山海协作产业飞地建设工作。8 月，龙泉市党政代表团考察萧龙科创园、信息港小镇及微医集团，召开山海协作工程工作座谈会，共商产业合作发展。11 月，召开萧山—龙泉山海协作推进座谈会，回顾总结两地推进山海协作工程取得的进展，就下一步深化山海协作工程进行讨论，并达成共识。

【与龙泉市合作】 2021 年，萧山区、龙泉市持续开展山海协作。两地 12 个部门和 11 个乡镇（街道）签订共建合作协议，开展产业发展、公益扶贫等项目 10 多个；萧山区与龙泉市签订文旅战略合作框架协议，扩大旅游文化合作；龙泉市青瓷宝剑产业局与萧龙青瓷文化艺术研究院签订文化产业交流合作框架。两地教育局签订教育对口支援框架协议，开展校际联盟及合作交流和师资交流协作。萧山中医院与龙泉市中医院签订山海协作工程协议书，协助提高龙泉地区医疗服务能力，派驻骨伤科、中医内科、超声等专家 8 人，开展“经直肠前列腺超声检查”等新项目，实践关节穿刺技术等治疗方法；举办讲座、培训 7 场、培训人员 300 多人次，累计接诊病人 3000 多人次；区中医院“重塑人生脊梁”“杏林天使基金”专门对龙泉市中医院开放，一批贫困的脊柱畸形患者得到专项救助，有 2 人得到治疗，减免费用约 10 万元。

【与吉林省长春市合作】 2021 年，萧山区政府分别与长春市绿园区政府和公主岭市政府签订对口合作框架协议，两地开展对口合作。区对口支援和区域合作局先后到长春市和公主岭市对接对口合作工作和汽车零部件产业深度合作事宜。推进柳桥集团有限公司在吉林省农安县的肉鹅屠宰加工羽绒分离项目，长春传化公路港、58 企服产业园等萧山企业在吉林投资项目情况。

【产业项目合作】 2021 年，萧山区推动区属企业赴结对地区开展产业项目合作，帮助培育生命健康、新兴产业；引导区属农业龙头企业到结对地区发展生态循环农业，建设特色农产品深加工基地等。3 月，区工商联带领浙江胜达集团有限公司等区内企业到丽水参加“知名浙商助力丽水跨越式发展大会”。萧山、龙泉两地企业展开多维度联系对接，实现产业项目合作，杭州萧龙文化创意有限公司与龙泉市古窑瓷研究所签订建造龙窑合同等。

【萧龙科创园建设】 2021 年 8 月，萧山与龙泉签订《共建山海协作产业飞地框架协议》。推进消薄“飞地”——萧龙科创园建设，利用萧山区位优势，重点招引数字经济、先进装备研发、生物医药、文化创意等优势产业，目标是打造集总部经济、技术研发、产品展示、成果交流于一体的创业创新园区。至年底，萧龙科创园完成投资 1.2 亿元，6 栋单体建筑均完成结构封顶，幕墙工程和水电安装工程均进场施工，完成总体形象进度 80%。项目建成后将实现年产值 3.8 亿元，创税 5000 万元，项目将实现龙泉市 130 个村消薄增收，同时成为龙泉加快产业发展的桥头堡和高质量融入长三角一体化的重要平台。

【萧山—龙泉山海协作工程工作视频联席会议举行】 2021 年 12 月 14 日，萧山—龙泉山海协作工程工作视频联席会议召开。以视频连线方式就山海协作工程工作共叙合作、共谋发展。两地签署实施山海协作工程协议书并举行捐赠仪式，萧山区向龙泉市捐赠 2021 年度山海协作乡村振兴援建资金 330 万元，向龙泉市 11 个结对乡镇（街道）捐赠帮扶资金 220 万元，向龙泉市 2 个村捐赠省级帮扶资金 100 万元，并支付 2021 年度消薄村投资返利 1000 万元。

（茅　坚）

交 通

综述

【概况】 2021年底，萧山区公路通车里程2025.52千米，其中高速公路61.44千米，一、二级等级公路665.86千米。全区综合交通投资29亿元，其中交通重点基础设施投资18.49亿元，投资完成率146.7%。235国道河上支线、时代大道、03省道东复线高架南延工程高架部分等建成通车，春永线断头路打通；轨道交通6号线二期、杭绍城际线等开通运营；杭甬高速抬升、杭绍甬高速、时代高架南延等在建工程加快推进，义大路改造工程（一期）、钱江通道益农互通连接线拓宽改建工程开工建设。改造、维修17个镇（街道）、平台的农村公路284条、263.68千米。新辟优化调整公交线路26条，新增城区公共自行车服务点14个。至年底，萧山国际机场开通航线268条，其中国际航线30条。航空旅客吞吐量2816.38万人次，比上年下降0.2%，其中出港旅客1431.64万人次，增长1.3%；货邮吞吐量91.41万吨，增长14%。

【萧山区获评"四好农村路"省级示范县（市、区）】 2021年6月6日，省政府办公厅发文公布"十三五"期间浙江省"四好农村路"省级示范县（市、区）名单，萧山区名列其中。2018—2020年，萧山区实施《萧山区高水平建设"四好农村路"建设三年行动计划》，"四好农村路"建设提升改造低等级公路395千米，维修县乡公路路面198千米，村级公路路面维修446千米，桥隧维修改造59座，建成普通公路服务站21个，建设改造港湾式停车站60个，建设村级农村物流服务点290个，建设美丽经济交通走廊308千米（精品线45千米），通乡镇、景区等公路改扩建54.37千米。全年全区17个镇（街道）改造和路面维修农村公路284条、263.68千米。县级交通共富指数居全省第一位，全区农村公路中等路以上比例居全市第一位。

【"22688"交通大会战】 2021年，萧山区结合"亚运兴城"攻坚年行动方案、2021年政府重点工作任务书，制定"22688"交通大会战21个项目年度建设目标，落实责任单位，任务量化分解至每季度。至年底，全区在建项目32个，其中"22688"交通大会战重点项目17个。建设里程183.28千米，其中地铁31.57千米、高速公路18千米、快速路71.26千米、主次干路62.45千米。亚太路东伸、义大路改造（一期临浦段）、通城快速路（内官河—晨晖路）等13个项目开工建设，新建里程48.16千米。杭绍城际铁路、地铁6号线（二期）试运营，时代快速路、彩虹快速路（萧山滨江区界—博奥路、通惠路—新城路）、03省道东复线高架快速路等22条地铁（道路）投入使用，通行里程45.67千米，其中地铁7.17千米、快速路8.49千米、地面道路30.01千米。

资料：

"22688"交通大会战：建设两大交通枢纽——杭州萧山国际机场三期扩建工程、铁路杭州南站综合交通枢纽，打通2个城市环线——杭州城市组团环线、杭州都市经济圈高速公路环线，完善6条轨道线路——地铁5号线一期工程、地铁6号线一期工程、地铁7号线、地铁1号线三期、杭绍城际轨道工程、机场轨道快线，打造8条城市快速路——时代大道改建工程、风情大道—临浦快速路、通城大道、03省道东复线改建工程、红十五线改建工程、萧山机场东路、彩虹快速路—头蓬路、杭甬高速二桥至红垦段抬升，提升8条框架性主干路——博奥路、新城路北伸、新街大道、滨江一路民祥路至九号坝直河段、滨江二路鸿宁路至香樟路段、南三路蜀山路至03省道东复线、03省道改扩建工程、义大路东伸。

【"公交优先"项目】 2021年，萧山区新辟优化调整公交线路26条；新增城区公共自行车服务点14个；新增小红车4500辆，其中亲子车1000辆；新增、更新50辆新能源公交车，以市、区连接公交为骨干，区内公交接驳线为主体，定制公交满足特约服务，公共自行车解决“最后一公里”出行的公共交通出行体系基本形成，公交从业人员安全意识、服务意识提升。萧山公交运营指挥中心构建数字公交场景，结合“公交慧眼”“智慧站台”，提高公交安全和通行效率。

【萧山区获评省万里美丽经济交通走廊达标区】 2021年，萧山区美丽交通建设综合整治和景观提升并举，获评全省万里美丽经济交通走廊达标区。美丽公路建设一期项目竣工，其中大泥线申报省级“特色精品道路”；二期整治提升云许线等5条公路和104国道绍兴入城口；三期项目戴尖线竣工。9月，全国铁路沿线安全环境治理部际联席会议办公室现场工作会在萧山区召开，萧山经验得到交通运输部、省市领导肯定和批示。全年完成省、市下派铁路整治任务3次，整改安全隐患点位462处，占全市总任务数的50%。排查公路铁路两侧问题点位4800多处。开展公路路域环境治理工作，对公路沿线环境卫生、通行秩序、桥下空间环境、公路用地及建筑控制区环境、公路沿线绿化、标志标牌等问题集中整治，拆除违章建筑1448平方米，清理清除路面堆积物4316立方米，清除非公路标牌1032块，取缔路边摊贩302个，整治桥下空间46处，确保公路路域环境“畅洁绿美安”。

【交通运输行业疫情防控】 2021年，萧山区紧抓交通运输行业新冠肺炎疫情防控工作，落实运输行业防疫、重点人员疫苗接种、交通转运保障，开展入萧卡口检查，抓好在建交通工地、水上运输防疫工作。“12·7”疫情防控二级工作响应启动后，第一时间组织做好交通转运保障工作，紧急抽调驾驶员充实到应急保障队伍，调用4379车次，保障上门核酸医护及转运样本车辆552辆次。全年保障国际及地区（不含澳门）客运航班672架次、旅客7.04万人，处置发烧旅客304人，未发生脱管、失管、漏管和感染。针对12月杭绍甬地区新冠肺炎疫情，以新坝船闸为“重点”，与富阳、桐庐大队以及绍兴开展联动，实施中高风险船舶管控573艘次，船舶防疫检查75艘次，督查并整改行业防疫问题5处，防止新冠肺炎疫情从水上输入。铁路杭州南站日均查验健康码1万余人。12月，区交通运输管理服务中心受到杭州市新冠肺炎疫情防控工作领导小组办公室表彰。

【交通行业秩序规范】 2021年，萧山区进行公路管养体制改革，优化道路管养，提升养护质效，落实交通养护建设计划，进行迎亚运保障线路改造工程；推进设施维护，落实隐患整治；加强桥隧管养，开展桥隧安全专项评估和整治，确保公路桥梁和隧道安全。专项整治运输市场，紧抓长途班车和旅游包车安全监管，建立重点监控车辆数据库、推进客运数字化监管、严厉打击非法营运行为；紧抓道路危险货物运输安全监管，落实危货运输安全长效机制、推进落实各项专项整治、坚持高压严管，全年查处结案危货运输违法案件54起。升级驾培行业管理，“浙里学车”App上线应用；开展区驾培行业整治，加大驾培机构场地核查力度；规范开展交通运输从业人员培训和考试。

【交通行业平安创建】 2021年，萧山区强化春运、“两会”、中国共产党成立100周年及各节假日安全保障，加强安全隐患排查治理。全年治理隐患点1101处，治理区道路安全委员会交办隐患229处，提前治理消除4个市级点和2个省级挂牌隐患点，开展市级挂牌安全隐患“杭甬运河过河缆线”整治。围绕交通运输安全生产三年行动、“遏重大”攻坚战、平安交通年建设和“平安护航建党百年”专项行动等重点工作开展排查治理，全面防范风险、遏制事故。强化应急联动，开展“三防”检查和应急演练，抗击台风“烟花”，确保汛期安全畅通。加强宣传教育和培训，组织“安全生产月”等活动、指导行业企业开展应急演练，举办交通系统新《中华人民共和国安全生产法》宣传贯彻讲座培训。

萧山公交运营调度指挥中心　（区交通运输局提供，摄于2021年9月18日）

【“萧山交通公众服务平台”上线】 2021年10月25日，“萧山交通公众服务平台”在“萧山交通”微信公众号上线，市民可在线查询出行路线和交通信息。整合与群众交通出行相关的多个部门数据资源和查询平台，提供公交、小红车、长途班车、高铁、民航、周边服务、企业信息、从业人员、营运车辆、高速口、地铁、停车场等多个便民查询接口，并实时发布交通资讯及相关出行服务信息。萧山交通公众服务平台作为3个区级自建应用场景之一，被列入《萧山区数字化改革总体方案》。

（方嘉懿）

交通规划

【概况】 2021年，萧山区编制区交通运输发展“十四五”规划；开展萧山区综合立体网交通规划研究，规划编制；深化规划道路研究，加强与周边县市路网连接规划对接，继续开展临浦快速路、03省道东复线新线位等规划道路前期研究，与周边县市交通运输部门就235国道、诸暨至浦阳快速路等跨区道路规划方案进行对接完善。配合省、市交通规划及发改、住建等部门开展区内其他规划编制所需交通数据、资料的报送及核实，参与意见征求和文本评审等工作，强化区交通规划与省市交通规划与区内其他规划的衔接。

【《萧山区综合交通运输发展“十四五”规划》】 2021年5月，萧山区发布《浙江省萧山区综合交通运输发展“十四五”规划》。规划提出服务质量效益化、交通方式融合化、需求引导空间化、行业驱动创新化四大发展战略。远景展望2035年，围绕1个综合交通枢纽城市，1个客货运出行交通圈，1个智能交通产业集群，构建萧山区综合交通三个“1”体系。提出“全面推进综合立体交通网络建设、全面深化交通运输服务品质提升、全面促进智能交通产业集群发展、全面塑造美丽交通模式人性体现、全面加快交通行业治理水平完善”五大任务；推动实施交通基础设施建设项目100多项，统筹推进公路、铁路、水路、民航和城市交通等交通基础设施完善和互联互通，规划总投资超2300亿元。2021年，萧山在所涉“轨道上的浙江”、杭州中环、城市快速路网等项目上，加快综合枢纽建设，放大网络效应，增强区块路网联通性。12月20日，“十四五”时期促进杭州都市圈一体化融合发展重点项目中环节点工程进场，第一根工程桩开钻。杭州中环萧山东段的非粮化改造后，萧山配合杭州保障中心提前对接管线迁改方案，及民房、企业拆迁的估算。

资料：

杭州中环：又称杭州都市区中环，位于杭州绕城高速和杭州第二绕城高速（二绕）之间，全长约200千米，是浙江省“十四五”期间“十大千亿工程”之一。

【《萧山区交通运输数字化改革行动方案》出台】 2021年7月，萧山区根据省市数字化改革行动方案，结合萧山交通实际，出台《萧山区交通运输数字化改革行动方案》。方案明确按照“1+6+X+Y”的总体框架有序推进萧山交通数字化改革工作，围绕党政机关整体智治、数字政府、数字经济、数字社会、数字法治五大方面，抓好数字公路、工程管理、法治信用、安全应急、机关智治、公众服务六个业务板块的数字化改革，打造一批具有萧山特色的基层交通管理部门和社会交通企业数字化改革应用场景。区交通运输部门建立数字社会等6个专班，打造具有萧山特色的基层交通管理部门和社会交通企业数字化改革应用场景，2个应用场景被列入省级试点。推进信息化工作，启用“浙江省交通运输审批服务平台1.0版”系统，组织开展“一网统管”事项认领、推进工作，开发信访信息系统电脑端和手机端并上线运行，非法营运数字监管场景建设完善，开发“危化品车辆线路监控”微应用。进行车路协同智慧化改造，安装金城路、机场快速路、市心南路上部分公交站和路口车路协同的智慧化改造和运营所需设备。优化交通出行数字化体验，“萧山交通公众服务平台”上线，整合多部门与群众交通出行相关的数据资源和查询平台，提升群众出行体验。

资料：

《萧山区交通运输数字化改革行动方案》“1+6+X+Y”的总体框架：“1”是搭建集交通总览、运行监测、应急指挥、执法监管、车路协同、交通驾驶舱等功能一屏统览，集数据和视频于一体的萧山数字交通基础平台；“6”是抓好数字公路、工程管理、法治信用、安全应急、机关智治、公众服务六个业务板块的数字化改革。“X”和“Y”是分别打造一批基层交通管理部门数字化改革应用场景和一批本地社会交通企业数字化改革实践。

【《萧山区深入贯彻〈交通强国建设纲要〉建设交通强国示范区的实施意见》出台】 2021年10月，萧山区制定并印发《萧山区深入贯彻〈交通强国建设纲要〉建设交通强国示范区的实施意见》《萧山区建设交通强国示范城市行动计划（2020—2025年）》，确定加快立体交通建设，构建都市枢纽；加快产业交通建设，打造智造强区；加快数字交通建设，打造智能平台；加快绿色交通建设，提升发展品质；加快美丽交通建设，构建人本环境；加快信用交通建设，完善治理体系；加快平安交通建设，打造预警体系；加快文明交通建设，弘扬发展内涵八大工作任务。成立萧山区建设交通强国示范城市领导小组，建立区级交通强国示范区建设工作机制，列出区创建交通强区五年重点项目清单，分为立体交通、美丽交通两大类共102项，对每项任务的建设规模、时间、投资数额及实施主体（牵头单位）进行明确。

（方嘉懿）

公路运输

【概况】 2021年，萧山区公路总里程2025.52千米。其中，国省道181.69千米，县道567.06千米，乡道62.40千米，村道1214.38千米；一级公路136.35千米，二级公路529.52千米，三级公路168.76千米，四级公路1090.62千米。在建项目32个，其中“22688”交通大会战重点项目17个，建设里程183.28千米。

杭州萧山长途汽车运输有限公司有运营车辆315辆（包括租赁小车163辆），安全行驶里程1019.08万千米。发送旅客16.32万人次，比上年下降39.53%；发送客运班次2.56万班次，下降27.9%；旅客周转量2654.6万人千米。

杭州萧山交投出租汽车服务管理有限公司管理出租车359辆，占全区出租车总量的36.1%，从业驾驶员560人；更新迭代车辆32辆，其中新增新能源混动车辆22辆。启动出租服务大提升行动，开展专项文明服务、外语、技能、形象等多主题培训，开展车容车貌、隐患排查以及服务比拼等系列工作，提高服务水准。

杭州萧山城市新能源汽车服务有限公司拥有自营租赁车辆183辆，开展车辆租赁业务274辆次，比上年增长40.9%；优化充电场站网络布局，共运营12处充电场站124个充电桩。五彩出行充电桩运营平台用户数量增长114.2%，补电订单量2.56万笔，增长77.4%。

杭州萧山国际机场高速公路车流量2447.2万辆，比上年增长3.98%；收入通行费用3.66亿元，增长14.1%。萧山国际机场高速公路由杭州萧山国际机场高速公路建设开发有限公司管理运营。

（方嘉懿　罗坚卫）

【公路基础设施建设】 2021年，萧山区交通运输局牵头综合交通基础设施提升，完善区域交通路网建设。全年综合交通投资29亿元，其中交通重点基础设施投资18.49亿，投资率146.7%。235国道河上支线、时代大道、03省道东复线高架南延工程高架部分等建成通车，打通春永线断头路；杭甬高速抬升、杭绍甬高速、时代高架南延、风情大道改建等在建工程加快推进，彩虹大道快速路工程部分路段通车试运行，义大路改造工程（一期）、钱江通道益农互通连接线拓宽改建工程、西河路项目开工建设。

【美丽公路建设】 2021年6月，萧山区根据“美丽公路建设”三年行动计划，开始实施“美丽公路建设”三期工程。2020年7月，发布《杭州市萧山区“美丽公路”三年行动计划（2020—2022年）》，分三期完成全区27条公路和11个入城口的美丽公路建设及其他主要公路两侧整治，总投资24.8亿元。清除公路及沿线、区县交接断面、高速入口、入城口、入镇口的“脏乱差”现象，提升公路及沿线区域洁化、绿化、美化、序化水平，完善长效管理机制。2021年10月，“美丽公路建设”一期项目完工。至年底，二期工程S307（含徐樟线）、信益线、云许线、党农线、G104国道绍兴入城口完工，塘湄线形象进度66.7%，S103省道进度82.5%；三期工程中戴尖线完工，坎红线进度60.28%，风情大道进度95%，建设四路进度79.27%，塘新线进度64.39%，三益线进度34.27%，伟老线进度77.08%，萧明线进度74.97%，成虎路进度60.1%，春永线富阳入城口进场施工，来娘线弱电工程进场施工。

【公路管理养护体制改革】 2021年8月，萧山区印发《杭州市萧山区人民政府办公室关于印发杭州市萧山区深化公路管理养护体制改革工作方案的通知》，加强公路管理养护工作，加快推进市场化进程，从管养一体向管养分离转变，从粗放式管养向专业化管理转变。由区交通运输局、萧山交通投资集团有限公司、区交通运输管理服务中心作为甲、乙、丙三方签订《杭州市萧山区公路一体化保洁养护委托三方协议》，区交通运输局将区级公路保洁养护生产工作，委托萧山交通投资集团有限公司具体实施。按照人随事走、自愿选择的原则，萧山交通投资集团有限公司接收区交通运输管理服务中心保洁养护人员及设备、道班房。自9月1日起，萧山区实施公路一体化保洁养护，实现管养分离。

【公路管养】 2021年9月，萧山区实施公路一体化保洁养护。开展公路路域环境大整治活动，集中整治路面保洁、排水系统清理、公路绿化养护等。落实交通养护建设计划，涉及38条线路，投资9650万元。开展区公路易积水路段排查治理工作，维护更新主要路口和重要路段的标志标线13.3万平方米，修复波形护栏2.01万米，修复中央隔离护栏1.84万米，安装示警桩3683根。治理隐患点1118处（次），为保障大货车右转弯安全，提升海淞弯245处，增设中央隔离8处、4900米；设置临水临崖护栏21处、3900米。定期检测桥梁188座，专项检测桥梁5座，超限运输协助审批1329件。编制大中修工程桥隧养护计划和组织实施，加固维修桥梁15座，桥隧小修195处。

【道路交通隐患整治】 2021年，萧山区开展道路交通安全隐患整治，治理隐患点超过1118处（次）。治理区道路交通安全委员会下发文件隐患229处，省级、市级隐患点段治理6处，较大的公路路口路段整治8处，千警进镇村专项交通隐患治理479处，亡人事故隐患应急整治15次，普通事故溯源隐患治理288个。

【高速公路入城口整治及亮化工程】 2021年，萧山区对高速入城口进行绿化整治与亮化提升，提升城市环境和城市面貌。项目涉及5条高速公路10个入城口的改造提升，分别是对萧山东入城口（杭金衢高速）、张家畈入城口（杭金衢高速）、临浦入城口（杭金衢高速）、机场路入城口（杭甬高速）、萧山南入城口（绕城高速）、益农入城口（苏绍高速）、杭州东入城口（通城高架互通）等。区交通局与属地镇（街道）、高速公路业主、高速交警、路政，区交警等单位多次对接，具体落实各入城口整治方案。至年底，萧山东入城口整治工作结束，种植高速两侧乔灌木、草坪和保留区域绿化整理6.5万平方米。

（方嘉懿）

水路运输

【概况】 2021年，港航萧山执法大队管辖的内河航道通航总里程796.83千米（含钱塘新区，不含钱塘江杭州湾）。其中3级航道2条，长71.2千米；6级航道2条，长46.1千米；7级航道6条，长81.4千米；准7级航道82条，长598.13千米。新坝船闸年过闸船舶5.55万艘次，日均过闸船舶195艘次；过闸货运量1964万吨，分别增长3.6%，32.7%和3.5%；过闸量3029万吨，上升8.5%。湘湖景区客运量14.04万人次，旅客周转量109.67万人千米，比上年分别增长10.5%、7.9%。辖区未发生航运亡人事故。

杭州市港航行政执法队萧山执法大队（简称“港航萧山执法大队”）全年巡航386次，869小时，7144.7海里，1277人次。查获违章731起，实施行政处罚636起（包含54起异地处罚），罚款 40.22 万元，非现场执法占处罚总量的 51.3%，实施交通运输轻微违法“首错免罚”19 次。港航萧山执法大队获评 2021 年杭州市美丽建设突出贡献集体。

【杭甬运河新坝二线船闸建设】 2021 年 3 月，杭甬运河新坝二线船闸工程可行性研究报告获省发展和改革委员会批复。项目通过规划选址及土地预审会审，完成施工设计总承包（EPC）招标、合同签订等工作。8 月，项目开工。杭甬运河新坝二线船闸位于萧山区义桥镇、临浦镇，在一线船闸东侧，沟通浦阳江与杭甬运河。项目新建Ⅲ级船闸 1 座（闸室有效尺度 300 米 ×25 米 ×4.5 米，设计年单向过闸货运量通过能力为 2820 万吨），改建桥梁 3 座，拆复建防洪堤约 670 米，新坝河改线（含箱涵）长约 380 米，改造上、下游远调锚地各 1 处，实施文物迁移保护工程及相应的配套设施。项目总投资概算 19.27 亿元。

【杭甬运河萧山义桥作业区工程通过验收】 杭甬运河萧山义桥作业区位于萧山区义桥镇浦阳江与永兴河交汇处，征地面积 24.34 公顷，可利用陆域面积 18.21 公顷。设计年通过能力 320 万吨，新建 500 吨级（水工结构按 1000 吨级设计）靠泊位 13 个，锚泊位 3 个，泊位总长度 900 米，码头岸线长度 1056 米，配套设施陆域堆场、仓库、道路、生产生活辅助建筑等设施。分两期建设，概算投资 6.34 亿元。2019 年底一期工程竣工，2019 年 5 月二期工程开工。2021 年底，工程完工并通过验收。

【平安港航建设】 2021 年，港航萧山执法大队开展港口码头安全监督检查 140 家次，发现问题并整改 184 个，整改率 100%。督促企业落实安全生产主体责任。督促属地 20 个镇（街道、场）、平台开展农（林）自用船舶专项整治，521 艘农（林）自用船舶（含水面保洁船舶）进行清册，劝离农用船主航道捕捞 12 起，拆解“三无”船舶 2 艘。事故接处警 69 次，参与 110 联动社会救助 1 起，救助船舶 19 艘次，成功处置“3·10”浦阳江破损进水船舶、“11·9”杭甬运河破损进水船舶救助。参与市防洪推演，修订辖区防热带气旋、防洪水、防涌潮（包括防汛）“三防”预案，推进区水上应急搜救中心实体化运作。在抗击超强台风“烟花”中，疏散浦阳江渔船、清污船 47 艘，接收富阳渔山锚地转移避台船舶 30 艘，实现人员零伤亡，财产零损失。

【通航秩序维护】 2021 年，港航萧山执法大队平安护航新坝船闸通闸 64 次，过闸船舶 4955 艘次，在提升船舶过闸效率的同时有效缓解渔山锚地滞航压力。受理水上水下施工航行通告申请 5 次。勘察涉水施工项目 4 处，参加专家评审会并提出意见建议。开展杭甬运河“清网护航”品牌活动，开展清网行动 25 次，出动执法人员 78 人次，清除渔网、鱼簖、虾笼 150 多个。开展过闸船舶诚信抽查，通过线上线下融合，强化与新坝船闸联动，检查船舶 919 艘次，非现场检查船舶 1988 艘次，查获违章 36 起。

【港口码头和水运企业安全监管】 2021 年，港航萧山执法大队开展港口码头安全监督检查 140 家次，出动执法人员 401 人次，发现问题并整改 184 个，整改率 100%。配合市港航行政执法队对辖区 2 家港口企业进行第三方安全检查，整改闭环工作有序推进。对 11 家水运企业和 1 家船舶管理企业进行年度核查，相关企业均符合经营资质要求。落实 1 家新成立水运企业安全生产主体责任和防污染主体责任。同时以企业自评和部门核查相结合的形式，对辖区 17 家港口企业和 11 家水运企业进行安全管理目标责任考核。

【港口企业水运企业隐患排查】 2021 年，港航萧山执法大队开展港口企业和水运企业隐患排查，督促企业落实隐患排查制度，增加自查频率。辖区港口企业排查治理隐患 51 家次，排查隐患 28 项，整改 28 项，落实隐患治理资金 3.8 万元；水运企业排查治理隐患 33 家次，排查隐患 48 项，整改 48 项，落实隐患治理资金 14.5 万元。结合《中华人民共和国安全生产法》（2021 年修订），对港口企业安全生产双重预防机制建设进行宣传，敦促辖区港口企业推进双重预防机制建设，对辖区水运企业分 3 批次进行专项指导，督促水运企业以市港航行政执法队指导手册为模板，建立双控建设计划并严格落实。至年底，19 家港口企业和 6 家水运企业落实双重预防机制建设。

货用船舶有序通过新坝船闸　　　　（丁　毅 摄于 2021 年 3 月 25 日）

【水运行业治理】 2021 年 6 月，萧山区召开杭甬运河（萧绍段）暨浦阳江防汛联动工作会议，持续发挥萧绍两地联控机制，最大程度减轻因防汛诸暨码头关停造成的影响。5 月，协助绍兴交通部门应对嘉会大桥坍塌事故，保障450艘滞留船舶，运转货物近20万吨，同时解决滨海热电煤炭短缺困境。区交通运输局及相关镇（街道）合力整治困扰多年的“运河缆线顽疾”，累计整治28处。利用湘湖景区“钉管用”数字治理体系，加大景区整体“智”治力度。实施船舶界面动态监管1.7万艘次，做好临浦三桥、陆庄大桥比对线的值守、处置，红黄船舶处置率100%。依托登门宣传贯彻相关政策，分批分类指导，约谈后进等方式，督促辖区19家港口企业和6家水运企业建立双重预防机制。

（方嘉懿）

铁路运输

【概况】 杭州火车南站原名萧山站，始建于1931年，隶属于中国铁路上海局集团有限公司杭州站管辖。1992年，萧山建铁路萧山站，2010年更名为杭州南站。2013年7月，杭州南站改建，采用PPP项目模式（政府和民营企业合作的模式）实施，由萧山城投集团负责实施建设，总占地面积13.6公顷，总建筑面积约22.2万平方米，概算投资30.25亿元。分东、西两个广场：东广场为主广场，占地9.8公顷，建筑面积约16万平方米；西广场占地约3.8公顷，建筑面积约6.2万平方米。2016年4月，西广场开工建设，2018年10月，西广场工程竣工验收。2019年8月，东广场地下室结构基本完成，2020年1月，东广场出入口完成铺装，2020年7月1日，铁路杭州南站开通，2020年10月，东广场主体结构完工，2021年3月，东广场装饰装修完工，2021年底，东广场竣工并通过消防等验收。

2021年，铁路杭州南站发送旅客442万人次，日均发送1.21万人次。停靠办理客运业务的旅客列车71.5对，其中普速列车40.5对、动车组列车26对（包含集动车1.5对）、市域列车5对。

【铁路杭州南站运行有序】 2021年，铁路杭州南站持续推进“1141+X”（1个领导小组、1个指挥室、4个平台、1支联勤队伍以及X个网格服务团队）治理模式，创建平安南站。开展专项演练20次、大检查12次、专项整治8次；开展文明城市、国家卫生城市、国家典范城市创建迎检工作；召开20多次协调会，受理办结杭州南站区域“综合治理平台、综合执法平台、市场监管平台和便民服务平台”四平台事件526件。落实文明城市、国家卫生城市、国家典范城市等检查工作。依托“微笑亭”志愿服务平台，做强一站式服务，出动志愿者750多人，服务5.28万人次；配备AED（自动体外除颤仪）急救设备和药品；开展重大节假日保障工作，学雷锋、消费者权益保护日、世界计量日、中秋国庆等主题服务活动。打造智慧南站项目。

【南站周边配套建设】 2021年，铁路杭州南站综合交通枢纽周边配套道路建设涉及彩虹大道、通城大道、郎家路、商聚路、商城北路、站前东路、高新五路、陈端路8条道路工程，总投资约170亿元。同时推进临时换乘中心、环卫、电力、污水泵站等配套工程建设。至年底，铁路杭州南站综合交通枢纽周边配套道路中彩虹快速路（通惠路—东入城口）、通城地面道路（站前路—商聚路）、郎家路（高新五路—新城路）、高新五路（金城路—规划陈端路）、站前东路（通城地面道路—新城路）、商城北路（站前路—彩虹地面道路）等路段建成通车，初步形成南站“外联内畅”的交通路网。

【杭州南站东广场无障碍环境建设】 2021年，杭州南站推进东广场无障碍环境建设。在无障碍公交上下客点规范铺设盲道，设置缘石坡道，设置呼叫按钮，可与公交调度室连接对话，方便残障人士乘坐公交。设置5个无障碍厕所，厕所内设置各类无障碍设施。在地下车库靠近电梯出入口及附近区域，按2%的比例设置20个无障碍车位，满足残障人士的停车需求。东广场内无障碍引导标识齐全，设置2台无障碍电梯。

（罗坚卫）

【杭州南站新城管委会成立】 2021年2月，经杭州市委编办同意，杭州南站枢纽管理委员会加挂“杭州南站新城管理委员会”牌子。区委财经委员会会议明确杭州南站新城管理委员会统筹实施新城区域规划，推进建立财政结算管理办法，综合考评纳入区级部门，招商引资考核纳入平台组进行。由国资委出资2亿元建立杭州南站新城建设运营公司，由杭州南站管委会管理。3月，调整机构编制，新增规划建设、招商引资、经济发展等职能，共设办公室、规划建设科、投资促进科、城市管理科、财政审计科等5个内设机构；下设1个下属事业单位，即杭州南站枢纽综合服务中心。5月，经区委批复，建立中共杭州南站枢纽（杭州南站新城）工作委员会。下设1个机关党支部。

（张玲丹）

民用航空运输

【概况】 2021年，杭州萧山国际机场航班起降23.83万架次，比上年增长0.4%。受各地多轮疫情反弹影响，旅客吞吐量2816.38万人次，下降0.2%，全国排名保持第10位；货邮吞吐量91.41万吨，增长14.0%，居全国第5位，其中国际及地区货邮吞吐量17.88万吨，全国排名从第8位上升至第7位。新增及恢复10个国内客运通航点，国际和地区客运航点恢复至14个，复航杭州—法兰克福客运航线。持续打造货运高地，开通浙江省首条第五航权国际货运航线纽约—杭州—首尔—纽约航线，新增3条国际全货机航线和7条国际客改货航线，牵头成立杭甬温机场配载联盟和省内航空货运联盟，推动实现省内异地货站全覆盖。定期运营的各类航空公司55家，定期通航点169个。航班始发正常率86.3%，加权正常率87.2%。

【机场安全运行】 2021年，杭州萧山国际机场不安全事件万架次率为0.08，机场责任原因征候万架次率和一般事件万架次率五年滚动值稳步降低，实现第21个安全年。修订航空安保方案，完善安全管理体系，优化安全绩效考核机制，通过民航局方安全

2021年10月13日，杭州萧山国际机场首次保障新冠疫苗包机运输，圆通航空执飞的YG9099航班搭载新冠肺炎疫苗及注射器共21.6吨由杭州飞往老挝万象

（陈 文 摄）

管理体系（SMS）专项审核。严把重点安全关键环节，开展风险排查整治和安全专项整顿，成功防御超强台风“烟花”及“灿都”。获“浙江省安全文化建设示范企业”称号及华东地区“平安民航”建设工作考核一类机场第一名。全年保障警卫任务航班65架次、专机任务1架次、急救飞行2架次，接收备降306架次。

【机场服务品质提升】 2021年，杭州萧山国际机场服务质量稳步提升，ASQ（国际机场协会旅客满意度）得分4.88分，比上年增长0.6%，对社会公布的46项服务承诺100%达标（新冠肺炎疫情影响除外）。优化旅客投诉与咨询、旅客服务评价、遗失物品查询、旅行常识普及等服务，推进无障碍通道设施改造，协调各方力量开展“黑车”整治，全年收到表扬信334封。深化客运“浙里飞”及下辖“浙里转”“浙里行”“浙里运”三个系列子品牌，推出“96299”爱心预约、地面交通“畅行优+”及“温暖畅行”志愿服务，货运打造“货小二”“飞GO服务”“E—FREIGHT”“一港飞”四个特色服务品牌。保障新冠肺炎疫苗和抗疫器材运输，10月13日，杭州萧山国际机场首次运输新冠肺炎疫苗及注射器21.6吨飞往老挝万象。

【机场三期建设】 2021年，杭州萧山国际机场克服新冠肺炎疫情带来的不利影响，落实各项工作机制，协调大宗材料和设施设备供应难题，加快三期建设。至年底，新建航站楼及陆侧交通中心主体工程基本完工，能源中心和飞行区工程竣工验收，同时推进三期工程投运工作。

【机场枢纽建设】 2021年，杭州萧山国际机场制定亚运航空运输保障工作总体方案和计划清单，启动亚运保障。对接亚组委商讨明确抵离事项，提前开展走场踏勘以及动线流程实地调研。改善运行环境，推动机场运行管理委员会实体化运作，强化机场、空管和航空公司三方联动，协调相关管制单位，争取放行政策，开展航班计划动态调整；提升运行效率，双跑道运行模式由“两起一落”升级为“两起两落”；召开容量评估评审会，会议明确航班时刻容量参数从45架次分阶段提升至54架次。强化政企合作，落实省机场集团与杭州市政府深化全面合作框架协议的相关任务，融入和服务地方发展大局。

【机场数字化改革】 2021年，杭州萧山国际机场推进数字化改革，组建7个改革场景工作专班，编制《“十四五”智慧机场与数字化改革规划》，梳理分解四大类别32项改革项目及场景并推动落地。丰富四型机场的顶层架构和具体内涵，将数字化改革同智慧机场建设融合，编制碳达峰碳中和工作方案，3个四型机场示范项目入选民航局汇编白皮书。

【“空港疫智控”平台上线】 2021年10月，杭州萧山国际机场“空港疫智控”系统上线试运行，进一步提升“精密智控”水平。该系统打造“一图知、一表清、一码通、一屏控”的机场新冠肺炎疫情防控体系，通过应用数据录入汇总，实现机场“两集中”人员出入通行动态管理和风险点保障链条视频关联多屏展示等功能。将机场区域所有单位及工作人员的防疫信息纳入闭环管控，为不同类型的员工账号配备不同功能，满足不同用户的多样化需求。至年底，该系统已取得计算机软件著作权并推广至全省机场。

（曾宪武）

城市公共交通

【概况】 2021年，萧山区推进地铁施工建设。杭州机场快线萧山段高架区间、盾构区间完工，萧山科技城站主体结构、靖江停车场盖体竣工，萧山段铺轨进度32%。萧山区与杭州地铁集团对接7号线道路恢复事宜，根据原道路市政设施移交协议进行恢复。博奥路、金鸡路、市心路、育才路等金城路地面道路恢复。协调落实涉及7号线恢复中的道路标准、桥梁加宽、智能交通等工作。杭绍城际线、地铁6号线二期开通运营。

萧山区有公交线路192条，公交车1597辆。新辟优化调整线路26条。新辟线路12条：7701、788内环线、788外环线、1515M、姑娘桥公交站至安昌公交站、2057、531M、791M、792M、323B、7702M、7703M；优化调整线路14条：360、361、708、712、2039、2016、781、714、2052、563M、770、771、519、2098。更新公交车50辆。

【杭绍城际线开通运营】 2021年6月28日，杭绍城际线开通运营。杭州至绍兴城际铁路（绍兴轨道交通1号线柯桥段）“叠式换乘”杭州地铁5号线，起于萧山区姑娘桥站，终于绍兴市柯桥区笛扬路中国轻纺城站，与绍兴轨道交通1号线贯通运营。线路全长20.3千米，设10座站点，车辆最高运行时速100千米，最大载客量2034人。其中，萧山境内为地下线，萧山段长4.95千米，包含姑娘桥站和衙前站2个车站。

【地铁6号线二期开通运营】 2021年11月6日，地铁6号线二期开通运营。地铁6号线二期全长约9千米，全线均为地下线，设车站7座，分别为丰北站、亚运村站、三堡站、昙花庵路站、元宝塘站、火车东站（东广场）站、枸桔弄站。其中，涉及萧山区的丰北站、亚运村站暂缓开通。

【地铁口周边提升整治】 2021年，萧山区推进地铁站点交通配套和萧山区"奋战三百天，迎接亚运会"地铁口周边提升整治行动。涉及上年新开通线路的5号线、6号线一期、7号线、1号线三期等4条线路的24个站点的配套提升工作。完善地铁周边配套设施，实施"一站一方案"，加大公共配套建设力度，合理设置，优化地铁周边公交系统；强化地铁口周边环境长效管理，通过日常管理、加大保洁力度，落实环境整治工作。

【公交场站建设】 2021年萧山区落实地铁育才北路站"轨道、公交、慢行"三网融合治理优化工作。11月1日，7702M、7703M两条地铁接驳线开通，优化地铁、公交衔接服务，方便市民出行。投资400万元建成南四路公交停车场。至年底，新建公共自行车服务点14个，新增、更新普通公共自行车3500辆，新增亲子公共自行车1000辆。

【站点智慧化改造】 2021年，萧山区对市心南路（道源路—萧绍路）、金城路、机场快速路、观澜路、公交世纪城环线进行车路协同的智慧化改造和运营。至年底，金城路、市心南路完成公交站建设，安装观澜路和机场快速路部分路口设备。金城路19个公交停靠站改造为港湾式停靠站均为5G智慧公交站台，并规范配置附属设施。"公交慧眼""萧山交通公众服务平台""智慧站台"3个区级自建应用场景被列入《萧山区数字化改革总体方案》。

【涉地铁重点信访件处理】 2021年，萧山区接收涉地铁信访（包括信访件、大气督办件、政法委平台、"110"联动、百日攻坚环境整改件、网络问政平台）共960多件。主要涉及受地铁施工影响（房屋开裂、下沉、震动、农田被淹等）的1号线三期南阳街道、7号线靖江街道、瓜沥镇、新街街道、宁围街道多个镇（街道），问题主要为房屋维修加固费用、责任认定，极端天气增多导致地铁管养范围管线不畅、雨污水溢出、道路坑洼修补困难，地铁施工范围积水点等。萧山区建立信访协调机制，建立例会制度，妥善处理涉地铁信访。

【地铁文明施工巡查】 2021年，萧山区建立日常巡查机制，明确30条文明施工规范，按照要求对各工区文明施工情况进行巡查，并组织各工区每月召开文明施工例会，巡查结果与施工负责人对接落实整改，开展地铁文明施工常态化督查工作。4月，开展为期3个月的区地铁建设施工区域环境整治专项行动，提升地铁施工区域文明施工水平。

【地铁前期征迁协调】 2021年，萧山区推进地铁5号线一期、地铁6号线二期、地铁7号线征借地项目24个，其中征借23个。地铁2号线盈丰街道和蜀山街道签署结算包干协议，加快推进地铁三期农转用批复后用地核减下清工作，加快地铁1、2号线结算审计，推进市轨道交通建设指挥部下达的共享部分安置包干工作。

（方嘉懿）

运输管理

【概况】 至2021年底，萧山区有客运企业3家，长途客运班线58条，客运车辆278321辆。出租汽车企业9家，出租车995辆。汽车租赁经营企业113家，租赁车辆508辆。普通货运业户1226家，货运站场经营户2家，危险货物运输企业15家，网络货运2家。货运汽车1.18万辆，其中危险货物运输车辆496辆、自卸货车3564辆。汽车综合性能检测机构7家；机动车维修经营户910家，其中一类维修企业39家、二类维修企业327家、汽车快修228家、三类专项维修户295家、摩托车维修户21家。驾驶培训机构8家，其中一级驾校1家、二级驾校5家、三级驾校2家；驾培教练员1003名，教练车917辆，训练场地面积45.69万平方米。道路运输从业资格证培训学校2家。

金城路人民广场5G智慧公交站台 （柳田兴 摄于2021年6月24日）

2021年萧山区平均公路客货运量（不含公共交通）一览表
表32

项　目	计量单位	数　量
客运量	万人次	160
旅客周转量	万人千米	28355
货运量	万吨	4930
货物周转量	万吨千米	579710

【春运管理】2021年春运（1月28日至3月8日）期间，萧山区发送旅客1370.25万人次，其中，道路、水路发送旅客1341.64万人次，比上年增加295.5%。其中，铁路客运发送乘客28.61万人次，铁路杭州南站发送列车66列、加班车4.5列；长途客运发送班次2768个，加班1个，旅客2万人次，减少61.9%；萧山公交出车4.5万辆次，发班17.5万班，运送乘客1337.24万人次，增加296.8%；湘湖游船发送旅客2.4万人次，增加960%（2020年春运期间，因新冠肺炎疫情防控，湘湖游船自1月24日起全部停航）。

【治堵管理】2021年，萧山区整合各类交通相关信息资源，形成数据共享开放机制，提升公众出行服务以及加强行业管理技术支撑。“萧山治堵”微信公众号全年推送文章111篇，发布治堵工作简讯340多条，开展常态化文明交通劝导工作2万余人次。在杭州市治理交通拥堵工作专项考核中，萧山区被评为优秀区（县）。

【客货运行业监管】2021年，萧山区专项整治运输市场，对长途班车和旅游包车实行安全监管，建立重点监控车辆数据库、推进客运数字化监管、打击违法运营行为。落实道路危险货物运输安全监管和危货运输安全长效机制，推进落实各项专项整治。至年底，查处并结案危险货物运输违法案件58起。组织客运及危险品从业资格证的考试与监考，规范货运行业发展，加强货运业务指导，组织危货运输从业人员培训；做好危险货物运输行政许可工作，配发危险货物运输车辆道路运输证50本，注销危险货物运输车辆道路运输证59本，年审危险货物运输车辆4038辆。

【维修驾培行业管理】2021年，萧山区实现“浙里学车”App上线应用，全区正常经营的7家汽车驾驶培训机构全部上线，全程使用App。加大驾培机构的场地核查力度，制订《萧山区驾培行业违规招生乱象整治工作方案》。联合区机动车维修行业联合会，开展全区机动车排放污染维修治理站(M站)及水性漆培训，组织驾培行业技能比武选拔赛并做好杭州参赛人员的技术指导工作。

【“两路两侧”环境整治】2021年，萧山区开展“两路两侧”环境整治工作。开展省、市下派铁路整治任务3次，整改安全隐患点位462处，占全市总任务数的50%。排查公路铁路两侧问题点位4800多处。对公路沿线环境卫生、通行秩序、桥下空间环境、公路用地及建筑控制区环境、公路沿线绿化、标志标牌等七大类问题集中整治，拆除违章建筑1448平方米，清理清除路面堆积物4316立方米，清除非公路标牌1032块，取缔路边摊贩302个，整治桥下空间46处。9月9日，全国铁路沿线安全环境治理部际联席会议办公室现场工作会在萧山区召开，萧山经验得到交通运输部、省市领导部门肯定。

【交通运输行业“最多跑一次”改革】2021年，萧山区交通运输局推进“最多跑一次”改革，推广政务服务2.0，多措并举促进“跨省通办”。全年行政审批总办件2.17万件，行政许可事项1652件，其他权力事项2万件，涉路许可20件，超限运输1324件。网办率为97.1%，即办率为99%，每月电子归档率为100%，窗口办事满意率为100%。

（方嘉懿）

交通运输执法

【概况】2021年，萧山区交通系统有执法单位5家：区交通运输局、区公路管理处、区道路运输管理处、区港航管理处、区交通工程质量安全监督站。交通运输执法加强队伍规范化建设，完善“科队间紧密协作、业务上纵向指导、辖区内各负其责”的工作机制，全年查处各类违法违规案件902起，各项罚款总额583.47万元。

【法治交通建设】2021年，萧山区推进交通行业监管和依法决策。新增2名公职律师，另有2人通过公职律师岗前培训。15位法治员调整到位，充实法治员队伍。应诉行政诉讼、行政复议案件2件。开展交通系统持证人员行政执法证换证工作，组织法律知识讲座，开展系统法治论文竞赛、宪法日活动等。推进信用交通体系建设，做好交通运输领域失信联合惩戒，报送信用奖惩案例，组织开展系统信用管理工作。

【道路运输市场整治】2021年，萧山区通过运用“企业健康码”、企业安全等级动态评价、道路运输智控监管平台以及建立重点监控车辆数据库、强化部门联合执法等多种方式，推进“两客一危”领域专项整治工作。开展“执法统一行动”“专项整治行动”，在重大节假日期间，做好道路运输市场监管执法工作。查处各类道路运输领域违法违规行为561件，居全市县（区、市）首位。交通运输领域“双随机、一公开”监管工作全覆盖、常态化、制度化。

【非法营运数字监管场景建设】2021年，萧山区交通运输局在指挥中心平台中初步建成非法营运监管功能模块。该场景具有分析研判规则设置、违法运输研判、布控管理等功能，与公安部门实现数据比对和共享，掌握嫌疑车辆运行轨迹和规律，产生预警信息告知相关执法人员，提高执法查处针对性。同时，选择萧山东高速口和104国道与通惠北路交界处（大老鹰转盘）2个点位试点安装智能摄像头，通过精准采集数据和视频分析，对大客车非法站外组客行为进行智能抓拍、实时存证，并及时联动一线交通执法人员，打击违法行为。至年底，搭建后台服务器数字执法平台，安装调试2个摄像头，探索通过智能视频分析方式取得非法载客证据，实现非现场执法。该场景全年查处道路旅客运输违规行为125起，其中通过非现场执法查处15起。

【客运行业整治】 2021年，萧山区对全区4家客运企业、310名客运从业人员、289辆客运车辆资质进行审核。启用萧山区重点车辆监管系统1.0，建立重点监控客车数据库，根据数据库查处外省籍违规客车106辆次。强化联网联控监管力度，按时处置客运异常工单31起。组建交通管理联合执法队，定期开展联合执法，查处客运违法违规案件125起，其中非现场执法查处15起。

【危险货物运输治理】 2021年，萧山区按照安全生产综合治理三年行动和“遏重大”攻坚战等工作要求，开展“执法护航平安”专项行动。对全区15家危险货物运输企业、678名危货运输从业人员、495辆危货运输车辆进行资质复核，确保挂靠车辆动态清零。实施企业“蓝黄橙”三色赋码，对黄码企业实施重点监管重点帮扶，及时消除安全隐患。第三季度起，全区15家危货运输企业得分均在85分以上（80分以上为蓝码），首次实现全区蓝码。全年处置危险货物异常工单128起。全区“两客一危”（从事旅游的包车、三类以上班线客车和运输危险化学品、烟花爆竹、民用爆炸物品的道路专用车辆）综合智控指数得分连续多月排名全市第一位。区交通运输局、区应急管理局、区住建局、区商务局等部门开展醇基燃料、瓶装燃气、成品油非法违法运输联合执法，实施联合执法行动11次，查获违法运输醇基燃料3起、违法运输瓶装燃气7起、违法运输成品油21起。全年立案处罚危货运输违法经营行为58起，其中未经许可擅自从事道路危险货物运输28起。

（方嘉懿）

2021年萧山区主要交通运输企业一览表

表33

企业名称	成立时间	投资方	注册资本（亿元）	业务范围
杭州萧山长途汽车运输有限公司	1997年	杭州萧山交通投资集团有限公司	0.3	长途客运、旅游包车、校车服务、汽车租赁、快运小件、停车场服务、各类汽车维修及压缩天然气系统（CNG）加装、压缩天然气和液化天然气（LNG）气瓶检测等
杭州市萧山公共交通有限公司	2008年7月	杭州市公共交通集团有限公司和杭州萧山交通投资集团有限公司	1	负责运营萧山区内及连接萧山区与杭州主城区的公交线路
杭州萧山国际机场高速公路建设开发有限公司	2013年5月	杭州市交通投资集团有限公司和杭州萧山交通投资集团有限公司	5	萧山机场公路建设开发、收费运营和道路养管
杭州萧山交投中石化能源有限公司	2015年7月	杭州萧山交通投资集团有限公司和中国石化销售有限公司	0.52	油品销售、油气储运、汽车充电、汽服及日用百货等
杭州萧山交投出租汽车服务管理有限公司	2015年12月	杭州萧山交通投资集团有限公司	0.05	出租汽车经营管理
杭州萧山城市新能源汽车服务有限公司	2017年10月	杭州萧山交通投资集团有限公司与杭州萧山城市建设投资集团	1.5	新能源汽车租赁、销售、维保，充电桩等充换电设备及相关产品销售，充换电站（网点）和网络数据平台建设运营，相关技术服务、施工服务提供，融资租赁等业务

（施锦灿）

邮政·通信

邮政快递管理

【概况】 2021年，萧山区有邮政快递行业从业人员1.5万人。主要快递品牌18个，大中型快递分拨中心16家、法人企业58家、分支及末端企业456家。全年邮政快递业务收入151.38亿元，占全市邮政快递收入的36.4%；业务完成量15.83亿件，比上年增长43.1%。

【邮政安全监管】 2021年，萧山区邮政管理局推动行业数字化改革，打造全区监控网络全面覆盖工程，共接入企业、网点295家。实行非现场检查与现场检查管理，现场检查共出动141次，检查覆盖全区所有镇（街道）、平台，其中快递企业、网点340家（次），邮政网点35家（次）；检查发现存在问题网点118家，约谈企业17家，发放整改通知书34张。非现场检查521家（次），发放督办单3张，整改3家，整改率100%。

【邮政普遍服务监管】 2021年，萧山区邮政管理局开展专项检查、“双随机”、机要通信服务检查。全年检查普遍服务35家、26次，机要通信服务1次。开展重大题材纪念特种邮票发行监督检查，确保销售网点有序经营。不定期对邮政快递企业收寄窗口、报刊零售渠道开展“扫黄打非”工作。

【邮政业绿色发展】 2021年，萧山区邮政管理局持续开展过度包装和随意包装专项治理，督促全区各品牌寄递企业总部优先使用经快递包装绿色认证的包装产品。全区快递绿色包装使用比例超70%，邮政快递网点45毫米以下胶带使用比例超95%，电商快件不再二次包装比率97%，电子运单使用率99.3%。开展邮政快递业垃圾分类专项整治，配发311个回收装置，基本实现邮政快递营业网点包装废弃物回收装置全覆盖。

【邮政“两进一出”工程建设】 2021年，萧山区邮政管理局推进邮政“两进一出”（进村、进厂，出海）工程。打通“乡村物流最后一公里”攻坚项目，全区快递进村率100%，新增建设“四好农村路”邮政快递服务网点74个。根据全区工业线、农业线产业布局，因地制宜培育邮政快递企业特色服务模式，设立41个邮政网点、114条服务邮路、352个村邮站，推进农产品“进城”，工业品“下乡”工程。

【萧山快递物流行业党委、群团组织成立】 2021年11月5日，萧山区快递物流行业党委、群团组织成立。萧山区快递物流行业进一步加强党的领导，引领企业健康发展。萧山区分层分类推进快递物流行业组织和工作覆盖，形成“党建联心、组织推动，活动联办、载体策动，基层联治、双线互动”的“三联三动”长效化工作机制，将骑手凝聚在党旗下、联结在组织中。

【“先锋骑手”关爱活动】 2021年，萧山区开展“先锋骑手”关爱活动。成立“先锋骑手”服务联盟，首批建立47个“先锋骑手”驿站。通过开展“先锋骑手服务月”活动，组建先锋骑手服务队、兼职网格员队伍，引导骑手参与城市基层治理。持续开展“冬送暖夏送凉”“送防疫物资”等关心关爱骑手活动，搭建人才成长通道。1月，“蒋教芳快递业务师技师工作室”被评为区级技师工作室，成为全国首家快递行业技师工作室；9月，蒋教芳获评萧山区“十大工匠”，11月，该工作室被评为杭州市技能大师工作室。

【快递行业疫情防控】 2021年，萧山区制订《萧山区寄递渠道新冠肺炎疫情应急预案》及《萧山区寄递渠道涉疫快件处置流程》，指导企业做好疫苗接种，应接尽接。果断处置涉疫快件，防止新冠肺炎疫情通过快递渠道蔓延。筑牢防外输入屏障，重点关注国际邮件快件处理场所及食品冷链的疫情防控工作，采取线上视频巡查和线下实地检查相结合的方式，筑牢防控体系，守住行业安全底线。在靖江街道新建车辆消毒防疫系统，对快递车辆进行消杀。12月14日，快递物流行业党委发出《邮政快递业坚决打赢疫情防控遭遇战阻击战倡议书》，要求快递党组织为疫情防控作出贡献。

（包笑微）

邮政服务

【概况】 2021年，中国邮政集团有限公司杭州市萧山区分公司（简称萧山邮政分公司）寄递业务收入2.23亿元。其中，特快业务收入4920.1万元，快包业务收入9010.07万元。集邮业务收入737.9万元，函件收入582.72万元，报刊收入1136.08万元。

【普遍服务提质】 2021年，萧山邮政分公司落实“提升普遍服务三年行动计划”，营业时长达标率、申诉满意度、普遍服务时限、普遍服务投诉处理达标率、结据邮件信息断点处理率等指标均达到100%。按照“网点+站点”生态圈模式，进行业务叠加和代办，实现农村电商平台与金融、寄递业务的协同发展。全区有普遍服务网点41个，其中融合警医邮网点27个，办理互联网、驾驶证、机动车和违法处理四大类19项车驾管业务。41个邮政网点开通“社银通”项目，可办理社会保险单位参保登记、社会保险职工参保登记、个体劳动者（灵活就业人员）参保登记、城乡居民基本养老保险参保登记等共计21项业务。普遍服务网点点均产能11.4万元（不含金融收入）。全年开展“网点+站点”活动场次244场，“金融+邮务”活动244场。

【邮乐购站点建设】 2021年，萧山邮政分公司助力搭建农村物流体系，保障农村地区的用邮需求，试点建设邮乐购站点搭载快递服务、设立自提点等模式。发挥邮政物流网络通达全国的优势，对接区政府“四好农村路”建设，建成230个农村物流服务点，在195个邮乐购站点叠加快递代投服务，收寄、投递自提包裹19.33万件。村邮站服务“三农”，全区478个村邮站、478名村邮员，月均代投各类邮件、报刊65万件，服务范围覆盖全区411个行政村、184个社区，打通农村投递“最后一公里”。

（汪　哲）

通信

【中国电信股份有限公司萧山区分公司】 2021年，中国电信股份有限公司杭州萧山区分公司（简称“电信萧山区分公司”）业务收入8.6亿元。有合同制员工314人、代管外包员工665人，下设4个支撑部门、9个生产支撑中心、4个中心支局、28个综合支局、7个政企支局，辖38家自建自营营业厅。

2021年，电信萧山区分公司为中国国际茶博会、中国质量大会、全国电竞大赛、浙江数字乡村“先锋”榜评选、亚运篮球测试赛等社会活动提供通信保障服务。全年新建5G宏站513个、5G室分73处，开通萧山机场T3航站楼、4条地铁（5号线、6号线、7号线、杭绍城际）、5条隧道（奥体隧道、博奥隧道等）、10处亚运场馆等电信网络服务。建设城域网核心层设备24套，汇聚层设备45套，扩容城域网出口带宽300G，城域网总带宽1740G。推进XGPON建设及割接，共完成95个局站的XGPON覆盖；优化政务网汇聚层以上双光路，汇聚层以上实现100%不同双路由。开展“云网安全日”、网络安全宣传周等活动，承接“HW”专项行动，定级备案率100%。完成亚运互联网（Wi-Fi）专网萧山市北核心节点网络建设；完成电信负责保障的奥体中心游泳馆、体育馆、综合训练馆和国博中心壁球馆的光缆、无线、专网等通信网络建设。10月11日，电信萧山区分公司与萧山区公安分局签约重点行业领域感知设备及数据接入服务政府采购项目。该项目对全区3500家重点行业单位的视频监控进行汇聚并接入区公安全息感知网，为亚运安保重点项目。推进网络餐饮治理“一件事”集成改革工作，开展“明厨亮灶”行动攻坚，与区市场监管局联动助力餐饮企业安装“明厨亮灶”1270多家，从餐厅后厨通过中国电信自研视频平台接入“浙食链”平台摄像头超过1300个。10月19日，萧山区总工会、电信萧山区分公司“工会户外劳动者服务站暨爱心翼站”揭牌仪式在萧山电信梅花楼营业厅举行。在新冠肺炎疫情防控中，电信萧山区分公司实施精密智控，通过数据（定位）支撑“健康码、行程码”平稳运作，为市民出行、社会管控提供支撑；数字化助力隔离管控，通过“天翼看家”视频监控、防疫门磁、固话外呼和短信群发等手段，协助各镇（街道）、医疗机构和村（社区）做好隔离病房、重点人群的管理。与区第一人民医院医共体合作，推动5G医疗CT车等智慧医疗落地，实现优质医疗资源下沉。

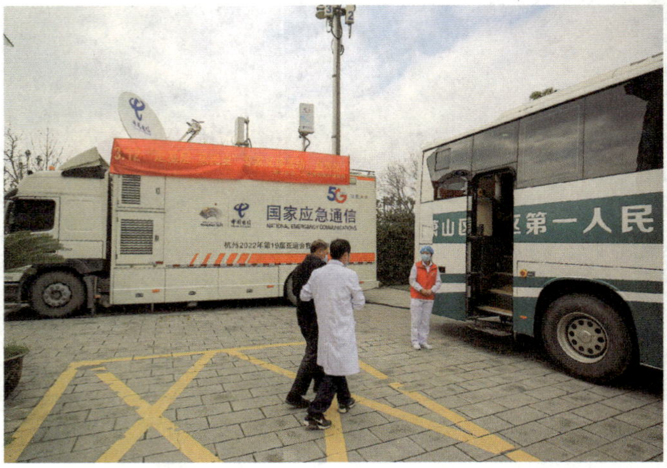

电信5G医疗CT车下乡村义诊

（电信萧山区分公司提供，摄于2021年3月12日）

（黄中汉）

【中国移动通信集团浙江有限公司萧山分公司】 2021年，中国移动通信集团浙江有限公司萧山分公司（简称“萧山移动”）通信服务收入15.7亿元。有员工274人，下设综合部、网络部、市场部、政企客户部、系统集成部5个职能部门和北干、开发区、瓜沥、城厢、临浦、空港、戴村、新街、南站、三江10个分局。

2021年，萧山移动推进5G基站和基础网建设工作，建设5GSA（独立组网）第一城，全年开通5G站点469个。与广电共建共享，建成195个700M 5G基站，实现城区、乡镇5G信号连续覆盖。通过5G“一件事”审批试点，把机房建设纳入审批范围和区政府对镇（街道）年度考核内容，实现一揽子审批、一窗口受理、一次性踏勘，完成18个疑难机房建设。全年建成节点机房33个，入网31个（骨干机房入网1个）。推进杭州亚运萧山15处场馆、14个酒店的网络建设，提前完成各场馆5G信号覆盖。开通5个场馆AGIS专网，均通过验收。拓展亚运数字化创新应用，开展亚运安保监控项目建设，社会面监控覆盖全区24个镇（街道）、平台，建设点位7000多路；交警监控覆盖5个镇（街道），建设点位200多路；打造萧山区首个亚运村科技法庭，提供智慧法院服务、高度集成数字法庭相关应用。萧山移动与区政府签订《加快推进萧山区“数字乡村”发展与建设战略合作框架协议》，联动浙江移动、杭州移动等上级公司，联合新华三集团、阿里云等企业，全程参与横一村、凤凰村、欢潭村、佛山村、梅林村5个省级重点数字乡村示范村建设，打造多个特色应用场景，保障全省“千万工程”建设新时代美丽乡村现场会。继续普及宽带网络，推动宽带提速降费，家庭宽带不可用时长从5.41分钟压降到3.37分钟。推进千兆光网建设，加速OLT设备上联扩容，新增2000多个XGPON端口，实现城区OLT设备100%具备千兆平台能力，千兆覆盖住户29.4万户。改造小区（村）120个，涉及家庭宽带改造9.3万户。优化基础环路32个、光缆隐患整治192处、汇聚接入机房整治6个。全年管线故障比上年下降4.6%，网络保持安全稳定运行；推进降本增效工作，基站电表整改432个，其中转供电改为直供电100个，协商降价332个，平均降幅31.2%；用电成本比上年下降11.9%。

（贯　能）

【中国联合通信有限公司萧山区分公司】 2021年，中国联合网络通信有限公司杭州市萧山区分公司（简称联通萧山分公司）有员工103人，下设市场部、政企部、综合支撑中心3个部门，辖自建自营营业厅9个，全年实现运营业务收入3.05亿元。3月1日，联通萧山区分公司迁至萧山区金城路1038号水务大厦A座，新办公楼总面积1500平方米。

2021年，联通萧山分公司在数字化战疫、网络保障和内部防控等方面持续筑牢防疫防线。其中，“联通健康ETC pro”自研产品、热成像产品在萧山机场、学校、医院及政府重要会议等场景中应用；监测手环、防疫监控、智慧门磁等产品在居家隔离场景中应用。配合区疫情防控指挥中心做好封控区、管控区和防范区大规模核酸检测等通信保障任务，加强后台对小区网络承载的实时监测，保证网络性能稳定。加快对亚运村进行5G、4G网络信号检测，制定弱覆盖区域点位补强和基站建设方案，确保信号覆盖全面稳定。在亚运村规划建设多个智慧边缘数据中心，为亚运会比赛现场的实时视频、直播报道提供网络保障。采用“非视距微波”技术开通亚运村区域的3个4G基站，满足亚运村应急通信要求，为“非视距微波”技术在浙江省首次成功应用。提升由联通萧山区分公司提供主要技术支撑的萧山区医疗“最多跑一次”项目，新增“先医后付”“电子医保卡”“电子票据”“刷脸支付”“社区全预约”等功能模块，实现“先看病后付费”和医疗数据资源城市级共享。7月22—28日，萧山区启动防台Ⅳ级应急响应，联通萧山区分公司每天向全区用户发送防汛防台应急预警信息和避灾防御公益短信，累计发送100万余条。7月25—26日，受台风影响，进化镇、楼塔镇等部分地方内涝严重，联通萧山分公司及时监测以上区域网络信号，对全区基站机房加密巡查频率，24小时值班监控。与政府部门密切联动，组织应急抢修人员抢修中断的通信设施，恢复网络信号，累计修复34个基站、12段光缆。全年新建5G基站74个、4G基站158个；5G站点累计1883个（含共建），4G站点累计1611个，室分覆盖楼宇（小区）累计680个。配合做好城中村改造、老旧小区改造、美丽乡村工作及崇化小区、新华村、天海阳光、市北公寓等整治区域的迁改工作。保障萧山教育考试中心高考、中考、公务员选考、庆祝中国共产党成立100周年活动、全省深化“千万工程”建设新时代美丽乡村现场会等重大活动的通信安全工作。

（裘建芳）

【杭州萧山华数数字电视有限公司】 2021年，杭州萧山华数数字电视有限公司（简称萧山华数公司）调整组织架构，调整后下设1室9部、8个中心站，辖自建自营营业厅20个，有合同制员工389人。全年主营业务收入3.12亿元。

2021年，萧山华数公司向智慧广电综合运营商和数字经济发展主体转型。参与盈丰街道全域感知项目、南阳街道全域治理项目、区市场监管局“城市大脑·萧山平台”智慧市场监管项目、区民政局“萧山幸福码”智慧养老项目及公共自行车、环保、阳光厨房等行业监控项目。参与2022年杭州亚运会安保项目和亚运技术官员村的数字电视和宽带业务。加大数字宽带接入网、IP承载网、光传输网的网络优化、扩容、改造投入，与区委、区政府联合在浙江省率先试点IPV6全方位部署，在萧山数字经济示范区设立IPV6根服务器节点。制定光纤入户改造工作计划，提升光纤覆盖区域光纤入户率；开展并跟进本地广域物联网试点工作，配合做好5G试点；做好网络资源管理系统的运用，以光纤入户改造为契机，规范资源管理系统录入工作。深度参与“雪亮工程”、智安社区、“未来”社区、智慧医疗、交警治堵等社会治理基础网络建设和应用系统开发。建设国家应急广播系统。利用华数开发的办事综合自助机平台和华数数字电视平台，实现居民群众“就近办”“居家办”，提升“最多跑一次”改革实现率和满意率，提升区数字公共服务体系的建设。跟进4个未来乡村、2个安置房提升小区、2个商品房提升小区、5个规划“未来社区”场景建设，搭建数字化平台。打造全省领先的数字乡村萧山模式，建成浦阳镇社会面视频监控项目、靖江街道和顺村“数智乡村”项目、衙前镇凤凰村红色旅游接待中心项目，完成瓜沥镇凤升村、衙前镇杨汛村、闻堰街道黄山村智慧乡村项目及瓜沥“沥家园”平台电视端终端展示等项目。做好中国共产党成立100周年安全播出保障工作，全力保障防汛工作和新冠肺炎疫情防控工作。

（王洁洁）

建筑业·房地产业

建筑业

【概况】 2021年，萧山区建筑业总产值910.51亿元，比上年增长14.5%。其中，省内产值651.4亿元，增长19.3%；建筑业竣工产值359亿元，增长3.5%。建筑业增加值89.35亿元，增长7%，占地区生产总值的4.4%，拉动地区生产总值（GDP）增长0.3个百分点。全区建筑业上缴财政总收入36.89亿元，增长28.6%，占全区财政总收入的6.5%；上缴一般预算公共收入20.95亿元，增长29.2%，占全区一般预算公共收入的6.1%。全区有建筑业企业1052家，其中特级企业3家、一级企业178家、二级企业549家、三级和不分等级企业322家，企业总数比上年增加207家。有总承包或专业承包资质的规模以上建筑企业357家。全区在建工程733个，其中房建项目649个，总建筑面积5598万平方米，包含住宅全装修房产项目85个，约7.2万套商品住宅房，面积约1395万平方米；市政项目84个，总造价约139亿元。新办施工许可证项目300个，竣工备案238个。坚持建筑工地党建引领，全区有建筑工地项目党支部161个，占比28.6%；党员总人数973人；全年开展党务培训166场，受训1067人次。

【建筑工业化推进】 2021年，萧山区推进建筑工业化、建筑节能与绿色建筑等各项工作。新开工装配式建筑项目17个、336万平方米，新开工钢结构住宅项目3个、16.9万平方米。6个项目获评2021年度杭州市新型建筑工业化示范项目，其中工程示范项目5个，技术创新示范项目1个。萧山区连续5年获全省建筑工业化工作考核优秀县（市、区）。

【首届装配式建筑发展技术交流会在萧山举办】 2021年4月28日，“绿色发展·共创未来”首届装配式建筑发展技术交流会在杭萧钢构装配式建筑产业基地举办。该交流会由中国建材工业经济研究会装配式建筑和绿色发展分会、杭萧钢构股份有限公司主办，万郡绿建科技有限公司承办。会议以探索装配式建筑绿色发展，加速数字化、信息化转型升级为主旨，探讨钢结构装配式建筑发展的新技术、新趋势和新未来。会上，数位行业专家、学者，企业领军人物分别以“装配式内装技术在国内既有住宅改造中的实践和对比”“装配式钢结构住宅的探索与实践”“互联网+绿色建筑产业新平台介绍”“聚焦绿色建筑——装配式内装技术探索”等为题发表主题演讲。万郡绿建与无锡桥联焊割成套设备有限公司、浙江亿洲机械科技有限公司、易元（迁安）新材料科技有限公司达成战略合作签约，万郡·绿色中国城市行活动宣布启动。

【杭州市新型建筑工业化示范项目】 2021年，萧山区有6个杭州市新型建筑工业化示范项目，其中工程示范项目5个，技术创新示范项目1个，占全市的30%。5个工程示范项目为：萧政储出〔2021〕31号地块住宅项目“融信傲世邸”项目，是杭州市首个全钢结构住宅试点工程，被省建设厅认定为浙江省钢结构装配式住宅建设试点项目；萧政储出〔2020〕23号地块项目6号楼为钢结构住宅，建筑面积1.09万平方米；杭州湾信息港六期（北区）项目7月竣工，为装配式钢结构建筑，采用矩形钢管柱、H形钢组合梁，以及钢筋桁架楼承板现浇混凝土楼面，主要建设内容为五幢建筑单体，下设两层地下室；萧政储出〔2018〕34号地块新建项目为采用装配式结构体系办公楼，总建筑面积14.85万平方米；萧政储出〔2018〕29号地块商业商务项目办公楼主体结构为钢框架—混凝土核心筒结构体系，酒店及裙房均为钢框架结构体系，项目全过程实施信息化管理。1个技术创新示范项目为钢结构自动引导机器人焊接系统与成套设备开发应用，该项目形成新一代结构光视觉传感器系统等3项战略新产品，通过杭州市重大科技专项验收。

【建设工程审批制度改革】2021年，萧山区推进企业投资低风险小型项目审批制度改革，施工图免审范围提升到建筑面积2万平方米，施工许可证办理范围提升到造价200万元且建筑面积1000平方米以上。推行工业厂房项目联合验收机制。实施建设工程施工许可“六合一”审批，通过“颗粒化”管理、“容缺受理”、100%网上办、消防设计审查“无感审批”等，实现建设工程审批“零次跑”。构建云审批和云监管新常态，建筑许可营商环境考核位居全市前列。

【建设工程安全生产和文明施工】2021年，萧山区推进“安全护航”百日整治、“野蛮施工”治理等专项行动，检查工地2260项次，发现整改安全隐患9000多个，停工整改工地345项，移交行政处罚19起。区住建局与386家在萧承接业务的施工企业签订年度安全生产目标责任书。加强起重机械、爬架、深基坑等重大危险源安全管理，检查起重机械2378台、爬架200台、深基坑项目157个（1045次）。推进建筑工程安全生产责任“保险+”服务，316个新开工工地参保，总保额527.74亿元，缴纳保费2583.58万元，承保机构开展安全检查和服务754次。全年创建区级标准化工地28个、市标准化管理优良工地16个，推荐省标化优良工地3个。14个项目获区“湘湖杯”优质工程奖，9个项目推荐争创市“西湖杯”优质工程奖。

【工程建设智慧化管理】2021年，萧山区保险机构智慧服务平台在蓝橙国际项目开展深基坑自动化监测的试点工作，通过施工现场实时自动传输的基坑监测数据进行分析，及时预警风险并制订隐患补救措施。区住建局完善“萧山区智慧建设云平台”，推进“数字住建”驾驶舱建设，754个在建项目的行政审批、安全监督、质量监督、消防管理、人防管理、建筑业管理6个审批和监督事项均被纳入平台管理，实现网上审批、网上报监等10多项步骤线上操作。区检测信息申报系统增加桩基施工项目信息申报功能，可实时查看萧山区桩基施工现场进度，全年118个桩基项目实现网上申报。

（谭　毅）

房地产开发经营

【概况】2021年，萧山区房地产市场受新冠肺炎疫情影响程度降低，房地产企业在疫情进入常态化防控的情况下，都正常复工复产。全年全区房产市场整体走势呈现“由热转冷、回归理性”的特点。1—7月，刚性需求和改善型需求强劲，市场购买力充足，去库存化迅速，部分热点板块的楼盘即开即罄，新建商品房销售量大幅增加。8月5日，杭州市出台《关于进一步加强房地产市场调控的通知》，从加强住房限购、完善新建商品住房销售管理、规范市场秩序三方面进一步加强调控。萧山区房地产市场逐步回归理性，市场健康平稳运行。与上年相比，整体表现为“四增二降”，即完成投资额、许可面积、成交面积成交金额、成交价格增长，可售房源和二手房成交量下降。

（高云云）

【房屋征收】2021年，萧山区涉及国有土地房屋征收项目1个，位于城厢街道。征收工作首次以居民投票“双过半”的形式一次性确定评估机构。5月26日项目启动，涉及居民108户，征收土地面积3966平方米，征收房屋建筑面积5769.6平方米。5月28日全部完成签约，6月17日全部征收户完成腾房，比《房屋征收决定》要求完成的腾房期限提早3个多月。10月初，实施单位完成该项目40户被征收人安置选房事宜，该项目征收工作全部结束。至年底，被征收房屋全部拆除，项目建设单位进场施工。

（魏亦书畅）

2021年9月，杭州首个整体钢结构装配式住宅小区“融信傲世邸”项目开工建设

（靳林杰　高云云　摄）

【土地征收与出让】2021年，萧山区启动征地项目120个，草签征地协议186件，面积227.07公顷，缴纳征地区片综合地价9.44亿元，完成涉及26个批次共222份征地方案公告制作及下发，完成涉及28个批次的项目补偿安置结算工作（其中涉及用地指标批次5个，项目38个）。11月22日，《萧山区土地征收成片开发方案》获市政府批复。根据方案，全区划定片区76个，涉及征地项目150个，拟征收集体土地面积233.2公顷，涉及盈丰街道、宁围街道、新街街道、新塘街道、衙前镇、所前镇等21个镇（街道）。萧山区城投集团开展公建及经营性用地18个项目80公顷的农转用报批工作，项目均通过选址预审，其中通过农用地转为建设用地报批56.66公顷。全

年全区经营性用地挂牌成交52宗192公顷，出让金575亿元；经营性用地收储60宗234.26公顷。

（魏亦书畅　罗坚卫）

【商品房开发】 2021年，萧山区房地产开发投资786.72亿元，比上年增长7.1%。其中住宅投资额完成504.8亿元，增长15.3%。房屋施工面积2452.90万平方米，减少4.7%，其中住宅施工面积1241.83万平方米，减少5.4%；写字楼和非住宅施工面积1211.07万平方米，增长3.9%。房屋竣工面积332.11万平方米，减少27.7%，其中住宅竣工面积165.10万平方米，写字楼和非住宅竣工167万平方米。全年核发商品房预售许可证198份，许可面积为494.49万平方米，增长3.3%。

【商品房销售】 2021年，萧山区商品房成交4.46万套，比上年增长43.40%；成交面积488.04万平方米，增长44.9%；成交金额1550.5亿元，增长47.39%。其中，住宅成交3.68万套，成交面积415.6万平方米，成交金额1286.7亿元，分别增长39.35%、35.87%、39.69%；非住宅销售额263.83亿元，销售面积84.33万平方米，分别增长101.6%、89.8%。商品住宅成交均价为每平方米3.10万元，上升2.8%。非住宅成交均价3.13万元，上升6.2%。全区商品住宅可售套数1.17万套，其中已提交申请因计划网签政策原因未能网签的6989套，实际可售套数为4677套。

【二手房销售】 2021年，萧山区二手房成交量出现一定幅度下降。全区二手房成交量为1.21万套，比上年下降14.1%。成交面积122.5万平方米，下降14.3%。成交金额318.74亿元，成交均价每平方米2.60万元。其中，二手住宅成交9009套，减少16.49%；成交面积98.1万平方米，减少12.36%；成交均价每平方米2.63万元，增长6.34%。二手非住宅成交面积24.37万平方米，成交金额60.53亿元，分别减少21.3%和12.8%。

【房地产开发企业】 2021年，萧山区有资质房地产开发企业173家，其中一级资质企业4家、二级资质5家、三级资质6家、四级资质3家、暂定级企业155家。一级资质企业分别为众安集团有限公司、杭州开元物产集团有限公司、汇宇控股集团有限公司、杭州滨江房产集团股份有限公司；二级资质企业分别为浙江新世界房地产开发有限公司、杭州盛元房地产开发有限公司、杭州萧山三阳房地产投资管理有限公司、浙江中冠房地产开发有限公司、杭州汇金房地产开发有限公司。

【主要开发项目】 2021年，萧山区房地产主要开发项目：杭州滨泰房地产开发有限公司开发萧政储出〔2020〕36号钱江世纪城核心单元SJC0203-02、03、04地块项目，为星翠澜庭1、2、3、4幢住宅项目及海清路部分商业用房，预售面积4.91万平方米，投资4.99亿元。杭州滨博房地产开发有限公司开发萧政储出〔2019〕34号，为君品名邸2、3、8、9幢住宅项目，预售面积4.79万平方米，投资13.83亿元。杭州滨远房地产开发有限公司开发萧政储出〔2020〕37号奥体博览中心单元BJ1701-11、13地块，为观品名寓1、5、9、10幢及帆影路部分商业用房、观品名寓2、3、6、7、8幢及利一路、帆影路部分商业用房，预售面积9.07万平方米，投资11.21亿元。

（高云云）

房地产市场监管

【概况】 2021年，萧山区进一步规范房地产开发企业的销售行为，加强住宅全装修楼盘的销售监管，在楼盘首次预售前，约谈企业项目及销售负责人，要求企业诚信经营、如实宣传，规范设置和开放实体交付样板房，将全装修明细告知业主，保证业主在购房前了解全装修标准和参观实体样板房。要求开发企业在业主缴纳定金前获得业主参观样板房的书面认可书，明确双方义务和责任，保障双方合法权益。对已销售的楼盘通过回访购房业主定期抽查企业履行情况，保障业主的知情权。

（高云云）

【安置房登记发证】 2021年，萧山区妥善解决拆迁安置房建设遗留问题，加速推进拆迁安置房登记发证工作。区不动产登记服务中心对手续完备的先予办理；对手续不完善的，在确保质

2021年12月，蜀山街道金西村安置房完成交付　（区住建局 提供）

量可靠、消防安全、权属清晰的前提下，开辟绿色通道，简化安置房登记办理程序，提高办证效率。至年底，办理安置房不动产权证 5.2 万本。

【不动产登记】 2021 年，萧山区办理不动产登记业务 33.81 万件。其中，颁发不动产权证书 14.07 万本、不动产权证明 10.98 万本、办理注销 2.99 万件，办理查解封 2992 件，查档证明 5.29 万件，行政限制和注销 1722 件。1 月 22 日，萧山区不动产登记网办中心在区行政服务中心成立。该中心整合抵押登记网办、预告登记、预转现登记业务和人员，推进不动产抵押贷款、抵押登记“一窗受理、延伸服务”，实现不动产抵押登记“跑零次”。至年底，全区开通“全程网办”的银行 32 家，营业网点 400 多个，网办件 4.8 万件，抵押金额 900 多亿元，总网办率 80%，节约企业群众办事时间逾 10 万小时。严厉打击骗取不动产登记的违法犯罪行为，维护国家和公民财产安全。全年发现伪造不动产权证书 5 本，报公安部门立案查处。

【历史遗留问题处置政策出台】 2021 年 3 月 22 日，萧山区政府第一次国土空间规划审批联席会议研究通过《关于萧山区对历史遗留商业类非开发项目土地分摊事宜的方案》，对 2016 年 9 月区不动产登记服务中心成立前商业类非开发项目房产、土地发证不一致的历史遗留问题解决提供政策保障。方案明确，对于原国有土地出让合同中未明确禁止分割或销售的商业、办公、综合用地等项目（除旅游用地、村级留用地项目外），在 2016 年 9 月实行不动产统一登记前已分割并核发房屋所有权证的，可依据原国有土地出让合同中“该单位有权将本合同项下的全部或部分地块的余期使用权转让、出租、抵押”约定，由该宗地权利人提出土地使用权分摊申请，按出让合同上的土地用途及房产证上的房屋用途办理相应不动产权证，使房地权利主体一致。

（曹开宇）

【住房租赁市场规范服务】 2021 年，萧山区住建局召开规范全区房地产中介市场秩序推进会，45 家中介机构签订承诺书，规范房地产市场秩序。按照“规范清理一批、宣传引导一批、信访处置一批”原则，全年开展住房租赁市场经营秩序检查 12 次，检查企业 278 家，对 5 家诚信规范企业给予通报表扬，对 17 家存在不规范经营行为的企业通报批评。举办“住房关爱乐居萧山”租房节活动，为信息港小镇 30 多家企业代表和 200 多位信息港在职人员提供点对点服务，破解来杭租房难题。至年底，全区有住房租赁企业 108 家，其中本地企业 53 家。共运营集中式长租公寓 1.09 万套（间）、分散式长租房源 1.30 万套（间），另有提供居间代理租赁房源 4707 套（间）。

【住宅全装修管理】 2021 年，萧山区在住宅全装修过程监管中，建立政府、专家团队、风险管理“三支队伍”。成立专门的住宅全装修监督科室，引入由保险机构聘请的第三方风控团队，组建由地基基础、质量检测技术、装饰装修、建筑工程等专业领域 89 家由专家组成的工程质量协助监督专家组，夯实专业监管力量。由区住建局牵头研发的住宅全装修监管“一站达”场景应用，列入省级试点。至年底，全区有 88 个商品住宅房产项目，约 8 万套房源纳入监管，涉及 81 家建设单位、52 家施工单位、34 家监理单位、6 家保险公司 11 家风控公司以及 1 家公证机构。

（谭　毅）

住房公积金管理

【概况】 2021 年，萧山区住房公积金新增开户单位 4212 家；新增建制职工 11.87 万人，比上年增长 58.0%；净增正常缴存职工 3.84 万人。至年底，全区有 1.74 万家单位、24.72 万名职工正常缴存住房公积金；全年归集住房公积金 50.93 亿元，历年累计归集 344.84 亿元；当年支取住房公积金 33.65 亿元，累计支取住房公积金 233.58 亿元；历年归集余额 111.27 亿元（以上数据均含住房补贴）。全年发放住房公积金贷款 6823 户，发放金额 37.99 亿元，支持职工购房建筑面积 71.12 万平方米。历年累计向 6.20 万户职工发放住房公积金贷款 267 亿元，住房公积金贷款余额（含贴息贷款）179.02 亿元。住房公积金全年实现增值收益 1.52 亿元，增长 20.7%，上缴财政 3750.6 万元用于支持廉租住房建设。

【公积金建制扩面】 2021 年，杭州市住房公积金管理中心萧山分中心（简称公积金萧山分中心）在拟上市企业、百强企业、高质量领军企业中选择部分企业作为重点，开展督建促缴工作。通过微信公众号、科普宣传栏、委贷银行网点屏幕等平台，持续宣传公积金惠民政策。对涉及的公积金未缴、少缴案件进行执法，向 35 家企业寄送《调查取证事先告知书》，受理职工新增投诉案件 47 件，结案 53 件；收到信访 549 件，办结率 100%；为职工成功追缴公积金 259.23 万元。

【公积金管理服务升级】 2021 年，公积金萧山分中心协调推进与不动产部门、委托贷款银行的联网互通、数据共享，推进贷款结清线上办理抵押注销。12 家委托贷款银行 100% 实现线上抵押注销。与区市场监管部门协作，将“企业住房公积金登记开户”联办事项纳入企业开办“一件事”中。至年底，全区有 1.41 万家企业通过商事联办开户。推进公务员一件事、法院一件事、退休一件事、身后一件事等“一件事”改革落地落实，全年办理“一件事”7831 件。按照“应纳尽纳”的原则，梳理“就近办”下放事项，确定下沉事项 13 个。设立银行网点业务办理渠道 52 个，“杭州办事”综合自助机全区村（社区）全覆盖。

【公积金风险防控】 2021 年，公积金萧山分中心根据《公积金存款竞争性存放管理实施细则》，存款竞争性存放第九期 4.73 亿元、第十期 3.35 亿元。加强对归集、提取、信贷等业务及资金核算、资金账户安全、业务档案管理的稽核和内审。加强资金流动风险管控，协调市公积金管理中心加强横向融资，按月摸清委贷银行放贷规模，保障职工放贷需求和房产开发公司回款诉求。注重贷款逾期催收，至年底，公积金贷款（金额）逾期率为 0.0026‰。

【公积金数字化改革】 2021 年，公积金萧山分中心围绕长三角"一体化"建设要求，打破地域限制，以"长三角政务服务'一网通办'"平台为着力点，实现江浙沪皖三省一市异地贷款证明信息共享互认。设立"跨省通办"窗口，个人住房公积金缴存贷款等信息查询和正常退休提取住房公积金实现跨省通办。推进公积金数字化改革，在浙江省政务服务 2.0 平台上线 29 项权力事项，健全浙江政务网、"浙里办"、支付宝、杭州城市大脑业务受理渠道，扩大在线办结事项的覆盖面，提升网办收件比。

（王丹丹）

物业管理

【概况】 2021 年，萧山区有在萧开展业务的物业服务企业 123 家、业主委员会 192 个、物业服务项目（指聘请物业服务企业开展物业服务的住宅小区）445 个。区住建局组织开展住宅小区环境秩序、防汛防涝、消防安全、行业乱象专项整治，出动 1.3 万人次，发现整改问题 1.7 万个。创建市级"美好家园"15 个，425 个业委会和物业服务项目建立党组织。

【星级物业评定】 2021 年，萧山区住建局根据《关于开展 2021 年度萧山区业主委员会和物业服务项目星级评定的通知》，推进物业服务项目和业主委员会星级评定。全区有五星级物业服务项目 46 个、四星级 112 个、三星级 53 个、合格 35 个；五星级业主委员会 38 个、四星级 68 个、三星级 21 个、合格 7 个。

【失管小区物业覆盖】 2021 年，萧山区住建局探索政府、市场、业主多元共治老旧小区物业管理模式，采取党建引领、物业引进、业主自治、智慧管理、完善机制五项举措，推动物业失管小区应管尽管。至年底，14 个失管小区落实准物业管理模式，城区范围内失管小区物业实现覆盖。

【"美好家园"建设】 2021 年，萧山区住建局制订《"美好家园"住宅示范小区建设工作计划》，组织发动 103 个住宅小区参与杭州市"美好家园"创建。围绕美丽小区、平安小区、有序小区、和谐小区等四大验收指标体系要求，梳理 134 项整治提升任务，对候选小区开展日常督查。11 月，萧山区入选杭州市"美好家园"小区 15 个，其中，商品房小区 10 个、老旧小区 3 个，保障房小区 2 个。

2021 年萧山区入选杭州市"美好家园"小区一览表

表 34

类　别	小　　区
商品房小区	新塘街道罗婆路社区右岸澜庭
	蜀山街道山水苑社区湘域湾
	盈丰街道和美社区江南丽锦
	北干街道湖滨花园社区堤香名苑
	闻堰街道闻家堰社区江南摩卡
	城厢街道天逸社区金辰之光
	宁围街道水博社区世纪外滩花园
	北干街道钱塘明月社区博学玉府
	北干街道星都社区旭辰国悦府
	萧山经济技术开发区青茵社区莱茵传奇
老旧小区	城厢街道陈公桥社区育秀园
	城厢街道南市社区南市花园
	北干街道银河社区银河小区
保障房小区	闻堰街道三江口村三江名苑
	宁围街道宁税社区宁税北苑

【物业行业整治】 2021 年，萧山区住建局牵头成立物业管理工作专班，围绕住宅小区环境秩序整治、垃圾分类、防汛防涝、消防安全治理、行业乱象整治 5 项内容开展专项整治，发现和处理问题 1.78 万个，约谈 85 家物业公司。对发现的 21 个问题进行重点处理并上报杭州市房管局。

（谭　毅）

金融业

综述

【概况】 2021年，萧山区金融业增加值213.39亿元，比上年增长5.1%，拉动地区生产总值增长0.5个百分点。金融业增加值占全区地区生产总值比重为10.6%，比上年提升1个百分点。全区存贷规模超1.18万亿元，其中存款余额5919.69亿元，保持平稳增长；贷款余额5897.4亿元，比上年增长15.71%，增速较快。银行业金融机构不良余额33.35亿元，比年初下降4.86亿元；不良率0.57%，比年初下降0.18个百分点，维持近年最低水平。

【企业上市】 2021年，萧山区实施企业上市“凤凰行动”。新增曼卡龙、九紫新能、凯尔达、正强传动、网易云音乐5家上市企业，首发募资金总额超45亿元。全区累计培育上市（挂牌）企业77家。深化上市后备梯队建设，规范上市后备企业认定管理，出台认定管理办法，动态保有区上市后备企业38家，年度新认定19家。加强上市服务辅导。开辟“绿色通道”有效协调各类上市困难问题，开展常态化走访，对股改、辅导验收等关键环节加强精准指导。引导上市公司高质量发展。发挥“金凤凰”党建联盟平台作用，党建引领发展。年度上市企业首发及再融资超过77亿元，开展并购重组32次，涉及金额约51.43亿元。7月22日，2021浙江上市公司高质量发展峰会在萧山区举办。

【钱塘江金融城】 2021年，钱塘江金融城金融企业（不含银行、券商、保险）实现税收3.3亿元。钱塘江金融城列入《钱塘江金融港湾发展实施计划（2021—2025）》和杭州市“金”字产业重点发展平台。是年，江苏银行杭州分行迁入，成为首家入驻钱塘江金融城的省级分行；国家中小企业发展（杭州）基金落地。

【湘湖金融镇】 2021年，湘湖金融镇金融企业税收10.59亿元。新引进金融项目194个，其中注册资本1亿元以上项目

湘湖金融镇 （湘湖国家旅游度假区管委会 提供）

33个，注册资本10亿元以上项目5个。至2021年底，累计引进金融企业926家，资产管理规模4200亿元，其中备案私募基金管理人94家。

【金融服务质效提升】 2021年，萧山区优化信贷结构。12月底，民营企业贷款余额2422亿元，比年初增加321亿元；制造业贷款余额1272亿元，比年初增加160亿元；普惠信贷余额1065亿元，比上年增长32.3%，比年初增加260亿元，其中1000万元以下小微企业贷款余额521亿元。拓宽融资渠道，实施民营企业债券支持计划，民营企业年度债券融资207亿元，总额长期稳居全省首位。恒逸集团发行全国首单中长期高成长型企业债。完善政府产业基金运行机制，金控集团运行一周年，开发区、世纪城、科技城等平台产业基金实质运作。降低融资成本，全区企业贷款加权平均利率4.8%，比上年下降0.06个百分点，其中小微企业贷款加权平均利率5.1%，比上年下降0.07个百分点。创新金融服务，推广“杭州e融”平台，入驻企业27302家，完成授信数6477笔，授信总计218.97亿元；加快数字化转型，区智慧金融平台试运行上线；深化自贸区金融领域开放创新，有序推进合格境外有限合伙人（QFLP）试点工作。

【金融投资环境优化】 2021年，萧山区开展私募投资基金风险防范处置，排查企业2045家，发现风险隐患18个，全部处置完毕。开展虚拟注册企业风险排查，排查企业8224家，发现虚拟注册企业5209家。开展非法金融风险监测，实现线上实时监测，共发现61条线索信息，全部完成处置。开展防范非法集资宣传月活动，举办防范非法集资专场宣传活动25场次，发放宣传资料3.3万份，参与市民5.6万人次。实施金融投资类企业风险核查，组织联审24次，线下联审企业88家，通过32家，把好风险入口关。

【其他金融业态】 至2021年底，萧山区有8家小额贷款公司，资产总额18.47亿元，贷款余额25.92亿元，比上年增长63.43%；14家融资性担保公司担保余额73.37亿元，下降5.52%。33家重点融资租赁公司主营业务收入14.17亿元。8家典当行典当余额1.1亿元，下降1.79%。新增备案私募基金管理人13家，累计133家，在管基金925只，实缴注册资本16.28亿元。

（施丹红）

银行业

【概况】 2021年，萧山金融系统贯彻落实中国人民银行逆周期宏观调控和稳健灵活货币政策要求，直接融资和间接融资双向发力，保障金融总量供给。贷款增量突破800亿元。本外币贷款余额5897.4亿元，比上年增长15.71%，比年初增加800.65亿元，比上年多增132.7亿元，其中住户贷款比年初增加314.52亿元，比上年多增24.12亿元，非金融企业及机关团体贷款比年初增加457.62亿元，比上年多增70.56亿元。直接融资保持领先优势，萧山企业在银行间债券市场发行各类债券314.7亿元，比上年多发63.2亿元。其中，国有企业发行142.7亿元，比上年多发56.2亿元；民营企业发行172亿元，比上年多发7亿元，民营企业发债规模占全省30.5%，比上年提高4.9个百分点，持续保持全省领先优势。央行低成本资金充足利用。精准快速用好央行政策性优惠资金，继续落实小微企业延期还本付息政策和信用贷款支持计划。办理普惠小微企业贷款延期137.38亿元，惠及客户7251户；发放普惠小微企业信用贷款56.01亿元，惠及客户6817户；申请获得央行低成本支小再贷款55亿元，支持企业3231家。

【金融机构资金流向重点领域及薄弱环节】 2021年，萧山金融机构围绕亚运攻坚、智能制造有机更新、普惠小微、绿色信贷等重点领域和薄弱环节，持续加大金融支持力度，促进萧山“亚运国际城·数智新萧山”建设，支持萧山共同富裕标杆区创建。保障亚运“三馆三村”建设、“22688”工程等重点领域、重大工程的项目融资。至年底，萧山区政府融资平台、政府基础设施项目在萧金融机构表内贷款余额966.18亿元，比年初增加83.86亿元。围绕存量工业用地有机更新和智能制造技术改造项目三年新增各100亿元以上的专项贷款目标，加快制造业贷款信贷投人。至年底，全区制造业贷款余额1272.28亿元，比上年增长14.4%；比年初增加159.71亿元，比上年多增37.4亿元。坚持民营企业贷款“两个一致性”，做深做实“百地千名行长进民企送服务”工作，加大民营企业融资支持力度。至年底，民营企业贷款余额2422.35亿元，比上年增长15.3%，比年初增加321亿元。做好“贷款码”推广使用，为4951家小微企业解决融资需求145亿元。开展“小微企业培植暨首贷户拓展专项行动”，拓展小微企业首贷户3853户，发放贷款132.92亿元。年底萧山普惠信贷余额1065亿元，比上年增长32.3%，比年初增加260亿元。小微企业贷款利率5.13%，比上年下降9个基点。金融机构加速绿色化改造，绿色贷款专营支行实现零的突破，新设3家绿色贷款专营支行。出台差异化的绿色信贷政策和考核机制，加快绿色信贷产品创新，辖内首笔碳排放权质押贷款落地，涉及贷款资金300万元。年底金融机构绿色贷款余额465.38亿元，比年初增加213亿元，比上年增长84.7%。

【房地产金融服务平稳运行】 2021年，萧山金融机构坚持“房住不炒”，实施贷款集中度常态化管理，落实差别化住房信贷政策。根据房地产信贷政策边际变化，做好信贷窗口指导，支持房地产开发企业合理融资需要。至年底，金融机构房地产贷款余额1621.65亿元，比年初增加154.41亿元。其中，房地产开发贷余额452.41亿元，比年初增长17.94亿元；购房贷款余额1169.24亿元，比年初增加136.47亿元。

2021年萧山区银行业金融机构本外币信贷收支情况一览表

表35

来源项目名称	年底余额（亿元）	比年初增减（亿元）	增幅（%）	运用项目名称	年底余额（亿元）	比年初增减数（亿元）	增幅（%）
一、各项存款	5919.69	388.35	7.0	一、各项贷款	5897.40	800.65	15.7
（一）境内存款	5887.90	383.43	7.0	（一）境内贷款	5879.10	786.94	15.5
1. 住户存款	2617.23	301.06	13.0	1. 住户贷款	2109.86	314.52	17.5
（1）活期存款	744.81	28.60	4.0	（1）短期贷款	369.37	26.36	7.7
（2）定期及其他存款	1872.41	272.46	17.0	消费贷款	63.36	0.55	0.9
2. 非金融企业存款	2216.04	113.21	5.4	经营贷款	306.00	25.82	9.2
（1）活期存款	842.41	9.40	1.1	（2）中长期贷款	1740.49	288.16	19.8
（2）定期及其他存款	1373.63	103.81	8.2	消费贷款	1287.06	160.98	14.3
3. 广义政府存款	1017.04	–44.50	–4.2	经营贷款	453.44	127.18	39.0
（1）财政性存款	130.21	9.81	8.2	2. 非金融企业及机关团体贷款	3752.45	457.62	14.0
（2）机关团体存款	886.83	–54.31	–5.8	（1）短期贷款	1441.40	28.56	2.0
4. 非银行业金融机构存款	37.59	13.65	57.0	（2）中长期贷款	2185.78	374.76	20.7
（二）境外存款	31.79	4.92	18.3	（3）票据融资	125.24	55.83	80.5
二、金融债券	38.00	10.00	35.7	（4）融资租赁	—	—	—
其中　境外发行	—	—	—	（5）各项垫款	0.03	–1.53	–98.1
三、卖出回购资产	—	—	—	3. 非银行业金融机构贷款	16.80	14.80	740.0
四、借款及非银行业金融机构拆入	12.80	6.31	97.2	（二）境外贷款	18.29	13.71	299.1
五、联行往来（净）	284.94	284.94		二、债券投资	463.48	38.36	9.0
六、应付及暂收款	128.65	22.13	20.8	其中　境外债券	—	—	—
七、各项准备	141.09	3.68	2.7	三、股权及其他投资	196.02	49.71	34.0
八、所有者权益	284.70	53.44	23.1	四、买入返售资产	5.45	–7.55	–58.1
其中　实收资本	44.76	2.48	5.9	五、存放非银行业金融机构款项	3.07	1.63	113.8
九、其他	–194.37	47.49	–19.6	六、联行往来（净）	—	–76.47	–100.0
				其中　境内存放二级准备金	6.48	0.04	0.6
				七、金银占款	—	—	—
				八、中央银行外汇占款	—	—	—

续表 35

来源项目名称	年底余额（亿元）	比年初增减（亿元）	增幅（%）	运用项目名称	年底余额（亿元）	比年初增减数（亿元）	增幅（%）
				九、应收及预付款	33.06	8.70	35.7
				十、投资性房地产	—	—	—
				十一、固定资产	17.03	1.28	8.2
资金来源总计	6615.51	816.33	14.1	资金运用总计	6615.51	816.33	14.1

2021 年萧山区银行业金融机构本外币存贷款余额一览表

表 36

机构名称	存款		贷款		机构名称	存款		贷款	
	年底存款余额（亿元）	比年初增长（%）	年底贷款余额（亿元）	比年初增长（%）		年底存款余额（亿元）	比年初增长（%）	年底贷款余额（亿元）	比年初增长（%）
农发银行	0.79	–85.0	41.45	–18.8	宁波银行	70.08	4.1	117.04	34.5
工商银行	496.11	2.2	560.72	15.2	杭州银行	159.28	10.2	185.47	–10.8
农业银行	679.17	4.7	686.14	24.8	民泰银行	6.91	72.9	8.79	2.5
中国银行	299.20	11.5	327.30	20.7	北京银行	59.33	6.7	77.50	2.7
建设银行	270.05	0.7	298.29	10.1	稠州银行	14.72	30.0	14.70	–29.4
交通银行	116.03	2.9	190.09	10.1	泰隆银行	33.38	24.2	34.96	30.5
中信银行	311.08	4.8	296.36	20.2	南京银行	66.45	10.5	57.42	2.4
光大银行	90.43	–16.7	115.82	4.9	温州银行	23.53	–11.5	31.16	16.7
华夏银行	116.05	33.8	57.07	–10.9	江苏银行	58.06	7.9	88.31	17.7
广发银行	68.31	35.2	110.42	22.3	台州银行	23.91	27.5	25.08	30.6
平安银行	71.51	–19.1	84.12	2.1	金华银行	5.40	42.8	3.39	15.5
招商银行	124.76	19.2	218.69	18.4	联合银行	19.28	13.5	52.66	33.0
浦发银行	194.39	17.5	183.45	42.3	邮储银行	241.32	7.8	90.66	33.5
兴业银行	70.88	21.9	101.27	20.0	湖商村镇银行	10.92	25.6	12.56	24.1
民生银行	57.96	–16.2	104.95	6.4	渣打银行	4.18	55.95	0.40	23.3
恒丰银行	26.97	–36.6	53.69	14.6	裕隆金融	0.05	–94.6	21.19	–21.2
浙商银行	131.38	–34.1	163.44	–2.5	萧山农商行	1787.96	15.3	1370.70	19.95
渤海银行	15.55	–10.5	12.17	–40.2	传化财务	41.50	12.3	25.00	49.2
上海银行	24.68	3.7	74.98	25.7					

（孔鑫鑫）

【中国农业发展银行杭州市萧山支行】 2021年，中国农业发展银行杭州市萧山支行各项贷款余额41.45亿元。全年评估中长期项目4个、金额41.80亿元，获批项目3个、金额31亿元。守稳粮食收储主责主业，聚焦提高粮食信贷服务水平和能力。发放地方储备粮油贷款8800万元，展期地方储备粮油贷款1.09亿元。满足粮食收购及储备粮轮换资金需求，维护粮食市场稳定。成功发放近10年首笔市场化购销企业粮油收购贷款8000万元，优化粮油业务，解决粮食收储资金难题。助力共同富裕建设，聚焦水利建设、农村土地综合整治等项目，服务乡村振兴战略，支持长江大保护建设。投放农村基础设施建设贷款8200万元，改善农村居住环境，带动区域综合整治开发。与上级行组建金融服务小组，获批农村土地流转和规模经营中长期贷款15亿元，用于萧山区耕地"非农化非粮化"整治项目。聚焦国有平台产业园项目建设，获批城乡一体化贷款16亿元，推动城乡融合发展带动村民共同富裕。拓展支农支小新模式。全年为4家民营小微企业审批贷款共计2460万元。11月，向浙江萧山农村商业银行股份有限公司授信10亿元支农转贷贷款，进一步拓展服务"三农"的广度和深度。

（李雪琦）

【中国工商银行萧山分行】 2021年，中国工商银行萧山分行本外币存款余额496.11亿元；投放各类贷款442亿元；年底本外币贷款余额560.72亿元，比年初增加74.1亿元，贷款增量连续四年突破50亿元。聚焦水务大厦、科创中心、新农都、亚运村等重大项目建设，提供信贷支持18亿元；聚焦乡村振兴，为山海协作（飞地）产业园项目、红山农场有机更新项目发放贷款7100万元。支持产业转型升级，对接萧山智能制造、数字经济等产业，投放贷款4.24亿元；先进制造业、现代服务业和战略新兴产业的信贷投放规模280亿元，比年初净增25.5亿元。民生领域围绕消费升级，加快推动"e分期""融e借"等创新产品，适度发展个人按揭贷款，个人贷款保持稳步增长。加大民营企业的信贷支持力度，投放民企贷款158亿元，民企贷款净增17亿元。支持生产制造业，新增制造业贷款13.6亿元，余额151.5亿元。年底公司贷款利率比年初下降9个BP，累计为企业减费让利超3500万元。普惠贷款余额73.8亿元，净增29.8亿元。加快金融大数据和互联网技术应用，推广线上产品"经营快贷"和"e抵快贷"，实现贷款在线申请、审批、发放和周转，惠及小微企业1933户，新增贷款64亿元。加强不良风险化解，清收处置不良贷款2.78亿元，年底不良贷款余额2.04亿元，比年初下降1.58亿元，不良率0.3%，下降0.37个百分点。应用工银"融安e信"风险信息库系统，堵截电信诈骗10起，避免客户资金损失36.8万元。开展"金融知识进万家"活动，举办金融知识讲座25场，惠及居民超过千人。

（楼超华）

【中国农业银行萧山分行】 至2021年底，农业银行萧山分行各项存款余额679.17亿元，比年初增加31亿元；各项贷款余额686.14亿元，比年初增加136亿元。该行着力服务区内重大项目，全年累计报批项目贷款近40个、金额超400亿元。把数字经济与普惠金融有机结合，推进普惠金融。年底银保监口径普惠贷款余额91.61亿元，比年初增加24.29亿元，服务小微企业及个体工商户3400户。落实支持实体经济"十大"行动计划，新增民营企业贷款47.54亿元，余额250.69亿元；支持制造业高质量发展，全年新增银保监口径制造业贷款30.49亿元，高于各项贷款增速3.93个百分点。加大"三农"领域服务力度，全年涉农贷款总量62.36亿元。打好农村金融互联网、美丽乡村贷、挂点联村、"一村一策"等系列"组合拳"，创新"乡村振兴带头人贷"等特色产品，推动金融服务共同富裕。支持生态环保等重点项目，紧扣"双碳"目标，落地首笔碳排放权质押贷款，全年新增绿色贷款52.21亿元。运用科创企业差异化支持政策解决"卡脖子"问题，全年发展科技型企业68户，贷款增量2.56亿元。率先设立自贸区专营支行，为自贸区提供本外币跨境金融专属服务；落地全区首笔外汇NRA账户（境外机构境内账户）不落地结汇，助力自贸区企业资金链降本增效，案例入选自贸区杭州片区优秀改革试点经验。年底不良率0.05%；新发放实体贷款利率4.5%，比年初下降7个BP，其中普惠贷款利率3.94%，比年初下降4个BP；全年累计减费让利超2764.62万元。连续4年被区政府评为支持萧山经济社会发展一等奖，获萧山区银行业金融机构评价一等奖、人行萧山支行2021年度金融机构综合评价A等行、银行业支持抗疫杰出奖等。

（韩　波）

【中国银行萧山分行】 至2021年底，中国银行萧山分行本外币存款余额299.20亿元，比年初新增30.88亿元；本外币贷款余额327.3亿元，比年初新增56.13亿元。围绕"亚运国际城·数智新萧山"，持续为重点领域和重大项目提供金融支持。上报5000万元以上项目20个，批复金额74.26亿元，实际投放超30亿元；绿色贷款余额25.48亿元，比年初新增12.33亿元，增幅93.8%；专门设立科技专营支行，推出"中银科技通宝"产品以及"杭州地区'人才贷'授信服务方案"，至年底，科技金融贷款余额32.94亿元。助力企业纾困解难，新增民营企业贷款23.36亿元，增幅25.9%，占公司贷款新增61.6%。提升融资效率，全年平均审批时效较上年缩短5天，新发放公司贷款平均利率4.1%，让利企业约2000万元。"两增两控"口径普惠贷款余额36.41亿元，比年初新增17.4亿元，增幅91.5%，高于全行各项贷款平均增速70.92个百分点。发挥国际业务优势，持续推进跨境贸易便利化，为企业办理资本项目外汇收支便利化业务40笔，金额1.45亿美元。加快数字化转型和产品创新，首次尝试区块链福费廷业务、在线保函、在线开证和通汇达业务等；创新推出"在线结汇＋通知存款"产品，网银在线结汇比例96.3%。推进"单一窗口"跨境汇款业务，全年叙作122笔，合计金额9000万元。全年国际贸易结算量43.6亿美元，增幅51.8%；跨境人民币业务量370.68亿元，增幅1230.1%。

（钱励超）

【中国建设银行萧山支行】 2021年底，中国建设银行股份有限公司杭州萧山支行本外币存款余额为270.05亿元，本外币贷款余额298.29亿元。中间业务收入1.26亿元，其中对公中间业务收入6700万元。在全区设对外营业机构18个、自助设备56台。持续支持亚运场馆建设，为杭州萧山亚运场馆投资建设有限公司发放PPP（公共私营合作）贷款1.47亿元，项目累计投放贷款5.47亿元；成为中电建路桥区域内主办行，为中电建路桥集团杭州萧山城市建设发展有限公司批复信用额度25.19亿元；为传化集团有限公司等一批民营制造企业批复综合授信额度近60亿元；为杭州融琴置业有限公司等房地产企业授信约22亿元。推进国际业务发展，至年底获批开设对公外汇自营的二级支行10家，其中6家二级支行实现对公外汇账户开立、国际收支破零。推进内外贸一体化及数字化转型，完成4项国业产品创新，包括1项自主创新（出口贸贷通2.0版）、3项移植创新（聚丙烯期货通、跨境贷、跨境转卖通），落地首笔自贸区客户跨境福费廷转卖业务。普惠贷款新增25.21亿元，CCB普惠营销助手、“e线通”等普惠创新项目落地，其中普惠营销助手在各网点应用，授信金额7200万元。服务民生，参与住房租赁市场，增加租赁住房市场供应；推广“财务智能分析”“大额客户融资结构展示平台”等功能模块的运用；创新小微企业信贷产品，多渠道扩面上量取得成效。赋能乡村振兴，与党湾镇、戴村镇开展整镇合作，与瓜沥镇梅林村开展整村合作。至年底，建行裕农通服务点438处，服务农户13469户；投放“共富贷”和“文明助农贷”544笔，累计金额6.2亿元。加快资产处置速度，处置不良贷款3.28亿元，不良贷款余额7700万元，比年初下降400万元；不良率0.3%，比年初下降0.1%。

（赵静怡）

【交通银行萧山支行】 至2021年底，交通银行萧山支行人民币各项存款余额116.03亿元，人民币各项贷款余额190.09亿元。加强对基金、信用卡、保险代理、电子社保卡等产品宣传和营销力度，重点基金销量4230万元；信用卡活户2114户，代理保险2687.81万元。加大公司授信客户拓展力度，为浙江传化生命智能科技有限公司并购贷款19.5亿元；加大房贷业务投放发放房贷275笔，公积金贷款203笔；拓展优质小微客户，重点推荐普惠E贷、烟户贷、税融通等产品，普惠两增户数232户，普惠两增余额5.60亿元；拓展营销同业业务、债券代投、托管业务，同业存单日均余额超14亿元。11月11日，交通银行萧山支行成立30周年庆，行庆当天人民币存款额173亿元。

（徐关洪）

【中国邮储银行股份有限公司杭州市萧山区支行】 2021年，中国邮政储蓄银行股份有限公司杭州市萧山区支行下辖1家营业部、8家二级支行，代理网点47家。全年各项存款241.32亿元，比上年底增长17.48亿元；个人及小企业贷款结余90.66亿元，增长22.77亿元；公司贷款结余28.51亿元，增长6.7亿元。资产质量保持持续优良，信贷资产不良率及不良金额比年初均实现双降。自营收入3.02亿元，增长25.3%，预算完成率106.5%；考核利润2.10亿元，增长53.9%，预算完成率112.9%；中间业务收入2555万元，增长59.2%；预算完成率126.6%。年底，民营企业贷款结余34.12亿元，比上年底新增9.57亿元；制造业贷款结余13.48亿元，比上年底新增4.17亿元。成立乡村振兴农村信用体系建设领导小组，建立服务乡村振兴基层联系点制度，建设信用村148个，建设信用户4305户，发放惠农贷款3313万元。开展融资对接工作，缓解小微企业融资难、融资贵难题。执行“三张清单”，持续推进个人无还本续贷，降低小微企业融资成本；持续推广房抵贷加信用模式，提高优质企业贷款额度；持续推广创业贴息贷款、粮食贷款贴息政策。成立推广人行贷款码领导小组和工作小组，落实贷款码平台推广工作。推出线上小微易贷产品，减少贷款审批环节。

（庞　哲）

【中信银行杭州萧山支行】 2021年，中信银行杭州萧山支行各项存款余额311.08亿元，各项贷款余额296.36亿元；资产质量明显改善，年底不良贷款余额2.04亿元，不良贷款率0.7%，比上年底下降0.36个百分点；营业净收入8.41亿元，全年净利润4.25亿元。支持区域重点项目建设和重点领域发展，综合融资投放238.37亿元；支持民营企业、制造业发展，推动加快绿色转型，新增绿色金融类贷款35.05亿元、战略性新兴产业贷款26.57亿元、制造业27.49亿元、民营企业贷款33.47亿元；发展普惠金融，支持小微企业，推广“经销e贷”“订单e贷”“政采e贷”“惠加e贷”等产品，对公普惠贷款余额9.56亿元，比年初增加2.98亿元。净值型理财保有量77.18亿元，比年初增加34.68亿元；代销基金11亿元。9月5日，由中信银行提供系统支持的浙江省首个智慧慈善工作站在瓜沥镇梅林村成立。持续强化风险防控管理，向公众发放反洗钱宣传折页8万余份；打击治理电信网络诈骗和跨境赌博，堵截电信诈骗案例3起；推进外汇管理，第十二次被国家外汇管理局萧山支局授予银行外汇业务合规与审慎经营评估“A类银行”称号。加强消费者权益保护工作，组织“3·15”宣传周、金融知识普及月、防范非法集资宣传月等活动78场，进驻社区、企业、市场、学校宣传630多场，各类活动现场累计发放宣传资料7万余份。获萧山区银行业支持抗疫杰出奖和萧山区银行业金融机构评价一等奖，获评人行萧山支行2021年度金融机构综合评价A等行。

（王　节）

【光大银行萧山支行】 至2021年底，光大银行萧山支行本外币存款时点余额90.43亿元，比年初减少18.18亿元，比上年减少16.7%；贷款余额115.82亿元，比年初增长5.37亿元，比上年增长4.9%；发债业务存续期余额44亿元，全年落地投债业务5笔、金额12.6亿元；民营企业表内贷款余额72.8亿元，比年初增加1.8亿元。新增小微企业26户，12月底对公普惠口径贷款余额1.64亿元，比年初增加6700万元；对私普惠贷款余额2.24亿元，比年初增加7670万元。推进普惠金融，阳光e税贷、阳光e抵贷、阳光e微贷产品实现在线审批全年为小微普惠企业减费让利（包括评估费、抵押登记费、保险费）共计23.52万元，惠及对公对私客户共90户。落地光大银行杭州分行系统内首笔投债联动发行中票15亿元、首单舟山自贸区原油进口证1.65亿美元。通过中国银行业文明规范服务千佳示范单位复查现场检查，并获2021年中国光大集团第二届“名店”称号。开通爱心服务窗口等多项举措加强老年客户的金融服务体验，打造敬老示范网点，获评2021年中国光大银行敬老示范网点。获评人行萧山支行2021年度金融机构综合评价A等行、2021年度中国光大银行杭州分行十佳普惠经营机构。

（姚剑萍）

【中国民生银行杭州萧山支行】 至2021年底，中国民生银行股份有限公司萧山辖萧山、萧然、商业城3家支行，各项存款余额57.96亿元，其中储蓄存款10.89亿元；各项贷款余额104.95亿元，比上年增加6.3亿元。下调小微客户贷款定价标准，对受新冠肺炎疫情影响较大的行业客户给予贷款利息减免。小微贷款利率水平下降，年底新发放小微贷款利率约为4.4%，比上年同期下降15BP。推动抵押+信用产品组合，年底小微企业贷款余额5.04亿元，比年初增长8400万元。新增一手房按揭项目5个，按揭贷款余额19.45亿元，新增4.81亿元。获萧山区金融机构综合评价三等奖和支持抗疫杰出奖。

（丁　俊）

【华夏银行萧山支行】 至2021年底，华夏银行萧山支行一般性存款余额116.05亿元，一般性存款日均113.74亿元，其中对公存款日均104.24亿元；个人存款日均9.50亿元；全口径贷款余额62.68亿元，其中普惠条线贷款余额8.74亿元；国际结算量10.45亿美元；结售汇量2.40亿美元；国内信用证开立6.56亿元。该行把实体经济作为经营发展重点，坚持政府项目与实体客户“双轮驱动”，开展“百行进万企”“乡村振兴”“三服务”等专项工作，聚焦普惠型小微贷款、首贷户增长，制定特色普惠金融业务产品组合。8月，华夏银行江南区域营销部成立，统筹管理江南营销部、萧山支行及金城支行的综合经营发展。是年，该行获中国银行业协会“2021年银行业营业网点文明规范服务千佳示范单位”称号。

（陈宇峰）

【浙商银行杭州萧山分行】 至2021年底，浙商银行杭州萧山分行总资产217.14亿元，总负债212.77亿元。各项存款余额131.38亿元，其中公司存款余额99.56亿元，年日均123.98亿元；零售存款23.80亿元，年日均41.15亿元。存款规模在萧山区股份制商业银行中列第三位。各项贷款余额163.44亿元，其中公司贷款余额94.26亿元、行标小贷余额32.77亿元、个人贷款余额18.29亿元；全年共新开结算账户466户；共实现国际结算量15.56亿美元。收回及处置不良及风险贷款2.27亿元，年底不良贷款余额5900万元，不良率0.4%。落实监管部门金融惠企让利政策，减免贷款利息734.84万元。组织开展助力乡村建设“走进钱江源，助力乡村建设”公益活动，为户外劳动者设立“爱心驿站”。连续3年被评为在萧银行机构综合评价A级，萧山区人民政府颁发的银行业支持抗疫杰出奖。

（裘佳妮）

【浙江民泰商业银行股份有限公司杭州萧山支行】 2021年，浙江民泰商业银行股份有限公司杭州萧山支行（下设瓜沥小微企业专营支行）存款余额6.91亿元，贷款余额8.79亿元，不良贷款1.29亿元。是年，该行加速厅堂转型升级，网点产能不断提高；不良化解工作稳步推进，综合管理工作水平不断提升。探索绿色金融和乡村振兴信贷模式，满足不同类型客户的差异化需求，助力萧山区绿色经济发展和产业转型升级。

（傅洪柳）

【萧山农商银行】 至2021年底，萧山农商银行各项存款余额1787.96亿元，各项贷款余额1370.70亿元。按人民币口径统计，存、贷款总量（不含杭城支行）占萧山区银行业市场份额的31.5%和23.4%，均列首位。五级不良贷款率0.9%，下降0.18个百分点；拨备覆盖率617.4%，提高3.39个百分点。全年缴纳税金（实际入库）7.37亿元。“十四五”期间新增授信1000亿元，支持萧山未来乡村建设，推广“浙里贷—农易贷”产品，年底涉农贷款480.39亿元，增加104.20亿元，增幅27.7%。推出“园区伙伴”计划，对接“专精特新”中小企业和隐形冠军企业，“有机更新和智能制造类”贷款投放7.98亿元；响应“双碳”号召，加大绿色贷款投放力度，余额14.30亿元，增加8.47亿元，增幅145.2%。实现国际结算量31.45亿美元，比上年增加7.56亿美元，增幅31.6%。推进民营小微融资，新增首贷户2387户，首贷户占比22.7%；落实央行信用贷款发放及普惠小微延期还本两项政策工具，累计发放信用贷款173.43亿元，办理延期还本143.17亿元；普惠型小微企业贷款余额411.41亿元，增加92.01亿元，增幅28.81%，高于各项贷款增速8.5个百分点，完成“两增两控”要求。加强社区银行建设工作，管理覆盖123个社区，开展特色活动140多场，打造“健康邻里”“运动邻里”社区银行专属品牌。开展打击治理电信网络诈骗和跨境赌博工作，首发“怡老卡”服务老年人群体，建立“乡村扶贫帮困基金”。是年，该行在商业银行稳健发展能力“陀螺”评价榜单中列全国城区农商银行第8位，获评全国银行业营业网点文明规范服务千佳示范单位、全国金融服务中小微企业优秀案例和浙江助力地方经济优质银行等。

（马　杰）

【萧山湖商村镇银行】 2021年，萧山湖商村镇银行下辖营业部1个、乡镇支行10家。年底各项存款余额10.92亿元，各项贷款余额12.56亿元。总贷款户数3728户，户均贷款余额33.69万元。其中涉农贷款余额11.32亿元，占比90.1%，比上年增加2.33亿元，增幅25.9%，高于全部贷款增速1.81个百分点；小微企业贷款余额10.11亿元，占比80.49%，比上年增加1亿元，增幅11.0%；小微企业贷款户数2905户，占比77.92%，比上年增加84户，增幅3.0%；小微企业申贷获得率98.45%，高于上年0.01个百分点。该行加大信用贷款发放，年底信用贷款余额6.82亿元，占贷款总额的54.3%；贷款户数3023户，占贷款总户数的81.1%；信用贷款户均为22.56万元。“惠农卡”授信4336户，授信金额9.6亿元；用信2145户，用信金额4.60亿元。全年，对普惠小微企业贷款实施延期还本426户，金额2.17亿元；小微企业信用贷款支持计划发放814户，金额2.76亿元。

（徐园园）

保险·证券·期货

【概况】至2021年底，萧山区有保险公司42家，比年初减少1家，其中财产险公司26家、人身险公司16家。2021年有华泰人寿保险股份有限公司浙江分公司萧山营销服务部终止营业，无新设公司。全区保费收入65.47亿元，其中财产险公司保费收入33.09亿元，比上年增长4.8%；人身险公司保费收入32.38亿元，下降4.6%。保险机构财产险公司赔付支出19.31亿元，增长14.6%；人身险公司业务支出3.42亿元，增长5.83%。全区证券、期货经营机构47家。35家证券经营机构实现代理交易额23547.21亿元，下降20.5%；净利润3.36亿元，下降25.8%。12家期货经营机构实现代理交易额42108.59亿元，增长17.8%，其中总部机构信达期货和盛达期货分别实现代理交易额16319.28亿元和10270.46亿元。

2021年在萧山区营业的保险机构

财产险公司（26家）
保财险萧山支公司
太平洋财险萧山支公司
平安财险萧山支公司
天安财险萧山支公司
中华联合财险萧山支公司
太平财险萧山支公司
大地财险萧山中心支公司
华安财险萧山支公司
永安财险萧山支公司
大家财险萧山区营销服务部
都邦财险萧山支公司
阳光财险萧山支公司
渤海保险萧山支公司
中银保险萧山营销服务部
国寿财险萧山支公司
亚太财险萧山支公司
永诚财险萧山支公司
长安责任保险萧山支公司
安诚财险萧山支公司
太平洋安信农业保险萧山支公司
浙商财险萧山支公司
紫金财险萧山支公司
国任财险萧山支公司
安盛天平财险萧山营销服务部
泰山财险萧山支公司
英大财险萧山支公司
人身险公司（16家）
中国人寿萧山支公司
太平洋人寿萧山支公司
平安人寿萧山支公司
泰康人寿萧山支公司
新华人寿萧山区营销服务部
太平人寿萧山区营销服务部
中信保诚萧山营销服务部
人民健康保险萧山营销服务部
人民人寿萧山支公司
英大泰和人寿萧山营销服务部
富德生命人寿萧山支公司
阳光人寿萧山支公司
信泰人寿萧山营销服务部
国华人寿萧山支公司
长生人寿萧山营销服务部
工银安盛人寿萧山营销服务部

2021年在萧山区营业的证券机构

国金证券股份有限公司杭州利一路证券营业部
中信证券股份有限公司杭州金城路证券营业部
中信证券股份有限公司杭州市心北路证券营业部
国信证券股份有限公司浙江分公司
国信证券股份有限公司杭州市心中路证券营业部
海通证券股份有限公司杭州市心北路证券营业部
浙商证券股份有限公司杭州萧山永久路证券营业部
财通证券股份有限公司杭州金城路证券营业部
财通证券股份有限公司杭州瓜沥建设四路证券营业部
财通证券股份有限公司杭州市心南路证券营业部
方正证券股份有限公司杭州萧山金城路证券营业部
国盛证券有限责任公司杭州金城路证券营业部
国融证券股份有限公司杭州市心北路证券营业部
华福证券有限责任公司杭州市心中路证券营业部
天风证券股份有限公司杭州金城路证券营业部
兴业证券股份有限公司杭州萧山金城路证券营业部
东吴证券股份有限公司杭州金城路证券营业部
五矿证券有限公司杭州市心北路证券营业部
华西证券股份有限公司杭州萧山市心北路证券营业部
华安证券股份有限公司浙江分公司
光大证券股份有限公司杭州市心北路证券营业部
甬兴证券有限公司杭州金城路证券营业部
中国银河证券股份有限公司杭州市心中路证券营业部
东方证券股份有限公司杭州金鸡路证券营业部
东方证券股份有限公司杭州市心北路证券营业部
东海证券股份有限公司杭州金城路证券营业部
国元证券股份有限公司杭州萧山金城路证券营业部
国泰君安证券股份有限公司杭州萧山市心中路证券营业部
中信建投证券股份有限公司杭州萧山市心中路证券营业部
申万宏源证券有限公司萧山博学路证券营业部
华龙证券股份有限公司杭州钱江世纪城平澜路证券营业部
银泰证券有限责任公司浙江分公司

银泰证券有限责任公司杭州鸿宁路证券营业部
东方财富证券股份有限公司杭州金城路证券营业部
东北证券股份有限公司杭州市心北路证券营业部

2021 年在萧山区营业的期货机构

盛达期货有限公司
信达期货有限公司
南华期货股份有限公司萧山营业部
中信期货有限公司杭州萧山分公司
浙商期货有限公司萧山营业部
华融融达期货股份有限公司杭州营业部
永安期货股份有限公司杭州萧山分公司
银河期货有限公司萧山营业部
浙江新世纪期货有限公司萧山营业部
天富期货有限公司杭州营业部
天风期货股份有限公司浙江分公司
华安期货有限责任公司杭州营业部

（虞飞飞　施丹红）

【惠民保险】 2021 年，萧山区保险机构稳步推进“住房全装修质量工程保险”“西湖益联保”保险等惠民保险，为 3.02 万套住宅开展住宅装修工程质量保险；累计承保责任险 7.34 万件，承保金额 48.10 万亿元；“西湖益联保”参保 59 万人。推动财产险公司签订车险理赔自律公约，非伤人交通事故理赔数字化处理，提升理赔效率。保险机构深化警保合作完善农村地区“两站两员”建设，助力“平安萧山”建设。

【中国人民财产保险股份有限公司杭州市萧山支公司】 2021 年，中国人民财产保险股份有限公司杭州市萧山支公司保费收入 9.08 亿元，比上年增长 5%；支付各类赔款 5.30 亿元。公司加强车险精细化管理，加快非车专业化团队建设，提升个人客户服务能力。服务亚运事业，为一系列区域重点工程项目、企业安全生产保驾护航；推动传统种养殖业保险和地方政策性农险提标、增品、扩面，着力提升服务“三农”力度。台风“烟花”登陆期间，集中力量投入抗台救灾，并在灾后加快理赔进度，支付赔款 870 万元。

（汪道天）

【中国平安财产保险股份有限公司杭州市萧山支公司】 2021 年，中国平安财产保险股份有限公司杭州市萧山支公司保费收入 9.40 亿元，其中车险保费收入 7.56 亿元、非车险整体保费 2.35 亿元。服务客户 8.3 万人次，赔付金额 5.4 亿元。承保杭州奥体中心主体育馆、游泳馆和综合训练馆等项目；牵头萧山区建设行业安责险及第三方服务工作，参与一般工贸、危化行业安责险；试点启动儿童预防接种异常反应补偿保险。

（赵　丹）

【中国人寿保险股份有限公司杭州市萧山支公司】 2021 年，中国人寿保险股份有限公司杭州市萧山支公司保费收入 10.07 亿元。作为普惠型医疗保险“西湖益联保”的首席承保方，该公司承担首席责任，全面落地西湖益联保的承保及后续服务工作，为市民提供医疗保障。连续多年承保老年人意外险、残疾人保险等多款惠民产品，推出“重疾一日赔日”及“线上快速理赔”服务，全年赔付保险金 1.50 亿元。

（周巧妹）

【中国平安人寿保险股份有限公司杭州市萧山支公司】 2021 年，中国平安人寿保险股份有限公司杭州市萧山支公司个险保费收入 6.82 亿元，其中新单保费收入 1.07 亿元、续期保费 5.75 亿元，赔付金额 5515.87 万元。该公司持续推进数字化改革转型，围绕客户差异化保险需求，连接医疗健康生态圈，探索产品创新。通过“渠道＋产品”双轮驱动，推动代理人队伍结构优化和业务品质改善，代理人渠道高质量转型稳步推进。

（方　燕）

【中国太平洋人寿保险股份有限公司萧山支公司】 2021 年，中国太平洋人寿保险股份有限公司萧山支公司个险期缴保费 1.34 亿元，续期保费 6.95 亿元，标保累计 5.51 亿元。该公司开展长航活动，启动以职业化、专业化、数字化为方向的个人保险业务渠道改革，被太平洋人寿保险浙江分公司授予“2021 年浙江太保寿险第一支公司”称号。

（丁国钢）

【海通证券股份有限公司杭州市心北路证券营业部】 2021 年，海通证券股份有限公司杭州市心北路证券业部代理交易额 2670 亿元，比上年增长 5.58%。落实营销与服务并重的财富转型要求，推进客户经理制改革，强化客户服务、投资者教育、适当性管理、反洗钱管理等方面日常管理工作，开展“5·15”全国投资者保护宣传日、“防范非法集资宣传月”、“2021 年金融知识普及月”等各类专项投资者教育活动。

（芦哲卿）

【中信证券股份有限公司杭州金城路证券营业部】 中信证券股份有限公司杭州金城路证券营业部是上海证券交易所在异地的全国首家县级证券营业部，成立于 1993 年 1 月。2021 年，该营业部客户数量突破 8.7 万户，资产规模 330.74 亿元，两融余额 16.75 亿元，全年产品销售规模 19.78 亿元。

（陈瑛楠）

城市建设

综述

【概况】 2021 年，萧山区启动新一轮全区污水管网建设专项规划编制工作，14 个随路管线项目建设推进，建成城区南部应急管线、西兴路、东瑞二路等污水管线约 12 千米。管道燃气梯度供应体系不断完善，建成市政中压燃气管线 2370 千米，庭院低压燃气管线 4784 千米，成为全省首个基本实现天然气管网“村村通”的区（县、市）。新增停车泊位 1.6 万个，其中公共泊位 1350 个；新开工及续建公共泊位 2923 个，新增临时停车场 2 处。美丽公路建设全面推进，县级交通共富指数排名全省第一位。8 条地下综合管廊主体结构基本完工。开展 15 个镇（街道、场）91 个行政村（社区）的农村生活污水治理工作，实现农村生活污水处理设施建设行政村全覆盖。11 月，萧山区获评省、市农村生活污水治理工作考核优秀区。

【城市管理精细化】 2021 年，萧山区开展“城市环境大整治、城市面貌大提升”行动。建成环卫、市政绿化、河道、照明四项智慧化系统，制定出台门前“新三包”制度。617 个垃圾分类小区实现“定时定点”全覆盖，318 个垃圾分类村（社区）实现“四定一撤”全覆盖。获评省生活垃圾分类工作优秀区。新增停车泊位 1.57 万个。完善内涝应急机制，落实“一点一方案”。

【城乡环境改善】 2021 年，萧山区推进海绵城市建设，新建和提升改造绿道 138 千米，打造官河（衙前段）、钱塘江（世纪城段）、浦阳江 3 条省级绿道，创建美丽河湖省级样板 1 条、市级样板 5 条，提升改造城市小公园 2 个、新建 5 个。新增省级园林城镇 1 个，省级园林式居住区 2 个，衙前镇杨汛村、楼塔镇雪环桥头村等 4 个建设省级美丽宜居示范村，江寺公园获评省级优质综合公园，市心中路获评省级绿化美化路，金城路（市心路—金鸡路）获评省级街容示范街。萧山区获评“四好农村路”建设省级示范区，并成为 2021 年度省新时代美丽乡村标杆县。

【萧山区获评全省生活垃圾分类工作考核评估优秀单位】 2021 年，萧山区布点建设 9 个资源化处置项目，建立涵盖其他垃圾、易腐垃圾、可回收物（大件垃圾）、拆除和装修垃圾等各方面的生活垃圾规范化处置体系，实现垃圾无害化处置率 100%。通过乡村数字治理平台推进垃圾分类工作，搭建“生活垃圾智能监管系统”，对全区负责城乡生活垃圾分类收运车辆加装车载称重、车载视频监控等设备，实现全程动态跟踪；把 9 个末端处置项目的可视化监管端口共享至区级平台，为监管处置运行及统计分析垃圾减量化、资源化、无害化数据提供更为精准的工具。至年底，全区共创建省级高标准示范片区 1 个、示范小区 5 个、示范村 3 个；市级示范小区 15 个、示范村 72 个；区级示范小区 30 个、示范村 64 个；区综合行政执法局获评全省生活垃圾分类工作成绩突出集体。萧山区获杭州市生活垃圾治理年度考核一等奖，获评全省农村生活垃圾分类处理工作优胜县（市、区）、全省生活垃圾分类工作考核评估优秀县（市、区）。

【4 个样板区入选全省首批城乡风貌样板区试点建设名单】 2021 年 12 月，萧山区编制的《萧山区城乡风貌整治提升行动方案》获省级优秀方案，同时申报的 4 个样板区均入选全省首批城乡风貌样板区试点建设名单，其中“心相融达未来”亚运风貌样板区、七彩瓜沥 · 都市副中心城市新区样板区入选城市新区类样板区，“信息港湾 · 数字创新谷”特色产业样板区入选特色产业区类样板区，“永兴枕梦 · 萧南花园”县域风貌样板区入选县域风貌类样板区。杭州“心相融达未来”亚运风貌样板区地处钱塘江沿线，覆盖萧山区亚运未来城钱江中央活动区以及滨江区奥体中心门户区域，是市级统筹推进样板区，通过整合亚运资源，打造钱塘江畔新的活力中心，塑造国际门户型滨水城市风貌样板区；七彩瓜沥 · 都市副中心城市新区样板区地处瓜沥镇，以七彩社区为核心，打造多元且具有产业创新、文化

品牌特色的未来社区形象；"信息港湾·数字创新谷"特色产业样板区地处萧山经济技术开发区，以信息港小镇为核心，以信息科创为引领，聚合未来社区、总部经济区、创新产业区和配套服务区，塑造集社区活力、生态风貌、创新龙头一体的特色产业型样板区；"永兴枕梦·萧南花园"县域风貌样板区依托戴村镇—河上镇—楼塔镇三镇镇区，融合自然山水景观，打造以戴村运动品牌、楼塔中医药及河上文创民俗等为特色的县域样板区。

（谭　毅）

国土空间规划

【概况】 2021年，萧山区核准优化生态保护红线，划定"三区三线"（城镇空间、农业空间、生态空间所对应区域，及分别对应划定的城镇开发边界、永久基本农田保护红线、生态保护红线）两轮试划方案。全面开展镇（街道）级国土空间规划，启动村庄规划试点。建设国土空间规划过渡期城镇开发边界方案和过渡期项目库，确立过渡期内的法定规划依据。按指标审批新增建设用地约316.92公顷。核发建设项目用地预审与规划选址意见书503份；提供建设用地规划许可证与土地划拨决定书281份；审查建设项目设计方案681个，核发建设工程规划许可证457份；验收项目289个，核发规划核实确认书288份。实施《萧山区教育设施专项规划（2020—2035）》，研究《萧山区综合交通规划》。

【国土空间分区规划】 2021年，萧山区按照杭州市生态保护红线"总量不减少、质量有提升"的总体调整思路，生态保护红线方案由49.01平方千米优化核减到48.58平方千米，上报省市部门审查。镇（街道）级国土空间规划全面开展，15个镇（街道）国土空间规划方案初步形成，区级、镇（街道）级国土空间规划编制互动、衔接。开展临浦镇乡村单元（包含横一村、横二村、浦南村、浦二村、新联村）、瓜沥镇东方乡村单元（包含东方村、众安村、开源村）、官一乡村单元（官一村、前兴村）、中沙乡村单元（包含中沙村）4个试点乡村单元村庄规划中间成果编制。在摸排梳理村庄现状用地与建设需求的基础上，优化各类用地布局，做好村庄分区管控，编制'多规合一'的实用性村庄规划。国土空间规划过渡期城镇开发边界方案按优化后的紧约束方案（新增增量60平方千米）上报，并确定过渡期项目库，作为法定规划依据。重点落实已出让项目、省市重大项目、区级"4286"等重大产业平台项目及已列入2021年实施类、预选类项目、部分存量盘活项目。全年统筹编制各类规划，推进规划全覆盖工作，进化镇、所前镇郊野2个控制性详细规划单元获市政府批复。

【建设用地审批】 2021年，萧山区获新增建设用地指标约316.92公顷，包括单独选址项目用地指标89.55公顷。其中，工业（产业）类用地73.13公顷，基础设施、民生项目类用地77.6公顷，经营性用地47公顷，乡村振兴（农业）用地7.8公顷，宅基地16.8公顷。获省重大产业项目新增建设用地计划指标41.39公顷，保障杭州科百特过滤器材有限公司年产80万平方米半导体超纯水脱气膜项目、民航维修保障基地三期、信息港小镇、中国电信杭州大数据处理中心等重大产业项目的用地需求。全区上报农用地转用和征收27个批次、278个项目，土地总面积308.96公顷，其中农用地215公顷，含耕地120.18公顷；单独选址项目3个，总面积152公顷，分别为萧山—义乌天然气管道工程（萧山段）、沪杭甬高速公路杭州市区段（S2高速公路红垦段）改建工程、杭州至宁波国家高速公路（杭绍甬高速）杭州至绍兴段（杭州萧山区）。全年土地供应1006.62公顷。其中，划拨类供地手续办理191宗，土地面积665.96公顷；使用集体类供地手续办理42宗，土地面积14.61公顷；工业用地续期项目办理307个，土地面积255.94公顷；协议出让类项目办理57宗，土地面积70.11公顷；临时用地项目办理38个，土地面积85.86公顷。

【城乡规划管理】 2021年，萧山区核发建设项目用地预审与规划选址意见书503份；提供建设用地规划条件137份；出具规划意见303份；核发建设用地规划许可证281份，其中出让86份，划拨195份；审查建设项目设计方案681个；核发建设工程规划许可证457份。对涉及规划局部调整的37个地块开展规划选址论证，并报市、区政府批准。市规划和自然资源局萧山分局全年召开集体审查会议30次，讨论审核涉批事项131个，提交区政府国土空间规划审批联席会议审议重点区块、重要节点建设项目设计方案10个。对涉及群众利害关系的项目规划许可和修改调整，在杭州市规划和自然资源局网站、项目现场、所在村（社区）公示，并组织召开相关利害关系人意见征询会，全年公示规划409个。巡查项目1218个（次），其中灰线检验项目192个，对巡查过程中发现的各类违章建筑、验线程序不到位等违法现象，向相关行政主管部发出告知函82份，对建设单位未按图施工行为发放整改告知书4份，对城管执法局等相关执法部门的来函经调查取证后复函96份。全年验收项目289个，核发规划核实确认书288份，验收核实的建筑体量总计790多万平方米。全年办理三产复核验收项目67宗，涉地面积280多万平方米，建筑面积586万平方米。

（魏亦书畅）

城市建设投资

【概况】 2021年，萧山区城市建设投资主要为萧山城市投资集团有限公司和萧山交通投资集团有限公司实施。杭州萧山城市建设投资集团有限公司（简称区城投集团）总投资超1000亿元，建设项目83个，完工项目18个、开工项目9个、续建项目30个，前期推进项目26个。重点推进"迎亚运"重点道路，彩虹快速路、风情大道等高架贯通并通车，博奥路西山隧道慢行线贯通；安置房、民生项目、产业经营加快推进。全年土地出让5宗，出让面积15.71公顷，土地出让金超66亿元。至年底，公司总资产近620亿元，净资产超150亿元，融资超90亿元，经营收入超52亿元，经营利润超1.1亿元。杭州萧山交通投资集团有限公司（简称交投集团）总投资 535.46 亿元，建设项目 47 个，对标现代化城市基础设施体系标准，全面推进“22688”交通大会战、产业园区平台、土地开发及区域靓化美化等项目，完善全区交通路网体系、加快城市有机更新及美丽萧山建设。土地出让 7 宗。推进大型产业项目 6 个，投资总规模超 200 亿元，总面积 700 多万平方米。

（罗坚卫　施锦灿）

【棉北里文创园项目】 棉北里片区文创基础设施改造项目选址地块位于北干街道工人路社区，东至纵七路、南至横四路、西至工人路、北至山阴路，总用地面积 3.08 万平方米，用地性质为文化设施用地，容积率 2.8，建筑密度 28%，绿化率 30%，限高 90 米。研究方案以延续棉北里历史文化背景为初衷，依托萧山纺织产业链优势，打造一个以服装为主题，大数据为核心，引进高端服装品牌、设计师学院、网红直播等元素，集合设计展示、创意办公、文创生活于一体的特色文化创业园。项目估算投资 23.35 亿元，工期约 39 个月，2021 年 3 月 19 日项目进行备案。至年底，项目实施工程总承包（EPC）招标，处于方案调整完善阶段。

【风情科创园项目】 风情科创园（一期、二期）项目地块位于杭州萧山区市北西单元兴议区块，东至萧邮路，南至中栋国际，西至风情大道防护绿地，北至建设二路。项目规划建设用地面积 7.79 万平方米、总建筑面积 42.82 万平方米。项目定位为杭州周边地块科技产业发展的核心催化剂，培育及引进“交通产业”企业、“智慧医疗”企业、“环保科技”企业、“健康生命”企业及“高新智能”企业，是萧滨一体化重要组成部分。一期投资 15 亿元，2019 年 11 月 9 日开工，工期 33 个月。至 2021 年底，项目主体建设完工，进行附属设施施工和装修工作；二期投资 31.27 亿元，2021 年 7 月 25 日开工，工期 43 个月。

【党湾智慧交通小镇项目】 党湾智慧交通小镇项目位于党湾集镇中心区域，规划建成先进交通展示区、新型交通技术试验区、未来交通示范引领区，规划总占地约 6.7 平方千米。建设时序分三期，一期土地范围 2.5 平方千米，二期土地范围 1.8 平方千米，三期土地范围 2.4 平方千米。2021 年启动安置房工程，2 月进行立项，投资估算金额为 26 亿元。至年底，通过农用地转为建设用地审批 31.8 公顷，同步推动招商方案。

【浦南未来社区项目】 浦南未来社区项目位于杭州市萧山区临浦镇南部，地处浦阳江（临浦段）南岸，临浦“南拓”重要区块。浦南未来社区项目规划范围 99.5 公顷，实施范围 19.7 公顷，实施单元主要位于临浦镇南江村。总投资约 50.2 亿元。2021 年，浦南未来社区方案通过省级评审，并启动评估拆迁工作。由于土地未出让，先行启动改造部分，改造部分于 9 月 30 日立项。

【萧山中学地下空间开发利用项目交付】 萧山中学提升改造地下空间开发利用项目总建筑面积约 2.88 万平方米，总投资额约 1.6 亿元，包括看台、体育中心、地下停车库及室内运动场等，项目采用 EPC 总承包。2019 年 7 月开工，2021 年 5 月竣工交付。

【威雅实验学校项目竣工交付】 威雅实验学校项目位于戴村镇，总用地面积约 15.4 公顷，总建筑面积约 8.5 万平方米，总投资约 7.7 亿元，是一所涵盖幼儿园、小学、初中、高中的国际化学校。2021 年 4 月项目竣工，6 月交付。

【市北客运中心项目】 市北客运中心项目位于萧山区钱江世纪城，东临飞虹路，西临永辉路，北侧为地铁二号线飞虹路地铁口。在钱江世纪城枢纽区块结合客运优势布局商业资源。项目总用地面积 2.77 万平方米，容积率为 5.5，总建筑面积 22 万平

2021 年 6 月，威雅实验学校交付使用。图为威雅实验学校鸟瞰　（孙宇飞　摄）

方米，其中地上建筑面积15万平方米、地下面积7万平方米。总投资约12亿元。2021年，项目实施地块拍卖。

（施锦灿）

【断头路支小路畅通工程】 2021年，萧山区城投集团打通断头路，畅通支小路，缓解区域交通压力。金城路改造提升工程项目道路工程完工通车；南三路二期（王有史直河—通惠路）工程5月通车；高新五路（郎家路—规划陈端路）项目2月通车；蜀山西路（村道—南五路）工程南五路小学保通段施工，至年底，总工程进度90%；商聚路（高新五路—新城路）项目总工程进度32.5%；通惠南路（03省道）改建提升工程（南秀路—南三路）项目银泰百货保通段施工结束；亚太路东伸（蜀山路—通城快速路互通段）工程二标段开工建设。

【人民广场地下空间项目交付】 萧山区人民广场地下空间项目东至市心中路，南至金城路，西至电信大楼，北至大浦河和区政府。项目总建筑面积约9.1万平方米，地上建筑面积2054平方米，地下建筑面积约8.9万平方米，总投资约10.4亿元。项目建设内容包括地上景观广场和相关附属用房，地下社会停车库、非机动车库及配套服务用房等。项目于2018年3月进场施工，2021年底交付。

【杭州湾智慧谷二期项目】 杭州湾智慧谷二期项目位于萧山区钱江世纪城，东至钱江世纪城人才专项用房一期，北至丰二路，南至济仁路，西至民和路。总建筑面积约47万平方米，总投资额57亿元。至2021年底，项目地下工程全部竣工。

【浙大二院萧山院区项目二标段设计试桩结束】 浙江大学医学院附属第二医院萧山院区项目位于蜀山街道祝家桥社区，东至规划医创路、南至规划南五路、西至蜀山路、北至规划南四路。总用地约33.4公顷，规划总建筑面积约70万平方米。至2021年底，项目一标段工程桩结束，二标段设计试桩全部结束。

【公建设施和产业项目】 2021年，萧山区城投集团多处公建设施和产业项目建成投用。8月31日，南二路小学项目完工并交付使用；11月，朝晖小学操场及地下停车场项目竣工交付使用；区第二人民医院迁建项目加快前期工作。靖江官界路小学新建项目，概算2.05亿元，土建主体验收；金惠小学新建工程项目，概算3.51亿元，土建主体验收；城东小学迁建项目（一期），概算3.14亿元，开展地下结构和局部浅基础施工；义桥第三小学新建项目开工建设，概算2.54亿元；城河幼儿园改扩建项目开工建设，概算3072万元。

【城市公共资源建设管理】 2021年，萧山区城投集团建设、经营和管理城市停车、户外广告、弱电管道等城市公共资源。升级、改造智慧停车管理系统平台项目，全年新增纳管停车场77处、停车位1.29万个，道路泊位60处、泊位数1863个，累计纳管停车位1.48万个；新建、复建博学路、风情大道等候车亭9座，新增纳管城区公共自行车九期站点9处，广告灯箱39个，人民广场四面电子屏2座。全年新增户外广告面积730平方米，累计有广告总资源2.19万平方米。持续推进弱电管道新建、迁改，全年新增弱电管道资源293.2孔千米；安装智能充电桩103个，累计安装充电口1.82万个；"110"联网报警、智能安防业务领域拓宽，智慧数据中心建设不断完善；全年保安派遣单位120家，联网报警服务总数2720家，车辆检测14.56万辆次。5月，紫橙国际创新中心进行园区智能化改造提升，全年园区入驻企业41家，引进星巴克咖啡、全家便利店等品牌企业，园区整体配套提升，停车场对外开放车位1030个，园区配套电力进行增容改造。推进失管小区重新纳管工作，全年新增物业服务项目9个，进场回澜南苑、三江名苑、德慧公寓等8个项目，服务业主7142户。推进环境整治长效管理，做好城区124万平方米市政园林养护和923万平方米一体化保洁管养业务，全年清扫垃圾约4500吨，除草320万平方米，修剪乔木约5.4万株，修剪花灌木约193万平方米，苗木补种4.3万平方米，人行道修补11.9万平方米，道路沥青修补45万平方米。

（罗坚卫）

【固体废物资源化利用】 2021年，萧山区城投集团绿色循环综合体、南部固废资源化利用项目处置建筑垃圾约29万吨，装修垃圾约2100吨；转运垃圾约3万车次，处理垃圾约17.5万吨；垃圾清洁清运全域化推进，实现清运生活垃圾35.8万吨，沿街店面收集垃圾5000吨；城区生活垃圾收集清运业务覆盖城区及周边瓜沥镇、党湾镇等6个镇（街道）；开展城区4800多家店铺的沿街店铺垃圾分类收集、88个居民小区生活垃圾的即时清运等拓展业务。加大垃圾发电厂处置能力，全年处置垃圾超35万吨，厨余垃圾7.5万吨，发电量逾1.2亿千瓦时。餐厨生物能源利用项目负责收运覆盖12个镇（街道）、平台，餐厨垃圾、农村（小区）分类垃圾、小微餐饮垃圾4363家，规划配置收运集置点1501个，全年收运1.51万车次，日均处置201.42吨，全年发电量379.85万千瓦时，易腐垃圾提油1981.98吨，提取毛油489.5吨。

【未来总部社区建设】 2021年11月，杭州市政府原则通过萧山未来总部社区启动区块选址（规划条件）论证方案，该项目具备实质性开发建设条件。未来总部社区启动区块成为萧山区国土空间规划过渡期内，城市开发边界外首个规划条件批复落地的区域。项目位于萧山区中心北侧，毗邻钱江世纪城，占地面积354公顷，一期用地面积185公顷，二期用地面积169公顷，新增产业空间350万平方米。规划按照"总部峰林、未来云城"的定位要求，面向未来发展、聚焦总部经济、突出社区概念，构建以新基建、新制造、新文娱为主要方向的"3+X"产业体系，打造杭州湾产城融合示范区。未来总部社区启动区块东至生兴路、南至机场城市大道、西至新宁路、北至通北路，总规划面积36公顷，位于未来总部社区的核心地段。

（郑　萍）

“三改一拆”

【概况】 2021年，萧山区被杭州市“三改一拆”（旧住宅区、旧厂区和城中村改造，违法建筑拆除）办推荐为浙江省“十佳清零示范典型”，盈丰街道被推荐为浙江省“治违控违示范乡镇街道”。全区“三改”面积136.92万平方米，其中旧厂区改造23.92万平方米、城中村改造113万平方米；拆除各类违法建筑3073处、308.77万平方米。开展治违除患、两路两侧专项行动，拆除涉及安全隐患违法建筑面积108.44万平方米。

（魏亦书畅）

【铁路沿线隐患整治】 2021年，萧山区境内有5条普速铁路、4条高速铁路，总里程166.5千米，铁路沿线隐患整治工作涉及14个镇（街道）和3个平台。处置铁路两侧安全隐患点位472处，自查问题点位1500多处，整治到位率100%。

（魏亦书畅）

【城中村改造】 2021年5月，萧山区启动宁围街道二桥村和宁安社区、蜀山街道曹家桥社区和沙里吴村、闻堰街道长安村、北干街道荣庄村两户联建区块、新街街道新盛村剩余区块7个城中村改造启动，涉及农户2000多户。至年底，全部进入评估、签约和腾房阶段。其中，宁围街道二桥村100%签约，蜀山街道曹家桥社区和沙里吴村进入签约及拆房阶段。所前镇城南村安置房工程结顶，城南村安置房配套道路桥梁和道路工程开通，所前镇城南养老项目工程完工、物业进驻，新货场及专用线建设项目建成投用。

（魏亦书畅　罗坚卫）

【老旧小区改造】 2021年，萧山区优化老旧小区综合改造提升工作机制，扩大补助范围，推进旧改工作提质扩面，对丽华公寓、城建公寓、广德小区等6个区块、117幢、26.77万平方米的老旧小区实施综合改造提升。涉及屋面平改坡2.67万平方米，外立面改造11.07万平方米，楼道修缮10.18万平方米，安装楼道灯2164盏。新开工改造城厢街道崇化三区块、北干山南路37号，北干街道城中花园、城北新村、新塘街道杭柴公寓、井头王公寓6个项目，涉及房屋56幢、13.12万平方米。区城投集团投入2.71亿元加快85个老旧小区改造和美丽乡村建设，包括2020年8月开工的老旧小区综合改造提升工程、戴村镇青山村美丽乡村提升项目、义桥镇义桥村美丽乡村建设项目、瓜沥美丽乡村建设项目、新塘城郊接合部环境整治等工程。改造内容涵盖建筑立面整治、屋顶修缮、小区公共楼道整治、改造小区停车功能、重新整治小区配套管线、主要节点景观提升、主干道路路面修复及沿线环境整治提升、公共配套设施提升、小型水体综合整治等。至年底，完工项目67个，在建项目18个，改造房屋144幢、868户，改造总面积9.99万平方米。

（罗坚卫）

【既有住宅加装电梯】 2021年，萧山区推进既有住宅加装电梯工作。全区新增既有住宅加装电梯联审项目91台，施工36台，完工55台。至年底，全区累计既有住宅加装电梯项目联审254台，开工213台，完工176台。

（谭　毅）

【新安、宁牧村安置房项目主体结构完工】 2021年12月18日，新安村、宁牧村安置房项目全部49幢住宅楼栋主体结构结顶。2个项目均进入砌体及安装工程施工阶段。2020年初，萧山区环境集团启动宁围街道新安村、宁牧村安置房项目。

（郑　萍）

燃气

【概况】 2021年，萧山区累计建成高压燃气管道10千米，市政中压燃气管道2370千米，庭院低压燃气管道4784千米。全区管道燃气民用安装57.69万户，通气42.57万户；工业商业服务业用户安装并通气3083户。全年天然气总供气量约4.41亿立方米。全区有瓶装液化气用户21万户，全年销售瓶装液化气3.8万吨。未出现瓶装液化气事故，市场运作平稳。

【管道燃气进村入户】 2021年，萧山区除拆迁以及因地质灾害影响、山区不符合安全技术要求而不具备通气条件的行政村外，天然气管网覆盖326个行政村，实现“村村通”目标；天然气管网“户户通”315个行政村，占比97%。

【瓶装燃气数字化管理】 2021年，萧山区深化瓶装燃气数字化管理，优化“数治瓶安”二期应用场景建设。至年底，全区在档瓶数77万余只，安装芯片瓶数50.9万只；对7个充装站、5个中转站和265辆配送车辆安装感知设备，利用采集所得的数据信息进行大数据人工智能分析，对存在的违法违规行为提前预警，实现瓶装燃气的全链条监管。

【燃气安全】 2021年，萧山区建立全区瓶装燃气打击非法经营快速反应联动机制，联合查处非法经营点站47个，查扣不合规钢瓶643个，治安拘留11人；加强企业自建液化天然气点供设备安全管理，拆除或停用40家企业的点供设备。做好丽晶国际等工业商业服务业用户管道燃气整改工作。与经营区域内13家煤改气企业签约，涉及煤锅炉改造27台，涉及改造总蒸吨数252.78蒸吨。

（谭　毅）

供水·排水

【概况】 2021年，萧山区供水量3.74亿立方米，比上年增长8.7%，最高日供水量118.49万立方米；售水量3.3亿立方米，增长8.3%，其中生活用水1.32亿立方米；供水能力为160万立方米/日。出厂水水质合格率100%，水费回收率99.5%。污水处理量2.87亿吨，增长6.7%，污水处理达标率100%；污水COD收费率71.1%，上升2.78个百分点；干污泥处理量61.98万吨，增长20.5%，累计发电1.63亿千瓦时。杭州萧山万向社区固废处置项目完成陈腐垃圾筛分处置方案及污泥处置方案可研初设评审，项目可行性研究报告获发改局批复，累计完成污泥处置约3万吨。

【江东水厂二期改扩建工程通过主体结构验收】 江东水厂二期改扩建工程项目总投资约5亿元，包括扩建一组30万吨/日的水处理设施和污泥处理设施，以及一期深度处理工艺改造。至2021年底，江东水厂二期30万吨/日改扩建工程通过主体结构验收，清水池一期、二期联通并投入使用。

【市第二水源输水通道工程江南线项目山岭段通过竣工验收】 市第二水源输水通道工程江南线项目是千岛湖配水供水工程的重要组成部分，分山岭段、平原段和过江段。该项目为提高钱塘江南岸供水保障能力，使南岸地区形成以千岛湖、钱塘江互为备用的双水源供水格局。项目自2018年5月开工，至2021年底，山岭段通过竣工验收，平原段竣工，过江段工程进度68%，配水站进入施工阶段。

【亚运供水保障工程建设】 2021年，萧山区推进亚运供水保障体系建设，亚运村片区综合管廊供水管线入廊安装。亚运村供水管线建设共7条管廊，配套建设供水管线总长20.2千米。奔竞大道DN1000管、环路DN600管、平澜路DN400管3条管廊完工并通水。亚运综合管廊中的供水管线首次采用先进且便于维修的熔融结合环氧粉末涂层防腐钢管，钢管接口处、钢支架防腐采用双组份液体环氧树脂涂覆，确保处于全新管廊环境下的供水管线长期保质使用，保障亚运优质供水。

【供排水管线建设】 2021年，萧山区新建区级供水管线31.78千米，迁改（改造）供水管线长度19.71千米，供水管线割接129次。新建区级污水管网16.1千米，城区南部应急管线（高桥路南伸—所前泵站DN1000管）完工。

【钱江水处理厂四期扩建工程】 至2021年底，萧山区钱江水处理厂四期40万吨/日扩建工程，厂区主体结构完工，具备通水条件。35千伏供配电工程电房主体结构、红垦变外线和花木变外线竣工。钱江厂2根DN1400、2根DN1000出水管割接工程完工，制作进水管割接方案及施工图。推进设备安装，进行设备招标工作并签订合同。

【萧山南部城区应急管线建设】 2021年，萧山区为缓解南部蜀山板块“污水输送难”问题，建设萧山南部城区污水应急管线项目（高桥路南伸泵站—所前泵站DN1000管）。该项目全长约2.5千米，由高桥路南伸泵站沿晨晖路吕才庄公园绿化敷设向东至育才路，沿育才路向南至规划南四路，沿南四路南侧向东至通惠南路及铁路，明管铺设过铁路涵洞，采用“倒虹管”形式过安基河进所前泵站，过南三路、育才路则采用“顶管”或“拖拉管”形式。4月下旬项目开工建设，年底完工投入运营。

【钱江世纪城水环境综合治理】 2021年，萧山区对钱江世纪城水环境综合治理，整治河道总长21.41千米，覆盖绿地约51.55万平方米。对世纪城范围内的利民河、利群河、东风河、先锋河、五堡直河、后解放河、前解放河及亚运村公共滨水区等河道进行景观提升、填埋河道、新开河道及新建节制闸等。至年底，后解放河先行段（平澜路—奔竞大道）通过验收；一期河道清淤治理工程（7条河道）累计清淤量约32万立方米；二期（五堡直河）绿化景观工程进场施工。

【亚运村及周边防洪排涝提升工程开工】 2021年6月1日，五堡闸提升工程开工建设，亚运村及周边防洪排涝提升工程全部开工。工程总投资8.29亿元。工程整体区域规划形成十字空间轴、T形景观带、复合功能区的整体空间结构，排涝标准为50年一遇标准。结合钱江枢纽引水工程，对钱江世纪城进行集中配水，改善城市水环境。至年底，工程先锋河、先锋1河挡墙、景观石完工；中央水轴拉森钢板桩进度70%；两条河道土方泵送作业进度65%；五堡闸外江围堰进度约95%，一期基坑灌注桩进度95%，闸室防渗墙完工。

（郑　萍）

【供水排水监督管理】 2021年，萧山区城市水设施和河道保护管理中心加强供排水行业监管，检查区内五家水厂37次；建立执法联动机制，执法联动45次；保障供水管网安全运行，处理水质投诉事件16起。按时下达用水计划，联合相关部门编制《萧山区重点工业用（取）水定额》。对城镇污水处理厂的安全检查12次；强化批后监管，每月抽检15家排水户；全年发放排水许可证464本，涉及市政污水管网迁改行政审批7个。

【省级节水型小区创建】 2021年，萧山区推进省级节水型小区创建工作。各小区将公共用水器具更换为节水型器具，并在公共用水区域设置独立水表，建立安全巡查和报修维修制度、张贴节水宣传海报，在区城管局组织下开展免费更换节水型生活用水器行动。至年底，莱茵传奇、金域东方园、南江壹号名邸、东方名府小区被评为2021年度浙江省级节水型小区。临浦镇金桐湾小区被评为省2021年度节水型标杆小区。

【老旧高层住宅小区二次供水改造】 2021年，萧山区对佳境天城、御庭园、雍景湾等9个小区14个项目进行二次供水改造。改造过程中，建立由属地政府、社区、业委会、物业、环境集团、施工班组组成的“六协作”小组进行项目全过程管理。至年底，14个二次供水设施改造项目全部完成。

（杨霏霏）

供电

【概况】2021年，萧山区全社会用电量214.26亿千瓦时，比上年增长11.7%；供电量188.02亿千瓦时，增长12%；售电量183.45亿千瓦时，增长12.9%；线损率2.4%，下降0.8个百分点；农网综合电压合格率99.99%；农网供电可靠率99.991%；电费回收率100%。夏季萧山电网最高负荷363.15万千瓦，上升9.7%。

2021年萧山区供电公司经营区域内行业用电量增长情况表

表37

行业名称	2020年累计用电量（万千瓦时）	2021年累计用电量（万千瓦时）	比上年增长（%）
全社会用电总计	1918894.39	2142630.18	11.7
全行业用电合计	1695390.16	1890721.98	11.5
第一产业	3364.61	3393.71	0.9
第二产业	1346391.69	1463890.06	8.7
第三产业	345633.86	423438.21	22.5
城乡居民生活用电合计	223504.22	251908.21	12.7
城镇居民	83274.10	85047.97	2.1
农村居民	140230.12	166860.23	19.0
全行业用电分类	1695390.16	1890721.98	11.5
一、农、林、牧、渔业	5268.88	5355.03	1.6
二、工业	1290989.19	1404375.87	8.8
三、建筑业	55708.84	60055.45	7.8
四、交通运输、仓储和邮政业	66248.48	84784.55	28.0
五、信息传输、软件和信息技术服务业	67300.69	70143.68	4.2
六、批发和零售业	49592.19	62562.73	26.2
七、住宿和餐饮业	15399.24	18317.74	19.0
八、金融业	7074.50	7942.26	12.3
九、房地产业	62557.97	84001.69	34.3

续表37

行业名称	2020年累计用电量（万千瓦时）	2021年累计用电量（万千瓦时）	比上年增长（%）
十、租赁和商务服务业	15266.88	20396.57	33.6
十一、公共服务及管理组织	59983.29	72786.41	21.3
开采专业及辅助性活动	11.03	0.06	-99.4

【电网发展】2021年，国网杭州市萧山区供电公司（简称区供电公司）编制《萧山“十四五”电网发展规划》《新能源储能与电网协同发展规划》等纲领性规划和专项规划。编制湘湖、临空经济区等多个区域的用户接入统筹规划。与区政府共同推出双碳智治管理平台“双碳大脑”，在“浙政钉”上线。区供电公司、区政府联合清华大学共同发布国内首个城市级新型电力系统示范建设方案。启动全省首个电力廊道空间资源综合利用项目。网上电网“两轴”（负荷时间轴和空间轴）应用得到国网专家肯定。编制500千伏江南变、220千伏钱潮变、110千伏雷东变可行性研究报告。核准110千伏新林、万家2个输变电项目，核准总容量20万千伏安，线路总长度10.8千米。特高压属地工程稳步推进，800千伏换流站调相机工程取得工程规划许可证，办理500千伏乔司短路电流串抗工程不动产证。110千伏丰北、光明、黄家输变电工程开工。至年底，投产工程6项（110千伏楼塔、樟树、市北、丰北输变电工程、110千伏丽都变3号主变扩建工程、经济220千伏变电站110千伏配套送出工程），投产容量51万千伏安、投产110千伏线路长度79.89千米。配网基建项目投资3.14亿元，国网大修项目投资838.51万元，运维检修项目投资1128万元。

至年底，萧山区供电公司管辖区域内变电所76座，其中220千伏变电所12座、110千伏变电所54座、35千伏变电所10座；有主变压器163台，容量1240.60万千伏安。管辖110千伏线路113条，长840.30千米；35千伏线路99条，长584.14千米，其中35千伏电缆线路96条，长279.26千米；10（20）千伏配电线路1130条，长7255.85千米。管辖10（20）千伏配电变压器11394台，容量618.18万千伏安，其中公用变压器9523台，容量510.00万千伏安；专用变压器1871台，容量108.18万千伏安。

【红场储能站启用】2021年4月2日，位于杭州萧山区新街街道的35千伏红场储能站投产运行。红场储能站隶属220千伏凤凰变电站供区，作为杭州应急电源基地首座35千伏储能电站，该储能站有10个移动储能舱、10个配套变压器舱和3个高压舱。当电网负荷处于低谷时，储能舱可从凤凰变电站蓄足电量，存储电网多余负荷。当电力负荷位于高峰时，储能舱可释放之前存储的负荷。红场储能站总容量2万千瓦时，功率1万千瓦，可供应2万台空调持续工作1个小时。红场储能站有4辆移动

2021 年 3 月 4 日，萧山区供电公司青年突击队成员排查河上镇浩楠四季果园大棚内电力设备（姚靖霖 摄）

储能车，可实现“移动电源”随时随地供应。该储能站作为储能产业化试点项目，是萧山区供电公司探索源网荷储互动调控、增加电网弹性的一次尝试。

【供电安全生产】 2021 年，萧山区供电公司带电作业数量 4759 次，居全省区县公司首位，全域全口径供电可靠率首次达到 99.99%。持续夯实安全基础，建立安全奖工分制激励机制。查获问题及违章 1546 起，行文下发督查整改单 12 张，督办问题 60 项。提升应急管理能力，整合主业与产业单位应急救援基干分队联建和应急资源。开展安管中心标准化建设，支撑安全监督管理业务。试点开展配网数字工作票应用，建设 5 家供电所智能型安全工器具库房。推行配网设备主人积分制，开展配网运维“五个一”专项行动（每周一份运维计划、一次所长巡视、一次运维抽查、一次运维通报及每月一次分析评比）。实施 55 项迎峰度夏工程，保证抗台防汛用电安全，举办大面积停电演练，实施特级保电 5 次、一级保电 11 次。推进输电线路老旧设备整治，联合区住建局安监站、萧山交投集团、萧山城投集团等单位多次开展电力设施保护专项培训。组织开展 17 项专项隐患排查，共排查隐患 106 条。发布风险预警单 113 张，累计安全日记录 6084 天。

【电力服务】 2021 年，萧山区供电公司成立第十九届亚运会保电协调办公室，下设亚运专班、亚运村、大莲花等 14 个作战单元。亚运场馆“一馆一策”，共编制保电方案 13 项。至年底，13 家亚运比赛场馆和 8 家训练场馆通电；亚运村 11 座开闭所和专变通电。推进梅林村美丽乡村“125”电力提升实践，建设未来乡村电力驿站。部署村级“双碳”驾驶舱，编制“一村一册”，因地制宜服务凤凰村、欢谭村等 5 个美丽乡村建设。提高低压接入容量标准至 200 千伏安，通过国家能源局“获得电力”综合监管现场检查。开展供电服务整治专项活动，提升服务投诉管控水平。

资料：

美丽乡村“125”电力提升实践：1 即为实现社会主义现代化农村科学管理，量身打造的一个未来乡村双碳平台；2 即面向未来能源和未来生活两大方向发力；5 即建设以未来工厂、未来出行、未来民居、零碳建筑、未来驿站为主的五大应用场景。

【供电信息化建设】 2021 年，萧山区供电公司的数字化系统“电力大脑中枢·萧电大脑”入选国网数字化建设应用卓越类“样板间”。建设信通驾驶舱，实现信通设备线路数字化。开展基于 5G 专网的柱上开关遥控、开闭所 DTU 遥控和实验室配网差动保护试点工作。配电自动化通信网光缆建设与 5G 通信多措并举，全覆盖工程得到有序推进，首次采用 5G 技术，形成移动、联通双网安全接入，部署 5G 站点 25 套，实现配网自动化通信网络全覆盖。推进公司科技创新“新跨越行动计划”，建立柔性工作机制及公司科技创新人才储备库。从人工智能、带电作业、卫星遥感、综合能源、大数据应用等方向，凝练科技创新成果。区供电公司发布科技管理实施意见，有源配电网多元协调运行关键技术经省经济人协会鉴定为国际领先。

（谭小倩　朱鲁飞）

市政绿化

【概况】 2021 年，萧山区新建和提升改造绿道 30 条、138 千米，打造官河（衙前段）、浦阳江 2 条省级绿道，浦阳镇创建为省级园林城镇，新增省级园林式居住区 2 个，新建和提升改造城市小公园 7 个。区综合行政执法局养护城区道路 569 万平方米，各类桥隧、立交桥 279 座，路灯 2.67 万盏，养护雨水管网约 348 千米，检查井 7918 个，雨水井 1.78 万个，大小泵站 23 座。纳管公共绿地面积约 227 万平方米，其中道路绿地养护面积约 80 万平方米，11 个公园养护面积约 99 万平方米，21 个社区养护面积约 29 万平方米，草花养护面积 1.3 万平方米，行道树养护 2.64 万株，高架花箱养护 3.81 万只。

全年修补沥青路面 34.9 万平方米，修复破损人行道 9.8 万平方米；更换路灯 1510 盏、下水道清疏 60.05 万米、出井 3.89 万桶，清理检查井 2526 个、雨水井 5789 个，更换井盖 294 只；现场检查桥梁设施 248 座；更换草花 5.2 万平方米，色块修剪 156 万平方米、行道树修剪 4.17 万株、补种苗木 4.11 万平方米；发放挖掘城市道路、临时占用城市绿地行政许可决定书 114 份，收取财政规费 578.43 万元；发放特殊车辆在城市道路

2021年9月，萧山区在市心路与萧绍路口设置“建党百年华诞”主题花境

（区综合行政执法局 提供）

上行驶行政许可决定书13份，公园举办一般性公众活动行政许可决定书39份。

【市政绿化设施风险防控】2021年，萧山区开展地下管道安全隐患勘测，城区雨水管网检测约52千米；道路空洞检测道路108条、205.53千米，发现并处理空洞3处、脱空病害15处、土体疏空291处；紫霞大桥、通惠路立交桥、晨晖大桥整治工程完工。3月15日、6月3日、11月24日、12月24日分别在南四路立交下穿、潘水路与萧然西路交叉口、城区各道路、建设四路积水点进行防汛、抗雪防冻、积水点整治成果验收演习。

【智慧市政绿化管理平台上线】2021年9月29日，萧山区智慧市政绿化管理平台上线试运行，12月30日上线。该平台是构建路灯、井盖、桥梁、地下管网等地上、地下一体化的动态监测网络平台，实现对城市公共资源进行有效感知、监控和管理。至年底，完成市政管辖范围内139条道路的17类资产的数据普查工作，建立涵盖10万余条数据的综合数字资产库，并完善、更新相关数据。

【新安公园提升改造及不动产权证确权试点】2021年10月10日至11月30日，萧山区对新安公园进行提升改造。新安公园位于萧山区育才北路东侧、山阴路东端，总面积约1.86万平方米。以水为核心，新增镂空粉墙、休闲亭、亲水平台等设施，调整、补种、新增绿植，增强公园整体复古韵味。10月，以新安公园为试点，开展公园配套建筑确权工作。12月底完成新安公园确权登记工作，产生全省第一本城市公园配套建筑不动产权证。

【绿道建设】2021年8月26日至12月23日，萧山区建设西山至湘湖绿化保护带和育才路南伸2条绿道。西山至湘湖绿化保护带绿道起于仙家里路和萧金路交叉口，终至西山茶园游步道交叉口，全长590米，提升步道、休息平台、排水沟、山石堆砌、绿化及泵房，安装边坡防护网、绿道标识等；育才路南伸绿道起于南秀路，终至03省道，全长2.3千米，修复提升人行道，调整植物景观，建设栈道驿站、非机动车停放点、共享单车停放点等。

【城市绿化景观展示】2021年，萧山区提升城市绿化景观。春节期间，在江寺公园、新安公园制作展示主题为“金年贺春”的春节环境小品；5月，在北干山南路与通惠路路口绿地展示“城市阳光”五一自然花境；11月，在江寺公园举办“金菊秋韵”菊花展。为庆祝中国共产党成立100周年，在市心路萧绍路口展示“建党百年华诞”主题花境制作。2021年杭州市园林艺术精品展上，萧山区参赛作品“建党百年路建功亚运城”获银奖。

（戴惠玲）

城区河道美化

【概况】2021年，萧山区加强城区水域管理，实现河道养管精细化、工程推进有序化、民生实事成效化、供排管理规范化。确保河道水质和行洪顺畅，对城区河道进行摸排梳理，排定三年轮疏计划。全年清理河道垃圾2603吨，清除福寿螺及卵9200多处，清理污水管网55.5千米，开展后山河、毛家河清淤。提升改造南江载清公园、知章公园等沿河绿地，改造15间厕所的无障碍设施。整改、补植公园绿地的黄土裸露、踩踏小道9000多平方米。

【吕才庄河三期工程竣工】2021年，萧山区结合“亚运兴城”计划，实施吕才庄河三期工程。提升吕才庄河东西两岸景观，总面积5.06万平方米，其中水域面积约1.99万平方米、绿地面积约3.07万平方米，投资概算877万元。项目以新塘龙舟文化、羽毛文化为主线，结合园路、绿化、垂钓点、铺装、桥下空间、景观构筑物建设和雕塑设置，完善周边城市景观及生态环境，为周边群众提供休闲娱乐空间。年底，吕才庄河三期工程竣工。

【北塘河绿地景观提升工程开工】2021年，萧山区实施北塘河绿地景观提升工程。项目西起风情大道东至通惠路，全长约5千米，总面积约24万平方米，投资概算3239万元。项目对沿线园路、铺装、桥下空间、公园东入口、景观绿化、亲水平台、管线工程等进行提升改造。年底，施工单位进场施工。

【南门江沿线（东侧）提升工程开工】2021年，萧山区实施南门江沿线（东侧）提升工程。项目位于南门江沿线东侧，北起晨晖大桥，南至新南郡嘉苑电塔，长 1.1 千米，涉及改造提升面积 2.03 万平方米，投资概算 1906 万元。项目通过园路增设、景观绿化、驳岸改造来达到整体景观的综合性提升。至年底，施工单位进场施工。

【河道挡墙及公园古建修复工程】 2021 年，萧山区实施河道挡墙及公园古建修复工程，对河道挡墙及公园古建进行修复。项目涉及挡墙 45 米，游步道 1951.61 平方米，管理房 288 平方米，古建 2 处，表面油漆修复面积 5362.5 平方米，投资概算 584 万元。主要对工人河、姚江河、商城河以及余暨公园等区域沿河护栏、挡墙、游步道和现有管理用房、连廊、公园（仿）古建筑进行修复改造。至年底，项目开展初步设计等前期工作，区发展和改革局批复同意建设。

【城市河道绿地提升工程】 2021 年，萧山区实施迎亚运城市河道绿地提升、亮化和游步道沟通工程，对城区内部分沿河绿地、公园进行提升改造。项目涉及绿地面积 19.16 万平方米、绿地亮化提升 19 处，概算投资 2831 万元。对姚江河、小东坡河、横担河进行节点沟通，对济民河二期等 22 块沿河绿地进行提升改造，对河道公园进行亮化提升，对山北河绿地等区域内桥梁、古建、挡墙采取亮化措施。12 月，项目开展初步设计等前期工作。

（杨霏霏）

环境卫生管理

【概况】 2021 年，萧山区环境卫生保障中心（简称“区环卫中心”）职能转变，由原来的“保洁 + 监管”转为以监管考核为主。负责对萧山 25 个镇（街道）、平台的道路、公厕保洁进行监管考核。其中，主城区 4 个街道的道路面积 965 万平方米，公厕 121 座。全年处理数字城管案卷 2.38 万件，案卷解决率 100%；一体化保洁考核中发现问题 2691 个。

【主城区一体化保洁移交】 2021 年 6 月，萧山区环卫中心实行一体化保洁管养移交工作，把主城区的保洁区域、外六工段填埋场和粪便处理场运维项目等委托给杭州萧山城市运营管理有限公司负责实施。

【智慧环卫一体化平台建设】 2021 年，萧山环卫中心加快智慧环卫指挥中心建设，部署上线一体化平台软件模块 10 个，500 多名一线环卫保洁人员、40 多辆作业车辆、公厕以及围垦外六工段垃圾填埋场的基本信息全部录入平台，基本实现区域全覆盖。为一线环卫人员配备智慧工牌，增加恶劣天气预防、工作安全提醒关怀及 SOS 一键求救的功能，保障人员的安全作业。34 座公厕配备智能设备，实时监控公厕环境状况。

【垃圾清运】 2021 年，萧山城市运营管理有限公司垃圾清运 35 万吨，比上年增长 12%。沿街店铺垃圾清运范围覆盖 50 条道路，4800 多家店铺，其中新增沿街店铺分类收集 2200 多家，日均收运生活垃圾 775 桶。小区生活垃圾即时清运，开设 3 吨车、8 吨车日间清运线路 20 条、夜间清运线路 8 条，收运频次增加至一天两次，确保小区生活垃圾“即投、即收、即运”；完成老旧小区垃圾房清洗人机更替工作，提升清洗效率。合理规划运输线路，统筹运输力量，优化沿街收运线路 18 条，垃圾清运线路 47 条，清洗线路 10 条，减少资源浪费。绿色循环综合体项目，全年转运垃圾 3 万车次，处理垃圾 17.4 万吨，日处理垃圾 452 吨。

【镇街洁化工作考核】 2021 年，萧山区环卫中心根据市、区考评办法，制定《杭州市萧山区环卫保障中心检查考核办法（试行）》，对各镇（街道）进行大整治考核、月度洁化考核，检查问题通过督办单、抄告单形式下发。牵头组织全区洁化会议，组织清洁度考核培训，推动全区洁化工作专业化和规范化。每月对全区镇（街道）、平台洁化工作进行考核，累计督办抄告问题 1.32 万处。下半年，对镇（街道）、平台公厕开展专项检查，累计抄告问题 1600 多处。

【环卫设施建设】 2021 年，萧山区环卫中心对萧杭路公厕、安桥绿点公厕、建材厂宿舍东公厕、萧山中学北门东公厕等 10 座城区公厕实施提升改造，重点提升公厕的无障碍设施，增加即热型热水器、手机充电器等服务。全区有 30 座无障碍公厕通过区级无障碍验收。联合创新研发第三卫生间“滞留告警系统”，解决弱势群体突发应急困难，提醒无限期异常占用第三卫生间资源等情况。开展 10 座创省星级（示范）农村

改造后的安桥绿点公共厕所　（区综合行政执法局提供，摄于 2021 年 10 月 9 日）

公厕提升改造和新建工作的技术指导，确保农村公厕设施达到规范要求。配合区公厕办、区无障碍办，安装无障碍盲文标识和语音提醒城区公厕42座。对亚运场馆周边、美丽乡村、集镇公厕以及省级农村示范公厕等重点区域无障碍设施实施提升改造。

【垃圾处理监管】 2021年，萧山区环卫中心对围垦外六工段填埋场库区和设施设备实施24小时监管。填埋场库区有渗滤液处理系统和粪便上清液处理系统设施两套，全年处理渗滤液2.2万吨，清运化粪池1082处，累计3920吨。全年接到83个单位的垃圾清运申请。

（高梦婈）

综合行政执法

【概况】 2021年，萧山区围绕亚运会筹备，提升城市环境面貌，提升城市管理水平。7月，“亚运兴城”行动比学赶超暨“奋战三百天 迎接亚运会”环境整治推进大会召开。会上发布亚运城市提升专项规划；出台“奋战三百天迎接亚运会”环境大整治大提升工作方案，涉及亚运通勤线路及城区主要道路、亮化、地铁口、高速入城口、山体生态修复、公园绿道、老旧小区、无障碍环境、美丽乡村城郊接合部、标识标牌10个行动方案。落实区城市运行安全专委会职责，制定出台“遏重大”攻坚战、安全生产风险普查、安全隐患大排查大整治等一系列相关工作方案，明确部门和属地城市运行安全责任，形成“条块结合、齐抓共治”的城市运行安全管理工作格局。对2020年10月划转的264项行政处罚事项，进一步完善争议处置、案件移送等相关工作机制，确保划转事项的平稳过渡和监管执法的无缝对接。

【一般程序案件查办】 2021年，萧山区综合行政执法局查办一般程序案件5200多件，罚款2500多万元；查办简易程序案件6200件，罚款29万余元；人行道违停贴单9.1万件，罚款690多万元。承接新划转执法事项，开展多跨协同，立案查处建设领域移交案件8件，协同整改11件。常态化落实别墅排屋违建、餐饮油烟管控，巩固整治成果。

【城市环境整治】 2021年，萧山区综合行政执法局牵头“城市环境大整治、城市面貌大提升”行动，及城市家具、地铁出入口、桥下空间等系列专项整治行动。全年整改各类城市环境问题45万余个，建立门前“新三包”制度、有奖举报制度等配套制度，形成城市环境“共治共享”的氛围。

【精品示范路创建】 2021年，萧山区按照“两纵两横”（市心路、博奥路，金城路、奔竞大道）的布局，以市心路精品示范路创建经验为基础，推进金城路、博奥路、奔竞大道精品道路创建工作。通过“执法队员＋协管队员＋安保人员”三支力量，落实道路沿线精细化管理，对市心路、金城路严格实行全路段非机动车禁停，全年累计规整乱停放非机动车6.5万辆次，处罚1200多辆次。

【“亚运兴城”行动】 2021年，萧山区实施“三个一百天”攻坚方案（通勤道路提升、亮化提升、“最后一公里”体验区攻坚）建设，及拓展亚运观赛空间等提改项目。至年底，68条通勤道路涉及的140个提升改造项目中完工79个；19个亮化提升项目，完工4个；7个亚运场馆和亚运村涉及的42个“最后一公里”体验区建设项目，完工7个；三大亚运核心观赛空间中，钱江世纪公园、人民广场完成改造，并在钱江世纪公园进行首场预演。塘南河、琴山下河、大通河等3条河道成功创建为市级美丽河道。

【瓜沥镇行政执法改革试点】 2021年6月30日，萧山区政府发布《杭州市萧山区人民政府关于瓜沥镇人民政府相对集中行使行政处罚权意见的公告》。瓜沥镇率先在杭州市14个乡镇执法改革试点单位中开始以镇名义进行执法。自2021年7月30日起，萧山区瓜沥镇人民政府在行政区域内以自身名义相对集中行使改革发展、经信、教育、人力社保、建设等21个方面689项法律、法规、规章规定的全部或部分行政处罚权及与之相关的行政检查权、行政强制权。涉及作出责令停产停业、吊销许可证或执照、较大数额罚款等重大行政处罚决定的案件，仍由区级行政执法部门依法管辖。至年底，瓜沥镇办理普通程序案件57件，简易程序案件12件。

【综合行政执法中队规范化建设】 2021年，萧山区综合行政执法局推进执法规范化建设，改造新塘中队、北干中队、经济开发区中队等首批6个中队的营房功能区。制定《局行政处罚案件质量管理办法》，强化案件质量管理，组织开展执法技能大比武等活动。至年底，全局21个中队通过省级规范化验收，2个中队创建为市局五星级中队。新塘中队获浙江省“枫桥式”综合行政执法中队和杭州市级执法规范化示范中队称号。

【垃圾分类模式提升】 2021年，萧山区推进垃圾分类模式提升，居民小区生活垃圾投放“定时定点”、农村生活垃圾“四定一撤”（定点投放、定时收集、定车运输、定位处理，撤桶入户）。全区600多个小区实现定时定点投放，300多个转制社区、行政村进行“四定一撤”改造，撤除门前垃圾桶25万余组，“撤桶入店”的沿街商铺1.7万家。全年处置生活垃圾77.2万吨，生活垃圾无害化处理率100%；创建省级高标准生活垃圾分类示范片区1个、示范小区5个、示范村3个，市级生活垃圾分类示范小区15个、示范村72个，区级示范小区30个、示范村64个。

【拆除装修垃圾整治】 2021年，萧山区以南部固废资源化利用项目建成投用为契机，对全区拆除、装修垃圾开展专项整治行动，累计清理撤销非正规垃圾堆放点107个、拆除垃圾258万吨。装修垃圾规范收运签约 900 个小区、行政村。南部固废资源化利用项目通过对拆除和装修两类垃圾进行多级分选、破碎，资源化利用，产出砖块、骨料等建筑材料，实现资源节约、循环利用。至年底，南部固废资源化利用项目处置拆除、装修垃圾 29 万吨。

【行政执法数字化探索】 2021 年，萧山区根据省市数字化改革工作部署，落实非现场执法、移动端一体化执法办案等应用场景试点建设任务。与城云科技有限公司合作，成立"萧城管·新数智"应用实验室。强化已有系统应用，优化完善市容 AI 系统、工程车大数据研判系统、垃圾分类智能监管系统等已有系统功能，推进系统运行相关制度、规则建设，提升人机契合度。数字化执法系统全年处置市容违法 6 万余起，查处工程车违法 300 多起，纠治垃圾分类不规范行为 4 万余起。

【市区民生实事项目落实】 2021 年，萧山区综合行政执法局落实市、区两级民生实事项目 5 个。对 14 个小区进行二次供水改造；新增地铁出入口非机动车停放点 20 处，停车位 2000 多个；整改无障碍环境问题 3454 个，亚运场馆周边无障碍问题点位全部整改完毕；提升改造 3 座城市公厕的无障碍环境。

【行政执法窗口审批服务】 2021 年，萧山区综合行政执法局梳理城市管理行政审批所需的证明材料，精简材料 5 项。将区行政服务中心城管窗口户外广告招牌统一审批范围扩展至绕城线范围内的城市化管理区域。行政执法窗口全年办理行政审批事项 4000 多件。

（常　波）

交通管理

【概况】 2021 年，萧山区公安分局交通警察大队（简称萧山交警大队）推进道路交通综合治理，确保全区道路交通安全形势总体平稳。实体化运作区道路安全办公室（简称道安办），落实专人督导，建立半月通报机制、常态督查通报制度，并分别编发通报 24 期。推动交通安全过程性指标、结果性指标纳入对镇（街道）、村（社区）平安考核，压实安全主体责任。各镇（街道）出台交通安全管理相关文件，明确职责，落实人、财、物等保障。协调职能部门，形成综合治理合力。针对危重伤员的救治难点，与卫健局完善"警医联动"快速救治工作机制，与各大医院开展信息联动、专家互动，落实"一案一跟踪"制度，确保交通事故伤者得到最佳救治。全年启动快速救治 242 起，转院至浙江大学医学院附属第二医院 102 人，救治危重伤员生还 19 人。全年全区交通事故死亡人数 96 人。

【交通专项治理】 2021 年，萧山交警大队组织开展 9 个系列专项行动。开展萧山区"平安护航建党百年"夏季交通安全集中整治百日攻坚行动，在全区范围内设置黄牌货车专项治理检查点，持续推进道路隐患治理，加强对重点车辆、重点人群、重点违法的查处。8 月，协同杭州市交警支队增援的千名警力，联动全区各镇（街道）、平台及相关职能部门，开展为期一个月的"千警进镇村"道路交通安全综合治理攻坚行动。开展萧山南片地区道路交通安全专项治理"百日攻坚"行动，提升南片七镇农村道路交通环境。

【公安交通治理数字化改革】 2021 年，萧山交警大队构建并应用指挥系统、操作系统、评价系统"三大系统"，全面推动公安交通治理数字化改革。建立健全指挥系统，建设警务操作平台、重点车辆监管中心、宣教运营中心、基础管控中心、执法监管中心"一平台四中心"，工作任务全方位闭环管理。重点突出工程车、黄牌货车等重点车辆无死角监管，右转弯停车让行率达到 98.5%；搭建云上交通治理站，群众通过移动终端主动接受交通安全教育达 18 万人次；围绕交治融合警务，基础治理任务清单式下发，日清管理、实时考核；针对警务执勤执法薄弱环节，全维度实时监督，提前预警处置不规范执法信息 3.5 万条。建立完善操作系统，建设交治通 App、交治站驾驶舱"一端一舱"操作系统，打通公安交警和镇村交通治理数据通道，"交治通"App 与镇村交通治理工作站（简称交治站）联动运行，实现综合治理数字化协同作战。至年底，交治通注册交治员 1519 人、建成交治站驾驶舱 540 个，交治站有效运行率达到 100%，宣教辖区交通参与者 275 万人次。设置评价系统，通过"一图一码"对交通安全重点单位、人员赋色评估管理。公安交警对交通警情设定 252 个标签打标，实施警情标准化数据管理，对辖区 2146 家重点企业、1.43 万辆重点车辆、1.17 万名驾驶员逐一建档，形成交通安全基础大数据池。构建大数据分析模型 80 多个，实现交通安全状况全要素分析研判。对镇（街道）村（社区）、重点企业实行"三色图"，对驾驶员实行"五色码"评估，对存在问题查缺补漏、精准施策。全年处置红码人员 1.25 万人，对 3 个红图村（社区）落实考核扣分。

【交通治理机制责任落实】 2021 年，萧山交警大队围绕人、车、路、企业、村（社区）五大源头，以大数据为支撑打造标准化基础治理流程，从顶层设计、环节流程、末端落地推动交警治理、派出所治理、镇（街道）村（社区）治理三线融合一体推进。压实巡防区责任机制，做强做大执勤中队数字勤务室，夯实交警基础工作支撑。把辖区划分为 16 个防区、94 个巡区，工作责任压实到岗、到人。推广交治融合警务，在辖区 12 个派出所推广交警和治安警融合警务，在交通事故接处警、基层基础管理、窗口服务等环节进一步融合，缓解农村地区交通警力不足、基础管理薄弱的现状，实现"1+1 > 2"的警务改革目标。推广社会化综合治理。以区道路安全办公室为纽带，完善综合治理流程，压实镇（街道）村（社区）交通安全职责，针对道路基础、辖区企业、人口等情况，组织培训交治员 540 人、网格员 1519 人、劝导员 2000 多人，强化交通安全社会化综合治理。全年排查治理道路安全隐患 2.7 万处，其中区级隐患 582 处；封闭农村道路缺口 598 处，设置海淞弯 496 处；消除其他隐患 1.43

万处；宣传教育 273 万人次，其中 60 岁以上老年人 28.5 万人、重点人员 13.3 万人。

【主动警务三大行动实施】 2021 年，萧山交警大队发挥主力军作用，实施主动警务三大行动。预警预防行动。落实日清会议、每周例会，对公安交管工作每日 30 项数据、每周 100 多项数据逐一分析点评，做深做细交通安全问题分析预判，落实勤务措施日更制。违法打击行动。紧盯“一大一小”两类重点车辆，开展黄牌货车、电动车专项整治，持续推进减量控大、清晨行动、零点行动等系列整治行动，利用“空地结合”实施精准打击。至年底，查处各类交通违法行为 139.4 万起，其中电动车违法 40.5 万起，黄牌货车和工程车违法 17 万起，斑马线未礼让行人 3.15 万次，酒驾 3183 人次，刑事拘留 693 人，行政拘留 1008 人。重点宣教行动。每个中队建设交通安全宣教室，针对多次违法、事故人员、重点车辆和“两外”车辆驾驶人等重点交通参与者，开展针对性训诫宣教。训诫宣教重点交通参与者 13.34 万人次。

【车辆检测一件事集成改革】 2021 年，萧山区推进车辆检测一件事集成改革，推动全区汽车检测站软硬件环境提升，提质提速车检服务。完善车辆检测站周边交通标志标线设置，指导站内行车路线、车辆进出站分合流点规划，提高车辆通行安全性和进出站效率。全区 10 家检测机构合理分布位置，打造 15 分钟办事圈；加强检测站周边治安整治，打击“非法中介”，警告 7 人，行政拘留 3 人。优化业务流程，一个窗口即可完成车检材料提交、审核、缴费等步骤。优化检测流程，非营运小型客车“先发后审”，车主可直接领取车辆检验合格标志，减少群众排队等候时间，累计 19 万余名车主享受服务；推出 23 项“容缺受理”事项清单，为 1 万余名群众解决车辆检测中常见的三角警示牌缺损、车身微小油漆面破损等不符合标准但不直接影响行车安全的问题。至 9 月底，全区 10 家检测站全部进行改造提升，车辆检测时间由 90 分钟缩短为 30 分钟，群众好评率 98% 以上。

（张杭锋）

2021 年 6 月 18 日，萧山区夏季交通安全集中整治百日攻坚行动启动仪式在萧山剧院广场举行　（区交警大队 提供）

乡村振兴

综述

【概况】 2021年，萧山区落实农业农村优先发展的方针，推动乡村振兴和农业农村高质量发展。区委常委会加强“三农”研究，每季度召开一次乡村振兴工作专题会议，研究部署相关工作。7月，召开全区乡村振兴战略实绩考核工作推进会，重点压实29个相关区级部门和22个镇街工作职责。出台《萧山区村级集体经济巩固提升三年行动计划（2021—2023年）》《萧山区数字乡村建设实施方案》《杭州市萧山区防止耕地“非粮化”深化粮食生产功能区“非粮化”整治优化方案》《杭州市萧山区规范农村宅基地管理工作实施方案》等工作实施方案。改善农田基础设施，保障粮食和重要农产品有效供给，推动农业产业转型升级；推进美丽萧山行动，改善农村人居环境；促进基本公共服务均等化，丰富农民精神生活。全区农村常住人均可支配收入46657元，比上年增长9.5%。萧山区先后入选全省首批新时代乡村集成改革试点和第二批省级数字乡村试点县名单；获评2021全国县域农业农村信息化发展先进县、2021年度全省深化“千万工程”建设新时代美丽乡村（农村人居环境提升）工作优秀县（市、区）、全省农村生活垃圾分类处理工作优胜县（市、区），区农业农村局被列为省农业农村领域高质量发展推进共同富裕第一批实践试点。

【涉农资金投入】 2021年，萧山区提高土地出让收入用于农业农村的比例，全区土地出让收入508.12亿元，用于农业农村21.73亿元，占比4.3%。发挥金融力量助力乡村振兴，年底涉农贷款余额813.08亿元，比上年增长22.3%，比年初增加136.53亿元；农户贷款余额609.89亿元，增长29.1%，比年初增加130.07亿元；发放农户小额普惠贷款6.13万户99.87亿元，农户小额普惠贷款用信覆盖率30.6%。丰富地方保险品种，完善农业保险政策体系，为农业生产兜底，全区推广农业保险险种20个，产生保费近5000万元。财政全年专项安排9亿元用于美丽乡村建设，改善农村人居环境。引导社会资本参与支农助农，萧山农村商业银行捐赠村银共建资金2.23亿元；成立首批镇村两级“新乡贤共富基金”，总额2515万元。

【新时代乡村集成改革】 2021年6月，浙江省人民政府批复同意萧山区新时代乡村集成改革试点实施方案。2020年12月31日，萧山区入选省浙江新时代乡村集成改革试点名单。为贯彻落实省委、省政府推进农村改革系统集成、协同高效总要求，萧山区制定《萧山区新时代乡村集成改革试点实施方案》，以围绕环境生态化、生活智慧化、服务均等化、文明现代化目标，打造“未来村庄”为课题，以新发展理念为指导，推动改革由单项突破转向整体提升、由“碎片化”实施转向“系统化”集成，探索可操作、可实施、可复制、可推广的全面深化改革路径。方案分基本情况、总体要求、改革内容、评级体系、实施步骤、保障组织6个方面，涉及20个部门23项任务。至年底，改革任务基本完成。

【公共服务均等化】 2021年，萧山区把促进基本公共服务均等化作为实现共同富裕的着力点。新增城乡教共体农村受援学校12所，农村义务教育标准化学校达标率为98.5%，农村等级幼儿园提前实现100%覆盖。在浙江省教育厅公布的浙江省中小学劳动教育实验区名单中，萧山是杭州市唯一入选区县。推进“健康浙江”行动，村级卫生室规范率100%，每万户籍人口注册全科医生数5.22名。新建（改扩建）9家社区卫生服务站，25家社区卫生服务中心发热筛查诊室及临时观察室的建设全部完成市级验收，传染病哨点规范化建设为100%。建成示范型居家养老服务中心27家，建有居家养老服务照料中心473家，实现居家养老服务照料中心村社全覆盖，农村居家养老服务覆盖率为100%。

【《萧山区村级集体经济巩固提升三年行动计划（2021—2023年）》出台】 2021年3月30日，萧山区发布《萧山区村级集体经济巩固提升三年行动计划（2021—2023年）》，进一步巩固“消除集体经济薄弱村”成果，提升全区村级集体经济发展水平，推动乡村振兴战略实施。根据该行动计划，到2023年底，全区所有村（转制社区）经营性收入达到70万元；鼓励“飞地”抱团，推行村庄经营、盘活资产资源、拓展增收模式的发展路径；加强财政扶持，加强土地盘活与供给，规范村级“三资”管理，深化金融支持。至年底，441个村（转制社区）经营性收入均达到50万元。

瓜沥镇梅林村美好生活中心　（瓜沥镇提供，摄于2021年10月10日）

【省深化“千万工程”建设新时代美丽乡村现场会在萧山区召开】 2021年11月16日，省深化“千万工程”建设新时代美丽乡村现场会在萧山区召开，省委书记袁家军在会上讲话，省委副书记、代省长王浩主持会议，会上发布《关于命名2020年度浙江省新时代美丽乡村示范县的通知》。与会领导为获奖单位授牌。省农业农村厅、萧山区、泰顺县、柯城区沟溪乡、德清县仙潭村负责人作交流发言。会前，与会代表到衙前镇凤凰村、进化镇欢潭村和临浦镇横一村考察萧山美丽乡村建设情况。

【区乡村振兴局挂牌成立】 2021年6月28日，经萧山区委机构编制委员会研究并报市委机构编制委员会批准，萧山区农业农村局加挂萧山区乡村振兴局牌子。区乡村振兴局主要负责拟定乡村振兴战略工作规划和政策，推进实施乡村振兴战略有关具体工作；巩固拓展脱贫攻坚成果，促进脱贫攻坚同乡村振兴有效衔接。

（刘思恒）

农村经济发展

【概况】 2021年，萧山区规范农村集体“三资”监管制度，集体“三资”管理数字化系统实现覆盖全区。3月，出台《萧山区村级集体经济巩固提升三年行动计划（2021—2023年）》，巩固提升集体经济。至年底，全区421个村（转制社区）经营性收入全部达到50万元。421个农村股份经济联合社实现村级可分配收入27.86亿元，比上年增长11.3%。其中，经营收入9.26亿元、发包及上缴收入5.24亿元、投资收益4.43亿元、补助收入6.83亿元、其他收入2.1亿元，分别占总收入的33.2%、18.8%、15.9%、24.5%和7.5%。收入500万元以上的村168个，占总村数的39.9%。村均可分配收入662万元。421个村（社区）实现收益19.76亿元。其中，收大于支的村（社区）402个；收不抵支的村（社区）19个，赤字金额716.39万元，村均37.7万元。全区村级集体总资产322.31亿元，增长13.87%，村均集体资产7656万元。所有者权益210.97亿元，增长13.2%。负债111.34亿元，增长15.3%。

【农业规模化经营】 2021年，萧山区培育新型农业经营主体培育，发展一批带动作用突出、综合竞争力强、稳定可持续发展的经营主体，提高农业产业体系、生产体系、经营体系现代化水平。全区有国家级水产健康养殖示范面积665公顷、省级水产健康养殖示范面积529.4公顷，均居全市第一位。12月，萧山戴村镇王云峰家庭农场入选浙江省农业农村厅公布的“浙江省家庭农场百佳案例”，杭州市萧山区银河蔬菜产业化联合体入选第二批省级农业产业化联合体名单。

【农村电商】 2021年，萧山区根据《杭州市数字乡村样板镇（村）建设指南（试行）》，持续推进数字乡村建设，建设市级数字乡村样板村2个，区级数字乡村样板村11个。稳定区、镇（街道）、村（社区）三级信息员队伍，加强业务培训指导，发挥益农信息社基层信息服务。区农业部门在浙江农民信箱审核发布各类信息241条。其中，公共信息5条，买卖信息审核9条；发布“每日一助”216条，天气灾害类信息11条，成交意向金额95.01万元，反馈联系3725次，主要成交产品为水产、苗木、畜禽。掌上农民信箱用户数从年初的8982增加到9780个；浙江万村联网网站审核发布万村联网信息1350条，全年依托益农信息社或平台发送短彩信205.44万条，益农信息社等实现全域覆盖。助力涉农电商快速发展，开展电商村播培育活动，在进化镇欢潭村、临浦镇横一村及靖江街道雷东村等村开展涉农电商村播培训与服务活动。阿里巴巴萧山特产馆入驻企业146家，主要销售坚果零食、萝卜干、霉干菜、茶叶、蜂蜜、酒类饮品、园艺花卉等农产品，年销售额4958万元。萧山区农业电商孵化园召开年货节的线下展销活动3场。举办新零售产品对接会、抖音直播、社交电商与拼多多平台、云创直播小镇游学等培训游学活动29场，培训人员600多人次。萧山区农业电商孵化园常驻企业30家，涉农电商销售额2.28亿元。加快涉农电商产业发展，创建电子商务专业村92个，24个村、12个服务站

（点）入选省级电商示范名单，新增总数列全省第一位，累计创建省级电商示范村50个。至年底，全区有淘宝镇19个、淘宝村112个，排名全国淘宝村百强县第六位、浙江省第三位、杭州市第一位。农产品线上销售额10.39亿元。

【民宿经济】 2021年，萧山区农村现代民宿业发展稳定，新增民宿5家。至年底，全区有民宿63家（民宿经营户53家，民宿示范点10家），其中戴村镇31家，河上镇9家，楼塔镇10家，湘湖度假区11家，进化镇、所前镇各1家；涉及房屋86幢、建筑面积4万平方米，床位880多张。东山玫瑰园评定为省级银宿级民宿、云锦民宿评定为省级主题文化民宿。得舍之间民宿被评为市级四花民宿，三生一宅民宿被评为市级五花民宿。全区农家乐民宿营业总收入3700多万元，比上年增长5.5%；接待人次24.9万余人，增长10%。4月14日，萧山乡村民宿行业协会成立暨第一届会员大会召开，海鸟天地、陌上花开等49家民宿成为首批会员单位。大会选出第一届理事会理事17人，选举产生副理事长4人，选举金杏莲为理事长。

【农村集体经济监督管理】 2021年，萧山区深化全区农村集体经济监督管理工作，提升全区农村集体"三资"（资金、资产、资源）管理规范化水平。以浙江省农村集体经济数字管理系统推广应用为抓手，深化全区农村集体经济数字管理系统应用建设，至年底，全区上线审批资金7.66万笔，金额36.4亿元；录入人口91.67万人，录入人口标签数2172.76万个。3月8日，萧山区针对村级组织换届选举后"一肩挑"和届期调整等新情况、新特点、新问题，对《杭州市萧山区村股份经济联合社财务管理制度》修订完善后发布实施。5月，启动实施"三资"管理领域腐败突出问题专项治理工作，梳理排查出"三资"管理领域问题683件，突出反映在合同不规范、资产交易不公开、民主决策不到位等方面，全部整改。至年底，全区有93家村级股份经济联合社实现分红，按股分配总额4.33亿元。

【农村集体经济审计】 2021年，萧山区委托17家会计师事务所和工程造价咨询有限公司开展农村集体经济审计及10万元以上村级工程审计。区、镇（街道）财政支付审计经费829万元，其中村级工程项目审计经费240万元。开展村级财务收支审计421件、村（社区）集体经济负责人离任审计133件。开展村级工程项目结算审计621件，送审金额7.06亿元，核减6051万元。通过招投标等方式，择优落实12家新一轮10万元及以上村级工程项目结算审计和6家村级财务收支审计合作单位。

（刘思恒）

美丽乡村建设

【概况】 2021年，萧山区培育省新时代美丽乡村达标村59个，省新时代美丽乡村精品村18个。进化镇大汤坞新村创建为第七批省历史文化村落保护利用重点村，楼塔镇大同一村、河上镇里都村、戴村镇大石盖村、临浦镇白鹿塘村、浦阳镇江南村、进化镇华锋村、瓜沥镇凤升村、靖江街道协谊村、南阳街道远大村9个村创建为市级精品村，楼塔镇丹清小镇（古镇）创建为市级风情小镇，楼塔镇大同片精品旅游线风景带、所前镇美丽乡村风景带创建为市级风景带。启动第九批省历史文化村落保护利用重点村（楼塔镇楼家塔村）建设，推进瓜沥镇梅林村、临浦镇横一村、衙前镇凤凰村、进化镇欢潭村4个市级未来乡村，戴村镇永富村、进化镇云飞村、所前镇传芳村、益农镇久联村4个市级特色村创建工作。戴村镇七都溪创建为省级美丽河湖。11月，萧山区承办全省深化"千万工程"建设新时代美

2021年，萧山区推进美丽乡村建设。图为戴村镇永富村 （区农业农村局 提供）

丽乡村现场会，获评2021年度全省深化“千万工程”建设新时代美丽乡村（农村人居环境提升）工作优胜县（市、区）。

【美丽城镇建设】 2021年，萧山区在新街街道召开美丽城镇建设培训会，在新塘街道召开美丽城镇建设推进会，在所前镇召开美丽城镇建设汇报会。借力会议推动美丽城镇建设。构建美丽城镇集群化发展，打造南部文旅特色型美丽城镇集群、跨区域杭绍一体美丽城镇集群，并与绍兴柯桥区签订美丽城镇集群合作框架等协议，实现跨地区设施共享、文化互融、产业互补、景观共治的格局。全年全区梳理上报美丽城镇建设项目242个，总投资额178.33亿元。至年底，项目开工242个，开工率为100%；完工160个，完工率为92.49%；投资额完成157.57亿元，完成率为88.36%。制定出台2022年全区17个镇街的美丽城镇相关扶持政策。新街街道、靖江街道被评为第一批市级美丽城镇样板。

临浦镇横一村农旅融合项目之一——鸭棚咖啡馆 （蔡卡特 摄）

【美丽乡村创建】 2021年，萧山区持续推进《实施乡村振兴战略建设美丽萧山五年行动计划（2018—2022年）》，以示范村、提升村、整治村为载体，对绕城线及城镇规划建设用地外所有村，分类分批有序推进美丽乡村创建。累计启动18个区级示范村、161个区级提升村和126个整治村创建美丽乡村。第一批17个示范村形象进度66%，第三批64个提升村全部完成建设，通过区级综合验收。对126个整治村开展以“三清三整三提升”（清理废弃杂物、村内沟渠、农业生产废弃物；整治乱搭乱建、乱标乱画、乱倒乱排；提升垃圾分类水平、厕所服务水平、庭院美化水平）为主要内容的环境整治。5月，整治村全部通过区级综合验收。

（刘思恒）

【城郊接合部环境整治】 2021年，萧山区开展新一轮城郊接合部环境整治。按照干净、整齐、有序的要求，对标环境面貌、市政配套和序化美化三方面，整治村的方案通过区级评审。至年底，32个整治村违章建筑应拆4647户，拆除4410户，完成率95%；房前屋后清理总户数17383户，清理16816户，完成率97%；安全隐患总数488处，整改477处，完成率98%；强弱电整治全部开工，其中16个村（社区）完工；农村生活污水整治全部开工，其中14个村（社区）进度在90%以上；天然气管线安装工程全部开工，其中20个村（社区）进度100%；工程项目共230个，开工217个，开工率94%；总投资金额5.01亿元，全年投资金额3.6亿元，完成率72%。所前镇来苏周村、缪家村，宁围街道顺坝村、新华村，新塘街道前塘社区，蜀山街道桥头陈村通过区级综合验收。

（陈逸非）

【农村人居环境优化】 2021年，萧山区农村垃圾分类“四定一撤”（定点投放、定时收集、定车运输、定位处理和撤桶建箱）实现全覆盖，创建省高标准农村生活垃圾分类示范村8个。以“萧铃铛”再生资源回收品牌为载体，完善再生资源回收利用体系，全区300余个村实施源头智能分类，实现固废治理“一网统管”。推进农村公厕提档升级，新增省级星级农村公厕10座。推进“污水零直排村”和“绿色设施”建设试点，促进农污治理品质提升，实现日处理20吨以上农村生活污水设施终端标准化运维全覆盖。实施平原绿化行动，新增国土绿化179.2公顷，森林覆盖率为27.55%。全年创建美丽庭院1.5万户。至年底，全区累计创建省级美丽乡村示范乡镇10个，省级美丽乡村特色精品村25个，A级以上景区村庄108个。

【乡村基础设施提档升级】 2021年，萧山区推动城乡共建共享，推进城市基础设施同规同网，实现城市与乡村的一体化联动。新（改）建农村公路40.76千米，被省交通运输厅核定为第四批“四好农村路”省级示范县，并通过全省万里美丽经济交通走廊达标县考核验收，全区公路行政等级、技术等级、公路密度、通行效率等各项指标均在全国前列。城乡一体化、同质化供水覆盖率达到100%，完成气象防灾减灾标准化村建设81个，建成新时代乡村电气化村12个并通过验收。完善农村物流服务网络，畅通工业品下乡和农产品上行渠道，中国邮政、顺丰、京东、中通、圆通、申通、韵达、德邦、百世等快递主要品牌服务进村覆盖率100%。

（刘思恒）

【3个镇（街道）获评美丽城镇省级样板】 2021年12月21日，浙江省城乡环境整治工作领导小组公布浙江新时代美丽城镇建设工作2021年度考核验收结果，萧山区新街街道、戴村镇、衙

前镇获评美丽城镇省级样板。新街街道坚持以“商贸宜居现代化街道”为目标定位，围绕环境美、生活美、产业美、人文美、治理美“五美”创建要求，打造具有新街特色的美丽城镇样板，被评为商贸特色型美丽城镇省级样板。戴村镇凭借“郊野运动”优势，通过举办山地马拉松等多项体育赛事，打响“郊野运动”品牌，云石滑翔伞、高空秋千、三清园户外运动公园建成开放，被评为文旅特色型美丽城镇省级样板。衙前镇以“打基础优环境、促工业扬特色、重人文创亮点、惠民生强治理”为抓手，被评为工业特色型美丽城镇省级样板。

（曹　柯）

农村水利

【概况】 2021年，萧山区实施水利建设项目67个，实际投资7.5亿元。落实中央补助资金80万元。区农业部门通过开展水旱灾害防御检查、防洪演练、建立局防御机构、落实责任人、储备防御物资、实时预警监测、加强防汛信息化应用、强化应急调度、开展技术培训、普及知识宣传等保障措施，确保防御工作职责到位、巡查到位和措施到位，保障人民群众生命财产安全。

【水利工程建设】 2021年，萧山区推进水利重大项目建设。6月，亚运村及周边防洪排涝提升工程——五堡闸站、内河节制闸工程开工建设，12月，萧山区海塘（民祥路至东风角段）护塘地耕地非粮化整治暨农田提升工程动工建设。全年整治河道20余千米，整治池塘20个，改造桥梁10座。七都溪创建为省级“美丽河湖”、楼塔溪及里自横河创建为市级“美丽河湖”；戴村镇创建为省级“水美乡镇”。优化完善海塘安澜工程整体可行性研究报告，钱塘江一线泵闸站改（扩）建工程（一工段、十工段、廿工段闸工程）可行性研究报告通过评审。

【水域环境改善】 2021年，萧山区进行农村河道综合整治，改善沿河水环境，疏浚农村河道（池塘）土方13.24万立方米。完善“河长制”建设，推进农村河道等水域的综合整治、疏浚清淤、沿河慢行道系统配套建设、河道长效保洁、调水配水等生态治理项目。加强各级河长日查制度，全年投入资金4900余万元，加强区、镇、村三级河道长效管理和绿化管护，落实保洁人员696人、保洁船只383艘，清理地笼1.94万只、箔桩4122根，打捞垃圾1.75万吨。

【水利管理】 2021年，萧山区推进水利行业强监管、水利工程补短板。推进产权化、物业化、数字化“三化”改革。提升防汛行政责任人、技术责任人和巡查责任人“三个责任人”能力，加强预测预报、调度运用、应急预案“三个重点环节”建设，制订预警、预测、预演、预案“四预”机制，提升管理水平，发挥水利工程效益。探索“互联网+”智慧水利领域的应用，依托水利工程标准化运行管理系统，在全区山塘水库、堤塘涵闸、泵站、河道溪流等工程设施日常巡查巡防中，实现手机App轨迹留痕、在线监测和实时督查。

【智慧农业水利系统上线】 2021年6月15日，萧山智慧农业水利系统在进入主汛期前上线试运行。该系统是围绕区水安全防御、智能化控制、河道保畅通等核心业务需求的一款用于防御水旱灾害的数字化平台。开发有“一键防御”“一键控制”“一键通畅”“引水管家”“灌溉助手”“菜篮子可视化”“综合业务管理”“移动端应用”八大模块，提供“平战结合”“统一指挥调度”“决策支持”等满足多类业务需求的创新应用场景。至年底，视频建设点位457个，实现河道漂浮物、水标尺等AI识别；水文建设点位43个，实现水位、雨量实时在线监测；升级改造小砾山引水枢纽闸站、钱江枢纽闸站、顺坝闸站、外八工段闸站4座沿江闸站，15座水库及屋顶山塘的自动化控制系统，实现指挥在线、调度在线、响应在线。

【水旱灾害防御形势】 2021年，萧山区水旱灾害防御形势平稳。

雨情。据水利部门测量，汛期降雨量为1294.6毫米，比常年偏多约30%。6月10日入梅，7月5日出梅，入梅时间偏早4天，出梅时间偏早2天，梅期25天比常年偏多2天；全区平均梅雨量251.0毫米，比常年平均梅雨量（245.9毫米）略多，其中最大为楼塔镇佳山坞462.0毫米。梅汛期有入梅跟出梅均较常年偏早、梅雨期略偏长，梅雨不典型、“梅中有晴”，雨量分布不均、短时降雨量大三个特点。全区梅雨量呈南片、中片到东片下降的特征，局地短时暴雨多，出现小时雨强超过30毫米的短时暴雨。台风“烟花”影响期间，暴雨主要集中在南片山区，雨量427.5毫米，而中、东片面雨量240.5毫米；过程降雨量最大站为进化镇上沙池站663.5毫米，最大72小时雨量553.0毫米超百年一遇。

河网水位。台风“烟花”影响期间，蜀山平原河网萧山站7月26日最高水位4.9米，超警戒水位历时55小时；瓜沥闸最高水位4.8米，超警戒水位历时52小时；钱塘灌区河网益农站短时超警戒水位。水库水位。台风“烟花”影响期间，13座小（2）型以上水库有11座满库。外江水位。受台风“烟花”外围云系影响，钱塘江闻家堰站7月26日最高水位7.49米，超警戒水位0.19米，浦阳江临浦站最高水位8.37米，与保证水位差0.03米，超警戒水位历时14小时、永兴河永兴桥站7月24日最高水位9.4米，超警戒水位1.72米，超警戒水位历时60小时。

台风情况。全年有台风“烟花”和台风“灿都”影响萧山区，其中是6号台风“烟花”影响最严重。台风“烟花”于7月18日2时在西北太平洋洋面上生成，7月23日夜间进入东海，先后在舟山普陀区、嘉兴平湖市两次登陆，7月26日17时进入江苏，7月30日在渤海湾消亡。“烟花”是首个在浙江省内两次登陆的台风，受其影响，自7月23日8时至28日8时全区面雨量346.2毫米，过程雨量破纪录，风雨影响时间长，破影响萧山区台风时间最长纪录。

灾情。受6号台风“烟花”影响，7月22日19时30分，萧山区防汛防台抗旱指挥部启动应急响应，区农业农村局启动水旱灾害Ⅳ级响应，7月24日21时，水旱灾害防御应急响应提升至Ⅰ级，第一时间疏散撤离现场施工人员、渔民，渔船均回港在岸。重点加强对萧山农业综合服务中心（原农业开发办）区域的检查和人员转移，组建6个网格小组对辖区63家企业及散户进行“拉网式”检查，确保安全生产、人员转移、物资储备等工作逐项落实到位。辖区设置公共安置点2个和农业企业自行安置点44个，至7月26日18时，企业安置点安置人员1098人，公共安置点共安置人员84人。连续降雨加集中短历时强降水导致全区河道护岸和部分堤塘损毁274处，直接损失1125万元。在区政府统一指挥下，区农业农村局组织区供销社、杭州博泽市政工程有限公司、杭州萧山水利建筑工程有限公司、江南春建设集团4支抢险队伍应急抢修，确保度汛安全。

2021年9月28日，杭州市农业职业技能大赛暨乡村振兴青年实用技能大赛第三场——青年植保无人机驾驶员赛项在萧山区举办 （高 路 摄）

【水利安全】 2021年，萧山区开展水利安全隐患大排查大整治等专项行动，组织各类安全检查920（家）次，开展安全生产执法行动138次，排查发现隐患问题172处，整改172处，整改率100%。全年组织安全生产培训1045人次。继续做好钱塘江防潮安全管理工作，全年劝阻下江、下堤人员2.17万人次。加强水利在建工程质安监工作，全年新受监项目64项，组织水利工程质监活动186次，检查中对存在管理、质量、安全等问题的25个工程出具整改通知书27份，查出整改问题130余个，整改回复完成率100%。加强第三方检测力度，全年第三方检测混凝土强度钻芯法检测38组，回弹法检测130组；挡墙实体开挖检查36组，桥梁重要隐蔽桩基完整性检测10组。

【水利项目审批】 2021年，萧山区办结水利审批事项296项，其中生产建设项目水土保持方案审批211项（报告书138项、报告表40项、登记表19项、备案14项），涉水项目审批63项，取水许可24项。各类行政许可项目按时办结率、办件正确率和群众满意率均为100%。不定期对办事企业和中介开展上门指导服务，针对服务对象申报项目中遇到的问题，进行现场解答和指导。

（刘思恒）

乡村人才和文化建设

【概况】 2021年，萧山区统筹抓好人才引育、人才培养、平台搭建、校地合作等工作，充实乡村振兴人才队伍力量。结合省市兴村（治社）名师认定，开展新一轮区级兴村治社导师评定，选拔16名区级兴村治社导师，出台管理办法，深化日常管理。稳固基层农技推广队伍，打造“首席专家＋农技指导员＋人才科技服务队”的农业科技人才队伍体系，选拔农技推广首席专家14名。出台《杭州市萧山区科技特派员工作管理办法》，组织15人的萧山区科技特派员队伍进村入企开展农业科技创新服务活动，市区两级特派员队伍总人数超过30人。全年新建农村文化礼堂2座，累计建设农村文化礼堂342座，实现农村文化礼堂基本全覆盖。河上镇获评杭州市文明镇（乡），区级及以上文明村镇占比95.4%。以“文化管家”社会化服务创新探索“精神共富”路径入选全市首批共同富裕试点名单，“文化管家”项目累计服务群众50万人次。以“乡村运动十二季”为抓手，推出迎亚运体育管家项目，组建村社运动队伍近700支。9月，市农业职业技能大赛暨乡村振兴青年实用技能大赛第三场——青年植保无人机驾驶员赛项在萧山区举办。

【农民素质培训】 2021年，萧山区按照省、市关于农民素质教育工作的要求，根据萧山特色产业和资源优势，聚焦现代农业发展人才需求，着重培养新型农业经营主体、乡村振兴带头人、高素质农民、农创客等各类农村实用人才。6月，印发《萧山区农村实用人才和农民素质培训工作考核办法》，加强农村实用人才队伍建设，提高农民整体素质，增强农民就业、创业力。全年拨付农民素质培训财政专项资金254.5万元。全年开展农民素质培训6967人次，其中农村实用人才培训1130人次、高素质农民培训240人次、就业技能培训1236人次、农业专业技能培训2399人次、文明素质培训1962人次。培育市级产业技能大师27名，大师工作室8家；培育“乡土专家”48人，培育农创客近400人，培育提升家庭农场45家。全区农村实用人才纳库数量3.01万人，占全区农村劳动力人口数的5.31%，市级农村实用人才1649人、区级农村实用人才9250人，女性人才1.31万人，45岁以下人才9642人，分别占入库人才数的5.48%、30.72%、43.36%、32.02%。

【文化兴村行动】 2021年，萧山区挖掘村庄的文化故事和历史传说，开展形式多样的文化兴村行动，促进文明建设，让历史文化融入现代生活，让美丽乡村建设厚植文化底蕴，营造良好的村风、民风。义桥镇擦亮诗路文化，蜀山街道打造贺知章故里，党湾镇梅东村弘扬孝文化，瓜沥镇围绕任伯年等名人资源开展形式多样的文化交流活动。打造一批集“产学游享”为一体的未来大地等新时代田园综合体2.0版本；举办年俗文化、二十四节气、创意农业等主题节展；引入三清园户外运动公园、云石滑翔伞、高空秋千等郊野运动项目，以绿带旅、以绿带产，盘活好山好水；用“绿色共识”打造“宜居宜业宜游”的升级版美丽乡村。

【农民精神文化生活】 2021年，萧山区挖掘古村落传统文化，完成第六批历史文化村落保护利用。探索农村文化礼堂长效发展，优化基层公共文化服务，创新推出“文化管家”项目，实现“镇镇有文化管家、村村文化有人管”。举办乡村文化旅游节、戴村镇山地马拉松等活动，传承和发展楼塔镇细十番、河上镇龙灯盛会等国家、省、市级非物质文化遗产，让村民在家门口享受文化盛宴。拍摄《回家就好》宣传片，全球点播量达到1500万次；举办“记得住乡愁”文艺演出，展示萧山风情民俗和发展变迁；中央广播电视总台《乡村大世界》节目播出萧山故事，展现萧山乡村的魅力。

（刘思恒）

乡村综合治理

【概况】 2021年，萧山区推进农业农村法治建设，发挥法治对乡村治理的保障作用。全区共划分全科网格1528个，基本形成基层社会治理“一张网”的工作格局，全科网格规范化建设达标率逾92%。新增省级善治（示范）村45个，创建“全国民主法制示范村”4个、“省级民主法制示范村”75个，省级民主法制村占比15.9%。

2021年4月14日，临浦镇举行三月三（西施）庙会。三月三（西施）庙会是杭州市级非遗项目，已经连续举办10届 （丁 力 邵 威 摄）

【乡村治理数字化】 2021年，萧山区以省级数字乡村试点建设为抓手，创新乡村治理模式，加强村庄管理者与村民的良性互动，推动构建共建共治共享的基层治理格局。成立杭州市萧山区城市智治中心，发布“一网统管”驾驶舱。推进23个区级数字乡村样板村建设，其中梅林、欢潭列入市级样板村，入选第二批省级数字乡村试点县名单。瓜沥镇作为“城市大脑·萧山平台”的先行试点镇街，探索出以“沥家园”为载体的镇、村、户三级管理体系，推出垃圾分类、基治在线、交通治理、企业运行、志愿帮扶等功能模块，以及邻里互助、民情圆桌会、意见反馈等15个微应用。瓜沥镇75个村社实现“沥家园”数字基层治理体系全覆盖，全镇5.4万户村社居民完成实名注册。益农镇群围村开发“智慧小脑”数字化基层治理平台，主要依托地理信息系统将群围村内的房屋、人口信息相关联，借助村庄内180个实时监控，全面掌握村庄最新动态，实现人、房、统一定位，依托视频建设和智能化应用，打造精细化基层治理体系。至年底，全区各镇（街道）、村（社区）开发出“沥家园”“新无忧”“临云智”“平安钉”“楼塔驿”“美美大同”“智慧小脑”“微信治村”等利用数字化手段促进乡村善治的场景。

【社会力量助推乡村治理】 2021年，萧山区启动乡村振兴扶贫基金，发放两批资金共144.8万元救助145户低收入农户。深化“政银共建”。“十四五”期间，省农信联社计划新增意向授信1000亿元，投放乡村振兴领域贷款500亿元以上。支持企业参与“三次分配”，设立鲁冠球三农扶志、传化慈善等十亿级、百亿级慈善基金。深化“两进两回”（科技进乡村、资金进乡村，青年回农村、乡贤回农村）实践，全区成立镇（街道）乡贤联谊会22个，实现镇（街道）全覆盖，镇、村两级乡贤联谊会总数143个，乡贤数据库名单入库4200多名。

【乡村公共服务数字化】 2021年，萧山区以便捷乡村服务为目标，推进乡村公共服务数字化应用，加强对水、电、煤气、气象、交通、社保、医疗、教育、养老、就业等农村基本公共服务的数字化集成，提升农民数字化应用能力，丰富乡村数字生活。利用数字技术打破空间壁垒，推动民生“七优享”延伸至村社：上线“健康大脑+智慧医疗”，打造村民身边的“健康管家”；推出乡村“数字书房”，建设线上“阅读空间”；建设“安居守护”场景，破解空巢老人的养老痛点。在数字乡村建设中，不断深化农村“最多跑一次”改革，完善基层便民服务体系，村社实现“杭州办事”

综合自助终端全覆盖，办事服务涵盖社保、生活缴费等与群众生活相关的业务，政务服务事项网上办、跑零次均实现100%。

资料：

民生“七优享”：即构建育儿友好型社会、打造“浙有善育”名片，办好人民满意教育、打造“浙里优学”名片，推进劳动者职业技能大提升、打造“浙派工匠”名片，加强全民全生命周期健康服务、打造“浙里健康”名片，构建幸福养老服务体系、打造“浙里长寿”名片，健全住房市场和保障体系、打造“浙里安居”名片，构建弱势群体公共服务普及普惠幸福清单、打造“浙有众扶”名片。

【农村秸秆综合利用】 2021年，萧山区推进现代生态循环农业发展，开展农林废弃物资源化利用示范项目工作。全年进行农村秸秆综合利用现场调查及系统录入工作4次，调查及上报2020年台账数据及2021年度的秸秆数据。新建3个秸秆收集利用示范镇（街道），秸秆综合利用率95%以上。

【农业面源污染监测点建设】 2021年，萧山区推进农业面源污染监测点建设。修订露地蔬菜产地环境监测处置方案，通过不同施肥配置，对土壤、作物进行氮磷监测，获取氮磷流失量数据。至年底，全区有省级农产品产地环境监测点1个，省级农田土壤污染常规监测点17个，省级农田土壤污染综合监测点8个，区级粮食生产功能区产地环境监测点14个。

（刘思恒）

结对帮扶

【概况】 2021年，萧山区落实低收入农户帮扶工作，针对前期工作中发现的问题，印发《关于进一步做好低收入农户帮扶工作的通知》，要求科学安排结对干部，调整优化结对干部比例，压实结对责任，规范开展结对帮扶工作。落实每月走访制度，加强与结对低收入农户的联系，掌握结对农户的日常生产、生活状况，帮扶干部每月走访联系结对家庭1次以上，并通过浙政钉“低收入农户帮促”工作台，记录帮扶信息及帮扶成效。每半年一次送“幸福清单”入户，帮助低收入农户了解各项帮扶政策。

【低收入农户帮扶】 2021年，萧山区依托全省低收入农户帮促数字化系统，形成低收入农户幸福清单和政策清单，实施“浙农码”绿黄红三色管理，开展低收入农户动态监测。加强对红色、黄色预警农户的关注与帮扶，对接、处理农户提出的需求，通过落实“一户一策一干部”制度，实现低收入农户精准帮促。区农业农村局牵头、萧山农商银行出资在区慈善总会设立“乡村振兴帮扶”基金。该基金规划“十四五”期间出资1000万元，用于扶贫帮困。全年分2批启动乡村振兴帮扶基金144.8万元，用于救助145户低收入农户。至年底，全区低收入农户人均可支配收入24955元，比上年增长13.0%。

【萧山区与建德市10个镇（街道）结对】 2021年，萧山区与临平区、西湖风景名胜区管委会组建新一轮区市协作组，共同结对建德市。城厢街道、蜀山街道、新塘街道、北干街道、义桥镇、党湾镇、新街街道、靖江街道、盈丰街道和所前镇10个镇（街道）与建德市10个镇（街道）开展镇街结对，帮助支持结对镇街共同富裕项目建设。协作组全年实施区市协作项目32个，萧山区到位协作资金4700万元。

【市级“联乡结村”工作】 2021年，由萧山区政府牵头，市国资委、市审计局、恒逸集团、航民集团等单位共同帮助建德市李家镇。实施3个经济发展项目、1个基础设施项目和2个旅游发展项目，落实帮扶资金385万元，帮助李家镇经济社会、城乡面貌、民生事业发展。

（刘思恒）

应急管理

综述

【概况】 2021年，萧山区防汛防台抗旱、森林防灭火、防震减灾三大指挥部实体化运作。健全监管模式，形成“1+8”安全监管运行架构，排查治理有关隐患。以区应急指挥保障中心建设为突破口，在全市率先实现专人24小时值班值守。深入开展安全生产综合整治“三年行动”，坚决防范遏制重特大生产安全事故，全区全口径事故起数和死亡人数与上两年平均数相比实现双下降，未发生较大及以上生产安全事故。11月4日，区应急管理局获评全国应急管理系统先进集体。12月2日，萧山区应急管理局配合开展全国第五个《中华人民共和国安全生产法》（简称《安全生产法》）宣传周活动，在萧山电视台推出《应急说法》栏目。

【基层应急管理体系和能力建设】 2021年7月27日，萧山区委办公室、区政府办公室印发《关于加强基层应急管理体系和能力建设的实施意见》。全区22个镇（街道）、4个平台、红山农场建立应急管理领导小组，承担辖区内应急管理、安全生产和防灾减灾救灾日常工作的统筹、协调、指挥、考核等职责。落实区领导包镇（街道）、镇（街道）负责人包村（社区）、村（社区）干部包户到人的“三包”工作责任制，推进“6有”（即有班子、有机制、有预案、有队伍、有物资、有演练）应急能力标准化建设和镇街（平台）防汛防台“七个有”（有办事机构、有应急预案、有值班人员、有值班记录、有信息系统、有抢险队伍、有防汛物资）、村（社区）“八个一”（一张责任网格、一本预案、一套监测预警设备、一批避灾场所、一批防汛物资、一套警示牌、一套宣传资料、一次培训演练）、村级“四小件”配备等工作，实现应急管理、安全生产、防灾减灾、地震、森林防火等工作到基层延伸。新增社会救援队伍5支，队伍总数扩展到12支。按照有场地、有装备的要求，确定瓜沥、戴村、浦阳、闻堰、城厢等5支队伍为乡镇综合性救援队伍试点。对全区应急避难场所摸底排查，更新避灾安置场所标识标牌298个，分批推进避灾安置场所可视化建设101处。创建镇级规范化避灾安置场所16处，所前镇传芳村创建为国家级减灾示范社区，进化镇华丰村创建为省级综合减灾示范区。

【应急救援队伍建设】 2021年，萧山区新增社会救援队伍5支，队伍总数由2019年的7支扩展到12支。在抗击台风“烟花”过程中，全区社会应急救援队伍24小时备勤待命，到灾情严重

萧山区应急指挥保障中心　　（盛振刚 摄于2021年7月29日）

的楼塔、河上、戴村等地开展救援被困群众和抢险排涝工作，应急救援队累计出动救援车260辆次，出动人员2400多人，累计救援时间3500多小时，派出水泵、发电机107台次，救生艇23台，冲锋舟30多艘等救援设备，转移救助被困群众约2200人。

【《应急说法》栏目推出】 2021年12月2日，萧山区应急管理局配合开展全国第五个《安全生产法》宣传周活动，在萧山电视台推出《应急说法》栏目。第一期《应急说法》节目以9月1日新修订的《安全生产法》实施后，区应急管理局对应新条款的首张罚单为案例，了解《安全生产法》的相关内容，增强企业的安全生产意识。《应急说法》栏目每月第一周周四18时25分首播，并同步在“智慧萧山”App、萧山应急管理微信公众号平台播出。

（田栋磊）

安全生产管理

【概况】 2021年，萧山区压实监管责任，区安委办、各专委办协调落实有关隐患排查治理工作，落实责任单位并牵头开展安全风险隐患排查工作。深化专项治理，全区下发安全生产工作通报（动态）17期、隐患督办单103份，在区级主流媒体上公开曝光企业名单及法人姓名6批216家次，整改省级重大隐患19处、市级52处、区级222处。

【“1+8”安全监管模式常态运行】 2021年3月，萧山区召开全区安全生产暨消防工作会议，会上区长与各副区长签订“一岗双责”责任书，区安委会架构下设立8个专委会，由区长、各副区长担任安委会主任和专委会主任，形成“1+8”安全监管运行架构。制定《安委会及专委会工作规则》《突发事故到场指挥处置有关规定》等制度，安委会牵头抓总、各专委会分工负责的工作模式已形成常态。组织开展安全生产工作专项巡察，巡察反馈问题23项，各整改责任部门制定相关整改方案。全年牵头组织召开各专委办工作例会20多次、开展全区性安全生产大检查6次。区安委会牵头抓总、各专委会分工负责的“1+8”安全监管运行模式形成常态。

【安全生产整治】 2021年，萧山区推进安全生产综合治理三年行动，对全年199条工作任务逐年逐条分解落实，做到专班运行、持续跟进。针对危险化学品、道路交通等重点领域开展“遏重大”攻坚战，细化梳理重大风险链鱼骨图，制定落实针对性防控措施235条。全区大排查大整治共出动检查人员2.1万人次，检查企业（场所）1.8万家次，排查整改隐患1.5万处。创新危化品“一标准一手册”，推动储罐区标准化建设和安全隐患规范化治理；建立每月5日自查、30日闭环的“530”机制，对416家“三场所三企业”（有限空间作业场所、涉及可燃爆粉尘作业场所、喷涂作业场所、船舶修造企业、涉氨制冷企业、金属冶炼企业）进行四色分级管控；选派工作人员上门指导推进企业安全风险管控体系建设，督促企业开展系统性风险辨识、风险评估和风险分级，至年底，覆盖企业5711家、培训员工40182人。

【安全生产执法】 2021年3月1日《中华人民共和国刑法修正案（十一）》实施。萧山区以此为契机，办理危险作业罪入刑后全国第一案和建设领域危险作业全国首案，连续突破“伪造、买卖国家机关证件”和“非法销售醇基燃料”行刑衔接案。全年办理行刑衔接案件8起20人。9月1日，在新《安全生产法》实行首日，率先开出“企业未建立安全风险分级管控制度”等罚单，全年立案处罚508家次、1208.08万元，其中新法新案30多起。全年在《萧山日报》、萧山发布等区主流媒体上公开曝光典型案例6批216家。对安评公司安评报告重大疏漏及擅自简化评价内容、企业非法经营危险化学品（枪水）等违法行为严厉打击。

2021年8月5日，萧山区应急管理局工作人员在河上镇指导企业安全生产

（周彬杰 摄）

【数字应急平台上线】 2021年，萧山区按照“1个平台、2套系统、N个模块”的总体架构，投入2650万元搭建萧山区数字应急“1+2+N”平台，在实践中不断迭代升级。其中“一个平台”即“城市大脑·萧山平台”下的“数字应急”指挥平台；“两套系统”即自然灾害系统和安全生产系统；“N个模块”为针对应急管理部门日常业务需求，按照“成熟一个、接入一个”的思路，逐步开发拓展隐患管家、安全驾照、萧然防汛等功能模块。整合7个部门实时数据，融合应急指挥车、单兵、车载云台、布控球、无人机、卫星电话等，建成“自然灾害应急”系统；梳理12593家企业基本信息，接入

38 家重点监管对象 195 路视频，建成“安全生产监管”系统。“隐患管家”整合五大类隐患排查数据，进行隐患数字化治理。“安全驾照”采取 12 分计销分制动态考核危险品化工企业。“执法云平台”对行政执法行为实现全过程留痕和可回溯管理。“化工园区危化企业安全管理”列入浙江省数字孪生建设首批试点。

（田栋磊）

防灾减灾

【概况】 2021 年，萧山区建立健全防汛防台抗旱、森林防灭火等指挥协调机构，修订完善应急预案和工作规则。统筹推进全国第一次自然灾害综合风险普查、避灾安置场所规范化创建、乡镇综合性救援培育队伍等重点工作，提升全区防灾减灾救灾能力，确保全区自然灾害形势总体平稳。

【防灾减灾机制建设】 2021 年，萧山区制定《萧山区短临应急处置工作机制》。区防汛防台抗旱指挥部办公室与成员单位、镇（街道）签订 2021 年度防汛防台责任书，明确镇（街道）、村（社区）责任人 579 名。区政府常务会议专题学习新修订的《浙江省防汛防台抗旱条例》，制订萧山区防汛防台抗旱工作规则草案，按照“统一指挥、分级负责、属地为主”的原则，细化 34 个防指成员单位、27 个镇（街道）（平台）职责分工，明确日常准备、预报预警、应急处置、灾后恢复各阶段工作要求。修订完善应急预案，细化灾害事件四级分类标准，制定台风、山洪、地质灾害、城市内涝等 6 类灾害应急响应措施。坚持科学、精准防控，实施台风洪涝灾害科学防控能力提升工程，汛前由区应急管理局牵头梳理风险“一张图”编制等 46 项工作任务分解落实到区规划资源、气象、城管等 8 个部门，推进各项工作。区应急管理局联合区纪委监委建立防汛防台应急物资全流程管理。

【防汛防台】 2021 年，萧山区气象局发布梅汛期暴雨预警 8 次，雷电预警 5 次，主要江河水位均未超警戒水位，辖区内未出现险情。全年影响萧山区的台风有 2 个。第 6 号台风“烟花”路线多变，是有气象记录以来唯一一个两次登陆浙江省的台风，且移动速度缓慢，造成持续风雨影响。台风过境期间，全区出现暴雨到大暴雨，单点性特大暴雨，以及 7—10 级大风。7 月 22 日 19 时至 28 日 18 时应急响应期间，全区面雨量 333 毫米，全部站点（53 个）都超过 150 毫米，42 个站（占比 79.2%）超过 250 毫米，7 个站（占比 13.2%）超过 500 毫米，戴村镇骆家舍村站 739.3 毫米，戴村镇方溪村 645.7 毫米，进化镇慈姑裘村 609.4 毫米，进化镇欢潭村 607.1 毫米。均超过 2019 年“利奇马”台风雨量。全区出动人员力量 18.4 万人次（不包括群众、志愿者），其中镇（街道）、村（社区）组织值班人员 6.7 万人次；出动抢救救援队伍 11.1 万人次。民兵、消防、社会应急救援队伍等 800 多人 24 小时备勤。全区转移 12.59 万人，启动避灾安置场所 527 个。第 14 号台风“灿都”对全区总体影响较小，未造成明显灾情。

【防汛防台应急响应】 2021 年 5 月 19 日 17 时 30 分，萧山区启动防汛 IV 级应急响应。5 月 20 日 10 时，解除防汛Ⅳ级应急响应。受 6 号台风“烟花””影响，7 月 22 日 19 时，萧山区启动防台风 IV 级应急响应。7 月 23 日 18 时，升级至Ⅲ级应急响应。7 月 24 日 12 时 30 分，升级至Ⅱ级应急响应。7 月 24 日 20 时 30 分，升级至Ⅰ级应急响应。7 月 27 日 10 时，调整至Ⅲ级应急响应。7 月 28 日 09 时 30 分，调整至 IV 级应急响应。7 月 28 日 18 时，解除防台风Ⅳ应急响应。受 14 号台风“灿都”影响，9 月 12 日 10 时 30 分，萧山区启动防台风Ⅲ级应急响应。9 月 12 日 20 时，升级至Ⅱ级应急响应。9 月 13 日 19 时，调整至Ⅲ级应急响应。9 月 14 日 08 时，解除防台风Ⅲ级应急响应。

【森林防火】 2021 年，萧山区修订完善区森林防灭火预案，加强“防火码”推广和应用，检修、维护、保养和添置扑火装备，新增 380 马力 8 吨豪沃森林消防车、林道远程供水水泵及进口高扬程接力泵等设备。区森林消防大队和各镇（街道）森林消防队伍多次开展针对性的培训和实战演练活动。落实春节、清明、中秋、国庆等重点时段、重点区域管控排查和重点人群宣传教育，加强火警信息联动和动态视频巡查。管控排查瓜沥航坞山、衙前山南墓区、戴村石牛山滑翔伞基地、区林场等重点地区、地段野外火源。全年发送森林防火相关提醒短信 10 万余条，发放森林防火宣传资料 4000 多份，在林区重要路口、入山道口悬挂宣传横幅和警示标语 300 多条。

（田栋磊）

消防救援

【概况】 2021 年，萧山区消防工作以三大领域专项整治活动为载体，探索推进社会消防安全管理创新，抓好消防工作与全域治理、数字赋能的有机结合，夯实工作基础，火灾防控和灭火应急救援能力增强，成功处置“2·25”南阳街道舟象供应链服务有限公司火灾、“11·1”南阳街道永宁尔集团股份有限公司火灾等重大灭火抢险任务，全区火灾形势保持总体稳定。全年全区接警出动 3210 起，出动消防车 4393 辆次，抢救疏散被困

2021 年 5 月 23 日，区消防部门与北干街道联合在中誉新城社区进行消防演练 （张祥荣 摄）

人员 159 人。其中，火警 1341 起，比上年上升 17.7%，火灾 163 起，下降 10.5%。未发生亡人火灾事故。

2021 年 5 月 28 日，区建筑行业举行微型消防站工作现场会 （丁 力 摄）

【消防安全监督】 2021 年，萧山区开展高层建筑、小微企业、出租房三大领域消防安全综合整治、老年人“敲门守护”关爱行动、老旧小区消防综合治理、智慧消防建设等专项行动，组织街道、社区开展消防演练，增强社会面火灾防控能力。消防部门加大执法力度，全年办理行政处罚 3499 起，责令“三停”（停产停业、停止使用、停止施工）80 家，临时查封 70 家，消防拘留 616 人次。出租房火灾下降，较大影响火灾减少。全区开展消防安全综合治理小区 222 个，高层建筑消防设施整改 196 幢，消防安全经理人或楼长制覆盖率 100%。

【社会消防治理】 2021 年，萧山区消防安全委员会办公室实行实体化运作，定期分析研判辖区消防安全形势，协调、组织开展消防安全检查、专项督查和联合执法，加强基层工作指导，强化业务培训，指导基层各项工作有的放矢开展。结合“四个平台”（综治工作、综合执法、市场监管、便民服务平台）建设，将消防安全管理内容全面纳入“一张网”和“全科网格”，推动网格化管理责任落实。做好网格员消防安全培训工作，提升网格员开展消防安全检查能力，全区共建立网格 1738 个，网格员开展消防检查 5.29 万次，督促整改消防隐患 4.31 万处。对各镇（街道）政府专职消防队执勤、训练、工作、生活等运行情况进行实地督查并通报，规范专职队管理，提高专职队协同作战能力。围绕“亚运国际城·数智新萧山”发展导向，逐步建立组织指挥、赛事安保、应急处置、服务保障四大体系，推进整体智治网络建设；开工建设亚运村消防站、临浦消防站，亚运期间将成为消防安保的指挥决策中心和屯兵点。通过基层治理“四平台”一个通道流转，赋能各部门融合协同，实现事件闭环、工作闭环、责任闭环，实现消防隐患排查和处置的在线化管理。打造“智慧消防 2.0 平台”，多渠道整合火灾报警、感知预警、日常巡查检查等数据，为城市大脑、镇（街道）消防管理提供决策，探索应用数字化手段远程监管消防车道停车、电瓶车违规停放充电等违法行为。持续推进智慧消防建设，通过智慧烟感、智慧消火栓、智能充电桩等感知设备建设，强化数字化消防安全管控网络，提升智慧化管控水平。

【消防安全宣传】 2021 年，萧山区深化消防宣传进企业、进农村、进社区、进学校、进家庭“五进”工作，利用“11·9”消防宣传月在线上直播等主题宣传活动，打造消防安全融媒体宣传矩阵，电视、广播、报纸等传统媒体全年全覆盖，提升群众消防安全感和消防常识知晓率。借用地方广告公司 300 多台楼宇电视全天候滚动播放消防宣传教育警示片。对接地铁公司、重点单位、各综合体、沿街商铺等人员密集场所，循环播放消防公益广告 10 万次。利用区、镇（街道）、村（社区）消防安全教育馆，举办消防安全工作现场会等形式，开展消防安全宣传，累计培训“个小微”企业 6300 多户，培训企业主、房东 5 万余人，从业人员 20 万余人。开展“走出去”活动 100 多次，“请进来”活动 80 多次，发放各类宣传资料 8 万余份。消防蓝码注册 27 万人。

【消防志愿者队伍建设】 2021 年，萧山消防救援大队坚持“贴近生活、贴近群众”的原则，在辖区范围内招募消防志愿者。招募消防志愿者是为了增强广大群众的消防安全意识，提高防御火灾和逃生自救能力，筑牢社会面消防安全“防火墙”。市民可以通过手机搜索进入“消防志愿者”小程序，简单操作即可实名注册加入“萧山区蓝翼消防志愿服务队”。也可以由各大队监督员对有意愿参加的人员，按照“操作手册”指导注册，并对消防志愿者统一注册登记。至年底，消防志愿者注册 1.9 万人，开展活动 50 多次。

（倪 凯）

生态环境

综述

【概况】 2021年，萧山区空气质量优良天数306天，优良率为86.9%，PM2.5浓度降至每立方米31.6微克，为有纪录以来最优值。地表水各级控制和交接断面水质均达III类及以上，集中式饮用水水源地水质100%达标。5个镇（街道）市级“污水零直排”考核验收优秀。完成首批碳交易纳入企业配额申请，8家企业获得碳交易配额，产生全区首笔碳排放配额质押贷款。全面推进254个村全域土地综合整治与生态修复，3个省级工程通过整体验收。

【环境法治建设】 2021年，萧山区推进环保行政执法公示、执法全过程记录、重大行政执法决定法制审核、“三重一大”事项议事规则、重大行政执法案件集体讨论、行政负责人出庭应诉、规范性文件审查等制度落实。围绕生态环境保护工作特点，启动“八五”普法工作。加大案件审查力度，提高行政决定的执行力，全年下达处罚决定书149份，处罚金额2039.02万元。依法审查并向公安机关移送涉嫌刑事犯罪的环境违法案件2件、行政拘留案件6件。

【环境宣传教育】 2021年，萧山区在省级以上媒体宣传报道生态环境保护工作12篇次，“萧山生态环境”微信公众号平台推送568期。结合“五四”青年节、国际生物多样性日、“6·5”世界环境日、浙江生态日、世界低碳日等节点，开展“环保人正青春”系列人物宣传报道、参观钱江水处理厂、“生态萧山，你我同行”绿色答题等活动，打造生态萧山主题地铁专列。设计制作1780块“美丽萧山，共建共享”主题科普展板，在全区356个科普宣传栏、150个单元电梯媒体展示。邀请专家解读《排污许可管理条例》《中华人民共和国行政处罚法》等环境保护法律法规和政策制度，曝光典型环境违法案例14起。

（钱紫东）

【萧山区获“大禹鼎”银鼎】 2021年5月18日，浙江省建设新时代美丽浙江暨中央生态环境保护督察整改工作推进大会揭晓2020年度全省“五水共治”（河长制）工作优秀市、优秀县（市、区）“大禹鼎”名单，萧山区获“大禹鼎”银鼎，连续第四年获“大禹鼎”，也是首次获得“大禹鼎”银鼎。2017年至2021年，萧山区累计召开218次治水主题周例会，专题研究和

生态湘湖　　（丁　毅 摄于2021年8月5日）

攻克治水工作中出现的难点重点，形成“联络走访、发现问题、协调解决、跟踪回访”的闭环管理机制。结合各镇（街道）、平台实际，分域分级制定治水惠民策略。利用水资源要素与当地民俗融合发展，开展“一镇一品”“一镇一窗口”创建，由各镇（街道）、平台自主选取“污水零直排区”示范样板区块单元创建，农污提标改造优化示范，美丽河湖创建，五小水体示范管护，科技治水等着力点，培育出一批有影响力、竞争力的治水细分领域的“标兵”，打造特色水域。抓实“污水零直排区”全域创建，抓深农村生活污水全覆盖，抓好美丽河湖建设，务求实现长效治水。建立健全区级河长统筹引领、镇级河长落实推进、村级河长常态监管、河道警长执法查处、联系人应急联动的“五长共建”制度；推动完善“五水共治”（治污水、防洪水、排涝水、保供水、抓节水）的共建共享，与柯桥区、滨江区、诸暨市分别签订西小江、北塘河、浦阳江合作框架协议，实施“流域共治”。至年底，全区17个区控及以上地表水考核点位，水质均为Ⅲ类及以上，其中达到Ⅱ类水体的断面有9个，水质交接断面考核连续四年保持优秀，饮用水源地水质合格率保持100%。

（孙诗青　朱晓琳）

【杭州市2021国际生物多样性日宣传活动】2021年5月22日，杭州市生物多样性保护宣传活动在湘湖举行。该活动由杭州市生态办（杭州市生态环境局）主办，杭州市生态环境局萧山分局和湘湖国家旅游度假区管理委员会承办。活动现场围绕“保护生物多样性共建美丽杭州”设置关于鸟类多样性、浮游生物多样性、鱼类多样性等多种内容的宣传展板和摄影作品。工作人员和志愿者向公众发放宣传资料、科普讲解，增进大家对生物多样性的了解。

（钱紫东）

【萧山区获评省、市“农村生活污水治理工作优秀区”】2021年，萧山区成立农村生活污水治理工作专班，整合区住房和城乡建设局、区美丽办、“五水共治”办、区环境集团及镇（街道）等单位人员力量，与美丽乡村建设、“四好农村路”建设、城郊接合部整治等项目同步推进；镇（街道、场）、平台做好任务分工，落实专人全程跟进摸排、设计、施工、验收工作，确保工程建设流程规范、监管到位。以“污水全收集、雨污全分流、处理全达标、资源全利用、监管全智慧”为目标，推进12个农村生活污水“零直排村”建设，惠及农户6000多户。成立300多人的农村生活污水处理专业运维团队，通过视频监控、流量监控和人工巡查三种监管方式进行管理；建立区级可视化远程集中监控平台，通过水质监测设备、监控系统等对农污终端进行智能化管控，实现与省、市平台数据交互。全区1204个治理终端纳入平台监管，整体出水达标率由62.9%提升至85%。建立健全农村生活污水处理设施常态化管理机制，落实以区、镇（街道）、村（社区）三级站长工作责任为重点的“站长制”，确保农村生活污水治理常态化。全年落实资金12.15亿元，对91个行政村农村污水进行治理，建设农村生活污水处理设施143个，受益农户约5.64万户。至年底，全区352个行政村实现农村污水处理设施全覆盖，共同建设农污处理设施1321个，提升改造农污处理终端949个，受益农户约14.3万户。12月，萧山区连续2年获省、市“农村生活污水治理工作优秀区”称号。

（高云云）

【双碳智治管理平台“双碳大脑”上线运行】2021年7月6日，国网杭州市萧山区供电公司与区政府试点推出的双碳智治管理平台“双碳大脑”上线运行。“双碳大脑”创建“碳地图、碳足迹、碳管理、碳减排”四大板块，实现一屏全览、一路追踪、一体智治、一众应用，推动政府科学决策、企业节能减排、社会精准治理和城市数智建设。“碳地图”汇聚萧山全区电、气、煤、油等重要数据，利用能—碳、能—电、电—碳关联算法，构建能源、工业、建筑、交通、农业、居民生活六大领域碳的计算模型，确定碳达峰所需控制的重点领域，精准衡量与省市之间的指标差距。以行业能源消费特征为导向，绘制六大领域碳流溯源图，打造数字化碳排放监测大厅，实现工业碳耗全流程分析和精准掌控。“双碳大脑”构建“碳达峰、碳中和”管理指标体系和区级、部门、企业的三级驾驶舱，实现部门协同、业务协同、政企协同，指导企业优化用能结构、设备和技术改造，辅助开展碳排放管理。“双碳大脑”衍生出“萧碳码”“碳账户”“碳商城”等应用，构建减碳、降碳共享发展生态圈。至年底，接入“双碳大脑”的1500家规模以上企业实现油、煤、气、电全能源数据的末端追踪。

（谭小倩　朱鲁飞）

【“江河荟·浙江翠”生态系统和生物多样性恢复公益项目启动】2021年9月28日，“江河荟·浙江翠”生态系统和生物多样性恢复公益项目启动仪式在义桥镇寺坞岭举行。“江河荟·浙江翠”生态系统和生物多样性恢复项目由鲁冠球三农扶志基金发起，万向三农集团有限公司、义桥镇、杭州日报报业集团共同支持与指导，由民生通惠公益基金会持续资助。该项目位于义桥镇云峰山区域，一期启动区块为13.33公顷，项目团队在寺坞岭山顶近试点林地及周边展开生物多样性调查，包括植物、昆虫、土壤动物、爬行动物、鸟类、兽类等监测。该项目计划对寺坞岭山林区域受到破坏的生态系统，以生物多样性为目标进行生态恢复。通过可持续管理模式，把寺坞岭山林打造成为南杭州的自然山野公园，使之成为全国领先的生态恢复样本。

（陈　明）

环境质量

【水环境质量】2021年，萧山区江、河水系包括浦阳江（永兴河）水系、萧绍河网（内河水系、沙地内河水系和城区河道）共设置区控以上监测断面17个。经监测，全区主要河流水质均为Ⅲ类及以上，其中达到Ⅱ类水体的断面有9个，分别为浦阳江出口、金山村、临浦、小砾山、临浦水厂、义桥水厂、来苏大沿、管村回笼桥和下湘湖桥。与2020年相比，临浦、临浦水厂和下湘湖桥断面水质从Ⅲ类上升为Ⅱ类，其余断面水质类别保持不变；饮用水水源地和湘湖萧山饮用水水源区水质均达到Ⅱ类水功能区要求。

【空气质量】 2021年，根据大气自动监测系统监测数据统计，萧山区国控点（实况）有效监测天数352天，优良天数306天，污染天数46天，大气优良率为86.9%。首要污染物依次为臭氧、PM2.5、PM10和二氧化氮，六项主要污染物中二氧化氮、一氧化碳、PM2.5、二氧化硫浓度比上年有所下降，臭氧、PM10浓度有所上升。全年酸雨率为69.4%，比上年下降28.4%。全年降水的pH值最低值为4.85，最高值为5.96。酸雨程度处于中等水平。

【声环境质量】 2021年，萧山区设26个区域环境噪声监测点位，区域环境噪声等效声级为54.9分贝（昼间），评价等级为较好。设5个声环境功能区噪声监测点位，功能区噪声均达到相应标准。设28个道路交通噪声监测点位，昼间道路交通噪声为68.0分贝，道路交通噪声评价为“好”，超标路段占总路段长的26.9%，比上年下降20.9个百分点。

（钱紫东）

环境保护

【概况】 2021年，萧山区创建市级绿色学校8家、区级绿色学校25家。梳理2018年至2020年37项国家生态文明建设示范区创建指标和两项基本条件台账资料，形成国家生态文明建设示范区申报材料。完成省级生态文明建设示范区2021年度复核工作。对湘湖水生生物和鸟类进行多样性调查评估。湘湖生态环境导向（EOD）试点项目被确定为全国首批36个试点项目之一。组织区首例环境污染损害赔偿案协议签署和索赔。开展第二轮中央生态环境保护督察、省级生态环境保护督察反馈问题和交办信访件整改销号工作，落实生态环境问题排查整治和整改情况“回头看”。完成省委生态环境保护专项督察迎检工作并组织问题整改。

【工业企业大气污染防治】 2021年，萧山区完成燃气锅炉低氮改造72台和工业炉窑颗粒物治理6台。萧山经济技术开发区、瓜沥卫浴行业集聚区、浦阳制鞋行业集聚区等5个工业园区（集聚区）开展废气面源污染治理，完成印染企业废气无组织排放改造38家，合成化工与化纤聚酯企业泄漏检测与修复29家。对5家投诉举报较多的PVC膜生产企业开展臭气异味治理，对3家废气处理设施不符合要求的涉气“散乱污”企业开展清理整顿。开展工业挥发性有机物（VOCs）整治工作，编制《萧山区印染企业挥发性有机物（VOCs）排放清单》，进行印染企业污染排放量核算和面源污染总量调查。推广“一厂一策＋绩效评估”治理模式和“环保专员＋治理专家”服务模式，VOCs深度治理企业91家、涉VOCs许可证重点管理企业污染排查160家、原辅材料源头替代企业26家、低效设施改造升级企业10家，全年削减VOCs排放1321吨。

【机动车移动机械尾气污染防治】 2021年，萧山区制定发布《关于调整杭州市萧山区国三及以下载货柴油车禁行区域的通告》，将国三（中国第三阶段汽车排放标准）及以下载货柴油车禁止通行管理范围扩大至萧山区全域。全年检测机动车20.34万辆，检测数据与上级部门联网。交警、生态环境部门联合开展道路排气抽检和入户抽测21次，查处排气超标车辆2辆次，责令整改7辆次。划定萧山区禁止使用高排放非道路移动机械区域61.93平方千米，申报、上牌非道路移动机械6002辆，港口、机场、企业等场内56千瓦以下中小功率机械新能源替代35辆。全区年销售汽油量大于5000吨的30座加油站，均安装联网在线监控系统，11座加油站实施油气三次回收改造。开展油气回收装置执法检查23家次，立案查处4家、整改8家。

【土壤和地下水污染防治】 2021年，萧山区完成工业集聚区地下水污染扩散排查方案编制及12家地下水污染重点企业管控（治理）方案编制工作。16家土壤环境污染重点监管单位开展隐患排查，签订污染防治责任书，完成有毒有害物质排放报告和自行监测报告编制工作。完成21个变更用途地块的土壤污染状况调查评审，保障建设用地安全利用。

【固体废物、危险废物处置】 2021年，萧山区一般工业固体废物产生量约为78.98万吨，工业固体废物综合利用量约为77.21万吨，综合利用率为97.8%。委托处置危险废物6.4万吨，处置种类主要为飞灰、废酸、废矿物油、废乳化液、表面处理废物、电镀污泥等，利用处置率为100%。

【辐射安全管理】 2021年，萧山区受理辐射安全许可证申请、延续和变更初审89家。收贮闲置和废弃放射源34枚。至年底，全区纳入监管的辐射工作单位263家，其中放射源应用单位23家（非密封放射性物质应用单位2家）、工业射线企业22家、医用射线单位218家。全区共有放射源190枚，全年未发生辐射安全事故。

【环境审批和监管】 2021年，萧山区审批建设项目环评251个、零土地技改备案49个，总投资207.4亿元，其中环保投资1.78亿元。夜间建筑施工审批2768家次，辐射审批6家次。联网并验收的污染源在线监测监控系统共257套，其中废气121套、废水136套。建设污染源在线监控站房视频监控494套。组织开展全区碳排放强度测算，核实127家企业碳排放数据。开展各类执法、投诉、举报、应急监测和水、气、声等环境质量常规监测，获取手工监测数据1.6万个，自动监测站点数据审核300多万个。

【环境安全隐患排查】 2021年，萧山区对45家重点风险源企业每季开展环境风险源排查，对154家一般风险源企业开展双随机检查，186家环境风险源企业进行环境应急预案备案，对2处区级环境应急物资储备点进行应急物资补充。开展区级突发环境事件应急演练，组织重点环保设施安全风险评估在线培训，督促指导82家企业落实重点环保设施环境安全评估、加强应急演练、消除安全隐患、预防环境事故。全年无较大及以上等级突发环境事件发生。

【环境信访和提议案办理】 2021年，杭州市生态环境局萧山分局共受理各类环境信访2555件，其中省、市、区各级部门转办重要信访件2529件，来信来访10件，有奖举报16件，信访总量比上年下降26.5%。信访按期受理率、按期办结率均达到100%。主办人大建议1件、政协提案2件，协办人大建议4件、政协提案5件，满意率100%。

（钱紫东）

“五水共治”

【概况】 2021年，萧山区启动新一轮全区污水管网建设专项规划编制工作，推进14个随路管线项目建设，建成城区南部应急管线（污水管线）等管线约10千米。8条地下综合管廊主体结构基本完工。对15个镇（街道、场）、91个行政村进行农村生活污水治理，实现农村生活污水处理设施建设全覆盖。城厢街道、北干街道、新塘街道、盈丰街道、经济技术开发区、临浦镇6个镇（街道）、平台“污水零直排区”工作通过市、区级验收。区智慧河道管理平台试运营，为河道水质提升方案的优化提供数据支撑。至年底，塘南河、琴山下河、大通河、里自横河、楼塔溪5条河道创建成为市级“美丽河湖”，七都溪获评省级“美丽河湖”。北干街道、楼塔镇被评为全省“五水共治”（河长制）工作考核优秀乡镇（街道）。萧山区获省级农村生活污水治理工作考核优秀。

【水污染防治】 2021年，萧山区编制《萧山区水生态环境保护“十四五”规划》，对浦阳江出口国控断面所在水体开展走航分析，编制走航分析报告和“一点一策”治理方案并通过专家评审。针对中央巡视反馈的近岸海域污染问题，协调相关单位落实水质提升工程，削减入海河闸总氮总磷浓度。建设进化镇浦阳江生态缓冲带、湘湖越王路生态缓冲带以及湘湖国家旅游度假区河湖生态缓冲带建设二期3条生态缓冲带。开展园区企业培训5次，服务指导企业318家。对已创建“污水零直排”的20个镇（街道）、34个工业园区（集聚区）、220家企业进行“回头看”，督促镇（街道）建立完善长效运维管理机制，巩固提升创建成果。开展饮用水水源地疑似建筑排查，发现问题24个，整改并通过区级验收23个，经专家论证后提请延期1个。

（钱紫东）

【“污水零直排区”建设】 2021年是萧山区“污水零直排区”创建三年行动的最后一年，也是该项工作第三年被列入萧山区民生实事。全区各镇（街道、场）、平台因地制宜开展“污水零直排区”建设，对地形特殊、管线复杂、不适合大面积开挖和常规重力施工等区域，邀请行业专家研究论证，创新采用负压（真空）收集系统破解老旧区块常规雨污水管网建设的难题。通过引入数字技术，安装前端传感设备，建立“污水零直排”智慧监管系统和智能井盖运维系统，实时掌握雨污水管网、泵站等设施设备运行状态，实行机器换人的“污水零直排”闭环管理模式，实现24小时全方位“云监控”。引入专业运维力量，进行全设施、多方位的养护工作，实现创建与运维工作无缝对接。制定落地运维地方标准，建立常态运维机制，为全市“污水零直排区”标准化建管并举提供技术支撑和治理样板。12月，城厢街道、北干街道、新塘街道、盈丰街道、经济技术开发区、临浦镇6个镇（街道）、平台“污水零直排区”创建工作通过市、区级验收。

（胡再翀）

2021年12月15日，河道保洁人员在城河清理废弃物　（傅灿良 摄）

【“污水零直排村”建设】 2021年，萧山区在实现农村生活污水处理设施建设全覆盖的基础上，以“污水全收集、雨污全分流、处理全达标、资源全利用、监管全智慧”为目标，推进“污水零直排村”建设，包括新建污水管网、污水处理终端改造、雨污分流改造、路面修复、绿化修复及污水附属工程等。组织农村污水零直排村建设专题业务培训会，开展农村环保知识宣传活动，发动群众参与农村人居环境整治工作。全区建成农村生活污水“零直排村”12个，惠及农户6000多户。

（郑　萍）

【《河长制信息管理系统应用技术规程》团体标准发布】 2021年1月，浙江省治水办、杭州市治水办、萧山区治水办、杭州九问数字科技有限公司共同起草的《河长制信息管理系统应用技术规程》团体标准

市级美丽河道——塘南河　（区综合行政执法局提供，摄于2021年11月16日）

发布。标准体现智慧河道平台共性要求，规定河长制信息管理系统设计、安装与验收、业务协同、运行维护等内容，适用国家、省、市、县（区）、镇（街道）、村（社区）六级河长办及各级责任河长，也适用于护水志愿者等护水人群。

（封　峰　陈东亮）

【河道智慧管理平台试运营】 2021年6月，萧山区城市河道智慧管理平台投入试运营。实现泵闸站远程控制、重点河道实时水质监测、实时视频覆盖等功能，为河道水质提升方案的优化提供数据支撑。该平台以"一张图"和现代化大屏为"载体"搭建监控指挥中枢，对水环境监测、防汛配水、涉河工程情况等实时信息动态更新。并通过移动办公软件将河道数据采集、管控信息接收、监管处置闭环的终端下沉至每名河道管理部门工作人员和河道养护人员，构建动态监管网络。河道管理范围内相关业务基本能实现在平台上操作，提升办事效率和智慧水平。城市河道智慧管理平台将之前城区纳入的11座河道泵（闸）站，提升至28座河道泵（闸）站，基本覆盖城区河道目前所有泵闸站点，对17座泵闸站进行自动化改造，开展4个点位的实时水质监测、6个主要入水口的流量监测。至年底，通过平台处理设施维修、垃圾清理等养护事项370件，记录河道、绿地、设施巡查打卡数据5000多条，登记涉河批后监管项目巡查台账12项。

（杨霏霏）

【浦阳江流域共治活动】 2021年12月24日，进化镇与浦阳镇联合开展浦阳江流域共治活动，左右岸联动治理，共管浦阳江。分别对河岸绿道检查、沿岸垃圾清理、巡查环境卫生、岸边排污口、非法埋设捕捞渔具、滩涂公园水生态保护等情况开展检查，及时发现问题并查找原因解决，保护浦阳江周边生态环境。

（葛彬芳）

【2个镇街入选省"五水共治"工作优秀乡镇】 2021年，萧山区北干街道、楼塔镇被评为全省"五水共治"（河长制）工作考核优秀乡镇（街道）。北干街道改造提升辖区内的17条河道沿河景观，通过落实河长制，借助"全民护水"平台，不定期开展绿水币兑换等活动，培养百姓护水爱水习惯。河道水质由原来的劣Ⅴ类稳定在Ⅲ类水。塘南河、济民河、大浦河等3条河道创建为市级美丽河道。楼塔镇以"找寻查挖"专项行动为抓手，探索"数字治水"新路径，推进"污水零直排区"示范镇街创建工作。对镇内42座山塘进行安全鉴定，推进山塘系统治理。开展溪流综合治理，结合"美丽河道"建设，楼塔溪创建成为市级美丽河湖。

（陆嘉伦　陈杭波）

【七都溪获评省级"美丽河湖"】 2021年12月30日，省水利厅发文公布全省2021年度"美丽河湖"评选结果，戴村镇七都溪获评省级"美丽河湖"。七都溪发源于戴村镇小黄岭，是萧山云石片的母亲溪，也是戴村镇十里长潭文脉的发源地。近年，七都溪通过溪流治理、生活污水整治、拆违及景观节点提升等工程建设，在保证行洪安全前提下，河道水质生态得到进一步提升。依托七都溪优美的环境，戴村镇建设十里长潭精品线，打造沿溪景观带和慢行系统，强化防洪泄洪功能，注重景观生态重塑。建成沈村段游步道，竹风泳流、石鹅潭等景观点及生态化改造点，成为避暑胜地。

（许申宝）

【萧山区"污水零直排区"运维标准发布】 2021年12月15日，萧山区起草的《城镇"污水零直排区"运行维护管理规范》团体标准由浙江省产品与工程标准化协会批准发布。萧山区在"污水零直排区"建设过程中，探索规范提升源头治污设施、设备的运行和维护治理水平，通过组织申报"污水零直排区"运行维护管理相关标准的制订，将"污水零直排区"建后各排水设施运行维护的基本要求、运维人员和设备、巡查与养护标准、设备检测与维修、水质监测和提升、信息化管理、运维质量评价等经验转化为规范标准，实现源头治污从规划、建设到运维的全周期管理，提升污水处理能力、改善水环境质量。

（胡再聃）

【5条河道创建为市级美丽河湖】 2021年，萧山区整治提升塘南河、琴山下河、大通河、里自横河、楼塔溪，并创建市级美丽河湖。整治项目投资概算983万元。塘南河河道以北海塘历史为文化依托，设立"书卷问史"景观，将围垦文化融入河道景观中；琴山下河突出"琴山乐水"主题，打造和谐邻里、共乐山下的休闲健身空间；大通河整体水系呈"工"字形，创建长度3千米；里自横河从水安全、水资源、水生态、水文化等

方面进行综合整治，并实现长效管护；楼塔溪实施景观提升工程，委托专业机构开展河道保洁、管护巡查等工作。至年底，5条河道通过市级美丽河道验收。

2021年萧山区市级美丽河湖一览表

表38

序号	河湖名称	长度（千米）	位　置
1	塘南河	2.17	大浦河—西大浦河
2	琴山下河	1.23	吕才庄河—畈里童横河
3	大通河	3.00	道源河—里自横河
4	里自横河	3.40	新城路紫霞大桥—杭州绕城高速
5	楼塔溪	3.02	楼塔镇洲口桥—楼塔镇与河上镇交界处

（杨霏霏）

节能减排

【概况】 2021年，萧山区全方位建设“无废城市”，建成“无废园区”“无废学校”“无废小区”等“无废城市细胞”57个，完成城乡生活垃圾减量化等各项建设指标34个、固废体系建设等相关任务47个、固体废物集中收集处置工程5个。组织开展2015—2019年全区碳排放强度测算。达利（中国）有限公司、浙江卓尚环保能源有限公司2家企业开展减污降碳正向协同案例申报，达利（中国）有限公司确定为首批推广案例。核实127家企业2015—2019年碳排放数据，首批碳交易纳入企业完成数据测算、配额申请、账户开设等工作，8家企业获得碳排放配额质押贷款，按时履约率100%，履约企业数据全省第一位。开展2020年度重点企（事）业单位温室气体排放报告与核复查工作，现场核查105家企业的碳排放情况。

【主要污染源总量审核及排污权交易】 2021年，萧山区推进2个水减排中水回用项目、3个非电行业工程减排项目、3个集中供热减排项目。削减COD排放量36.24吨、氨氮排放量0.62吨、氮氧化物排放量78.12吨、VOCs排放量1321吨。审核24家企业主要污染物总量并出具审核意见，办理排污权申购手续企业13家，办理总量出让手续企业10家，办理变更手续企业2家。开展排污权租赁工作，对印染和热电行业企业进行排污绩效排序。

（钱紫东）

【绿色低碳工厂创建】 2021年，萧山区关停整治环境污染较重和安全生产隐患较大的各类低端落后企业（作坊）206家；淘汰落后产能项目106个。严控高能耗项目，对新开工的化工、化纤、印染、造纸等高耗能行业，实行产能置换和能耗减量等量替代。11月，萧山经济技术开发区获评杭州市绿色低碳工业园区，浙江金迪控股集团有限公司、达利（中国）有限公司、杭州奔马化纤纺丝有限公司、杭州之江开关股份有限公司等11家企业获评杭州市绿色低碳工厂。12月，萧山经济技术开发区入选省级绿色低碳工业园区名单，达利（中国）有限公司、浙江金迪控股集团有限公司入选省级绿色低碳工厂名单。至年底，萧山区有国家级绿色工厂3家、绿色产品设计企业2家，省级绿色低碳工业园区1家、绿色低碳工厂2家，市级绿色低碳园区1家，绿色低碳工厂11家。

（施　亮）

【绿色港航建设】 2021年，港航萧山执法大队检查饮用水源保护区43次，船舶燃油快检322艘次，防污染案件行政处罚54起，处罚金3.75万元。辖区企业防污染管理责任书签订率100%。全年船舶生活垃圾上岸35.43吨，船舶油污水上岸52.65吨，船舶生活污水上岸1361.25吨。推进靠港船舶岸电使用，接电95次，时长316.5小时，用电量每小时4633千瓦。依托辖区码头环境提升动员会和全市港口码头环境综合整治工作现场会，联合区交通运输局、市生态环境局萧山分局、属地镇（街道）等部门，整治提升港口码头企业环境。做好中高考禁噪改造，成立康家湖临时停泊区停泊秩序专项整治小组，新设2块现场警示牌及24小时电子围栏提醒，处置康家湖临时停泊区噪声投诉。

（方嘉懿）

【城市级新型电力系统建设方案落地萧山】 2021年6月29日，萧山区发布国内首个城市级新型电力系统示范建设行动方案。方案聚焦清洁能源供需严重不平衡、区域能效提升空间不广阔、新能源接入后系统不稳定三大痛点，构建“1336”城市级新型电力系统体系：1个平台——以高弹性电网为核心的多网融合型基础网络；3大路径——供应清洁化、终端电气化、用能高效化；3大保障体系——技术体系、价值体系、政策体系；6大行动——机理、规划、建设、运行、服务、示范。方案围绕“能源、工业、建筑、交通、农业、居民生活”六大领域，通过构建12个指标（4个外延指标+8个内涵指标），实施二十八项落地工程，推动能源领域的率先脱碳，支撑工业、建筑、交通等各领域碳中和目标达成，以先行示范的实践经验带动全省甚至全国的碳达峰与碳中和行动。

（谭小倩　朱鲁飞）

【再生资源“萧铃铛”品牌】 2021年，萧山区打造再生资源回收“萧铃铛”品牌，完善“户投放、村收运、镇处置、区考核”的再生资源回收体系。至年底，全区提升改造智能化分拣中心15个，建成再生资源回收分拣中心9万余平方米、建设回收网点513个，收编流动回收人员1000多人，构建由镇（街道）、社区、物业（第三方服务企业）、再生资源回收企业组成的收运网络，提升全区再生资源回收处置能力。“萧铃铛”全年回收再生资源37万吨，垃圾回收率61%。

（郑乐婷）

教　育

综述

【概况】 2021年，萧山区有各类学校388所（含校区和教学点），其中小学80所，在校学生110128人；初中53所，在校学生40449人；普通高中13所，在校学生20621人；职业高中4所，在校学生10725人；幼儿园192所，在园幼儿62116人。社区学校9所，电大学院、教师发展学院、特殊教育学校各1所。全区有教职工22793人，其中专任教师17672人，在编教职工12782人。学前幼儿净入园率为99.6%，初中毕业生升入各类高中比例为99.9%。普通高校录取6374人，高职录取2380人。高考一段上线人数5155人。

【学校建设】 2021年，萧山区学校建设项目80个。至年底，在建工程36个，启动建设工程18个，前期准备项目26个。通惠初中、竞潮小学、益农第二幼儿园等21个学校建设项目完工，总建筑面积160万平方米，总投资30.21亿元，新增学位16830个。

2021年萧山区新（改扩）建中小学、幼儿园项目一览表

表39

序号	学校（幼儿园）名称	项目地址	班级规模（班）	学位（个）	用地面积（平方米）	建筑面积（平方米）	计划总投资（万元）
1	信息港初中	萧山区开发区	36	1800	33364	70295	30987
2	通惠初中	萧山区新塘街道	36	1800	40269	60627	37489
3	高桥小学南江校区	萧山区蜀山街道	36	1620	34002	49751	42997
4	益农二幼	萧山区益农镇	15	450	8000	70035	2613
5	博奥小学	萧山区北干街道	36	1620	34684	28604	1500
6	竞潮小学	萧山区开发区科技城	36	1620	23745	29244	25000
7	文博幼儿园	萧山区北干街道	12	360	8000	4988	1100
8	开悦幼儿园	萧山区开发区	18	540	11400	18522	14836
9	尚德幼儿园（包含在竞潮小学内）	萧山区开发区科技城	12	360	—	6000	5500
10	南城幼儿园	萧山区蜀山街道	18	540	6867	68675	1000

续表39

序号	学校（幼儿园）名称	项目地址	班级规模（班）	学位（个）	用地面积（平方米）	建筑面积（平方米）	计划总投资（万元）
11	湘湖小学城西校区	萧山区城厢街道	24	1080	原学校用地	4584	5512
12	南城小学	萧山区蜀山街道	36	1620	36234	332035	1489
13	威雅实验学校	萧山区戴村镇	57	240	154158	84055	53393
14	萧山中学	萧山区城厢街道	6	300	原学校用地	715845	52443
15	赭山小学	萧山区南阳街道	12	540	7977	10219	5062
16	三江幼儿园	萧山区闻堰街道	15	450	8390	8384	5884
17	红山农场幼儿园	萧山区红山农场	3	90	6575	5871	3217
18	宁围中心幼儿园	萧山区宁围街道	21	630	12673	13763	8402
19	城山幼儿园	萧山区进化镇	15	450	8000	7645	3042
20	悦虹湾幼儿园	萧山区城厢街道	12	360	4700	3760	—
21	雅逸幼儿园	萧山区新街街道	12	360	7037	5836	1200

注：悦虹湾幼儿园为精装修移交，无资金投入额。

【教育系统生态建设成果】 2021年3月3日，新华网以《杭州萧山：唤回教育生态的“绿水青山”，绘就教育品质的“金山银山”》为题，专题报道萧山区教育系统生态建设成果。实施两个“回归工程”，校长全心回归学校管理、教师潜心回归课堂教学。“两回归”首先向全域禁止在职教师兼职兼课开刀。育才上，推出《萧山区名教师名校长培养计划》，进一步加大名优教师和校长培养力度，锻造适应“美好教育”发展需求的后续力量；励才上，加大专项投入，确保人才“留得住”，完善奖励机制，确保人才“下得去”。

【萧山区启动首个“班主任节”】 2021年3月21日，萧山区在全省率先启动区域性层面的“班主任节”，以“一班一世界”为主题，表彰在班主任岗位贡献卓越的先进代表。会上表彰优秀班主任代表10人；班主任龄35年以上班主任代表2人；市区级班主任工作室领衔人代表11人；区第三届功勋班主任11人。建构全方位、全时段、全覆盖的班主任成长体系。2021年起，萧山每年举办一届班主任节，除开展表彰活动外，重点办好班主任论坛，邀请教育界名家讲座交流，提升全区班主任工作水平，推动萧山“美好教育”进一步提升。

【家校共育新模式构建】 2021年5月11日，萧山区启动“美好教育——家长云学堂”，每月20日向全区家长开放“成长爱相伴”系列课程。至年底，开展讲座8期，线上线下互动参与家长累计100万余人次。实现家庭教育知识在云端点对点传递，推动学校教育与家庭教育同向而行、同频共振。

2021年3月21日，萧山区首个“班主任节”庆祝活动在南都小学举行 （区教育局 提供）

【萧山区入选浙江省中小学劳动教育试验区】2021年10月27日，浙江省教育厅公布浙江省中小学劳动教育试验区名单，萧山区入选。萧山区素质教育一向关注劳动教育。4月，萧山区公布"美好成长"素质教育三年行动计划，出台《关于进一步推进中小学劳动教育的实施方案》，规定从2021年秋季学期开始，中小学全面开设劳动教育必修课程，每周劳动教育必修课程不少于1课时。4月7日，发布省首个《萧山区中小学劳动实践教室装备规范》，对教室选址、面积、布局、环境，教室内软硬件设备配置要求、日常使用管理制度等，都作出明确规定，确保在保护学生安全的同时更好地开展劳动教育。

【教育现代化发展水平进位显著】2021年11月5日，《浙江省2020年度县（市、区）教育现代化发展水平监测结果公告》公布。萧山区总得分80.18分，在全省90个县市区中列第18名，比上年进步7位，首次进入全省教育现代化发展水平位居"A"等行列，迈入全省第一梯队。

【校园疫情防控】2021年12月7日，萧山区教育局面对新冠肺炎疫情突袭，第一时间启动疫情防控应急预案，落实疫情防控工作。江南幼儿园梦想家分园立即应急响应，教师、家长、幼儿配合，当晚开始实施为期8天的集中隔离。区内其他学校持续做好常态化校园疫情防控工作，严格落实防疫要求。

【"智安校园"全覆盖】至2021年底，萧山区各校园点均按统一标准安装视频监控、外来访客管理、周界报警、电子巡更、出入口车辆管理系统，实现"智安校园"全覆盖。以安全信息数据为基础、联网互动监管为手段的校园安全管理系统建成。中小学、幼儿园智能"阳光厨房"建成点位346个，覆盖率100%。

（陈　斌）

学前教育

【概况】2021年，萧山区有幼儿园176所、园区239个。其中，教育局直属公办幼儿园88所，园区151个；集体办幼儿园2所；民办幼儿园86所，其中普惠性民办幼儿园60所。在园幼儿62116人，3—5周岁户籍幼儿入园率为99.6%，其中萧山籍幼儿41868人，占67.4%。公办集体办在园幼儿42707人，占68.8%；公办集体办普惠性民办在园幼儿57039人，占91.8%。全区幼儿园教职工9558人，其中专任教师（含园长）5316人，在编教师1660人，在编教师占专任教师总数的31.2%；专任教师学历合格率为100%，大专及以上学历99.32%，教师资格证持有率为100%。全区省等级幼儿园251所，省等级覆盖率为99.8%；优质教育（省一级省二级）覆盖率为88.5%。全区有省一级幼儿园24所、学前教育集团52个、学前教育城乡互助共同体85个。是年，招收托班幼儿741人，小班幼儿18963人。

【省等级幼儿园创建19所】2021年，萧山区金惠幼儿园等3所幼儿园通过省一级幼儿园验收。汇宇幼儿园、御景蓝湾幼儿园等16所幼儿园通过省二级幼儿园验收。

2021年萧山区新创省等级幼儿园一览表

表40

等级	幼儿园名称
省一级幼儿园	金惠幼儿园、新街中心幼儿园、党湾勤诚幼儿园
省二级幼儿园	汇宇幼儿园、高瞻幼儿园、德慧幼儿园、进化第一幼儿园欢谭分园、御景蓝湾幼儿园、城南幼儿园、馨艺幼儿园、世纪之光幼儿园、世纪飞虹幼儿园丰瑞北苑园区、闻堰闻江幼儿园、新街中心幼儿园元沙分园、新街新东明苑幼儿园新丽名苑分园、衙前第一幼儿园凤凰分园、小红花幼儿园、青苹果幼儿园、崇艺幼儿园

【公办幼儿园新增8所】2021年，萧山区公办幼儿园建成开园7所，异地新建3所，小区配套民办园转公办1所。幼儿园公办率为68.8%，比上年增长3个百分点。

2021年萧山区新增公办幼儿园一览表

表41

类别	幼儿园名称
新建幼儿园	文博幼儿园、南都幼儿园、开悦幼儿园、尚德幼儿园、新街雅逸幼儿园、闻堰三江幼儿园、益农第二幼儿园
异地新建幼儿园	进化城山幼儿园、宁围中心幼儿园、红山幼儿园
转制幼儿园	金泰幼儿园旺角城分园

【参加省幼儿体育会赛获佳绩】2021年5月29日，萧山区4所幼儿园在2021年浙江省幼儿体育大会暨省第十三届幼儿特色体育表演大赛中获佳绩。坎山幼儿园获一等奖，银河实验幼儿园、御景蓝湾幼儿园获二等奖，蜀山中心幼儿园获三等奖。

【学前教育高质量发展论坛】2021年10月29—30日，"融合南北教育 聚焦游戏课"学前教育高质量发展论坛在萧山区举办。论坛由北京师范大学继续教育与教师培训学院、区教育局主办，北京师范大学、华东师范大学、浙江大学、浙江师范大学、杭州师范大学等高校的专家学者，河南国培骨干园长班学员，萧山园长及1万余名全国各地园长、老师通过线上线下方式参与论坛。论坛分主题报告、特色园所交流分享、南北对话圆桌论坛等多种形式，以"游戏、课程"为主线开展交流。全区有教研员、园长10余人参加论坛交流。

【幼儿园品牌建设研修班】 2021年4月18—22日\5月15—17日，萧山区与杭州师范大学合作开设幼儿园品牌建设研修班，以理论研修、管理诊断、特色（品牌）凝练、成果展示等方式推进教师专业能力，提升萧山幼儿园建设。32所幼儿园的96位园长、教师参加研修。

【第七批学前教育集团和新一轮城乡互助共同体组建】 2021年，萧山区出台《萧山区新时代城乡义务教育共同体建设方案》，发挥优质园辐射带动作用，组建第七批学前教育集团和新一轮城乡互助共同体。至年底，全区192所幼儿园组建共同体，名园集团覆盖率76.9%，城乡互助共同体覆盖率继续保持100%，有效缩短新园、弱园成长周期，带动区域办园质量整体提升。

【民办幼儿园系列研讨培训】 2021年，萧山区组织4次民办园研讨培新活动。5月，在长山幼儿园阳光城分园举行普惠性民办园管理研讨会；9月，在理想国幼儿园举办杭州市民办园品牌创建培训活动；11月，在坎山幼儿园举行民办园园长管理经验分享会；12月，在蓝爵文汇幼儿园召开高收费民办园教材使用、课程实施交流座谈会。

【第二届幼儿园教师专业技能比赛】 2021年5月，萧山区联合教育工会第二届幼儿园教师专业技能比赛举行，“展赛（赛训）一体、以赛促专”考查幼儿教师“一日生活皆课程”理念的掌握和运用能力。全区100多名教师参与，展示幼儿教师良好专业素养。

（陈　斌）

义务教育

【概况】 2021年，萧山区有小学80所，班级2783个，学生110128人，教职工6105人，其中专任教师5995人。小学学校占地总面积222.45公顷，校舍建筑总面积141.53万平方米。全区有初中53所，班级1124个，学生40449人，教职工3902人，其中专任教师3565人。初中校园占地总面积236.46万平方米，校舍建筑总面积127.29万平方米。是年，小学共招收一年级新生20525人，其中公办学校18183人，民办学校2342人。

【新时代城乡教育共同体建设】 2021年8月，萧山区教育局出台《萧山区新时代城乡义务教育共同体建设方案》，重新整合名校集团化办学与“互联网＋教育”资源，首次提出“1+8+X”模式，形成覆盖全区学前教育和义务教育全部学校的新时代城乡义务教育共同体。10月，全区24家省级民生实事项目学校，全部完成城乡教育共同体建设任务，并通过省级验收。

资料：

1+8+X：1指城区教育指导中心，由城区教育指导中心成立8个融合初中、小学、幼儿园为一体的领衔集团学校系列；8指除城区教育指导中心外的其他8个教育指导中心；X指城区教育指导中心8大领衔集团学校系列外的其他学校。

【义务教育“双减”工作】 2021年9月1日，萧山区在全市率先开展义务教育“双减”学后托管工作。义务教育段学后托管服务覆盖率和营利性学科类培训机构压减率实现两个100%，学生和家长对校内外“减负提质”满意度97.8%。对1—5年级学生开展暑期托管，全区设服务点30个，覆盖22个镇（街道）。

【初中提质强校行动】 2021年，萧山区把金惠初中等13所学校列为2021—2024年初中学校提升培优行动任务学校。是年9月，依托浙江师范大学、杭州师范大学，开展初中校长及名师培训。重点加强初中学校教学常规督查，完成对河上镇、闻堰街道教育综合改革试验区阶段性评估。

【中考中招工作】 2021年，萧山区有12307人报名中考。通过公办学校扩班、民办学校增加计划等形式增设学位，最终全区录取11925人，录取率为96.9%。普高录取6618人，占比55.5%，职高录取5307人，占比44.5%，普职比保持大致相当。优质普高录取6038人，优质职高录取4595人，合计10633人，占比90%。萧山中学等8所学校招收特长班20个，共736人；“行知班”招生35人，委托萧山五中承办。全区中考体育测试平均26.59分，满分4615人，满分率为37.6%。

杭州市推出“双减”课后服务活动后，萧山区同步推出相应活动。图为2021年9月2日，金惠小学开展Tabata拓展课程

（区教育局　提供）

【义务教育段招生】 2021年4月，萧山区划定5个小学（校区）学区和2个初中学区，把潘水社区等5个社区调整为高桥初中与朝晖初中双学区。6月，首次启用区义务段招生咨询热线。为确保适龄儿童少年相对就近入学，通过学校内部挖潜、合理分流，扩班60个，新生入学3.54万人。

【7所中小学学校（校区）启用】 2021年9月，通惠初中、信息港初中、南城小学、博奥小学、竞潮小学、高桥小学南江校区、湘湖小学城西校区启用。通惠初中位于新塘街道绿都四季华庭小区东侧，占地3.33公顷，设计规模36个班，为萧山中学附属初中；信息港初中位于萧山经济技术开发区，建设二路以南、乐达路以西，占地3.33公顷，设计规模36个班；南城小学位于蜀山街道金西村湘湖三期安置房东侧，占地3.33公顷，设计规模42个班，挂牌浙江大学教育学院实验小学，纳入湘师实验小学教育集团统一管理；博奥小学位于北干街道闻博花城西侧，占地3.53公顷，设计规模36个班，挂牌浙江师范大学附属小学；竞潮小学位于萧山经济技术开发区科技城范围内，占地2.4公顷，设计规模36个班，挂牌杭州师范大学附属小学；高桥小学南江校区位于蜀山街道南门农贸市场西侧，占地3.37公顷，设计规模36个班，为高桥小学教育集团紧密型办学校区；湘湖小学城西校区为湖头陈小学过渡点，暂借湘湖初中二期教学场所办学，设计规模24个班，作为湘湖小学教育集团紧密型校区。

（陈　斌）

2021年10月1—5日，萧山中学代表队参加第30届全国中学生生物学奥林匹克竞赛。图为萧山中学代表队在10月5日举行的闭幕式上合影　（区教育局 提供）

高中教育

【概况】 2021年，萧山区有普通高中13所，其中公办学校8所，班级458个，在校学生20621人，毕业生6468人，招收高一新生6985人，专任教师1995人。学校占地总面积127.95公顷，校舍建筑总面积79.46万平方米。高考上一段线人数5155人，一段线上线比例为78.9%，高出全省平均18.94个百分点。

【萧山中学获多项荣誉】 2021年1月，中共浙江省委、省人民政府印发《关于表彰新一轮浙江省示范文明城市（县城、城区）、文明村镇、文明单位、文明家庭、文明校园的通报》，萧山中学获评首批省文明校园。4月10日，清华大学授予萧山中学“清华大学优质生源中学”称号。4月22日，北京大学授予萧山中学首批“北京大学博雅人才共育基地”。近年，萧山中学培养和引进多位特级教师及金牌教练，学校高考成绩高位提升，每年有90%左右学生进入全国重点大学深造，其中有20%的学生进入C9高校，约50%的学生被985、211等国内著名高校录取。10月，在第十届浙江省中小学班主任基本功大赛上，萧山中学教师关思琦参赛获高中组一等奖第一名，该项奖项是萧山班主任工作首次获省级荣誉。

【萧山中学承办全国生物竞赛并获佳绩】 2021年10月1—5日，第30届全国中学生生物学奥林匹克竞赛在萧山中学举行。该竞赛由中国动物学会、中国植物学会、全国中学生生物学竞赛委员会主办，全国中学生生物学竞赛委员会浙江省分会、萧山中学承办，全国29个省市自治区30支代表队的399名选手参赛，领队、教练等200多人参加。萧山中学有12人进入决赛，其中11人获金牌、1人获银牌，10人入选国家集训队，并全部保送清华大学、北京大学。萧山中学成为在全国中学生生物学奥林匹克竞赛单届大赛上取得金牌数最多的一所学校。

（陈　斌）

特殊教育

【概况】 2021年，萧山区有特教学校1所，在籍特殊学生265人；有特教卫星班3个，7所普通小学办有8个特教辅读班，在籍特殊学生86人。全区有3—18周岁特殊学生1265人，其中视力障碍儿童28人、听力障碍儿童120人、语言障碍儿童40人、智力障碍儿童806人、肢体障碍儿童152人、精神障碍儿童14人、自闭症儿童30人、多重障碍儿童75人。有持证特殊学生709人，其中学前段108人、义务段434人、高中段167人。特殊学生入学率为：学前段100%、义务段99.5%、高中段98.8%。

【萧山区特教教研模式输出】 2021年6月19日，江浙沪第二届特殊教育高端学术论坛在江苏省徐州市举行，萧山区特教教研员邵立锋在论坛上作“融合教育的教研组织与教师发展”主题报告。12月23日，萧山区应邀为江苏省教育厅组织的县区特教干部会议作“萧山样态：融合教育的模式建构与区域推进”的线上主题分享，萧山特殊教育教研模式实现省际输出。

【特教案例入选联合国优秀实践案例库】 2021年6月22日，萧山区“一个孩子都不能少——中国浙江省萧山区特殊教育提升行动实践”入选联合国优秀实践案例库，受到联合国认可并向世界推广。该次案例评选中，全球共入选案例464个，中国共有入选案例29个，涉及教育主题仅4个。

【《浙江特殊教育》杂志关注萧山区特教】 2021年10月8—9日，《浙江特殊教育》杂志编辑部走进萧山，开展为期2天的特殊教育专项调研。调研组一行考察特教学校的职教实训基地，实地走访所前二小辅读班资源中心，观摩进化初中常态融合课堂，听取区域融合教育模式架构和实践举措。《浙江特殊教育》第18期专版刊登萧山特教典型经验。

【镇街融合教育中心】 2021年，萧山区镇（街道）融合教育中心实现“月月有主题，周周有活动”。13个镇（街道）融合教育中心组织开展融合研究活动67次，加快融合频率，提升基层学校融合。

【特殊教育教师项目化技能研训】 2021年，萧山区为加大资源教室运作力度，有效关注特殊学生成长，于4月2日、4月14日、6月4日、9月24日和11月22日分别举办区级培训活动。培训内容包括：特殊教育立项课题中期汇报、特殊学生个案研判经典案例交流、指向问题的特殊教育案例分析、第六期示范性资源教室争创解读、合格资源教室档案专业整理等，受训教师900人次。

【种子教师培育】 2021年，萧山区为加快特殊教育青年教师的专业成长，对特教学校、辅读班学校、卫星班学校、资源教室学校40多位3年内新教师进行全员推门听课，观察课堂行为、指导教学设计、剖析动态评价、对接发展规划，助力新教师成长。是年，全区新晋市首届杰出教育工作者1人、特殊教育市教坛新秀2人、区教坛新秀4人，获评区劳动模范1人、区“十三五”特殊教育先进个人31人。

（陈　斌）

中等职业教育

【概况】 2021年，萧山区有职业高中8所。其中，公办学校4所，班级269个，在校学生10725人，毕业生3048人，招收高一新生3343人，专任教师890人。学校占地总面积34.7公顷，校舍建筑总面积23.95万平方米。

【萧山区第一中等职业学校入选浙江省首批现代化学校】 2021年1月，经省教育厅、省人民政府教育督导委员会办公室评估认定，萧山区第一中等职业学校被评为省首批现代化学校。萧山一职以建一流名校、树特色品牌为目标，全面推进教育信息化建设。学校精准提升智慧校园以及智慧管理水平，推动学校现代转型，自行开发管理办公软件，实现数字化管理、无纸化办公，校园网联通学校所有场室。完善教学资源库建设、升级数字化校园平台，建设浙江省名师网络工作室，优化信息化服务体系，提升领导干部信息化管理能力和教师信息化教学能力，实现“智慧校园”精准管理。以俞艳名师工作室为引领，开展信息化与精准教学系列活动，探索以“精准教学”为主题的各学科课程教学新范式，开展“信息化与精准教学”课堂行动线上线下系列活动，面向全省师生网络直播。至年底，俞艳名师网络工作室有成员760余人、资源7800多个、精品资源数206个、名师课堂425个、文章8700余篇，访问量为143万余人次。

【中等职业学校班主任大赛获奖】 2021年10月，在全国职业院校技能大赛中等职业学校班主任能力比赛上，萧山区第三中等职业学校教师吕伊芳参赛获二等奖、这是萧山区首个中等职业学校班主任大赛国家级大奖。

【萧山一职东西部协作助力教育】 2021年，萧山区第一中等职业学校承担四川省旺苍职业中学东西部教育协作萧旺职教协作班来萧学习任务。10月11日，旺苍班在萧山一职报告厅举行开班仪式。一职通过独立编班、双班主任配置、全年人才培养方案定制及“五彩”主题假日研学活动开展等安排，保障四川萧旺班学生在萧山学习和生活，成为东西部教育协作萧山样板。

（陈　斌）

电大教育

【概况】 2021年，浙江广播电视大学萧山学院（简称“萧山电大”）有专本科学历教育在校生7266人，其中全日制在校生906人；招收专本科学历教育新生2638人，其中全日制296人。全年有2083名学生毕业，其中全日制320人。

【思政教育创新】 2021年，萧山电大聚焦中国共产党成立100周年教育主题，成功创建集“红色学堂”“榜样学堂”“网络学堂”和“知行学堂”四位一体的思政教育“立体学堂”，把党建思政教育贯穿于课堂内外各环节，落实到教书育人全过程。全年开展各类活动70多次、党员进社区服务130多人次。拍摄的《在灿烂阳光下》视频获区教育系统“红色微视频”评比一等奖，被“学习强国”学习平台收录。

【电大教学科研成果】 2021年，萧山电大发挥名师引领作用，强化师德师能建设。围绕提质增效课堂教育主题开展各类教学和竞赛活动50余次，强化学生技能和素养，“五育并举”提高人才培养质量，开创教育新局面。强化科研引领发展，立项课题结题24项（省厅级5项），发表论文10篇（其中核心4篇），编写教材3本，申请专利6项、软件著作2项。

（陈　斌）

成人教育·社区教育

【概况】 2021年，萧山区有区级社区学院1所、片区社区学校9所，其中浙江省现代化学校5所。全年开展各类培训62万人次，其中老年教育培训21万人次，农民培训13.6万人次，家政及养老服务从业人员培训3.3万人次，其他培训24万余人次。全区学分银行新增开户数8.13万个，新增老年学位2.81万个，录入成果总数51.7万个。

【社区教育品质提升】 2021年，萧山区城区社区学校被中国成人教育协会列为区域终身学习发展共同体项目实验点；瓜沥社区学校、浦阳江社区学校、南片社区学校获评省现代化学校；浙江老年开放大学萧山学院获评省优质（示范）老年大学；衙前农民运动纪念馆入选“在浙学”市民终身学习体验基地。瓜沥社区学校“沥教育·品质生活大课堂”获评省社区教育进农村文化礼堂学习品牌；东片社区学校获评市社区教育进文化礼堂优秀组织奖；湘湖漫画社等5个社团获评市示范社区学习共同体；城东社区学校“红色衙前大讲堂”获评市终身学习品牌项目。

【老年人智能技术应用培训】 2021年3月，萧山区社区学院和各社区学校开展老年人智能技术应用培训，各镇（街道）教学点开班389个，3.18万名老年居民参加。《漫画老年人智能手机应用》等3本教材入选市老年人智能技术纸媒教材优秀名录，《基于“微视频”辅助：提升乡村老年人智能手机培训的有效性》获评市老年人智能技术应用优秀案例。

【第二届全省社区居民漫画大赛在萧山举办】 2021年6月18日，萧山区临浦社区学校承办“庆建党百年，迎亚运盛会”浙江省第二届社区居民漫画大赛。6月30日起，308幅获奖作品在萧山网进行线上巡展。11月，在全省社区教育会议上，举行省第二届社区居民漫画大赛颁奖仪式。

【振宁老年学堂成立】 2021年11月28日，萧山区宁围街道振宁老年学堂成立。振宁老年学堂设在振宁社区党群服务中心，领导班子由振宁社区市民学校领导班子兼任，落实专人负责老年学堂日常工作和培训活动，开发区社区学校负责业务指导，振宁社区提供经费支持。

【“数字社会未来教育重点场景”建设】 2021年萧山区数字社会未来教育重点场景建设围绕社区居民个性化高频教育需求，依托“城市大脑”迭代升级“互联网+教育”，把学习空间搬到居民身边，助力共同富裕示范区建设。8月，瓜沥七彩未来社区入围省首批未来社区教育场景试点名单；10月，瓜沥梅林村入选省数字社会未来教育重点场景先行建设单位（第一批）名单；12月，传化社区入选省数字社会未来教育重点场景先行建设单位（第二批）名单。

（陈　斌）

民办教育

【概况】 2021年，萧山区有民办中小学校28所，杭州市萧山区湘湖未来学校（九年一贯制学校）、杭州市萧山区威雅实验学校（十二年一贯制学校）第一年招收新生，萧山区志远学校停止招生。民办小学在校生15433人，民办初中3439人，在校学生总数20450人，比上年减少4459人。

【“公民同招”摇号招生新政推行】 2021年，萧山区根据市教育局文件要求，全面实行“公民同招”招生新政，民办义务教育学校在审批地招生，报名人数超过招生计划数均实行100%电脑派位录取。高桥金帆实验学校、崇文世纪城实验学校、文渊中学、湘湖未来学校实施摇号招生，在湘湖公证处、区党代表、区人大代表、区政协委员、新闻媒体和民评代表全程监督下，7月14日进行电脑派位，录取中小学生724人，录取学生名单当天公布。

【民办教育专项资金补助】 2021年5月，根据《关于印发〈萧山区义务段民办学校专项资金补助核评细则〉的通知》，萧山区人民政府教育督导委员会牵头，开展对全区义务教育段民办学校2020年度核评工作。核评组对学校硬件设施、师资水平、规范运作、办学质量等进行全方位评价，并根据评价分数由区财政局下发补助资金，改善民办学校办学条件，补发补助资金8908.45万元。

【民办学校年度工作实行量化考核】 2021年，萧山区根据年初公布的《萧山区民办学校年度工作考核评估方案》，对区民办学校在安全工作、党建工作、综合教学设施、办学条件、师资队伍、教学管理、德育管理等方面进行综合考核。萧山区阳光学校、友谊学校、金迪学校、新华学校4所学校被评为年度先进集体。

【校外培训机构“营转非”】 2021年，萧山区推进学科类培训机构压减工作。在全省率先提出“转登不如转型、转型不如转行”理念，先后三次在全省“双减”工作会议上作典型发言；“双减”新闻信息积分列全省区、县（市）第三位。全区义务教育段学科类机构总数从298家减少到85家，压减71.5%；学科类校外培训机构全部完成“营转非”，100%实行政府指导价和预付费资金监管。

（陈　斌）

教师队伍建设

【概况】 2021年，萧山区388所学校（含校区和教学点）有教职工22793人。其中在编教师12782名；在职正高级教师16人，高级教师2497人；在职省特级教师25人，杭州市A—E类高层次人才1100多人；在职党员教师5723人。

【师德师风建设】 2021年，萧山区深入开展师德师风专项治理，整治有偿家教、违规补课等问题。树立“清廉美好”行风，创立“班主任节”，选树“管理育人好干部”90人、“教书育人好党员”158人。教师节表彰35年班主任金奖教师3人、最美乡村教师10人、优秀支教教师10人、新锐青年教师10人、最美团队奖4个、“教育世家”代表11户。

【教师专业发展】 2021年，萧山区开展教师常态化培训项目88个，对849名新教师、135名新任校级干部进行岗前培训。基层学校274个校本培训项目纳入区级校本研修管理平台，全面提升校本培训质量。出台《区外培训机构中小学教师专业发展培训项目管理实施意见》，加强对区外培训机构在区内开展各类教师专业发展培训项目管理。遴选名校长培养对象50人、名教师培养对象160人。特级教师工作站20个、名师工作室60个，与浙江师范大学、杭州师范大学等合作开展名优教师精准化培养。培育和引进正高级教师5人、特级教师3人、省教坛新秀6人，评选市“杰出教师”等先进个人217人，新增区教育高层次人才261人。

【教师资源配置】 2021年，萧山区面对学生大幅增量等因素造成师资需求矛盾，强化教师编制保障，新增核定中小学编制613名。加大新教师招聘力度，优化师资结构，招聘849名新教师和300位合同制幼儿园教师，其中研究生学历占30%，“双一流”院校毕业生89人。完善中小学干部教师流动激励机制，鼓励名优教师参与新时代城乡义务教育组团式教育对口服务，或在教育集团内或片区内校际交流任教，跨区域流动教师121人，片区内流动教师251人；城区名优教师到农村支教137人，农村青年骨干教师到城区学校挂职学习48人。助推东西部协作及山海协作工程，组织选派优秀教师到对口支援地支教帮扶，到新疆维吾尔自治区阿克苏市支教12人，到四川省康定市、旺苍县支教13人，到青海省德令哈市支教2人，到贵州省黔东南州支教5人，到湖北省利川市支教3人。

【人事管理改革】 2021年，萧山区激发中小学办学活力，扩大学校在教师招聘、职称评定、岗位聘任、绩效分配人事工作上的自主权等。实施教育系统岗位管控和职称评聘管理，在普高、职高、义务教育学校和幼儿园开展岗位总量管控、岗位设置和职称评聘管理改革。持续推进“区管校聘”管理改革，结合岗位设置和职称评聘改革，完善直聘、竞聘、轮岗等工作方案。推进人事工资平台系统、干部信息管理系统、机构编制数字化监管服务平台整合联通，提升人事管理信息化程度。

【教师待遇保障】 2021年，萧山区持续加大教育投入，提升教师待遇，保障义务教育在编教师年均工资收入不低于公务员平均工资收入水平要求。建立健全考核激励机制，重点向一线教师倾斜，加大对农村名优教师、班主任、教研组长、中层干部、特殊贡献教师等优秀群体奖励力度，全年度教育高层次人才专项资金投入近3900万元。

（陈　斌）

学校选介

【杭州市萧山区第三高级中学】 1955年，杭州市萧山区第三高级中学（原衙前中学）创建于萧山区衙前镇。2007年8月，学校从衙前凤凰山下迁至萧山城区新城路1478号新校址，占地16.2公顷，拥有76个教学班、近3600名学生、390名在编教职工。区第三高级中学以“大气、勤奋、专攻”为校训，大胆创新并积极打造以红色教育为特色的品牌文化，是现代化省一级重点中学、省文明单位、省文明学校、省教育科研先进集体、省科研兴校200强、中国教育管理改革三十年——全国创新管理改革品牌学校。

近年来，高考重点上线人数实现较大提升。2017年、2018年、2019年、2020年、2021年文理科高考重点上线人数分别达到683人、696人、655人、520人、727人（不含新疆班学生），重点上线比例均超过70%。

2010年8月，该校首次招收新疆班学生。2012年2月，区政府投入2500万元新建的新疆班用房启用。2021年，新疆班达到计划中16个班级的招生规模，学生620人。

【萧山区银河实验小学】 萧山区银河实验小学前身为德意实验小学，创建于2004年。2007年改制为公立小学并更名为萧山区银河小学。2009年8月，启用育才北路950号新校舍，更名为萧山区银河实验小学。2020年起，学校转型为教育集团，有银河、文博两个校区，教师150多名，学生2700多名。

该校秉持“让每一颗星星在银河中闪光”办学理念，深入践行新教育实验，倡导师生过一种幸福完整的教育生活。是中国教育学会“现代学校联盟行动计划”首批加盟学校、“2029学校共创行动”学校、浙江省第一批现代化学校。在课程改革、教师发展、德育创新、家校共育、评价改革等领域先行先试，成效显著。《人民教育》曾专题报道该校书香校园的先进经验，“人民教育”微信公众号两次点赞学校的“入学课程”，人民网、《人民日报》客户端表扬该校清廉学校建设及军旅研学课程。有6个教室被评为全国十佳完美教室，4个课程被评为全国十佳卓越课程。学校先后被授予全国新教育实验示范学校、全国青少年校园足球特色学校、浙江省义务教育标准化学校、浙江省清廉学校示范校、浙江省健康促进学校银奖、浙江省规范化数字档案室、浙江省数字家长学校、杭州市首批清廉学校示范点、杭州市教育科研先进集体、杭州市教育国际化学校、杭州市体育特色学校等70多项区级及以上荣誉称号。

（陈　斌）

科技

综述

【概况】2021 年，萧山区实施创新强区战略，释放创新动能，打造创新高地，科技创新综合实力稳步提升。全社会研发经费投入 58.71 亿元，比上年增长 7.6%，投入总量居全省第五位。全社会研发经费投入占地区生产总值比重为 3.2%，提高 0.26 个百分点，列全省第 18 位。区本级财政科技支出 17.49 亿元，增长 20.1%，科技支出占一般公共预算支出比重为 5.4%。全区高新技术企业增加值 351.97 亿元，占规模以上工业增加值比重为 63.5%；高新技术产业投资 90.63 亿元，增长 20.9%。萧山区不断优化顶层设计，释放创新红利，创新成果持续涌现。召开全区科技创新大会，制定出台《杭州市萧山区“十四五”科技创新发展》《杭州市萧山区关于全面加快科技创新　推动经济高质量发展的实施细则》，2 项成果获国家科学技术奖励。8 月，区入选“科创中国”省级试点县（市、区）。

【成果转化】2021 年，萧山区发明专利产业化项目为 34 件，实现技术交易额 96.25 亿元。吉林大学（浙江）产业数字化成果转化中心、浙江工业大学萧山技术转移中心和杭州电子科技大学技术转移中心萧山分中心年度绩效考核优秀。上海理工大学技术转移中心萧山工作站考核合格。

【萧山区科技创新“十四五”规划中发布创新发展“21 条”新政】2021 年 2 月 8 日，《杭州市萧山区“十四五”科技创新发展》《杭州市萧山区关于全面加快科技创新　推动经济高质量发展的实施细则》出台，加大对企业科技创新支持力度，加强对重点行业、领域和企业政策倾斜，进一步凝聚科技创新强大动能，营造创新创业良好氛围。萧山创新发展“21 条”聚焦企业主体、孵化载体、科研平台、人才高地、创新生态 5 大体系，加快培育创新动能，强化科技支撑力量，为实现区域创新发展提供保障。

【2 项成果获 2020 年度国家科学技术进步奖】2021 年 11 月 3 日，2020 年度国家科学技术奖励大会在北京人民大会堂召开。萧山区企业参与的 2 项成果获奖：浙江东南网架股份有限公司参与的“现代空间结构体系创新、关键技术与工程应用”项目获国家科学技术进步奖一等奖；杭州华澜微电子股份有限公司参与的“高固态存储控制器芯片关键技术及产业化”项目获国家科学技术进步奖二等奖。

（沃依斐）

创新平台建设

【概况】2021 年，萧山区推进创新发展行动，夯实平台建设，培育创新载体，新认定省级新型研发机构 1 家，新创建省级技术创新中心 1 家，省级重点实验室 2 家，新增市级以上科技孵化器（众创空间）11 家，其中省级专业化孵化器 1 家、省级众创空间 4 家。

【新型研发机构培育】2021 年，萧山区持续深化“名院名校名所”工程。12 月 31 日，西安电子科技大学杭州研究院被评为省级新型研发机构。至年底，全区有浙江大学杭州国际科创中心、北京大学信息技术高等研究院、浙江大学计算机创新技术研究院、西安电子科技大学杭州研究院 4 家省级新型研发机构。推动新型研发机构与企业共建联合实验室 25 家，撬动企业研发投入 2.8 亿元，助力企业降本增效。

【新型实验室平台建设】2021 年，萧山区浙江大学杭州国际科创中心创建浙江省 CMOS 集成电路成套工艺与设计技术创新中心。浙江省宽禁带功率半导体材料与器件重点实验室和浙江省医学精准检验与监测研究重点实验室被评为省级重点实验室。鹏城国家实验室杭州基地、现代农学与生物制造省实验室加快建设。

【孵化器（众创空间）提质升级】 2021年，萧山区科技局持续推进科技企业孵化器、众创空间等创业孵化平台体系提质升级。未来+孵化器、天明国际产业园、微软萧山智能制造孵化基地、数智双创中心、朴鲁汇·新塘创业大街、蚂蚁创新基地通过市级科技企业孵化器认定；Willspace联合办公、沃客Plus众创空间、杭州文创产业创新基地、筑谷寺众创空间通过省、市级众创空间认定。浙江澳大利亚悉尼海外创新孵化中心被评为省级海外创新孵化中心。

【企业研发机构建设】 2021年，萧山区科技局推进各类研发机构建设，新增省级重点实验室2家、省重点企业研究院1家、省企业研究院8家、省高新技术企业研究开发中心44家、市级企业研发中心70家。组织研发机构参加省“尖兵”“领雁”研发攻关，立项项目14个。

【全区科技创新大会召开】 2021年6月3日，萧山区科技创新大会在杭州国际博览中心召开。会议提出“开启数智新时代、打造科创新高地”行动口号。强调为高水平建设“亚运国际城·数智新萧山”，奋力打造“重要窗口”示范样板注入更为强劲的科技动力、创新活力。表彰“十三五”时期区“杰出人才”“十佳科技领军企业”和“十佳科技领军人才”，发布《萧山区打造科创新高地六大专项行动实施计划（2021—2025）》。浙江大学杭州国际科创中心、北京大学信息技术高等研究院、浙江大学计算机创新技术研究院、西安电子科技大学杭州研究院4家新型研发机构负责人以及浙江恒逸集团、杭州科百特过滤器材有限公司、杭州华澜微电子股份有限公司3家企业负责人作交流发言。

（沃依斐）

创新主体培育

【概况】 2021年，萧山区推进以国家高新技术企业为核心，科技型中小企业、科技型初创企业为基础的科技企业梯队培育，创新主体持续壮大。鼓励组建企业创新联合体，提升企业技术创新能力、实现关键核心技术突破。

【新认定国家级高新技术企业470家】 2021年，萧山区科技局制定出台科技企业“双倍增”（国家高新技术企业、规上工业国家高新技术企业、省科技型中小企业、市级以上企业研发机构数量均比2020年底实现倍增）行动计划，完善“国高企”“省科小”“雏鹰计划”三位一体企业培育体系。新认定国家级高新技术企业470家，创历年新高，新认定数量列全省第二位。

【省科技型中小企业认定管理】 2021年，萧山区进一步加大科技型中小企业培育力度，提升科技型中小企业发展质量，帮助企业进行省科技型中小企业申报认定、网上备案审核、年报上报等工作。新认定省科技型中小企业806家，新认定数量列全省第一位。

【重点产业组建创新联合体】 2021年，萧山区科技局聚焦集成电路、人工智能、生物医药、新材料和智能制造等领域，组建省级企业创新联合体1家、市级企业创新联合体7家，实现产业链上下游企业创新资源融合。组织企业创新联合体申报区级重大科技计划项目，加大关键核心技术攻关扶持力度，对单个项目给予最高不超过200万元资助。4个项目被列入区级重大科技计划项目。

【萧山区13个项目入选省“尖兵”“领雁”计划】 2021年，萧山区13个项目入选2022年度省“尖兵”“领雁”研发攻关计划立项项目。其中，领航基因科技（杭州）有限公司的全自动单分子数字荧光基因检测系统，浙江大学杭州科创中心的高质量直径150毫米碳化硅单晶衬底晶圆技术开发，杭州传化精细化工有限公司的面向环保印染新技术——丙烯酸酯嵌段共聚物的设计、开发与应用等4个项目列入“尖兵”计划项目。万向一二三股份有限公司的高比能高安全性电池关键材料研发及产业化、杭州逸暻化纤有限公司的高效抗菌聚酯原位聚合及复合高速纺丝关键技术、杭州大路实业有限公司的大型船舶及石化动力系统高端汽轮机泵机组重大成套装备研发及应用等5个项目被列入“领雁”计划项目。萧山区选入其他类项目1个，科技合作项目3个，立项数居全市第二位。

【萧山区89家企业列入市“雏鹰计划”】 2021年9月，2021年杭州市“雏鹰计划”企业资助经费（第一批）名单公布。杭州昱鼎生物科技有限公司、杭州融梦智能科技有限公司、杭州三江上御生物科技有限公司等89家萧山区企业被列入杭州市“雏鹰计划”。杭州市“雏鹰计划”培育以高科技为基础的高成长型初创企业，对列入该计划名单的企业一次性给予20万元的创业无偿资助，资助资金由市、区各承担50%。

（沃依斐）

创新资源整合

【概况】 2021年，萧山区完善科技创新扶持政策，鼓励企业建设研发机构，扶持企业加大研发投入，大力发展科技金融等功能业态，企业研发机构数量、省“尖兵”“领雁”立项数、低利率科技贷款发放额等实现新突破。全区低费率科技企业贷款总额超80亿元，惠及科技企业562家。

【创新能力提升】 2021年，萧山区通过强化部门联动、宣传辅导，结合科技企业培育工作，推进两项税收优惠政策落实落地，持续提升创新能力。申报研发费用加计扣除企业2057家，加计扣除额70.65亿元，分别比上年增长39.2%、21.7%；国家级高新技术企业所得税优惠额为8.87亿元，增长27.1%。全年，萧山区企业获国家科技进步奖一等奖1项、二等奖1项，省科技进步奖12项。

【科技金融结合】 2021年，萧山区科技局进一步扩大合作银行数量及覆盖面，从原有10家扩展至24家，占在萧山银行总数的68.6%。全区低费率科技企业贷款总额超80亿元，惠及科技企业562家。聚焦重点产业，新增人工智能系统责任保险、药物临床试验责任保险、科技成果转化费用损失保险、科技项目研发费用损失保险等险种，加强对科技企业的精准支持。

【杭甬科协交流会在萧山召开】 2021年9月1日，杭州市科协与宁波市科协在湘湖院士岛召开交流会，签订合作备忘录，助力两地科技创新和高质量发展。根据协议，双方在多个领域开展专家互访交流、青年人才协作培养、重大活动互相开放等项目，联合开展海外科技交流合作，共同促进更广泛更深层次合作交流。2021年，双方重点共建萧山湘湖院士岛和宁波东钱湖院士中心，共同推进院士之家建设。

【GISC海创中国峰会】 2021年9月28日，2021 GISC海创中国峰会在钱江世纪城举行。活动由飞仕伯乐（Fishburners）和36氪2家科技创投机构发起，萧山区、区级有关部门负责人、澳大利亚领事馆商务领事、相关创新平台负责人和创投行业人士等200多人参加峰会。会上，举行GISC海创中国峰会永久举办地暨飞仕伯乐杭州中心落成仪式，“GISC海创中国”峰会品牌永久落地萧山。该峰会是面向全球的创业创新及投资活动，为海派创客、海归人才、投资人群体、融创媒体及相关创投行业内人士设置国际创投生态圈投融资需求、合作洽谈和业内交流等多项活动。飞仕伯乐Fishburners总部位于澳大利亚悉尼，连续3年被创业联盟StartCon组织评为全球最佳孵化器。2021年，飞仕伯乐在钱江世纪城建立飞仕伯乐杭州中心。

【中国—乌克兰双边科技交流活动举行】 2021年11月14日，2021世界青年科学家峰会分会场中国—乌克兰双边科技交流活动在杭州国际博览中心举行。会上，落户萧山的浙江巴顿焊接技术研究院先进焊接工程应用中心启用，该中心建有建筑钢结构先进焊接技术实验室、金属材料表面工程检测专业实验室等9个联合实验室。会议现场，浙江省特种设备科学研究院、乌克兰国家科学院巴顿焊接研究所、浙江巴顿焊接技术研究院三方签订协议，共建金属材料表面工程检测专业实验室；杭州汽轮机股份有限公司与浙江巴顿焊接技术研究院签署共建燃气轮机构件先进制造技术联合实验室协议。

（沃依斐）

创新环境营造

【概况】 2021年，萧山区进一步完善创新服务功能体系，不断创新引才聚才方式，以更开放的视野引进各类创新创业人才团队，营造良好的创新创业环境。6月3日，萧山区科技创新大会召开，出台《萧山区打造科创新高地六大专项行动实施计划（2021—2025）》。杭州（萧山）移民事务服务中心在ITC归谷国际中心启动，构建人才引进、政策汇聚、产业落地全生态外籍人才服务模式，搭建移民交流互动平台，为常住外国人提供政策咨询、居留旅行、法律援助、语言文化等社会融入服务。

【科技人才引育】 2021年，萧山区科技局加强科技人才及团队引育力度，入选省海外人才计划4人、省海外工程师9人，市领军型创新创业团队2个、市“521”人才计划3人、首批市万人计划2人、钱江友谊使者1人，市“115”引智项目36项；拟认定区领军型创新创业团队4个。全年办理外国人来华工作许可业务793件。其中，境外136件，境内191件，变更9件，注销127件，延期320件，补办3件，高端人才确认函7件。推进全市首批外国人来华工作“一件事”办理试点改革，落实“办证零跑”“受理即办”“全程网上在线办理”等业务。

【科技交流】 2021年，GISC海创中国国际创业投资峰会引进人才项目7个，海外高层次人才9名。4月28日，萧山区承办第五届万物生长大会。5月，策划组织科技创新服务月主题活动，开展线上线下业务辅导、惠企政策宣讲等活动30余场，参与企业达3000余家。11月5日，举办“萧傲江湖”首届青年创业创新大赛等活动。

【杭州（萧山）移民事务服务中心启用】 2021年9月26日，杭州（萧山）移民事务服务中心启动仪式暨浙江萧山外国高端人才创新集聚区成立二周年活动在钱江世纪城归谷国际中心举行，活动由市公安局、市政府外事办公室、市科学技术局、区政府共同主办。移民中心建设采取国家移民管理局主导、出入境部门牵头、多政府部门集聚的“1+1+N”模式，形成“人才—政策—产业”三位一体运营格局，即人才引进、政策汇聚、产业落地的全生态外籍人才服务模式。中心由5个分中心组成，分别是综合行政服务中心、国际人才融创服务中心、移民融入信息服务中心、国际青年人才中心以及数字贸易（跨境电商）人才生态中心。其中综合行政服务中心首要任务是助力人才引进工作，中心有出入境管理局、科技局、市场监督管理局以及税务局共同入驻、同窗办公。为方便外籍人员自助式办理业务，该中心设置“融境”政务自助机、“浙里拍”自助取相设备以及税务自助服务机，通过上述自助机向外籍人员提供“国际人才码”、外国人市民卡、签证预约、境外人员住宿登记自助申报等百余项线上服务内容。综合行政服务中心运行机制为：工作日采取预约办理制度，外籍人员可选择电话预约与网络公众号预约两种模式，产生预约件后，由出入境部门统一归集并根据预约业务内容派单给各入驻部门。

（沃依斐）

文化·旅游

综述

【概况】 2021年，萧山区以“亚运国际城·数智新萧山”为导向，全面推进文化、旅游事业。9月3日，召开首次全区文化大会，发布以《萧山区文化事业和文化产业高质量发展的实施意见》为统领的“1+5”系列文化政策，谋划实施文化发展“183工程”。开展“钱塘潮涌”2021年萧山非遗新春七天乐、“钱塘潮涌·多彩非遗”文化和自然遗产日系列活动、“悠生活潮非遗”萧山非遗线上直播推介活动、“潮印初心”陶瓷印展览等活动，打造非遗活动品牌。全年安排“你点我送”文化下乡巡演活动专项资金250万元，以政府购买服务形式采购文艺节目172场。建设现代公共文化服务体系，开展全面艺术普及等公益培训，群众参与57.2万人次。物质文化遗产保护总投资3600多万元，修缮区文保单位和农村历史建筑项目23处。萧山花边制作技艺被列入国家非遗名录。文化市场管理出动检查4989次，出动执法人员近1.5万人次，检查场所7473家次。萧山图书馆全年接待读者134.26万人次，发放有效借书证25.79万张。博物馆工作完成文物维修工程19处；修复馆藏藏品2件（套），溪头黄出土陶瓷器100件。全区农村文化礼堂运营开展各类活动470多场，挖掘打造特色文化品牌20项，线上线下艺术培训超1.2万小时，服务群众55万人次。档案服务办结群众查档1.7万人次，查阅档案2.1万卷，出具档案证明9558件。旅游产业总投资375亿元，列入全国文旅系统重点项目17个，通过第四批浙江省全域旅游示范县（市、区）验收。全年，旅游总收入181亿元，比上年增长7.9%。

全区文化产业实现增加值66亿元，同比增长18.3%，高于杭州市9.6个百分点；规模以上文化企业实现营业收入428.79亿元，增长34.2%，高于杭州市22.6个百分点。

【萧山文旅亚运线】 2021年，萧山区围绕亚运会主体，提升杭州亚运会文旅影响力，发布2条亚运旅游专线：“博览古今之旅”和“‘湘’约亚运之旅”。“博览古今之旅”线路为G20杭州峰会体验馆—跨湖桥遗址博物馆—世界旅游博览馆；“‘湘’约亚运之旅”路线为亚运三馆（亚运主体育馆、游泳馆、综合训练馆）—湘湖国家旅游度假区。

【文化交流】 2021年，萧山区继续与兄弟县（市、区）开展文化走亲活动，与淳安县、建德市、临安区等地开展文化走亲11场。开展康定市—萧山区文化交流活动，举办“康和古城·定格美好”康定特色文化展览，以摄影展为载体，为两地文化交流搭建桥梁，助力两地文化事业携手并进、共同发展。区内镇（街道）之间开展形式多样的文化交流活动，开展文化走亲走亲176场。

【艺术创作】 2021年，萧山区创作及选送一批贴近实际、贴近生活、贴近群众的文艺精品。舞台舞《萧山萝卜干》获得“幸福像花儿一样”首届浙江乡村艺术节暨乡村舞蹈大赛“金穗奖”一等奖、人气奖；舞蹈《旧梦一场》获2021杭州市大众艺术健身大赛、长三角地区广场舞排舞邀请赛金奖；第十一届全国村歌大赛《唱一曲山高水长》获中国村歌好声音金奖、作词金奖、作曲金奖，《再唱一曲外婆的童谣》获作曲金奖、演唱金奖等。作品《历史的遗迹——老外滩教堂》入选中国美术家协会主办的家园·乡情——“古堰画乡”首届全国风景油画双年展；“三团三社”视觉类作品送省展；浙江省文化馆主办的“融合·合力”浙江省七县（区）文旅融合写生创作展览优秀作品集出版。举办“青春正茂·钱塘颂歌”2021萧山区第七届青年歌手大赛，复赛直播观看达100万人次，从大赛中选拔的优秀选手，参加杭州市三江歌手大赛，获得4银4铜成绩。

【文化产业】 2021年，萧山区编制文化产业“十四五”规划，推进之江文化产业带奥体湘湖发展极建设，加快建设浙江国家音乐产业基地萧山园区，园区入驻企业网易云音乐入选第四批国家文化和科技融合示范基地并在香港证券交易所主板上市。新认定杭州钱江世纪会展产业园、博地文创港、三江汇·创谷等3家区级文创园区，浙农·东巢艺术公园成为全区“文化网红”打卡地。全区文化产业增加值66亿元，比上年增长18.3%，高于杭州市9.6个百分点；规模以上文化企业营业收入428.79亿元，增长34.2%，高于杭州市22.6个百分点。

【革命历史绍剧《秋之白华》成为党史学习教育教材】 2021年6月15日，由萧山区委宣传部、区文旅局、萧山绍剧艺术中心联合出品的革命历史绍剧《秋之白华》在萧山剧院首演活动举行。《秋之白华》根据萧山革命先驱杨之华的事迹创作而成，艺术再现杨之华在青年时期受“五四”运动影响、在上海大学深受瞿秋白等共产党人的影响，参加工人运动、追求妇女解放事业的成长历程。该剧在2021年杭州市“西湖之春”艺术节、区党史学习教育、庆祝中国共产党成立100周年杭州剧院专题活动演出。

（倪海锋）

公共文化服务体系

公共文化服务体系建设

【概况】 2021年，萧山区第四批国家公共文化服务体系示范项目通过验收，出台配套政策。“文化管家”（第4批国家公共文化服务示范项目）、“潮文化Park”、永兴书房等项目运行情况良好。开展全面艺术普及等公益培训，参与群众57.2万人次。10月27日，萧山区数字文化馆通过验收。

【公共文化体系多元发展】 2021年，萧山区出台《杭州市萧山区关于引导和鼓励社会力量参与公共文化服务实施办法》和《杭州市萧山区关于引导和鼓励社会力量参与公共文化服务实施办法》，引导和鼓励社会力量参与公共文化服务。根据文件精神，对全区20个项目、26个团体进行补助，总补助金额为774.91万元。2021年12月，《未来社区公共文化空间建设规范》以浙江省杭州市地方标准发布实施，为未来社区公共文化空间新建和改（扩）建作出规范。

【“文化管家”服务】 2021年，萧山区“文化管家”被列入区民生实事项目，社会化服务覆盖基层文化场馆100个，按照覆盖标准，全区覆盖基层文化场馆141个，至年底，完成率100%。“文化管家”由政府出资购买服务，社会文化机构按照服务清单，向基层群众提供“管家式”公共文化服务。文化管家项目自2018年开始实施以来，助力镇（街道）、村（社区）组建文化团队643支，开展各类活动470多场，挖掘打造特色文化品牌近20项，线上线下艺术培训超1.2万小时，服务群众55万人次。8月，“文化管家”社会化服务创新探索“精神共富”路径，被列入杭州市争当浙江高质量发展建设共同富裕首批示范案例。结集出版《文化管家案例集》；至年底，全区有“潮文化Park”项目公益单位8家，“文化管家”26人。

【全民艺术普及公益培训】 2021年，萧山区文化馆开展全民艺术普及培训2期，暑期少儿培训1期，公益研修班5课时。活动以全民艺术知识普及、全民艺术欣赏普及、全民艺术技能普及、全民艺术活动普及、全民艺术创造普及等为内容，通过数字化手段推广和传播，全年普及群众57.2万人次。

【乡村文化振兴工作成果】 2021年，萧山区乡村文化振兴工作收获成果丰硕。瓜沥镇陈国荣等3户家庭被评为省级文化示范户，楼塔镇楼焰等3人被评为省级乡村文化能人；义桥镇被评为省级文化强镇；进化镇欢潭村和楼塔镇楼家塔村，被评选为省级文化示范村（社区）；河上镇下门村和楼塔镇楼家塔村被评为省美育村（社区）。至年底，全区有区级文化示范户51户、乡村文化能人115名。

【永兴书房新增10家】 2021年，萧山区将永兴书房建设列入区十大民生实事，新增永兴书房10家。至年底，全区累计建成书房28家，总面积8954平方米。萧山图书馆“打造永兴书房，满足百姓精神文化新需求”案例入选区“三为”（我为群众办实事、我为企业解难题、我为基层减负担）专题实践活动十佳案例名单。4月，萧山剧院广场永兴书房被省委宣传部评为第一批省“最美阅读团队”。

【文化馆（站）评估定级】 2021年12月，文化和旅游部公布第五次全国文化馆评估定级命名一、二、三级文化馆名单，萧山区文化馆再次获“国家一级馆”称号。在全省第七次乡镇（街道）综合文化站定级工作中，通过镇（街道）、县（区）、市、省四级评估，全区22个镇（街道）文化站均被评为一级站，其中7个为特级站。

（王振宇）

文化馆

【概况】 2021年，萧山区文化馆总面积1.07万平方米，设有排练厅、器乐房、直播室、多功能厅、艺术普及教室等多间文化活动室，全年对外免费开放。开展全民艺术普及公益培训，线上、线下举办全民艺术普及公益培训班3期，共475门次、1610课时，课程点击量上万次，服务群众2万人次。区文化馆“杭州市萧山区引导社会多元投入提升公共文化服务效能项目”入围第四批国家公共文化服务体系示范项目名单。区文化馆在第五次全国文化馆评估定级工作中再次获评“一级馆”，在浙江·中国非物质文化遗产博览会（杭州工艺周）中获优秀组织奖，在省第十五届新故事作品征文大赛获评优秀组织单位。

【4位非遗传承人获评市工艺美术大师】 2021年4月22日，第五届杭州市工艺美术大师颁证仪式暨“匠心献党”活动在萧山区举行。萧山花边区级代表性传承人王丽华，南宋官窑瓷制作技艺区级代表性传承人俞剑英，丝绸画缋区级代表性传承人叶建明、叶沣仪4位非遗代表性传承人获评杭州市工艺美术大师。

【数字文化馆上线运营】 2021年10月18日，萧山区数字文化馆上线运营，市民可通过“萧山区文化馆”微信公众号进入数字文化馆。数字文化馆建有文化资讯、文化活动、艺术普及、场馆预定、文化团队、总分馆、萧山非遗、云上展览、志愿服务、信息公开和文化管家11个模块。至年底，上传活动场次297场，上线访问量2.14万人次。

（费　辰）

图书馆

【概况】 2021年，萧山图书馆文献总量301.18万册（件），文献借还量149.13万册次，接待读者134.26万人次，累计发放有效借书证25.79万张。开展读书相关活动440场，参加13.72万人次。其中阅读推广活动266场，培训活动51场，展览活动95场，讲座活动28场。全区有图书支馆、分馆556个，其中镇（街道）图书支馆22个，行政村（社区）图书分馆534个。会员单位145个，其中企业分馆34个、馆外流通点92个、部队流通点19个。支分馆图书接待读者24.41万人次，读者借还书59.48万册次；流通点借还书1.4万册；读者借还书8.14万人次。萧山图书馆为全区支分馆、分馆调拨文献13.5万册次，送书下乡72.15万册次（含分馆流通量）。

【“世界读书日”系列活动】 2021年4月，萧山图书馆开展“世界读书日”系列活动。通过“线上云阅读”与“线下阅读推广”相结合的方式，开展“温顾1921——馆藏衙前农民运动文献资料展”“百年党史知多少”阅读大比拼等活动；举办“留住你的萧时光”“世界读书日”主题活动，推出H5“‘4·23’世界读书日带您走进萧图时光之旅”发布萧山图书馆微视频宣传片等，引领读者以阅读重温百年党史。在童心向党·2021“魅力声音之寻找家乡的红色印记”浙江省少年儿童音频征集活动中，萧山图书馆获评省图书馆学会优秀组织单位。

【少儿阅读推广活动】 2021年，萧山图书馆针对不同年龄段设计不同类型的少儿阅读推广活动。开展“布丁妈妈”讲故事活动、“台上台下”亲子绘本阅读活动、“涂涂爱画画”创意漫画活动、“萧图编程团”少儿编程、“木戈戈”工坊——木工手作公益课程等培训活动，暑期开设“小白鲨”暑期公益培训营活动。全年开展活动440期，参与活动13.72万人次。“木戈戈工坊”服务品牌在省图书馆学会第三届优秀图书馆服务品牌评选活动中获综合奖；论文《图书馆未成年人服务理念的新发展——〈国际图联0—18岁儿童图书馆服务指南〉的启示》在浙江省图书馆学会第九次优秀论文评选活动中获一等奖。

【“好书推荐”主题阅读推广】 2021年，萧山图书馆线下成人主题阅读推出“满腹‘经’纶”“重温革命之路·点亮阅读星火”“迎亚运健身悦”“最美不过读书时”等主题17期。微信平台“永兴书话”每月为读者朋友们推荐新书、好书。在“好书推荐”基础上，开设线上线下同步阅读专栏。“每月热书排行”，通过网站和公众号公布成人借阅热书排行和少儿借阅热书排行前十名的图书信息，为读者选择图书提供参考。

【萧山图书馆筹备百年馆庆】 2021年，萧山图书馆为筹备建馆百年馆庆，开展出版纪念文集、开设文化讲坛、发布宣传视频、发行文创产品等系列活动。4月，推出“百年萧图、我在其中”征集活动，整理1985至2006年的“萧山剪报”。8月，与杭州南站枢纽管委会合作拍摄古籍视频短片《湘南韩氏宗谱》，在“学习强国”学习平台上线。在《萧山日报》连续刊出12期记录浙东运河萧山段口述历史的“百工百年述运河”专栏。12月，出版《浙东运河研讨会论文集（第一辑）》。

【读者服务升级】 2021年，萧山图书馆通过技术升级和服务迭代，优化图书借阅流程，为市民读者提供智慧服务。将线上借书、书店借书和数字阅读三项热门服务，集成一体化“一键借阅”，读者通过“萧山图书馆”微信公众号可一键使用任意功能。接入全省图书资源通借通还服务系统，接收浙江图书馆信阅图书，打破公共图书馆服务边界，读者“一证在手，借遍全省”。落地长三角地区电子社保卡一卡通，使用支付宝芝麻信用借阅服务，运行自助借还系统，简化借阅流程，提升服务效能。

【图书数字资源建设】 2021年，萧山图书馆依托馆藏纸质书资源、数字资源等，重新设计改造馆内空间，部署智能化设施设备，打造数字化应用场景。至年底，建成一个以自助式、智能化服务为特点的永兴书房旗舰店。更新数字资源内容，复制镜像，对数字资源运行系统进行配置和维护，各数字资源高效稳定运行；完善数字资源体系，新增购超星电子图书馆、超星名师讲坛、读联体、云图有声数字图书馆等数字资源库服务。在微信平台开展“玉鼠辞旧岁·金牛闹新春”、“那些逝去的时光”“80后”经典动画片在线知识竞赛、“秋高气爽·风清月朗”中秋节主题在线知识竞赛等活动，新增关注人数1.28万人。全年推送公众号文章923篇，阅读量12.11万人次。至年底，全馆数字资源总量240TB，网站访问量10.59万人次，数字资源访问量774.5万人次，下载量38.23万篇。

【地方文献建设】 2021年，萧山图书馆持续完善地方文献。扫描并上传地方文献、家谱类资料、来新夏手稿及关于湘湖主题各类文献。筹建和完善萧山地方文献数字资源库，扫描并上传地方文献及家谱18种，收集地方文献201种、390册，地方报刊18种、227份，收到参考资料类图书新书539种、1467册，图书馆专业期刊16种、141册。地方文献接待读者4.1万人次，其中特藏部接待重点读者184人次，来新夏著述专藏馆接待参观687人次，工具书借阅172人次。

（陈　萍）

博物馆

【概况】 2021年，萧山博物馆全年接待观众32万余人次，其中青少年12万余人次。举办临时展览5场，完成4次借展。组织开展线上线下教育活动156场，“流动博物馆”巡展75

场。全年发布信息483条。拍摄《走进萧山文物》系列视频4期、红色印记宣传视频10期。完成文物维修工程19处。修复馆藏藏品2件（套），溪头黄出土陶瓷器100件。收到各类文物及标本捐赠、上交33批次、344件（组）。举办各类讲座、培训16期。跨湖桥遗址博物馆“以科技保护为基点、以宣传教育为起点、以学术研究为重点、以陈列展览为亮点”，围绕创建AAAAA跨湖桥文化景区，探索博物馆事业发展新思路。在新冠肺炎疫情限流情况下，接待游客32.8万人次，其中未成年6.7万人。

【考古勘探与抢救性考古发掘成果】 2021年，萧山博物馆（萧山区文物保护考古研究所）配合杭州市文物考古研究所完成考古调查勘探项目40多个，勘探面积近200公顷。重点开展祝家桥遗址、鲁公桥遗址等考古发掘工作。其中，祝家桥遗址发现钱塘江南岸目前最大面积的良渚文化时期土台聚落遗址，并入围省重要考古发现候选名单；松毛山发掘古墓11座，出土遗物186件。

【博物馆收藏】 2021年，萧山博物馆收到各类捐赠、上交文物及标本33批次、344件（组）。其中，萧山机场海关查没移交古钱币、陶瓷标本等147件（组），柳河无偿捐赠来楚生诗词行书手稿1件，倪柏钦无偿捐赠明清时期铜觚、商周时期印纹陶原始瓷标本等14件（组），市民捐赠原萧金支队萧山办事处的一批革命文物，及市民捐赠的大量民俗老物件。

【红色专题系列活动】 2021年，萧山博物馆围绕杭州市园林文物局“红色印记”主题活动，策划《澎湃钱潮——钱江南岸的百年红色故事》《萧山革命文物修缮与利用成果展》《读百年党史，走红色路线》3个展览，同步开发相应红色主题文创宣传产品，展示萧山红色故事，弘扬萧山革命文化。拍摄精品研学线路视频10个，向杭州“红色印记”网络平台报送信息145条。举办红色故事少年说、“红色陶记”青少年陶瓷艺术作品征评等系列活动。流动博物馆向学校提供红色展览巡展服务75次。“红色陶记”青少年优秀陶艺作品征评活动获“2021年全省博物馆十佳青少年教育项目”优秀奖。短视频《红色陶记：小小陶艺家》获首届全省博物馆优秀新媒体短视频奖。

【博物馆文博专业水平提升】 2021年，萧山博物馆加强“文博学堂”建设，进燕子河社区、育才小学开展讲座。参加博物馆藏品管理系统培训会、全市文博系统讲解员培训班、中国文物交流中心关于举办全国红色展览策划与国际传播研修班等各类培训14期、40人次。在核心期刊《文物》《东南文化》发表论文3篇，在省级刊物《东方博物》发表论文2篇。

【《萧山东蜀山墓地》出版发行】 2021年12月，考古报告《萧山东蜀山墓地》由文物出版社出版发行。该报告全面反映2019年1—3月，杭州市文物考古研究所联合萧山博物馆发掘所前镇东蜀山遗址情况。东蜀山墓地共发掘27座古墓葬，上至战国，下及明清，为研究中国南方尤其是江浙地区的丧葬习俗和地方历史提供新线索、新材料。

（丁银柠）

【“跨湖桥遗址和独木舟保护利用”入选杭州市“文物建筑保护利用”十佳案例】 2021年1月，杭州市“十佳文物建筑保护利用案例”征集活动评选产生可移动文物建筑保护利用最佳案例10例、文物建筑保护利用最佳案例10例。“跨湖桥遗址和独木舟保护利用”入选市“文物建筑保护利用”十佳案例。

2021年4月27日，萧山博物馆与萧山机场海关建立移交机制并接受查没移交文物（田思佳 摄）

【“跨湖桥文化主题展”获全国博物馆十大陈列展览精品优胜奖】 2021年5月18日，第十八届（2020年度）全国博物馆十大陈列展览精品奖推介活动揭晓，跨湖桥遗址博物馆推送的“勇立潮头——跨湖桥文化主题展”获全国博物馆十大陈列展览精品优胜奖。该展在原“八千年回首——跨湖桥遗址出土文物陈列”基础上，围绕习近平总书记提出的浙江精神核心要义，从跨湖桥文化中提炼总结“勇立潮头”主题，吸收近10年史前考古发掘和研究成果。展陈分为主题展厅“勇立潮头”——展示跨湖桥文化研究成果；遗址厅“中华第一舟”——呈现考古现场原貌；第二课堂“部落学校”——提供主题教程和互动体验三部分。

【“跨湖桥文化主题展”入选国家文物局主题展览征集重点推介项目】 2021年7月，“勇立潮头——跨湖桥文化主题展”入选国

2021 年 5 月 15 日，跨湖桥博物馆工作人员为小朋友讲授跨湖桥独木舟发掘过程 （跨湖桥博物馆 提供）

家文物局主办的 2021 年度“弘扬中华优秀传统文化、培育社会主义核心价值观”主题展览征集重点推介项目前 20 项。“弘扬中华优秀传统文化、培育社会主义核心价值观”主题展览申报项目共征集全国符合申报条件的展览项目 307 个，经筛选确定集中推介展览 100 个，并作为国家文物局 2021 年度重点推介展览。

【“印证朔方——丝路遗珍青铜印章精品展”】 2021 年 4 月 28 日至 7 月 15 日，“印证朔方——丝路遗珍青铜印章精品展”在跨湖桥遗址博物馆展出。该展由跨湖桥遗址博物馆和内蒙古明博草原文化博物馆联合举办。展出从战国至清代的精品印章 260 多枚，有青铜官印、私印、印牌以及花押等，从印章起源、印章造型、印纽变化等多角度展示印章在不同时代的风格特征。

（郑伟军）

农村文化礼堂

【概况】 2021 年，萧山区新建北干街道城北村、盈丰街道新中村两个农村文化礼堂。至年底，全区累计建成文化礼堂 342 个，基本完成农村文化礼堂行政村建设全覆盖，被评为 2021 年度省农村文化礼堂示范区。戴村镇尖山下村文化礼堂被中共中央宣传部评为第九届全国服务农牧、服务基层文化建设先进集体；浦阳镇江西俞村文化礼堂等 20 家农村文化礼堂新认定为市级四星级文化礼堂；戴村镇沈村村文化礼堂获评 2021 年度市农村文化礼堂“十佳红色文化礼堂”。戴村镇吴利萍被省委宣传部评为第五届浙江省“最美文化礼堂人”；宁围街道宁牧村俞筱芬获评 2021 年度杭州市农村文化礼堂“十佳文化礼堂人”。

【“文化管家”指导服务】 2021 年，萧山区持续实施“文化管家”项目，提供“菜单式”指导服务。文化管家服务主阵地是镇（街道）综合文体中心和农村文化礼堂等文化场馆。在文化管家指导下，全区村民独立演出近 20 场，参与演出 100 场，群众超 8000 人次，观众人数超 3 万人。

【礼堂文化活动】 2021 年，萧山区各镇（街道）新聘用文化管理员 209 人。文化管理员学历在高中及以上比例为 91.9%。学历由高中为主转向大专和本科为主，队伍结构更年轻、受教育水平更高。每人每年度补助由 9000 元提升至 16500 元。打造文化礼堂“数字管家”，推出礼堂“云菜单”，区城管局、区规资局等 35 家区级部门镇（街道）文化礼堂提供讲座培训、展示展演、电影下乡等 7 大板块，53 项，4200 多场服务内容。开设礼堂“直播间”以直播形式助农、助工、助游、助商，推出河上镇三联云仓优品等线上农产品直播品牌 10 余个。开设农业技术、市场经济知识、农民创业等线上主题培训 120 多场，培养懂技术、会经营的新型农民。开展立夏称重、敬老礼仪等民俗礼仪活动专场直播 40 多场。挖掘培育新乡贤文化人才队伍，借助乡贤力量培育文化礼堂文体团队带头人，在“文化管家”小程序在建组建“我是高手”“才艺 PK”两大应用模块，手机端展示群众文化团队演出视频和个人才艺。

（陶　梁）

文化活动

【概况】 2021 年，萧山区开展“你点我送”文化下乡巡演活动 172 场，在各镇（街道）、村（社区）巡回演出。开展文化暖冬行，青年歌手大赛，金溢杯少儿书画大赛、故事大赛等文化活动，丰富群众文化生活。

【文化暖冬行活动】 2021 年，萧山区文化暖冬行采取“线上 + 线下”方式，线上通过“萧山文旅”微信公众号发布 H5 互动游戏小程序，群众可在线参与写“福”字活动并推送，推介萧山人文风景、非遗展示、特色美食、城市书房、亚运场馆等文化旅游资源；线下创新组织“文化下乡”活动，组织区级优秀青年

2021 年 6 月 22 日，萧山区农民书画协会会员作品在衙前农民运动纪念馆展出 （丁　力 摄）

2021 年 7 月，东岳庙修缮工程完工。图为修缮后的东岳庙

（孔　乐　摄）

书法家、非遗传承人和文化志愿者等走进城市书房、福利院、敬老院等地，为群众赠送挂历、对联、“福”字、窗花等新年礼品。各镇（街道）利用农村文化礼堂，依托乡村合唱团、乡村艺术团、乡村民乐团和书画社、摄影社、文学社等“三团三社”，组织文艺志愿者开展活动 20 多场，送出春联、窗花等 3200 多份。

【“你点我送”文化下乡】 2021 年，萧山区“你点我送·文化下乡”巡演活动专项资金 250 万元，比上年增长 9%。全年以政府采购服务形式，采购绍剧、越剧、综艺、莲花落等节目 172 场，通过各镇（街道）文化广播站“菜单式”选择，由区级统筹安排轮演；送电影下乡活动开展 6816 场。

【绍剧艺术发展与传承】 2021 年，萧山绍剧艺术中心复排《相国志》《龙虎斗》《三请樊梨花》3 个剧目，其中《相国志》于 4 月 23 日在萧山剧院举行的“庆百年华诞，享美好生活”活动中进行首演，并参加在浙江绍剧艺术研究院举行的“2021 戏韵越乡·传统戏曲汇”演出。绍剧目连戏《玉芙蓉》，器乐表演《扬鞭催马运粮忙》《送你一枝玫瑰花》参加走遍世界在“萧”过年·萧山国际人才新春贺岁活动演出；《红色娘子军》参加“学党史传精神跟党走”萧山区文艺志愿者服务团走进进化镇庆祝中国共产党成立 100 周年演出；《美猴王》参加 2021 萧山文旅（上海）推介会演出。萧山绍剧艺术中心应邀参加绍兴市“2021 戏韵越乡·传统戏曲汇”演出，演出剧目为《孙悟空三打白骨精》《相国志》。

【贺知章与诗路文化高峰论坛】 2021 年 7 月 20 日，萧山区举办贺知章与诗路文化高峰论坛。论坛由区委宣传部、区文旅局联合主办。全国各地的专家学者们围绕贺知章生平与创作、贺知章与诗路文化带研究、浙东唐诗之路与钱塘江唐诗之路研究、萧山文旅发展特色创新研究、“钱塘潮涌”文化传承生态保护区研究等主题，作主旨演讲和学术探讨、文化交流。

【第二届萧山区戏剧小品大赛】 2021 年 4—6 月，萧山区举办“光荣与梦想·越奋斗越清廉”第二届萧山区戏剧小品大赛。活动由区纪律检查委员会、区文化和广电旅游体育局主办，益农镇人民政府承办，萧山区文化馆执行承办。大赛收到来自全区各单位选送剧本 34 个，经专家评审层层筛选，遴选出 10 个作品参加半决赛。6 月 21 日，第二届区戏剧小品大赛决赛在区文化中心世纪剧场进行，益农镇选送的作品《选择》获创作金奖和表演金奖。

【萧山区第七届青年歌手大赛】 2021 年 6—9 月，萧山区“青春正茂·钱塘颂歌”第七届青年歌手大赛举行。大赛由区委宣传部、区文化和广电旅游体育局、共青团萧山区委主办。初赛从 166 位参赛选手中选出 40 位选手晋级复赛。6 月 13 日，复赛现场产生 8 名晋级决赛选手。9 月 19 日，大赛决赛在临浦体育馆举办，陈昕怡获冠军，徐晶晶获亚军，楼雪瑒获季军，同时评出“十佳歌手”和“十佳新秀”歌手。

【文化中国讲坛在萧山举办】 2021 年 10 月 17 日，第十三届文化中国讲坛在萧山举办，讲坛以“从大疫到大治——以史为鉴视域下的百年征程与荣光”为主题，由中国青年报社、中国教育电视台、萧山区人民政府和北京横山书院共同主办。全国政协文化文史和学习委员会副主任叶小文，全国人大常委会委员、全国人大外事委员会副主任、北京大学原校长林建华，中国人民大学原副校长吴晓求等 7 位专家学者参加。北京大学中文系教授、博士生导师、教授程郁缀作“诗意栖居：唐诗之路与人文精神”报告；林建华作“北大精神与觉醒年代”报告；叶小文作“从大疫到大治——以史为鉴视域下的百年征程与荣光”报告。

【区第五届民族器乐大赛】 2021 年 10 月 24—31 日，萧山区举办第五届民族器乐大赛。400 多名选手报名参赛，38 组选手进入决赛，演奏门类涉及笛子、二胡、古筝、琵琶、中阮、扬琴等民族乐器。许懿、刘羽溪、俞炫伊、裘田媛、张以萱获金奖。尉意涵、韩鑫晨、汪于勤等 13 名选手获银奖。沈於孝、楼思恬、陈昕熠等 14 名选手获铜奖。新世纪音乐学校、山河筝社、玉筝国乐获优秀组织奖。

（王振宇）

2021 年 9 月 4 日，你点我送文化惠民文艺演出绍剧专场在楼塔镇大同二村演出

（区文旅局 提供）

文化遗产保护

【概况】 2021年，萧山区有各级文保单位（点）209个，其中浙东运河萧山段是世界文化遗产大运河的组成段落；省级历史文化名镇、名村2个，文物资源总量全省排名第19位。区文保单位和农村历史建筑修缮项目涵盖11个镇（街道），修缮项目23处，总投资3600多万元。"钱塘潮涌文化"申报入围省文化传承生态保护区创建名录。至年底，萧山区有非物质文化遗产名录项目118个，其中国家级4个、省级10个、市级16个、区级88个；非物质文化遗产代表性传承人119人，其中国家级3人、省级15人、市级14人、区级87人；非物质文化遗产基地44个，其中省级5个、市级7个、区级32个；非遗景区18个，其中省级2个、市级5个、区级11个。区文化旅游体育局围绕钱塘潮涌文化传承生态保护区建设，不断提升非物质文化遗产整体性保护水平。系统性整理、编辑各级非物质文化遗产代表性项目和保护基地名录，开展新批次项目、传承人、基地、非遗旅游景区申报工作，并开展全区范围的项目和传承人评估工作。

【运河文化带建设】 2021年，萧山区开展运河文化遗产挖掘和保护传承方面工作。城河沿线回澜桥、东阳桥、惠济桥、梦笔桥、仓桥、市心桥、永兴桥7座古桥经修缮和景观亮化展示，成为老城区一道文化风景线。以运河火车西站列入市历史文化街区为契机，开展浙东运河萧山段保护传承利用规划编制工作，整体谋划萧山运河文化带建设。

【红色研学路线】 2021年，萧山区围绕"红色印记"主题活动，拍摄《萧山巾帼英烈之旅》《萧山南乡志士》《萧山抗战革命遗迹》红色研学路线主题短视频和红色革命照片。整合全区革命资源，培育以革命文物为支撑的研学旅行和体验活动，赋能乡村旅游。6月21日，3条红色研学线路被市园林文物局评为市第一批红色精品研学线路。

【文化元素调查摸排】 2021年，萧山区开展文化元素调查摸排工作。组建工作小组，梳理文化元素清单，调查整理和信息入库文化元素333个，梳理筛选出跨湖桥遗址、越王城遗址、衙前农民运动、萧山围垦、万向精神、萧山萝卜干、萧山花边等重点文化元素17个。在此基础上提炼文化基因，编写完成《萧山区文化基因解码报告》《萧山区文化基因解码成果转化利用项目手册》。

【文化遗产调查】 2021年，萧山区开展文化遗产专项调查工作，主要调查古墓葬（古墓、名人墓、烈士墓、始祖墓等）、古桥、井泉、摩崖石刻及碑刻等。经调查确认，全区有古墓葬8处、古桥14处、井泉池塘33处、摩崖石刻及碑刻各1处。开展市历史文化资源普查，筛选登记历史文化资源点193处，纳入市紫线规划。

【荣星北海塘遗址公园建成开放】 2021年2月5日，萧山区荣星北海塘遗址公园建成对外开放。北海塘也称捍海塘，西起滨江区西兴永兴闸，向东经北干街道、新街街道、新塘街道、衙前镇、瓜沥镇、益农镇等地，与绍兴市后海塘相连。萧山区境内全长41.44千米。2017年，北海塘作为萧绍海塘（杭州段）的重要组成部分，被公布为省级文物保护单位。荣星段北海塘全长约530米，现存石塘为清道光十四年（1834）修建，由条石一丁一顺错缝叠砌，并由下往上逐层内收，迎水面最深时可见8层条石。荣星北海塘遗址公园是浙江省第一个钱塘江古海塘遗址公园，总投资400多万元，2020年8月建设启动。由区城管局具体实施，区文物局业务指导，按照"最低限度干预""不改变文物原状"的原则，对北海塘文物本体进行保护修缮，包括对松散海塘条石结构进行归安，去除石条上的水泥和钢筋，补齐缺失石条等，恢复该段海塘原貌。

【萧山区首届文化遗产创意设计大赛】 2021年3—5月，萧山区举办"底蕴萧山 潮领世界"首届文化遗产创意设计大赛，收到全国16所高校设计作品近200件。5月，评选出最具萧山特色文创作品55件。韩振民、林伊程、卓未央等6人获一等奖，齐建路、徐喆朋、吴烨琪等15人获二等奖，王杰、祝国东、池承泽等34人获三等奖。5月19日，"庆百年·迎亚运"萧山文旅约"游"记现场活动对获奖作品进行线下发布展示。

【萧山区"文化和自然遗产日"系列活动】 2021年，萧山区"文化和自然遗产日"系列活动举办，活动由"钱塘潮涌 多彩非

荣星北海塘遗址公园　（何可人 摄于2021年2月5日）

遗”萧山区2021年文化和自然遗产日开幕式、“钱塘潮涌 祥龙腾飞”大型民俗庆典展演等四部分组成。6月5日，“钱塘潮涌多彩非遗”萧山区2021年文化和自然遗产日系列活动在钱塘江边开幕。开幕式发布非遗体验点21个和非遗旅游线路5条。开幕式结束后举行“钱塘潮涌 祥龙腾飞”大型民俗庆典，演出河上龙灯胜会、楼塔细十番等萧山区域内国家级非遗项目，及《外婆的萝卜干》《萧山花边》《萧山拨浪鼓》等节目。6月11日至10月8日，“澎湃钱潮——钱江南岸的百年红色故事”“萧山革命文物修缮与利用成果展”在浙东运河萧山展示馆展出。

2021年10月23—24日，萧山花边传承人参加2021大运河好运市集

（跨湖桥遗址博物馆 提供）

【“文物映耀百年征程”文物捐赠活动】2021年6月17日，浙东运河萧山展示馆“文物映耀百年征程”文物捐赠交接仪式举行。萧山区委党史研究室移交原金萧支队萧山办事处主任蒋谷川于1998年4月萧山烈士陵园落成和革命历史纪念馆开馆之际捐赠的一批文物。移交文物包括军用望远镜1个、军大衣1件、被套1件及金萧支队路西县部分武装照片（复印件）1张。6月11日，此批文物作为《澎湃钱潮——钱江南岸的百年红色故事》专题展览的重要展品，在浙东运河萧山展示馆展出。

【“汤寿潜和他的时代暨辛亥革命110周年学术研讨会”】2021年12月12日，“汤寿潜和他的时代暨辛亥革命110周年学术研讨会”在萧山举办。活动由萧山区文化和广电旅游体育局与杭州师范大学浙江省民国史研究中心、中国人民大学《清史研究》编辑部联合主办，区政协文史委、进化镇人民政府、萧山博物馆联合承办。中国人民大学、中国社科院近代史研究所、北京大学、浙江大学、复旦大学、中山大学等30所高校、研究所、社科编辑部等50多位专家学者参加。汤寿潜，原名汤震，萧山区进化镇大汤坞村人，是清末民国初中国著名的改革家、实业家和政治活动家，牵头成立“浙江全省铁路公司”，筹资自办铁路。辛亥革命爆发后，汤寿潜因领导浙江的保路运动被推举为首任浙江总督。

（金志娟）

【萧山花边制作技艺被列入国家非遗名录】2021年6月10日，国务院印发《关于公布第五批国家级非物质文化遗产代表性项目名录的通知》，公布第五批国家级非物质文化遗产代表性项目名录185项和扩展项目名录140项。萧山花边制作技艺被列入第五批国家级非物质文化遗产代表性项目名录。萧山花边，又称万缕丝，是萧山著名的传统手工艺品。二十世纪七八十年代，有20多万绣花女工从事挑绣花边的工作，萧山也由此被誉为“中国花边之都”。3月12日至5月22日，“万缕丝情——萧山花边展”在萧山博物馆展出。

【区级以上非物质文化遗产项目推荐申报、评审】2021年，萧山区组织开展第六批省非物质文化遗产代表性传承人推荐申报工作，新增省级非遗代表性传承人4名；组织开展第一批市级非遗体验点推荐申报工作，新增市级非遗体验点4个；组织开展第一批市级非遗主题旅游线路推荐申报工作，新增市级非遗主题旅游线路1条。完成第二批区非遗旅游景区（民俗文化村）申报评审工作。新增区级非遗主题小镇2个，区级民俗文化村5个；完成第一批区非遗体验点申报评审工作，新增区级非遗体验点21个；发布第一批区级非遗主题旅游线路，新增区级非遗主题旅游线路5条。

2021年萧山区国家级非物质文化遗产

楼塔细十番
翻九楼
河上龙灯胜会
萧山花边

2021年萧山区省级非物质文化遗产

越窑青瓷
南宋官窑瓷制作技艺
钱塘江板盐制作技艺
萧山萝卜干制作技艺
顾家溪手工造纸技艺
钱江观潮
坎山七夕祭星乞巧
绍兴莲花落
茶亭伤科
绍剧

2021年萧山区市级非物质文化遗产

西施传说

草舍搭建技艺
金雕银刻技艺
瓷印制作技艺
浦阳江中元水灯节
新塘龙舟
徐同泰土法制酱技艺
河上西山红石雕
霉干菜制作技艺
传统线装书印制技艺
昭东剪纸
锔瓷技艺
党山雷公庙会
葫芦范制技艺
三月三西施庙会
丝绸画缋

2021 年 11 月 19 日，党湾小学学生在浙东运河萧山展示馆参观“红色陶记”展览
（区文旅局 提供）

【钱塘潮涌文化传承生态保护区总体规划项目评审会在萧山举行】 2021 年 6 月 11 日，钱塘潮涌文化传承生态保护区总体规划项目评审会在萧山区举行。浙江大学、浙江师范大学等高校和机构的 5 名评审专家，区发改局、区委宣传部、区公安分局、财政局、教育局、住建局等 11 个部门单位相关负责人，楼塔镇、河上镇、戴村镇等 10 个镇（街道）文化分管领导、非遗传承人代表参加会议。省旅游发展研究中心就《钱塘潮涌文化传承生态保护区总体规划（2021—2025）》进行项目汇报。与会的各部门负责人、镇（街道）文化分管领导，对规划思路、具体内容、存在问题等发表意见。评审专家听取汇报和各部门、各镇（街道）意见，经充分研判，对该规划提出综合修改意见，并宣读评审通过结论。

【非遗数智化发展】 2021 年，萧山区提升改造萧山区非物质文化遗产综合数据库，在原有基础上新增地理系统、申报系统和非遗商品网络展销平台。区数字文化馆设置“萧山非遗”专题网页，分钱塘潮涌文化传承生态保护区建设专栏、非遗资讯、萧山非遗名录、萧山非遗传承人等板块，向群众科普萧山非遗知识。

【非遗展览展示】 2021 年，萧山区与浙江广电集团、杭州广播电视台、萧山融媒体中心、杭州喜马拉雅信息科技有限公司等开展合作，展示萧山非遗。萧山区非遗中心在浙江非遗、“学习强国”学习平台等重点平台报送萧山非遗信息，区非遗相关报道登上国家级媒体 37 次，省级媒体 46 次。组织各类非遗项目亮相第十三届浙江·中国非物质文化杭州工艺周、2021 文旅市集·杭州奇妙夜、大运河好运市集等省市级重要活动，开展萧山——龙游非遗走亲等活动。配合中央电视总台摄制组拍摄萧山萝卜干、十大碗等传统饮食文化，4 月，拍摄内容在《家乡至味》节目播出。

【萧山非遗获多项奖励】 2021 年，萧山区文化馆（非遗中心）获“第十三届浙江·中国非物质文化遗产博览会（杭州工艺周）”优秀组织奖。徐同泰寿司酱油等三种非遗旅游商品获 2021 省级优秀旅游商品。非遗工作者中，获国家级非遗代表性传承人薪传奖 1 人，获薪传奖传统工艺大展银奖 1 人；获评市工艺美术大师 4 人。

【萧山新增 4 名省级非遗代表性传人】 2021 年 10 月 27 日，浙江省文化和旅游厅公布第六批浙江省非物质文化遗产代表性传承人名单，萧山区有 4 位传承人入选。分别是“楼塔细十番”代表性传承人寿新安、“南宋官窑瓷制作技艺”代表性传承人金国荣、“茶亭伤科”代表性传承人盛新农、“河上龙灯胜会”代表性传承人傅长明。

（陈　翊）

社会科学

【概况】 2021 年，萧山区社会科学界联合会（简称“萧山区社科联”）下属群团 11 个，各级社科普及基地 60 个，其中省级 5 个、市级 11 个、区级 49 个，有区级人才库人员 154 人。是年，主要开展社会科学宣讲、社会科学普及等多项工作，着重围绕习近平新时代中国特色社会主义思想和亚运保障、数智萧山等主题开展课题研究。

【社科课题研究】 2021 年，萧山区社科联围绕全区中心工作，结合经济社会发展热点难点问题，开展重点委托课题招标和常规课题申报工作。《萧山在双循环新环境下经济持续发展新动能研究》《“十四五”时期数智萧山发展研究》《“十四五”时期，萧山打造杭州新中心的方向和举措研究》《萧山如何以自贸试验区建设为新起点进一步提高对外开放水平的研究》4个重点委托课题向社会招标，借助社会研究力量，为萧山社会发展谋求对策思路。开展常规性区级社科课题申报，收到镇（街道）、部门、社科团体申报课题108个，经专家评审，立项49个，并择优向市社科联申报5个。

【萧山区人文社科讲师团成立】 2021年3月25日，萧山区人文社科讲师团成立。郭凯钧在成立仪式上作主题为“在党史中汲取智慧和力量”的首场宣讲。新成立的区人文社科讲师团有专家和学者25人，推出一张宣讲菜单，涵盖党史、家风家训、地情文化、文化教育、就业健康等多个方面。并在全区各镇（街道、场）、平台设置27个区级社科宣讲点。至年底，讲师团开展宣讲126场。

【社科普及基地建设】 2021年，萧山区社科联依托40多家社科团体、60个社科基地开展社科科普类活动，普及社科知识。杭州市萧山区吴越历史文书博物馆申报的“庆祝中国共产党成立100周年——萧绍红色记忆史料展”获市级基地补助5000元，择优申报市级社科基地；萧山围垦纪念馆被评审为市社科普及基地。

【社科普及活动】 2021年，萧山区社科联加强与社科团体、社科基地、社区等联动，联合开展“宅家抗疫情，读书养修为”全民阅读活动、“在萧过大年，书香暖人家”送书活动、“诵读中华经典，弘扬优秀传统文化”读书会、“尺素初心——信札里的萧山人”展览、“庆祝中国共产党成立100周年——萧绍红色记忆史料展”、“唐诗之路·谷雨有云——萧山智慧气象科普馆天籁童声评选活动”、“第二季萧山名人后裔访谈活动”等社科普及活动156场，提升群众人文社科素养。6月，“杭州社科能人讲师团”走进杭州国际博览中心等萧山5大基层宣讲点普及社会科学知识。2月27日，联合杭州湘湖（白马湖）研究院协办国际儒联研讨会，全国首个“儒学书房”落户湘湖。9月10日，《杭州蓝皮书·2022年杭州发展报告（文化卷）》出版座谈会在萧山召开，29人参加。12月12日，区社科联配合省社科联拍摄文化专题节目《文化浙江·大讲堂》中的《浙江文化大讲堂·萧山卷》。12月，协助省社科联拍摄进化镇、河上镇、楼塔镇等古镇、古村，节目在浙江新闻频道官方微信“中国蓝”同步推送。

（倪建尧）

方志文化

【概况】 2021年，萧山区人民政府地方志办公室以大方志理念深耕地方文献研究，编辑出版多种地情读物，继续做好镇（街道）、村（社区）志编修指导工作。“掌上世界”让“大部头”方志飞入寻常百姓家获评省优秀案例，《萧山年鉴（2020）》获“浙江省精品年鉴”称号，方志文章《天堂宝地——杭州市萧山区》被“学习强国”学习平台的“浙里有志”栏目和省志办微信公众号“方志浙江”刊登。组织专家指导《义桥镇志》《新街街道志》《益农镇志》《大桥村志》的编修工作，初评《河上镇志》。指导《萧山慈善志》《萧山机构编制志》等部门志启动、纲目设置等工作。

【区历史学会2020年年会召开】 2021年4月15日，萧山区历史学会2020年年会召开。年会采用以文参会形式，学会理事和13位论文作者参会。围绕萧山党史100年、衙前农民运动、浙东运河、湘湖、萧山与钱塘江诗路、浙东唐诗之路及萧山名人研究等论题开展研讨。经评审组专家评议，李维松的《论萧山地名文化特点与地名文化保护——兼议“三江汇”区域地名文化专项保护》获一等奖；陈志富的《湘湖古环境演变研究》、孙娟的《浙江诗路文化带背景下贺知章文化研究》获二等奖；陈志根的《民国时期萧山名人群的特征及其影响》、方晨光的《“湘湖”之名再溯源——北宋孙沔〈湘湖杂诗〉的新意》、王建欢的《挖掘浙东运河人文资源与水运记忆——以（萧山段）沿线河埠为例》、熊张林的《汤寿潜与徐锡麟兄弟》获三等奖。

【《萧山丛书》（第五辑）出版】 2021年12月，《萧山丛书》（第五辑）由南开大学出版社出版。《萧山丛书》于2011年由中共杭州市萧山区委党史研究室（杭州市萧山区人民政府地方志办公室）和南开大学地方文献研究室联合编辑，确定分辑编纂刊行，每辑10册。丛书第五辑收书8种，撰者为清朝、民国萧山籍著名学者。第一册收录有清毛奇龄撰《经问》十八卷、《经问补》三卷；第二至第七册收录有清汪辉祖撰《史姓韵编》；第八册收录有民国单士厘辑《清闺秀正始再续集》四卷；第九册收录有清任熊绘、王龄编撰《任渭长先生画传四种》、清任辰旦撰《介和堂集》；第十册收录有清沈豫辑《春秋左传服注存》、清曹之升撰《曹寅谷制艺三续稿》、民国沈廷傑撰《云石山房诗草》。

【《“掌上世界”让“大部头”方志飞入寻常百姓家》获评省优秀案例】 2021年，由中共杭州市萧山区委党史研究室（杭州市萧山区人民政府地方志办公室）报送的《“掌上世界”让“大部头”方志飞入寻常百姓家》获评省市县地方志成果转化应用优秀案例。“萧山掌上志”作为地方志书数字检索查阅平台，对各种数据、文字、图像等地情信息资料进行加工、处理，实现地方志信息资源数字化、信息传递网络化、信息利用共享化。

【《萧山年鉴（2021）》纸质版与掌上年鉴同步发行】 2021年12月，《萧山年鉴（2021）》纸质版与掌上年鉴同步发行。《萧山年鉴（2021）》是连续出版的第36卷《萧山年鉴》，全书采用分类编辑，卷首设“特载”“区情概览”“年度聚焦”“大事记”，卷末设“人物·先进”“重要文件目录选编”“调研报告”“萧山故事”“索引”。主体部分由类目、分目、条目三级组成，在少数分目中增加子分目。全书共设类目39个，分目295个，子分目64个，条目2034个。记录2020年全区机构改革、社会各项事业发展特点及年度变化。

历年出版的《萧山年鉴》 （柳田兴 摄）

【《萧山年鉴（2020）》获“浙江省精品年鉴”称号】 2021年11月，浙江省人民政府地方志办公室公布2021年度“浙江省精品年鉴”。《萧山年鉴（2020）》成为全省12部上榜年鉴之一，是杭州市唯一上榜的年鉴。

（杨健儿）

湘湖研究

【概况】 2021年，杭州湘湖（白马湖）研究院围绕“研古、论今、宣扬、服务”，挖掘湘湖历史文化，编纂出版湘湖全书，开展湘湖课题研究。《湘湖志》完成初稿编纂。加快研究成果转化，宣传湘湖文化，服务湘湖文化建设。

【湘湖全书系列新书出版】 2021年，杭州湘湖（白马湖）研究院出版湘湖全书3种，包括《湘湖师范期刊文献专辑》（后3册）、《湘湖百桥》和《寻味萧山》。至年底，累计出版湘湖全书47册。

【湘湖课题研究】 2021年，杭州湘湖（白马湖）研究院完成湘湖文旅融合发展策略研究3项课题：《湘湖越文化基因解码研究》《浙东唐诗之路背景下贺知章文化IP塑造》和《三江汇流区未来城市实践区背景下湘湖应对策略》。《三江汇流区未来城市实践区背景下湘湖应对策略》被评为市社科联重要课题。

【湘湖文化空间运营】 2021年，杭州湘湖（白马湖）研究院受湘湖管委会委托运营湘湖文化空间——时园。2月5日，时园举办“明月何曾是两乡”留杭文艺青年雅集暨新年祈福、书福、传福活动；5月1日至6月1日，举办“试金石”艺术展和多个书画艺术展；10月29日，与萧山知联会共同举办“湘知”书法展。10月29日，时园被授予“萧山区党外知识分子文化实践基地”称号。

【湘湖文化项目建设】 2021年，杭州湘湖（白马湖）研究院推进五大湘湖文化项目建设工作。牵头推进湘湖师范旧址纪念馆方案设计工作。3月起，面向社会各界征集史料及展陈实物，启动湘湖师范校友口述访谈；7月接受金海观长子金陵重要捐赠；9月完成纪念馆初步设计方案。牵头金润泉故居修缮保护方案，形成修缮方案。牵头推动横山湘湖书院落地。10月，横山湘湖书院启用并举办第十三届“文化中国”大型讲坛。杭州湘湖（白马湖）研究院与横山湘湖书院共同策划推出“横山多闻多思·湘湖人文学术全年系列公益讲座”，全年开展讲座5次。牵头高帆摄影艺术馆暨高帆纪念馆管理工作。1月15日，高帆摄影艺术馆开馆并举办“铁马冰河入梦来”开馆特展；全年举办乡建中国思想展、中国共产党成立100周年摄影展、第二届高帆杯“行走中国”全国摄影大展等3个展览。高帆摄影艺术馆成为浙江卫视“100年·外国人眼中的中国浙江记忆”纪录片重要选题。做好浙江省油画院、晓风书屋对接服务工作，并出台《湘湖文化艺术项目考核办法》。

【湘湖文化推广】 2021年，杭州湘湖（白马湖）研究院在湘湖驿推出湘湖历史文化系列公益讲座7场，与《中华诗词》杂志社共同开展“湘湖诗词”国内外征集活动，5月出版《中华诗词（湘湖专刊）》。3月27日，协办国际儒学联合会“儒学与中华文化创造性转化、创新性发展”专题研讨会，宣传湘湖文化。4月12日，为庆祝中国共产党成立100周年，与晓风书屋湘湖店共同举办“风起百年 筝飞湘湖”2021湘湖首届风筝节。湘湖文化继续进社区、进学校、进文化礼堂开展讲座15场。是年，杭州湘湖（白马湖）研究院向湘湖景区、学校、社区等赠送湘湖全书1200册。

（许国芳）

档案

【概况】 2021年，萧山区档案馆馆藏档案215个全宗、89.65万卷（件）。办结群众查档1.7万人次，查阅档案2.1万卷，出具档案证明9558件。其中，办理“浙江档案服务网”“杭州市一窗受理平台”等线上查档6134人次，出具电子证明4876件，占总出证量的51%。接待中党员及小学生参观9000多人次。区档案馆派驻行政服务中心查档窗口被评为2021年度区“共产党员先锋岗”，区档案馆机关党支部被评为区直机关五星级党组织。

【档案资源体系建设】 2021年，萧山区档案馆完成20家机关、镇（街道）2001—2015年档案接收工作，新增档案实体8.4万件、

2021 年 7 月 17 日，湘湖研究院副院长许益飞（右）赴北京接受金海观之子金陵（左）捐赠湘湖师范杂志、书刊

（何可人 摄）

103 卷，同步接收其档案数字化成果。新接收 1 家单位电子档案 2.8 万件。设立“脱贫攻坚”“新冠肺炎疫情防控档案”专题库，归集脱贫攻坚档案 46 家单位、1222 件，疫情防控档案 58 家单位、1.19 万件。

【区域数字档案一体化平台搭建】 2021 年，萧山区档案馆加快数字档案系统流程重构、技术融合和平台整合步伐，11 月申报立项“区域数字档案管理服务一体化平台”项目。此项目建成集数字档案收集、管理、利用和监督指导等功能于一体的“萧山区数字档案智慧服务系统”，实现对全区数字档案资源的智能规范化管理和档案工作实时指数化监管。12 月，项目实施方案确认，进行招投标工作。

【档案安全管理】 2021 年，萧山区档案馆继续完善各项安全保障措施。购置运行 WEB 防火墙，防范网络安全攻击。加强数据安全保障，异地备份馆藏重要档案数据；为全区 86 家单位做好数据灾备。通过智慧档案管理系统，对馆藏档案资料进行 RFID 标签著录，粘贴 RFID 标签，确保档案实体安全。

【档案便民服务】 2021 年，萧山区档案馆依托“浙江档案服务网”和“浙里办”App，试行馆藏民生档案村（社区）就近办。对列入第一批试点的 90 多个村（社区）代办员进行培训，实现查档不出村。该举措入选区“三为”专题实践活动最佳案例。

【档案征集与编研】 2021 年，萧山区档案馆征集到各类中国共产党成立 100 周年红色档案资料 3000 多件；征集到《萧山许贤田氏宗谱》等家谱 7 部、31 册，萧山特色书籍 108 册；征集到萧山首批派往武汉的医务人员战疫日记 1 本、照片 12 张。在“2019—2020 年度全省优秀档案编研成果”评选中，《萧山宗谱知见录》获一等奖，《清代萧山硃卷汇编》获二等奖，《萧山来氏家谱》（视频）、《萧山传胪钟宝华》获三等奖。11 月 8 日，区档案馆与区委宣传部等单位共同编著的《百年萧山新闻记录》出版发行。

【档案文化展示】 2021 年，萧山区注重发挥档案在党史学习教育中的作用。4 月，区档案馆与萧山日报社合作举办“百年潮涌·档案见证”档案资料征集和宣传展示活动；6 月，配合省档案馆、浙江电视台拍摄节目《跟着档案去旅行》，完成所前镇节目拍摄；“6·9”国际档案日邀请相关专家开设主题讲座《档案见证历史 服务文化传承——从萧山历史文化中汲取营养》；9 月 28 日至 10 月 27 日，区档案馆与区委宣传部等部门联合主办“迎国庆·感党恩”红色主题剪纸艺术作品展；10 月，与萧山河上抗战历史研究会联合举办前哨讲堂系列活动 2 期。

（章爱青）

融媒体

【概况】 2021 年，《萧山日报》、萧山网、微信、微博、客户端、抖音号等融媒体平台全媒传播，围绕庆祝中国共产党成立 100 周年、党史学习教育、共同富裕示范区建设、数字化改革、亚运兴城、防汛抗台、新冠肺炎疫情防控等重大主题，开设各类专题专栏 100 多个，为建设“亚运国际城·数智新萧山”营造舆论氛围。萧山日报报社有工作人员 170 人，通讯员近 100 人。《萧山日报》全年发行 6.6 万份，出版 297 期（总第 10892—11188 期）、2504 个版面。总收入 1.81 亿元，其中报纸广告收入 5696 万元，其他收入 1.24 亿元。萧山区融媒体中心有职工 268 人，其中编制人员 92 人、聘用人员 176 人，通讯员 150 人，采用通讯员来稿 2500 多篇。全年总收入 2883 万元，其中广告收入 2729 万元。区融媒体中心获 2021 年度全省广播电视新闻协作县级电视特等奖、县级广播一等奖、广电新媒体新闻协作县级一等奖等奖项。

【庆祝中国共产党成立 100 周年融媒体宣传】 2021 年，萧山日报社全方位推进庆祝中国共产党成立 100 周年融媒体宣传，各媒体平台共发布图文视频报道 3000 多篇，新媒体阅读量超 600 万人次。《萧山日报》开设《奋斗百年路 启航新征程》《学党史 悟思想 办实事 开新局》《牢记嘱托 接续奋斗》《民呼我为》等专题专栏；4 月起，《萧山日报》推出“寻访萧山红色印记”活动，通过制图、视频、MG 动画、图文等多种形式，讲述萧山红色故事，各端口总阅读量超 50 万人次。“七一”当天，《萧山日报》推出 40 个版的“庆祝中国共产党成立 100 周年”大型特刊，分上篇《对话·百年萧山》和下篇《奔竞·百年追梦》，回顾萧山波澜壮阔的百年奋斗征程。《萧山日报》策划推出“与党同龄 与党同行”系列报道，讲述“七一勋章”获得者瞿独伊等 6 位百岁老人与党同行的奋斗故事，获市创新重大主题报道优秀新闻作品一等奖。萧山区融媒体中心围绕中国共产党成立 100 周年重大主题，推出《奋斗百年路 启航新征程》《牢记嘱托 接续奋斗》《民呼我为》《两优一先风采录》《牢记初心使命争取更大光荣》等系列报道。2 月 7 日推出系列报道《奋斗百

年路 启航新征程》，讲述衙前农民运动燃起中国农运“第一把火”、萧山党组织成立点燃红色火种等萧山党史上的重大事件，及徐梅坤、李成虎、瞿缦云、钟阿马、楼曼文等萧山革命先驱的故事，播发15篇。4月推出《牢记嘱托接续奋斗》系列报道，报道10篇。5月推出系列报道《民呼我为》，聚焦城市小公园建设、天然气管网村村通、老旧小区改造、油烟扰民、新建地铁换乘停车场等民生实事。7月初推出《牢记初心使命争取更大光荣》系列报道，表达民营企业家、社科界、青少年、新党员、老干部等社会各界代表学习习近平总书记“七一”重要讲话的感悟。“七一”当天，选取行政中心、瓜沥镇梅林村、衙前镇凤凰村等4个点收看收听现场直播，并报道各地庆祝中国共产党成立100周年的活动。

【新冠肺炎疫情防控报道】 2021年，萧山日报社深入一线，全媒联动，全力抗击新冠肺炎疫情防控报道。1—2月，开设《留萧过年 一样温暖》专题专栏、策划“云上音乐会”“我在萧山过大年 视频家书”等活动、推出《了不起的你，在萧过年》系列短视频。8月，推出《从严从紧 织牢疫情防控网》专题，开展舆论监督报道。12月7日，萧山成为杭州市抗疫前沿阵地，《萧山日报》全媒体平台滚动直播、高效发布，推出疫情防控专题专栏6个，有关报道1848篇（条），总点击量2126.49万人次，点击量10万人次以上的报道有10条，最高点击量450多万人次。疫情相关3则内参报道获区委书记批示肯定。是年，萧山区融媒体中心投入骨干力量，宣传报道新冠肺炎疫情防控工作。8月初，针对疫情防控形势趋紧实际情况，对公共场所、市场综合体、农贸市场、服务场所“亮码、测温、戴口罩”执行情况进行暗访，并在《今日关注》栏目中播出，得到相关单位高度重视，促进全区防疫措施落实到位。12月7日，北干街道出现2例新冠肺炎确诊病例。区融媒体中心立即启动应急响应，组织力量赶到龙湖春江天玺等地，通过无人机航拍、视频外传等形式，报道医务人员日夜坚守核酸检测一线、幼儿园儿童连夜转移、增设外卖货架等抗疫故事。12月10日起，抽调2名记者到各地进行暗访，查找疫情防控中薄弱环节，每天制作一期视频内参发给区委区政府，促进全区疫情防控工作。

【“亚运兴城”主题报道】 2021年，萧山日报社营造全民迎亚运的浓厚氛围，开设《亚运兴城》攻坚年专栏，报道亚运筹备工作中涌现出的先进典型，推出每周一期的《亚运》专版，开设双语栏目《亚运千寻》，普及亚运知识。推出“亚运倒计时月历”，以手绘亚运项目为月历主题图，传递亚运资讯；组织大小记者探访亚运场馆，进行视频播报；5月，启动“‘亚运兴城’攻坚年行动”融媒体访谈，37位部门、镇（街道）、平台主要负责人走进萧山网直播间接受采访。9月9日，杭州2022年亚运会萧山区倒计时一周年活动在瓜沥文化体育中心举行，杭州亚运会进入“倒计时一周年”。区融媒体中心通过萧山电视台综合频道，“智慧萧山”App、视频号、抖音号和湘湖网对活动进行视频直播，网络平台在线达30万人次以上。9月6日起，区融媒体中心陆续派出10余名骨干记者，对亚运配套设施最新进展、机场防疫工作、亚运安保工作、亚组委相关活动、区倒计时一周年活动探营以及演出等工作进行报道。播发亚运系列稿件11篇，中央广播总台《中国之声》播发稿件1篇，《浙江之声》及其新媒体播发稿件2篇，浙江卫视播发稿件9篇，杭州台综合频道播发稿件2篇。

【“共同富裕的萧山实践”专栏】 2021年8月起，萧山日报社策划推出《共同富裕的萧山实践》融媒体专栏，通过“典型报道 + 记者手记 + 出镜视频”，全媒体、全方位展示共同富裕道路上的基层实践经验。推出衙前镇凤凰村、瓜沥镇航民村、河上镇东山村、党湾镇新前村、益农镇群围村、浦阳镇江西俞村等典型报道15篇。

【迎战台风“烟花”系列报道】 2021年7月23—28日，台风“烟花”过境萧山，萧山日报社组建特别报道小组，按照区委区政府指示，启动融媒体直播滚动报道。派出六路记者奔赴防汛抗台一线，现场采访、滚动直播，在各平台发布图文、短视频，全面反映全区防汛防台场景，积极回应社会关切。迎战台风期间，萧报融媒体矩阵共开设专题专栏11个，发布图文视频等新闻1000多条，阅读量超1000万人次。在台风“烟花”袭击萧山时，萧山区融媒体中心启动24小时值班机制，派出采访小组40多路、记者80多人次，赶赴进化镇、河上镇、临浦镇、楼塔镇、戴村镇等镇以及区防台指挥部、气象局等部门，及时采访报道区委、区政府主要领导到一线检查指导抢险和当地干部群众抢险救灾、转移安置群众等情况。在《萧山新闻》《热线188》栏目播发防台抢险报道60多条，在新媒体等平台发出各类稿件和信息300多条。在中央广播电视总台、浙江卫视、浙江之声、杭州电视台等上级媒体共播发稿件110多条，其中浙江卫视《直击台风“烟花”》特别节目，多次采用萧山电视台记者现场出镜，27日、28日，浙江卫视《浙江新闻联播》头条连续2天采用萧山电视台的报道。

【“主播计划”启动】 2021年6月17日，萧山日报社启动“主播计划”，培养首批20多名主播参与视频访谈、新闻直播、专栏直播、线下活动等项目。国庆期间，萧山日报社推出连续8天的“主播带你逛萧山”直播活动，6位主播带市民“云游”萧山，直播总时长438分钟，通过视频互动、设置有奖问答、抽奖等环节，吸引2万余名网友直播间观看，点赞10.2万人次。后期制作的相关短视频阅读量超7万人次。

【“萧报圆桌汇”关注民生】 2021年3月，萧山日报社创新推出“话题式”议事栏目“萧报圆桌汇”，每两个月一期，通过线上征集、线下讨论、内参分析，搭建听民声、集民意、汇民智、解民忧的服务平台。至年底，分别聚焦老年食堂建设运营、杭州错峰出行新政下萧山交通运行情况、老旧小区改造、红绿灯设置、教育“双减”等话题推出5期。以图文直播、视频发布、纸媒专版等融媒体方式呈现，并借力社交媒体对媒体矩阵的新闻产品进行转发，实现二次传播。在11月8日第22个记者节上，“萧报圆桌汇”获评杭报集团2021年最佳新媒体项目。

2021 年 6 月 17 日，萧山日报“主播计划”启动　（萧山日报社 提供）

【少年党史课进校园】 2021 年 4 月 9—29 日，开展“庆祝建党 100 周年·争当红色传承人”少年党史课十进校园活动，活动由萧山区委宣传部（区文明办）、萧山日报社主办，萧山日报《教育周刊》承办，将党史课引入校园，引导少年儿童“上党课、学党史、跟党走”。活动邀请浙江省博物馆、浙江革命烈士纪念馆选派研究员和讲师，走进信息港小学、金山小学、银河实验小学等 10 所小学开展讲座，2000 多名师生现场听讲。

【新媒体外宣】 2021 年，萧山区融媒体中心增强外宣力量，完善优化外宣考核政策。在中央广播电视总台发稿 68 条，中央人民广播电台发稿 30 条，浙江卫视发稿 596 条，浙江之声发稿 452 条。在省级及以上媒体日均发稿量 3 条，电视、广播、新媒体端向上发稿数量均取得新突破。在中央广播电视总台《新闻联播》节目中，播出《坚定理想信念努力为党和人民争取更大光荣——习近平总书记在庆祝中国共产党成立一百周年大会上的重要讲话引发热烈反响》头条 1 条，播出《传化集团以高质量党建引领高质量发展》《强化春夏季疫情防控全力守护国门安全》《百年间波澜壮阔新时代斩浪前行》等报道 6 条。在中央人民广播电台《全国新闻联播》播出《牛年新春商场超市消费红火》等报道。在浙江卫视《浙江新闻联播》播出《系列解读：高质量发展建设共同富裕示范区（四）——先行先试未来社区建设共同富裕现代化基本单元》《全面推进数字化改革：以数字化改革为牵引浙江制造业跑出提质增效加速度》等头条报道 10 条。

【融媒体东西部协作】 2021 年 11—12 月，萧山区融媒体中心联合广元旺苍县融媒体中心、广元旺苍县东西部协作领导小组办公室、广元旺苍县教育局、萧山帮扶旺苍教育工作队等单位推出“‘声’驰千里 @ 广元”爱心助学行动。11 月 15 日起，FM107.9 萧山人民广播电台通过《1079 帮忙团》，组织热心听友和萧山市民帮助旺苍县三江小学 986 名孩子实现微心愿。公益活动吸引社会各界关注和参与，进入学校、社区接受捐赠，收到各类书籍 5000 册，各类学习用品、用具 3000 多份、课桌椅 800 套，活动参与约 3000 人次。

【融媒体协助拍摄《红色金融路》】 2021 年，中央广播电视总台和中国人民银行共同策划推出 40 集大型融媒体报道《红色金融路》，其中第三集讲述由中国共产党领导创建第一个新型农民组织——衙前农民协会及农民信用合作社。3 月，央视摄制组到衙前拍摄期间，区融媒体中心派出 1 名编导、2 名摄像，全程参与协助拍摄。摄制组先后到衙前农民运动纪念馆、农村小学校旧址、农民协会旧址等红色史迹群实地走访、拍摄。6 月 1 日，《红色金融路》在中央广播电视总台财经频道播出。

（钱　嫣　王丁旻）

文化市场管理

【概况】 2021 年，萧山区持续加强文化市场管理。区文化市场综合行政执法队共出动检查，其中网吧 2038 家次、娱乐场所 687 家次、印刷企业 1039 家次、出版物 1006 家次、网络文化 592 家次；行政处罚立案调查 51 件，办结案件 49 件，公开案件 1 件，警告 28 家次，罚款 19 万元；没收非法所得 624.56 元，没收违法物品 162 个；下发双随机任务 65 个，联合“双随机”11 次；从浙江省权力事项库文广部门中领取事项 509 项，其中行政检查事项 238 项，行政处罚 270 项，行政强制 1 项。得分列全市第一位，超额完成全年任务；区文化市场综合行政执法工作综合排名列全市第一位。

【文创产业】 2021 年，萧山区文化产业实现增加值 66 亿元，比上年增长 18.3%，高于杭州市 9.6 个百分点。规模以上文化企业实现营业收入 428.79 亿元，增长 34.2%，高于杭州市 22.6 个百分点；规模以上文化企业实现利润总额 7.47 亿元，增长 371.9%；规模以上数字文化新业态实现营业收入 182.06 亿元，增长 33.87%，占规模以上文化企业营业收入的比重为 42.5%。细分行业中，多媒体、游戏动漫和数字出版软件开发营业收入增速为 25.2%，互联网广告服务营业收入增速为 41.7%。全区规模以上文化核心领域企业共 100 家，占规模以上文化企业的 70%；实现营业收入 367.6 亿元，增长 36.2%，占规模以上文化企业营业收入的 85.7%。

【文化安全生产】 2021 年，萧山区文化市场综合行政执法队将互联网上网服务场所、歌舞娱乐场所、影剧院等人员密集场所作为安全生产监管重点。开展“五一”假日文化旅游市场安全生产大检查、2021 年安全生产月活动、中秋国庆假日文化旅游市场安全生产大检查等行动，检查文化经营场所新冠肺炎疫情防控措施、消防设施等，排查、消除安全隐患。文化市场平安稳定，未发生安全生产事故。

【“护苗”行动】 2021年，萧山区文化市场综合行政执法队开展“护苗”行动，坚持预防与打击相结合，网上与网下宣传相结合，维护未成年人合法权益。通过“绿书签”系列宣传教育活动进学校、进家庭、进社区、进商场、进车站，引导少年儿童自觉远离和抵制非法有害出版物及信息。打击制售传播非法有害少儿出版物和信息的单位和个人，维护未成年人合法权益。全年开展相关宣传4次，发放各类未成年人保护宣传资料2000多份。

（蒋一涵）

旅游

【概况】 2021年，萧山区旅游总数1013.7万人次，比上年增长1.5%。旅游总收入181亿元，增长7.9%。萧山区被列入全国文旅系统重点项目17个，总投资超300亿元。至年底，全区有各类旅行社64家，比上年增长1.6%；星级宾馆8家，其中五星级酒店3家，四星级酒店4家；AAAA级景点5个。萧山区成功创建省级全域旅游示范区、省AAA级景区城，建成4个省级景区镇和25个省A级及以上景区村庄，设计发布萧山文旅亚运线路。

【文旅融合和全域旅游加快发展】 2021年，萧山区编制完成《萧山区文化和旅游发展总体规划（2021—2035）》《萧山区文化和旅游“十四五”发展规划（2021—2025）》《萧山区全域旅游发展规划（2021—2035）》《萧山区乡村旅游高质量发展专项规划（2021—2025）》《萧山区旅游业“微改造、精提升”三年行动计划》。8月，出台《杭州市萧山区加快推进文旅融合和全域旅游发展专项扶持政策实施细则》，区财政每年安排文旅融合和全域旅游发展专项扶持资金，用于扶持社会力量参与重大文旅项目建设，鼓励举办体育赛事，支持文旅产业素质和服务品质提升、文旅数字化、非遗传承利用和旅游市场拓展等。

【文旅项目建设】 2021年，萧山区被列入全国文旅系统重点项目17个，总投资超300亿元。其中，世界旅游联盟总部一期项目、朗庭康得斯酒店、英迪格酒店、杭州奥体中心主体育馆、杭州亚运会游泳馆、逍遥庄园5个项目被列入省文旅“四十百千”（四条诗路、十大海岛公园、百张文旅金名片、千亿投资）项目。实施河上镇溪头村景观节点提升工程、瓜沥镇航坞公园环境提升工程、宝盛宾馆无障碍设施设备改造工程“微改造、精提升”项目48个，总投资近2亿元。

【景区创建】 2021年，萧山区通过第四批浙江省全域旅游示范县（市、区）验收，创建成为省AAA级景区城，机器人小镇创建为国家AAA级景区。结合美丽乡村建设，进化镇、楼塔镇、戴村镇创建成省AAAA级景区镇，浦阳镇创成省AAA级景区镇；河上镇、楼塔镇、衙前镇被评为省级乡村旅游重点镇，楼塔镇楼家塔村被评为省级乡村旅游重点村；临浦镇横一村、白鹿塘村，戴村镇沈村村等10个村创建为省AAA级景区村庄。全区创建A级及以上景区村庄25个。宋韵欢潭五义文化村、南宋官窑艺术馆2地入选首批宋韵杭式生活体验基地、体验点。其中，宋韵欢潭五义文化村被认定为宋韵杭式生活体验基地，杭州萧山南宋官窑艺术馆被认定为宋韵杭式生活体验点。云锦民宿获省首批文化主题民宿，东山玫瑰园民宿获省银宿，钱江渔村、湘湖渔村、新时代大酒店、杭州开元名都大酒店、杭州雷迪森铂丽大饭店5家企业被评为“诗画浙江·百县千碗”省级美食体验（示范）店。

2021年6月1日，萧山区文化市场综合行政执法队检查校园周边出版物场所

（王红燕 摄）

【文旅宣传推广】 2021年，萧山区多种形式开展文化旅游宣传，全年开展各类推广活动8次。3月7日起，开展“云游萧山”线上宣传，分别以踏春、赏花、运动为主题，在湘湖、进化、戴村取景拍摄短视频，制作成短视频20条，新媒体推送40条，阅读量约20万人次，扩大乡村旅游传播度。7月，赴上海开展“数智·亚运·新萧然”2021萧山文旅（上海）推介会，萧山、上海两地文旅局领导、重点旅游企业及媒体代表140多人参加推介会。

【第二届萧山乡村文化旅游节】 2021年4月15日，萧山区第二届乡村文化旅游节在河上镇老街开幕。开幕仪式上，区文旅局、钱江世纪城管委会、河上镇人民政府、戴村镇人民政府、进化镇人民政府、瓜沥镇人民政府分别与各文旅单位签订文旅项目合作协议；现场为11个省AAA级景区村庄，3个国家 AAA 级景区，2 个省 AAAA 级景区镇、区民宿协会授牌；发布“拾忆——红色经典之旅”“回望——不忘初心之旅”“寻根——革命传承之旅”等 10 条萧山乡村文化旅游精品线路。

【镇街特色节庆活动】 2021 年，萧山区结合各镇（街道）传统节庆活动，开展特色旅游节庆宣传推广。5 月 9 日，戴村镇“你我一起精彩亚运”群众性迎亚运接力活动暨第六届戴村山地马拉松赛举办；5 月 15 日，进化镇举办“青青子衿 梅好女神”青梅文化节；6 月 9 日，所前镇以“杨梅红·中国红”为主题的第 23 届萧山杜家杨梅节开幕；11 月 19 日，临浦镇梅里方柿节开幕。

【萧山区三地入选“杭州亚运文化体验点”】 2021 年 11 月 23 日，杭州市文化广电旅游局公布 50 个“杭州亚运人文体验点”。萧山千年临浦文化体验（临浦老街、横一村）、楼塔古镇、G20 杭州峰会体验馆三地入选。临浦镇与杭商旅合作开发临浦老街保护改造项目，对临浦老街、浦阳江外滩公园、峙山进行整体改造，打造“杭城新文旅·萧山老味道”景区；计划投资 2.1 亿元，是年投资 1.64 亿元。横一村有规模较大的古柿树群落，1400 多棵柿树中，百岁以上的就有近千棵；有彩色创意水稻 113.33 公顷，建成全区连片面积最大的高标准稻田，楼塔古镇是国家 AAA 级旅游景区。8 月 3 日，通过国家 AAA 级旅游景区复核，10 月 10 日，通过省 AAAA 级旅游景区镇验收，获评小城镇环境综合整治“省级样板”、新时代美丽城镇建设省级样板、省旅游风情小镇。G20 杭州峰会体验馆是集会议、展览、餐饮、旅游、酒店、商业、产业园楼等多个业态于一体的综合体，是当前国内功能全、档次高、特色浓的现代化专业场馆。

【萧山南部乡村游建设】 2021 年，萧山区推动全域旅游发展，进化古韵欢潭景区、千年古镇楼塔、河上的研学基地等乡土风情南部乡村游受游客欢迎。楼塔镇以“建设新时代千年文旅古镇”为目标，一体化推进曼妙音乐小镇、中医药香古镇和诗路文化名镇建设。河上镇举办龙灯胜会、“甄食集”甄山庙会等传统活动，推动全域旅游产业发展。戴村镇通过省 AAAA 景区镇、省首批运动休闲乡镇验收，郊野运动激发旅游潜力，三清园户外运动公园、云石滑翔伞、高空秋千乐园等旅游项目运营良好。浦阳镇通过举办河灯节、梨花节、乡村文化旅游节等活动，推进休闲旅游发展。进化镇引入乡村休闲和文化体验类旅游产品，探索“古镇 + 旅游”“古镇 + 文创”等新发展业态。所前镇依托优越的自然生态环境和历史文化底蕴，塑造“茶果之乡”。义桥镇推动农旅、文旅深度融合，打造“渔浦文化”独特旅游品牌。

（朱叶婷）

【旅游管理】 2021 年，萧山区文化市场综合行政执法队加大旅游市场现场执法检查工作力度。联合区公安、市场监督、交通、卫健等涉旅职能部门，在“消费者权益保护日”“中国旅游日”和“五一”“十一”等重大节日及暑假、汛期等重要时段，组织开展以安全为重点的旅游市场综合治理和执法检查。配合杭州市文化市场综合行政执法总队优化“杭州都市圈”共享执法的管理理念，开展对口交流协作活动；受理旅游投诉 76 起、举报 5 件，均妥善处理。

【旅游景区安全管理】 2021 年，萧山区旅游管理部门督促旅游企业落实安全生产主体责任。指导督促旅游企业做好安全培训和应急演练，细化各类应急预案。发挥“互联网 +”监管优势，不断完善、提升智慧监管手段。针对新冠肺炎疫情，指导并督促旅游景区经营主体加强安全风险提示警示，落实限流错峰等防控措施，遏止人员聚集。

【旅行社管理】 2021 年，萧山区有 73 家旅行社，其中 46 家暂停营业，2 家失去联系。区旅游管理部门例行检查旅行社 115 次，无行政处罚。全区旅行社接待游客 61.11 万人次，比上年增长 121.8%；营业收入 4.35 亿元，增长 69.8%。

2021 年 4 月 15 日，第二届萧山乡村文化旅游节开幕（区文旅局 提供）

2021 年 11 月 19 日，浙农·东巢艺术公园开园　（区委宣传部 提供）

【浙农·东巢艺术公园开园】 2021 年 11 月 19 日，浙农·东巢艺术公园开园仪式暨“西行漫记——中国当代书画名家邀请展”举行。浙农·东巢艺术公园位于萧山区北干街道萧杭路 689 号，原为萧山火车西站旁的浙江农资仓库，总占地面积 4.96 万平方米，建筑面积为 2.6 万平方米，有红砖墙及楼房 37 处。2021 年初，由浙农东巢（杭州）文化创意有限公司于开始开发运营，打造以文化展示、文化体验、文化消费以及其他配套服务为一体的复合型文化艺术空间。至年底，时尚外滩艺术中心、新野渡书社、咖啡音乐吧等经营主体签约入驻。

（蒋一涵）

湘湖国家旅游度假区

【概况】 湘湖国家旅游度假区位于杭州市萧山区城西，规划面积 53.5 平方千米，湖域面积 6.1 平方千米。2003 年，湘湖综合保护与开发工程启动，2015 年成为首批国家旅游度假区，2016 年 10 月湘湖三期建成。湘湖国家旅游度假区有跨湖桥文化遗址国家级文物保护单位，越王城山遗址公园省级文物保护单位，魏骥墓、一览亭市级文保单位 2 个；有湘湖景区、杭州极地海洋公园、杭州乐园、东方文化园 4 家 AAAA 级景区，形成以湘湖景区为核心，涵盖众多优质文旅产品的生态人文度假目的地。2021 年，湘湖国家旅游度假区实施“创新 +”“文旅 +”双轮驱动战略，推进未来产业社区、生科创新中心、湘湖金融镇、湘湖院士岛等创新载体建设，探索实践“湖、城、人、产”共生共荣的路径。全年财政总收入 19.61 亿元，比上年增长 73.2%，其中一般公共预算收入 10.23 亿元，增长 49.9%；全社会固定资产投资 28.41 亿元，规模以上工业增加值 12.19 亿元，增长 26.2%；规模以上服务业增加值 6.25 亿元，增长 22.4%。

【湘湖区域规划建设】 2021 年，湘湖国家旅游度假区开展新一轮国土空间规划编制工作，调整 5 个控规单元划分，争取到国土空间规划开发边界湘湖区域全覆盖。同时，开展多个专项规划，推进未来产业社区整体城市设计方案编制、湘湖国家级 EOD 试点项目一期整体规划布局及落位、湘湖景区景观提升方案设计、闻堰街道全域水系规划、湘湖重点寺院整体规划方案等。

【湘湖景区建设】 2021 年，湘湖景区接待国内外游客 720 万人次，其中度假游客 104.63 万人次。旅游接待营业收入超 12 亿元。举办第十三届文化中国讲坛、长三角地区三省一市职工疗休养事业交流协作会议等重要会议，举办第四届湘湖年鱼节、“越夜越湘湖湖畔潮玩季”湘湖夜游等文旅活动。获评 2021 年度浙江省运动休闲旅游示范基地、2021 年浙江省十佳露营地。世界旅游联盟总部暨博览馆项目、英迪格酒店、朗廷·康得思酒店等文旅项目推进，高帆摄影艺术馆、横山湘湖书院等文化项目建成开放，浙江省油画院项目开工，湘湖师范纪念馆项目启动筹建。

【湘湖院士岛】 2021 年，湘湖院士岛获批浙江省博士后工作站。新落地“5213”项目 5 个，“人才 + 项目”的运行机制逐渐成熟。强化对实体经济的赋能，成立第一个院士领衔的研究中心——李群与图像研究中心，揭榜“卡脖子”关键核心技术攻关项目 9 项，与杭州萧山红旗摩擦材料有限公司、杰牌控股集团有限公司、杭州长乔旅游投资集团股份有限公司等企业共建联合实验室 3 个，打通科技成果转化通道。全年开展各类院士咨询、学术研讨、项目路演等活动 192 场。

【湘湖金融镇】 2021 年，湘湖金融镇围绕“金融 + 科技 + 生态”的发展定位，重点布局上市公司投融资总部、私募股权基金，建设全国一流的生态型金融科技产业集聚区。新增企业 242 家，重点引进以新华三集团有限公司、金石投资有限公司、杭州快哉文化有限公司总部等龙头企业项目。举办湘遇私董会、湘荟创投、湘知大讲堂等品牌活动 50 多场，接待 7 万人次。至年底，湘湖金融镇注册企业 1224 家，其中以凯银投资管理有限公司、阿米巴资本控股有限公司、鼎晖投资管理有限公司、浙商创投股份有限公司为代表的各类金融企业 916 家，资金管理规模超 4000 亿元。全年税收超 10 亿元，比上年增长 107.5%。

【未来产业社区】 2021 年，湘湖国家旅游度假区以数字经济与先进制造业为产业方向，加快推进 1.48 平方千米湘湖未来产业社区核心区建设。省重大产业项目——紫光恒越数字化产品研发生产基地项目于 8 月竣工交付，10 月投产，入选杭州市“未来工厂”体系首批培育企业名单。省重大产业项目紫光新基建及 AI 研究院项目（云尖信息）过渡厂房于 1 月投入使用，全年产值 4.35 亿元。创麦科技（杭州）有限公司项目于 7 月竣工验收并招商，杭州聚玻国检玻璃研究院有限公司项目于 9 月开工，杭州先临齿科技术有限公司二期齿科项目于11月验收并试生产，易加三维增材技术（杭州）有限公司项目于12月主体建设竣工。杭州太能硅业有限公司项目、杭州力德电子有限公司、浙江恒力工具有限公司等4个存量土地待审批开发项目进行前期报批。

【湘湖生科创新中心】 2021年6月，杭州湘湖生科创新中心（杭州时代高科技产业园）获评省级小微企业园。湘湖生科创新中心以“细胞+基因”为特色，建设集生物医药研发、中试、产业化于一体的生物医药产业园。2019年5月，湘湖生科创新中心对4.8万平方米存量厂房进行改造提升，2021年9月通过竣工验收，投入试营业。至年底，湘湖生科创新中心签约入驻企业22家，其中新三板上市企业1家（联科生物）、院士项目4个、“5213”人才项目7个。

【民生项目建设】 2021年，湘湖国家旅游度假区加快推进11处安置房、3所学校及12条道路工程等民生项目建设。山河村新建老年过渡房、金西安置房项目竣工交付；杜湖安置房基本完工。在建项目有：东山陈安置房、闻兴村（裴家里区块）安置房、山河村安置房、黄山村安置房、湖头陈安置房三期和四期、东湘安置房二期、长安村安置房。三江口幼儿园5月通过主体验收，9月投入使用；湘湖未来学校9月招生开学；闻堰二小迁建项目有序推进。

【湘湖片区入选国家级EOD模式试点】 2021年4月28日，生态环境部、国家发展改革委、国家开发银行办公厅联合发文，确定湘湖片区生态环境导向的开发等36个项目开展生态环境导向的开发（EOD）模式试点工作。根据EOD模式试点要求，湘湖国家旅游度假区管委会全面开展度假区全域土地整备、项目梳理和资产盘活，探索湘湖生态环境治理改革创新。湘湖国家级EOD模式试点项目分期实施，总规模600亿元。其中，一期授信233亿元，包括落后产能腾退、绿色社区、产业载体及配套、生态基础设施及配套4个类别共51个子项目。

【浙江湘旅集团改革】 2021年7月，浙江湘旅集团控股有限公司由区级管理国有公司调整为湘湖国家旅游度假区管委会下属的国有公司，撤销中共浙江湘旅集团控股有限公司委员会和中共浙江湘旅集团控股有限公司纪律检查委员会。11月，经东方金诚国际信用评估有限公司信用评级委员会评定，湘旅集团主体信用等级调升为“AA+”。

【湘湖生命健康产业研讨会召开】 2021年9月25日，在中国·杭州湘湖国际生命健康产业协同创新先行试验区成立2周年之际，湘湖生命健康产业研讨会召开。生命健康领域的专家学者及大健康行业从业者等近200人参加，介绍生命健康发展的科研成果和成长经验，讨论湘湖生命健康产业可持续发展道路。杭州湘湖国际生命健康产业协同创新先行试验区，由国家发展和改革委员会国际合作中心、萧山区人民政府和三江控股集团采用“2+1”战略合作模式共同建立。2019年7月试验区启动，以御湘湖国际健康城为核心，引进国内外生命健康领域专家资源，推进生物细胞技术的研发、转化和应用。

【湘湖生物多样性调查】 2021年12月2日，萧山区湘湖水生生物多样性调查项目及萧山区湘湖鸟类多样性调查评估项目评审会召开，湘湖多样性调研评估项目通过验收。2020年10月，湘湖开始首次生物多样性本底调查，开展包括湘湖周边的鸟类、鱼类、浮游植物、浮游动物、底栖动物五大门类野外调查工作。共记录鸟类96种、鱼类26种、浮游植71种、浮游动物38种、底栖动物25种、周丛藻类47种。包含国家二级重点保护野生动物5种——鸳鸯、鸿雁、画眉、林雕以及凤头鹰。生物多样性调查为湘湖生态治理科学研究和保护开发奠定基础。

（金开轶）

卫生健康

综述

【概况】 2021年，萧山区有医疗卫生健康机构772家，其中区级医院7家，社区卫生服务中心23家（含民营1家），社区卫生服务分中心2家，社区卫生服务站270家，村卫生室94家，社会办医院52家（不含浙江萧山医院），门诊部92家，诊所、卫生所、医务室及护理站216家。全区有在职医疗卫生工作人员1.93万人，其中卫技人员1.55万人、执业（助理）医师5989人、注册护士6895人；全区卫健系统（不含民营医疗机构）在职人员1.09万人，其中专技人员1.03万人，具有高级职称1705人。全区实际开放病床床位1.06万张，其中医院床位1.04万张；平均每千人拥有执业（助理）医师2.91人、注册护士3.35人；平均每千人拥有实际开放床位5.18张（按常住人口205.6万人计算）。是年，全区本地户籍出生人口9010人，人口出生率7.3‰，人口自然增长率1.9‰；居民平均期望寿命83.79岁，其中男性82.13岁、女性85.44岁。孕产妇零死亡，5岁内儿童死亡率为2.4‰，婴儿死亡率为1.7‰。全年建设标准化急救站点12个，公共场所配置AED（自动体外除颤仪）630台。新建社区卫生服务站13个。建成婴幼儿照护服务社区成长驿站34家，新增婴幼儿照护服务托位571个。推进接种新冠疫苗工作，提升改造5家医院发热门诊和全部社区卫生服务中心发热筛查诊室建设。“健康大脑和智慧医院理论体系和实现路径”项目入选省发改委第二批数字社会中榜项目，3月24日，省委书记袁家军专程调研该项目。

2021年12月13日，萧山区开展扩面核酸检测演习

（楼　颖　摄）

【区域医共体建设】 2021年，萧山区深化区域医共体建设。各医共体在原有一办七中心的基础上，增设质量管理中心、护理院感管理中心、药事管理中心、教学培训管理中心等，并梳理相应职责，常态开展工作，实现扁平化管理。开展基层医务人员模块化培训107场次、3.63万人次；临床实践教学活动77次，参加临床实践教学活动2789人次。全区建立全科专科门诊80个，垂直化管理科室17个，比上年增长41.7%；牵头医院在成员单位常规排班医生数307人，增长31.8%；增设联合病房5个。

【医疗质量管理】 2021年，萧山区在新冠疫情常态化防控阶段，以院内感染防控为重点，组织专家对医疗机构的儿科（新生儿科）、发热门诊、CT室等重点科室和重要环节进行检查。组织25个质控中心对全区区级医院、24家社区卫生服务中心和60多家社会办医院、门诊部开展质控检查，针对存在问题进行整改，重点加强对医疗美容等医疗机构的质量监管。加强临床合理用药监管和基本用药管理，270家医疗机构通过抗菌药物目录备案，49家医疗机构开展精麻毒药品对码上报工作。开展抗菌药物、抗肿瘤药物、精麻药处方权授权工作，3771名医师取得抗菌药物处方权，696名药师取得抗菌药物调剂权；358名医师取得抗肿瘤药物处方权；273名医师取得精麻药处方权，85名药师取得精麻药调剂权。开展第七周期医师定期考核工作，共有6400名医师完成考核，其中简易程序2876人、一般程序3524人。

【基层卫生服务】2021年，萧山区继续开展“优质服务基层行”活动，南阳、蜀山、益农、衙前、浦阳、义桥、所前、党山8家社区卫生服务中心（分中心），获国家卫健委通报表扬。推进两慢病医防整合，设立慢病一体化门诊10家，开启诊前、诊中、诊后全流程健康管理。瓜沥镇社区卫生服务中心坎山分中心建设为全区首家社区医院。新建社区卫生服务站13个。规范开展国家基本公共卫生服务项目，在市年度绩效考核中列第一位，全区建立居民电子健康档案数147万份，电子健康档案建档率92.8%，其中档案开放率76.3%；65岁及以上老年人城乡社区规范健康管理服务16万人，规范健康管理率68.1%。继续开展家庭医生签约服务，全年签约61.74万人，重点人群签约覆盖率89%，年度服务人群满意度99.4%。启动基层医疗机构绩效考核工作，建立数字化绩效考核系统。

【医疗帮扶】2021年7月，萧山区卫健局完成对贵州黔东南州从江县、黄平县、凯里市，以及湖北恩施州利川市34对医疗卫生对口帮扶工作。根据新一轮东西部协作调整方案，区卫生健康系统对口助力四川省甘孜州康定市、广元市旺苍县，区卫健局分别和旺苍县卫健局、康定市卫健局签署医疗卫生对口协作框架协议，区级医院与康定市和广元市建立5对结对协作，签署对口协作协议。区第一人民医院结对广元市旺苍县人民医院，萧山医院结对广元市旺苍县妇幼保健院，区第三人民医院结对甘孜州康定市第二人民医院，区中医院结对甘孜州康定市民族医院、广元市旺苍县中医院。全年派出挂职干部及专技人员12名，接收受援医院到萧山进修人员5名，完成门诊、急诊、会诊1245人次，手术72例；举办培训91次，培训人员1912人次；开展教学查房23次，输出技术17项，受益567人。区卫生健康局获评市东西部扶贫协作工作成绩突出集体。

（燕东剑）

2021年萧山区区级医疗单位基本情况表

表42

机构名称	平均开放床位数（张）	在编职工数（人）	专业技术人员职称（人）				年收治病人（万人次）		事业收入（万元）	固定资产原值（万元）
			总数	高级	中级	初级	门、急诊	出院		
区一医院	1160	1815	2016	480	711	740	251.2	5.3	118787.4	114777.3
区二医院	280	377	499	73	140	247	68.4	1.0	18453.1	14862.2
区三医院	430	498	668	101	184	362	76.3	1.7	26724.1	20180.0
区中医院	1012	990	1161	283	346	522	106.2	2.6	70414.2	46454.4
区中医骨伤科医院	200	231	295	46	78	164	21.9	0.5	12384.7	10828.0
区皮肤病医院	40	53	70	16	30	16	18.2	—	3305.3	2898.8
浙江萧山医院	1718	1654	2449	360	523	1280	234.3	6.3	120739.6	134900.5

2021年萧山区区级卫生健康单位基本情况表

表43

单位：人

机构名称	在编职工数	专业技术人员	专技人员职称			机构名称	在编职工数	专业技术人员	专技人员职称		
			高级	中级	初级				高级	中级	初级
区计生协会	3	0	0	0	0	区疾病预防控制中心	94	97	27	29	30
区流动人口计划生育管理服务中心	8	0	0	0	0	区妇女儿童健康服务中心	33	34	9	14	9
区健康萧山建设指导中心	5	1	0	0	0	区医疗急救指挥中心	9	25	1	5	5
区卫生计生行政执法大队	54	69	15	20	15	区干部保健中心	4	4	1	2	1
区爱国卫生发展中心	11	11	0	1	8	区无偿献血服务中心	21	33	2	12	14

新冠肺炎疫情防控

【概况】 2021年，萧山区新冠肺炎疫情防控分为两个阶段：1至11月，萧山区疫情防控较平稳，是常态化防控时期；12月7日，萧山区进入疫情防控紧急状态。是年，萧山区制定启动新冠疫情防控响应方案；出台《杭州市萧山区新冠肺炎疫情应急处置机制工作方案》；印发《萧山区新冠肺炎疫情防控密智控工作实施方案》等。按照“一刻不误、一条不漏、一查到底”的标准，建立健全涉疫风险人员数据生成、汇总、研判、比对、推送、排查、处置、反馈等环节闭环，确保实现精准识别、精密智控，守住不发生中高风险地区来萧返萧人员脱管漏管的底线。8月19日，根据市防控办统一部署，在南阳街道南翔名苑小区开展核酸检测实战演练。全年，社会面新冠肺炎确认2人。

【二级疫情应急响应启动】 2021年12月7日上午，萧山区接到通报称有1名外市病例的密切接触者流入。同日下午，该密接者及与其同住的次密接者确诊为新冠肺炎病例轻型。萧山区立即启动二级疫情应急响应，召开全区新冠肺炎疫情防控工作会议，区防控指挥部进入战时状态，激活指挥体系。相关部门、镇街人员集中办公，各镇街部门加强24小时值班值守，建立健全信息通报反馈机制，区指挥部应急处置各组按照分工部署，及时落实各项措施。根据省市紧急通知精神，研究制定《进一步从严从紧加强全区社会面疫情防控八条意见》，督促落实属地、部门、单位、个人“四方责任”，控制限定公共场所接待规模，从严从紧管好人员聚集场所和活动管理措施，严格实行“测温、亮码、戴口罩”。加强正面宣传引导，营造群防群控良好氛围，倡导群众科学佩戴口罩、勤洗手、常通风、不聚集，养成良好的卫生习惯。强化舆情管控，回应社会关切，加强舆情监测，做好社会面的舆论引导。

【疫情流调溯源】 2021年12月7日，二级疫情应急响应启动后，萧山区立即派出工作人员对病例开展流行病学调查，累计排查1493人，其中密接274人、次密接1219人。精准落实人员管控，紧急抽调300多名镇街、公安、医护人员、社区工作者，分赴所涉区域开展新冠肺炎疫情防控工作。经研判，对龙湖天玺小区、百富联合广场3号楼实行封闭管理；对江南幼儿园梦想家园、所前镇万科楼盘售楼处涉萧山人员实行集中转运和隔离。快速开展核酸检测，组织龙湖天玺小区和百富联合广场3号楼人员、萧山医院进行全员核酸检测，做好流调后纳管的密接、次密接的首次核酸检测。共采样9801份，检测结果全部为阴性。

【新冠病毒疫苗接种】 2021年3月，萧山区启动大规模普通人群新冠病毒疫苗接种工作。至年底，全区累计接种新冠疫苗4279803剂次，其中2011966人完成首针接种，1961477人完成全程免疫，288119人完成加强免疫，单日最高接种量超5.6万剂次。3—17岁人群累计接种474417剂次，其中252497人完成首针接种，221920人完成全程免疫。3—11岁人群累计接种295168剂次，其中160573人完成首针接种，134595人完成全程免疫，全程接种任务完成率90.58%。12—17岁人群累计接种179249剂次，其中91924人完成首针接种，87325人完成全程免疫，全程接种任务完成率124.22%。18岁以上人群累计接种3805386剂次，其中1759469人完成首针接种，1739557人完成全程免疫，288119人完成加强免疫。60岁以上人群首针接种237376人，首针覆盖率71.60%；80岁以上人群首针接种10698人，首针覆盖率24.77%。

【重点人员健康管理】 2021年，萧山区贯彻“外防输入、内防反弹”策略，做好重点人员健康管理，完善“健康码”赋码规则，抓好重点人员追踪、核酸检测、集中隔离医学观察、居家健康观察、日常健康监测等全流程闭环管理，织密织牢常态化疫情精密智控网，守住不发生中高风险地区来浙返浙人员脱管漏管的底线，根据不同人员涉疫风险的具体情况，按照禁止、限制、正常流动的分类要求，赋予不同颜色的“健康码”，并采取相应管理措施。自2021年7月31日起，在全区范围内实行测温、亮码、戴口罩。

【集中隔离医学观察点】 2021年，萧山区遴选区内酒店20多家为集中隔离医学观察点。各观察点规范设置“三区两通道”（隔离区、工作准备区、缓冲区，工作人员通道、隔离人员通道），确保各隔离场所符合要求。对入境人员、密切接触者、次密切接触者、中高风险地区人员进行分类安置。公安、卫生健康等相关部门派驻专班管理人员和专业人员，其中医务人员与隔离人员比例按2：50以上的标准配备。严格做好接收管理、闭环转运、个人防护、防疫消杀、垃圾清运、核酸检测、信息录入等管理工作。至年底，萧山区累计征用酒店19家、客房3533间作为区级集中隔离场所，其中8家酒店、1464间客房作为入境人员集中隔离场所。全年未发生集中隔离场所内部感染事件和其他安全事件。

（任卓琼）

【封控区域孕产妇健康管理】 2021年12月，北干街道龙湖天玺小区等区域因新冠肺炎疫情暂时封控期间，有集中隔离和居家隔离孕产妇20人。医院、社区等单位联动，做好孕产妇健康管理。其中，2名孕妇由医护人员上门服务，3名孕妇到助产医院独立诊区检查，1名中风险区域的孕产妇在区第一人民医院通惠院区顺利生产。

（燕东剑）

健康萧山建设

【国家卫生城市成果巩固】 2021年，杭州市迎接第六轮国家卫生城市复评。萧山区各地、各部门有序开展国家卫生城市成果巩固迎检准备，分别于3月10日、6月17日、6月25日、10月19日，相继召开工作部署、推进会。全年发出抄告单94份，交办各类问题1039个，印发专项通报8期，《萧山日报》等媒体刊发迎检信息8篇，曝光城市卫生问题5处。

【爱国卫生创建】 2021年，萧山区继续推进健康萧山三年行动。在《萧山日报》设置《传播健康知识建设健康萧山》周刊专栏，委托第三方在城区公共平台发布健康浙江和健康萧山建设（行动）宣传公益广告。“健康大脑破解医疗资源不均衡难题”被列入首批健康浙江行动20个示范样板优秀案例。启动健康影响评价试点工作，建立健康影响评价专家库，完成对区教育局《萧山区关于进一步加强综合防控儿童青少年近视的实施方案》和区城管局《萧山区“十四五”城市管理规划》等规划性文件的健康影响评价。持续推进健康细胞建设活动，实现“健康单位现场指导覆盖率”和“杭州市健康单位验收通过率”双100%成效，建设市级健康单位162家、区健康单位305家，全区健康社区建设比例为75.3%，实现全区国家卫生镇开展健康镇建设比例为42%，国卫镇开展健康镇建设培育比例为100%，省级卫生村开展健康村建设比例为34%，省级卫生村开展健康村建设培育比例为100%。

【城乡环境综合整治】 2021年，萧山区在全区范围内开展爱国卫生工作“红黄黑”榜竞赛活动，统筹推进城乡爱国卫生各项重点工作，助力新冠肺炎疫情防控常态化。采取随机暗访督查形式，每季度对22个镇（街道）以及萧山经济技术开发区和红山农场的爱国卫生工作开展一次竞赛活动。全年开展竞赛活动4次，发现问题1400多处，并督促各单位及时落实整改。

【健康萧山考评】 2021年，萧山区进一步完善健康萧山建设指标和评价体系，把健康浙江、健康杭州考核情况纳入健康萧山考评指标体系，制定出台《2021年健康萧山建设考核办法与细则（镇街、平台）》《健康萧山建设联动工作考核任务指标（综合考评参评单位）》《健康萧山建设联动工作考核办法与细则（综合考评非参评单位）》，完成对全区48个区直部门和22个镇（街道）、5个平台等健康萧山建设考核和排名通报。在2020年健康浙江和健康杭州考核中，萧山区均取得考核优秀等次。

【病媒生物防制】 2021年4月，萧山区衙前镇、所前镇、楼塔镇、临浦镇通过杭州市病媒生物控制水平等级评估。6月，申报30个以灭蚊灭蝇为重点的除“四害”村，镇（街道）申报覆盖率达到100%。其中，楼塔镇大同二村、所前镇三泉王村、河上镇紫霞村和众联村通过市级评估，以省级除“四害”村建设对象上报省爱卫办。大同二村、众联村等11个村被命名为杭州市除“四害”先行村。7月，全面启动全区病媒生物技防设施信息采集、上传等基础性工作，录入技防设施点位数1.58万个，镇（街道）平均录入660个，杭州国际博览中心、杭州奥体中心等亚运场馆成蚊滞留点布点310处，设置毒鼠屋500处、诱蝇点94处。深入开展冬春季、夏秋季等季节性除“四害”专项行动和以“月末周五大扫除”活动为载体的城乡环境卫生整洁行动。全年清除垃圾杂物1.9万吨，清除卫生死角1360多处，清除各类病媒生物孳生地9万余处，开展病媒生物消杀2.1万次，参与消杀6337人次，投放灭鼠药21873千克，发放灭鼠宣传资料、公开信3.67万份，投入经费70多万元。

【健康素养提升工程】 2021年，萧山区健康素养“六进”农村文化礼堂三年行动收官，开展健康讲座进文化礼堂达880次，健康活动进文化礼堂575次，健康服务进文化礼堂846次，中医药进农村文化礼堂428次，健康支持性工具进文化礼堂总数为7.67万件，设置规范性健康教育栏300多处，受益总人数25万余人，全区340家农村文化礼堂全面开展“六进”活动实现100%全覆盖。萧山区开展居民健康素养和烟草使用监测，对全区22个镇（街道）、25个村（社区）的1000人开展监测和统计分析，监测报告显示：全区居民健康素养水平为37.1%，其中，基本知识和理念素养水平为52.4%，健康生活方式与行为素养水平为34.3%，基本技能素养水平为35.9%；安全与急救素养68.3%，科学健康观素养61.8%，健康信息素养51.5%，慢性病防治素养39.6%，传染病防治素养34.9%，基本医疗素养25.2%。15岁以上人群吸烟率为20.5%。

【卫生镇村创建】 2021年，萧山区持续推进国家卫生镇创建工作。楼塔镇、衙前镇、所前镇申报创建国家卫生镇通过省级暗访。是年，全区新创省卫生村41个、市卫生村2个，省卫生村118个通过复评。

【农村改水改厕工作】 2021年，萧山区选定戴村镇方溪村增丰娥坞水站等3个改造项目为市级农村改水项目，11月底全面竣工并通过市级专家组验收。对2013年之后享受各级财政补助实施改造的农村户厕使用情况进行摸排整改，涉及11个镇（街道）84个行政村，排查7100多座农村户厕，整改修复700多座，完成农村户厕改造摸底核查。农村卫生厕所普及率达到100%，无害化卫生户厕普及率100%。

【爱国卫生月活动】 2021年4月，萧山区组织开展“文明健康绿色环保”为主题的第33个爱国卫生月活动。活动期间，开展爱国卫生运动科普宣传122场次，发放宣传资料4.49万份，在新媒体发布视频及文章73篇，点击阅读总量47.78万次，线上活动每次参与人数5.65万人，各镇（街道、农场）开展城乡环境卫生集中整治活动388次，开展专业“四害”消杀728次，清理“四害”孳生地1.65万处。

（钟立权　厉伟东）

医疗卫生体制改革

【概况】 2021年，萧山区持续推进医疗卫生体制改革，深化分级诊疗制度。各医共体均修订更新双向转诊制度及目录，借助互联网+医疗服务，实现转诊患者优先就诊、优先检查、优先住院的“三优先”服务。全年医共体成员单位向牵头医院上转病人 7.74 万人次，比上年增长 44.5%；下转 4993 人次，增长 242%；“两慢病”（高血压、糖尿病）患者下转 3458 人次，增长 181%。推进数字卫健建设、“最多跑一次”改革等，优化基层卫生服务，实施医疗扶贫，提升医疗服务质量。

【数字卫健建设】 2021 年，萧山区深入探索“健康大脑 + 智慧医疗”，整合全区诊疗数据、公卫数据和自测数据 560 多 TB，以及业务模型数据模型 30 多个，形成可视化卫生健康数据地图。围绕“智慧医疗、智慧公卫、智慧健康管理”三大跑道，推出“治理端、服务端、居民端”三侧应用。赋能未来社区（乡村）健康场景建设，打造瓜沥镇七彩社区、梅林村、衙前镇凤凰村 3 个智慧健康站；开展 AI 辅助智能随访、可穿戴设备健康监测、云诊室云药房等便民服务；试点上线入院云准备中心、疫情多点监测、数字家医等拓展功能；推广以老年慢性病患者为重点的“健康宝”项目，实现自助看诊、线上接诊、自助取药等功能。“健康大脑理论体系和实现路径研究”“互联网 + 公共健康服务—健康管理中心”“亚运酒店智慧监管”入选省市“揭榜挂帅项目”。

【卫健行政审批“最多跑一次”改革】 2021 年，萧山区卫健局深入推进卫健行政审批“最多跑一次”改革。所有办理事项均在省政务服务网公示办事指南、办理流程、办理结果，所有审批事项均开通网上申报端口，其中医护人员执业许可、医疗美容主诊医师专业备案、职业病危害项目申报、病媒生物预防控制服务单位备案、医疗广告审查、义诊活动备案等实现全流程网上申请、网上审批，发给电子证件，全部实现无纸化；并对公共场所卫生行政许可、医疗机构使用麻醉药品、第一类精神药品许可等实行告知承诺制，办事群众在资料齐全，承诺达到行政许可要求后，当场发放许可证件。公共场所卫生行政许可（注销）、义诊备案实现“即时办”。全年共发放各类行政许可证件 1 万余份，其中公共场所卫生许可证 832 份，医疗机构执业许可证 465 份，医疗机构校验 763 份，医疗机构使用麻醉药品、第一类精神药品许可 23 份，放射诊疗许可证 65 份，放射诊疗建设项目卫生审查 83 份；医护人员执业许可 7643 份（其中医师执业注册 2747 份，护士执业注册 4896 份）；母婴保健执业许可 65 份；美容主诊备案 87 份。职业病危害项目申报受理 616 家、审核通过 517 家；医疗广告审查 109 家；职业健康检查机构备案 1 家；病媒生物预防控制服务单位备案 1 家；义诊备案 15 家。

【医疗机构“最多跑一次”改革】 2021 年，萧山区持续深化医疗卫生服务领域“最多跑一次”改革。推广医保电子凭证应用、献血荣誉证挂号费直免政策。完成 7 家区级医院“先诊疗后付费”标准化改造，实现“先医后付”。“互联网 + 健康”深度融合，区级医院逐步接入市互联网诊疗平台，实现网上就医医保在线结算。7 家区级医院及 24 家社区卫生服务中心实施检查检验结果互认共享，180 个检查项目、93 个检验项目结果实现全省互认。

（燕东剑）

疾病防控

【法定传染病疫情报告】 2021 年，萧山区报告法定传染病 21 种 12213 例，年发病率为每 10 万 607.1 人，比上年下降 49.4%。无甲类传染病报告发生；乙类传染病报告 16 种 2293 例，报告发病率为每 10 万 113.98 人，下降 6%；丙类传染病报告 5 种 9920 例，报告发病率为每 10 万 493.12 人，下降 54.3%。继续对传染病网络直报信息进行 24 小时监控，审核预警信息 373 条，开展公共卫生风险专题评估 3 次。接报并调查处置各类聚集性 / 暴发疫情 60 起，其中达突发公共卫生事件相关信息标准 24 起，有效防止疫情扩散与传播。

【重点传染病防控】 2021 年，萧山区做好新冠肺炎、诺如、水痘、手足口病等传染病防控及应急处置工作，加强麻疹、风疹、霍乱、艾滋病、结核病等传染病防控。

艾滋病综合管理。落实杭州市第四轮综合防治示范区创建工作任务，继续强化“疾控、医院、社区”综合管理模式。全区新报告 HIV/AIDS 病例 84 例，比上年下降 15.2%。现管理存活的 HIV/AIDS 病例 1035 例，抗病毒治疗覆盖率 92.8%。创新开展自愿咨询检测工作，完成 VCT（艾滋病自愿咨询检测）2087 人次，新确证阳性 36 例，

2021 年 3 月 12 日，萧山区第一人民医院 5G 移动车载 CT 在人民医院医共体总院益农分院开展诊疗（范方斌　邹　紫　摄）

占总确证阳性病例数 42.9%。

结核病防治。新登记活动性肺结核病人 507 例，肺外结核 89 例，其中登记新涂阳 245 例，病原学阴性 239 例，单纯性胸膜炎 30 例。非结防机构网络报告患者 1876 例，有效报卡 1475 例，报告率、及时率 100%，转诊率 100%，转诊后总体到位率 98.6%，各项结防工作指标均达到省、市结防机构要求，通过结核病“十三五”终期评估。处置学校、监狱、看守所等场所结核病疫情 18 起。

诺如疫情防控。调查处置校园诺如聚集性疫情 14 起，均达突发公共卫生事件信息标准。

水痘疫情防控。报告水痘病例 1239 例，比上年上升 10.9%；规范调查处置 12 起水痘疫情，均为暴发疫情，达突发公共卫生事件相关信息标准 2 起。

手足口病疫情防控。报告手足口病病例 3333 例，比上年上升 94.9%，发病率每 10 万例 165.68 人，无重症病例、死亡病例报告；规范调查处置手足口病及疱疹性咽峡炎疫情 14 起，其中聚集性疫情 7 起，暴发疫情 7 起，达突发公共卫生事件相关信息标准 7 起。

霍乱防控。全区肠道门诊接诊 1.04 万例，初诊 8315 例，检测 8046 例，采便及送检率 96.8%，共调查处置霍乱弧菌 ctxA 毒力基因阴性感染性腹泻疫情 4 起。区疾控中心采集食品、外环境监测样本 549 份，未发现阳性标本。

麻疹和风疹防控。规范调查处置麻疹 / 风疹监测病例 32 例，其中 1 例为麻疹临床诊断病例，其余 31 例均为排除病例，未发现麻 / 风疹暴发疫情。区疾控中心对辖区 5 家二级以上医疗机构开展麻 / 风疹病例漏报调查，未发现漏报情况。

【慢性病防治】 2021 年，萧山区重大慢性病过早死亡率为 8.2%，新发现恶性肿瘤报告发病率为每 10 万人 603.08 人，新发糖尿病报告发病率为每 10 万人 576.98 人，新发脑卒中报告发病率为每 10 万人 410.67 人，新发冠心病急性事件报告发病率为每 10 万人 79.61 人。全区报告管理高血压病人 16.84 万人，报告管理率 48.0%，规范管理率 74.7%；报告管理糖尿病病人 4.56 万人，报告管理率 47.1%，规范管理率 74.2%。报告高血压高危人群 4.07 万人、糖尿病高危人群 3.56 万人。全区继续实施重点人群结直肠癌筛查项目。筛查目标人群 6.05 万例，筛查率为 54.9%，完成结直肠镜检查 4779 例，筛查率和肠镜检查数居全市前列。项目共查出结直肠癌 26 例、癌前病变 870 例，其他良性病变 1618 例。

【地方病、寄生虫病防治】 2021 年，萧山区开展居民碘盐食用率监测和人群碘缺乏病监测，学生家庭合格碘盐食用率为 89.5%；8—10 岁儿童尿碘中位数为每升 193.8 微克，碘营养状况为适宜；孕妇尿碘中位数为每升 122.9 微克，碘营养状况为不足。完成春季查螺工作，投工 246 工，查螺面积 9.54 万平方米，未发现钉螺。全区医疗机构完成疟原虫血检 732 张，规范调查处置输入性疟疾疫情 3 起；处置输入性布鲁氏菌病疫情 3 起。

2021 年萧山区新发恶性肿瘤前十位一览表

表 44

病因	发病率（1/10 万）	构成比（%）	位次
肺癌	134.7	22.3	1
甲状腺癌	117.0	19.4	2
乳腺癌	47.8	7.9	3
结肠癌	42.3	7.0	4
胃癌	34.6	5.7	5
前列腺癌	33.0	5.5	6
直肠癌	32.3	5.4	7
肝癌	25.1	4.2	8
胰腺癌	17.5	2.9	9
淋巴瘤	10.9	1.8	10

2021 年萧山区居民病伤死因前十位一览表

表 45

病因	发病率（1/10 万）	构成比（%）	位次
恶性肿瘤	180.2	31.4	1
脑血管病	107.8	18.8	2
心脏病	86.1	15.0	3
损伤和中毒	63.9	11.1	4
呼吸系统疾病	51.1	8.9	5
神经系统疾病	17.8	3.1	6
内分泌系统疾病	13.9	2.4	7
消化系统疾病	13.5	2.4	8
泌尿生殖系统疾病	6.8	1.2	9
传染性疾病	4.6	0.8	10

【实施免疫规划】 2021 年，萧山区接种免疫规划疫苗 30.83 万针次（不含重点人群流感疫苗民生实事项目和水痘项目）。其中，常规免疫 2.97 万针次，麻腮风强化 1.13 万针次，特殊人群风疹类疫苗接种 238 针次。共接种非免疫规划疫苗 35.64 万针次（含狂犬病疫苗 8.17 万针次）。开展疑似预防接种异常反应（AEFI）监测，处置 AEFI 个案 1080 例，其中一般反应 869 例，异常反应 99 例，偶合征 99 例，心因性反应 13 例。继续为 70 岁以上浙江省户籍老人自愿免费接种流感疫苗，完成接种 8.43 万剂次。

继续开展重点人群水痘疫苗免费接种工作，为全区59所初中5514名初一新生免费接种水痘疫苗，意愿人群接种率为97.8%。

【美沙酮维持治疗】 2021年，萧山区美沙酮服药9733人次。其中新入组1人、脱失42人。实际服药37人，保持率77.1%。吗啡尿检304人次，阳性1人次；HIV检测31人次，无阳性发现；HCV检测33人，阳性21人次；RPR检测33人次，无阳性发现。

【性传播性疾病和麻风病管理】 2021年，萧山区报告性传播性疾病5种3520例，属乙类传染病2种1380例，包括梅毒624例，淋病756例。完成性病网络报卡209张。无新发麻风病人，临床治愈0例，现症病人2例，监测期病人10例。

【精神卫生管理】 2021年，萧山区严重精神病患病报告率为4.76‰。纳入管理7548名，在册管理率100%，规范管理率99.8%，稳定率99.99%，服药率99.4%，规范服药率96.4%，精神分裂症服药率99.2%，精神分裂症规范服药率95.3%。

【健康体检】 2021年，萧山区开展城乡居民医保参保人员健康体检工作，共体检13.4万人。完成征兵体检及高校招生体检工作，其中高校招生体检9090人。

【口腔保健】 2021年，萧山区继续实施适龄中小学生免费窝沟封闭项目，区内4家医疗机构承担入校窝沟封闭工作，入校146所，口腔检查2.69万人，实施窝沟封闭1.26万人、3.47万颗，复查1.34万人。

（洪　萍）

卫生监督

【概况】 2021年，萧山区卫健部门抽取国家级“双随机”（随机抽取检查对象，随机选派执法检查人员）任务单位515家，发现问题197家，责令整改43家，行政处罚154家；抽取省级“双随机”任务单位460家，发现问题214家，行政处罚121家。办理各类卫生行政处罚案件803起，其中一般程序659起、简易程序144起，罚没款483.63万元。

【公共场所卫生监管】 2021年，萧山区卫健部门持续推进公共场所卫生监督量化分级管理制度。量化分级公共场所1847家，评出A级单位15家、B级单位367家、C级单位1465家。组织开展秋冬季住宿场所专项、集中空调通风系统卫生整治等专项检查，检查单位109家次，行政处罚27家次，罚款6.73万元。加大游泳场所卫生巡查力度，对74家游泳场所进行水质检测；对43家存在违法行为或水质抽检不合格游泳场所进行行政处罚。

【医疗行业监管】 2021年，萧山区加强医疗机构及医务人员的依法执业监管，持续开展医疗机构自查自纠工作，共890家医疗机构进行自查自纠。开展有规模的打击非法行医活动49次，取缔各类无证诊所48户次，收缴药品3300多千克，收缴医疗器械300多件，实施行政处罚34起，罚没款187万余元，对1起非法行医案件移送公安局追究刑事责任。组织开展医美乱象专项治理行动，对辖区内59家医疗美容机构进行全覆盖监督检查，共实施行政处罚27起，罚款25万余元；核查涉及医疗美容有关投诉举报73件，查处无证开展医疗美容服务案件12起，罚没款77万余元。

【传染病卫生监管】 2021年，萧山区卫健部门落实省、市、区新冠肺炎疫情防控工作要求，对医疗机构、公共场所等重点区域持续开展疫情防控督查，检查医疗机构2387家次、公共场所996家次、其他重点场所116家次，立案查处204起，关停21家，缴纳罚没款60.6万元。持续推进医疗废物智慧管理，落实25家社区卫生服务中心医疗废物管理系统及硬件运维服务，对违反医疗废物管理的医疗机构作出行政处罚59家次，罚款6.18万元。检查消毒产品生产企业14家次，抽检产品5批次，检测合格率100%。对餐饮具集中消毒单位监督抽检105批次，合格104批次，合格率99.1%，完成7家餐饮具集中消毒单位量化分级评定，对检测不合格1家企业和未按规定在独立包装上标注相关内容的1家企业，分别予以警告处罚。

【控烟监管】 2021年，萧山区卫健部门结合“5·31”世界无烟日等时间节点，贯彻落实《杭州市公共场所控制吸烟条例》，制作发放控烟宣传折页5000份。组织开展医疗机构控烟专项检查，检查640家次，实施行政处罚4起，罚款4100元。

【职业卫生监管】 2021年，萧山区卫健部门推进职业病危害项目申报及职业卫生管理规范化企业创建工作，517家企业完成职业病危害项目申报，20家企业通过职业卫生管理规范化企业创建验收。4月25日至5月1日，开展《中华人民共和国职业病防治法》宣传周活动，发放宣传读本200多本，宣传资料1000多份，免费职业健康检查400多人。通过职业病危害企业专项监督检测、建筑行业职业卫生专项治理、职业卫生技术服务机构和职业健康检查机构监督检查和双随机抽检等方式，实施职业卫生类行政处罚37起，罚款134.7万元。

【放射卫生监管】 2021年，萧山区有放射诊疗机构203家，放射诊疗设备405台，放射诊疗工作人员678人。结合“双随机”抽检对放射诊疗机构进行监督检查，检查单位53家，实施行政处罚14家。持续推广使用省放射工作人员信息管理系统，全区放射诊疗工作人员信息全部录入系统；办理电子版“放射工作人员证”72人；组织196名放射诊疗专管员参加培训；校验完成106家医疗机构放射诊疗许可证。

【饮用水卫生监管】 2021年，萧山区卫健部门对5家集中式供水单位开展水质检测，共检测水源水、出厂水、末梢水等样品37件，检测合格率100%；对15家二次供水单位开展水质检测，对检测不合格2家单位予以行政处罚。继续开展用户水龙头水质监测工作，抽查14家用户水龙头水质进行检测，检测合格率100%。持续开展社区生活饮用水检测示范项目，每月按要求对闻堰街道、瓜沥镇、宁围街道、临浦镇4个社区生活饮用水示范点进行水质检测。

（单 韬）

妇幼保健

【概况】2021年，萧山区加强孕产妇健康管理，推行母子健康手册和孕产妇签约服务，全年母子健康手册建册1.57万人，孕产妇签约1.52万人，签约率96.9%。孕产妇系统管理率97.9%。全区4家分娩机构共分娩产妇1.22万人，比上年减少1039人，分娩产妇中本地户籍8313名。加强高危孕产妇管理，高危孕产妇7279人，发生率87.6%，下降2.99个百分点，管理率100%，其中"一对一"管理危重孕妇1184人，至年底985人安全分娩。全区孕产妇零死亡。完善出生"一件事"多证联办，提供出生证、户口登记、医疗保险、市民卡一站式服务，多证联办6904件，满意率100%。继续做好新冠疫情常态化防控期间孕产妇管理，修订《孕产妇新冠肺炎防控应急预案》，组织开展新冠肺炎孕产妇救治应急演练。

【新生儿三级出生缺陷防治】2021年，萧山区抓好孕前产前新生儿三级出生缺陷防控工作。完成婚前（孕前）优生检查对象1.06万人次，发现具有风险因素1.01万人，具有风险因素者为95%。免费发放叶酸3933人。对户籍人口和居住6个月以上非户籍人口孕产妇继续执行免费产前筛查，共筛查孕妇1.3万例（单独早孕369例，单独中孕4554例，联合筛查8097例），其中免费筛查11615例，免费筛查率91.8%。血清学产前筛查13078人，筛出高风险1368人(其中大于35岁961人，高龄+NTD高风险2人)，不含年龄高风险发生率3.13%。409例血清产前筛查高风险孕妇中，21-三体高风险356人、18-三体高风险11人、NTD高风险48人（6人兼2项高风险）。及时召回1368例高风险孕妇进行产前诊断，确定21三体综合征6例，18三体2例，均终止妊娠。分娩活产婴儿1.23万人（其中户籍活产8340人）。全年新生儿疾病筛查1.23万人，筛查率为99.6%，阳性可疑病人441人，召回率95%，确诊甲低（CH）14人，葡萄糖-6-磷酸脱氢酶（G6PD）缺乏症27人。新生儿先天性心脏病双指标筛查1.21万例，筛查率98.8%，筛查阳性846例，阳性率7%，筛查阳性心超检查842例，心超诊断率99.5%。新生儿听力筛查1.23万人，筛查率为99.88%，初筛未通过数431人，初筛未通过召回数402人，召回率93.3%，复筛未通过数73人，复筛未通过召回数73人，复筛未通过召回率100%，确诊听力异常12人。新生儿先天性髋关节发育B超检查9686人，查出髋关节发育不良儿童158例，其中需要进行固定或手术治疗11例。

【母婴传播疾病防治】2021年，萧山区继续开展预防艾滋病、梅毒、乙肝母婴传播工作，3种疾病检测率100%。管理HIV阳性孕产妇10例，分娩4例，均为孕期确诊接受母婴阻断抗病毒治疗，分娩的4例新生儿随访HIV检测均为阴性；人工终止妊娠2例；转介户籍所在地3例；未分娩1例，均接受母婴阻断抗病毒治疗。管理梅毒阳性孕产妇96人，有分娩结局66人，治疗66人，治疗率为100%。查出乙肝表面抗原阳性孕妇活产454人，新生儿全部接种乙肝免疫球蛋白。

【适龄妇女免费"两癌"检查】2021年，萧山区继续开展适龄妇女免费"两癌"筛查。HPV筛查1.22万人，阳性率6.9%；宫颈脱落细胞检查1454人，阳性率6.1%，查出宫颈癌前病变23人，原位腺癌5人；乳腺癌筛查2.6万人，转诊区级医院钼靶检查1380人，组织病理学检查77人，乳腺癌23人。对检出的癌前病变和确诊患者，均纳入随访管理。

【婴幼儿保健】2021年，萧山区5岁内儿童死亡率2.4‰，婴儿死亡率1.7‰。流动儿童5岁以下死亡率2.4‰，婴儿死亡率1.7‰。开展儿童贫血监测与肥胖症监测，检出营养不良、肥胖、佝偻病、贫血、先心等各种体弱儿及高危儿童1.37万人。其中，查出5岁内贫血儿童938人，贫血率1.8%，其中中度以上贫血27人，发生率0.1%，肥胖儿童1048人。肥胖发生率1.8%。开展疑似残疾儿童监测工作，发现疑似残疾儿童22例，通过追踪随访，已明确诊断20例，有18人在诊治或康复训练中。在全区范围内开展幼儿园视力筛查工作。227家幼儿园6.4万名儿童进行视力筛查，筛查率99.7%，筛查出视力不良儿童3926名，视力不良率6.1%，其中弱视411名，弱视率0.64%。对筛查出视力不良儿童及时到医疗机构眼科门诊诊治，并做好追踪随访和登记。对64169名在园儿童进行健康检查，受检率99.8%，根据WHO2006身高体重判断标准，全区在园儿童体重、身高在均值以上分别占61.6%、62.4%，龋齿发病率为22.2%，贫血率为1.2%；儿童肥胖发生率为4.2%；营养不良率为1.6%。

【0—3岁婴幼儿照护服务】2021年，萧山区落实杭州市民生实事项目，发展婴幼儿照护服务。出台《关于加强萧山区婴幼儿成长驿站建设的实施意见》，建成婴幼儿成长驿站34家，实现各镇（街道）覆盖率100%，其中示范型婴幼儿成长驿站21家。开展80场婴幼儿家长养育技能提升专业课堂培训。市内率先开展婴幼儿照护服务人员培训，参加培训231人。至年底，全区有托育机构63家，幼儿园办托班60家，总托位数5033个。

（燕东剑）

医疗管理

【概况】2021年，萧山区加大卫生高层次人才引育力度，组织开展卫生高层次人才评审，发放2020年度及2021年度入选的区卫生高层次人才补助经费2005.4万元。完成公立医疗机构人员编制和岗位设置调整。优化卫健系统事业单位工作人员招聘政策，把社区卫生服务中心公共卫生岗位新增为紧缺岗位，放宽报考比例和年龄，简化招聘流程，组织开展事业单位工作人员公开招聘6场次。加强住培基地学员教育与管理，84名学员参加西医结业考，通过81人，通过率96.4%；39名学员参加中医结业考核，通过38人，通过率97.4%；110名学员报名参加住院医师规范化培训，本地住院医师规范化培训基地招录67名。开展各级各类继教培训项目44个，其中省级9个、市级35个。

【学科建设与学术交流】 2021年，萧山区卫生健康局印发《名医名科培育三年行动计划》《萧山区中青年名医培育实施办法》《名医名科建设及卫技人才培养培训资金管理办法》，筛选100名医疗技术人员纳入2021—2023年中青年名医培育对象名单，6个学科进入新一轮（2021—2025）市级重点（或区域共建）学科建设周期。全年立项科技项目35项，其中省级11项、市级24项。

【优质护理服务】 2021年，萧山区推进优质护理服务。开展“互联网+护理”服务，涉及服务项目9类，上线护理专家77名，服务近400人次。区中医院优化中医护理方案31个，开展中医护理技术32项，推出中医保健操10多项，制定健康教育处方20多种，实施中医护理操作105万余人次。

【医疗新技术新项目】 2021年，萧山区各医疗单位开展多项临床新技术、新项目应用。区一医院肾内科开展超声引导下经皮穿刺法腹膜透析导管置入术；耳鼻喉科开展耳蜗电图耳蜗微音电位在耳聋患者中的应用，改良泪前隐窝入路处理上额窦良性病变；骨科开展腰椎侧方入路融合，经皮穿刺辅助保留关节囊全髋关节置换术治疗老年髋部骨折；消化科开展内镜下硬化剂（或/及）套扎治疗出血性内痔；泌尿外科开展钬激光前列腺切开治疗前列腺纤维化；妇科开展单孔无气腹腹腔镜技术，前哨淋巴结活检在早期妇科恶性肿瘤中的应用；呼吸与危重症医学科开展呼吸道肿瘤光动力治疗临床应用，经支气管冷冻肺活检术在弥漫性肺部疾病诊断中的应用，内镜小标本荧光显微镜联合快速病理评价（M-ROSE）在肺部真菌感染性疾病的应用；神经外科开展神经导航下颅内深部病灶（含肿瘤、血肿）穿刺术等。区二医院产科开展剖宫产术后再次妊娠阴道分娩术、臀位外倒转术；妇科开展改良型悬吊式经脐单孔腹腔镜术、宫腔镜冷刀下宫腔粘连分离等手术；外科开展超微经皮肾镜开展肾结石微创诊疗术，甲状腺癌标准化根治手术，双镜联合下胆总管探查取石胆囊切除术；骨科新开展高位胸椎PKP手术，腰椎减压融合手术，经椎间孔镜下微创治疗腰椎间盘突出症手术，髋臼骨折后路切复内固定手术，骨盆骨折Infix微创固定术，踝关节镜手术。区三医院呼吸内科联合检验科开展肺泡灌洗液NGS（宏基因二代测序）检查在肺部感染的应用、呼吸内科联合外科开展肺部结节胸腔镜手术治疗，产科开展产后修复，超声科联合产科开展盆底三维超声、子宫动脉检测，检验科开展血栓弹力图高岭土检测。区中医院开展冠脉血流储备分数FFR的应用、经导管脾动脉选择性栓塞术、肾脏穿刺活检术、唇腺活检术、骨髓穿刺活检术、肋骨骨折内固定术、超声引导下腰丛、骶丛神经阻滞在骨科手术围手术期镇痛中的应用。区皮肤病医院引进用于治疗面部过敏性疾病的舒敏专家治疗仪，治疗白癜风、湿疹等疾病的308准分子激光仪，治疗多种色素疾病的755翠绿宝石激光仪，引进全仓式中药熏蒸仪（用于提升治疗覆盖面），开展食入型过敏原检测项目。浙江萧山医院泌尿外科开展保留尿控的前列腺剜除术，疼痛科开展早期带状疱疹椎旁神经阻滞，消化内科开展内镜超声小探头在临床中应用，神经外科开展内镜下脑室血肿清除术，骨科一病区开展胫骨平台骨折关节镜下精准定位超微创复位植骨术，开展NICU腔内心电图定位技术在早产儿PICC（经外周静脉置入中心静脉导管）尖端定位中的应用。

【医疗惠民服务】 2021年，萧山区卫健系统开展惠民服务。区二医院落实惠民政策5011人次，优惠金额72.32万元；血液净化中心为瓜沥镇患者免费透析9400多人次，免费透析费用58.5万元；免费为30名白内障患者开展微切口白内障超乳摘除术、人工晶体植入术。区中医院继续开展“重塑人生脊梁”“杏林天使”慈善项目，全年救助西藏、贵州、湖北等地脊柱畸形患者82人，金额405.06万元，“重塑人生脊梁”团队获省第五届“最美浙江人·最美天使”提名奖。区皮肤病医院继续与杭州南郊监狱医院合作，免费为在监人员进行皮肤病检查、带药治疗及健康咨询服务。区妇女儿童健康服务中心开展“为万人进行健康宣讲”活动，进学校、进企业、进社区开展生殖保健、优生优育、基本避孕服务、青春健康、家庭教育、科学育儿等宣讲，全年宣讲172次，受益1.7万人次。

（燕东剑）

中医药事业发展

【中医院等级复评】 2021年7月，浙江省中医药管理局第四周期三级中医医院等级评审暨中医医院巡查工作组进驻萧山区中医院，进行为期3天的等级评审工作。通过查阅资料、现场核查、人员访谈、应急演练等方式对医院进行全方位体检，区中医院通过省三级甲等中医医院复评暨中医医院巡查工作。

【中医药人才和学科建设】 2021年，萧山区新增市级名中医3名、市级基层名中医4名、市级青年名中医2名，入选第五批全国中医临床优秀人才培养对象1人，入选省中医护理优秀人才培养对象1人，入选市中医护理优秀人才培养对象6人，入选市青年中医骨干跟师培养对象6人。举办省市级中医药继续教育项目13个。各级各类科技计划立项15项，其中省自然基金1项。完成省、市、区级课题验收9项。

【中医药适宜技术应用和推广】 2021年，萧山区加强基层中医药适宜技术推广。10月，举办第十一期中医药适宜技术培训班，培训200余人，覆盖全区24家社区卫生服务中心。全区24家社区卫生服务中心均能提供6类以上中医非药物疗法，244家社区卫生服务站能提供4类中医非药物疗法。选派人员参加市中医适宜技术比武和中医住院医师中医药技能比武，分获团体一、三等奖和个人一、二、三等奖，1人被认定为2021年杭州市“优秀青年岗位能手”“职工经济技术创新能手”。

【中医药质量管理】 2021年，萧山区加强中医药服务质量管理。区中医药质控中心修订完善中医药质控标准，持续开展中医药的规范化培训和检查指导。区卫健局与医保萧山分局联合开展医保定点医疗机构检查，促进各医疗机构规范使用中医药技术方法。开展医疗机构中药饮片采购和验收工作自查，31家公立医疗机构（医院、社区卫生服务中心）和39家民营中医医疗机构落实自查整改。

2021年7月20日，萧山区开展突发公共卫生事件应急演练　　（区卫健局 提供）

院前急救

【概况】 2021年，萧山区医疗急救指挥中心受理“120”急救电话23.02万起（日均630起），比上年上升4.01%。其中，接警电话16.97万起（日均466起），上升2.7%；调度车辆3.72万车次（日均102车次），下降1.1%；救治病人2.9万人次，上升2.1%。运用医疗优先分级调度系统（MPDS）指导呼救者自救互救2.03万起，其中成功指导心肺复苏9起，分娩1起，哽噎1起；运用城市大脑交通小脑“一键护航”信息系统，救护车执行任务2500起；运用院前院内信息互联互通平台，向区级医院急诊室传输院前急救病人相关信息4500例次；受理处置重大突发事件54起。调度员平均摘机时间3秒，平均派车时间59秒，平均2分钟派车率97.5%。各急救单元平均出车时间58秒，平均2分钟出车率92.2%；平均急救反应时间15分24秒；回访满意率99.5%。

【院前医疗急救体系】 2021年，杭州市理顺院前急救体系，3月31日24时起，原萧山区托管的钱塘新区河庄街道、义蓬街道、新湾街道、临江街道、前进街道5个街道院前急救指挥调度切割至杭州市急救中心。区政府民生实事项目在公共场所配置AED和实施院前急救站点标准化建设，累计配置公共场所AED 630台，完成通惠、闻堰、区二医院、益农、党湾、区三医院、区中医院、区中医骨伤科医院、楼塔、萧山医院、衙前、开发区医院12个急救站点标准化建设。全区新增及更新救护车12辆，至年底，共有统一安装GPS、计价器、车载视频监控系统并统一标识，专用于院前医疗急救救护车43辆，其中抢救监护型21辆、防护监护型22辆、一线值班车17辆、二线备班车26辆。区医疗急救指挥中心新建院前医疗急救呼救定位系统，实现指挥中心和救护车快速共享呼救者的移动电话位置信息；增加微信公众号“一键急救”功能，为听障人士等残障人群提供特殊呼救途径；研发应用AED地理信息系统套嵌医疗优先分级调度系统（MPDS）的数智联动系统，打通AED监管信息平台与“120”指挥调度中心的信息孤岛，实现一呼联动。完成与省急救云平台对接，主要业务数据通过市级平台上传至省级平台。3月5日，举办心搏骤停院前急救临床路径培训班；3月24日，开展心搏骤停院前急救临床路径技能竞赛；8月16日，开展院前急救调度综合技能竞赛；11月10—11日，开展院前医疗急救“夯基提质”培训班暨心搏骤停院前急救临床路径学术研讨会；11月23日，召开院前急救服务保障第19届亚运会筹备工作专题研讨会，完成该软课题研究；11月26日，开展备战亚运、磨炼技能——萧山区院前医疗急救水陆联合应急演练。9月27日，选派2名调度员参加首届杭州市院前医疗急救调度员技能竞赛并获团体一等奖和个人二等奖、三等奖；10月9日，选派急救单元参加市院前医疗急救知识和操作技能竞赛，并获团体三等奖、医生组二等奖和驾驶员组三等奖。

【急救保障任务】 2021年，萧山区医疗急救指挥中心完成重大政府活动现场医疗急救保障任务25起，调派救护车62辆次、医务人员183人次，未发生因医疗保障救治不力导致的人员伤亡事件。与“110”联动1.16万起，事件办结率100%。免费开展院前急救知识讲座8场，培训400多人次。

（姚维红）

无偿献血

【概况】 2021年，萧山区无偿献血1.7万人次，其中捐献全血1.59万人次，计2.43万单位，分别比上年增长3.5%和4.9%；一次献血300毫升以上69.4%，增长3.5%；街头献血4500人次，增长10.9%；机采血小板1186人次，增长7.6%，采集血小板1894.7治疗单位，增长11.1%。临床使用红细胞1.58万单位，临床使用血小板977.5治疗单位，自体输血率27.5%，连续21年实现无偿献血100%满足临床用血需要。

【无偿献血宣传】 2021年，萧山区将无偿献血尊重生命的文明行为与中国共产党成立100周年传承红色基因、“勇立潮头”的萧山精神相互融合，传播文明理念，持续提升公民无偿献血的知晓率和参与度。开展以“我心向党献热血文明交融跨湖桥”为主题的区第十四届成分献血者联谊会。利用杭州网、萧山网、《萧山日报》、萧山发布等媒体开展献血公益宣传，制作专题在萧山电视台《健康生活》栏目播出，发放无偿献血宣传单3万余册，宣传横幅20多条，制作宣传栏50多块。12月6日，“萧山献血”微信公众号上线，设置活动信息、电子献血证等宣传服务功能。春节前后，开展卫健系统“热血致青春”大型无偿献血活动，1100多名医务人员累计献血量27.45万毫升。6月10日召开全区无偿献血工作会议，表彰54家无偿献血组织奖单位和1811名无偿献血奉献奖获得者。在江寺公园，瓜沥镇开展以“献血，让世界继续跳动”为主题的“6·14”世界献血者日献血活动，881人献血，献血总量27.07万毫升。区无偿献血服务中心与蜀山街道、区直机关党工委分别合作开展“传承红色正能量”“庆百年践初心我为七一献热血”活动，528人成功献血。10月，结合迎亚运，区无偿献血服务中心与宁围街道、衙前镇等单位合作开展“你我一起、热血接力、精彩亚运”献血宣传月活动，献血1028人次。12月7日，出现本土新冠肺炎疫情后迅速启动采供血应急预案，按照省市区各级疫情防控要求周密制定活动方案。12月15日，在浙江同济科技职业学院分批分时段开展应急献血，成功献血345人，确保急危重病人的抢救及医疗工作正常开展。

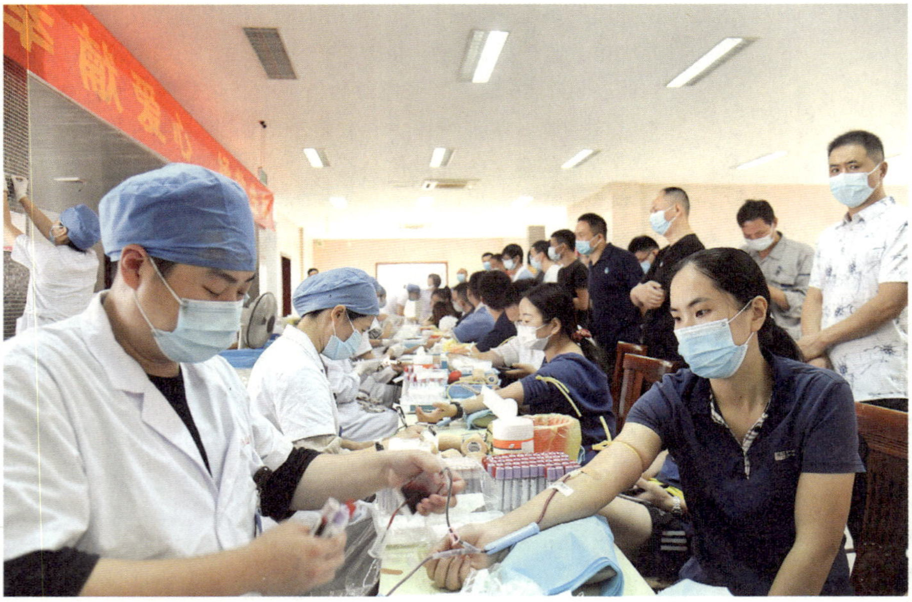
2021年8月4日，恒逸集团员工无偿献血 （范文斌 摄）

【无偿献血服务能力建设】 2021年，萧山区继续扩大“互联网+无偿献血服务”覆盖面，提升“三免”服务质量。9月底前，在全区所有非营利性医疗机构实现浙江省无偿献血荣誉证获得者，就诊时自动免收门诊诊查费。深化“用血服务不用跑”改革，257人次在就诊医疗机构办理血费“一站式”减免，82人通过网络平台自助进行血费报销27.3万元，医院用血直免率93%。强化智慧血液过程管理，持续开展阻断经输血传播疾病项目工作，增加采前乳糜血初筛项目，全年血液报废率3.5%，比上年下降0.5个百分点。6月，对400毫升规格血液开展血液成分白细胞去除工作，为临床提供少白细胞血液成分。在8月举行的市输血技术技能比武中，区无偿献血服务中心2名职工分别获血液采集和血液成分制备项目二等奖和三等奖。完善献血回告、回访制度，发放献血者即时感谢短信、住院关爱短信、血液检测结果反馈及祝福短信21万余条。

（张璟晶）

体 育

综述

【概况】 2021年，萧山区体育工作以亚运筹备为总牵引。完成亚运场馆建设；配合省级体育主管部门建成百姓健身房10个、社区多功能运动场4个、村级全民健身广场2个、笼式足球场1个；配合市级体育主管部门建成体育健身公园3个足球场、游泳池（非标准）1个、足球场3个（2个十一人制足球场、1个五人制）；新增或重建区级体育场地319个。实现“15分钟健身圈”全覆盖，创建为省体育现代化区。全区举办各类赛事320多场，市第二十届全民运动会获金牌总数第一。全年新增等级运动员25人，其中一级运动员6人、二级运动员19人。运动员在各类竞技体育比赛中，获国家级奖牌36枚、省级奖牌296枚。

【亚运体育场馆及设施建设】 2021年，萧山区把亚运场馆及配套建设、保障设施建设等基础设施工程列入全区“十大项目”，确保亚运相关工程保质按时完成。12月29日，杭州亚运村竣工。除棋院外，杭州奥体中心体育馆、瓜沥文体中心、萧山体育中心体育场等9个主责场馆均完成主体验收，7个场馆完成赛事功能验收。

【体育赛事营造亚运氛围】 2021年，萧山区举办省青少年柔道冠军赛、2021实况足球暨第二届（中国·萧山）国际电竞嘉年华、萧山区第三届业余足球甲级联赛、国际足联俱乐部世界杯（世俱杯）赛事、“韵味杭州”2021年浙江青少年男子甲组篮球冠军赛等各类赛事320多场。开展“乡村运动十二季”2021杭州市全民健身迎亚运活动、“喜迎亚运·全民健身·快乐共享”2021年萧山区第九届“爱喜猫·篮协杯”篮球赛、浙江省第三届绿道健走大赛等一系列赛事和活动。

【萧山区浙江省体育现代化区创建通过验收】 2021年11月17日，省体育现代化现场技术评估组对萧山区2019—2021年度浙江省体育现代化县（市、区）创建工作开展现场考核并通过验收。近年，萧山区以体育现代化区创建为目标，协同推进群众体育覆盖工程、竞技体育人才储备工程、体育产业培育引领工程、智慧体育升级工程、体育治理体系提升工程等五大工程，把体育事业发展作为“亚运国际城·数智新萧山”和健康萧山建设的重要内容加以谋划推进，被评为浙江省体育强区、全国群众体育工作先进区等。

【湘湖国家旅游度假区获评省运动休闲旅游示范基地】 2021年9月，杭州湘湖旅游度假区获评省运动休闲旅游示范基地。湘湖旅游度假区由湘湖一期跨湖桥景区（登山）、二期湖山景区（帆

宁围足球公园　　（宁围街道提供，摄于2021年7月1日）

船）、三期定山景区（骑行）组成，其中三期环湖绿道全长 7.6 千米，宽 4.6 米。在原有传统运动项目基础上，开湘湖发皮划艇训练基地、帆船、垂钓、登山、徒步、骑行、冬泳等运动休闲项目。

（方玲玲）

全民体育

【概况】 2021 年，萧山区推出“乡村运动十二季”全民健身系列活动，在 23 个镇（街道、场）开展健身理念普及、健身场地拓展、健身活动推广、健身队伍培育四大行动 12 项子活动。组建村（社区）运动队近 800 支，项目有篮球、马拉松、太极拳等 10 多个类别，在体育和教育系统聘请 24 名“体育管家”，配备 56 名体育指导员开展上门培训 400 多场次，组织开展健身活动、体育比赛 1 万余场次。10 月起，开展全区国民体质抽样测试工作，完成测试样本 4386 个。国民体质合格率从 93.6% 提高到 94%。

【全民健身场馆设施建设】 2021 年，萧山区开展全民健身工程建设和健身工程提升工作。投入 727.1 万元，新增、重建健身点 157 个，新建乒乓球室 44 个，新建各类球场 69 个，更新篮球架 46 副、二代健身点 2 处、百姓健身房 10 个，高标准建成各级各类健身场地设施 343 个，审核新建小区 41 个，拟建体育场地 159 个。人均体育场地面积从 1.91 平方米回升至 2.3 平方米，全民健身工程建设数量全市第一。

【区文旅体育发展中心实现 AED 全覆盖】 2021 年，萧山区文化旅游体育发展中心在游泳馆、羽毛球馆配置 AED（体外自动除颤仪）的基础上，在乒乓球馆和游泳馆一层大厅配置 AED，实现场馆内 AED 全覆盖。7 月 10 日，一名市民在区文化旅游体育发展服务中心羽毛球馆运动时突发心搏骤停，经在场医生、救护员心肺复苏配合 AED 急救后恢复心跳。

【“乡村运动十二季”系列活动】 2021 年，萧山区开展“乡村运动十二季”全民健身迎亚运系列活动，在全区 23 个镇（街、场）开展健身理念普及、健身场地拓展、健身活动推广、健身队伍培育四大行动 12 项子活动。活动中，组建村（社区）运动队伍近 800 个，开展篮球、武术、马拉松、太极拳、象棋等项目比赛。在全区体育和教育系统中聘请 80 名“体育管家”开展上门培训 400 多场次，各镇街、村社组织开展健身活动、体育比赛 1 万余场次。

【“湘湖杯”元宵国际冬泳表演赛】 2021 年 1 月 27 日，萧山区在湘湖老虎洞游客中心定山岛水域举办第十一届“湘湖杯”元宵冬泳表演赛。浙江、上海、江苏、安徽等地的 36 支队伍、950 多名冬泳爱好者参加。

（方玲玲）

竞技体育

【概况】 2021 年，萧山区运动员在全国赛事中获金牌 15 枚、银牌 16 枚、铜牌 5 枚。其中，在全国第十四届运动会中获金牌 2 枚、银牌 2 枚、铜牌 2 枚。在省级赛事中获金牌 184 枚、银牌 59 枚、铜牌 53 枚。在市级赛事中，获金牌 187 枚、银牌 77 枚、铜牌 76 枚。萧山区向省队输送运动员 8 名，向市队输送运动员 42 名。

【第 17 届全国大学生棒垒球联赛总决赛在萧山区举行】 2021 年 7 月 22 日至 8 月 4 日，第十七届中国大学生棒垒球联赛总决赛在瓜沥棒垒球场举行。该比赛由中国大学生体育协会、中国棒球协会、中国垒球协会主办，省棒垒球协会、萧山区文旅局、瓜沥镇人民政府承办，清华大学、北京大学、同济大学等全国各地的 42 支大学生棒垒球队、1000 多名选手参加比赛。广州体育学院队获甲 A 组冠军，华东政法大学队获甲 B 组冠军，同济大学队获乙组冠军。

【萧山籍运动员全运会夺金】 2021 年 9 月 15—27 日，中华人民共和国第十四届运动会在陕西西安举行。由萧山区少体校输送的萧山籍运动员陆家辰在自行车男子团体竞速赛中，以 43.019 秒的成绩获得金牌，并打破全国纪录。

【萧山区业余足球甲级联赛】 2021 年 10 月 17 日，2021 萧山区业余足球甲级联赛在宁围足球公园开幕。该比赛由区文旅局主办，宁围街道办事处承办，区足球协会执行承办，全区 22 支业

萧山区高中（职高）组校园足球比赛在区第五高级中学举行

（范方斌 摄于 2021 年 10 月 27 日）

余足球队伍、600多名运动员参加，比赛历时近3个月，理工校友队和乐清湾队分别获A、B两组冠军。大赛另设最佳射手金靴、银靴、铜靴各1名，优秀运动队2支、优秀运动员22名、优秀裁判员2名，分别授予奖牌奖状。

【省青少年篮球冠军赛在萧山举办】 2020年10月27—31日，"韵味杭州"2021浙江省青少年篮球冠军赛在杭州奥体中心体育馆举办。该项赛事同时在浙江大学（紫金港校区）体育馆、绍兴奥体中心体育馆、富阳体育馆和杭州奥体中心体育馆举行，是4个亚运场馆第一次联动承办"一项多馆"的体育赛事。决赛中，台州队战胜温州队获得冠军。

（方玲玲）

体育产业

【概况】 2021年，萧山区出台《杭州市萧山区关于引导和鼓励社会力量参与公共文化服务实施办法》《杭州市萧山区加快推进文旅融合和全域旅游发展专项扶持政策实施细则》等实施意见和相关配套政策，为体育产业发展提供政策支持，促进体育产业发展提档升级。至年底，萧山区有各类体育企业800多家，位居杭州市各区县市前列，初步形成体育培训、制造、零售、活动策划等体育产业链。全区建立体育产业机构名录库和体育产业项目库，包括体育产业现有项目、在建项目、招商项目，动态管理与更新。

【瓜沥棒球小镇】 2021年4月，瓜沥镇与浙江省棒垒球协会签订建设协议，共同建设"多球合一"的瓜沥棒垒球场，打造成为萧山区体育产业标杆项目。7月，瓜沥棒垒球场落成。7月22日至8月4日，第十七届中国大学生棒垒球联赛总决赛在瓜沥镇举办。为持续释放赛事效应，中国棒球协会与萧山区人民政府签订中国女子棒球项目合作框架协议书；中国棒球协会、萧山区文化和广电旅游体育局、萧山区瓜沥镇人民政府、浙江友成棒垒球俱乐部管理有限公司四方签订合作共建"中国青少年棒球队训练基地"（U13年龄组）合作协议。瓜沥棒球小镇成为全国U13（13岁及以下年龄球员组成的球队）棒垒球训练基地。萧山区规划在建设专业棒球场地的基础上，形成以棒垒球赛事为核心，集全年龄段棒垒球培训、棒垒球器材装备生产、棒垒球周边产品开发、棒垒球文娱品牌宣传等于一体的棒垒球产业基地。

【戴村郊野运动小镇】 2021年，萧山区加强对体育产业的规划引导，因地制宜发展体育产业。戴村镇建成80千米国家级登山健身步道、20千米骑行道、14千米彩色林带，提升7个景观节点。三清园户外公园、大佛山滑翔伞基地、云上高空秋千、云山峡谷漂流等10多个运动休闲产业项目发展良好。10月，在浙江省第十届运动休闲旅游节上，戴村镇国家登山健身步道（登山）—森林骑行道（骑行）—云石滑翔伞基地（无动力滑翔）—三清园户外运动公园4个项目所组成的精品线路获评2021年度浙江省运动休闲精品线路。

【2家企业获评国家体育产业示范单位】 2021年4月9日，杭州乐刻网络技术有限公司（简称乐刻运动）、杭州孚德品牌管理有限公司（简称孚德体育）被评为国家体育产业示范单位。乐刻运动是创立于2015年的健身产业互联网平台，2020年9月入驻萧山信息港小镇。该公司持续发展数字业务，探索"线上线下"数字健康新模式，通过布局线下门店，打造健身学院、运动健身直播基地，提升全民健身渗透率。4月，在第五届万物生长大会上，乐刻运动成为"独角兽"公司，是杭州首个进入"独角兽"榜单的体育企业。孚德体育成立于2013年，凭借从事外贸行业期间积累的优势，获2014年巴西世界杯的衍生品项目授权后相继获得2016年法国欧洲杯、2018年俄罗斯世界杯、2020年欧洲杯等重大赛事的吉祥物全球独家授权，成为北京国安、上海申花、北京首钢、上海大鲨鱼等国内头部体育IP的独家授权合作伙伴，成为中国领先的体育IP授权品牌管理公司。

（方玲玲）

2021年春，山地自行车爱好者在戴村镇森林骑行道骑行　（戴村镇 提供）

人力资源管理

综述

【概况】 2021年，萧山区出台《杭州市萧山区“金梧桐”人才安居计划实施办法》，优化升级应届生生活补贴、购（租）房补贴等政策招引人才。新增省级博士后科研工作站8家，新认定杭州市A—E类人才1601人、F类人才3420人。新增城镇就业10.92万人，帮扶1.78万名就业困难人员、失业人员实现就业再就业。持续深化社会保险提标扩面，各类养老保障综合参保率为99.1%，企业职工基本养老保险参保109.88万人。持续维护劳动关系和谐稳定，推进网签电子劳动合同工作，巩固“无欠薪”创建成果。招聘事业单位工作人员118人，实际录用113人，面向部分国内外高校引进高层次人才45人。建设“萧山人社整体智治平台”，包括五大核心驾驶舱和五个应用场景，推动“数字人社”建设。

2021年4月13日，全国首届“能人节”暨第十四届“爱纬斯”杯职业素养与能力展示月活动在杭州萧山技师学院开幕　（范小亮　摄）

【“萧山人社整体智治平台”启用】 2021年6月，萧山区“人社整体智治平台”启用。平台开设“活力人才”“数智就业”“和谐劳动”“温暖社保”“技师学院”五大核心驾驶舱，重点打造“安薪护航数治系统”“大学生创业智审智服”“人社补贴精密智控”“省际劳务协作系统”“企业退休人员精准智服”五个应用场景。其中，“安薪护航数治系统”被列入市级揭榜挂帅项目，“人社补贴精密智控（就业补贴）”被列入省就业局试点项目；“大学生创业智审智服应用”等4个项目获批市人社局试点项目。

【人社政务服务改革】 2021年，萧山区人力社保部门持续深化政务服务改革，局长、科长走访一线窗口、体验办事流程，发现并妥善解决存在问题15个、企业员工反映需求12项；走访村社（企业）443次，现场办结群众事项424件，跨部门办结19件。完成7件主办和18件协办建议提案办理工作，面商率、办结率、解决率均为100%。打造优质融合政务新媒体，“萧山人社”微信公众号全年提供各类人社服务1000多次。深化政务服务2.0改革，128个事项纳入“一网通办”系统。拓宽政务服务办事渠道，推广政务服务“好办易办”项目，人社业务“就近办”52项。10月起，政务服务2.0办理业务1.26万件。

【就业基本盘稳定】 2021年，萧山区稳住企业就业主阵地，拓宽高校毕业生灵活就业等就业渠道，帮扶就业困难人员、高校毕业生、残疾人等稳定就业。推广使用数字就业驾驶舱，帮扶重点群体6万人次。发放小微企业新招用高校毕业生社保补贴等就业帮扶资金1.08亿元，惠及3.2万人次。引导和帮扶城乡劳动者开展创业活动，释放创业带动就业倍增效应。举办普惠化就业创业培训48期，1787人参加培训；创新引入融资担保机制，降低贷款风险，发放创业担保贷款 7813 万元，带动就业 875 人；帮扶失业人员、就业困难人员等群体创业 348 人次。保障高校毕业生就业，新增大学生就业见习训练基地 12 家，建立见习训练基地 136 家，大学生参加见习训练 640 人。全年全区新增城镇就业 10.92 万人，帮扶 1.78 万名就业困难人员、失业人员实现就业再就业，就业局势保持基本稳定。

（宋 迪 孔潇文）

人才引进培养

【概况】 2021 年，萧山区探索人才发展体制机制，优化“热带雨林式”人才生态环境。加大开放性政策和市场化渠道引才，放大创新载体引才聚才功能，升级“店小二”式人才公共服务，高层次人才、高技能人才等各类人才引进培育数量稳步增长。征集高层次人才到萧山区创业创新“5213”（全球征集高层次创业创新“5213”计划）计划项目 315 个，列入扶持计划 90 个。新招引应届高校毕业生 2.13 万人，新增大学生创业企业 205 家，推动创业创新提质增效。

【新一轮高层次人才创业创新“5213”计划】 2021 年，萧山区面向全球征集高层次人才创业创新“5213”计划项目 315 个，涉及数字经济、智能制造和生物医药等行业领域。经快速评审、部门联审，列入扶持计划项目 90 个，引进 79 人。

【萧山区“金梧桐”人才安居计划升级】 2021 年，萧山区根据杭州市“人才生态 37 条”补充意见和区“人才新政 25 条”相关规定，出台《杭州市萧山区“金梧桐”人才安居计划实施办法》。新修订的计划优化升级应届生生活补贴、购（租）房补贴等，并构建了 A—F 类人才等级晋升激励措施。通过“金梧桐”人才安居计划的实施，引进和培养一批致力于萧山区产业转型升级和经济社会发展的人才，为人才在萧山创新创业提供优良便捷的宜居环境。兑现“生活补贴 + 青荷码 + 贷款贴息 + 实习津贴”4 项人才政策红利 2.37 亿元，惠及各类人才 2.7 万人，分别比上年增长 78% 和 177%。取得购房补贴资格的人才 108 人，增长 30.1%。

【高层次人才培养认定】 2021 年，萧山区新增钱江特聘专家 10 人，新增杭州市高层次人才特殊支持计划培养类人才 45 人。新引进和培养市级以上领军人才 36 人。新认定杭州市 A—E 类人才 1601 人，F 类人才 3420 人。

【博士后科研工作站建设】 2021 年，萧山区新增省级博士后科研工作站 8 家，总量 45 家，其中国家级 22 家、省级 23 家。年初在站博士后研究人员 78 人，新进站博士后 101 人。至年底，在站博士后 145 人，出站留萧山区 70 人。

【全球博士萧山行暨博士后“百人计划”专场对接会活动】 2021 年 5 月 22 日，2021 全球博士萧山行暨博士后“百人计划”专场对接会活动在萧山区会议中心举行。新南威尔士大学、威斯康星大学、清华大学、北京大学、浙江大学等海内外 50 多所高校和科研院所的 100 多位博士人才参加对接活动。42 家知名企业的博士后科研工作站提供优质岗位 300 多个。

【大学生创业创新】 2021 年，萧山区采取就业并举，实施《创想未来·萧山区大学生创业创新三年行动计划（2020—2022）》。杭州湾信息港获评省级创业孵化示范基地，杭州市信息安全产业园获评市级创业孵化示范基地。建设极盒创业陪跑空间、有牛公社创业陪跑空间 2 家创业陪跑空间。承办第七届杭州大学生创业大赛萧山赛区活动，选送项目“工业设备智能预测性维护平台”获总决赛第一名。活动中招引大赛获奖项目落户 10 个。全年新增大学生创业企业 205 家，大学生创业企业 1302 家，带动就业人数 5689 人。

【“浙江青年工匠”培育】 2021 年，萧山区实施青年工匠新培训、新竞赛、新阵地、新工匠“四新”培育模式，开设青年工匠研修班培训工匠，推出“匠心会客室”，技能人才做客宣讲 7 人。培育 64 名“浙江青年工匠”。

【专业技术人才稳步增长】 2021 年，萧山区专业技术人才总数 14.58 万人，比上年净增 7000 人。其中，正高级职称 667 人、副高级职称 8821 人、中级职称 3.86 万人。各行业先进制造、数字经济领域专技人才增长明显，通过评审取得副高职称的机电制造和信息技术人才分别增长 47%、214%。

2021 年萧山区各主要系列专业技术人员人数一览表

表 46　　单位：人

类别		工程	卫生	教师	农业	会计	经济	统计	其他	合计
职称	高级	2471	2351	3341	144	309	449	19	404	9488
	中级	14026	4435	11871	320	3596	3281	219	895	38643
	初级	25227	10444	13062	675	16793	4378	1262	2622	74463
职业资格		17079	3809	268	—	643	—	18	1472	23289
合 计		58803	21039	28542	1139	21341	8108	1518	5393	145883

【首席技师队伍建设】 2021年，萧山区新增市首席技师3名，区“首席技师”10名。至年底，有区级及以上“首席技师”191名，其中省“首席技师”4名、市“首席技师”18名。

2021年萧山区新增市级“首席技师”

浙江东南网架股份有限公司　吴志新
杭州琴美健康管理有限公司　田建军
杭州铂丽大饭店有限公司　王剑云

2021年萧山区新增区级“首席技师”

杭州开元森泊酒店有限公司　戚兴良
杭州萧富农业开发有限公司　倪立权
杭州广通植保防治服务专业合作社　杨兰
杭州萧山颐乐养老集团有限公司　王利
杭州萧山技师学院　王金芳
杭州市萧山区第一中等职业学校　娄凤源
万向钱潮股份有限公司　叶丹萍
杭州之江磁业有限公司　信东辉
浙江东南网架股份有限公司　张小华
松裕印刷包装有限公司　吴义升

【技师工作室建设】 2021年，萧山区新增省技能大师工作室1家，市技能大师工作室3家，区技师工作室5家。至年底，全区有区级及以上技能大师工作室70家，其中国家级1家、省级10家、市级19家。

2021年萧山区新增浙江省技能大师工作室

孙叶江中式烹调师技能大师工作室

2021年萧山区新增杭州市技能大师工作室

方浩机床装调维修技能大师工作室
宋永红保健按摩技能大师工作室
蒋教芳快递业务技能大师工作室

2021年萧山区新增区技师工作室

萧山区毛如升维修电工技师工作室
萧山区姚彩祥中式烹调师技师工作室
萧山区陈佳成钳工技师工作室
萧山区王玉珍美容师技师工作室
萧山区楼旭明机修钳工技师工作室

【技能人才自主评价】 2021年，萧山区持续推进职业技能等级认定试点工作。新增职业技能等级认定备案试点单位（企业）15家。全区自主认定试点单位（企业）34家、试点工种47个，核发职业技能等级证书5488本。

【杭州萧山技师学院加快发展】 2021年，杭州萧山技师学院围绕“十四五”期间“争创万人技师学院和浙江省10所全国一流技师学院”的战略目标，学院建成数控应用技术、工业机器人、云计算技术3个省一流专业，获批第46届世界技能大赛“工业设计技术”项目国家集训基地。3个项目入选第46届世界技能大赛国家集训队，每个项目1名选手。技师段毕业生供需比在10：1以上。

萧山区“行行出状元”电视擂台赛“工业机器人技术应用”技能比武现场
（缪承林 摄于2021年5月21日）

【人力资源产业发展】 2021年，萧山区加大人力资源服务业发展力度，市场化手段开发配置人力资源。培育1家市级人力资源产业园——萧山区经济技术开发区人力资源产业园。浙江易建易工网络科技有限公司、加雷科技（杭州）有限公司2家单位获杭州市人力资源服务和产品创新创优项目资助优秀项目。杭州仟寻人力资源有限公司登上首届杭州人力资源服务机构招才引智群英榜。

【高技能人才培育成果丰硕】 2021年，萧山区实施职业技能提升行动，推进职业技能培训。举办职业技能培训，参与人员2.56万人次，其中企业新型学徒制培训1002人。举办3D打印、植保无人机驾驶、工业机器人、数控综合技术等“行行出状元”技术比武电视擂台赛4期，带动岗位练兵2500多人次。举办全国首届“能人节”暨第十四届“爱纬斯”杯技能展示月活动，企业职工、职业（技工）院校参赛师生2700多人。全年新增高技能人才4108人，新增“浙江工匠”13人。区技能人才总量28.53万人，其中高技能人才10.36万人。

【刘克敏入选国务院政府特殊津贴专家】 2021年，根据《浙江省人力资源和社会保障厅关于公布2020年享受政府特殊津贴人员名单的通知》，萧山区选送的全国技术能手、全国五一巾帼标兵、省技能大师工作室领衔人——杭萧钢构股份有限公司员工刘克敏入选2020年度享受国务院政府特殊津贴专家。刘克敏的焊丝改进技术获得“浙江省优秀创新项目一等奖”，研制新工艺、新工法、特殊工程及特殊材料焊接试验板500多副，带徒1500多人。

【10位专家入选杭州市钱江特聘专家】 2021年11月16日，杭州市人力社保局公布2021年杭州市钱江特聘专家名单，萧山区8家设岗单位10位专家入选，入选专家与设岗单位签订为期2

年的聘用合同，在萧山区主持重大科研项目、传授本学科核心知识或解决关键技术。

（宋　迪　孔潇文）

就业再就业

【概况】 2021年，萧山区人力社保部门实施就业优先战略，保障企业复工复产，落实稳岗惠企政策，帮扶重点群体就业创业。新增城镇就业10.92万人，帮扶就业困难人员、失业人员实现就业再就业1.78万人，登记失业人员1.71万人，就业保持稳定状态。

【就业优先政策提质加力】 2021年，萧山区贯彻落实《杭州市关于进一步做好稳就业保就业工作实施意见》，强化就业困难群体兜底就业保障。发放就业补助资金1.08亿元，惠及3.2万人次。其中，发放灵活就业社保补贴6755.9万元，惠及1.98万人次；发放小微企业新招用高校毕业生社保补贴615.92万元，惠及企业1168家。

【就业精准援助】 2021年，萧山区人力社保部门打造"一镇（街道）一品"就业援助服务品牌，帮扶就业困难人员、高校毕业生、残疾人等稳定就业。开展稳就业促发展"一班三提升"等12项活动，指导26个乡镇（街道）、平台开展个性化、精准化就业援助服务活动80多场，其中举办招聘活动32场、培训23期，提供政策咨询服务7500人次。

【加强企业服务】 2021年春节期间，萧山区采取多项措施，稳定就业队伍，应对新冠肺炎疫情等不利因素冲击。区人力社保局开展春节期间"温暖在萧"稳就业促发展行动，实施鼓励外地员工留杭过年、维护劳动关系和谐稳定、加大惠企稳岗工作力度、推进就业援助精准服务、帮扶毕业生就业创业、统筹劳动力资源调配六大工作举措，保障企业用工稳定。

【惠企稳岗减费政策】 2021年，萧山区继续落实阶段性降低企业失业保险、工伤保险费率政策，减征企业失业保险费3.47亿元，惠及企业7.6万家；减征工伤保险费9200万元，涉及企业7.5万家。实施企业稳岗补贴政策，创新推出企业稳岗补贴"一键智办"模式。全年发放稳岗补贴2087.17万元，涉及2361家企业。

【劳动力资源调查】 2021年，萧山区人力社保部门结合全区产业结构布局，调整用工监测企业34家。依托用工监测平台，对企业开展3轮用工调查11.7万家次，常态化开展监测企业用工141家，精准摸底外来务工人员就业情况和企业用工需求。完成58.57万名劳动力资源调查工作，摸清劳动力资源就业情况。

【创业带动就业】 2021年，萧山区人力社保部门引导和帮扶城乡劳动者开展创业活动，释放创业带动就业倍增效应。举办普惠化就业创业培训48期，参加培训1787人。发挥创业担保贷款促进创业作用，引入担保公司降低贷款风险，发放创业担保贷款7813万元，带动就业875人。帮扶失业人员、就业困难人员等群体创业348人次。

【失业人员服务保障】 2021年，萧山区人力社保部门加强失业人员服务保障，实施"双减"政策下失业教师兜底服务，面向186家教培机构推送失业保险金政策。落实失业保险无感智办，推送失业保险业务2544条次，受理500多人。继续实施失业保险基金扩面政策，落实大龄失业人员延长领金期限和超龄失业人员申请失业保险金政策，发放失业补助金，保障失业人员基本生活。发放失业保险金和失业补助金2亿元，惠及18万人次。开发公益性岗位175个，安置就业困难人员85名，实现零就业家庭动态清零。

【高校毕业生就业帮扶】 2021年，萧山区新认定大学生就业见习训练基地12家，累计建立见习训练基地136家，高校毕业生参加见习训练640人，见习基地留用见习学员139人。依托离校未就业高校毕业生实名制登记，实施"一人一策"就业精准帮扶，帮助离校未就业毕业生实现就业2143人。

【数字就业驾驶舱精准帮扶】 2021年5月31日起，萧山区人力社保部门推广使用数字就业驾驶舱。落实重点群体帮扶场景应用，通过上门走访、电话或线上等方式，提供职业介绍、职业指导、职业技能培训信息、创业指导等服务。重点帮扶就业困难人群3.99万人，服务6.69万人次，做到困难群众全面覆盖、精准识别、应帮尽帮。

【劳务协作】 2021年，萧山区探索多区域联动招聘模式。3月10日、19日，联合湖北、湖南、江西、贵州4个省11个县（市、区）举办2场"数智新萧山，职等您来"直播云招聘，紫光恒越（杭州）技术有限公司、浙江恒逸集团有限公司、浙江杭可

2021年6月24日，首场"浙江萧山—四川旺苍"东西部劳务协作专场招聘会在旺苍县玉龙广场举行　（徐志杨　摄）

科技股份有限公司等 10 家区内重点企业提供就业岗位 2600 多个，直播观看超 12 万人次，收到简历和求职意愿 1000 多份。3 月 3 日，会同江西省鄱阳县等 4 个省 6 个县（市、区）联动开展线上招聘，推送区内 140 家企业就业岗位 1.43 万个。全年先后组织 50 多家企业，到四川省广元市旺苍县、甘肃省天水市、青海省德令哈市等地开展招聘，提供就业岗位 2500 多个。

（宋　迪　孔潇文）

劳动关系

【概况】 2021 年，萧山区推进网签电子劳动合同工作、企业薪酬调查、特殊工时清单式改革等工作。全年办理行政许可事项 877 件，特殊工时制度审批 577 件。巩固“无欠薪区”创建成果，开展各类专项整治 12 期，劳动保障监察案件结案率 96.1%。深化镇（街道）“1+X”劳动纠纷多元化解机制建设，建成 6 个高标准数字仲裁庭，提升案件在线申请、线上调解水平。区劳动人事争议仲裁委员会受理案件 3677 起，结案 3454 件，结案率 97.9%。

【网签电子劳动合同推进】 2021 年，萧山区推进网签电子劳动合同工作，指导企业规范用工。全区 5374 家企业纳入电子劳动合同“杭云签”平台，上传劳动合同 34.36 万份，合同覆盖率 58.1%。

【薪酬调查涉企 332 家】 2021 年，萧山区抽取 332 家薪酬样本企业进行薪酬调查，其中部选企业 164 家、自选企业 168 家。调查时段为 2020 年 1 月 1 日至 12 月 31 日，调查内容涉及企业基本信息、用工总量情况、主要财务指标、人工成本、工资报酬及构成情况等指标数据。

【特殊工时制清单式改革】 2021 年，萧山区推进特殊工时清单式改革。指导 81 家规模以上企业，规范使用特殊工时制，加强信息公开，确保员工权益不降低。稳妥推进特殊工时制由“一年一审批”变为“一次审批长期有效”。特殊工时制是指因生产特点、工作性质和工作职责限制，在一段时间内必须进行连续生产或工作，而采用集中工作，集中休息，轮休调休、弹性工作时间等方式，确保劳动者休息休假权和完成生产、工作任务的工时制度。

【行政许可事项办理 877 件】 2021 年，萧山区规范开展人力社保领域行政审批工作，全年办理行政许可事项 877 件，其中特殊工时制度审批 577 件。申请不定时工作制单位 227 家，申请综合计算工时工作制单位 350 家。劳务派遣经营许可单位 46 家、变更 14 家、延续 5 家，劳务派遣单位经营情况年度报告核验 92 家；办理人力资源服务许可证审批 31 家，变更 6 家、注销 3 家、延续 1 家；办理民办职业技能培训机构 1 家，变更 5 家、注销 1 家、延续 3 家。其他权力事项 92 件：《集体合同》备案 26 家，《工资协议》备案 26 家，企业招用未成年工登记 40 家。

【“无欠薪区”创建成果巩固】 2021 年 4 月 8 日，萧山区召开工程建设领域根治欠薪专题会议，专题部署根治欠薪工作。5 月 13 日，召开政府投资建设项目落实《保障农民工工资支付条例》工作座谈会，规范政府投资建设项目民工工资支付工作；6 月 7 日，召开护航中国共产党成立 100 周年根治欠薪维稳专题会议暨漠视侵害群众利益问题专项治理工作推进会，部署漠视侵害群众利益问题专项治理和十大领域行业隐患排查监督工作。9 月 24 日，召开根治欠薪专题工作会议，专题部署维护“国庆”期间劳动关系和谐稳定工作。

【劳动者权益保障】 2021 年，萧山区受理欠薪投诉举报案件 5784 件（其中建筑装饰领域 2402 件），为 2.2 万名劳动者追回工资 3.97 亿元，劳动保障监察案件结案率 96.1%。其中，受理国务院平台欠薪线索案件 2000 件，办结 1910 件，办件量居全市第一。受理“110”联动警情 5190 起，“12345”市长热线转办件 9882 件，完结率均为 100%。全覆盖监控在建工程项目 429 个，刚性落实无欠薪“六项制度”。完成用人单位书面审查 2.4 万家；实施联合惩戒 49 家企业（个人），其中列入欠薪“黑名单”9 家，行政处罚 21 家，移送公安机关 19 家；落实应急周转金和特殊行业工资支付保证金制度。至年底，筹集建筑施工企业工资支付保障金 329 万元，租赁企业工资支付保障金 9122 万元。

【劳务市场专项整治】 2021 年，萧山区开展劳务派遣单位遵守社会保险法律法规情况专项执法行动、清理整顿人力资源市场秩序专项检查、重大工程建设项目专项治理行动、护航中国共产党成立 100 周年“浙江安薪”专项行动、女职工产假等权益暨新业态行业用工专项执法行动、义务教育阶段学科类校外培训机构欠薪风险排查行动、超时加班问题集中排查化解专项行动、恒大集团等项目欠薪隐患排查行动、“萧山人社”根治欠薪二维码进工地专项行动、漠视侵害群众利益问题专项治理行动、未成年人保护工作专项行动、根治欠薪冬季专项治理行动专项整治 12 期，检查用人单位 3000 多家次，责令限期整改问题 320 个。

【互联网 + 调解仲裁】 2021 年，萧山区劳动人事争议仲裁委员会依托浙江省劳动人事争议调解仲裁信息系统实现案件线上受理。受理案件 3677 件，结案 3454 件，结案率 97.9%。其中通过调解、撤诉等方式结案 3102 起，调解率 86%，为劳动者挽回经济损失 9834 万元。建成高标准数字仲裁庭 6 个，提升案件在线申请、线上调解水平，网络办案率 31.7%。

【劳动纠纷多元化解机制】 2021 年，萧山区制定《杭州市萧山区建立劳动纠纷“一窗式”受理机制实施方案》，深化镇（街道）“1+X”劳动纠纷多元化解机制建设，提升基层争议预防调解能力，实现立案前调解工作机制镇（街道）全覆盖。基层受理劳动纠纷 964 起，调解结案 907 起。

【仲裁立案前调解 492 起】 2021 年，萧山区劳动人事争议仲裁委员会继续全面启动仲裁立案前调解工作由执业律师作为中立第三方主持调解，协调双方当事人通过自愿协商达成和解协议解决争议，推动案件繁简分流，节约仲裁资源，保障当事人快速兑现自身合法权益。全年成功调解492起。

【工伤认定和劳动能力鉴定】 2021年，萧山区制定《萧山区工伤预防常态化机制建设五年（2021—2025年）计划》，建立工伤预防工作联席会议制度，工伤监测预警和工地工伤“专案专办”。全年核查工地工伤2436件，实现工地工伤事故实地调查率100%。区人力社保部门规范开展工伤认定和劳动能力鉴定工作，推进工伤认定提速办，申请工伤认定材料由14项减至6项，由24个工作日办结缩短到“即办即结”。创新劳动能力预约上门鉴定模式，工伤申报和劳动能力初次鉴定申报实现“跑零次”。全年受理工伤申请8082件，认定7739件，劳动能力鉴定5133人。

（宋　迪　孔潇文）

事业单位管理

【概况】 2021年，萧山区招聘事业单位工作人员118人，实际录用113人；面向部分国内外高校引进高层次人才45人；区人力社保部门指导卫健、教育和社区人事招聘工作。加强专业技术岗位结构比例调控和岗位设置管理，完成机关事业单位人员年度绩效考核和薪资晋升工作。事业单位工作人员参加考核2.32万人，优秀等次3598人。

【人事招录】 2021年，萧山区面向社会公开招聘事业单位工作人员118人，核减取消指标5个。报考人数1.68万人，平均报考比142∶1，最终录用113人。面向部分国内外高校引进高层次人才45人。卫健系统、教育系统面向社会公开招聘工作人员和教师1228人。公开招聘城市社区专职工作者455人。

【人事制度管理】 2021年，萧山区落实基层减负要求，对全区评比达标表彰进行规范。加强事业单位人事管理，办理调动649人，审核单位岗位设置314家，办理岗位聘用及晋升7070人。办理事业单位退休人员备案378人。做好公务员和事业单位工作人员因私出国（境）备案工作，国家工作人员因私出国（境）登记备案852人，撤销备案255人。

【人事日常管理】 2021年，萧山区机关工作人员五年晋升级别工资1214人，两年晋升工资档次1132人；事业单位工作人员正常晋升薪级工资档次2.46万人。区人力社保局审核、校对机关事业单位工作人员2.09万人和列入财政统发单位工资数据535家。完成公务员奖励性补贴自查自纠。

【人事管理“一件事”改革】 2021年，萧山区深化事业单位人事管理“一件事”改革。在省事业单位人事工资管理系统基础上，萧山区个性化开发增加统筹设岗、岗位预警、电子签章、自定义查询4项功能，采集事业单位人员信息2.42万人，完整度99%。

【医护人员待遇保障】 2021年，萧山区根据省、市两级关于提高儿科医生、护士待遇有关问题的办理意见，出台《关于提高儿科医生、护士待遇的执行口径》《关于明确新冠肺炎疫情防治一线医务人员薪酬待遇落实相关事项的通知》《杭州市萧山区公立医疗机构药品采购新机制考核奖励办法》等文件，提高医务人员薪酬待遇。

【区干部人事档案服务中心启用】 2021年7月，萧山区干部人事档案服务中心启用。该中心采用智能档案库房一体化管理平台，实现档案智能化系统设备管理集成，与视频监控、环境监测、消防等子系统实现局域物联。至年底，入库干部人事档案82家单位、4286卷，档案数字化加工536卷。

（宋　迪　孔潇文）

公共服务

【概况】 2021年，萧山区有镇（街道）人力社保管理站24家、社区人力社保服务站173家、行政村人力社保服务室352家。建设“萧山人社整体智治平台”，开辟“活力人才”“数智就业”“和谐劳动”等5个核心驾驶舱。重点打造“安薪护航数治系统”“大学生创业智审智服”等5个应用场景，推动整体智治、高效协同、系统集成的“数字人社”建设。加强人力社保工作法治化管理，全年办理行政复议案件21起，行政诉讼案件26起。推进社会保障卡居民服务“一卡通”工作，集成人社领域服务应用95项、非人社领域服务应用43项。组队参加杭州市人社系统练兵比武活动并获二等奖，4名选手获“杭州市人社知识通”称号。1名选手参加全省、全国比赛，获“浙江人社知识通”“全国人社知识通”称号。

【“亲清在线”兑付】 2021年，萧山区实现高校应届毕业生生活补贴、高校应届毕业生二次生活补贴、社保结算明细查询、上年度工资收入申报、社保医保补缴、社保医保基数调整、参保证明查询打印、企业信息变更、新员工参保业务、人员停保业务、人员基本信息修改业务等11项人力社保业务“亲清在线”平台线上兑付和办理。开展应届高学历毕业生生活补贴审核发放工作，惠及毕业生1.5万人，全年发放2.06亿元。开展应届高学历毕业生二次生活补贴发放工作，惠及毕业生241人，发放723万元。

【人力社保法治建设】 2021年，萧山区人力社保局部门持续推进行政执法重大案件“专案研究”、疑难案件“集体讨论”、风险案件“提前化解”工作机制。加大行政争议“包案化解”力度，引入第三方律师力量开展争议化解。全年化解行政争议24件，行政负责人出庭率100%。落实行政规范性文件标准化管理。制定行政规范性文件2件，行政规范性文件评估2件。

（宋　迪　孔潇文）

社会生活

居民生活

居民收支

【概况】 2021年，萧山区居民人均可支配收入为68030元，比上年增长9.4%。与地区生产总值（GDP）8.7%增速相比，居民收入和经济增长基本同步（因区划调整，收支数据按区划调整后口径公布）。城镇居民人均可支配收入75935元，增长8.5%；农村居民人均可支配收入46657元，增长9.5%。农村居民人均可支配收入增速高于城镇1.0个百分点，城乡收入比下降至1.63∶1。

【工资性收入情况】 2021年，萧山区出台多项稳岗保就业政策，包括进一步优化营商环境、加强职业技能培训、提高最低工资标准等措施，帮扶就业困难人员、失业人员再就业，促进居民工资性收入增长。居民人均工资性收入为38374元，比上年增长8.5%，占比56.4%，对居民收入增长的贡献率达到51.5%，是居民收入增长的主要拉动力。其中，城镇居民人均工资性收入为41598元，增长7.8%；农村居民人均工资性收入为29657元，增长8.7%。

【转移净收入情况】 萧山区在扩大城乡居民基本养老、基本医疗社会救助等社会保障覆盖率的同时，逐年提高养老待遇、完善补充医疗保险制度，转移净收入增长基础稳固，成为居民收入第二大来源。2021年，根据《杭州市人民政府关于印发杭州市全面做实基本医疗保险市级统筹实施方案的通知》精神，部分退休人员一次性补缴医疗保险，导致转移性净收入增速放缓。全区330户样本户中，城镇居民一次性补缴医疗险人数占5.7%，金额42万元；农村居民一次性补缴医疗险人数占13.3%，金额达72万元。全体居民人均转移净收入12073元，比上年增长8.5%。其中，城镇居民人均转移净收入为13356元，增长7.6%；农村常住居民人均转移净收入为8603元，增长8.7%。

【经营净收入情况】 2021年，萧山区不断优化营商环境，减少新冠肺炎疫情等不利因素影响，个体经营户和小微企业生产经营困难得到一定纾解，尤其是制造业居民人均经营净收入从上年的负收入基本恢复至往年水平，带动第二产业经营净收入实现较大增长。居民人均经营净收入9142元，比上年增长11.9%。其中，城镇居民人均经营净收入为9986元，增长10.8%；农村居民人均经营净收入6863元，增长13.3%。

【财产净收入情况】 2021年，受新冠肺炎疫情影响，萧山区多数居民理财心理趋向保守，储蓄理财的资金增加，居民利息收入比上年增长359%。同时，随着房屋租赁市场逐渐复苏，居民房租收入增长59.3%，均拉动财产净收入较快增长。居民人均财产净收入8441元，增长12.2%。城镇和农村居民人均财产净收入分别为10996元和1534元，增长10.1%和13.4%。

2021年萧山区居民人均可支配收入结构一览表

表47

指标名称	城镇常住居民			农村常住居民		
	2021年（元）	2020年（元）	增幅（%）	2021年（元）	2020年（元）	增幅（%）
可支配收入	75935	69986	8.5	46657	42609	9.5
（一）工资性收入	41598	38579	7.8	29657	27286	8.7
（二）经营净收入	9986	9016	10.8	6863	6057	13.3
（三）财产净收入	10996	9984	10.1	1534	1353	13.4
（四）转移净收入	13356	12407	7.6	8603	7913	8.7

【居民消费价格指数】2021年，萧山区居民消费价格指数为101.4，非食品烟酒价格指数101.3，服务价格指数100.1，工业品价格指数102.8。其中，食品烟酒类消费价格指数101.6，衣着类消费价格指数104.2，居住类消费价格指数100.0，生活用品及服务类消费价格指数100.7，交通通信类消费价格指数104.0，教育文化娱乐类消费价格指数101.1，医疗保健类消费价格指数100.0，其他用品及服务类消费价格指数97.3。消费价格指数最高的是鞋类服务、交通工具用燃料和通信工具，分别为125.9、117.2和111.9。消费价格指数最低的是畜肉类和金融及保险服务，分别为84.1和88.0。

【食品烟酒消费支出】2021年，萧山区全体居民人均食品烟酒消费支出10204元，比上年增长13.5%。其中，城镇居民人均食品烟酒消费支出10422元，增长12.7%；农村居民人均食品烟酒消费支出9617元，增长15.1%。

【衣着支出】2021年，萧山区全体居民人均衣着消费支出2134元，增长17.3%。其中，城镇居民人均衣着消费支出2227元，增长16.5%；农村居民人均衣着消费支出1882元，增长18.7%。

【居住支出】2021年，萧山区全体居民人均居住消费支出11311元，增长15.8%。其中，城镇居民人均居住消费支出11710元，增长15.4%；农村居民人均居住消费支出10233元，增长16.1%。

【生活用品及服务消费支出】2021年，萧山区全体居民人均生活用品及服务消费支出2453元，增长18.2%。其中，城镇居民人均生活用品及服务消费支出2614元，增长18.1%；农村居民人均生活用品及服务消费支出2018元，增长16.9%。

【交通通信支出】2021年，萧山区全体居民人均交通通信消费支出6827元，增长14.4%。其中，城镇居民人均交通通信消费支出7243元，增长12.8%；农村居民人均交通通信消费支出5700元，增长18.0%。

【教育文化娱乐消费支出】2021年，萧山区全体居民人均教育文化娱乐消费支出4230元，增长12.9%。其中，城镇居民人均教育文化娱乐消费支出4451元，增长10.9%；农村居民人均教育文化娱乐消费支出3632元，增长18.1%。

【医疗保健消费支出】2021年，萧山区全体居民人均医疗保健消费支出4067元，增长15.5%。其中，城镇居民人均医疗保健消费支出4585元，增长13.9%；农村居民人均医疗保健消费支出2668元，增长18.2%。

【其他用品和服务消费支出】2021年，萧山区全体居民人均其他用品和服务消费支出1019元，增长16.2%。其中，城镇居民人均食品其他用品和服务消费支出1094元，增长14.2%；农村居民人均其他用品和服务消费支出815元，增长20.7%。

2021年萧山区居民人均消费支出结构一览表

表48

指标名称	城镇常住居民			农村常住居民			全体常住居民		
	2021年（元）	2020年（元）	增幅（%）	2021年（元）	2020年（元）	增幅（%）	2021年（元）	2020年（元）	增幅（%）
消费支出	44346	38934	13.9	36565	31321	16.7	42245	36764	14.9
（一）食品烟酒	10422	9244	12.7	9617	8356	15.1	10204	8991	13.5
（二）衣着	2227	1912	16.5	1882	1586	18.7	2134	1819	17.3
（三）居住	11710	10145	15.4	10233	8812	16.1	11311	9765	15.8
（四）生活用品及服务	2614	2214	18.1	2018	1727	16.9	2453	2075	18.2
（五）交通通信	7243	6423	12.8	5700	4832	18.0	6827	5970	14.4
（六）教育文化娱乐	4451	4013	10.9	3632	3076	18.1	4230	3746	12.9
（七）医疗保健	4585	4025	13.9	2668	2257	18.2	4067	3521	15.5
（八）其他用品和服务	1094	958	14.2	815	675	20.7	1019	877	16.2

（吴思远）

婚姻登记与生育管理

【概况】 2021年，婚姻登记实行“全省通办”，萧山区推进全省婚俗改革实验区创建工作，建立婚姻家庭辅导服务长效机制。从5月31日起，萧山区实施三孩生育政策及配套支持措施，取消社会抚养费，清理和废止相关处罚规定，配套实施生育支持措施。户籍出生人口9010人，其中二孩3397人、三孩103人。优化生育登记事项办理，办结生育登记7840例。

【婚姻、收养登记】 2021年，萧山区婚姻登记处办理结婚登记8711对，离婚登记1928对，受理“婚育户一件事”6935件。1月1日，《中华人民共和国民法典》施行后，受理离婚申请（冷静期）3084对。为初次申请离婚当事人进行调解，冷静期内提供关系调节与线上线下心理辅导服务，全年离婚调适辅导550件，劝和248件，离婚劝导和调节成功率45.1%。统筹推进婚姻登记补领工作，办理补领结婚证1.55万对，补证总量居全市第一。办理收养登记26例。

【婚俗改革】 2021年，萧山区增设新婚辅导室，为适婚、新婚人群提供婚前咨询。打造湘湖“湘”约一生和钱江世纪城“世纪之恋”两处集体婚礼基地。3月14日，举办“集体颁证简单爱　移风易俗新风尚”结发礼传统颁证仪式；5月15日，举办“同心向党庆百年　‘湘’约一生共白首”国家家庭日集体婚礼，倡导婚事新办、喜事简办新风尚。7月，萧山区首个婚姻家庭协会成立，由从事婚姻登记管理、婚姻家庭建设服务、婚姻家庭指导服务、婚姻家庭法律服务及与婚姻家庭事务密切相关单位及个人自愿组成，建立结婚颁证嘉宾团、心理咨询辅导团等6个婚姻家庭服务团，倡导简约适度的婚俗礼仪，培育文明时尚的婚俗文化。

（戚天琪）

2021年3月14日，区民政局举办“集体颁证简单爱　移风易俗新风尚”主题颁证仪式

（区民政局 提供）

【计生优质服务】 2021年，萧山区落实基本避孕免费服务工作，各定点医疗机构为所有实施八项基本避孕手术服务的人员，直接提供规定免费服务。

【生育健康环境建设】 2021年，萧山区落实奖扶、特扶、公益金等7项奖励扶助政策，惠及1.75万人，拨付专项资金3482万余元，资格确认准确率为100%。落实计生特殊家庭三项制度，双岗联系人、家庭医生签约、就医绿色通道落实率均为100%。持续推进公共场所母婴设施建设，对建成母婴室开展促规范亮星级行动。是年，建成并投入使用母婴室90家（处），其中五星级15家、四星级44家、三星级31家。萧山区被省卫健委列入全省第一批母婴室标准化建设县（市、区）。

【计生关怀行动】 2021年5月，萧山区计划生育协会开展庆祝中国计生协会成立41周年暨“5·29”会员活动日系列活动；走访慰问全区失独家庭，为26名计生困难家庭发放生育关怀公益金7.8万元。新建青春健康俱乐部10家，实现初中青春健康俱乐部全覆盖。全区38家学校青春健康俱乐部开展家长沟通之道培训76期、2738人，学生成长之道培训4万人。4月14日，10集《亲子沟通相伴成长》电视情景剧首播，得到中国计生协会官方微信转载，并入选市数智群团服务集市。萧山区“全面提档升级，打造青春健康2.0版本”入选全省基层计生协会改革案例。全区22个镇（街道）均建设暖心家园，开展活动120场次，参加4406人次。区、镇（街道）、村（社区）三级计生协会继续开展计生特殊家庭“四必访”（重大节日、生日、生病、突发事件发生时进行走访）和心理援助、暖心行动。与区志愿者协会、国寿萧山支公司联合开展108户困难家庭“微心愿”征集并予以兑现。计生系列保险赔付率超过100%。

【流动人口生育服务管理】 2021年，萧山区办理流动人口生育登记778例；落实流动人口信息通报制度，向户籍地通报出生信息、孕情信息6381例。9月，区流动人口计划生育管理服务中心联合新塘街道公共服务办、阜阳驻萧流动人口计生协会在新塘文化体育中心开展以“健康孕育，护佑新生”为主题的健康知识讲座，发放健康知识、疾病预防等宣传资料500多份。组织开展宣传服务月活动，开展活动24场次，发放宣传资料2万余份。

【生育政策调整】 2021年，根据《中共中央、国务院关于优化生育政策促进人口长期均衡发展的决定》，萧山区自5月31日起实施三孩生育政策及配套支持措施，取消社会抚养费，清理和废止相关处罚规定，配套实施生育支持措施。把入户、入学、入职等与个人生育情况全面脱钩，通过萧山电视台、《萧山日报》、地铁公益广告等媒体开展公众生育政策宣传。

（燕东剑）

殡葬管理与服务

【概况】 2021年，萧山殡仪馆承担萧山区、滨江区、钱塘区（大江东区域）遗体火化。全年火化遗体9103具。全区有公墓84处，新（扩）建生态墓地1.32公顷。2月，区出台《关于规范萧山区殡仪服务收费有关事项的通知》，明确区殡仪馆殡仪服务收费项目，规范收费行为。

【墓地建设与管理】 2021年，萧山区新（扩）建生态墓地1.32公顷。下拨殡葬管理专项补助资金197.4万元。年检公墓单位76家。编制《萧山区殡葬设施专项规划修编（2021—2035）》，调整殡葬设施建设向节地型、复合型、生态型转型。出台《关于进一步加强和规范公墓建设管理的通知》等文件，细化殡葬设施审批管理政策。楼塔镇岩山生态墓地、河上镇伟民村西山生态墓地创建为省级公益性节地生态安葬示范点。

【惠民殡葬】 2021年，萧山殡仪馆火化遗体9103具，其中萧山区遗体6892具，享受殡葬基本服务项目免费政策遗体8624具。减免费用434.24万元，综合减免率94.9%。享受800元文明治丧补助311户，享受骨灰盒赠送3666户。是年，推进“身后一件事改革”联办新系统推广使用，联办率99.6%。

【移风易俗】 2021年，萧山区开展丧葬用品市场专项整治，出动执法检查348人次，检查经营户182家次，责令整改33家。开展违规公墓整治，排查是否存在毁林占地违规新（修）建坟墓等行为。开展“陈尸”（在殡仪馆冷藏3个月以上未火化遗体）专项清理，清理火化“陈尸”26具。实施骨灰撒江等不保留骨灰14例。经审批公墓单位全部信息上墙公示83家。

（戚天琪）

社会保障

【概况】 2021年，萧山区持续深化社会保险提标扩面，织密社会保障安全网，提升社保服务精细化水平，覆盖全民、统筹城乡、公平统一、可持续的多层次社会保障体系建设取得新成效。至年底，全区户籍人口参加社会保险率99.48%，其中持证困难人员参保率100%。全面推进商业补充医疗保险在困难人群的覆盖率，全区有持证困难人员15781人参加“西湖益联保”，财政补贴金额236.7万元。参加各类养老保险人数117.78万人。是年，萧山区参加各类医疗保障总人数为151.18万人，城乡居民医疗保险参保率99.7%；“西湖益联保”参保人数59万人，参保率为40.5%。医保定点医药机构1005家，其中，零售药店404家、医疗机构601家。区内基本医疗保险列支医药费用44.76亿元，比上年增长4.7%。医保基金运行平稳。

【养老保险】 2021年，萧山区企业职工养老保险参保109.88万人，城乡居民基本养老保险参保7.9万人。至年底，全区各类退休人员总人数为39.4万人，其中企业退休人员32.44万人、城乡居民6.96万人。全年共发放各类退休人员养老待遇119.77亿元。

【医疗保险】 2021年，萧山区基本医疗保险参保人员合计150.8万人。城乡居民医保参保人员共43.88万人。职工医保参保人员共106.92万人，其中企业职工79.9万人、灵活就业人员27.02万人、在职人员84.93万人、退休人员21.99万人。

【工伤保险】 2021年，萧山区工伤保险企业参保人数66.5万人，比上年增长4.53%。至年底，工伤保险结报2.05万人次，包括每月定期发放人员，共支付金额2.69亿元。

【失业保险】 2021年，萧山区失业保险参保企业67604家，参保人数66.83万人，比上年增长5.11%。全年共18.53人领取失业保险金及失业补助金，支付失业保险基金2.09亿元。

【生育保险】 2021年，萧山区生育保险参保人员合计70.39万人，享受生育医疗待遇9.4万人次。医疗待遇合计支出5632.35万元，享受生育津贴待遇1.84万人次，生育津贴支出2.2亿元。

【城乡居民基础养老金标准提高】 2021年，萧山区按照省市统一部署，调整各类养老保障待遇。企业退休人员每人每月平均增资136.1元，全区补发养老待遇2.32亿元。城乡居民基础养老金标准由每人每月260元提高到每人每月310元，惠及6.9万人。至年底，全区各类退休人员总量39.4万人，按时足额发放各类退休人员养老待遇119.77亿元，新办理退休人员养老待遇社会保障卡银行账户发放率99.6%。

【社保基金安全保障】 2021年，萧山区人力社保部门成立养老保险基金管理风险排查工作专班、违规领取养老保险基金追缴工作专班，核查社保基金收入支出情况。依托第三方专业审计机构审计全区企业职工基本养老保险基金、城乡居民基本养老保险基金和机关事业养老保险基金管理风险进行审计。查实各类违规、重复领取养老待遇1138人，追回金额1468万元；查实违规领取工伤保险待遇1人，追回7.75万元；追回9名死亡后多发工伤供养13万元；收缴失业保险基金退费228.32万元，涉及552人。

【社保业务“就近办”“网上办”】 2021年，萧山区深化社保“就近办”“网上办”建设。全区新增银行合作网点15个、镇（街道）“就近办”网点1个，新下沉社保业务3项。至年底，社保业务下沉至镇（街道）、平台、场23个，“社银合作”网点97个。高频事项网办率73.4%，“15分钟办事圈”基本形成。

【企业退休人员社会化管理】 2021年，萧山区人力社保部门依托“企退人员精准智服”数字化应用场景，优化企退人员服务水平。全年退休人员纳入社会化管理 31.6 万人，其中企业（包括国企）退休人员全部纳入社会化管理。走访慰问特困企退人员家庭 830 户，节日慰问费 8.9 亿元、发放 95.6 万人次。企退人员健康体检 30.9 万人，体检费用由每人 300 元增至每人 400 元。养老待遇资格认证 30.56 万人，协助异地认证 41 人。打造“文化养老”品牌，开展各类老年文化活动 52 场；举办老年培训课程 29 期，服务退休干部职工 14 万人次。

（宋　迪　孔潇文）

【医保信息化与标准化建设】 2021 年，萧山区全面清理医保经办机构、药品、诊疗、材料、疾病、医师、药师、护士等 15 项基础信息并统一赋码，梳理修正数据 20 多万条，为双码运行直至过渡到国家编码统一运行夯实基础。落地医保电子凭证推广使用，形成便捷、高效、安全的脱卡扫码支付渠道。

【数字赋能医保领域】 2021 年，萧山区探索推进“智慧医保”改革，采取“四线并联”（“智慧医保”、数字社会系统、“健康大脑 + 智慧医院”、城市数字治理 4 个条线并联）做法，推进数字化改革。联动省、市医保部门推进“智慧医保”整体建设，联动区发改局推进数字社会系统建设，联动区卫健局推进“健康大脑 + 智慧医院”建设，联动区数管局推进“驾驶舱微应用”“智慧村庄”“未来社区”建设。数字赋能医保智能管理和服务，推进医保“2+3”建设，开发智能化办理医保退休业务的“医保智退”和医保系统数字化管理的“医保数字脉络”2 项大屏端应用，建设集“数字医保”“待遇预警”“大病智推”3 项功能模块于一体的“医保天眼”项目。

【定点管理模式创新】 2021 年，萧山区以日常巡查促进医保定点机构自我管理，确保医保政策得到贯彻落实，提升医药机构自身管理能力。创新推行医保业务日常考试机制，促进定点机构医保管理知识学习。定点医药机构参加医保业务日常考试 518 家次，考核通过 413 家次，通过率 80%。

【医保违规违法查处】 2021 年，萧山区现场稽查定点医药机构 966 家次，网上排查可疑人员 7.82 万人次，约谈 131 人次，立案查处 75 件。其中，移送公安机关 2 件，行政处罚 18 件，解除服务协议 3 家，暂停服务协议 12 家，责令整改 20 家。处罚违规医保医师 20 人，罚款 79.26 万元，追回医保基金 2366.06 万元。

【药品与高值耗材集采】 2021 年，萧山区按计划完成国家集采药品任务 5 批、省集采药品任务 1 批。涉及药品品种 192 个，涵盖肿瘤、高血压、糖尿病、抗感染、呼吸疾病等领域，集采药品采购量 1.08 亿片（支），采购总金额 5968 万余元。慢性病患者医疗费支出有效降低。

【多元医疗保障防线建设】 2021 年，萧山区以区级工作领导小组专班为核心，推进“西湖益联保”宣传推广、参保缴费等工作，推进“医保 + 商保”的医疗保障新体系。全区“西湖益联保”参保人数 59 万人，参保率为 40.5%。

【医保服务体验优化】 2021 年，萧山区医保服务从“最多跑一次”升级为“就近跑一次”“最多跑零次”。组织镇（街道）、平台“就近办”和“医银通”等基层服务平台，确保全区 3.6 万名退休人员医保一次性补缴、延缴等新政策落地。全年办理医保退休一次性补缴业务 2.1 万人，征缴 7.38 亿元。市医保局萧山分局与萧山农商银行、工商银行萧山分行签订医银合作协议，利用合作银行网点优势拓宽群众办事途径，提高群众医保办事服务满意度。

（项叶钦）

【安置房建设和回迁安置】 2021 年，萧山区加快推进安置房开工建设。瓜沥镇安置房三期（坎山区块）等 5 个项目开工，面积 112 万平方米；钱江世纪城新中北安置房等 4 个项目主体竣工，面积 269.83 万平方米；宁瑞名府等 7 个项目进行产权初始登记；安置房配套项目开工 7 个、竣工 11 个；盈二佳苑、荣星君佳园获 2021 年杭州市“最美安置房”称号。区城投集团推进行头、下潦安置房一期、二期，董家埭、油树下安置房，金家浜、琴山下安置房，长山头安置房一期、二期，戚家池、联丰安置房，向阳、严家埭、安桥安置房和所前城南村安置房项目建设，开展井头王、鲁公桥、祝家桥安置房项目的前期工作。全年回迁安置 4169 户，其中在外过渡 5 年以上（2015 年及以前）的 339 户拆迁户全部得到安置。

（谭　毅　罗坚卫）

【公共（廉）租赁房保障】 2021 年，萧山区公租房项目新开工 21 个，共 18.61 万平方米、2943 套。其中，集中配建项目 2 个，8.2 万平方米、1184 套；逐宗配建项目 19 个，10.42 万平方米、1759 套。公租房货币补贴新增保障 1006 户。全年保障 2790 户，发放补贴 1747.26 万元。

【蓝领公寓建设】 2021 年，萧山区蓝领公寓新竣工 4 个项目、1329 套；新招租 9 个项目、2438 套。全区筹集建设蓝领公寓 21 个项目、5025 套，其中 15 个项目已投入使用，共 4368 套，出租 3098 套，598 套作新冠肺炎疫情隔离点和核酸检测点使用，672 套待出租。

【人才住房保障】 2021 年，萧山区人才房项目新开工 1 个、5.3 万平方米。人才购（租）房补贴兑付 983 人次、3107.8 万元。新引进应届大学生租房补贴保障 1.54 万人，共补贴 1.54 亿元，占杭州的 8.7%。

【房屋安全保障】 2021 年，萧山区排查农房安全隐患 19.67 万处，其中 97 处危房全部治理解危。城乡危旧房领域工作获杭州市重点任务工作综合考评优秀。清查城镇房屋违法建设和违法违规审批，4.1 万幢房屋录入区老旧房数字化监测系统。外墙高空坠物安全隐患治理 304 幢。新建房屋白蚁预防面积 1085 万平方米，旧房白蚁灭治免费治理 600 多户，推进戴村镇乡村白蚁防治综合试点工作。

（谭　毅）

基层治理

【概况】2021年，萧山区新建城市社区21个，转制社区转型为城市社区3个，撤销村民委员会9个。至年底，全区辖12个镇、10个街道办事处及开发区、红山农场，有农村社区343个、城市社区151个、转制社区65个。

【安置小区城市化建设】2021年，安置小区城市化建设是萧山区政府“三个十大”（十大改革、十大攻坚、十大项目）中“攻坚克难”项目之一。4月，成立区加快推进安置小区城市化建设工作领导小组，在城厢街道、蜀山街道、新塘街道、盈丰街道4个街道的7个村（社区）开展试点工作，从资产分置、机构分设、权责分离、人员分开、账本分立、划定社区、完善章程、创新机制8个方面着手开展工作。3月，该项工作在北干街道、盈丰街道、新塘街道、瓜沥镇4个镇（街道）的24个村（社区）推进。

【省级社区治理和服务创新试验区建设】2021年，萧山区与市委党校专家教授组建的社会治理特色团队建立战略性合作协议，到瓜沥镇、临浦镇、河上镇、进化镇开展调研8次。在217个村（社区）发放《农村积分制实行情况调查问卷》，结合问卷统计分析数据，探索解决积分制推广中面临的参与弱、落地难、认同差、成本高等难题。依托“数字乡村”建设，新塘街道推出“心无忧”、瓜沥镇推出“沥家园”、戴村镇推出“工分宝”、益农镇群围村推出“智慧小脑”，打造出一批特色“积分制”线上项目品牌。河上镇众联村入选第八批全国民主法治示范村（社区）。

【社会工作】2021年，萧山区出台《杭州市萧山区社会工作专业人才队伍建设实施细则》《杭州市萧山区社会工作督导人才管理办法》《杭州市萧山区社会工作领军人才选拔办法》，完善社会工作人才政策体系。面向持有全国社会工作职业资格证书人员招聘专职社区工作者122人，面向社会公开招聘城市社区专职社区工作者338人，培养区级社会工作督导人才15名。开展社会工作人才主题培训班8期，培训6000多人次。区报考全国社会工作者职业资格证书人数3500多人，首次推出免费考前培训，433人取得证书。“新建镇（街道）社会工作站”被列入省、区两级民生实事工程，新建镇（街道）社会工作站17家，实现镇（街道）全覆盖。各镇（街道）社会工作站开展服务2832次、服务居民8.83万人次，涉及老年社会工作、儿童青少年社会工作、妇女社会工作、矫正社会工作等多个服务领域。

2021年萧山区新建镇（街道）社会工作站（17家）

宁围街道社会工作站
盈丰街道社会工作站
新街街道社会工作站
靖江街道社会工作站
南阳街道社会工作站
楼塔镇社会工作站
河上镇社会工作站
戴村镇社会工作站
进化镇社会工作站
临浦镇社会工作站
浦阳镇社会工作站
所前镇社会工作站
义桥镇社会工作站
衙前镇社会工作站
瓜沥镇社会工作站
党湾镇社会工作站
益农镇社会工作站

（戚天琪）

社会组织

【概况】2021年，萧山区登记注册各类社会组织1700家，其中社会团体308家、民办非企业单位1382家、基金会10家。每万人拥有登记社会组织8.45个。备案社区社会组织7282家，实现社区自治类、平安类、文体类、服务类四类社会组织全覆盖。新增5A级社会组织2家、新增4A级社会组织9家、3A级社会组织23家。新增萧山区养老协会、萧山区金利浦消防应急救援中心为市级品牌社会组织，萧山区乐意居家养老服务中心为省级品牌社会组织，新增“心连心家园——关爱失独家庭服务项目”为市级优秀公益服务品牌项目，新增市级社会组织领军人才2人，省级社会组织领军人才2人。2月，宁围街道社会组织党群服务中心入选全省第三批示范点。

【社会组织党建】2021年，萧山区社会组织综合党委新增直属支部3个，共有直属支部19个、党员94名，双重管理社会组织党组织62个，对社会组织实行党建兜底管理175家。成立首个养老行业党建联盟。区社会组织综合党委被评为区级先进基层党组织。

2021年萧山区新增5A级社会组织（2家）

区建筑业协会
区阳光专修学校

2021年萧山区新增4A级社会组织（9家）

区餐饮行业协会
区汽车流通行业协会
区道路运输行业协会
区农产品加工业行业协会
区物业服务企业建设促进会
区健身操协会
区湘湖颐养中心
区老年艺术团
区益江南社会工作评估与发展中心

2021年萧山区新增3A级社会组织（23家）

区国有经济研究会
区自行车电动车行业商会
区基督教协会
区水上救生协会
杭州明州医院
萧山机电职业高级中学
萧山区城厢街道社会组织服务中心
萧山康乐医院
萧山区党山金迪学校
河上镇凤凰坞村凤栖文化互助中心
区衣卓民防应急救援队
区法律培训中心
河上镇众联村七彩功德社
北干街道社会组织服务中心
河上镇社会组织服务中心
萧山南宋官窑艺术馆
进化镇社会组织服务中心
新街街道社会组织服务中心
宁围街道社会组织服务中心
闻堰街道社会组织服务中心
蜀山街道社会组织服务中心
靖江街道社会组织服务中心
区日新公益服务中心

2021年萧山区新增市社会组织领军人才（2名）

李立兴　杭州市萧山区金利浦消防应急救援中心
陈铁成　杭州市萧山区社会工作发展基金会

2021年萧山区新增省社会组织领军人才（2名）

戚敏敏　萧山经济技术开发区医院
谢吉生　杭州市萧山区阳光专修学校

【社会组织管理】 2021年，萧山区开展整治非法社会组织专项行动和行业协会商会乱收费专项清理整治行动。完成义务教育阶段学科类营利性校外培训机构转非营利登记工作6家，非营利校外培训机构章程核准工作103家。开展“僵尸型”社会组织专项清理行动，注销“僵尸型”社会组织83家。

（戚天琪）

社会救助

【概况】 2021年，萧山区向最低收入保障家庭9837户、1.27万人发放低保资金1.62亿元；为最低收入保障边缘家庭515户、1581人发放补助154.36万元；为特困（五保）人员306人发放救助资金728.08万元；为符合条件的原国民党抗战老兵5人发放生活困难救助金5.36万元；为困难家庭1141户、1703人次发放临时救助资金394.11万元。全年募集善款1.41亿元，救助支出8885.2万元，惠及群众4.14万人次。

【救助管理】 2021年，萧山区救助站共救助391人次，其中男性333人次、女性58人次，18周岁以下未成年人18人次，60周岁以上老年人30人次。医疗救助21人次。开展日常巡逻293次，派出巡逻人员879人次，巡逻救助213人，送救助站84人，送医21人；发放饮用水（食品）213份、药品25份、衣物34件套、鞋子14双、毛巾69条、被子8床；发放区救助管理站救助引导卡198张。跨区域护送18人次，提供返乡乘车凭证195人次。至年底，成功寻亲7例。救助站新站建设完成主体建筑和医用电梯安装。

【精准救助】 2021年，萧山区召开社会救助联席会议3次。各镇（街道）按照上年度辖区常住人口不低于每人2元标准，各镇（街道）建立临时救助备用金300多万元。3月，低保救助事项审批确认权限委托下放镇（街道）。是年，开展“幸福清单”送达工作，送达率100%。

资料：
“幸福清单”：困难群众的基本信息、家庭成员和幸福小计。幸福小计包括救助部门、救助事项、救助日期、救助结果及低保金、残疾人“两项补贴”等。

【救助模式创新】 2021年，萧山区把为低保家庭改造“爱心三房”升级为“焕新家”免费改造项目，为200户低保家庭改造书房、卧房、厨房、客厅、卫生间“五房”，改造项目从7项增加至14项。11月28日，《人民日报》以《我们的生活越过越好》为题，在头版位置刊登萧山此项工作。萧山区作为杭州市救助服务阵地打造试点区，推动村级慈善救助站建设，制定完善社会救助制度。在进化镇设立华峰村救助工作站。9月5日，瓜沥镇梅林村上线数字慈善救助场景，成立全省首个智慧慈善工作站，当天收到捐款30.95万元。

【移民帮扶】 2021年，萧山区有大中型水库移民1095人，发放大中型水库移民直补资金65.7万元。实施大中型水库移民后扶项目3个、小库项目2个。发放贷款贴息项目、帮困项目、职业技能培训等补助77人次、72.37万元。42个移民安置村联合成立杭州展勤健康管理有限公司，与区国资集团合作，投资838万元参与区养老产业投资项目。

（戚天琪）

社会福利

【概况】 2021年，萧山区拨付专项补助资金（含福彩公益金）1.17亿元，比上年增加18.6%。其中，向4.27万名80岁以上高龄老人发放高龄津贴4025.86万元，发放养老服务补贴4969.12万元，居家养老服务设施建设及运营补助2729.65万元，养老机构建设及运营补助378.02万元，医养结合补助231.92万元。

【养老设施建设】 2021年，萧山区对800户生活困难老年人家庭进行适老化改造，提升社区老年食堂58家。新增养老机构1家：杭州期颐嘉园健康管理有限公司，床位171张；新增示范型居家养老服务中心10家；建设康养联合体2家：萧山区湘湖颐养中心、萧山区开元乐都养老院。起草《已建成住宅小区居家养老服务用户配建实施方案》，完成居家养老用房情况摸底，试点家庭照护床位28张，专业医养、康养等养老机构资源向居家社区、高龄、失能、半失能老人倾斜。11月16日，发布《萧山区"十四五"养老事业发展规划》。

2021年萧山区新增示范型居家养老服务中心（10家）

萧山区党湾镇居家养老服务中心
萧山区闻堰街道居家养老服务中心
萧山区新街街道居家养老服务中心
萧山区瓜沥镇居家养老服务中心
萧山区城厢街道期颐嘉园居家养老服务中心
萧山区新塘街道（广泽社区）居家养老服务中心
萧山区新街街道（新和社区）居家养老服务中心
萧山区盈丰街道（利二村）居家养老服务中心
萧山区盈丰街道（丰二村）居家养老服务中心
萧山区宁围街道居家养老服务中心

2021年萧山区新增养老机构（1家）

杭州期颐嘉园健康管理有限公司

2021年萧山区新增康养联合体（2家）

杭州市萧山区湘湖颐养中心
杭州市萧山区开元乐都养老院

【养老集团化运营】 2021年8月，萧山区农村"五保"供养服务中心集团化运营，由区颐乐养老集团统筹资源配置，实现"医、养、药、食"闭环运作，进一步提升农村养老管理、服务和运营能力。益农镇、党湾镇、靖江街道等7家农村五保供养服务中心改造提升或转型，纳入集团统一管理运营。至年底，益农镇、衙前镇、党湾镇等12个镇（街道）的196名特困老人实现区域性集中供养。

【养老服务电子津贴】 2021年，萧山区政府购买居家养老服务实现普惠，养老服务补贴与养老服务电子津贴双轨并行。8月26日，《杭州市萧山区养老服务电子津贴制度的实施办法》开始实施，按照电子津贴实施标准落实高龄普惠服务和失能失智照料服务，全区新增服务对象2.7万人。老年人可选择居家养老服务8类、27个子项目，服务项目可满足居家老人基本养老服务需求。至年底，全区享受政府购买居家养老服务老人4.26万人，其中享受养老服务电子津贴老人2.72万人；享受原居家养老服务补贴老人1.54万人，充值重阳分金额7777.58万元；提供养老服务41.08万单，结算养老服务补贴4764.06万元［含镇（街道）资金］。

【困境儿童帮扶】 2021年，萧山区纳入关爱保护困境儿童816人，其中机构孤儿35人、社会散居孤儿21人、事实无人抚养儿童103人、贫困家庭重残患重病和罕见病儿童25人、低保家庭儿童497人、困难家庭儿童134人、艾滋病病毒感染儿童1人。留守儿童5人，为1003名孤儿和困境儿童发放基本生活费781.47万元；为11名18周岁以上全日制在读孤儿，发放孤儿助学金8.2万元。

【未成年人保护工作】 2021年，萧山区被省、市推荐为全国未成年人保护示范区创建点。在全市率先调整未成年人保护工作委员会；建成全市首个未成年人保护工作站，建成镇（街道）未成年人保护工作站24家，为全市提供"1156"型建设样板。7月5日，开出全市首张家庭监护能力评估单。7月7日，承办全市未成年人保护宣讲活动和全市未成年人保护工作现场会。全年以"示范宣讲＋村居覆盖""线下培训＋线上竞答"等形式开展对未成年人《中华人民共和国未成年人保护法》《中华人民共和国预防未成年人犯罪法》"两法"宣传958场次。

资料：

"1156"型建设样板：指汇集民政、教育、法院、检察院、司法等11个部门的资源，整合儿童主任、部门联系人、专家、志愿组织和志愿者5支队伍力量，实现救助保护、宣传培训、社工支持、项目运营、培育指导和数据归集6大功能。

【儿童之家建设】 2021年，萧山区新建儿童之家339家，其中示范型儿童之家37家。累计建成儿童之家468家，示范型81家，儿童之家服务覆盖村（社区）85%以上，儿童之家建设梯次健康发展。儿童主任和督导员培训全覆盖，培训579人次。优化儿童主任结构，女性占比85%，新增服务补贴每人每月100元。

【社会福利中心】 至2021年底，萧山区有公办社会福利中心1个，床位294张，在院老小休养人员100人，其中特困对象44人、孤残儿童36人、无主流浪乞讨人员20人。应新冠肺炎疫情防控要求，全年实行封闭管理3次，共81天。完成"添翼计划"康复项目7人，开展"明天计划"康复医疗服务12人。区社会福利中心"添翼儿童之家"创建为区级示范型儿童之家，签约第三方社会组织入驻，为院内外儿童提供心理疗愈服务。区社会福利中心儿童萧仲良和萧闻参加市第九届特殊奥林匹克运动会，获金牌1枚、银牌3枚、铜牌1枚。区社会福利中心党支部被授予杭州市"先进基层党支部"和萧山区"共产党员先锋岗"等称号。

资料：

"添翼儿童之家"：浙江在全国创新性实施的一项惠民政策，在不改变监护人法定义务前提下，依托儿童福利机构设施设备和专业人才等资源优势，开展7—18周岁贫困家庭重病和残疾儿童阶段性3—9个月集中养育康复。

"明天计划"：全称"孤残儿童手术康复明天计划"。民政部于2004年5月启动，用福利彩票募集资金为具有手术适应证的残疾孤儿施行手术矫治和康复。

【福利企业管理】 2021年，萧山区有残疾人集中就业单位83家，新增9家、注销3家，集中安置残疾人职工2617人。全区对符合条件的10家企业，发放安置残疾人超比例奖励资金16.84万元。

2021年萧山区新增残疾人集中就业单位（9家）

杭州缠绕环保科技有限公司
杭州久琏鞋业有限公司
杭州永润鞋业有限公司
杭州联鸿鞋业有限公司
杭州安吉尔包装制品有限公司
杭州华申包装有限公司
杭州白榆科技有限公司
杭州亦程控股有限公司
杭州欣昊鞋业有限公司

（戚天琪）

慈善事业

【概况】 2021年，萧山区慈善总会有分会30家，其中镇（街道）分会22家、医院分会5家、开发区分会1家、义工分会1家、红山农场分会1家。全年募集慈善资金1.41亿元，发放慈善救助金8885.2万元，救助困难群众4.14万人次。

【第三轮善款募集】 2021年，萧山区22家镇（街道）分会中有14家分会第二轮募集到期，开展第三轮善款募集。其间，区慈善总会对参与第三轮募集镇（街道）进行逐一走访，根据分会实际情况，采用“一分会一策略”方式，展开募集工作。新一轮募集留本冠名基金11.04亿元，比第二轮募集增长67.5%。

【慈善项目帮扶】 2021年，萧山区慈善总会确定30个救助项目，以项目认领吸引善款。开展各类帮扶项目。献礼中国共产党成立100周年送暖系列项目中，与区委组织部策划“不忘初心·永念党恩”项目，向全区480名困难党员每人发放2000元慰问金。实施“慈善暖军心·受助感党恩”慰问百户特困军人家庭项目，向100户困难退（现）役军人家庭发放慰问金30万元。“乡村振兴帮扶”系列项目中，区慈善总会农商银行慈善基金助力共同富裕项目救助低收入农户145户，发放救助金144.8万元；出资50万元，对200户困难家庭实施“焕新家”改造。实施助学系列项目，传化行知班向35名学生发放助学金68.03万元，向第二期行知班22名学生发放助学金34.54万元；“政协委员慈善行”活动向百名困难大学生每人发放助学金8000元。实施长者食堂助餐项目，向28个食堂资助140万元。

【第六个“中华慈善日”活动】 2021年9月5日，是第六个“中华慈善日”，萧山区围绕“汇聚慈善力量，助力乡村振兴”主题开展系列活动。9月5日，全省首个智慧慈善工作站在瓜沥镇梅林村成立。9月6日，区慈善总会出台《关于各镇街慈善分会开展慈善义工队伍建设的意见》和《杭州市萧山区慈善总会村（社区）慈善工作站暂行管理办法》，进一步加强慈善服务建设，推动慈善队伍向基层延伸。9月5日起，“芹”暖致富路（益农三围村扶困助残共富基地，帮扶困难户及困难残人户，在基地种植芹菜），帮困助残农业基地扶持项目加入“钱塘善晓”伙伴计划，在“腾讯99公益日”开展网络筹款。至年底，收到项目捐款144笔，募集善款5.23万元。在“9·5”中华慈善日广场活动中，制作慈善展板，分发《中华人民共和国慈善法》宣传册及配套政策法规解读资料。

【“六助一赈”活动】 2021年，萧山区慈善总会通过“六助一赈”（助医、助学、助残、助老、助困、助孤和赈灾）等救助项目，发放救助款8885.2万元，4.14万人次得到救助。其中，赈灾718人次，支出189.44万元；助残1516人次，支出83.5万元；助老1.76万人次，支出852.2万元；助困9714人次，支出2679.91万元；助医7328人次，支出2541.43万元；助孤77人次，支出11.84万元；助学4298人次，支出1751.18万元；资助非营利性机构等90人次，支出775.7万元。

【传化、万向三农获中华慈善奖】 2021年9月5日，民政部发布《关于表彰第十一届“中华慈善奖”获得者的决定》，萧山区2家企业、1个慈善项目获得荣誉，传化集团有限公司、万向三农集团有限公司被授予“中华慈善奖”捐赠企业，“传化·安心卫生室”项目被授予“中华慈善奖”慈善项目。传化集团有限公司援建1037所安心卫生室，服务村民180万余人，其中建档立卡贫困户34万人，2018—2021年资助支出1.18亿元；2017—2021年服务卡车司机7万人，资助支出4622万元；2017—2021年，开展助学、助困、抗疫救灾等公益项目，服务1.66万人，资助支出5833万元。万向三农集团有限公司持续20年开展扶助孤儿成长、特困生读书、残疾儿童生活、孤寡老人养老“四个一万工程”。捐资建校，开展村企结对、赈灾、助困、助医、助老、助残等多个公益慈善项目；通

2021年9月5日，全省首个村级慈善工作站——瓜沥镇梅林村慈善工作站成立

（区民政局 提供）

过产业扶志，以“公司＋农户”模式，直接带动45万余户农民增收。2018年，以万向三农集团有限公司所有股权设立“鲁冠球三农扶志基金”慈善信托，信托财产及其收益全部用于公益慈善。

（瞿丽娜）

地名工作

【概况】 2021年，萧山区设置各类地名标志6.93万块，其中幢牌1625块、单元牌901块、户室牌6.22万块、沿路门牌4500块；命名地名129个，其中命名住宅区39个、建筑物19个、道路69条、桥梁1座、公园1个。区划地名工作，聚焦界线联检、行政区划调整、地名规划编制、地名命名更名、地名标志设置、地名文化建设等各项工作。是年，区地名办规划萧山经济技术开发区、临浦镇、瓜沥镇、城厢街道、宁围街道、盈丰街道、北干街道、湘湖国家旅游度假区管委会辖区的地名标牌设置。清理整治破损、缺失、样式老旧、设置不规范、跳号、路名设置错误、拼音标注不准确等不规范地名标牌1412块。

【亚运村地名智慧众筹】 2021年，萧山区地名工作落实数字化改革要求，创新开展亚运村地名工作。依托区地名专家咨询小组，由10名不同领域专家为重要地名命名、更名提供咨询、论证和评估意见。面向全国开展亚运村地名智慧众筹，通过有奖征名，激发群众对萧山地名文化建设的参与热情。从全国征集的1022条地名建议中认定11个地名，完成亚运村内1座公园、10条道路的地名命名。

【梅林村地名数智化】 2021年，萧山区瓜沥镇梅林村开展地名数智化工作。针对农村住宅门牌分布复杂、农村内部导航定位不准的问题，依托地名地址数据库开发移动端电子地图，并通过实景三维构建多视角、大范围、高精度、高清晰的数字沙盘，实现梅林村全景全貌720度VR实景浏览和门牌精准导航寻址。方便群众查询、使用乡村地名，激发乡村地名数据活力。

【地名管理】 2021年，萧山区地名办规划萧山经济技术开发区、临浦镇、瓜沥镇、城厢街道、宁围街道、盈丰街道、北干街道、湘湖国家旅游度假区管委会辖区的地名标牌设置。清理整治破损、缺失、样式老旧、设置不规范、跳号、路名设置错误、拼音标注不准确等不规范地名标牌1412块。

2021年2月4日，“萧萧讲地名”微视频创作大赛颁奖活动暨“庆百年迎亚运”萧山地名文化主题宣传活动启动仪式上，萧山乡贤黄亚洲（中）向主办方赠送书法作品

（区民政局 提供）

【地名文化建设】 2021年，萧山区推进地名文化创新，守护萧山城市记忆，讲好萧山地名故事，提升萧山城市文化软实力。2月4日，举行“萧萧讲地名”微视频创作大赛颁奖典礼暨“庆百年 迎亚运”萧山地名文化主题宣传活动启动仪式，活动以微视频解读萧山地名知识，吸引10万余人同步收看网络直播。4月21日，举办第二批浙江省“千年古镇（古村落）”地名文化遗产发布会，临浦镇入选第二批省千年古镇。6月30日，承办“迎接党的百年华诞之党史中的浙江地名杭州篇”系列展览，在衙前老街博物馆内以图文、视频等形式呈现相关党史故事，接待参观人数1000多人。12月，市民政局确定第三批地名文化遗产，河上镇凤凰坞村、进化镇欢潭村被评为区千年（近）古村落，河上镇大桥村被评为百年古（老）村，瓜沥镇坎山被评为重要政区地名。

【地名管理窗口服务】 2021年，萧山区地名管理窗口受理各类审批件3716件，发放门牌证3199本，出具门牌证明1155份。窗口推进数据共享，引导办事群众“网上办”“掌上办”，提高地名门牌政府服务事项网办率100%、评价满意率100%。

2021年萧山区地名命名、更名情况一览表

表49

序号	标准名称	类别	汉语拼音	位　置	申报单位
1	东山陈弄	道路	DONGSHANCHEN　LONG	位于闻堰街道，东起闻兴路（延伸段），西至小砾山输水河	闻堰街道办事处
2	闻兴路（延伸段）	道路	WENXING　LU	位于闻堰街道，西起闻兴路，向东折北至东山陈弄	闻堰街道办事处
3	美农美驿金座	建筑物	MEINONG　MEIYI　JINZUO	位于盈丰街道，东至规划道路，南至海清路，西至盈丰路，北至民祥路	杭州萧山盈丰丰北股份经济联合社
4	仁育巷	道路	RENYU　XIANG	位于蜀山街道，南起品文街，北至品德街	蜀山街道联丰社区居民委员会

续表 49

序号	标准名称	类别	汉语拼音	位　置	申报单位
5	品德街	道路	PINDE　JIE	位于蜀山街道，东起市心南路，西至仁育巷	蜀山街道联丰社区居民委员会
6	天得路（延伸段）	道路	TIANDE　LU	位于萧山经济技术开发区，东起宁税路，西至市心北路	杭州萧山经济技术开发区建设发展有限公司
7	观樾景澜轩	住宅区	GUANYUE　JINGLAN XUAN	位于浦阳镇，东至规划道路，南至规划道路，西至森与海之城，北至森与海之城	杭州融阳政房地产开发有限公司
8	传化智慧中心	建筑物	CHUANHUA　ZHIHUI ZHONGXIN	位于萧山经济技术开发区科技城区块，东至九号坝直河，西至芯湖，南至先锋河，北至奔竞大道。	杭州传化科技城有限公司
9	耕耘路	道路	GENGYUN　LU	位于瓜沥镇，南起白洋川，北至北塘河	瓜沥镇人民政府
10	萧彩街	道路	XIAOCAI　JIE	位于北干街道，西起市心中路，东至商城北路	杭州萧山城市基础设施建设有限公司
11	森湘源筑	建筑物	SENXIANG　YUANZHU	位于闻堰街道，东至三江阳光银座，南至空地，西至时代大道，北至湘湖路	杭州萧山创新科技园有限公司
12	融泰云臻铭座	建筑物	RONGTAI　YUNZHEN MINGZUO	位于盈丰街道，东至飞虹路，南至空地，西至利盈大厦，北至市心北路	杭州立泰置业有限公司
13	姑娘桥名苑	住宅区	GUNIANGQIAO MINGYUAN	位于新塘街道，东至塘新线，南至市政绿化，西至知行路，北至金城路、商业地块	杭州萧山地铁投资开发有限公司
14	嘉悦新盛璟城	住宅区	JIAYUE　XINSHENG JINGCHENG	位于新街街道，东至新城路，西至规划道路，南至昌园路，北至规划道路	杭州萧山经济技术开发区国有资产经营有限公司
15	汇德隆印象城	建筑物	HUIDELONG　YINXIANG CHENG	位于盈丰街道，东至金鸡路，南至扬帆路，西至仁孝路，北至飞虹路	杭州汇泽置业有限公司
16	誉满轩	建筑物	YUMAN　XUAN	位于瓜沥镇，东至现状农居及部分空地，西至规划道路，南至现状企业，北至建设四路	浙江庞鑫电力能源有限公司
17	天马路（延伸段）	道路	TIANMA　LU	位于闻堰街道，东起时代大道，西至规划石塘路	闻堰街道办事处
18	睿学巷	道路	RUIXUE　XIANG	位于萧山经济技术开发区，南起建设一路，北至大江路	杭州兴达市政公用服务有限公司
19	汇煊巷	道路	HUIXUAN　XIANG	位于萧山经济技术开发区，南起友成路，北至建设一路	杭州兴达市政公用服务有限公司
20	永晖南路	道路	YONGHUI　NANLU	位于萧山经济技术开发区，南起建设二路，北至文明路	杭州兴达市政公用服务有限公司
21	小南门巷	道路	XIAONANMEN　XIANG	位于城厢街道，北起小南门桥，向东折南至南江公寓	城厢街道办事处
22	云彩之城	建筑物	YUNCAI　ZHICHENG	位于新塘街道，东至规划道路，西至待建公园，南至规划道路，北至已建办公用房	杭州南璟置业有限公司
23	傲璇兆丰中心	建筑物	AOXUAN　ZHAOFENG ZHONGXIN	位于盈丰街道，东北至后解放河绿化带，东南至宁二路，西南至鸿宁路，西北至世纪国泰中心	杭州金秋置业有限公司
24	启岸城	住宅区	QI'AN　CHENG	位于靖江街道，东至新港路，南至官界路小学及官界路，西至冯家溇直湾，北至广场路	杭州星宜置业有限公司

续表 49

序号	标准名称	类别	汉语拼音	位　置	申报单位
25	樱漫里	住宅区	YINGMAN　LI	位于衙前镇，东至农运路，南至规划成虎路，西至河道及空地，北至衙前镇文体中心	杭州星漾置业有限公司
26	花曜里	住宅区	HUAYAO　LI	位于北干街道，东至规划纵三路，南至规划横七路，西至兴三路，北至建设一路	杭州星荣置业有限公司
27	尖角圆路	道路	JIANJIAOYUAN　LU	位于宁围街道、北干街道，北起京福线，南至北塘东路	杭州萧山城市建设投资集团有限公司
28	枫潇巷	道路	FENGXIAO　XIANG	位于北干街道，北起金城路，南至山阴路	杭州市萧山区市政绿化养护保障中心
29	樾臻府	住宅区	YUEZHEN　FU	位于河上镇，东至规划河西路，南至规划镇中路，西至石管线，北至空地	杭州锦虹房地产开发有限公司
30	金廷长山府	住宅区	JINTING　CHANGSHAN　FU	位于新街街道，东至规划道路，西至长山直河、规划道路，南至金城路，北至海塘路	杭州萧山城市建设投资集团有限公司
31	滨望之宸府	住宅区	BINWANG　ZHICHEN　FU	位于临浦镇，东至东藩北路，南、西、北至河道	杭州德信临宸置业有限公司
32	育才西路	道路	YUCAI　XILU	位于靖江街道，东起商贸街，西至横岔路直河	靖江街道办事处
33	宁巢美地公寓	住宅区	NINGCHAO　MEIDI　GONGYU	位于盈丰街道，东至平澜路，南至规划纬三路，西至规划经一路，北至规划环路	杭州亚运村建设有限公司
34	湘博府	住宅区	XIANGBO　FU	位于城厢街道，12 地块东至规划道路，西至萧然西路，南至规划道源路，北至外仙家河、绿化带；25 地块东至规划道路，西至萧然西路，南至潘水路，北至规划道源路；34 地块东、南至潘水苑，西至新河长浜，北至绿化带、新开河；04 地块东至绿化带、新河长浜，西至已建住宅，南至旭众珺悦府，北至潘水路	杭州萧山城区建设有限公司
35	智兴智汇中心	建筑物	ZHIXING　ZHIHUI　ZHONGXIN	位于靖江街道，东、北至靖港家园，西至青六南路（横一线、青外线），南至牛拖湾路	浙江智兴集团有限公司
36	滨秀蓝庭	住宅区	BINXIU　LANTING	位于新塘街道，东至商城南路，西至滨水路，南至拱秀路，北至城市绿化、大通河	杭州萧山城市建设投资集团有限公司
37	畅想江澜湾	住宅区	CHANGXIANG　JIANGLAN　WAN	位于萧山经济技术开发区科技城区块，东至畅想路，南至平澜路，西至知行路，北至观澜路	杭州科谊房地产开发有限公司
38	德利三江明月中心	建筑物	DELI　SANJIANG　MINGYUE　ZHONGXIN	位于义桥镇，东至东旭府北区，南至东旭街，西至空地，北至规划道路	德利服饰实业（杭州）有限公司
39	宁牧鸿瑞府	住宅区	NINGMU　HONGRUI　FU	位于宁围街道，东至规划宁牧支路、通惠北路，西至规划物流西路，南至利华路，北至规划新中二路、晴瑞里	杭州萧山环城建设开发有限公司
40	群汇巷	道路	QUNHUI　XIANG	位于衙前镇，南起衙前路，北至镇党群服务中心	衙前镇人民政府
41	政仁弄	道路	ZHENGREN　NONG	位于衙前镇，东起农运路，西至镇党群服务中心	衙前镇人民政府
42	滨涛映月公寓	住宅区	BINTAO　YINGYUE　GONGYU	位于萧山经济技术开发区，东至竞学路，西至宁东河绿化带，南至建设二路，北至天得路	杭州滨胜房地产开发有限公司

续表 49

序号	标准名称	类别	汉语拼音	位　置	申报单位
43	湘水名庭	住宅区	XIANGSHUI　MINGTING	位于蜀山街道，东至规划小白线及沿河绿地，西至蜀山路，南至向旭路及沿河绿地，北至沿河绿地	杭州萧山城市建设投资集团有限公司
44	星辉时光城	建筑物	XINGHUI　SHIGUANG CHENG	位于新塘街道，东至新辉路，西至河道，南至规划东瑞二路，北至萧绍东路（萧明线）	杭州航民科尔置业有限公司
45	望涛月明公寓	住宅区	WANGTAO　YUEMING GONGYU	位于萧山经济技术开发区，东至宁税路、理想国崇艺幼儿园用地，西至竞学路，南至规划庆丰路，北至建设二路	杭州滨浩房地产开发有限公司
46	花屿观澜里	住宅区	HUAYU　GUANLAN　LI	位于萧山经济技术开发区，东至钱潮二路，南至建设一路，西至金一路，北至规划创业路	杭州潮悦房地产开发有限公司
47	花栖云境里	住宅区	HUAQI　YUNJING　LI	位于新塘街道，东至规划商业商务用地，南至陈端路，西至塘新线，北至萧绍东路（萧明线）	杭州商裕房地产开发有限公司
48	桑榆弄	道路	SANGYU　LONG	位于新塘街道，东起高桥路，西至南江桥	新塘街道泰和社区居民委员会
49	萧元江南沥城	建筑物	XIAOYUAN　JIANGNAN LICHENG	位于瓜沥镇，东至东灵北路，南至建设四路，西至政通路，北至新安路	杭州新丝路房地产开发有限公司
50	君铂府	住宅区	JUNBO　FU	位于临浦镇，东至规划居住区，西至峙山西路，南至临浦经济贸易区，北至萧山区第三中等职业学校	杭州萧山百舸房地产开发有限公司
51	创业路（延伸段）	道路	CHUANGYE　LU	位于萧山经济技术开发区，东起钱潮二路，西至金二路	杭州兴达市政公用服务有限公司
52	启迪路（延伸段）	道路	QIDI　LU	位于北干街道，东起博奥路，西至风情大道	杭州萧山城区建设有限公司
53	芳邻弄	道路	FANGLIN　LONG	位于衙前镇，东起兴发路，西至田地	杭州市萧山区衙前镇人民政府
54	福来巷	道路	FULAI　XIANG	位于衙前镇，北起衙前村村委会，南至衙南路。	衙前镇人民政府
55	藕角弄	道路	OUJIAO　LONG	位于衙前镇，东起兴发路，西至郭家埠直河	衙前镇人民政府
56	鸿涛弄	道路	HONGTAO　LONG	位于衙前镇，东起田里胡庙河，西至九婆桥河	衙前镇人民政府
57	忘忧弄	道路	WANGYOU　LONG	位于新街街道，东起知行路，西至田地	新街街道办事处
58	山澜桂语轩	住宅区	SHANLAN　GUIYU　XUAN	位于新街街道，东至规划高新五路，南至规划河道，西至规划居住用地，北至海塘路	杭州绿城浙兴置业有限公司
59	森活中心	建筑物	SENHUO　ZHONGXIN	位于浦阳镇，东至东桃线，南至规划纵二路，西至规划纵二路，北至森与海之城二区	杭州融泓政房地产开发有限公司
60	幕青弄	道路	MUQING　LONG	位于新街街道，东起枫香路，西至知行路	新街街道办事处
61	之彩城	住宅区	ZHICAI　CHENG	位于瓜沥镇，东至新友路及现状住宅，南至友谊路，西至瑞兴路，北至建设四路	杭州萧山七彩信未来社区开发有限公司
62	锦上悦华里	住宅区	JINSHANG　YUEHUA　LI	位于衙前镇，东至农运路，南至规划道路，西至河道及规划高铁绿化带，北至规划成虎路	华凌置地（杭州）有限公司

续表 49

序号	标准名称	类别	汉语拼音	位　置	申报单位
63	佰可名座	建筑物	BAIKEMING　ZUO	位于新街街道，东至机耕路（规划名）、南至村集体建设用地、西至杭州宝兴钢管租赁有限公司、北至建设四路	杭州萧山海洋电子有限公司
64	澄沙碧蓝苑	住宅区	CHENGSHA　BILAN　YUAN	位于益农镇，东至信益线、益农镇初级中学、益农镇中心小学，西至规划抢险湾路，南至群开线，北至规划道路	杭州萧山经济技术开发区国有资产经营有限公司
65	尚品华章府	住宅区	SHANGPIN　HUAZHANG　FU	位于瓜沥镇，东至规划道路，南至规划道路，西至空地，北至建设四路	杭州万馨房地产开发有限公司
66	戚枫西路（延伸段）	道路	QIFENG　XILU	位于新街街道，东起知行路，西至规划高新九路	新街街道办事处
67	马惠街	道路	MAHUI　JIE	位于楼塔镇，东起大同坞村口，西至杭州珍宏花边有限公司	楼塔镇大同三村村民委员会
68	瑰郦中心	建筑物	GUILI　ZHONGXIN	位于盈丰街道，东、南至利丰路，西至五堡直河，北至市心北路	杭州创展置业有限公司
69	汇达名座	建筑物	HUIDA　MINGZUO	位于新街街道，东至规划高新九路，南至农田，西至农田，北至建设四路	杭州汇达绿地有限公司
70	双桥学府	住宅区	SHUANGQIAO　XUEFU	位于新塘街道，东至城市绿地，西至新城路，南至萧绍运河，北至站文街	杭州萧山地铁投资开发有限公司
71	亚运村公园	公园	YAYUNCUN　GONGYUAN	位于盈丰街道，东至沪昆铁路，南至民祥路，西至观澜路，北至机场快速路	钱江世纪城管理委员会
72	亚运村路	道路	YAYUNCUN　LU	位于盈丰街道，南起丰北路，北至飞虹路	钱江世纪城管理委员会
73	琮琮路	道路	CONGCONG　LU	位于盈丰街道，南起丰北路，北至飞虹路	钱江世纪城管理委员会
74	莲莲路	道路	LIANLIAN　LU	位于盈丰街道，南起丰北路，北至琮琮路（规划名）	钱江世纪城管理委员会
75	宸宸路	道路	CHENCHEN　LU	位于盈丰街道，南起丰北路，北至飞虹路	钱江世纪城管理委员会
76	百米巷	道路	BAIMI　XIANG	位于盈丰街道，南起丰北路，北至欢聚弄（规划名）	钱江世纪城管理委员会
77	飞飞巷	道路	FEIFEI　XIANG	位于盈丰街道，东起飞虹路，向西折北至丰北路，呈 90 度折角	钱江世纪城管理委员会
78	润泽弄	道路	RUNZE　LONG	位于盈丰街道，东起平澜路，西至莲莲路（规划名）	钱江世纪城管理委员会
79	通文西路	道路	TONGWEN　XILU	位于盈丰街道，东起铁东路，西至观澜路	钱江世纪城管理委员会
80	拾久街	道路	SHIJIU　JIE	位于盈丰街道，东起飞虹路，西至观澜路	钱江世纪城管理委员会
81	欢聚弄	道路	HUANJU　LONG	位于盈丰街道，东起奔竞大道，向西折北拐至拾久街（规划名）	钱江世纪城管理委员会
82	益群街	道路	YIQUN　JIE	位于益农镇，东起利农河，西至群英安置小区	益农镇人民政府
83	群忠街	道路	QUNZHONG　JIE	位于益农镇，东起利农河，西至茂群路（待命名）	益农镇人民政府
84	茂群路	道路	MAOQUN　LU	位于益农镇，南起党群街（待命名），北至规划爱华路	益农镇人民政府

续表 49

序号	标准名称	类别	汉语拼音	位　置	申报单位
85	党群街	道路	DANGQUN　JIE	位于益农镇，东起二围抢险湾，西至茂群路（待命名）	益农镇人民政府
86	金迪幸福汇银座	建筑物	JINDI　XINGFUHUI YINZUO	位于瓜沥镇，东至党山山和现状工业企业，南至为民路和沿路商业（农居），西至井岭路沿街商业（农居），北至现状小路	浙江金迪门业有限公司
87	迪武弄	道路	DIWU　LONG	位于瓜沥镇，西起光华路，东至童家殿湾西路	瓜沥镇人民政府
88	面包树街	道路	MIANBAOSHU　JIE	位于蜀山街道，东起市心南路，西至萧金路	蜀山街道办事处
89	铭潮新安华庭	住宅区	MINGCHAO　XIN'AN HUATING	位于宁围街道，东至新宁路，西至规划利群河东路，南至利华路，北至规划新中二路	杭州萧山环城建设开发有限公司
90	傲世邸	住宅区	AOSHI　DI	位于盈丰街道，东至奔竞大道，西至利二路，南至规划纬十九路，北至民和路	杭州融昕置业有限公司
91	文宸望府	住宅区	WENCHEN　WANGFU	位于所前镇，东至规划道路，南至规划公园绿地，西至所前中路（来娘线），北至里士湖路	杭州德信所前置业有限公司
92	和雅闻兴府	住宅区	HEYA　WENXING　FU	位于闻堰街道，东至空地，西至裴瑛路，南至规划五金路，北至山河路	浙江湘湖旅业投资有限公司
93	融泽府	住宅区	RONGZE　FU	位于蜀山街道，南地块：东至金家河，西至萧金路（小白线），南至风情大道，北至潘水路；北地块：东至金家河，西至萧金路（小白线），南至潘水路，北至规划蜀山路	杭州萧山国有资产经营集团有限公司
94	雅望居	住宅区	YAWANG　JU	位于新塘街道，东至大通路，南至琴山河，西至通惠南路，北至晨晖路	杭州融琴置业有限公司
95	滨信宁望府	住宅区	BINXIN　NINGWANG　FU	位于宁围街道，东至规划公园绿地，南至规划明华北路，西至规划公园绿地，北至建设四路	杭州滨锦房地产开发有限公司
96	滨望雅庭	住宅区	BINWANG　YATING	位于萧山经济技术开发区科技城区块，东至规划纵六路，西至规划商业商务用地，南至旅学路，北至规划支路	杭州滨信置业有限公司
97	云沥轩	住宅区	YUNLI　XUAN	位于瓜沥镇，东至规划保税大道，南至建设四路，西至已批加油站地块，北至规划支路	杭州家府置业有限公司
98	岳浦弄	道路	YUEPU　LONG	位于进化镇，东起夏湖路（规划名）方山村西口，西至塘湄线	进化镇人民政府
99	惟容街	道路	WEIRONG　JIE	位于进化镇，东起大湄线岳联村西口，西至鹅峰路（规划名）	进化镇人民政府
100	坂后街	道路	BANHOU　JIE	位于进化镇，东起好善路（规划名），西至白曹线下坂底村北口	进化镇人民政府
101	莫汀路	道路	MOTING　LU	位于进化镇，南起大湄线，北至欢潭农庄	进化镇人民政府
102	好善路	道路	HAOSHAN　LU	位于进化镇，南起炎润玻璃，北至琴石街（规划名）	进化镇人民政府
103	单溋路	道路	DANYING　LU	位于进化镇，南起华内金属制品，北至惟容街（规划名）	进化镇人民政府
104	棣荣街	道路	DIRONG　JIE	位于进化镇，东起华丰东路，西至零三省道	进化镇人民政府

续表 49

序号	标准名称	类别	汉语拼音	位　置	申报单位
105	鹤池街	道路	HECHI　JIE	位于进化镇，东起进化溪傅墩太平庙西，西至白曹线墅上王村南口	进化镇人民政府
106	恒明巷	道路	HENGMING　XIANG	位于盈丰街道，北起飞虹路，南至扬帆路	杭州滨乾房地产开发有限公司
107	德才弄	道路	DECAI　LONG	位于盈丰街道，西起纬二十一路，东至恒明巷（待命名）	杭州滨乾房地产开发有限公司
108	至广街	道路	ZHIGUANG　JIE	位于盈丰街道，西起规划纬二十二路，东至永晖路	杭州滨乾房地产开发有限公司
109	至广桥	桥梁	ZHIGUANG　QIAO	位于盈丰街道，至广街（待命名）上，跨五堡直河	杭州滨乾房地产开发有限公司
110	丰安巷	道路	FENG’AN　XIANG	位于盈丰街道，南起振宁路，北至济仁路	钱江世纪城管理委员会
111	润川路	道路	RUNCHUAN　LU	位于盈丰街道，北起规划丰北路，南至通文路	杭州市萧山钱江世纪城管理委员会
112	征帆弄	道路	ZHENGFAN　LONG	位于盈丰街道，东起泰宏巷，西至金鸡路	钱江世纪城管理委员会
113	引智弄	道路	YINZHI　LONG	位于盈丰街道，西起永晖路，东至市心北路	钱江世纪城管理委员会
114	丰文弄	道路	FENGWEN　LONG	位于盈丰街道，东起盈丰路，西至丰二路	钱江世纪城管理委员会
115	远滨街	道路	YUANBIN　JIE	位于南阳街道，东起规划道路，西至美狮西路	南阳远大股份经济联合社
116	环富巷	道路	HUANFU　XIANG	位于所前镇，南起杭州环强再生资源开发集团有限公司，北至新光	所前来苏周股份经济联合社
117	鸿瑞街	道路	HONGRUI　JIE	位于宁围街道，东起通惠北路，西至生兴路	杭州萧山环城建设开发有限公司
118	凤樾上筑	住宅区	FENGYUE　SHANGZHU	位于瓜沥镇，东至村道及空地，南至振兴路，西至昙华路，北至荣新路	杭州宝业房地产开发有限公司
119	星潮映象府	住宅区	XINGCHAO　YINGXIANG FU	位于盈丰街道，东至盈丰路，南至鸿宁路，西至规划经九路，北至规划纬十路	杭州瑞诚兴联置业有限公司
120	虹鸣巷	道路	HONGMING　XIANG	位于盈丰街道，北起飞虹路，南至扬帆路	杭州滨乾房地产开发有限公司
121	孝文巷	道路	XIAOWEN　XIANG	位于新街街道，南起新街公墓，北至海塘路	新街街道办事处
122	宁牧路	道路	NINGMU　LU	位于宁围街道，南起文明路，北至规划新中二路	杭州萧山环城建设开发有限公司
123	湖晓云墅	住宅区	HUXIAO　YUNSHU	位于戴村镇，东至绿地，西至规划幼儿园和绿地，南至绿地，北至规划支路二	杭州云石仙女湖置业有限公司
124	燕斗孙街	道路	YANDOUSUN　JIE	位于闻堰街道，东起万达北路，西至钱塘江江	闻堰街道办事处
125	皎霞路	道路	JIAOXIA　LU	位于红山农场，南起坎红路，北至义南横路	杭州空港投资开发有限公司
126	景顺未来中心	建筑物	JINGSHUN　WEILAI ZHONGXIN	位于萧山经济技术开发区，东至规划商业商务用地，南至建设四路，西至博奥路，北至恒枫路	杭州景奥置业有限公司

续表 49

序号	标准名称	类别	汉语拼音	位 置	申报单位
127	风图街	道路	FENGTU JIE	位于红山农场，东起萧山青少年素质教育实践基地，西至创业路	杭州空港投资开发有限公司
128	站文华庭	住宅区	ZHANWEN HUATING	位于新塘街道，东至新城路，南至规划商聚街，西至黎端路，北至站文街	杭州萧山城市建设投资集团有限公司
129	欧镁创新城	建筑物	OUMEI CHUANGXIN CHENG	位于盈丰街道，东南至利二路，西南至金鸡路，西北至平澜路，东北至御金台国际中心	杭州超级总埠置业发展有限公司

（金 驰）

老龄事业

【概况】 2021年底，萧山区有老年人口31.28万人，占户籍总人口的25.2%。其中，65岁及以上老年人23.15万人，占户籍总人口的18.7%，占老年人口总数的74%；80岁及以上高龄老年人4.39万人，占户籍总人口的3.5%，占老年人口总数的14.0%；90岁及以上高龄老年人7179人，占户籍总人口的0.6%，占老年人口总数的2.3%；百岁老人232人，占户籍总人口的0.2‰。

【为老年人办实事项目】 2021年，萧山区继续推进老年人意外伤害保险，是年，有10.31万人次参保，保费536.27万元。其中，政府出资162.94万元，为5.43万名符合特定条件老年人每人购买一份保险。落实医养结合服务两个百分百，通过定期巡诊、健康宣教、预约绿色通道等方式，为全区运行良好的452家照料中心、30家养老机构提供医疗卫生服务。老年人健康体检18.15万人，体检率77.2%。与65岁以上老年人家庭医生签约20.62万人，为70周岁以上老年人免费接种流感疫苗8.43万人；为重点人群（50—74周岁）结直肠癌筛查6.05万人。全面落实区、镇（街）、村（社区）三级慰问制度，第21次春风行动慰问困难老人500人、百岁老人196人，发放慰问金119.6万元；“敬老月”慰问百岁老人232人，发放慰问金23.2万元。

【老年社会保障】 2021年，萧山区城乡居民各类养老保险综合参保率为99.1%。其中各类退休人员39.4万人，发放各类退休人员养老待遇119.77亿元。发放企业职工养老待遇113.79亿元，企业退休人员人均养老金增资每月136.1元，惠及31.17万人；下拨企业退休人员服务经费4510.49万元，涉及社会化管理人员32.22万人；组织全区企退人员体检，参与人员24.82万人。发放城乡居民待遇5.98亿元。城乡居民基础养老金由每人每月260元，提高到每人每月310元，惠及6.9万人。全区享受高龄津贴4.27万人，发放金额4025.86万元；为297名农村“五保”[保吃、保穿、保医、保住、保葬（孤儿为保教）]集中供养人员发放补助732.68万元。

【社会养老服务】 2021年，萧山区登记在册养老机构40家，其中公办20家，养老床位1810张；民办20家，养老床位3375张。有三星级居家养老服务照料中心247家，四星级照料中心3家。新增老年食堂41家、助餐服务点17家。有医养结合机构9家，其中医设养2家、养设医7家；医疗卫生服务人员1315人，养老服务人员415人；医疗床位1755张，养老床位1454张。

【老年人合法权益维护】 2021年，萧山区发挥老年人法律维权中心作用，为老年人拓宽社会维权服务渠道，开展法律讲座、涉老纠纷调解和法律援助工作。区司法局开通“绿色通道”，推出“三优先”（优先受理法律援助申请，优先指派法律援助律师，优先上门代办法律援助）服务。区法院探索新形势下老年人维权新思路，受理涉老案件3206件，审结涉老案件2990件。

【老龄事业宣传活动】 2021年，萧山区利用宣传窗、海报、报纸、网络等宣传载体，全方位宣传老龄工作和敬老先进典型、敬老先进事迹等。组织推荐个人和单位参加全市敬老爱老助老“最美”系列评选，楼塔镇楼家塔村获评全市最美敬老爱老示范社区（村），赵成高家庭获评市最美敬老幸福家庭，俞海泉获评市最美敬老爱老助老模范人物，王水军、陈海华获评市最美敬老爱老助老医护，胡岳法、姚志涤获评市最美长者；区养老协会副会长徐建中推荐为全省敬老养老助老模范人物候选人。

【“敬老月”和“老年节”系列活动】 2021年10月18—19日，萧山区在河上镇、蜀山街道举办2场庆重阳节送文艺下乡活动。10月18日，举办“天使护佑”活动暨“情系困难老人护佑老年人健康”大型系列公益活动，由区老年健康指导中心（区第一人民医院）派出专家医生和移动远程医疗设备，到河上镇众联村为当地老年人举办健康讲座、义诊、免费CT检查及多项免费筛查体检活动。10月23日，举办第七届区老年博览会，开设展位50多个，涵盖养老服务、医养服务、护理康复、智慧养老等板块，为群众集中展示创新养老服务与介绍适老化产品。重阳节组织区级机关、事业单位离退休老人员，参加区级机关离退休干部职工迎亚运重阳登山活动。

【老年文体活动】 2021年4月27日，萧山区第五届老年春节晚会在萧山剧院举行，晚会由区老年艺术团担纲演出，1000多名市民观看。4—10月，举办第七届老年人征文活动，收到稿件225篇，优秀作品编印成书《百年·百篇》。其间，以“唱支山歌给党听”为主题，开展老年书画、摄影大赛，征集作品203件，其中书法作品102件，绘画作品51件，优秀作品推荐参加全市评选，获二等奖3件，入展5件，区被评为优秀组织奖。

【“老年友好型城市”建设】 2021年，萧山区开展老年友好型社区创建工作，创建成区级24个、市级8个、全国示范性1个；创建老年友善医疗机构，区级认定老年友善医疗机构36家，市级认定2家，省级认定3家；按照国家相关文件要求，规范老年医学科建设和管理，全区6家二级及以上综合医院和二甲及以上中医医院规范设置老年医学科，比例超过85%。省、市第四届“敬老文明号”创建工作启动后，制订出台《第四届萧山区“敬老文明号”创建活动实施方案》《萧山区“敬老文明号”创建管理办法》，召开会议动员启动创建工作。至年底，有9家单位成功创建区第四届“敬老文明号”。推进“双关爱”活动，为531名特困老人发放慰问金106.2万元。

【老年健康教育】 2021年，萧山区推进多元化老年教育体系建设，以区级老年电视大学为中心，各镇（街道）、村（社区）教学点基本全覆盖。老年电大春秋季招生入学6.8万人次，平均入学率在10%。区老年电大实体化教学点丰富课程内容，引进优秀教师，在保留原有班级基础上，新开设瑜伽、萨克斯、素描、手语舞蹈、健身气功等课程，秋季学期开设42个班级，在读学员1700多人次，比上年增长70%。

【萧山百岁老人232名】 2021年，萧山区有百岁老人（含虚岁）232名。其中，女性167人，占72%；男性65人，占28%。各镇（街道）均有百岁老人，其中瓜沥镇有百岁老人52名，位列第一；党湾镇、城厢街道各有百岁老人14人，并列第二。最年长男性是新街街道江南村俞长坤，1914年2月出生；最年长女性是新塘街道金家浜社区的杜小花，1914年9月出生。

2021年萧山区百岁老人一览表

表50

序号	姓名	性别	出生年月	镇（街道）
1	俞关堂	男	1921年1月	楼塔镇6人
2	张春兰	女	1921年2月	
3	俞爱红	女	1921年7月	
4	金倪凤	女	1921年12月	
5	章香玉	女	1922年4月	
6	章秋英	女	1922年11月	

续表50

序号	姓名	性别	出生年月	镇（街道）
7	周婉香	女	1916年3月	河上镇4人
8	胡子外	男	1920年11月	
9	瞿小招	女	1921年4月	
10	章子灿	男	1921年7月	
11	周银春	男	1919年4月	戴村镇11人
12	瞿芬茶	女	1919年4月	
13	俞菊花	女	1919年9月	
14	孔交仙	女	1921年2月	
15	郭春喜	女	1921年12月	
16	盛灿源	男	1922年2月	
17	杨引姣	女	1922年2月	
18	戴杏花	女	1922年2月	
19	钟菊仙	女	1922年8月	
20	陈爱玉	女	1922年9月	
21	周云华	男	1922年12月	
22	邵文荣	男	1916年5月	义桥镇11人
23	吴吾英	女	1920年6月	
24	赵荷梅	女	1920年6月	
25	陈阿水	男	1920年8月	
26	席小娜	女	1921年4月	
27	何和金	女	1921年7月	
28	姜笑仙	女	1921年8月	
29	陈吕春	男	1921年9月	
30	华彩仙	女	1921年10月	
31	宋阿开	男	1921年12月	
32	俞玉仙	女	1922年6月	
33	裘梅仙	女	1919年9月	所前镇7人
34	曹林仙	女	1920年8月	

续表 50

序号	姓名	性别	出生年月	镇（街道）
35	陈美珍	女	1921 年 1 月	所前镇 7 人
36	金云仙	女	1921 年 3 月	
37	王茶花	女	1921 年 5 月	
38	张桂花	女	1922 年 3 月	
39	陈国志	女	1922 年 7 月	
40	陈亚凤	女	1916 年 9 月	浦阳镇 8 人
41	俞素琴	女	1919 年 10 月	
42	张彩英	女	1919 年 12 月	
43	蒋爱仙	女	1920 年 9 月	
44	俞长源	男	1921 年 1 月	
45	李荷根	女	1921 年 9 月	
46	李秀月	女	1921 年 9 月	
47	李秀文	女	1922 年 2 月	
48	王兆根	男	1918 年 7 月	进化镇 11 人
49	汤水泉	男	1918 年 9 月	
50	葛水根	女	1920 年 1 月	
51	张亚珍	女	1920 年 5 月	
52	祝芹美	女	1921 年 12 月	
53	朱爱芹	女	1922 年 2 月	
54	华庆均	男	1922 年 4 月	
55	陈阿仙	女	1922 年 9 月	
56	屠祝英	女	1922 年 12 月	
57	李玉娥	女	1922 年 12 月	
58	华早官	女	1922 年 12 月	
59	徐阿花	女	1920 年 11 月	临浦镇 10 人
60	周寿康	男	1921 年 1 月	
61	瞿秀莲	女	1921 年 8 月	
62	顾仙雅	女	1921 年 9 月	
63	周冬梅	女	1921 年 10 月	临浦镇 10 人
64	汤庆根	男	1922 年 3 月	
65	张彩照	女	1922 年 6 月	
66	张秀梅	女	1922 年 8 月	
67	王余松	男	1922 年 11 月	
68	华爱招	女	1922 年 12 月	
69	俞长坤	男	1914 年 2 月	新街街道 7 人
70	泮长土	男	1920 年 7 月	
71	徐阿根	女	1920 年 10 月	
72	李长林	男	1921 年 5 月	
73	陆秋姑	女	1921 年 9 月	
74	於阿小	女	1922 年 10 月	
75	陶阿二	女	1922 年 12 月	
76	赵雅珍	女	1914 年 10 月	宁围街道 10 人
77	汪生和	男	1917 年 7 月	
78	赵阿元	男	1919 年 6 月	
79	余阿条	女	1919 年 9 月	
80	戚英姑	女	1920 年 7 月	
81	许仁连	男	1920 年 9 月	
82	董芝莲	女	1920 年 10 月	
83	俞明标	男	1921 年 8 月	
84	徐阿二	女	1921 年 8 月	
85	陈爱姑	女	1921 年 9 月	
86	洪亚仙	女	1917 年 12 月	闻堰街道 4 人
87	施志康	男	1920 年 6 月	
88	杨秀英	女	1921 年 2 月	
89	张茶花	女	1922 年 8 月	
90	宋梅琴	女	1921 年 1 月	衙前镇 9 人

续表 50

序号	姓名	性别	出生年月	镇（街道）
91	范阿仙	女	1921 年 7 月	衙前镇 9 人
92	莫和兴	男	1921 年 8 月	
93	项田姑	女	1921 年 11 月	
94	潭爱花	女	1922 年 1 月	
95	孔宣珍	女	1922 年 4 月	
96	包阿二	女	1922 年 5 月	
97	陆彩凤	女	1922 年 7 月	
98	沈阿花	女	1922 年 9 月	
99	陆阿珍	女	1917 年 1 月	瓜沥镇 52 人
100	李阿大	女	1917 年 3 月	
101	寿桂花	女	1917 年 8 月	
102	何月珍	女	1919 年 1 月	
103	汪长甫	男	1919 年 7 月	
104	管钊姑	女	1919 年 7 月	
105	陈小仁	男	1919 年 9 月	
106	郑金水	男	1919 年 12 月	
107	余亚姑	女	1919 年 12 月	
108	王阿花	女	1920 年 6 月	
109	卢仁金	男	1920 年 8 月	
110	樊素庆	女	1920 年 9 月	
111	陈昌梅	女	1920 年 9 月	
112	沈桂花	女	1920 年 9 月	
113	洪阿珍	女	1920 年 10 月	
114	陆珍姑	女	1920 年 12 月	
115	朱小毛	女	1920 年 12 月	
116	陈阿大	女	1921 年 2 月	
117	庞阿花	女	1921 年 2 月	
118	唐阿小	女	1921 年 3 月	

续表 50

序号	姓名	性别	出生年月	镇（街道）
119	肖芝华	女	1921 年 5 月	瓜沥镇 52 人
120	孟阿大	女	1921 年 6 月	
121	王晓兰	女	1921 年 8 月	
122	丁荼花	女	1921 年 9 月	
123	陈大德	男	1921 年 9 月	
124	鲁惠卿	女	1921 年 10 月	
125	钱幼虎	男	1921 年 10 月	
126	高阿花	女	1921 年 10 月	
127	徐如松	男	1921 年 10 月	
128	孙柏林	男	1921 年 11 月	
129	俞美香	女	1921 年 11 月	
130	赵爱凤	女	1921 年 11 月	
131	张美珍	女	1921 年 12 月	
132	韩桂秀	女	1922 年 2 月	
133	李阿三	女	1922 年 2 月	
134	鲁大毛	男	1922 年 3 月	
135	杨炳楚	男	1922 年 5 月	
136	高阿凤	女	1922 年 5 月	
137	沈兰英	女	1922 年 8 月	
138	陈杏花	女	1922 年 8 月	
139	龚柏元	男	1922 年 8 月	
140	高凤根	男	1922 年 9 月	
141	蔡祥轩	男	1922 年 9 月	
142	黄安土	男	1922 年 10 月	
143	沈金生	男	1922 年 10 月	
144	方关芬	女	1922 年 10 月	
145	赵青姑	女	1922 年 11 月	
146	王阿虎	男	1922 年 11 月	

续表 50

序号	姓名	性别	出生年月	镇（街道）
147	张长仁	男	1922 年 12 月	瓜沥镇 52 人
148	潘尔英	女	1922 年 12 月	瓜沥镇 52 人
149	宋月珍	女	1922 年 12 月	瓜沥镇 52 人
150	吴有根	男	1922 年 12 月	瓜沥镇 52 人
151	赵冬姑	女	1919 年 4 月	益农镇 12 人
152	王阿水	男	1919 年 9 月	益农镇 12 人
153	沈志培	男	1919 年 11 月	益农镇 12 人
154	李金姑	女	1919 年 12 月	益农镇 12 人
155	沈宝仁	男	1920 年 8 月	益农镇 12 人
156	倪宝信	男	1920 年 10 月	益农镇 12 人
157	傅香林	女	1921 年 2 月	益农镇 12 人
158	陈宝泉	男	1922 年 1 月	益农镇 12 人
159	卢宝姑	女	1922 年 6 月	益农镇 12 人
160	赵金水	男	1922 年 6 月	益农镇 12 人
161	李廷坤	男	1922 年 8 月	益农镇 12 人
162	倪条姑	女	1922 年 9 月	益农镇 12 人
163	李毛姑	女	1918 年 10 月	党湾镇 14 人
164	戴阿四	女	1920 年 7 月	党湾镇 14 人
165	倪文英	女	1920 年 9 月	党湾镇 14 人
166	马三姑	女	1921 年 1 月	党湾镇 14 人
167	徐传法	男	1921 年 8 月	党湾镇 14 人
168	许爱姑	女	1921 年 8 月	党湾镇 14 人
169	陆菊花	女	1921 年 9 月	党湾镇 14 人
170	詹正泉	男	1921 年 9 月	党湾镇 14 人
171	倪内姑	女	1921 年 9 月	党湾镇 14 人
172	李阿珍	女	1922 年 6 月	党湾镇 14 人
173	高阿冬	女	1922 年 10 月	党湾镇 14 人
174	盛幼姑	女	1922 年 10 月	党湾镇 14 人

续表 50

序号	姓名	性别	出生年月	镇（街道）
175	马茂潮	男	1922 年 12 月	党湾镇 14 人
176	潘花姑	女	1922 年 12 月	党湾镇 14 人
177	方牛花	女	1919 年 11 月	靖江街道 7 人
178	余亚冬	女	1920 年 12 月	靖江街道 7 人
179	沈阿花	女	1921 年 11 月	靖江街道 7 人
180	徐阿二	女	1921 年 12 月	靖江街道 7 人
181	袁茶凤	女	1922 年 2 月	靖江街道 7 人
182	鲍阿二	女	1922 年 3 月	靖江街道 7 人
183	何条姑	女	1922 年 11 月	靖江街道 7 人
184	高宜勇	男	1917 年 6 月	南阳街道 9 人
185	高桂花	女	1917 年 8 月	南阳街道 9 人
186	徐阿大	女	1918 年 11 月	南阳街道 9 人
187	陈秋英	女	1920 年 8 月	南阳街道 9 人
188	金胜荼	男	1922 年 3 月	南阳街道 9 人
189	高祥英	女	1922 年 6 月	南阳街道 9 人
190	沈雅珍	女	1922 年 9 月	南阳街道 9 人
191	高玉香	女	1922 年 10 月	南阳街道 9 人
192	金雅仙	女	1922 年 10 月	南阳街道 9 人
193	朱祥宝	女	1918 年 12 月	城厢街道 14 人
194	孙宝林	男	1920 年 9 月	城厢街道 14 人
195	陆跃南	女	1920 年 12 月	城厢街道 14 人
196	周阿毛	女	1921 年 1 月	城厢街道 14 人
197	王珍姑	女	1921 年 1 月	城厢街道 14 人
198	王雅珍	女	1921 年 3 月	城厢街道 14 人
199	许水花	女	1921 年 8 月	城厢街道 14 人
200	王金花	女	1921 年 10 月	城厢街道 14 人
201	金茶英	女	1921 年 11 月	城厢街道 14 人
202	胡梅仙	女	1921 年 12 月	城厢街道 14 人

续表 50

序号	姓名	性别	出生年月	镇（街道）
203	张婉卿	女	1922 年 9 月	城厢街道 14 人
204	施阿二	女	1922 年 11 月	
205	孙海仁	男	1922 年 11 月	
206	高春风	女	1922 年 12 月	
207	来凤仙	女	1920 年 9 月	北干街道 1 人
208	王小花	女	1919 年 11 月	蜀山街道 6 人
209	蔡水娟	女	1920 年 11 月	
210	李阿五	女	1921 年 8 月	
211	楼金洪	男	1921 年 9 月	
212	孙爱娣	女	1922 年 3 月	
213	沈小花	女	1922 年 9 月	
214	杜小花	女	1914 年 9 月	新塘街道 8 人
215	王文娟	女	1915 年 8 月	
216	高梅花	女	1920 年 11 月	
217	蔡春香	女	1921 年 6 月	
218	陈培递	女	1921 年 12 月	
219	陈福生	男	1922 年 4 月	
220	夏阿宝	女	1922 年 5 月	
221	徐云姑	女	1922 年 6 月	
222	吕志友	男	1915 年 12 月	盈丰街道 11 人
223	沈元兴	男	1917 年 7 月	
224	韩金堂	男	1918 年 2 月	
225	钱阿大	女	1918 年 12 月	
226	章阿元	男	1919 年 9 月	
227	王彩兰	女	1919 年 10 月	
228	王阿玉	女	1919 年 11 月	
229	杨阿大	女	1920 年 3 月	
230	高仁奎	男	1921 年 2 月	
231	陈芜蓉	女	1922 年 10 月	
232	李爱花	女	1922 年 11 月	

注：数据统计时间为 2021 年 10 月。

（燕东剑　汪国铭）

关心下一代工作

【概况】 2021 年，萧山区关心下一代工作委员会在全区设有组织 832 个。其中，区本级 1 个，镇 12 个，街道 10 个，红山农场、萧山经济技术开发区、区教育局各 1 个，行政村（社区）547 个，中小学校 154 个，民营企业 105 个。全区“五老”（老党员、老专家、老教师、老战士、老模范）参与关心下一代工作 2905 人。有“五老”讲师团、“五老”关爱团、“五老”科技服务团、“五老”调研团，四团“五老”成员 29 人。全年发工作指导性文件 4 份，写调研报告 1 份。

【“五老”讲师团宣讲】 2021 年，萧山区关心下一代工作委员会“五老”讲师团宣讲课题调整，分为 6 个专题、49 个课题，新增“党史教育”“迎亚运提素质”“萧山地名故事”“五水共治”等内容。录制“五老精品课”视频 36 堂，开展线上线下宣讲 108 场次，受教育青少年 4 万余人次。

【困难学生资助】 2021 年，萧山区、镇（街道）关心下一代工作委员会以及社会各界人士共资助困难学生 366 名，资助及奖励金额 35 万余元。其中，萧山旅港同乡会资助 208 名困难学生，奖励 23 名优秀学生，发放助学金及奖金 29.56 万元。由区关心下一代工作委员会牵线搭桥的 8 位爱心人士和 1 个爱心组织，资助困难学生 13 名。向市关工委推荐 22 位“奋飞奖”获得者，并奖励资助金 3 万元。全体困难学生享受教育资助（学前段免保教费、义务段免营养早餐和给予生活补助、普高免学费和代管费等）学生 4.97 万人次，资助金额 5143.59 万元；13 名新大学生获得萧山区人民教育基金会·助圆大学梦助学金，资助金额 10.4 万元。

【创办“假日学校”486 所】 2021 年，萧山区各镇（街道）、场、平台、企业等创办假日学校 486 所，7.79 万人次参与。区“五老”讲师团先后到 18 个镇（街道）、场、平台、110 多个村（社区）、学校、企业办“假日学校”上课 140 多场次，青少年受教育近 2 万人。慰问 12 个镇（街道）“假日学校”，为青少年送上学习用品等慰问品。

【失足、弱势青少年帮教】 2021年，萧山区关工委“五老”关爱团帮教青少年122人次。关爱团老师分成12组，对61名分布于18个镇（街道）的青少年进行结对帮教。

（汪　祥）

民族宗教事务

【概况】 2021年，萧山区有佛教、道教、伊斯兰教、天主教、基督教。有佛教协会、道教协会、天主教爱国会、基督教三自爱国运动委员会和基督教协会5个宗教团体。登记宗教活动场所179处，其中，佛教75处、道教62处、天主教5处、基督教37处。区民族宗教事务局结合“春风行动”，落实31.6万元专项资金，慰问困难少数民族家庭158户。区佛教协会到建德玉泉寺学习考察坚持佛教中国化方向实践；区基督教协会举办中国化研讨会。指导宗教界人士开展无偿献血、慈善慰问等公益活动9场次。12月，经省、市两轮验收评选，萧山区第三高级中学、杭州惠光科技有限公司被评为“第四批省级民族团结进步创建重点培育单位”。

【宗教政策法规宣传】 2021年，萧山区组织各类宗教政策法规培训5次。闻堰街道莲华寺获2021年度省级宗教法治宣传教育基地称号。指导城厢教堂等场所通过升国旗仪式、发放法律读本等形式开展“12·4”国家宪法日宣传活动，提升宗教界人士及广大信教群众的国家意识和法律意识。

【宗教活动场所管理】 2021年，萧山区结合宗教场所规范化管理，实施宗教领域平安创建工作。瓜沥镇白龙寺获2021年省宗教活动场所消防安全标准化管理百优争创活动优秀单位称号。区民族宗教事务局推动宗教领域新冠肺炎疫情防控工作常态化运行，指导15处佛道教场所完成民主管理组织调整工作，促进场所提升规范管理能力。老岳庙、莲华寺、先昭寺等重点场所实施提升改造。

【民族宗教团体换届】 2021年6月19日，萧山区民族团结促进会召开第四届会员代表大会，周森兴当选新一届会长。6月21日，萧山区佛教协会召开第六届第一次会员大会，释广兴当选新一届会长。6月17日，萧山区道教协会召开第四届第一次会员大会，汪建庆当选新一届会长。6月5日，萧山区天主教爱国会召开第八次代表会议，王圣军当选新一任主任。6月11日，萧山区基督教第九次代表大会召开，选举产生了萧山区基督教三自爱国运动委员会第二届和萧山区基督教协会第九届领导班子，朱学先当选为区基督教三自爱国运动委员会新一届主席，倪德光当选为区基督教协会新一届会长。

（沈谆桢）

精神文明建设

【概况】 2021年，萧山区以庆建党百年、迎亚运盛会为总牵引，不断提高城市文明程度和市民文明素质。新建区级文明单位34家、文明村（社区）17家、社区文化家园45家，获评市星级社区文化家园5家、市级文明镇1家、市级文明单位4家，实现区级及以上文明村（社区）、镇（街道）覆盖率95.5%。

【社会主义核心价值观培育】 2021年，萧山区开展“携手迎亚运·共建文明城”核心价值观宣讲160多场，群众性活动170多场。开展两季“萧山好人”发布活动，发布身边好人50位，选树产生全国、省、市道德模范及“最美杭州人”各1位，全国、浙江、杭州好人10人次，市第十七届美德少年2人。组织公民爱心日捐款、援助活动，收到捐款152万余元，实施各类困难援助金额72.5万元。在萧山文明微公众号开设《发现身边最美》专栏，宣传身边好人200多人次；在调频107.9和农村广播发布《文明加速度》节目50期；“文明萧山”抖音号播放量2283万次。

【市民素质教育实践】 2021年，萧山区建成1个新时代文明实践中心、24个新时代文明实践所、520个新时代文明实践站。成立萧山区新时代文明实践基金，首期出资100万元，用于奖励区优秀文明实践志愿服务团队、个人。开展“迎亚运倒计时300天”等文明主题日活动，组织“新时代文明生活”“文明迎亚运”“助力全国文明典范城市创建”3大主题公益创投项目，全年活动100多场，参与群众6000多人次。强化数智赋能，区文明城市数智系统入选第二批全省宣传文化系统重点应用。依托“文明云监管”平台应用，全年处理不文明现象2.5万例。

【文明城市共建共享】 2021年，萧山区召开文明城市创建专题工作会议10余次，组织集中督查500多次，抄告问题1.4万个。首次启动区级文明城市问卷调查，入户调查3000多户，聘请120名市民监督员常态化参与文明城市创建。发布5期镇（街道）公共文明程度指数测评和重点行业文明指数“红黄黑”榜，开展区级以上媒体曝光活动35次。推进移风易俗专项整治，出动执法检查248人次，检查经营户140家次，责令整改38家，取缔无照殡葬用品经营户4家。

【志愿服务】 2021年，萧山区建成由区志愿服务总队、镇（街道）志愿服务分队、村（社区）志愿服务小队构成的“三级志愿服务体系”，在“杭州文明帮帮码”志愿服务平台注册志愿者人数达40.39万人，志愿服务组织队伍3767支，全年开展志愿服务活动2.83万场，志愿服务时长52万小时。

（楼春磊）

街道和镇

城厢街道

【概况】 城厢街道地处萧山老城区主城区，南接蜀山街道，北依北干街道，东起新塘街道，西至滨江区西兴街道。浙东运河（城河）穿越全境。2021年，街道行政区域面积25.63平方千米，辖社区35个，户籍人口114271人。地区生产总值104.26亿元；财政总收入15.63亿元，一般公共预算收入10.14亿元；规模以上工业总产值20.3亿元；规模以上工业增加值6.53亿元，比上年增长11.9%；规模以上高新产业增加值6.53亿元，增长11.9%；规模以上服务业增加值8.4亿元，减少9.8%；数字经济核心产业增加值1.04亿元；全社会固定资产投资7.5亿元。

是年，城厢街道招引互联网、科技研发等数字前沿企业52家；杭州凰家园林景观有限公司、浙江华昊建筑材料检测有限公司、杭州摩西科技发展有限公司等8家企业，被认定为国家高新技术企业；浙江萧山金龟机械有限公司、杭州猿宝互联网科技有限公司、杭州三之一智联科技有限公司等7家企业被认定为省科技型中小企业。至年底，引进各类高层次人才200多人，区级“5213”人才项目1个。

巩固社区组织换届成果，在“回头看”过程中，城厢街道有1406人参与满意度评价，社区班子满意率为99.1%，书记满意率为98.9%，社工平均满意率为98.1%。

城厢街道配合区“22688”工程指挥部，做好博奥路、风情大道等重点道路工程征地、借地及协调工作，征收博奥路108户房屋征收，拆除遗留户7处、面积9000多平方米。推进杜湖社区、湖头陈社区、东湘社区等5个社区安置房建设。加大别墅排屋区违建管控力度，拆除各类存量违建，拆除违建470多处、面积3.3万平方米，被命名为杭州市“无违建街道”。启动实施亚运场馆周边、崇化三区和育东铁路宿舍老旧小区改造，涉及房屋57幢，建筑面积14.13万平方米。出动执法人员近3万人次，整治出店经营、乱贴乱挂、无证摊位1.11万处。推进“数字城管”，受理上级派遣涉及城市管理案卷1316件，解决率100%。

实施环境综合整治，聚焦城市综合环境治理、建筑工地环境秩序治理、住宅小区环境秩序治理等问题，整改市、区两级督查抄告单2234件，自查、巡查发现并整改问题1.76万件，获市环境整治优胜单位。实施垃圾分类提质扩面工作，完成定时定点模式转换。推进污水零直排三年行动计划，完成371个住宅小区、公建单位污水零直排建设，并通过区级综合验收。

全年发放各类救助金、慰问金1100多万元。挂牌成立杭州市首个未成年人保护工作站。完成140多名独居困难老人“安居守护四件套”安装和49个点位无障碍设施改造。

新建1个街道文明实践所、5个社区文化家园和28个社区实践站，开展各类文化活动200多场，服务居民10万多人次，天逸社区、陈公桥社区分别创建为杭州市五星级和杭州市四星级文化家园。依托数智赋能，进行村务公开，35个社区录入数据1.72万条，公开村务信息1.71万条，公开率99.8%，审核18.12万次，浏览量69.64万次。

2021年城厢街道各社区基本情况表

表51

村（社区）	书记（主任）	户籍人口（人）	村民小组（个）	村集体可分配收入（万元）	耕地面积（公顷）
藕湖浜社区	裘文英	4941	—	—	—
陈公桥社区	蔡春倩	2464	—	—	—
东阳桥社区	曹志国	3384	—	—	—
回澜北苑社区	林　琳	4137	—	—	—
回澜南苑社区	孙桂琴	2644	—	—	—
育才东苑社区	王亚芳	3518	—	—	—

续表 51

村（社区）	书记（主任）	户籍人口（人）	村民小组（个）	村集体可分配收入（万元）	耕地面积（公顷）
燕子河社区	姚国琴	6105	—	—	—
江寺社区	高建素	5542	—	—	—
百尺溇社区	傅美芳	5529	—	—	—
太平弄社区	张冠军	3599	—	—	—
拱秀社区	洪　英	6773	—	—	—
丁家庄社区	高胜权	3547	—	—	—
南市社区	徐海婧	2693	—	—	—
万寿桥社区	蒋宗麟	3143	—	—	—
西河路社区	廖芬锦	4392	—	—	—
俊良社区	章旖莉	3901	—	—	—
崇化社区	杨　军	3450	—	—	—
潘水社区	周华平	6105	—	—	—
南门江社区	来肖堰	3119	—	—	—
潇湘社区	邬振华	2947	—	—	—
美之园社区	华烟红	3656	—	—	—
休博园社区	王玲玲	1944	—	—	—
天逸社区	朱　靓	3787	—	—	—
东白马湖社区	李叶琴	796	—	—	—
车家埭社区	李国兴	678	—	1731.5	—
新桥头社区	韩永亮	995	—	1062.7	—
高桥社区	宋正刚	1097	—	1078.3	—
梅花楼社区	陆筱明	1536	—	2291.5	—
徐家河社区	吕　松	647	—	304.3	—
南门社区	余国建	1446	—	443.4	—
仙家里社区	姚国荣	879	—	316.0	—
湘湖社区	孙革命	4116	—	1242.1	—

续表 51

村（社区）	书记（主任）	户籍人口（人）	村民小组（个）	村集体可分配收入（万元）	耕地面积（公顷）
湖头陈社区	钱荣法	5230	—	2411.2	—
东湘社区	张永和	3454	—	1529.6	—
杜湖社区	赵灿木	2077	—	1590.0	—

【博奥路南伸（湘西路—潘水路）征迁】 2021年，城厢街道开展博奥路南伸（湘西路—潘水路）征迁工作，共涉及108户居民房屋。街道抽调力量组成1个摸底调查小组和2个签约工作小组，在征迁前期，摸底调查组多次实地走访，倾听居民意见建议，收集和掌握居民资料，并协助部分家庭办理产权公证，化解各类纠纷。5月26日，征迁工作启动；5月28日，108户征迁户全部签约；6月17日，完成腾房。

【城厢街道登上“斩污攻坚”大比拼创建镇街月度红榜】 2021年7月8日起，杭州市治水办督查一组对2019—2021年创建完成的镇（街道）开展第三轮污水零直排“斩污攻坚”大比拼竞赛督查。城厢街道地处老城区，老旧住宅小区多，弄堂狭小且内部管线错综复杂，从前期排查到建设都有较大难度。在居民的理解支持下，城厢街道克服困难，9月底完成全部污水零直排建设项目371个，登上“斩污攻坚”大比拼创建镇（街道）月度红榜。

【城厢街道社会矛盾纠纷调处化解中心揭牌】 2021年12月1日，城厢街道社会矛盾纠纷调处化解中心揭牌启用。中心位于萧然东路343号，办事大厅设置综合受理、信访接待、人民调解、法律咨询、劳动保障等办事接待窗口，另设人民调解室、下沉部门办公室、施关木品牌调解室、律师值班室、心理咨询室。实施“线上线下一站受理、部门联动一线调处”，整合街道平安、城管、安监、信访以及4个平台等部门资源，及时处理

2021年12月1日，城厢街道社会矛盾纠纷调处化解中心揭牌启用
（城厢街道 提供）

群众诉求，实现“线上线下一站受理，部门联动一线调处”，受理矛盾纠纷事件 1376 件，办结率 100%，群众满意率 99% 以上。做好信访工作，收到来电、来访、来信、网信、网络问政 4954 件，答复率 100%。突出网格“微”治理，推行“四方会商”（社区居委会、物业服务企业、业主委员会、楼栋长整体联动会商）机制和“五步工作法”（提问题、开言路、走现场、定方案、出成效），接收网格采集事件 4.83 万件，办结率 99.96%。

【古城复兴工程】 2021 年，城厢街道实施千年古城复兴工程，专题研究浙东运河城厢段文化品牌，科学编制千年古城复兴计划。街道有全国重点文物保护单位浙东运河，有市级文物保护单位 10 处、市级文物保护点 3 处、区级一般不可移动文物 5 处，有市级非物质文化遗产项目 2 个、区级非物质文化遗产项目 6 个。城厢街道以浙东运河城厢城区段为轴提出四项基础设施提升计划方案。重点打造“城厢十二景”：西山、浙东运河、江寺、祇园寺、竹林寺、永兴桥、市心桥、古仓桥、梦笔桥、惠济桥、东旸桥和回澜桥。

【数字化治理提升社会综合治理水平】 2021 年，城厢街道推行“城和街”数字治理平台建设，深化数字餐饮智慧管理。全年收到餐饮油烟扰民投诉 56 起，比上年减少 60%。数字化治理经验在全市推广。以南市社区为试点创建智慧社区，构建智慧党建、智慧停车、智慧养老、智慧消防、沿街商铺、共享家园、人员管理七大场景应用，打造线上线下共建共享管理形态，试点成果得到省市有关部门肯定。

（韩飞丹）

北干街道

【概况】 北干街道位于萧山中心城区，南与城厢街道紧连，北接萧山经济技术开发区，东与新街街道相接，西靠滨江区西兴街道。2021 年，街道行政区域面积 19.8 平方千米，辖行政村 6 个、社区 27 个，筹建社区 2 个。户籍总人口 88234 人。地区生产总值 135.57 亿元；财政总收入 63.05 亿元，其中一般公共预算收入 40.47 亿元；规模以上工业总产值 5.86 亿元，规模以上工业销售产值 4.4 亿元，规模以上高新技术产业增加值 1700 万元；限上服务业营业收入 411.9 亿元，服务业增加值 28.3 亿元，限上社会消费品零售总额 35 亿元，分别比上年增长 28.5%、19.9%、6.3%；完成固定资产投资 8.8 亿元。

是年，北干街道汇聚各类楼宇企业、创新主体 8719 家，创建区级楼宇 17 幢，占全区总量一半以上。楼宇企业财政总收入 45.21 亿元、地方财政收入 26.44 亿元，分别占街道总量的 71.7%、80.3%，税收超亿元楼宇 4 幢。浙江绿色低碳科技创新产业园、泰岳数字港项目优质项目落地，汇聚产业链上下游企业 131 家。新认定国家高新技术企业 21 家、省科技型中小企业 31 家、市“雏鹰计划”企业 12 家、市准“独角兽”企业 1 家、区“骏马”企业 4 家，区重点支持战略性新兴产业企业 8 家。新增人才 C—E 类 134 人。国泰建设集团、开元旅业集团入围 2021 浙江民营企业 200 强。

推进“海绵城市”“无障碍城市”建设，启动 11 宗商品住宅海绵措施建设和 53 个点位无障碍改造。提速安置回迁，完成塘湾村、俞家潭两个区域 880 多户、2800 多套安置房分房交房和兴议村 700 多户、2600 多套安置房交房。整改环境问题 7133 个，清理堆积物、垃圾等 3.2 万立方米。完成“污水零直排区”139 个单元，全年接收、流转窨井盖缺失、环境卫生、停车秩序等各类事件 4.53 万起，办结 4.52 万起，办结率 99.8%。开展消防安全隐患整治，整改隐患点 916 处，整治出租房 113 间，新布设智能烟感点位 1 万个。全年调处矛盾纠纷 2299 件，群众满意率 99% 以上。4 月 15 日，杭州市消防生命通道执法现场会在北干街道绿茵园社区召开。

推进幼儿园普惠提升工作，辖区内所有小区配套幼儿园全部实现“民转公”。新建婴幼儿成长驿站 4 家、托育机构 2 家，打造“15 分钟婴幼儿优质照护服务圈”。建成 29 个村（社区）居家养老照料中心，其中 11 个实现社会化运营。

2021 年北干街道各村（社区）基本情况表

表 52

村（社区）	书记（主任）	户籍人口（人）	村民小组（个）	村集体可分配收入（万元）	耕地面积（公顷）
明星村	倪文校	3420	15	2307.9	27.5
兴议村	陈金钢	4480	16	1210.0	34.9
荣星村	张军飞	3673	16	2007.9	22.2
荣庄村	张惟钦	2977	13	2264.3	17.4
城北村	余海虹	4187	19	2825.6	29.3
塘湾村	徐国江	3959	21	723.0	24.7
施家桥社区	沈潮明	997	4	1700.3	5.7
畈里张社区	葛　剑	844	3	702.8	4.3
墩里吴社区	裴庆华	1559	11	216.1	4.9
永久社区	张力平	1257	5	801.1	6.7
高田社区	曹忠民	1009	—	363.9	4.0
荣联社区	潘红萍	1224	6	1133.4	5.2
柳桥社区	韩顺根	650	3	781.7	—
工人路社区	顾　芸	6461	—	—	—
北干一苑社区	曹　凯	3122	—	—	—
北干二苑社区	宋燕华	4607	—	—	—

续表 52

村（社区）	书记（主任）	户籍人口（人）	村民小组（个）	村集体可分配收入（万元）	耕地面积（公顷）
绿茵园社区	何彩萍	2999	—	—	—
华达社区	徐海燕	2614	—	—	—
银河社区	俞飞飞	3461	—	—	—
星都社区	王钢梁	3161	—	—	—
萧然社区	朱上林	2915	—	—	—
广德社区	童春燕	3466	—	—	—
金泰苑社区	许 航	2921	—	—	—
中誉新城社区	李 俊	2499	—	—	—
金山西苑社区	单伊娜	2622	—	—	—
湖滨花园社区	严 莹	2095	—	—	—
加德社区	柴 琳	944	—	—	—
金凤社区	倪炳伟	1599	—	—	—
金稼苑社区	杨玉红	2626	—	—	—
钱塘明月社区	黄安琪	1627	—	—	—
天悦社区	高建瑛	1569	—	—	—
江南星城社区	高佳丽	3388	—	—	—
风情科创社区	陈 婕	1137	—	—	—
博学路社区（筹）	宋小玲	1789	—	—	—
桂语听澜社区（筹）	韩 钧	376	—	—	—

【“蜗牛驿站”助力残疾人就业】 2021年6月，在工人路社区，北干街道残疾人之家设立全市首家“蜗牛驿站”。驿站通过与快递行业结合，残疾人参与运营的方式，让更多残疾人学会自力更生。工疗员（学习和治疗人员）提供收取快递服务，售卖残疾人辅助性就业手工艺品和爱心企业捐赠产品。北干街道残疾人之家获评市五星级残疾人之家。

【北干科创园获评区级重点科创园】 2021年6月，北干科创园获评区级重点科创园。北干科创园位于萧山主城区核心板块，创建于2014年7月，面积2.3万平方米，主导产业为信息技术（数字经济）、节能环保、医药健康。园区入驻各类科技型企业60多家，其中信息技术和数字经济类企业占80%以上。是年，北干科创园有准“独角兽”企业1家、“5213”企业3家、国家

2021年9月2日，北干街道所辖浙江绿色低碳科技创新产业园融资担保、整园授信仪式举行　　（北干街道 提供）

高新技术企业20家、市高新技术企业14家、市“雏鹰计划”企业11家、区工业互联网平台企业1家、区百强企业1家，区数字经济入库企业6家。其中，获区数字经济“骏马计划”企业2家，限上服务业企业8家。园区企业拥有发明专利10项、实用新型专利214项、软件著作权证489个。

【浙江绿色低碳科技创新产业园】 2021年9月2日，北干街道所辖浙江绿色低碳科技创新产业园融资担保、整园授信仪式举行。该产业园由中关村现代能源环境服务产业联盟和萧山区节能协会联合发起，于是年1月开始创建，建设总面积1.48万平方米，重点引进高新技术企业及国内外高端人才，打造一个以节能、环保、新能源为主导的“绿色低碳科技创新产业园”。

【龙湖天玺小区新冠肺炎疫情】 2021年12月7日，北干街道龙湖天玺小区有住户确诊为新冠肺炎轻型阳性病例，当日起被列为中风险区域，小区随即进入封闭管理，开展全员核酸检测。经15天14夜管控，12月21日，小区“解封”。

【北干街道智治新路径探索】 2021年，北干街道成立运行街道智治分中心，建立24小时规范化运作的“小脑+手脚”事件处置体系，实现多跨智治“一张网”联动覆盖。实现“村社级社会矛盾纠纷调处工作中心”“村社数字工作室”“村社微法庭”全覆盖。做精做实“360民情圆桌会”“邻聚力”两大载体，指导21个城市社区召开业主大会52场次，推动解决民生实事150件，在广德社区等5个社区成立街道社工站；全面推进“智慧消防”，深入开展道路交通“千警进镇村”专项行动。

（沈　宏）

蜀山街道

【概况】 蜀山街道位于萧山主城区南部，南连临浦镇，北与城厢街道接壤，东隔南门江与新塘街道相望，西临湘湖。2021年，街道行政区域面积33.7平方千米，辖行政村8个、社区22

个，户籍人口56134人。地区生产总值74.83亿元，财政总收入25.27亿元，一般公共预算收入16.22亿元；规模以上工业总产值72.4亿元，规模以上工业销售产值71.46亿元，规模以上工业增加值16.78亿元；规模以上高新技术产业增加值11.24亿元，规模以上服务业增加值1.94亿元，规模以上数字经济增加值7709万元；出口额13.81亿元；限额以上社会消费品零售总额10.35亿元；全社会固定资产投资9.21亿元。

是年，蜀山街道推进产业转型升级，亚太机电集团有限公司、杭州萧山曙光机械厂等项目投入技改资金8000多万元，进行技术改造；杭州之江有机硅化工有限公司、杭州萧山园林集团有限公司、杭州羽春家纺有限公司等7家企业实施有机更新；完成118家评价主体企业、134家承租企业亩均效益评价。

完成沙里吴村、曹家桥社区城中村改造征迁，处置永兴庵、兴发机械厂等11处征迁遗留问题；成功创建省级社会工作站，组织城市社区工作者综合素质提升系列课程4批、320人次；秀水社区、晨晖社区、湘乐社区3个社区一体化办事服务大厅投入使用；朝阳社区、湖山社区完成城市化社区转轨。实施亚太路沿线湖东村、知章村、黄家章村等6个村环境综合整治，桥头陈村、赵家墩村、章潘桥村3个村通过区级综合验收；完成中央第二轮环保督察迎检，亚太工业园区“污水零直排”建设在市级验收排名全区第一；新建1个再生资源分拣中心和8个再生资源回收站点，农村垃圾分类“四撤一定”（撤桶入户定点投放、定时收集、定车运输、定位处理）实现全覆盖。

发放低保、残保和困境儿童等各类补助金300多万元；办理就业援助985人次，提供就业岗位1653个；建成12家居家养老照料中心，创建14个村（社区）儿童之家和1个街道未成年人保护站，湘乐社区婴幼儿成长驿站通过市级验收；加强精神病、高血压、糖尿病等患者管理，老年人健康管理率81.2%；投入教育补助资金126万余元，南城小学挂牌浙江大学教育学院实验学校，高桥小学南江校区投入使用；完成湖山社区省级无障碍社区创建和湖山社区、章潘桥村2处老年食堂建设，新增农村停车位1025个。

2021年蜀山街道各村（社区）基本情况表

表53

村（社区）	书记（主任）	户籍人口（人）	村民小组（个）	村集体可分配收入（万元）	耕地面积（公顷）
知章村	闻水明	2921	12	321.3	115.1
金西村	洪国彪	3149	13	1036.9	—
湖东村	施春明	1904	10	320.3	40.2
黄家章村	黄永乔	4168	25	539.2	115.1
赵家墩村	王金良	1558	11	230.3	51.7
章潘桥村	田伯平	4235	32	2709.5	78.7

续表53

村（社区）	书记（主任）	户籍人口（人）	村民小组（个）	村集体可分配收入（万元）	耕地面积（公顷）
沙里吴村	周　飞	1741	9	187.4	11.7
桥头陈村	陈　勇	1728	13	700.0	37.5
湖山社区	郑　东	1456	7	909.2	—
沈家里社区	沈灿明	635	4	136.0	—
金家埭社区	蔡玉仁	698	3	163.4	4.7
联华社区	王燕风	894	5	486.0	—
严家埭社区	徐云潮	762	4	274.0	—
安桥社区	徐兴潮	856	8	294.4	—
联丰社区	蔡国贤	1075	8	351.8	—
戚家池社区	蔡正良	1482	8	447.4	7.2
向阳社区	许连法	2033	13	468.5	—
曹家桥社区	曹世俊	2154	13	915.3	3.4
鲁公桥社区	徐汉平	1488	12	993.2	—
黄家河社区	邱尧飞	956	8	705.5	—
溪头黄社区	黄银福	769	3	184.2	—
越寨社区	张建德	1158	4	149.8	—
祝家桥社区	瞿海明	1672	11	658.5	—
朝阳社区	戴传宏	1132	8	3836.7	6.9
山水苑社区	金海霞	8588	20	—	—
广宁社区	王淑华	2032	25	—	—
秀水社区	吴恩丹	1275	8	—	—
湘源社区	王　莺	2411	39	—	—
晨晖社区	陈懿敏	462	18	—	—
湘乐社区（筹）	汤金斐	742	14	—	—

【土地存量释放】 2021年，蜀山街道编制完成杭州湾信息港·蜀山未来城整体运营方案，落实专业孵化器运营团队。盘活利用章潘桥皮革厂等老旧厂房2.38公顷；严家埭社区3000平方米村级留用地货币化安置，戚家池社区、联丰社区2公顷

杭州湾信息港·蜀山未来城

（蜀山街道提供，摄于 2021 年 1 月）

村级留用地达到挂牌出让条件，湖山社区、向阳社区、沙里吴村 9.36 公顷村级留用地完成选址公示并进入报批阶段。

【城市化转型提速】 2021 年，蜀山街道完成沙里吴村、曹家桥社区两个村（社区）城中村改造征迁，处置永兴庵、兴发机械厂等 11 处遗留问题。完成广乐公寓 9 个村（社区）503 户分房工作，联丰社区、戚家池社区等 5 个在建安置房加快建设。成功创建省级社会工作站，组织开展城市社区工作者综合素质提升系列课程 4 批、320 人次；秀水社区、晨晖社区、湘乐社区 3 个社区一体化办事服务大厅投入使用，朝阳社区、湖山社区完成城市化社区转轨。

【蜀山文化品牌建设】 2021 年，蜀山街道重启知章村史家桥大厅保护修缮工程，完成贺知章纪念馆选址。发行《狂客·贺知章创作全记录》一书，发布贺知章动漫形象人物，举办“贺知章杯”摄影大赛，协办全国书法篆刻大展、贺知章与诗路文化高峰论坛，开展“贺知章文化进校园”等贺知章文化节系列活动。“浙东唐诗之路·文化源起地”品牌影响力不断扩大。

【黄亚洲书院揭牌】 2021 年 4 月 29 日，蜀山街道举行黄亚洲书院揭牌仪式。揭牌仪式上，黄亚洲为贺知章学校学生赠书。黄亚洲书院位于蜀山街道向旭支路，由蜀山街道与乡贤黄亚洲合办，书院内设有黄亚洲工作室、黄亚洲文学创作成果展、文化交流孵化中心等复合业态，通过“展览 + 文创赋能”形式，开展相关采风、创作、文化交流、文学研讨、诗歌朗诵等文化活动。黄亚洲是中国当代诗人、作家，原中国作协副主席，现浙江省作家协会名誉主席。

【区“先锋骑手服务月”活动在蜀山启动】 2021 年 9 月 15 日，萧山区“先锋骑手服务月”启动仪式暨首批先锋骑手驿站发布活动在蜀山街道党群服务中心举行。启动仪式发布全区首批先锋骑手驿站，其中中心站隶属于蜀山街道党群服务中心，位于蜀山路与晨晖路交界处，广场配有充电桩等。活动由区委“两新”工委组织，区邮政管理局、区公安分局等 12 家区级机关参与。

【广乐安置房分房】 2021 年 12 月 5 日，蜀山街道广乐安置房抽号分房。广乐安置房项目总建筑面积 36 万平方米，房源 1860 套。配备有双层地下停车场，共 3111 个停车位，配电箱覆盖率 50%，基本满足居民日常停车需求以及新能源汽车车主充电需求。回迁安置房有 50 平方米、70 平方米、90 平方米、120 平方米、140 平方米、160 平方米 6 个户型，安置征迁户 503 户，抽取安置房 1336 套、车位 892 个。

（章立立）

新塘街道

【概况】 新塘街道南隔西小江与绍兴市柯桥区杨汛桥镇相望，北与新街街道毗邻，东与衙前镇相接，西与城厢街道、蜀山街道相连。2021 年，街道行政区域面积 35.65 平方千米，辖行政村 17 个、社区 27 个，户籍总人口 78116 人。地区生产总值 105.91 亿元，比上年增长 19.5%；财政总收入 26.79 亿元，增长 34.5%；一般公共预算收入 17.33 亿元，增长 18.9%。规模以上工业总产值 133.36 亿元，增长 17.5%；规模以上工业销售产值 130.31 亿元，增长 17.7%；规模以上工业增加值 14.39 亿元，增长 13.8%；规模以上高新技术产业增加值 5.68 亿元，增长 20.4%；规模以上工业数字经济增加值 1.82 亿元，增长 28.5%；规模以上服务业营业收入 162.12 亿元，增长 6.7%；规模以上服务业增加值 4.95 亿元，增长 22.8%。出口额 56.51 亿元，下降 2.8%；限额以上社会消费品零售额 16.63 亿元，下降 23.7%；固定资产总投资 8.31 亿元，增长 58.1%。

新塘创业大街获评浙江省小微企业园，至年底有 50 多家平台、企业签约入驻；卓诚建筑科技产业园引进企业 30 多家。杭州兆青科技有限公司新能源汽车核心部件、杭州吉宝传动有限公司智能集中水处理数字工厂、杭州客臻品牌服饰有限公司、浙江靓春家纺有限公司开工建设。引进“5213”项目——标储信息科技（浙江）有限公司，黑龙江工程学院科技成果转化中心；筹建中科院上海分院成果转化中心萧山基地；银泰百货（萧山店）商业综合体、第六空间（商城南路店）开业，引进知名品牌 500 多个。

实施工业企业有机更新项目 10 个，开工 5 个，总投资 2.05 亿元，新增建筑面积 6.09 万平方米。出让工业宗地信息登记 784 块。浙江万羽羽绒服饰有限公司与新塘创业大街联合共建万羽数智谷，搭建从孵化到产业化全覆盖服务体系。监管和提升企业用地质效，签订低效企业监管协议 86 份。

启动杭柴宿舍、井头王公寓 2 个老旧小区 5 幢住房改造；完成五联村、裘江新村、前塘社区 3 条总长 2.5 千米“四好农村路”（建设好、管理好、养护好、运行好）建设和文杰路北伸、东瑞四路提升改造；对 7431 户房屋进行安全排查，对其中 337 幢涉公农村房屋进行安全检测鉴定；7 个小区二次供水设施改造进入施工阶段；完成 2 部加装电梯并投入运行。推进和平桥村、行头村、下潦村等 10 个村（社区）、7 个区块安置房建设，其中和平桥村安置房主体结构完成，室外工程完成 50%；行头村、下潦村安置房建筑主体完成 50%；姑娘桥安置房建筑主体完成35%；井头王社区安置房完成方案评审。

落实专项整治，核查21个村（社区）涉及占用耕地建房点位1300个、耕地非农化点位864个。消化利用批而未供用地33.3公顷，供而未用土地63.7公顷，低效用地再开发盘活39.6公顷。街道成立环境整治专班，按照"一村一策因地制宜"方案，分批推进18个村（社区）实施城郊接合部环境整治，总投资2.8亿元。前塘社区通过区级综合验收。其余村（社区）项目平均开工率95.3%。

新建示范型居家养老服务照料中心1家，建成一批公共卫生服务站、健康单位、健康社区。笼式足球场、文化体育公园等省市项目完成建设。9月13日，区"钉管用"数智治理现场会暨平安建设工作会议在新塘街道举行。

2021年新塘街道各村（社区）基本情况表

表54

村（社区）	书记（主任）	户籍人口（人）	村民小组（个）	村集体可分配收入（万元）	耕地面积（公顷）
裘江新村	杜坚良	1878	14	414.0	49.1
娄下陈村	陈建军	1471	3	95.1	31.0
和平桥村	凌　红	2633	12	1073.6	—
朱家坛村	韩　军	2200	15	486.7	46.0
五联村	杨建烽	2467	20	780.1	16.7
姑娘桥村	吴正和	1577	6	1239.0	10.0
涝湖村	蒋烈锋	2969	11	811.5	54.2
西许村	管清梁	2649	8	957.0	25.3
行头村	蔚陆阳	1720	11	946.5	17.3
霞江村	王灿江	3015	19	606.9	45.8
联华新村	曹海云	2201	10	521.5	48.3
桥南沈村	何国校	2212	16	855.1	47.6
傅楼村	裘国平	1566	13	228.8	32.0
新丰村	侯潮平	1587	14	607.5	19.1
浙东村	钱利明	2145	17	242.0	15.7
一都孙村	俞志明	1707	10	316.6	6.6
紫霞村	韩四清	1486	7	363.5	25.7
商城社区	富素娟	4666	—	—	—

续表54

村（社区）	书记（主任）	户籍人口（人）	村民小组（个）	村集体可分配收入（万元）	耕地面积（公顷）
泰和社区	戚　荣	4745	—	—	—
汇宇社区	王　佳	2853	—	—	—
四季花城社区	屠海峰	3084	—	—	—
广泽社区	李水亮	1766	—	—	—
新南郡社区	吴华祥	34	—	—	—
罗婆路社区	魏金凤	2293	—	—	—
南晖社区	郭娅娜	2726	—	—	—
名望府社区	章鸣燕	1096	—	—	—
井头王社区	王兴根	970	—	276.1	1.9
半爿街社区	田伟军	897	—	561.0	0.4
文源社区	李国彪	1920	—	1016.3	2.1
姚江岸社区	姚利元	1372	—	885.0	—
吕才庄社区	于永福	1399	—	1069.6	5.4
王有史社区	王金良	1085	—	550.0	—
曾家桥社区	曾佳明	532	—	476.8	—
琴山下社区	张志明	750	—	431.7	2.7
畈里童社区	童军民	929	—	602.4	12.6
金家浜社区	姚金俊	888	—	514.5	—
董家埭社区	蒋建伟	1033	—	1239.7	3.3
双桥社区	徐利标	1020	—	535.0	1.1
下潦社区	富林芳	868	—	454.1	3.3
郎家浜社区	张寅通	720	—	317.7	—
下畈朱社区	陈水根	945	—	219.9	—
前塘社区	陈海洋	1348	—	338.6	—
塘里陈社区	陈　栋	1666	—	950.8	2.0
油树下社区	李海荣	1028	—	304.5	5.7

【安置房建设与分配】 2021年，新塘街道半爿街社区征迁238户，安置房分房683套；井头王社区安置房完成设计方案评审；推进10个村（社区）、7个区块的安置房建设，其中和平桥村安置房主体工程建设完工，行头村、下潦社区完成安置房主体工程50%，姑娘桥村完成安置房主体工程35%，双桥社区、金家浜社区琴山下、董家埭社区油树下3个安置房区块，进入主体施工阶段；王有史社区、姚江岸社区、吕才庄社区、新南郡社区安置房办理不动产权证。

【城郊接合部环境整治】 2021年，新塘街道成立环境整治专班，分批推进18个村（社区）实施城郊接合部环境整治，集中整治违建、主干道飞线、房前屋后堆积物等乱象。推进农村生活污水整治、天然气管线安装等民生工程，改善人居环境。前塘社区通过区级综合验收。其余城郊接合部环境整治项目总投资2.8亿元，平均开工率95.3%，并开展“一村一班子”迎检攻坚行动，确保完成整治任务。

【省级示范小区创建完成】 2021年2月，新塘街道汇宇花园四期、泰和芙蓉茉莉苑、四季花城月季园、南晖恒大帝景4个小区通过垃圾分类省级示范小区验收。20个小区创建为市级示范小区，数量居全区各镇（街道）之首。

【新塘乡贤馆扩容】 2021年6月1日，新塘乡贤馆围绕“乡贤+”理念，提升乡贤社会服务参与度，扩容揭牌“萧山区社会科学普及基地”“新塘街道红领巾实践基地”“新塘小学德育研学基地”。新塘乡贤馆于2019年落成，建立5个展厅，介绍新塘变迁发展、著名人物和特色产业、文化。

【新塘创业大街入选省小微企业园名单】 2021年7月，新塘创业大街获浙江省小微企业园称号。新塘创业大街是新塘街道联合杭州萧山城市建设投资集团有限公司、浙江朴鲁控股集团有限公司共同打造的一条以双创为主题的特色街区，总规划面积4.8公顷，构建“产业办公+商业配套”的创业孵化新模式重点招引数字支付、汽车零部件、智慧农业、生物产业、农产品直播电商等产业。至年底，园区有注册企业50多家，入驻企业20多家。

2021年5月7日，新塘街道在矛调中心召开“新”无忧治理模式推进会　（新塘融媒体分中心 提供）

【“心无忧”数字治理模式】 2021年8月30日，新塘街道“心无忧”数字治理模式登上《浙江日报》专版，成为数字赋能平安建设优秀示范。新塘街道位于城郊接合区域，村（社区）多、外来人口多、建筑工地多、有形市场多，管理压力较大。基于萧山区一体化智能化公共数据平台，新塘街道开发“心无忧”数智平台的数字应用驾驶舱，将辖区10.9万名群众拉入“心无忧”组织架构，形成全民参与平安建设的线上交流平台。建立起覆盖村（社区）、企业、单位、商铺的各类平安创建钉钉群446个，街道班子、联村干部、区级派驻机构工作人员、村（社区）干部、网格员对应入群，及时呼应解决群众在群里提出的问题。自2020年9月11日“心无忧”上线至2021年底，共接到群众反映事件6934起，日均16.7起，处置完结率超99%。新塘辖区总警情比上年下降10.1%，纠纷警情下降37.1%。

【《中国羽绒工业创新园功能策划》通过区级评审】 2021年10月26日，新塘街道《中国羽绒工业创新园功能策划》评审会议召开。区政府办公室、区发改局、区经信局、区规资局等区级有关单位代表及5位相关领域专家等参加会议。与会代表对方案总体情况进行肯定，并提出修改建议。一致通过《中国羽绒工业创新园功能策划》方案。根据规划设计，中国羽绒科技创新园初步选址北至东康路，南至横河，东至规划A26道路，西至03省道与十字江交界，总面积26公顷。

【省“民呼我为”专班调研新塘街道】 2021年11月17日，省“民呼我为”专班到新塘街道“心无忧”数字治理中心调研指导基层治理工作。“民呼我为”专班一行听取新塘街道近来探索基层社会治理、数字赋能平安建设，创新打造心无忧数字治理模式工作汇报。对钉钉群组织架构建设、事件来源归集、处置力量融合等事项进行了解，并就进一步完善心无忧数字治理模式、加强成果运用、推进信访工作数字化等内容与街道交流。

（金贤生）

闻堰街道

【概况】 闻堰街道位于萧山区西南，南与义桥镇相连，北与滨江区浦沿街道、长河街道相接，西濒钱塘江与西湖区双浦镇隔江相望。2021年底，街道行政区域面积23.68平方千米，下辖6个行政村、7个社区，户籍人口38200人；地区生产总值38.13亿元；财政总收入6.77亿元，比上年增长29.3%；一般公共预算收入4.09亿元，增长14%。规模以上工业总产值44.6亿元；规模以上工业增加值8.09亿元，增长8.3%；规模以上高新技术产业增加值6.28亿元，增长6.9%；规模以上服务业增加值9400万元，增长16.9%；规模以上数字经济增加值5400元，增长33.2%；固定资产投资3.16亿元，下降22%。

2021 年 4 月 30 日，闻堰街道首届乡贤大会召开

（闻堰街道 提供）

是年，闻堰街道 3 家企业有机更新项目报批，7 家企业实施技术改造；完成低效企业整治提升 23 家，亩均税收比上年增长 230%。全年新增工业投资项目 6 个，总金额 1.29 亿元。三江汇·创谷入围省第八批审核认定小微企业园名单，提升改造园区环境、电力、管网、消防等基础配套，至年底，园区有入驻企业 150 多家，其中国家高新技术企业 7 家、省级实验室 1 个、文创产业平台引入各类项目 140 多个。9 月 30 日，第十七届中国国际动漫节"中南日"暨中南数字文创谷开园仪式在中南（杭州）数字文创谷举行。

闻兴村东山陈区块、闻兴村裴家里区块、山河村东西区块等 5 个区块安置房建设有序推进，东山陈安置房主体结顶，闻兴裴家里安置房完成总工程量的 25%；山河村安置房东、西区块完成总工程量的 35%；黄山村安置房进场施工，长安村祥大房、瑛珠桥征迁改造完成。10 月 28 日，闻堰老街一期项目部分对外试运营，高峰日均客流量超 3500 人。新增停车场 3 个，新增停车位 560 多个，完善公用自行车站点 11 处。投资 6500 万元对叶家河河道实施清淤，潭头河（万达路口）暗涵开展综合整治，龙山河生态景观进行改造提升；对各河道实施清淤，清理垃圾 3.15 万立方米；完成黄山村 1100 户农村生活污水截污纳管；完成祥大房工业园区 30 家企业污水零直排截污纳管；完成龙山河（祥大房段）500 米生态河道整治。全年处置各类垃圾 3.48 万吨、非生活垃圾 5270 吨。对黄山村城乡接合部实施整治，工程涵盖农村生活污水截污纳管、天然气管道铺设和环境综合整治，总投入约 7500 万元。拆迁区块复绿 4 万平方米，完成市、区督办件 230 多件、点位 2800 多处，5 次登上全市环境整治优胜榜。

2021 年闻堰街道各村（社区）基本情况表

表 55

村（社区）	书记（主任）	户籍人口（人）	村民小组（个）	村集体可分配收入（万元）	耕地面积（公顷）
三江口村	汪建尧	4490	19	1181.6	—
闻兴村	陈建华	4353	19	916.0	29.5

续表 55

村（社区）	书记（主任）	户籍人口（人）	村民小组（个）	村集体可分配收入（万元）	耕地面积（公顷）
山河村	杨国华	2612	13	596.5	21.1
长安村	王泉福	4070	20	1086.3	88.0
黄山村	孙金高	6871	30	2514.3	80.0
老虎洞村	张建平	2463	13	1039.9	—
三江社区	曹水刚	2890	19	—	—
闻江社区	蔡雪龙	2872	—	—	—
南岸社区	楼卫英	941	—	—	—
湘湖人家社区	洪一丹	1876	—	—	—
闻家堰社区	汪丽娜	2213	—	—	—
湘湖南苑社区	吴银标	1019	—	—	—
相墅社区	张伟钊	1540	—	—	—

【闻堰街道社区卫生服务中心获通报表扬】 2021 年 2 月 2 日，闻堰街道社区卫生服务中心获国家卫生健康委员会办公厅、国家中医药管理局办公室发文通报表扬。闻堰街道社区卫生服务中心 2020 年在优质服务基层行活动中，推动医疗卫生资源下沉，提高基层诊疗水平和服务能力，加强基层医疗卫生机构标准化建设和医务人员队伍建设，激发基层医疗机构运行活力，提升基本公共卫生服务效率，加大基层信息化建设和应用。

【闻堰街道首届乡贤大会召开】 2021 年 4 月 30 日，闻堰街道首届乡贤大会召开，100 多名乡贤参加大会。会议选举产生第一届理事会理事，孔爱祥当选乡贤联谊会会长。

【闻堰街道《民呼我为》栏目上线】 2021 年 8 月 30 日，"萧山闻堰"公众号推出《民呼我为》栏目。群众可通过《民呼我为》栏目在线上提出意见和建议。闻堰街道同步开展进村（社区）走访服务活动，收集诉求。平台将问题线索分发至相关职能部门进行及时办理。至年底，该栏目累计解决民生问题 72 个。

【《闻堰故事》出版】 2021 年 10 月，《闻堰故事》出版发行。该书由闻堰街道党工委、办事处主编，浙江工商大学出版社出版。分"传说·故事""钩沉·记忆""风情·岁月""未来·采撷"四个篇章，收录有关闻堰诗歌、散文等作品 80 多篇，并收录部分“寻找老街记忆”闻堰老故事征集大赛中的优秀作品，记录闻堰发展变化，展现闻堰自然景观及人文历史面貌。

（潘思佳）

宁围街道

【概况】 宁围街道东靠科技城，南接萧山经济技术开发区，西连钱江世纪城，北临钱塘江，与钱江新城隔江相望。2021 年，街道行政区域面积 62.58 平方千米，辖行政村 6 个和社区 7 个（2 个城市社区、5 个转制社区）；户籍人口 38203 人。地区生产总值 117.94 亿元，财政总收入 21.06 亿元，一般公共预算收入 12.96 亿元。规模以上工业增加值 28.15 亿元，规模以上工业销售产值 27.74 亿元，规模以上高新技术产业增加值 28.05 亿元，规模以上服务业增加值 33.68 亿元，限额以上社会消费品零售额 148.04 亿元，规模以上数字经济增加值 7.12 亿元，出口额 31.01 亿元，全社会固定资产投资 6.5 亿元。

是年，宁围街道完成 8 件民生实事。全民健身设施建设项目建成投入使用，委托第三方进行运营。完成集镇范围内振宁路、利华路、生兴路、新宁路 4 条主要道路和街道党群服务中心（市民公园）无障碍设施改造提升。新增新安大厦、柏林春天、杭州明州脑康康复医院（利华路）、明辉花园南门、地铁 7 号线新兴路站 C 口、凯丽晶座南门 6 个公用自行车“绿色”站点。完成新华村、顺坝村环境综合整治。完成水博幼儿园 3 个园区提升工程及钱江蓝湾幼儿园装修工程，宁围第二幼儿园完成主体结构结顶，完成预期进度。完成宁围社区卫生服务中心改造提升项目，进入智慧医疗设施设备安装阶段。完成智安小区建设任务，实现宁瑞名府、翡翠江南、盈兴公寓等商住小区全覆盖。完成振宁社区养老服务中心建设，依托社区公益组织有序开展养老服务活动，水博社区卫生服务站竣工。

3 月，生兴路工业园区一期 2.66 公顷、10 万平方米创新空间完成腾房交地。特斯拉杭州公司、浙江求健科技总部有限公司、浙江卡莱卡生物科技有限公司等项目落地；5 月，未来总部社区城市展厅建成并投入使用，接待客商 80 多批次、1000 多人次；10 月，未来总部社区一期启动区块 36.8 公顷选址论证

2021 年 10 月 30 日，宁围街道宁新村举行丰收文化节

（宁围街道 提供）

方案通过市级审查，具备实质性开发建设条件；9 月，数智双创中心被评为杭州市级孵化器，并通过省众创空间公示。

制定“1523X 数智宁围”体系，围绕 5 大综合应用、35 个应用场景。在全区率先实现村社数字驾驶舱村（社区）全覆盖。打造“智能塔基”，依托 CIM 平台，实现建筑、人、车、感知设备“一屏掌握”，为街道、村（社区）精准治理、决策分析提供技术支撑。按照“迎亚运”要求，布点完善前端感知设备 2581 个，实现全域感知无盲区。宁围街道矛盾调处化解中心规范化运行，信访等各类社会矛盾调处成功率从 71.2% 上升到 90.6%。开展高层建筑消防安全隐患综合整治，全年发生火警 8 起、火灾 3 起，分别比上年下降 43% 和 50%；创新实践“交治深度融合模式”，交通致人死亡事故全年 4 起，下降 20%。11 月 30 日，宁税社区宁税北苑和水博社区世纪外滩花园入选 2021 年杭州市“美好家园”住宅小区。

推进新冠疫苗接种，通过组建临时接种点、设立流动接种站、开设专场等方式，首针接种率 165%。抓好健康细胞工程建设，创建振宁社区、水博社区、国丰大厦等 14 个健康单位，加强家庭健康管理，健康档案建档率 92.3%，加大健康知识宣讲，居民健康知识知晓率 86%。

资料：

“1523X 数智宁围”体系：建设一个“数智宁围”数据中枢平台，聚焦数字机关、数字政府、数字经济、数字社会和数字法治五大功能领域，制定两项工作支撑机制，结合宁围实际，在现有“宁聚蓝”治理平台基础上巩固提升一批、应用试点一批、谋划布局一批，拓展建设若干个特色应用场景。

2021 年宁围街道各村（社区）基本情况表

表 56

村（社区）	书记（主任）	户籍人口（人）	村民小组（个）	村集体可分配收入（万元）	耕地面积（公顷）
新华村	封建华	3926	20	3638.0	110.0
宁新村	朱建华	3356	15	2300.0	2.8
宁牧村	俞筱芬	3226	15	3368.3	111.7
新安村	杨柏连	2752	12	2292.0	69.0
二桥村	李永法	3702	15	694.3	112.0
顺坝村	倪金芳	1766	16	1173.0	92.0
金一社区	赵建定	2393	9	802.8	30.3
金二社区	周军良	1858	7	3303.0	66.4
宁安社区	戚国瑞	2368	13	547.1	33.0
宁东社区	徐国明	2936	13	2249.5	36.1

续表 56

村（社区）	书记（主任）	户籍人口（人）	村民小组（个）	村集体可分配收入（万元）	耕地面积（公顷）
宁税社区	高观良	2507	11	1027.4	35.1
振宁社区	姚　梁	3185	—	—	—
水博社区	胡指红	4228	—	—	—

【城郊接合部环境综合整治】 2021 年 3 月，宁围街道启动顺坝村城郊接合部环境综合整治，12 月通过区级验收。共拆除危旧房和违章建筑 188 处，新浇沥青柏油路 5.7 万平方米，弱电整治 346 户，清理房前屋后堆积物 600 多吨，清理“牛皮癣”1800 多处，清理田间秸秆 2100 多吨。以新兴路、解放河、建设四路、青年路等为界分 7 个区块、9 个项目，通过拆、整、清、治、建、消、优、管等 8 个举措推进，城郊接合部环境提升。

【振宁未来社区建设】 2021 年 5 月，振宁社区开始创建未来社区。社区规划单元面积 101 公顷，居住户 6839 户，常住人口 1.7 万人，外来人口占当地人口总数逾 50%。实施单元主要包含 2 个小区、1 个公寓，面积 26.2 公顷，有 6.21 万平方米公园，着重打造省旧改类“未来社区公园”。在创建过程中，社区结合社区公园生态佳、社区底子好、数字治理强的三大优势，实施“党建统领共融、盘整存量资源、谋划创建重点、打造特色亮点、解决短板痛点”五步走战略，探索社区“微更新”模式，加强多跨复核生活场景应用，高质量推进共同富裕。11 月 8 日，振宁未来社区一体化方案通过省级评审。

【区新企联（青商会）宁围分会成立】 2021 年 6 月 8 日，宁围街道萧山区新生代企业家联合会（青商会）宁围分会成立大会暨宁围乡贤理事（扩大）会召开。表决通过萧山区“新企联”（青商会）宁围分会第一届理事会理事名单，成立第一届理事会，选举徐迅任会长。

【宁围街道残疾人之家开放】 2021 年 8 月底，宁围街道残疾人之家提升改造后对外开放。残疾人之家位于宁围街道新宁路 166 号，建筑面积 1000 多平方米，包含工作室、培训室、康复训练室、文体活动室等功能区块。残疾人之家整个区域配备无障碍设施、监控设施、消防设施、康复设施等，并实行封闭式管理。为辖区内 24 位智力、精神和其他重度残疾人提供服务，包括提供午餐和午休、康复指导和基本照料等。

【传化智联股份有限公司入选省级试点】 2021 年 9 月 13 日，省发改委印发《关于公布 2021 年省级先进制造业和现代服务业融合发展试点名单的通知》，宁围街道传化智联股份有限公司入选。传化智联平台生成的物流供应链全流程解决方案，应用于化工、钢构、造纸、商贸等多个生产制造领域，降低综合物流成本 30%—40%。传化智联与全国人工智能产业技术创新战略联盟合作，构建智能连接平台、智能化操作平台，形成“物流大脑”等，夯实萧山人工智能产业基础。

【二桥村和宁安社区征迁工作】 2021 年，宁围街道推进二桥村和宁安社区 2 个城中村改造，涉及二桥村 640 户和宁安社区 645 户征迁。4 月 11 日至 6 月 5 日，二桥村 640 户以及 12 家企业完成签约工作。11 月 5 日至 12 月 30 日，宁安社区 645 户居民完成签约工作。

【《浙江日报》报道宁围矛盾调解经验】 2021 年 11 月 23 日，《浙江日报》刊文《多措并举打造矛调中心宁围样板》，报道矛盾调解宁围经验。萧山区社会矛盾纠纷调处化解中心宁围分中心于 2020 年 11 月 25 日揭牌启用，是区第一批率先建成并启用运行的镇街级矛调中心之一。宁围街道探索实施街道班子领导值班、村（社区）治保主任上挂、多方治理力量协同、矛盾调解“一窗通办”4 项举措，提高矛调中心运行质效。街道本级各类矛盾调处成功率从 71.2% 上升到 90.6%。

【“大数据 + 网格化”助力疫情防控】 2021 年，宁围街道为打赢疫情防控阻击战，依托“宁聚蓝”“数字大脑”智慧化功能，探索“人机协作”防控机制，形成“大数据 + 网格化”防控。针对辖区 236 个人流密集点位，线上线下全方位、全时段、全闭环巡查。街道联络员、社区干部、公共卫生员、网格员、志愿者对居家隔离人员实行“五包一”服务机制。在临时隔离点落实一人一楼层专人负责制。建成宁围方舱疫苗接种点，对重点人员、冷链人员、入境人员排查防控。

（于　博）

盈丰街道

【概况】 盈丰街道地处萧山区北大门，西接滨江区，北临钱塘江，与杭州钱江新城隔江相望。2021 年，区域面积 23.1 平方千米，16 个社区，其中城市社区 7 个。至年底，户籍人口 43027 人；耕地 694.06 公顷，其中围垦面积 350.6 公顷。村级集体资产总额 21.37 亿元，比上年增长 14%；村级净资产 10.58 亿元，增长 8%；村集体可分配收入 2.45 亿元，平均每村 2717 万元。

是年，盈丰街道新中南、盈二佳苑两个安置小区分房 2654 套。启动逐村安置摸底、资料初审工作，完成新中北安置小区分房前期资料收集；组织实施 10 个老旧安置小区、15 项硬件提升改造工程，解决屋顶渗漏、小区路面破损沉降等群众关切的“关键小事”；推出符合盈丰实际的多层电梯加装实施政策，加装电梯 8 台。

开展铁路沿线专项整治，整改隐患 340 多处，拆除各类隐患房屋约 8000 平方米。投资 1200 万元，打通泰宏巷延伸段、旗胜弄延伸段断头路，完成民和路、永辉路、奔竞大道等 14 条道路，完成 8 个公厕无障碍设施改造。实施市心北路、平澜路、观澜路等 46 条道路、19 万平方米道路地下空间检测，处置各类地下隐患 106 处。会同钱江世纪城管委会完成宅基地复垦 43.7 公顷，提升土地质量 171.3 公顷，其中完成垦造 86.7 公顷。完成 1 处违法用地手续补办，4 处拆除及复耕。

新建文化家园 4 个、文化礼堂 9 个。创建“三团三社”（乡村合唱团、乡村艺术团、乡村民乐团、书画社、摄影社、文学社），举办文体活动 242 场。启用“你好广场”亚运观赛空间，增设健身点 18 处。出台《钱江世纪城·盈丰街道“美好教育”三年行动计划》，成立教育发展基金，加大名校名师奖励力度。建成启用世纪盈新、世纪时代 2 所幼儿园，推进钱江世纪城初中、盈丰小学、创世邸幼儿园等 15 所校园建设，完成世纪实验小学智慧教育试点。建成盈丰方舱和杭州国际博览中心疫苗接种点。

4 月 23 日，盈丰街道科学技术协会成立，张丹当选协会主席。7 月，建成新时代文明实践所 1 个，新时代文明实践站 13 个，组织创建志愿服务队伍 98 支。新时代文明实践所（站）实行全部挂牌。9 月 26 日，萧山区慈善总会世纪城盈丰分会成立暨第一轮慈善募捐留本冠名基金 1.22 亿元，募集善款 683 万元。12 月 6 日，盈丰街道“盈心和”矛盾纠纷调解品牌发布活动。建成 16 个村（社区）级矛调中心，构建矛盾调解“盈心和”体系。全年调处化解矛盾纠纷 1200 多起，涉及金额 5000 万元；受理信访件 4371 件，矛盾调解成功率和信访处置报结率均为 100%。

2021 年盈丰街道各社区基本情况表

表 57

村（社区）	书 记（主任）	户籍人口（人）	村民小组（个）	村集体可分配收入（万元）	耕地面积（公顷）
新中社区	沈伟国	3036	—	1936.0	53.8
丰东社区	朱建立	2765	—	3340.0	45.3
盈一社区	周建成	3765	—	2289.0	103.6
盈二社区	王张兴	4255	—	3112.0	146.5
丰二社区	周继江	3195	—	2182.0	57.6
丰北社区	顾志山	3710	—	4931.0	190.7
合丰社区	陶柏军	3266	—	2685.0	24.9
利一社区	陈加明	2346	—	2128.0	23.7
利二社区	徐建芳	2702	—	1896.0	47.9
佳境社区	谢国伟	2713	—	—	—
美哉社区	赵金标	2817	—	—	—
立涛园社区	李敏淑	2314	—	—	—

续表 57

村（社区）	书 记（主任）	户籍人口（人）	村民小组（个）	村集体可分配收入（万元）	耕地面积（公顷）
和美社区	王国燕	2587	—	—	—
利丰社区	陈美娟	500	—	—	—
奔竞社区	陈 亮	1054	—	—	—
潮韵社区	—	4	—	—	—

注：因盈丰街道村（社区）调整改制，户籍人口采用街道提供数据。

【丰北村获评省善治示范村】 2021 年 4 月 11 日，浙江省乡村振兴领导小组办公室公布 2020 年度“浙江省善治示范村”认定名单，盈丰街道丰北村入选 2020 年度“浙江省善治示范村”。丰北村坚持党建引领，以自治为基探索居民共治新模式、以法治为本打造法治宣传新阵地、以德治为先涵养淳朴文明新乡风，探索“党建 + 治理”模式，通过建立“村党委 + 小区网格党支部 + 楼幢党小组”的组织架构，建立“村党委 + 物业 + 家委会”“三方协同”治理模式，打造“睦邻微家”阵地，实现整村善治。

【盈丰街道多高层建筑安全隐患综合整治】 2021 年 5—9 月，盈丰街道以丽晶国际大厦为突破口，开展多高层建筑安全隐患综合整治工作。整治期间，街道针对出租房及各类办公用房组织开展 50 多次检查，开具整改意见书 596 份，完成整改点位 800 多个，对存在严重消防安全隐患的 12 户出租房和 2 家店面实施强制拆除，督导非法分割房东自主拆除 20 多户，消防处罚 31 起，对拒不整改的 2 名房东予以行政拘留。盈丰街道是亚运主战场，辖区内高层楼宇建筑较多，部分楼宇存在非法群租、私拉电线、违规装修等现象。

【楼宇党群驿站建设】 2021 年，盈丰街道建成有多种特色功能的楼宇党群服务驿站 11 个。有律师党员作为站长，提供法律服务援助的“法律服务”驿站；由银行、相关企业支部党员驻点，为企业提供创业、审批服务的“众创空间”驿站等。另有大象国际的党群服务驿站 + 楼宇警务室、归谷国际中心的党群服务驿站 + 普通读者书店、农业大厦的党群服务驿站 + 自助服务驿站等形式。驿站有报纸杂志、冷饮热水、应急充电、应急药品、爱心雨具、休息座椅便民服务设施，驿站推动基层党建和公共服务深度融合。

【铁路沿线安全环境长效管理】 2021 年，盈丰街道落实铁路沿线长效管理机制，组建铁路沿线长效管理专班，联合相关部门对铁路沿线管制区内发现的轻飘物、违规垦种、未审批施工等问题及时落实整改。利用数字技术，将铁路沿线长效管理队伍单位纳入街道数字化城市管理平台，在铁路沿线安装 8 处监控

2021年9月4日，钱江世纪城·盈丰街道教育发展基金揭牌仪式　（盈丰街道 提供）

设备。全年通过信息化平台流转处理各类隐患问题40多件，整改率100%。盈丰街道辖区内有杭甬铁路客运专线6千米，自北向南跨辖区内亚运村社区（筹）、盈二社区、盈一社区、新中社区等社区。

【盈丰街道安置小区城市化建设】 2021年，盈丰街道根据区委、区政府总体部署，加快推进安置小区城市化建设工作，提高城市建设和管理水平。10月19日，街道召开全面推进安置小区城市化建设动员会，在前期完成丰东村、丰北村、合丰村三个撤村建居工作后，全面启动剩余6个村撤村建居工作，并同步启动丰东社区、丰北社区、合丰社区、奔竞社区、利丰社区的居委会选举工作。12月31日，杭州市萧山区人民政府发文《关于同意建立盈丰街道新中社区、盈一社区、盈二社区、丰二社区、利一社区、利二社区及调整佳境社区管理服务区域的批复》。盈丰街道安置小区全部完成城市化建设。

（李清清）

新街街道

【概况】 新街街道位于钱塘江南岸，东临瓜沥镇，南与新塘街道、衙前镇相接，西连宁围街道、北干街道，北邻萧山经济技术开发区桥南区块。2021年，街道行政区域面积35.6平方千米，辖行政村15个、社区6个，户籍人口72138人。地区生产总值77.14亿元，比上年增长9.3%；财政总收入18.89亿元，增长42.4%；一般公共预算收入9.95亿元，增长26.4%。规模以上工业总产值79.5亿元，增长24%；规模以上工业销售产值77.8亿元，增长22.7%；规模以上工业增加值19.41亿元，增长20.9%；规模以上高新技术产业增加值7.96亿元，增长34.5%；规模以上服务业增加值3.98亿元，增长80.1%；限额以上社会消费品零售总额13.44亿元，增长14.7%；全社会固定资产投资5.2亿元，增长83.2%。

是年，新街街道落实7项民生实事工程项目。建设完成元沙—山末址—塘新线—新街泵站污水管网5.76千米，并配套2座一体化污水泵站。完成盈上桥改建、盈中围桥（石板桥）保护性修建，全域修护桥梁76座。全面推进17个小区定时定点规范投放和12个村“四定一撤”工作，生活垃圾实现桶装和封闭运输。新建、改造村（小区）集置点13个，实现全域生活垃圾（其他垃圾）直运。完成雅逸幼儿园装修和各类配套投入和长山幼儿园教学楼加固及翻新，并全部投入使用。完成新街社区卫生服务中心综合楼装修改造。公共自行车二期8个站点全部建成并投入运营，实现辖区地铁站点公共自行车全覆盖。完成解放河北岸香樟路至建设四路段道路提标及绿化景观提升，对盛东村、盛乐村、双圩村等6个村14条农村道路提升改造，总长度约20千米。12月21日，省城乡环境整治工作领导小组通报2021年度全省新时代美丽城镇建设考核验收结果，新街街道获评美丽城镇省级样板。

全年签约项目4个，落地区“5213”项目2个。新增A—F类人才101人、高技能人才2人。新增国家高新技术企业22家、省科技型小微企业18家、市“雏鹰计划”企业2家。杭州睿丽科技有限公司入选市准“独角兽”企业，杭州英诺克新材料有限公司、浙江强伟五金有限公司入选市企业高新技术研究开发中心，浙江生创精准医疗科技有限公司与安杰莱科技（杭州有限公司）创建成市专家工作站，杭萧钢构股份有限公司入选2021年杭州市首批“未来工厂”培育企业名单，浙江阿凡特精密设备制造有限公司入选区高端装备领域重点支持战略性新兴产业企业。

开展小微企业、厂房仓库整治行动，整改安全隐患1.09万处。组建“反诈联盟”135个，成立全民反诈队伍，发生诈骗类等案件318件，比上年下降36.9%，实现电诈重大案件零发案。发生火警57起，下降42.9%；发生火灾8起，与上年持平。交通事故9687起，其中致人死亡交通事故2起，下降30%和60%。全年共受理群众来信、来访、网络信访、电话信访2796件（次），下降12%，处理化解重大信访事件4起。

2021年新街街道各村（社区）基本情况表

表58

村（社区）	书记（主任）	户籍人口（人）	村民小组（个）	村集体可分配收入（万元）	耕地面积（公顷）
江南村	徐观甫	5520	23	641.3	240.3
盈中村	高志明	3001	16	467.5	147.7
沿江村	高张先	3566	16	657.7	158.7
山末址村	周妙江	4221	22	899.6	134.6
双圩村	戚世泉	3153	16	816.3	119.3
元沙村	周　峰	4219	24	944.5	154.2
芝兰村	赵华华	1539	8	415.5	27.1
陈家园村	王　斐	2598	12	502.7	58.3

续表 58

村（社区）	书记（主任）	户籍人口（人）	村民小组（个）	村集体可分配收入（万元）	耕地面积（公顷）
新塘头村	徐高祥	2915	16	919.8	110.1
长山头村	富培坤	4342	19	708.5	40.7
新盛村	—	4125	19	928.2	115.7
盛乐村	鲁国良	3473	18	813.8	62.5
同兴村	李伟栋	2978	15	543.9	105.7
盛中村	袁奕相	4413	26	800.2	176.5
盛东村	王佳明	5279	26	913.7	167.5
花城社区	应惠良	1182	—	—	—
长山社区	富建军	1160	—	—	—
新和社区	陈建林	1443	—	—	—
新润社区	徐剑波	1070	—	—	—
新宜社区	周海芳	3257	—	—	—
新赏社区	管妙炎	1011	—	—	—

【新街街道城中村改造】 2021 年，新街街道推进城中村征迁工作。全年拆除征迁零散房屋 7 万余平方米，平整清理场地 2.2 公顷，长山征迁区块工人路沿线复绿 2300 平方米，覆盖防尘网 4.9 万平方米。江南安置房一标、新盛安置房一标结顶。11 月 16 日，启动新盛二期城中村改造。

【城郊接合部环境整治提升】 2021 年，新街街道深化“五水共治”，完成盛东村、盛乐村、盛中村等 7 个村的农村生活污水治理工程。推进城郊接合部环境综合整治，清理房前屋后堆积物 2599 户，拆除违章建筑 706 户，拆除各类违建 4.9 万平方米。落实环境整治长效管理，实行“红黄黑榜”考评通报制，每周安排人员对村（社区）、建筑工地、规模以上企业的环境卫生及垃圾分类整治情况实行量化检查考评。

【基层治理创新】 2021 年，新街街道发动“绿城红领”志愿者队伍 900 多人，实现微网格治理全覆盖；招募楼道“红管家”（楼道长）126 人，实现“楼道长”微治理模式全覆盖；组建“新和睦”调解小组成员 110 人，有效化解村（社区）纠纷，助力维护基层稳定；打造 35 个党组织“党建微联盟 2.0”，推进区块联动治理；开发上线群租企业管理平台，强化“一厂多租”企业管理；升级推广“污水零直排”智慧监管系统，并将其功能纳入区级驾驶舱运行范围，不断完善治理机制。持续深化“最多跑一次”改革，便民服务水平不断提高，全年受理流转处置事件 6.05 万件，妥善处置完成率 100%；党群服务中心受理各类业务 3.85 万件，实现零投诉、零信访。

【新街街道“五水共治”获省、市表彰】 2021 年 4 月，新街街道分别被省治水办（河长办）、市美丽杭州建设领导小组评为 2020 年度全省“五水共治”（河长制）工作考核优秀乡镇（街道）、2020 年度杭州市“五水共治”（河长制）“二十佳”镇街。新街街道投资 1.2 亿元，实现 16 个生活小区、23 个公建单位、3 大工业集聚区等“污水零直排区”建设全覆盖；总投资约 4700 万元，对辖区三大工业集聚区的污水主管网、泵站进行新建和修复；推进新建高新八路污水主管网项目。投入 1700 多万元，对绕城外 51 处农污终端进行起底改造，安装终端池远程监控，根本上解决无处可接、接了不通、通了不畅的管网“顽疾”。注重内外兼修，提升优化主干河道环境，投入 300 多万元实施新建河（陈家园段）综合整治二期工程；投入 460 万元完成大治河西岸绿化、照明和护栏综合提升工程。筑牢小微水体底线，推动“十河百渠”村级水系净化工程，打造“底色 + 特色”100 条沟渠、池塘水系。陈家园村打造大米埠池塘 + 文化公园生态水系，盘活全村水系，以全区第一佳绩通过“水美乡村”区级验收；盛乐村、盛中村、江南村、沿江村等村机埠安装数字化设备，实现全天候远程配水。注重全域治理，把全域水系治理纳入绕城外 7 个村美丽乡村规划方案，陈家园村投入 300 万元贯通东西片村居池塘；元沙村拓宽新农村南横沟，实现红建河、大治河水脉贯通；芝兰村中心横沟清淤、叠石、配水，景观 + 功能最大化；双圩村、沿江村、盈中村、新塘头村将沟渠贯通、排污沟设计、农污提升、河岸环境打造等融入美丽乡村建设。

【群租企业管理平台建设】 2021 年，新街街道开发群租企业管理平台，实现智慧赋能。平台记录辖区群租企业场地基本情况及群租企业的数量与详细信息。街道借助“数字化”手段，更好地排摸和管理街道群租企业。平台添加安全生产和消防检查板块，让群租企业安全检查“上线”，在板块中显示企业存在的

2021 年 5 月 29 日，新街街道举行“迎亚运”群众性活动启动仪式暨“文明健康·有你有我”健步行活动（新街街道 提供）

安全隐患和整改情况。至年底，有11个村（社区），54家群租企业进入群租企业管理平台。

【新街街道与萧山金控集团达成战略合作协议】 2021年12月3日，新街街道与萧山金控集团达成战略合作协议，并举行医疗行业项目推进会（新街专场）。在项目路演中，5家街道企业从项目概况、团队成员、产品情况以及市场销售等方面做了介绍。8家投资公司对5个项目进行评估，并给予相应建议。

【源位科技高端制造检测中心揭牌】 2021年12月29日，新街街道所辖企业杭州源位科技的高端制造检测中心揭牌暨微微测检测平台上线仪式举行。工业和信息化部人才交流中心杭州办事处、源位科技、浙江大学农业生态环境分析测试中心负责人等参加揭牌。源位科技的高端制造检测应用测试分析技术帮助企业和科技研发公司解决技术难题，弥补企业和科技公司高端分析测试的短板。

（孙　倩）

靖江街道

【概况】 靖江街道南接瓜沥镇，北至钱塘区，东邻党湾镇，西依萧山机场，方千娄直河、义南横河一纵一横穿境而过。2021年，街道行政区域面积23.06平方千米，辖行政村10个、社区7个，户籍人口37699人。地区生产总值41.42亿元，财政总收入5.47亿元，一般公共预算收入3.33亿元。规模以上工业总产值65.6亿元，规模以上工业销售产值65.5亿元，规模以上工业增加值14.88亿元，规模以上高新技术产业增加值11.1亿元，实际利用外资2242万美元，固定资产投资87.67亿元。4月，雷东村入选2020年度“浙江省善治示范村”。

是年，靖江街道开展低效企业整治提升三年行动，完成41家亩产税收5万元以下企业履约监管协议签订。推进企业数字化改造，实施区级智能制造试点项目6个，新增入库企业技改项目8个。杭州丽博家居有限公司、杭州永盛高纤股份有限公司、浙江正凯集团有限公司获评省级企业研究院。杰牌控股集团有限公司入选2021年度省“未来工厂”试点企业，“未来工厂智能传动解决方案”获评2021年省数字经济“新制造”优秀案例。新增国家级高新技术企业8家、“小升规”企业7家，完成市级高层次人才认定17名。

推进粮食功能区非粮化清退工作，清退苗木2945公顷。创建市级粮食功能区扶持项目1个、市级农田提升项目1个、区级提标改造项目4个，粮食绿色高产高效示范片居全区第一位。建设市级“菜篮子”蔬菜基地2家。龚老汉中华鳖现代种业基地提升项目通过省级现代农业发展项目验收。杭州江鲜家庭农场有限公司、杭州巨康水产养殖有限公司、杭州钱塘新区殷水传家庭农场创建为省级水产健康养殖示范场。

创建成“商贸平台型美丽城镇”市级样板。和顺村、靖港村完成美丽乡村提升村建设。光明村推进美丽乡村示范村建设，义南村推进美丽乡村提升村建设。对义南横河、黄和顺横河实

2021年3月11日，靖江街道会同空港管委会、萧山国际机场、杭州地铁集团、8家航空公司成立“共靖联盟”

（靖江街道　提供）

施“美丽河湖”建设，推进牛拖湾、安澜桥水文化主题公园建设。深化河道保洁“靖江模式”，实现连续40个季度考核全区第一。聚焦小微水体，清淤村（社区）273个池塘、302条沟渠，清理土方总量1.5万立方米。开展农村生活污水治理，推进“污水零直排区”长效运维，在全市“斩污攻坚”大比拼抽查获红榜。

实施永盛路、青六线提升改造工程。完成“四好农村路”三年行动计划，建设总里程达68千米。新港路创建成区级文明示范路。加大人防、物防、技防力度，新增监控设备87台、人脸识别设备125台，推进“全域感知”平安建设。完成2个智慧小区、5个智安小区建设。推进道路交通序化提升，发生交通事故5483起，其中致人死亡事故1起，分别比上年下降2.6%和83.33%。成功创建5个省级气象防灾减灾标准化村。创新成立全省首家快递物流行业“共享法庭”及“先锋骑手调解驿站”，源头化解行业矛盾纠纷。

公共服务中心推进政务2.0建设，承担区级下沉业务128项，本级业务39项，办理业务1.45万件。实现杭州办事综合自助机村（社区）全覆盖，可办业务345项。创新推出“便民服务靖心跑”，开展代办代跑便民服务，涵盖业务150多项，实现老年公交卡代办服务全覆盖。4月11日，靖江街道雷东村被浙江省乡村振兴领导小组办公室评为2020年度浙江省善治示范村。11月11日，小石桥社区、靖美社区、黎明社区、伟南社区文化家园通过区级考核验收，街道实现社区文化家园全覆盖。

2021年靖江街道各村（社区）基本情况表

表59

村（社区）	书记（主任）	户籍人口（人）	村民小组（个）	村集体可分配收入（万元）	耕地面积（公顷）
光明村	邵利军	1773	13	922.3	99.7
东桥村	肖招明	2513	15	355.7	135.0
甘露村	周海根	2339	18	137.4	142.1
协谊村	何　军	2270	19	62.6	127.0

续表 59

村（社区）	书记（主任）	户籍人口（人）	村民小组（个）	村集体可分配收入（万元）	耕地面积（公顷）
义南村	陈仁良	2520	20	137.8	85.2
靖港村	边建芳	3342	23	803.4	137.3
和顺村	陈立军	2864	19	552.2	86.7
雷东村	张哲峰	2084	14	279.6	87.0
靖南村	翁荣法	3223	20	142.3	169.9
靖东村	项志军	2555	18	299.5	117.0
伟南社区	朱国忠	1138	—	224.0	16.9
花神庙社区	朱春风	2596	—	154.8	98.7
黎明社区	朱　伟	1806	—	181.7	72.0
安澜桥社区	金　晶	1508	—	—	—
小石桥社区	唐燕丽	3116	—	—	—
靖安社区	屠伟江	680	—	—	—
靖美社区	丁繁超	1012	—	—	—

【新港路全线贯通】 2021 年 1 月 11 日，靖江街道新港路全线贯通。工程南起官界路，北至伟老线，总长 2.1 千米，道路宽度 33 米，按城市次干道标准双向四车道设计，设计速度每小时 40 千米新港路与东灵北路全线连接，打通周边交通“微循环”和靖江与瓜沥“最后一公里”，缓解靖江交通压力。

【靖江街道飞机科普馆开馆】 2021 年 1 月 13 日，靖江街道飞机科普馆开馆仪式在靖港村举行。飞机科普馆位于靖港村村委，总面积 150 平方米，设民航飞机科普知识展区、飞机模型展区和视频体验活动区 3 个展示区域，向公众普及航空领域相关知识，培养青少年对航空科学的兴趣。

【中共浙江正凯集团有限公司委员会统战部成立】 2021 年 4 月 21 日，靖江街道本土企业——浙江正凯集团有限公司党委统战部揭牌成立。8 月 17 日，正凯集团党委统战部与街道党建办联合开展“走进非遗，解码传统文化基因”主题活动。

【靖江街道与长龙航空搭建街企“妇建”合作平台】 2021 年 5 月 26 日，靖江街道妇女联合会与浙江长龙航空有限公司妇联联合会签订《街企“妇建”结对共创框架协议》，协议从组织统筹互促、信息统筹共享、活动统筹安排、文化统筹交流、活动运行机制 5 个方面确定合作，以“妇建共创、工作共商、难题共破、资源共享、契约共守”的原则，搭建街企“妇建”合作平台。

【靖安社区儿童之家获评杭州市示范儿童之家】 2021 年 11 月 2 日，杭州市妇联公布 2021 年度市示范儿童之家名单，靖江街道靖安社区儿童之家上榜。靖安社区儿童之家位于靖安社区党群服务中心，面积 400 平方米，配有科普 E 站、筑梦书屋、童力乐园、青少年活动室、亲子阅读室、多功能活动厅等功能室。

【协谊村防疫大数据平台上线】 2021 年 12 月 16 日，靖江街道协谊村“防疫大数据平台”在协谊村智慧管理中心上线。平台通过健康码三色（村民健康码、租户健康码、企业健康码）统计，能实时查看该村范围内常住人口、流动人口以及村内企业员工等人员的健康码信息。

【靖江街道农产品获浙江网上农博会金奖】 2021 年 12 月 24—30 日，浙江网上农博会在杭州举行。此次农博会上，经全省各县（市、区）组织申报、各市审核推荐、专家组评审，靖江街道杭州德兴蜂业有限公司“真爱之蜜·洋槐蜂蜜”和龚老汉控股集团有限公司“龚老汉·中华鳖”，获 2021 浙江网上农博会金奖。

（庞嘉楠）

南阳街道

【概况】 南阳街道位于钱塘江南岸，萧山国际机场北侧，东靠钱塘区，西邻主城区。总面积（包括钱塘江水域）32.84 平方千米，街道下辖行政村 13 个、社区 3 个，户籍总人口 41538 人。2021 年，地区生产总值 48.51 亿元，财政总收入 6.29 亿元，一般公共预算收入 3.5 亿元。规模以上工业总产值 97.45 亿元，规模以上工业增加值 18.05 亿元，规模以上高新技术产业增加值 11.13 亿元，数字经济增加值 4.1 亿元，规模以上服务业增加值 1.44 亿元，实际利用外资 100 万美元。固定资产投资 4.23 亿元，其中工业投资 2.1 亿元。

是年，南阳街道利用存量空间，打造南阳街道数字经济聚

2021 年 10 月 30 日，速博雷尔智能制造投产仪式举行

（南阳街道 提供）

落部产业园，产业园以数字经济、生物医药、会展业和临空经济为主导产业，入驻新型企业11家，利用存量空间2万余平方米，带动产业转型升级。一批新项目相继投产，区“5213”项目——杭州一芯微科技有限公司扩大生产产能，年产值5000万元；松研科技（杭州）有限公司医养结合项目年产值3000万元，发展成小企业升规模以上企业；杭州新诺数码科技有限公司4条生产线投入生产，月生产设备10—12台次，年产值8000万元。

领航基因科技（杭州）有限公司、浙江手心制药有限公司、西尼机电（杭州）有限公司等14家企业，通过国家级高新企业认定；杭州新诺微电子有限公司、杭州江南世家药业有限公司、杭州强本塑胶科技有限公司3个项目入选2021年杭州市企业高新技术研究开发中心拟建名单。圣山集团有限公司、杭州速博雷尔减速机有限公司被评定为2021年市“未来工厂”数字化车间，杭州速博雷尔减速机有限公司成为全国首家RV涡轮减速机智能制造工厂。全面摸清街道范围内低效企业情况，制定低效企业“一企一策”，与企业签订《履约监管协议》，89家企业完成低效企业销号工作，完成率100%。

推进安置房分房和建设工作。潮上云临南苑、潮上云临北苑一期和二期共800多户农户回迁，安置房三期主体建设基本完成，四期一号地块建设工程有序推进。9月30日，南阳街道首个综合体天空之翼开业。投入资金4000多万元对第三批美丽乡村提升村赭东村和红山村进行提升改造，红山村通过区级综合验收，赭东村建设工程项目全部完工待验收。南翔村入选区第四批创建村创建计划，前期规划设计方案通过区级评审。南翔村、坞里村、东风村、龙虎村4个村成功创建“美丽乡村”整治村。

8月7日，南阳街道首届两新党建联盟联谊会举行。11月12日，潮都社区儿童之家获评2021年度省示范型儿童之家。

2021年南阳街道各村（社区）基本情况表

表60

村（社区）	书记（主任）	户籍人口（人）	村民小组（个）	村集体可分配收入（万元）	耕地面积（公顷）
雷山村	高　军	2529	8	640.6	60.0
南翔村	金红萍	3855	20	909.0	89.6
赭东村	金建仁	4199	20	687.3	100.0
东风村	冯生华	1917	12	376.6	58.2
永利村	冯小飞	1652	10	452.6	59.1
远大村	蒋林军	2219	18	687.9	42.7
红山村	冯利锋	3663	20	612.8	160.7
坞里村	冯　乔	1615	6	663.4	19.0
横蓬村	金国伟	3470	23	550.3	143.5
岩峰村	万素琴	3193	19	2109.5	167.7
南兴村	高志林	2945	17	683.2	115.5
南丰村	高生伟	3555	21	847.0	172.8
龙虎村	叶海英	4445	26	658.1	111.8
南阳社区	冯祥伟	1067	—	—	—
赭山社区	高迪燕	686	—	—	—
潮都社区	高海荣	528	—	—	—

【杭州大会展中心建设】 2021年，南阳街道完成大会展中心配套征迁173户，保障会展项目建设。一期展馆完成非预留区（临近地铁运行线路位置的区域）地下室主体结构建设。大会展中心项目北靠白虎山，南至南临路，西接阳城路，东到中环路，总用地面积约74公顷。大会展中心项目一期建筑面积约64万平方米，整体工期3年。

【杭绍甬智慧高速公路征迁】 2021年，南阳街道开展杭绍甬智慧高速公路征迁工作。4月20日，街道召开杭绍甬智慧高速征迁工作动员大会；6月1日，征迁签约工作开始；至6月10日，签约338户，完成全部征迁工作。

【“1+2+4+N”社会工作站】 2021年，南阳街道建立“一核双社四型多布局（1+2+4+N）”模式社会工作站。工作站由社工站总展示室、个案工作室、小组工作室、社区（项目）工作室四个区块组成，服务各类人群。社会工作站设在街道党群服务中心，是省级特色站点。至年底，街道社会工作站开展传统节日活动80多场，服务1000多人次；协助老人更快更好地适应拆迁安置新环境，为40多名孤寡独居老人提供精神安慰、家庭关系协调等服务；建立独居、空巢老人互助小组并开展30多次活动，开展各类活动8场；发掘培育30多人的老年居民领袖和互助志愿队伍，实现老年群体“助人自助”。

（任晓阁）

楼塔镇

【概况】 楼塔镇位于萧山区南部，毗邻诸暨次坞、富阳常绿，是一个“水清木华、文脉绵延”的山乡古镇。2021年，全镇行政区域面积 47.63 平方千米，辖 12 个行政村、1 个社区，户籍人口 26927 人。地区生产总值 13.77 亿元，财政总收入 9300 万元，其中一般公共预算收入 5200 万元。规模以上工业总产值 19.99 亿元，比上年增长 16.42%；规模以上工业销售产值 19.66 亿元，增长 16.95%；规模以上工业增加值 4.11 亿元，增加 2.6%；规模以上高新技术产业增加值 2.66 亿元，减少 10.7%；全社会固定资产投资 1.43 亿元。

自 7 月 15 日起，楼塔镇对亩均税收 2 万以下企业实施整治，签约企业 58 家，签约率 100%。至年底，53 家企业完成整治目标，对未完成整治的 5 家企业征收违约金。杭州华艺智能制造产业园有限公司项目，有 15 家意向企业入驻。浙江楼鑫包装科技有限公司、杭州嘉琪包装有限公司、杭州新洋织带有限公司等 6 家企业被认定为国家高新技术企业，其中 2 家规模以上企业完成公示。杭州山友医疗器械有限公司创建为市高新技术研发中心。杭州亮普休闲用品有限公司、杭州欧凯家私制造有限公司升格规模以上企业。

开展“五小水体”卫生保洁大比武，做好“拆、清、修、截、通、治、管”，确保不出现黑臭、脏乱差等现象。至年底，清理沟渠 65 条、15 千米；清理各类垃圾、淤泥、堆积物及构筑物等 720 多吨；规定期限内完成问题整改，问题闭合率 99% 以上。

楼塔镇抗击台风“烟花”，组织镇村干部及应急队员 445 人，出动巡查车辆 80 多辆次。对楼塔溪、大同溪实行每 100 米 1 人定点巡查，疏通道路 90 多处，巡查水库 2000 多次，抢修电力 150 多次，开放安置点 11 个。累计转移危旧房、地质灾害点、低洼地段、小流域山洪等区域住户 226 户、641 人。

楼塔镇居家养老服务中心投入使用，慈善、助残、养老等公益事业进一步发展，全年发放各类救、补助资金 1790 万元。城乡居民医保参保率 100%。劳动合同电子网签 3981 份，完成率 100%。排查并处理欠薪事件 50 多起，涉及 100 多人，金额 60 万元，均妥善处置。

全年组织校园平安宣讲 4 次，2000 多人参加，镇、村（社区）举办平安知识讲座 12 次、1000 多人参加；通过学生拉家长共学平安宣传知识，组织 8 所学校、2400 多个学生家庭学习平安知识。全年发放各类消防宣传资料 2 万余份，完成消防蓝码安装 5373 人次。全年，镇平安办 4 次联合临浦交警中队、城管、路政，对辖区内主干道开展道路交通专项整治行动，查处车辆 80 多车次、违法行为 60 多次，劝导电动车载人行驶及未戴头盔 2681 人次。整治交通隐患点 400 多处、非法开口 24 处、临水临崖路段 1200 米。登记受理各类信访投诉件 625 件次。

百药山风光　　（楼塔镇提供，摄于 2021 年 6 月 1 日）

6 月 10 日，楼塔镇 140 多名党员参演“初心不忘、再踏征程”党建情景剧。9 月 17 日，楼曼文纪念馆被命名为浙江省巾帼爱国主义教育基地。

2021 年楼塔镇各村（社区）基本情况表

表 61

村（社区）	书记（主任）	户籍人口（人）	村民小组（人）	村集体可分配收入（万元）	耕地面积（公顷）
大同一村	俞永明	2412	16	226.7	89.1
大同二村	陈乐明	1943	20	182.4	61.0
大同三村	陈华杰	1794	24	172.9	63.0
管村村	章宝忠	2332	26	310.2	78.1
楼英村	楼铁权	2614	38	205.4	78.5
楼家塔村	楼灿乔	2941	44	206.5	74.5
雪环桥头村	楼亦飞	2138	24	172.4	54.6
雀山岭村	楼浩仁	1473	10	174.2	33.0
大黄岭村	俞林军	2556	12	192.7	64.2
萧南村	楼国晖	2604	7	207.6	54.6
岩山村	楼建锋	2036	20	148.3	47.2
岩上村	俞国兴	1535	10	117.6	36.8
仙岩社区	楼加女	549	14	—	—

【楼塔抗战纪念馆开馆】 2021 年 1 月 21 日，楼塔镇抗战纪念馆举行开馆仪式。浙江省新四军研究会和抗战老兵及老兵家属等出席仪式。楼塔抗战纪念馆位于雪环桥头村蒋英武烈士墓园旁，占地面积 2000 多平方米，布展面积 300 多平方米，从“风云起·楼塔与抗日战争正面战场”“山河动·浙东游击纵队与金萧支队”和“壮士归·楼塔民众抗战与英烈先贤”三个方面讲述楼塔抗战往事。

【纪念晚清将领楼殿英驻防台湾 130 周年座谈会】 2021 年 5 月 16 日，楼塔镇乡贤会、楼塔历史文化研究会晚清将领楼殿英驻防台湾130周年座谈会举办。楼塔乡贤、镇历史文化研究会成员20多人及楼殿英直系亲属10余人参加。现场，楼殿英后人代表向筹建中的楼塔记忆馆捐赠铜貔貅和楼福庆（楼殿英四子，原浙江医科大学附属第二医院院长）所著《医学论据》一书。

【百药山游步道入选2020年杭州最美绿道】 2021年6月1日，杭州市绿道建设推进协调小组办公室发布《关于公布2020年度杭州市绿道建设工作绩效评估结果通报》，楼塔镇百药山游步道入选2020年度杭州最美绿道。百药山游步道起点位于楼塔镇岩上村，全长8千米，连接沿线3个行政村，有8800级台阶，山顶设有15米高的两层瞭望台，终点位于大黄岭村。

【杭州农村生活污水治理设备材料技术比武在楼塔镇举行】 2021年7月9日，杭州市农村生活污水治理设备材料技术比武在楼塔镇举行，多家生活污水治理设备材料生产企业进行设备材料展示和比武。同日，2021年度市农村生活污水治理半年度工作会议、农村生活污水治理技术交流论坛在楼塔镇举办，镇党委书记袁勇刚在会上汇报楼塔镇农村污水治理及美丽城镇建设工作。

【《我的楼塔情缘》出版发行】 2021年，由楼塔镇党委、人民政府编修的楼塔乡贤作品集《我的楼塔情缘》由杭州出版社出版发行。该书收集楼塔乡贤撰写作品50多篇，共14.5万字，以诗歌、散文、随笔等形式，展现楼塔地方特色、人文习俗、生活场景、建筑景观等，讴歌楼塔的绿水青山和发展变化。

【2021中国农民丰收节萧山·楼塔系列活动】 2021年9月28日，2021年中国农民丰收节萧山·楼塔系列活动在楼塔镇大同一村开幕。活动以“庆丰收 感党恩 奔共富”为主题，由萧山区人民政府主办，区农业农村局、楼塔镇人民政府承办，区农民合作经济组织联合会、浙江萧山农村商业银行股份有限公司协办。杭州市农业农村局、区人民政府、区政协、区农业农村局和楼塔镇等相关负责人出席。开幕式上，为7位市级乡村产业技能大师颁发证书，为2家市级乡村产业技能工作室授牌。

【第三届浙江诗歌节在楼塔镇举行】 2021年10月23日，由中国作家协会诗刊社、浙江省文联传媒中心、萧山区委宣传部、浙江诗人杂志社联合主办的第三届浙江诗歌节暨浙东唐诗之路“乡村振兴·共同富裕”大型诗歌朗诵会在楼塔镇举行。全省各地诗人、诗歌爱好者、群众300多人参与。楼塔镇是浙东唐诗之路的重要源起地，也是“浙江诗歌节”永久举办地和“浙江诗歌双年奖”颁奖地。该次大型朗诵会分《诗韵之源》《人民赞歌》《盛世中华》三个篇章展现楼塔诗韵流光。

【媒体聚焦“千年古镇·数智楼塔”建设】 2021年10月29日，来自新华社、《人民日报》、中央广播电视总台、《光明日报》、中国新闻网、《中国青年报》、中国网、央广网、《中国日报》、《文汇报》、求是《小康》杂志、《浙江日报》等主要媒体记者在市建委领导陪同下，到楼塔镇参观乡村数智建设成果及古镇开发保护情况。采访团到综合治理中心、镇综合信息指挥室，采访“智慧农房”App操作使用和“乡村小脑·楼塔驿”智慧农房、智慧治水、数字古建、数字治村四大场景应用情况。

【《医学纲目》影印本出版发行】 2021年10月30日，《医学纲目》影印本出版发行。该书是“《浙派中医》系列丛书编撰工程”项目首批重要成果，与《浙派中医》丛书第一辑其他书籍同步发行。《医学纲目》是楼塔镇明代名医楼英的著作，正文41卷，目录4卷，全套书10册，共120万字。

（朱丽丽）

河上镇

【概况】 河上镇位于萧山区南部，南连楼塔镇与诸暨市，北临戴村镇，东接浦阳镇，西与富阳区隔山相望。2021年，镇行政区域面积63.69平方千米，行政村15个、社区1个，户籍人口28960人。地区生产总值34.47亿元，财政总收入4.37亿元，一般公共预算收入2.49亿元。规模以上工业总产值48亿元，规模以上工业增加值20.55亿元，规模以上工业销售产值46亿元，规模以上高新技术产业增加值17.55亿元，规模以上数字经济增加值5000万元，固定资产投资3.72亿元。

是年，河上镇提升改造“四好农村路”10千米，新修骨干林道毛路6.5千米，铺设沥青路面27千米。完成楼塔溪、永兴河（集镇段）综合整治工程，建成萧山区首个外挑式城市阳台。完成塘村畈高标准农田建设、马车塘综合整治工程、溪头塘综合整治工程等9项农田水利建设项目。修复台风“烟花”后水毁应急抢修工程。实施伟民村、朱家村自来水一户一表改造，溪头村、凤凰坞村、联发村等5个村天然气进村入户工程。实现数字驾驶舱应用村（社区）全覆盖。全年发生火警6起，发生火灾0起；发生交通事故742起，致人死亡事故3起；承办各类信访件460件次，下降15%。

全年民政、残联各类帮扶支出1450万元。在第三轮慈善募捐中，25家企业募集留本冠名基金6778万元，其中胜达集团有限公司捐赠留本冠名基金1818万元，企事业单位和个人捐款570.7万元。新建村级老年食堂6家，实现老年食堂全覆盖。完成适老化改造20家，指导众联村成功创建为全国示范性老年友好型社区。

祥河桥村、联发村、伟民村等5个村通过美丽乡村提升村区级验收，河上镇为全区首个实现美丽乡村提升村全覆盖镇（街道）。至6月底，新时代文明实践站全覆盖。镇新建凤凰坞村、紫霞村、溪头村3家婴幼儿成长驿站，通过市、区两级验收并投入使用。3家成长驿站均设有婴幼儿游乐区、亲子活动区、育儿指导教学区、玩具教具展览区，配备辅食制作区、母婴室等。申报成省级非遗传承人1名、省级非遗旅游商品2项、第一批区非遗体验点2个。凤凰坞村被列入省级公共文化场馆试点单位。三联村被评为区级民俗文化村。新建城市书房1个。

2021年河上镇各村（社区）基本情况表

表62

村（社区）	书记（主任）	户籍人口（人）	村民小组（个）	村集体可分配收入（万元）	耕地面积（公顷）
祥河桥村	方金龙	2636	23	287.4	152.1
大桥村	瞿晓峰	2297	17	249.4	100.8
紫霞村	瞿兴忠	2066	16	174.7	72.8
紫东村	胡林锋	1305	11	293.1	82.7
璇山下村	孙国栋	1402	10	158.0	127.3
众联村	俞伟达	2348	20	210.3	107.8
下门村	俞巨江	1951	16	150.5	31.4
伟民村	朱盈剑	1289	16	150.6	21.8
朱家村	朱雁南	1018	8	100.0	9.4
溪头村	楼则说	1271	7	100.0	18.6
东山村	徐国栋	2845	22	163.6	119.6
联发村	谢海明	2063	18	175.2	84.8
里都村	朱中明	2091	12	249.1	100.8
三联村	黄叶忠	1559	9	130.2	21.7
凤凰坞村	董国强	1783	8	139.1	22.6
长春社区	吴华燕	1036	10	—	—

【众联村入选全国民主法治示范村】 2021年2月，司法部、民政部公布第八批“全国民主法治示范村（社区）”名单，河上镇众联村入选。2016年起，众联村开创法治保障“五和众联”乡村治理新模式，鼓励村民争创“和善村民、和美家庭、和睦邻里、和煦村庄、和谐社会”。该举措被写入全省《总结提升推广新时代“枫桥经验”六大工程实施方案》。众联村出台《村民通则》，内容涵盖村民素质提升、志愿公益服务、慈善救助等社会生活各方面，由全村村民公推产生的“七彩功德社”对村民行为进行量化管理。该村以“善治河上”为载体开展法治宣传教育，以“云上法务”为媒介建立“之江法云”村民微信群，在原有3个大网格基础上，细分16个小网格，每个小网格选定一个“准网格员”，负责小网格内的矛盾纠纷处理、普法宣传、平安巡防等工作，实现“小事不出村庄，矛盾就地解决”。

【第二届萧山乡村文化旅游节在河上镇开幕】 2021年4月15日，第二届萧山乡村文化旅游节在河上老街开幕。开幕式上发布16个入选2020年省电子商务示范村名单，发布10条旅游精品线路。旅游节贯穿全年，由区人民政府主办，区文旅局、区农业农村局、区商务局、河上镇人民政府承办。

【新材料产业发展】 2021年，河上镇企业胜达集团有限公司获评第五批“国家级工业设计中心”，入选首批浙江省塑料替代产品企业名单。杭州科百特金属过滤器有限公司被工业和信息化部认定为制造业“单项冠军”，2个项目列入国家工业强基项目。圆融科技产业园22万平方米主体厂房投产运行。杭州萧山区红旗摩擦材料有限公司加大数字化改造力度，进入全球顶尖的工业车辆配套体系。杭州萧山联发包装有限公司等16家企业认定为国家高新技术企业。

【“幸福码”服务困难群众】 2021年7月，河上镇开展为每户低保、低边家庭送一个“幸福码”和一份“幸福清单”系列走访活动。全镇有在册困难家庭447户、576人，“幸福码”把在册社会救助对象生成“一户一码”，作为帮助困难群众链接救助政策和资源的多元化应用载体，是社会救助领域数字化改革一项成果。困难家庭通过“幸福码”能随时查看救助待遇，镇村社会救助工作人员可以通过“幸福码”工作台，开展入户调查、探访关爱、“幸福清单”送达等服务，并及时发现、协助办理相关救助申请。

【河上镇上榜杭州市文明镇乡】 2021年7月，杭州市人民政府公布《关于命名新一轮（2018—2020年度）杭州市文明镇（乡）、文明单位的决定》，河上镇上榜杭州市文明镇（乡）。河上镇围绕“数智新材谷　和美新河上”的目标要求，全镇经济社会建设步伐加快，人民素质不断提高，是全区第一批文化礼堂、文化家园全覆盖镇（街道），区级文明村全覆盖镇（街道），新时代文明实践站全覆盖镇（街道），首批省农村文化礼堂示范镇。

2021年4月，河上镇数字乡村指挥中心投入使用

（范方斌　王军良　摄）

【众联村获评全国示范性老年友好型社区】2021年10月19日，国家卫生健康委、全国老龄办发文公布《关于命名2021年全国示范性老年友好型社区的通知》，河上镇众联村被命名为2021年全国示范性老年友好型社区。众联村陆续开展老年人住房适老化改造，新增公共厕所6座、照明设施20处、老年活动场所5处、老年食堂1个，改造居家养老中心1处。众联村在各个自然村都建有老年活动室，且在活动室旁配备儿童活动区域，提供“一老一小”照护服务。众联村有一支由志愿者组成的敬老队，由志愿者们日常为老年群众提供助老服务，并还以五孝助老服务中心为核心，定期开展理发、维修等敬老助老行动。

（陈　渊）

戴村镇

【概况】戴村镇位于萧山区西南部，南接河上镇，北与义桥镇相依，东毗邻临浦镇，西与富阳区以山为界，是杭州城市中轴线——时代大道的南起点。2021年底，镇行政区域面积62.8平方千米，辖行政村22个、社区1个，户籍总人口38767人。地区生产总值28.97亿元，财政总收入5.84亿元，一般公共预算收入3.38亿元。规模以上工业总产值31.07亿元，规模以上工业增加值5.72亿元，规模以上企业销售产值31.71亿元，规模以上高新技术产业增加值4.54亿元，规模以上服务业增加值6700万元，规模以上数字经济增加值2.12亿元，出口额8.51亿元，限额以上社会消费品零售总额1.37亿元。全社会固定资产投资3.31亿元。

是年，戴村镇盘活存量土地106.7公顷，收储存量厂房10万平方米。出让土地2宗，其中工业用地3.63公顷。落地杭州世锦车业有限公司、浙江佑美科技有限公司2个亿元以上产业项目；浙报数字文化创业中心、杭州恒鼎建设集团有限公司总部项目土地出让程序有序推进；银泰农旅小镇项目进入开发阶段；杭州伟峰电子有限公司、杭州金久交通设施有限公司厂房结顶；杭州铎诚机械有限公司等3个土地出让项目完成主体结构30%；国家高新技术企业杭州纳智电机有限公司、杭州世锦车业有限公司等项目投产运营，创税收1100万元。浙江九龙厨具集团有限公司和杭州海尔希畜牧科技有限公司纳入2021年市“未来工厂”体系（数字化车间）培育企业名单；浙江九龙厨具集团有限公司、杭州海尔希畜牧科技有限公司、杭州鄂达精密机电科技有限公司入选2021年度省“专精特新”中小企业。杭州鄂达精密机电科技有限公司年产200万套新能源汽车热管理系统阀座类零件，杭州拂晓科技新材料有限公司投资生产CCS低压采样信号线项目初次设备，杭州海尔希畜牧科技有限公司推进保健品添加剂生产技改，3个项目全年投资4600万元。

推进全域土地综合整治，完成建设用地复垦2.68公顷，新增耕地2.63公顷。完善提升路网体系，建设时代大道南延工程；戴临路拓宽全面竣工，锦绣路东伸、校前大道、恒达路等路网建设有序推进；建设“四好农村路”21条、12.4千米。

抗击台风“烟花”袭击，集结应急队伍43支、志愿者1120人次，完成永兴河沿岸16千米、14.2万只沙袋堤坝加固，转移群众2629人。完善养老体系，投入206.6万元建设枫桥村、南三村、河杨湖村、石马头村老年食堂；开展慈善救助，共发放民政救助金1011.4万元、残疾人各类救助99.8万元；完成镇慈善分会第三轮募集工作，募集留本冠名基金3200万元。

戴村镇张家弄村　　　　（唐　柯　摄于2021年4月14日）

6月30日，金萧支队萧山纪念馆在戴村镇开馆。9月17日，沈佩兰故居被评为浙江省巾帼爱国主义教育基地。12月21日，戴村镇获评新时代美丽城镇建设省级样板。

2021年戴村镇各村（社区）基本情况表

表63

村（社区）	书记（主任）	户籍人口（人）	村民小组（个）	村集体可分配收入（万元）	耕地面积（公顷）
骆家舍村	沈杨云	1472	8	104.0	15.8
尖山下村	姜火祥	1223	8	297.7	8.7
方溪村	鲍文峰	1531	11	168.1	7.4
顾家溪村	顾文法	1258	6	128.1	15.4
枫桥村	袁言兴	1187	8	110.4	22.0
青山村	金法林	2545	8	196.8	65.3
沈村村	沈勤建	1393	8	144.0	31.7
佛山村	钟望达	1228	11	415.6	39.2
半山村	汤祖晓	2367	8	660.0	90.7
马谷村	陈炳炯	1252	8	105.0	22.6
八都村	沈伟春	2306	14	134.8	63.6
三头村	任妙良	2577	26	370.4	34.8

续表 63

村（社区）	书记（主任）	户籍人口（人）	村民小组（个）	村集体可分配收入（万元）	耕地面积（公顷）
南三村	卢国洲	1935	20	294.1	67.4
戴村村	丁海泉	2086	24	389.4	54.9
上董村	徐小明	1078	12	169.7	25.8
大石盖村	周龙达	2162	14	408.2	42.6
石马头村	洪海祥	1993	15	127.1	89.5
河杨湖村	方沫英	1574	12	154.1	70.6
张家弄村	郭　权	1815	18	155.6	86.6
东风村	何国栋	1310	14	182.3	60.0
郁家山下村	郁吾莫	1398	12	118.9	55.3
永富村	施国刚	2404	17	226.1	123.9
中心社区	郑红玲	618	10	—	—

【第六届戴村山地马拉松赛】 2021年5月9日，萧山区“你我一起精彩亚运”群众性迎亚运接力活动暨第六届戴村山地马拉松赛举行。该活动由市体育局主办，区亚运兴城行动领导小组办公室、区文化和广电旅游体育局、戴村镇人民政府联合承办。戴村山地马拉松在市内、省内具有一定知名度，此次活动有全国各地600名选手参与。参赛选手分为全程组40千米、半程组21千米以及体验组13千米3个组别。戴村镇抓住“后峰会、前亚运”机遇，推进郊野运动小镇建设，完善基础运动设施，三清园户外运动公园、云石滑翔伞、高空秋千等特色项目。2021年，接待游客近30万人次，营业收入3000万元。

【杭州威雅实验学校投用】 2021年6月15日，杭州威雅实验学校投入使用，9月迎来首批学生。该学校是英国威科姆阿贝公学在中国的姐妹学校，占地面积15.4公顷，涵盖幼儿园、小学、初中、高中，主要招收3—18岁适龄学生，对6岁以上学生开放寄宿。幼儿园设12个班，每班20人；小学部设24个班，初中部设12个班，高中部设12个班，每班平均24人。

【全省首个乡镇“四史”档案史料馆在戴村开馆】 2021年6月18日，全省首个乡镇“四史”档案史料馆——戴村档案史料馆开馆。该馆设在戴村邻里中心，建筑面积约650平方米。馆内以图文和实物等档案史料展现1921年至2021年发生在戴村镇的党史、新中国史、改革开放史、社会主义发展史，还原戴村百年革命历程与经济社会发展风貌。

【三清茶文创作品获杭州伴手礼创意设计大赛综合类银奖】 2021年11月26日，“韵味杭州·游礼相伴”2021“杭州游礼”文旅惠民发布仪式暨杭州市伴手礼创意设计大赛颁奖活动举行。戴村镇三清茶文创作品“三清茶·三清至尊”获“2021杭州伴手礼创意设计大赛”综合类银奖。

（陈君楠）

临浦镇

【概况】 临浦镇位于萧山南部，南接浦阳镇、河上镇，北与蜀山街道相接，东连所前镇、进化镇，西临义桥镇、戴村镇，属低山丘陵和水网平原交界地区，浦阳江穿镇而过。2021年底，镇行政区域面积42.48平方千米，辖行政村20个、社区14个，户籍人口56811人。地区生产总值66.64亿元，财政总收入8.39亿元，一般公共预算收入4.59亿元。规模以上工业总产值120.84亿元，比上年增长16.3%；规模以上工业增加值23.33亿元，增长9.2%；规模以上高新技术产业增加值10.1亿元，增长12.1%；规模以上服务业增加值2.3亿元，增长32%。全社会固定资产投资10.18亿元，增长6.1%。

是年，临浦镇完成10件实事。杭黄安置房完成分房，浦阳江安置房招标公示；开展农村生活污水治理，主管网完成90%；公共自行车二期项目完工，增设13个点位；实施全面健康促进工程，村（社区）健康小屋全覆盖；实施教师“培优拔尖”工程，建立名优教师奖励资金162万元；老年食堂建设全面铺开，全年完成4家老年食堂建设；完成所有农村生活垃圾清洁直运工作，实施33个小区定时定点收运模式；“老义大线”完成整治并通过验收；提升集镇消防设施，新增消火栓4处，维修更换消火栓6处，老旧小区新增灭火器500个；整治道路交通安全隐患，设置道路交叉口“五个一”（减速带、凸面镜、让停标志、爆闪灯、警示柱）876处，中央路侧缺口封闭36处，绿化遮挡156处，设置机非隔离、临水临崖防撞护栏1.1千米。

启动工业园区改造提升，总投资33亿元，首期投资8亿元，完成11家企业、16.03万平方米厂房，40户农户、1.8万平方米征迁工作。盘活存量低效用地，完成171家企业、121.73公顷土地整治。出让产业用地2宗，面积2.53公顷。签约邯郸市洁雅卫生用品有限公司总部、联东U谷·杭州南部智造产业港、诸和服饰总部等重大项目11个，总投资约30亿元，其中10亿元以上项目2个，开工建设投资5000万元以上重大产业项目9个，引进各类人才56人。

全年清理垃圾、堆积物5800多吨。拆除违规店面招牌、移动电子屏150多块，清理“牛皮癣”3300多处，完善各类市政设施1400多处。完成农村生活垃圾直运，推进33个小区定时定点收运模式，白鹿塘村“四定一撤”垃圾分类模式在央视播出，全区农村垃圾分类“四定一撤”现场会在临浦镇召开。

开展“焕新家”低保家庭改造计划和“福彩暖万家”补助活动，惠及困难家庭16户，完成70户低保家庭适老化改造，为94户孤寡老人配置居家养老“四件套”（智能门磁、智能烟

2021 年 12 月 31 日，临浦镇“污水零直排区”通过市级验收
（临浦镇 提供）

感、智能气感和睡眠呼吸监测仪），2144 位老人享受居家养老服务。启动“爱眼护眼”工程，为 6000 多名中小学生完成视力测试并建档。

4 月 22 日，萧山区新生代企业家联谊会（青商会）临浦分会成立，陈泽梁当选为理事会会长。9 月 30 日，临浦镇获 2020 年度省级小城市培育试点考核优秀。11 月 19 日，临浦体育馆通过亚组委赛事功能专项验收。12 月 3 日，城市客厅 · 越美临浦揭牌。

2021 年临浦镇各村（社区）基本情况表

表 64

村（社区）	书记（主任）	户籍人口（人）	村民小组（个）	村集体可分配收入（万元）	耕地面积（公顷）
横一村	傅临产	2651	28	564.7	67.1
浦南村	吕妙忠	2442	16	162.6	71.3
横二村	倪尧忠	1808	17	349.7	56.0
新港村	张国虎	1980	34	134.5	40.6
浦二村	韩永尧	1640	9	330.7	37.0
新联村	郭建红	2028	21	184.2	70.3
南江村	孔春伟	1696	18	163.9	35.8
临一村	孙渭桥	2651	26	389.7	91.8
苎萝村	施焕良	2264	10	216.3	18.4
通一村	戴建江	1497	15	177.7	20.7
白鹿塘村	鲁伟昌	1886	27	647.0	45.5
苎东村	邱科峰	1598	8	733.8	27.8

续表 64

村（社区）	书记（主任）	户籍人口（人）	村民小组（个）	村集体可分配收入（万元）	耕地面积（公顷）
通二村	华伟达	2119	14	985.6	22.0
塘郎孙村	孙伟国	1476	9	100.0	15.0
华家村	华伟乔	1153	14	219.7	34.2
临北村	沈国良	1400	10	226.9	9.1
新河村	王志林	2050	14	213.3	27.4
大庄村	李幼红	1735	15	229.9	35.3
王村村	王 华	1649	17	362.0	39.4
三峰村	周国铭	2162	28	164.3	60.1
临东社区	屠亦忠	825	10	255.4	6.9
高田陈社区	王东平	1885	8	124.9	28.9
自由孔社区	孔国祥	1624	12	225.7	4.3
詹家埭社区	孔华超	459	4	219.6	11.8
石塔社区	俞少华	340	2	301.9	2.8
前孔社区	孔荣伟	650	4	406.6	3.0
柏山陈社区	陈利传	1795	14	174.6	3.9
谭家埭社区	朱桂飞	1374	21	338.6	28.8
戴家桥社区	邵忠良	289	2	194.3	—
东麓池社区	施洁洁	2238	—	—	—
蔡东藩社区	叶 青	2359	—	—	—
山阴街社区	孙 娴	3155	—	—	—
运河里社区	颜娴娟	324	—	—	—
浴美施社区	诸亚惠	1852	—	—	—

【浦南未来社区入选浙江省 2021 年未来社区创建名单】 2021 年 5 月 25 日，浙江省发展和改革委员会、浙江省住房和城乡建设厅公布 2021 年未来社区创建名单，临浦浦南未来社区入选。3 月，萧山交投集团与绿城房地产集团有限公司签订战略合作协议，与临浦镇共同打造浦南未来社区项目。项目位于浦阳江（临浦段）南岸，规划范围 99.5 公顷，实施范围 19.7 公顷，建

设项目总投资约50亿元。8月9日，浦南未来社区征迁动员大会召开；8月17日，全部评估工作结束；11月25日，203户农户100%签约。至年底，腾房工作完成。

【“临浦·峙山和”调解工作室成立】 2021年6月1日，“临浦·峙山和”调解工作室在临浦镇矛盾调解中心揭牌成立。调解工作室配备专职调解员2名，兼职一线调解员（村级调解员）34名，业务协作单位5家，下属有城市社区“五社花”调解、警民调解、老兵调解、家事调解、通二村“老村长”调解等品牌调解阵地。至年底，调解工作室调解纠纷231起，调解成功率99.2%。

（俞潇彬）

浦阳镇

【概况】 浦阳镇地处萧山区南部，南与诸暨市店口镇山水相融，北与临浦镇以快速通道相接，东与进化镇浦阳江大桥相通，西与河上镇地域相连，浦阳江、凰桐江、径游江“三江平行”贯穿。2021年，镇行政区域面积44.49平方千米，辖行政村18个、社区1个，户籍总人口32530人。地区生产总值32.27亿元，比上年增长7.39%；财政总收入5.52亿元，下降20.8%；一般公共预算收入3.48亿元，下降34.5%。规模以上工业总产值36.88亿元，增长24.18%；规模以上工业增加值9.02亿元，增长13.5%；规模以上高新技术产业增加值6.48亿元，增长16.7%；规模以上数字经济增加值2.49亿元，增长16.5%；出口额9.55亿元，增长6.4%；限额以上社会消费品零售总额3641万元，增长610.9%；全社会固定资产投资3.54亿元，增长11.7%。

5月，“共浦未来 向阳发展”浦阳镇重大项目签约仪式举行，与钱江世纪城管理委员会签署战略合作协议，与杭州浦阳江桃源智谷产业园管理有新公司签订框架协议，浦阳江·桃源智谷产业园一期建设工程于12月启动。科技城智造工场计划投资4.5亿元，建设面积6.53公顷，一期工程于10月动工。全镇规模以上高新技术产业增加值占规模以上工业增加值比重为75.2%。国泰萧星密封材料股份有限公司入选工业和信息化部认定的第三批专精特新“小巨人”企业名单。浙江南化防腐设备有限公司、杭州弗朗西斯管业有限公司、浙江华南化工装备科技有限公司等16家企业被认定为国家高新技术企业。杭州博良机械有限公司、杭州麦克密封材料有限公司、杭州萧山中旭美固笼有限公司等18家企业上榜省科技型中小企业。对亩产2万元以下，总占地面积34.4公顷的79家低效企业实施整治，整治后实现税收达标销号企业51家，占地23.9公顷，税收增加1953.63万元，亩均税收增幅为603.8%。谢家村投资开发1.2公顷村级建设用地。

开展粮食生产功能区“非粮化”整治，江西俞村、曹坞村、安山村等6个村完成整治267公顷。杭州金迈田种养殖有限公司联合融创·森与海建立森海农场，创新三产融合发展。杭州金牛农机服务专业合作社推广农业机械化生产，提供社会化服务，高产创建示范片亩均产粮718千克。创建全区首个省级园林城镇、省AA级景区镇。开展“美丽浦阳”创建暨“迎亚运环境大整治、面貌大提升”长效管理工作，完成13处裸露山体生态修复景观提升。桃源村、安山村、谢家村等5个第三批美丽乡村提升村，通过区级综合验收，桃源村获评省级AA级景区村庄。实施上曹坞灌区机埠面貌提升项目，获评全省农业水价综合改革“五个一百”（创建一百座农业灌溉更新升级示范泵站机埠、一百个农业灌溉更新升级示范水闸堰坝、一百个改革示范灌区灌片、一百个各类农民用水管理示范主体、一百个改革示范基层水利站所）优秀典型案例。

全长4.87千米的“东思线”拓宽改建工程竣工通车。6.6千米的“大泥线”美丽公路（浦阳段）及浦阳高速互通两侧百余亩美丽田园项目完成建设。总长10.87千米的17条“四好农村路”通过区级验收。“萧义线”天然气管道工程交地6.9千米，完成全部施工。

完成67户家庭、103人低保申请，40户家庭临时救助。完成全镇600多户低保、低边保年审工作。为48名困难残疾人发放生活补贴，为32名重度残疾人发放护理补贴，为76名残疾人发放津贴，为110名白内障患者申请补助。帮助5户困难老人家庭进行适老化改造。开展浦阳镇慈善分会第三轮募集工作，21家企业捐赠留本冠名基金5540万元，募集现金444.28万元。全年救助689人次，发放救助资金117.69万元。

全年处置和化解劳资纠纷93起，涉及金额532万元；调解工伤纠纷10起，涉及金额79万元。浦阳社区卫生服务中心创建为“优质服务基层行”国家级先进。全年发生刑事警情56起，比上年下降6.7%；黄赌毒警情34起，比上年下降42.4%；无新增吸毒人员，无新增复吸人员。电信网络诈骗发案数下降10.3%，挽回损失60多万元。

9月6日，金利浦消防应急救援中心焦方飞入选“萧山好人”。

2021年浦阳镇各村（社区）基本情况表

表65

村（社区）	书记（主任）	户籍人口（人）	村民小组（个）	村集体可分配收入（万元）	耕地面积（公顷）
曹坞村	王永忠	1105	10	76.3	44.2
江西俞村	俞建德	2793	35	84.4	118.2
安山村	朱万丰	1865	18	81.7	86.8
径游村	俞会权	2182	16	50.1	90.9
江南村	俞少栋	1653	15	58.3	54.3
浦一村	柴建银	1750	15	56.0	58.0
谢家村	谢周军	2659	25	65.3	88.9
尖山村	朱永风	2061	15	109.6	9.8

续表 65

村（社区）	书记（主任）	户籍人口（人）	村民小组（个）	村集体可分配收入（万元）	耕地面积（公顷）
临江村	朱军校	2493	28	129.2	81.5
桃北新村	倪丛越	3695	32	695.5	88.1
新谊村	张金根	982	13	50.5	24.9
尖湖村	俞妙根	1373	5	64.8	85.7
桃源村	瞿国忠	1581	22	72.1	72.4
舜湖村	王豪杰	1085	10	77.8	59.5
桃湖村	沈利祥	1858	13	71.4	71.9
灵山村	许华仁	1009	15	84.6	39.8
十三房村	朱海富	980	13	53.5	35.9
新河口村	陈泓彬	1125	8	65.8	31.1
金浦社区	钱晓晓	281	—	—	—

【杭州解衣环保科技有限公司获评省生活垃圾再生资源回收龙头骨干企业】 2021年3月19日，浙江省商务厅公布《2020年浙江省最有实力的生活垃圾资源回收企业名单》，杭州解衣环保科技有限公司位列榜中。推进会上，杭州解衣环保科技有限公司作为企业代表作企业专题发言交流，介绍了解衣环保废旧纺织物回收箱的投放及回收网点的建设等再生资源回收经验。至2021年底，解衣环保有网点330多个，提供就业岗位400多个，每天可回收废旧纺织物150吨左右。

【农业农村部乡村专家调研浦阳镇】 2021年5月24日，农业农村部乡村治理评价指标体系验证评估专家团队浙江调研团一行到浦阳镇调研。调研团一行实地走访灵山村美丽乡村沿线、老年食堂、南宋官窑等点位，听取该村在基础设施提升、村容村貌改善、基层治理特色、乡风人文建设、公共服务供给等多方面情况，并与村干部和村民进行深入交流。

2021年5月18日，浦阳镇人民政府与钱江世纪城管理委员会签署战略合作协议　（浦阳镇 提供）

【浦阳镇两馆入选萧山区第一批非物质文化遗产体验点】 2021年6月5日，萧山区2021年“文化和自然遗产日”系列活动开幕。开幕式上发布区第一批21个非遗体验点和5条非遗旅游线路。浦阳镇郦氏南宋官窑工作室（传承南宋官窑制作技艺）、托月轩美术馆（传承书画装裱古籍修复技艺），入选第一批区非物质文化遗产体验点。郦氏南宋官窑工作室体验点位于灵山村山前许自然村，托月轩美术馆体验点位于桃北新村。

【浦阳镇实施新制造企业计划和智能制造行动2.0版】 2021年，浦阳镇紧扣智能制造业实现高质量发展，实施新制造业计划和智能制造行动2.0版，12家企业被列入萧山区经信局数字化诊断名单。浙江国泰萧星密封材料股份有限公司投入2400万元，在原有缠绕垫片信息化装配生产线基础上，通过安装ERP系统，打造缠绕垫片全自动成品线，生产效率提高100%以上，用工成本下降75%。杭州萧山天成机械有限公司投资1000万元，通过安装MES与工业云链接，升级改造自动化生产线，打造全新玻璃纤维装备数字化车间，产能提升超过30%。

【数智居家康养】 2021年，浦阳镇江西俞村依托5G技术和互联网，打造数智居家康养。该村有900多名60岁以上老人，占户籍人口的30%。每位60岁以上老人免费收到一套由“好农民公社”研制的现代养老设备。老人手上佩戴智能手表，房间里安装“监护神器”联动摄像头，厨房里装有燃气探测报警器，床上铺设能监测睡眠质量的智慧床垫。子女可以通过手机端软件看到老人睡眠、心跳、血压、血氧等指标的实时数据。如数据发生异常，系统会自动向家人报警。9月14日，《萧山日报》在头版头条位置刊登《江西俞村：5G赋能“共富快车”》，介绍浦阳镇江西俞村数智居家康养案例。

【浦阳镇举行乡村农业发展论坛】 2021年9月16日，浦阳乡村农业发展论坛在森与海之城举行。论坛以“企业如何参与农业发展，实现乡村振兴”为主题，从实施路径、特色案例以及实践经验等方面进行交流和研讨。省农科院设施农业装备研究室负责人及相关优秀企业、产城公司的代表参与论坛。是年，全镇有市级农业龙头企业1家，区级农业龙头企业2家，国家级合作社1家，示范性合作社与家庭农场5家，省、市级示范基地3个。

（万佳燕）

进化镇

【概况】 进化镇地处杭州萧山浦阳江生态经济区，南接诸暨市店口镇，北毗邻临浦镇，东连绍兴夏履镇，西傍浦阳江。2021年，进化镇行政区域面积87.1平方千米，辖25个行政村、1

个社区，户籍总人47871人。地区生产总值24.05亿元。财政总收入2.66亿元，比上年增长10.4%；一般公共预算收入1.52亿元，下降1.9%；规模以上工业总产值288.9亿元，增长16.3%；规模以上工业增加值5.6亿元，增长10.7%。完成规模以上高新技术产业增加值4.08亿元，增长14%；规模以上服务业增加值782万元，增长0.3%；规模以上数字经济增加值4403万元，增长17.5%；社会消费品零售额1.72亿元，增长31.5%；自营出口7.2亿元，增长74.2%；完成全社会固定资产投资5.47亿元，增长106%，其中工业投资1.91亿元，三产投资3.56亿元。

是年，进化镇完成8件民生实事。总投资1200万元，完成19条道路建设，15.63千米路面修复，安装路灯108只。投资概算6530万元，占地面积8791平方米，总建筑面积6335.7平方米的茅湾里印文陶博物馆项目，完成主体建设。总投资400万元，完成进化工业园区提档升级工程。投资7415万元，设立30个项目，推进三江村、沈家渡村、云飞村等5个村第三批美丽乡村提升村建设。投资300万元，对葛理庸故居进行租用和修缮，修缮后展陈葛云飞、葛理庸、葛树滋事迹。投资400多万元，完成宝山公墓二期扩建工程，扩建面积2000平方米，新增墓穴890穴。投资360多万元，新建25个村交治站、4个企业交治站，实现村级交治站建设全覆盖。全年排查交通隐患点位1100多处，整改完成942处，缺口封闭25处，斑马线治理12处，临水临崖整治3处。投资1331万元，完成傅墩小河整治工程和欢潭廿字河综合整治工程，并通过验收；裘家坞南口大池综合整治工程主体工程完工；三江村西徐湖池塘建设工程年底完成工程量30%。

进化镇通过智慧烟感提前预警，阻止4起火灾事故发生。派出101批次检查组，对364家小微企业、1521户出租房进行安全隐患排查，查出安全隐患2211处，现场整改695处、监督整改1469处，行政处罚企业84家，责令“三停”（停止施工、停止使用或者停产停业）5家，行政拘留16人次，处罚15.98万元。

7月23—25日，进化镇受台风“烟花”影响，全镇持续强降雨。7月24日中午，慈姑裘3小时短时降雨量破100毫米，吉山村、华家垫村、云飞村等15个村都有不同程度遭内涝，房屋受淹1119间，其中不同程度损坏37间；受淹农田800多公顷，其中成灾180多公顷，绝收135公顷；损坏公路11千米、各类桥梁21座；受灾总人数3300多人，直接经济损失3000多万元。抗击台风“烟花”，全镇集结应急队伍38支、志愿者1700人次、转移群众349人。10月20日，欢潭村儿童之家获评2021年度杭州市示范儿童之家。

2021年度进化镇各村（社区）基本情况表

表66

村（社区）	书记（主任）	户籍人口（人）	村民小组（个）	村集体可分配收入（万元）	耕地面积（公顷）
东山村	陈　军	1049	6	122.1	—
吉山村	徐幸锋	1348	8	120.9	31.5

续表66

村（社区）	书记（主任）	户籍人口（人）	村民小组（个）	村集体可分配收入（万元）	耕地面积（公顷）
华家垫村	华其国	1828	21	139.5	41.3
天乐村	葛校春	1702	11	145.5	49.9
太平桥村	华高烽	1117	10	101.3	32.8
平阳村	葛春峰	1714	12	150.8	30.4
华锋村	赵振祥	1720	6	160.3	42.2
王家闸村	谢炬锋	2045	15	140.8	66.2
裘家坞村	裘见达	3008	25	174.4	81.5
云飞村	葛莹珊	1774	20	101.2	42.5
大汤坞新村	汤　校	3335	21	559.9	108.5
沈家渡村	沈正立	1407	8	124.4	34.3
城山村	张　正	2699	8	166.7	86.1
三江村	邵李栋	1269	14	210.5	40.2
凤凰山村	鲁天云	1372	7	104.3	28.3
诸坞村	施飞军	2038	12	139.7	46.6
傅墩村	陈行涛	2299	12	151.1	64.3
墅上王村	王仙明	1927	8	323.2	24.9
下坂底村	李泉忠	1459	11	224.3	42.3
欢潭村	梅李栋	3803	36	766.8	100.0
岳联村	赵伟强	2042	24	366.1	59.7
新江村	孙鑫华	1495	12	150.8	33.0
涂川村	厉坷锋	1611	12	225.5	47.1
祝家村	祝张利	1327	10	122.2	44.5
三浦村	鲍李冬	2020	28	136.4	65.9
鹿鸣社区	裘迪萍	457	7	—	—

【2021进化镇青梅文化节】 2021年5月15日，“青青子衿·梅好女神”2021进化镇青梅文化节暨梅好女神创造营开营仪式在进化镇吉山梅园举行。活动由萧山区委宣传部、区农业农村局、区文化和广电旅游体育局、区妇女联合会、进化镇人民政府主

办。活动中，举行“萧山区亲子游基地”授牌仪式、“青梅产业发展签约”仪式；云集共享科技有限公司与进化镇人民政府签署战略合作协议，共同推动萧山青梅产业新发展。现场开设农旅直播间，邀请阿里巴巴数字乡村讲师、淘宝 TOP 主播团队利用淘宝平台直播推介青梅和相关农产品。

【杨梅品鉴会暨村社干部“51040”培育项目启动仪式举行】 2021 年 6 月 17 日，“党心红韵 梅香进化”2021 进化杨梅品鉴会暨进化镇村社干部“51040”［现任村（社区）干部中，培育 5 名优秀领头雁书记、10 名新生代书记、40 名雏鹰型三委干部］培育项目启动仪式在欢潭村举行。活动由区委组织部、区农业农村局、区文化和广电旅游体育局、进化镇人民政府联合举办。进化富硒杨梅是进化镇的重点产业，有杨梅种植园 233.33 公顷，全镇杨梅产量 400 吨，产值 800 多万元。

【全区林道建设现场会在进化镇召开】 2021 年 7 月 7 日，萧山区林道建设现场会在进化镇召开。会议前，与会人员实地踏看东山村林道建设情况。进化镇骨干林道设计总里程 60.59 千米，涉及 12 个村。林道建设于 2016 年 6 月启动，至 2021 年底，毛路开挖 55.3 千米，路面硬化 27 千米，其中彩色林带 19.69 千米、边沟浇筑 35.4 千米、边坡防护 7.3 万平方米。

【进化镇获评省农村文化礼堂建设示范乡镇】 2021 年 10 月 20 日，进化镇被浙江省委宣传部评为省农村文化礼堂建设示范乡镇。进化镇以文化礼堂建设为抓手，在萧山区率先完成 25 个村文化礼堂全覆盖。出台《进化镇“一村一品”农村文化提升工程考核细则》，实施乡村文化提升“五个一”（一个舞台、一间书屋、一座讲堂、一首村歌、一支宣讲队）工程。华家垫村、岳联村、吉山村、墅上王村 4 个村文化礼堂被评为市四星级文化礼堂。至年底，全镇有市四星级文化礼堂 8 个、市三星级文化礼堂 5 个。

【欢潭村入选首批“宋韵杭式生活体验基地、体验点”】 2021 年 12 月 10 日，杭州市首批 12 家“宋韵杭式生活体验基地、体验点”公布，宋韵欢潭五义文化村入选。宋韵欢潭五义文化村

2021 年 6 月 17 日，“党心红韵 梅香进化”进化镇村社干部“51040”培育项目启动仪式举行　（进化镇 提供）

位于进化镇欢潭村，因南宋岳飞率军途经此地“饮潭水而欢”得名，有着“义仓、义学、义诊、义渡、义葬”的“五义”精神。欢潭老街以南宋岳家军为主题的宋韵杭式亲子研学体验和多种传统工艺体验项目成为杭州南宋古村的金名片。12 家“宋韵杭式生活体验点”各具特色，涵盖茶艺、花艺、香艺等宋式文化生活艺术。

（田何兴）

所前镇

【概况】 所前镇位于萧山南部，镇人民政府驻地为缪家村。南与进化镇交界，北接新塘街道，东与绍兴杨汛桥镇相接，西与临浦镇、蜀山街道毗邻。2021 年，镇行政区域面积 44.13 平方千米，总人口 41072 人，辖行政村 19 个、社区 2 个。地区生产总值 43.17 亿元，比上年增长 12.6%；财政收入 9.09 亿元，增长 60.7%；一般公共预算收入 5.52 亿元，增长 44.2%。工业总产值 106.2 亿元，增长 8.0%；实现工业增加值 11.52 亿元，增长 11.2%；规模以上高新产业增加值 6.29 亿元，增长 7.7%；规模以上数字经济增加值 2.1 亿元，增长 22.5%；规模以上服务业增加值 1.7 亿元，增长 47.6%；固定资产投资 4.88 亿元，与上年持平。

是年，所前镇摸排亩均税收 2 万元以下企业 89 家、3 万元以下企业 19 家和 5 万元以下企业 37 家。完成亩均税收 2 万元以下 62 家低效企业整治提升签约，涉及土地面积 51.4 公顷，完成率为 100%。杭州里士湖科创园成为国家级科技企业孵化器，杭州正元齿轮制造有限公司、杭州创元羽毛有限公司、杭州沃凌的机电有限公司等 16 家企业被认定为国家高新技术企业；杭州好克光电仪器有限公司，被评为 2021 年区科创型百强企业，入选国家级专精特新“小巨人”企业。

所前镇投入资金 2.5 亿元推进美丽乡村建设，对三泉王村、祥里王村、山里王村等 10 个村实施美丽乡村提升村整治，金临湖村、来苏周村、缪家村等 4 个村通过整治村验收。所前镇获评 2020 年度省美丽乡村示范乡镇。李家村、孔湖村、袄庄陈村等 5 个村，通过区级综合验收。全镇修建骨干林道 7.9 千米，杨静坞至青化山林场毛路实施路基拓宽、平整 6 千米，边沟浇筑 2.6 千米。推进粮食生产功能区非粮化清退工作，完成粮食生产功能区测绘，清退越王村、袄庄陈村区块 7.13 公顷苗木。开展农产品质量安全追溯体系建设，全面巡查 13 家农业企业、合作社和检测站，督促打印二维码合格证 8922 张，完成 597 批次镇蔬菜检测任务和 110 批次传芳蔬菜专业合作社蔬菜检测，例行杨梅、桃、茶叶等农产品检测。

推进水环境治理，全年清理地笼 700 多只，缴获非法渔网 6 张。所前镇制作的治水微视频代表萧山区参加全省优秀案例评比，获省“我和我的家乡水”短视频大赛入围奖。实施“互联网 + 旅馆式”出租房屋管理，创新整治一星级出租房 1055 户。完成微型消防中心站建设 3 个，安装智能烟感 7000 套。完成智慧安防小区建设 4 个。8 月 21 日，所前镇入选市首批低碳乡镇（街道）试点。

2021年所前镇各村（社区）基本情况表

表67

村（社区）	书记（主任）	户籍人口（人）	村名小组（个）	村集体可分配收入（万元）	耕地面积（公顷）
三泉王村	高海波	1432	11	410.8	44.9
山里王村	王晓峰	1806	6	184.8	56.1
祥里王村	李建江	1324	8	262.5	28.1
李家村	李建明	1604	16	114.7	52.6
传芳村	李民峰	1790	9	286.5	38.3
杜家村	杜华权	1683	12	108.0	50.0
越山村	徐益红	1646	10	278.4	24.3
越王村	沈海英	2352	16	129.3	54.9
山联村	何奇操	3197	15	200.2	102.3
金山村	钱春林	2313	6	310.2	58.9
信谊村	周仁兴	1779	4	575.4	62.0
东复村	蔡金祥	2277	22	640.8	37.2
袄庄陈村	陈国荣	1525	12	216.0	33.1
孔湖村	郭　龙	1555	22	360.2	14.5
来苏周村	李　华	2067	6	186.4	17.6
金临湖村	施剑良	2672	22	505.3	34.5
缪家村	缪卿祥	2190	18	650.3	9.9
城南村	张国潮	3523	12	516.4	49.3
联谊村	丁关明	3060	22	616.0	47.1
天乐社区	金兴源	498	—	—	—
南城社区	徐丽红	779	—	—	—

【第六届湘湖龙井茶艺节暨2021年全民饮茶日活动举行】 2021年3月16日，2021萧山湘湖龙井手工炒制技术大赛在所前镇山里王村举行。大赛评选出十大炒茶能手，所前镇杜家村杜旭明、越山村李凤珍、杭州巨佳茶叶有限公司夏水兰分别获前三名。3月20日，萧山区第六届湘湖龙井茶艺节暨2021年全民饮茶日活动在三泉王村举行。

【三泉王村文化礼堂晋级浙江省五星级农村文化礼堂】 2021年4月22日，浙江省委宣传部、省农村文化礼堂建设工作领导小组办公室下发《关于公布2020年度五星级农村文化礼堂验收合格名单的通知》，所前镇三泉王村文化礼堂上榜，晋级省五星级农村文化礼堂。三泉王村文化礼堂以传承“忠勇、爱国、勤诚、孝义、乐善”为核心内容，占地1200平方米。内设室内大舞台、乡贤文化厅、道德讲堂和书画活动室，村民在这里自编、自导、自演文艺作品，举办纳凉晚会、书画创作等文艺活动。配套建设800平方米的党建文化广场、900平方米的老年文化活动中心、400平方米的儿童文化乐园。

【第二十三届杭州萧山杜家杨梅节开幕】 2021年6月9日，以“杨梅红・中国红”为主题的第23届萧山杜家杨梅节在所前镇杭州生态园开幕。开幕式上举行镇招商引资引税项目签约及6大重点项目发布仪式。其中，浙江明日控股集团股份有限公司可降解改性料项目计划在所前投资1.5亿元，建设年产能5万吨生物可降解改性料项目，填补省内可降解改性料产能空白。杨梅节期间，所前镇举行“颂党情、感党恩”主题周末剧场进文化礼堂、“我为党旗添光彩，我为家乡增美丽”文化下乡活动、“百年初心，激扬奋进”庆祝中国共产党成立100周年党史知识竞赛、“游山水所前、品杜家杨梅、访红色印迹”所前红色游等系列活动。

【郊野单元控制性详细规划获批】 2021年7月，由所前镇报送的《杭州市萧山区所前镇郊野单元（XSLP04）控制性详细规划（2021年版）》，获杭州市人民政府批复。控制性详细规划分为3个片区，总用地面积为112.62公顷。片区一：东至03省道东复线，南至所前镇行政边界，西至徐家桥河，北至绕城高速防护控制边界，用地面积为85.28公顷；片区二：东至规划三泉东路，南、西至规划三泉三路，北至三泉一路，用地面积为15.09公顷；片区三：东至规划商业商务用地东边界，南至来泉线，西、北至镇行政边界，用地面积为12.25公顷。

【所前镇成为2021年浙江省数字生活新服务特色镇】 2021年11月19日，浙江省数字生活新服务工作联席会议办公室公布省数字生活新服务特色镇名单，所前镇成为全省81个2021年

2021年10月13日，王华炎纪念馆开馆仪式暨萧山区庆祝建队72周年活动在所前镇山里王村举行　　（所前镇 提供）

省数字生活新服务特色镇之一。该镇运用“AI人工智能智慧交互智脑系统”，建立AI数字治理办事服务中心，服务“最多跑一次”民生事项。打造集民生、治理、党建于一体的“AI数字城镇”体系，提升为群众服务的效率。

【王华炎纪念馆开馆】 2021年10月13日，王华炎纪念馆开馆仪式暨萧山区庆祝建队72周年活动在所前镇山里王村举行。王华炎是山里王乡贤，全国少先队“园丁奖”获得者、浙江省优秀辅导员、离休干部。从担任少先队辅导员起，到86岁因病停止工作，他坚守红领巾事业55年。该馆总投资800万元，建筑面积近1000平方米，主要由路灯馆、火炬馆、红心馆及报告厅组成，围绕“把一切献给红领巾”这一核心主题，展陈王华炎创建的“红领巾路灯”品牌及其优秀事迹。

【乡贤助推乡村发展】 2021年，所前镇乡贤建言献策、出资出力，助推美丽乡村建设。杭州正道太极拳运动俱乐部董事长陈奕正每周三定期在镇党群服务中心向市民群众免费教授太极拳。萧山花边、所前珠绣非遗传承人王丽华传承萧山花边技艺，每年组织非遗讲座等各类公益性活动近百场次，义务开展非遗培训近1万人次，覆盖30万人次，获第二季“萧山好人”称号。三泉王村乡贤联谊会筹集建立教育发展基金10万元，为优秀学子发放奖学金；邀请杭州市中医院骆燕宁医师为村民义诊；开展老年人防诈骗宣传。乡贤王先校、王金潮、王荣根等出资30万元运营村老年食堂，乡贤王国成、王月祥帮助特困户开办农家乐。

【区青少年宫所前分宫启用】 2021年10月16日，萧山区青少年宫所前分宫经改造后重新启用。所前分宫总面积800平方米，有教室10间、办公室1间。首期开设书法、经典诵读、探索工坊、珠心算、儿童美术、黏土、图形编程、中国舞等课程12门，开设36个班次。至年底，招生560多人次。

【所前“共享法庭”调解首例纠纷】 2021年12月23日，所前镇建成投用“共享法庭”，具备调解指导、网上立案等功能。通过“一屏、一线、一终端”即时、跨域、便利等优势，当事人可通过“共享法庭”享受法院优质司法服务，既可减少维权成本，也能通过解纷前置降低进入法院案件数量，实现矛盾纠纷的“双方减负”以及司法服务的“双向便利”。12月29日，所前镇所辖企业员工高某，因在工作中被机器压伤导致手臂骨折，在赔偿问题上与所在企业产生纠纷，通过“共享法庭”成功调解，成为所前“共享法庭”成功调解的首例纠纷。

（李　杰）

义桥镇

【概况】 义桥镇地处钱塘江、浦阳江、富春江三江交汇处，南靠戴村镇，北接闻堰街道，东与临浦相接，西邻富阳区渔山乡。2021年，镇区域面积58平方千米，辖行政村21个、社区3个，户籍人口60719人，有52个党组织，党员3178名。地区生产总值61.85亿元；财政总收入14.07亿元，比上年增长40.3%；一般公共预算收入7.72亿元，增长29.6%。规模以上工业增加值21.6亿元，增长10.6%；规模以上工业销售产值100.52亿元，增长13.5%；规模以上高新技术产业增加值14.06亿元，增长12.6%；规模以上数字经济增加值2.03亿元，增长21.9%。出口额27.24亿元，增长24.7%；固定资产投资6.05亿元，增长27.4%。

是年，义桥镇完成7件民生实事。完成湘湖三期安置房和浦名庭分房261套、83户，推进清浦苑二期工程。投放300辆共享电动车，动态维持200辆公交自行运营。投入300万元，修缮浙江大学原校长韩桢祥旧居，拟建青少年培训基地。投资3500万元，完成里河老街重现工程，里河文化艺术中心完成方案定稿。举办2021义桥音乐节、村社篮球赛、蓝莓采摘节等活动。完成江湾城幼儿园二次装修、许贤幼儿园扩建工程立项，推进义桥三小前期筹备。社区卫生服务中心建设结顶，渔浦社区卫生服务站开业，健康素养进文化礼堂、进社区全覆盖，家庭医生签约率为91.5%。

完成亩均2万元以下低效企业签约102家，整合土地80公顷，完成率100%；完成亩均2万元—3万元低效企业签约31家，完成率79%，盘活存量厂房1.9万平方米。杭州欣桥实业有限公司、杭州萧山荣丽布艺有限公司、杭州东盛五金电器有限公司等41家企业被认定为国家高新技术企业；杭州永谐科技有限公司、杭州宏骏汽车零部件有限公司、杭州天翔机电有限公司研发中心被认定为省级研发中心；杭州康达工具有限公司、杭州朔工工具有限公司等5家企业研发中心被认定为市级研发中心；杭州永谐科技有限公司、杭州安影科技有限公司培育成单体亮点企业；杭州萧山荣丽布艺有限公司、杭州龙马五金工具有限公司、杭州帛飞特纺织有限公司等19个项目，申报为零地技改项目；杭州安影科技有限公司、杭州宏骏汽车零部件有限公司、杭州卓涛实业有限公司等9家公司智能制造项目申报成功。

建设丁家庄中心大道、磨刀—吴闸、西山—春永线等“四好农村路”10条，总长12.52千米；打通时代大道南延工程“微循环”交通网，滨江路通车；完成8千米镇村级林道及相关配

2021年5月17日，义桥音乐节开幕　（义桥镇 提供）

套设施建设。

签订“非粮化”整治协议201公顷，清退土地101.8公顷；拆除各类违章建筑约12万平方米，集中清理堆积物2.5万吨。利用拆后空间，新增停车位1523个、绿化面积3.5万平方米。推进义桥村、河西村、湘南村等10个村“美丽乡村”提升工作，提升后通过区级验收。义桥村、河西村等6个村创建为区级美丽乡村提升村。

成立疫情防控大数据专班，动态摸排防疫数据，对重点场所、沿街店铺进行赋码管理。启用镇级集中隔离点，确保疫情整体可控。

11月12日，义桥镇摄影小镇通过市级验收。

2021年义桥镇各村（社区）基本情况表

表68

村（社区）	书记（主任）	户籍人口（个）	村民小组（个）	村集体可分配收入（万元）	耕地面积（公顷）
义桥村	周海江	3948	36	356.0	60.0
新坝村	张肖林	1965	20	509.1	44.1
联三村	曹永年	2595	18	570.4	55.4
湘东村	戚华江	2369	7	276.6	24.1
湘南村	於贤祥	2888	15	627.7	60.8
山后村	韩立坚	3531	12	396.4	—
民丰村	傅江良	2900	9	644.2	30.2
富春村	孔万林	2110	5	398.9	76.1
西山村	谢丽娜	1390	11	331.5	70.8
河西村	郑明权	1640	6	237.0	68.4
罗幕村	王玉桥	3309	10	779.9	67.7
蛟山村	吴国祥	2501	9	742.0	103.5
田丰村	丁　勇	1885	9	411.8	49.4
勤里村	陈　策	1607	6	424.6	38.5
云峰村	俞明法	2118	20	391.3	59.4
北坞村	陈樟明	2008	6	401.9	24.3
昇光村	李灿民	2600	16	1164.2	93.3
復兴村	黄文桥	1931	13	426.1	97.5

续表68

村（社区）	书记（主任）	户籍人口（个）	村民小组（个）	村集体可分配收入（万元）	耕地面积（公顷）
七里店村	肖惠丽	1362	6	456.9	54.1
丁家庄村	戴立伟	1296	13	511.3	56.7
徐童山下村	郑颂南	2547	39	399.4	124.5
罗峰社区	韩和阳	2393	—	—	—
杨岐社区	李家锋	2330	—	—	—
渔浦社区	韩　瑛	7496	—	—	—

【义桥音乐节开幕】 2021年5月16日晚，以“义起嗨@‘唱’未来”为主题的2021义桥音乐节在义桥老街开幕。活动由义桥镇人民政府主办，3000多名观众参加。音乐节义桥镇添加乐队助阵、直播互动、网红打卡、创意集市等元素，演奏《国际歌》《少年》《华夏》等歌曲，庆祝中国共产党成立100周年。

【义桥镇推进数字经济系统建设】 2021年，义桥镇作为全区数字经济系统综合应用先行先试单位，以“产业大脑+未来工厂”为核心架构，依托城市大脑萧山平台中枢算力，纵向畅通区、镇、村（社区）数据通道，横向打破部门数据壁垒，推进“数产融合·智创三江”数字经济系统建设。数字建设系统承载区“数智经信”镇街落地场景，打造义桥镇数字经济产业基座，创新建设招商引资、厂房租赁、安全监管等应用场景，精准服务经济建设。

【义桥镇通过“中国五金（配件）之乡”复评】 2021年5月13日，由中国五金制品协会、中国轻工业联合会、省五金制品协会等相关专家组成的专家组通过义桥镇“中国五金（配件）之乡”复评。义桥镇于2013年被命名为“中国五金配件之乡”，有五金配件企业1300多家，总资产55亿余元，占地面积167公顷，厂房150多万平方米。年销售额2000万元以上企业85家，年销售额1亿元以上企业18家，五金配件产品达50多个门类、上万个品种，全国市场份额占有率16%。

【义桥镇团委获“2020年度杭州市五四红旗团委”称号】 2021年5月28日，义桥镇团委被共青团杭州市委命名为“2020年度杭州市五四红旗团委”。至年底，义桥镇团委完成全部53个村（社区）、企事业单位非公团组织的换届，村（社区）、企事业单位非公团组织团书记的平均年龄为23.4岁。组织青年团员拍摄春节、“五四”青年节、国庆节、教师节、消防日等主题宣传片。推动新企联（青商会）工作，“网上共青团—智慧团建”平台入驻，直属38个组织100%入驻，学社衔接、对标定级等任务100%完成；“义桥青年生力军”被评为区15

个“最美战疫志愿服务集体”之一；萧山农村商业银行股份有限公司义桥支行成功创建为市级青年文明号。组织全镇团员青年参与“青年大学习”倡议，区内排名第三名；开展全镇青年社工专场比学，锻炼业务能力。

【丁家庄农机专业合作社获评全省农业高质量发展大会优秀先进典型】 2021年8月23日，省农业高质量发展大会召开。会上，义桥镇丁家庄农机专业合作社被评为省粮食和生猪增产保供先进典型。丁家庄农机专业合作社有各类农机42台（套），主要从事水稻全程机械化作业服务以及病虫害专业化统防统治，并开展新技术、新机具引进交流和咨询服务。该合作社大力发展机械化育秧、机械化耕地、机械化种植、机械化防治、机械化收割、机械化烘干等全程机械化设施建设。被授予区农机化示范基地、市级“平安农机”示范基地、省级农机合作社示范社、省级农业“机器换人”示范基地。

【义桥镇共同富裕文化单元新标杆建设】 2021年，义桥镇在全省率先启动诗路小镇建设，通过采风活动，加强与浙东唐诗之路沿线新昌、嵊州等地交流合作。义桥镇成为全市首个“中华诗词之乡”和省首批“诗路名镇”，举办首届钱塘江诗词大会，《渔浦诗词》和《渔浦新韵》相继出版。依托诗路小镇建设，义桥推动农旅、文旅深度融合，举办义桥第二届蓝莓采摘节、三江口首届开渔节，把义桥蓝莓、“孝子鱼”、渔浦夕照、罗峰晨曦、杨岐钟声品牌聚合为农文旅有机融合平台。蓝莓采摘节当天吸引5万余人通过直播在线观看。

【《义桥丛书》出版】 2021年12月28日，由义桥镇人民政府编辑的《义桥丛书》出版。丛书共有7册，分别是《渔浦记忆》《义桥孝义故事集》《行走在渔浦》《义桥新诗选》《义桥声音：四十年新闻报道集》《义桥印象》《义桥文丛》。丛书共170万字，收录图片220张。

【义桥镇获评“浙江省文化强镇”】 2021年12月28日，浙江省文化和旅游厅公布2021年度省级文化强镇（街道）名单，义桥镇上榜。义桥镇是“诗画浙江”建设的重要枢纽、大运河诗路的有机组成部分，是专家学者公认的“浙东唐诗之路”重要源头。义桥镇坚持“文化兴镇”战略，挖掘弘扬渔浦文化，推进诗词文化传承与创新，创建“中华诗词之乡”，成立“中华诗词渔浦创作基地”。打造渔浦文化节、南坞乐笋节、民望蓝莓节、三江开渔节等文化品牌。推动乡村公共文化和旅游融合发展，培育乡村文化和旅游服务品牌，新坝村、昇光村等成为乡村旅游网红打卡地。引进浙江当代油画院、钱塘江诗词博物馆等项目，拓展文化发展空间。2019—2021年，义桥镇在文化领域累计投入超过2亿元，建成总面积超1.5万平方米的义桥文化体育中心等大型文化设施，打造占地1300平方米、藏书4.5万册、年借阅量14万册的萧山最大镇街图书馆——萧山图书馆义桥支馆。村（社区）文化礼堂、文化家园和基层公共文化设施实现全覆盖。

（俞丹妮）

衙前镇

【概况】 衙前镇地处萧绍平原腹地，东邻瓜沥镇，南接绍兴市钱清街道、杨汛桥街道，西靠新塘街道，北依新街街道，浙东运河（官河）、杭甬运河（西小江）穿境而过。2021年，镇行政区域面积17.92平方千米，辖行政村11个、社区2个，户籍总人口27199人。地区生产总值80.14亿元，比上年下降3.8%；财政总收入15.28亿元，一般公共预算收入8亿元，分别增长102.6%和85.1%。规模以上工业总产值353.39亿元，增长20.5%；规模以上工业销售产值351.07亿元，增长23.7%；规模以上高新技术产业增加值11.5亿元，下降1.2%；全社会固定资产投资5.25亿元，增长56.4%。

是年，衙前镇梳理18个工业型有机更新项目和15个工业智能制造及技改项目，总投资23亿元。10个企业旧厂房有机更新项目陆续开展，全区首个村级旧厂房改造项目开工建设。兴惠化纤集团有限公司、杭州旭龙布业有限公司、杭州汇盛针纺有限公司等16家企业，新认定为国家高新技术企业。杭州恒岳新材料有限公司、杭州东欣新型建材有限公司、杭州锦鸿再生资源利用有限公司等16家公司，新升格为上规模企业，年新增产值8亿元；杭州舒尔姿氨纶有限公司培育为上市公司，杭州江南电机有限公司培育为新三板转板企业。设立琪炜5G产业园，主要研究海绵城市材料，引进产业链企业5家。累计实施工业智能制造及技改项目68个，完成投资26.74亿元。

投入300万元，改造提升衙前镇第一幼儿园本部和分园环境，凤凰分园通过省二级幼儿园评估验收。

推进道路交通安全专项整治和“千警进镇村”活动，24小时不间断开展交通整治活动139次，自排自治隐患643处。持续推进消防安全三大领域整治，排查整治老旧厂房、出租房、仓库、沿街商铺、高层建筑、小微企业消防隐患1.23万处。

为庆祝中国共产党成立100周年和衙前农民运动100周年，衙前镇完成编写《探源红色根脉：衙前农民运动》，以该书为基础编写《衙前农民运动党史十讲》脚本，并上线10堂配套党课。9月17日，省妇联授予杨之华纪念馆“省巾帼爱国主义教育基地”称号。12月21日，衙前镇被评为美丽城镇省级样板。

2021年衙前镇各村（社区）基本情况表

表69

村（社区）	书记（主任）	户籍人口（人）	村民小组（个）	村集体可分配收入（万元）	耕地面积（公顷）
螺山村	夏达杰	2011	18	482.9	30.7
杨汛村	张传金	1726	9	261.9	25.9
南庄王村	徐国富	1593	10	290.9	32.3
新林周村	胡祥云	2728	18	739.8	39.9

续表 69

村（社区）	书记（主任）	户籍人口（人）	村民小组（个）	村集体可分配收入（万元）	耕地面积（公顷）
衙前村	郭林峰	3284	24	1275.5	47.9
吟龙村	徐海锋	1842	15	357.3	12.3
项漾村	项建松	3600	33	2431.9	110.5
四翔村	沃海军	2610	25	521.1	77.7
明华村	方国平	2104	14	686.4	46.7
山南富村	徐国军（书记）施　展（主任）	2386	20	867.1	33.7
凤凰村	沃关良	2300	15	5431.9	49.2
毕公桥社区	孔　坚	1015	9	—	—
创业新村社区	卫　星	—	—	—	—

【衙前镇获评省 AAAA 级景区镇】 2021 年 1 月 5 日，衙前镇被省文化和旅游厅评为浙江省 AAAA 级景区镇。衙前古镇历史资源保存完好，有国家级文保单位世界文化遗产——大运河浙东运河（官河），有北海塘、衙前农协旧址等 5 处省级文保单位，古毕公桥、衙前老街等市级文物保护单位、点 10 余处，为省首批历史文化名镇。衙前镇开发红色旅游、研学旅游、乡村田园体验、毅行等运动休闲旅游产品，基本建成一条特色主题旅游线路。通过提升餐饮住宿业态档次，加强旅游商品购物点建设，丰富景区餐饮、住宿、购物、娱乐等需求，打造立体式、多层次的旅游景区。

【全省首个集体用地租赁用房通过验收】 2021 年 1 月 14 日，全省首个集体用地租赁用房——衙前镇项漾村集体土地租赁房试点项目通过建设工程规划验收。该项目位于衙前集镇中心的项漾村，总投资约 4800 万元，实行集体投资、集体管理、集体收益的模式，提供租赁用房 130 套。衙前镇是萧山工业重镇，外来务工人员较多，通过抓住集体土地建设租赁住房试点政策，拓展集体土地用途。利用集体用地建设租赁住房，是萧山区解决外来务工人员住宿问题的创新尝试，有利于缓解住房供需矛盾，构建租售并举的住房供应体系。

【浙江省第九届篮协杯篮球赛在衙前举办】 2021 年 5 月 14—19 日，由省篮球协会主办的“农运根脉　红色衙前”2021 浙江省“爱喜猫·篮协杯”篮球赛在衙前镇文体中心举办。全省各地的 15 支代表队、210 名运动员，参加为期 6 天共 33 场比赛。温州曼多体育篮球队获第一名。

【衙前镇举办百年农运西小江两岸龙舟赛】 2021 年 6 月 10 日，衙前镇举办百年农运西小江两岸龙舟赛。西小江流域的 5 个镇（街道）9 支队伍 45 名村民选手参加比赛。衙前镇的张云来获得个人赛冠军，衙前一队获得团体赛冠军。赛事会上，萧山区和柯桥区签订美丽城镇战略合作协议，参赛的衙前镇、所前镇、新塘街道与绍兴市杨汛桥街道、钱清街道签订“美丽城镇合作协议”。

【衙前镇举行庆祝中国共产党成立 100 周年暨衙前农民运动 100 周年纪念大会】 2021 年 6 月 25 日，衙前镇庆祝中国共产党成立 100 周年党员大会暨衙前农民运动 100 周年纪念大会在镇文体中心举行。会上为老党员颁发“光荣在党 50 年”纪念章并重温入党誓词，并为衙前功勋企业家颁奖，与会领导共同为衙前镇文化品牌《前行者》揭幕，并表彰衙前优秀党员、党务工作者、先进基层党组织。

【衙前农村小学校举行百年校庆】 2021 年 9 月 26 日，萧山区衙前农村小学校百年校庆在衙前镇举行。活动运用情景话剧、故事分享、课程展示等形式，展现农小百年历史，以及对未来发展的信心与决心。此外，还对任职的 30 年教师，历任校长、历届校友代表进行颁奖；对区农学会基地、城东片区社区教育体验基地、红色小小讲解员培训基地进行授牌。

【衙前信用合作社修缮开放】 2021 年 10 月 27 日，位于衙前镇的衙前信用社旧址修缮完成并开放。衙前信用社成立于 1924 年，是浙江省内最早的农村信用社，也是中国共产党领导下组建的第一个信用合作社、第一个革命金融机构，为早期革命根据地金融工作提供宝贵的实践经验。

【衙前农运史迹群各场馆重新布展】 2021 年 11 月 30 日，衙前镇衙前农民运动纪念馆完成重新布展，新布展运用现代化声光电技术，二维、三维特技动画，并结合传统雕塑创作，为参观者提供立体化的视听享受。农村小学校旧址、李成虎故居、农协旧址等均完成重新布展。至年底，接待 5.4 万人。

2021 年 6 月 10 日，衙前镇举办百年农运西小江两岸龙舟赛

（衙前镇 提供）

【新居民“共享法庭”在衙前镇启用】2021 年 11 月 30 日，衙前镇“共享法庭”（调解指导、网上立案）集中揭授牌仪式举行，会上成立全省首家新居民“共享法庭”。新居民“共享法庭”的设立，让司法服务辐射至全镇所有流动人口，帮助解决日常矛盾纠纷，为衙前新居民提供法律服务。

【凤凰村获评省级高标准农村生活垃圾分类示范村】2021 年 12 月 21 日，省“千村示范、万村整治”工作协调小组办公室公布 2021 年度省级高标准农村生活垃圾分类示范村，衙前镇凤凰村被评为省级高标准农村生活垃圾分类示范村。凤凰村实行农村生活垃圾分类“四定一撤”入户宣传、确定收运线路和回收网点、智慧管理系统运行，垃圾分类“红黄黑”榜公布等举措，并开展外来人口垃圾分类工作。

（方泽昊）

瓜沥镇

【概况】瓜沥镇位于萧山区东片，东南与绍兴市柯桥区相接，北靠靖江街道，西连新街镇、衙前镇、南阳街道和党湾镇。毗邻杭州萧山国际机场，是杭州地区唯一具备直通空港、高速、国道、省道，并拥有运河码头的交通重镇，是全国重点镇、全国发展改革试点城镇，国家卫生乡镇、中华武术特色小镇、浙江省小城市培育试点镇、“两美浙江”特色体验地、浙江省森林城镇。2021 年，全镇行政区域面积 126.9 平方千米，辖村 63 个、社区 12 个。户籍人口 165476 人。地区生产总值 182.67 亿元；财政总收入 23.06 亿元，一般公共预算 13.35 亿元，分别比上年增长 40%、33.5%。规模以上工业总产值 425.97 亿元，增长 22.57%；规模以上工业销售产值 418.57 亿元，增长 24.91%；规模以上高新技术产业增加值 47.47 亿元，增长 12.97%；固定资产投资 28.74 亿元，增长 31.7%。

是年，瓜沥镇落地萧山区“5213”计划项目 17 个，实施规模以上工业投资项目 154 个，完成投资 106.9 亿元。新增工业投资入库项目 85 个，其中新增亿元以上项目 6 个。新认定国家高新技术企业 78 家，认定省级科技型中小企业 107 家，41 个智能制造、数字化改造项目列入市区试点项目库。群益智能家装产业社区项目完成拆除 32 万平方米，自建租赁区块 2.7 公顷结顶。推进土地全域整治，盘活存量工业土地 72.1 公顷。推进工业用地有机更新项目 29 个，可新增产业空间 83.5 万平方米。获区级认可项目用地 6 个，可保障产业用地 18.2 公顷，新增建设用地 13.1 公顷。

拆除各类违法建筑 52 万平方米。完成坎山老街上街路段、棒球公园沿山路、永联东方支线、地铁新港站新建路、钱滨线延伸成虎路等道路新（改）建基础设施配套项目。建设振工路、四化路、国庆路等 23 条“四好农村路”，总长 31 千米。新建机动车停车场 6 个，新增停车泊位 800 多个。开展“非粮化”整治，恢复耕地功能 266 公顷。历年余留 15 个农村生活污水治理全覆盖工程全部进场施工。垃圾分类推行“四定一撤”，新创省、市、区级垃圾分类示范小区 7 个、示范村 17 个。美丽乡村整治村全部通过验收，航民村、凤升村 2 个美丽乡村示范村 19 个项目进度过半。东恩村、八里桥村、凤升村等 8 个提升村，通过区级综合验收。

推进新冠肺炎疫情精密智控，全镇 21.9 万人完成全程接种。城乡居民基本医保参保率为 99.5%。全年发放低保、低边及各类帮扶群体津补贴及补助金 6900 万元。改造提升 6 所公办幼儿园，启用新光明小学，收购名港城幼儿园，推进坎山幼儿园二期扩建工程，省二级以上幼儿园共 17 所。

瓜沥镇东恩村被省“千村示范、万村整治”工作协调小组办公室评为 2020 年度浙江省美丽乡村特色精品村、省高标准农村生活垃圾分类示范村。被省林业局评为 2020 年度省“一村万树”示范村。9 月 30 日，瓜沥镇被省中心镇发展改革和小城市培育试点领导小组办公室评为 2020 年度省级小城市培育试点考核优秀单位。

2021 年瓜沥镇各村（社区）基本情况表

表 70

村（社区）	书记（主任）	户籍人口（个）	村民小组（个）	村集体可分配收入（万元）	耕地面积（公顷）
航民村	陈国庆	1275	4	6611.0	46.1
明朗村	陈　华	2450	20	1348.0	19.8
东恩村	王建刚	2780	10	3999.0	41.1
如松村	孔惠良	1219	10	372.0	55.3
大义村	丁志江	3087	22	290.0	107.0
东湖村	孔　军	1415	10	436.0	35.0
长巷村	沈汉栋	4025	25	3546.0	96.8
群联村	沈岳泉	932	6	283.0	37.3
渔庄村	沈永林	2531	17	320.0	95.1
低田畈村	郑鲁斌	1522	11	548.0	46.9
进化村	汪国军	3578	16	1217.0	155.5
东方村	朱尧军	2460	16	295.0	126.6
运东村	沈建国	2056	16	460.0	84.5
运西村	郭水明	2544	18	392.0	103.1
永福村	於柏良	3034	16	576.0	75.9
友谊村	龚建新	2120	11	1432.0	23.1

续表 70

村（社区）	书记（主任）	户籍人口（个）	村民小组（个）	村集体可分配收入（万元）	耕地面积（公顷）
永联村	张利祥	3519	26	1066.0	158.7
沙田头村	丁国琴	3058	20	1028.0	128.7
横埂头村	陈松根	2994	19	1132.0	80.7
渭水桥村	董祥林	4614	30	1700.0	203.2
靖一村	董雪明	2628	18	1061.0	123.2
隆兴和村	邓志兴	1524	6	386.0	30.5
大园村	高国军	221	2	130.0	7.6
凤升村	庞　威	1067	6	389.0	26.3
勇建村	胡凤奇	1897	11	1630.0	54.1
荣新村	施羔红	1752	10	1296.0	39.9
工农村	沈国明	3430	22	1985.0	66.9
张神殿村	王海军	2118	11	272.0	68.8
群谊村	庞伟林	1792	9	385.0	35.2
东社村	钱越峰	1929	12	349.0	44.5
孙家弄村	赵棋松	2957	16	500.0	86.7
甘露亭村	吴军良	3083	18	401.0	97.0
民丰河村	王志山	3129	23	597.0	96.1
八大村	陈泽锋	1536	9	522.0	41.9
沿塘村	丁林玲	2202	13	410.0	47.5
三岔路村	王东炜（书记）徐建丰（主任）	3358	23	407.0	130.3
新港村	赵张林	4056	29	468.0	84.3
梅仙村	孙建江	3442	16	309.0	106.4
建盈村	赵张仁	2018	14	252.0	67.7
三盈村	顾国林	2419	13	328.0	111.1
国庆村	孙立刚	2465	11	427.0	62.1
万安村	徐　峰	2560	16	323.0	82.6

续表 70

村（社区）	书记（主任）	户籍人口（个）	村民小组（个）	村集体可分配收入（万元）	耕地面积（公顷）
党山村	倪建峰	2020	11	398.0	37.3
信源村	陈铁铭	1541	11	581.0	35.9
梅林村	朱明海	2386	17	468.0	116.5
车路湾村	倪金华	2254	15	378.0	132.5
八里桥村	胡军其	2321	17	391.0	155.0
世安桥村	韩玲丽	1810	16	333.0	112.8
官一村	潘利明	2723	21	529.0	185.5
前兴村	邵福平	1897	9	853.0	123.1
群力村	高建华	2066	13	579.0	119.8
群益村	陈兴泉	2425	14	1133.0	128.9
兴围村	沈卫良	1533	16	479.0	194.3
长联村	蔡雅文	2568	21	561.0	154.0
解放村	高国良	1752	12	519.0	124.2
山北村	徐国祥	1742	13	735.0	6.7
大池溇村	沈　强	1826	14	538.0	74.2
山三村	高　飞	1356	11	191.0	56.7
众安村	徐建华	2458	20	459.0	134.9
开源村	董　锋	1880	14	608.0	124.1
单木桥村	徐金明	2602	21	543.0	167.0
中沙村	周　平	2393	23	277.0	129.5
张潭村	赵建国	2628	21	423.0	162.2
塘头社区	许亚萍	1721	24	—	—
芭蕉砚社区	赵　阳	2613	36	—	—
东灵社区	徐向阳	2102	30	—	—
航坞社区	陈飞立	1870	30	—	—
城中社区	沈伟琴	3389	24	—	—
新凉亭社区	陈　标	2162	9	—	—
塘上社区	田燕儿	803	15	—	—

续表 70

村（社区）	书记（主任）	户籍人口（个）	村民小组（个）	村集体可分配收入（万元）	耕地面积（公顷）
振兴社区	沈丽美	1243	15	—	—
下街社区	徐红方	778	11	—	—
南大房社区	王美娟	1069	18	—	—
碧苑新村社区	杨珠丹	75	15	—	—
七彩社区	高佳成	434	7	—	—

【瓜沥镇幼儿园获评首批浙江省现代化学校（幼儿园）】 2021年1月28日，浙江省教育厅公布2020年浙江省现代化学校（幼儿园）名单，萧山区瓜沥镇幼儿园上榜，是区首批省现代化幼儿园，也是全区唯一获评的幼儿园。瓜沥镇幼儿园建于1952年。该幼儿园于2018年率先成为区课改实验园，近三年课改经验先后在浙江省推进幼儿园课程改革第二次研讨大会、杭州市第二届课程研究共同体园长论坛等省、市、区的活动中进行18次经验交流；课题研究《一馆一链：幼儿园民间美术特色课程的构建与实施研究》在省级立项；相关教科研成果获省级奖项2项，市级奖项2项，区级奖项17项。

【瓜沥七彩未来社区受领导和社会各界关注】 2021年2月7日，省委书记袁家军到瓜沥七彩社区专题调研未来社区建设工作，并主持召开未来社区试点建设工作座谈会。3月17日，浙江卫视电视理论节目《中国共产党为什么能》《浙江新使命》，介绍七彩未来社区（数字熟人社会）理念、蜕变过程、建设落地实效等，节目在中国蓝新闻App同步直播。4月5日，中国问题专家、香港中文大学（深圳）全球与当代中国高等研究院院长郑永年一行专程到瓜沥七彩未来社区考察。4月27日，中央政治局常委，十三届全国政协主席、党组书记汪洋调研七彩社区。5月7日，瓜沥七彩社区创新探索“信用+未来社区”新路径获评市十大信用典型案例。5月16日、6月14日，浙江卫视《浙江新闻联播》两次报道瓜沥七彩社区。5月26—27日，省城市公共文化建设工作现场会在温州市召开，瓜沥镇作典型经验交流。9月24日，文旅部公共服务司到瓜沥七彩未来社区调研公共文化服务。11月8日，澳门特别行政区政府行政法务司实地考察瓜沥七彩未来社区。

【航民百泰成为杭州亚运会特许商品指定生产企业】 2021年4月19日，浙江航民股份有限公司全资子公司——杭州航民百泰首饰有限公司被杭州亚运会组委会确定为特许商品指定生产企业。以杭州拱宸桥、三潭印月、玉琮饕餮纹等为灵感设计的亚运印象系列手链，以亚运口号“心心相融，@未来”“Heart to Heart，@Future”等为灵感设计的足金项链、手链等首批亚运特许商品上线销售。

【瓜沥镇49个村通过美丽乡村整治村区级验收】 2021年5月26日，萧山区农业农村局、区住建局、区城市管理局、区妇联、区美丽办等部门组成的验收组，对瓜沥镇信源村、沿塘村进行美丽乡村整治村区级综合验收。至此，瓜沥镇49个美丽乡村整治村创建全部通过区级验收。瓜沥镇美丽乡村整治村创建工作自2020年6月启动，专题开展“美‘沥’家园·共迎亚运”人居环境整治提升“1239”专项行动三年计划，通过“拆、改、清、保”，消灭“脏、乱、差”现象。49个整治村共清理生产生活垃圾、废旧杂物5.31万处、7.34万吨；清理村内沟渠1946条、192.1千米；整治乱搭乱建5414处、15.67万平方米；整治乱贴乱画1.88万处、2.82万平方米；整治乱接乱拉1.79万处。

【75个村社实现“沥家园”全覆盖】 2021年，瓜沥镇75个村（社区）实现“沥家园”数字基层治理体系全覆盖。全镇5.4万户村社居民完成“瓜沥园”实名注册线上治理端、掌上服务端、线下服务驿站实现全覆盖。“沥家园”是一个云端服务平台，可以通过“浙里办”App、“浙江瓜沥”微信公众号进入。有头条一键通、邻里帮一键抢等模块，及上线公益任务、邻里互助、意见反馈、民情圆桌会、美好学习等特色应用。

【央视聚焦瓜沥镇】 2021年6月12日，中央广播电视总台农业农村频道《中国三农报道》栏目播出《共同富裕看浙江》专题，围绕“城乡服务均衡化，夯实共同富裕基础”主题，报道瓜沥七彩未来社区和东恩村的探索实践和成效亮点。7月25日晚，中央广播电视总台国防军事频道播出《向美而生奔竞瓜沥》视频短片，全景展示瓜沥镇通过“美丽城镇+数字建设”，打造山水田园和现代新城和谐共融的小城市新面貌。12月31日，中央广播电视总台农业农村频道现场直播瓜沥镇梅林村村民喜迎元旦。

【瓜沥镇发出全区第一本宅基地批准书、乡村建设规划许可证】 2021年6月23日，瓜沥镇率先打通村镇两级流转审批程序，发出全区第一本农村宅基地审批书和与之配套的乡村建设规划许可证。东恩村村民沈燕钧成为全区拿到“农村宅基地批准书”和乡村建设规划许可证的第一人。

【中国曲协曲艺名家新秀惠民演出走进瓜沥】 2021年6月26日，“牡丹花开心向党”中国曲协曲艺名家新秀惠民演出走进瓜沥。活动由中国曲艺家协会、浙江省文学艺术家联合会主办，中国文学艺术家联合会曲艺艺术中心、省曲协、萧山区委宣传部、区文旅局承办，瓜沥镇党委、瓜沥镇人民政府执行承办，航民集团协办。演出现场举行重温入党誓词仪式。演出通过相声、小品、歌舞、莲花落等艺术形式，回顾党的百年征程。萧山网平台进行网络直播，吸引13.8万人次在线观看。

【瓜沥镇棒球场启用】 2021年7月18日，瓜沥镇棒球场落成启用仪式暨中日棒球俱乐部交流赛在瓜沥棒球小镇进行。棒球场位于东恩村棒球小镇，占地4.7公顷，棒球小镇设有一块标准棒球场地外，还设有十一人制标准足球场兼用的棒垒球场地

瓜沥镇中心 （蔡卡特 摄）

以及其他配套设施。2月4日，"推进棒球小镇建设"被写入瓜沥镇2021年《政府工作报告》。4月，瓜沥镇与浙江省棒垒球协会签订建设协议，建设展示小城市气质，满足群众多元化需求的"多球合一"的瓜沥棒垒球场地，打造集体育赛事、休闲健身、文化娱乐等为一体的体育综合体。4月21日，瓜沥棒垒球场开始建设。8月4日，承办第十七届中国大学生棒垒球联赛总决赛。

【梅林村发布全省首个村级共同富裕指标体系】 2021年8月5日，在瓜沥镇梅林村"合力共创'共富乡村'研讨会"上，梅林村发布全省首个村级共同富裕指标体系。按照"5+25"（"5"是从经济富裕、服务优质、文化先进、生态宜居、社会和谐五个维度分类评价；"25"是以省共同富裕指标体系为指导，筛选25个适用于梅林村的省级指标N个经济富裕、服务优质、文化先进、生态宜居、社会和谐）的架构，构建梅林村共同富裕指标评价体系，通过数字化手段实现对梅林共富的全面态势监测与可视化分析。

【瓜沥镇居全国千强镇第35位】 2021年10月8日，《光明日报》发布《2021年中国中小城市高质量发展指数研究成果》，公布"2021年度全国千强镇"等榜单。瓜沥镇居"全国千强镇"第35位。"全国千强镇"主要考量地区生产总值、一般公共预算收入、规模以上工业企业数、固定资本形成净额、营业面积50平方米及以上超市数、城乡居民收入等指标。瓜沥镇是杭州市唯一一个进入前100位的镇。

【瓜沥镇残联获评"十三五"期间省残疾人工作成绩突出集体】 2021年12月2日，在浙江省残疾人事业发展大会上，瓜沥镇残疾人联合会获评"十三五"期间省残疾人工作成绩突出集体。瓜沥镇推进残疾人社区康复全覆盖行动试点工作，从残疾人的基本康复需求出发，指导村（社区）康复站的规范化建设，宣传残联政策。瓜沥未来社区试运行上线区残疾人社区康养应用场景，实现残疾人居家遇险自动报警、智能任务分派等功能，便利残疾人在家门口享受康养服务。瓜沥镇把5892名建档残疾人基本信息、家庭收入情况、年龄构成、医保类别、家庭医生签约情况、卫星定位、人群分类等信息统一纳入残疾人社区康养应用场景，并与"城市大脑"实现互联互通，形成对残疾人全覆盖、常态化、智能化的关爱机制，实现相关助残服务一屏查询、一键直达，为残疾人康复需求提供技术保障。

【东恩村成立村级老兵救援队】 2021年12月7日，瓜沥镇东恩村老兵救援队成立。老兵救援队由村内退伍军人组成，以退役军人的优良素质、过硬作风和专业技能，参与东恩及瓜沥社会治理及各种救援任务。

（朱琴燕）

益农镇

【概况】 益农镇位于萧山最东片，钱塘江与曹娥江的江海交汇处，东面、南面分别毗邻绍兴滨海新区和马鞍镇，西接瓜沥镇，北靠钱塘区。2021年，益农镇行政区域面积46.51平方千米，辖行政村19个、社区1个，户籍人口43775人。地区生产总值41.62亿元，财政总收入6.2亿元，一般公共预算收入3.41亿元。规模以上工业总产值147.3亿元，规模以上工业增加值17.72亿元，规模以上高新技术产业增加值6.78亿元，规模以上服务业增加值1.05亿元，规模以上数字经济增加值1287万元，出口额5.88亿元，限额以上社会消费品零售总额7796万元，全社会固定资产投资5.57亿元。

是年，益农镇完成8项民生实事工程。投资24亿元，占地17.2公顷，分4个区块、31幢房、2781套安置房二期工程开工建设。投资1.6亿元，启动高速益农互通连接线拓宽改建工程，全长957米，从12米道路拓宽至24米。投资2300万元，拓宽学工路北段，并对益农路、学工路、兴贸路、南沙大堤东侧直路进行改造提升。投资1.07亿元，完成众力村、新发村、三围村等美丽乡村提升村建设，对全镇10个整治村进行全面环境整治。投资2785万元，对东沙村横河、一围抢险湾、三围村后横河实施综合整治，总长5.56千米。投资400万元，对夹灶小学、益农二小、益农初中等校园周边环境进行综合提升改造。投资400万元，提升村道42条，总长41.07千米。投资122万元建设美丽书房，书房上下4层，总建筑面积590平方米，可同时容纳120多人，可藏书1.5万册。

全年整治低小散及"四无"（无资质、无规模、无厂房、无人员）企业225家，提升整治卫浴企业158家，印染、化工、铸造等十一大行业企业25家。开展低效企业治理，培育税源经济，排查整治亩均税收2万元以下企业251家，其中摸排区低效库中企业70家，实现税收2660.21万元，亩均税收比上年增长345.2%；全域排摸181家企业，实现税收953.53万元，增长32.23%。杭州和磁科技有限公司入围规模以上数字经济企业，完成数字经济核心产业制造业增加值1287万元，增长73.4%。

开展粮食功能区"非粮化"整治，完成区级166公顷清退整治任务，粮食年总产量超过1万吨。投资5000万元，提升集镇管网工程，对集镇供水、雨水、污水等地下管网进行整治提升。通过小城镇综合整治验收、"污水零直排区"市级验收。投资3000多万元，完成125个农村生活污水终端提标改造及设备更换，镇龙殿村净水公园项目获评市农污提升改造最佳终端，东村村荷风东村池塘创建市级美丽池塘。

益农镇成立全区首个健康关爱基金，浙江荣盛控股集团有限公司、浙江汇德科技有限公司、杭州东润商品混凝土有限公司等10家企业共同捐赠留本冠名基金5100万元。投资282万元，新建镇卫生院发热门诊楼和中医馆。浙江荣盛集团有限公司捐赠救护车1辆，总出车4985次。推进新冠肺炎疫苗接种工作。9月22日，益农镇首家示范型婴幼儿成长驿站通过杭州市卫健局验收。

2021年益农镇各村（社区）基本情况表

表71

村（社区）	书记（主任）	户籍人口（人）	村民小组（个）	村集体可分配收入（万元）	耕地面积（公顷）
众力村	徐阿校	3826	29	1641.1	253.3
镇龙殿村	冯国良	2591	19	196.7	173.3
星联村	俞关秀	2694	24	137.4	140.0
五六二村	李金海	3824	26	225.1	221.5
东联村	金传海	2944	26	412.8	181.3
赵家湾村	赵世安	2466	17	295.0	100.0
久联村	王鹏飞	2263	18	113.1	146.3
新发村	王国林	2062	14	101.8	128.4
东村村	俞传良	2233	16	301.6	128.7
益农村	李国庆	1799	12	126.0	124.5
东江村	徐仁根	1461	16	123.1	126.0
民围村	赵栋梁	1667	16	367.5	117.7
群围村	郑剑锋	2367	18	426.5	124.1
三围村	许天罡	1663	10	101.1	148.3
兴裕村	俞传峰	1950	18	109.1	74.3
东沙村	周建良	1427	13	104.8	109.5
群英村	周明祥	2640	20	230.2	140.7
长北村	陈建立	2091	17	437.3	129.8
利围村	韩约色	1441	12	449.3	169.6
弘扬社区	赵红萍	366	—	—	—

【三围村入选2021年全国乡村特色产业亿元村】 2021年11月10日，农业农村部公示2021年全国乡村特色产业十亿元镇和亿元村名单。益农镇三围村再次入选，成为杭州市唯一上榜的乡村特色产业亿元村。三围村是“菜篮子”基地，全村有80%农户从事蔬菜种植，以芹菜、南瓜、葫芦、大蒜等闻名。近年以113.33公顷省级无公害设施蔬菜示范基地为依托，深入实施“一村一品”工程，做大做强蔬菜产业，杭州农垦蔬菜专业合作社，是国家级示范型农民专业合作社。2021年全村农业总产值1.63亿元，农民人均可支配收入5.5万元。

【10家企业通过国家高新技术企业专家评审】 2021年，益农镇10家企业通过国家高新技术企业专家评审，分别是浙江中纯新材料有限公司、浙江飞翔纺织机械有限公司、杭州奥诺威装饰材料有限公司、杭州萧山荣达化纤有限公司、杭州唐邦塑胶有限公司、杭州天盛卫浴洁具有限公司、杭州萧山华刚纺织有限公司、杭州昌正塑胶板业有限公司、杭州西奈电子科技有限公司、杭州欧思杰卫浴有限公司。

【群围村入选杭州市清廉村居特色样板名单】 2021年11月3日，杭州市农业农村局公布2020年度杭州市清廉村居特色样板名单，益农镇群围村入选。群围村以益农镇全面推行“清廉小脑”、萧山区迭代升级“码上工程”为契机，将村级财务、集体资产、农民建房、困难救助等事关群众切身利益的9大事项纳入平台管理，形成村（社区）录入、镇审核、手机功能公开、群众反馈、一键受理的新型模式。率先建立“双向议事”机制，在村级重大事项提交村两委会或代表会之前，先由村书记与站长会商，确保程序合法合规。群众意见建议第一时间被镇村（社区）两级接收，难点痛点第一时间由镇村（社区）两级回复解决，矛盾纠纷第一时间在镇村（社区）层面妥善化解，将为群众“办实事、解难题”落到实处。全年受理矛盾纠纷54件，化解率100%。

【益农粮食烘干中心启用】 2021年11月11日，位于益农镇三围村的粮食烘干中心建成并投产使用。中心投资500多万元，占地面积1691平方米，有6台烘干机以及1套成套烘干设备，日烘干能力达160吨，解决周边种粮大户的烘干需求，为推进“非粮化”整治提供保障。

【6个村获评省级电子商务示范村】 2021年11月19日，益农镇众力村、镇龙殿村、五六二村、东联村、久联村、民围村6个村被省商务厅评定为2021年浙江省电子商务示范村。众力村发挥区位优势，借“互联网+”，村内法缇莎旗舰店、蜜迦旗舰店、八零木旗舰店获评天猫平台各行业零售前50网店。镇龙殿村是水生植物产业种植基地之一，主要种植梭鱼草、花叶芦竹、芒草、狼尾草、再力花、黄菖蒲、千屈菜、美人蕉、水葱、紫青苔等100多种水生植物，通过互联网远销云南、贵州、四川、新疆、内蒙古等地。五六二村主要产业为高端智能家居制造业，村内的杭州丰贝厨卫科技有限公司等30多家智能家居企业在各大电商平台开拓市场，实现转型升级。东联村电商服务中心具

益农镇安置房一期交通路网

（徐国民 摄于 2021 年 2 月 14 日）

备成熟的电子商务公共服务功能，为从业人员提供农村金融、快递配送等服务。久联村的杭州陈源昌食品有限公司主要生产松子、开心果等炒货产品，入驻阿里巴巴、天猫等电商平台。民围村是国内纺织品制造加工的重要生产基地之一，村内的旮旯宝旗舰店、白色恋人卫浴旗舰店获评天猫平台行业零售前 50 网店。

【群围村、三围村启动未来乡村“共智富”联合体建设】 2021 年，益农镇群围村、三围村启动未来乡村“共智富”联合体建设。群围村依托“智慧小脑”，实现科技治村、数字管村，开启精细化基层治理新模式；三围村以农业特色为引领，用绿色蔬菜铺就致富路，上榜 2020 年全国乡村特色产业亿元村名单。群围村、三围村强强联合，发挥各自优势，统一规划、统一整合、统一发展，实现“美丽延伸，富裕共享”。

（周芬芳）

党湾镇

【概况】 党湾镇地处萧山区东部、钱塘江南岸。南与瓜沥镇毗邻，北与新湾街道相接，东与益农镇相连，西与靖江街道、钱塘区义蓬街道相邻。2021 年，镇行政区域面积 32.73 平方千米，辖行政村 17 个、社区 1 个，户籍人口 43523 人。地区生产总值 46.93 亿元，财政总收入 7.95 亿元，一般公共预算收入 4.28 亿元。规模以上工业总产值 98.66 亿元，规模以上工业销售产值 99.55 亿元，规模以上工业增加值 21.86 亿元，规模以上高新技术产业增加值 17.65 亿元，规模以上服务业增加值 1.6 亿元，规模以上数字经济增加值 3682 万元，出口额 27.7 亿元，限额以上社会消费品零售总额 100 万元，全社会固定资产投资 5.67 亿元。

是年，党湾镇完成高标准农田建设、粮食功能区提标改造等农业基础设施项目 8 个，落实农业产业化、“一事一议”、种子种苗等惠农资金 4800 多万元，推动粮食生产功能区非粮化整治工作，土地流转规模经营面积 238.7 公顷。

引进杭州萧顺智创园有限公司、浙江滨康轻纺科技有限公司、杭州国泰环保科技股份有限公司等项目 23 个，到位资金逾 10 亿元。浙江三元纺织有限公司、奥展实业有限公司入选省、市智能工厂；浙江万鼎精密科技股份有限公司、杭州新生印染有限公司、奥展实业有限公司等 18 个项目被列入市、区级智能制造示范项目；浙江三元电子科技有限公司、浙江三元纺织有限公司、紧商科技股份有限公司等 7 家企业入选全区数字经济企业梯队；完成机器换人等项目 68 个，盘活低效用地 14.7 公顷，整治“低小散”企业 30 多家，实现企业“小升规”12 家。杭州集美印染有限公司、浙江万鼎精密科技股份有限公司、杭州杭刃工具有限公司等 19 家企业被认定为国家级高新技术企业。奥展实业有限公司、浙江三元纺织有限公司、浙江丰波机电科技有限公司等 6 家企业创建成省级研发中心、科技中心，获得专利授权 1083 项，其中发明专利 107 项。

全镇新增 400 个集镇停车位，并实施智能化改造；投放 300 辆电动公共自行车，缓解集镇“停车难”。完成党党线、桥森弄、伟老线等 11 条道路强弱电上改下工程，推进镇中路、政和路、富民路等 6 条道路综合整治。完成红界村中心直路、先锋村村中心直路、团结村村委直路等 147 条“四好农村路”改造提升。建成大东西桥、曙光南小桥等 9 座农村桥梁。沿河清除违建 10 万余平方米、清淤泥 21 万余立方米、清排放口 2722 个，全镇 17 条河道、188 处小微水体水质保持在Ⅴ类以上。推进河道综合整治，义南横湾、抢险湾、久裕庙横湾等 5 条河道综合整治工程全面完工。完成环河七彩健身步道工程、党山直湾、老车路湾、大林湾等 7 条河道景观提升工程。新建雨水、污水管网 11.1 千米；农村生活污水治理实现全覆盖，推进梅东村、曙光村、老埠头村、新梅村、新前村、永安村等 6 个村的生活污水截污纳管工程，做好 84 个农污治理设施提标改造工程。拆除各类违法建筑 60 万余平方米、处置违法用地 11 宗，拆后综合利用率超 90%。开展危旧房改造，拆除腾空 D 级危房 63 处、解危 C 级危房 68 处。梅东村创建为美丽乡村示范村；庆丰村、新前村、勤联村等 6 个村，通过美丽乡村提升村验收；新梅村、曙光村、梅东村等 6 个村，创建为区级及以上垃圾分类示范村；东景苑小区、建业银座小区，创建为区级及以上示范小区。

党湾镇慈善分会第三轮募捐募集留本冠名基金 5720 万元，募集现金 193.22 万元。建成镇残疾人社区康复站并投入使用，发放低保低边、优抚安置、残疾人生活保障等资金 9500 多万元，惠及群众 1.6 万人次。7 月 1 日，党湾镇首家 0—3 岁婴幼儿成长驿站开放使用。7 月 15 日，庆丰村清风睦邻互助中心党支部挂牌成立。

2021 年党湾镇各村（社区）基本情况表

表 72

村（社区）	书记（主任）	户籍人口（人）	村民小组（个）	村集体可分配收入（万元）	耕地面积（公顷）
幸福村	周国祥	3352	23	602.0	145.0
大西村	李国峰	2853	20	264.0	158.0

续表 72

村（社区）	书记（主任）	户籍人口（人）	村民小组（个）	村集体可分配收入（万元）	耕地面积（公顷）
裕民村	陈国军	2385	17	265.0	116.0
德北村	周建忠	1926	12	168.0	86.2
老埠头村	孙建华	2444	20	372.0	89.0
团结村	沈忠良	2359	18	233.0	142.0
曙光村	高建恩	3028	20	246.0	180.0
新梅村	章惠江	2861	19	172.0	104.0
新前村	吴关土	1944	16	95.0	117.0
梅东村	施国军	3036	24	226.0	131.0
永安村	方万土	1847	16	112.0	93.0
永乐村	詹国军	2484	19	192.0	97.0
先锋村	倪才国	1523	4	147.0	90.0
勤联村	赵国英	2904	24	296.0	186.0
红界村	潘永昌	1793	14	333.0	144.0
镇中村	王大军	4119	29	593.0	167.0
庆丰村	倪增员	1892	17	80.0	115.2
卫东桥社区	马佳丽	773	1	—	—

【党湾镇实现村级乡贤组织全覆盖】 2021年，党湾镇新前村、梅东村、永乐村等村成立乡贤组织。8月，先锋村、红界村乡风文明促进会相继成立，全镇18个村（社区）均成立乡贤组织，实现全覆盖目标。

【科普宣传周活动】 2021年9月19—26日，党湾镇2021年全国科普日暨党湾镇第35届科普宣传周活动开展。活动先后在卫东桥社区、幸福村、新梅村邀请医学专家作“脑卒中急救知识普及”“心脑血管疾病危险因素解读”科普讲座，播放2021年全国科普日宣传视频短片等，150多人次参加科普活动。

【党湾镇获评第十届“浙江孝贤”十大慈孝之乡】 2021年12月9日，“浙江孝贤”推选活动组委会第十届“浙江孝贤”孝贤人物、慈孝之乡、慈孝企业（浙商）榜单发布，党湾镇获评第十届“浙江孝贤”十大慈孝之乡。至年底，全镇有60周岁以上老人12125人，建有三星级居家养老照料中心8家。银龄颐养民生工程为老年人提供助餐、助医以及日间照料服务，解决高龄、孤寡、失能、空巢、独居和重度残疾人等老年群体的实际困难。

【三元控股集团启动两项基金助力乡村振兴】 2021年12月31日，“‘肆拾传心　竞潮前行’三元控股集团建厂40周年庆典”活动在党湾文化中心礼堂举行。活动中，三元控股设立1600万元“三元美丽乡村助力基金”和300万元“新时代文明实践基金”，专项用于党湾镇的乡村发展和新时代文明建设。党湾镇授予该企业功勋企业称号。两项留本冠名基金成立后，三元控股留本冠名慈善基金增加到5500万元。

（任小漫）

2021年7月1日，党湾镇梅东村老年爱心食堂送餐队员为老人送餐　（王啸虎 摄）

人物·荣誉

先进人物

瞿独伊 女，1921 年 11 月出生，2021 年 11 月 26 日逝世，1946 年 8 月加入中国共产党，浙江萧山人，新华通讯社原国际新闻编辑部干部。她是赓续红色基因的革命先烈后代。1941 年被捕入狱，面对敌人威逼利诱，绝不屈服。立足本职岗位，勤勤恳恳奉献。开国大典上，用俄语向全世界播出毛主席讲话，作为中华人民共和国第一批驻外记者赴莫斯科建立新华社记者站，其间多次担任周恩来总理和中国访苏代表团的翻译。一生淡泊名利，从不向党伸手，从不搞特殊化，始终保持共产党员的精神品格和崇高风范。2021 年 6 月，中共中央授予瞿独伊庆祝中国共产党成立 100 周年“七一勋章”。

鲁冠球 男，1944 年 12 月出生，2017 年 10 月 25 日逝世，中共党员，浙江萧山人，万向集团创始人，原党委书记、董事局主席。他是“乡镇企业改革发展的先行者”，全国优秀企业家，创业 55 年，经营万向 48 年，始终坚守实业，不断改革创新，把万向从一家铁匠铺发展成为全球制造、全球运营的跨国集团。曾获时代领跑者——新中国成立以来最具影响的劳动模范、改革先锋、最美奋斗者等荣誉称号。2021 年 6 月，中共中央追授鲁冠球“全国优秀共产党员”称号。

陈　捷 男，1965 年 5 月出生，中共党员，四川达州人，任传化集团党委书记、执行总裁，杭州市“两新”组织党务工作者协会会长（兼）。担任传化集团党委书记 20 年，他探索形成“13588”党建工作机制，带领传化集团先后获得全国先进基层党组织、全国模范劳动关系和谐企业、全国模范职工之家红旗单位、全国五四红旗团委标兵等荣誉。2021 年 6 月，中共中央授予陈捷“全国优秀党务工作者”称号。

杨　明 男，1984 年 7 月出生，中共党员，浙江萧山人，贵州省黔西县锦绣学校教师。2009 年，杨明放弃月收入过万的工作，到贵州省毕节市黔西山区支教。曾一人承担多个年级的教学任务，不顾山高路远，坚持家访，足迹遍布 30 多个行政村；每天往返行程近 30 千米，一师一园守护村里 10 余名学前儿童。从微薄的工资中挤出 10 万余元，帮助贫困学生 100 多人次，长期结对资助 20 多名学生；联系公益组织、企业帮扶物资累计 200 多万元，为近 30 所薄弱学校添置爱心图书室，帮助黄泥小学成立爱心电脑室，为 5 所薄弱农村学校更换陈旧课桌椅，连续 10 年坚持帮助贫困学子实现微心愿超 3000 人次，促成萧山区高桥小学与黔西县沙井小学校际结对。获杭州好人、第十三届杭州市道德模范，浙江好人、第七届浙江省道德模范等荣誉。2021 年，获第八届全国道德模范提名奖。

王李超 男，1993 年 11 月出生，浙江萧山人。2016 年，王李超在里约残奥会 S6 级 50 米蝶泳比赛中获 1 枚铜牌。2019 年，王李超在世界残奥游泳公开赛美国站比赛中获 2 枚金牌，打破 2 项世界纪录；在世界残奥游泳锦标赛中获 4 枚金牌，3 次打破世界纪录。2020 年，王李超在东京残奥会上获 1 枚金牌、2 枚银牌、2 枚铜牌。2021 年，在全国十一残运会上获 1 枚金牌、5 枚铜牌。2021 年 9 月，中华全国总工会授予王李超“全国五一劳动奖章”。

集体荣誉

全国（含系统）先进集体一览表

表 73

单位名称	荣誉称号	授予单位
萧山区	全国第六批率先基本实现主要农作物生产全程机械化示范县（市、区）	农业农村部办公厅
萧山区	第一批全国农作物病虫害绿色防控示范县	农业农村部种植业管理司
萧山区	2021 全国县域农业农村信息化发展水平工作先进县	农业农村部信息中心
萧山区	2020—2021 年度畜牧业统计监测工作综合评估优秀市场监测县	农业农村部畜牧兽医局
区人民检察院	2021 年度全国检察宣传先进单位	最高人民检察院、检察日报社
区人民法院	司法宣传和通联工作先进单位	人民法院新闻传媒总社
公安萧山分局	全国维护妇女儿童权益先进集体	全国妇联
公安萧山分局	全国食品安全工作先进集体	国务院食品安全委员会
公安萧山分局	2021 年度《法治日报》宣传报道工作先进集体	法治日报社
公安萧山分局扫黑办	全国公安机关扫黑除恶专项斗争成绩突出集体	公安部
公安萧山分局刑事科学技术室	全国示范刑事科学技术室	公安部五局
区信访局	2021 年度人民网网上群众工作民心汇聚单位	人民网
区应急管理局	全国应急管理系统先进集体	人力资源和社会保障部、应急管理部
区财政局	第四批国家公共文化服务体系示范项目	文化和旅游部 财政部
区农（林）业技术推广中心（水产站）	全国星级基层水产技术推广机构	全国水产技术推广总站
区文化馆	国家一级文化馆	文化和旅游部
萧山日报社	2021 年全国报业媒体融合案例优秀奖	中国报业协会
萧山网	2021 中国城市新闻网媒联盟优秀网媒奖	中国城市新闻网媒联盟
区妇联	全国年度“平安之星”	中央政法委
民进萧山区委会	2021 年度《民主》宣教工作优秀集体	民进中央宣传部、民主杂志社
农工党萧山区基层委	农工党脱贫攻坚工作先进集体	农工民主党中央委员会
区残疾人联合会	第五届全国残联专职委员知识竞赛组织奖	中国残疾人联合会
杭州市区红十字会	2021 年度中国红十字会总会报刊宣传先进集体二等奖	中国红十字会总会办公室
临浦镇	智慧健康养老示范街道（乡镇）	工业和信息化部、国家卫生健康委员会

续表 73

单位名称	荣誉称号	授予单位
益农镇三围村	2021 年全国乡村特色产业亿元村	农业农村部
益农镇群围村、浦阳镇灵山村	2021 年第二批全国乡村治理示范村	农业农村部
南阳街道社区卫生服务中心、蜀山街道社区卫生服务中心、益农镇社区卫生服务中心、衙前镇社区卫生服务中心、浦阳镇社区卫生服务中心、义桥镇社区卫生服务中心、所前镇社区卫生服务中心、瓜沥镇社区卫生服务中心党山分中心	2021 年“优质服务基层行”活动中表现突出、服务优质机构	国家卫生健康委办公厅、国家中医药局办公室
杭州广通植保防治服务专业合作社	全国星级农业科技社会化服务组织	农业农村部
杭州萧山国际机场	民航打赢蓝天保卫战先进单位	中国民用航空局
杭州萧山国际机场有限公司航空地勤服务公司旅客服务部国内廊桥二队	全国巾帼文明岗	全国妇联
杭州萧山国际机场有限公司安检护卫部团委	全国民航五四红旗团委	共青团全国民航委员会
万向三农集团、传化集团	“中华慈善奖”捐赠企业	民政部
杭州网易云音乐科技有限公司	第四批国家文化和科技融合示范基地	科技部、中共中央宣传部、中央网信办、文化和旅游部、广电总局
杭州网易云音乐科技有限公司	全国信息消费技术创新奖	工业和信息化部
杭州智芯科微电子科技有限公司	第十届中国创新创业大赛新一代信息技术全国赛优秀企业奖	科学技术部
杭州妙绘科技有限公司	全国博士后创业大赛铜奖	人力资源和社会保障部
杭州乐刻网络技术有限公司、杭州孚德品牌管理有限公司	国家体育产业示范单位	国家体育总局

浙江省先进集体一览表

表 74

单位名称	荣誉称号	授予单位
萧山区	浙江省新时代乡村集成改革试点	省政府
萧山区	法治浙江（法治政府）建设先进单位	省委全面依法治省委员会
萧山区	浙江省深化“千万工程”建设新时代美丽乡村（农村人居环境提升）工作优胜县（市、区）	省“千村示范、万村整治”工作协调小组办公室
萧山区	浙江省农业农村领域高质量发展推进共同富裕第一批实践试点、第二批浙江省数字乡村建设试点县、浙江省第一批农业“机器换人”高质量发展先行县、浙江省第一批农业“机器换人”高质量发展先行县、2021 年度“肥药两制”改革综合试点县、绿色优质农产品生产服务（“肥药两制”改革）多跨应用场景第一批“先行先试”单位	省农业农村厅

续表 74

单位名称	荣誉称号	授予单位
萧山区	2021 年度浙江省农业水价综合改革工作绩效评价优秀	省水利厅、省发展和改革委员会、省财政厅、省农业农村厅
萧山区	浙江省“四好农村路”省级示范县（市、区）	省政府办公厅
萧山区	2021 年度浙江省农村文化礼堂建设示范区	省委宣传部
萧山区	2021 年度“无信访积案县（市、区）”名单	省信访工作领导小组
萧山区	第四批浙江省全域旅游示范县（市、区）	省政府
区委统战部	浙江省统战系统先进集体	省委统战部
区委编办	浙江省事业单位改革成效突出集体	省事业单位改革领导小组
区委政法委	浙江省平安先进集体	省委、省政府
市委党校萧山分校	2020—2021 年度浙江省党校（行政学院）系统科研工作优秀奖	省委党校（浙江行政学院）
区人民检察院	2021 年度浙江省检察工作先进院、2021 年度全省检察先进单位	省人民检察院
区人民法院司法警察大队	2021 年度浙江省司法警务信息宣传调研工作先进集体	省高院司法警察总队
区人民法院立案庭	浙江省法院诉源治理成绩突出集体	省高院政治部
区人民法院刑事审判庭	2021 年度浙江省监管执法工作成绩突出集体	省打击侵犯知识产权和制售假冒伪劣商品工作领导小组办公室
公安萧山分局	浙江省卷烟打假打私工作成绩突出集体	省烟草专卖局、省公安厅
公安萧山分局扫黑办	集体二等功	省公安厅
公安萧山分局经侦大队	浙江省打击非法集资、网络传销等涉众型经济犯罪专项行动成绩突出集体	省公安厅
公安萧山分局交警市北执勤中队	浙江省首批“枫桥式交警中队”	省公安厅“枫桥式公安派出所”创建工作领导小组办公室
公安萧山分局“122”专项办	浙江省打击整治跨境赌博专项工作成绩突出集体	省公安厅
区司法局	浙江省司法行政系统政务信息工作考核优秀单位	省司法厅
区人武部	2021 年先进团党委	省军区
区财政局	2021 年度浙江省财政审核系统信息报送优秀单位二等奖	省财政项目预算审核中心
区信访局	人民满意窗口工作成绩突出集体	省信访局
区行政审批服务管理办公室	浙江省“建设清廉机关、创建模范机关”工作先进集体	省直机关工委
市生态环境局萧山分局	浙江省打赢蓝天保卫战成绩突出集体	省政府办公厅

续表 74

单 位 名 称	荣 誉 称 号	授 予 单 位
区环境监测站	浙江省“十三五”生态环境质量报告书县（市、区）组三等奖	省生态环境厅
区应急管理局危化安全监管科	集体三等功	省应急管理厅
区林业水利局、区农业综合行政执法队（林业执法中队）	浙江省松材线虫病防治工作和全面禁止非法交易、滥食野生动物工作突出贡献集体	省政府办公厅
区农业农村局	浙江省农村宅基地工作成绩突出集体	省政府办公厅
区市场监管综合行政执法队	浙江省市场监管执法工作突出集体	省市场监督管理局
区市场监督管理局餐饮服务食品安全监督管理科、特种设备安全监察科	浙江省市场监管安全保障工作成绩突出集体	省市场监督管理局
区综合行政执法局瓜沥中队	2021 年度浙江省综合行政执法基层队所“最佳实践”	浙江省综合行政执法指导办公室
萧山图书馆	浙江省第一批“满意图书馆”	省文化和旅游厅
区融媒体中心	2021 年度全省广播电视新闻协作县级电视特等奖、广播一等奖、新媒体新闻协作县级一等奖	浙江广播电视集团
杭州市萧山区疾病预防控制中心	浙江省文明单位	省精神文明建设委员会
萧山老年大学	浙江省老干部先进集体	省委组织部、省委老干部局、省人力资源和社会保障厅
区科协	浙江省科学技协系统先进集体	省科协
民革萧山区基层委	2017—2021 年度先进集体	民革省委会
民进萧山区委会经济支部	2017—2021 年度先进集体	民进省委会
农工党萧山区基层委	2021 年度社会服务工作先进集体	农工党省委会
农工党萧山区第五支部	2021 年度组织工作先进集体	农工党省委会
区归侨侨眷活动中心	2021 年度浙江省“五星级侨胞之家”	省侨联
区侨联	浙江省侨联系统抗击新冠肺炎疫情成绩突出集体	省侨联
区消费者权益保护委员会	2020—2021 年浙江省消保委系统消费维权先进集体	省消费者权益保护委员会
杭州国际博览中心	2021 年度浙江省市场监管安全保障工作成绩突出集体	省市场监督管理局
湘湖旅游度假区	2021 年浙江省运动休闲旅游示范基地	省体育局、浙江省文化和旅游厅
新街科创园	2021 年浙江省小微企业园亩均效益领跑者	省深化“亩均论英雄”改革领导小组办公室

续表 74

单 位 名 称	荣 誉 称 号	授 予 单 位
衙前镇、瓜沥镇、益农镇	2021 年度浙江省美丽乡村示范乡镇	省“千村示范、万村整治”工作协调小组办公室
楼塔镇	2021 年全省“五水共治”（河长制）工作考核优秀乡镇（街道）	浙江省治水办
楼塔镇大同片精品旅游线	2021 年度浙江省美丽乡村风景线	省“千村示范、万村整治”工作协调小组办公室
楼塔镇楼家塔村、河上镇下门村	首批浙江省美育村	浙江省文化和旅游厅
楼塔镇大同一村、河上镇下门村、戴村镇佛山村、临浦镇横二村、瓜沥镇凤升村	2021 年度浙江省美丽乡村特色精品村	省“千村示范、万村整治”工作协调小组办公室
楼塔镇楼家塔村	省级乡村旅游重点村	省文化和旅游厅
进化镇欢潭村	2021 年度浙江省历史文化（传统）村落保护利用示范村	省“千村示范、万村整治”工作协调小组办公室
戴村镇七都溪	浙江省 2021 年美丽河湖	省水利厅省美丽建设领导小组河长制办公室
戴村镇佛山村、枫桥村	数字乡村建设“金名片”优秀案例（数字化场景先行村）	省委宣传部、省委网信办、省农业农村厅
戴村镇、新街街道	2021 年度浙江省新时代美丽城镇样板	省城乡环境整治工作领导小组
新街街道芝兰村、同兴村、盛东村	2021 年浙江省电子商务示范村	省商务厅
新街街道盛东村	2021 年浙江省农村电商示范服务站（点）	省商务厅
新街街道元沙村	浙江省 2021 年度“民主法治村（社区）”	省普法办
城厢街道回澜南苑社区	浙江省文明单位	省精神文明建设委员会
城厢街道俊良社区	浙江省先进基层党组织	省委
瓜沥镇政府	2021 年度浙江省生猪增产保供成绩突出集体	省政府办公厅
瓜沥镇梅林村、临浦镇横一村	浙江省第一批未来乡村建设试点村	省农业农村厅、省财政厅、省城乡风貌整治提升工作专班办公室
瓜沥镇残联	“十三五”期间浙江省残疾人工作成绩突出集体	省政府
陈建云家庭	浙江省文明家庭	省妇联
河上镇璇山下村	浙江省民主法治村	省普法办
河上镇众联村	全国示范性老年友好型社区	省普法办
靖江街道光明村	第四批浙江省引领型农村社区	省民政厅
靖江街道光明村	浙江省民主法治村（社区）	省普法办
靖江街道靖安社区	浙江省现代商贸特色示范村	省农业农村局

续表 74

单 位 名 称	荣 誉 称 号	授 予 单 位
浦阳镇	浙江省园林城镇	省住房和城乡建设厅
浦阳镇	省 AAA 级景区镇	省文化和旅游厅
益农镇久联村、镇龙殿村、东联村、五六二村、众力村、民围村	浙江省电子商务示范村	省商务厅
益农镇东村	2021 年度浙江省民主法治示范村	省司法厅、省民政厅
益农镇镇龙殿村	浙江省高标准农村生活垃圾分类示范村	省政府、省农业农村厅
盈丰街道	2021 年度浙江省垃圾分类示范片区	省生活垃圾分类工作领导小组办公室
盈丰街道	2021 年度浙江省枫桥式退役军人服务站	中共浙江省委退役军人事务局领导小组办公室
盈丰街道利二社区	2021 年度浙江省民主法治示范村	省司法厅、省民政厅、省普法办公室
北干街道	2021 年全省“五水共治”（河长制）工作考核优秀乡镇（街道）	省治水办
河上镇武装部	2021 年度先进基层武装部	省军区
党湾镇政府	第十届“浙江孝贤”慈孝之乡	省孝贤推选活动组委会
党湾镇政府	省三星级乡镇（街道）食安办	省食药安办
党湾镇大西村	浙江省新时代美丽乡村精品村	省“千村示范万村整治”工作协调小组办公室
党湾镇新前村	浙江省民主法治村（社区）	省司法厅、省民政厅、省普法教育领导小组办公室
党湾镇梅东村	浙江省五星级文化礼堂	省委宣传部
党湾镇初级中学	浙江省数字家长学校示范单位	省教育厅
河上镇、楼塔镇、衙前镇	省级乡村旅游重点镇	省文化和旅游厅
进化镇欢潭村、楼塔镇楼家塔村	2021 年度浙江省文化示范村	浙江省文化和旅游厅
进化镇、楼塔镇、戴村镇	浙江省 AAAA 级景区镇	省文化和旅游厅
临浦镇横一村、白鹿塘村，戴村镇沈村村、佛山村，瓜沥镇众安村、东恩村，所前镇山里王村、祥里王村，河上镇三联村、下门村、璇山下村	浙江省 AAA 级景区村	省文化和旅游厅
衙前镇退役军人服务站、楼塔镇退役军人服务站	浙江省百家红色退役军人服务站	省退役军人事务厅
衙前镇退役军人服务站	浙江省退役军人服务保障体系建设先进单位	省委退役军人事务工作领导小组办公室

续表 74

单位名称	荣誉称号	授予单位
杭州萧山国际机场	民航华东地区2021年度平安民航建设工作考核一类机场第一名	中国民用航空华东地区管理局
杭州萧山国际机场有限公司三期建设指挥部党委	浙江省国资国企系统先进基层党组织	省国资委
杭州萧山国际机场航空物流有限公司	浙江省国有重点企业创建管理标杆活动标杆企业	省国资委
杭州萧山国际机场有限公司安检护卫部货检女子组	华东民航五一巾帼标兵岗	中国民航工会华东地区管理局委员会
杭州萧山国际机场有限公司飞行区管理中心机场运行控制室	第一届华东民航青年文明号	华东民航青年工作联席会
杭州萧山国际机场有限公司航空地勤服务公司团委	第一届华东民航五四红旗团委	华东民航青年工作联席会
潮峰钢构集团有限公司（亚组委场馆建设部）	浙江省“安康杯”竞赛成绩突出组织单位	省总工会、省应急局、省卫生健康委员会
国网浙江杭州市萧山区供电有限公司	浙江省“安康杯”竞赛优胜单位	省总工会、省应急局、省卫生健康委员会
浙江兆丰机电股份有限公司兆丰机电智能化生产车间	浙江省“安康杯”竞赛优胜班组	省总工会、省应急局、省卫生健康委员会
杭州恒领科技有限公司	浙江省高新技术企业研究开发中心	省科学技术厅
图灵互联网研究院	2021年度浙江省中小企业公共服务示范平台	省经济和信息化厅
杭州跨湖楼餐饮有限公司	浙江省技能大师工作室	省人力资源和社会保障厅、省财政厅
奥展实业有限公司	浙江省新一代信息技术与制造业融合发展试点示范企业、浙江省“隐形冠军”企业	省经信厅
奥展实业有限公司、杭州杭刃工具有限公司	浙江省“专精特新”中小企业	省经信厅
杭州集锦印染有限公司、杭州潇丹塑业科技有限公司、杭州萧山党湾飞跃化纤有限公司、杭州羚羊体育发展有限公司、杭州昭朗五金有限公司、杭州洛弗特光电科技有限公司、杭州微微机械有限公司、杭州允成传动设备有限公司、杭州昇耐博特传动科技有限公司	浙江省科技型中小企业	省科技厅
萧山电影发行放映有限公司	浙江省公益电影展映活动先进放映单位	省电影放映协会、浙江新农村数字电影院线有限公司
杭州之江有机硅化工有限公司	浙江省专精特新中小企业、浙江省“隐形冠军”企业、浙江省“亩均论英雄”行业亩均效益领跑者	省经信厅
杭州正强传动股份有限公司	2021年浙江省生产制造方式转型示范项目	省经信厅

个人荣誉

全国（含系统）先进个人一览表

表 75

姓　名	性别	民族	工　作　单　位	职　务	荣　誉　称　号	授　予　单　位
鲁冠球	男	汉	万向集团	集团创始人，原党委书记、董事局主席	全国优秀共产党员	中共中央
陈　捷	男	汉	传化集团	党委书记、执行总裁	全国优秀党务工作者	中共中央
陈金良	男	汉	区政协	副主席	2021 年度《民主》宣教工作优秀个人	民进中央宣传部、民主杂志社
刘　辉	男	汉	区检察院	第四检察部主任	全国检察机关扫黑除恶专项斗争优秀个人	最高人民检察院
张虹霞	女	汉	区检察院	办公司副主任	2021 年度全国检察宣传先进个人	最高人民检察院、检察日报社
陈佩佩	女	汉	区检察院	办公室四级主任科员	2021 年度全国检察宣传先进个人	最高人民检察院、检察日报社
徐　洋	男	汉	公安萧山分局	瓜沥派出所民警	全国公安机关庆祝建党 100 周年安保维稳工作成绩突出个人	公安部
王国荣	男	汉	区农业农村局	区农（林）业技术推广中心副主任	2020—2021 年度神农中华农业科技奖	农业农村部
傅潇霞	女	汉	区农业农村局	区农（林）业技术推广中心副主任	2021 全国县域农业农村信息化发展水平评价工作先进个人	农业农村部信息中心
张家炜	女	汉	杭州市萧山生态环境监测站	副站长	生态环境监测“三五”人才	生态环境部
丁汉良	男	汉	区应急管理局	危化安全监管科科长	个人三等功	应急管理部
杨海波	男	汉	区红十字会	二级主任科员	2021 年度中国红十字会总会报刊宣传先进个人三等奖	中国红十字会总会办公室
谭玉娇	女	汉	杭州萧山国际机场有限公司	仓库管理员	东京残奥会女子 67 公斤级举重金牌	东京奥组委
苑文弟	男	汉	杭州萧山国际机场有限公司	飞行区管理中心（运行管理中心）标准管理室经理	民航打赢蓝天保卫战先进个人	中国民用航空局
吴海燕	女	汉	杭州萧山国际机场有限公司	安检护卫部客检一科队长	全国民航五一巾帼标兵	中国民航工会全国委员会
黄焱琦	男	汉	杭州萧山国际机场有限公司	信息导航管理部团支部书记	全国民航优秀共青团员	共青团全国民航委员会
陆立军	男	汉	杭州前进齿轮箱集团股份有限公司	高级技师	全国五一劳动奖章	全国总工会
施必成	男	汉	区社会保障管理服务中心	一级科员	全国“人社知识通”	人力资源和社会保障部

续表 75

姓　名	性别	民族	工　作　单　位	职　务	荣　誉　称　号	授　予　单　位
许红平	男	汉	杭州萧山技师学院	院长	国家技能人才培育突出贡献个人	人力资源和社会保障部
郭龙伟	男	汉	杭州萧山技师学院	教师	全国技术能手	人力资源和社会保障部
金伟成	男	汉	杭州萧山技师学院	教师	全国技术能手	人力资源和社会保障部
王梁华	男	汉	杭州萧山技师学院	教师	全国技术能手	人力资源和社会保障部
杨建生	男	汉	杭州萧山技师学院	教师	全国技术能手	人力资源和社会保障部
徐智松	男	汉	杭州萧山技师学院	教师	全国技术能手	人力资源和社会保障部
陈　勇	男	汉	区市场监督管理局	四级调研员	扫黑除恶斗争工作先进个人	国家市场监管总局
杨　明	男	汉	贵州省黔西市锦绣学校	教师	第八届全国道德模范提名奖	中共中央宣传部
王李超	男	汉	浙江残疾人文化体育指导中心	运动员	全国五一劳动奖章	中华全国总工会
陈佳楠	女	汉	萧山区十一中	教师	全国语文报杯微课大赛一等奖	语文报杂志社
林　剑	男	汉	萧山区中医院	主任中医师	农工党脱贫攻坚工作先进个人	农工民主党中央委员会
翁　杰	男	汉	萧山区石岩医院	副院长	农工党脱贫攻坚工作先进个人	农工民主党中央委员会
楼正寿	男	汉	楼塔细十番协会	名誉会长	2021 国家非物质文化遗产代表性传承人薪传奖	第十三届浙江·中国非物质文化遗产博览会（杭州工艺周）组委会
金国荣	男	汉	萧山区金国荣青瓷艺术馆	馆长	全国传统工艺薪传奖银奖	第十三届浙江·中国非物质文化遗产博览会（杭州工艺周）组委会
曹开宇	男	汉	区不动产登记服务中心	副主任	2021 年度宣传报道优秀个人	中国自然资源报社

浙江省先进个人一览表

表 76

姓　名	性别	民族	工　作　单　位	职　务	荣　誉　称　号	授　予　单　位
鲁冠球	男	汉	万向集团	集团创始人，原党委书记、董事局主席	浙江省优秀共产党员	省委
钟望达	男	汉	戴村镇政府佛山村委会	党总支书记	浙江省优秀共产党员	省委
全仁夫	男	汉	萧山区中医院	党委书记、院长	浙江省优秀共产党员	省委
郭明明	男	汉	浙江东南架股份有限公司	董事长	浙江省优秀共产党员	省委

续表 76

姓　名	性别	民族	工　作　单　位	职　务	荣　誉　称　号	授　予　单　位
郑剑锋	男	汉	益农镇群围村委会	党总支书记、村委主任	浙江省优秀党务工作者	省委
顾　芸	女	汉	北干街道工人路社区居委会	党委书记	浙江省优秀党务工作者	省委
黄晓军	男	汉	区委宣传部	网信办秘书科科长	浙江省网信工作先进个人	省委办公厅
沈　钰	男	汉	区委政法委	办公室主任	平安护航建党 100 周年成绩突出个人	省委省政府
沈　燕	女	汉	区委统战部	民革区基层委副主委	2017—2021 年度先进个人	民革省委会
陈丽君	女	汉	区委统战部	民进区委会副主委兼秘书长	2017—2021 年度优秀会务工作者	民进省委会
张昳晶	女	汉	区委统战部	区侨联秘书长	浙江省侨联系统侨务工作及抗击新冠肺炎疫情成绩突出个人	省侨联
金维立	女	汉	区委编办	副主任	浙江省事业单位改革成效突出个人	省事业单位改革领导小组
王建民	男	汉	区委编办	机构编制管理科科长	浙江省事业单位改革成效突出个人	省事业单位改革领导小组
徐　洋	男	汉	公安萧山分局	瓜沥派出所民警	个人二等功	省公安厅
吴　蒙	男	汉	公安萧山分局	经侦大队民警	个人二等功	省公安厅
楼鹏飞	男	汉	公安萧山分局	经侦大队民警	“护航 2021”打击侵害企业利益经济犯罪专项行动成绩突出个人	省公安厅省检察院
周　斌	男	汉	公安萧山分局	环食药大队副大队长	浙江省卷烟打假打私工作成绩突出个人	省烟草专卖局省公安厅
华森强	男	汉	公安萧山分局	环食药大队民警	浙江省卷烟打假打私工作成绩突出个人	省烟草专卖局省公安厅
方建华	男	汉	公安萧山分局	刑侦大队副大队长	浙江省“净网”专项行动成绩突出个人	省公安厅
鲍军民	男	汉	公安萧山分局	交警大队车管所民警	浙江省车辆检测“一件事”集成改革工作成绩突出个人	省公安厅
郑卜训	男	汉	区法院	民事审判四庭（综合审判庭）庭长	个人二等功	省高级人民法院
杜志慧	男	汉	区法院	宁围（亚运村）人民法庭庭长	2021 年度浙江省知识产权保护工作成绩突出个人	省知识产权强省建设工作联席会议办公室
周益萍	女	汉	区法院	行政审判庭庭长	全省扫黑除恶专项斗争先进个人	省委办公厅省政府办公厅
吴明达	男	汉	区司法局	新街司法所所长	浙江省司法行政系统岗位技能比武个人三等奖	省司法厅
陆永良	男	汉	区司法局	二级调研员	社会服务先进个人	民盟省委会
王火法	男	汉	区农业农村局	局党委委员、副局长	“十三五”浙江省实行最严格水资源管理制度成绩突出个人	省政府办公厅

续表 76

姓　名	性别	民族	工　作　单　位	职　务	荣　誉　称　号	授　予　单　位
周玲娜	女	汉	区农业农村局	农地管理科科员	浙江省农村宅基地工作成绩突出个人	省政府办公厅
李在达	男	汉	区农业农村局	渔业执法中队副队长	浙江省林业规划财务工作突出贡献个人	省林业局
孔林春	男	汉	区农业农村局	林政管理科副科长	浙江省松材线虫病防治工作和全面禁止非法交易滥食野生动物工作突出贡献个人	省政府办公厅
张　荣	男	汉	区农业农村局	林业执法中队副队长	浙江省松材线虫病防治工作和全面禁止非法交易滥食野生动物工作突出贡献个人	省政府办公厅
朱逸鸣	男	汉	区农业农村局	渔业执法中队队长	浙江省农业农村系统农业和渔业执法工作先进个人	省农业农村厅
李洪洲	男	汉	区农业农村局	畜牧业执法中队队长	浙江省农业农村系统农业和渔业执法工作先进个人	省农业农村厅
曹喆锋	男	汉	区农业农村局	局党委委员、副局长	浙江省新时代乡村集成改革工作成绩突出个人	省农村工作领导小组办公室省农业农村厅
茹　敏	女	汉	萧山区税务局	社会保险费和非税收入科副科长	浙江省巾帼建功能手	省妇联
俞仙法	男	汉	萧山区税务局	退休干部	浙江省最美助力之星	中共浙江省委老干部局
谢　平	男	汉	萧山区税务局	退休干部	浙江省最美助力之星	中共浙江省委老干部局
钟　苘	女	汉	区财政局	区财政项目预算审核中心主任	2021 年度优秀基层组织负责人	民进省委会
王　君	女	汉	区应急管理局	应急管理科科长	省委省政府“平安护航建党100周年”成绩突出个人	省委政法委
李桁洲	男	汉	区信访局	接访科副科长	人民满意窗口工作成绩突出个人	省信访局
谢长海	男	汉	区住建局	人防事务中心主任	2021 年度全省人民防空工作先进个人	省人防办
汪新来	男	汉	区科学技术局	局长、九三学社区基层委主委	2021 年度优秀社务工作者	九三学社省委会
王登承	男	汉	农工党区基层委	专职副主委	2021 年度参政议政工作先进个人	农工党省委会
蔡秀文	女	汉	区红十字会	党组书记、常务副会长	新冠肺炎疫情防控先进个人	省红十字会
曹开宇	男	汉	区不动产登记服务中心	副主任	2021 年度浙江省不动产登记成绩突出个人	省自然资源厅
谭玉娇	女	汉	杭州萧山国际机场有限公司	动力机电与能源管理部物业维修室仓管员	个人一等功	省政府
蔡磊明	男	汉	杭州萧山国际机场有限公司	航空地勤服务公司第二党支部书记、旅客服务部经理	浙江省担当有为好支书	省委组织部

续表 76

姓　名	性别	民族	工　作　单　位	职　务	荣　誉　称　号	授　予　单　位
范铁男	男	汉	杭州萧山国际机场有限公司	飞行区管理中心（运行管理中心）党委副书记、纪委书记	浙江省国资国企系统优秀党务工作者	省国资委党委
苑文弟	男	汉	杭州萧山国际机场有限公司	飞行区管理中心（运行管理中心）标准管理室经理	浙江省国资国企系统优秀共产党员	省国资委党委
陈昊程	男	汉	杭州萧山国际机场有限公司	安检护卫部客检二科操机员	浙江金蓝领	省总工会
蒋凯阳	女	汉	杭州萧山国际机场有限公司	安检护卫部货检科操机员	浙江金蓝领	省总工会
吴海燕	女	汉	杭州萧山国际机场有限公司	安检护卫部客检一科队长	华东民航五一巾帼标兵	中国民航工会华东地区管理局委员会
陈雪羽	女	汉	杭州萧山国际机场有限公司	航空地勤服务公司行李部经理	华东民航五一巾帼标兵	中国民航工会华东地区管理局委员会
张秀红	女	汉	杭州萧山国际机场有限公司	航空物流有限公司国际部班组长	华东民航五一巾帼标兵	中国民航工会华东地区管理局委员会
陈文鑫	男	汉	杭州萧山国际机场有限公司	场区管理中心交通管理室交通规划助理	第一届华东民航青年岗位能手	华东民航青年工作联席会
何　飞	男	汉	杭州萧山国际机场有限公司	动力机电与能源管理部物业维修室维修员	第一届华东民航优秀共青团员	华东民航青年工作联席会
叶陈翰	男	汉	杭州萧山国际机场有限公司	航站区管理中心团支部书记	第一届华东民航优秀共青团干部	华东民航青年工作联席会
徐海蛟	男	汉	省残疾人文化体育指导中心	运动员	个人一等功	省政府
陈思帆	女	汉	省残疾人文化体育指导中心	运动员	个人一等功	省政府
钱金芝	女	汉	省残疾人文化体育指导中心	运动员	个人二等功	省政府
孔栋炜	男	汉	省残疾人文化体育指导中心	运动员	个人二等功	省政府
王李超	男	汉	省残疾人文化体育指导中心	运动员	浙江省劳动模范	省功勋荣誉表彰工作领导小组
王李超	男	汉	省残疾人文化体育指导中心	运动员	通报表扬	省政府
姚依楠	女	汉	省残疾人文化体育指导中心	运动员	通报表扬	省政府
赵卓依	女	汉	省残疾人文化体育指导中心	运动员	通报表扬	省政府
李曼丽	女	汉	省残疾人文化体育指导中心	运动员	通报表扬	省政府
谢星浩	男	汉	省残疾人文化体育指导中心	运动员	通报表扬	省政府

续表 76

姓 名	性别	民族	工 作 单 位	职 务	荣 誉 称 号	授 予 单 位
周灿明	男	汉	省残疾人文化体育指导中心	运动员	通报表扬	省政府
蔡 莉	女	汉	省残疾人文化体育指导中心	运动员	通报表扬	省政府
徐志杨	男	汉	区就业管理服务中心	主任	浙江省“最美公务员”	省委组织部省委宣传部
施必成	男	汉	区社会保障管理服务中心	一级科员	浙江“人社知识通”	省人力资源和社会保障厅
董柯锋	男	汉	区教育局	副局长	2017—2021 年度优秀会员	民进省委会
邵 菲	女	汉	区文化馆	表演艺术中心主任	第二届浙江省农民故事大赛二等奖浙江省“三农”宣讲员	省农业农村厅
许红平	男	汉	杭州萧山技师学院	院长	第三届浙江省黄炎培职业教育“杰出校长奖”	省中华职业教育社省教育厅省人力资源和社会保障厅
吴宏霞	女	汉	杭州萧山技师学院	副院长	浙江省技工院校技能比赛一等奖	浙江省职业技能教学研究所
毛永成	男	汉	杭州萧山技师学院	教师	浙江省技术能手	省人力资源社会保障厅
朱巍巍	女	汉	杭州萧山技师学院	教师	浙江省技术能手	省人力资源社会保障厅
倪晴方	女	汉	区市场监督管理局	知识产权保护科科长	浙江省知识产权保护工作成绩突出个人	省知识产权强省建设工作联席会议办公室
程 曦	男	汉	区市场监督管理局	执法二中队队长	浙江省市场监管重大案件查处个人三等功、浙江省市场监管系统执法办案能手	省市场监管局
程 曦	男	汉	区市场监督管理局	执法二中队	药品科学监管突出贡献个人奖	省药品监督管理局
俞孝敏	女	汉	区市场监督管理局	执法二中队	浙江省市场监管系统执法办案能手、浙江省市场监管执法成绩突出个人	省市场监管局
方 宇	女	汉	区市场监督管理局	钱江世纪城市场监管所所长	浙江省市场监管安全保障工作成绩突出个人	省市场监管局
漏佳伟	女	汉	区市场监督管理局	药品监督管理科	浙江省药品检查工作突出个人	省药品监督管理局
张尧北平	男	汉	区市场监督管理局	行政审批分局	浙江省市场监管系统服务标兵	省市场监管局省药品监督管理局
沈 惠	女	汉	区市场监督管理局	四级调研员	2021 年度优秀社务工作者	九三学社省委会
王迪钦	男	汉	萧山邮政管理局	副局长	浙江省邮政管理系统担当好干部	省邮政管理局
沈 燕	女	汉	瓜沥镇沙田头村委会	党委委员、村委委员	浙江省第四期中国妇女社会地位调查成绩突出个人	省妇联
杨 明	男	汉	贵州省黔西市锦绣学校	教师	浙江省诚实守信道德模范	省委、省政府
邵利军	男	汉	靖江街道光明村委会	党总支书记、村委会主任	浙江省担当作为好支书	省委组织部

续表 76

姓名	性别	民族	工作单位	职务	荣誉称号	授予单位
鲍新枝	女	汉	靖江街道办事处	经管站副站长	浙江省第七次人口普查省级成绩突出先进个人	省政府第七次人口普查领导小组
鲍新枝	女	汉	靖江街道办事处	经管站副站长	浙江省第七次人口普查先进个人	省统计局
孔令峰	男	汉	临浦镇政府	农业农村办公室主任	浙江省粮食增产保供成绩突出个人	省政府办公厅
郑剑锋	男	汉	益农镇群围村委会	党总支书记	浙江省优秀党务工作者	省委
朱晓琳	女	汉	萧山经济技术开发区财政局	会计结算与财政审价中心副主任	浙江省“五水共治”工作先进个人	省美丽浙江建设领导小组“五水共治”（河长制）办公室
张冠军	男	汉	城厢街道太平弄社区居委会	书记	浙江省退役军人服务保障体系建设先进个人	省委退役军人事务工作领导小组办公室
吴　伟	男	汉	区国防动员服务保障中心	主任	浙江省首届“最美拥军人物”	省委宣传部、省双拥办省军区政治工作局
黄伟潮	男	汉	亚太机电集团有限公司	董事长	优秀共产党员	省工商联
冯步安	男	汉	浙江辰龙检测技术有限公司	总经理	2017—2021 年度先进个人	民革省委会
吴依群	女	汉	钱江世纪城管委会	投资促进局副局长	2017—2021 年度先进个人	民革省委会
杨　勇	男	汉	杭州华纳国际影城有限公司	总经理	2017—2021 年度优秀会员	民进省委会
冯霄飞	男	汉	浙江展博律师事务所	主任	2021 年度反映社情民意信息工作先进个人	农工党省委会
王高峰	男	汉	浙江纬通控股集团有限公司	董事长	2021 年度社会服务工作先进个人	农工党省委会
翁　杰	男	汉	萧山区石岩医院	副院长	2021 年度社会服务工作先进个人	农工党省委会
朱米华	女	汉	蜀山街道办事处	副主任	2021 年度全省社会服务工作先进个人	九三学社省委会
朱米华	女	汉	蜀山街道办事处	副主任	第五届“浙江省最美文物守望者”	省文物局
金鲜花	女	汉	传化化学集团技术研究院	副院长	2021 年度全省社会服务工作先进个人、2021 年度优秀社员	九三学社省委会
来　江	男	汉	杭州华浙建设科技有限公司	董事长	2021 年度全省社会服务工作先进个人	九三学社省委会
章卫萍	女	汉	杭州道易饰品设计有限公司	设计主任	2021 年度优秀社员	九三学社省委会

统计资料

2021年萧山区国民经济主要指标统计表（一）

表 77

指 标 名 称	计量单位	2021 年	2020 年	2019 年
生产总值（现价）	亿元	2011.62	1829.89	1852.00
第一产业	亿元	58.41	60.03	58.29
第二产业	亿元	775.27	715.80	774.16
其中，工业	亿元	686.14	638.62	703.00
第三产业	亿元	1177.94	1054.05	1022.70
农业总产值	万元	90.16	94.18	97.96
粮食总产量（含大豆）	万吨	7.25	7.00	6.78
棉花总产量	吨	61.00	64.00	81.00
油菜籽总产量	吨	7011.00	6061.00	5514.00
生猪全年饲养量	万头	68.62	68.54	109.60
茶叶总产量	吨	607.00	495.00	619.00
蔬菜总产量	万吨	92.64	94.09	91.15
水果总产量	万吨	8.44	8.69	9.25
水产品产量	万吨	3.69	3.68	3.63

2021年萧山区国民经济主要指标统计表（二）

表 78

指　标　名　称	计量单位	2021 年	2020 年	2019 年
社会消费品零售总额	亿元	813.43	719.97	771.77
当年实际利用外资	亿美元	8.86	8.42	9.24
出口额	万美元	1220101	879911	927039
出口额	亿元	788.42	609.02	638.73
财政总收入	亿元	564.98	461.03	430.44
一般公共财政收入	亿元	343.03	300.03	267.66
预算内财政总支出	亿元	324.23	275.65	275.43
金融机构存款余额（本外币）	亿元	5919.69	5531.34	4870.97
其中，住户存款	亿元	2617.23	2316.17	2001.07
金融机构贷款余额（本外币）	亿元	5897.40	5096.74	4428.49
城乡常住居民人均可支配收入	元	68030	62184	61594
农村常住居民人均可支配收入	元	46657	43847	41132
城镇常住居民人均可支配收入	元	75935	73116	70702
商品零售价格总指数	%	102.2	101.6	102.2
居民消费价格总指数	%	101.4	102.2	102.5

2021年萧山区国民经济主要指标统计表（三）

表 79

指　标　名　称	计量单位	2021 年	2020 年	2019 年
平均每人生产总值（现价，平均常住人口）	元	98803	89876	97167
第一产业	元	2869	2948	3058
第二产业	元	38078	35157	40617
其中，工业	元	33700	31366	36884
第三产业	元	57856	51771	53657
平均每人社会消费品零售额	元	39952	36353	40492
平均每人财政总收入	元	27750	22644	22584
其中，一般公共财政收入	元	16848	14736	14043
平均每人住户存款余额	元	127297	114889	102883
平均每万人拥有医疗病床数	张	51.77	49.21	47.87
平均每万人拥有卫生技术人员数	人	75.19	71.74	68.73
其中，医生	人	27.62	27.02	25.28

2021年萧山区各平台主要经济指标统计表（一）

表 80

名　　称	户籍总户数（户）	户籍总人口（人）	财政总收入（亿元）	一般公共预算收入（亿元）	固定资产投资（亿元）	工业投资（亿元）
萧山经济技术开发区	39771	129206	154.01	85.24	123.14	34.06
开发区本级	7722	18865	114.07	62.33	111.43	28.77
宁围街道	11173	38203	21.06	12.96	6.50	2.32
新街街道	20876	72138	18.89	9.95	5.20	2.97
临空经济示范区	20956	79237	24.93	13.93	100.84	9.68
经济区本级	—	—	10.34	5.66	87.67	4.20
靖江街道	10459	37699	5.47	3.33	7.87	2.31
南阳街道	10497	41538	6.29	3.50	4.23	2.10
红山农场	—	—	2.83	1.43	1.08	1.08
钱江世纪城	13559	43027	91.39	60.43	106.36	—
湘湖国家旅游度假区	11077	38200	19.61	10.23	28.41	5.16
度假区本级	—	—	12.84	6.14	25.24	4.54
闻堰街道	11077	38200	6.77	4.09	3.16	0.61

2021年萧山区各平台主要经济指标统计表（二）

表 81

单位：亿元

名　　称	规上工业增加值	规上高新产业增加值	规上工业利税总额	规上工业利润总额	规上服务业增加值	规上数字经济增加值	出口额	限额以上社会消费品零售额
萧山经济技术开发区	176.82	137.89	86.17	69.54	109.03	65.19	196.31	260.54
开发区本级	129.26	101.87	56.98	46.13	71.37	52.5	137.18	99.05
宁围街道	28.15	28.05	19.26	17.47	33.68	7.12	31.01	148.04
新街街道	19.41	7.96	9.93	5.94	3.98	5.57	28.12	13.44
临空经济示范区	53.15	39.75	21.23	14.86	39.16	28.79	115.34	5.55
经济区本级	4.69	3.51	1.66	0.95	37.19	20.04	85.86	4.41
靖江街道	14.88	11.10	5.33	4.13	0.67	3.81	13.78	0.56
南阳街道	18.05	11.13	7.78	4.79	1.44	4.10	13.76	0.57
红山农场	15.53	14.02	6.48	5.00	–0.14	0.84	1.94	—
钱江世纪城	3.11	—	2.81	2.45	26.36	9.39	27.23	32.77
湘湖国家旅游度假区	12.19	10.38	2.73	1.48	6.25	3.67	19.75	22.02
度假区本级	4.10	4.10	0.40	0.17	5.31	3.13	2.59	18.05
闻堰街道	8.09	6.28	2.33	1.30	0.94	0.54	17.16	3.97

2021年萧山区各镇（街道）主要经济指标统计表

表 82

镇（街道）	户籍总户数（户）	户籍总人口（人）	地区生产总值（亿元）	财政总收入（亿元）	一般公共预算收入（亿元）	规上工业增加值（亿元）	规上高新产业增加值（亿元）	规上工业利税总额（亿元）	规上工业利润总额（亿元）	规上服务业增加值（亿元）	规上数字经济增加值（亿元）	出口额（亿元）	限额以上社零（亿元）
城厢街道	39945	114271	104.26	15.63	10.14	6.52	5.53	2.27	1.43	7.32	1.04	15.02	11.18
北干街道	29736	88234	135.57	63.05	40.47	0.62	0.17	0.22	0.00	28.34	1.65	59.66	35.00
蜀山街道	12580	56134	74.83	25.27	16.22	16.78	11.24	6.27	4.09	1.94	0.77	13.81	10.35
新塘街道	21681	78116	105.91	26.79	17.33	14.39	5.68	6.13	3.02	4.95	1.82	56.51	16.63
闻堰街道	11077	38200	38.13	6.77	4.09	8.09	6.28	2.33	1.30	0.94	0.54	17.16	3.97
宁围街道	11173	38203	117.94	21.06	12.96	28.15	28.05	19.26	17.47	33.68	7.12	31.01	148.04
盈丰街道	13559	43027	—	—	—	—	—	—	—	—	—	—	—
新街街道	20876	72138	77.14	18.89	9.95	19.41	7.96	9.93	5.94	3.98	5.57	28.12	13.44
靖江街道	10459	37699	41.42	5.47	3.33	14.88	11.10	5.33	4.13	0.67	3.81	13.78	0.56
南阳街道	10497	41538	48.51	6.29	3.50	18.05	11.13	7.78	4.79	1.44	4.10	13.76	0.57
楼塔镇	8159	26927	13.77	0.93	0.52	4.11	2.66	1.15	0.75	0.01	0.33	6.50	0.02
河上镇	9186	28960	34.47	4.37	2.49	20.55	17.55	12.28	10.45	0.10	0.50	6.62	0.19
戴村镇	10982	38767	28.97	5.84	3.38	5.72	4.54	2.09	1.34	0.67	2.12	8.51	1.37
临浦镇	16677	56811	66.64	8.39	4.59	23.33	10.10	7.64	4.23	2.30	1.78	16.08	2.12
浦阳镇	9698	32530	32.27	5.52	3.48	9.02	6.48	3.91	2.68	0.36	2.49	9.55	0.36
进化镇	13604	47871	24.05	2.66	1.52	5.59	4.08	2.04	1.24	0.08	0.44	7.20	1.72
所前镇	10720	41072	43.17	9.09	5.52	11.52	6.29	4.38	2.79	1.70	2.10	17.60	1.44
义桥镇	17827	60719	61.85	14.07	7.72	21.60	14.06	7.98	4.99	1.58	2.03	27.24	8.55
衙前镇	6782	27199	80.14	15.28	8.00	47.84	11.5	41.81	35.54	4.49	0.45	72.30	2.80
瓜沥镇	46891	165476	182.66	23.06	13.35	79.42	47.47	30.53	21.13	1.93	3.62	79.07	8.69
益农镇	12251	43775	41.62	6.20	3.41	17.72	6.78	18.5	15.89	1.05	0.13	5.88	0.78
党湾镇	12356	43523	46.93	7.95	4.28	21.86	17.65	7.36	4.96	1.60	0.37	27.70	0.01

注：盈丰街道经济数据统计在钱江世纪城内，街道本级无单独经济数据。新街街道人口含红垦农场1721人、红山农场5972人。

2021年杭州市各区县市主要经济指标统计表（一）

表 83

市、县、区	年末常住人口（万人）	城镇化率（%）	地区生产总值		农业增加值		工业增加值		一产增加值		二产增加值		三产增加值	
			累计（亿元）	比上年±（%）	累计（亿元）	比上年±（%）	累计（亿元）	比上年±（%）	累计（亿元）	比上年±（%）	累计（亿元）	比上年±（%）	累计（亿元）	比上年±（%）
杭州市	1220.40	83.60	18109.42	8.5	341.938	2.0	4805.29	9.0	333.49	1.8	5488.62	8.6	12287.31	8.7
上城区	133.50	100.00	2417.51	7.2	—	—	487.81	5.6	—	—	604.66	5.1	1812.85	7.8
拱墅区	114.50	100.00	1968.56	8.1	—	—	127.04	5.1	—	—	193.79	4.3	1774.77	8.5
西湖区	111.80	97.10	1904.22	10.7	3.20	−1.2	104.92	15.8	3.10	−1.2	144.00	10.5	1757.12	10.8
滨江区	52.50	100.00	2022.60	11.3	0.48	−27.3	840.99	12.9	0.48	−27.3	859.05	12.9	1163.07	10.2
萧山区	205.60	80.90	2011.62	8.7	60.77	2.0	686.14	7.8	58.41	1.7	775.27	7.7	1177.94	9.7
余杭区	130.90	72.90	2502.20	7.5	41.63	2.1	299.39	13.3	39.74	1.7	336.98	13.5	2125.48	6.7
临平区	119.10	89.50	940.09	10.6	16.13	4.1	478.72	10.7	15.42	3.8	505.89	10.8	418.78	10.6
钱塘区	79.30	88.40	1218.23	6.6	14.31	−4.8	783.01	5.6	13.96	−5.0	828.63	5.7	375.65	9.0
富阳区	83.90	71.60	873.30	7.7	49.91	2.2	335.58	7.6	49.52	2.2	391.44	9.6	432.34	6.8
临安区	64.20	59.80	658.35	7.6	46.21	2.2	289.60	10.3	45.57	2.1	331.99	8.5	280.79	7.6
桐庐县	45.50	70.90	413.88	9.5	26.62	2.7	150.13	9.1	26.11	2.6	188.04	11.2	199.73	8.9
淳安县	32.80	48.60	255.17	5.2	41.07	2.7	39.66	1.5	40.42	2.6	63.70	−0.5	151.05	8.5
建德市	44.40	53.20	430.60	7.5	38.65	3.9	182.29	10.7	37.81	3.8	217.09	9.0	175.70	6.6

2021年杭州市各区县市主要经济指标统计表（二）

表 84

市、县、区	数字经济增加值		规上工业营业收入		规上工业利税总额		规上工业利润总额		规上工业增加值		高新技术产业增加值		战略新兴产业增加值	
	累计（亿元）	比上年±（%）	累计（亿元）	比上年±（%）	累计（亿元）	比上年±（%）	累计（亿元）	比上年±（%）	累计（亿元）	比上年±（%）	累计（亿元）	比上年±（%）	累计（亿元）	比上年±（%）
杭州市	4905.00	11.5	19357.13	18.9	2144.17	10.0	1428.25	13.5	4100.06	10.6	2827.74	13.1	1850.55	17.6
上城区	76.60	12.0	925.79	5.4	361.47	5.0	77.83	−2.9	466.65	6.5	77.33	12.5	35.87	8.6
拱墅区	72.40	14.4	351.92	5.3	69.82	−3.2	49.46	−0.4	110.82	5.1	89.51	3.9	75.14	3.1
西湖区	790.50	15.2	431.86	35.1	68.08	80.7	56.38	100.3	91.75	20.5	76.94	24.1	46.74	39.3
滨江区	1596.20	16.0	3095.92	18.3	397.63	2.8	319.29	2.1	771.06	16.6	743.27	17.3	735.31	17.9
萧山区	150.70	18.0	3746.52	24.0	269.62	28.2	202.48	40.1	554.11	8.5	351.97	9.8	130.67	13.8
余杭区	1605.70	4.1	1049.56	18.6	110.35	16.2	85.91	26.3	248.44	16.7	198.00	22.2	126.89	33.4
临平区	61.80	15.8	1830.87	23.4	137.60	16.5	87.13	19.9	409.99	13.0	328.15	15.8	159.98	16.4
钱塘区	129.00	13.3	1332.18	25.1	118.84	5.8	90.77	3.6	677.17	6.5	487.22	4.9	283.45	13.5
富阳区	97.20	11.1	1639.34	22.6	154.43	−3.5	114.84	−3.2	269.85	9.1	177.86	14.9	102.10	21.4
临安区	83.10	18.3	3664.92	11.5	295.43	3.2	221.19	9.1	230.82	13.2	187.82	16.4	93.03	14.0
桐庐县	53.20	5.8	515.10	19.7	60.62	38.1	44.56	48.8	107.33	11.6	72.62	10.5	52.71	16.5
淳安县	7.40	3.6	116.40	5.8	16.51	33.3	12.08	47.0	28.79	6.4	12.14	18.8	2.24	−16.8
建德市	13.20	18.5	654.56	28.7	82.13	18.2	64.74	19.6	158.47	11.7	69.95	11.9	32.37	18.3

2021年杭州市各区县市主要经济指标统计表（三）

表85

市、县、区	装备制造业增加值		工业用电量		固定资产投资	项目民间投资	工业投资	高新产业投资	交通投资	生态环境和公共设施投资	房地产投资		房地产销售面积	
	累计（亿元）	比上年±（%）	累计（亿千瓦时）	比上年±（%）	比上年±（%）	比上年±（%）	比上年±（%）	比上年±（%）	比上年±（%）	比上年±（%）	累计（亿元）	比上年±（%）	累计（万平方米）	比上年±（%）
杭州市	2061.93	14.8	442.94	8.4	9.0	26.8	15.2	19.7	13.0	35.2	3628.33	1.5	2236.25	31.6
上城区	59.93	10.7	—	—	-8.3	41.2	-2.2	-33.4	48.8	4.1	551.19	-11.9	208.28	36.9
拱墅区	41.48	20.6	—	—	3.2	0.1	85.0	12.5	-71.8	-12.6	457.08	3.5	206.36	147.4
西湖区	43.33	9.4	—	—	0.7	38.5	71.9	17.6	-31.1	-21.1	195.26	-13.3	91.80	57.2
滨江区	718.04	18.4	—	—	2.7	8.8	28.2	31.6	170.2	24.6	144.69	-8.7	74.31	91.6
萧山区	**227.08**	**14.7**	**140.44**	**8.8**	**13.0**	**14.2**	**17.9**	**20.9**	**3.2**	**41.4**	**786.72**	**7.1**	**488.04**	**44.9**
余杭区	141.83	20.2	—	—	4.9	59.7	9.6	-9.5	314.9	41.5	311.38	-15.7	201.96	-12.8
临平区	252.15	16.6	—	—	18.9	40.1	20.7	34.2	233.1	105.4	311.97	7.3	270.34	54.2
钱塘区	278.94	4.1	—	—	12.1	46.3	15.4	52.2	-19.4	73.2	177.42	13.1	165.81	155.7
富阳区	126.22	20.4	44.51	-5.3	36.2	45.9	34.9	120.1	-0.3	49.9	238.15	29.1	173.47	6.2
临安区	137.98	20.0	28.79	6.3	14.6	32.3	15.2	20.5	8.4	38.7	313.51	12.8	230.50	-14.3
桐庐县	57.04	20.4	16.90	12.9	29.5	23.9	27.5	33.8	-29.4	29.3	59.18	60.0	46.97	17.8
淳安县	3.73	-1.5	6.69	4.6	-14.8	19.0	41.9	40.4	-82.5	19.7	43.51	19.4	32.11	1.0
建德市	18.54	36.5	32.15	8.8	-12.3	-15.3	-12.9	24.8	-56.8	-27.6	38.27	3.5	46.30	-14.4

2021年杭州市各区县市主要经济指标统计表（四）

表86

市、县、区	财政总收入		一般公共预算收入		社会消费品零售总额		进出口总额		出口额		城镇居民可支配收入		农村居民可支配收入	
	累计（亿元）	比上年±（%）	累计（亿元）	比上年±（%）	累计（亿元）	比上年±（%）	累计（亿元）	比上年±（%）	累计（亿元）	比上年±（%）	累计（元）	比上年±（%）	累计（元）	比上年±（%）
杭州市	4561.72	18.4	2386.59	14.0	6743.52	11.4	6899.40	24.5	4460.76	27.2	74700	8.8	42692	10.3
上城区	377.79	5.8	201.38	7.6	976.86	10.6	633.08	11.3	361.80	19.8	76652	8.4	—	—
拱墅区	322.04	7.3	179.54	6.9	1273.38	11.2	883.08	26.8	401.40	31.3	77076	8.8	—	—
西湖区	345.67	8.8	175.67	8.5	787.63	14.2	378.10	26.0	309.37	29.7	80307	8.9	—	—
滨江区	406.99	13.6	202.89	11.0	476.72	11.2	1088.57	35.5	734.36	34.6	76498	9.2	—	—
萧山区	**564.98**	**22.6**	**343.03**	**14.3**	**813.43**	**14.4**	**1027.07**	**29.7**	**788.42**	**29.2**	**75935**	**8.5**	**46657**	**9.5**
余杭区	745.31	20.2	375.69	19.5	676.29	22.7	348.58	34.3	325.01	35.6	77184	9.2	48705	10.4
临平区	247.08	20.2	151.33	19.5	349.00	11.8	350.72	29.7	328.13	29.8	—	—	—	—
钱塘区	240.61	26.5	117.31	17.0	339.50	9.6	1028.60	15.5	584.78	20.7	—	—	—	—
富阳区	174.60	25.9	105.02	16.5	417.43	9.2	401.59	33.5	169.47	26.3	69316	9.5	42051	10.4
临安区	148.92	35.9	90.39	31.9	212.68	11.4	244.43	32.6	164.85	25.3	65377	9.4	39506	10.3
桐庐县	67.58	15.9	38.40	12.2	158.62	15.4	95.86	26.7	87.12	23.4	61982	9.8	37951	11.0
淳安县	47.76	19.0	25.94	14.0	90.03	7.5	14.42	12.4	13.16	15.2	53002	8.2	24675	9.8
建德市	66.61	19.7	38.50	12.5	126.06	10.5	99.27	19.1	86.56	13.3	60183	9.5	33807	9.9

萧山区 2020年第七次全国人口普查主要数据公报 [1]

根据《全国人口普查条例》和国务院的决定，我国以 2020 年 11 月 1 日零时为标准时点进行了第七次全国人口普查。在国务院第七次全国人口普查领导小组的统一领导和省、市、区各级人民政府的精心组织下，在全体普查对象的支持配合下，经过广大普查工作人员的艰苦努力，人口普查主要阶段任务已圆满完成。现将萧山区快速汇总的主要数据公布如下：

一、总人口

全区常住人口 [2] 为 2011699 人，与 2010 年第六次全国人口普查的 1346190 人相比，10 年共增加 665509 人，增长 49.44%，年平均增长率为 4.09%。

二、户别构成

全区共有家庭户 [3]753800 户，集体户 78170 户，家庭户人口为 1814188 人，集体户人口为 197511 人。平均每个家庭户的人口为 2.41 人，比 2010 年第六次全国人口普查的 2.83 人减少 0.42 人。

三、性别构成

全区人口中，男性人口 1064716 人，占 52.93%，女性人口 946983 人，占 47.07%。总人口性别比（以女性为 100，男性对女性的比例）为 112.43，与 2010 年第六次全国人口普查的 102.40 相比，有所上升。

四、年龄构成

全区常住人口中，0—14 岁人口为 252112 人，占 12.53%；15—59 岁人口为 1428078 人，占 70.99%；60 岁及以上人口为 331509 人，占 16.48%，其中 65 岁及以上人口为 230130 人，占 11.44%。与 2010 年第六次全国人口普查相比，0—14 岁人口的比重下降 0.49 个百分点，15—59 岁人口的比重下降 1.95 个百分点，60 岁及以上人口的比重上升 2.45 个百分点，65 岁及以上人口的比重上升 2.35 个百分点。

萧山区人口年龄构成表

年　龄	人口（人）	比重（%）
总　计	2011699	100
0—14 岁	252112	12.53
15—59 岁	1428078	70.99
60 岁及以上	331509	16.48
其中，65 岁及以上	230130	11.44

五、教育程度

全区常住人口中，拥有大学（指大专及以上）文化程度的人口为 460127 人；拥有高中（含中专）文化程度的人口为 283526 人；拥有初中文化程度的人口为 586738 人；拥有小学文化程度的人口为 507975 人（以上各种受教育程度的人包括各类学校的毕业生、肄业生和在校生）。与 2010 年第六次全国人口普查相比，每 10 万人中拥有大学文化程度的由 9913 人上升为 22873 人；拥有高中文化程度的由 13963 人上升为 14094 人；拥有初中文化程度的由 35497 人下降为 29166 人；拥有小学文化程度的由 30151 人下降为 25251 人。

全区常住人口中，文盲人口（15 岁及以上不识字的人）为 42621 人，与 2010 年第六次全国人口普查相比，文盲人口减少 29802 人，文盲率 [4] 由 5.38% 下降为 2.12%，下降 3.26 个百分点。

六、城乡 [5] 构成

全区常住人口中，居住在城镇的人口为 1625340 人，占 80.79%；居住在乡村的人口为 386359 人，占 19.21%。与 2010 年第六次全国人口普查相比，城镇人口增加 768637 人，乡村人口减少 103128 人，城镇人口比重上升 17.15 个百分点。

注：[1] 公报于 2021 年 7 月发布，数据均为初步汇总数。

[2] 常住人口包括：居住在本乡镇街道且户口在本乡镇街道或户口待定的人；居住在本乡镇街道且离开户口登记地所在的乡镇街道半年以上的人；户口在本乡镇街道且外出不满半年或在境外工作学习的人。

[3] 家庭户是指以家庭成员关系为主、居住一处共同生活的人组成的户。

[4] 文盲率是指常住人口中 15 岁及以上不识字人口所占比例。

[5] 城镇、乡村是按国家统计局《统计上划分城乡的规定》划分的。

（区统计局）

调研报告选编

萧山区构建数智亚运安保体系的实践与探索

2022年第19届亚运会是杭州近年来承担的又一项国家任务，是在“两个一百年”历史交汇期主办的重大国际性体育赛事。萧山区作为杭州亚运会的主战场，围绕“绿色、智能、节俭、文明”办会理念，提出“亚运国际城·数智新萧山”总体部署，奋力打造“重要窗口”示范样板和新时代共同富裕新标杆，勇当省市社会主义现代化建设排头兵。萧山公安作为亚运安保的主力军，深入贯彻公安部现代警务体系、省委数字化改革、省厅现代警务模式等工作要求，探索数智引领的组织指挥、赛事安保、圈层防护、点面管控、综合保障五大安保体系，推动现代科学技术与亚运安保的深度融合，为高质量保障亚运会胜利召开提供坚强支撑。

一、构建数智亚运安保体系的背景

（一）智能亚运的现实要求。亚组委副秘书长、杭州市副市长陈卫强指出，智能亚运是中央、省市及亚奥理事会对杭州亚运会的期待，是杭州作为“中国互联网之都”“创新型城市”的特色展现，杭州将以智能亚运建设为牵引，全面提升数字经济发展水平，实现亚运会举办与城市可持续发展共赢。同时，智能亚运又是“办好一个会，提升一座城”的最好体现，将为杭州加快建设独特韵味别样精彩的世界名城、打造新时代全面展示中国特色社会主义制度优越性的重要窗口提供支撑。因此，围绕“互联网＋体育”概念，“智能亚运”将在杭州亚运会中得到广泛应用，并将同样体现在亚运安保实践中。

（二）数字化改革的发展要求。2021年2月18日，省委数字化改革大会指出，要认真贯彻落实习近平总书记关于全面深化改革和数字中国建设的重大部署，围绕忠实践行“八八战略”、奋力打造“重要窗口”主题主线，加快建设数字浙江，推进全省改革发展各项工作在新起点上实现新突破。亚运会作为近年来杭州承担的重要任务，必须融入省委数字化改革大局之中，亚运安保也必然要顺应这一发展大局，推动质量变革、效率变革、动力变革，实现整体智治，高效协同。

（三）亚运安保的实战需求。亚运会作为一项综合性体育赛事，安保工作相较于2016年的G20峰会，具有开放程度高、变量因素杂、参赛人数多、持续时间长、安保力量缺口大等特点。亚运会和亚残会持续时间将近2个月，萧山辖区涉及“一村九馆五训练馆两中心”，分布于9个主要镇街。根据预测，届时将有运动员、裁判员、媒体记者等2.7万人参加，开幕式参加人数预计达7万余人；疫情将始终是一个长期存在的重大不确定因素，将给安保维稳工作带来更多不确定性。前期，健康码等数字化手段的成功经验，充分证明了数字化对社会治理的积极作用。因此，充分运用大数据、机器学习、人工智能、物联网感知等新兴科学技术，建设“安保大脑”，深度融合业务模型体系，实现对各类风险隐患敏锐感知、精准预警，构建立体化、动态化数智安保体系是确保亚运会安全的必由之路。

二、构建数智亚运安保体系的具体实践

萧山区公安分局深入贯彻市亚组委、市公安局、萧山区委区政府决策部署，对标对表亚运安保实战需求，提前谋划、统筹推进亚运安保筹备工作，于2020年4月组建亚运安保工作专班，2021年初成立安保工作领导小组，构建“一办九组”组织架构，2022年2月根据杭州市和萧山区的统一部署，调整为“一办五组十专项组四片区”架构，形成“办统筹全局、组分项攻坚、片包干清底”的组织体系。研究制定《关于全面推进亚运智慧安保工作的实施意见》，梳理确定数智安保五大体系17大项29小项重点工作，落实挂图作战、四张清单、“日周月次”等工作机制，推动亚运安保各项筹备工作有序开展。

（一）构建精准高效的数智指挥体系。一是建设安保指挥部。推进1个基地指挥部、8个场馆指挥部，警卫、交通等5

个专项指挥部建设，配套建设集智能调度中台、融合视频会议、大屏智能镜像、多媒体及控制等多系统于一体的扁平化指挥平台，构建“中心点、赛事侧、社会面”三级智慧指挥体系。二是研发AR数智安保平台。借鉴乌镇互联网大会AR实景数智安保指挥管理平台实战经验，建设AR数智安保平台，通过航拍三维建模、智能交互技术，在线集成多维数据信息，打通各系统数据孤岛，开发资源搜索、线路警卫、应急处置等13项功能，实现警情、警力、人流、车流等安保动态实时掌握，安保数据实时更新，预警预测实时呈现，重点部位实时在控，实现亚运安保指挥调度一屏展示、秒级预警、轨迹溯源、即时响应。三是建设警用通信设施。立足指挥调度实际需要，根据《场馆安防基础设施建设指南》要求，积极推进亚运村及赛事场馆的警用无线通信设施建设，确保场馆内通信信号全覆盖、无死角，实现调度高效、指挥精准。

（二）构建立体无感的治安防控体系。一是建设全域感知网。按照“全域感知、圈层防护、实时在线、精密智控”要求，围绕三圈（入萧圈、入镇圈、入场馆圈）四层（水域、陆域、空域、网域）五线（杭甬高速、机场高速、杭甬铁路、杭黄铁路、杭长铁路），突出赛事重点区域，覆盖全区整体防控，全量接入智安校园、工地、医院、加油站等重点行业领域3500家单位感知设备，抢抓疫情契机，新增药店、电影院等28类密闭场所监控。二是建设圈层防护网。立足陆域，树立科学合理用警、提升核查效率理念，围绕“无感、精准、节约”目标，制定护城河检查站建设方案，智慧升级检查站平台，实现“无感安检”。围绕空域，紧盯工作空白，以杭州民用无人驾驶航空器管控平台为框架构建萧山分平台，结合大疆云哨固定式无人机管制系统，提升无人机侦测反制能力，拓展无人机实战应用水平。针对网域，推进建设网络空间安全综合防控系统，采用网络安全隔离、网络入侵防控、主机安全防护、数据全生命周期管理、访问控制等措施，完善网络安全防护机制，实现网络安靖、数据安全。三是建设数据智能应用网。建设视频智能解析中心，形成统一汇聚、算法融合的视频管理平台，提升数据融合分析能力，为实战部门提供强有力的数据支撑，提高公安机关维护政治稳定、防范打击犯罪、强化综合管理等方面的信息化智能化水平。

（三）构建实时监测的面上管控体系。一是提升基础管控能力。全量接入重点管控场所、危化品管控企业以及医院、学校、银行等内保单位感知数据，拓展信息数据获取渠道，扩大信息数据感知范围，确保数据鲜活实时、动态多维。创新研发“钉管家”在线人口服务管理平台，搭建覆盖百万人口的组织架构，导入现有人口相关数据，实现人口管理从逐户上门排查向精准核对转变。二是提升交通管控能力。围绕“安全、畅通”，智能化升级更新交警指挥中心、分中心和警卫装备、警员装备，结合通勤流线，对亚运村及赛事场馆周边、21条通勤道路、入萧通道等进行智能交通设施新建、改造和提升，推动车路协同、智能辅助驾驶等技术落地。三是提升消防管理能力。围绕亚运村及竞赛场馆，全面建设智慧消防前端感知、高空AR火情预警等监测设备，建设应急指挥部和指挥平台，提升亚运村及场馆整体火灾防控能力。

（四）构建绝对安全的场馆监管体系。一是严格场馆安全监管。确立同步施工、同步监管原则，成立场馆安全监管团队，按照《场馆安防基础设施建设指南》要求，提前与场馆施工单位沟通对接，落实相关建设标准，通过封闭式管理、施工人员背景审查、监控巡查、定期检查等方式开展场馆安全监管工作，保障亚运村、赛事场馆等重要部位绝对安全。二是组建联勤警务队伍。针对亚运村建设工期紧、施工单位多、人车数量大、警情案件高发等特点，会同住建、人社、应急管理等部门建立全省第一个工地版联勤警务室，落实3支联勤治理队伍，对工地进行集中化、智慧化管理，推动人车严管控、警情快处置、数据全融合、人员精预警，实现数字赋能全覆盖。三是严密监管监察闭环。会同专业科技公司组成联合自查小组，通过实地踏勘，对照指南标准，对各场馆安防基础设施建设开展全方位查验，并将查验结果形成书面报告下发各监管部门，推动整改措施到位，确保符合验收条件。

（五）构建专业实战的服务保障体系。一是组建专职团队。建设专职化的工作队伍，组建8支场馆团队、10支尖端团队和3个专项工作专班，制定亚运安保尖端团队专项练兵工作方案，编写课程教案37门，组织开展全警普训和开展53期1.3万人次专项培训，为亚运安保储备专业力量。二是强化全量支撑。研发“警管家”平台，依托大数据把好民警入警、入党、奖惩、提拔、适岗、监督、生活、退休等8道关口；建设蜂巢智管家平台，实施车辆、资产、装备、财务全周期管理，实现工作规范化、管理简便化、监督可视化，为亚运安保提供坚实的队伍和装备保障。三是开展实战测试。按照全要素、全流程测试演练要求，制定“一总十分”安保方案，依托数字化手段，严密落实各项安保措施，顺利完成奥体、临浦两场测试赛安保任务。开展全方位、多维度的复盘分析，提炼测试赛安保技战法，在亚组委测试赛总结会上作经验交流。

三、构建数智亚运安保体系的初步成效

（一）圈层防护体系初具规模。一是全域感知体系有效织密。通过“三圈四层五线多点”全域感知体系建设，已设和接入各类感知设备达13万路，亚运会前全区监控数量将达23万路，核心区密度将达471路/平方千米，实现亚运安保感知“设备在线化、数据实时化、决策数字化”，为全区各部门相关智能应用提供支撑。二是护城河防控圈有效稳固。利用前端感知技术和云啸智查平台，对过站人、车、物、证、码进行全程无感AI识别及大数据对撞，提升安检效率，有效解放警力，构建“圈层查控、要素管控、科技智控”的亚运安保护城河。目前，大中型客车过检用时减少三分之二，小客车过检可在12秒内完成且无须重复安检，检查站运行1小时即可完成原来1天的安检量。三是无人机管制圈有效建立。布设52人机侦测反制设备，覆盖机场净空区和亚运场馆区域等190平方千米，查处无人机“黑飞”案件19起，“黑飞”断崖下降至每日不到1次，得到副省长、公安厅厅长王成国批示肯定，并在全省公安特警无人机反制攻防实测对抗活动中作经验介绍。

（二）中端支撑基础不断强化。一是提升数据应用能力。健全前端8500路和后端1800路解析能力，优化提升识别算法，攻坚行为、体态等前沿图像分析技术，实现多算法融合应用，充分发挥视频监控的“千里眼”“顺风耳”作用，灵敏情报信息，引领指挥决策。二是优化数据云图组建。研发全域感知数字驾驶舱，涵盖社会单元、重点场所、公共交通及智安小区、校园等感知数据，围绕亚运安保圈层防控、要人警卫、通勤路线、护城河体系等要素开展三维实景应用场景开发，实时监测数据流量、质量、状态等关键指标，为实战模型研发提供数据支撑，有效赋能警务工作。三是深化实战模型研发。聚焦人口管理、警情研判、基础管控、侦查破案等重点，开展十大实战模型研发，易网办成为全省公安执法数字化改革首批典型应用场景；平安村社在线应用2.0获全省公安数改典型案例优秀应用，“一键护航”获浙江省城市大脑智慧城市场景应用优秀案例，4个项目入围市数字法治场景应用，3个模型入轨市局跑道。

（三）智能实战成果百花齐放。一是有效服务打击主业。高效运作视频智能解析中心，通过视频追踪、人脸识别抓拍等算法应用，已支撑1000多起案件破获，协助抓获72名逃犯，其中命案逃犯5名。二是有力支撑基础管控。充分发挥全域感知优势，灵敏各类信息数据，服务指挥决策。依托重点人员管控模型，导入全省在册重性精神障碍患者名册，划定萧山圈、关注圈、重点圈、生活圈，依托前段感知，接轨人证识别系统，打通民航、铁路、客运等数据库，实现进圈即感知、出圈即追踪、脱圈即预警。截至目前，已入萧感知69人，落地追踪出圈103人次，预警脱圈失轨人员63人次。三是有序助力社会治理。在原有平安村社“双十条”指标，“红黄黑”三色榜单基础上，研发平安村社指标在线应用，完成区、镇、村三级驾驶舱建设，覆盖全区559个村社。推出在线警务站、在线交治站、在线消防站三大场景，上线运行智慧楼宇、生命通道、敲门守护、重点矛盾、关爱帮扶、一图一码等8个在线应用，赋能全区村社干部开展平安智治工作。在盈丰街道丽晶国际试点建设智慧楼宇，新建600多套物联感知设备，研发智慧安防、智慧消防、智慧民生等应用场景，打造多高层楼宇治理样板，召开全市现场会推广。

四、构建数智亚运安保体系的下步工作

萧山分局将持续推进数智亚运安保体系建设，打造多维感知数据资源池，深化智慧安保应用模型，全面提升预测预警预防能力，以最佳的状态、最实的作风、最强的举措，为“智能亚运”保驾护航，向世界展示“中国之治”的创新风采。

（一）整体谋划，统筹推进。积极响应“亚运兴城攻坚年”行动号召，高速驶入亚运“安保工作年”轨道，立足智慧项目建设、基础排查、团队建设等方面，细化备战、临战、决战三个阶段具体任务，梯次开展系列专项活动，进一步明确方向、凝心聚力、鼓舞士气，形成攻坚克难、敢打必胜的亚运安保氛围。

（二）把握节点，攻坚克难。完成亚运安保五大体系17大项29小项任务，深入开展“护航亚运攻坚年”活动，重点解决解决全域感知体系、基础数据建设等方面缺乏统筹、重复建设、资金浪费等问题。始终将构建数智亚运安保体系作为践行数字治理赋能的重要内容，加强沟通衔接，争取各方支持，明确专人跟进，紧抓责任落实，确保各项建设任务保质保量完成。

（三）争先创优，打造品牌。深入贯彻“亚运总牵引·数智新公安”思路，深耕智慧安保项目建设，通过完善无人机侦测反制系统，争当空域管控“先驱者”，通过完善AR数智安保平台，下好数智安保“先手棋”，通过打造场馆安保团队样板，吹响赛事安保“先锋号”，加强总结提炼，完善智慧体系，打造品牌亮点。

（张亮　屠炳奎　郭滢南）

碳达峰背景下萧山工业发展面临的困境及出路

2020年9月22日，习近平总书记在联合国大会上郑重宣布，我国二氧化碳排放力争于2030年前达到峰值，努力争取2060年前实现碳中和。做好碳达峰、碳中和工作，是“十四五”及今后一段时期推动经济高质量发展和生态环境质量持续改善的重点任务。2021年7月20日，浙江省碳达峰碳中和工作领导小组第一次全体会议上，袁家军书记指出：实现碳达峰、碳中和是一场广泛而深刻的经济社会变革，不是“选择题”而是“必答题”；要狠抓工作落实，健全完善统筹协调机制、责任落实机制、试点示范机制、全社会参与机制，确保中央决策部署在浙江率先落地、率先见效。萧山作为工业大区、工业强区，要在全市率先实现“碳达峰”目标，工作任重道远。其中，工业领域的绿色低碳转型成为关键。

一、碳达峰的基本概念

碳排放与经济发展密切相关，经济发展需要消耗能源。碳排放的外部强约束正在形成，碳达峰、碳中和成为未来发展最迫切的任务之一。碳达峰是某个地区或行业年度二氧化碳排放量达到历史最高值然后经历平台期进入持续下降的过程，是二氧化碳排放量由增转降的历史拐点，标志着碳排放与经济发展实现脱钩（图1）。结合国际经验，达峰后仍需至少5年时间检验证明，5年内碳排放不超过峰值，才能表明该地区已碳达峰。

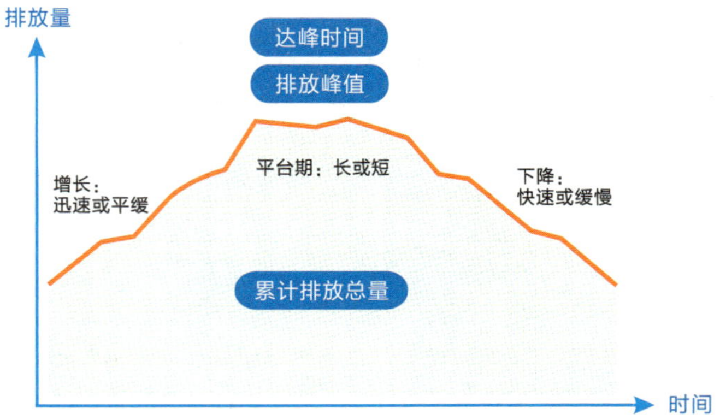

图1　地区实现碳达峰示意图

特征：发达国家和地区碳达峰进程的研究表明，碳达峰进程有其突出特征。在社会经济发展水平较高时，通过产业结构优化，调整石化与非石化能源比例以进一步降低碳排放并实现碳达峰，具体表现在：

1. 经济发展程度较高。伴随着城镇化进程和发展，能源需求逐步上升。各国和地区达峰前经济社会发展程度较高，由各项基础设施大规模建设导致的能源消费需求大幅降低。

2. 产业结构优化。三次产业结构不断优化，同时随着制造业分工更加细化，企业产前、产中、产后服务会从生产领域分离出来，各达峰国家已经进入服务业主导的经济发展阶段，同时碳排放峰值出现前高耗能工业品产量已达峰。

3. 清洁低碳能源利用高。在经济增长和能源需求增加的同时，持续削减煤炭发电，大力发展风能、太阳能、水能、海洋能、生物质能和地热能等，实现清洁能源代替火力发电。

二、萧山工业碳排放现状

“十三五”以来，萧山区三次产业结构持续优化，工业增加值占 GDP 比重从 50.5% 下降到了 33.8%。但工业能耗占比仅从 73.4% 下降到 64.0%，工业碳排放量仍占全区的 65% 以上。萧山制造业占工业比重基本在 92% 以上，17 个传统制造业占比 67% 以上，多数处在价值链的中低端，存在产业结构偏重、能源消耗偏高等问题，导致单位工业增加值能耗较高，成为碳排放大户。（根据《浙江省市级二氧化碳排放达峰分领域核算指南（初稿）》规定和萧山工业实际，下文中工业领域相关数据不包括石油、煤炭及其他燃料加工业，电力、热力生产和供应业和燃气生产和供应业等 3 个行业大类。）

（一）萧山工业碳排放整体概况

1. 碳排放总量降幅逐渐趋缓。近年来，全区加快推进工业转型提升，淘汰落后产能，扎实推进纺织、化纤等行业整合集聚、集中供热等一系列节能减碳措施，在支撑行业较快增长的同时，碳排放总量实现了稳中有降。经初步推算，萧山工业碳排放量占全市 26% 左右，在全市各区县市中排名第一。2020 年全区规模以上工业碳排放量较 2010 年下降 39.2%，年均下降 4.9%。其中，“十二五”期间，累计下降 29.3%，年均下降 6.7%；“十三五”期间，累计下降 14.1%，年均下降 3.0%。2016 年之后，碳排放总量降幅在波动中逐渐趋缓。（图 2）。

图 2　2010—2020 年萧山区规上工业碳排放量及增速

2. 碳排放强度明显下降。得益于行业转型升级和节能降耗措施的实施，工业能源利用效率不断提升，碳排放强度明显下降。2020 年万元增加值碳排放量约为 1.7 吨二氧化碳（图 3）。虽然 2020 年受新冠疫情影响，工业企业产能利用率较低，碳排放强度有所抬头，但与 2013 年比仍下降了 18.1%，年均下降 2.0%，表明萧山规上工业碳排放得到显著改善。

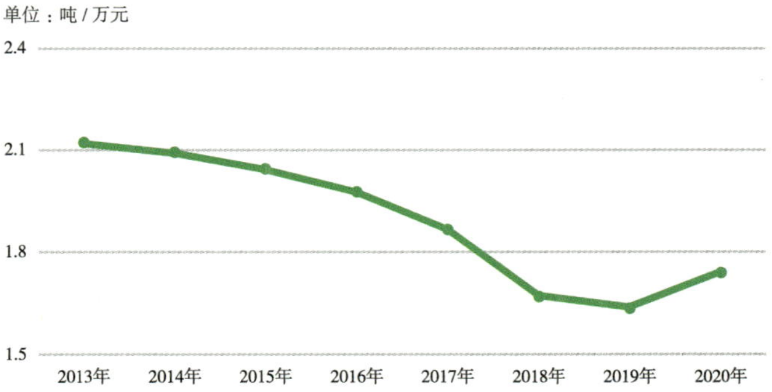

图 3　2013—2020 年萧山区规上工业碳排放强度

能源结构显著优化。萧山区大力推进煤改气和集中供热等工作，排放系数较高的煤炭

类碳排放比重明显下降，排放系数较低的天然气和热力比重明显上升，能源消费结构不断优化。2010—2020 年，规上工业煤炭类能源消费产生的碳排放量占比呈快速下降趋势，从占总碳排放量的 20.3% 下降到 8.1%。天然气、热力等清洁能源碳排放量占比上升较快，其中天然气从 0.7% 上升到 5.7%，占比增长 8 倍；热力从 19.2% 上升到 28.2%。电力碳排放量占比总体平稳，绝大部分年份维持在 57% 上下，作为工业最大的碳排放来源，提升发电端“绿电”的比例是减少整个工业碳排放量最有效的措施。油品类碳排放量较小，目前占比在 2.5% 左右（图 4）。经测算，2010—2020 年通过天然气替代煤炭削减碳排放量约 74 万吨，热力替代煤炭削减碳排放量约 134 万吨。得益于能源消费结构的改善，2010—2020 年，在能源消费总量仅下降 26.5% 的情况下，碳排放总量下降 39.2%。

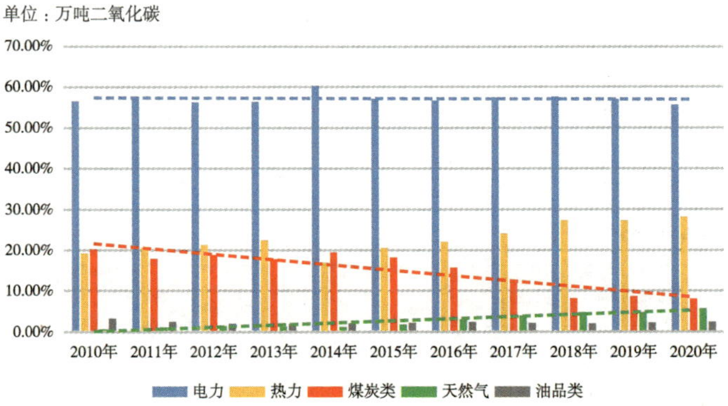

图 4　2010—2020 年萧山区规上工业能源消费碳排放占比情况

（二）全区重点行业碳排放情况

从行业碳排放量来看（表 1），经初步测算，2010—2020 年，纺织业、化学原料和化学制品制造业、化学纤维制造业三大行业基本处于历年碳排放量前三。虽然三大行业碳排放量随着整个规上工业一起呈现总体下降趋势，但合计碳排放占比一直维持在 71% 以上，近年来还略有上升。说明从“十一五”到“十三五”，萧山规上工业三大行业占主导的碳排放结构基

本没有大的变化。其中，2020年原化学原料和化学制品制造行业内主要企业都转到了化学纤维制造业，导致两个行业碳排放量一降一升，但两者合计碳排放占比，仍维持在往年水平（图5）。

萧山区规上工业各行业碳排放量

表1　　　　**单位：万吨二氧化碳**

行　　业	2010年	2015年	2016年	2017年	2018年	2019年	2020年
非金属矿采选业	0.67	0.59	0.54	0.33	0.10	0.12	0.33
农副食品加工业	4.17	4.74	5.16	4.05	3.70	3.63	3.24
食品制造业	2.99	3.70	4.23	4.11	3.69	3.66	3.30
酒、饮料和精制茶制造业	15.01	7.94	5.88	5.89	5.10	5.12	4.88
纺织业	563.41	408.52	407.46	410.04	395.85	375.96	354.17
纺织服装、服饰业	14.22	10.04	9.67	10.40	10.10	8.38	5.76
皮革、毛皮、羽毛及其制品和制鞋业	7.67	5.40	5.50	5.34	5.44	5.97	4.82
木材加工和木、竹、藤、棕、草制品业	2.20	1.09	0.89	1.33	1.49	1.49	1.33
家具制造业	8.72	6.16	5.86	4.85	4.56	4.28	3.88
造纸和纸制品业	23.73	19.95	16.15	9.58	9.12	8.46	8.32
印刷和记录媒介复制业	3.06	2.37	1.68	1.70	2.23	2.46	2.35
文教、工美、体育和娱乐用品制造业	3.64	5.52	5.37	4.88	4.56	4.48	3.75
化学原料和化学制品制造业	172.80	93.56	80.91	90.93	106.17	105.53	10.01
医药制造业	1.39	1.71	1.67	2.05	2.60	2.73	3.20
化学纤维制造业	241.68	190.87	170.83	160.15	148.92	168.17	248.94
橡胶和塑料制品业	0.27	20.68	23.91	20.83	19.85	20.66	21.01
非金属矿物制品业	27.23	17.23	14.76	14.15	13.94	15.15	17.40
黑色金属冶炼和压延加工业	61.26	34.73	30.95	28.27	18.27	16.65	0.78
有色金属冶炼和压延加工业	32.46	3.87	0.57	0.46	0.30	0.30	0.42
金属制品业	10.06	12.22	11.58	15.51	21.88	19.39	34.32
通用设备制造业	26.67	21.10	19.94	19.68	21.43	20.48	18.67
专用设备制造业	47.22	3.43	3.35	3.85	3.65	3.17	4.47
汽车制造业	5.44	25.21	30.93	35.93	37.79	33.16	31.14
铁路、船舶、航空航天和其他运输设备制造业	44.91	1.77	1.71	2.00	2.00	3.04	3.62
电气机械和器材制造业	12.89	11.81	15.38	17.46	20.30	19.93	21.19
计算机、通信和其他电子设备制造业	4.61	4.82	5.69	5.63	4.71	6.03	6.69
仪器仪表制造业	1.00	0.48	0.56	1.16	1.30	1.41	2.31
其他制造业	8.05	37.82	36.55	28.51	0.69	0.74	0.78
水的生产和供应业	12.10	4.46	4.89	5.52	5.49	5.80	5.22

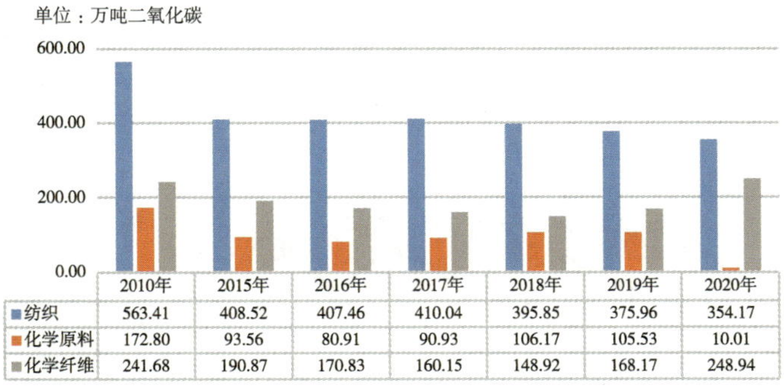

图 5　萧山区规上工业重点行业碳排放情况

从行业碳排放强度来看（表 2），纺织业、化学原料和化学制品制造业、化学纤维制造业三大行业万元增加值碳排放量也始终处于行业前列，且明显高于其他行业。其中，纺织业比 2015 年还上升了 8.0 个百分点。萧山重点行业的碳排放强度与全省、全市比也明显偏高，如纺织业的碳排放强度分别是全省、全市的 1.7 倍和 1.1 倍以上。

（三）萧山工业实现碳达峰的基础

根据萧山工业碳排放实际，萧山工业有基础有能力率先实现碳达峰，体现作为传统工业大区的“责任担当”。一是碳排放强度逐年下降。2013 年以来，萧山工业碳排放量逐年下降，

表 2　萧山区规上工业各行业碳排放强度

表 2　　单位：万吨二氧化碳 / 万元

行　业	2015 年	2016 年	2017 年	2018 年	2019 年	2020 年
非金属矿采选业	1.82	1.66	0.81	0.19	0.17	0.32
农副食品加工业	1.58	1.92	2.05	2.04	1.60	1.89
食品制造业	0.74	0.80	0.74	0.64	0.58	0.61
酒、饮料和精制茶制造业	1.09	1.03	0.96	1.07	1.03	0.75
纺织业	3.87	4.05	4.28	4.02	3.80	4.18
纺织服装、服饰业	0.49	0.49	0.52	0.45	0.42	0.39
皮革、毛皮、羽毛及其制品和制鞋业	0.38	0.45	0.47	0.42	0.51	0.63
木材加工和木、竹、藤、棕、草制品业	1.16	0.92	0.97	1.10	0.81	0.63
家具制造业	0.48	0.45	0.34	0.30	0.27	0.24
造纸和纸制品业	2.49	2.03	1.54	1.21	1.19	1.38
印刷和记录媒介复制业	0.87	0.61	0.50	0.53	0.58	0.59
文教、工美、体育和娱乐用品制造业	0.47	0.51	0.43	0.43	0.41	0.36
化学原料和化学制品制造业	3.32	3.32	3.84	4.68	4.58	0.53
医药制造业	1.50	1.08	1.16	1.09	1.18	1.08
化学纤维制造业	2.71	2.87	2.76	2.13	1.99	5.11
橡胶和塑料制品业	1.39	1.63	1.44	1.51	1.69	1.67
非金属矿物制品业	1.54	1.80	1.49	1.15	0.93	0.86
黑色金属冶炼和压延加工业	2.46	2.37	2.10	1.83	1.80	0.12
有色金属冶炼和压延加工业	9.26	0.93	0.61	0.57	0.55	0.69
金属制品业	0.53	0.46	0.52	0.67	0.57	1.54
通用设备制造业	0.50	0.40	0.33	0.33	0.34	0.30
专用设备制造业	0.47	0.36	0.36	0.31	0.30	0.26
汽车制造业	0.89	0.86	0.77	0.74	0.78	0.66
铁路、船舶、航空航天和其他运输设备制造业	0.78	0.76	0.79	0.68	0.72	0.65
电气机械和器材制造业	0.66	0.74	0.78	1.07	1.11	1.16
计算机、通信和其他电子设备制造业	0.54	0.58	0.62	0.36	0.53	0.48

续表 2

行　　业	2015年	2016年	2017年	2018年	2019年	2020年
仪器仪表制造业	0.21	0.15	0.27	0.21	0.16	0.20
其他制造业	18.33	15.16	13.08	0.40	0.73	0.82
水的生产和供应业	1.41	1.45	1.43	1.19	1.00	0.86

且碳排放强度呈整体下降趋势。从工业重点行业来看，2010—2020年高耗能行业碳排放量占比基本趋于稳定，高耗能行业产量保持稳定。二是产业结构不断优化。传统制造业改造提升步伐加快，推动传统行业高端化、智能化、绿色化、服务化转型，先进制造业加速壮大。2020年萧山区战略性新兴产业占规模以上工业增加值比重达22.1%，比2015年提高5.9个百分点；高新技术产业增加值占规模以上工业比重达58.2%，比2015提高32.6个百分点。三是清洁低碳绿色能源利用力度持续加大。大力推进光伏发电项目建设，“十三五”期间共新建企事业单位光伏发电项目271个（不包括户用），新增装机容量180.29兆瓦，2020年度当年实际光伏发电共1.52亿度。根据“蓝天保卫战”的相关要求，共完成29台35蒸吨/小时以下燃煤锅炉的淘汰工作。2020年规上工业企业煤炭类能源消费227.36万吨，较2015年的352.68万吨下降了35.5%。四是实施绿色制造工程。支持企业运用互联网技术提升能源利用效率与清洁生产水平，全面推进绿色园区、绿色工厂的评价与创建。2020年萧山区政府印发《关于创建全省制造业高质量发展示范区打造新制造中心的实施意见》，加快推动绿色制造业高质量发展。截至2020年底，已创建国家级绿色工厂3家、国家级绿色设计产品2个，目前已申报创建市级绿色园区1个，绿色工厂11个，力争3年内达到60个市级绿色工厂。

四、碳达峰对萧山工业发展的挑战

（一）节能减碳压力较大。2021年是“十四五”开局之年，新的五年期，既是两个非化石能源占比目标的承接期，也是能源消费增量结构的转换期。特别是在“碳达峰、碳中和”的要求和背景下，对传统制造业为主的萧山工业如何推进转型升级和有效落实节能减碳将面临新挑战，经济发展和节能减碳工作之间的冲突和压力将进一步显现。“十三五”期间，萧山单位GDP能耗下降16.8%，但是单位工业增加值能耗却不降反升24个百分点，且呈现逐年上升趋势，对全区能耗双控起到负拉动作用。“十四五”期间，杭州给萧山下达的能耗双控目标为单位GDP能耗下降17%，高于全市平均1个百分点，仅次于钱塘区（18%），和富阳区持平，在全社会刚需用电用能持续增加的情况下，工业领域及时扭转单耗逐年上升的态势，有效落实节能减碳，将成为“十四五”期间推动全社会能耗利用率进一步下降最具挑战，但也是最关键因素之一。

（二）高耗能产业占主导。2020年，萧山区六大高耗能行业共有企业525家，且企业数每年还在持续增加中，较2019年和2018年分别新增27家和40家。据统计，萧山区规上高耗能行业企业数占规上工业总企业数的36.7%，能耗消费占规上工业的76.4%，但只贡献了39.9%的规上工业增加值，其中纺织业、化学纤维制造业在萧山区仍属于主导产业。因此，萧山区产业绿色低碳转型仍有待继续深入。例如，对于纺织产业，萧山产量规模位居全市第一。作为碳排放量最大的制造行业，近年来随着节能减排力度不断加大，碳排放总量呈下降趋势，但由于体量大和行业工艺的特殊性，碳排放总量控制压力仍巨大，而且碳排放强度始终没有出现下降趋势。对于化纤制造产业，最直接的挑战是面临替代能源竞争，化纤企业面临从石化能源消费到石化产品制造等各个环节实现低碳化的任务，倒逼企业开展绿色开发和产品转型。

（三）能源利用效率偏低。萧山规上工业万元增加值能耗为0.90吨标煤，是全市规上工业单耗的1.88倍，在杭州13个区县市中排名倒数第二。萧山区和上城区、滨江区，规上工业增加值总量占全市的比重分别为13.8%、12.5%、17.6%，但能耗占全市的比重分别为26.1%、2.3%、1.1%，能源利用效率偏低。在碳达峰的背景下，萧山工业面临由粗放型向集约型转变、由高碳经济型向低碳经济型转变、由不可持续性增长向可持续性增长转变、由数量型增长向质量型增长转变等挑战。发展目标方面，由片面追求总量和速度转向质量和效益；发展手段方面，由制造要素扩张转向以科技创新提高效率和效益；发展途径方面，由铺新摊子、上新项目、扩大投资规模等转向充分利用现有基础更新、改造和挖潜。这意味着萧山工业高投入、高消耗、高排量的发展时代一去不复返，迎来的是极致精细化管理、高效节能技术创新、低碳技术创新、专业化服务转型等诸多挑战。

（四）能效提升制约较多。萧山工业目前电力在能源消费中的比重已超过65%，碳排放量占比10年来始终保持在55%以上。根据《浙江省温室气体清单编制指南》给出的测算方法，电力产生的间接排放是电力消费量乘上省级电网排放因子进行核算。其中省级电网排放因子主要受浙江省电网电力结构影响，即如果电网内可再生能源电力比重大，则该排放因子数值就小，同样数量的电力消费所产生的间接排放就小。因此，未来萧山区的达峰实现在很大程度上取决于省级电网排放因子是否能够按照预期下降，这使得萧山工业减排主动权不足。“十三五”期间，全区共淘汰落后产能659个，关停“低小散”及“四无”企业2964家，整治提升企业1855家，淘汰落后产能项目设备超1万套（台），全区产业优化升级持续推进，经济发展质效不断提升。未来十年，落后产能淘汰和“腾笼换鸟”工作进入深水区，高耗能企业腾退空间进一步压缩，节能降耗潜力较“十三五”进一步缩小。

（五）要素资源禀赋不足。萧山工业加快能源低碳转型，重塑能源消费和利用方式迫使诸多环节面临成本和技术挑战。一是天然气规模化应用存在阻力。受天然气价格较高的影响，煤改气后企业用能成本大幅增加，经测算，按现有天然气价格，一台20蒸吨锅炉煤改气后年增加成本约1000万元，而如果全国其他地区同行业企业没有进行改造，企业产品竞争力相对降低，扩大天然气的推广应用存在不确定性。二是可再生能源挖掘潜力较小。从可再生能源结构看，萧山没有水电资源，地温能资源不足。全区工业厂房屋顶大多已安装太阳能光伏电板，全区光伏装机容量超过200万瓦，占全市光伏装机容量的20%左右，未来光电利用规模受布点资源和政策壁垒双重制约；从可再生能源供应设施来看，全区大型可再生能源设施为锦江绿色能源和城市绿色能源两家垃圾发电厂，总装机容量为60万瓦，单个设施规模与周边区县的大型垃圾焚烧企业有较大差距，生活垃圾资源消纳能力不强。

五、萧山工业碳达峰实现的路径

萧山作为省内的工业强区，须主动顺应当今世界绿色发展和可持续发展的时代潮流，紧扣国家、省、市碳达峰、碳中和战略目标和全区工业转型升级内在需求，力争率先实现碳达峰，践行浙江建设“共同富裕示范区”新使命，为全省工业绿色低碳转型提供样板，为全国经济低碳发展探索新路。

（一）制定工业专项发展规划，优化产业结构

要实现碳达峰目标、产业结构优化升级是基础，是关键。针对全区高耗能行业占比高的现状，“十四五”期间，首要任务是要科学制定好工业经济发展规划。将低碳发展要求全面融入工业发展规划，分步骤、分行业开展碳达峰行动。要坚持传统产业和新兴产业两手抓：一方面，严格控制产业准入，从产业链、价值链双提升的角度推进传统产业改造升级，推动化工、化纤产业向绿色化工转型，整合提升优质纺织印染企业，兼并重组低效高耗企业，提升纺织行业整体装备水平，提高公用发电企业供电、供热效率。另一方面，着力促进重大产业项目落地，培育壮大新兴产业增长点，大力发展生命健康、集成电路、智能装备、数智安防、航空航天等新兴产业。

（二）建立绿色制造创新体系，推进存量减碳

碳达峰后，碳峰值运行阶段要实现经济增长在总碳排放量不变的情况下，对于工业企业来说，依靠科技创新，实现技术突破，建立绿色制造创新体系将是重要的发展路径之一。因此，要强化企业创新主体意识，加强和高校等科研院所的合作，推动工业企业提升绿色制造研发投入强度。实施绿色制造工程，面向重点领域、重点区域开展清洁生产改造，实施能源清洁高效利用行动计划，强化工业资源综合循环利用，推进产业绿色协同链接，培育再制造产业。围绕全区纺织、化纤等高碳行业减污降碳需求，着力强化低碳燃料、原料和助剂的替代、生产过程的智能化调控、余热余能的高效利用等研究，持续挖掘存量企业节能减碳的潜力，加快推进行业绿色转型，力争萧山区高耗能行业能源效率水平要达到国际领先水平。

（三）实施要素资源倒逼，促进经济高质量发展

要以碳达峰、碳中和为中长期导向，把新增产能布局与淘汰落后产能紧密结合，抑制产能过剩盲目扩张，推进煤炭清洁高效可持续利用，提高新能源可再生能源比重，形成资源节约和环境保护的产业结构、生产方式和消费模式。开展新一轮落后产能淘汰行动，加快高耗能设备淘汰、替换工作，持续推进燃煤锅炉淘汰，扩大天然气热电联产项目建设，开展节能技术推广应用。坚持以“亩均论英雄”改革为牵引，重抓优质高效低碳企业的挖掘、培育和发展。将“亩均效益”综合评价结果与差别化资源要素价格机制挂钩，依法依规执行差别化城镇土地使用税、电价、水价、排污费以及差别化用地、用能等政策，倒逼企业主动淘汰落后产能。通过高标准实施落后产能淘汰和“低小散”行业整治，从而达到逐劣扶优的目的，扶持企业从“低小散弱”向“专精特新”提升。

（四）强化政策金融扶持，引导企业绿色低碳转型

要加快开发太阳能、潮汐能、生物质能（垃圾焚烧发电）等可再生能源，提高全区工业行业“绿电”使用比例。加快整合现有财政专项资金，对低碳发展的重大工业项目和科技、产业化示范项目采取激励、奖励或者贴息贷款等方式给予支持。加强工业企业节能降碳技术改造与推广，继续推进节能降耗、清洁生产、资源综合利用的技术改造，进一步提升能源资源利用效率。抓紧制定工业领域分行业设计碳中和路线图及有效的激励、约束制度，完善节能奖惩办法，激发企业节能技改的积极性和自觉性，使节能成为企业自发的行为。完善绿色金融标准，畅通绿色金融激励机制，尽快把项目、企业、金融机构的碳足迹作为绿色程度和政策支持力度的重要评价指标，提升高碳企业的资金成本或降低可得性，降低低碳企业的资金成本或提高可得性，引导社会资本、劳动力、土地等生产要素流向绿色低碳发展方向。

（五）促进数字化改革，推动绿色化融合发展

加快新一代信息技术在绿色制造、清洁生产领域的应用，提升绿色技术创新、绿色制造和运维服务的数字化水平。要变革数据使用方式，进一步发挥萧山“双碳大脑”数字化平台的作用，积极推动数据在工业生产中的大规模使用，为企业提供能源消费实时监控、智能排产、提前预警、工艺优化等服务，可有效补齐流程管理、能耗管理、成本控制等方面存在的短板，提高企业的生产效率和能效水平，并为制定下一步节能方案提供数据支撑，实现深层减碳。通过开发和推广企业“萧碳码”，对工业企业在所属行业中的碳效水平进行分等级、分颜色“画像”，推动在绿色金融服务、节能减碳技改、绿色工厂评价、亩均效益改革等方面提供数据支撑和评价依据。

（六）强化节能减碳考核，营造低碳社会氛围

要深入贯彻实施能耗双控考核机制，强化节能指标约束力。将碳达峰目标作为工业重点领域、主要行业的硬约束，形成协同实现低碳发展和碳减排目标的合力。加强能源消费监管，采用第三方评估方式对重点用能单位能耗限额标准执行情况、高耗能落后设备淘汰情况进行专项监察。加大节能监察力度，对重点用能单位执行节能法律法规和节能标准情况进行监督检查，严肃查处违法违规行为。围绕全国低碳转型政策背景，引导广播、电视、报刊、书籍、网络等媒体，及时发布低碳技术和政策信息。传播绿色低碳理念，提高低碳转型意识，鼓励企业通过改进生产工艺流程和加强节能监管，减少二氧化碳排放，引导全社会形成低碳消费观念和低碳生产生活的良好氛围。

（倪世英　傅嘉宾　王勇　严佳辉）

附　录

2021年萧山区区级领导变动

王　敏　男，1968年8月出生，浙江杭州人，汉族，在职大学学历，1988年6月参加工作，1995年5月加入中国共产党。历任杭州朝阳中学教师、教导处副主任、团委书记，中共杭州市江干区委宣传部科员、理论科科长，杭州市江干区人大常委会办公室副主任，杭州市江干区政府办公室副主任、机关事务管理中心主任、区直机关党工委委员，杭州市江干区四季青街道党工委副书记、办事处主任，杭州市江干区笕桥镇党委书记、人大主席，中共杭州市江干区委常委、四季青街道党工委书记，中共杭州市江干区委常委、副区长，中共临安市委副书记、代市长、市长，杭州青山湖科技城党工委书记（兼），中共杭州市萧山区委副书记、代区长、区长，杭州高新开发区（滨江）党工委、党委书记，2021年11月起，任中共杭州市萧山区委书记。

姜永柱　男，1974年4月出生，浙江苍南人，汉族，大学学历，法学学士，1997年8月参加工作，1996年12月加入中国共产党。历任温州市经济建设规划院长期规划室主任、副院长，温州市发展计划委员会国民经济综合处副处长，温州市发展和改革委员会国民经济综合处副处长，温州市政府办公室综合二处副处长，温州市政府办公室主任科员，中共温州市委办公室主任科员，杭州市政府办公厅综合一处主任科员、副处长、处长，贵州省黔东南州政府副秘书长、州府办党组成员（挂职）、凯里市委常委、副市长（挂职）、州长助理（挂职），杭州市政府办公厅党组成员，市委、市政府接待办公室主任，中共杭州市委副秘书长，市委、市政府接待办公室主任，杭州高新开发区（滨江）党工委委员、党委常委，管委会副主任、政府副区长，中共杭州市西湖区委副书记。2021年11月起，任中共杭州市萧山区委副书记、代区长。

许　昌　男，1969年11月出生，浙江杭州人，汉族，在职大学学历，1990年8月参加工作，1994年4月加入中国共产党。历任富阳县劳动局培训科干部，富阳富春江经济开发区管委会办公室干部、综合科副科长、企管科科长，富阳市环山乡党委副书记、纪委书记、监察室主任，中共富阳市委组织部保留副局级干部、市非公企业党工委副书记，富阳市春江街道党工委副书记，富阳市常安镇党委副书记、镇长、党委书记、人大主席，富阳市富春街道党工委副书记（正局级），中共富阳市委办公室主任、市保密局局长（兼），富阳经济技术开发区党委副书记（富阳市副市长级），杭州大江东产业集聚区党工委委员、管委会副主任，兼杭州临江高新技术产业开发区管委会副主任，杭州大江东产业集聚区党工委专职副书记，杭州大江东产业集聚区（杭州经济技术开发区）党工委副书记，杭州钱塘新区党工委委员、管委会副主任，杭州市政府驻北京办事处党组书记、主任。2021年11月起，任中共杭州市萧山区委常委、萧山经济技术开发区党工委书记、管委会主任。

周萍英　女，1968年12月出生，浙江桐庐人，汉族，在职大学学历，1987年8月参加工作，1999年5月加入中国共产党。历任桐庐县九岭乡（方埠镇）中心小学教师，桐庐县桐庐镇第三小学教师、教导处副主任，中共桐庐县纪委（监察局）党风廉政宣教室主任，桐庐县瑶琳镇副镇长，桐庐县富春江镇副镇长，桐庐县富春江镇党委委员、副镇长，桐庐县分水镇党委副书记，桐庐县合

村乡党委副书记、乡长、党委书记，中共桐庐县委办公室副主任（正局级），中共建德市委常委、宣传部部长，中共建德市委常委、纪委书记、市监察委员会代主任、主任、二级调研员，2021年11月任中共杭州市萧山区委常委、纪委书记。2021年12月起，任中共杭州市萧山区委常委、纪委书记、区监委代主任。

费林建　男，1973年10月出生，浙江诸暨人，汉族，在职研究生学历，公共管理硕士，1996年8月参加工作，1996年1月加入中国共产党。历任杭州市下城区商业局秘书、团委副书记（主持工作），杭州市基本医疗保险管理服务中心综合科副科长（主持工作）、科长，杭州市财政局（地税局）办公室副主任，杭州市地方税务局高新（滨江）税务分局副局长、党委书记、局长，杭州市地方税务局西湖税务分局党委书记、局长，淳安县副县长，中共淳安县委常委、组织部部长、一级调研员，2021年11月任中共杭州市萧山区委常委。2021年12月起，任中共杭州市萧山区委常委、组织部部长。

周胜华　男，1973年11月出生，浙江杭州人，汉族，大学学历，工学学士，1996年8月参加工作，1997年5月加入中国共产党。历任萧山市党湾镇党政办工作人员，中共萧山市委组织部组织科干事、办公室干事、办公室副主任，中共杭州市萧山区委组织部办公室副主任、主任，中共杭州市萧山区委组织部部务会议成员、办公室主任、干部科科长，杭州市萧山区南阳镇党委副书记、镇长，杭州市萧山区南阳街道党工委副书记、办事处主任，杭州市萧山区南阳街道党工委书记兼杭州空港经济区（杭州空港新城）党工委委员，杭州市萧山区党湾镇党委书记，中共杭州市萧山区委两新工委书记，中共杭州市萧山区委组织部副部长、两新工委书记，中共杭州市萧山区委组织部副部长、人才办主任，中共杭州市萧山区委组织部常务副部长，中共杭州市萧山区委办主任、台办主任。2021年3月任中共杭州市萧山区委常委。2021年4月起，任中共杭州市萧山区委常委、宣传部部长。

程晓东　男，1978年1月出生，安徽池州人，汉族，研究生学历，工学博士，2004年7月参加工作，2001年10月加入中国共产党。历任杭州市城市基础设施建设开发总公司工程师、第三项目部副经理，杭州市城市基础设施建设发展中心高级工程师、工程管理三处副处长、副总工程师，杭州市下城区建设局党委委员、副局长，杭州市下城区住房和城市建设局党委委员、副局长、区纪委派驻（出）区住建局纪委书记，杭州市下城区住房和城市建设局党委副书记、副局长，杭州市下城区石桥街道党工委副书记、办事处主任，杭州市交通战备办公室主任，杭州市拱墅区副区长，杭州市余杭区副区长，2021年11月任中共杭州市萧山区委常委。2021年12月起，任中共杭州市萧山区委常委、副区长。

姜永华　男，1972年11月出生，江苏如东人，汉族，在职研究生学历，1991年12月参加工作，1995年11月加入中国共产党。1991—2015年在部队服役，2015年3月起，历任浙江省临海市人民武装部政治委员，杭州市萧山区人民武装部政治委员，2021年12月起，任杭州市萧山区委常委、人武部政委。

李国梅　女，1965年9月出生，浙江杭州人，汉族，省委党校研究生学历，1984年8月参加工作，1992年11月加入中国共产党。历任萧山市第一人民医院放射科医士、团委书记，萧山市红十字会专职干部，萧山市卫生局人保科干事、团委书记、科教科科长，萧山市云石乡党委委员，杭州市萧山区临浦镇党委委员，杭州市萧山区人事局副局长，杭州市萧山区人事局党组成员、副局长，杭州市萧山区坎山镇党委副书记、镇长，杭州市萧山区河庄街道党工委书记兼杭州江东工业园区（杭州江东新城）党工委委员，杭州大江东产业集聚区党工委委员、兼河庄街道党工委书记，杭州大江东产业集聚区党工委委员、管委会副主任，兼河庄街道党工委书记，杭州大江东产业集聚区党工委委员、管委会副主任，兼杭州临江高新技术产业开发区管委会副主任，兼河庄街道党工委书记，杭州大江东产业集聚区党工委委员、管委会副主任，兼杭州临江高新技术产业开发区管委会副主任，杭州大江东产业集聚区（杭州经济技术开发区）党工委委员、管委会副主任，杭州钱塘新区党工委委员、管委会副主任。2021年6月起，任杭州市萧山区人大常委会副主任。

吴为东　男，1979年12月出生，湖北公安人，汉族，大学学历，工学硕士，2001年7月参加工作，2005年11月加入中国共产党。历任杭州绕城高速公路发展有限公司工程管理，杭州杭千高速公路发展有限公司工程部副经理、经理，工程设备部兼监控指挥中心负责人、副总工程师，杭州交通集团有限公司项目建设部主管，兼任浙江杭长高速公路有限公司副总经理，杭州交通投资集团有限公司项目建设部副部长兼浙江杭长高速公路有限公司副总经理，杭州市货运管理服务中心党委副书记、董事、主任，杭州交通物流有限公司董事、总经理，杭州交通物流有限公司党委副书记、执行董事（法定代表人）、总经理，杭州都市高速公路有限公司董事、常务副总经理，浙江临金高速公路有限公司董事、常务副总经理，杭州都市高速公路有限公司董事、常务副总经理、党委委员，浙江临金高速公路有限公司董事、常务副总经理，浙江杭宣高速公路有限公司董事、常务副总经理，

杭州都市高速公路有限公司董事、总经理、党委委员，浙江临金高速公路有限公司、浙江杭宣高速公路有限公司总经理，杭州都市高速公路有限公司党委副书记，德清县杭绕高速有限公司总经理，浙江省交通投资集团有限公司党委工作部部长兼新闻中心主任，集团党校副校长。2021年8月起，任杭州市萧山区副区长。

汤　卫　男，1966年12月出生，浙江诸暨人，汉族，省委党校研究生学历，1984年11月参加工作，1990年12月加入中国共产党。历任萧山市（县）物价委员会物价检查所工作人员，萧山市物价委员会城厢物价站站长，萧山区（市）物价委员会物价检查所所长，杭州市萧山江东开发建设办公室综合科科长，萧山经济技术开发区管委会招商局三科科长，萧山经济技术开发区管委会招商局副局长，杭州市萧山区戴村镇党委副书记，杭州市萧山区戴村镇党委副书记、镇长、党委书记，杭州市萧山区新街街道党工委书记。2021年6月起，任杭州市萧山区政协副主席。

吴建华　男，1976年10月出生，浙江杭州人，汉族，在职研究生学历，管理学硕士，2000年12月参加工作，1998年10月加入中国共产党。历任萧山市计划委员会信息中心工作人员，杭州市萧山区计划委员会信息中心工作人员，杭州市萧山区发展计划局综合科科员、副科长，杭州市萧山区发展和改革局综合科科长，杭州市萧山区发展和改革局党委委员、副局长，杭州市萧山区河上镇党委副书记、镇长、党委书记，杭州市萧山区临浦镇党委书记、一级调研员，湖北省恩施州利川市委常委、副市长（挂职），杭州市萧山区政府党组成员（正处长级）、区政府办公室一级调研员。2021年11月起，任萧山经济技术开发区党工委委员、管委会副主任。

方正校　男，1976年7月出生，浙江杭州人，汉族，中央党校大学学历，法学硕士，1996年8月参加工作，1996年6月加入中国共产党。历任杭州市西湖区转塘镇农办办事员、主任、党办副主任，杭州市西湖区转塘镇党办副主任，兼任凌家桥村党支部书记，中共杭州市西湖区委办公室副主任科员、秘书科科长，中共杭州市西湖区委政研室副主任，中共杭州市西湖区委办公室副主任、区委政研室副主任、主任，杭州市西湖区民政局党组书记、局长、区老龄委副主任、区老龄委办公室主任，杭州市西湖区西溪街道党工委副书记、办事处主任，中国美院国家大学科技（创意）园管委会办公室党委书记、主任，杭州市西湖区政府办公室二级调研员，中国美院国家大学科技（创意）园发展中心党委书记、主任、杭州市西湖区政府办公室二级调研员，杭州市西湖区政府办公室主任，杭州市西湖区政府办公室党组书记、主任。2021年11月起，任萧山经济技术开发区党工委委员、市纪委市监委派出萧山经济技术开发区纪检监察工委书记。

朱国军　男，1978年11月出生，浙江杭州人，汉族，在职大学学历，公共管理硕士，2003年7月参加工作，2004年12月加入中国共产党。历任杭州市萧山区南阳镇经发办科员、副主任、主任，杭州市萧山区南阳街道经发办主任，杭州市萧山区党山镇党委委员、副镇长，杭州市萧山区靖江街道党工委副书记，杭州市萧山区宁围街道党工委副书记、办事处主任、党工委书记，杭州市萧山区瓜沥镇党委书记，中共杭州市萧山区委办公室副主任（正处长级）。2021年11月起，任萧山经济技术开发区党工委委员、管委会副主任。

（胡　昊）

2021年萧山区组织机构及主要负责人

【中共杭州市萧山区委】

书　记：佟桂莉（女，至2021年11月）
　　　　王　敏（2021年11月始）
副书记：章登峰（至2021年11月）
　　　　姜永柱（2021年11月始）
　　　　赵立明（至2021年12月）
　　　　吴炜炜（2021年12月始）
常　委：佟桂莉（女，至2021年11月）
　　　　王　敏（2021年11月始）
　　　　章登峰（至2021年11月）
　　　　姜永柱（2021年11月始）
　　　　赵立明（至2021年12月）
　　　　吴炜炜（2021年12月始）
　　　　叶建宏（至2021年12月）
　　　　许　昌（2021年11月始）
　　　　蒋金娥（女，至2021年12月）
　　　　周萍英（女，2021年11月始）
　　　　陆志敏（至2021年11月）
　　　　费林建（2021年11月始）
　　　　陈龙宁
　　　　周胜华（2021年3月始）
　　　　吴炜炜（至2021年12月）
　　　　程晓东（2021年11月始）
　　　　童一峰（至2021年12月）
　　　　倪世英（2021年12月始）
　　　　金孝平（至2021年12月）
　　　　姜永华（2021年12月始）

【萧山区人民代表大会常务委员会】

主　　任：裘　超（女）

副 主 任：顾大飞
董华恩
洪关良（至2021年2月）
董祥富
李国梅（女，2021年6月始）
魏大庆
徐建中（2021年6月始）

党组书记：裘　超（女，至2021年12月）
赵立明（2021年12月始）

党组副书记：顾大飞

委　　员：裘　超（女）　顾大飞
董华恩　董祥富
李国梅（女）　魏大庆
徐建中　毛莉玫（女）
方松源　方铁利
朱　虹（女）　全仁夫
许益飞（女）　孙玲玲（女）
李水荣　沈吉平
沈泽峰　沈德法
沈燕平（女）　陈伟方
易伟光　周大庆（女）
周　勇　胡国创
赵万里（女）　赵文建
莫亚萍（女）　党　庆（女）
倪传贵　倪国平
郭明明　章　菲（女）
鲍慧强　蔡金祥

【萧山区人民政府】

区　　长：章登峰（至2021年11月）

副 区 长：姜永柱（代区长，2021年11月始）
陈文良（挂职，至2021年2月）
吴炜炜
程晓东（2021年12月始）
罗林锋
倪世英
方　军
陈琴箫（女，至2021年12月）
张　亮
吴为东（2021年9月始）

党组书记：章登峰（至2021年12月）
姜永柱（2021年12月始）

【政协萧山区委员会】

主　　席：洪松法

副 主 席：姜国法
黄晓燕（女）
施利君（女）
陈金良
徐晓福
汤　卫（2021年6月始）

党组书记：洪松法（至2021年12月）
叶建宏（2021年12月始）

党组副书记：姜国法
童一峰

秘 书 长：叶阿洪

常务委员：洪松法　姜国法
黄晓燕（女）　施利君（女）
陈金良　徐晓福
汤　卫　叶阿洪
戴爱民　罗松巍
喻建林　陈　岚（女）
田益民　马小明
黄勇芳（女）　吴雪峰
方能斌　项兴富
孔爱祥　高德康
汪新来　陈德木
俞张富　郭子余
章金顺　沈张先
李跃东　陈灿荣
余　刚　胡　敏（女）
王凯尔　徐红娟（女）
沈　建　陈洁涛
马雪峰　董柯锋
俞益钢　蓝晓华（女）
释广兴　宋建英（女）
沈志刚　任永坚
朱学先　吕　源
黄伟潮　徐国耀
严颖颖（女）　陈仲华
严　佳（女）　沈越天
肖中扬（女）　孙建平
董茶仙（女）　朱　勇
顾水均　陈月芳（女）
郑国松　邵银梅（女）
余晓明　王丽芳（女）
俞梁波　陆佳伟
叶佳星（女）　朱亚利（女）
夏志明　钱佳音（女）
戚敏敏（女）　高家萍（女）
陆　峰

【区纪律检查委员会（区监察委员会）】

书　记：蒋金娥（女，至2021年11月）
周萍英（女，2021年11月始）

副书记：李刚毅（至2021年5月）

高家萍（女）
王永伟（2021年6月始）
主　任：蒋金娥（女，至2021年12月）
副主任：周萍英（女，代主任，2021年12月始）
李刚毅（至2021年7月）
高家萍（女）
王永伟（2021年7月始）

【区人民法院】
党组书记：何　敏
院　　长：何　敏（代院长，至2021年2月）
何　敏（2021年2月始）

【区人民检察院】
党组书记、检察长：王玉珹

【区委工作机关】
办公室
主　任：周胜华（至2021年5月）
俞　晖（2021年5—12月）
孙建平（2021年12月始）
组织部
部　长：陆志敏（至2021年12月）
费林建（2021年12月始）
宣传部
部　长：周胜华（2021年4月始）
统战部
部　长：童一峰
政法委员会
书　记：赵立明（兼）
全面深化改革委员会办公室
主　任：吴立平（至2021年5月）
丁　裕（2021年12月始）
区委机构编制委员会办公室
主　任：陈金伟（至2021年12月）
傅嘉宾（2021年12月始）
巡察办、巡察组
主　任：倪国远
组　长：沈鸿科（至2021年12月）
余华英（女，2021年12月始）
来尧明
盛学锋
马列火
区委区政府信访局
局　长：楼向东
老干部局
局　长：陈文红（女）
区档案馆
馆　长：孙伊田（至2021年5月）
金　飞（2021年5月始）
党史研究室（地方志办公室）
主　任：徐燕锋（女）
市委党校萧山区分校
校　长：赵立明（兼）

【区人大常委会各工作机构和工作委员会】
办公室
主任、机关党组书记：倪国平
监察和法制司法工作委员会
主　任：沈吉平
财政经济工作委员会
主　任：易伟光
代表工作委员会
主　任：沈泽峰
教科文卫和民宗侨工作委员会
主　任：胡国创
城建环保工作委员会
主　任：陈伟方
农业和农村工作委员会
主　任：沈燕平（女）
社会建设工作委员会
主　任：董茶仙（女，2021年12月始）

【区政府工作部门】
办公室
党组书记、主任：王润东（至2021年12月）
郑建明（2021年12月始）
发展和改革局
党委书记、局长：吴远东（至2021年12月）
俞万昌（2021年12月始）
对口支援和区域合作局
局　长：吴远东（至2021年12月）
俞万昌（2021年12月始）
经济和信息化局
党委书记：王建涌（至2021年5月）
韩梦龙（2021年5月始）
局　　长：王建涌（至2021年6月）
韩梦龙（2021年6月始）
教育局
党委书记、局长：俞沈江
科学技术局
党组书记：曹小香（女）
局　　长：汪新来
杭州市公安局萧山区分局
党委书记、局长：张　亮
民政局
党委书记：吴　波
局　　长：董茶仙（女，至2021年12月）

吴　波（2021 年 12 月始）

司法局

党委书记、局长：吕吉良

行政复议局

局　长：吕吉良

财政局

党委书记：金国升（至 2021 年 5 月）

杨月万（2021 年 5 月始）

局　长：金国升（至 2021 年 6 月）

杨月万（2021 年 6 月始）

人力资源和社会保障局

党委书记：华保华（至 2021 年 5 月）

吴琴芳（女，2021 年 5 月始）

局　长：华保华（至 2021 年 6 月）

吴琴芳（女，2021 年 6 月始）

住房和城乡建设局

党委书记、局长：邵生华

人民防空办公室

主　任：邵生华

民防局

局　长：邵生华

交通运输局

党委书记、局长：李书春

农业农村局

党委书记、局长：夏利明

林业水利局

局　长：夏利明

商务局

党委书记：吴琴芳（女，至 2021 年 5 月）

王艳萍（女，2021 年 5 月始）

局　长：吴琴芳（女，至 2021 年 6 月）

王艳萍（女，2021 年 6 月始）

粮食和物资储备局

局　长：吴琴芳（女，至 2021 年 6 月）

王艳萍（女，2021 年 6 月始）

文化和广电旅游体育局

党委书记：陆　敏

局　长：陆佳伟

文物局

局　长：陆佳伟

卫生健康局

党委书记、局长：申晓辉（至 2021 年 12 月）

王　斌（女，2021 年 12 月始）

退役军人事务局

党组书记、局长：董　梁

应急管理局

党委书记、局长：赵建兴

审计局

党组书记、局长：汪志均

市场监督管理局

党委书记、局长：沈肖群（至 2021 年 12 月）

沈秋羊（2021 年 12 月始）

知识产权局

局　长：沈肖群（至 2021 年 12 月）

沈秋羊（2021 年 12 月始）

金融工作办公室

党组书记、主任：李自钧

统计局

党组书记：傅嘉宾（至 2021 年 12 月）

沈鸿科（2021 年 12 月始）

局　长：傅嘉宾（至 2021 年 12 月）

胡　敏（女，2021 年 12 月始）

城市管理局

党委（至 2021 年 12 月）书记：沈秋羊（至 2021 年 12 月）

局　长：沈秋羊（至 2021 年 12 月）

倪国锋（2021 年 12 月始）

综合行政执法局

党委（2021 年 12 月始）书记：倪国锋（2021 年 12 月始）

局　长：沈秋羊（至 2021 年 12 月）

倪国锋（2021 年 12 月始）

投资促进局

党组书记、局长：骆　军

杭州市医疗保障局萧山分局

党组书记、局长：张云发

杭州市生态环境局萧山分局

党组书记、局长：沈德潮

杭州市规划和自然资源局萧山分局

党委书记、局长：俞国雄（至 2021 年 5 月）

沈柏潮（2021 年 5 月始）

【区政协工作部门】

机关党组书记：叶阿洪

办公室

主　任：戴爱民

提案委员会

主　任：屠友祥

经济科技委员会

主　任：陆　峰（2021 年 12 月始）

城建交通资源环境委员会

主　任：罗松巍

社会法制和港澳台侨委员会

主　任：喻建林（女）

文史和教文卫体委员会

主　任：陈　岚（女，至 2021 年 12 月）

委员和基层工作委员会

主　任：马小明（至 2021 年 6 月）

高汉明（2021年12月始）

【区民主党派和工商联】

中国国民党革命委员会萧山区基层委员会
主　委：邵银梅（女，至2021年6月）
　　　　陆佳伟（2021年6月始）
中国民主同盟萧山区委员会
主　委：陆　峰
中国民主建国会萧山区基层委员会
主　委：瞿　虎
中国民主促进会萧山区委员会
主　委：陈金良
中国农工民主党萧山区基层委员会
主　委：黄晓燕（女，至2021年7月）
　　　　顾水均（2021年7月始）
中国致公党萧山区基层委员会
主　委：方　军
九三学社萧山区基层委员会
主　委：汪新来
区工商业联合会
党组书记：毛夏云
主　席：方能斌

【群众团体】

区总工会
党组书记：王　斌（至2021年5月）
　　　　　王建涌（2021年5月始）
主　席：顾大飞
中国共产主义青年团杭州市萧山区委员会
书　记：肖中扬（女）
区青年联合会
主　席：肖中扬（女）
区妇女联合会
党组书记、主席：赵　青（女，至2021年12月）
　　　　　　　　庄月红（女，2021年12月始）
区科学技术协会
党组书记：谭　炯（至2021年6月）
主　席：瞿　虎
区归国华侨联合会
主　席：徐国耀
区文学艺术界联合会
党组书记：夏关奎（至2021年12月）
主　席：黄勇芳（女）
区残疾人联合会
党组书记、理事长：鲍慧强
区红十字会
党组书记：蔡秀文（女）
会　长：陈琴箫（女）

【其他机构】

区社会科学界联合会
主　席：尹哲军
杭州空港经济区（杭州空港新城）管理委员会（至2021年11月）
党工委书记、主任：郭　荣（至2021年11月）
杭州临空经济示范区管理委员会（2021年11月始）
党工委书记、主任：郭　荣（2021年11月始）
萧山钱江世纪城管理委员会
党工委书记：秦剑云
主　任：来和平
萧山湘湖国家旅游度假区管理委员会
党工委书记：俞　晖（至2021年5月）
　　　　　　李国平（2021年5—9月）
　　　　　　张文波（2021年9月始）
主　任：俞　晖（至2021年6月）
　　　　李国平（2021年6—10月）
　　　　张文波（2021年10月始）
区行政审批服务管理办公室
党委书记：吴炜炜（至2021年12月）
　　　　　程晓东（2021年12月始）
主　任：陈燕红（女）
区供销合作社联合社
党委书记、主任：倪晓锦
杭州南站枢纽管理委员会（至2021年2月）
党组书记、主任：董　宁（至2021年2月）
杭州南站枢纽（杭州南站新城）管理委员会（2021年2月始）
党组（至2021年5月）书记：董　宁（至2021年5月）
党工委（2021年5月始）书记：董　宁（2021年5月始）
主　任：董　宁（2021年2月始）
杭州住房公积金管理中心萧山分中心
主　任：凌　云
萧山国有资产经营集团有限公司
党委书记、董事长：裘国平
总经理：夏柏林（至2021年7月）
　　　　吴水忠（2021年7月始）
萧山金融控股集团有限公司
董事长：裘国平（兼）
总经理：夏柏林（兼，至2021年7月）
　　　　吴水忠（兼，2021年7月始）
萧山环境集团有限公司
党委书记：施素梅（女，至2021年6月）
　　　　　胡妙生（2021年6月始）
董事长：韩国华（至2021年7月）
　　　　胡妙生（2021年7月始）
总经理：韩国华（至2021年7月）
　　　　江　峰（2021年7月始）
萧山城市建设投资集团有限公司
党委书记：许广文
董事长：许广文（2021年1月始）

总经理：许广文（至2021年1月）
夏国燕（2021年1月始）
萧山交通投资集团有限公司
党委书记：祝关翔（至2021年6月）
夏柏林（2021年6月始）
董事长：祝关翔（至2021年7月）
夏柏林（2021年7月始）
总经理：徐宁军
湘湖旅游控股（集团）有限公司
党委书记：胡妙生（至2021年6月）
董事长、总经理：胡妙生（至2021年7月）
区融媒体中心（萧山广播电视台）
党委书记、主任（台长）：沈志刚（至2021年12月）
赵　青（女，2021年12月始）
国家税务总局杭州市萧山区税务局
党委书记、局长：杨永钟（2021年1月始）
国网浙江杭州市萧山区供电公司
党委书记、执行董事：徐巍峰
区烟草专卖局
党组书记、局长：陆英豪
区气象局
党组书记、局长：华正江
萧山邮政管理局
局　长：俞芳华（女，2021年2月始）
萧山邮政分公司
党委书记、总经理：楼　谦
浙江省电信公司萧山区分公司
党委书记、总经理：王向民
人民银行萧山支行
党组书记、行长：朱华明
浙江银保监局萧山监管组
组　长：周金根
工商银行萧山分行
党委书记：黄震宇（至2021年11月）
陈　迪（2021年11月始）
行　长：黄震宇（至2021年11月）
农业银行萧山分行
党委书记：俞　铁（至2021年4月）
李　良（2021年11月始）
行　长：俞　铁（至2021年4月）
李　良（2021年11月始）
中国银行萧山分行
党委书记、行长：郭新元
建设银行萧山支行
党委书记：童建荣（至2021年5月）
叶　明（2021年7月始）
行　长：童建荣（至2021年5月）
叶　明（2021年11月始）
萧山农村商业银行股份有限公司
党委书记：王云龙（至2021年8月）
林时益（2021年8月始）
董事长：王云龙（至2021年12月）
林时益（2021年12月始）

【镇、街道主要机构及负责人】

中共萧山区楼塔镇委员会
书　记：袁勇刚
楼塔镇人民政府
镇　长：王大林（至2021年12月）
郑　红（女，2021年12月始）
楼塔镇人民代表大会主席团
主　席：来惠民

中共萧山区河上镇委员会
书　记：俞万昌（至2021年9月）
王大林（2021年9月始）
河上镇人民政府
镇　长：柴宇东
河上镇人民代表大会主席团
主　席：孙玲玲（女）

中共萧山区戴村镇委员会
书　记：俞国燕（女）
戴村镇人民政府
镇　长：徐汉军
戴村镇人民代表大会主席团
主　席：莫万根

中共萧山区临浦镇委员会
书　记：陈龙宁
临浦镇人民政府
镇　长：丁　裕（至2021年12月）
王　鑫（2021年12月始）
临浦镇人民代表大会主席团
主　席：周纪忠

中共萧山区浦阳镇委员会
书　记：顾云杰
浦阳镇人民政府
镇　长：郭建达
浦阳镇人民代表大会主席团
主　席：俞利松

中共萧山区进化镇委员会
书　记：鲍　宋
进化镇人民政府
镇　长：洪　波

进化镇人民代表大会主席团
主　席：张伟根
中共萧山区所前镇委员会
书　记：裘荣校（至2021年3月）
　　　　来巧玲（女，2021年9月始）
所前镇人民政府
镇　长：来巧玲（女，至2021年12月）
　　　　顾利江（2021年12月始）
所前镇人民代表大会主席团
主　席：刘稼英（女）

中共萧山区义桥镇委员会
书　记：莫勤恒
义桥镇人民政府
镇　长：张　波（至2021年12月）
　　　　陈　钢（2021年12月始）
义桥镇人民代表大会主席团
主　席：蔡　雁（女）

中共萧山区衙前镇委员会
书　记：施海勇（至2021年9月）
　　　　杨　芳（女，2021年9月始）
衙前镇人民政府
镇　长：杨　芳（女，至2021年12月）
　　　　周益峰（2021年12月始）
衙前镇人民代表大会主席团
主　席：陈　虹（女）

中共萧山区瓜沥镇委员会
书　记：朱国军（至2021年9月）
　　　　李国平（2021年9月始）
瓜沥镇人民政府
镇　长：吕　意（至2021年12月）
　　　　顾欢军（2021年12月始）
瓜沥镇人民代表大会主席团
主　席：倪传贵（至2021年12月）
　　　　钟祥明（2021年12月始）

中共萧山区益农镇委员会
书　记：於东明（至2021年9月）
　　　　李世豪（2021年9月始）
益农镇人民政府
镇　长：王晓川
益农镇人民代表大会主席团
主　席：钱月明（至2021年12月）
　　　　王国祥（2021年12月始）

中共萧山区党湾镇委员会
书　记：孙行军
党湾镇人民政府
镇　长：庄月红（女，至2021年12月）
　　　　史　飞（2021年12月始）
党湾镇人民代表大会主席团
主　席：陈伟忠

中共萧山区城厢街道工作委员会
书　记：邵刚亮
萧山区人民政府城厢街道办事处
主　任：黄灿久（至2021年7月）
　　　　洪泉良（2021年12月始）
萧山区人民代表大会城厢街道工作委员会
主　任：方松源

中共萧山区北干街道工作委员会
书　记：杨新程（女，至2021年12月）
　　　　王冠丰（2021年12月始）
萧山区人民政府北干街道办事处
主　任：王冠丰（至2021年12月）
　　　　徐玉利（女，2021年12月始）
萧山区人民代表大会北干街道工作委员会
主　任：徐仁达

中共萧山区蜀山街道工作委员会
书　记：楼海锋（至2021年12月）
　　　　施海勇（2021年12月始）
萧山区人民政府蜀山街道办事处
主　任：周志军
萧山区人民代表大会蜀山街道工作委员会
主　任：吴志刚

中共萧山区新塘街道工作委员会
书　记：郑建明（至2021年12月）
　　　　於东明（2021年12月始）
萧山区人民政府新塘街道办事处
主　任：邵意丽（女）
萧山区人民代表大会新塘街道工作委员会
主　任：陈尧根（至2021年12月）
　　　　杨建东（2021年12月始）

中共萧山区闻堰街道工作委员会
书　记：李国平（至2021年9月）
　　　　张文波（2021年9月始）
萧山区人民政府闻堰街道办事处
主　任：柳玉华（女）
萧山区人民代表大会闻堰街道工作委员会
主　任：董红明

中共萧山区宁围街道工作委员会
书　记：姚　鉴
萧山区人民政府宁围街道办事处
主　任：郭益丰
萧山区人民代表大会宁围街道工作委员会
主　任：来建来

中共萧山区盈丰街道工作委员会
书　记：何铁峰
萧山区人民政府盈丰街道办事处
主　任：何铁峰（至 2021 年 10 月）
　　　　孔美华（女，2021 年 10 月始）
萧山区人民代表大会盈丰街道工作委员会
主　任：徐利锋

中共萧山区新街街道工作委员会
书　记：汤　卫（至 2021 年 9 月）
　　　　张　波（2021 年 9 月始）
萧山区人民政府新街街道办事处
主　任：屠杭钢（至 2021 年 12 月）
　　　　鲍燚婷（女，2021 年 12 月始）
萧山区人民代表大会新街街道工作委员会
主　任：余生德

中共萧山区靖江街道工作委员会
书　记：王靖江（至 2021 年 6 月）
　　　　田江波（2021 年 6—12 月）
　　　　屠杭钢（2021 年 12 月始）
萧山区人民政府靖江街道办事处
主　任：谈智君
萧山区人民代表大会靖江街道工作委员会
主　任：孙宝祥（至 2021 年 12 月）
　　　　李　宏（女，2021 年 12 月始）

中共萧山区南阳街道工作委员会
书　记：王　斌（女，至 2021 年 12 月）
　　　　吕　意（2021 年 12 月始）
萧山区人民政府南阳街道办事处
主　任：王国伟
萧山区人民代表大会南阳街道工作委员会
主　任：徐荣银（至 2021 年 12 月）
　　　　施炬兴（2021 年 12 月始）

（胡　昊）

萧山区重要文件目录

2021 年中共杭州市萧山区委重要文件一览表

表 87

序号	文 件 标 题
1	中共杭州市萧山区委关于制定杭州市萧山区国民经济和社会发展第十四个五年规划和二〇三五年远景目标的建议
2	中共杭州市萧山区委关于表彰优秀共产党员、优秀党务工作者、先进基层党组织和先进纪检监察组织的决定
3	中共杭州市萧山区委杭州市萧山区人民政府关于印发《杭州市萧山区青年发展“十四五”规划（2021—2025 年）》的通知
4	中共杭州市萧山区委杭州市萧山区人民政府关于印发《杭州市萧山区奋力打造新时代共同富裕新标杆行动方案（2021—2025 年）》的通知
5	中共杭州市萧山区委杭州市萧山区人民政府关于表扬 2020 年度萧山区各类突出贡献集体和个人的通报
6	中共杭州市萧山区委杭州市萧山区人民政府关于命名 2020 年度萧山区百强企业的决定

2021 年中共杭州市萧山区委办公室重要文件一览表

表 88

序号	文 件 标 题
1	区委办公室区政府办公室关于印发《杭州市萧山区档案事业发展“十四五”规划》的通知
2	区委办公室区政府办公室印发《关于全面推行林长制的实施细则》的通知

续表 88

序号	文 件 标 题
3	区委办公室区政府办公室关于印发《2021 年度萧山区百强企业评选办法》的通知
4	中共杭州市萧山区委办公室印发《关于巩固深化“不忘初心、牢记使命”主题教育成果的实施意见》的通知

（区委办）

2021 年萧山区人大常委会重要文件一览表

表 89

序号	文 件 标 题
1	关于重点督办“助力亚运优化交通治理”系列代表建议的决定
2	关于批准杭州市萧山区 2020 年财政总决算和区级财政决算的决定
3	关于开展第八个五年法治宣传教育的决议
4	关于设立开发区工作委员会的决定
5	关于同意 2021 年全区和区级预算调整及政府新增债务预算方案的决定

2021 年萧山区人大常委会办公室重要文件一览表

表 90

序号	文 件 标 题
1	关于印发《关于开展“最美人大代表”风采展示的工作方案》的通知
2	关于印发《萧山区人大数字化改革行动方案》的通知
3	关于开展区人大常委会组成人员入企走访调研活动的通知
4	关于 2021 年区人大常委会组成人员走访联系四级人大代表的意见
5	关于印发《萧山经济技术开发区人大工作试点实施方案》的通知

（区人大办）

2021 年萧山区人民政府重要文件一览表

表 91

序号	文 件 标 题
1	杭州市萧山区人民政府关于印发中国（浙江）自由贸易试验区杭州片区萧山区块建设方案的通知
2	杭州市萧山区人民政府关于印发杭州市萧山区国民经济和社会发展第十四个五年规划和二〇三五年远景目标纲要的通知
3	杭州市萧山区人民政府关于区长、副区长、区政府党组成员工作分工的通知
4	杭州市萧山区人民政府关于瓜沥镇人民政府相对集中行使行政处罚权意见的公告
5	杭州市萧山区人民政府关于调整部分副区长工作分工的通知

2021年萧山区人民政府办公室重要文件一览表

表92

序号	文件标题
1	杭州市萧山区人民政府办公室关于印发杭州市萧山区公共资源交易管理办法的通知
2	杭州市萧山区人民政府办公室关于印发杭州市萧山区政府投资项目建设工程造价管理暂行办法的通知
3	杭州市萧山区人民政府办公室关于分解下达2021年经济社会发展主要目标任务的通知
4	杭州市萧山区人民政府办公室关于分解落实2021年《政府工作报告》重点工作的通知
5	杭州市萧山区人民政府办公室关于分解落实2021年区政府民生实事项目的通知
6	杭州市萧山区人民政府办公室关于深入开展“三个十大”行动推动政府重点工作落实的通知
7	杭州市萧山区人民政府办公室关于印发杭州市萧山区数字经济发展规划纲要（2020年—2030年）的通知
8	杭州市萧山区人民政府办公室关于印发杭州市萧山区产业发展导向目录与产业平台布局指引（2021年本）的通知
9	杭州市萧山区人民政府办公室关于印发《杭州市萧山区防止耕地“非粮化”深化粮食生产功能区“非粮化”整治优化方案》的通知
10	杭州市萧山区人民政府办公室关于印发《杭州市萧山区关于引导和鼓励社会力量参与公共文化服务实施办法》的通知
11	杭州市萧山区人民政府办公室关于印发《杭州市萧山区节水行动实施方案》的通知
12	杭州市萧山区人民政府办公室关于印发《杭州市萧山区“十佳科技领军企业”和“十佳科技领军人才”评选方案》的通知
13	杭州市萧山区人民政府办公室关于印发杭州市萧山区突发事件总体应急预案的通知
14	杭州市萧山区人民政府办公室关于印发杭州市萧山区高层建筑安全隐患综合整治实施方案的通知
15	杭州市萧山区人民政府办公室关于开展杭州市萧山区“奋战三百天·迎接亚运会”环境大整治大提升行动的通知
16	杭州市萧山区人民政府办公室关于印发杭州市萧山区深化公路管理养护体制改革工作方案的通知
17	杭州市萧山区人民政府办公室关于印发杭州市萧山区本级财政专户资金存放管理实施办法的通知
18	杭州市萧山区人民政府办公室关于印发杭州市萧山区智慧城市基础设施和智能网联汽车协同发展区域试点方案的通知
19	杭州市萧山区人民政府办公室关于印发杭州市萧山区突发环境事件应急预案（修订版）的通知
20	杭州市萧山区人民政府办公室关于印发杭州市萧山区辐射事故应急预案（修订版）的通知
21	杭州市萧山区人民政府办公室关于印发杭州市萧山区集中式饮用水水源地突发环境事件应急预案（修订版）的通知
22	杭州市萧山区人民政府办公室关于印发杭州市萧山区挥发性有机物（VOCs）污染治理项目资金补助办法的通知
23	杭州市萧山区人民政府办公室关于高质量推进“凤凰行动”计划（2021—2025）的实施意见
24	杭州市萧山区人民政府办公室关于加强工业用地用途管控、规范临时改变房屋用途管理的实施意见

续表 92

序号	文件标题
25	杭州市萧山区人民政府办公室关于印发杭州市萧山区推进国有企业市场化改革实施方案的通知
26	杭州市萧山区人民政府办公室关于印发杭州市萧山区开发区（园区）整合提升方案的通知
27	杭州市萧山区人民政府办公室关于印发杭州市萧山区国有企业投资监督管理暂行办法的通知
28	萧山区人民政府办公室关于印发《萧山区粮食安全应急预案》的通知

（区政府办）

2021 年萧山区政协重要文件一览表

表 93

序号	文件标题
1	关于印发《政协第十四届杭州市萧山区委员会常务委员会 2021 年工作要点》的通知
2	关于制止耕地“非农化”、防止耕地“非粮化”的对策建议
3	关于保护生物多样性建设美丽示范区的对策建议
4	关于提升发展我区纤维新材料产业的对策建议
5	关于推进新型建筑工业化，促进绿色建筑发展的对策建议
6	关于立足“数智”，助力医卫国际化进程的对策建议
7	关于加强我区名特优地方品种种质资源保护和利用的对策建议
8	关于推进我区职业教育高质量发展的对策建议

2021 年萧山区政协办公室重要文件一览表

表 94

序号	文件标题
1	关于印发《政协杭州市萧山区委员会“委员接待日”制度（试行）》的通知
2	关于印发《关于推行“菜单式”“抢单式”委员履职方式的实施办法（试行）》的通知
3	关于印发《区政协关于开展“助推亚运兴城攻坚年行动”专项集体民主监督的实施方案》的通知
4	关于印发《区政协领导和各办委、界别联系参加镇街政协工作联络小组活动的制度（试行）》的通知
5	关于印发《区政协领导督办十四届五次会议重点提案分工安排》的通知
6	关于印发《镇街“民生议事堂”建设实施办法（试行）》的通知

（区政协办）

索　引

主题索引

D

E

F

G

H

J

K

L

M

N

O

P

Q

R

S

T

W

X

Y

Z

数字和字母

表格索引